D1264809

Trésors touristiques de la France

PARIS • BRUXELLES • MONTRÉAL • ZURICH

Trésors touristiques de la France

est une création de Sélection du Reader's Digest

ÉQUIPE DE SÉLECTION DU READER'S DIGEST

Direction éditoriale : Gérard Chenuet

Direction artistique : Dominique Charliat

Secrétariat général : Élizabeth Glachant

Réalisation de l'ouvrage

Responsable du projet : Camille Duvigneau

Maquette : Didier Pavois

Lecture-correction : Catherine Decayeux, Emmanuelle Dunoyer

Responsable de l'iconographie : Danielle Burnichon

Fabrication : Marie-Pierre de Clinchamp, Yves de Ternay, Rebecca Herskovics

Ingénieur prépresse : Isabelle Lévy

Conception du projet

Gérard Chenuet et Didier Pavois

Recherche : Jean-Jacques Potiron

Nous remercions tous ceux qui ont contribué à la préparation et à la réalisation de cet ouvrage.

Dictionnaire des sites
AMDS et PREMIÈRE PAGE

Grands itinéraires
AEDELSA

Pages thématiques
AGENCE MEDIA

Textes
Philippe Bardiau, Jean de Beaumont, Jean-François Bligny, Jacques Boucard, Chamina, Dominique Couvreur, Éditions du Laquet, Denis Grisel, Christophe Hardy, Michèle Jouve, Anne Landais, André Laurent, Claude Marcel, Sophie Mastelinck, Corinne Paul, Gérard Raffaelli, Laure Raffaelli, Patrick Restellini, Christine Sourd, Thierry Théault, Stéphane Thépot, Laurence Vilaine, Claire Willerval

Pictogrammes
Éric Pâris

Cartographie
- Editerra : Jacques Sablayrolles, Philippe Sablayrolles, Nicolas Georget, Sophie Clavel
- Gabelli : Alain Gabelli, Arnaud Gabelli, Marie-Christine Bouras
- Claude Perrin

Iconographie
Marie-Christine Petit, Valérie Delchambre

Nous remercions également pour leur aide : Anne Cadet (lecture-correction) ; Marie-Thérèse Ménager (cartographie) ; Caroline Regnaut-Labord (rédaction)

Troisième édition

premier tirage

ISBN 2-7098-1525-7

Table des matières

Comment utiliser ce livre

Ce livre comprend trois parties :
– un atlas routier ;
– un dictionnaire des sites ;
– un index.

On y trouve quatre types de pages :
❶ les pages de cartes de l'atlas routier ;
❷ les pages sites du dictionnaire des sites ;
❸ des pages d'itinéraires, au début de chaque région ;
❹ des pages thématiques.

Les informations qu'elles contiennent vous permettent de circuler dans l'ouvrage d'une partie à l'autre et de vous repérer instantanément par rapport au lieu de votre visite.

❶ L'atlas routier : 48 pages de cartes au 1/800 000 (1 cm = 8 km) avec leurs volets de continuité.

❷ Le dictionnaire des sites : 1485 sites numérotés, répartis en 12 régions.
Les sites se suivent par ordre alphabétique à l'intérieur de chaque région. Ils sont numérotés en continu, du premier site de la région Nord (n° 1 : Abbeville) au dernier site de la région Midi méditerranéen (n° 1485 : Vizzavona, forêt de). Ils figurent, avec leurs numéros, dans l'atlas routier.

Le numéro du département.

Les petits itinéraires *sont des circuits ayant pour point de départ l'un des sites de la page.*

Le numéro de téléphone *où l'on peut obtenir les renseignements pratiques.*

Les pictogrammes en noir *permettent de repérer les informations.*

Les pictogrammes en couleurs *indiquent la nature des principales curiosités du site.*

Les encadrés *Pour en savoir plus sur un site ou ses environs : vie locale, histoire, gastronomie traditions, artisanat...*

- Site naturel
- Site industriel
- Base de loisirs
- Édifice religieux
- Château, forteresse, fortifications
- Site archéologique
- Musée
- Habitat de caractère
- Point de vue
- Festival, fête traditionnelle
- Voir aussi
- Information touristique
- Accessible par bateau

57 plans de villes *dans les volets.*

Lisez la carte sans interruption d'une page à l'autre grâce aux ***volets de continuité.***

Vous repérez le tracé rouge d'un itinéraire : le numéro sur fond rouge vous indique sa page.

❸ Les grands itinéraires : pour découvrir un terroir ou une région. Les étapes sont numérotées dans le texte et sur la carte. Certaines étapes sont aussi des sites du dictionnaire ; dans ce cas, le numéro du site et ses coordonnées dans l'atlas routier (page, carreau de la carte), mentionnés à côté de l'étape, permettent de se reporter au dictionnaire et à l'atlas.

la carte grâce aux coordonnées (page et carreau de la carte) qui figurent à droite du nom.

❹ Les pages thématiques :
ces doubles pages spéciales font découvrir la richesse et la spécificité culturelle de chaque région (« Les géants du Nord », « La Bourgogne gourmande », etc.).

Les itinéraires

LÉGENDE DES GRANDS ITINÉRAIRES

Toutes les cartes sont orientées le nord en haut, à la verticale

ITINÉRAIRES

D8 ❶ Tracé, numéro de la route et point-étape
Route non revêtue
Passage difficile
Sentier
D45E « À voir aussi »

PICTOGRAMMES DES POINTS-ÉTAPES

Site naturel • Site industriel

Base de loisirs • Édifice religieux

Château, forteresse • Site archéologique

Musée • Habitat de caractère

TOPONYMIE DES ITINÉRAIRES

• *Points-étapes*

REIMS Épernay Villes
Château de Joux ***Col de Turini*** *Lac des Settons* Sites

• *« À voir aussi »*

MEAUX Hautvillers Villes
Abbaye de Vauclair ***Cirque de Gavarnie*** ***Étg de Guédelon*** Sites

FOND DE CARTE

A38 Autoroute et voie express
1. Échangeur partiel
2. Échangeur complet
Route à chaussées séparées
Route principale
Route secondaire

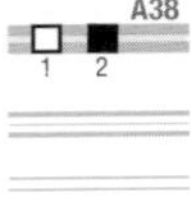
Orne, Lac de Pont — Hydrographie

Masse bâtie

Forêt

Limite de parc *(le dégradé indique l'intérieur du parc)*
Frontière

TOPONYMIE DE LA CARTE

GRENOBLE Tariec Villes-repères
Bois de Beauregard *Pont de l'Artuby* Sites-repères

SYMBOLES CARTOGRAPHIQUES ET TOURISTIQUES

Grotte • Vestiges antiques
Château • Remparts
Fort • Ruines
Cathédrale • Édifice religieux
Monument commémoratif • Table d'orientation
Point de vue • Panorama
Pèlerinage • Phare
Station de sports d'hiver • Moulin à vent
Parc de loisirs • Musée
Aéroport • Cimetière
Autre curiosité • Sommet
Marais • Barrage
Col • Viaduc

Les grands itinéraires (au début de chaque région) sont en gras. Exemple : **Au cœur des Flandres**

Les petits itinéraires, qui font partie du dictionnaire des sites, sont en maigre. Exemple : Incursion en terre picarde

Les départements

01	Ain
02	Aisne
03	Allier
04	Alpes-de-Haute-Provence
05	Hautes-Alpes
06	Alpes-Maritimes
07	Ardèche
08	Ardennes
09	Ariège
10	Aube
11	Aude
12	Aveyron
13	Bouches-du-Rhône
14	Calvados
15	Cantal
16	Charente
17	Charente-Maritime
18	Cher
19	Corrèze
2A	Corse-du-Sud
2B	Haute-Corse
21	Côte-d'Or
22	Côtes-d'Armor
23	Creuse
24	Dordogne
25	Doubs
26	Drôme
27	Eure
28	Eure-et-Loir
29	Finistère
30	Gard
31	Haute-Garonne
32	Gers
33	Gironde
34	Hérault
35	Ille-et-Vilaine
36	Indre
37	Indre-et-Loire
38	Isère
39	Jura
40	Landes
41	Loir-et-Cher
42	Loire
43	Haute-Loire
44	Loire-Atlantique
45	Loiret
46	Lot
47	Lot-et-Garonne
48	Lozère
49	Maine-et-Loire
50	Manche
51	Marne
52	Haute-Marne
53	Mayenne
54	Meurthe-et-Moselle
55	Meuse
56	Morbihan
57	Moselle
58	Nièvre
59	Nord
60	Oise
61	Orne
62	Pas-de-Calais
63	Puy-de-Dôme
64	Pyrénées-Atlantiques
65	Hautes-Pyrénées
66	Pyrénées-Orientales
67	Bas-Rhin
68	Haut-Rhin
69	Rhône
70	Haute-Saône
71	Saône-et-Loire
72	Sarthe
73	Savoie
74	Haute-Savoie
75	Paris
76	Seine-Maritime
77	Seine-et-Marne
78	Yvelines
79	Deux-Sèvres
80	Somme
81	Tarn
82	Tarn-et-Garonne
83	Var
84	Vaucluse
85	Vendée
86	Vienne
87	Haute-Vienne
88	Vosges
89	Yonne
90	Territoire de Belfort
91	Essonne
92	Hauts-de-Seine
93	Seine-Saint-Denis
94	Val-de-Marne
95	Val-d'Oise

Distances kilométriques entre les principales grandes villes

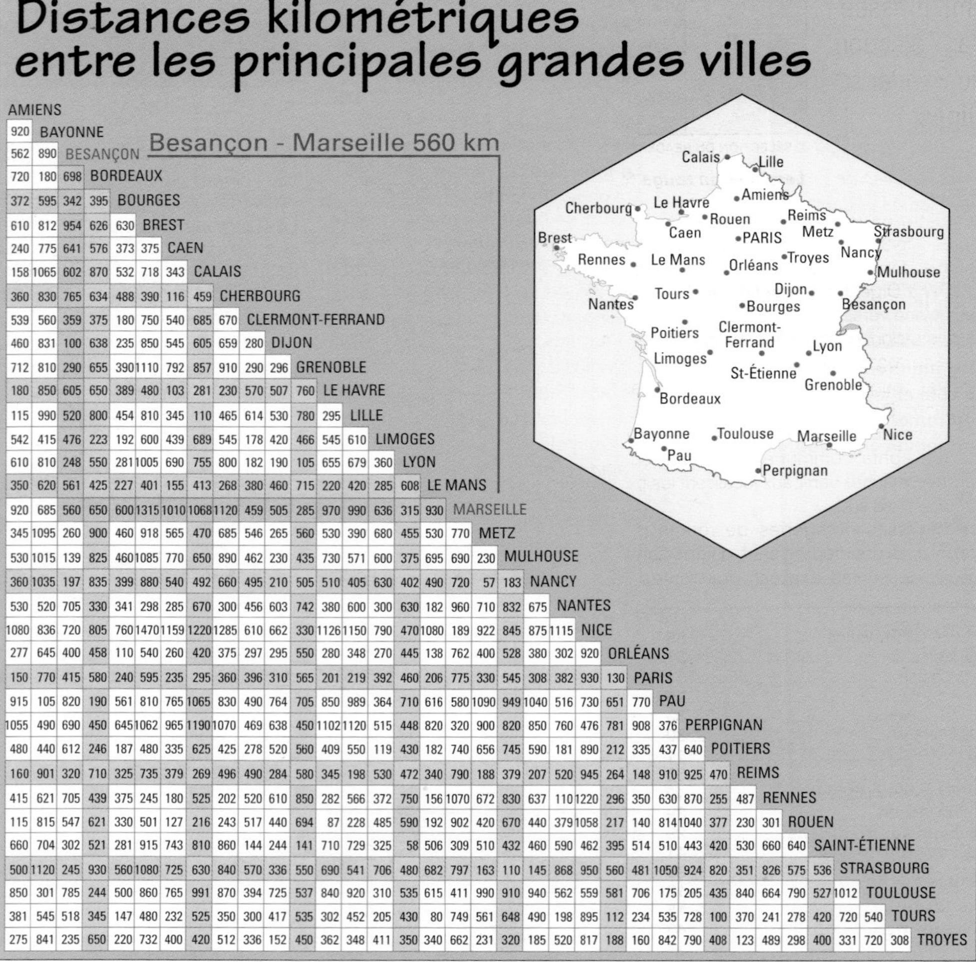

	AMIENS	BAYONNE	BESANÇON	BORDEAUX	BOURGES	BREST	CAEN	CALAIS	CHERBOURG	CLERMONT-FERRAND	DIJON	GRENOBLE	LE HAVRE	LILLE	LIMOGES	LYON	LE MANS	MARSEILLE	METZ	MULHOUSE	NANCY	NANTES	NICE	ORLÉANS	PARIS	PAU	PERPIGNAN	POITIERS	REIMS	RENNES	ROUEN	SAINT-ÉTIENNE	STRASBOURG	TOULOUSE	TOURS
BAYONNE	920																																		
BESANÇON	562	890																																	
BORDEAUX	720	180	698																																
BOURGES	372	595	342	395																															
BREST	610	812	954	626	630																														
CAEN	240	775	641	576	373	375																													
CALAIS	158	1065	602	870	532	718	343																												
CHERBOURG	360	830	765	634	488	390	116	459																											
CLERMONT-FERRAND	539	560	359	375	180	750	540	685	670																										
DIJON	460	831	100	638	235	850	545	605	659	280																									
GRENOBLE	712	810	290	655	390	1110	792	857	910	290	296																								
LE HAVRE	180	850	605	650	389	480	103	281	230	570	507	760																							
LILLE	115	990	520	800	454	810	345	110	465	614	530	780	295																						
LIMOGES	542	415	476	223	192	600	439	689	545	178	420	466	545	610																					
LYON	610	810	248	550	281	1005	690	755	800	182	190	105	655	679	360																				
LE MANS	350	620	561	425	227	401	155	413	268	380	460	715	220	420	285	608																			
MARSEILLE	920	685	560	650	600	1315	1010	1068	1120	459	505	285	970	990	636	315	930																		
METZ	345	1095	260	900	460	918	565	470	685	546	265	560	530	390	680	455	530	770																	
MULHOUSE	530	1015	139	825	460	1085	770	650	890	462	230	435	730	571	600	375	695	690	230																
NANCY	360	1035	197	835	399	880	540	492	660	495	210	505	510	405	630	402	490	720	57	183															
NANTES	530	520	705	330	341	298	285	670	300	456	603	742	380	600	300	630	182	960	710	832	675														
NICE	1080	836	720	805	760	1470	1159	1220	1285	610	662	330	1126	1150	790	470	1080	189	922	845	875	1115													
ORLÉANS	277	645	400	458	110	540	260	420	375	297	295	550	280	348	270	445	138	762	400	528	380	302	920												
PARIS	150	770	415	580	240	595	235	295	360	396	310	565	201	219	392	460	206	775	330	545	308	382	930	130											
PAU	915	105	820	190	561	810	765	1065	830	490	764	705	850	989	364	710	616	580	1090	949	1040	516	730	651	770										
PERPIGNAN	1055	490	690	450	645	1062	965	1190	1070	469	638	450	1102	1120	515	448	820	320	900	820	850	760	476	781	908	376									
POITIERS	480	440	612	246	187	480	335	625	425	278	520	560	409	550	119	430	182	740	656	745	590	181	890	212	335	437	640								
REIMS	160	901	320	710	325	735	379	269	496	490	284	580	345	198	530	472	340	790	188	379	207	520	945	264	148	910	925	470							
RENNES	415	621	705	439	375	245	180	525	202	520	610	850	282	566	372	750	156	1070	672	830	637	110	1220	296	350	630	870	255	487						
ROUEN	115	815	547	621	330	501	127	216	243	517	440	694	87	228	485	590	192	902	420	670	440	379	1058	217	140	814	1040	377	230	301					
SAINT-ÉTIENNE	660	704	302	521	281	915	743	810	860	144	244	141	710	729	325	58	506	309	510	432	460	590	462	395	514	510	443	420	530	660	640				
STRASBOURG	500	1120	245	930	560	1080	725	630	840	570	336	550	690	541	706	480	682	797	163	110	145	868	950	560	481	1050	924	820	351	826	575	536			
TOULOUSE	850	301	785	244	500	860	765	991	870	394	725	537	840	920	310	535	615	411	990	910	940	562	559	581	706	175	205	435	840	664	790	527	1012		
TOURS	381	545	518	345	147	480	232	525	350	300	417	535	302	452	205	430	80	749	561	648	490	198	895	112	234	535	728	100	370	241	278	420	720	540	
TROYES	275	841	235	650	220	732	400	420	512	336	152	450	362	348	411	350	340	662	231	320	185	520	817	188	160	842	790	408	123	489	298	400	331	720	308

Atlas routier

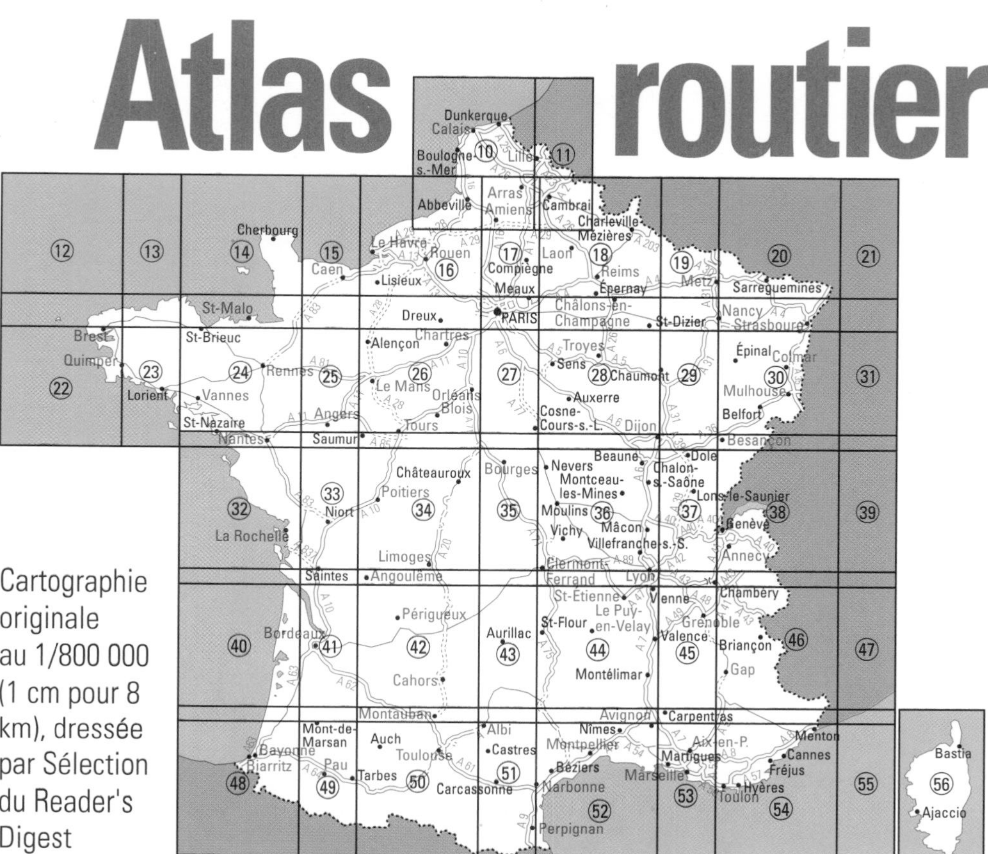

Les villes en rouge font l'objet d'un plan dans les volets de l'Atlas routier.

Cartographie originale au 1/800 000 (1 cm pour 8 km), dressée par Sélection du Reader's Digest

Sur cette carte routière de la France, 1 centimètre représente 8 kilomètres sur le terrain. Les volets assurent, comme dans les guides de la route de Sélection du Reader's Digest, une continuité de lecture d'ouest en est, et vice versa.
La pagination, dans les flèches jaunes, renvoie à la suite de la cartographie au nord et au sud ; les noms des villes en rouge indiquent dans les marges les grandes directions. Dans la carte, en haut et en bas, les bandeaux jaunes horizontaux délimitent la zone de recouvrement (cartographie commune) ; et dans cette zone, les bandeaux jaunes verticaux localisent les pages décalées au nord et au sud.
Les diverses catégories de routes de cette carte sont par ordre décroissant d'importance : les autoroutes, les voies express, les routes à chaussées séparées et à quatre voies, les grandes routes et les petites routes.
Dans les routes, la couleur orange signale le trafic national, le jaune, le trafic départemental, et le blanc, le trafic local.
L'importance des villes est symbolisée par des points de grosseur croissante.
Le kilométrage entre les grandes villes est indiqué par des chiffres bleus pour les autoroutes, et rouges pour les grandes routes ; la lecture se fait entre les balises bleues ou rouges.
Les échangeurs complets ou partiels (carrés grisés ou blancs) sont localisés sur les autoroutes et les voies express.
Sur les volets de cet atlas figurent les plans d'accès à 57 grandes villes (voir liste ci-dessous).

Légende de l'Atlas routier

AUTOROUTES
- En service — A9 - L'Océane
- En construction ou en projet

ROUTES
- Voie express
- Route à chaussées séparées
- Route à 4 voies
- Grande route
- Route secondaire

TRAFIC
- National
- Régional
- Local

ÉCHANGEURS
- Complet
- Partiel

BALISES DE KILOMÉTRAGE
- Sur autoroute — 8
- Sur route — 8

LIMITES
- D'État
- De région
- De département

AGGLOMÉRATIONS
- Masse bâtie
- **Métropole**
- **Grande ville**
- **Ville importante**
- **Ville moyenne**
- Petite ville

AÉROPORTS

FORÊTS

PARCS
- Limite
- Zone centrale de parc national
- Zone périphérique de parc national et zone de parc régional

TOURISME
- Site (renvoi au numéro du dictionnaire) — 490 Lorris
- Itinéraire (renvoi à la page de l'itinéraire) — P. 558

Légende des plans de ville

- Autoroute en service
- Autoroute en construction ou en projet
- Voie en projet
- Voie express en service
- Voie express en construction
- Route à chaussées séparées
- Route à 4 voies
- Grande route
- Petite route
- Bretelle de raccordement
- Ligne de chemin de fer et gare
- Masses bâties
- Espaces verts
- Aéroport
- Aérodrome
- Hippodrome
- Hôtel de ville
- Cathédrale ou église
- Château ou tour

9

A
B
C
D
E
F
MER DU
PAS DE CALAIS
Sheerness
Leysdown-on-Sea
Whitstable
Herne Bay
Birchington
Margate
Broadstairs
Ramsgate
Faversham
Canterbury
Sandwich
Deal
Ashford
Dover
Folkestone
Hythe
New Romney
Lydd
Dungeness
16 Plage de Bray-Dunes
Dunkerque 32
St-Pol
Gravelines
Loon
Bourbourg
Bergues
Rexpoëde
34 Esquelbecq
Wormhout
Arnèke
20 Cassel
Watten
Nieuwpoort
Koksijde
De Panne
Veurne
Diksmuide
Beveren
Merkem
Poperinge
Ieper
Steenvoorde
17 Calais
Marck
Sangatte
Cap Blanc-Nez 14
40 Cap Gris-Nez
85 Wissant
Guînes
Ardres
Audruicq
Audinghen
Ambleteuse
Marquise
84 Wimereux
15 Boulogne-s.-Mer
Le Portel
Licques
Nabringhen
Parc Naturel des Caps et Marais d'Opale
68 Saint-Omer
Arques
Esquerdes
Lumbres
Desvres 30
Senlecques
Nielles
Samer
43 Hardelot-Plage
Neufchâtel-Hardelot
Dannes
Camiers
19 Baie de la Canche
Le Touquet-Paris-Plage
Étaples
Frencq
Hucqueliers
Maninghem
Pas-de-Calais 62
Cucq
Merlimont
51 Montreuil-sur-Mer
12 Berck-sur-Mer
Campagne-lès-Hesdin
Beaurainville
Fruges
Ruisseauville
Heuchin
Anvin
Blangy
Thérouanne
3 Aire-sur-la-Lys
Isbergues
Hazebrouck
19 Bailleul
Merville
Estaires
Lillers
Béthune 13
La Bassée
Bruay-la-Buissière
Houdain
Nœux-les-Mines
Château d'Olhain 55
Lens
Wingles
Liévin
Vimy
St-Pol-s.-Ternoise
Humières
44 Hesdin
Fort-Mahon-Plage
78 Abbaye de Valloires
Douriez
Quend
Fillièvres
Maizières
Aubigny
Arras 5
Achicourt
Labroye
Frévent
Avesnes
Beaumetz-lès-Loges
Domaine du Marquenterre 49
Rue 64
Crécy-en-Ponthieu
Nouvion
Auxi-le-Château
Baie de Somme 74
29 Le Crotoy
Cayeux-s.-Mer
70 St-Valéry-sur-Somme
Lanchères
Canchy
Maizicourt
Lucheux
Doullens
Bucquoy
St-Riquier
Bernaville
7 Valleuse d'Ault
Ault
Friville
1 Abbeville
Moyenneville
Mers-les-Bains
158 Le Tréport
Eu
Criel-s.-Mer
Ailly
Domart
Berteaucourt
Canaples
Bapaume
10 Mémorial de Beaumont-Hamel
Hédauville
53 Grottes de Naours
Flixecourt
St-Maxent
Hallencourt
Gamaches
Sept-Meules
Villers-Bocage
Flesselles
Contay
Albert
Belvédère de Vaux 79
Franvillers
59 Château de Rambures
Oisemont
Airaines
56 Picquigny
Dieppe 117
Varengeville-sur-Mer 160
Arques-la-Bataille 90
Envermeu
Blangy-s.-Bresle
Grandcourt
Sénarpont
Amiens 4
Corbie
Morlancourt
Bray-s.-Somme
Villers-Bretonneux
Veules
Bourg-Dun
Offranville
St-Nicolas
Fontaine-le-Dun
Londinières
Torcy-le-Petit
Bacqueville-en-Caux
Longueville
Osmoy
Foucarmont
Clais
Aumale
Hornoy
Liomer
Molliens-Dreuil
Quevauvillers
Poix
Saleux
Boves
Moreuil
Démuin
Chaulnes
Omiécourt
P.60-61
P.62
16
17
ROUEN
BEAUVAIS
NOYON
SENLIS

10

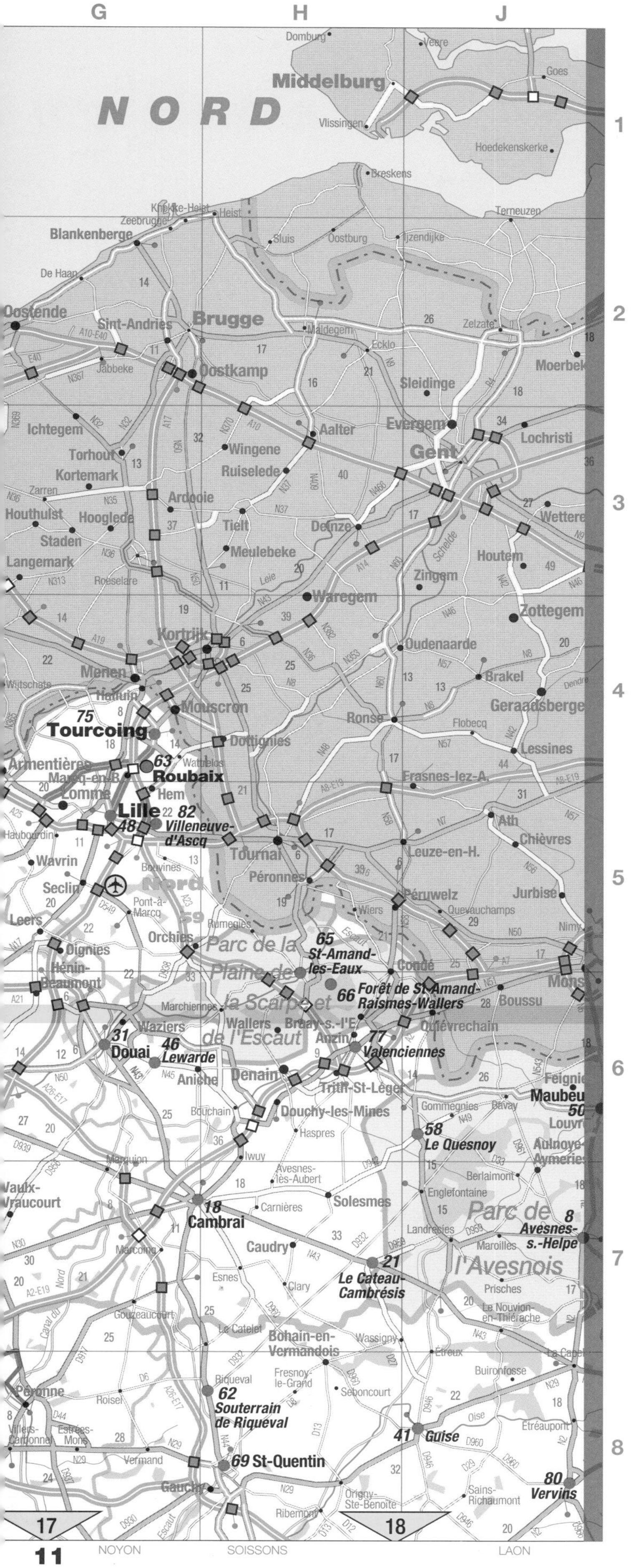

G H J

NORD

1 2 3 4 5 6 7 8

Middelburg
Vlissingen
Blankenberge
Oostende
Brugge
Oostkamp
Sleidinge
Evergem
Gent
Lochristi
Aalter
Wingene
Ruiselede
Ichtegem
Torhout
Kortemark
Ardooie
Houthulst
Hooglede
Staden
Langemark
Tielt
Meulebeke
Deinze
Zingem
Houtem
Wetteren
Waregem
Zottegem
Kortrijk
Oudenaarde
Menen
Brakel
Halluin
Mouscron
Geraardsbergen
Tourcoing
Dottignies
Ronse
Lessines
Armentières
Roubaix
Frasnes-lez-A.
Lille
Villeneuve-d'Ascq
Ath
Chièvres
Tournai
Leuze-en-H.
Péronnes
Péruwelz
Seclin
Orchies
St-Amand-les-Eaux
Parc de la Plaine de la Scarpe et de l'Escaut
Forêt de St-Amand-Raismes-Wallers
Condé
Mons
Boussu
Hénin-Beaumont
Quiévrechain
Douai
Lewarde
Valenciennes
Denain
Trith-St-Léger
Douchy-les-Mines
Maubeuge
Le Quesnoy
Cambrai
Solesmes
Avesnes-s.-Helpe
Caudry
Parc de l'Avesnois
Le Cateau-Cambrésis
Bohain-en-Vermandois
Péronne
Souterrain de Riqueval
Guise
St-Quentin
Vervins

17 18

NOYON SOISSONS LAON

CALAIS

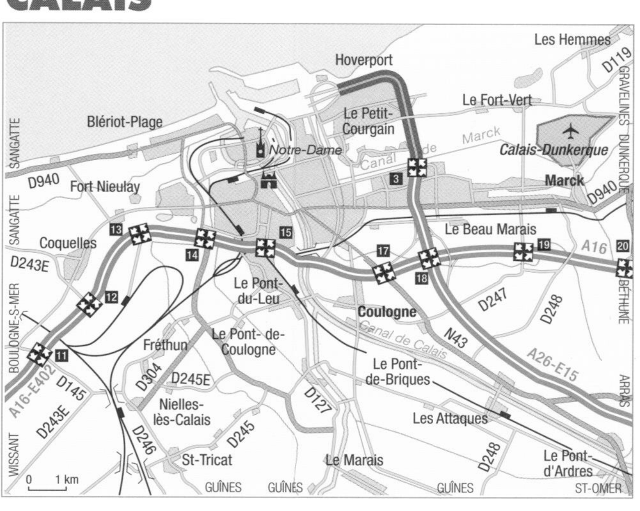

ARRAS

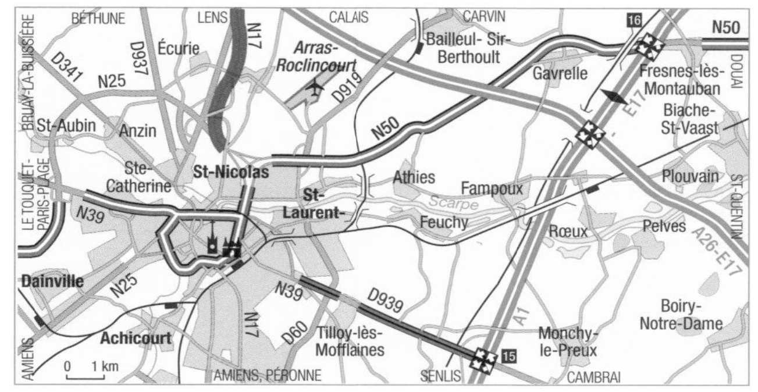

AMIENS

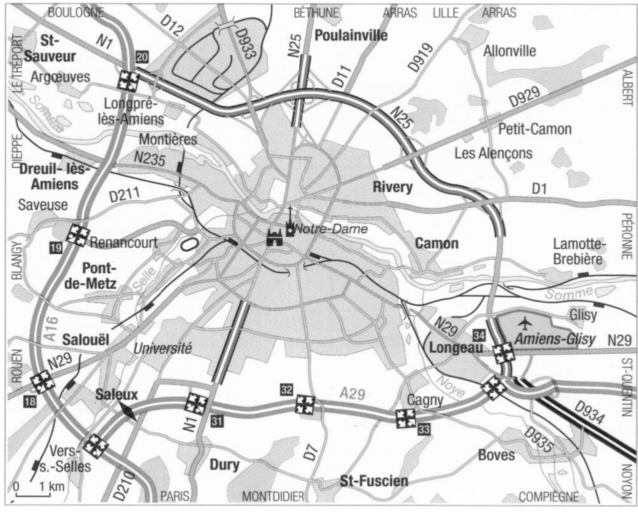

LILLE : voir plan p.13

Légende de l'Atlas routier

AUTOROUTES

En service — A9 - L'Océane

En construction ou en projet

ROUTES

Voie express

Route à chaussées séparées

Route à 4 voies

Grande route

Route secondaire

TRAFIC

National

Régional

Local

ÉCHANGEURS

Complet

Partiel

BALISES DE KILOMÉTRAGE

Sur autoroute — 8

Sur route — 8

LIMITES

D'État

De région

De département

AGGLOMÉRATIONS

Masse bâtie

Métropole

Grande ville

Ville importante

Ville moyenne

Petite ville

AÉROPORTS

FORÊTS

PARCS

Limite

Zone centrale de parc national

Zone périphérique de parc national et zone de parc régional

TOURISME

Site *(renvoi au numéro du dictionnaire)* — *490 Lorris*

Itinéraire *(renvoi à la page de l'itinéraire)* — P. 558

Légende des plans de ville

Autoroute en service

Autoroute en construction ou en projet

Voie en projet

Voie express en service

Voie express en construction

Route à chaussées séparées

Route à 4 voies

Grande route

Petite route

Bretelle de raccordement

Ligne de chemin de fer et gare

Masses bâties

Espaces verts

Aéroport

Aérodrome

Hippodrome

Hôtel de ville

Cathédrale ou église

Château ou tour

Ouvert, ce volet permet la lecture de la légende, face à toutes les pages de la cartographie

C D E F

Penzance

16

M A N

400 Île d'Ouessant

Lampaul

Île Molène

22

Brignogan-Plage

Guissény

Plouguerneau

Les Abers 334

Lannilis

Ploudalmézeau

P. 210

Porspoder

Plourin

Ploudalmézeau

Brélès

St-Renan

Le Conquet 24

Presqu'île de Plougastel-Daoulas

Lesneven

Le Folgoët 366

Le Drennec

Ploudaniel

Bourg-Blanc

Plabennec

Gouesnou

Guipavas

Landerneau

404 Enclos paroissial de Pencran

345 Brest

410

D10 D770 D125 D110 D28 D68 D27 D26 D5 D67 D789 D13 D788 E50 13 17 31

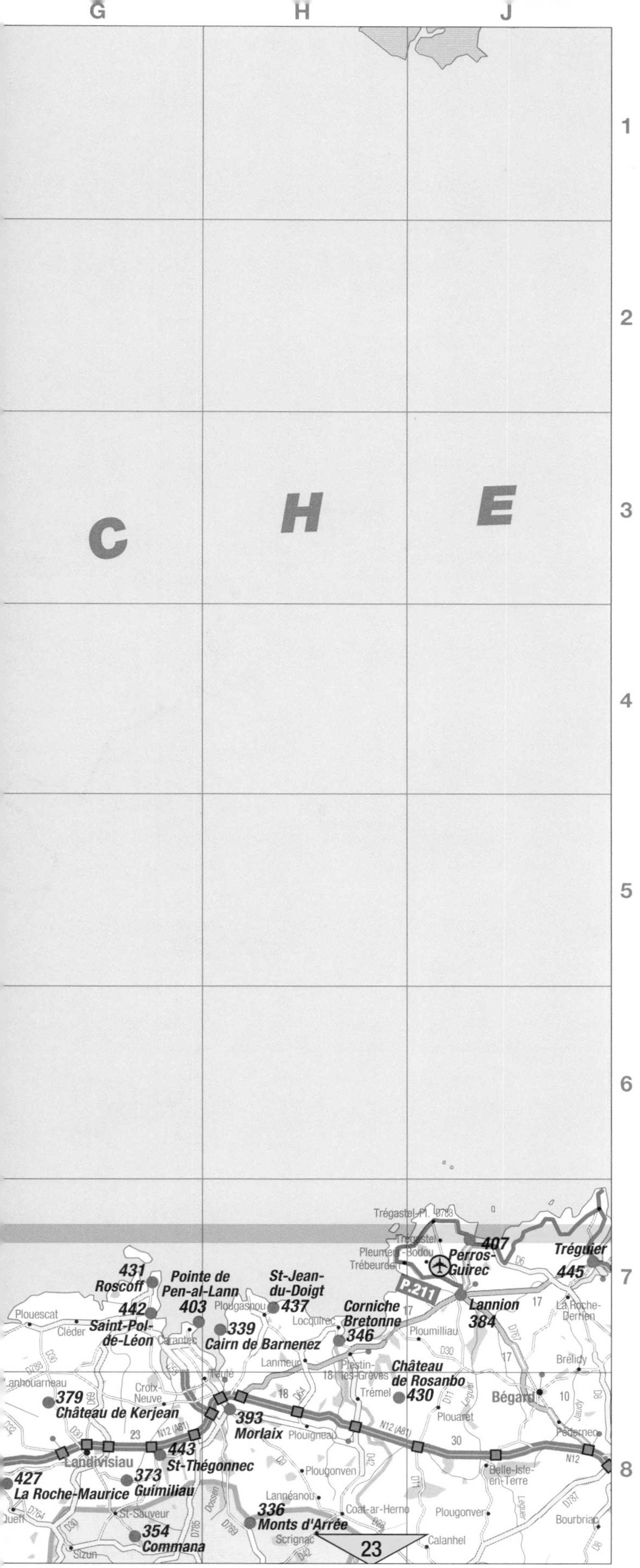

G H J

C H E

431 Roscoff
Pointe de Pen-al-Lann 403
St-Jean-du-Doigt 437
442 Saint-Pol-de-Léon
339 Cairn de Barnenez
Corniche Bretonne 346
407 Perros-Guirec
Lannion 384
Tréguier 445
Château de Rosanbo 430
379 Château de Kerjean
393 Morlaix
443 St-Thégonnec
Landivisiau
427 La Roche-Maurice
373 Guimiliau
354 Commana
336 Monts d'Arrée
23

1 2 3 4 5 6 7 8

LILLE

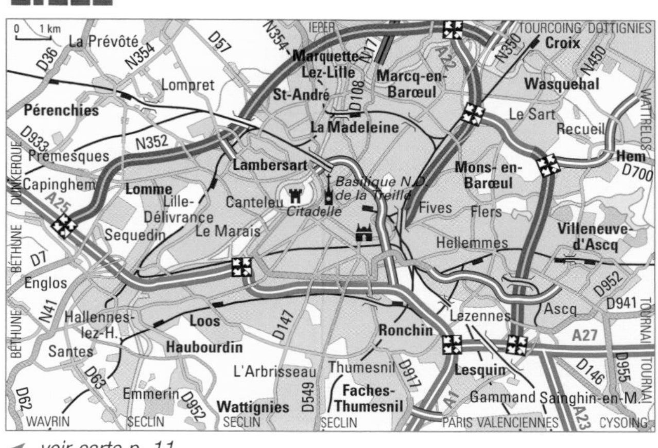

voir carte p. 11

BREST

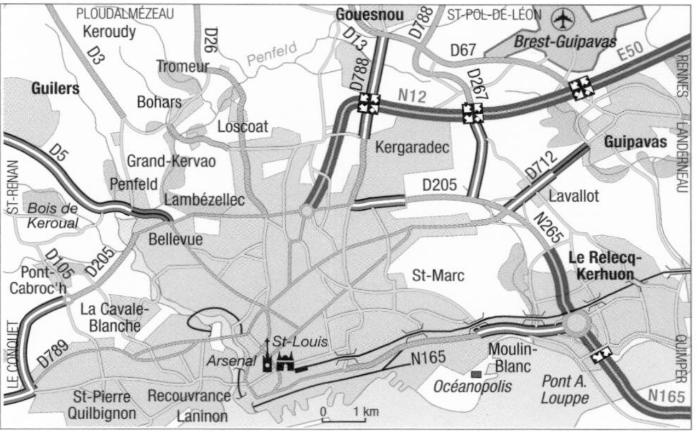

A
B
C
D
E
F
M
A
N
C
Alderney
(Aurigny)
Cap de la Hague
Auderville
Jobourg
137
Nez de Jobourg
Urville-Nacqueville
Querqueville
151
108
Cherbourg
Cosqueville
Pointe de Barfleur
95
Barfleur
Beaumont
Équeurdreville-H.
Tourlaville
Octeville
St-Pierre-Église
157
Île de Tatihou
Quettehou
St-Vaast-la-Hougue
Vasteville
Diélette
St-Martin-le-Gréard
Guernsey
(Guernesey)
St-Sampson
St-Peter-Port
Sark
Les Pieux
Grosville
159
Valognes
Quinéville
Quettetot
Négreville
Bricquebec
Montebourg
Ravenoville
Colomby
Amfreville
Ste-Mère-Église
Carteret
96
Barneville-Carteret
Portbail
St-Sauveur-le-Vicomte
Étienville
Parc du
Marais du Cotentin
et du Bessin
St-Côme-du-Mont
Carentan
St-Jores
Auvers
La Haye-du-Puits
Jersey
St-Hélier
St-Germain-s.-Ay
Abbaye de Lessay
139
Lessay
Sainteny
Périers
Manche
St-Sauveur-Lendelin
Montsurvent
50
Marigny
Agon-Coutainville
Coutances
112
Canisy
Cerisy-la-Salle
Le Mesnil-Herman
Montmartin-s.-Mer
Lingreville
Villebaudon
Hambye
Percy
444
Sillon de Talbert
Plougrescant
Pleubian
Bréhal
Ploubazlanec
Paimpol
401
Îles Chausey
(Grande Île)
Donville-les-Bains
130
Granville
St-Pair-s.-Mer
Villedieu-les-Poêles
165
426
Château de la Roche-Jagu
Ploëzec
Lanloup
Pontrieux
380
Chapelle de Kermaria-Nisquit
La Haye-Pesnel
Jullouville
Carolles
Sartilly
Pointe du Grouin
Baie du Mont St-Michel
Cap Fréhel
368
Fort de la Latte
386
St-Quay-Portrieux
Baie de St-Brieuc
Les Sables-d'Or
Erquy
Fréhel
Paramé
St-Coulomb
Cancale
349
92
Avranches
Brécey
Goudelin
Lanvollon
St-Cast-le-Guildo
434
Dinard
360
St-Malo
438
Genêts
Guingamp
374
Trégomeur
Pléneuf-Val-André
Matignon
420
Le Vivier-s.-Mer
Le Mont-Saint-Michel
145
Pontaubault
Châtelaudren
Plérin
St-Brieuc
433
Planguenoual
Hénanbihen
Ploubalay
Est. et vall. de la Rance
La Gouesnière
St-Broladre
Ducey
Montigny
Langueux
Ploufragan
St-Péver
Cohiniac
Lamballe
382
Plancoët
Château de la Hunaudaye
377
Pleslin-Trigavou
Miniac-Morvan
Dol-de-Bretagne
361
Pontorson
St-James
La Boussac
Bourseul
24
RENNES
DINAN
RENNES

14

G H J

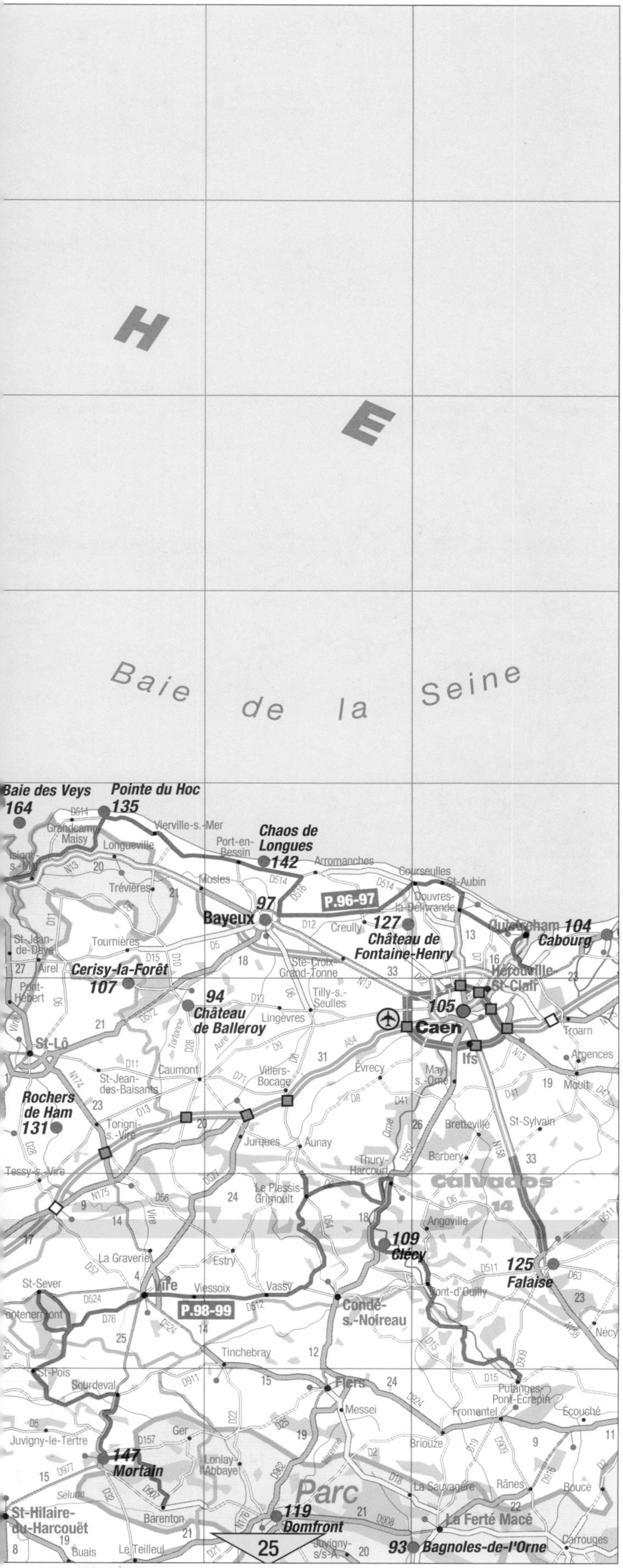

1
2
3
4
5
6
7
8

H E

Baie de la Seine

Baie des Veys 164
Pointe du Hoc 135
Vierville-s.-Mer
Grandcamp-Maisy
Longueville
Isigny-s.-Mer
Trévières
Port-en-Bessin
Chaos de Longues 142
Arromanches
Mosles
Courseulles
St-Aubin
P.96-97
Bayeux 97
Creully
127 Château de Fontaine-Henry
Douvres-la-Délivrande
Ouistreham 104
Cabourg
Tournières
St-Jean-de-Daye
Airel
Cerisy-la-Forêt 107
Pont-Hébert
Ste-Croix-Grand-Tonne
Tilly-s.-Seulles
94 Château de Balleroy
Lingèvres
Hérouville-St-Clair
105 Caen
Troarn
Ifs
St-Lô
Caumont
St-Jean-des-Baisants
Villers-Bocage
Évrecy
May-s.-Orne
Argences
Moult
Rochers de Ham 131
Torigni-s.-Vire
Jurques
Aunay
Bretteville
St-Sylvain
Tessy-s.-Vire
Thury-Harcourt
Barbery
Calvados 14
Le Plessis-Grimoult
Angoville
109 Clécy
La Graverie
Estry
125 Falaise
St-Sever
Vire
Viessoix
Vassy
P.98-99
Condé-s.-Noireau
Pont-d'Ouilly
Tinchebray
St-Pois
Sourdeval
Flers
Putanges-Pont-Écrepin
Messei
Fromentel
Écouché
Juvigny-le-Tertre
Ger
Briouze
147 Mortain
Lonlay-l'Abbaye
La Sauvagère
Rânes
Boucé
Parc
St-Hilaire-du-Harcouët
Barenton
119 Domfront
La Ferté Macé
Buais
Le Teilleul
25
Juvigny-s/s-A.
93 Bagnoles-de-l'Orne
Carrouges
FOUGÈRES
LAVAL

SAINT-MALO / DINARD

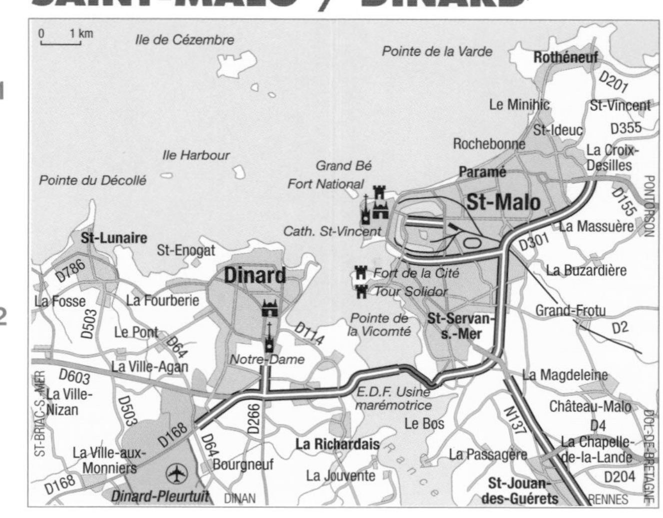

CAEN

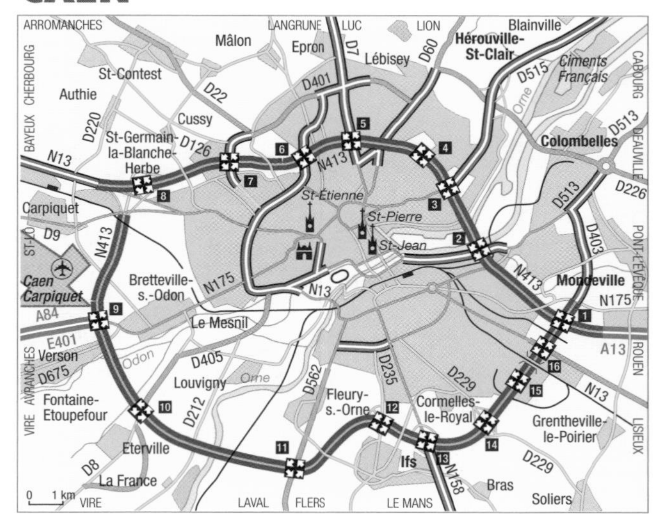

A
B
C
D
E
BOULOGNE-S.-MER
F
10
MANCHE
Fort-Mahon-Plage
Quend
78
Abbaye de Valloires
Domaine du Marquenterre
49
Rue
64
Baie de Somme
74
29
Le Crotoy
Crécy-en-Ponthieu
Nouvion
Cayeux-s.-Mer
70
St-Valéry-sur-Somme
Lanchères
Canchy
St-Riquier
Ault
7
Valleuse d'Ault
Friville
Abbeville
Mers-les-Bains
158
Le Tréport
Moyenneville
Eu
Criel-s.-Mer
St-Maxent
Hallencourt
Gamaches
Sept-Meules
59
Château de Rambures
Oisemont
Airaines
Dieppe
117
Varengeville-sur-Mer
160
Arques-la-Bataille
90
Envermeu
St-Nicolas
Blangy-s.-Bresle
Grandcourt
Senarpont
St-Valery-en-Caux
Veulettes-s.-Mer
Veules
Bourg-Dun
Offranville
Londinières
Foucarmont
Ste-Colombe
Fontaine-le-Dun
Torcy-le-Petit
Clais
Hornoy
126
Fécamp
Falaise d'Heurt
134
Cany-Barville
Bacqueville-en-Caux
Longueville
Osmoy
Valmont
P.94
St-Laurent-en-Caux
Ardouval
Aumale
Thieulloy
Étretat
123
114
Valleuse du Curé
Épreville
Ourville
Hericourt
Doudeville
Mortemer
Neufchâtel-en-Bray
88
Cap d'Antifer
Seine-Maritime
76
Yerville
Auffay
Tôtes
St-Saëns
St-Saire
Abancourt
Sarcus
Grandvilliers
Goderville
Bréauté
Fauville
Bermonville
166
Yvetot
P.95
Formerie
Feuquières
Heuqueville
Cauville
Angerville
Limésy
Château de Clères
110
Octeville-s.-Mer
Montivilliers
Bolbec
106
Caudebec-en-Caux
Pavilly
Cailly
Buchy
Forges-les-Eaux
Marseille-en-Beauvaisis
Cap de la Hève
155
Abbaye de St-Wandrille-Rançon
Barentin
Montville
Quincampoix
Argueil
Songeons
Ste-Adresse
133
Le Havre
140
Lillebonne
Harfleur
Tancarville
Parc de Brotonne
Duclair
Le Trait
39
Gerberoy
Honfleur
136
Quillebeuf
103
Forêt de Brotonne
Jumièges
138
Abbaye de Jumièges
153
St-Martin-de-Boscherville
Rouen
152
Darnétal
Croisy
La Feuillie
Gournay-en-Bray
Villerville
Trouville
115
Deauville
162
Marais Vernier
Foulbec
Bourneville
Sotteville-lès-Rouen
Grand-Couronne
Boos
144
Lyons-la-Forêt
Morgny
Neuf-Marché
Chaos d'Auberville
91
149
Pont-Audemer
Bourg-Achard
Oissel
Fleury-s.-Andelle
Charleval
Sérifontaine
118
Dives-sur-Mer
150
Pont-l'Évêque
Houlgate
Villers
Branville
Épaignes
Montfort-s.-Risle
116
Côte des Deux-Amants
120
Collégiale d'Écouis
Écouis
Étrepagny
122
Elbeuf
Pont-de-l'Arche
128
Gisors
25
Chaumont-en-Vexin
Dozulé
Cormeilles
Blangy
Pont-Authou
Abbaye du Bec-Hellouin
99
Le Vaudreuil
Léry
87
Les Andelys
Dangu
102
Beuvron-en-Auge
Bonnebosq
Lieurey
Brionne
Le Gros-Theil
143
Louviers
Heudebouville
St-Clair
Liancourt
141
Lisieux
La Boissière
132
Château d'Harcourt
Thibouville
Acquigny
Gaillon
Tourny
Écos
P.135
Magny
113
Crèvecœur-en-Auge
Thiberville
Boisney
Le Neubourg
Eure
27
101
Bernay
Serquigny
Giverny
129
208
Site de La Roche-Guyon
163
Vernon
Aincourt
Mézidon
Beaumont-le-Roger
Vigny
Marines
154
St-Pierre-sur-Dives
Boissey
Livarot
Orbec
Broglie
Beaumesnil
Château de Beaumesnil
98
124
Évreux
Ménilles
Pacy-s.-Eure
Mantes-la-Jolie
194
Limay
Meulan
Falaises de l'Haut
190
Jort
Landepéreuse
La Bonneville-s.-Iton
Prey
Vimoutiers
Camembert
La Ferrière-s.-Risle
La Barre-en-Ouche
Conches-en-Ouche
111
Breuilpont
Épône
Maule
Crocy
Le Sap
La Neuve-Lyre
Glos-la-Ferrière
Les Baux-de-Breteuil
Damville
St-André-de-l'Eure
Ivry-la-Bataille
Longnes
Septeuil
218
Parc animalier de Thoiry
Beynes
Trun
La Ferté-Frênel
Gouville
Breteuil
Marcilly-s.-Eure
167
Château d'Anet
Berchères
Yvelines
Les Clayes
Chambois
Argentan
89
Le Bourg-St-Léonard
Gacé
Orne
61
Rugles
L'Aigle
Grandvilliers
Droisy
Nonancourt
Houdan
191
200
Montfort-l'Amaury
183
Élancourt
Haras du Pin
148
Échauffour
Nonant-le-Pin
Bourth
161
Verneuil-sur-Avre
Brissard
Dreux
181
188
La France Miniature
Le Merlerault
Aube
Crulai
Brézolles
Laons
Vernouillet
Prouais
Condé-s.-Vesgre
St-Léger-en-Yvelines
177
Château de Dampierre
Moulins-la-Marche
Randonnai
P.132-133
207B
Forêt de Rambouillet
220
Cascade des Vaux-de-Cernay
Mortrée
Sées
156
La Lande-de-Goult
Tourouvre
La Ferté-Vidame
Maillebois
Nogent-le-Roi
Épernon
207A
Château Rambouillet
Hte-Vallée de Chevreuse
Ste-Anne
26
Montchevrel
Tremblay
16
ALENÇON
16
ALENÇON
NOGENT-LE-ROTROU
CHARTRES
ÉTAMPES

LE HAVRE

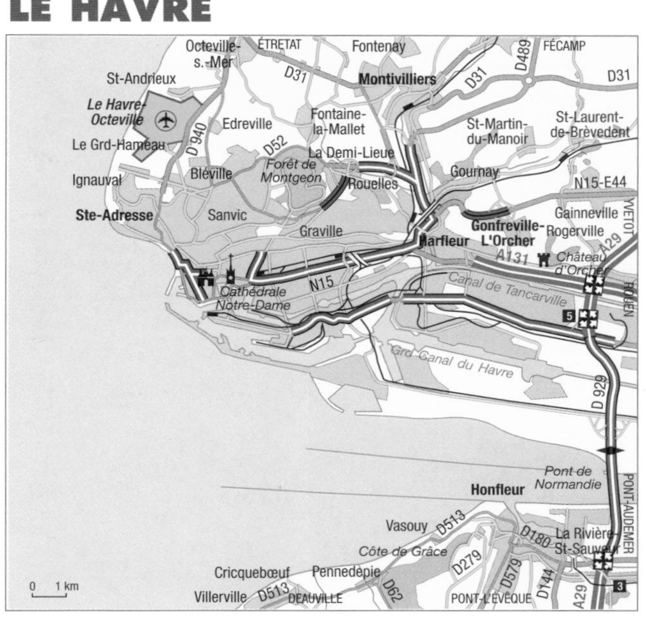

ROUEN

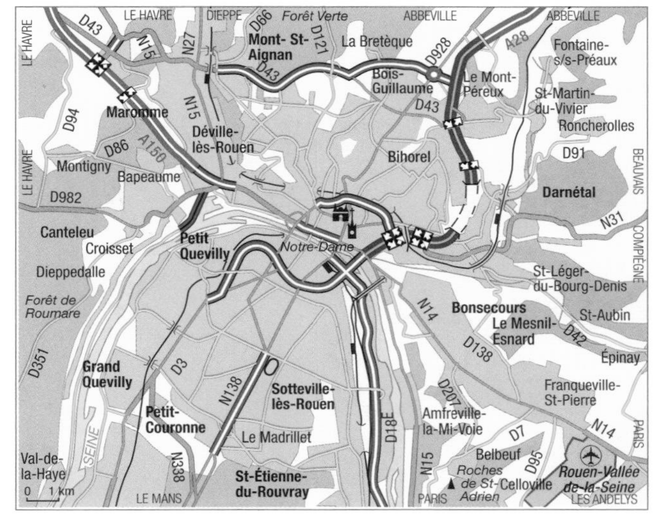

◄ *ARRAS, AMIENS* : voir plans p. 11

A
B
C
D
E
F
LILLE
MONS
11
28
NOGENT-S.-SEINE
TROYES
TROYES
CHAUMONT
31 Douai
46 Lewarde
Valenciennes
77 Valenciennes
Denain
Trith-St-Léger
Douchy-les-Mines
Maubeuge
50 Louvroil
Jeumont
Feignies
Thuin
Biesme
Mettet
Yvoir
Dinant
Ciney
Florennes
Philippeville
58 Le Quesnoy
Aulnoye-Aymeries
Solre-le-Château
73
18 Cambrai
Parc de l'Avesnois
8 Avesnes-s.-Helpe
47 Liessies
76 Forêt de Trélon
Chimay
Couvin
255 Givet
Beauraing
Vireux-Wallerand
Haybes
21 Le Cateau-Cambrésis
38 Fourmies
Bohain-en-Vermandois
62 Souterrain de Riqueval
41 Guise
Hirson
302 Rocroi
242 Rochers des Dames de Meuse
Monthermé
273
277 Vallée de la Semoy
315
Val. de la Meuse
316 Roche aux Sept-Villages
295 Rochers des Quatre-Fils-Aymon
69 St-Quentin
80 Vervins
P.162
Charleville-Mézières
237
Nouzonville
Mohon
313 Sedan
248 Élan
Ham
Tergnier
Chauny
67 Forêt de St-Gobain
Laon 45
Coucy-le-Château-Auffrique 27
Aisne
02
298 Rethel
Parc de vision de Belval 233
Ardennes
08
P.63
Soissons
72
Vouziers
P.165
Reims
296
Witry-lès-Reims
83 Villers-Cotterêts
61 Forêt de Retz
36 La Ferté-Milon
35 Fère-en-Tardenois
Parc de la Montagne de Reims
276 Forêt de la Montagne de Reims
Cormontreuil
Mourmelon-le-Grand
228 Forêt d'Argonne
Suippes
Ste-Menehould 310
P.163
246 Dormans
Château-Thierry 24
Épernay 249
Église de l'Épine 251
236 Châlons-en-Champagne
La Ferté-s/s-Jouarre
289 Abbaye d'Orbais
Marne
51
P.134
Coulommiers
305 St-Amand-sur-Fion
Vitry-le-François
Sézanne
Courtacon
Seine-et-Marne
77
St-Dizier

LAON

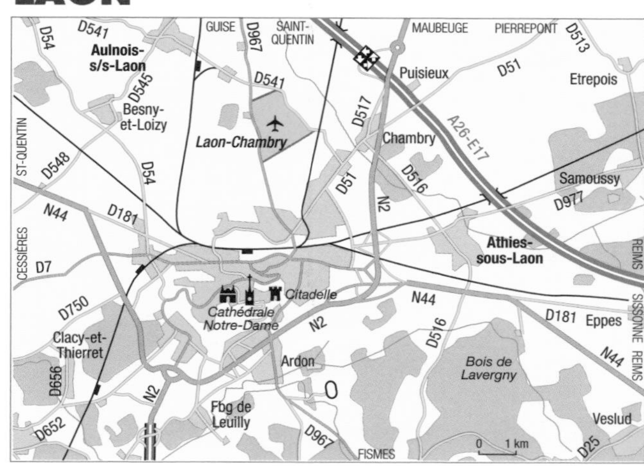

REIMS

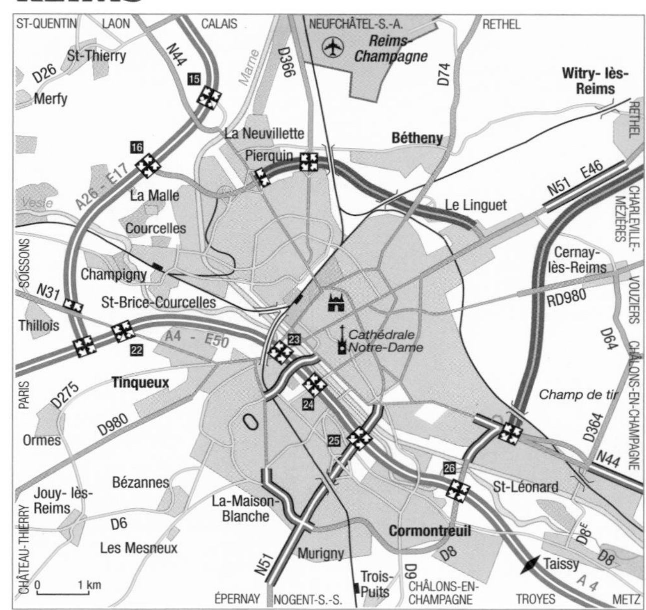

CHÂLONS-EN-CHAMPAGNE

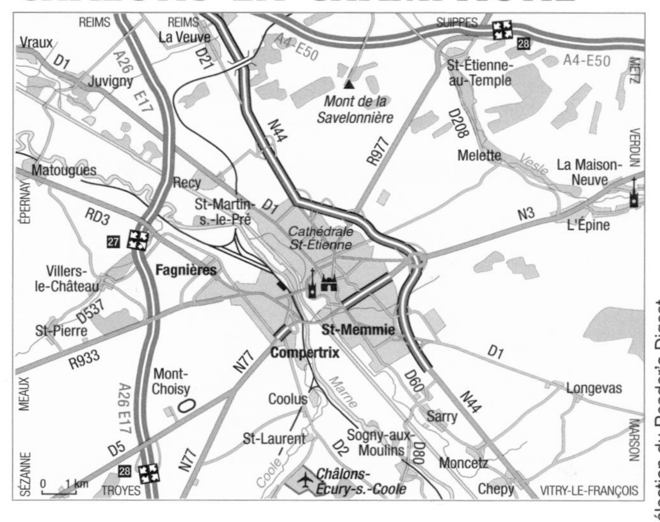

A
B
C
D
E
F
ALLEMAGNE
Kobern-Gondorf
Braubach
Monreal
Kelberg
Boppard
Gerolstein
Daun
Ulmen
Prüm
Cochem
Schönecken
St-Goarshausen
Espenschied
Pronsfeld
Lutzerath
Lorch
Waxweiler
Manderscheid
Kastellaun
Bacharach
Mainz
Kyllburg
Kappel
Simmern
Rüdesheim
Geisenheim
Bingen
Gau-Algesheim
Neuerburg
Wittlich
Traben-Trarbach
Stromberg
Nieder-Olm
Bitburg
Kirchberg
Nierstein
Bernkastel-Kues
Büchenbeuren
Gemünden
Winterbach
Bad-Kreuznach
Wörrstadt
Oppenheim
Schweich
Ehrang
Trittenheim
Morbach
Sobernheim
Kirn
Guntersblum
Echternach
Pfalzel
Trier
Katzenloch
Alzey
Osthofen
Idar-Oberstein
Meisenheim
Alsenz
Kirchheimbolanden
Konz
Rockenhausen
Hermeskeil
Birkenfeld
Baumholder
Grünstadt
Saarburg
Nohfelden
Winnweiler
Moutfort
Altenglan
Warden
Primstal
Kusel
Enkenbach-Alsenborn
Losheim
Remich
Bad-Dürkheim
Mettlach
St-Wendel
Ramstein
Kaiserslautern
Merzig
Schmelz
Landstuhl
Lebach
Ottweiler
Wiebelskirchen
Neustadt
Dillingen
Bexbach
Edenkoben
Heusweiler
Homburg
Waldfischbach-Burgalben
Saarlouis
Sulzbach
St-Ingbert
Püttlingen
Blieskastel
Zweibrücken
Landau
Völklingen
Pirmasens
Annweiler-am-Trifels
Grossrosseln
Saarbrücken
Herxheim-bei-L
Creutzwald
Forbach
Dahn
Bad-Bergzabern
Farébersviller
Sarreguemines
Kandel
Wörth-am-Rh
272 Metz
234 Bitche
333 Wissembourg
St-Avold
Parc des
Moselle 57
Faulquemont
Niederbronn-les-Bains
Forêt de Hanau
260
287
Vosges du Nord
Reichshoffen
Sarre-Union
Morhange
259 Forêt de Haguenau
Rastatt
292 Rochers de La Petite-Pierre
Haguenau
Château Salins
Bischwiller
Parc de
Sarrebourg
Brumath
Meurthe-et-Moselle 54
312 Saverne
Bas-Rhin 67
271 Marmoutier
Lorraine
332 Wasselonne
Schiltigheim
283 Nancy
Kehl
Dombasle-s-Meurthe
Château de Lunéville 270
308 St-Nicolas-de-Port
Cascade du Nideck 286
319 Strasbourg
275 Molsheim
Oberkirch
30
P. 166-167
ST-DIÉ
COLMAR

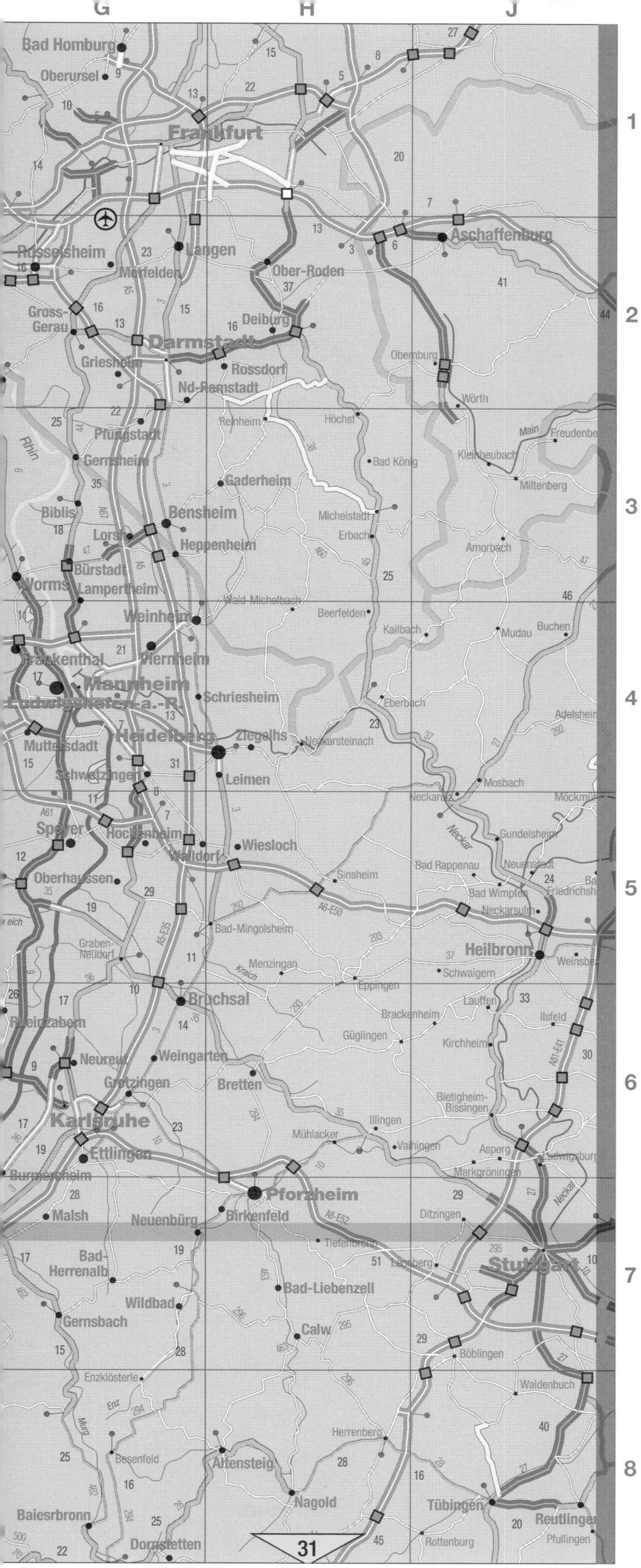

METZ

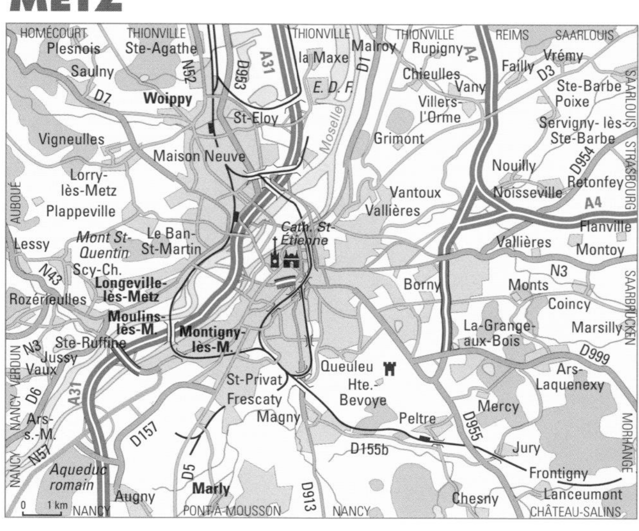

NANCY

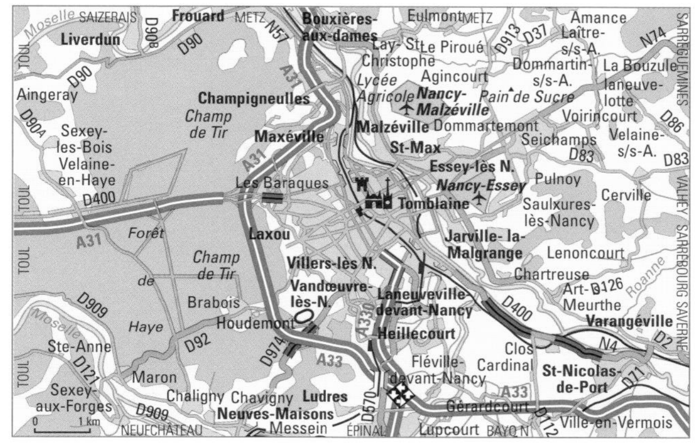

STRASBOURG

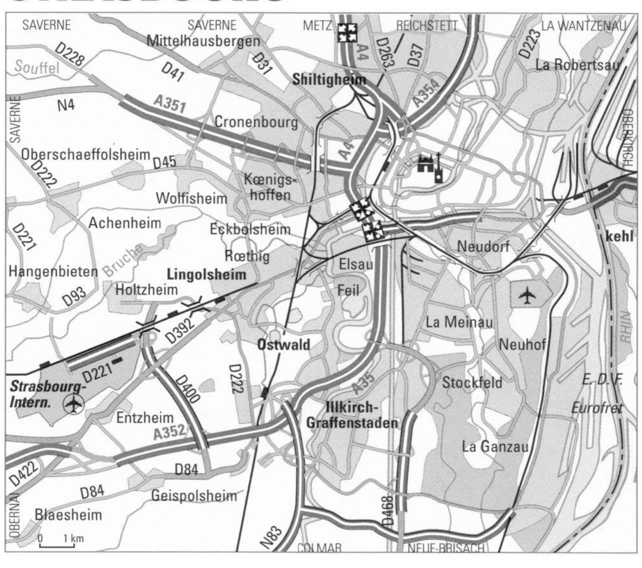

A
B
C
D
E
F
12
Brignogan-Plage
Guissény
Plouguerneau
Les Abers
334
Lannilis
Lesneven
Le Folgoët
366
Ploudalmézeau
P.210
Le Drennec
Porspoder
Plourin
Plouguin
Bourg-Blanc
Plabennec
Ploudaniel
400
Île d'Ouessant
Lampaul
Brélès
Île Molène
St-Renan
Gouesnou
Guipavas
Landerneau
404
Enclos paroissial de Pencran
345
Brest
410
Le Conquet
Presqu'île de Plougastel-Daoulas
439
Pointe de Saint-Mathieu
363
Pointe des Espagnols
Daoulas
Logonna-Daoulas
348
Camaret-sur-Mer
Lanvéoc
357
Presqu'île de Crozon
Landévennec
383
405
Pointe de Penhir
359
Pointe de Dinan
Crozon
Morgat
Tal-ar-Groas
Ménez-Hom
390
352
Cap de la Chèvre
Plomodiern
Baie de Douarnenez
MER D'IROISE
Plonévez-Porzay
Pointe du Van
Pointe du Raz
446
421
Île de Sein
Plogoff
Pont-Croix
Douarnenez
362
Locronan
388
Plogonnec
Audierne
Pouldergat
Baie d'Audierne
337
Plouhinec
Landudec
Plozévet
Pouldreuzic
Plonéour-Lanvern
Chapelle Notre-Dame-de-Tronoën
397
413
Pont-l'Abbé
Penmarc'h
406
Pointe de Penmarc'h
Guilvinec
Plobannalec
Loctudy
OCÉAN ATLAN

22

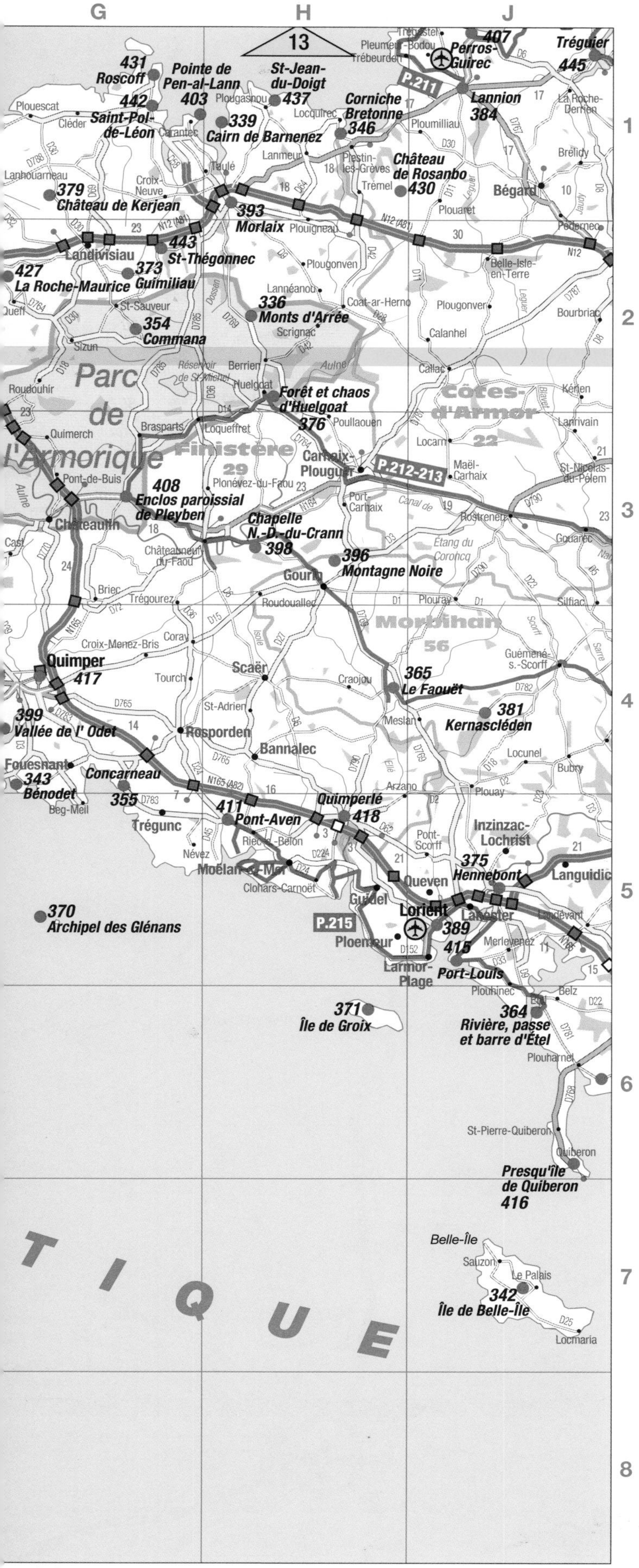

G
H
J
13
1
2
3
4
5
6
7
8
431 Roscoff
442 Saint-Pol-de-Léon
Pointe de Pen-al-Lann 403
St-Jean-du-Doigt 437
339 Cairn de Barnenez
Corniche Bretonne 346
407 Perros-Guirec
Tréguier 445
Lannion 384
P.211
Château de Rosanbo 430
379 Château de Kerjean
393 Morlaix
443 St-Thégonnec
Landivisiau
373 Guimiliau
427 La Roche-Maurice
336 Monts d'Arrée
354 Commana
Parc de l'Armorique
Forêt et chaos d'Huelgoat 376
Côtes-d'Armor 22
Finistère 29
Carhaix-Plouguer
P.212-213
408 Enclos paroissial de Pleyben
Chapelle N.-D.-du-Crann 398
396 Montagne Noire
Châteaulin
Morbihan 56
Quimper 417
365 Le Faouët
381 Kernascléden
399 Vallée de l' Odet
Rosporden
Bannalec
343 Bénodet
Concarneau 355
411 Pont-Aven
Quimperlé 418
375 Hennebont
Lorient
P.215
389
415 Port-Louis
370 Archipel des Glénans
371 Île de Groix
364 Rivière, passe et barre d'Étel
Presqu'île de Quiberon 416
342 Île de Belle-Île
TIQUE

QUIMPER

LOCRONAN
BREST
BRIEC
Croas-Caër
Kernilis
Site du Stangala
Gougastel
Quellenec
Odet
DOUARNENEZ
GOURIN
Kergaben
St-Guénolé
Lestonan
Ste-Anne
Kerfeunteun
Squividan
CORAY
Cuzon
Croix-Rouge
Ergué
AUDIERNE
Cath. St-Corentin
Ergué-Gabéric
ELLIANT
Penhars
Quimper-Cornouaille
D40
Pluguffan
Le Dréau
Kerlagatu
Port du Cornigue
Ty-Bos
Troyalac'h
LORIENT
PONT-L'ABBÉ
Kerdour
0 1 km
BÉNODET
CONCARNEAU

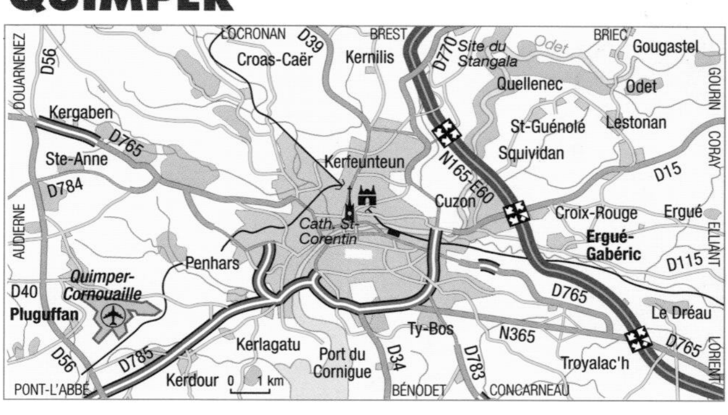

◄ **BREST** : *voir plan p. 13*

A
B
C
D
E
F
COUTANCES
14
Îles Chausey (Grande Île)
Ploubazlanec
Paimpol 401
426 Château de la Roche-Jagu
Plouézec
Lanloup
Portrieux
380 Chapelle de Kermaria-Nisquit
Plouha
St-Quay-Portrieux
P.211
Goudelin
Lanvollon
Baie de St-Brieuc
Guingamp 374
Trégomeur
Tréméloir
Plérin
Châtelaudren
St-Brieuc
433
Langueux
Ploufragan
St-Péver
Cohiniac
Quintin 419
Quessoy
Planguenoual
Lamballe 382
Pléneuf-Val-André
Erquy
Les Sables-d'Or
Fréhel
Cap Fréhel 368
Fort de la Latte 386
St-Cast-le-Guildo 434
Matignon
Hénanbihen
Château de la Hunaudaye 377
Plancoët
Bourseul
Corseul
Jugon-les-Lacs
La Malhoure
Moncontour 391
Ploeuc-s.-Lié
L'Hermitage-Lorge
Langourla
Corlay
Uzel
Plouguenast
Collinée
Yvignac
Broons
Caulnes
Éréac
St-Vran
Côtes-d'Armor
22
St-Mayeux
Nantes à Brest
Lac de Guerlédan
Mur-de-Bretagne 394
Loudéac
Plémet
Merdrignac
Trémorel
St-Méen-le-G.
P.212-213
Neulliac
Cléguérec
La Chèze
La Trinité-Porhoët
Ménéac
Illifaut
Gaël
Muel
Iffendic
St-Samson
Rohan
Pontivy 412
Mohon
Mauron
Crédin
Les Forges
Guilliers
Néant-s.-Yvel
Forêt de Paimpont 402
Paimpont
Étang du Pas du Houx
Plélan-le-Grand
Naizin
Réguiny
Melrand
Pluméliau
Étang au Duc
Josselin 378
St-Allouestre
Ploërmel 409
Campénéac
Augan
Guer
Baud 340
Locminé
Guéhenno
La Chapelle
Sérent
St-Jean-Brévelay
Plumelec
Colpo
Morbihan
56
Malestroit
Ruffiac
Trédion
Pluvigner
Grand-Champ
Brech
Ste-Anne-d'Auray
Elven
Forteresse de Largoët 385
Auray 338
Ploemel
St-Avé
Vannes 447
Questembert
Rochefort-en-Terre 428
Carentoir
La Gacilly
St-Gravé
Pipriac
La Trinité-s.-Mer
Carnac 350
369
Golfe du Morbihan 392
Île de Gavrinis 387
Locmariaquer
Theix
Surzur
Berric
Sarzeau
Port-Navalo
St-Gildas-de-Rhuys 436
Muzillac
Péaule
Allaire
Redon 422
St-Nicolas-de-Redon
Pénestin
La Roche-Bernard 425
Missillac
Herbignac
Grande Brière 347
La Chapelle-des-Marais
Pontchâteau
Île de Houat
Île de Hoëdic
Piriac-sur-Mer
La Turballe
Parc de Brière
St-Joachim
Montoir-de-Br.
Pointe du Croisic
Guérande 372
Le Croisic 356
La Baule 341
Le Pouliguen
Pornichet
St-Nazaire 440
Trignac
Donges
Savenay
St-Brévin-les-Pins 432
Paimboeuf
St-Michel-Chef-Chef
St-Père
Chauvé
Pointe de Saint-Gildas 435
Préfailles
Pornic 414
P.214
Arthon-en-Retz
32
Le Pont-Béranger
Ste-Pazanne
Pointe du Grouin
Paramé
St-Coulomb
Cancale 349
Dinard 360
St-Malo 438
420 Est. et vall. de la Rance
Le Vivier-s.-Mer
La Gouesnière
St-Broladre
Pleurtuit
Miniac-Morvan
Dol-de-Bretagne 361
La Boussac
Dinan 358
Lanvallay
Lanhélin
Cuguen
Combourg 353
Évran
Tinténiac
Dingé
Étang de Boulet
Sens-de-Bretagne
Bécherel
Médréac
Hédé
Irodouer
Ille-et-Vilaine
35
Gévezé
Montreuil
St-Aubin-d'Aubigné
Melesse
Bédée
Montfort
St-Gilles
Mordelles
Rennes 423
St-Jacques-de-la-Lande
St-Péran
Bruz
Guichen
Vern-s.-Seiche
Châteaugiron
La Chapelle-Bouëxic
Guignen
Maure-de-Bretagne
Lohéac
Bain-de-Bretagne
Le Sel-de-Bretagne
Messac
Guipry
Grand-Fougeray
Beslé
Pierric
Lac de Murin
Derval
Guémené-Penfao
Tournebride
Sévérac
Plessé
Nozay
St-Gildas-des-Bois
Blain
Trélan
Héric
Bouvron
Campbon
Le Pâquelais
Nort-s.-Erdre
St-Étienne-de-Montluc
Orvault
La Chapelle-s.-Erdre
Carquefou
St-Herblain
Couëron
Nantes 395
Rezé
Vertou
Loire-Atlantique
44
Bouaye
Pont-St-Martin
Lac de Grand-Lieu
Donville-les-Bains
Granville 130
St-Pair-s.-Mer
Jullouville
Villedieu-les-Poêles 165
La Haye-Pesnel
Carolles
Sartilly
Baie du Mont St-Michel
Avranches 92
Brécey
Genêts
Le Mont-Saint-Michel 145
Pontaubault
Pontorson
Ducey
Montigny
St-James
Antrain 335
Louvigné-du-Désert
St-Brice-en-Coglès
Bazouges-la-Pérouse
Landéan
Fougères 367
Couesnon
St-Aubin-du-Cormier
Billé
Dompierre-du-Chemin
St-Christophe-des-Bois
Liffré
Val-d'Izé
Noyal-s.-Vilaine
Vitré 448
Château des Rochers-Sévigné 429
Argentré-du-Plessis
Étang de Carcraon
La Roche-aux-Fées 424
Janzé
Retiers
La Guerche-de-Bretagne
La Roë
Thourie
Chelun
Martigné-Ferchaud
St-Aignan-s.-Roë
Teillay
Rougé
Renazé
Châteaubriant 351
Pouancé
Vergonnes
La Croix-Laurent
St-Julien-de-Vouvantes
Challain-la-Potherie
Moisdon-la-Rivière
Issé
La Meilleraye-de-Bretagne
Réservoir de Vioreau
Saffré
Riaillé
St-Mars-la-Jaille
Joué-s.-Erdre
Teillé
Belligné
Ligné
Ancenis
Varades
St-Florent-le-Vieil
Champtoceaux
St-Laurent-des-Autels
Cirque de Courossé 471
Montrevault
Le Loroux-Bottereau
Gesté
Vallet
St-Macaire-en-Mauges
CHANTONNAY
MORTAGNE-S.-S.
CHOLET

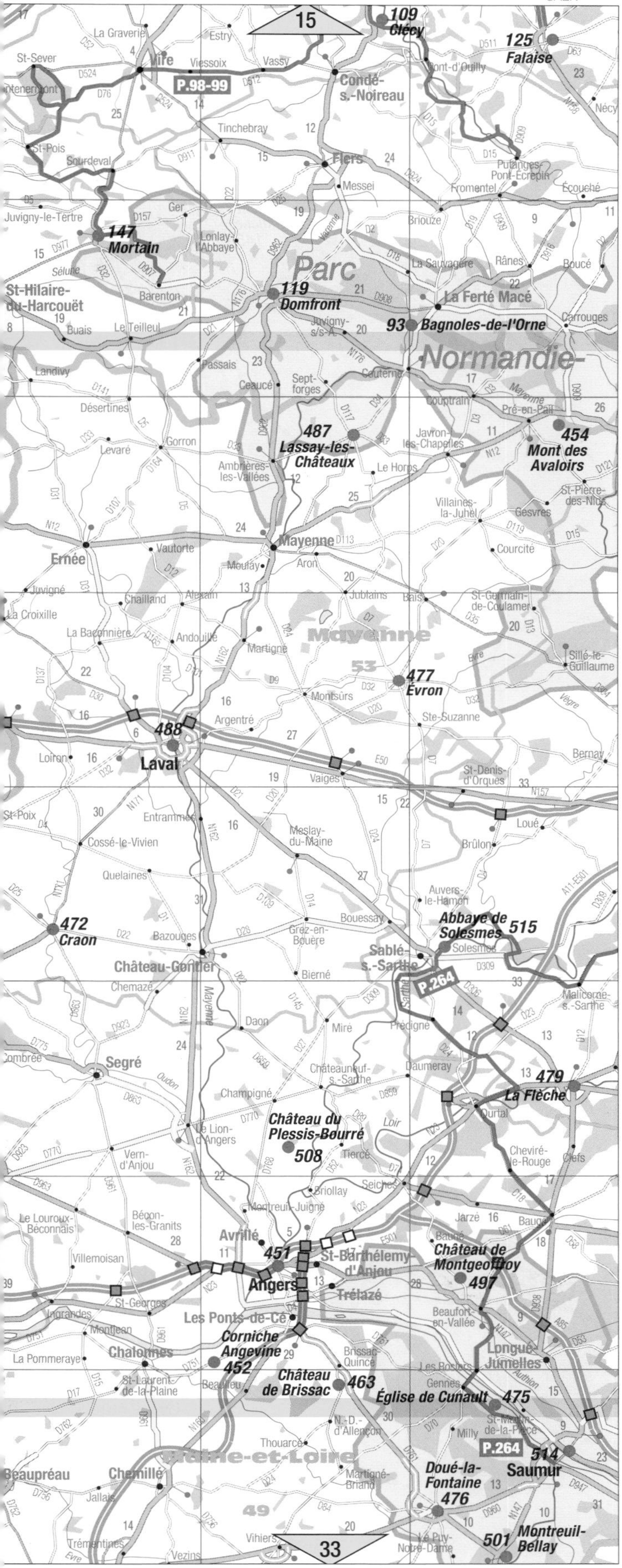

VANNES

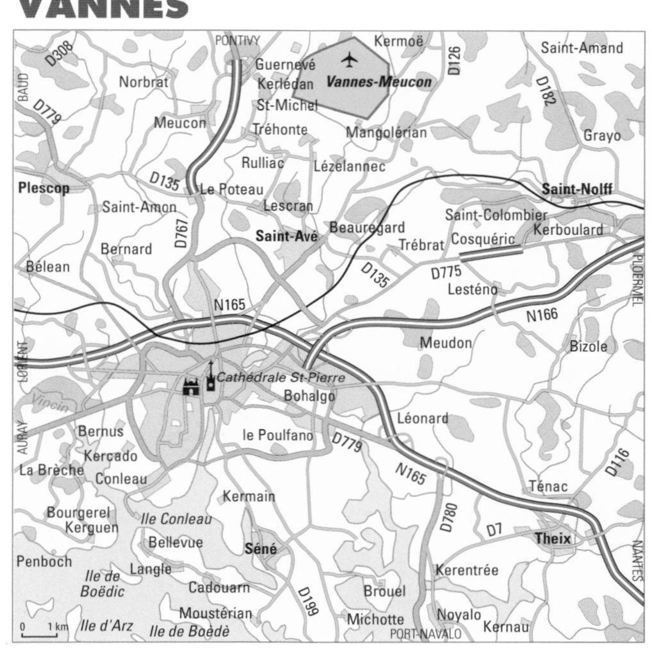

RENNES

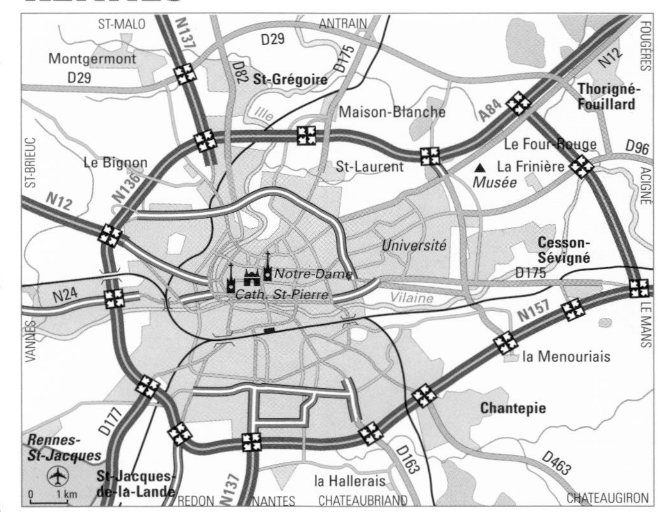

ANGERS

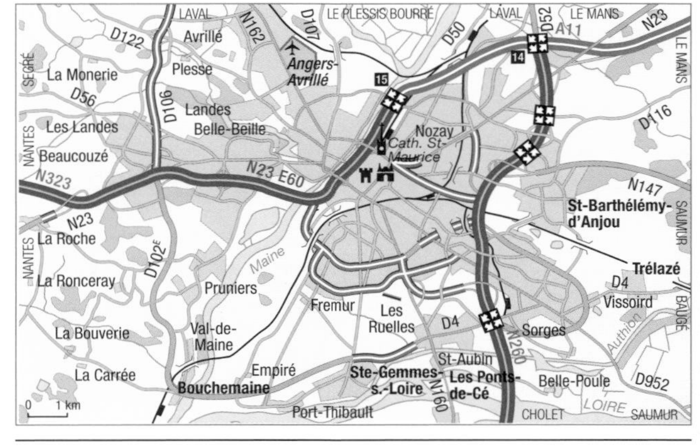

◄ *SAINT-MALO, DINARD* : *voir plans p. 15*

NANTES : *voir plan p. 33* ►

A
B
C
D
E
F
BERNAY
ROUEN
ÉVREUX
MANTES-LA-JOLIE
16
Vimoutiers
Conches-en-Ouche
111
Argentan
89
Haras du Pin
148
L'Aigle
161
Verneuil-sur-Avre
Dreux 181
167
Château d'Anet
Houdan
191
218
Parc animalier
de Thoiry
Yvelines
200
Montfort-
l'Amaury
188
La France
Miniature
183
Élancourt
177
Château de
Dampierre
207B
Forêt de
Rambouillet
220
Cascade
des Vaux-
de-Cernay
207A
Château
Rambouillet
Haute-Vallée
de Chevreuse
Orne
61
Sées
156
Maine
Forêt
d'Écouves
121
146
Mortagne-
au-Perche
192
Château de
Maintenon
Eure-et-Loir
28
174
Chartres
Alençon
86
Forêt de Perseigne
507
Forêt de
Bellême
100
Parc
du Perche
Mamers
483
Fresnay-sur-Sarthe
Nogent-le-
Rotrou
Sarthe
72
La Ferté-Bernard
478
175
Châteaudun
Le Mans
493
Coulaines
Allonnes
Arnage
Forêt de Bercé
459
Vendôme
520
498
Montoire-sur-le-Loir
Château-
du-Loir
491
Château
du Lude
Loir-et-Cher
41
460
Blois
Vineuil
458
Château
de Beauregard
464
Château
de Chambord
Château-
Renault
496
Meung-
s.-Loire
457
Beaugency
Orléans
506
La Chapelle-
St-Mesmin
Ingré
485
Forêt de
Lamotte-
Beuvron
P.132-133
P.262-263
Château de
Chaumont-sur-L.
467
Ch. de Cheverny
469
Ch. de Fougères-
sur-Bièvre
482
510
Romorantin-
Lanthenay
Tours
517
Fondettes
450
Amboise
Montlouis
486
Château
de Langeais
Château
de Villandry
522
Château
d'Azay-le-Rideau
456
Chambray
Château
de Chenonceaux
468
499
Château de
Montpoupon
Saint-Aignan
511
Selles-s.-Cher
Montsoreau
502
518
Château d'Ussé
Abb. de Fontevraud
480
470
Chinon
Parc
Loire-
Anjou-
Touraine
Indre-et-Loire
37
34
POITIERS
CHATEAUROUX
CHATEAUROUX

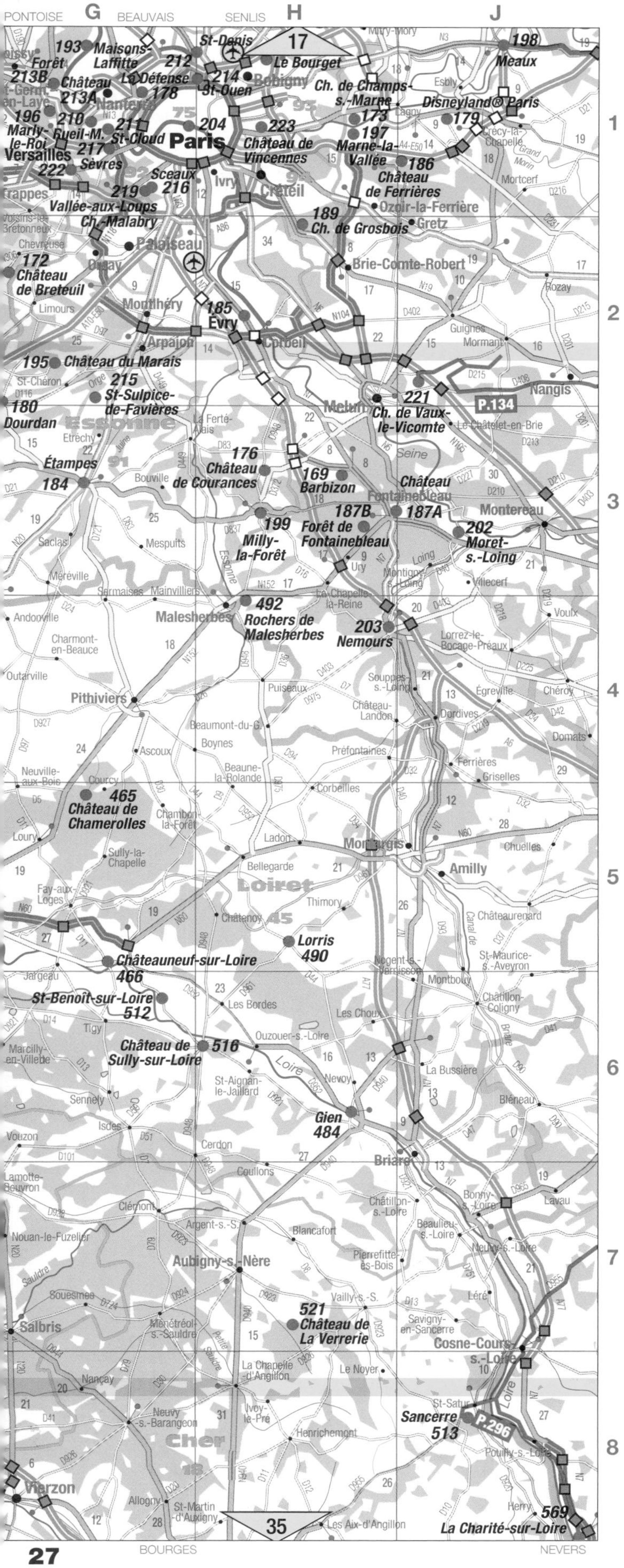

LE MANS

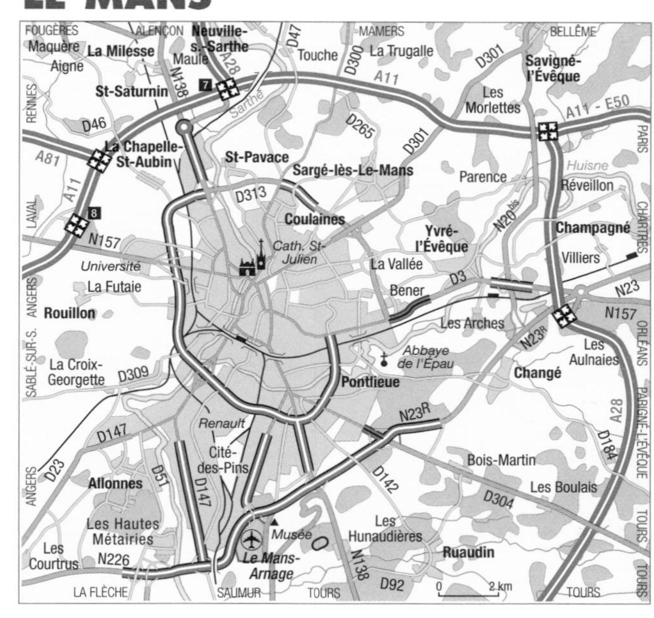

CHARTRES

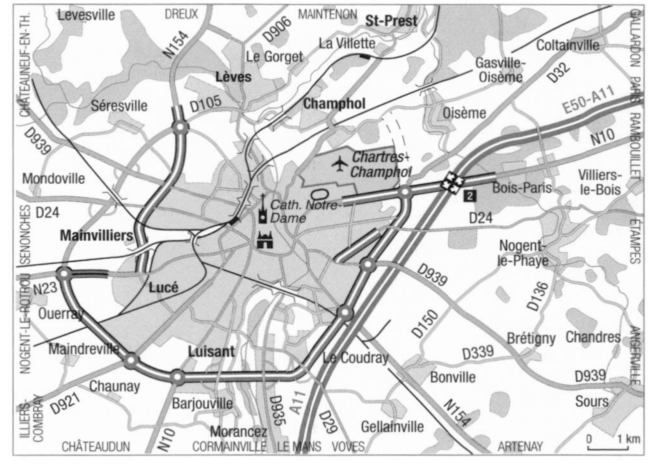

TOURS

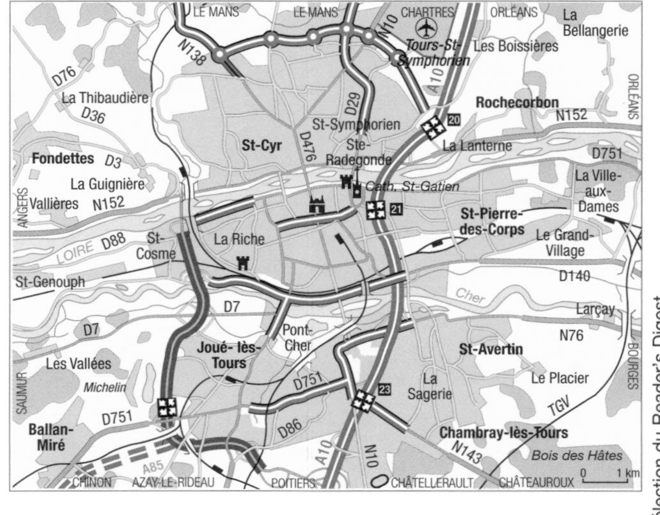

BLOIS, ORLÉANS : voir plans p. 29 ➤

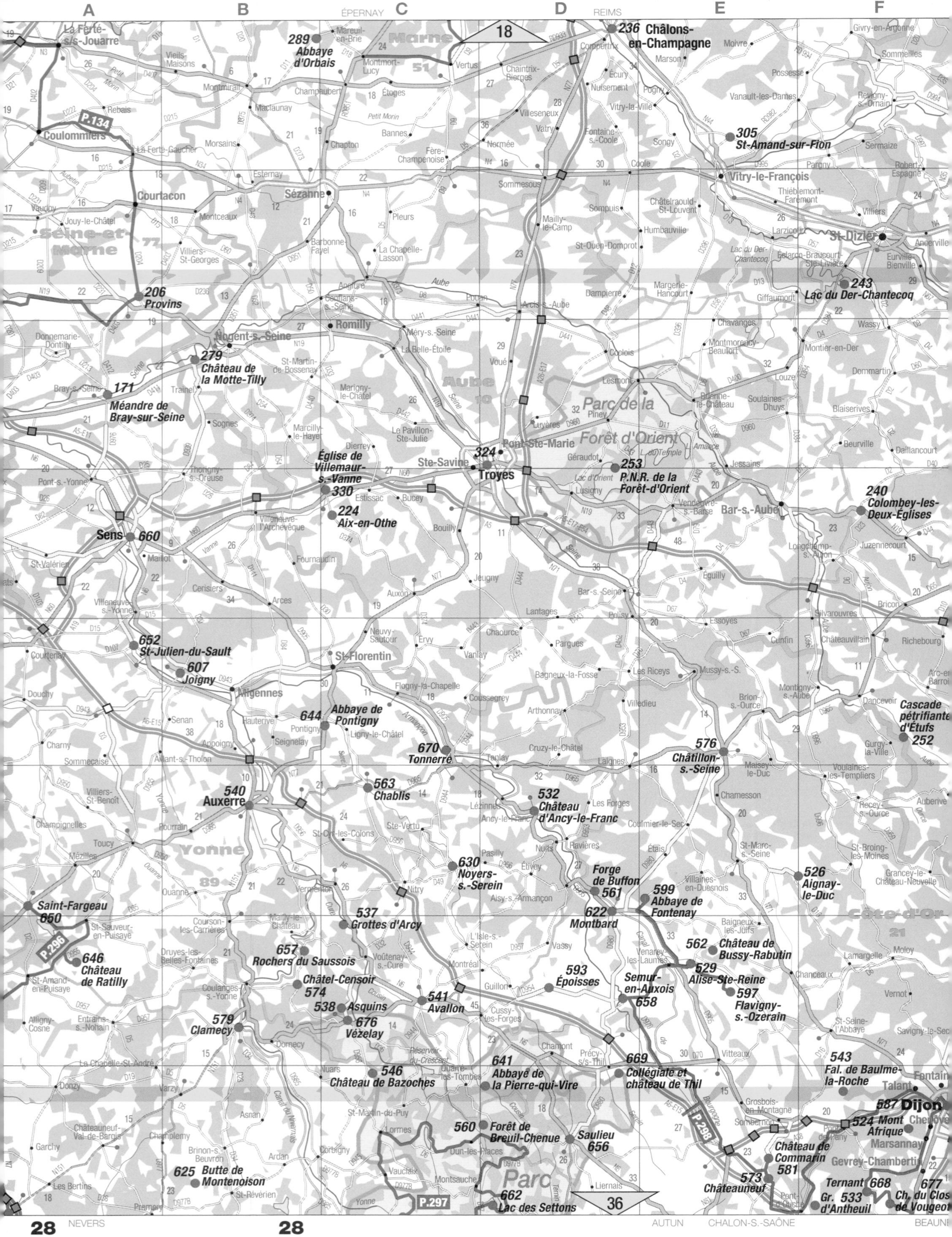
A
B
C
D
E
F
ÉPERNAY
REIMS
18
236 Châlons-en-Champagne
289 Abbaye d'Orbais
Marne 51
La Ferté-s/s-Jouarre
P.134
Coulommiers
Courtacon
Sézanne
Seine-et-Marne 77
206 Provins
305 St-Amand-sur-Fion
Vitry-le-François
St-Dizier
243 Lac du Der-Chantecoq
Romilly
Nogent-s.-Seine
279 Château de la Motte-Tilly
171 Méandre de Bray-sur-Seine
Aube 10
Parc de la Forêt d'Orient
324 Pont-Ste-Marie
Troyes
Ste-Savine
Église de Villemaur-s.-Vanne 330
224 Aix-en-Othe
253 P.N.R. de la Forêt-d'Orient
Bar-s.-Aube
240 Colombey-les-Deux-Églises
Sens 660
652 St-Julien-du-Sault
607 Joigny
St-Florentin
644 Abbaye de Pontigny
670 Tonnerre
576 Châtillon-s.-Seine
Cascade pétrifiante d'Étufs 252
540 Auxerre
563 Chablis
532 Château d'Ancy-le-Franc
Yonne 89
630 Noyers-s.-Serein
Forge de Buffon 561
599 Abbaye de Fontenay
622 Montbard
526 Aignay-le-Duc
Côte-d'Or 21
Saint-Fargeau 650
P.296
646 Château de Ratilly
537 Grottes d'Arcy
657 Rochers du Saussois
Châtel-Censoir 574
538 Asquins
676 Vézelay
541 Avallon
593 Époisses
562 Château de Bussy-Rabutin
529 Alise-Ste-Reine
597 Flavigny-s.-Ozerain
Semur-en-Auxois 658
579 Clamecy
546 Château de Bazoches
641 Abbaye de la Pierre-qui-Vire
669 Collégiale et château de Thil
543 Fal. de Baulme-la-Roche
587 Dijon
524 Mont Afrique
560 Forêt de Breuil-Chenue
Saulieu 656
P.298
Château de Commarin 581
573 Châteauneuf
625 Butte de Montenoison
662 Lac des Settons
P.297
Parc
36
Ternant 668
Gr. 533 d'Antheuil
677 Ch. du Clos de Vougeot
NEVERS
AUTUN
CHALON-S.-SAÔNE
BEAUNE

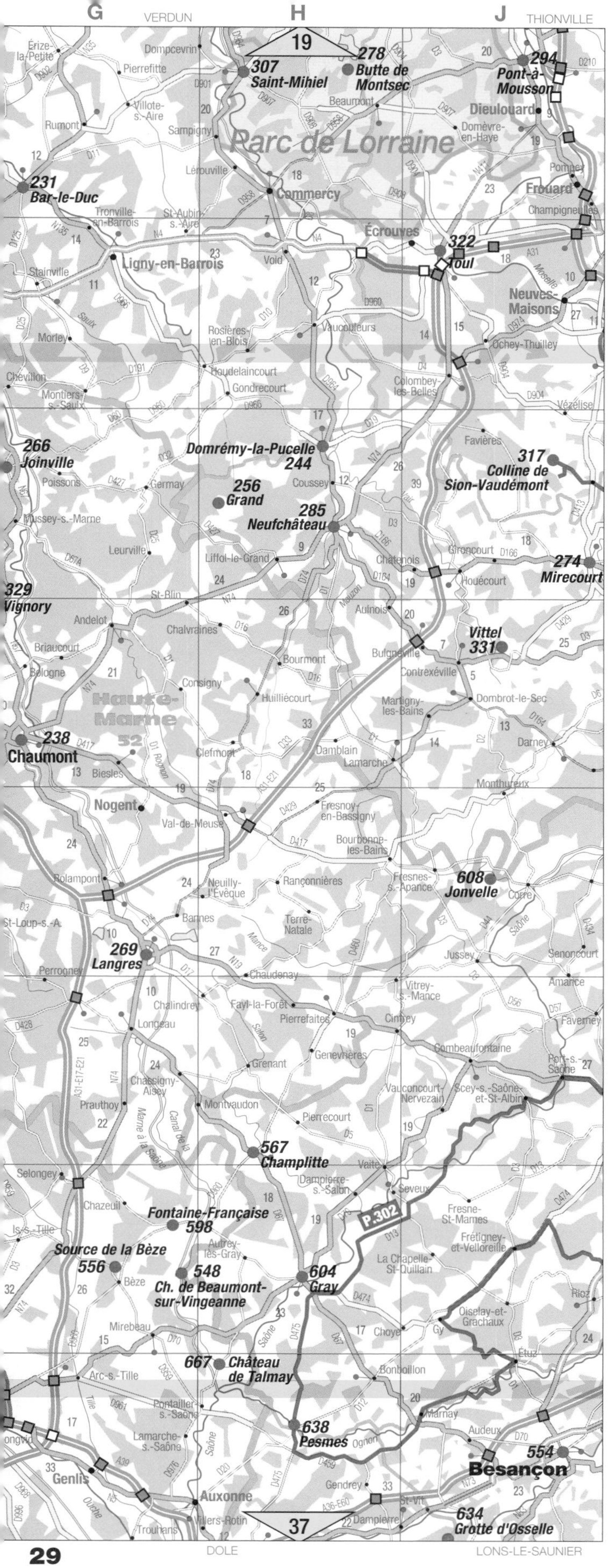

BLOIS

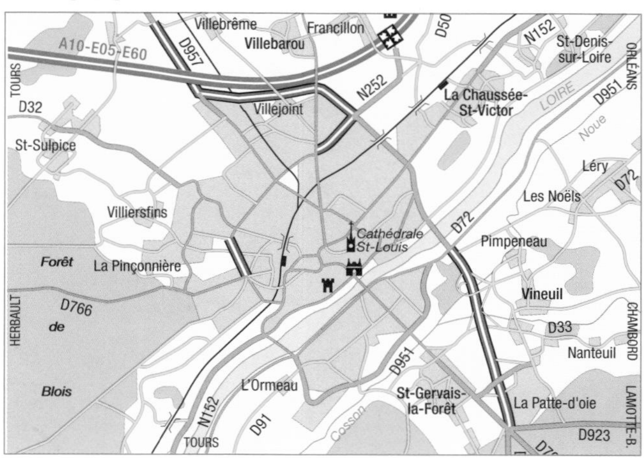

◄ voir carte p. 26

ORLÉANS

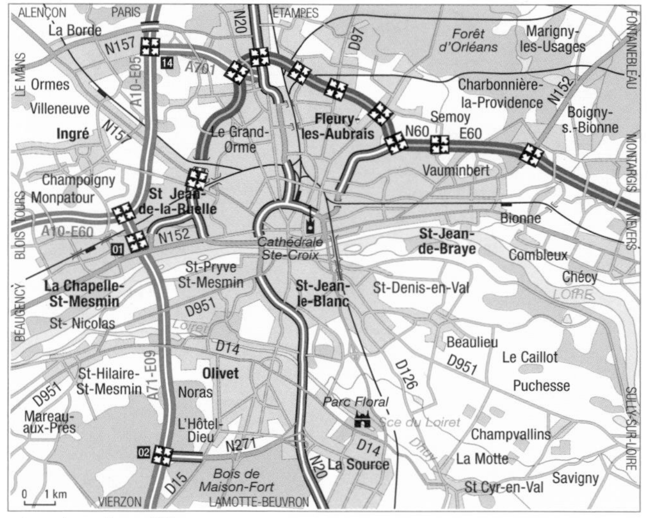

◄ voir carte p. 26

TROYES

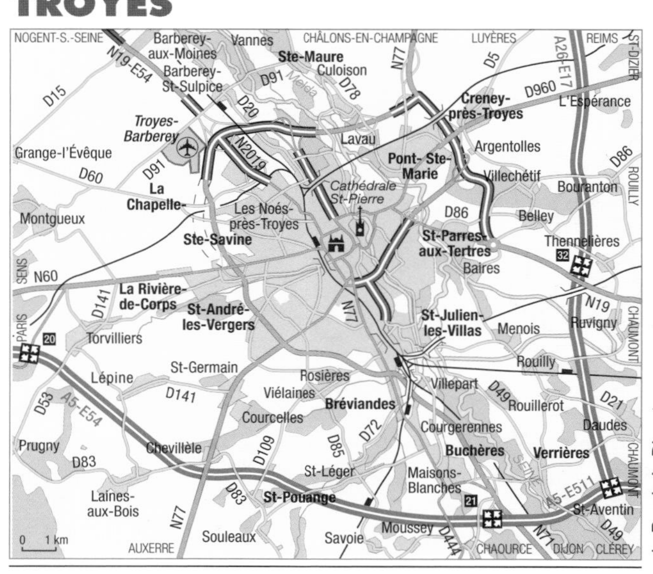

◄ CHÂLONS-EN-CHAMPAGNE : voir plan p. 19

DIJON : voir plan p. 31 ►

BESANÇON : voir plan p. 39 ►

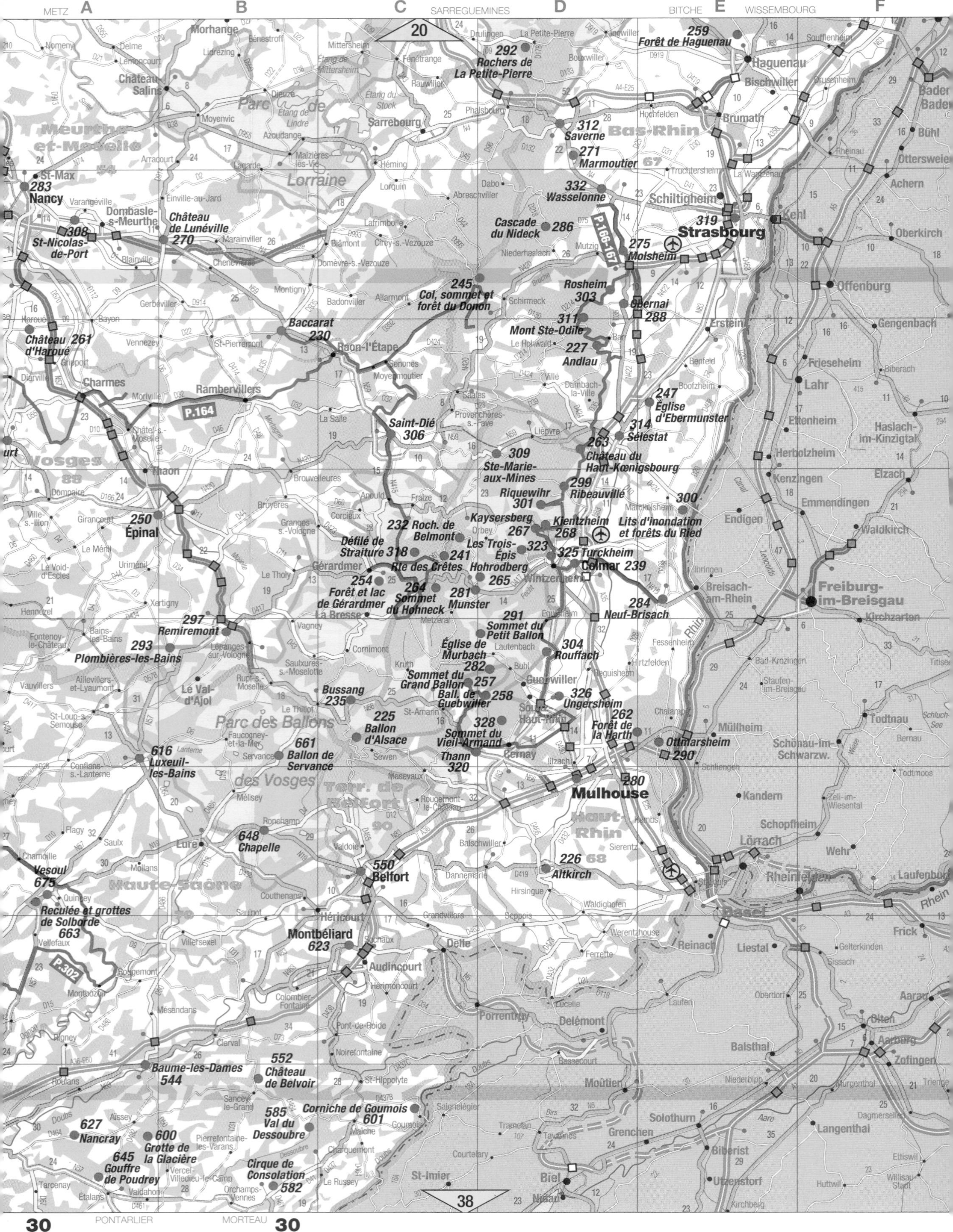
METZ
A
B
C
SARREGUEMINES
D
BITCHE
E
WISSEMBOURG
F
20
259 Forêt de Haguenau
Haguenau
292 Rochers de La Petite-Pierre
Morhange
Château-Salins
Meurthe-et-Moselle
54
Parc de Lorraine
Sarrebourg
312 Saverne
Bas-Rhin
271 Marmoutier
67
332 Wasselonne
Schiltigheim
Kehl
319 Strasbourg
283 Nancy
St-Max
Dombasle-s-Meurthe
308 St-Nicolas-de-Port
Château de Lunéville 270
Cascade du Nideck 286
P.166-167
275 Molsheim
Oberkirch
Offenburg
245 Col, sommet et forêt du Donon
Rosheim 303
Obernai 288
311 Mont Ste-Odile
227 Andlau
Baccarat 230
Raon-l'Étape
Château d'Haroué 261
Charmes
Rambervillers
P.164
247 Église d'Ebermunster
314 Sélestat
Saint-Dié 306
263 Château du Haut-Kœnigsbourg
309 Ste-Marie-aux-Mines
Vosges
88
Thaon
299 Ribeauvillé
Riquewihr 301
300 Lits d'inondation et forêts du Ried
Kaysersberg
267 Kientzheim 268
250 Épinal
232 Roch. de Belmont
Défilé de Straiture 318
241 Rte des Crêtes
Les Trois-Épis 323
325 Turckheim
Colmar 239
Gérardmer
254 Forêt et lac de Gérardmer
264 Sommet du Hohneck
Hohrodberg 265
281 Munster
Wintzenheim
284 Neuf-Brisach
Freiburg-im-Breisgau
297 Remiremont
291 Sommet du Petit Ballon
293 Plombières-les-Bains
Église de Murbach
282
304 Rouffach
Sommet du Grand Ballon 257
Ball. de Guebwiller 258
Guebwiller
326 Ungersheim
Le Val-d'Ajol
Bussang 235
262 Forêt de la Harth
225 Ballon d'Alsace
328 Sommet du Vieil-Armand
Thann 320
Parc des Ballons des Vosges
616 Luxeuil-les-Bains
661 Ballon de Servance
Ottmarsheim 290
280 Mulhouse
Terr. de Belfort
90
Haut-Rhin
68
648 Chapelle
Lure
Vesoul 675
Haute-Saône
70
550 Belfort
226 Altkirch
Reculée et grottes de Solborde 663
Montbéliard 623
Héricourt
Audincourt
Delle
Basel
P.302
Porrentruy
Delémont
Baume-les-Dames 544
552 Château de Belvoir
Corniche de Goumois 601
585 Val du Dessoubre
627 Nancray
600 Grotte de la Glacière
645 Gouffre de Poudrey
Cirque de Consolation 582
Biel
38
Solothurn
Grenchen
Olten
Aarau
Lörrach
Rheinfelden
Liestal
Rhein

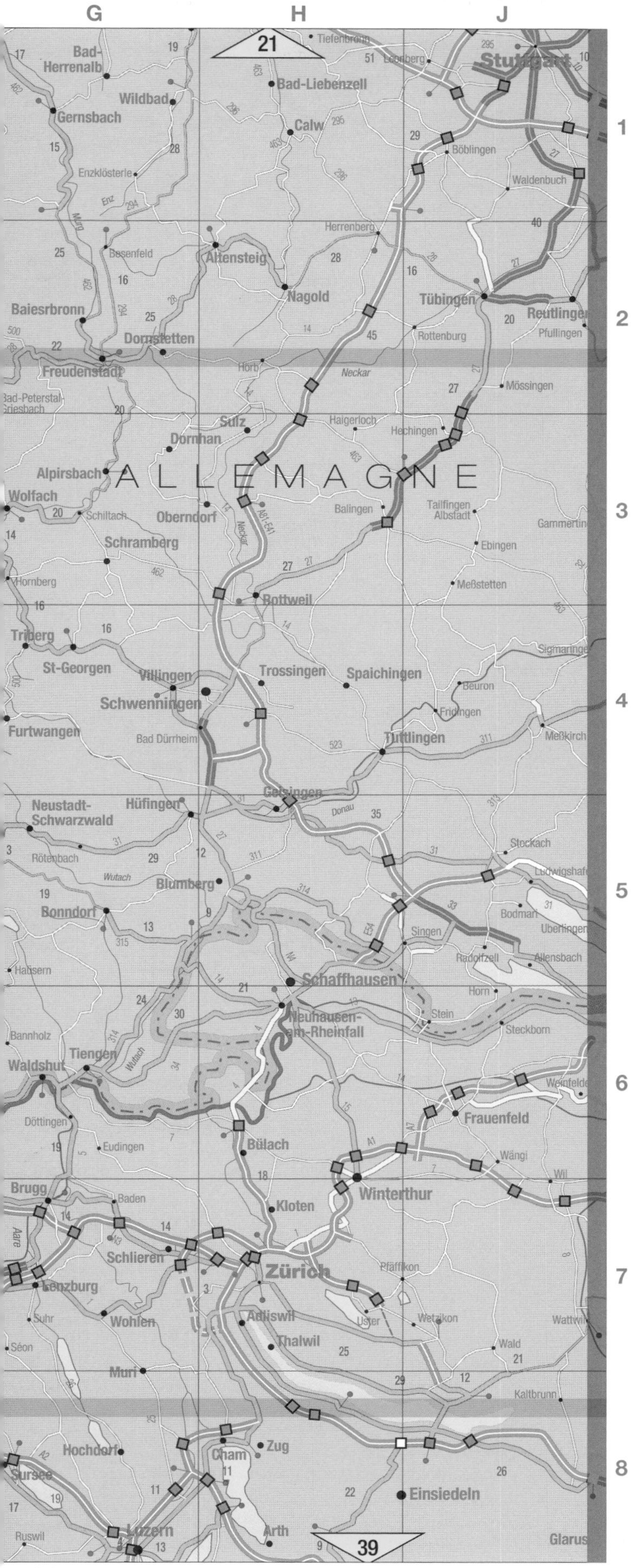

G H J

1 2 3 4 5 6 7 8

ALLEMAGNE

21

39

DIJON

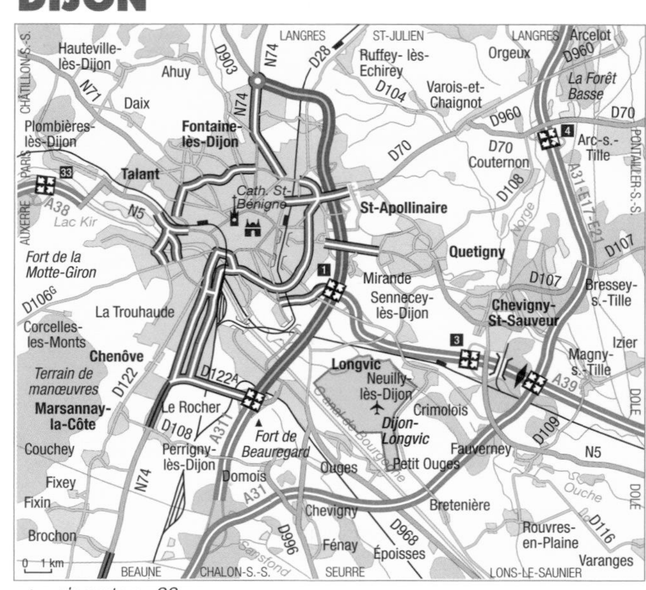

◄ voir carte p. 28

COLMAR

MULHOUSE

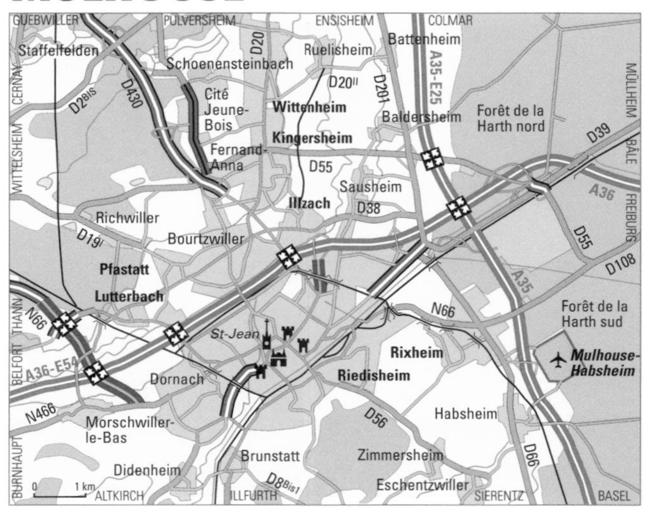

◄ **NANCY** : voir plan p. 21
◄ **STRASBOURG** : voir plan p. 21

A
B
C
ST-NAZAIRE
D
VANNES
RENNES
E
ANGERS
F
24
St-Herblain
Couëron
Nantes 395
St-Père
St-Michel-Chef-Chef
Pointe de Saint-Gildas
435
Préfailles
414
Pornic
Chauvé
Loire-Atlantique
44
Arthon-en-Retz
P.214
Le Pont-Béranger
Bouaye
Rezé
Vertou
Pont-St-Martin
Ste-Pazanne
Lac de Grand-Lieu
Le Loroux-Bottereau
Vallet
Gesté
Montrevault
St-Macaire-en-Mauges
Les Moûtiers-en-Retz
Île de Noirmoutier
721
Noirmoutier-en-l'Île
Baie de Bourgneuf
344
Bourgneuf-en-Retz
Machecoul
441
St-Philbert-de-Grand-Lieu
Aigrefeuille-s.-Maine
Geneston
Clisson
Montfaucon
Cugand
La Romagne
Torfou
745
Château de Tiffauges
La Guérinière
Barbâtre
Bouin
Beauvoir-s.-Mer
Vieillevigne
Montaigu
Rocheservière
La Verrie
La Gaubretière
682
Mont des Alouettes
Les Herbiers
La Garnache
Touvois
Falleron
La Barre-de-Monts
St-Urbain
Challans
Legé
Les Lucs
Bazoges
St-Fulgent
St-Denis-la-Chevasse
738
St-Jean-de-Monts
Soullans
Palluau
747
Île d'Yeu
Commequiers
Belleville-s.-Vie
Le Poiré
L'Oie
Mouchamps
Ste-Cécile
St-Vincent-Sterlanges
Les Essarts
St-Hilaire-de-Riez
La Corniche vendéenne
696
St-Gilles-Croix-de-Vie
Coëx
Aizenay
Mouilleron-le-Captif
La Ferrière
La Roche-s.-Yon
731
La Chaize-le-Vicomte
Chantonnay
L'Aiguillon-la-Chaize
Beaulieu
Les Loges
Bournezeau
Brétignolles-s.-Mer
La Mothe-Achard
Aubigny
Vairé
Nieul-le-Dolent
Vendée
85
Grosbreuil
Ste-Hermine
Olonne-s.-Mer
Château-d'Olonne
Les Sables-d'Olonne
736
Pointe de l'Aiguille
Moutiers-les-M.
Mareuil-s.-Lay-Dissais
Le Champ-St-Père
Luçon
710
743
Talmont-St-Hilaire
Avrillé
Longeville-s.-Mer
Jard-s.-Mer
714
Marais poitevin
Les Quatre-Chemins
Chaillé-les-Marais
St-Denis-du-Payré
Triaize
La Tranche-s.-Mer
L'Aiguillon-s.-Mer
St-Michel-en-l'Herm
679
Anse de l'Aiguillon
715
Marans
Pertuis Breton
OCÉAN ATLANTIQUE
700
Esnandes
Villedoux
St-Xandre
St-Clément-des-Baleines
Île de Ré
729
Île de Ré
St-Martin-de-Ré
Le Bois-Plage-en-Ré
Ste-Marie-de-Ré
Lagord
734
La Rochelle
Aytré
Aigrefeuille-d'Aunis
Pertuis d'Antioche
Châtelaillon-Plage
Île d'Oléron
St-Denis-d'Oléron
681
Île d'Aix
P.365
703
Fouras
723
Île d'Oléron
Sauzelle
St-Pierre-d'Oléron
Rochefort
732
Dolus-d'Oléron
Le Château-d'Oléron
687
Brouage
St-Trojan-les-Bains
Marennes
St-Just-Luzac
Ronce-les-Bains
716
Parcs à huîtres de Marennes
697
Forêt et pointe de la Coubre
La Tremblade
Étaules
Les Mathes
La Palmyre
La Grande-Côte
Vaux-s.-Mer
Royan 735
St-Georges-de-Didonne
1167
Phare de Cordouan
1181
Pointe de Grave
718
Meschers-s.-Gironde
Le Verdon-s.-Mer
Soulac-s.-Mer
40
BORDEAUX

32

NANTES

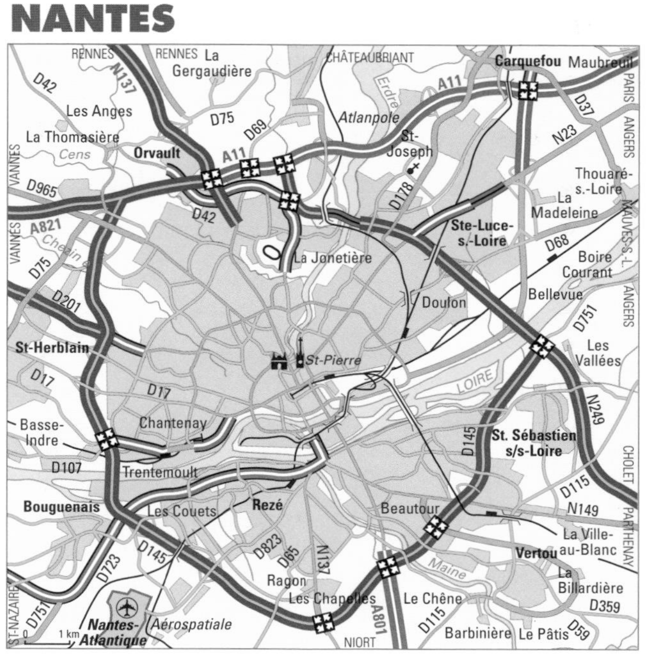

LA ROCHELLE

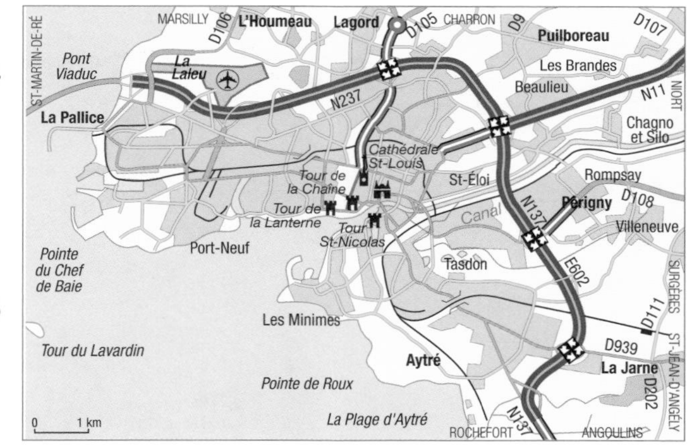

ANGOULÊME

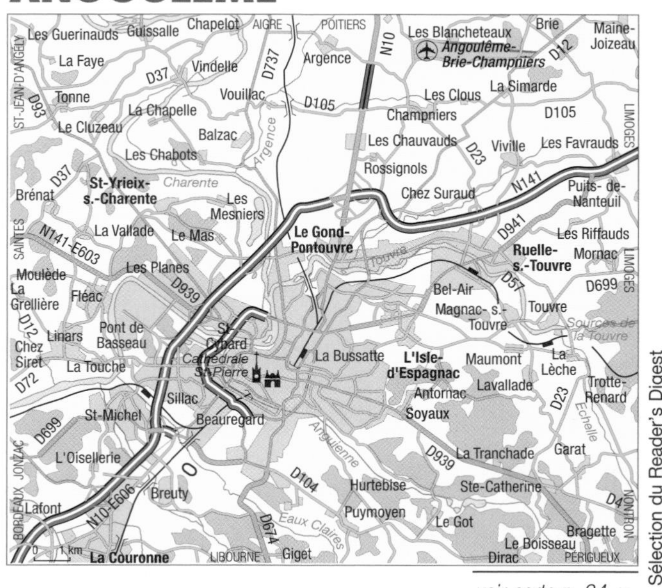

voir carte p. 34 ➤

A
B
C
D
E
F
TOURS
BLOIS
26
P.262-263
Loire-Anjou-Touraine
Château d'Azay-le-Rideau
456
Chambray
Château de Chenonceaux
468
Montsoreau
502
518 Château d'Ussé
Montbazon
499 Château de Montpoupon
Saint-Aignan
511
Selles-s.-Cher
Abb. de Fontevraud
480
470
Chinon
Indre-et-Loire
37
489
Loches
500 Château de Montrésor
519
Château de Valençay
Loudun
509
Richelieu
461
Château de Bouges
Issoudun
523
Château de Villegongis
Indre
36
Château d'Azay-le-Ferron
455
690
Châtellerault
La Roche-Posay
730
Châteauroux
Déols
P.265
704
Le Futuroscope
Abbaye de Fontgombault
481
Parc de la Brenne
Buxerolles
Le Blanc
Vienne
86
Poitiers
725
691
Chauvigny
Saint-Savin
740
503
Nohant-Vic
La Châtre
St-Benoît
722
Nouaillé-Maupertuis
P.367
Argenton-s.-Creuse
709
Abbaye de Ligugé
473
Vallée de la Creuse
711
Lusignan
719
Montmorillon
806
Site de Crozant
Gorges de la Sédelle
912
706
L'Isle-Jourdain
Le Dorat
811
La Souterraine
916
805
Gorges de la Creuse
693
Civray
689
Charroux
Bellac
833
Guéret
770
Bénévent-l'Abbaye
Haute-Vienne
87
Creuse
23
746
Verteuil-s.-Charente
Confolens
695
Gisement d'Ambazac
752
Oradour-s.-Glane
870
St-Junien
Couzeix
Charente
16
Rochechouart Château
888
841
Limoges
Isle
899
Saint-Léonard-de-Noblat
935
Lac de Vassivière
Aixe-s.-Vienne
733
La Rochefoucauld
St-Yrieix-s.-Ch.
683
Ruelle-s.-Touvre
Angoulême
Soyaux
788
Château de Châlus-Chabrol
Mont Gargan
827
Parc Périgord-Limousin
1156
Roc Branlant
P.398
42
34
PÉRIGUEUX
34
PÉRIGUEUX
BRIVE-LA-GAILLARDE

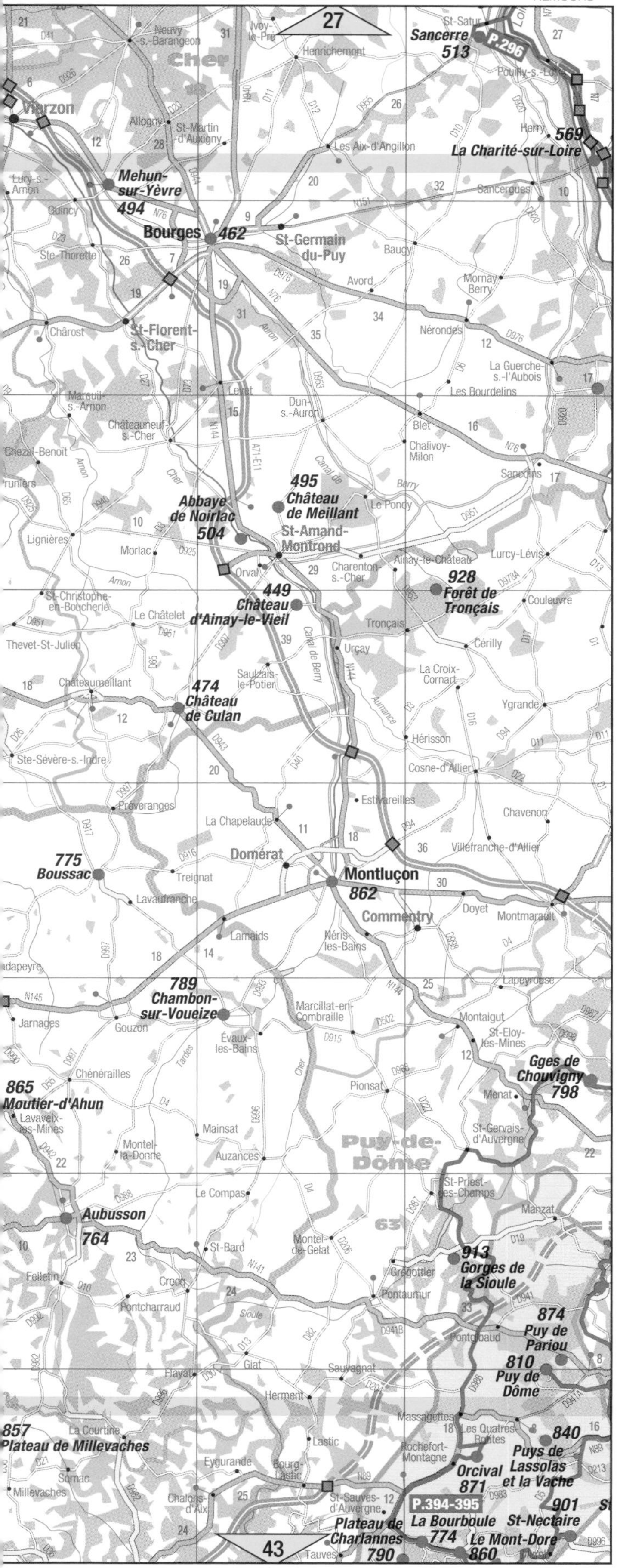

POITIERS

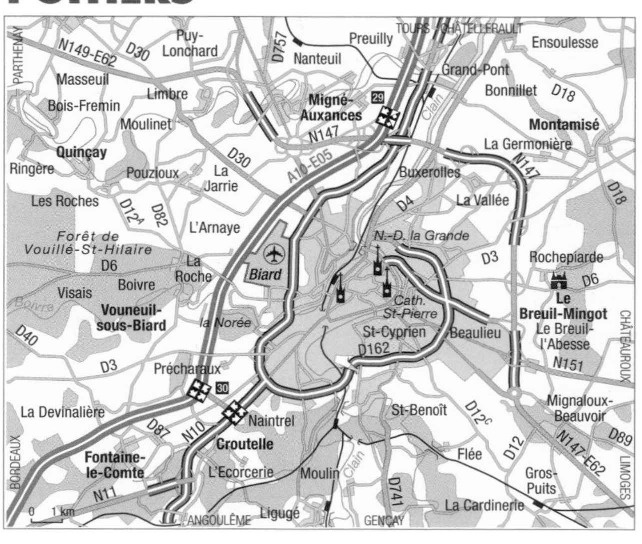

LIMOGES

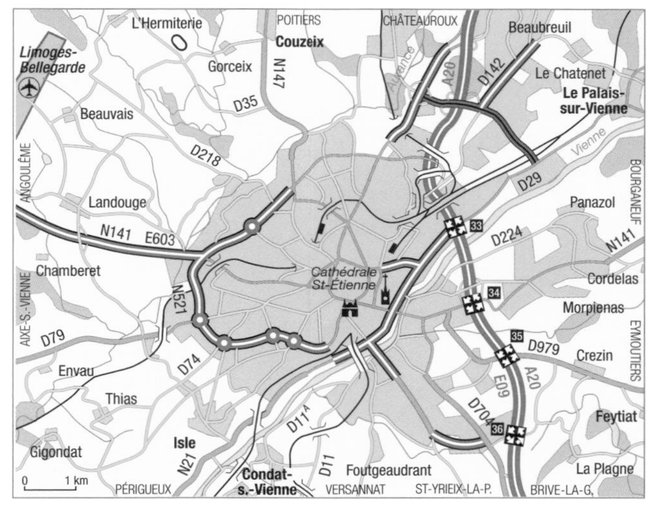

BOURGES

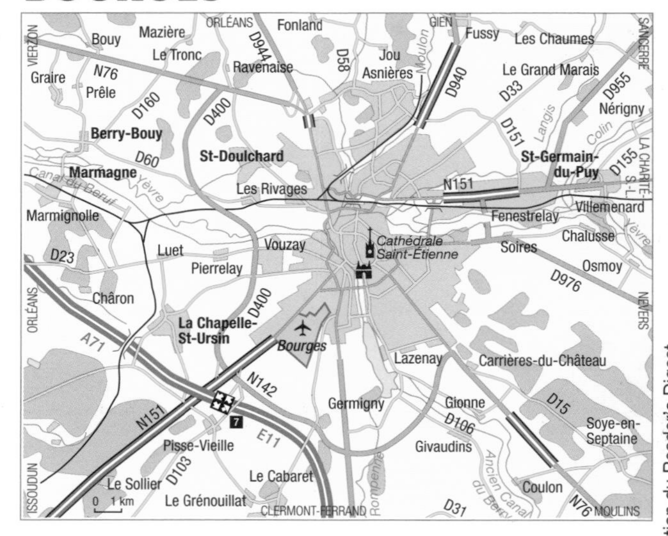

◄ *ANGOULÊME : voir plan p. 33*

A
B
C
D
E
F
AUXERRE
TONNERRE
TROYES
28
P.297
P.298
P.300-301
P.303
P.394-395
P.396
44
560 Forêt de Breuil-Chenue
Saulieu 656
587 Dijon
524 Mont Afrique
625 Butte de Montenoison
Château de Commarin 581
573 Châteauneuf
Gevrey-Chambertin
Ternant 668
Gr. 533 d'Antheuil
677 Ch. du Clos de Vougeot
662 Lac des Settons
Bge de Pannesière-Chaumard 635
632 Nuits-Saint-Georges
Parc du Morvan
Nièvre 58
Varennes-Vauzelles
Fourchambault
Châtillon-en-Bazois 575
572 Château-Chinon
Château de Sully 666
549 Beaune
Nevers 629
453 Apremont-sur-Allier
555 Mont Beuvray
Autun 539
La Rochepot 647
Chagny
566 Chalon-s.-Saône
Decize
672 Chaos et signal d'Uchon
584 Le Creusot
Montchanin
Blanzy
Montceau-les-Mines
885 Château du Riau
Bourbon-Lancy 557
St-Vallier
Mont-St-Vincent 621
864 Moulins
Yzeure
Gueugnon
568 Chapaize
Château de Cormatin 583
559 Brancion
Tournus 671
917 Souvigny
Saône-et-Loire 71
654 Mont St-Romain
586 Digoin
Château de Fourchaud 824
636 Paray-le-Monial
Charolles 570
Butte de Suin 665
580 Cluny
Grottes d'Azé 542
Puy St-Ambroise 895
Berzé-la-Ville 553
902 St-Pourçain-s.-Sioule
534 Anzy-le-Duc
Charnay-lès-Mâcon
618 Mâcon
664 Roche de Solutré
Allier 03
Lapalisse 838
659 Semur-en-Brionnais
791 Charlieu
547 Beaujeu
Ébreuil 815
938 Vichy
Cusset
Gannat
Châtel-Montagne 794
753 Ambierle
Mably
Cours-la-Ville
Belleville
Château d'Effiat 816
Roanne
Riorges
Le Coteau
Loire 42
Villefranche-s.-Saône
941 Lac de Villerest
Trévoux
793 Châtelguyon
886 Riom
Ennezat 817
945 Volvic
Thiers 923
Tarare
Neuville-s.-Saône
Rhône 69
Couvent d'Éveux 594
Clermont-Ferrand 799
Royat 893
Aubière
Courpière
804 Site du château de Couzan
768 Château de La Bastie-d'Urfé
Feurs
Villeurbanne
617 Lyon
829 Plateau de Gergovie
Cournon-d'Auv.
St-Priest
St-Genis-L.
Chazelles-s.-Lyon
903 St-Saturnin
937 Vic-le-Comte
879 Pierre-sur-Haute
933 Cirque de Valcivières
Montbrison 859
Givors
Parc du
Monts du Forez 823
ST-FLOUR
AMBERT
ST-ÉTIENNE
VALENCE

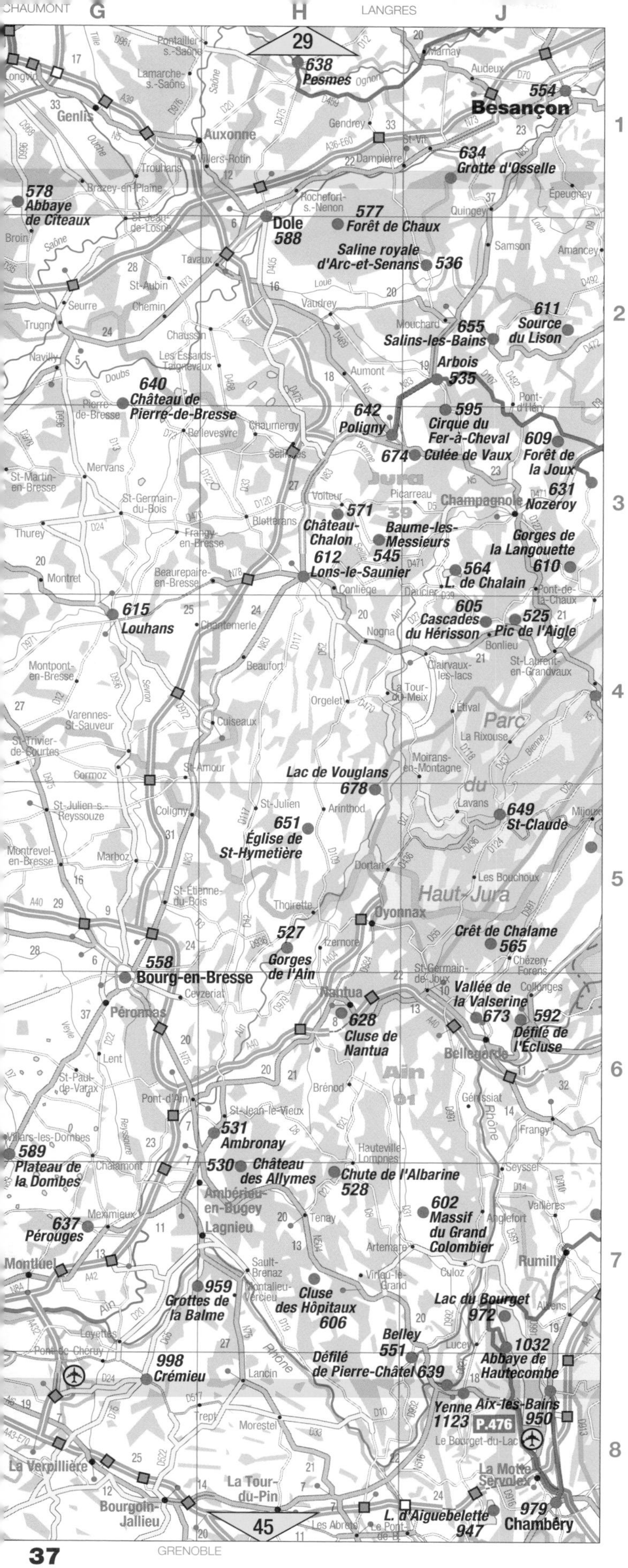

CHAUMONT
G
H
LANGRES
J
29
638 Pesmes
554 Besançon
Genlis
Auxonne
634 Grotte d'Osselle
578 Abbaye de Cîteaux
Dole 588
577 Forêt de Chaux
Saline royale d'Arc-et-Senans 536
611 Source du Lison
655 Salins-les-Bains
Arbois 535
640 Château de Pierre-de-Bresse
642 Poligny
595 Cirque du Fer-à-Cheval
674 Culée de Vaux
609 Forêt de la Joux
631 Nozeroy
Jura
39
Champagnole
571 Château-Chalon
Baume-les-Messieurs 545
Gorges de la Langouette 610
612 Lons-le-Saunier
564 L. de Chalain
615 Louhans
605 Cascades du Hérisson
525 Pic de l'Aigle
Parc du Haut-Jura
Lac de Vouglans 678
649 St-Claude
651 Église de St-Hymetière
Oyonnax
527 Gorges de l'Ain
Crêt de Chalame 565
558 Bourg-en-Bresse
Nantua
628 Cluse de Nantua
Vallée de la Valserine 673
592 Défilé de l'Écluse
Bellegarde
Ain
01
531 Ambronay
589 Plateau de la Dombes
530 Château des Allymes
Chute de l'Albarine 528
602 Massif du Grand Colombier
Ambérieu-en-Bugey
637 Pérouges
Lagnieu
Montluel
959 Grottes de la Balme
Cluse des Hôpitaux 606
Lac du Bourget 972
Belley 551
1032 Abbaye de Hautecombe
998 Crémieu
Défilé de Pierre-Châtel 639
Yenne 1123
P.476
Aix-les-Bains 950
La Verpillière
La Tour-du-Pin
La Motte-Servolex
Bourgoin-Jallieu
45
L. d'Aiguebelette 947
979 Chambéry
GRENOBLE
1
2
3
4
5
6
7
8

CLERMONT-FERRAND

Blanzat
Cébazat
Gerzat
Chanat-la-Mouteyre
Sayat
Nohanent
Montferrand
Plateau de Chanturgue
Malintrat
Pont-du-Château
Durtol
Aulnat
Sarcenat
Clermont-Ferrand Aulnat
La Baraque
Chamalières
Fontanas
Montrodeix
Royat
Lempdes
Dallet
Cournon-d'Auvergne
Mezel
Beaumont
Aubière
Ceyrat
Thèdes
Boisséjour
Pérignat-lès-Sarliève
Romagnat
Berzet
Clémensat
Plateau de Gergovie
St-Genès-Champanelle
Le Cendre
Pérignat-s.-Allier
0 1 km

LYON

St-Didier-au-Mt-d'Or
Collonges
St-Cyr
St-Rambert-L'Ile-Barbe
Sathonay-Camp
Rillieux-la-Pape
Miribel
Neyron
Parc de Miribel-Jonage
Champagne-au-Mont-d'Or
Caluire-et-Cuire
Vaulx-en-Velin
Écully
Villeurbanne
Le Mollard
Meyzieu
Tassin-la-Fourvière
Demi-Lune
St-Just
La Guillotière
Montchat
Decines-Charpieu
Chassieu
Genas
Ste-Foy-lès-Lyon
Perrache
Monplaisir
Bron
Lyon-Bron
Eurexpo
La Mulatière
Oullins
St-Fons
St-Priest
Pierre-Bénite
St-Genis-Laval
Vénissieux
Irigny
Feyzin
Corbas
Mions
Toussieu
0 1 km

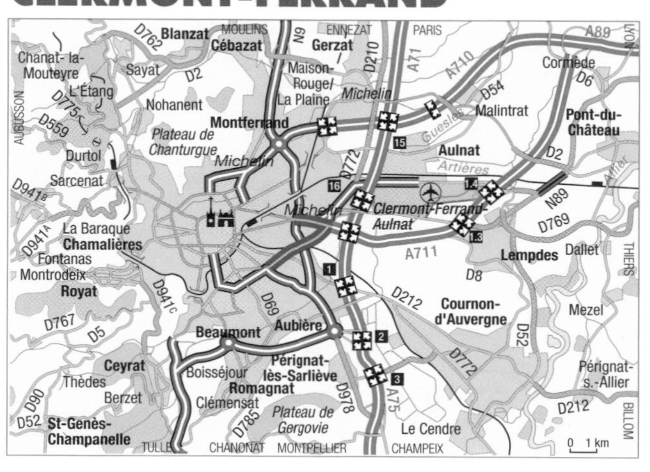

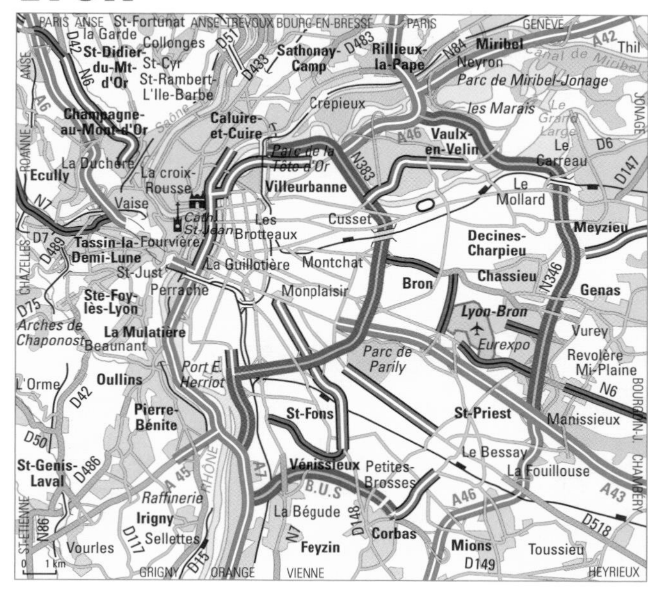

◄ DIJON : voir plan p. 31

BESANÇON : voir plan p. 39 ►

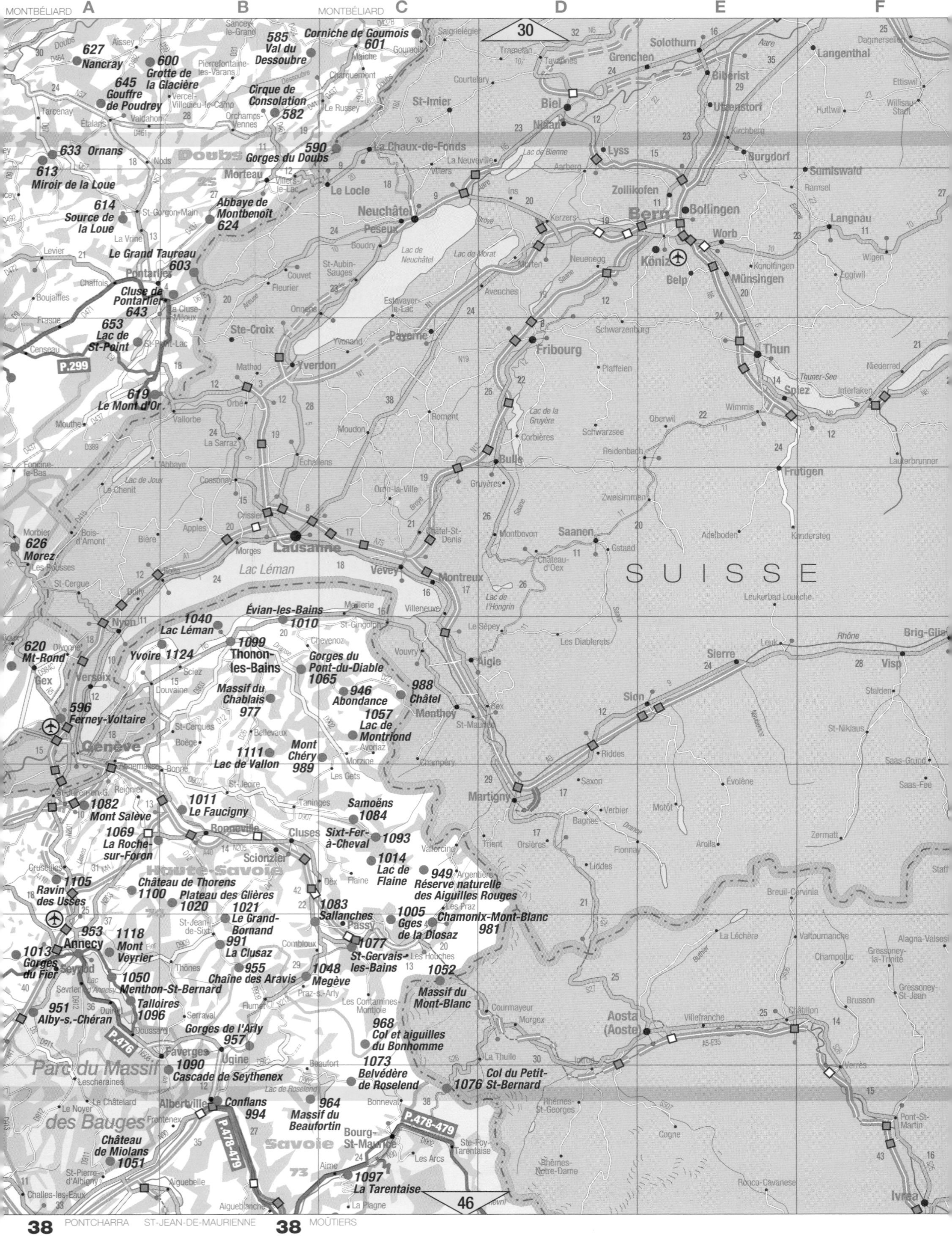

MONTBÉLIARD
A
B
MONTBÉLIARD
C
D
E
F
30
627 Nancray
600 Grotte de la Glacière
585 Val du Dessoubre
Corniche de Goumois 601
645 Gouffre de Poudrey
Cirque de Consolation 582
633 Ornans
613 Miroir de la Loue
590 Gorges du Doubs
Doubs
25
Morteau
614 Source de la Loue
Abbaye de Montbenoît 624
Le Grand Taureau 603
Pontarlier
Cluse de Pontarlier 643
653 Lac de St-Point
P.299
619 Le Mont d'Or
626 Morez
620 Mt-Rond
Gex
Solothurn
Grenchen
Langenthal
Biberist
Biel
Utzenstorf
Nidau
Lyss
Burgdorf
Sumiswald
St-Imier
La Chaux-de-Fonds
Le Locle
Neuchâtel
Peseux
Zollikofen
Bern
Bollingen
Langnau
Worb
Köniz
Belp
Münsingen
Lac de Neuchâtel
Lac de Morat
Lac de Bienne
Payerne
Yverdon
Ste-Croix
Fribourg
Thun
Thuner-See
Spiez
Interlaken
Lac de la Gruyère
Bulle
Frutigen
Saanen
Lausanne
Lac Léman
Vevey
Montreux
SUISSE
Nyon
Versoix
Aigle
Sierre
Rhône
Brig-Glis
Visp
Sion
Martigny
1040 Lac Léman
Évian-les-Bains 1010
1099 Thonon-les-Bains
Yvoire 1124
Gorges du Pont-du-Diable 1065
946 Abondance
988 Châtel
Monthey
Massif du Chablais 977
1057 Lac de Montriond
596 Ferney-Voltaire
Genève
1111 Lac de Vallon
Mont Chéry 989
1082 Mont Salève
1011 Le Faucigny
Samoëns 1084
1069 La Roche-sur-Foron
Bonneville
Cluses
Sixt-Fer-à-Cheval 1093
1014 Lac de Flaine
949 Réserve naturelle des Aiguilles Rouges
Haute-Savoie
74
1105 Ravin des Usses
Château de Thorens 1100
Plateau des Glières 1020
1021 Le Grand-Bornand
1083 Sallanches
1005 Gges de la Diosaz
Chamonix-Mont-Blanc 981
953 Annecy
1118 Mont Veyrier
991 La Clusaz
1077 St-Gervais-les-Bains
1013 Gorges du Fier
1050 Menthon-St-Bernard
955 Chaîne des Aravis
1048 Megève
1052 Massif du Mont-Blanc
951 Alby-s.-Chéran
Talloires 1096
Gorges de l'Arly 957
968 Col et aiguilles du Bonhomme
Aosta (Aoste)
P.476
Faverges
1090 Cascade de Seythenex
Parc du Massif des Bauges
1073 Belvédère de Roselend
Col du Petit-St-Bernard 1076
Albertville
Conflans 994
964 Massif du Beaufortin
P.478-479
Château de Miolans 1051
Savoie
73
Bourg-St-Maurice
1097 La Tarentaise
46
Ivrea
38
PONTCHARRA
ST-JEAN-DE-MAURIENNE
38
MOÛTIERS

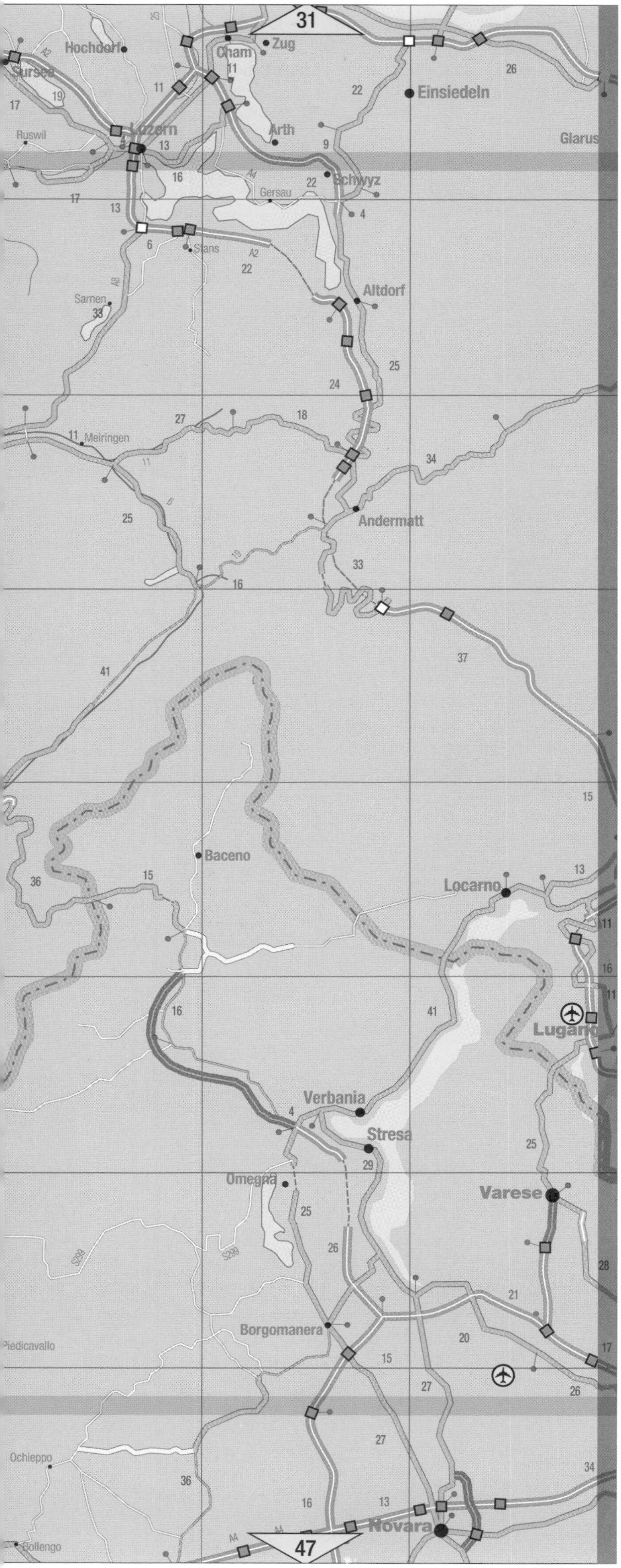

BESANÇON

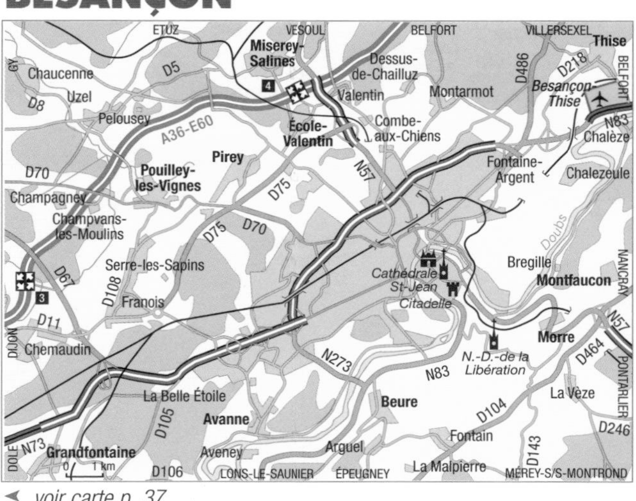

voir carte p. 37

ANNECY

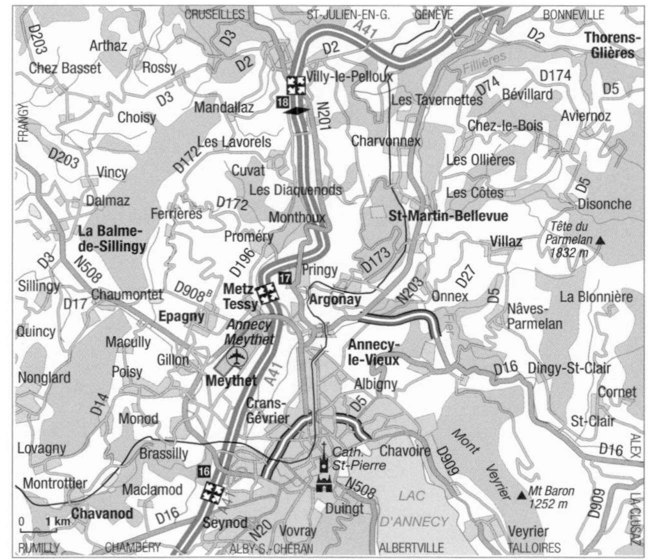

A
B
C
D
E
F
SAINTES
32
La Grande-Côte
Vaux-s.-Mer
Royan 735
St-Georges-de-Didonne
1167
Phare de Cordouan
1181
Pointe de Grave
718
Meschers-s.-Gironde
Le Verdon-s.-Mer
Soulac-s.-Mer
33
St-Vivien-de-Médoc
Vensac
Montalivet-les-Bains
Valeyrac
Vendays-Montalivet
1207
Route des châteaux du Médoc
Lesparre-Médoc
Hourtin-Plage
Hourtin
1187
Lac d'Hourtin-Carcans
Carcans-Plage
Carcans
Maubuisson
Brach
Lacanau-Océan
Lacanau
Étang de Lacanau
Ste-Hélène
Saumos
Le Porge
OCÉAN
ATLANTIQUE
Gironde
33
Lège-Cap-Ferret
Blagon
Arès
Claouey
Andernos-les-Bains
Bassin d'Arcachon
Audenge
Marcheprime
1129
Arcachon
Gujan-Mestras
Biganos
Cap-Ferret
Pyla-s.-Mer
La Teste
Pointe du Cap-Ferret
1162
Pilat-Plage
1234
Dune du Pilat
28
Mios
Parc des Landes
de Gascogne
Étang de Cazaux et Sanguinet
Cazaux
Sanguinet
27
Biscarrosse-Plage
Biscarrosse
Étang de Biscarosse
Parentis-en-Born
Gastes
Liposthey
1193
Forêt des Landes
Ste-Eulalie-en-Born
Pontenx-les-Forges
Étang d'Aureilhan
Mimizan-Plage
Mimizan
St-Paul-en-Born
Labouheyre
31
Leych
Bias
Escource
Contis-Plage
11
Cusson
Onesse-et-Laharie
St-Julien-en-Born
Lit-et-Mixe
Uza
Lévignacq
Morcenx
Landes
40
St-Girons-Plage
Lesperon
St-Girons-en-Marensin
23
Villenave
Étang de Léon
Courant d'Huchet
1188
Rion-des-Landes
Léon
Castets
Taller
48
DAX

40

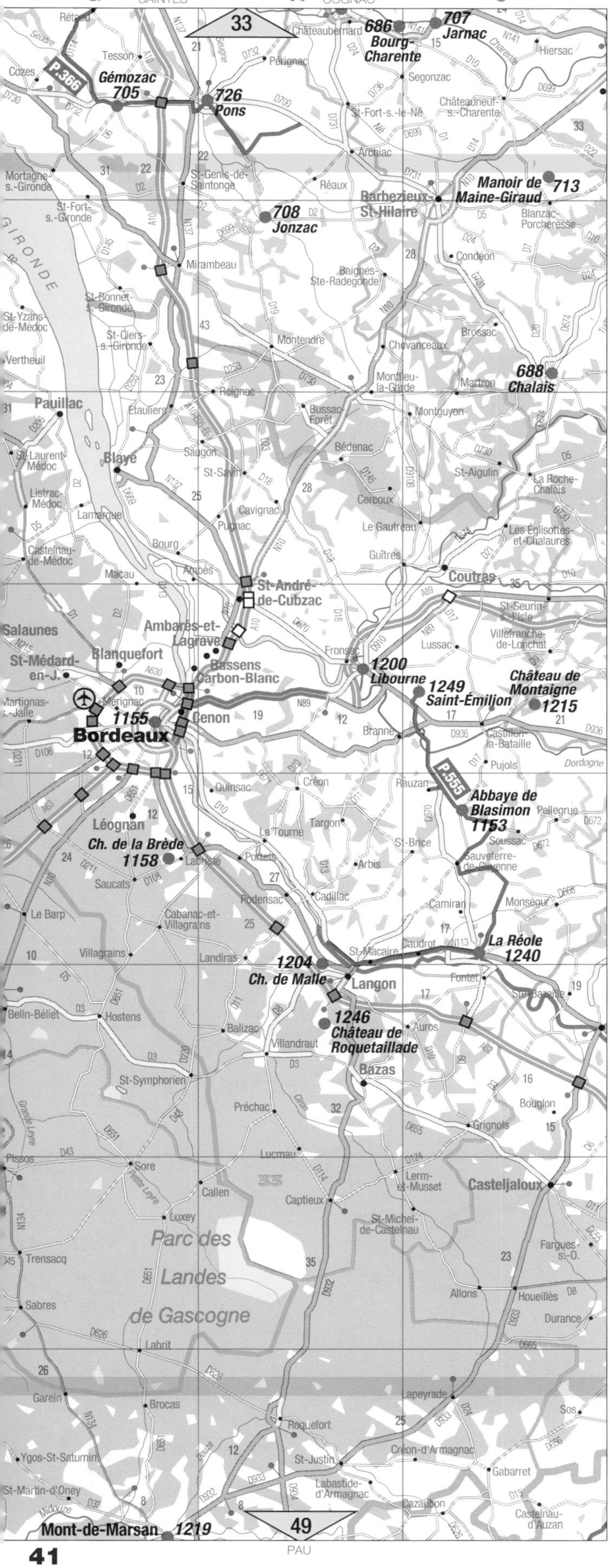

G
SAINTES
H
COGNAC
J
33
Châteaubernard
686 Bourg-Charente
707 Jarnac
Hiersac
Segonzac
Châteauneuf-s.-Charente
Rétaud
Tesson
Cozes
P.366
Gémozac 705
726 Pons
Pérignac
St-Fort-s.-le-Né
Archiac
Mortagne-s.-Gironde
St-Fort-s.-Gironde
St-Genis-de-Saintonge
Réaux
Barbezieux-St-Hilaire
Manoir de Maine-Giraud 713
708 Jonzac
Blanzac-Porcheresse
Condéon
GIRONDE
Mirambeau
Baignes-Ste-Radegonde
St-Bonnet-s.-Gironde
St-Yzans-de-Médoc
St-Ciers-s.-Gironde
Montendre
Brossac
Vertheuil
Chevanceaux
688 Chalais
Pauillac
Étauliers
Reignac
Montlieu-la-Garde
Martron
Bussac-Forêt
Montguyon
St-Laurent-Médoc
Blaye
Saugon
Bédenac
St-Aigulin
St-Savin
Cercoux
La Roche-Chalais
Listrac-Médoc
Lamarque
Cavignac
Pugnac
Le Gautreau
Les Églisottes-et-Chalaures
Bourg
Castelnau-de-Médoc
Guîtres
Macau
Ambès
Coutras
St-André-de-Cubzac
St-Seurin-s.-l'Isle
Salaunes
Ambarès-et-Lagrave
Villefranche-de-Lonchat
Lussac
Fronsac
St-Médard-en-J.
Blanquefort
Bassens
Carbon-Blanc
1200 Libourne
Château de Montaigne 1215
1249 Saint-Émilion
Martignas-s.-Jalle
Mérignac
1155
Cenon
Bordeaux
Branne
Castillon-la-Bataille
Pujols
Dordogne
Quinsac
Créon
Rauzan
P.555
Abbaye de Blasimon 1153
Pellegrue
Léognan
Targon
Ch. de la Brède 1158
La Brède
Le Tourne
St-Brice
Soussac
Portets
Arbis
Sauveterre-de-Guyenne
Saucats
Cadillac
Podensac
Camiran
Monségur
Le Barp
Cabanac-et-Villagrains
Villagrains
Landiras
1204
St-Macaire
Caudrot
La Réole 1240
Ch. de Malle
Langon
Fontet
Ste-Bazeille
Belin-Béliet
Hostens
Balizac
1246 Château de Roquetaillade
Auros
Villandraut
Bazas
St-Symphorien
Bouglon
Préchac
Grignols
Lucmau
Pissos
Sore
Lerm-et-Musset
Casteljaloux
Callen
Captieux
Luxey
St-Michel-de-Castelnau
Parc des Landes de Gascogne
Fargues-s.-O.
Trensacq
Allons
Houeillès
Sabres
Durance
Labrit
Garein
Brocas
Lapeyrade
Sos
Roquefort
Ygos-St-Saturnin
St-Justin
Créon-d'Armagnac
Gabarret
St-Martin-d'Oney
Labastide-d'Armagnac
Cazaubon
Castelnau-d'Auzan
Mont-de-Marsan 1219
49
PAU
1
2
3
4
5
6
7
8

BORDEAUX

CASTELNAU-DE-M.
LE VERDON
MACAU
AMBÈS
SAINTES
Germignan
Le Taillan-Médoc
Blanquefort
Bassens
St-Médard-en-Jalles
Réserve naturelle
La Baranquine
Carbon-Blanc
Ste-Eulalie
Les Places
Gajac
Pont d'Aquitaine
Corbiac
Eysines
La Forêt
Bruges
Yvrac
le Haillan
Bacalan
Le Bouscat
Lormont
LIBOURNE
Phare aérien
Cenon
Artigues
Le Poteau-d'Yvrac
La Bastide
Caudéran
Tresses
Bordeaux-Mérignac
Mérignac
Cath. St-André
Melac
Floirac
Tour
Arlac
Beutre
Bouliac
Courtillas
Talence
L'Alouette
Seleyre
Magonty
Pessac
Université
Bègles
Arcins
St-Bris
Latresne
Citon
Le P. de la Maye
Gradignan
Courréjean
Gazinet
Sarcignan
Cénac
canéjan
Prieuré de Cayac
Villenave-d'Ornon
Camblanes
Chambéry
Port-Neuf
Meynac
le Courneau
Canteloup
Cadaujac
La House
Olivier
Trigan
Quinsac
Cestas
Bel Air
Carbonnieux
Baragne
LACANAU
ARÈS
ARCACHON
BIARRITZ
BAYONNE/BIARRITZ
LÉOGNAN
LANGON
AGEN
BEAUTIRAN
GARONNE
BERGERAC
CRÉON
1 km

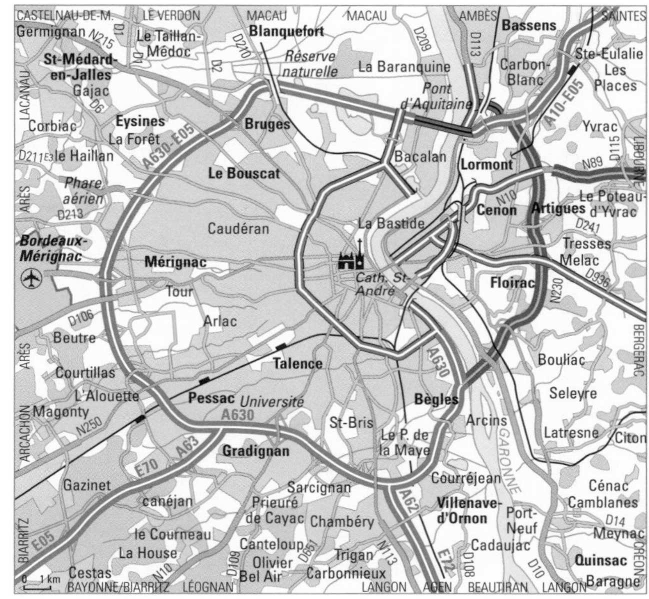

POITIERS
A
LA ROCHEFOUCAULD
B
C
LIMOGES
D
LIMOGES
E
F
34
683
Ruelle-s.-Touvre
Angoulême
Soyaux
La Couronne
Parc Périgord-Limousin
1156
Roc Branlant
788
Château de Châlus-Chabrol
Châlus
Nontron
1191
Jumilhac-le-Grand
St-Yrieix-la-Perche
802
Coussac-Bonneval
Mont Gargan
827
927
Treignac
Corrèze
918
Panorama du Suc-au-May
Egletons
1269
St-Jean-de-Côle
1252
Grottes de Villars
1157
Brantôme
882
Château de Pompadour
Uzerche
932
830
Gimel-les-Cascades
930
Tulle
Château de Hautefort
1183
1232
Périgueux
Dordogne
Brive-la-Gaillarde
778
Terrasson-la-Villedieu
Aubazines
761
Gorges de la Dordogne
812
Malemort-s.-Corrèze
800
Collonges-la-Rouge
936
Roche de Vic
Argentat
757
Montpon-Ménestérol
1195
Grottes de Lascaux
1247
Grotte de Rouffignac
La Roque-St-Christophe
1245
931
Turenne
769
Beaulieu-s.-Dordogne
Grotte de Bara-Bahau
1145
Les Eyzies-de-Tayac-Sireuil
1173
1259
Sarlat-la-Canéda
915
Souillac
Ch. de Castelnau-Bretenoux
783
1266
Trémolat
1237
Gffre de Proumeyssac
Ch. de Beynac
1151
873
Gouffre de Padirac
Château de Montal
858
766
Autoire
Bergerac
1148
1194
Château de Lanquais
1159
Cadouin
1244
La Roque-Gageac
Domme
1170
887
Rocamadour
1147
Beaumont
Gourdon
832
1171
Duras
1214
Monpazier
Lot
46
822
Figeac
818
Espagnac-Ste-Eulalie
846
Marcilhac-sur-Célé
Vallée du Lot
843
Marmande
1213
Monflanquin
1154
Château de Bonaguil
Fumel
876
Grotte du Pech-Merle
784
Vallée du Célé
1270
Villeneuve-sur-Lot
780
Cahors
896
St-Cirq-Lapopie
Tonneins
Ste-Livrade-s.-Lot
1231
Penne d'Agenais
Lot-et-Garonne
939
Villefranche-de-Rouergue
47
1221
Montpezat-de-Quercy
1125
Agen
Gorges de l'Aveyron
767
Najac
866
Le Passage
1224
Nérac
Caussade
Moissac
1212
1140
Gorges de l'Aveyron
Tarn-et-Garonne
82
1139
Auvillar
Castelsarrasin
Cordes-sur-Ciel
1166
Forêt de la Grésigne
1182
1243
La Romieu
Montauban
1217
P.557
1165
Condom
1198
Lectoure
50
P.398
P.554
P.399
42
AUCH
42
TOULOUSE

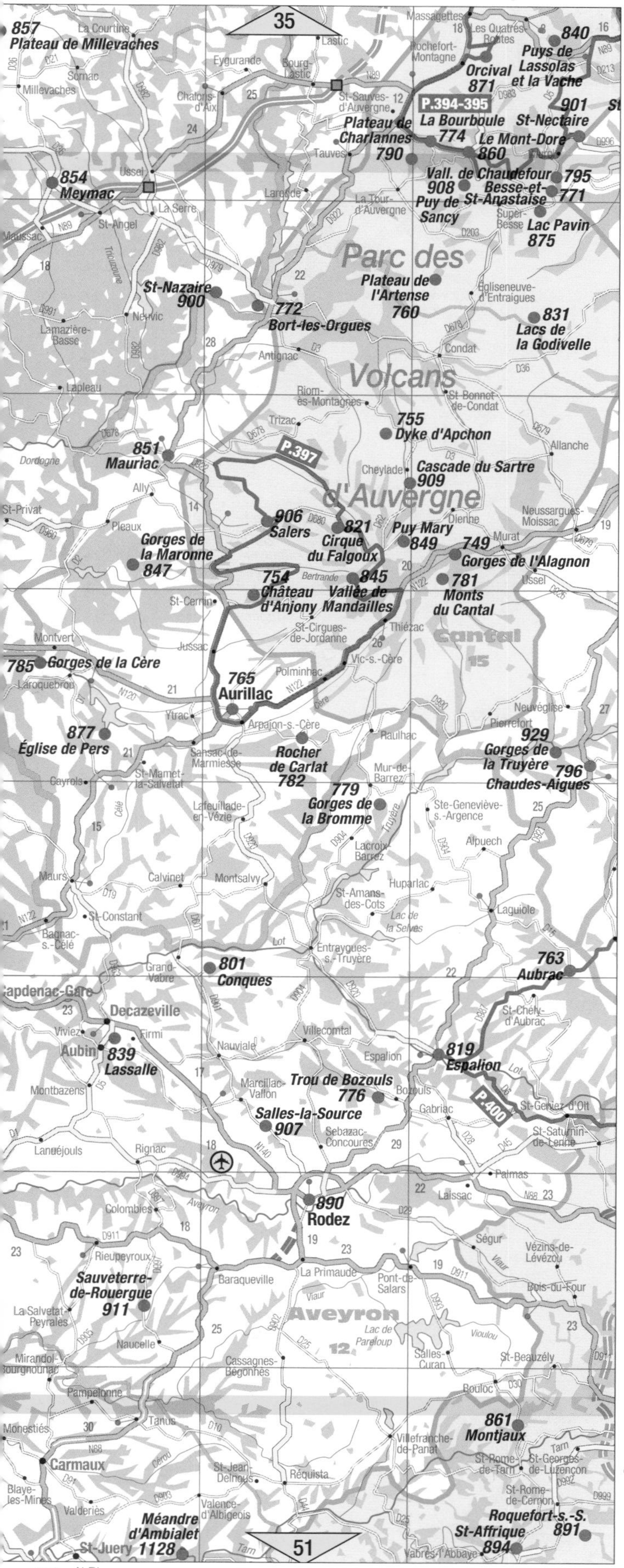

G
H
J
35
857
Plateau de Millevaches
840
Puys de Lassolas et la Vache
Orcival
871
P.394-395
La Bourboule
774
901
St-Nectaire
Plateau de Charlannes
790
Le Mont-Dore
860
854
Meymac
Vall. de Chaudefour
908
795
Besse-et-St-Anastaise
771
Puy de Sancy
Lac Pavin
875
Parc des
Plateau de l'Artense
760
St-Nazaire
900
772
Bort-les-Orgues
831
Lacs de la Godivelle
Volcans
755
Dyke d'Apchon
851
Mauriac
P.397
Cascade du Sartre
909
d'Auvergne
906
Salers
821
Cirque du Falgoux
Puy Mary
849
749
Gorges de l'Alagnon
Gorges de la Maronne
847
754
Château d'Anjony
845
Vallée de Mandailles
781
Monts du Cantal
Cantal
15
785
Gorges de la Cère
765
Aurillac
877
Église de Pers
Rocher de Carlat
782
929
Gorges de la Truyère
796
Chaudes-Aigues
779
Gorges de la Bromme
801
Conques
763
Aubrac
Decazeville
Aubin
839
Lassalle
819
Espalion
Trou de Bozouls
776
P.400
Salles-la-Source
907
890
Rodez
Sauveterre-de-Rouergue
911
Aveyron
12
861
Montjaux
Carmaux
Méandre d'Ambialet
1128
Roquefort-s.-S.
891
St-Affrique
894
51
1
2
3
4
5
6
7
8

PÉRIGUEUX

Chancelade
BRANTÔME
Charriéras
LIMOGES
Saltgourde
Trélissac
Périgueux-Bassilac
Rognac
D710
Charcuzac
Cathédrale St-Front
Tour Mataguerre
N2089
Marsac-s.-l'Isle
Tour de Vésone
D5
Bassilac
Les Moulineaux
Coulounieix-Chamiers
Boulazac
Singlou
Pommier
N2089
La Valade
Bagnas
N89-E70
Pont-du-Cerf
La Garde
St-Laurent-s.-M.
A89
Atur
Niversac
N89-E70
BORDEAUX
BRIVE-LA-GAILLARDE
0 1 km

CAHORS

Labarthe
Mercuès
BRIVE-LA-GAILLARDE
VALROUFIE
COURS
FIGEAC
Constans
Mas-de-Laroques
St-Henri
Lagarde
Caillac
Miralasse
Pradines
Mels
Vers
Laroque-des-Arcs
Cessac
Bassaler
Flaynac
Lamagdelaine
Le Cuzoul
Douelle
Labéraudie
Savanac
Bégoux
Galessie
Cavaniès
Arcambal
Cathédrale St-Étienne
Mt St-Cyr
Flottes
Lacapelle
Merle
Les Ramonets
St-Julien
St-Cirice
Lannac
La Rozière
Vayrol
Pissepourcels
Trespoux-Rassiels
La Coronnelle
Flaujac-Poujols
Aujols
MONTCUQ
MONTAUBAN
LALBENQUE
LALBENQUE
ST-CIRQ-LAPOPIE
VILLEFRANCHE-DE-R.
0 1 km

MONTAUBAN

Albefeuille-Lagarde
MOISSAC
MOLIÈRES
Birac
CAHORS
VILLEFRANCHE-DE-ROUERGUE
La Paillole
St-Hilaire
Le Ramier
St-Étienne-de-Tulmont
Rastel
Nivelle
Capou
D958
Casseras
Cathédrale Notre-Dame
Montbeton
Léojac
Canal de Montech
Les Vergnous
Chaussous
St-Martial
Lacourt-St-Pierre
Verlhaguet
Pech-Boyer
Caussé
Parages
Carreyrat
Bellegarde
Bressols
Bio
Le Fau
St-Nauphary
Charos
Pérayols
Forêt d'Agre
Corbarieu
Bonrepos
Brial
Moulis
Bariès
Montbartier
Labastide-St-Pierre
Reyniès
Les Graves
Moulis
St-Martin
TOULOUSE
CASTRES
FRONTON
CASTELSARRASIN
AUCH BORDEAUX
GAILLAC
ALBI
0 1 km

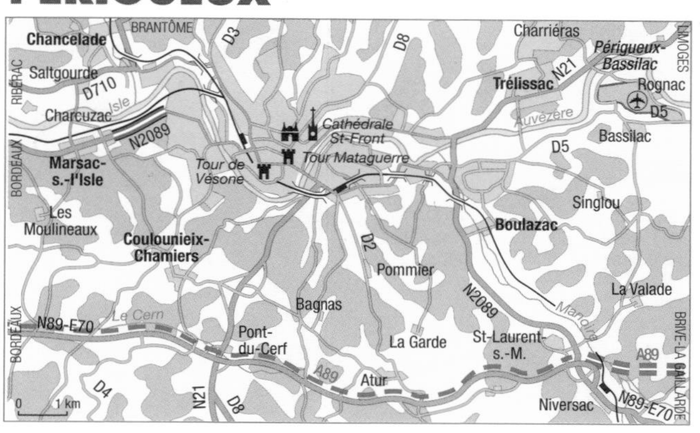

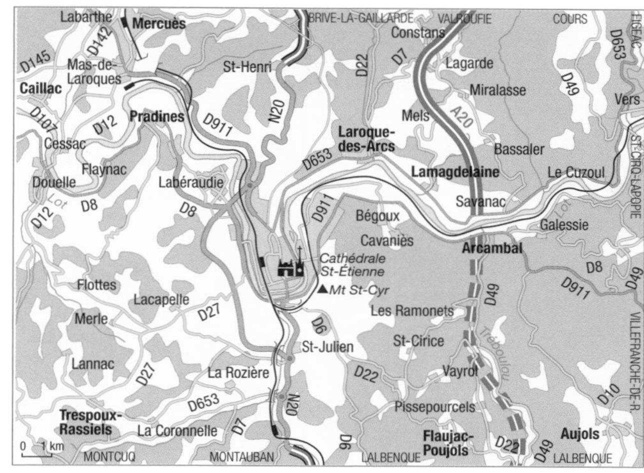

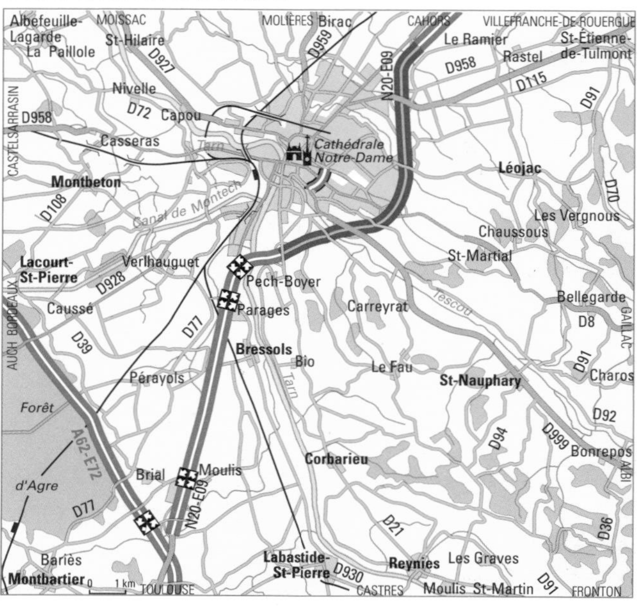

CLERMONT-FD
A
B
THIERS
C
D
ROANNE
E
F
LYON
36
829
Plateau de Gergovie
Cournon-d'Auv.
Billom
937
Vic-le-Comte
903
St-Saturnin
Veyre-Monton
St-Amant-Tallende
879
Pierre-sur-Haute
933
Cirque de Valcivières
Monts du Forez
823
Montbrison
859
Chalmazel
St-Georges-en-Couzan
Augerolles
Olliergues
St-Dier-d'Auvergne
Cunlhat
Bertignat
Manglieu
Champeix
P.396
Parc du
Livradois-
Forez
St-Amant-Roche-Savine
Ambert
Sauxillanges
Perrier
835
Issoire
Montrond-les-Bains
Ste-Foy-l'Argentière
Vaugneray
St-Genis-L.
St-Priest
Feyzin
Chazelles-s.-Lyon
St-Symphorien-s.-Coise
St-Galmier
Mornant
Givors
Veauche
Sury-le-Comtal
Andrézieux-Bouthéon
La Grand-Croix
Rive-de-Gier
Vienne
1119
St-Anthème
St-Martin-des-Olmes
St-Jean-Soleymieux
Gorges de la Loire
842
Lac de Grangent
897
St-Étienne
St-Chamond
La Rosière
Château de Villeneuve
940
869
Nonette
905
Vallée des Saints
St-Germain-Lembron
Auzat
St-Germain-l'Herm
Marsac-en-Livradois
St-Just
Viverols
St-Bonnet-le-Château
Le Chambon-Feugerolles
880
Mont Pilat
Pélussin
Ardes
Lempdes
Auzon
Arlanc
Usson-en-Forez
Firminy
Parc du Pilat
Le Péage-de-Roussillon
Anzat-le-Luguet
Champagnac-le-Vieux
787
La Chaise-Dieu
Craponne-s.-Arzon
Monistrol-s.-Loire
St-Genest-Malifaux
Serrières
St-Rambert-d'Albon
777
Brioude
Bas-en-Basset
Bourg-Argental
Andance
Grenier-Montgon
Massiac
Vieille-Brioude
Haute-Loire
43
Bellevue-la-Montagne
Riotord
Annonay
Ferrières-St-Mary
Villeneuve-d'Allier
Paulhaguet
Retournac
Montfaucon-en-Velay
St-Vallier
La Chapelle-Laurent
Château de
797
Chavaniac-Lafayette
Fix-St-Geneys
Vorey
Satillieu
Vieillespesse
Lavoûte-Chilhac
St-Paulien
Lavoûte-s.-Loire
Yssingeaux
St-Bonnet-le-Froid
Lalouvesc
Tain-l'Hermitage
Langeac
Polignac
881
Le Pertuis
922
Sommet du Testavoyre
Le Chambon-s.-Lignon
Tence
St-Félicien
814
Gges du Doux
926
Tournon-s.-Rhône
Loudes
820
Rocher d'Espaly
Le Puy-en-Velay
883
898
Saint-Flour
Pinols
St-Julien-Chapteuil
Nozières
751
Gorges de l'Allier
825
Viaduc de Garabit
Ruynes-en-Margeride
St-Agrève
Pont-de-l'Isère
914
Solignac
Fay-s.-Lignon
St-Julien-Boutières
Lamastre
808
Château de Crussol
750
Château d'Alleuze
Faverolles
Paulhac-en-Margeride
910
Saugues
Monistrol-d'Allier
Montagnac
Cayres
Le Monastier-s.-Gazeille
St-Martin-de-Valamas
St-Péray
Guilherand
Valence
773
Lac du Bouchet
Esplantas
Arlempdes
855
Mont Mézenc
Le Cheylard
Vernoux-en-Vivarais
Portes-lès-Valence
Charmes-s.-Rhône
Beaumont-lès-Valence
Dyke d'Arlempdes
758
Le Béage
828
Mont Gerbier-de-Jonc
Ardèche
878
Site du château de Pierre-Gourde
Montélégé
Le Malzieu-Ville
Landos
834
Lac d'Issarlès
La Voulte-s.-Rhône
Fournels
Ancette
Laval-Atger
Mézilhac
St-Pierreville
07
Les Ollières-s.-Eyrieux
Livron
St-Chély-d'Apcher
St-Alban-s.-Limagnole
Grandrieu
884
Cascade du Ray-Pic
Le Pouzin
Loriol-s.-Drôme
Grandvals
Chastanier
Langogne
Lesperon
Lanarce
Mazan-l'Abbaye
852
Burzet
944
Gorges de la Volane
Privas
Chomérac
Grane
Malbouzon
Aumont-Aubrac
Serverette
La Villedieu
St-Flour-de-Mercoire
Montpezat-s/s-Bauzon
Antraigues
807
Cruas
Nasbinals
P.400
St-Amans
Estables
Châteauneuf-de-Randon
St-Étienne-de-Lugdarès
925
Coulée basaltique de Thueyts
Thueyts
836
Coupe de Jaujac
Vals-les-Bains
934
Marsanne
Ribennes
Rieutort-de-Randon
920
Massif du Tanargue
Aubenas
762
St-Jean-le-Centenier
Cléon-d'Andran
Lozère
48
La Bastide-Puylaurent
Valgorge
Meysse
Rochemaure
889
Sauzet
848
Marvejols
Pelouse
Sablières
Largentière
943
Vogüé
Montélimar
1056
Les Salces
Belvezet
Prévenchères
Le Teil
La Bégude-de-Mazenc
Chirac
853
Mende
Bagnols-les-Bains
Cluse de Chassezac
792
924
Thines
Châteauneuf-du-Rhône
Barjac
Balsièges
Le Bleymard
Altier
826
La Garde-Guérin
942
Viviers
Château de Grignan
Salles
St-Germain-du-Teil
Chanac
Lablachère
Joyeuse
1006
Défilé de Donzère
Donzère
1029
La Canourgue
Villefort
Ruoms
Parc
844
Mont Lozère
Les Vans
Gorges de l'Ardèche
756
St-Remèze
Bourg-St-Andéol
Pierrelatte
Le Pont-de-Montvert
La Maison-Neuve
La Capelle
904
Ste-Énimie
Ispagnac
St-Maurice-de-Ventalon
Génolhac
St-Paul-le-Jeune
Grotte de la Cocalière
1330
Aven d'Orgnac
872
Aven de Marzal
850
1079
Saint-Paul-Trois-Châteaux
St-Chély-du-Tarn
921
Gorges du Tarn
Florac
P.401
des Cévennes
Sauvas
Barjac
St-Martin-d'Ardèche
Suze-la-Rousse
Tulette
Sévérac-le-Château
La Malène
Le Massegros
Les Vignes
Aven Armand
759
Le Mazel
St-Julien-d'Arpaon
Ste-Cécile-d'Andorge
Bessèges
St-Ambroix
Laval-St-Roman
Pont-St-Esprit
Bollène
Mondragon
Ste-Cécile-les-Vignes
868
Chaos de Nîmes-le-Vieux
Barre-des-Cévennes
La Parade
St-Germain-de-Calberte
La Grand-Combe
St-Laurent-de-Carnols
Gorges de la Jonte
837
809
Grotte de Dargilan
St-Étienne-Vallée-Française
Gorges des Concluses
1333
1423
La Roque-sur-Cèze
Sérignan
Peyreleau
Le Rozier
Chaos de Montpellier-le-V.
Meyrueis
Corniche des Cévennes
786
St-Martin-de-Val.
Navacelles
Bagnols-sur-Cèze
1291
1399
Orange
Aguessac
863
892
Chaos de Roques-Altes
748
Mont Aigoual
St-André-de-Valborgne
1430
St-Jean-du-Gard
Grotte de Trabuc
1467
Alès
1279
Salindres
Lussan
1305
Mont Bouquet
Cavillargues
Jonquières
Millau
856
La Roque-Sainte-Marguerite
813
Gorges de la Dourbie
Trèves
Gges du Trévezel
1468
L'Estréchure
Bambouseraie de Prafrance
1411
Seynes
Connaux
Courthézon
Châteauneuf-du-P.
L'Espérou
Valleraugue
Gard
30
Lasalle
1281
Anduze
Vézénobres
Foissac
Pouzilhac
Roquemaure
Bédarrides
867
Nant
St-Jean-du-Bruel
La Cavalerie
1471
Uzès
Sorgues
Entraigues
1483
Villeneuve-lès-Avignon
L'Hospitalet-du-Larzac
Sauclières
1480
Le Vigan
St-Hippolyte-du-Fort
Lédignan
St-Chaptes
Pont du Gard
1357
Le Pontet
Avignon
1289
Alzon
Montdardier
Sauve
52
Remoulins
44
LODÈVE
44
SOMMIÈRES
NÎMES
NÎMES
ARLES

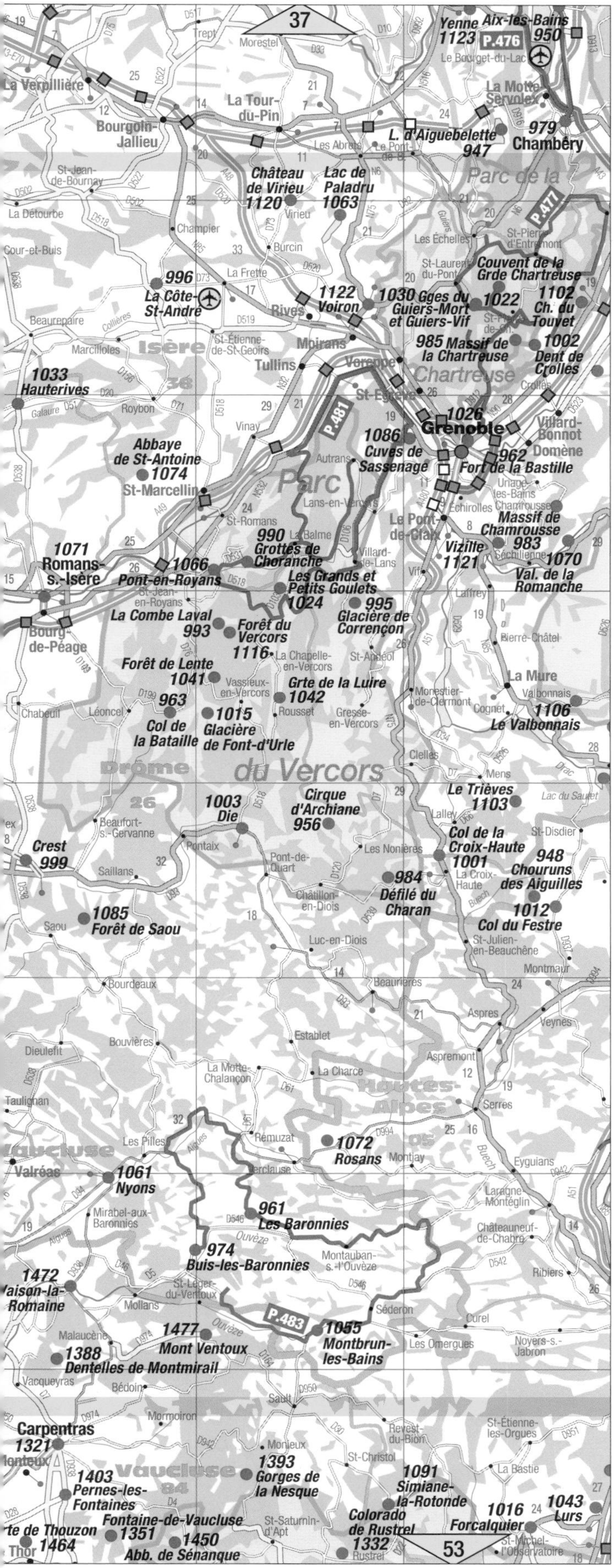

37

SAINT-ÉTIENNE

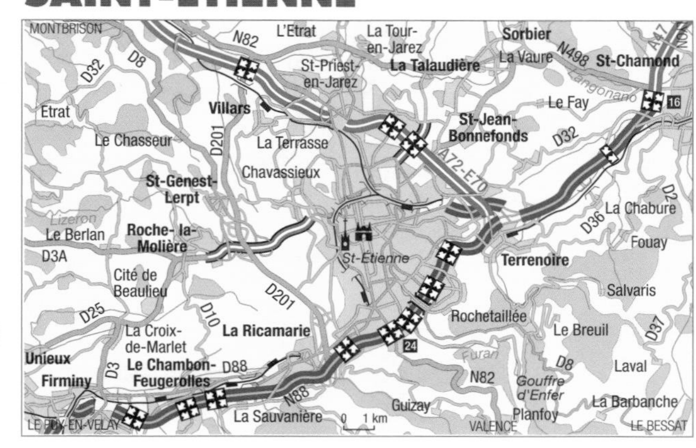

LE PUY-EN-VELAY

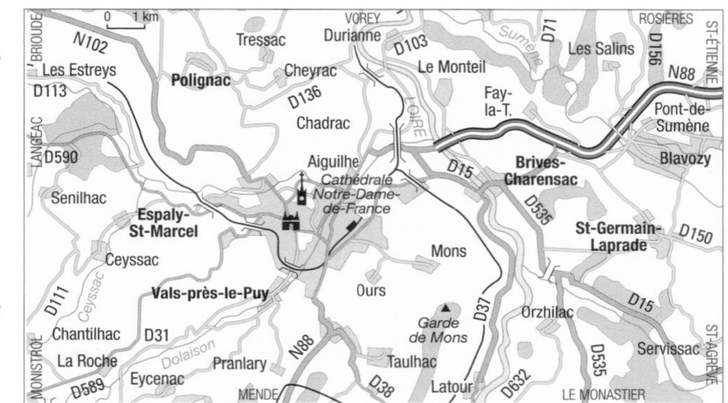

GRENOBLE

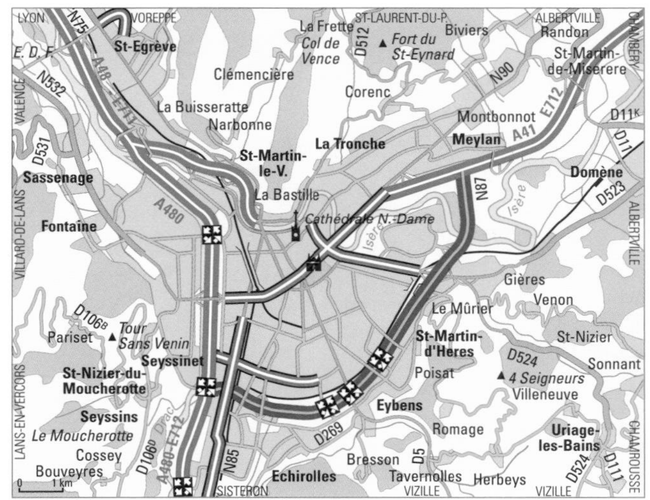

1 2 3 4 5 6 7 8

53

AVIGNON : voir plan p. 53 ➤

A
B
C
D
E
F
38
54
P.478-479
P.480
P.482
P.621
Conflans 994
Massif du Beaufortin 964
Château de Miolans 1051
Savoie
73
1097 La Tarentaise
1059 Moûtiers
1036 Mont Jovet
1007 Gges du Doron
997 Courchevel
1113 Valmorel
1101 Tignes
1114 Massif de la Vanoise
1107 Val-d'Isère
1034 Col de l'Iseran
969 Bonneval-sur-Arc
1046 Glacier de Méan Martin
Parc de la Vanoise
Pontcharra Château-Bayard 986
965 Vallée des Belleville
980 Mont de la Chambre
1078 St-Jean-de-Maurienne
Col du Mont-Cenis 1053
1028 Le Grésivaudan
958 Avrieux
Casc. de St-Benoît 1075
Glacier du Sommeiller 1094
1088 Lac des Sept-Laux
1000 Col de Croix-de-Fer
1045 La Maurienne
ITALIE
1023 Les Grandes Rousses
1017 Col du Galibier
Massif de l'Oisans 1062
1025 La Grave
Col du Lautaret 1037
971 Le Bourg-d'Oisans
1049 Glacier et pic de la Meije
Gorges du Vénéon 1115
1038 L. Lauvitel
967 La Bérarde
973 Briançon
Gges du Béranger 966
1064 Mont et glacier Pelvoux
1112 La Vallouise
1035 Col d'Izoard
1060 N.-D.-de-la-Salette
1110 Vallée du Valgaudemar
1087 Lac du Sautet
Parc des Écrins
Château-Queyras 987
Parc du Queyras
Massif du Champsaur 982
1067 Fontaine de Réotier
Mont-Dauphin 1054
1031 Gorges et haute vallée du Guil
St-Véran 1080
Hautes-Alpes
05
1008 Embrun
Gap 1019
Théus 1098
970 Forêt de Boscodon
Vallée et sommets de l'Ubaye 1104
1095 Tallard
1089 Barrage et lac de Serre-Ponçon
960 Barcelonnette
Lac du Lauzanier 1039
Col de la Bonette 1301
952 Col d'Allos
976 Col de la Cayolle
1383 Parc national du Mercantour
992 Colmars
1092 Sisteron
Alpes-de-Haute-Provence
04
Parc du Mercantour
Digne-les-Bains 1004
Val. des Merveilles 1384
1461 Tende
1307 La Brigue
1339 Gges de Daluis
Gges du Cians 1326
1470 Forêt de Turini
1447 Saorge
978 Clue de Chabrières
Rochers des Mées 1047
1018 Prieuré de Ganagobie
954 Annot
Puget-Théniers 1414
1009 Entrevaux
Alpes-Maritimes
06
Gorges de la Vésubie 1479
Coaraze 1329
Lucéram 1377
Torino
Cuneo
Pinerolo
Saluzzo
Ivrea
ANNECY
MANOSQUE
NICE

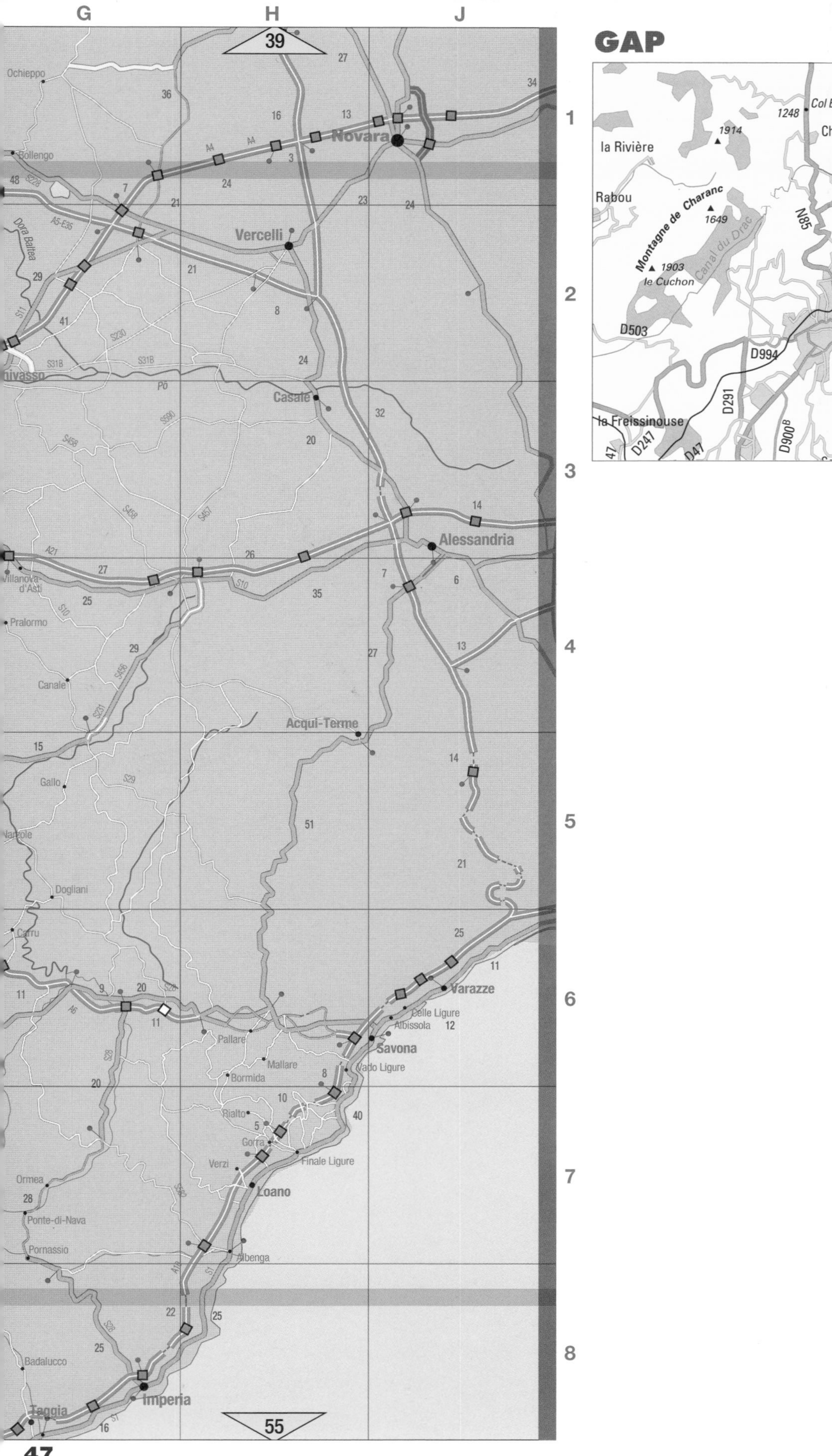

GAP

Col Bayard
Col de Manse
Chauvet
les Jaussaud
la Rivière
La Rochette
Rabou
Montagne de Charanc
le Cuchon
Canal du Drac
Romette
Pont-Sarrazin
Grand-Larra
La Batie-Vieille
Rambaud
Trèschâtel
la Freissinouse
les Emeyères
Luye
l'Hermitage
D14
D13
D944
N85
D314
D292
N94
D92
D502
D503
D994
D6
D291
D900B
D247
D47

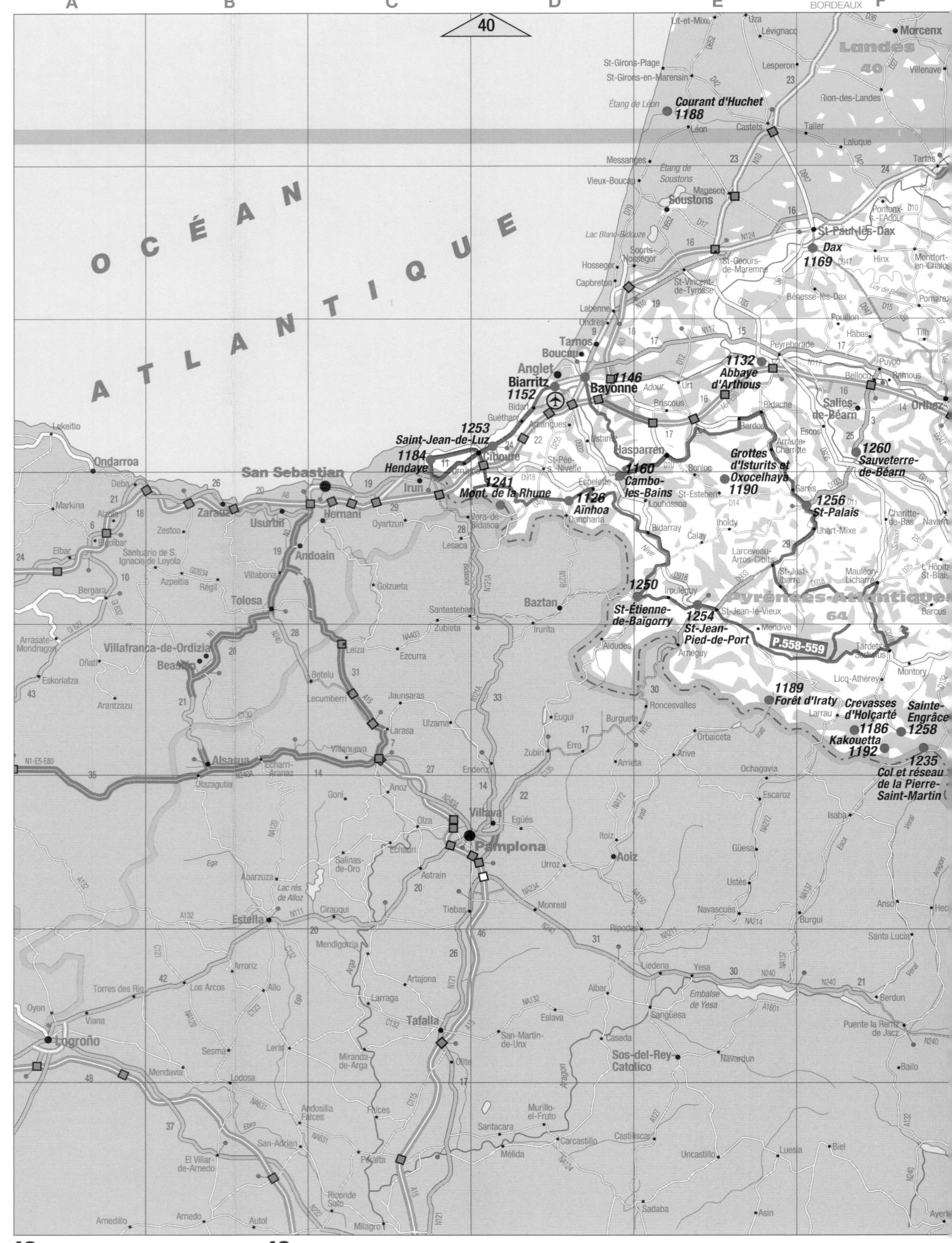
A
B
C
D
E
BORDEAUX
F
40
OCÉAN ATLANTIQUE
Landes
40
Morcenx
Lit-et-Mixe
Uza
Lévignacq
St-Girons-Plage
St-Girons-en-Marensin
Lesperon
Villenave
Étang de Léon
Courant d'Huchet
1188
Léon
Rion-des-Landes
Castets
Taller
Laluque
Tartas
Messanges
Étang de Soustons
Vieux-Boucau
Magescq
Soustons
Pontonx-s.-l'Adour
Lac Blanc-Bidouze
St-Paul-lès-Dax
Dax
1169
Soorts-Hossegor
Hossegor
St-Geours-de-Maremne
Hinx
Montfort-en-Chalosse
Capbreton
St-Vincent-de-Tyrosse
Bénesse-lès-Dax
Luy de Béarn
Pomarez
Labenne
Ondres
Pouillon
Habas
Tilh
Tarnos
Boucau
Peyrehorade
Anglet
Biarritz
1152
1146
Bayonne
1132
Abbaye d'Arthous
Bellocq
Puyoô
Ramous
Adour
Urt
Bidart
Briscous
Bidache
Salies-de-Béarn
Orthez
Guéthary
Arcangues
Bardos
Escos
1253
Saint-Jean-de-Luz
Ustaritz
Hasparren
Arraute-Charritte
1184
Hendaye
Ciboure
St-Pée-s.-Nivelle
Grottes d'Isturits et Oxocelhaya
1190
1260
Sauveterre-de-Béarn
Urrugne
1160
Cambo-les-Bains
Bonloc
Gave
Lekeitio
Ondarroa
San Sebastian
Irun
1241
Mont. de la Rhune
Espelette
1126
Aïnhoa
Dancharia
St-Esteben
Louhossoa
Garris
1256
St-Palais
Deba
Markina
Zarautz
Hernani
Usurbil
Oyartzun
Vera-de-Bidasoa
Charritte-de-Bas
Navarrenx
Alzola
Elgoibar
Zestoa
Andoain
Lesaca
Bidarray
Calay
Iholdy
Uhart-Mixe
Eibar
Santuario de S. Ignacio de Loyola
Azpeitia
Régil
Villabona
Larceveau-Arros-Cibits
Nive
Bergara
Goizueta
Baztan
1250
St-Étienne-de-Baïgorry
Irouléguy
1254
St-Jean-Pied-de-Port
St-Just-Ibarre
Mauléon-Licharre
L'Hôpital-St-Blaise
Tolosa
Santesteban
Zubieta
Irurita
Pyrénées-Atlantiques
64
St-Jean-le-Vieux
Barcus
Arrasate-Mondragon
Villafranca-de-Ordizia
Beasain
Oñati
Leiza
Ezcurra
Aldudes
Mendive
P.558-559
Tardets-Sorholus
Arnéguy
Montory
Eskoriatza
Betelu
Licq-Athérey
Lecumberri
Jaunsaras
1189
Forêt d'Iraty
Crevasses d'Holçarté
1186
Sainte-Engrâce
1258
Arantzazu
Larrau
Kakouetta
1192
Roncesvalles
Eugui
Burguete
Ulzama
Larasa
Orbaiceta
Villanueva
Alsasua
Echarri-Aranaz
Erro
Zubiri
Arive
1235
Col et réseau de la Pierre-Saint-Martin
Olazagutia
Enderiz
Arrieta
Ochagavia
Goñi
Anoz
Escaroz
Villava
Egüés
Isaba
Olza
Itoiz
Güesa
Pamplona
Echauri
Aoiz
Salinas-de-Oro
Urroz
Ustès
Abarzuza
Astrain
Lac rés. de Alloz
Ansó
Hecho
Monreal
Estella
Cirauqui
Tiebas
Navascués
Burgui
Ripodas
Santa Lucia
Mendigorria
Arroniz
Liédena
Yesa
Torres des Rio
Los Arcos
Allo
Artajona
Albar
Embalse de Yesa
Berdun
Oyon
Viana
Larraga
Eslava
Logroño
Tafalla
Sangüesa
Puente la Reina de Jaca
San-Martin-de-Unx
Caseda
Sesma
Lerin
Miranda-de-Arga
Sos-del-Rey Catolico
Navardun
Mendavia
Lodosa
Olite
Bailo
Aragon
Andosilla
Falces
Murillo-el-Fruto
Santacara
Carcastillo
Castiliscar
San-Adrian
El Villar-de-Arnedo
Peralta
Mélida
Uncastillo
Luesia
Biel
Rincón de Soto
Sadaba
Arnedillo
Arnedo
Autol
Milagro
Asin
Ayerbe

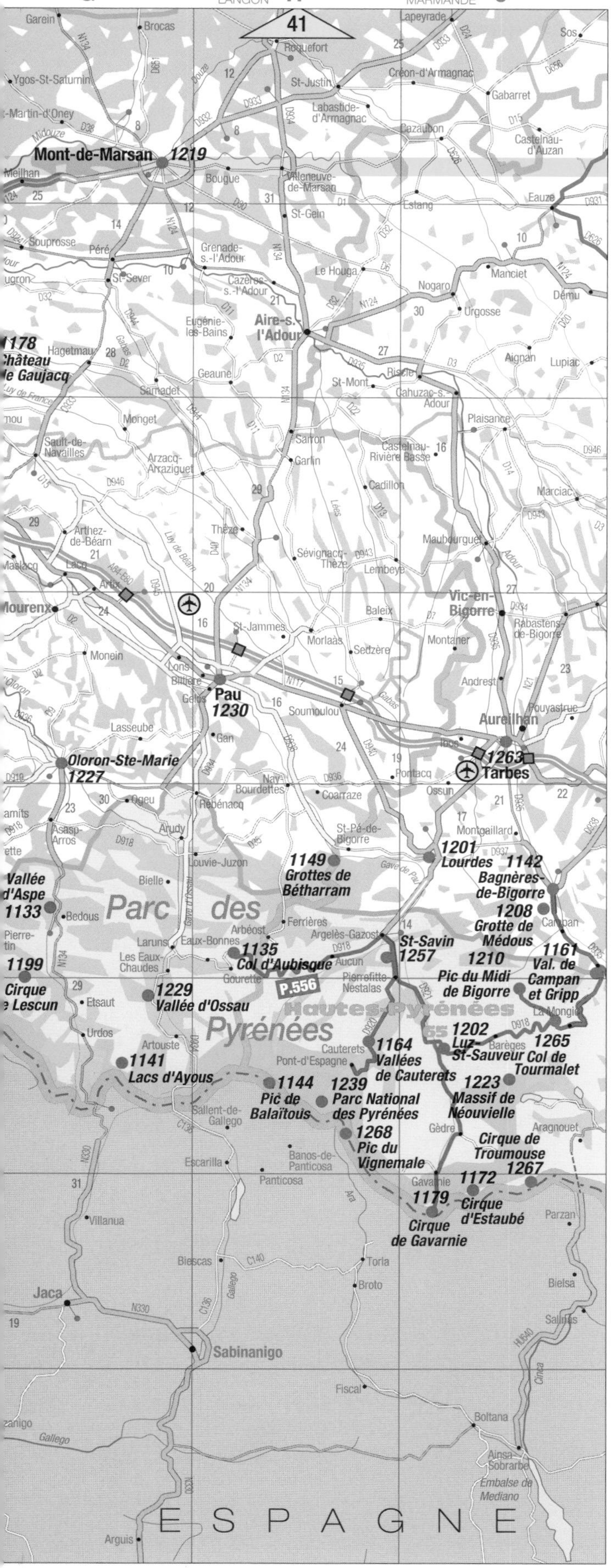

G LANGON H MARMANDE J

41

Mont-de-Marsan 1219
Aire-s.-l'Adour
Pau 1230
Oloron-Ste-Marie 1227
1263 Tarbes
Aureilhan
Vic-en-Bigorre
1178 Château de Gaujacq
1149 Grottes de Bétharram
1201 Lourdes
1142 Bagnères-de-Bigorre
1208 Grotte de Médous
St-Savin 1257
1210 Pic du Midi de Bigorre
1161 Val. de Campan et Gripp
Vallée d'Aspe 1133
1135 Col d'Aubisque
1199 Cirque de Lescun
1229 Vallée d'Ossau
P.556
Parc des Pyrénées
Hautes-Pyrénées
1164 Vallées de Cauterets
1202 Luz-St-Sauveur
1265 Col de Tourmalet
1141 Lacs d'Ayous
1144 Pic de Balaïtous
1239 Parc National des Pyrénées
1223 Massif de Néouvielle
1268 Pic du Vignemale
Cirque de Troumouse
1172 1267
1179 Cirque de Gavarnie
Cirque d'Estaubé
Jaca
Sabinanigo
ESPAGNE

1 2 3 4 5 6 7 8

BAYONNE/BIARRITZ

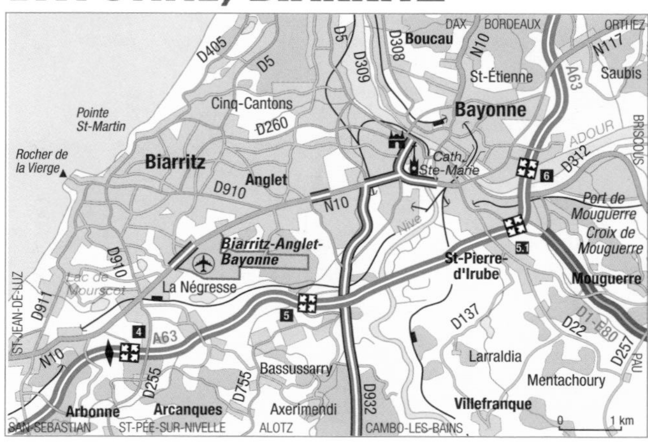

PAU

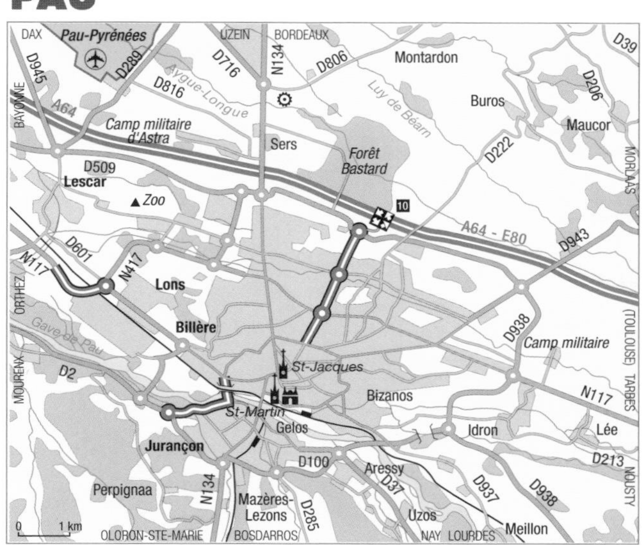

A
B
C
D
E
F
AGEN
AGEN
CAHORS
42
Tarn-et-Garonne
82
Aveyron
Francescas
Astaffort
St-Nicolas-de-la-Grave
1139 Auvillar
Castelsarrasin
Negrepelisse
Montricoux
Vaour
Vindrac-Alayrac
Cordes-sur-Ciel
Mézin
Fources
1243 La Romieu
Flamarens
Miradoux
Montauban 1217
Forêt de la Grésigne 1182
Campagnac
Noailles
Le Verdier
P.557
1165 Condom
1198 Lectoure
Lavit
L'Isle-Bouzon
Larrazet
Montech
Labastide-St-Pierre
La Salvetat-Belmontet
Monclar-de-Quercy
Les Barrières
Villebrumier
Mouchan
1174 Abbaye de Flaran
Valence-s-Baïse
Terraube
St-Puy
St-Clar
Beaumont-de-Lomagne
Tournecoupe
Le Sauvetat
Verdun-s.-Garonne
Salvagnac
Lisle-s.-Tarn
1177 Gaillac
Cadalen
Fleurance
Castéra-Verduzan
Solomiac
Grisolles
Fronton
Villemur-s.-Tarn
Rabastens
Vic-Fezensac
Montestruc-s.-Gers
Monfort
Dieupentale
Parisot
Graulhet
1196 Lavardens
Jegun
Mirepoix
Puycasquier
1206 Mauvezin
Cox
Grenade
Cépet
St-Sulpice
Briatexte
St-Jean-Poutge
Belmont
Gers 32
Cologne
Montaigut-s.-Save
Montastruc-la-Conseillère
1197 Lavaur
1136 Auch
Aubiet
1180 Gimont
Monbrun
Levignac
Blagnac
L'Union
Castelmaurou
Verfeil
L'Isle-J.
Léguevin
Toulouse
Balma
Lacougotte-Cadoul
Montesquiou
L'Isle-de-Noé
Castelnau-Barbarens
Colomiers
1264
Mirande
Hérechou
Saramon
Labastide-Savès
Plaisancedut
Cugnaux
Lanta
Puylaurens
Seissan
Samatan
Le Mona
St-Lys
Seysses
Castanet-Tolosan
Caraman
Tillac
St-Maur
Bragayrac
St-Clar-de-Rivière
Villecomtal-s.-Arros
Miélan
St-Michel
Masseube
Simorre
Lombez
Muret
Montgiscard
Baziège
St-Julia
Revel
St-Félix-Lauragais 1251
St-Elix-Theux
Meilhan
Molas
Rieumes
Vernet
La Puntous de Laguian 1238
Panassac
L'Isle-en-Dodon
Haute-Garonne 31
Villefranche-de-Lauragais
Bérat
Nailloux
Canal du Midi 1209
Trie-s.-Baïse
Pouy-de-Touges
Gratens
Auterive
Cintegabelle
Chelle-Debat
Castelnau-Magnoac
Boulogne-s.-Gesse
Castelnau-Picampeau
Carbonne
St-Sulpice-s.-Lèze
Castelnaudary
Le Fousseret
Lézat-s.-Lèze
Salles-s.-l'Hers
Blajan
Ciadoux
St-Ybars
Galan
1220 Montmaurin
1138 Aurignac
Rieux 1242
Bordes
Tournay
Monléon
St-Julien
Saverdun
Mazères
Lanespède
Aulon
Cazères
Montesquieu
Belpech
Fanjeaux
Lannemezan
St-Plancard
St-Gaudens
Boussens
Martres-Tolosane
St-Martory
Le Fossat
La Bastide-de-Lordat
Plaigne
Ribouisse
Ste-Croix-Volvestre
Capvern
La Barthe-de-Neste
St-Laurent-de-Neste
Montréjeau
Encausse-les-Thermes
Figarol
Montsaunès
Salies-du-Salat
Fabas
Campagne-s.-Arize
Mérignon
Escosse
Pailhès
Pamiers
Mirepoix 1211
Moulin-Neuf
1205 Grotte du Mas-d'Azil
Le Mas-d'Azil
Hèches
1248 St-Bertrand-de-Comminges
Barbazan
Aspet
Mauvezin-de-Prat
Saint-Lizier 1255
Varilhès
St-Félix-de-Rieutord
La Bastide-de-Bousignac
Ste-Marie-de-Campan
Col d'Aspin 1134
1137 Vallée et cirque d'Aure
Ore
Cazaunous
1185 Gouffre de la Henne-Morte
St-Girons
Rimont
La Bastide-de-Sérou
Ariège 09
1175 Foix
Lieurac
Lavelanet
Chalabre
Ste-Colombe-s.-l'Hers
Arreau
Mauléon-Barousse
Portet-d'Aspet
Moulis
Bordères-Louron
St-Béat
Couledoux
St-Lary
Castillon-en-Couserans
Soulan
Bélesta
L'Aiguillon
Nalzen
St-Paul-de-Jarrat
Guran
Fos
Les Bordes-s.-Lez
1150 Bethmale
Massat
Saurat
1176 Fontaine de Fontestorbes
1222 Montségur
Vielle-Aure
Oust
Seix
Tarascon-s.-Ariège
St-Lary-Soulan
St-Aventin
Bagnères-de-Luchon 1143
Bossost
Aulus-les-Bains
Niaux
Grotte de Niaux 1226
1168 Route des Corniches
Belcaire
Prades
1418 Gorges du Rebenty
Gorges de la Neste de la Clarabide 1225
Superbagnères
1228 Lac d'Oô
1203 Cirque du Lys
1236 Vallée de la Pique
Couflens
Guzet-Neige
1131 Cascade d'Ars
Vicdessos
Les Cabannes
Hospice-de-France
Gessa
Salau
Vielha-e-Mijaran
1218 Pic de Montcalm
1130 Haute vallée de l'Ariège
Ax-les-Thermes
Mérens-les-Vals
Esterri-de-Aneu
El Serrat
Benasque
Caldas-de-Bohi
Ribera-de-Cardos
Tor
Arinsal
Soldeu
L'Hospitalet-Près-l'Andorre
Désert de Carlit 1319
Castejon-de-Sos
ANDORRE
Andorra-la-Vella
Encamp
Les Escaldes
Porta
Font-Romeu-Odeillo-Via 1353
Vilaller
ESPAGNE
Llavorsi
Sant-Julia-de-Loria
Llivia
Campo
Pont-de-Suert
Rialp
Sort
Puigcerda
Bourg-Madame
La Seu-de-Urgell
Prullans
Urtg
E. de Vale
Gerri-de-la-Sal
Adrall
Montella-i-Martinet
Martinet

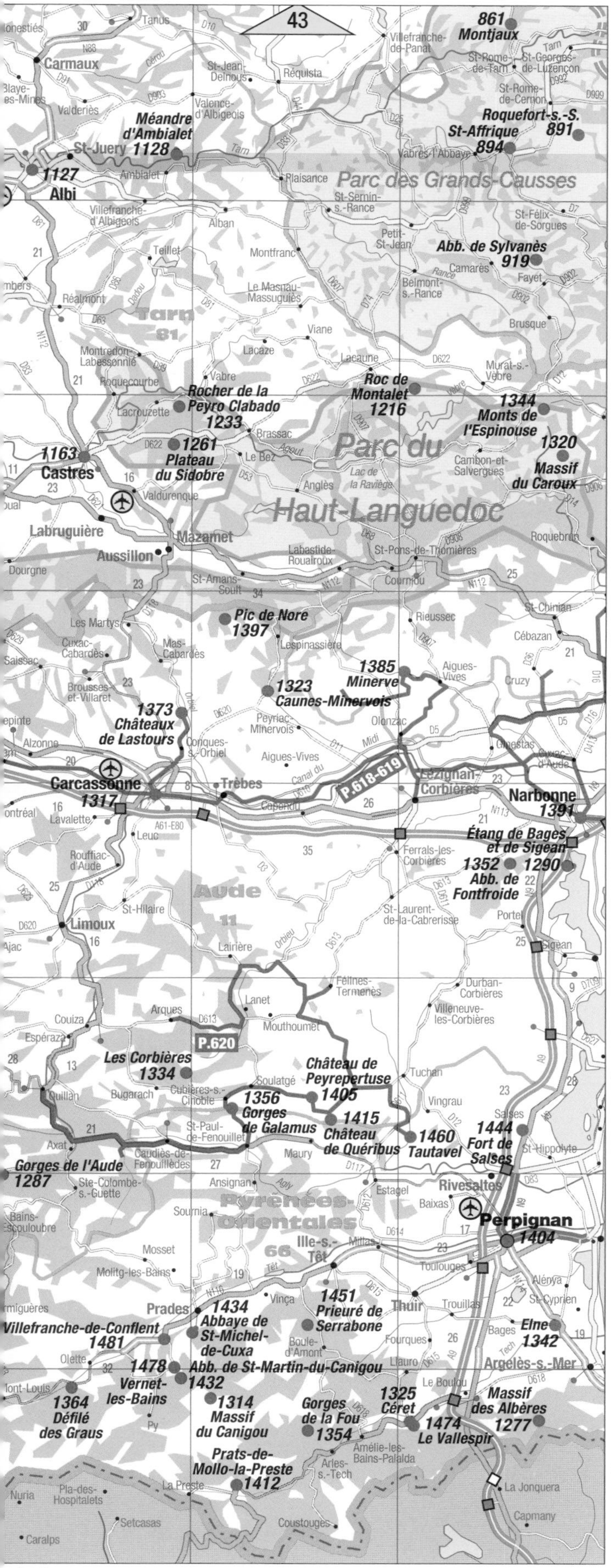

TOULOUSE

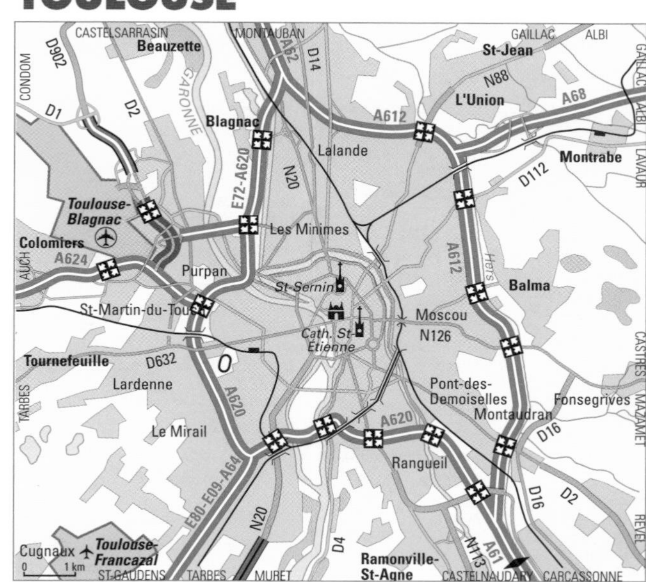

ALBI

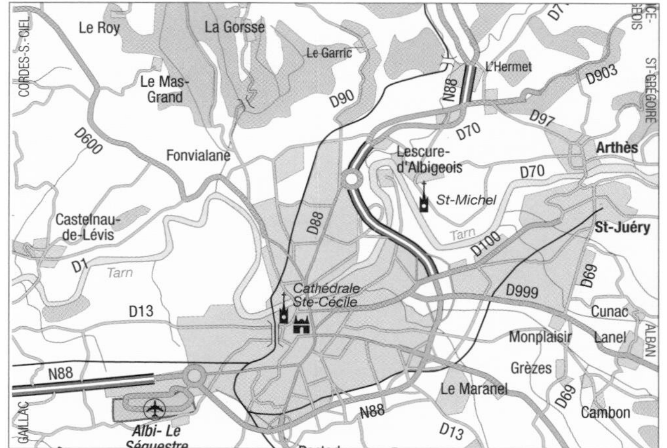

PERPIGNAN

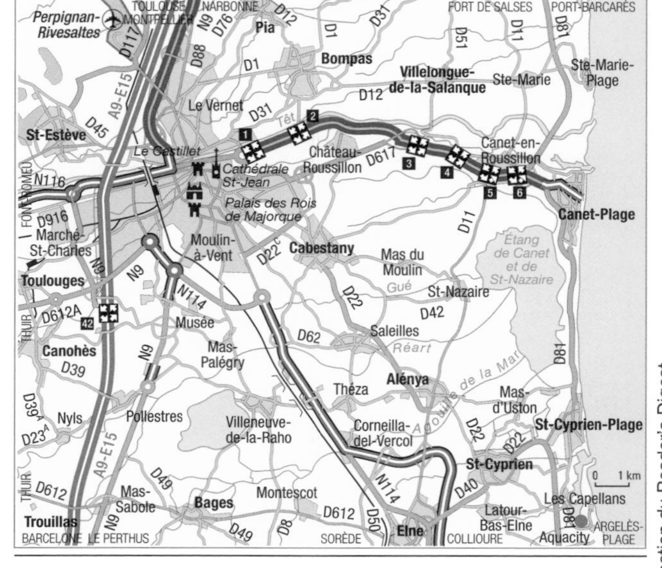

◄ MONTAUBAN : voir plan p. 43

NARBONNE : voir plan p. 53 ►

SÉVERAC
A
B
C
ALÈS
D
E
PONT-ST-ESPRIT
F
ORANGE
44
Millau
856
813
Gorges de la Dourbie
Gges du Trévezel
1468
Bambouseraie de Prafrance
1411
1281
Anduze
867
Nant
1480
Le Vigan
1471
Uzès
Pont du Gard
1357
1483
Villeneuve-lès-Avignon
Avignon
1289
Gard
30
803
La Couvertoirade
Cirque de Navacelles
1392
1340
Grte des Demoiselles
1358
Gorges du Gardon
1324
Le Caylar
1484
Gorges de la Vis
1395
Nîmes
Marguerittes
1297
Beaucaire
St-Rémy-de-Provence
1437
Tarascon
1458
Les Baux-de-Provence
1295
Abb. de Montmajour
1387
Ch. des Alpilles
1431
Pic St-Loup
1455
Sommières
St-Guilhem-le-Désert
1428
Lodève
1375
1328
Grotte de Clamouse
1378
Lunel
Vauvert
1427
St-Gilles
Arles
1285
St-Martin-de-Crau
1390
Cirque de Mourèze
Clermont-l'Hérault
Montpellier
1389
Bédarieux
1372
Lamalou-les-Bains
Hérault
34
Mauguio
1273
Aigues-Mortes
1313
La Camargue
1362
La Grande-Motte
Abbaye de Valmagne
1475
Cathédrale de Maguelonne
1379
1408
Port-Camargue
Parc de Camargue
Bouches-du-Rhône
13
1406
Pézenas
Frontignan
Pointe de l'Espiguette
1442
Les Saintes-Maries-de-la-Mer
Mèze
1462
Bassin de Thau
Sète
1452
Golfe d'Aigues-Mortes
Golfe des Saintes-Maries ou de Beauduc
Pointe de Beauduc ou du Sablon
Port-St-Louis-du-Rhône
Béziers
1299
1271
Agde
Cap d'Agde
P.618-619
P.622-623
1366
Gruissan
Étang de Bages et de Sigean
Port-la-Nouvelle
GOLFE DU LION
Cap Leucate
Leucate
Port-Leucate
Port-Barcarès
Le Barcarès
MER MÉDITER
Canet-en-Roussillon
Canet-Plage
Étang de Canet
Argelès-Plage
Collioure
1331
Port-Vendres
Banyuls-s.-Mer
Cap Cerbère
Cerbère
Port-Bou
El Port de Llançà
Llançà
El Port de la Selva
Cap de Creus

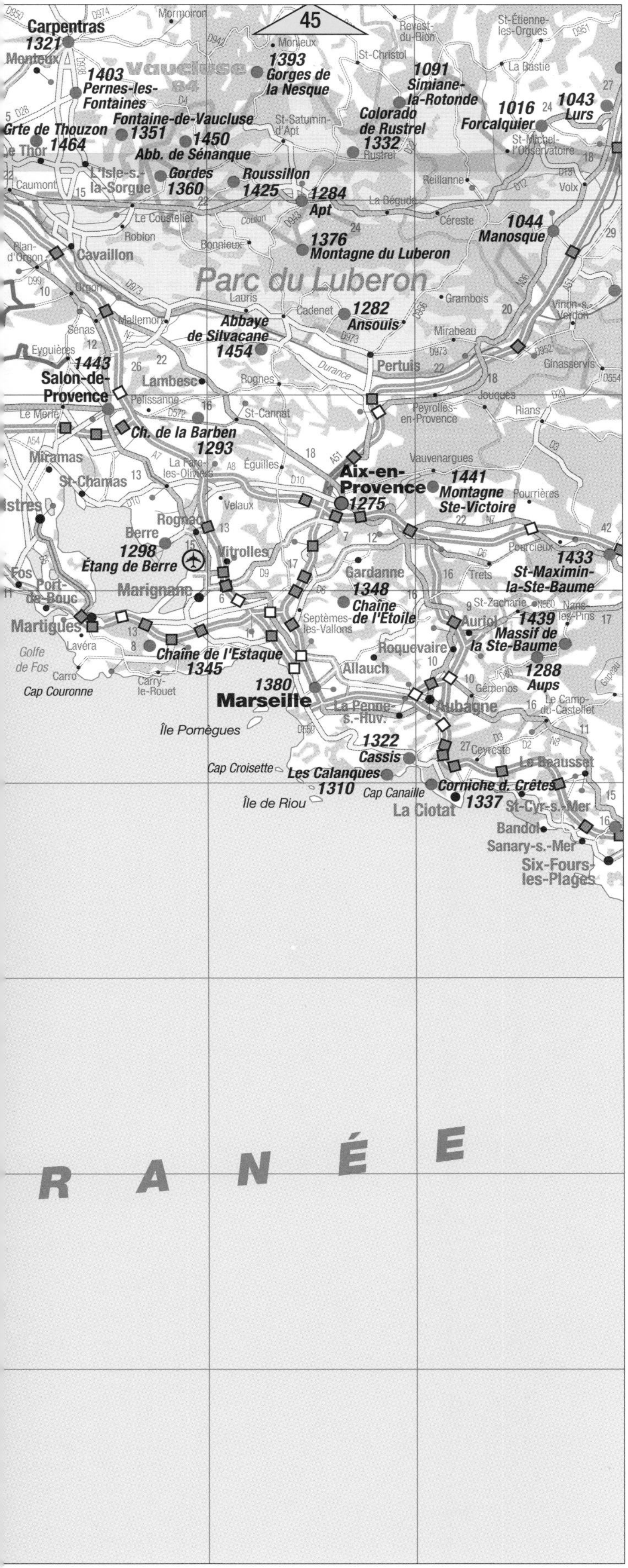

45

NARBONNE

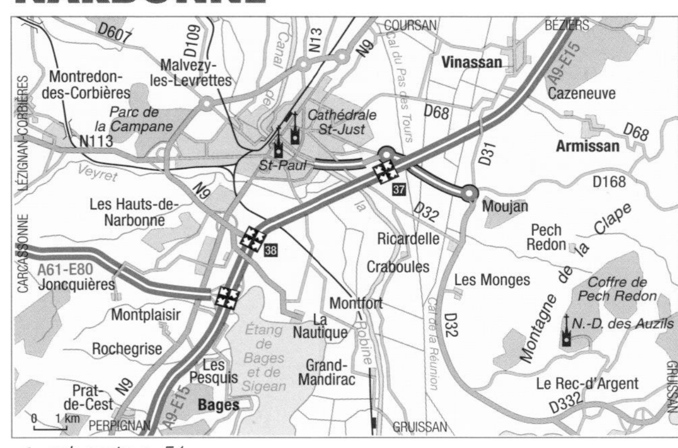

voir carte p. 51

MONTPELLIER

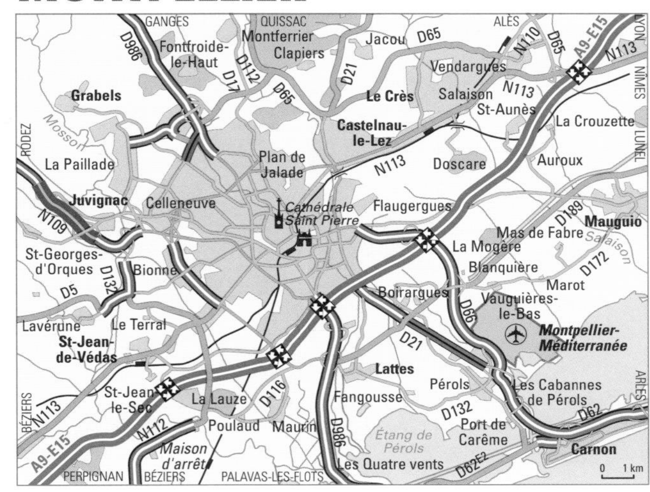

AVIGNON

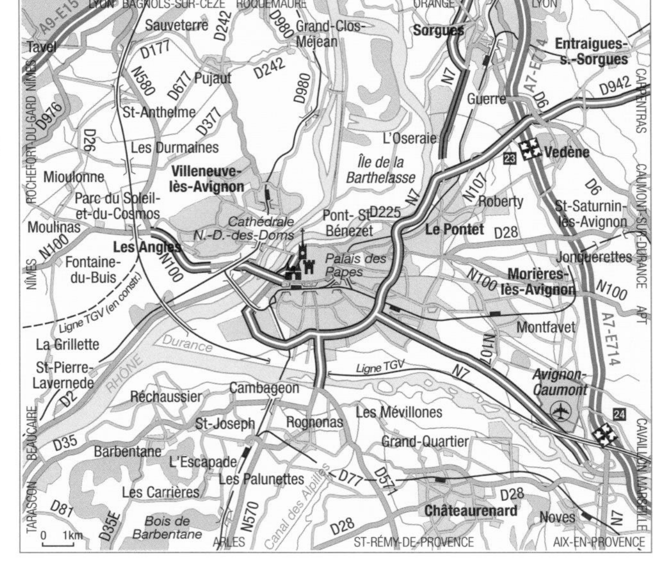

AIX-EN-PROVENCE : voir plan p. 55 ➤
MARSEILLE : voir plan p. 55 ➤

SISTERON
DIGNE-LES-BAINS
A
B
C
D
E
F
46
1339 Gges de Daluis
Gges du Cians 1326
1470 Forêt de Turini
1447 Saorge
Rochers des Mées
1018 Prieuré de Ganagobie
1047
978 Clue de Chabrières
954 Annot
1009 Entrevaux
Puget-Théniers 1414
Alpes-Maritimes
Gorges de la Vésubie 1479
Lucéram 1377
Coaraze 1329
P.482
P.621
1347 Vallée de l'Estéron
Plateau de Valensole 1109
Moustiers-Ste-Marie 1058
975 Castellane
Peillon 1402
1382 Menton
Ventimiglia
Bordighera
Roquebrune-Cap-Martin
Lac de Ste-Croix 1081
1068 Riez
Parc du Verdon
1117 Grand canyon du Verdon
Plateaux de Calern et Caussols 1311
1361 Gourdon
1476 Vence
1435 St-Paul
1394 Nice
1349 Èze
La Turbie 1469
Monaco 1386
Villefranche-s.-M. 1482
St-Jean-Cap-Ferrat 1429
Cap Ferrat
Gréoux-les-Bains 1027
1308 Cagnes-sur-Mer
1300 Biot
1453 Gorges de Siagne
Grasse 1363
Baie des Anges
1283 Antibes
Mougins
Le Cannet
Vallauris 1473
Cap d'Antibes
Cannes 1315
Îles de Lérins 1374
Mandelieu-la-Napoule
1466 Tourtour
1341 Draguignan
Le Muy
1346 Massif de l'Estérel
Lorgues
1463 Abbaye du Thoronet
1436 St-Raphaël
Roquebrune-s.-Argens
Fréjus 1355
Brignoles 1306
Le Luc
Massif des Maures 1381
1440 Ste-Maxime
Cap de St-Tropez
Var 83
1365 Grimaud
1438 St-Tropez
Cogolin
1416 Ramatuelle
Cuers
Solliès-Pont
Bormes-les-Mimosas 1304
1417 Domaine du Rayol
Cap Camarat
Cap Lardier
Gges d'Ollioules 1398
1465 Toulon
La Crau
1367 Hyères
La Londe-les-Maures
La Seyne
Carqueiranne
Cap Blanc
Île du Levant
1368 Îles d'Hyères
Rade d'Hyères
Rade de Toulon
Cap Sicié
Porquerolles
Île de Port-Cros
Parc de Port-Cros
MER MÉDITE
54
54

G H J

47

Badalucco
Taggia
Imperia
San Remo
Riva-Ligure

R R A N É E

1
2
3
4
5
6
7
8

AIX-EN-PROVENCE

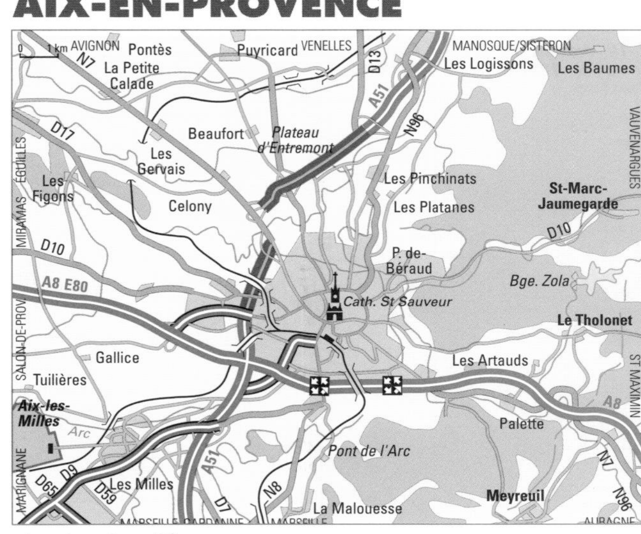

voir carte p. 53

MARSEILLE

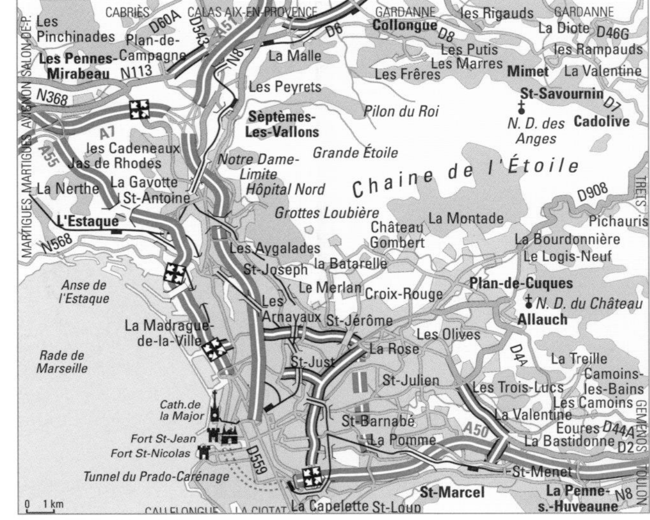

voir carte p. 53

TOULON

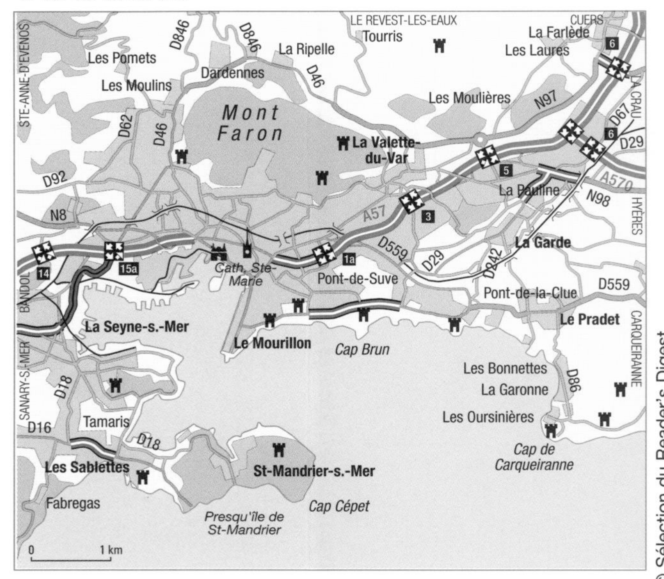

A
B
C
D
1
2
3
4
5
6
7
8
MER MÉDITERRANÉE
MER TYRRHÉNIENNE
Cap Corse
1335
Rogliano
Morsiglia
Pino
Luri
Marine-de-Porticciolo
Marine-de-Sisco
Monte Stello
1457
1343
Erbalunga
Nonza
Golfe de St-Florent
Miomo
Désert des Agriates
1272
1294
Bastia
St-Florent
1426
Casta
Monetta
1369
L'Île-Rousse
Golfe de Calvi
Biguglia
Étang de Biguglia
Oletta
Belgodère
Santo-Pietro-di-Tenda
Église de San-Michele
1446
Murato
Sorio
1292
La Balagne
1312
Calvi
Lumio
Pietralba
Haute-Corse
Casamozza
1316
La Canonica
Muro
Zilia
Suave
Calenzana
Castifao
2B
Ponte-Leccia
Barchetta
Golo
Vescovato
Argentella
Forêt de Tartagine-Melaja
1459
1286
Vallée de l'Asco
Asco
Campile
Folelli
1303
Cirque de Bonifato
Haut-Asco
Morosaglia
Galéria
Fango
Monte Cinto
1327
Le Niolo
1396
1449
Défilé de la Scala di Santa Regina
Francardo
San-Lorenzo
Talasani
1407
Piedicroce
1359
Golfe de Girolata
Girolata
Manso
Albertacce
Calacuccia
Parc
Felce
Cervione
Prunete
Osani
Partinello
Golfe de Porto
1409
Porto
Corte
1336
Sermano
Chiatra
Moïta
Les Calanche de Piana
1309
Forêt d'Aïtone
1274
Évisa
Cristinacce
Marignana
1456
Gorges de la Spelunca
1420
Gorges de la Restonica
Restonica
Altiani
Piedicorte-di-Gaggio
Capu Rossu
P.624-625
1424
Monte Rotondo
Soccia
Venaco
Tavignano
Vico
Guagno-les-Bains
Vivario
Vezzani
1400
Monte d'Oro
1485
Forêt de Vizzavona
Vizzavona
Étang de Diane
Cargèse
1318
Sagone
Salice
Rezza
Liamone
Défilé de l'Inzecca
1371
Cateraggio
Aléria
1278
Ghisoni
Maison Pieraggi
Golfe de Sagone
Tiuccia
Vero
Bocognano
1421
Clue de la Richiusa
1419
Monte Renoso
Sari-d'Orcino
Étang d'Urbino
Poggio-di-Nazza
Fium'Orbo
Ghisonaccia
Carrola-Carcopino
Bastelica
Val-d'Ese
Prunelli-di-Fiumorbo
Capo di Feno
Tolla
Ocana
Mezzavia
Gravona
Migniataja
Étang de Palu
1276
Ajaccio
Corse-du-Sud
Cozzano
Chisa
Îles Sanguinaires
1445
Pisciatella
Cauro
2A
Frasseto
Zicavo
Taravo
Travo
Golfe d'Ajaccio
Porticcio
Grosseto-Prugna
Sta-Maria-Siché
Monte Incudine
1370
Solenzara
Sari-Solenzara
Verghia
Pila-Canale
Petreto-Bicchisano
Corse
1296
Col et aiguilles de Bavella
Coti-Chiavari
Serra-di-Ferro
Aullène
Quenza
Zonza
Favone
Capu di Muru
Sollacaro
Filitosa
1350
Olmeto
Castellu di Cucuruzzu
1338
Levie
Porto-Pollo
Propriano
1413
Ste-Lucie-de-Tallano
Carbini
Ste-Lucie
Lecci
Golfe de Valinco
1401
Forêt de l'Ospédale
L'Ospédale
Ste-Trinité
Golfe de Porto-Vecchio
Sartène
1448
Porto-Vecchio
1410
Giuncheto
Capu di Senetosa
Sotta
Chaos de Roccapina
1422
Roccapina
Figari
Punta di u Capicciolu
Bonifacio
1302
Capo Pertusato
Bouches de Bonifacio

56

Dictionnaire des sites

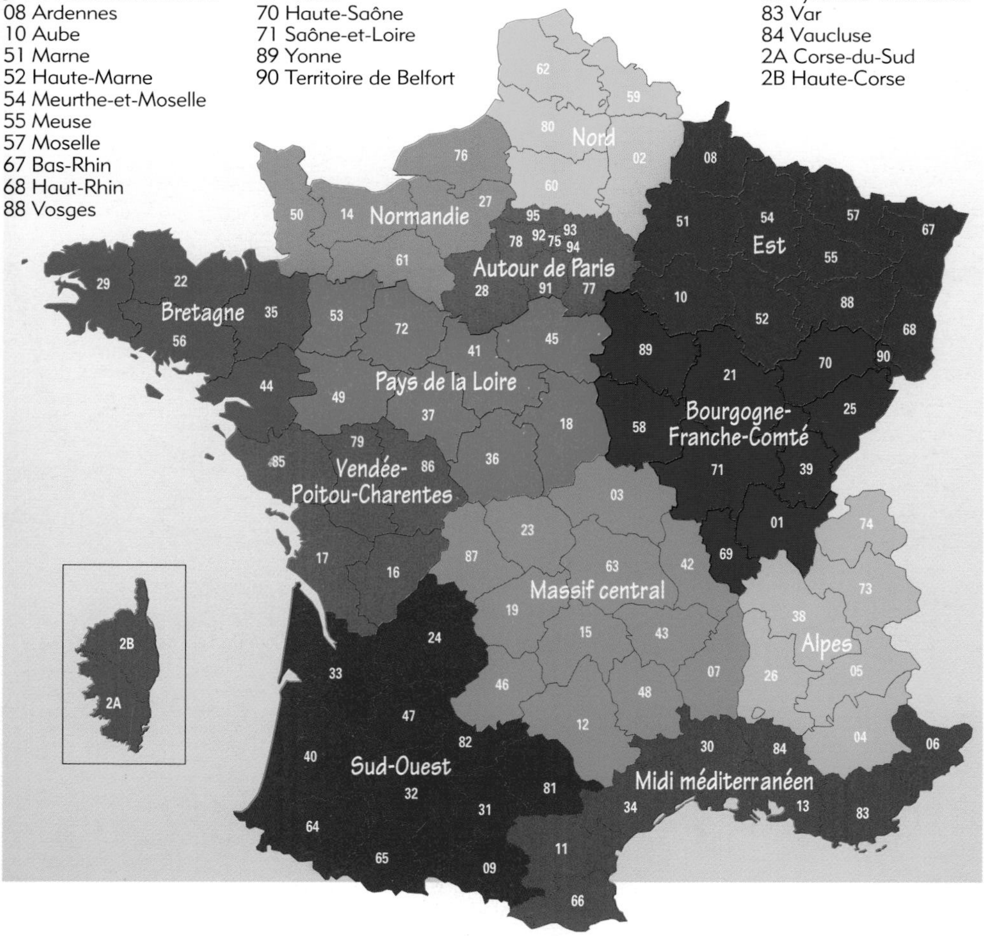

Nord

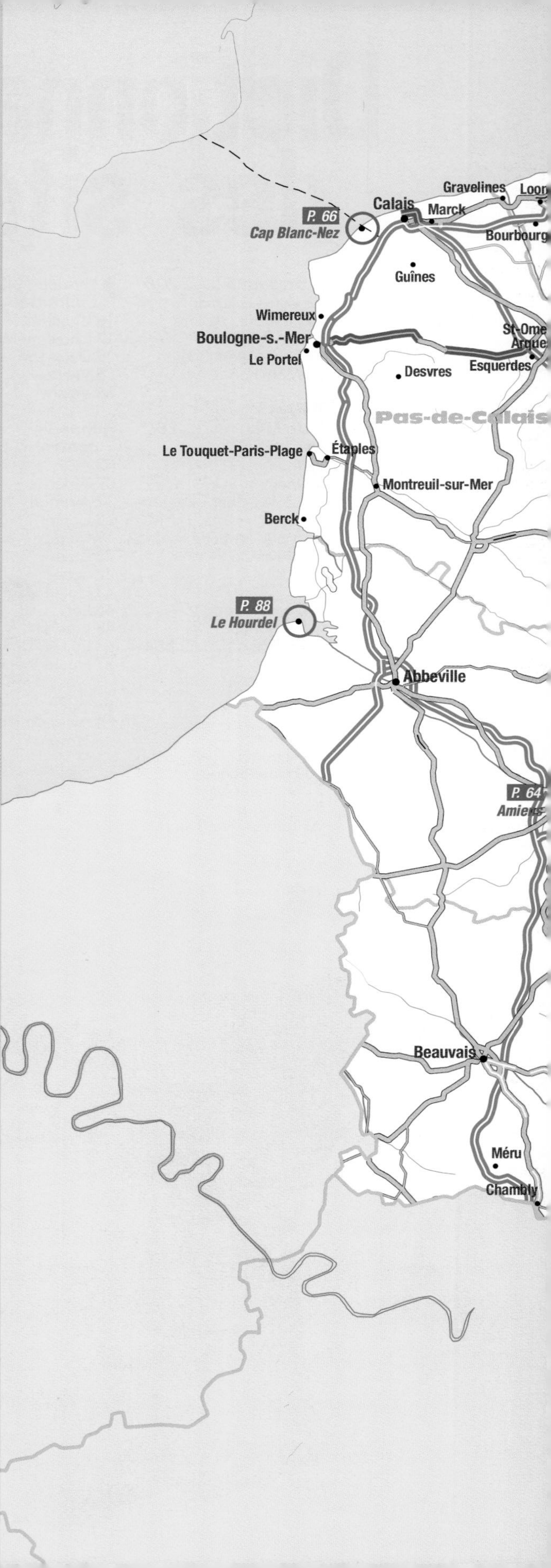

Gravelines
Loon
Calais
Marck
P. 66
Cap Blanc-Nez
Bourbourg
Guînes
Wimereux
Boulogne-s.-Mer
Le Portel
St-Ome
Arque
Desvres
Esquerdes
Pas-de-Calais
Le Touquet-Paris-Plage
Étaples
Montreuil-sur-Mer
Berck
P. 88
Le Hourdel
Abbeville
P. 64
Amiens
Beauvais
Méru
Chambly

02 Aisne
59 Nord
60 Oise
62 Pas-de-Calais
80 Somme

Dunkerque
St-Pol
Wormhout
Arnèke
Bailleul
Tourcoing
Roubaix
Hazebrouck
Armentières
Marcq-en-B.
Hem
P. 60-61
Merville
Aire
Estaires
Lomme
Lille
V.-d'Ascq
Isbergues
Wavrin
Lillers
Béthune
Seclin
Nord
Bruay-la-Buissière
Wingles
Leers
Dignies
St-Amand-les-E.
Lens
Orchies
Houdain
Hénin-Beaumont
Condé
Liévin
Bruay-s.-l'E.
Wallers
St-Pol-s.-Ternoise
Waziers
Anzin
Quiévrechain
Douai
Denain
Valenciennes
Feignies
Jeumont
Aniche
Trith-St-Léger
Arras
Maubeuge
Douchy-les-Mines
Achicourt
Louvroil
Vaulx-Vraucourt
P. 68
Cambrai
Aulnoye-Aymeries
Solesmes
Bucquoy
Doullens
Avesnes-s.-H.
Caudry
P. 74
Le Cateau-Cambrésis
Fourmies
P. 62
Albert
Bohain-en-Vermandois
Péronne
Hirson
Guise
St-Quentin
Somme
Gauchy
Ham
Roye
Tergnier
Aisne
Montdidier
Chauny
Noyon
Laon
P. 78
Oise
P. 72
Coucy-le-Château-Auffrique
P. 63
Compiègne
Clermont
Soissons
Liancourt
Pont-Ste-Maxence
Creil
Crépy-en-V.
Villers-Cotterêts
Montataire
Château de Raray
Chantilly
Senlis
P. 84
Château-Thierry
LÉGENDE DE LA CARTE
Laon
P. 78
Petit itinéraire :
point de départ
numéro de page
Grand itinéraire :
numéro de page
tracé
P.63

Au cœur des Flandres

Plat, ce pays ? Jamais de la vie ! Nature, géant de carnaval, moulin, beffroi, chaque pierre, chaque mont s'élance vers les hauteurs. Pour échapper aux ravages des guerres séculaires ? Ou pour nous dire : « Regarde, de là-haut, comme elle est belle et accueillante, ma Flandre… » ?

❶ Bailleul

9 10/F4

Le beffroi et les 35 cloches de son carillon rythment plaisamment la vie des cafés de la grand-place. Du sommet de la tour, on découvre les façades de brique rouge et une bonne partie de cette Flandre de plaines et de monts où grandit le célèbre écrivain Marguerite Yourcenar. Paisible cité de la dentelle, Bailleul fut presque détruite en 1918, mais seul l'étrange et émouvant monument aux morts le laisse encore entrevoir. 👁 le musée Benoît De Puydt (arts décoratifs et peinture) et le petit musée Marguerite Yourcenar à Saint-Jans-Cappel.

❷ Mont Noir

Mont Noir et mont des Cats sont comme deux frères d'une famille qui se prolonge en Belgique par le mont Rouge et le mont Kemmel. Sur les pentes du mont Noir – noir pour les sombres frondaisons de ses arbres –, la propriété de famille de Marguerite Yourcenar est devenue un parc de promenade.

❸ Boeschepe

Un duo bien flamand est installé à Boeschepe. Le *Vierpot* est l'estaminet où l'on se restaure agréablement en attendant de visiter son voisin, le moulin de l'Ingratitude, dans le socle duquel a été aménagé un petit musée. ☀ depuis le mont des Cats.

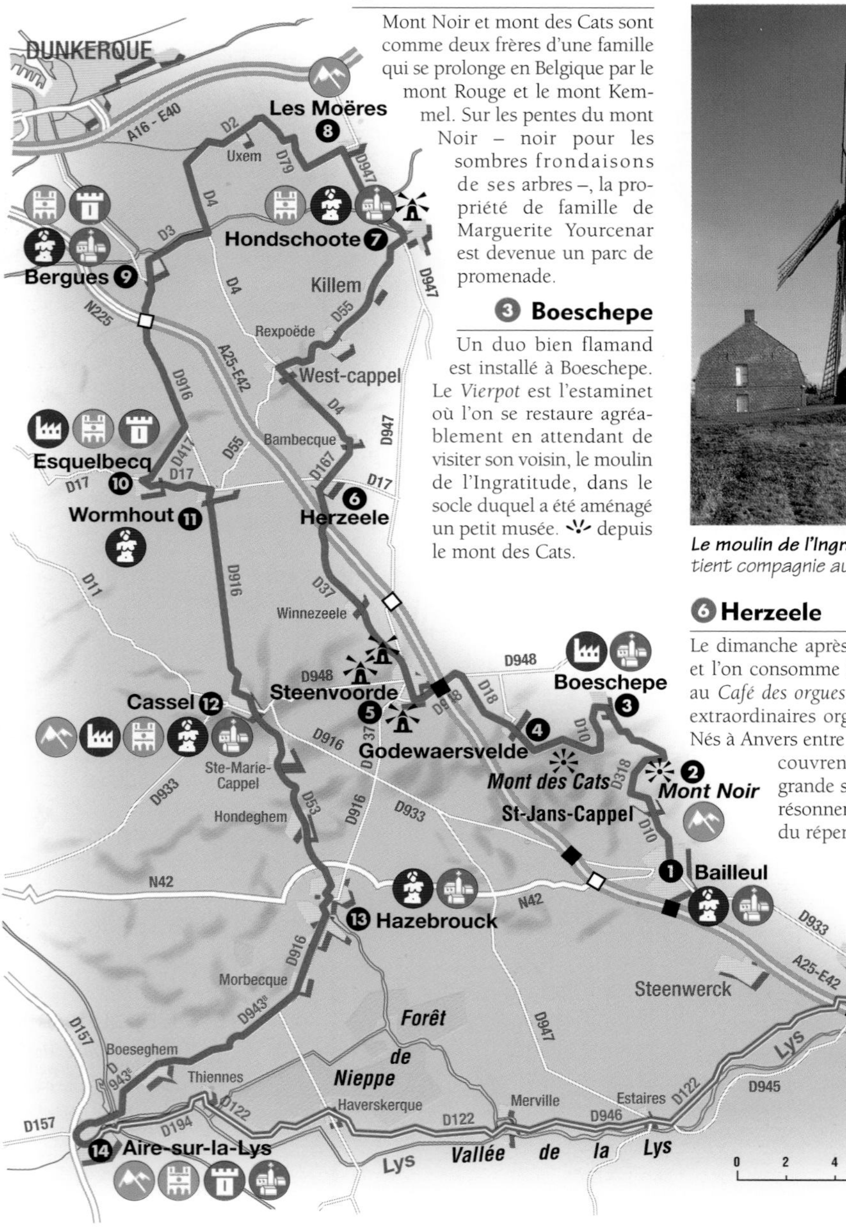

❹ Godewaersvelde

À Godewaersvelde, l'on pourra associer en-cas et emplettes au *Roi du potje'vleesch* : derrière sa façade toute de briques blanches, cet établissement fait aussi épicerie de campagne.

❺ Steenvoorde

Connue pour la curieuse palette multicolore de ses maisons de briques peintes, Steenworde est une capitale locale des moulins. Sa position axiale, dans le corridor venteux qui sépare le mont Cassel des autres monts de Flandre, lui a valu d'en compter jusqu'à 20 en activité sur la commune ! Subsistent un rare moulin de pierre, le Steenmeulen (à Terdeghem) et deux moulins de bois, le Noordmeulen et le Westmeulen. Visites organisées par la mairie.

Le moulin de l'Ingratitude *tient compagnie au Vierpot.*

❻ Herzeele

Le dimanche après-midi, l'on danse et l'on consomme ici la bière locale au *Café des orgues*, au son de trois extraordinaires orgues mécaniques. Nés à Anvers entre 1912 et 1938, ils couvrent les murs d'une grande salle où roulent et résonnent les airs fameux du répertoire musette.

LA SECONDE VIE DES MOULINS

Construits en brique, en pierre ou en bois, mus par le vent ou (plus rarement) par l'eau, les moulins des Flandres ne laissent pas indifférent. Leurs aficionados, regroupés dans l'Association régionale des amis des moulins, ont su orchestrer une réhabilitation complexe. En pierre ou en brique, leurs trois niveaux abritent deux meules : à farine et à huile. Seul le dernier étage s'oriente en fonction du vent, alors que leurs cousins en bois pivotent tout entiers autour d'un axe issu d'un seul tronc de chêne, l'un des 52 arbres nécessaires à leur édification. Une fois leurs ailes remontées, il faut plus qu'une légère brise pour mouvoir leurs 20 m et quelque d'envergure ! Mais, dans tous les cas, reconstruire ces « géants du Nord » à l'identique n'est qu'un préalable : nombre d'entre eux, ouverts à la visite, ont entamé – pour combien de siècles ? – une vie nouvelle d'ambassadeur. Les moulins se visitent sur rendez-vous auprès de l'Association régionale des amis des moulins :
Tél. : 03.20.05.49.34.

7 Hondschoote

Faut-il rappeler qu'ici était la limite de la mer au Moyen Âge ? Sa large grand-place, sa *hallekerque*, église-halle à trois nefs parallèles (chaire et retables remarquables) et son hôtel de ville Renaissance signent son appartenance à la Flandre, mais la couleur sable de sa brique donne à Hondschoote et aux communes environnantes les atours d'une séduction originale. Noter qu'entrer dans une *hallekerque* suppose le plus souvent de s'adresser à l'avance à la mairie. 👁 à la sortie du bourg, le Noordmeulen, plus vieux moulin à vent d'Europe si la date déchiffrée sur son mécanisme est juste : 1127 !

8 Les Moëres

Une promenade à vélo s'impose pour découvrir, entre bourg et littoral, les anciens marais des Moëres, « plat pays » tout agricole d'où émergent boqueteaux d'arbres, clochers… et, dans le lointain, les filiformes silhouettes des infrastructures du port de Dunkerque.

9 Bergues

L'harmonie de rouge et de gris des briques de Bergues, le joli carillon de l'hôtel de ville, le charme des bords du canal de la Basse-Colme, l'originalité baroque de son musée du Mont-de-piété sont bien trompeurs : l'histoire de la ville est celle de ses remparts. À en faire le tour extérieur, à admirer la majestueuse porte Sud, dite de Cassel, on comprend vite pourquoi la ville forteresse, verrou de Dunkerque, tint tête en 1940 aux armées allemandes, au point que seule l'aviation put faire plier, au XXe s., le dispositif de défense édifié par Vauban au XVIIe.

10 Esquelbecq 34 10/E4

Et si ce petit bourg prouvait que passé et présent ne demandent qu'à se réconcilier ? Non loin du château et de son jardin du Moyen Âge (privés), un jeune couple a redonné vie à la bière locale en quittant, qui la grande distribution, qui son Canada natal, pour réintroduire un savoir-faire un temps disparu. Le plus difficile ? Ce fut de mettre au point, dans la cuisine familiale, avec l'aide d'une Cocotte Minute, la recette de la Blonde d'Esquelbecq, que l'on déguste aujourd'hui avec plaisir, sur place, dans la brasserie réhabilitée (visites sur rendez-vous).

Bergues et ses remparts
Ces fortifications ont défié le temps… et bien des armées adverses.

11 Wormhout

Blottie dans son petit jardin, une charmante maison de bourg abrite à Wormhout un musée peu commun. Sa collection de photographies associe portraits, cérémonies, paysages… Reflet d'une vie en Flandre, celle de Jeanne Devos, dont ce musée porte le nom.

Cassel : *une façade de la grand'place*

12 Cassel 20 10/E4

Le mont et son panorama unique sur les quatre coins des Flandres ont, de tout temps, attiré touristes… et militaires. Mais les premiers accordent la primeur au charme de la grand'place et de ses façades, dont l'hôtel de la Noble-Cour, qui cache derrière son portail Renaissance un joli musée ; visitent, au sommet de la butte, le moulin restauré ; préfèrent enfin jouir de la vue depuis le *T'Kasteel Hof* (face au moulin), en goûtant aux plaisirs de la gastronomie d'estaminet – dont le fameux « potje'vleesch », terrine de viandes froides en gelée.

13 Hazebrouck

Le chemin de fer a offert sa richesse à la ville, consacrée nœud ferroviaire à partir de 1848. Celle-ci nous retourne élégamment le cadeau : son musée municipal, dans le magnifique ancien couvent des Augustins, associe habilement, sous la garde de Tisje Tasje et de sa famille, géants protecteurs de la ville, des salles consacrées à l'ethnographie régionale et une très plaisante collection de peintures et d'objets sacrés.

14 Aire-sur-la-Lys 3 10/E5

Aux XVIe et XVIIe s., Aire-sur-la-Lys fut une place forte de la Flandre espagnole. Sa Grand-Place, parmi les plus belles, sa collégiale et son bailliage (XVe-XVIIe s.) témoignent de la grandeur passée. 👁 après la visite de la ville, la petite forêt domaniale de Nieppe et la vallée de la Lys, occasion rêvée d'une dernière villégiature.

Se souvenir entre Somme et Artois

La plus effroyable des guerres s'est achevée en laissant derrière elle plus de 9 millions de morts et 20 millions de blessés. Une catastrophe humaine, sociale et politique dont les effets sont toujours perceptibles. Aujourd'hui, musées, monuments et cimetières sont voués à perpétuer le souvenir de l'aberration de la Grande Guerre, mais aussi l'hommage que la France doit aux soldats de tous pays venus mourir sur son sol.

Arras
Le beffroi domine la place des Héros.

1 Historial de la Grande Guerre (Péronne)

Soixante-dix ans après la fin des conflits, l'historial de la Grande Guerre montre comment chacun des trois principaux belligérants (France, Allemagne, Angleterre) a vécu la guerre. Dans les murs du château sont assemblés films, affiches, objets, uniformes et équipements : on saisit toutes les dimensions de la guerre, des premières tensions des années 1900 à la reconstruction et à l'apprentissage de la paix. *i* Tél. : 03.22.83.14.18.

2 Albert

La bataille de la Somme fut l'une des plus sanglantes de cette période et elle décima particulièrement les Britanniques, qui tenaient ce front. À Albert, rasée par la guerre, le musée des Abris restitue de manière poignante le quotidien des combats grâce à des reconstitutions très réalistes.

3 Mémorial canadien de Beaumont-Hamel

10 10/F7

Le parti pris canadien est d'avoir conservé tels quels les lieux où se sont battus les soldats terre-neuviens. Il ne s'agit plus là d'un monument de marbre, mais de tranchées qui se font face, sillonnant encore entre les cratères d'obus qui oblitèrent le paysage. Seul un caribou de bronze, symbole du régiment, domine le site. 👁 à Thiepval, la tour d'Ulster, fidèle réplique du lieu où s'entraînaient les volontaires irlandais, aux environs de Belfast, avant de débarquer en France.

4 Mailly-Maillet

Érigée au début du XVIe s., l'église Saint-Pierre n'a pu sauver de la guerre que sa façade. Mais cette dernière mérite à elle seule le détour. La finesse de ses sculptures illustre toute la maîtrise des artisans amiénois du gothique flamboyant.

5 Arras

5 10/F6

Durant tout le temps de la guerre, les Arrageois tremblèrent sous les bombardements, qui dévastèrent la ville. En réaction à cette terreur, décision fut prise après-guerre de redonner à la ville tout le lustre de son ancienne architecture flamande. Il faut s'imaginer la Grand'Place et la place des Héros détruites par les bombes, toutes les maisons éventrées, pour réaliser l'effort qui fut produit alors pour rendre sa fierté à Arras. Visiter l'ancienne abbaye Saint-Vaast, sur laquelle s'est appuyée la cathédrale, et qui abrite le musée des Beaux-Arts.

N.-D.-de-Lorette

6 Mémorial canadien de Vimy

Comme à Beaumont-Hamel, les tranchées sont presque intactes ; si un gazon ne recouvrait pas les énormes cratères de bombes qui les cernent, on les dirait abandonnées depuis peu. Les Canadiens ont restauré le champ de bataille en y plantant 11 285 arbres : un par homme mort ou disparu. À visiter : la Grange-tunnel qui abritait une infirmerie et un dépôt de munitions.

7 Notre-Dame-de-Lorette

Sa position dominante (166 m) fit de la colline de Notre-Dame-de-Lorette une proie permanente de l'artillerie, tantôt allemande, tantôt alliée. Les bombes tombaient en tel nombre qu'on ne distinguait plus aucune tranchée. Après quatre années de ce déluge d'acier, on dénombra ici près de 100 000 victimes des deux bords. Du lanternon de la tour proche de la basilique on domine le lieu de l'hécatombe et les plaines de l'Artois.

Entre Soissonnais et Laonnois

De la petite vallée de la Crise, dans le Soissonnais, jusqu'aux plateaux calcaires du Laonnois, les richesses de ce terroir restent à découvrir. Ici, plus qu'ailleurs, la douceur retrouvée des paysages et des monuments contraste avec les douloureuses réminiscences de la Grande Guerre, la quiétude et la beauté d'aujourd'hui s'opposant au fracas d'hier.

Braine : *l'abbatiale dans la forêt*

❶ Soissons

72 18/A5

Vieille de plus de deux mille ans, Soissons fut capitale dès Clovis et, bien que détruite aux trois quarts lors de la Grande Guerre, elle a conservé un riche patrimoine médiéval, dont l'immense nef de sa cathédrale gothique et les vestiges de l'abbaye Saint-Jean-des-Vignes, au sud de la ville, cadre de la reconstitution d'une maison du VIe s.

❷ Septmonts

Un château se dresse dans la vallée de la Crise depuis le XIVe s. Tailleurs de pierre et maçons s'affairent à restaurer les vestiges de ce qui fut longtemps la résidence favorite des évêques de Soissons. du haut des sept étages du donjon sur le charmant village et la campagne alentour.

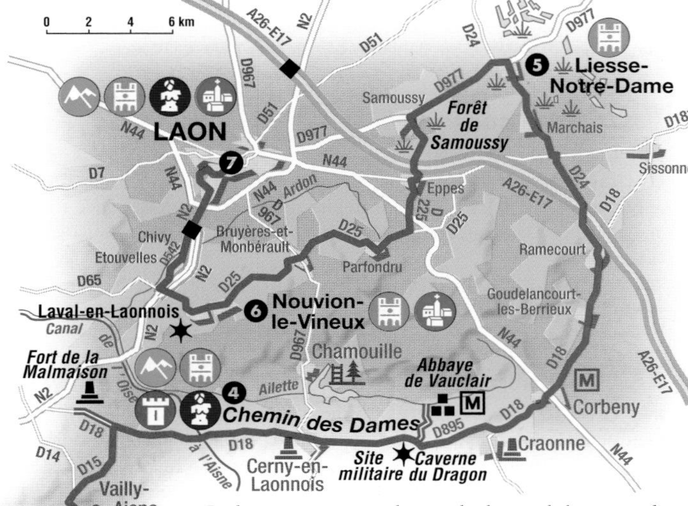

❸ Braine

L'ancienne abbatiale fut construite pour conserver les reliques de saint Yved, évêque de Rouen, à l'abri des incursions normandes. Malgré des restaurations hasardeuses, elle reste un bel exemple du premier âge gothique. Dans le village subsiste une remarquable maison à colombages et encorbellements (XVIe s.).

❹ Chemin des Dames

Terre de mort et de chaos, le Chemin des Dames fut l'un des lieux des mutineries de la troisième année de la guerre. Les tombes militaires y alternent avec les monuments, comme les paysages avec les souvenirs. sur la crête du plateau, les vestiges du fort de la Malmaison, que l'âpreté des combats a réduit à un enchevêtrement de bois, de pierres et de terre. la caverne du Dragon. Les « creutes » sont des cavités calcaires, très anciennes carrières ou anfractuosités naturelles, seuls abris sûrs pour les soldats du Chemin des Dames. Elles furent sculptées et peintes en de nombreux endroits, offrant d'émouvants témoignages de foi, de rage ou de désespoir. l'abbaye cistercienne de Vauclair, qu'un groupe d'archéologues s'attache à faire revivre au cœur d'une forêt de 1 000 ha. Jeux pour les enfants et sentiers balisés offrent des instants de détente au milieu de lourds souvenirs.

❺ Liesse-Notre-Dame

Ce lieu de pèlerinage est vieux de six siècles. Offerts par Louis XIII, Anne d'Autriche ou de plus modestes et récents donateurs, ex-voto et autres témoignages attestent de la popularité de la Vierge noire ramenée de Terre sainte par les premiers pèlerins. la forêt de Samoussy, dont les futaies furent fréquentées par Charlemagne.

❻ Nouvion-le-Vineux

Dans ce village tout en pierre calcaire, typique du pays laonnois, on tombe sous le charme de la minuscule église du XIIe s., associant gothique et roman, toujours entourée de son cimetière, et du lavoir, directement alimenté par une source. les vendangeoirs de Laval-en-Laonnois.

❼ Laon

45 18/B4

Vue des plaines alentour, Laon trône sur son plateau comme une acropole. Ses remparts protègent un plan urbain médiéval et un bâti parfois d'époque. Il faut s'y perdre pour découvrir les merveilles souvent taillées dans le calcaire extrait du cœur de la butte. Ne pas repartir sans visiter la cathédrale Notre-Dame, l'abbaye Saint-Martin, le Musée archéologique et la chapelle des Templiers.

CIRCUIT DES VENDANGEOIRS

Jusqu'à la fin du XIXe s., le plateau laonnois était couvert de près de 4 000 ha de vignes, que le phylloxéra et la concurrence bourguignonne ont depuis anéanties. Subsistent quelques bâtisses bourgeoises dédiées à la viticulture : les vendangeoirs, où les riches familles propriétaires résidaient durant la saison du travail de la vigne. Un itinéraire fléché relie toutes ces maisons, au départ notamment de Bruyères-et-Montbérault.

ℹ Tél. : 03.23.20.28.62.

1 Abbeville

10/**D7**

(80) *i* Tél. : 03 22 24 27 92

Reconstruite après la dernière guerre, la capitale du Ponthieu abrite encore quelques monuments anciens, dont la collégiale Saint-Vulfran (XVe-XVIIe s.). Au sud-est de la ville se dresse, entouré d'un jardin à la française et d'un parc à l'anglaise, le château de Bagatelle (XVIIIe s.), entièrement meublé dans le style de cette époque.

👁 à 9 km (N-E) la petite cité de **Saint-Riquier,** qui conserve l'église gothique flamboyante (XVIe s.) de sa célèbre abbaye bénédictine.

2 Agnetz (Église d')

17/**H5**

(60) *i* Tél. mairie : 03 44 68 23 00

À la lisière de l'ancienne forêt royale d'Hez-Froidmont, le village d'Agnetz possède une église qui se distingue par ses imposantes dimensions, et notamment celles de son clocher (XIVe s.).

3 Aire-sur-la-Lys

10/**E5**

(62) *i* Tél. : 03 21 39 65 66

La Grand-Place, autour de laquelle se dressent le beffroi (XVIIIe s.) et le baillage (XVIIe s.), évoque l'ancienne prospérité de cette place forte aménagée par Vauban, dominée par la tour de la collégiale Saint-Pierre (XVe-XVIIe s.).

👁 à 5 km (S-E) l'église d'**Isbergues** (XVe s.), qui renferme les reliques de sainte Isbergues, sœur de Charlemagne.

4 Amiens

10/**E8**

(80) *i* Tél. : 03 22 71 60 50. Tél. Corbie : 03 22 96 95 76

Fleuron de la cité, la cathédrale Notre-Dame (XIIIe s.), le plus vaste édifice gothique de France, surprend par sa façade minutieusement sculptée. Le musée de Picardie, le musée d'Art local et d'Histoire régionale installé dans l'hôtel de Berny, les façades Renaissance du baillage, du logis du Roi et de la maison du Sagittaire et le quartier Saint-Leu comptent parmi les principaux attraits de la ville. À proximité de ce dernier site s'étendent les hortillonnages, que l'on ne peut vraiment découvrir qu'en bateau.

👁 à 11 km (E) les vestiges de l'abbaye bénédictine de **Corbie**, notamment l'église Saint-Pierre (XVIe-XVIIIe s.).

5 Arras

10/**F6**

(62) *i* Tél. : 03 21 51 26 95

La Grand-Place et la place des Héros, encadrées par des demeures à arcades de style flamand (XVIIe-XVIIIe s.), invitent à la promenade dans la capitale de l'Artois. Reconstruit dans le style flamboyant après la Première Guerre mondiale, l'hôtel de ville, surmonté d'un beffroi, propose un spectacle audiovisuel qui retrace l'histoire de la cité et donne accès aux souterrains s'étendant sous ses rues. L'ancienne abbaye Saint-Vaast (XVIIIe s.) est un chef-d'œuvre de l'architecture classique ; les bâtiments abbatiaux abritent le musée des Beaux-Arts.

👁 à 8 km le mémorial de **Vimy**, qui rappelle que 66 000 soldats canadiens sont morts en France durant la Première Guerre mondiale.

6 Astérix (Parc)

17/**H6**

(60) *i* Tél. : 03 44 62 31 31 👁 encadré p. 74

7 Ault (Valleuse d')

10/**C7**

(80) La valleuse d'Ault entaille une falaise toujours vive, dont le recul est aujourd'hui contenu par des endiguements.

👁 à 7 km (N), vers Cayeux-sur-Mer, le **hâble d'Ault**.

👁 à 11 km (S), après la traversée du paisible Bois-de-Cise, entouré de chênes verts, la petite station de **Mers-les-Bains,** qui propose au visiteur la découverte d'un quartier balnéaire de la Belle Époque.

INCURSION EN TERRE PICARDE

Au départ d'AMIENS, après le château de Bertangles (XVIIIe s.), qui séduira par ses façades agrémentées de sculptures, et Villers-Bocage, avec sa belle église, le village de Naours offre la plus vaste des grottes-refuges de la région. Doullens, avec sa citadelle (XVIe-XVIIIe s.) mariant pierre et brique, puis Lucheux, qui conserve son beffroi, une église romane et les vestiges de l'imposante forteresse des comtes de Saint-Pol, sont les deux autres temps forts de ce circuit.

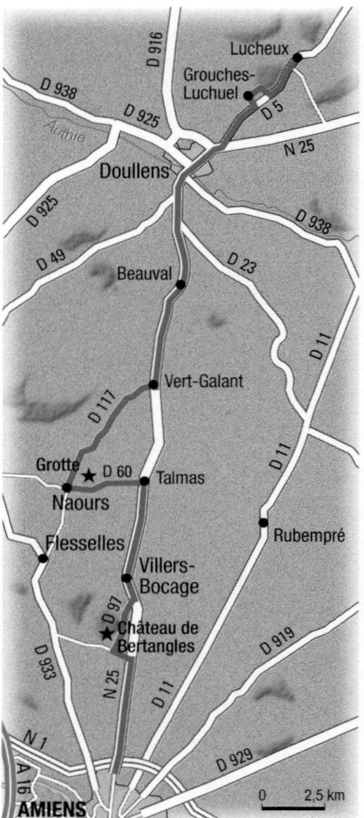

LES HORTILLONNAGES D'AMIENS

En amont d'**Amiens,** un étrange paysage s'étend des deux côtés de la Somme : ce sont les hortillonnages, du latin *hortus*, « jardin ». Il s'agit de parcelles maraîchères qui ont toutes été gagnées sur les marécages par le tracé de fossés drainant les eaux vers des canaux. Des bateaux à cornet, grandes barques à l'extrémité relevée qui servent au transport des jardiniers et de leurs produits, y circulent. Sur près de 1 000 personnes qui vivaient de ce métier au début du XXe s., il n'en reste plus qu'une dizaine.

1

Près d'Abbeville, l'abbaye de Saint-Riquier

1 La façade de l'église

4

2

3

Amiens, la cathédrale

2 La statue du Christ, sur le trumeau du portail du Sauveur, connue sous le nom de Beau Dieu d'Amiens

3 Le labyrinthe de la nef

4 Détail de la clôture du chœur

Arras

5 La Grand-Place à arcades, de style flamand

Ault

6 Valleuse de Bois-de-Cise

5

6

8 Avesnes-sur-Helpe  11/J7

(59) ℹ Tél. : 03 27 56 57 20. Tél. mairie Maroilles : 03 27 84 74 18

Bordée de maisons anciennes en briques rehaussées de pierres bleues, la Grand-Place (belle façade de l'hôtel de ville du XVIIIᵉ s.) de cette ancienne place forte est dominée par le clocher de l'église Saint-Nicolas, qui recèle un splendide carillon.

👁 à 12 km (O) **Maroilles,** qui perpétue la tradition d'un fameux fromage à pâte molle. Il ne subsiste que quelques bâtiments (XVIIᵉ s.) de l'abbaye bénédictine, où il fut pour la première fois fabriqué.

9 Bailleul  10/F4

(59) ℹ Tél. mairie : 03 28 50 06 00

Détruite en 1918, cette cité perpétue, grâce à son école, l'activité dentellière qui date du XVIIᵉ s. Elle a été reconstruite dans un style flamand traditionnel. Le musée Benoît-de-Puydt réunit de nombreuses œuvres d'art flamand du XVᵉ au XIXᵉ s.

10 Beaumont-Hamel (Mémorial de) 10/F7

(80) ℹ Tél. : 03 22 75 16 42. Tél. mairie d'Albert : 03 22 76 27 91

Un parc aménagé entretient le souvenir de la division canadienne de Terre-Neuve qui combattit ici en juillet 1916 : la statue d'un caribou domine le site.

11 Beauvais   17/G5

(60) ℹ Tél. : 03 44 15 30 30

La cathédrale Saint-Pierre (XIIIᵉ-XVIᵉ s.), chef-d'œuvre inachevé de l'art gothique, atteste l'audace des architectes médiévaux (48 m de hauteur sous voûte). À côté du trésor, l'horloge astronomique aux 52 cadrans (1865-1868) met en scène animée le Jugement dernier. L'église Saint-Étienne réunit des styles sobre (nef et transept romans) et étincelant (chœur flamboyant, vitraux Renaissance), et le musée départemental de l'Oise est établi dans l'ancien palais épiscopal.

👁 à 6 km environ (O) le **parc Saint-Paul,** qui propose manèges, attractions et spectacles.

12 Berck-sur-Mer  10/C6

(62) ℹ Tél. : 03 21 09 50 00

À l'entrée de la baie de l'Authie, Berck-sur-Mer est une station balnéaire réputée pour son immense plage de sable fin, et accueille aussi un centre de cure. Dans les années 1860, l'Assistance publique y fonda le premier hôpital maritime.

👁 à 5 km (N) le **parc d'attractions de Bagatelle,** doté d'un zoo, qui propose des spectacles variés.

13 Béthune  10/F5

(62) ℹ Tél. : 03 21 57 25 47

Cette ancienne place forte s'organise autour de sa Grand-Place. Celle-ci est encadrée de maisons reconstruites après la Première Guerre mondiale dans le style flamand traditionnel. Au centre se dresse un beffroi en grès (XIVᵉ s.) à trois étages, qui abrite un carillon.

👁 à 14 km (N-O) **Lillers** et sa collégiale Saint-Omer (XIIᵉ s.), seul édifice roman du Nord complet dans son gros œuvre.

14 Blanc-Nez (Cap)  10/C3

(62) Du haut de ses 134 m d'abrupt, la falaise de calcaire blanc, riche en fossiles, domine une plage de sable fin. ⁂ . Le site abrite de nombreux oiseaux protégés, observables avec des jumelles. Le GR 120, qui court en corniche – où les éboulements sont dangereux –, conduit à une table d'orientation.

LA CORNICHE DU BOULONNAIS

Du CAP BLANC-NEZ à la station littorale de Wimereux, avec sa plage de sable et de galets, en passant par Wissant et sa baie bordée de dunes, le cap Gris-Nez, le vallon du Cran-aux-Œufs et la pointe aux Oies permettent de longer l'une des plus belles parties de la Côte d'Opale. Au retour, un peu avant Ambleteuse, on peut bifurquer vers l'intérieur des terres pour découvrir l'arrière-pays, qui ne manque pas de charme.

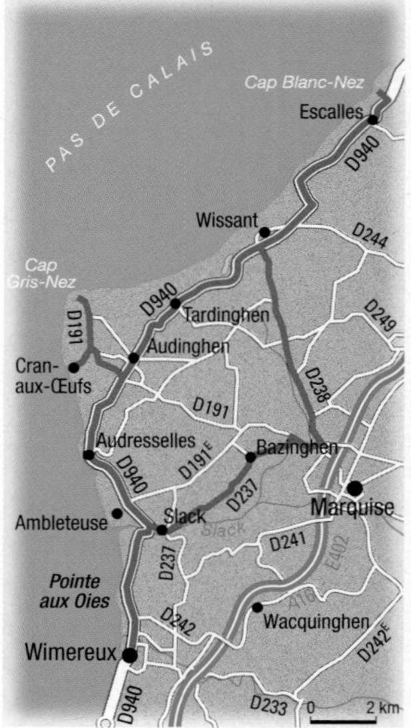

LA LUMIÈRE DE LA CÔTE D'OPALE

Entre la côte picarde, au sud de la baie de la Canche, et la côte flamande, à l'est de Calais, la Côte d'Opale présente deux particularités auxquelles ont été très sensibles André Derain et Édouard Manet, ses peintres les plus célèbres : la lumière réellement opale de ses ciels ainsi que l'omniprésence de la craie, qui blanchit toutes ses eaux. En revanche, ses paysages sont très variés et mis davantage en valeur par le tracé du littoral, régularisé par le travail d'érosion et de remblaiement de la mer.

Beauvais

1 La cathédrale : détail de l'horloge astronomique (le Christ invitant les anges à jouer de la trompette)

2 La cathédrale : façade occidentale

3 L'église Saint-Étienne côté sud

Béthune

4 Les maisons de la Grand-Place

Le cap Blanc-Nez

5 La falaise de calcaire blanc dominant la plage de sable fin

15 Boulogne-sur-Mer

10/C4

(62) ℹ Tél. : 03 21 10 88 10
Premier port de pêche français, Boulogne possède, avec le Centre national de la mer, Nausicaa, un complexe unique en Europe. Protégée par des remparts (XIIIe s.), la ville haute accueille en août un important pèlerinage à la basilique Notre-Dame (XIXe s.). À l'extérieur des fortifications, le château possède des collections archéologiques, historiques et ethnographiques. À 2 km de la plage, sur la commune de Wimille, s'élève la colonne de la Grande Armée, en souvenir du camp de Boulogne. Du haut de sa plate-forme, ☀ sur le Boulonnais et, par temps clair, sur les côtes britanniques.

16 Bray-Dunes (Plage de)

10/F3

(59) ℹ Tél. : 03 28 26 61 09
La plus nordique des plages de France est réputée pour ses courses de chars à voile. La dune Marchand, à l'ouest, constitue une réserve naturelle consacrée à la flore des sables (oyats, euphorbes...).

17 Calais

10/D3

(62) ℹ Tél. : 03 21 96 62 40
Près de l'hôtel de ville (XXe s.), le groupe monumental en bronze des *Bourgeois de Calais,* sculpté par Rodin en 1895, rappelle qu'en 1347, alors qu'Édouard III d'Angleterre prenait possession des lieux, six habitants avaient offert leur vie contre celle de tous leurs concitoyens. De son appartenance à l'Angleterre (XIVe-XVIe s.), la cité conserve l'église Notre-Dame, la seule de style Tudor en France. Le musée des Beaux-Arts est encore associé à celui de la Dentelle, qui retrace l'apparition et l'évolution de cette activité toujours vivante.
👁 à 9 km l'ouverture du tunnel sous la Manche **(Eurotunnel)**.

18 Cambrai

11/A1

(59) ℹ Tél. : 03 27 78 36 15
Cette ancienne place forte, avec sa porte de Paris (XIVe s.) et sa citadelle (XVIe-XVIIe s.), conserve un riche patrimoine architectural. La cathédrale Notre-Dame, qui abrite le tombeau de Fénelon, œuvre de David d'Angers, et l'église Saint-Géry, qui recèle une *Mise au tombeau* de Rubens et un jubé sculpté (XVIIe s.) en témoignent. Un détour par le département du Patrimoine du musée municipal de Cambrai complétera la visite.
👁 à 10 km (S) les habitats des époques gallo-romaine, mérovingienne et carolingienne reconstitués aux **Rues-des-Vignes** et, à 12 km, l'**abbaye de Vaucelles,** fondée en 1132 par saint Bernard, qui se réduit à son cloître.

19 Canche (Baie de la)

10/C5

(62) ℹ Tél. Le Touquet : 03 21 06 72 00
Accueillant sur sa rive nord une réserve naturelle (accès par la D 940) de plus de 500 ha, cette baie possède une flore et une faune très riches. La maison de la Baie propose un circuit adapté aux enfants.
👁 les villas cossues (XIXe s.) du **Touquet** et sa longue plage idéale pour le char à voile. Le célèbre Enduro des sables s'y déroule.

20 Cassel

10/E4

(59) ℹ Tél. : 03 28 40 52 55
Construite sur un mont, la cité, marquée par les deux guerres mondiales, domine la plaine flamande.

21 Cateau-Cambrésis (Le)

11/H7

(59) ℹ Tél. : 03 27 84 10 94
La ville natale d'Henri Matisse – un musée lui rend hommage – conserve l'église baroque Saint-Martin et un hôtel de ville de style Renaissance.

LE CAMBRÉSIS

Au départ de CAMBRAI, vers le sud, les campagnes du Cambrésis offrent leurs richesses. Les Rues-des-Vignes, sur les rives de l'Escaut, proposent une visite intéressante ; des maisons de la fin de l'Antiquité et du haut Moyen Âge y ont été reconstituées, invitant à un voyage dans le temps d'autant plus vivant qu'il s'accompagne de démonstrations de tissage et de fabrication de poteries. En aval, les imposants vestiges de l'abbaye de Vaucelles attestent encore l'importance religieuse qu'eut cette fondation aux XIIe et XIIIe s.

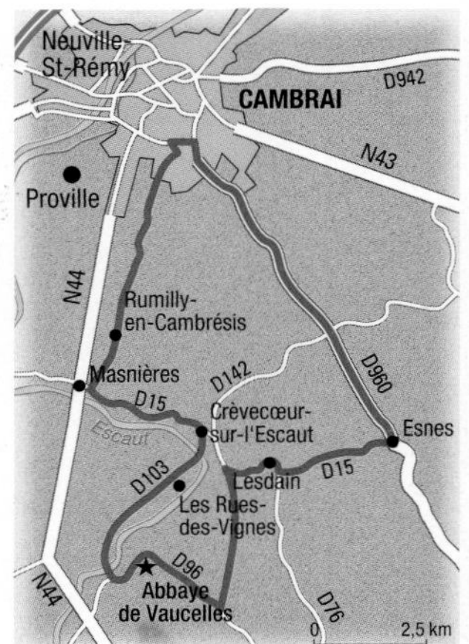

LE TUNNEL SOUS LA MANCHE

Pont, digue, tunnel… Les projets furent légion pendant plus de deux siècles pour relier autrement que par voie d'eau l'Angleterre au continent. Mais il faudra attendre le 6 mai 1994, neuf ans après la signature du traité de construction, pour que la jonction entre l'île et la côte flamande soit effective. Les deux terminaux se trouvent aux environs de Calais et de Folkestone, de l'autre côté de la Manche. Le Shuttle et l'Eurostar parcourent ainsi 50 km de tunnel, dont 38 sous la mer.

1

2

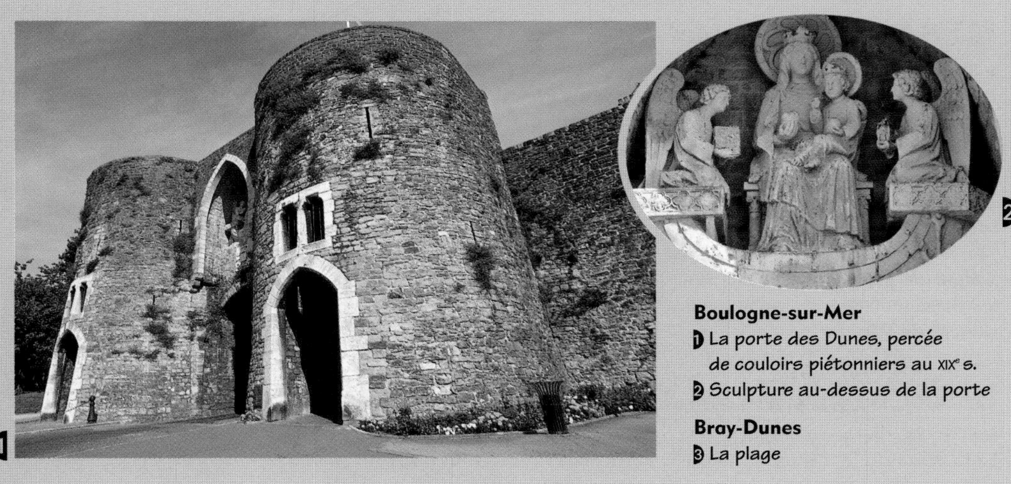

Boulogne-sur-Mer

1 La porte des Dunes, percée de couloirs piétonniers au XIXe s.

2 Sculpture au-dessus de la porte

Bray-Dunes

3 La plage

3

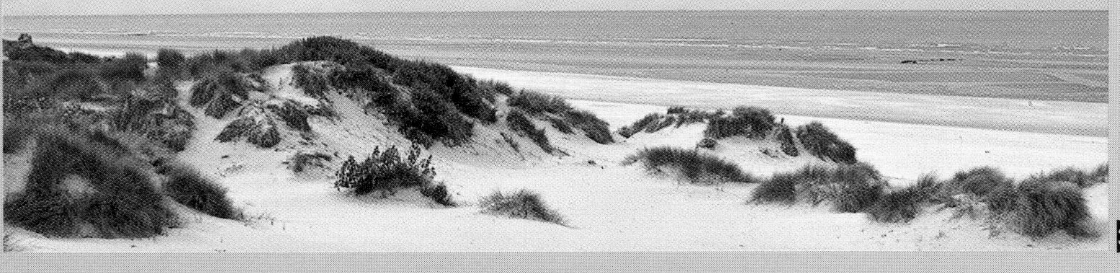

Calais

4 *Les Bourgeois de Calais*

5 L'hôtel de Ville

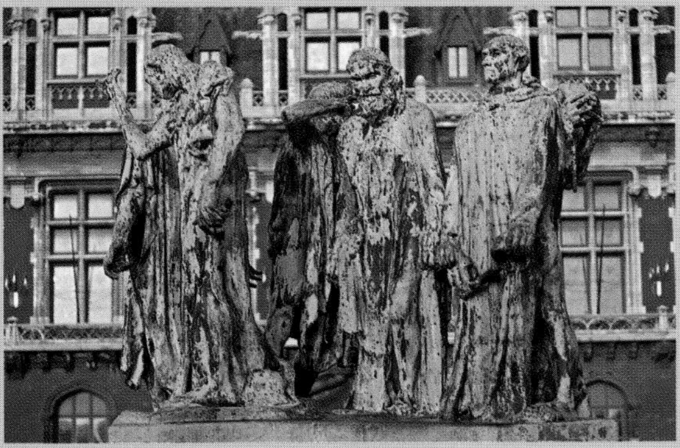

4

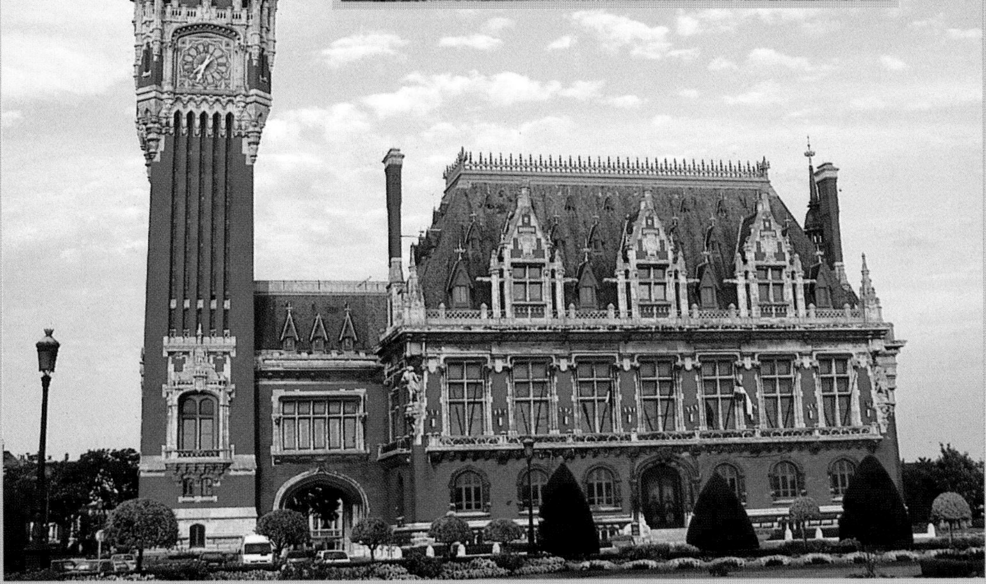

5

22 Chaalis (Abbaye de)  17/H6

(60) ℹ Tél. abbaye : 03 44 54 04 02. Tél. mairie : 03 44 54 27 61
Les rois venaient séjourner dans cette grande abbaye médiévale (XIIIe s.) située au cœur de la forêt d'Ermenonville. Il en subsiste de très beaux vestiges, notamment ceux de l'église, édifice cistercien de style gothique. Le palais abbatial (XVIIIe s.) abrite des meubles et des peintures Moyen Âge et Renaissance, le musée Jacquemart-André ainsi que de nombreux souvenirs de Jean-Jacques Rousseau.
👁 à moins de 15 km (N-E) l'église de style flamboyant du village de **Baron,** qui présente un clocher senlisien caractéristique, et, à proximité, le village de **Versigny,** qui accueille l'église Saint-Martin (XVIe s.) et le **château de Kersaint** (XVIIe-XVIIIe s.).

23A Chantilly (Château de)  17/H6

(60) ℹ Tél. : 03 44 67 37 37
Entourée d'eau, la demeure des princes de Condé (XVIe-XIXe s.) recèle un musée aux collections exceptionnelles : les peintures (Ingres, Raphaël, Van Dyck, etc.), le mobilier et surtout la bibliothèque du duc d'Aumale (les *Très Riches Heures* du duc de Berry) en constituent quelques-uns des fleurons. Les bâtiments sont entourés d'un magnifique parc avec pièces d'eau, parterres, vertugadin, jardin anglais agrémenté de quelques constructions, dont le Hameau. Près de l'hippodrome, les grandes écuries (XVIIIe s.), chef-d'œuvre de Jean Aubert, abritent le musée vivant du Cheval et du Poney.

23B Chantilly (Forêt de)  17/H6

(60) Sur plus de 15 000 ha, pour près de la moitié aménagés en parc forestier, cette ancienne chasse royale associe de très beaux chênes, des charmes, des tilleuls et des pins sylvestres ; elle est parsemée d'étangs, dont celui de Commelles, au sud du château.
👁 non loin le **château de la Reine-Blanche,** ancien moulin aménagé en rendez-vous de chasse par le duc de Bourbon en 1825.

24 Château-Thierry  18/B6

(02) ℹ Tél. : 03 23 83 10 14. Tél. château de Condé : 03 23 82 42 25
Dans cette petite ville de la vallée de la Marne se trouve la maison natale de Jean de La Fontaine, hôtel particulier du XVIe s. qui accueille aujourd'hui un musée consacré au fabuliste. De l'ancienne place forte construite sur la butte qui domine la cité, il ne reste que les remparts.
👁 à 15 km (E) **Condé-en-Brie**. Le bourg possède des halles du XVIe s., une église gothique surmontée d'un clocher roman et un château, jadis propriété des princes de Condé. Restauré au XVIIIe s., celui-ci renferme le mobilier et la décoration réalisés à cette époque, notamment des œuvres de Watteau et d'Oudry.

25 Chaumont-en-Vexin  16/F5

(60) ℹ Tél. mairie : 03 44 49 00 46
Héritier d'une place forte incendiée au XIIe s., Chaumont-en-Vexin possède toujours quelques maisons et monuments anciens et notamment l'église Saint-Jean-Baptiste (XVIe s.).
👁 à moins de 10 km (N-O), en direction de **Trie-Château,** où séjourna Jean-Jacques Rousseau, un menhir et un dolmen, qui attestent l'ancienneté du peuplement dans cette région.

26A Compiègne (Château de)  17/J5

(60) ℹ Tél. : 03 44 38 47 00
Ce palais, construit pour Louis XV, fut une résidence appréciée de la Cour sous les premier et second Empires. Son austérité extérieure cache la riche décoration (XVIIIe-XIXe s.) de ses immenses appartements (2 ha). Un musée est consacré au second Empire, et un autre, à la voiture.

JEAN DE LA FONTAINE (1621-1695)

L'enfant de **Château-Thierry,** dont la maison natale se visite, découvre sa vocation tardivement. Après avoir été, successivement, attiré par la société des prêtres de l'Oratoire, inscrit au barreau, marié par son père, pourvu de l'office de maître des Eaux et Forêts (1652), La Fontaine décide soudain de s'essayer à la poésie. Ayant jusque-là peu quitté sa ville, il se rend alors souvent à Paris et se met au service de Fouquet, qui lui verse une pension régulière. Après l'arrestation du surintendant des Finances, le fabuliste ne quitte plus la capitale, protégé par la haute société.

LE MUSÉE VIVANT DU CHEVAL ET DU PONEY

Chevaux, poneys et ânes, dans leurs stalles, à l'entraînement ou en démonstration, animent ce musée unique en son genre. Installé dans les anciennes Grandes Écuries des princes de Condé, au **château de Chantilly** – ces bâtiments furent construits au XVIIIe s. par Jean Aubert et ornés de sculptures de Bridault –, il abrite une trentaine de salles. Celles-ci évoquent, à travers reconstitutions, mannequins, panneaux d'exposition et œuvres d'art, la plus noble conquête de l'homme.

Chaalis

1 Les ruines d'une des plus grandes abbatiales cisterciennes du XIIIe s.

2 La chapelle décorée au XVIe s.

Chantilly

3 Le château des princes de Condé

Compiègne

4 Maison « la vieille Cassine », rue des Lombards

5 La façade du palais de Louis XV

26B Compiègne (Forêt de)

17/J5

(60) ℹ Tél. : 03 44 40 01 00

Chasse royale depuis les Mérovingiens, l'actuelle forêt domaniale couvre un plateau accidenté de buttes calcaires hautes de plus de 100 m. Depuis celle des Beaux-Monts, ⁂ sur les vallées de l'Oise et de l'Aisne ainsi que sur le massif forestier, avec ses vastes allées, ses rus encaissés et ses étangs.

👁 à **Saint-Jean-aux-Bois,** blottis au creux d'une clairière, les vestiges d'une abbaye fondée au XIIe s. par la veuve de Louis VI le Gros.

27 Coucy-le-Château-Auffrique

18/A4

(02) ℹ Tél. château : 03 23 52 71 28

Perché sur un éperon, le château d'Enguerrand III (XIIe-XIIIe s.) garde, malgré la disparition de son donjon, les traces de son ancienne puissance, avec sa salle des gardes voûtée (XIIIe s.). Il domine la ville, dans laquelle on peut encore pénétrer par la porte de Laon ou par celle de Soissons.

28 Crépy-en-Valois

17/J6

(60) ℹ Tél. : 03 44 59 03 97

La porte de Paris, qui date de 1758, est la meilleure voie d'accès à cette ancienne capitale du Valois. Elle abrite notamment les restes de l'abbaye de Saint-Arnould, lieu de sépulture des comtes de Valois, et le musée de l'Archerie et du Valois.

29 Crotoy (Le)

10/C6

(80) ℹ Tél. : 03 22 27 05 25 👁 petit itinéraire p. 88

Jules Verne et Colette ont fréquenté ce petit port de la baie de Somme, devenu une agréable station balnéaire.

30 Desvres

10/D4

(62) ℹ Tél. : 03 21 87 69 23. Tél. maison de la Faïence : 03 21 83 23 23

Depuis le XVIIIe s., la tradition de la faïencerie se maintient dans cette localité du Boulonnais et s'expose à la maison de la Faïence. Au nord, les 1 200 ha de la forêt de Desvres sont sillonnés de sentiers.

👁 à 10 km (S-O) les vieilles maisons de **Samer,** rassemblées autour de la Grand-Place et dominées par l'église Saint-Martin (XVe s.).

31 Douai

11/G6

(59) ℹ Tél. : 03 27 88 26 79

Surmontant les toits de l'hôtel de ville avec ses tourelles et son lion des Flandres, le beffroi (XVe s.) possède l'un des plus gros carillons d'Europe. La porte de Valenciennes (XVe-XVIIe s.), les églises Notre-Dame et Saint-Pierre et les hôtels particuliers sont autant de témoins d'un riche passé. Un musée occupe l'ancienne chartreuse (XVIe-XVIIIe s.) et abrite le *Polyptyque d'Anchin,* œuvre de Jean Bellegambe (XVe-XVIe s.). Des promenades en bateau sont proposées sur la Scarpe.

👁 à 9 km (N) le clocher-porche de l'église de **Flines-lez-Râches**.

32 Dunkerque

10/E3

(59) ℹ Tél. : 03 28 66 79 21

Patrie du corsaire Jean Bart, le troisième port de France développe ses installations sur près de 20 km. Les musées des Beaux-Arts et d'Art contemporain présentent de remarquables collections de peintures et de sculptures. À l'est, **Malo-les-Bains** réunit de belles maisons 1900 aux façades en briques émaillées.

👁 à 9 km (S-E) l'enceinte médiévale fortifiée, remaniée par Vauban, de **Bergues**. La citadelle abrite un beffroi, le mont de piété (XVIIe s.) et un musée qui expose *le Joueur de vielle,* de Georges de la Tour.

👁 à 13 km (O) la place forte de **Gravelines** (XVIe-XVIIe s.). La poudrière accueille un musée du Dessin et de l'Estampe originale.

EN FORÊT DE SAINT-GOBAIN

Le village de COUCY-LE-CHÂTEAU-AUFFRIQUE constitue un bon point de départ pour partir à la découverte de cette ancienne forêt royale plantée de chênes, de hêtres et de frênes. Elle alimentait en bois la manufacture des glaces de Saint-Gobain. On y pratique encore la chasse à courre. Le prieuré fortifié du Tortoir (XVIe s.) occupe l'une de ses clairières, et les vestiges des anciennes abbayes de Saint-Nicolas-aux-Bois et de Prémontré s'abritent au creux de ses vallons.

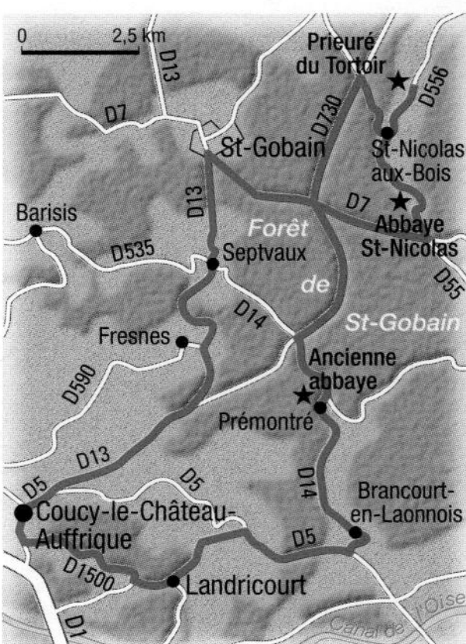

LES BEFFROIS

Ces imposantes flèches, en pierre ou en brique, sont flanquées de tourelles et d'échauguettes. Elles veillent, parfois depuis le Moyen Âge, sur le cœur de nombreuses cités des Flandres, de l'Artois et du Hainaut. Solitaire à Béthune, surmontant l'hôtel de ville à Douai ou à Arras, le beffroi symbolise l'émancipation de ces villes à l'époque médiévale. Son sommet abrite un carillon, qui est également caractéristique des agglomérations du nord de la France.

1

2

La forêt de Compiègne

1 L'un des 26 sentiers de promenade dans les futaies de chênes et de hêtres

Coucy-le-Château-Auffrique

2 Une des tours de la basse-cour

3 Plafond de la salle souterraine de la tour est

Douai

4 Le beffroi

4

3

Dunkerque

5 Le musée d'Art contemporain

6 Le port

5

6

33 Ermenonville (Forêt d')  17/H6

(60) *i* Tél. : 03 44 54 01 58

Prolongeant celle de Chantilly sur 3 300 ha, cette forêt, qui doit son nom à celui de la petite localité située à sa lisière, présente, selon les sols, des essences différentes. À l'orée du massif, le parc du **château d'Ermenonville** (XVIIIe s.) garde le souvenir de Jean-Jacques Rousseau, tombé sous le charme du lieu, qui aimait y flâner et y méditer.

👁 le parc d'attractions de la **Mer de sable**, à 3 km (N-O) du village.

34 Esquelbecq   10/E4

(59) *i* Tél. : 03 28 62 88 57

L'église Saint-Folquin (XVIe s.), dotée d'un carillon, le château féodal, bel exemple de l'architecture militaire médiévale, et les maisons de la Grand-Place font une grande partie du charme de ce village des bords de l'Yser.

35 Fère-en-Tardenois  18/B6

(02) *i* Tél. : 03 23 82 31 57

Patrie de Camille Claudel (1864-1943), sœur de l'écrivain et sculpteur de talent, Fère conserve une splendide halle (XVIe s.) à charpente en châtaignier reposant sur des piliers en pierre. À 3 km au nord, au milieu d'un bois encombré de blocs de grès, le donjon et les sept tours du château féodal rappellent son importance passée. Un pont monumental supporté par cinq arches, dû sans doute à l'architecte Jean Bullant, a été réalisé au XVIe s. à l'initiative du seigneur d'alors, Anne de Montmorency.

👁 à 37 km (N) l'abbatiale Saint-Yved de **Braine**.

36 Ferté-Milon (La)   18/A6

(02) *i* Tél. : 03 23 96 77 42. Tél. musée Jean-Racine : 03 23 96 77 77

Sur les bords de l'Ourcq, la ville et son musée évoquent le souvenir de Racine, qui y naquit en 1639. L'ancienne forteresse (château de Louis d'Orléans) invite à une agréable promenade.

37 Folleville  17/H4

(80) *i* Tél. : 03 22 41 49 52

La splendide église flamboyante (XVIe s.) de ce petit village de l'Amiénois abrite les gisants – en marbre de Carrare – de Raoul de Folleville et de son épouse Jeanne de Poix, œuvres des sculpteurs milanais Antonio Della Porta et Pace Gaggini.

38 Fourmies   18/C2

(59) *i* Tél. : 03 27 59 69 97

Le musée du Textile et de la Vie sociale (machines, reconstitutions d'ateliers et de boutiques), l'un des sites de l'écomusée de la région Fourmies-Trélon, n'est pas le seul attrait de la ville, environnée de forêts ponctuées d'étangs, dont ceux des Moines et de la Galoperie (9 km, E).

39 Gerberoy  16/F4

(60) *i* Tél. : 03 44 46 32 20. Tél. Saint-Germer-de-Fly : 03 44 82 62 74

Les rues pavées et les vieilles maisons à colombages de ce village, redécouvert grâce au peintre Henri Le Sidaner (1862-1939), qui s'y installa, proposent un voyage dans le temps.

👁 à 15 km (S-O) la vaste abbatiale (XIIe s.) de **Saint-Germer-de-Fly** et sa sainte chapelle (XIIIe s.), construite sur le modèle de l'édifice parisien.

40 Gris-Nez (Cap)  10/C4

👁 petit itinéraire p. 66

(62) Du sommet de sa falaise haute de 50 m, ⁂ sur les côtes britanniques, par temps clair.

À LA DÉCOUVERTE DE L'AVESNOIS

À travers ce circuit au départ de FOURMIES, l'Avesnois livre ses paysages de collines, de bocages et de forêts profondes, ponctués d'étangs et de lacs et semés de charmants villages en briques et en pierres bleues. Trélon abrite un atelier-musée du Verre, Wallers-Trélon, une maison de la Fagne, Eppe-Sauvage et Liessies encadrent le lac du Val-Joli, Solre-le-Château se signale par son singulier clocher penché, Avesnes-sur-Helpe est une ancienne place forte et Sains-du-Nord, le siège de la maison du Bocage.

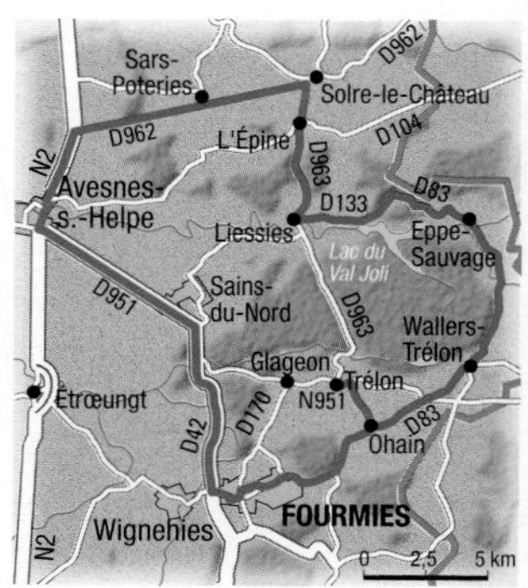

LE PARC ASTÉRIX

Le héros de Goscinny et d'Uderzo est aussi celui de ce parc de loisirs, situé en bordure de la **forêt d'Ermenonville.** La Via Antiqua invite à pénétrer dans ce vaste espace ludique aménagé autour de la reconstitution du village gaulois. On y rencontre tous les célèbres personnages de la bande dessinée. De nombreuses attractions sont proposées dans les allées : Grand Splatch, labyrinthe de Dédale, Tonnerre de Zeus, Trans'Arverne, Nationale 7... Des spectacles ont lieu dans les arènes, la rue de Paris ou le théâtre de Poséidon. Il faudrait plus d'une journée pour profiter de toutes les attractions de ce parc qui possède également le plus grand delphinarium d'Europe.

1

Ermenonville

1 La Mer de sable et la forêt, vues d'avion

2

Fère-en-Tardenois, le château

2 Les tours rondes, dont les bases sont appareillées d'un dispositif en dents d'engrenage

3 Le pont monumental et ses 5 arches en plein cintre

3

Le cap Gris-Nez

4 Chemin de randonnée sur la falaise

4

Les géants du Nord
Héros de la fête

Figures emblématiques de la mythologie, de la littérature et des fêtes populaires, les géants ont enjambé les siècles pour nous transmettre un héritage dont les origines se perdent dans les arcanes de la tradition orale et festive. Exhibés au Moyen Âge lors des processions religieuses, condamnés par l'Église au XVIIe s., brûlés sous la Révolution, reconstruits, laïcisés, mis au goût des fêtes locales, ils sont, à l'aube du troisième millénaire, les héros de tous les défilés. Tels des phénix renaissant de leurs cendres, les géants surgissent à date fixe, flamboyants et immortels, et portent sur les hommes, leurs « enfants », le regard éternel de la fête.

Steenvoorde :
Gayant et sa femme lors de la ronde européenne des géants en 1989

Douai :
le cortège des géants

Les fêtes de Gayant : Douai

Le premier dimanche qui suit le 5 juillet, les Douaisiens célèbrent le plus ancien des géants du Nord : Gayant (forme picarde du mot géant). Cet immense mannequin d'osier et de carton-pâte (8,60 m et 370 kg) fut créé en 1530 par la corporation des manneliers (fabricants de paniers en osier) pour commémorer l'échec de Louis XI devant Douai en 1477. Chaque année, Gayant est promené dans les rues au son de la grosse cloche de l'hôtel de ville. Guerrier casqué, il est accompagné de son épouse, Marie Cagenon (6,25 m et 250 kg), et de ses enfants : Jacquot, Fillion et Binbin-qui-louche, gros bébé affecté d'un strabisme qui protégerait les enfants des problèmes oculaires.

Carnaval de Cassel :
la cour des Reuze

Le carnaval d'été : Cassel

Fondateurs légendaires de la ville de Cassel, sur le point culminant des Flandres maritimes, Reuze Papa et Reuze Maman renaissent chaque lundi de Pâques. Le réveil officiel

Steenvoorde :
Jean le Bûcheron et ses amis se retrouvent chaque année, le dernier dimanche d'avril.

est orchestré par des habitants déguisés et par le tambour-major, qui sillonnent les rues en tapant sur des cymbales et des tambours. Viennent ensuite le défilé des arlequins et, en début d'après-midi, le Four merveilleux : attisé par un diable, il aurait le pouvoir de rajeunir ceux qui y sont enfournés… La sortie des géants n'a lieu qu'à 17 h. L'origine de ce Reuze (« géant », en flamand) est incertaine : évoque-t-il Goliath, saint Christophe ou les Scandinaves qui envahirent les Flandres ? Protecteur de la cité, Reuze Papa arbore cuirasse, casque et épée, arpente les rues et danse avec son épouse, avant de sacrifier au rituel du baiser. Le départ du couple, vers 21 h, s'accompagne de feux de Bengale et de farandoles.

Dunkerque :
à l'heure du carnaval

La « foye » : Dunkerque

Le carnaval de Dunkerque (de mi-janvier à début mars) conjugue les festivités de mardi gras avec celles des pêcheurs de morue, qui dépensaient jadis la prime des armateurs en festins (« foye », en flamand) avant d'embarquer pour l'Islande. Le dimanche qui précède mardi gras, les habitants, costumés, déferlent dans les rues au son des fifres et des tambours. Conduite par le tambour-major, la foule s'arrête bientôt devant l'hôtel de ville où, de son balcon, le maire lui jette des harengs. Cette coutume, liée au carême, remonte au Moyen Âge. Reuze est aussi de la fête. Figure martiale, le géant de Dunkerque aurait pour origine un guerrier scandinave blessé au combat, que la population locale aurait soigné, et qui, en signe de gratitude, l'aurait défendue contre une invasion.

Bailleul :
Gargantua, un géant amateur de bonne chère

Les jours gras : Bailleul

Le défilé des chars, qui commence le dimanche précédant le mardi gras, donne le ton à un carnaval familial où petits et grands forment des tableaux vivants, tandis que des musiciens, déguisés en mitrons, frappent sur des poêles et entonnent la chanson du héros de la fête, Gargantua. Créé en 1855 sous l'égide du personnage de Rabelais, ce carnaval incarne la bonne humeur et la jovialité flamandes. Le bon géant de Bailleul se démarque de ses frères guerriers de Douai, Dunkerque et Cassel par son allure débonnaire : préférant la bonne chère à la guerre, il brandit fièrement… des couverts. Son apparition le jour de mardi gras donne lieu à d'émouvantes retrouvailles, conclues par une farandole aux flambeaux.

Comines :
pour la fête des Louches, même les géants se parent de cet ustensile emblématique. Le jet de louches est le clou de ce rassemblement très populaire.

Une charge très convoitée

Manœuvrer un géant n'est pas une mince affaire. Le chef de lunette, seul porteur à voir où il va au moyen d'une ouverture pratiquée dans la robe du géant, a la tâche très délicate de guider les autres porteurs. Le brigadier-arrière, placé à l'intérieur du géant, surveille l'ensemble des porteurs et donne le coup d'envoi. Les chefs du protocole, quant à eux, contrôlent la place de chacun dans le défilé et veillent à la bonne marche du groupe. Anciens porteurs, ils ont été chefs de lunette ou brigadiers-arrière avant d'accéder à ce grade prestigieux.

41 Guise

11/J8

(02) ℹ Tél. : 03 23 60 45 71
Le château des ducs de Guise, dont les fortifications remontent au XIe s., a été patiemment restauré. Il se caractérise notamment par son imposante architecture en grès des Ardennes (donjon médiéval). Le Familistère, « palais social » construit pour ses ouvriers par l'industriel Godin (1817-1888), qui mettait en application ses idées sociales, est classé monument historique depuis 1991.

42 Halatte (Forêt d')

17/H5

(60) Le GR 12 permet de parcourir cette forêt domaniale qui s'étend sur quelque 4 300 ha et regroupe de magnifiques futaies de hêtres et de chênes, et d'atteindre le mont Pagnotte (221 m) ou la butte d'Aumont, ☼ sur la forêt de Chantilly et Senlis.

43 Hardelot-Plage

10/C5

(62) ℹ Tél. : 03 21 83 51 02
L'immense plage de sable fin et la forêt constituent deux grands attraits de cette station balnéaire.
👁 à 11 km (N-E) le **château de Pont-de-Briques** (XVIIIe s.), qui a accueilli l'empereur Napoléon lors du camp de Boulogne, de 1803 à 1805 (ne se visite pas).

44 Hesdin

10/D6

(62) ℹ Tél. : 03 21 86 71 69
L'hôtel de ville est le monument le plus remarquable de cette cité, fondée après la destruction du Vieil-Hesdin par Charles Quint en 1553. L'église Notre-Dame (XVIe-XVIIe s.), au monumental portail arqué, est également très belle. Au nord de la ville, les amateurs de nature et de promenade parcoureront la **forêt d'Hesdin,** sillonnée de nombreux chemins.

45 Laon

18/B4

(02) ℹ Tél. : 03 23 20 28 62
La ville haute, perchée sur une butte, a conservé à l'abri de ses remparts son caractère médiéval, avec ses nombreuses petites rues pavées et ses maisons à échauguettes et fenêtres à meneaux. La cathédrale Notre-Dame (XIIe-XIIIe s.) est l'un des premiers édifices français de style gothique. La salle capitulaire, le cloître et l'ancien palais épiscopal forment un bel ensemble. Depuis les remparts, on devine, au sud, la crête boisée du Chemin des Dames, théâtre de sanglants affrontements lors de la Première Guerre mondiale.

46 Lewarde

11/G6

(59) ℹ Tél. mairie : 03 27 97 37 37
La fosse Delloye, en activité de 1930 à 1971, accueille aujourd'hui le Centre historique minier qui retrace l'évolution économique, technique et humaine de la région. Le musée de Lewarde, le plus grand de France consacré à la mine, en propose une découverte particulièrement dynamique. D'anciens mineurs guident les visiteurs et font revivre le travail quotidien des « gueules noires », depuis la descente dans les puits jusqu'à l'extraction du charbon.

47 Liessies

18/C2

(59) ℹ Tél. : 03 27 57 91 11
De l'abbaye bénédictine fondée au VIIIe s., célèbre pour l'habileté de ses moines copistes, il ne reste presque rien, si ce n'est quelques dépendances. Sur une place s'élève l'église Saint-Jean-et-Sainte-Hiltrude (XVIe s.). Liessies est aussi l'un des sites (inscrit au conservatoire du Patrimoine religieux de l'Avesnois) de l'écomusée de la région Fourmies-Trélon.

LE VIEUX LAON

La cathédrale Notre-Dame et, à proximité, l'hôtel-Dieu s'élèvent au cœur du VIEUX LAON. De là, la rue des Cordeliers traverse les vieux quartiers et conduit à la porte des Chenizelles (XIIe s.). Par la rue du même nom, les remparts et la rue de l'Arquebuse conduisent au vieux lavoir et à la porte d'Ardon (XIIe s.), dominée par l'ancienne abbaye Saint-Jean. La rue Vinchon permet de gagner la chapelle des Templiers, puis le rempart du Midi et la promenade du Palais-de-Justice, en passant devant la citadelle, jusqu'au palais épiscopal.

TERRILS ET CORONS

Depuis le XVIIIe s. et jusqu'à 1990, année de fermeture du dernier puits, l'intense activité des mines a modelé le paysage de l'Artois. La houille était remontée à la surface par les tours d'extraction (les chevalements), puis lavée ; les cailloux et les pierres étaient alors rejetés et formaient des terrils. Autour du carreau s'ordonnaient les maisons en brique, toutes identiques, des mineurs : les corons. Les terrils sont mis en valeur, de manière étonnante parfois, depuis quelques années ; à Nœux-les-Mines, ils ont été aménagés en piste de ski artificielle.

Guise

1 Le donjon du château fort, construit en grès des Ardennes

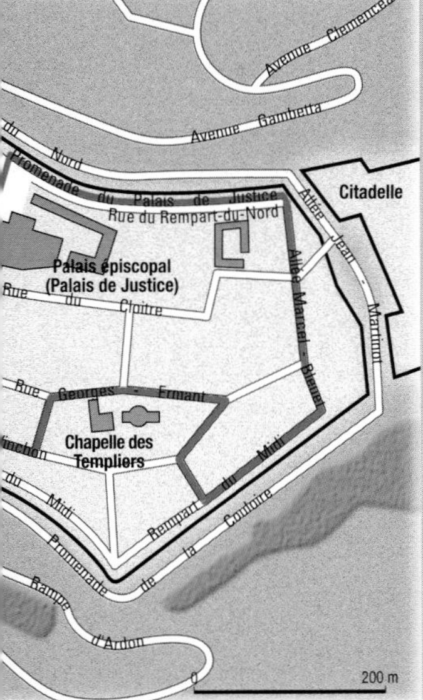

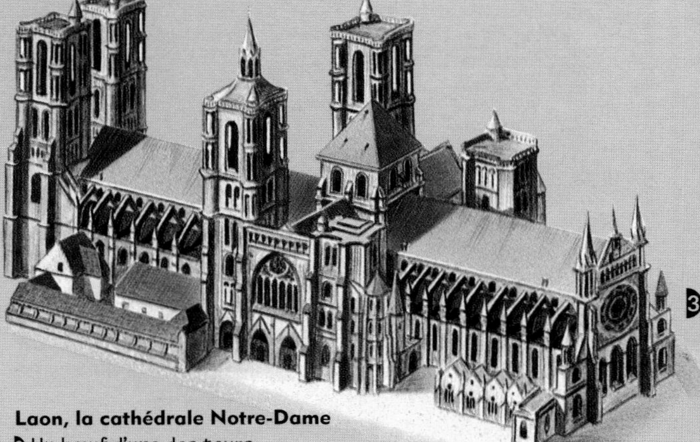

Laon, la cathédrale Notre-Dame

2 Un bœuf d'une des tours de la façade ouest

3 La façade sud et le cloître de la cathédrale

4 La nef, longue de 53 m, est couverte de voûtes sexpartites s'élançant à 24 m de hauteur

Lewarde

5 Sur le site de la fosse Delloye, reconstitution de la vie des mineurs ; ici, la salle des Pendus

6 L'un des terrils de l'ensemble minier

48 Lille

  11/G5

(59) ℹ Tél. : 03 20 21 94 21

Jeune et animée, au cœur de l'Europe du Nord-Ouest, Lille affirme de plus en plus sa vocation touristique. Le musée des Beaux-Arts, l'un des plus beaux de France, présente sur 22 000 m² de superbes collections (Delacroix, Courbet, Van Dyck, Rubens, Véronèse, etc.). L'hospice Comtesse, qui doit son nom à la bonne comtesse de Flandre, Jeanne de Constantinople, abrite le musée d'Histoire et d'Ethnographie. À la Grande Braderie (premier week-end de septembre), un million de visiteurs chinent dans la ville historique.

La citadelle

C'est au Roi-Soleil et surtout à Vauban que l'on doit la « reine des citadelles », construite en brique et en pierre. Ses remparts ont été progressivement démantelés. L'édifice, qui abrite toujours le régiment des 43e RICCA, le fameux « quarante-tro », se visite de l'extérieur.

La petite porte de la citadelle

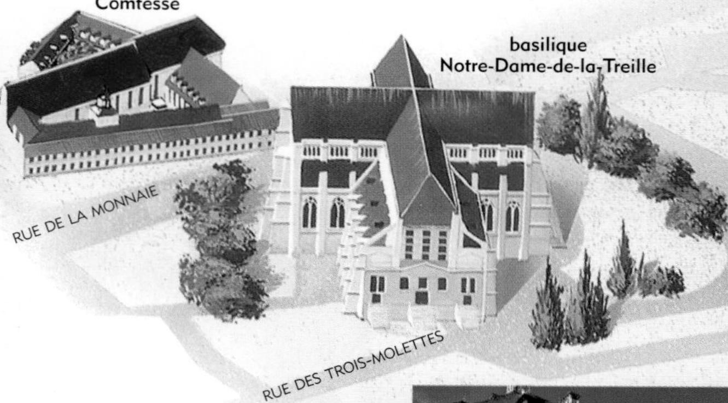

L'hospice Comtesse

49 Marquenterre (Domaine du)

10/C6

(80) ℹ Tél. : 03 22 25 03 06 👁 petit itinéraire p. 88

Un parc ornithologique, situé au bord de la réserve de la baie de Somme, abrite plus de 300 espèces d'oiseaux.

50 Maubeuge

  11/J6

(59) ℹ Tél. : 03 27 62 11 93

L'ancien collège des jésuites (XVIIe s.), le chapitre des chanoinesses (XVIIe s.) et la citadelle (XVIIe s.), en partie conservée, rappellent le riche passé de Maubeuge. L'église Saint-Pierre-Saint-Paul conserve notamment la chasuble aux Perroquets, un tissu oriental du VIIe s.

👁 à 12 km (E) les vestiges gallo-romains de **Bavay :** basilique civile, forum et cryptoportique

51 Montreuil-sur-Mer

 10/C5

(62) ℹ Tél. : 03 21 06 04 27. Tél. Étaples : 03 21 09 56 94

Des remparts en briques roses (XVIe-XVIIe s.) protègent Montreuil. Depuis le chemin de ronde, ☀ sur la vallée de la Canche et la ville. Celle-ci conserve la citadelle (XVIe et XVIIe s.), l'église Saint-Saulve (XIe-XVIe s.) et la chapelle de l'hôtel-Dieu, richement meublée (XVIIIe s.).

👁 à 12 km (N-O) le port d'**Étaples,** qui offre les intéressants musées Quentovic (collection archéologique provenant des fouilles effectuées dans la région) et de la Marine (dans une ancienne halle à la criée).

52 Morienval (Église de)

 17/J5

(60) Les voûtes du déambulatoire de l'église Notre-Dame, vestige d'une ancienne abbaye romane, marquent la transition avec le gothique.

53 Naours (Grottes de)

 10/E7

(80) ℹ Tél. : 03 22 93 71 78

Au cours des périodes troublées de l'Histoire, 3 000 personnes ont trouvé refuge dans ces grottes, creusées dans la craie du littoral picard. Cette ville souterraine (rues, chapelle, étables, boulangerie) est aujourd'hui aménagée en site touristique, que vient compléter un parc d'attractions.

Les fortifications du Nord

L'Histoire a laissé, sur la frontière du nord-est de la France, un grand nombre de forteresses classiques, dont la plupart sont encore intactes. Il s'agit souvent d'un système de courtines reliées aux angles par des bastions saillants et armés de canons, avec des tourelles suspendues qui surveillent les fossés. Ingénieur d'Henri IV, Jean Errard fortifia ainsi Ham, **Montreuil,** Boulogne, Abbeville, Laon, Doullens, etc. Vauban s'en inspira pour établir son système de places fortes, qui compléta alors les ensembles précédents.

LA VIEILLE BOURSE
Ce bel édifice d'architecture flamande regroupe en quadrilatère 24 maisons à mansarde. La cour intérieure, d'inspiration gothique et baroque, est, depuis une dizaine d'années, le rendez-vous des amateurs de fleurs et de vieux livres.

À VOIR AUSSI
LE GRAND THÉÂTRE (1923)
LA NOUVELLE BOURSE (1921)
LA BASILIQUE NOTRE-DAME-DE-LA-TREILLE (XIX-XXe s.)

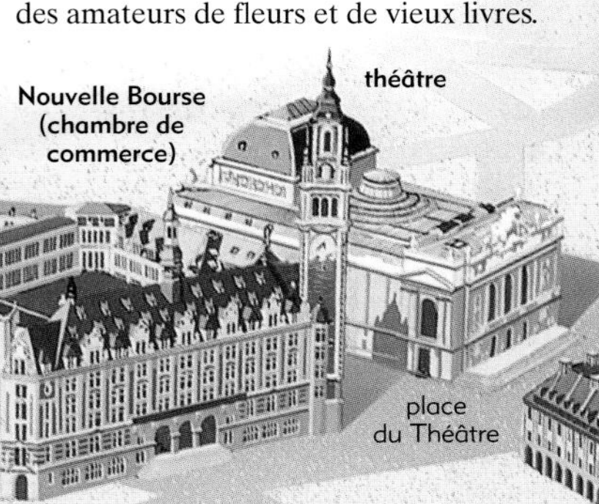

L'ÉGLISE SAINT-MAURICE
Avec ses cinq nefs d'égale hauteur, elle constitue un très bel exemple d'église halle. Bien que sa construction ait été échelonnée du XIVe au XIXe s., elle offre une étonnante unité de style.

LA GRAND-PLACE
Au centre de la vieille ville, la place du Général-de-Gaulle a été rebaptisée ainsi en hommage au plus célèbre des enfants de Lille, mais les vrais Lillois continuent de l'appeler Grand-Place. Elle est bordée par la Vieille Bourse et par le Furet du Nord, la plus grande librairie du monde, dit-on. La colonne de la Déesse, qui s'y dresse, fut édifiée en 1842 à la gloire des républicains de 1792.

1

2

3

Maubeuge, la porte de Mons
1 Le pont-levis vu des fossés
2 L'accès intérieur de la citadelle

Montreuil-sur-Mer
3 La tour de la Reine Berthe

L'église de Morienval
4 Le clocher-porche

4

54 Noyon

17/**J4**

(60) ℹ Tél. : 03 44 44 21 88

Lieu du couronnement d'Hugues Capet, en 987, et patrie de Jean Calvin (XVIe s.), auquel est consacré un musée, Noyon offre, avec la cathédrale Notre-Dame, un des plus beaux exemples du premier art gothique. Autour de cet édifice, le cœur de l'ancienne cité réunit la salle capitulaire (XIIIe s.), le cloître, réduit à une galerie, la bibliothèque du chapitre, bâtiment à colombages du XVIe s., qui abrite l'évangéliaire de Morienval (IXe s.), les maisons canoniales et le palais épiscopal, aujourd'hui occupé par le musée du Noyonnais.

👁 à 6 km (S) l'abbaye **d'Ourscamps :** église et chapelle (XIIIe s.).

55 Olhain (Château d')

10/**F6**

(62) ℹ Tél. : 03 21 27 94 76

La forteresse du XIIIe-XVe s. dresse ses épaisses murailles et ses tours aux toits pointus au milieu d'un étang.

👁 à 3 km (S-E) le **dolmen de Fresnicourt,** qui révèle l'ancienneté de l'occupation de la région, et, à moins de 15 km, la **colline de Notre-Dame-de-Lorette**, haut lieu de la Première Guerre mondiale.

56 Picquigny

10/**D8**

(80) ℹ Tél. : 03 22 51 46 85. Tél. parc Samara : 03 22 51 82 83

C'est ici qu'eut lieu, en 1475, la rencontre entre Louis XI et Édouard IV, qui allait mettre un terme à la guerre de Cent Ans. La ville conserve des vestiges de son château. Dans la cour basse de celui-ci s'élève l'église Saint-Martin (XIIIe-XVIe s.).

👁 en face, sur la rive droite de la Somme, l'oppidum gaulois de **La Chaussée-Tirancourt,** au pied duquel s'étend le **parc Samara,** qui marie archéologie et nature. Un circuit propose des reconstitutions grandeur nature d'habitations préhistoriques et protohistoriques. Un autre circuit à travers le marais permet d'observer sa végétation caractéristique et de visiter un arboretum et un jardin botanique.

57 Pierrefonds (Château de)

17/**J5**

(60) ℹ Tél. : 03 44 42 81 44 ou 03 44 42 72 72

Cette majestueuse forteresse, réaménagée à l'initiative de Louis d'Orléans au XVe s., fut démantelée sous Louis XIII. Rachetée en 1813 par Napoléon III, elle fut restaurée à la demande de l'empereur par Viollet-le-Duc. Elle dresse aujourd'hui ses tours au-dessus de la forêt de Compiègne. Les appartements de Napoléon III et d'Eugénie, la salle des Preuses, la chapelle et le donjon constituent les temps forts de la visite.

58 Quesnoy (Le)

11/**J6**

(59) ℹ Tél. : 03 27 20 54 70

Bel exemple d'architecture militaire (XVIe-XVIIe s.), les fortifications de Vauban se déploient autour de la ville.

👁 à 5 km (S-E) la **forêt de Mormal** (9 130 ha), la plus vaste du Nord, qui propose 300 km de sentiers balisés. Le massif est parsemé de petits villages situés dans des clairières, d'étangs, de fontaines naturelles, d'un arboretum – au sud – et de quelques buttes (☼ sur la région).

59 Rambures (Château de)

10/**F2**

(80) ℹ Tél. : 03 22 25 10 93

Protégé par des douves, ce bâtiment est tout à fait représentatif de l'architecture militaire des XIVe et XVe s., avec ses quatre grosses tours rondes aux murs épais reliées par des demi-tours. Au XVIIIe s., ses propriétaires apportèrent quelques modifications pour améliorer le confort de cette forteresse, qui se dresse aujourd'hui dans un magnifique parc à l'anglaise.

👁 à 23 km (E) **Airaines,** pour son église Notre-Dame, qui renferme une cuve baptismale romane sculptée de personnages.

LE PARC NATUREL RÉGIONAL DES CAPS ET MARAIS D'OPALE

Le parc naturel régional des Caps et Marais d'Opale est né en mars 2000 de la fusion des anciens parcs du Boulonnais et de l'Audomarois. Il couvre le territoire situé entre Boulogne-sur-Mer, Calais et Saint-Omer. Le nom du parc provient des sites exceptionnels que sont le marais audomarois et le grand site des deux caps, Blanc-Nez et Gris-Nez. Au musée du Transmanche, à la maison du Marbre et de la Géologie, à la maison du Papier ou à la Grange Nature, on peut découvrir les savoir-faire et la richesse du parc naturel régional qui offre plus de 1 500 km de chemins de randonnée pédestre, équestre et de VTT. À ne pas manquer : les estaminets-randonnée du parc et les six produits de terroirs bénéficiant de la marque Parc. Pour tout renseignement, s'adresser à la maison du Parc (tél. : 03 21 87 90 90), située à Le Wast.

1

Noyon

1 L'ancien cloître de la cathédrale

Près de Noyon, Ourscamps

2 Les ruines de l'abbatiale

Pierrefonds

3 Vue aérienne du château

Olhain

4 Le côté sud de la forteresse

2

3

4

Près du Quesnoy, la forêt de Mormal

5 Chênes centenaires

Rambures

6 L'entrée du château fort

5

6

60 Raray (Château de)  17/J6

(60) ℹ Tél. mairie : 03 44 54 70 56
Cet édifice (XVIIe-XVIIIe s.), qui servit de cadre au tournage du film de Jean Cocteau *la Belle et la Bête,* est particulièrement intéressant pour la décoration (XVIIe s.) de sa cour d'honneur.

61 Retz (Forêt de)   18/A6

(02) ℹ Tél. Villers-Cotterêts : 03 23 96 55 10
Enserrant Villers-Cotterêts, ce vaste massif (13 000 ha) est parcouru par un dense réseau de routes et de circuits pédestres balisés, notamment vers le **château de Montgobert** et son musée européen du Bois et de l'Outil.

62 Riqueval (Souterrain de)  11/A2

(02) ℹ Tél. : 03 23 09 50 51
Le Grand Souterrain (5 670 m), construit entre 1802 et 1810, permet au canal de Saint-Quentin de franchir le plateau qui sépare les bassins de la Somme et de l'Escaut. Pour le traverser, les trains de péniches sont tractés par un toueur, bâteau mû par un treuil et une chaîne fixée au fond de l'eau. La maison du pays du Vermandois et le musée du Touage expliquent en détail le fonctionnement de cet ouvrage.

63 Roubaix   11/G4

(59) ℹ Tél. : 03 20 65 31 90
Sa Grand-Place est bordée par les deux édifices les plus importants de la cité, à savoir l'hôtel de ville (XXe s.), dû à l'architecte Laloux, et l'église Saint-Marin (XVIe s.), restaurée et agrandie au XIXe s.
👁 à moins de 5 km (S) la chapelle Saint-Thérèse-de-l'Enfant-Jésus-et-de-la-Sainte-Face d'**Hem,** éclairée par des vitraux de Manessier.

64 Rue   10/C6

(80) ℹ Tél. : 03 22 25 69 94
C'est après la découverte d'un calvaire en bois de cèdre, miraculeusement échoué au XIIe s. sur la plage de Rue, que fut édifiée la chapelle du Saint-Esprit (XVe-XVIe s.). La cité est dominée par un beffroi (XVIe-XIXe s.), accueillant un musée consacré aux frères Caudron, ingénieurs et aviateurs, et du haut duquel on aperçoit à l'est la forêt domaniale de Crécy.
👁 par la D 938 (E), conduisant à **Crécy-en-Ponthieu,** l'élégante façade du **château d'Arry** (XVIIIe s.).

65 Saint-Amand-les-Eaux  11/H6

(59) ℹ Tél. mairie : 03 27 22 24 40. Tél. Ermitage : 03 27 40 75 18
Installée sur la rive gauche de la Scarpe, la ville doit sa réputation à son établissement thermal. Du monastère (XVIIe s.), érigé à l'initiative de l'abbé Nicolas du Bois, ne subsistent que la tour abbatiale (83 m de haut), majestueuse flèche de 5 étages, et l'échevinage.
👁 à 14 km (E) l'ancienne place forte de **Condé-sur-l'Escaut.** Elle conserve de beaux monuments, dont l'austère château en grès de Bailleul (XVe s.), où naquit le maréchal de Croy, commanditaire du **château de l'Ermitage** (à 4 km, N), environné par la forêt de Bonsecours.

66 St-Amand-Raismes-Wallers (Forêt de) 11/H6

(59) ℹ Tél. maison du parc naturel régional : 03 27 19 19 70
Les forêts domaniales de Raismes et de Wallers appartiennent au secteur « Plaine de la Scarpe et de l'Escaut » du parc naturel régional. Les anciens terrils, en cours de boisement, y sont valorisés pour leurs panoramas (terril Sabatier, à Raismes). La formation des tourbières et des étangs est présentée à la maison du Parc, à Saint-Amand-les-Eaux.
👁 à 1 km de Raismes la **mare à Goriaux,** étang de 120 ha, qui est devenue réserve ornithologique.

LA FORÊT D'HALATTE

La première partie du circuit, qui va vers le nord à partir de RARAY, longe cette forêt domaniale ; elle permet de découvrir Rhuis et son église romane, l'abbaye du Moncel, dont certains bâtiments remontent à l'époque de sa fondation par Philippe VI de Valois. En lisière, Verneuil-en-Halatte accueille l'étonnant musée de la Mémoire des murs, consacré aux graffitis de l'Antiquité à nos jours ; on y découvre des moulages, des photographies, des textes de prisonniers, de touristes ou de vandales... La seconde partie pénètre au cœur du massif forestier, mêlant feuillus et résineux, et traverse la clairière de Fleurines.

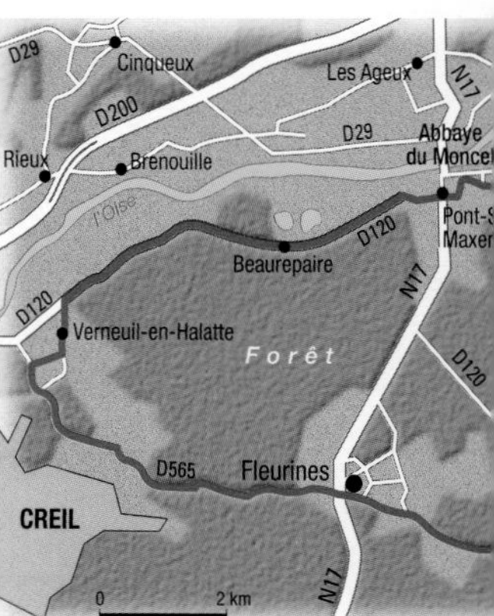

LA BATAILLE DE CRÉCY-EN-PONTHIEU

Depuis le tertre où le roi d'Angleterre Édouard III assista le 26 août 1346 à la victoire de ses armées sur celles du souverain français, on embrasse du regard la plaine où se déroula la bataille. C'est ici qu'archers et coutiliers anglo-saxons décimèrent la fine fleur de la chevalerie de Philippe VI de Valois et que périt son allié Jean l'Aveugle, comte de Luxembourg et roi de Bohême. La croix de Bohême, élevée près de la D 56, marque le lieu où il tomba.

1

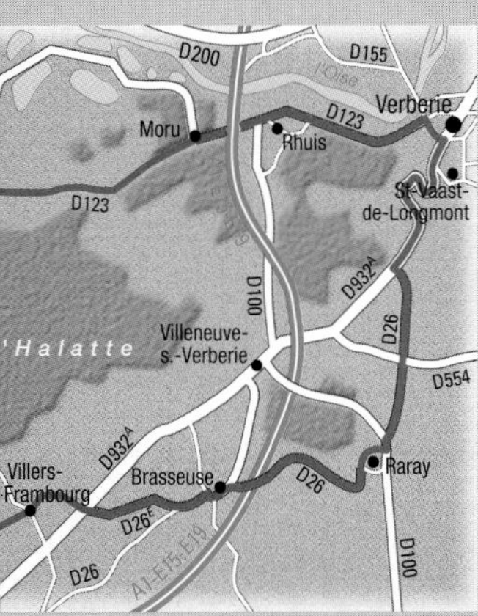

2

La forêt de Retz

1 Parmi les nombreux blocs de grès, la pierre Clouise

4

Roubaix

2 L'hôtel de ville

Saint-Amand-les-Eaux

3 Le centre thermal

La forêt de Saint-Amand-Raismes-Wallers

4 La mare à Goriaux, réserve ornithologique

3

67 Saint-Gobain (Forêt de)

 18/B4

petit itinéraire p. 72

(02) Cette forêt (6 000 ha) alimentait autrefois en bois la manufacture royale des Glaces, installée en 1692 dans le château de Saint-Gobain.

68 Saint-Omer

 10/E4

(62) Tél. : 03 21 98 08 51

Le centre de la ville a conservé son aspect du XVIIIe s. Caractéristique des demeures aristocratiques du siècle des Lumières, l'hôtel Sandelin abrite un musée dont une très belle pièce d'orfèvrerie, le pied de croix de Saint-Bertin (XIIe s.). La cathédrale Notre-Dame, édifice gothique, contient de nombreuses œuvres d'art, dont le *Grand Dieu de Thérouanne,* groupe de trois sculptures du XIIIe s.

à moins de 5 km (E), au cœur du marais audomarois, la **forêt de Rihoult-Clairmarais** et son étang d'Harchelles.

à 3 km (S) les célèbres cristalleries d'**Arques**.

Watergangs et Moëres

Les watergangs, les canaux qui quadrillent les marais de la Flandre maritime et de l'Audomarois, à l'ouest de **Saint-Omer,** permettent depuis plus d'un millénaire d'assécher les terres pour les mettre en culture ou en pâture. Le grand marais des Moëres, à 7 km dans l'arrière-pays de Bray-Dunes, est un polder flamand typique ; un réseau de watergangs, unique en France par sa stricte régularité géométrique, draine sa surface rigoureusement plane, située au-dessous du niveau de la mer. Il conduit les eaux jusqu'à des pompes qui les évacuent au-delà de la digue littorale en leur faisant franchir l'obstacle que représente la dénivelée, ici inversée, entre la terre et la mer.

69 Saint-Quentin

 11/H8

(02) Tél. : 03 23 67 05 00

La ville est la patrie du pastelliste Quentin de La Tour (1704-1788), dont le musée Antoine-Lécuyer présente de nombreuses œuvres (portraits). Reconstruite après la Première Guerre mondiale en pierre et en brique dans le style Arts déco, elle n'en possède pas moins, avec son hôtel de ville et sa basilique, deux fleurons de l'art gothique du nord de la France. La cité dispose, avec le marais d'Isle, d'un espace de 100 ha consacré pour partie aux sports nautiques et pour partie à une réserve naturelle.

à 15 km (N) la **source de la Somme**.

70 Saint-Valery-sur-Somme

 10/F1

(80) Tél. : 03 22 60 93 50 petit itinéraire p. 88

Ce port s'est développé autour d'une abbaye, fondée par le moine Walrik, dont ne subsiste que le château abbatial (XVIIIe s.). Non loin, se dresse, isolée, la chapelle en grès et en silex qui abrite le tombeau de saint Valery.

71 Senlis

 17/H6

(60) Tél. : 03 44 53 06 40

Résidence favorite des rois mérovingiens et carolingiens entre les forêts de Chantilly et d'Halatte, Senlis offre un riche patrimoine architectural. Le cœur de la vieille ville s'est développé à l'abri de remparts gallo-romains parmi les mieux conservés de France. Le musée de la Vénerie, aménagé dans un ancien prieuré à proximité du château, rappelle combien les giboyeuses forêts qui entourent Senlis étaient prisées par les rois de France.

Le château Royal

La cathédrale Notre-Dame et le château royal

Célèbre pour sa flèche, haute de 78 m, magnifiquement ouvragée, et pour son portail ouest, le premier entièrement consacré au Couronnement de la Vierge, la cathédrale est l'un des chefs-d'œuvre du premier art gothique. À l'intérieur, dans la nef, les vitraux éclairent une Vierge en gloire. À proximité, le château Royal, où Hugues Capet se fit élire roi en 987, a été reconstruit au XIIe s.

À voir aussi

L'église Saint-Pierre (XIe-XVIe s.)

Le musée de l'Œuvre (hôtel de Vermandois, XIIe s.)

L'enceinte gallo-romaine (IIIe s.)

L'extérieur du croisillon sud de la cathédrale

1

La forêt de Saint-Gobain

1 L'étang de la Papilloterie, près du prieuré du Tortoir, abri naturel pour poules d'eau et sarcelles

2

3

Saint-Omer, la cathédrale

2 La tour-clocher

3 Le mausolée d'Eustache de Croÿ

Les voûtes d'une des chapelles de la cathédrale

La statue de sainte Barbe dans la cathédrale

L'ÉGLISE SAINT-FRAMBOURG

Cette église, l'une des plus vieilles de Senlis, fut construite à la fin du Xe s. à l'initiative d'Adélaïde, veuve d'Hugues Capet, pour abriter les reliques de l'ermite saint Frambault. Aux XIIe et XIIIe s., l'édifice fut remanié dans un style gothique classique. Certains vitraux sont de Miró. Il est aujourd'hui la propriété de la fondation Cziffra, qui y organise concerts et expositions.

72 Soissons

18/A5

(02) Tél. : 03 23 53 17 37
La ville conserve un riche patrimoine religieux dont le fleuron est la cathédrale Saint-Gervais-et-Saint-Protais (XIIe-XIVe s.), encore éclairée en partie par ses vitraux du XIIIe s. Non loin de là, l'ancienne abbaye de Saint-Léger, avec son église (XIIIe-XVIIe s.), coiffant une crypte dont certaines parties datent de l'époque romane, et sa salle capitulaire du XIIIe s., abrite un musée retraçant l'histoire de l'ancienne capitale franque. L'abbaye de Saint-Médard s'élève de l'autre côté de l'Aisne ; les premiers rois mérovingiens reposaient jadis dans sa crypte (IXe s.). Sur une colline voisine se dressent les vestiges de l'abbaye de Saint-Jean-des-Vignes : salle capitulaire et cloître. De l'église romane ne demeure qu'une magnifique façade (portails du XIIIe s.) dotée de deux flèches impressionnantes. À côté de l'abbaye, une maison franque a été reconstituée.

73 Solre-le-Château

18/C1

(59) Tél. : 03 27 59 32 90
Cette petite bourgade de l'Avesnois aux maisons anciennes (XVIIe-XVIIIe s.) possède un bel hôtel de ville (XVIe s.) dont la façade en briques roses se dresse devant l'église, au curieux clocher à bulbe.
à 5 km (O) **Sars-Poteries,** réputé pour ses potiers actifs depuis le XVe s. : musée-atelier du Verre et moulin à eau (XVIIIe s.), dont le mécanisme est parfaitement intact.

74 Somme (Baie de)

10/C6

(80) Tél. Saint-Valery : 03 22 60 93 50. Tél. chemin de fer : 03 22 26 96 96
Profond de 12 km et large de 5 environ, ce site mérite son surnom de Camargue du Nord. À chaque marée, la mer qui, au fil des siècles, monte de moins en moins haut, dépose des alluvions ; celles-ci, peu à peu, se couvrent d'une végétation qui donne naissance aux prés salés. depuis la butte du Moulin, Le Crotoy, le cap Hornu et la pointe du Hourdel, mais aussi depuis le petit train à vapeur Le Crotoy-Cayeux-sur-Mer.

75 Tourcoing

11/G4

(59) Tél. : 03 20 26 89 03. Tél. château du Vert-Bois : 03 20 46 26 37
La capitale de la laine s'organise autour de l'église Saint-Christophe (XVIe-XIXe s.), dont le haut clocher renferme un carillon de 62 cloches. La chapelle de l'hospice (XVIIe-XVIIIe s.), où se trouve un splendide retable baroque, et le musée des Beaux-Arts embellissent également la ville.
à 2 km (S-O) le **château du Vert-Bois** (XVIIIe s.), où Anne et Albert Prouvost ont rassemblé de belles collections de minéraux, de céramiques et de tableaux.

76 Trélon (Forêt de)

18/D2

(59) Tél. : 03 27 57 08 18
Les forêts de Trélon, de Bois-l'Abbé et de la Fagne-de-Sains forment une originale mosaïque de milieux naturels. Les monts de Baives, entre Trélon et Baives, dominent la vallée et les tourbières marécageuses de l'Helpe, ou fagnes. Celles-ci caractérisent aussi la petite Suisse du Nord, région située au nord du massif.

77 Valenciennes

11/H6

(59) Tél. : 03 27 46 22 99
La Seconde Guerre mondiale n'a pas épargné la ville, célèbre pour ses dentelles. La maison du prévôt Notre-Dame (XVe s.), la maison espagnole à pans de bois (XVIe s.) et l'église Saint-Géry (XIIIe-XIXe s.) figurent parmi les rares édifices anciens préservés. Le musée des Beaux-Arts présente des collections de grande qualité.
à 9 km (E) l'église Saint-Martin de **Sebourg** (XIIe-XVIe s.), qui accueille les gisants (XIVe s.) d'Henri de Hainaut et de son épouse.

LA BAIE DE SOMME

Le printemps et l'automne sont les saisons idéales pour découvrir la baie de Somme, qu'il faut admirer depuis le port du Hourdel (maison de l'Oiseau à proximité). À travers les mollières à la végétation halophile, qui servent de pâturages aux moutons de pré salé, on gagne facilement le cap Hornu et son beau panorama, les ports de Saint-Valery-sur-Somme et du Crotoy, animés par les va-et-vient des « sauterelliers » pêchant la crevette, puis le domaine du Marquenterre, qui accueille un parc ornithologique dans lequel s'abritent plus de 300 espèces.

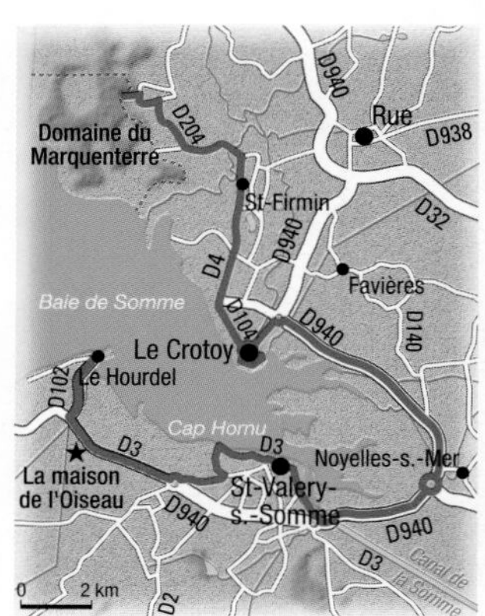

JEAN-BAPTISTE CARPEAUX (1827-1875)

Cet élève de Rude et de Duret, honoré par de nombreuses commandes officielles, provoqua souvent le scandale par l'audace de ses compositions jouant admirablement sur l'ombre et la lumière. Qu'il s'agisse du groupe d'*Ugolin et ses enfants*, de *la Danse*, du *Triomphe de Flore* ou encore de la *Fontaine des Quatre Parties du monde*, toutes les œuvres du sculpteur originaire de **Valenciennes** dégagent la même impression de vie et de mouvement.

Soissons, la cathédrale
1 Les voûtes à la croisée du transept
2 La clé de voûte de la chapelle de la Résurrection
3 Détail du sommet de la façade

La baie de Somme
4 Près de Cayeux-sur-Mer
5 Cayeux-sur-Mer

Tourcoing
6 L'église Saint-Christophe

78 Valloires (Abbaye de)

 10/D6

(80) i Tél. : 03 22 29 62 33
Située près du bourg d'Argoules, en pleine nature, cette ancienne construction cistercienne est un superbe édifice du XVIIIe s. Malgré son architecture sobre, elle est ornée d'extravagants décors baroques. Un parc paysager de 7 ha avec roseraie et jardins à thèmes l'entoure.

79 Vaux (Belvédère de)

 10/J2

(80) À l'est de **Péronne,** qui ne conserve que des vestiges de ses remparts et de son château (XIIIe s.), la Somme prend des allures de petit Mississippi brumeux. Depuis le belvédère de Vaux, ⁘ sur ce paysage unique, comprenant ici un bayou, le méandre de Curlu, abandonné.

80 Vervins

 11/J8

(02) i Tél. : 03 23 98 11 98
Les rues pavées qui gravissent la colline, les toits d'ardoises bleues, les vestiges de l'enceinte et la puissante tour-porche (XVIe s.) de l'église Notre-Dame-de-l'Assomption (XIIIe-XVIe s.), recélant un riche mobilier et des fresques (XVIe s.), font le charme de cette petite cité.
👁 à 10 km (S-E) **Plomion** et ses maisons groupées autour de l'église-forteresse Notre-Dame (XVIe s.). Son donjon domine une belle halle.

81 Vez

  17/J6

(60) i Tél. château : 03 44 88 55 18. Tél. mairie : 03 44 88 51 04
Jeanne d'Arc séjourna quelques jours en 1430 dans le château de ce village de la vallée de l'Automne, rassemblé autour de son église (XIIe-XIIIe s.). De la forteresse reconstruite aux XIVe et XVe s. demeurent notamment les vestiges du donjon et de la chapelle, qui accueille un petit musée.
👁 à 2 km (O) les restes de l'**abbaye de prémontrés de Lieu-Restauré**. L'église présente sur sa façade occidentale l'une des plus belles roses de France.

82 Villeneuve-d'Ascq

 11/G5

(59) i Tél. : 03 20 43 55 75
Née en 1970, cette ville nouvelle s'est très tôt définie comme un centre universitaire et un laboratoire d'architecture contemporaine, comme en témoigne le musée d'Art moderne, bâtiment en brique et en verre, où sont exposées des œuvres de Picasso, Braque, Léger ou Modigliani. Près du parc, les amateurs de tradition apprécieront les moulins à farine (1776) et à huile (1743), ainsi que le musée consacré à ces édifices.

83 Villers-Cotterêts

  18/A6

(02) i Tél. : 03 23 96 55 10
Lieu de naissance d'Alexandre Dumas père, à qui est ici consacré un musée, la ville est cernée sur trois côtés par la forêt de Retz. Son château Renaissance abrite l'un des plus beaux escaliers du XVIe s.
👁 à 11 km (N-E) les ruines de l'abbaye cistercienne de **Longpont,** et l'église du début du XIIIe s., d'un gothique très pur.

84 Wimereux

10/C4

(62) i Tél. : 03 21 83 27 17 👁 petit itinéraire p. 66
Depuis la digue-promenade bordant la plage de cette station balnéaire, ⁘ sur le pas de Calais et le port de Boulogne.

85 Wissant

 10/C4

(62) i Tél. : 03 21 85 15 62 👁 petit itinéraire p. 66
Situé entre les caps Gris-Nez et Blanc-Nez, ce port, actif au Moyen Âge, est aujourd'hui une station balnéaire appréciée.

LE CENTRE DE MOLINOLOGIE DE VILLENEUVE-D'ASCQ

À proximité du parc du Héron, cet ensemble géré par l'Association régionale des amis des moulins s'attache à faire connaître et à ranimer ce patrimoine un temps négligé. La région Nord-Pas-de-Calais conservait encore plusieurs centaines de moulins au XIXe s. À côté des deux exemplaires sur pivot, l'un à huile, l'autre à farine, remontés sur place et en parfait état de marche, le musée retrace la genèse de ces bâtiments d'un autre âge. Tél. : 03 20 05 49 34.

L'ORDONNANCE DE VILLERS-COTTERÊTS

C'est au cours de son séjour en août 1539 à Villers-Cotterêts que François Ier promulgua cette ordonnance comportant quelque 200 articles. Elle imposa en particulier l'usage du français à la place du latin dans les actes publics et notariés, et fit obligation aux curés de mentionner sur un registre les dates de baptême et de décès des paroissiens, jetant ainsi les bases de l'état civil actuel.

1

2

L'abbaye de Valloires

1 Le jardin blanc

2 La statue de saint Bernard

3

Près du belvédère de Vaux, Péronne

3 L'entrée du château

Villeneuve-d'Ascq, musée d'Art moderne

4 *Le Chant des voyelles* (1931-1932), sculpture de Jacques Lipchitz

5 *La Croix du Sud*, de Calder

Près de Villers-Cotterêts, l'abbaye de Longpont

6 La façade occidentale

4

5

6

Normandie

14 Calvados
27 Eure
50 Manche
61 Orne
76 Seine-Maritime

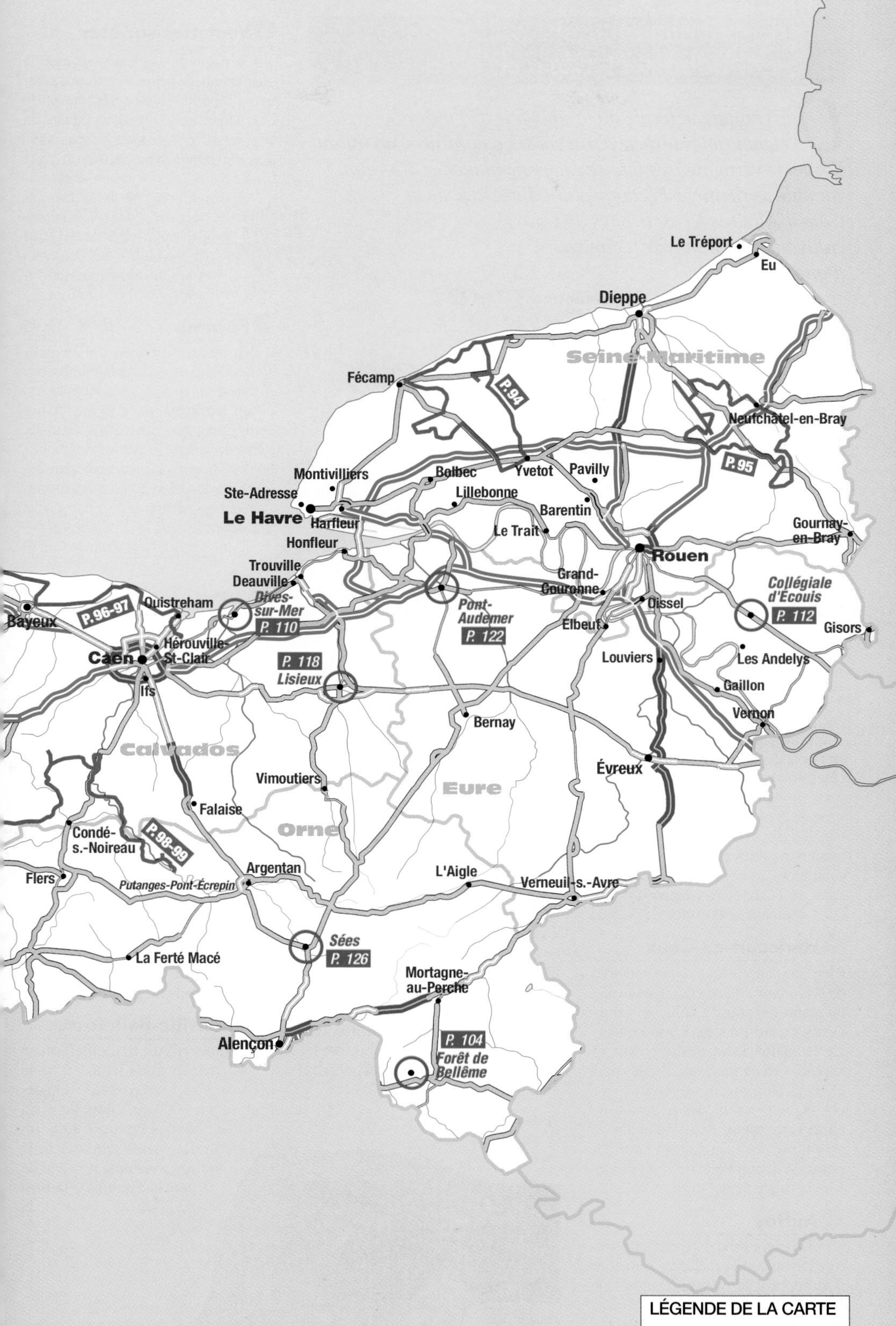

Le Tréport
Eu
Dieppe
Seine-Maritime
Fécamp
P. 94
Neufchâtel-en-Bray
P. 95
Montivilliers
Bolbec
Yvetot
Pavilly
Ste-Adresse
Lillebonne
Le Havre
Harfleur
Barentin
Le Trait
Gournay-en-Bray
Honfleur
Rouen
Trouville
Deauville
Grand-Couronne
Collégiale d'Ecouis
P. 112
Quistreham
Dives-sur-Mer
P. 110
Pont-Audemer
P. 122
Oissel
Bayeux
P. 96-97
Elbeuf
Gisors
Caen
Hérouville-St-Clair
P. 118
Lisieux
Louviers
Les Andelys
Ifs
Gaillon
Vernon
Bernay
Calvados
Évreux
Vimoutiers
Eure
Falaise
Orne
Condé-s.-Noireau
P. 98-99
Argentan
L'Aigle
Flers
Putanges-Pont-Écrepin
Verneuil-s.-Avre
Sées
P. 126
La Ferté Macé
Mortagne-au-Perche
P. 104
Alençon
Forêt de Bellême
LÉGENDE DE LA CARTE
Sées
P. 126
Petit itinéraire :
point de départ
numéro de page
Grand itinéraire :
numéro de page
tracé
P.95

Entre ciel et mer : colombiers cauchois et Côte d'Albâtre

Une campagne fertile où le souvenir de l'autorité seigneuriale subsiste à travers ses colombiers, un littoral bordé de vertigineuses falaises de craie blanche : d'Yvetot, capitale terrienne, à Fécamp, point d'ancrage de la Côte d'Albâtre, tel est le pays de Caux, cultivant avec bonheur les images d'une Normandie si chère à Guy de Maupassant.

❶ Yvetot

166 16/C4

Royaume battant monnaie jusqu'au milieu du XIVe s., puis principauté jusqu'à la Révolution : les traces du passé d'Yvetot ont été effacées par les guerres et les incendies. La tradition agricole, en revanche, a traversé les âges ; le marché, qui se tient le mercredi depuis le Moyen Âge, reste un rendez-vous très animé. À visiter : les Collections municipales, le musée du Pays de Caux et le manoir du Fay (XVIIe s.) en brique et chaîne de pierre.

❷ Héricourt-en-Caux

C'est un village fleuri situé aux sources de la Durdent. Au moulin Quetteville, on flâne le long du bras de Saint-Denis ou du bras de Saint-Riquier. La chapelle Saint-Riquier (XIIe et XVIIe s.) et l'église Saint-Denis, perchée au sommet d'un éperon rocheux, renferment des trésors d'architecture. 👁 au Petit-Veauville, le colombier dodécagonal du hameau, point de départ idéal de randonnées vers la vallée de la Durdent.

❸ Auffay

Modèle et chef-d'œuvre de l'architecture Renaissance cauchoise, le manoir d'Auffay ravit par sa savante mosaïque de pierres et de briques. Son colombier, encore muni d'une échelle tournante, abrite le musée des Colombiers cauchois. 👁 le colombier de Grainville-La-Teinturière, curieusement édifié sur l'ancienne motte féodale.

❹ Cany-Barville

Joyau posé dans l'écrin de la vallée, le château de Cany, isolé par ses douves, évoque la splendeur austère de l'époque Louis XIII. Et l'altier ameublement d'origine contraste avec l'élégance nonchalante du parc à l'anglaise dessiné au XIXe s. Dans le village de Cany, l'écomusée Saint-Martin recrée l'ambiance rurale d'autrefois. 👁 le colombier du hameau d'Hocqueville en pierre et silex blond.

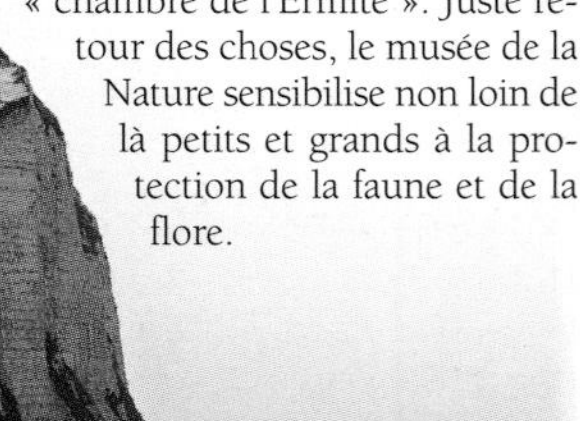

Veulettes-sur-Mer : la plage veillée par sa falaise

❺ Veulettes-sur-Mer

Sur la plage de Veulettes-sur-mer, la plus longue de Seine-Maritime, l'amateur de bains de mer hésitera entre Claquedent et Lombardie, portions de la grève au vent et sous le vent. Mais il ne s'en repartira pas sans avoir visité l'église Saint-Valéry du XIIe s. et sa tour-lanterne. 👁 le charmant port de Saint-Valéry-en-Caux pour sa Maison Henri IV, son cloître des Pénitents et ses impressionnantes falaises d'Aval et d'Amont.

❻ Fécamp

126 16/B3

Il faut monter du quai à la chapelle Notre-Dame-du-Salut, pour embrasser d'un regard l'histoire de la ville : sa tradition maritime, dont le musée des Terres-Neuvas – maquettes, chantier, atelier de voilerie – célèbre la mémoire ; l'extraordinaire palais Bénédictine, bâtiment du XIXe s., gothico-Renaissance et siège d'un musée à dominante médiévale et de la distillerie éponyme ; enfin, l'abbatiale de La Trinité et les vestiges du palais ducal. 👁 Valmont, son château, les vestiges de son abbaye et sa chapelle de la Vierge.

❼ Bailleul

C'est au cœur d'un vaste parc planté de hêtres et de chênes séculaires que se dresse, majestueux, un château Renaissance qui romprait totalement avec le style des manoirs du pays, n'était le colombier près duquel prospèrent un labyrinthe de charmilles et des sculptures végétales élaborées. 👁 Bennetot, où le colombier en brique du manoir de Vertot s'élève au centre de la « clos-masure ».

❽ Allouville-Bellefosse

Le chêne d'Allouville-Bellefosse (1 200 ans, 18 m de haut, 15 m de circonférence) protège en son sein depuis le XVIIe s. une chapelle et la « chambre de l'Ermite ». Juste retour des choses, le musée de la Nature sensibilise non loin de là petits et grands à la protection de la faune et de la flore.

Nature en pays de Bray

Oasis de verdure surgissant au centre du plateau cauchois, la boutonnière du pays de Bray incarne l'essentiel d'une Normandie terrienne préservée. Forêts, bocages, vergers et pâturages s'y succèdent, arrosés par nombre de rivières.

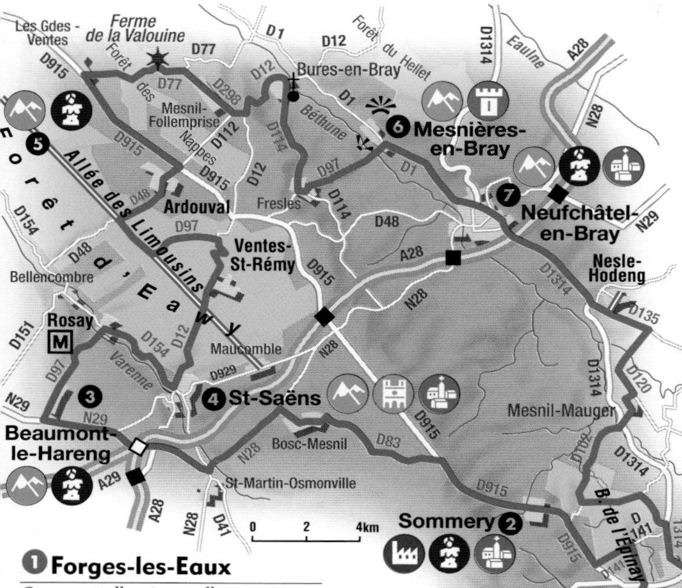

❶ Forges-les-Eaux

Centre métallurgique gallo-romain, aujourd'hui station thermale aux portes de Paris. La double identité de Forges-les-Eaux fut consacrée lorsque Louis XIII, parmi les premiers, bénéficia des bienfaits de son eau ferrugineuse. le bois de l'Épinay, où des sentiers écologiques ont été aménagés. Bouffée d'oxygène du petit matin pour les joueurs du casino ? la Ferté-Saint-Samson, place forte depuis le Xe s. (sur la boutonnière de Bray).

❷ Sommery

Installée au bord du Sorson, la ferme de Bray reconstitue un magnifique domaine agricole du XVIIe s. Autour du manoir un pressoir à cidre, un moulin à roue à aubes, un four à pain, un séchoir à fromages et un colombier aident à comprendre comment fonctionnait une importante exploitation rurale brayonne. Non loin de là, 7 étangs ont été aménagés pour la pêche à la truite.

❸ Beaumont-le-Hareng

Les 6 ha des Jardins de Bellevue font face à la forêt d'Eawy. Particulièrement renommés pour leurs collections de plantes himalayennes, ils s'enorgueillissent de posséder la collection d'hellébores orientaux la plus complète d'Europe. le musée de la Pomme et du cidre à Rosay : des tableaux de la vie rurale mis en scène par un collectionneur passionné.

❹ Saint-Saëns

Aujourd'hui encore, on flâne dans la rue des Tanneurs en songeant qu'à la fin du XVIIIe s. elle accueillait près de 40 ateliers ! Son église, aux somptueux vitraux du VIe s., ajoute au charme de cette cité d'antan. Depuis le belvédère, une table d'orientation met la ville en perspective avec la forêt dont elle est la porte.

❺ Forêt d'Eawy

Entre les vallées de la Varenne et de la Béthune, la forêt (7 200 ha) est un paradis pour les randonneurs. D'abord plantée de chênes, massivement abattus pour la construction de charpentes, elle est devenue l'une des plus belles hêtraies d'Europe. l'allée des Limousins, percée rectiligne de 15 km reliant Muchedent à Maucomble. le chemin des Écoliers, sentier de découverte botanique à Ventes-Saint-Rémy. la rampe de lancement du Val-Ygot, à Ardouval : la forêt, aujourd'hui havre de paix, résonna pendant la dernière guerre du fracas des fusées V1.

LA BOUTONNIÈRE DE BRAY

Longue de 80 km, la boutonnière de Bray doit son originalité à un accident géologique de l'ère tertiaire. Le plissement de la table calcaire, largement entaillé par l'érosion, laissa surgir les terrains jurassiques sous-jacents. Le centre de cette dépression pouvant atteindre 15 km de large est relativement plat. Ses rebords, drainés par de nombreux cours d'eaux, favorisent l'alternance des paysages : vallons, bocages et forêts. Une nature généreuse, liée à une situation géographique privilégiée, qui a fait du pays de Bray l'un des principaux fournisseurs de produits laitiers de la région parisienne.

❻ Mesnières-en-Bray

L'arrivée sur ce château Renaissance flanqué de puissantes tours encadrant un escalier à queue de paon ne manque pas d'allure. Si la galerie des Cerfs, la salle des Cartes, la chapelle seigneuriale et surtout la salle des Quatre-Tambours sont dignes d'attention, une promenade dans le parc et le jardin à la française rappelle opportunément que le château est aussi une école d'horticulture réputée. depuis la table d'orientation sur la vallée de la Béthune et les dernières frondaisons de la forêt d'Eawy.

❼ Neufchâtel-en-Bray

Il fait bon se promener dans les rues de ce bourg animé dont les maisons à pans de bois alternent avec les constructions d'après-guerre. Visiter le musée Mathon-Durand, consacré aux arts et traditions populaires, et l'église Notre-Dame (remarquables chapiteaux Renaissance). la ferme des Fontaines à Nesle-Hodeng : découverte du métier d'exploitant agricole, et dégustation du neufchâtel, le fromage en forme de cœur.

Mesnières-en-Bray : *le château*

Les lieux du Jour J

Les plages de Normandie sont pour toujours ce lieu où, par une aube grise de juin 1944, surgit la liberté. Avant qu'elle ne triomphe, que d'héroïsme, que de souffrances, que de moyens fallut-il pourtant mobiliser ! Les sites, parfois aménagés, parfois dans leur nudité crue, en portent encore la trace. Là, le visiteur perçoit, mieux que partout ailleurs, l'écho de la terrible épopée.

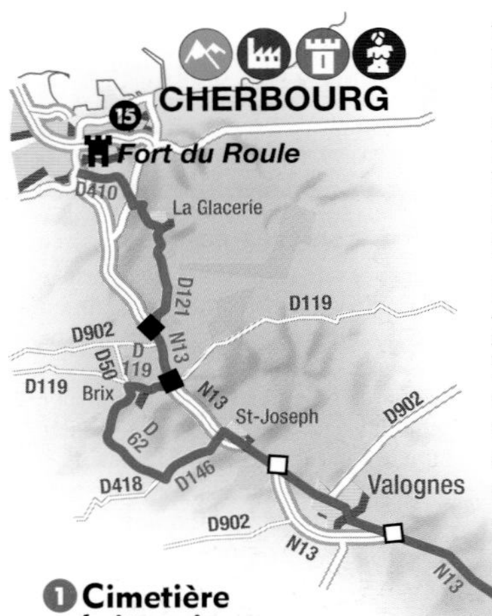

❶ Cimetière britannique de Ranville

Sur le flanc est de la zone d'assaut, de violents combats se déroulèrent pour le contrôle des ponts sur l'Orne, dont le fameux Pegasus Bridge, dès la nuit du 5 au 6 juin ; 2 238 tombes à l'ombre d'une église de village en portent pour toujours témoignage. Est-ce la jeunesse des soldats ou la douleur, digne et fière, qu'exprime chaque épitaphe, qui serre ainsi le cœur du visiteur ? 👁 le café Gondrée et son musée, à l'extrémité de Pegasus Bridge.

❷ Riva-Bella

Pic incongru planté au cœur de la plaisante station balnéaire de Riva-Bella, le Grand Bunker (musée du Mur de l'Atlantique) dresse ses 5 niveaux jusqu'à 15 m de hauteur. À l'intérieur, conservé en l'état, le visiteur plonge dans la guerre : dans ce donjon moderne, qui dominait toute la côte, les mannequins de soldats bien équipés (télémétrie, transmission, armements) semblent encore attendre l'assaut de pied ferme…

❸ Saint-Aubin-sur-Mer

Avec sa digue-front de mer et ses habitations bordant la plage, Saint-Aubin est le seul endroit qui donne encore une idée de l'aspect de Sword, Juno et Gold, les portions de rivage découvertes par les bataillons anglo-canadiens au matin du 6 juin 1944.

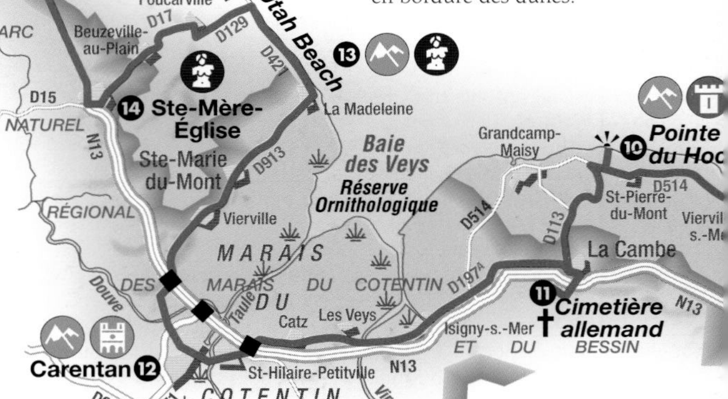

Omaha Beach : cimetière et table d'orientation dominent la plage.

SUR LES LIEUX DE LA BATAILLE DE NORMANDIE

Quelle est cette imprenable forteresse contre laquelle se sont élancées des forces d'une ampleur encore jamais vues dans l'Histoire ? L'Espace historique de la bataille de Normandie apporte au visiteur des réponses, émouvantes et passionnantes : 51 sites sont dotés d'un « totem » portant un commentaire bilingue et réunis en 7 itinéraires précisément balisés. Toujours présente, toujours discrète, cette signalétique est le repère le plus pédagogique, sur des sites épars souvent transformés par le demi-siècle écoulé. Un dépliant – disponible sur de nombreux sites – et un guide ont en outre été édités. Quant au Mémorial pour la Paix, bâti à la périphérie de Caen, il s'est donné pour mission de témoigner, dans une muséographie très moderne, des ravages des conflits.
Mémorial de Caen
ℹ Tél. : 02.31.06.06.44

❹ Courseulles-sur-Mer

C'est ici que De Gaulle reposa le pied en France métropolitaine, le 14 juin 1944 : 3 ans et 362 jours après l'Appel du 18 juin. Une croix de Lorraine et un petit mémorial le rappellent en bordure des dunes.

❺ Bayeux 

97 15/H5

À Bayeux, les rues de la ville, enthousiastes, confirmèrent aux Alliés la légitimité du Général. On peut revivre son parcours dans un cadre inchangé jusqu'à l'ancienne place du Château, avant de visiter à deux pas le Mémorial qui lui est consacré, rue Bourbesneur. Tout près, visite impérative de la Tapisserie de Bayeux, de la cathédrale, chef-d'œuvre du gothique primitif, et du musée Baron-Gérard (section paléographique).

❻ Arromanches-les-Bains

Soit une armée titanesque de 2 millions d'hommes, 500 000 véhicules et 3 millions de tonnes d'approvisionnement, à débarquer en quelques semaines. La maîtrise d'un port (celui de Cherbourg) est soumise aux aléas du combat. Que faire ? En créer, de toutes pièces, un nouveau, artificiel, là où il est nécessaire ! Ce sera le mulberry d'Arromanches. Le musée du Débarquement montre comment, en onze jours, ce Meccano géant préfabriqué devint capable d'assurer un transit de 6 000 tonnes par jour, comparable à celui du Havre avant-guerre.

7 Longues-sur-Mer

142 15/H5

Dans ce bastion du Mur de l'Atlantique, ce sont d'autres grands bunkers de 5 niveaux – cette fois enterrés – qui abritaient la garnison. Les casemates sont aujourd'hui remblayées ; dans le champ d'à côté, l'été, la fenaison bat son plein ; et la falaise, en bas, s'achève en un chaos naturel qui vaut

Batterie de Longues : *une des quatre pièces d'une portée de 20 km*

le détour. Seuls les canons, toujours en place, pointent la tête au ras de l'herbe et rappellent qu'avant le calme, il y eut la tempête…

8 Commes

L'inventeur du musée des Épaves sous-marines de Commes collecte des objets uniques et bouleversants : il plonge pour arracher à la mer les restes des naufrages que causèrent les tempêtes de juin 1944. Le frisson qu'ils provoquent prépare au choc qui nous attend à Omaha Beach.

9 Cimetière américain de Colleville-sur-Mer

À quelques dizaines de mètres sur la droite du cimetière, depuis le point fortifié Wn62, on découvre ébahi Omaha Beach, rempart auquel les vagues d'assaut US ont été confrontées. À marée haute, plus de plage : les vagues lèchent le pied d'un mur de sable et de taillis… 40 m plus haut, sur le plateau, 9 386 hommes reposent dans l'ordre parfait des armées mortes. L'imposant mémorial n'oublie pas, en son jardin des Disparus, les milliers d'autres dont le lieu de sépulture est resté inconnu.

10 Pointe du Hoc 135 15/G5

Vision lunaire d'une terre labourée par les obus et que l'on n'a pas refermée… Dominant les plages, croisant leur tir avec celui de la batterie de Longues, les canons du Hoc constituaient une sorte de bastion de Vauban d'une échelle surhumaine. Un bataillon de rangers fut chargé de les neutraliser et y perdit les trois quarts de ses effectifs. Pour rien. Les canons avaient été démontés quelques jours avant le 6 juin…

11 Cimetière allemand de La Cambe

L'âge moyen des 236 000 victimes, alliées ou allemandes, des deux premiers mois de combat en Normandie n'excédait pas 25 ans. Et, parmi les 21 115 soldats qui reposent ici entre arbres et croix de granite noir, bon nombre n'avaient pas 20 ans. Le site expose simplement, à travers leurs lettres et celles de leurs proches, les derniers jours de quelques-uns : bouleversant garde-fou contre toutes les guerres.

12 Carentan

Porte des marais du Cotentin, la ville fut le lieu du premier contact entre soldats d'Omaha et d'Utah. Elle est devenue le point de ralliement de ceux qui veulent, loin du souvenir, explorer la réserve ornithologique de la baie des Veys et admirer, l'hiver, les paysages de marais gelés isolant les villages sur leurs buttes.

13 Utah Beach

La plage est restée cette très longue ligne de sable d'où toute habitation est bannie – ce qui permit à l'armée US d'y débarquer jusqu'à 46 000 hommes et 8 000 véhicules en une seule journée de juillet ! Par beau temps, la mer, de la pointe de Saire à la pointe du Hoc, semble immense ; mais ce n'est

Pointe du Hoc : une pointe de falaise prise d'assaut

là cependant qu'un aperçu du gigantesque périmètre couvert par le débarquement : la table d'orientation indique qu'au-delà de l'horizon, barré par les falaises du Hoc, Riva-Bella et Sword Beach sont à 80 km !

14 Sainte-Mère-Église

Célèbre pour son église-piège à parachutiste, le bourg ne pouvait faire moins qu'héberger un musée des Troupes aéroportées. On appréciera suivant son humeur le mannequin toujours accroché par sa toile au clocher, utile pour rappeler au touriste distrait la raison de sa visite…

15 Cherbourg 108 23/F3

Prendre Cherbourg, et en faire la plate-forme logistique de toute l'armée alliée durant la campagne de France, tel fut le premier objectif du débarquement. Sa conquête fut le triomphe de la stratégie de Montgomery. Du haut du fort du Roule, le génie du site saute aux yeux :

double rade gigantesque, premiers bassins venant entailler les derniers rebords des collines qui enserrent la ville. À l'automne 1944, son trafic militaire fit de Cherbourg le premier port du monde. les jardins publics créés au XIXe s., l'un des charmes de la ville.

Dans le bocage normand

Il n'y a pas d'illusion plus charmante que le bocage normand : tout y semble naturel, et pourtant chaque talus, chaque haie, a été construit ou planté de main d'homme. Cette Suisse normande, avec des torrents dévalant ses gorges encaissées, a un petit quelque chose d'alpestre, dont le tourisme s'est inspiré, dès l'entre-deux-guerres, pour populariser l'expression.

❶ Putanges-Pont-Écrepin

Putanges est rive gauche, Pont-Écrepin rive droite ; entre les deux passe l'Orne, un rêve de rivière entre deux haies vertes de hauts arbres qu'elle reflète lorsque le ciel est bleu. Les deux villages furent reliés par un pont et la commune prit son nom actuel. Une maison de maître de forge, près de la rivière, rappelle que l'on extrayait dans les environs du minerai de fer et que l'eau fournissait de l'énergie.

❷ Rabodanges

Pour les initiés, le barrage est dit à voûtes multiples. L'Orne devient une eau dormante et s'étend en un vaste lac entre les saules, les aulnes et, sur les pentes, les chênes et les bouleaux. Le meilleur panorama est au pont de Sainte-Croix. Rabodanges, sur la rive droite, possède un château Louis XIII aux paisibles symétries, qui clôt une vaste prairie encadrée de tilleuls. La ferme et les communs sont devenus un haras.

❸ Gorges de Saint-Aubert

Après la quiétude du barrage, l'Orne doit se réveiller si elle veut traverser les roches qui l'étranglent : ainsi sont nées ces gorges. Prudente, la route s'en éloigne, faisant de l'endroit le paradis secret des pêcheurs à la truite… de mer, qui a ici des frayères cachées.

❹ La Roche d'Oëtre

Après Pont-d'Avray, l'Orne se fait douceur et méandres. La Rouvre, l'un de ses affluents, possède un lit encombré de blocs moussus, aux rives colonisées par la plus belle des fougères, l'osmonde royale. Au sommet de la Roche d'Oëtre, où continue à s'accrocher le bocage, s'ouvre le plus remarquable paysage de Suisse normande : le mot précipice n'est pas ici une invention publicitaire…

❺ Pont-d'Ouilly

Sept arches, un vieux pont jeté sur les eaux bruissantes… Il n'en fallait pas plus pour faire se rencontrer Saint-Marc-d'Ouilly et Ouilly-le-Basset, et qu'ils deviennent Pont-d'Ouilly. À Saint-Marc-d'Ouilly, la chapelle Saint-Roch offre un beau point de vue sur les vallées de l'Orne et du Noireau.

❻ Clécy

C'est ici que les eaux de l'Orne sont devenues héroïques : elles ont franchi le synclinal du bocage, qui culmine à 300 m en s'offrant en quelques centaines de mètres des dénivelés de 200 à 250 m. D'un côté, les falaises un peu pourprées ; en bas, la douceur des grands méandres bleutés de la rivière qui semble se blottir contre les courbes des bois. Dans le bourg, le musée Hardy est consacré à des impressionnistes normands. 👁 les rochers de Clécy (dont le célèbre Pain de Sucre, sur la rive droite) où conduisent des balades à pied.

❼ Thury-Harcourt

1944 : les combats signent la fin du château du Clécy (XVIIe-XVIIIe s.), à l'exception de la façade, de l'orangerie, de la chapelle et des pavillons d'entrée. Les vestiges ont donné une touche de romantisme aux jardins créés au XVIIIe s. par François-Henri d'Harcourt en illustration de ses théories. Auteur d'un *Traité de la décoration des dehors, des jardins et des parcs*, il fit, dit-on, de celui-ci l'un des plus beaux du royaume de France.

La vallée de l'Orne, vue du Pain de Sucre

LE BOCAGE

Les pays qui forment le bocage ont été colonisés par les défricheurs du XIe au XIIIe s. ; ils abattirent les arbres des bas de vallées, à l'humus épais et riche, repoussèrent peu à peu la lande vers les sommets au sol acide. Les talus sont formés d'un amoncellement de pierres, recouvert de terre sur laquelle sont plantés arbustes et arbres qui servent de coupe-vent. Un fossé entoure le champ, qui garde l'humidité l'été et régule les excès d'eau. Pourtant, le bocage s'éclaircit à la suite de remembrements. Les terres les moins fertiles sont souvent délaissées, c'est la « déprise », qu'accompagnent l'extension des conifères et l'homogénéisation des espèces. Le tourisme vert, qui favorise aujourd'hui les milieux naturels, fussent-ils créés de toutes pièces, inversera-t-il la tendance ?

❽ Le Plessis-Grimoult

Une abbaye ruinée, des vestiges de bas-côtés où le ciel des voûtes est remplacé par celui des étoiles et du soleil, une salle capitulaire, voici ce qui subsiste de l'abbaye Saint-Étienne (XIIe s.). Près du village, une chapelle ruinée, celle du Cornu, évoque une sombre histoire d'adultère impliquant Guillaume le Conquérant et sa femme Mathilde, accusée à tort. Le dénonciateur fut écorché vif et écartelé sur le lieu dit du « corps nu… »

Pontécoulant : *le château vu de ses jardins*

9 Mont Pinçon

Avec ses 365 m d'altitude, il est le mont Vert du bocage normand, qui a oublié d'en recouvrir le sommet. Sur le sol maigre et acide prospérait la lande avant que des conifères n'y étendent en partie leur manteau vert sombre – tandis qu'un émetteur de télévision domine le monde des arbres, des genêts et des ajoncs.

10 Château de Pontécoulant

Classicisme, austérité, murs sombres de granite, bleu noir de l'ardoise, vert des pelouses et des hauts arbres du parc à l'anglaise… Tel est ce château-musée, élevé au XVIIIe s.

11 Vire

La vieille capitale du bocage a reçu de plein fouet le choc de la dernière guerre : 90 % des maisons ont dû être reconstruites. Des immeubles en granite de deux étages ont été implantés sur la trame ancienne, qui s'ordonne autour de la vallée creusée en contrebas par la Vire : les Vaux-de-Vire. Il reste une belle église (XIIe s.), l'hospice Saint-Louis (XVIIIe s.) et de fastueux hôtels particuliers, comme le château du Cottin (rue André-Halbout). L'ancien Hôtel-Dieu accueille un musée ethnographique.

12 Lac de la Dathée

Plan d'eau de près de 45 ha, encerclé par un sentier de 7 km, le lac de la Dathée a été créé par un petit barrage et accueille une bien agréable base de loisirs. On y trouve également une réserve ornithologique.

13 Forêt de Saint-Sever

Au sommet d'un massif granitique qui culmine à 300 m et reçoit plus de 1 m de pluie par an, la forêt, domaniale, occupe 1 500 ha. Au milieu, la chapelle de l'Ermitage (XVIIIe s.) est le vestige d'un couvent bénédictin.

Vire : *la tour de l'Horloge*

14 Saint-Michel-de-Montjoie

Le musée du Granite présente les techniques d'extraction de cette roche, le « bleu de Vire », et les pièces qui en sont tirées. Dans les quelques carrières encore en activité s'activent les descendants des picauts, nom local des tailleurs de pierre. 👁 à Saint-Pois, le château (façade XVIIIe s.) et l'église (pietà).

15 Vallée de la Sée

Le granite empêchant l'eau de s'infiltrer en profondeur, elle ruisselle partout, descendant en torrents vifs des hauteurs boisées au fond de petites vallées encaissées, où elle animait jadis toute une proto-industrie : on comptait près de 60 moulins sur les 10 km séparant Chérencé-le-Roussel de Sourdeval.

16 Mortain

147 15/G8

Avec ses toits d'ardoise bleue et ses maisons en granite, l'Armoricaine Mortain est au centre du paysage le plus accidenté de la Manche. En venant de Sourdeval, on découvre d'abord, aux portes de la ville, l'Abbaye-Blanche, mêlant arts roman et gothique, puisqu'elle fut édifiée aux XIIe et XIIIe s. En ville, la collégiale Saint-Évroult (début du XIIIe s.) possède une nef à trois étages, et sa tour est l'une des plus hautes de Normandie. Le trésor comprend un admirable petit coffret du VIIe s., qui fut utilisé par les moines irlandais.

17 Barenton

La maison de la Pomme et de la Poire est dédiée à l'âme du pays normand, où l'on peut encore croiser, de temps à autre, l'alambic d'un bouilleur de cru au hasard d'un chemin vicinal. Elle conserve également dans son verger de nombreuses variétés de pommiers et vend cidre, calvados, poiré, pommeau et jus de pomme.

86 Alençon

26/A3

(61) Tél. : 02 33 80 66 33

La cité doit sa notoriété à la manufacture de dentelle créée par Colbert en 1665. Autour de l'église Notre-Dame se regroupent des hôtels du XVIe s., des demeures médiévales et la halle aux blés, de style Empire.

à moins de 10 km (S-O) l'église romane et les vieilles maisons en pierre de **Saint-Céneri-le-Gérei,** qui ont inspiré les impressionnistes.

87 Andelys (Les)

16/E6

(27) Tél. : 02 32 54 41 93

Les ruines de la forteresse de **Château-Gaillard** dominent la ville – où se dressent les belles églises gothiques Saint-Sauveur et Notre-Dame – et la Seine. Cette place forte, réputée imprenable, ne résista pas, en 1204, aux assauts des troupes de Philippe Auguste. En contrebas, la boucle du fleuve a mordu les assises de craie, taillant des falaises et creusant des cavernes – qui demeurent rarement dans une roche aussi friable – dont la plus imposante, la roche à l'Ermite, au Thuit, surplombe le cours d'eau de 100 m.

88 Antifer (Cap d')

16/A4

(76) Tél. mairie : 02 35 27 01 55

Haut de 102 m, ce promontoire de craie blanche est percé à sa base de petites grottes, dont celle aux Pigeons ; du haut du phare. L'accès se fait à pied par le GR 21 et le chemin des Douaniers.

89 Argentan

16/A1

(61) Tél. : 02 33 67 12 48 petit itinéraire p. 126

Rivale d'Alençon dans l'industrie dentellière, Argentan conserve quelques édifices anciens, dont les églises Saint-Germain et Saint-Martin.

90 Arques-la-Bataille

10/B8

(76) Tél. mairie : 02 35 85 50 26. Tél. Miromesnil : 02 35 85 02 80

En bordure des hêtres de la forêt d'Arques, un obélisque commémore la bataille qui eut lieu le 21 septembre 1589 entre les troupes d'Henri de Navarre et celles des Ligueurs, conduites par le duc de Mayenne. Les hommes du futur Henri IV l'emportèrent, soutenus par les canonniers de la forteresse. Les ruines de celle-ci se dressent encore sur le promontoire rocheux qui domine les belles demeures du XVIIIe s. et l'église de style flamboyant de la petite ville.

à moins de 10 km (O) le **château de Miromesnil,** où naquit Maupassant. La façade du corps de logis, qui entoure la cour d'honneur, est décorée de pilastres ornés de guirlandes de fruits.

91 Auberville (Chaos d')

16/A5

(14) Tél. mairie (jeudi et vendredi) : 02 31 87 15 80

De hautes falaises offrent ici un ensemble de pinacles, d'aiguilles instables, de rochers couverts de varech, que leur aspect a fait baptiser Vaches noires. La corniche, en s'éboulant sous l'effet du glissement du terrain et des infiltrations, a formé un chaos aujourd'hui envahi par la végétation. Argiles et marnes sont riches en fossiles d'ammonites, d'huîtres...

de part et d'autre du site les belles plages de sable fin de l'élégante station balnéaire de **Villers-sur-Mer,** au nord, et d'**Houlgate,** au sud.

92 Avranches

14/F1

(50) Tél. : 02 33 58 00 22

Détruite en 1944, Avranches a cependant conservé la basilique Saint-Gervais-et-Saint-Protais, ainsi que les manuscrits du Mont-Saint-Michel (VIIIe-XVe s.), réunis à la mairie dans une ancienne bibliothèque restaurée.

à 10,5 km (O) l'église de granite de **Genêts**, remarquable pour son porche lambrissé et les piles carrées soutenant la croisée du transept.

LE PARC NATUREL RÉGIONAL DE NORMANDIE-MAINE

Créé en 1975 sur une immense superficie (234 000 ha) regroupant 149 communes, ce parc s'étend d'est en ouest des environs de Mortagne-au-Perche à Mortain, et du nord au sud d'Argentan à Sillé-le-Guillaume. La maison du Parc (tél. : 02 33 81 75 75), située à Carrouges, fournit des informations sur les innombrables ressources naturelles de cet ensemble de vallées, de forêts de chênes, de hêtres, de pins et d'épicéas, et de collines aux pentes parfois affirmées, par exemple dans les Alpes mancelles. L'arbre et la filière des activités du bois constituent le thème privilégié de ce parc.

LA PRISE DE CHÂTEAU-GAILLARD

À la fin du XIIe s., le roi de France convoite la Normandie, anglaise, de Richard Cœur de Lion. Pour protéger Rouen des attaques menées depuis la vallée de la Seine, celui-ci fait construire aux **Andelys,** en 1196, une imposante forteresse, qui surveille le fleuve. Ses contemporains la disent imprenable. Les assauts répétés et le blocus entrepris n'en viennent pas à bout. Mais, le 6 mars 1204, des hommes se glissent dans les conduites d'évacuation des latrines et pénètrent dans l'enceinte. En quelques heures, la place forte se rend. Assiégée à plusieurs reprises pendant la guerre de Cent Ans, elle sera démantelée sous Henri IV.

1

Alençon

1 La maison d'Ozé, qui abrite l'office de tourisme

2

3

Les Andelys

2 Le donjon de la forteresse

3 Château-Gaillard, la forteresse dominant la vallée de la Seine

Près d'Auberville, Villers-sur-Mer

4 La place Centrale

Avranches

5 Le jardin des plantes

4

5

93 Bagnoles-de-l'Orne

15/J8

(61) ℹ Tél. : 02 33 37 85 66

Selon la légende, Hugues, seigneur de Tessé, abandonna son cheval malade à proximité d'une fontaine d'eau tiède ; quelques semaines plus tard, il le retrouva en parfaite santé. Bagnoles-de-l'Orne est devenue une importante station thermale. Elle conserve un ensemble d'hôtels et de villas au charme suranné. Ce site paisible est baigné par la Vée, qui se glisse dans une gorge bordée par les feuillus et les résineux de la **forêt des Andaines.** De belles promenades s'ouvrent à travers collines et buttes (Mont-en-Géraume, roche Cropet), vallons encaissés (Mousse, Vée), creux et rochers escarpés.

94 Balleroy (Château de)

15/G6

(14) ℹ Tél. mairie : 02 31 21 60 26. Tél. château : 02 31 21 60 61

Cet édifice d'époque Louis XIII se dresse au milieu d'un parc dessiné par Le Nôtre. Son élégante sobriété extérieure contraste avec la richesse des salles intérieures, rehaussées de stucs, de boiseries et ornées de peintures de Nicolas Mignard. Un musée de ballons à air chaud et à gaz est installé dans les anciennes écuries du château.

95 Barfleur

14/F3

(50) ℹ Tél. : 02 33 54 02 48

De ce ravissant petit port de pêche aux solides maisons de granite partaient, au Moyen Âge, de nombreux navires à destination de l'Angleterre. La ville ancienne a disparu, mais elle a laissé place à une station balnéaire accueillante.

👁 le phare de la **pointe de Barfleur,** dont le pied est baigné de courants violents. Du haut de ses 71 m, qui en font un des plus élevés de France, ☼ sur le val de Saire, les îles Saint-Marcouf et la côte est du Cotentin.

96 Barneville-Carteret

14/E5

(50) ℹ Tél. : 02 33 04 90 58

Ce joli village, dont l'église à la nef romane est coiffée d'une tour fortifiée du XVe s., est protégé par le cap de Carteret. Depuis son sommet, ☼ de Jersey aux îlots d'Ecréhou et des Minquiers. Ses parois abruptes dominent une plage de sable fin.

👁 à 15 km (N) le **cap de Flamanville,** aux falaises trouées de grottes, sur lequel se dressent un bourg et un château du XVIIe s. Deux ailes coiffées d'une élégante balustrade encadrent le bâtiment principal – édifié avec le granite du cap – et sa vaste cour d'honneur. La centrale nucléaire, toute proche, ne gâte en rien la beauté du site.

97 Bayeux

15/H5

(14) ℹ Tél. : 02 31 51 28 28

Première ville française libérée, le 7 juin 1944, la capitale du Bessin a conservé ses hôtels en pierre, ses vieilles demeures à colombages et sa cathédrale, l'un des plus beaux édifices gothiques de Normandie, construit à l'initiative de l'évêque Odon, demi-frère et compagnon de Guillaume le Conquérant. Le musée Baron-Girard présente une précieuse collection de porcelaines, et l'hôtel du Doyen des dentelles réalisées au fuseau et à l'aiguille. Mais la ville s'enorgueillit surtout de la fameuse tapisserie de Bayeux – dite de la reine Mathilde –, qui retrace, sur une toile brodée, les étapes de la conquête de l'Angleterre par le duc de Normandie.

98 Beaumesnil (Château de)

16/C7

(27) ℹ Tél. : 02 32 44 40 09. Tél. mairie : 02 32 44 44 32

De style baroque, avec sa décoration exubérante, ce bâtiment a été édifié en brique et en pierre au XVIIe s. L'intérieur s'ouvre sur un splendide escalier d'honneur et abrite une annexe des Archives nationales et un musée de la Reliure.

LE VAL DE SAIRE

Depuis BARFLEUR, la route longe le littoral jusqu'à Landemer et sa crique, puis s'en écarte pour passer devant le manoir de la Crasvillerie. De là, on rejoint la côte et la pointe de Saire, l'île de Tatihou et Saint-Vaast-la-Hougue. Ce port conserve un fort de l'époque de Vauban. On atteint ensuite Quettehou, qui se distingue par son église en granite, et on entre alors dans le val de Saire. Depuis la table d'orientation de la Pernelle se découvre la côte du Cotentin.

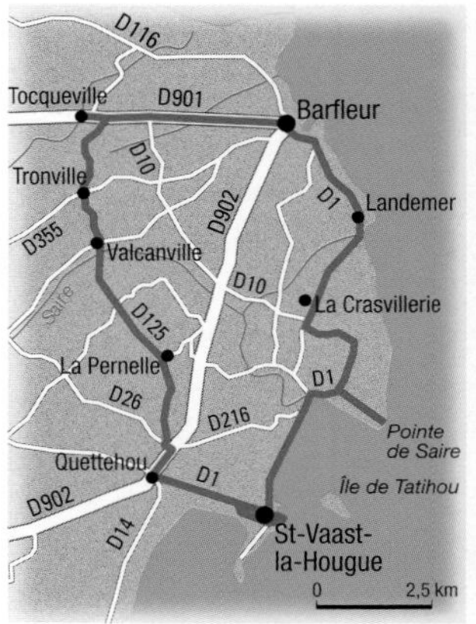

LA TAPISSERIE DE LA REINE MATHILDE

Le nom donné à cette œuvre, conservée au musée de la Tapisserie à **Bayeux,** relève d'une double erreur, puisqu'il s'agit d'une broderie et que Mathilde, la femme du Conquérant, n'en est pas l'auteur. Probablement exécutée, au XIe s., à l'instigation d'Odon, évêque de Bayeux, mais aussi demi-frère de Guillaume, la « tapisserie » devait orner la cathédrale. Véritable bande dessinée, elle déploie son argumentation politique sur près de 70 m, relatant le parjure et le châtiment d'Harold, qui, malgré le serment prêté à Guillaume, se proclame roi d'Angleterre à la mort du vieux roi Édouard. Tél. : 02 31 51 25 50.

Le château de Balleroy

1 La façade

Barfleur

2 Le phare de Gatteville, sur la pointe de Barfleur

Bayeux

3 Détail de la tapisserie de Bayeux : « Précédé de sa meute, Harold se dirige vers la côte »

4 La cathédrale : la façade aux cinq portails

5 La crypte, vestige de la première cathédrale

6 Détail du pavage en briques émaillées de la salle capitulaire

7 La cathédrale Notre-Dame, flanquée du musée Baron-Gérard (ancien palais épiscopal)

99 Bec-Hellouin (Abbaye du)  16/C6

(27) ℹ Tél. : 02 32 43 72 60. Tél. mairie : 02 32 44 86 40
Ce monastère, fondé au XIe s., connut un grand rayonnement jusqu'à la Révolution. On chassa alors les religieux et l'église fut abattue. La tour Saint-Nicolas est le seul vestige des bâtiments médiévaux.

100 Bellême   26/B3

(61) ℹ Tél. : 02 33 73 09 69
Perché sur un éperon rocheux, ce bourg avait une importance stratégique au Moyen Âge. Il domine la Même et la **forêt de Bellême**. La D 938 (N) conduit à l'étang de la Herse. Des circuits de promenade partent des carrefours de l'Étoile de la Reine-Blanche et du Chêne-Creux.

101 Bernay   16/C6

(27) ℹ Tél. : 02 32 43 32 08
Autour de l'abbaye, fondée au XIe s. par Judith de Bretagne, les bâtiments conventuels du XVIIe s. abritent l'hôtel de ville et le musée municipal, qui rassemble des collections de céramiques, de meubles et de tableaux.

102 Beuvron-en-Auge  16/A6

(14) ℹ Tél. mairie : 02 31 31 39 59 14 👁 petit itinéraire p. 110
La fête du Cidre se tient tous les trois ans dans ce village.

103 Brotonne (Forêt de)  16/C5

(76) ℹ Tél. maison du Parc : 02 35 37 23 16
Cette vaste forêt domaniale (6 754 ha) est connue pour la beauté de ses hêtres. Autrefois plantée de chênes, qui ne représentent plus que 10 % des essences, elle compte aussi des charmes et des pins sylvestres.

104 Cabourg  15/J5

(14) ℹ Tél. : 02 31 91 20 00
Fondée sous le second Empire, cette station balnéaire fut fréquentée par Proust, qui séjourna fréquemment au Grand Hôtel. Dans *À l'ombre des jeunes filles en fleurs,* l'écrivain évoque la vie locale à la Belle Époque.

EN FORÊT DE BELLÊME

À partir de Bellême, qui était jadis relié à Mortagne par un chemin de fer qui traversait la forêt, on pénètre dans le massif, réputé pour la beauté de ses chênes. Le circuit conduit à l'étang de la Herse, paradis des pêcheurs, dont on peut faire le tour à pied. Une fontaine ferrugineuse, déjà connue des Romains, coule de l'autre côté de la route. Après la vallée du Creux, on atteint facilement le petit village de La Perrière, qui offre, près du cimetière, un charmant panorama sur la campagne vallonnée du Perche. On gagne enfin Saint-Martin-du-Vieux-Bellême, dont les maisons entourent l'église des XIVe et XVe s.

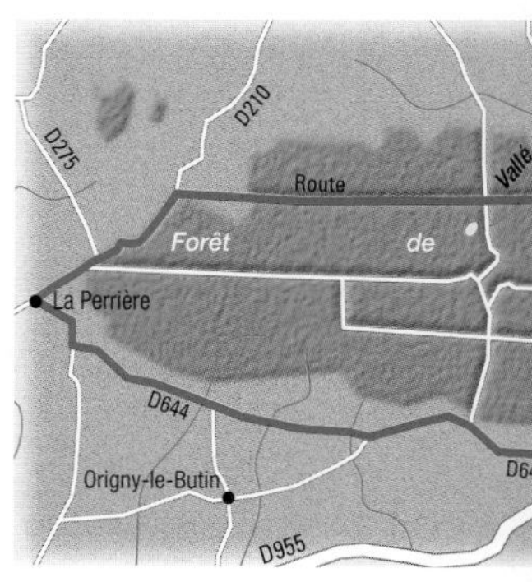

105 Caen 15/J6

(14) ℹ Tél. : 02 31 27 14 14
C'est à Guillaume le Conquérant que la ville doit ses principaux monuments. Anéanti par deux mois de combats et de bombardements durant l'été 1944, le vieux centre a pourtant conservé quelques demeures, dont la maison des Quatrans. Le mémorial pour la Paix est un musée passionnant qui retrace l'histoire de la Seconde Guerre mondiale et de la bataille de Normandie.

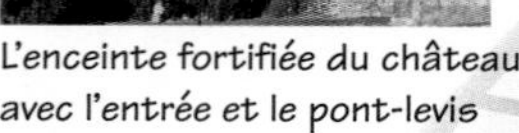
L'enceinte fortifiée du château avec l'entrée et le pont-levis

L'ABBAYE AUX HOMMES

Fondée par le duc de Normandie, elle abrite l'hôtel de ville. L'église abbatiale, Saint-Étienne, à la façade presque sévère, surmontée de deux hautes tours percées de baies ajourées et d'une tour-lanterne, est un bel exemple d'art roman normand (XIe s.).

L'abbaye du Bec-Hellouin
1 *Vue depuis la tour Saint-Nicolas*

Bellême
2 *L'un des chênes centenaires*

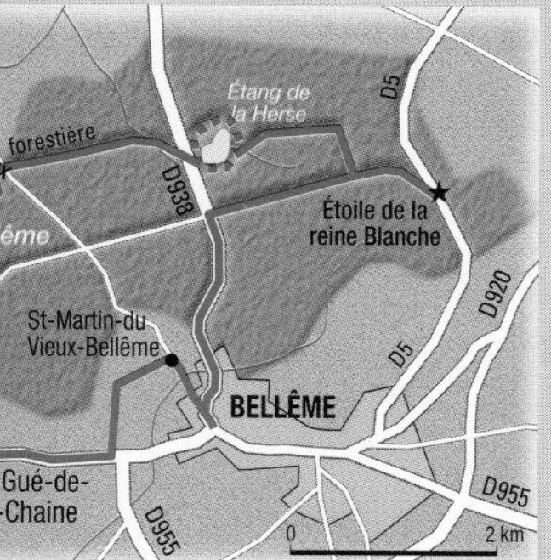

Cabourg
3 *Le Grand Hôtel*

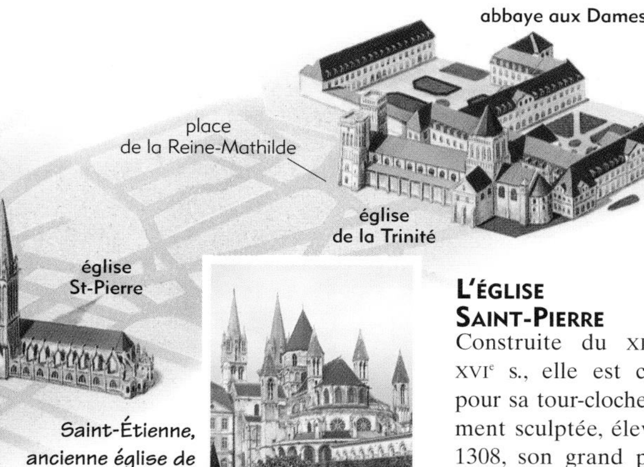

Saint-Étienne, ancienne église de l'abbaye aux Hommes

L'église Saint-Pierre

Construite du XIIIe au XVIe s., elle est célèbre pour sa tour-clocher finement sculptée, élevée en 1308, son grand portail, dressé en 1384, et sa belle nef gothique.

Le château de Guillaume le Conquérant

À l'intérieur d'une immense enceinte s'élèvent la chapelle Saint-Georges (XVe s.), le logis des Gouverneurs (aujourd'hui musée de Normandie), la salle de l'Échiquier, les vestiges du donjon et le musée des Beaux-Arts.

Chœur de l'abbaye aux Dames

L'abbaye aux Dames

Voulue par la reine Mathilde, elle occupe l'une des hauteurs de la ville. L'église abbatiale de la Sainte-Trinité, romane, possède deux puissantes tours surmontées de flèches et une majestueuse nef aux décors byzantins.

106 Caudebec-en-Caux  16/C4

(76) Tél. : 02 35 95 90 12
Admirablement située en bord de Seine, la ville a conservé quelques vestiges de l'enceinte médiévale. Les combats de la Libération ont également épargné la maison des Templiers et la magnifique église Notre-Dame, aux vitraux du XVIe s. et aux fonts baptismaux du XVIIe s. Le musée de la Marine de Seine retrace l'histoire de la navigation sur le fleuve, et explique notamment le phénomène du mascaret. Cette vague déferlante emporta, à **Villequier,** à 4,5 km de là, Léopoldine, fille de Victor Hugo, et son mari, drame dont le souvenir demeure ici présent.

107 Cerisy-la-Forêt   15/G6

(50) Tél. : 02 33 56 12 15
Au VIe s., l'évangélisateur du Bessin, Vigor, bâtit ici un monastère ; Robert le Magnifique en fonda un nouveau au XIe s. La nef de l'abbatiale est superbe. Le chœur et l'abside sont d'un style roman léger et lumineux.
au nord de la forêt de Cerisy **Le Molay-Littry**, où fut découverte une mine de houille au XVIIIe s. Un musée y évoque le travail des mineurs.

108 Cherbourg   14/E3

(50) Tél. : 02 33 93 52 02. Tél. mairie : 02 33 87 88 89
Une digue, longue de 3,5 km, délimite une rade artificielle et ferme le golfe au fond duquel s'abrite le port militaire de Cherbourg. La réalisation de cet ouvrage en pleine mer, entreprise sous Louis XVI et terminée sous Napoléon III, fut une véritable prouesse. Les bombardements de la dernière guerre n'ont épargné que Notre-Dame-du-Vœu, l'église de la Trinité, de style flamboyant, et quelques anciens hôtels particuliers. Depuis les remparts du fort du Roule, sur la ville et la grande rade.
à 5 km (E) le **château** Renaissance **de Tourlaville,** édifié sur le site d'un manoir fortifié, dont il reste des tours et des douves.

109 Clécy  15/H7

(14) Tél. mairie : 02 31 69 71 47
Situé au cœur de la Suisse normande, ce petit bourg est un centre touristique très bien équipé.

110 Clères (Château de)  16/D4

(76) Tél. : 02 35 33 38 64. Tél. château : 02 35 33 23 08
Construit entre le XIIe et le XIVe s., et très restauré au XIXe s., il se situe aujourd'hui au centre d'un important parc zoologique.

111 Conches-en-Ouche   16/D7

(27) Tél. : 02 32 30 76 42. Tél. mairie : 02 32 30 20 41
Cernée par le Rouloir, une butte porte la capitale du pays d'Ouche. Elle conserve son donjon et quelques vestiges du château (XVIIe s.). En revanche, des quatre églises ne subsiste que Sainte-Foy, jadis édifiée pour abriter les reliques de la vierge martyrisée, rapportées ici par Robert de Tosny, seigneur des lieux, au retour d'un pèlerinage à Conques. Le bâtiment présente un magnifique ensemble de vitraux Renaissance.

112 Coutances  14/F6

(50) Tél. : 02 33 19 08 10
La cathédrale gothique de ce bourg est un très bel édifice normand. Son exceptionnelle tour-lanterne y laisse largement pénétrer la lumière.

113 Crèvecœur-en-Auge  16/A6

(14) Tél. château : 02 31 63 02 45 petit itinéraire p. 110
Les bâtiments à pans de bois du château se dressent à 500 m de la ville.

LES PONTS DE NORMANDIE

Trois ponts, parmi les grandes réalisations de l'architecture contemporaine, jetés sur la Seine, relient la Haute- et la Basse-Normandie. Celui de Tancarville (1959), avec ses 1 420 m de long, ses pylônes en béton armé hauts de 125 m et ses trois travées, demeure l'un des ponts suspendus les plus importants d'Europe. Long de 1 280 m et supporté par des piliers hauts de 125 m, celui de Brotonne, ouvert à la circulation en 1978, apparaît tout aussi imposant. Enfin, les technologies les plus avancées ont été utilisées pour celui de Normandie, ouvert quant à lui en 1995 ; long de 2 141 m, cet ouvrage d'art exceptionnel bat tous les records de ponts à haubans.

LE BIENHEUREUX DE BIVILLE

Dans ce petit village, situé à l'ouest de **Cherbourg** et dominant l'anse de Vauville, naquit le bienheureux Thomas Hélye (1187-1257), missionnaire du diocèse de Coutances. Son tombeau est abrité dans le chœur de l'église, reconstruit dans la seconde moitié du XIIIe s. La tradition voulait que les prêtres qui venaient ici utilisent la chasuble du bienheureux, aujourd'hui exposée dans une chapelle, et son calice. Un pèlerinage local, s'achevant par une messe de minuit, se déroule encore chaque année, les 18 et 19 octobre.

1

2

3

Cerisy-la-Forêt
1 L'église abbatiale

Caudebec-en-Caux
2 Vitrail de l'Arbre de Jessé dans l'église Notre-Dame

Cherbourg
3 Pêcheurs et ferry

4

Coutances, la cathédrale
4 La croisée du transept
5 Les piles de l'abside
6 La façade occidentale (les flèches des deux tours culminent à près de 78 m)

5

6

Pommes et cidre
Les délices du fruit roi de Normandie

Terre luxuriante semée de bocages, de prairies grasses, de vergers accueillants comme des édredons vert tendre boutonnés de rose, la Normandie décline sa palette de coloris au gré de vallons veloutés, de sentiers enfouis et de chaumières à pans de bois. Pays de cocagne où coulent des ruisseaux de lait et de crème, cette région reflète un art du bien-manger qui puise sa sève dans des traditions séculaires. Son secret ? Le fruit rond et emblématique que Vénus reçut en prix de sa beauté et que la gardienne du jardin des Hespérides offrait aux dieux de l'Olympe pour leur garantir l'immortalité : la pomme. Elle est partout présente en Normandie : dans le moutonnement de ses pommiers en fleur, dans l'odeur aigrelette de ses celliers, dans la saveur sucrée de sa cuisine, dans le pétillement de son cidre ou dans le coup de fouet cinglant de son calvados. Fruit aux multiples métamorphoses, la pomme est, à l'image du peuple normand, généreuse, conviviale et chaleureuse.

Printemps : la beauté des pommiers en fleur

Stockage industriel : une impressionnante montagne de pommes

Maison de la pomme : l'incontournable musée de Sainte-Opportune-la-Mare

Au royaume de la pomme

La pomme est reine en Normandie. À ce titre, elle possède ses propres musées (comme à Sainte-Opportune-la-Mare), ses foires (à l'exemple de Vimoutiers, où se tient tous les ans un concours international de tartes aux pommes), ses fêtes, ses marchés, ses routes... et même ses lieux de pèlerinage, tel le verger du château de Crèvecœur-en-Auge, où l'on peut admirer 26 variétés de pommiers représentatifs du pays d'Auge. Indissociable du paysage normand, le pommier fusionne avec l'habitat, parant de sa floraison colombages et ardoise, pénétrant dans l'enclos de la ferme cauchoise pour s'y abriter du vent et s'y fondre, entre le pressoir et le cellier.

La route du cidre en pays d'Auge

Ce circuit d'une cinquantaine de kilomètres entre Caen et Lisieux est jalonné par d'adorables villages qui sont autant d'étapes gourmandes à la gloire de la pomme et de ses dérivés. Avec ses halles du XVIe s. et ses façades de bois fleuries, Beuvron-en-Auge accueille une grande fête du cidre tous les trois ans. À la mi-mai, Cambremer, capitale du cidre et du calvados, fête le « cru de Cambremer », un cidre élaboré selon une méthode de fabrication traditionnelle et qui bénéficie d'une AOC depuis 1996. Certains producteurs proposent même aux amateurs, le temps d'un week-end du mois d'octobre, de participer à la récolte des pommes et de fabriquer eux-mêmes leur cidre.

Cidre fermier dans son cadre champêtre

La pomme à table

« Croquer une pomme chaque matin, c'est un écu de moins pour le médecin. » Les Normands ont retenu ce dicton et fait de ce fruit aux indéniables vertus diététiques un porte-drapeau de leur gastronomie. Les pommes à couteau (à ne pas confondre avec les pommes à cidre) entrent dans la composition de nombreuses recettes salées ou sucrées : tour à tour compotes, gelées, tartes, chaussons, douillons ou confiseries, elles n'hésitent pas à jouer les légumes pour mêler leur saveur sucrée ou acide à celle de l'andouillette, du boudin noir ou blanc, de la volaille, du gibier ou du poisson.

Moulin à pommes : la première étape du cidre

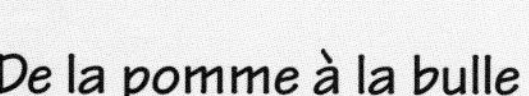

De la pomme à la bulle

Boisson normande par excellence, le « sydre » apparut au XIIe s. en Basse-Normandie, où il remplaça la vieille cervoise des Gaulois. Né d'un subtil assemblage de pommes douces, acides et amères, le cidre – « bère », en patois normand – est élaboré avec des fruits « hochés » (gaulés) à parfaite maturité, dès la fin de l'été. Une fois lavés et broyés, ils sont pressurés dans des cuves pour former le moût. La fermentation commence, en cuve pendant un mois, puis en cave fraîche. Si on l'arrête lorsque le jus atteint 3° d'alcool, on obtient du cidre doux ; si on la prolonge, le cidre sera demi-sec ou brut. Un « bon bère » ne doit néanmoins jamais titrer plus de 7°.

Automne : la récolte des pommes

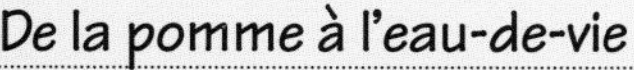

De la pomme à l'eau-de-vie

C'est en 1553 qu'il est fait mention de l'eau-de-vie de cidre pour la première fois, mais il fallut attendre le début du XIXe s. pour qu'elle reçoive son appellation de calvados. La tradition du « calva » (ou « goutte » s'il est distillé dans un autre terroir que le pays d'Auge) s'accompagne d'une multitude d'expressions : pousse-café, rincette, trou normand ; elle a aussi son savoir-faire, dont le secret se cache au fond de l'alambic, où le cidre est distillé en deux temps. La « petite eau » (20-25°), tirée de la première chauffe, est repassée par l'alambic un an plus tard pour donner la « blanche » (72°). L'alcool est ensuite mis à vieillir en fût de chêne pendant douze ou quinze ans – le temps qu'il acquière son pénétrant goût de pomme et sa belle couleur ambrée. À visiter : le musée régional du Cidre et du Calvados, à Valognes (Tél. : 02 33 40 22 73).

Calvados : un alcool vieilli en fût de chêne

114 Curé (Valleuse du)

16/B3

(76) Tél. Bénouville mairie : 02 35 10 00 71

Depuis Bénouville, un chemin conduit au littoral et à cette belle vallée sèche. Longue de 300 m, celle-ci est encaissée dans un plateau crayeux et suspendue à 30 m au-dessus du niveau de la mer. Lors du flux, les vagues viennent battre le pied de la paroi rocheuse. Le spectacle est d'autant plus impressionnant que le bruit des flots est amplifié par un tunnel (interdit) qui, autrefois, permettait l'accès à la vallée.

115 Deauville

16/A5

(14) Tél. : 02 31 14 40 00. Tél. Trouville : 02 31 14 60 70

Depuis 1860, ce lieu de villégiature très mondain est le cadre de nombreuses manifestations internationales : aux courses hippiques se sont ajoutés le championnat mondial de polo, le festival du cinéma américain, etc. Ses célèbres planches qui longent la plage, son imposant casino, ses palaces, tels le Normandie et le Royal, ses nombreuses villas d'époque, ses bars chics lui ont valu une réputation mondiale.

à peine plus au nord sur la Côte fleurie **Trouville.** Son musée, installé dans la villa Montebello, accueille les œuvres de peintres qui ont fait la notoriété de cette station balnéaire de longue tradition.

116 Deux-Amants (Côte des)

16/D5

(27) Tél. abbaye de Fontaine-Guérard : 02 32 49 03 82

Selon la légende, le roi aurait promis sa fille Calliste à celui qui parviendrait à la porter au sommet de la côte sans reprendre son souffle. Un jeune écuyer releva le défi, mais il mourut d'épuisement, et Calliste de désespoir. La route qui monte en lacet permet de découvrir le barrage de Poses, les écluses d'Amfreville, l'Eure, le Vaudreuil et la vallée de la Seine.

à moins de 10 km (N-E) les vestiges de l'**abbaye de la Fontaine-Guérard,** sur la rive droite de l'Andelle. La chapelle Saint-Michel (XVe s.), les caves voûtées et l'abbatiale sont encore bien conservées.

117 Dieppe

10/A8

(76) Tél. : 02 32 14 40 60

Des maisons en briques blanches ou colorées témoignent du prestige de l'une des toutes premières stations balnéaires créées en France. Dieppe est également un port au passé glorieux, où les installations les plus modernes côtoient les anciens quartiers de pêcheurs. Le château, en silex et en grès, se dresse au sommet de la falaise ouest. À son pied subsiste l'une des portes de l'enceinte fortifiée du XVe s. Les églises Saint-Jacques et Saint-Rémy, dont l'orgue construit en 1739 a été entièrement restauré, font aussi partie des lieux les plus attrayants de la ville.

118 Dives-sur-Mer

16/A5

(14) Tél. : 02 31 91 24 66. Tél. mairie : 02 31 28 12 50

Le port médiéval, aujourd'hui ensablé, a abrité la flotte avec laquelle Guillaume le Conquérant partit en 1066 à la conquête de l'Angleterre. La liste des compagnons du duc a été gravée sur la façade de Notre-Dame de Dives. La charpente en chêne soutenant la toiture des halles du XVe s. constitue également un beau témoignage du passé dynamique de la ville.

119 Domfront

15/H8

(61) Tél. : 02 33 38 53 97

La cité, un des fiefs d'Aliénor d'Aquitaine, a été bâtie sur un promontoire. Du belvédère aménagé dans le jardin public, à l'emplacement de l'ancienne forteresse, et proche des imposantes ruines du donjon (XIIe s.), le regard plonge sur les vallons du pays de Passais. De la ville médiévale demeure, en contrebas, l'église Notre-Dame-sur-l'Eau (XIe s.) ; sa nef fut abattue lors du percement d'une route. L'église Saint-Julien, dont le haut et curieux clocher est en béton, date de 1925.

EN PAYS D'AUGE

À partir de DIVES-SUR-MER, d'où Guillaume le Conquérant s'embarqua pour gagner l'Angleterre, un circuit pénètre au cœur du pays d'Auge, région de bocage plantée de pommiers à cidre.

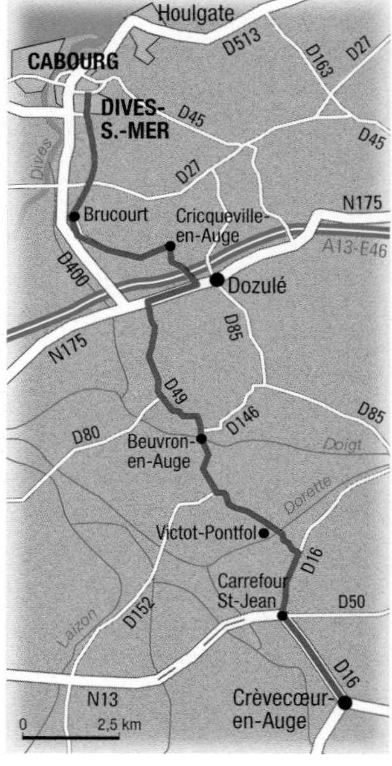

Cricqueville-en-Auge a conservé un bel édifice Renaissance, et Beuvron-en-Auge d'anciennes halles, des maisons à pans de bois et un beau manoir à colombages. Cette rapide incursion s'achève au château de Crèvecœur-en-Auge (XVe s.), qui abrite le musée pétrolier Schlumberger et possède un magnifique colombier.

LES BAINS DE MER

Ils ont fait les beaux jours de la côte normande. Dès 1578, Henri III « par le conseil de ses médecins s'alla baigner en la mer de **Dieppe** pour guérir de certaines gales dont il était travaillé ». Plus tard, Mme de Sévigné évoque également les bienfaits de l'eau de mer, mais ce n'est qu'en 1823 que la duchesse de Berry lance véritablement la mode des bains. Celle-ci s'est étendue depuis Dieppe jusqu'à la Côte fleurie, devenue dès lors synonyme du tourisme balnéaire de grand standing.

1

La valleuse du Curé

1 L'aiguille de Belval

2

Deauville

2 L'hôtel Normandy

3 Le casino

4 Détail d'architecture du casino

5 Le marché au poisson de Trouville

5

4

3

6

Dieppe

6 Les falaises du pays de Caux

7 Vue sur le port et l'église Notre-Dame-de-Bon-Secours

Dives-sur-Mer

8 Place de la République, le manoir du Bois-Hibou

7

8

120 Écouis (Collégiale d')

 16/E5

(27) ℹ Tél. : 02 32 69 43 08
Bâti au début du XIVe s. par le principal conseiller de Philippe le Bel, cet édifice abrite des statues de cette époque et de nombreuses œuvres d'art.

121 Écouves (Forêt d')

  26/A2

(61) ℹ Tél. : 02 33 27 40 62. Tél. château de Carrouges : 02 33 27 20 32
Sur un plateau vallonné, ce massif forestier de 14 000 ha abrite cerfs, biches et chevreuils. Un sentier balisé (1 h) permet de découvrir des futaies centenaires et des bosquets d'essences bien signalées, où dominent hêtres, chênes rouvres et résineux. Avant la Roche-Mabile, une vue plongeante s'ouvre sur deux étangs. Les rochers du Vignage, la butte Chaumont (378 m) et le signal d'Écouves (417 m) constituent de surprenants belvédères et invitent à l'escalade.
👁 en bordure ouest de la forêt le **château de Carrouges,** situé en contrebas du village de Carrouges. C'est un vaste quadrilatère flanqué de tours édifiées entre le XIVe s. et le XVIIe s. Un châtelet en briques défend l'entrée du domaine, dont le parc de 10 ha accueille une ancienne chanoinerie, actuel siège de la maison du parc Normandie-Maine.

122 Elbeuf

  16/D5

(76) ℹ Tél. : 02 35 77 03 78. Tél. château : 02 35 18 02 36
Située le long d'un méandre de la Seine, la petite ville fut, à partir du XVe s., un centre important de fabrication de drap. Deux églises remarquables, Saint-Étienne et Saint-Jean, abritent des verrières du XVIe s.
👁 à 5 km (N) le **château de Robert-le-Diable.** La forteresse, construite au XIe s. par les premiers ducs de Normandie, fut détruite à plusieurs reprises et accueille aujourd'hui un musée des Vikings. ⁂ sur le fleuve.

123 Étretat

 16/B3

(76) ℹ Tél. : 02 35 27 05 21. Tél. Clos Lupin : 02 35 10 59 53
Petit port de pêche devenu une élégante station balnéaire à la Belle Époque, Étretat est surtout célèbre pour ses falaises vertigineuses. Porte d'Aval, chambre des Demoiselles, Aiguille creuse : ici, chaque lieu a son histoire ou sa légende. Vus depuis la plage, les flancs crayeux de la valleuse semblent se redresser vers la mer et deviennent falaises. Celle d'Amont (80 m) et celle d'Aval (75 m), verticales et à peine ravinées, surplombent les flots. L'érosion des roches le long de fissures a isolé des éperons et des arches. Depuis la digue-promenade, ⁂ sur le site. La villa de Maurice Leblanc, qui vécut longtemps à Étretat, abrite un musée, le **Clos Lupin**.

124 Évreux

  16/D7

(27) ℹ Tél. : 02 32 24 04 43
Cette très vieille cité conserve quelques vestiges de son enceinte gallo-romaine. Coiffée de la tour du Gros-Pierre, la cathédrale, plusieurs fois incendiée et reconstruite, réunit une nef aux arcades romanes, un chœur du XIIIe s., une tour-lanterne flamboyante et une façade Renaissance achevée au XVIIe s. À proximité se dressent l'ancien palais épiscopal, aménagé en musée, et le cloître, restauré. Celui de l'ancien couvent des Capucins se situe plus au sud. À l'ouest, enfin, se trouvent le palais de justice, de style baroque, et l'ancienne abbatiale Saint-Taurin.

125 Falaise

  15/J7

(14) ℹ Tél. : 02 31 90 17 26
Dans un val formé par la gorge étroite et encaissée de l'Ante, la cité, qui a vu naître Guillaume le Conquérant, est dominée par le mont Myrrha et le château féodal. Depuis la fontaine – dite d'Arlette, prénom de la mère du duc –, la vue sur la forteresse est impressionnante.
👁 à 20 km (S-O) le sommet de la **roche d'Oëtre,** l'un des paysages les plus typiques de la Suisse normande.

LA FORÊT DE LYONS

Au nord d'ÉCOUIS s'étendent, après Lisors, les futaies de hêtres de la forêt de Lyons. Les ruines de l'abbaye de Mortemer et le bourg de Lyons-la-Forêt, avec ses halles et ses demeures à colombages, s'y abritent. À l'orée du massif, des maisons traditionnelles ont été reconstituées dans le parc du château de Vascœil.

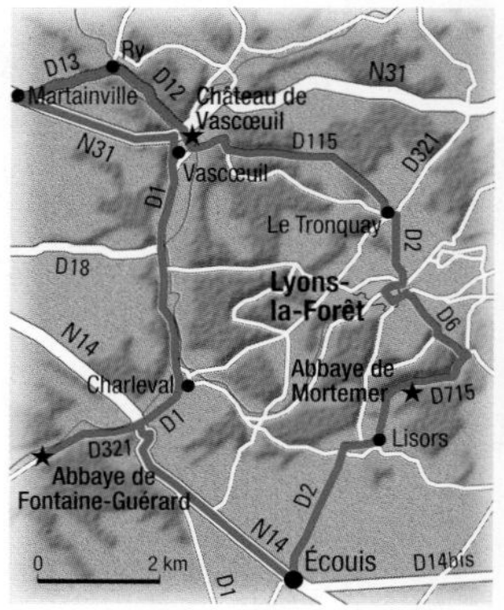

Ry propose un musée des Automates, et le château de Martainville (XVe s.), un musée des Traditions et Arts normands. S'ouvre ensuite la vallée de l'Andelle, où se nichent les vestiges de l'abbaye de la Fontaine-Guérard.

LES COULEURS DES FALAISES D'ÉTRETAT

La roche des aiguilles et des falaises d'Étretat n'est pas blanche, bien qu'elle le paraisse par contraste avec les galets gris de la plage. Les peintres du XIXe s. utilisèrent toutes les ressources de leur palette pour tenter d'en saisir le mystère. En effet, le ciel, changeant, fait la craie ocre, rose ou bleue, voire verte, selon les heures du jour. En outre, les lits de silex dessinent des bancs plus sombres, aux teintes elles-mêmes variées. Les confiseurs imitent cet effet par un subterfuge en teignant de marbrures de couleurs mélangées les sucreries qu'ils vendent sous le nom de… galets.

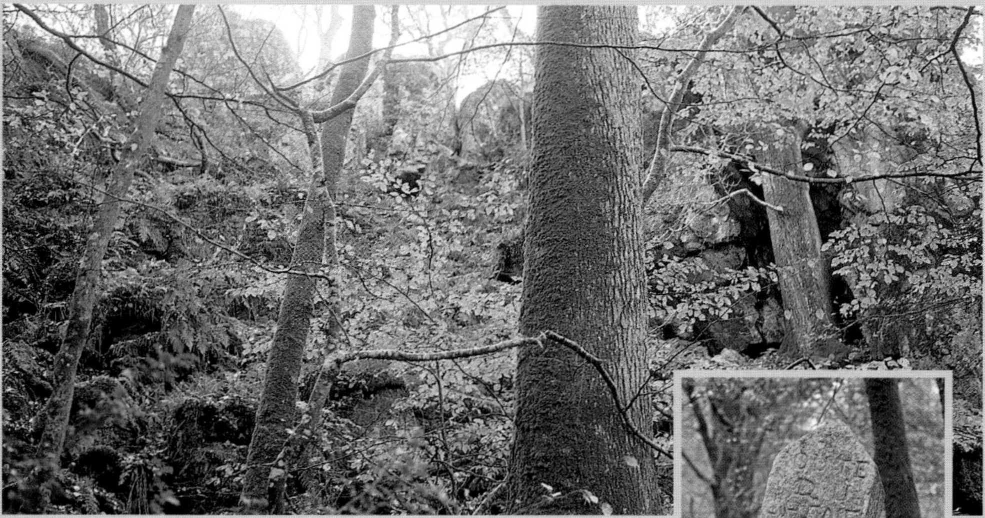

1

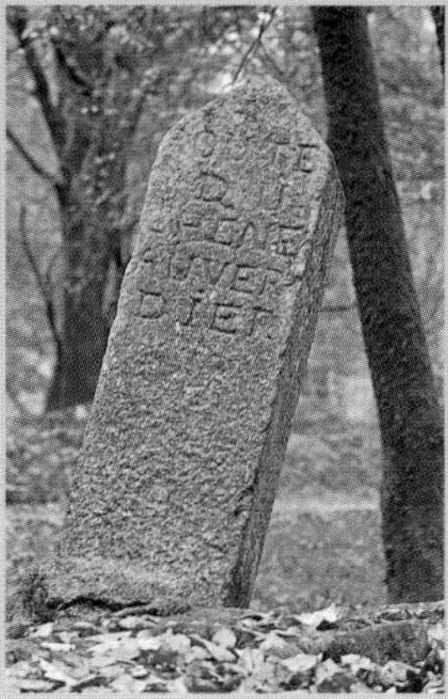

2

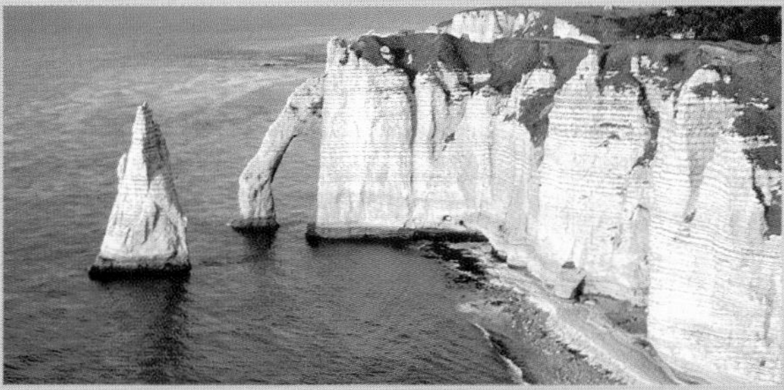

3

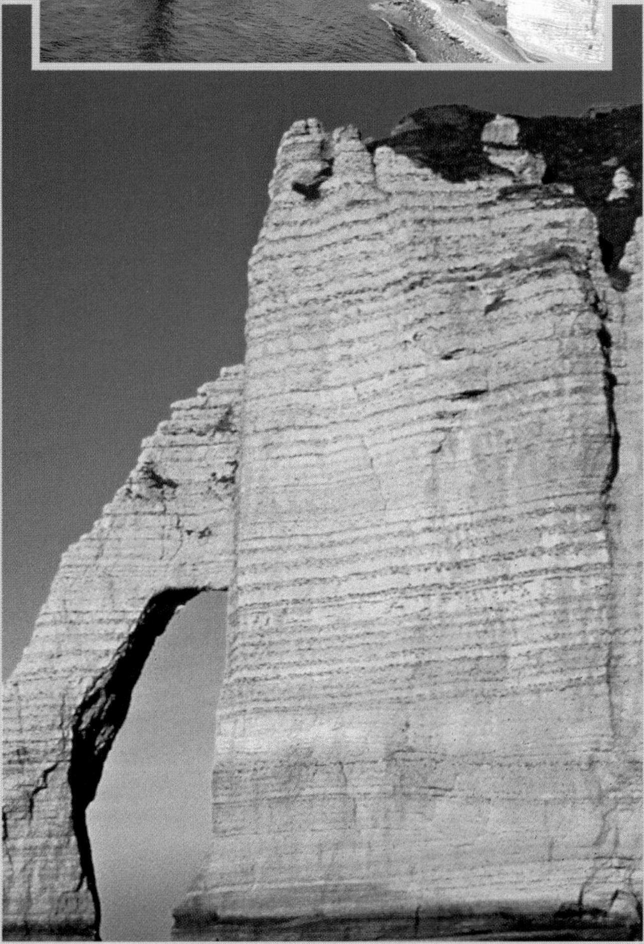

4

La forêt d'Écouves

1 Les rochers du Vignage

2 Une des bornes marquant les carrefours en étoile

Étretat

3 La falaise d'Aval et l'Aiguille

4 La porte d'Aval, arche rocheuse découpée par la mer

Évreux

5 La façade de la cathédrale

5

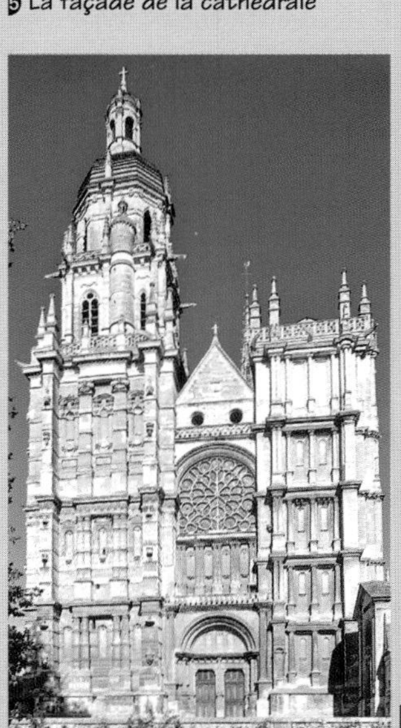

126 Fécamp

16/B3

(76) ℹ Tél. : 02 35 28 51 01. Tél. : palais Bénédictine : 02 35 10 26 10
Port autrefois spécialisé dans la pêche lointaine à la morue, Fécamp ne vit plus de cette tradition ; le hareng est aujourd'hui au centre de son activité. Le palais néogothique où fut créée la fameuse liqueur Bénédictine abrite un musée qui en retrace l'histoire. La superbe abbatiale de la Trinité, avec ses nombreux tombeaux d'abbés, son autel de marbre et ses clôtures Renaissance très ouvragées, rappelle le passé monastique de la ville.
👁 à 11 km (E) le **château de Valmont.** Il veille sur le village et sur les ruines d'une abbaye du XIIe s., parmi lesquelles subsiste, intacte, une belle chapelle dédiée à la Vierge.

127 Fontaine-Henry (Château de)

15/H5

(14) ℹ Tél. : 02 31 80 00 42. Tél. château de Creully : 02 31 80 18 65
Les fondations d'une ancienne forteresse ont servi de base à la construction de ce gracieux château des XVe et XVIe s. La pierre de ses murs est admirablement sculptée. Dans le parc se dresse une chapelle du XIIIe s.
👁 à 10 km (O) le **château de Creully,** dominant la Seulles, également bâti sur de vieilles assises datant du XIe s., et dont le donjon a été conservé.

128 Gisors

16/F5

(27) ℹ Tél. : 02 32 27 60 63
Ville frontière, Gisors doit sa forteresse à la rivalité qui opposa, dès le XIe s., le duc de Normandie au roi de France. La position stratégique de cette impressionnante place forte située sur l'Epte explique la construction de ses douze puissantes tours, aujourd'hui arasées, et de son donjon, édifié sous Philippe Auguste.
L'église Saint-Gervais-et-Saint-Protais remonte, quant à elle, au XIIe s., mais elle ne fut achevée qu'au XVIe s. ; elle allie différents styles, depuis l'époque gothique jusqu'à la Renaissance.

129 Giverny

16/E6

(27) ℹ Tél. fondation Claude Monet : 02 32 51 28 21
Une maison crépie de rose, avec des volets verts, une salle à manger jaune, un salon de lecture orné de boiseries bleues : Monet a passé ici la seconde partie de sa vie, veillant à l'harmonie de cet ensemble – aujourd'hui fondation Claude-Monet. Le jardin en est la pièce maîtresse : le pont japonais et l'étang aux nymphéas témoignent, avec la collection d'estampes exposée à l'intérieur du bâtiment, du goût du peintre pour l'art extrême-oriental.

130 Granville

14/E7

(50) ℹ Tél. : 02 33 91 30 03
La Haute-Ville fortifiée évoque l'histoire militaire d'une cité devenue une paisible station balnéaire. L'église Notre-Dame, en granite, coiffe le roc qui supporte la ville. Le musée du Vieux Granville présente des meubles, des faïences, des étains et des collections consacrées à la marine. Depuis la terrasse du jardin public Christian-Dior, ☼ de la presqu'île de Granville aux îles Chausey.
👁 l'archipel granitique des **îles Chausey.** La marée, dans la baie, est de forte amplitude et, lorsque la mer se retire, des centaines de petites terres et de rochers se découvrent au regard. Seule la Grande-Île, elle-même constituée de plusieurs îlots reliés entre eux par des cordons de galets, est habitée et se visite. Sa faune riche et diverse regroupe notamment fous de Bassan, grands cormorans et huîtriers pie, et la lande, au milieu des ajoncs, accueille une flore sauvage et rare. ⚓ en 1 heure depuis Granville.

131 Ham (Rochers de)

15/G6

(50) Surplombant un méandre harmonieux de la Vire, ce site offre, sur deux plates-formes situées à des niveaux différents, une vue étendue sur la vallée et le bocage normand.

GUILLAUME DE VOLPIANO (962-1031)

Lorsqu'il arrive à **Fécamp** au début du XIe s., à l'appel du duc de Normandie Richard II, pour diriger la communauté monastique de la Sainte-Trinité, Guillaume a déjà réformé plus d'une abbaye selon la règle clunisienne. Mais il est surtout le premier à accorder une place privilégiée au chant. Sous son autorité, le monastère devient un haut lieu de la chrétienté et jouira pendant tout le Moyen Âge d'un grand prestige. La richesse de son répertoire est telle, dit-on, qu'on peut l'interpréter pendant au moins dix ans sans jamais répéter le même morceau.

GIVERNY DANS L'ŒUVRE DE MONET

Sans doute est-ce à Giverny que la lumière – éclipsant le motif et la forme – devient le souci prédominant de Monet. Le spectacle quotidien de son jardin l'incite à travailler sur des nuances et à traiter un même sujet plusieurs fois, comme en témoignent ses fameuses séries : « Cathédrale de Rouen », « Peupliers » et surtout les « Nymphéas », à propos desquels il écrit : « Ces paysages d'eau et de reflets sont devenus une obsession. C'est au-delà de mes forces de vieillard et je veux cependant arriver à rendre ce que je ressens. » En 1915, Clemenceau lui passe une commande sur ce thème afin d'orner deux salles de l'Orangerie des Tuileries.

1

2

Fécamp

1 La plage et la falaise

2 Le palais Bénédictine, qui abrite aujourd'hui un musée consacré en partie à l'histoire de la liqueur

4

3

Gisors

3 La motte, haute de 20 m, avec son enceinte et le donjon

4 La cheminée du donjon

Giverny

5 Les jardins de la maison de Monet

5

132 Harcourt (Château d')

16/C6

(27) *i* Tél. : 02 32 46 29 70. Tél. Champ-de-Bataille : 02 32 34 84 34
Entourée de douves profondes, cette forteresse est un bel exemple de l'architecture militaire normande du XIIIe s. Son parc, aménagé en arboretum, abrite plus de 400 espèces. Le bourg a conservé d'anciennes halles, des maisons médiévales et une église du XIIIe s.

👁 à un peu plus de 15 km (O) le **château du Champ-de-Bataille,** qui date d'une époque plus récente (XVIIe s.). Il se compose de deux constructions jumelles disposées de chaque côté d'une belle cour d'honneur.

133 Havre (Le)

16/A4

(76) *i* Tél. : 02 32 74 04 04. Tél. : musée des Beaux-Arts : 02 35 19 62 62
C'est l'ensablement des ports d'Harfleur et de Vatteville qui amène François Ier à fonder Le Havre-de-Grâce en 1517. Les marécages sont assainis et les berges consolidées. Autour du vieux bassin s'ordonne une nouvelle cité fortifiée, dont les plans ont été minutieusement dessinés. Mais les combats de septembre 1944 n'en laisseront subsister que la cathédrale Notre-Dame, auparavant plusieurs fois restaurée, et quelques hôtels et maisons du XVIIIe s. En revanche, à Graville, ancien faubourg intégré dans la ville, s'élève encore un prieuré du début du XIIIe s., avec son église romane à deux étages et ses bâtiments conventuels.
L'architecte Auguste Perret a vraiment imprimé sa marque aux reconstructions de l'après-guerre, en traçant de grandes perspectives et en s'attachant à l'articulation des différents quartiers. Le musée des Beaux-Arts abrite une importante collection de peinture impressionniste, de nombreuses toiles d'Eugène Boudin et un fonds Raoul Dufy.

👁 la station balnéaire **Sainte-Adresse,** qui prolonge le port moderne. Depuis le cap de la Hève, ⁂ sur Le Havre et l'estuaire de la Seine.

134 Heurt (Falaise d')

16/B3

(76) *i* Tél. Fécamp : 02 35 28 51 01
Le trou du Chien et les portes du Roi et de la Reine séparent les chambres creusées par la mer au pied de la falaise. Depuis le sémaphore, ⁂ jusqu'à Étretat. Au départ de Fécamp, la sente des Matelots conduit jusqu'à la valleuse de Senneville.

135 Hoc (Pointe du)

15/G5

(14) Ici, le paysage conserve de nombreuses traces du débarquement de Normandie, tournant capital dans le déroulement de la Seconde Guerre mondiale. Une batterie allemande occupait alors ce site que finirent par conquérir les Américains après d'intenses bombardements.

👁 le petit port de pêche de **Grandcamp-Maisy,** tout proche. Depuis les rochers avoisinants, ⁂ sur la baie des Veys et la côte du Cotentin.

136 Honfleur

16/B5

(14) *i* Tél. : 02 31 89 23 30
Vieille cité maritime blottie autour de son Vieux Bassin, créé par le marquis Duquesne au XVIIe s., la ville s'étire le long d'étroites rues pavées aux maisons à encorbellement. La Lieutenance témoigne des anciennes fortifications alors que l'église Sainte-Catherine, en bois, illustre le talent des charpentiers qui travaillaient autrefois dans les chantiers navals. Le charme de ce port a séduit de nombreux peintres, dont les diverses œuvres sont exposées au musée Eugène-Boudin. Les maisons Satie – le compositeur était natif de Honfleur – méritent le détour.

137 Jobourg (Nez de)

14/E3

(50) Ce promontoire, cerné par les écueils, est l'un des sites les plus impressionnants et les plus sauvages de la presqu'île de la Hague. Une réserve d'oiseaux de mer y a été aménagée. L'accès se fait par la D 202, à partir du village de Jobourg.

LA PRESQU'ÎLE DE LA HAGUE

Les côtes ouest et nord de la presqu'île du Cotentin offrent de beaux sites naturels : les NEZ DE JOBOURG et de Voidries, la baie d'Écalgrain et ses landes, le cap de la Hague, l'anse Saint-Martin, la pointe Jardeheu et le rocher du Castel-Vendon. À proximité, l'église de Gréville-Hague inspira Millet.

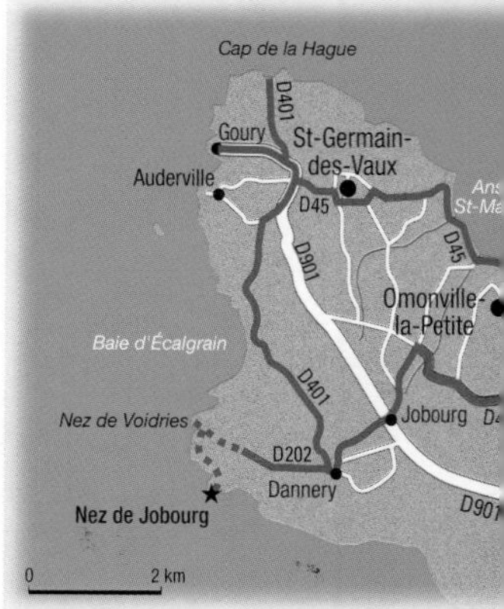

BOUDIN AU MUSÉE DES BEAUX-ARTS ANDRÉ-MALRAUX DU HAVRE

« Boudin installe son chevalet et se met au travail. Je le regarde avec quelque appréhension, je le regarde plus attentivement, et puis ce fut tout à coup un voile qui se déchire ; j'avais compris, j'avais saisi ce que pouvait être la peinture. » Monet rend ainsi hommage à celui qui lui a fait découvrir sa vocation en l'initiant à la peinture en plein air, en un temps où le travail en atelier demeurait la règle. Reconnu comme un maître par les impressionnistes, Boudin est aujourd'hui célèbre pour ses marines et ses scènes de plage.

1

2

Près du château d'Harcourt, le château du Champ-de-Bataille

1 Façade du château côté parc

Près du Havre, Sainte-Adresse

2 Le cap de la Hève

Le Havre

3 L'espace Oscar-Niemeyer

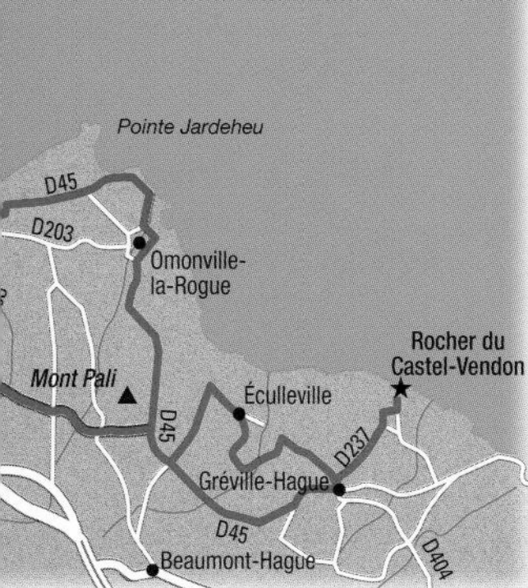

3

Honfleur

4 Le Vieux Bassin

5 *Personnages sur la plage de Trouville, musée Eugène-Boudin*

4

5

Le nez de Jobourg

6 L'un des sites les plus impressionnants de la Hague avec ses hautes falaises

6

138 Jumièges (Abbaye de)

 16/**C5**

(76) *i* Tél. : 02 35 37 24 02
Une abbaye s'élevait déjà ici aux époques mérovingienne et carolingienne. Repaire des Vikings lors de leur passage, l'édifice religieux déserté renaît au Xe s. grâce au duc Guillaume Longue-Épée. Les vestiges sont importants : façade et nef de l'abbatiale Notre-Dame, salle capitulaire et grand cellier, passage conduisant à la petite église Saint-Pierre.

139 Lessay (Abbaye de)

  14/**E5**

(50) *i* Tél. : 02 33 45 14 34. Tél. château du Pirou : 02 33 46 34 71
L'abbatiale de la Trinité est un bel exemple de l'art roman en Normandie. L'extérieur comme l'intérieur demeurent très sobres : l'autel et la cuve baptismale ont été taillés dans un seul bloc de pierre.
👁 à moins de 10 km (S) le **château du Pirou,** qui s'élève non loin de la lande de Lessay. Cette forteresse constituait un avant-poste de la défense de Coutances. Elle abrite la Telle du Pirou, ouvrage de laine retraçant l'histoire de la famille de Hauteville, dont plusieurs membres participèrent à la création du royaume normand de Sicile.

140 Lillebonne

  16/**B4**

(76) *i* Tél. : 02 35 38 08 45
La capitale de la tribu celte des Calètes devint, après la conquête de la Gaule par Jules César, le camp militaire de Juliobona – restes du théâtre romain –, port important sur le golfe de la Bolbec, aujourd'hui comblé.
👁 à 6 km (N-O) l'**abbaye cistercienne du Valasse,** dont les guerres de Religion ruinèrent la prospérité.

141 Lisieux

  16/**B6**

(14) *i* Tél. : 02 31 48 18 10. Tél. Saint-Germain-de-Livet : 02 31 31 00 03
La capitale du pays d'Auge a beaucoup souffert des bombardements de la dernière guerre. L'immense basilique (consacrée en 1954) dédiée à sainte Thérèse attire de nombreux pèlerins. Seules la cathédrale Saint-Pierre – avec son palais épiscopal –, l'église Saint-Jacques et quelques maisons à colombages témoignent du vieux Lisieux.
👁 à 7 km (S) le **château de Saint-Germain-de-Livet.** Érigé aux XVe et XVIe s., il se distingue par sa superbe façade en pierres et en briques vertes ou roses, disposés en damier, et par son aile à colombages.

142 Longues (Chaos de)

 15/**H5**

(14) *i* Tél. Arromanches-les-Bains : 02 31 21 47 56
Les Demoiselles de Fontenailles, trois blocs calcaires tombés de la falaise vers 1760, ont été peu à peu sapées par les vagues. La Grande Demoiselle (haute de 25 m) disparaît en 1902, la Jeune, la dernière, en 1939. Leurs restes forment désormais un chaos. Mais l'érosion fait toujours reculer la côte. L'accès se fait depuis le bourg de Longues par une route en lacet.
👁 à proximité la station balnéaire d'**Arromanches-les-Bains.**

143 Louviers

 16/**D6**

(27) *i* Tél. : 02 32 40 04 41
Centre important de l'industrie drapière dont témoignent encore quelques riches demeures, Louviers est surtout riche de son église Notre-Dame. Commencée au XIIe s. à la première mode gothique, elle ne fut achevée que trois siècles plus tard, dans le style flamboyant. Derrière elle se dressent les vestiges de l'ancien couvent des Pénitents.

144 Lyons-la-Forêt

 16/**E5**

(27) *i* Tél. : 02 32 49 31 65 👁 petit itinéraire p. 112
Le charmant village de Lyons semble tout devoir à la forêt qui l'entoure ; la chasse et le travail du bois ont longtemps animé la vie locale.

LA VALLÉE DE LA TOUQUES

La vallée de la Touques, au sud de LISIEUX, est jalonnée de châteaux et de manoirs parmi les plus beaux et les plus typiques du pays d'Auge. Après celui de Saint-Hippolyte-du-Bout-des-Prés (XVe s.), à Saint-Martin-de-la-Lieue, la route conduit au château de Saint-Germain-de-Livet, à celui de Fervaques, et aux manoirs de Courson, Bellou et Chiffretot. Après Notre-Dame-de-Courson, elle rejoint Orbec, avec ses maisons à colombages, puis suit la vallée de l'Orbiquet, jusqu'à Lisieux.

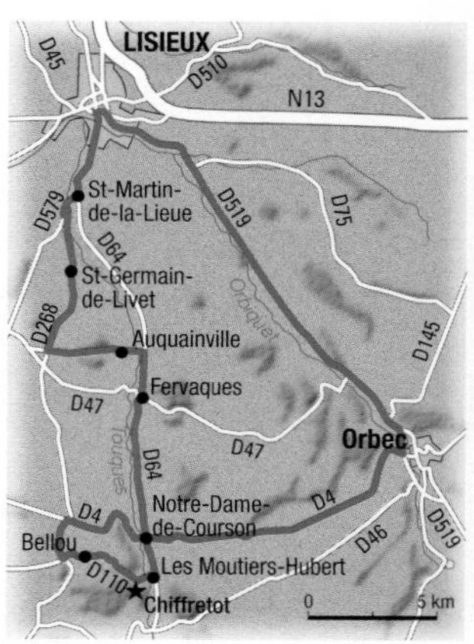

LA FOIRE DE LA SAINTE-CROIX

Le pays est riche en herbages. Aussi est-ce à juste titre que la foire de la Sainte-Croix, qui se tient chaque année au mois de septembre près de **Lessay,** est l'une des plus importantes de Normandie. Attestée depuis le XIIIe s., elle est aussi l'une des plus anciennes. Une vaste lande lui sert de cadre. Là, les éleveurs présentent et vendent chevaux et chiens, mais aussi vaches et chèvres. Pendant trois jours, paysans et touristes affluent en grand nombre. Les forains et leurs attractions ne manquent pas.

1

2

L'abbaye de Jumièges

1 L'abbaye vue des jardins

2 La tour-lanterne et le vaisseau central

3

Lisieux

3 La basilique Sainte-Thérèse

4 L'intérieur, orné de mosaïques

Lyons-la-Forêt

5 Les halles du XIIIe s.

4

5

Une oasis en Normandie
Le parc des Boucles de la Seine

Le parc de Brotonne, rebaptisé parc naturel régional des Boucles de la Seine, fut créé en 1974 pour préserver et réhabiliter un patrimoine naturel et culturel exceptionnel : 58 000 ha protégés mais habités par l'homme, qui s'ouvrent depuis Rouen jusqu'au Havre comme une immense respiration au cœur de la vallée de la Seine. Un espace où l'on parcourt et l'on admire la nature, où l'on retrouve les activités humaines dans la mémoire des pierres et dans les trésors de l'écomusée de la Basse-Seine.

Le pommier : refrain du paysage normand

Marais Vernier : un paradis sauvage de 5 000 ha

Une nature nourrie par le fleuve

C'est la Seine qui, en creusant son lit jusqu'à la mer à travers les hauts plateaux crayeux du Roumois et de Caux, a créé, par la fluctuation de son cours, cette oasis nourrie d'alluvions. Quelque 12 000 ha de forêts plantées de chênes et de hêtres se répondent d'une rive à l'autre : la forêt du Trait-Maulevrier (rive droite) et la forêt de Brotonne (rive gauche). Plus en aval, face à la réserve naturelle du vallon du Vivier, les roselières, les prairies humides et les tourbières du marais Vernier abritent des réserves de faune et de flore, telle celle de la Grand'Mare avec ses nombreuses espèces d'oiseaux d'eau (balbuzard pêcheur, sarcelle d'hiver, pie-grièche et cigogne blanche, qui est menacée). Les visites et animations, proposées par l'Antenne Nature du parc (Tél. : 02 32 20 27 10), ou l'arche de Noé du musée de la Nature (Tél. : 02 35 96 06 54), à Allouville-Bellefosse, permettent d'en savoir plus sur ces milieux naturels.

La Grand'Mare : une réserve ornithologique où observer les espèces menacées

Trois abbayes phares

Émergeant des brumes de la vallée et des frondaisons des forêts, ordonnées le long du fleuve comme des balises, trois abbayes dominent le paysage architectural, témoignages de pierre de l'embrasement mystique qu'a connu la Normandie. Première en aval de Rouen, Saint-Georges-de-Boscherville, fondée en 1050, cache sous l'austérité de sa façade de

À Villequier

Tout au bord de l'eau, à Villequier, une élégante maison de brique est devenue le musée Victor-Hugo (Tél. : 02 35 56 78 31). C'était la villégiature des Vacquerie, la belle-famille de Léopoldine, la fille chérie du poète qui se noya dans le fleuve avec son jeune époux sept mois après leur mariage. Dessins, estampes, lettres, photographies anciennes, souvenirs des deux familles et éditions originales des œuvres de l'écrivain font revivre en ce lieu de mémoire le drame qui donna naissance aux plus beaux vers des *Contemplations*.

Musée Victor-Hugo

style roman normand un intérieur richement sculpté. La plus célèbre, Jumièges, fondée en 654, fut détruite par les invasions normandes puis à la Révolution. Mais elle dresse encore ses deux hautes tours en pierres blanches de style normand, comme en écho au pouvoir qui s'étendait jadis sur toute la vallée. Seule Saint-Wandrille, fondée en 649, résonne encore des chants grégoriens entonnés par les moines bénédictins.

Abbaye de Boscherville : un chapiteau historié de la salle capitulaire

Travaux et gestes d'autrefois

Revivre les travaux d'autrefois, c'est le parcours que propose en dix-neuf étapes l'écomusée de la Basse-Seine (se renseigner auprès de la maison du Parc, Tél. : 02 35 37 23 16). Vous flânerez dans le verger conservatoire de la maison de la Pomme de Sainte-Opportune-la-Mare ou bien découvrirez le travail de la forge toute proche. Vous visiterez la maison du Lin à Routot, autrefois haut lieu du commerce de ce tissu, ou humerez l'odeur du pain sorti du four à bois d'une chaumière du XVIIIe s. à La Haye-du-Routot. Non loin de là, vous admirerez les deux cents paires de souliers de bois du musée du Sabot, et verrez tourner aux vents de mer les toiles du moulin d'Hauville avant de plonger à Caudebec-en-Caux dans l'univers du musée de la Marine de Seine, dont les bateaux invitent au voyage.

Musée du Sabot : une étonnante collection de souliers en bois

Balades dans le temps et l'espace

Les routes touristiques du parc naturel régional des Boucles de la Seine épousent les courbes du fleuve : vers l'est, la route des Fruits s'étend sur 28 km jusqu'à Jumièges ; vers l'ouest, la route des Chaumières étire ses 53 km jusqu'aux confins du marais Vernier. Ses cinq sentiers du patrimoine vous feront découvrir les fortifications de Caudebec-en-Caux, les moyens de navigation à Quillebeuf, l'estuaire de la Seine à Saint-Samson-de-la-Roque, les canaux de Pont-Audemer, ou Vatteville-la-Rue, un adorable village entre la Seine et la forêt. Enfin, des sentiers de randonnée pédestre (avec des tables d'orientation et des bornes d'information) vous feront passer quelques heures au rythme d'un pays où l'homme sait vivre aux côtés de la nature.

La chaumière : un toit de roseaux sur une structure en bois et en argile

Forêt de Brotonne : la puissance d'une végétation alimentée par la Seine

145 Mont-Saint-Michel (Le)

14/E8

(50) Tél. : 02 33 60 14 30

Est-il normand ou breton ? « Merveille de l'Occident », haut lieu de la spiritualité médiévale, cet îlot granitique s'élève au-dessus des sables d'une immense baie. En fondant la première abbaye en 708, saint Aubert, évêque d'Avranches, souhaite rendre hommage à l'archange saint Michel. C'est à partir de l'an mille, après l'invasion normande, que les moines y bâtissent l'actuel édifice qui rayonnera sur toute l'Europe.

Perché sur son roc à 80 m de hauteur, cet ensemble se compose notamment d'une église, reposant sur des cryptes de soutien, et de la Merveille, le nom que porte la partie la plus remarquable du Mont ; six salles disposées sur trois niveaux différents, dont les chefs-d'œuvre sont le cloître, le réfectoire et la salle des Chevaliers. Terrasses, escaliers et chemins de ronde en font le tour et permettent de descendre vers la seule rue du minuscule village, où les visiteurs peuvent déguster de fameuses omelettes et le délicieux agneau de pré salé engraissé sur les polders.

146 Mortagne-au-Perche

26/B2

(61) Tél. : 02 33 85 11 18

Des ruelles étroites et pavées, d'anciennes et élégantes façades, des toits de tuiles brunes s'étageant à flanc de colline : Mortagne, vieille place forte, demeure un centre commercial animé. La foire du Boudin de la mi-carême attirent de nombreux curieux. De l'enceinte médiévale, il ne reste que quelques pans de mur et la porte Saint-Denis, sur laquelle fut édifié, au XVIe s., un logis qui abrite aujourd'hui le musée Percheron. À proximité s'élève l'hôtel des comtes du Perche (XVIIe s.), siège du musée Alain – l'essayiste est né ici en 1868. Dominant les halles, l'église Notre-Dame abrite des boiseries du XVIIIe s. L'hôpital a été installé dans un ancien couvent dont la chapelle et le cloître se visitent.

147 Mortain

15/G8

(50) Tél. : 02 33 59 19 74

Située au carrefour des routes de Bretagne, du Maine et de Normandie, cette bourgade fut rebâtie en pierre du pays après sa destruction en 1944. L'église Saint-Évroult, du XIIIe s., et l'abbaye cistercienne Blanche, du XIIe s., ont cependant été épargnées. À 200 m à l'ouest, le site sauvage de la Grande Cascade a inspiré le peintre Courbet. Au-dessus de la ville, depuis la chapelle Saint-Michel, sur la région.

148 Pin (Haras du)

16/A1

(61) Tél. : 02 33 36 68 68 encadré p. 126

149 Pont-Audemer

16/B5

(27) Tél. : 02 32 41 08 21

Mutilée par les combats de 1944, cette ancienne ville de tanneurs conserve quelques vieilles maisons à pans de bois et l'église Saint-Ouen, décorée de magnifiques vitraux du XVIe s.

150 Pont-l'Évêque

16/A5

(14) Tél. : 02 31 64 12 77

La ville abrite d'anciennes demeures dont les plus belles témoignent de la prospérité d'une cité qui fut jadis le siège de la vicomté d'Auge. Mais elle doit surtout sa célébrité à l'un des plus fameux fromages normands.

151 Querqueville

14/E3

(50) Tél. mairie : 02 33 01 65 00

Sa chapelle Saint-Germain (Xe s.) est le plus vieil édifice religieux du Cotentin. En contrebas, sur la rade artificielle de Cherbourg.

au sud-ouest le **château de Nacqueville** (XVIe s.) et son parc.

LA VALLÉE DE LA RISLE

Au départ de PONT-AUDEMER, le circuit suit le cours de la Risle, bordée de jolis villages tels Manneville, Corneville ou Montfort, qui conserve les ruines imposantes de sa forteresse. Dans le Lieuvin, le château de Saint-Grégoire-du-Vièvre, celui de Launay (XVIIe s.) et son colombier orné de sculptures, et Saint-Martin-Saint-Firmin, avec sa chapelle à pans de bois, sont autant de haltes agréables.

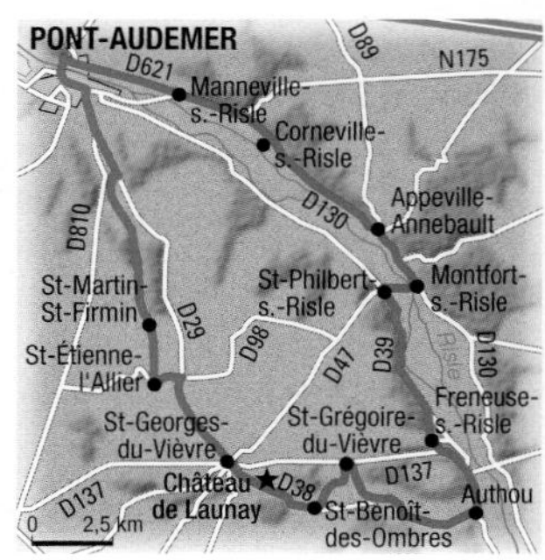

LA BAIE DU MONT-SAINT-MICHEL

Elle s'étire entre la pointe de Cancale et les falaises de Carolles. Sa pente est si faible que la mer s'étale sur près de 300 km² avant d'atteindre le rivage. Elle peut monter de 14 m les jours de hautes eaux, tant l'amplitude est grande. Le rivage est sillonné par des chenaux marins aux tracés changeants, des bancs de sable et des poches d'eau. Pour apprécier cette immense baie, il faut se promener sur ses grèves – en veillant à s'informer des horaires des marées, car la mer remonte très vite, « à la vitesse d'un cheval au galop », dit-on un peu exagérément.

Le Mont-Saint-Michel
1 Vue aérienne sur la baie
2 Le Mont depuis les prés salés
3 Le chœur de l'église abbatiale
4 Le cloître et ses colonnes de granite disposées en quinconce

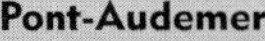

Pont-Audemer
5 Maisons à colombages près de l'église Saint-Ouen

Pont-l'Évêque
6 L'église Saint-Michel, de style flamboyant

152 Rouen

16/D5

(76) ℹ Tél. : 02 32 08 32 40

La « ville aux cent clochers » fut particulièrement dynamique à la fin du Moyen Âge et à la Renaissance. Les vieilles maisons à pans de bois, les trésors des musées et le souvenir des nombreuses personnalités qui y vécurent – Corneille, Flaubert et Maupassant notamment – sont autant d'atouts remarquables. Il faut flâner dans les rues de la vieille ville (rues Damiette et Martainville) pour y découvrir un hôtel Renaissance, une maison à colombages, un beau vitrail, une curieuse lucarne… La discrète rue Saint-Romain est bordée de demeures à pans de bois (XVe-XVIIIe s.). La maison de Corneille (musée) se dresse rue de la Pie.

Le palais de justice

C'est l'une des meilleures réussites de l'architecture civile gothique (XVe-XVIe s.). La façade de la cour d'honneur, longue de 66 m, parée d'une tourelle centrale à pans coupés, présente un décor somptueux richement orné de lucarnes et de pinacles finement ciselés. Dans l'aile gauche, la salle des procureurs est couverte d'une belle charpente lambrissée.

La place du Vieux-Marché

Au Moyen Âge, on y exécutait les condamnés ; Jeanne d'Arc y fut brûlée le 30 mai 1431. De vieilles maisons à pans de bois (XIVe-XVIe s.) – dont *La Couronne*, la plus vieille auberge de France – bordent la place. Mais sa particularité tient à l'architecture moderne de l'église Sainte-Jeanne-d'Arc, qui a la forme d'un navire renversé. Elle fut construite en 1979 pour accueillir un ensemble exceptionnel de vitraux du XVIe s. provenant de l'église Saint-Vincent, détruite en 1944.

Le palais de justice

La rue du Gros-Horloge

palais de justice

Gros-Horloge

RUE AUX JUIFS

RUE DES VER

RUE J.-D'ARC

RUE ROLLON

église Ste-J.-d'Arc

place du Vieux-Marché

La place du Vieux-Marché

La cathédrale Notre-Dame

Construite du XIIe au XVIe s., elle illustre toutes les étapes de l'évolution stylistique du Moyen Âge, du roman au gothique flamboyant. Deux tours encadrent sa façade ornée d'une splendide rosace : la tour Saint-Romain et, à droite, la tour de Beurre, achevée en 1506, très finement ciselée. La première cathédrale, détruite par un incendie en 1200 (seule la crypte est restée), fut consacrée au XIe s. en présence de Guillaume le Conquérant. L'intérieur de l'édifice est tout aussi harmonieux : travées à quatre étages de la nef, chapelle de la Vierge éclairée par de superbes vitraux du XIVe s. représentant les archevêques de Rouen, gisant de Richard Cœur de Lion – roi d'Angleterre et duc de Normandie.

Le chevet de la cathédrale

L'hôtel de Bourgtheroulde

À VOIR AUSSI

L'église Saint-Ouen (XIVe-XVIe s.)

L'église Saint-Maclou (XVe-XVIe s.)

L'aître Saint-Maclou (XVe-XVIe s.)

L'hôtel de Bourgtheroulde (XVIe s.)

Le musée des Beaux-Arts

Le musée de la Céramique

Le Gros-Horloge et le beffroi

Un cadran en plomb doré (1389), à une seule aiguille, est encastré dans l'arcade de ce pavillon du XVIe s. qui enjambe la rue. Il représente les figures mythologiques des jours de la semaine, et l'œil-de-bœuf qui le surmonte, les phases de la Lune, symbolisme cher à la Renaissance. Accolé au Gros-Horloge, le beffroi est coiffé d'une coupole. Du sommet de cette tour gothique s'étend un très beau panorama sur Rouen.

La rue Martainville

La rue Damiette, bordée de maisons à colombages, conduit à l'église Saint-Ouen.

153 Saint-Martin-de-Boscherville  16/D5

(76) *i* Tél. abbaye : 02 35 32 10 82
L'abbatiale Saint-Georges (XIIe s.), fondée par Guillaume de Tancarville, est l'une des plus belles de la vallée de la Seine. La nef, voûtée à l'époque gothique, a retrouvé son aspect roman primitif.

154 Saint-Pierre-sur-Dives  16/A6

(14) *i* Tél. : 02 31 20 97 90. Tél. château de Vendeuvre : 02 31 40 93 83
Ce sont les moines bénédictins occupés, au XIIIe s., à relever les ruines d'une abbaye fondée en 1046 par la comtesse d'Eu qui construisirent les halles de ce bourg, lui permettant ainsi de devenir une cité marchande.
👁 à moins de 10 km (S-O) l'orangerie du **château de Vendeuvre** (XVIIIe s.), qui abrite l'étonnant musée du Mobilier miniature.

155 Saint-Wandrille-Rançon (Abbaye de) 16/C4

(76) *i* Tél. : 02 35 96 23 11
Saint Wandrille fonde au VIIe s. cette abbaye, qui fut détruite par les Vikings, puis par un incendie. Les moines bâtirent une nouvelle église au XIIIe s. Le cloître témoigne encore de la splendeur des bâtiments gothiques ; la porte qui donne accès au réfectoire et le lavabo sont d'inspiration flamboyante.

156 Sées  16/A8

(61) *i* Tél. : 02 33 28 74 79
Cette calme commune accueille l'une des plus belles cathédrales normandes. Visible de loin avec ses deux flèches ajourées hautes de 70 m, ce monument des XIIIe et XIVe s. est étayé par de puissants contreforts. Il témoigne, par l'élancement de la nef et du chœur, par les vitraux et les roses, d'un art gothique parvenu à sa pleine maturité. À son chevet s'élève un majestueux palais épiscopal du XVIIIe s. L'ancienne abbaye Saint-Martin forme un bel ensemble de bâtiments du XVIIIe s.

157 Tatihou (Île de)  16/F4

(50) *i* Tél. bateaux (avril à sept.) : 02 33 23 19 92 👁 petit itinéraire p. 102
La petite île a conservé des traces de la bataille de la Hougue (1692), tel le fort construit ici par Vauban.

158 Tréport (Le)   10/B7

(76) *i* Tél. : 02 35 86 05 69
L'église Saint-Jacques de cette station balnéaire est remarquable par son riche intérieur du XVIe s. Au sommet de la falaise, depuis le calvaire des Terrasses, relié par 378 marches à l'ancien hôtel de ville, ☀ sur la cité.
👁 à 5 km (E) **Eu,** l'une des résidences préférées de Louis-Philippe. Certaines salles du château lui sont consacrées. La crypte de la collégiale (XIIe-XIIIe s.) abrite les tombeaux des comtes d'Artois, rassemblés ici par le roi. Toute proche, la **forêt d'Eu** est plantée de belles hêtraies.

159 Valognes  14/F4

(50) *i* Tél. : 02 33 40 11 55. Tél. Bricquebec : 02 33 52 21 65
Au XVIIIe s., derrière les façades de riches hôtels particuliers, les familles nobles jouaient à la vie de Cour tandis que la cité continuait à s'enrichir grâce à ses ateliers de tanneurs, de teinturiers et de drapiers alignés au bord du Merderet. Malgré les destructions de 1944, la ville a conservé de beaux hôtels, notamment ceux de Beaumont, de Touffreville ou encore de Grandval-Caligny, où séjournait Barbey d'Aurevilly.
👁 à 13 km (O) le **château fortifié de Bricquebec.** L'enceinte ponctuée de tours, l'impressionnant donjon du XIVe s., la tour de l'Horloge qui coiffe la voûte de l'entrée sont autant de témoins d'une architecture militaire parfaitement maîtrisée.

LE PAYS D'ARGENTAN

Au nord-ouest de SÉES, les châteaux d'O (XVIe s.) et de Médavy (XVIIIe s.), les bâtiments du haras du Pin, les ruines du château de Chambois et celui du Bourg-Saint-Léonard, à l'orée de la forêt de Gouffern, témoignent de la richesse passée du pays d'Argentan. Sur la route du retour s'élève au sein d'un parc à la française le beau château de Sassy, typique du XVIIIe s.

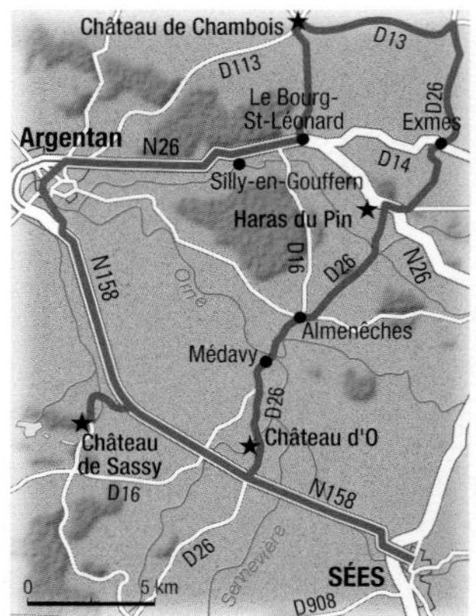

LE HARAS DU PIN

Le « Versailles du cheval », surnom donné à ce haras national, fut construit, au nord de **Sées,** au début du règne de Louis XV. Trois allées bordées d'arbres convergent vers la cour d'honneur du bâtiment central, élevé sur des plans de Robert de Cotte, assistant de Jules Hardouin-Mansart. Les ailes abritent les écuries où, du 15 juillet au 1er mars, séjournent 60 étalons, groupés par races (une dizaine) et sélectionnés avec soin. Pendant le reste de l'année, ils remplissent ailleurs leur rôle de reproducteurs. Autour s'étendent les jardins dessinés par un élève de Le Nôtre et l'hippodrome du Pin, où se déroulent concours et autres manifestations hippiques.

1 

 2

3 

Saint-Martin-de-Boscherville
1 L'abbatiale Saint-Georges
2 Statue-colonne du XIIe s. dans la salle capitulaire

L'abbaye de Saint-Wandrille
3 Le chauffoir, ou bibliothèque

4 

Sées, la cathédrale Notre-Dame
4 Détail de la verrière du transept
5 La nef, de style normand avec ses grandes arcades moulurées
6 Détail d'un pilier du transept

5 

 6

160 Varengeville-sur-Mer

 10/A8

(76) ℹ Tél. parc floral : 02 35 85 10 02

Cette petite commune est célèbre pour le parc floral du Bois des Moustiers, dont la grande maison accueillit Monet, Pissaro, Calder, Cocteau et bien d'autres. La nef sud de son église est décorée d'un vitrail de Braque. L'artiste est enterré dans le petit cimetière qui domine la mer.

161 Verneuil-sur-Avre

 16/C8

(27) ℹ Tél. : 02 32 32 17 17

La tour Grise – l'ancien donjon – dresse ses murs puissants au-dessus de la ville. Celle-ci a su préserver ses maisons à pans de bois, ses belles demeures classiques, l'église Notre-Dame (XIIe s.), ou encore l'église de la Madeleine, avec sa tour flamboyante.

162 Vernier (Marais)

 16/B5

(27) ℹ Tél. maison de la Pomme : 02 32 20 27 19

Ancien méandre de la Seine, il est entouré de coteaux boisés. Les premiers travaux d'aménagement de cette zone marécageuse furent confiés à un Flamand par Henri IV. La digue des Hollandais sépare la plaine des Alluvions, au nord, de la tourbière, au sud, et des maraîchages et des vergers de pommiers, au fond. Des vaches, des taureaux d'Écosse et des chevaux de Camargue s'y sont bien acclimatés.

163 Vernon

 16/E6

(27) ℹ Tél. : 02 32 51 39 60. Tél. château de Bizy : 02 32 51 00 82

Aux confins de la Normandie et de l'Île-de-France, Vernon verrouillait la Seine. De l'enceinte fortifiée, il ne reste que la tour des Archives et, sur l'autre rive, le château des Tourelles. Autour de la collégiale Notre-Dame, élevée au XIIe s., d'anciennes maisons bordent les rues de la ville.

👁 à 1 km (O) le **château de Bizy** (XVIIIe s.) et son parc ombragé.

164 Veys (Baie des)

 15/G5

(50) ℹ Tél. Brucheville : 02 33 71 55 46

À l'est s'étendent galets et sable, à l'ouest progressent les dunes de la Madeleine, qui emprisonnent les marais de Brucheville et d'Audouville : la baie des Veys présente d'importantes formations d'accumulation. Ce milieu écologique original abrite une faune variée : huîtriers-pies, bécasseaux et canards, qui nichent dans les prés salés.

👁 Le port de plaisance de **Carentan,** inauguré en 1982 au cœur de la dépression très marécageuse du col du Cotentin. La ville conserve quelques beaux hôtels particuliers, des arcades médiévales sur la place de la République, un ancien couvent d'augustins (XVIIe s.) et surtout l'église Notre-Dame, édifiée au XVe s. dans le plus pur style flamboyant.

165 Villedieu-les-Poêles

 14/F7

(50) ℹ Tél. : 02 33 61 05 69

Tout commence au XIIe s. avec la fondation d'une commanderie de chevaliers de Malte. Sous leur impulsion vont se développer la fonderie de cloches, puis le travail du cuivre, et enfin la dinanderie. Ses venelles, ses escaliers, ses façades en granite, son église Notre-Dame (XVe s.) et la procession du Grand Sacre qui se déroule tous les quatre ans rappellent le riche passé médiéval de la cité.

👁 à 12 km (N) les ruines de l'**abbaye d'Hambye,** fondée en 1145 dans la vallée de la Sienne. Les bâtiments conventuels ont été restaurés.

166 Yvetot

 16/C4

(76) ℹ Tél. : 02 35 95 08 40

L'église moderne de ce gros bourg, situé sur le plateau de Caux, abrite des verrières de Max Ingrand reconstituant l'histoire des saints normands.

LE CHÂTEAU DE GAILLON

Les séjours que Georges d'Amboise, cardinal-archevêque de Rouen, ministre de Louis XII et légat du Saint-Siège, effectue en Italie le familiarisent et le sensibilisent à l'art de la Renaissance, alors en plein épanouissement. Aussi, lorsqu'il entreprend de réaménager le château de Gaillon, au nord-ouest de **Vernon,** fait-il appel à des artistes français et transalpins comme Fain, Colombe, Delorme ou les frères Juste. Il est difficile aujourd'hui d'imaginer la splendeur de ce château qui a perdu, à l'exception de son pavillon d'entrée, l'essentiel de son ornementation. Seules les gravures anciennes permettent de s'en faire une idée.

LE PARC NATUREL RÉGIONAL DES MARAIS DU COTENTIN ET DU BESSIN

Créé en 1991, ce parc s'étend sur 120 000 ha de la Manche et du Calvados. Centrée sur Carentan, la zone protégée englobe des espaces pratiquement naturels : l'installation et le travail, voire le passage, des hommes s'y avèrent difficiles car ceux-ci se trouvent confrontés à l'humidité des sols inondables. Aux vasières côtières traitées en polders s'opposent les paysages de l'intérieur, admirables de tranquillité, surtout au printemps et à l'automne, lorsque des brumes romantiques en nimbent les prairies.

Le marais Vernier

1 Une maison typique

2 Cet ancien méandre de la Seine dessine un golfe de plaine.

Vernon

3 Le vieux moulin

La baie des Veys

4 Les marais

Près de Villedieu-les-Poêles, l'abbaye d'Hambye

5 L'église abbatiale

6 Pietà du XVIe s. dans la sacristie

AUTOUR DE PARIS

28 Eure-et-Loir
75 Paris
77 Seine-et-Marne
78 Yvelines
91 Essonne
92 Hauts-de-Seine
93 Seine-Saint-Denis
94 Val-de-Marne
95 Val-d'Oise

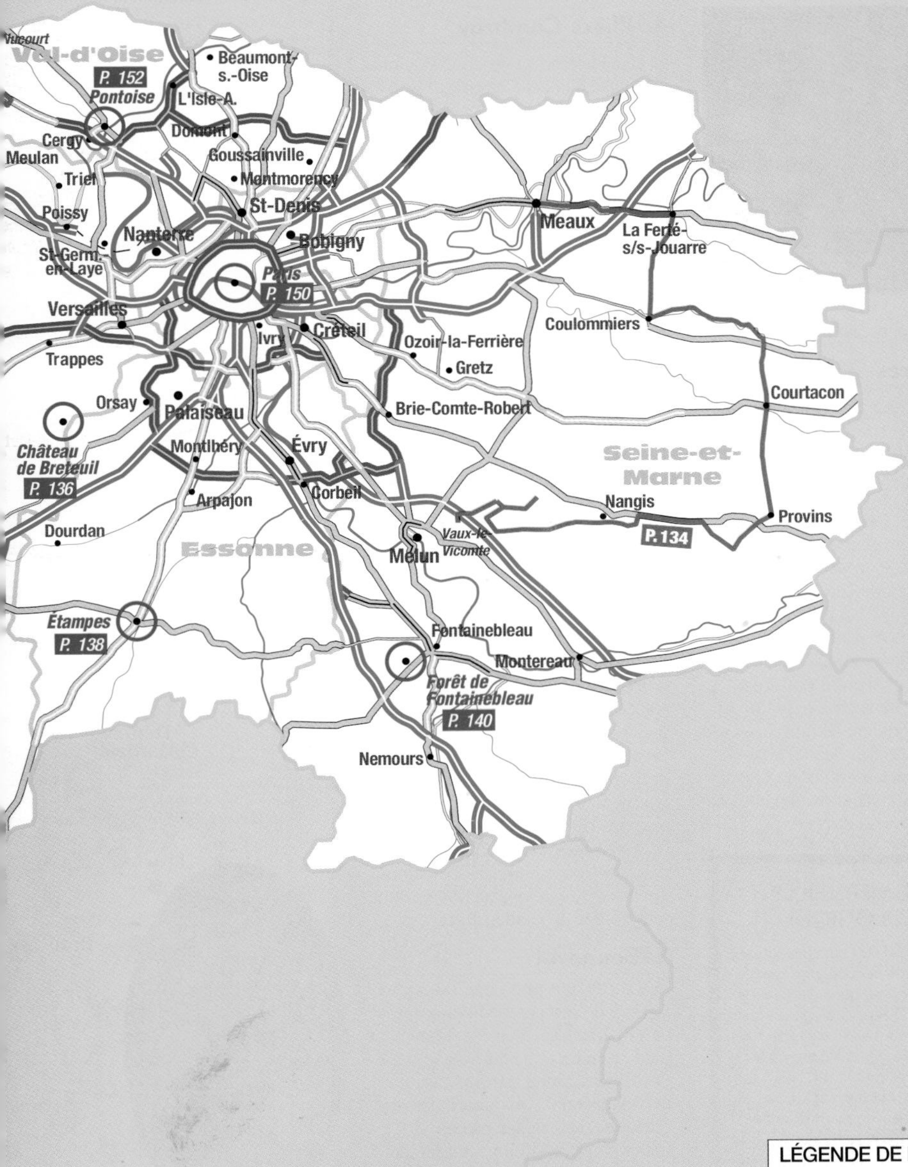
Val-d'Oise
P. 152
Pontoise
Beaumont-s.-Oise
L'Isle-A.
Domont
Cergy
Meulan
Goussainville
Triel
Montmorency
St-Denis
Poissy
Nanterre
Bobigny
Meaux
La Ferté-s/s-Jouarre
St-Germ.-en-Laye
Paris
P. 150
Versailles
Créteil
Coulommiers
Ivry
Ozoir-la-Ferrière
Trappes
Gretz
Courtacon
Orsay
Palaiseau
Brie-Comte-Robert
Château de Breteuil
P. 136
Montlhéry
Évry
Seine-et-Marne
Arpajon
Corbeil
Nangis
Provins
Dourdan
Vaux-le-Vicomte
P. 134
Essonne
Melun
Étampes
P. 138
Fontainebleau
Montereau
Forêt de Fontainebleau
P. 140
Nemours

LÉGENDE DE LA CARTE

Paris P. 150 — ***Petit itinéraire :*** *point de départ numéro de page*

P.134 — ***Grand itinéraire :*** *numéro de page tracé*

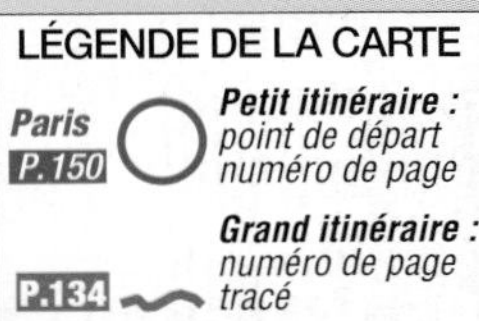

Entre l'Eure et le Loir : le grenier de la France

La présence de l'une des plus fantastiques cathédrales du monde témoigne de la richesse de cette plaine, de tout temps appelée « le grenier de la France ». Ici, le paysage est immense, horizontal, avec quelques rares échancrures creusées par de timides rivières. Dans ces « coulées vertes » aux proportions plus humaines se concentrent villages et monuments d'une région peuplée depuis des millénaires.

Chartres :
Les vitraux de la cathédrale

❶ Chartres 174 26/E3

L'unique cathédrale en France à paraître trôner, seule, au milieu des champs… Pour s'expliquer cette illusion d'optique, il faut savoir que la ville occupe un plateau qui domine le cours de l'Eure. L'on imagine l'émerveillement du pélerin qui, à partir du XIIIe s., voyait surgir à l'horizon ce joyau de l'architecture médiévale, aujourd'hui l'un des monuments les plus visités au monde. Depuis son flanc est, un réseau d'antiques rues et d'escaliers quitte la place pour descendre jusqu'aux berges de la rivière. Il faut aussi visiter le musée des Beaux-Arts, installé dans l'ancien évêché, et la grange dîmière de Loëns, devenue musée du Vitrail.

UNE MERVEILLE GÉOLOGIQUE

Plus de 320 000 ha, c'est la surface de la Beauce, plus grande plaine française, qui s'étend de la Loire à la Seine. Il s'agit en fait d'un plateau fondé sur une très épaisse couche calcaire. Celle-ci permet l'infiltration de l'eau qui stagne en abondance, juste en dessous, piégée par des marnes qui garantissent au terrain son humidité. En surface, une bonne couche de limons fertiles et une faible pluviométrie achèvent de donner à ce terroir les qualités qui font de la Beauce la première région céréalière d'Europe.

❷ Illiers-Combray

Si la madeleine est devenue la grande spécialité d'Illiers-Combray, c'est bien parce que le petit Marcel Proust a passé ici une partie de son enfance, et goûté cette gourmandise qu'il évoque dans son œuvre. Devenue musée, la Maison de tante Léonie conserve de nombreux souvenirs de l'auteur de *la Recherche du temps perdu*. À propos, Combray n'a jamais existé ! La tante Léonie habitait Illiers, devenu Illiers-Combray en hommage à l'écrivain.

❸ Alluyes

Entre Perche et Beauce, Alluyes fut une puissante baronnie. Un bras du Loir la protége, qui enserre un splendide donjon du XIIIe s., quelques éléments fortifiés, une chapelle… S'y ajoute un parc planté d'essences très diverses qui mêlent dans l'eau leur reflet à celui des arches d'un petit pont.

❹ Dangeau

Le bourg s'organise autour d'un rare vestige : l'église édifiée en 1100, proche dans sa construction de ce qu'était l'ancienne cathédrale romane de Chartres. À proximité se trouvent les deux plus belles maisons du village et leurs pans de bois ouvragés. Plus loin, du pont sur l'Ozanne, on admire un élégant alignement de maisons achevé par une tour coiffée de vieilles tuiles.

❺ Bonneval

Le Loir forme une large boucle rehaussée de vestiges médiévaux autour de la petite cité. L'on s'y promène à pied ou en barque pour voir se succéder fortifications, jardins, antiques tours et lavoirs… Au hasard des rues, quelques très vieilles pierres, des fenêtres à ogives, un mur monumental rappellent qu'ici s'élevait l'abbaye Saint-Florentin, fondée en 857, grâce à laquelle Bonneval fut, durant des siècles, un bourg puissant, riche et très convoité… Une route paisible et ombragée quitte la cité en longeant le Loir jusqu'au hameau de Saint-Maur. Là, près d'une chapelle romane, une passerelle enjambe la rivière pour rejoindre un chemin surplombant, 1 km plus loin, l'un des sites les plus charmants qui soient : une plaine où courent plusieurs bras d'eau, un grand pont médiéval et un manoir du XVe s. cerné de vieilles granges et de jardins.

❻ Châteaudun 175 26/E5

Édifié sur un promontoire calcaire, Châteaudun signifie « Château Dunois », référence à Jean Dunois, bâtard d'Orléans et compagnon de Jeanne d'Arc, pour qui fut construit l'impressionnant château qui domine le Loir. Près du portail d'entrée, des ruelles médiévales irrégulièrement pavées descendent vers la ville basse d'où l'on peut rejoindre les grottes du Foulon, immenses cavités de silex où scintillent quartz et calcédoine.

Châteaudun :
Détail du plafond de la chapelle royale

7 Montigny-le-Gannelon

Très remanié au XIXe s., le château de Montigny-le-Gannelon date du XVe s. En suivant la falaise sur laquelle il est construit, le promeneur découvre des habitations troglodytiques puis traverse le Loir avant de rejoindre Cloyes, d'où partit, en 1212, la tragique Croisade des enfants, au cours de laquelle périrent 20 000 jeunes soldats.

8 Brou

Le marché s'installe toujours chaque mercredi sur la place de la halle de Brou (XIXe s.), véritable centre du bourg. C'est le point de départ d'un réseau de vieilles rues qui permet de découvrir quelques très belles maisons du XVIe s. comme celle de la rue des Changes ou celle située à l'angle de la rue de la Tête-Noire.

9 Frazé

C'est depuis la D15, juste avant d'arriver à Frazé, que l'on profite de la plus belle vue sur le château des XVe, XVIe et XVIIe s. aux très élégantes tourelles, sa poterne et sa chapelle ; le tout au milieu d'un parc parcouru de canaux et planté d'arbres séculaires. Au village, la place de la mairie offre, elle aussi, une belle vue sur le porche d'entrée du parc et l'église Renaissance.

10 Thiron-Gardais

Au creux des collines du Perche, Thiron-Gardais doit sa renommée à l'abbaye fondée en 1114 par saint Bernard d'Abbeville, dont il reste une superbe abbatiale. Le bourg comportait aussi l'un des collèges militaires les plus renommés de France (Napoléon Bonaparte y fut admis comme élève avant que son père ne préfère le collège de Brienne).

11 Nogent-le-Rotrou

Sur les rives de l'Huisne, la capitale du Perche fut presque entièrement brûlée pendant la guerre de Cent Ans, puis vite reconstruite, comme en témoignent ses nombreux édifices fin XVe s. ou Renaissance (églises Saint-Laurent et Saint-Hilaire, maison du bailli, maisons de la rue Bourg-le-Comte). Outre les comtes du Perche, qui édifièrent la forteresse Saint-Jean (XIe, XIIIe et XVe s.), les autres éminents seigneurs du lieu furent les ducs de Sully, qui conservèrent Nogent jusqu'à la Révolution. On découvre d'ailleurs, dans l'Hôtel-Dieu du XVIIe s., le tombeau (vide !) du ministre d'Henri IV, et de sa femme.

12 Senonches

Au cœur du massif forestier (chênes et hêtres) le plus important du département, Senonches conserve une très originale église du XIIe s. (appareillage de briques et de pierres grises), ainsi qu'un château médiéval qui abrite aujourd'hui un petit musée d'Art et Tradition populaires. On visitera aussi l'amusant musée de la Miniature impériale.

13 Dreux 181 16/E8

Cité frontière chargée de défendre la France des incursions normandes, Dreux possédait une puissante forteresse dominant la ville. Démantelée par Henri IV, elle fut remplacée par une collégiale puis, en 1816, par la chapelle royale Saint-Louis destinée à servir de nécropole pour la famille d'Orléans. On y voit de nombreux tombeaux illustres, dont celui du roi Louis-Philippe. Autre curiosité de la ville, le beffroi, qui est un magnifique mélange des styles gothique flamboyant et Renaissance. 👁 les panoramas le long de la vallée de l'Eure, depuis Dreux jusqu'à Maintenon.

14 Nogent-le-Roi

C'est parce que de nombreux rois ont séjourné dans son ancien château fort que le bourg prit ce nom au XIIIe s. Aujourd'hui, il ne reste de la forteresse que quelques vestiges et un parc habité par un troupeau de daims. Baignée par l'Eure et le Roulebois, cette petite cité verdoyante conserve autour de la belle église Saint-Sulpice (gothique flamboyant) de nombreuses maisons à encorbellement et pans de bois.

15 Maintenon 192 26/E2

Au confluent de la Voise et de l'Eure, le village est célèbre pour son château d'origine médiévale, d'aspect Renaissance, cadeau de Louis XIV à Françoise d'Aubigné, sa secrète épouse, devenue marquise de Maintenon. Dessiné par Le Nôtre, le parc est traversé par l'Eure. Au fond, un aqueduc réalisé par Vauban devait en capter l'eau et l'acheminer jusqu'à Versailles. Inachevé et en ruine, il conserve plusieurs tronçons visibles entre la gare et la route de Saint-Piat.

Maintenon : La galerie du château

À travers la Brie médiévale

Sur la vaste plaine agricole de la Brie, quelques fermes et clochers ponctuent l'horizon. Sans doute servaient-ils jadis de repères aux marchands du Moyen Âge qui rejoignaient la riche cité de Provins. Les pierres de certains villages parlent encore de cette époque, invitant à remonter le temps sur la route des foires, des villes fortes et des églises.

LE FROMAGE DE BRIE

Qu'il soit de Meaux, de Melun ou de Coulommiers, le brie est l'un des plus anciens fromages français. Charlemagne, qui l'appréciait déjà beaucoup, s'en faisait livrer jusqu'à Aix-la-Chapelle. Toujours fabriqué de façon artisanale, le brie est un fromage à pâte molle, au lait cru de vache, qui requiert quatre semaines d'affinage.

❶ Jouarre

Si Meaux fut la cité de Bossuet, précepteur de Louis XIV, la visite de Jouarre, qui surplombe les vallées de la Marne et du Petit-Morin, nous entraîne vers les temps plus obscurs des Mérovingiens. Adon, à l'époque du roi Dagobert, fonda ici un monastère qui compte encore, treize siècles plus tard, 65 bénédictines. De l'ensemble funéraire ne subsistent que les cryptes Saint-Paul et Saint-Ébrégésile où repose, dans des tombeaux de pierre à bas-reliefs, la famille des fondateurs de l'abbaye.

❷ Coulommiers

Des ruelles pittoresques, de nombreux ponts et passerelles sur les bras du Morin, un marché animé vantant le fromage éponyme : bienvenue à Coulommiers, cœur géographique de la Brie. Dans le parc des Capucins, quelques vestiges d'un château suffisent à rappeler qu'au XVIIe s., Madame de Lafayette avait situé ici l'action romanesque de sa *Princesse de Clèves*. Après un détour par la chapelle des Capucins et son musée d'histoire locale, direction la ville haute, où l'ancienne commanderie de Templiers a gardé, quant à elle, toute la force de son architecture médiévale. 👁 la vallée du Grand Morin et ses paysages jusqu'à la Ferté-Gaucher.

❸ Provins

206 28/A2

Il faut aborder Provins par les remparts monumentaux qui enserrent ce bijou du Moyen Âge. La tour de César où le roi Charles le Chauve aurait été enfermé, la collégiale Saint-Quiriace devant laquelle se tenaient les joutes et les fêtes joyeuses, ou encore les nombreux caveaux voûtés menant à un dédale de souterrains : tout, ici, parle de l'époque florissante des foires de Champagne qui firent la richesse et la renommée de Provins. Chaque année, la ville revit aux temps des chevaliers grâce à de nombreux spectacles inspirés de fêtes médiévales.

❹ Saint-Loup-de-Naud

C'est un village paisible, construit à flanc de colline, autrefois animé par les pèlerins venus rendre hommage à saint Loup, dont l'église gardait les reliques. Si les pèlerins ont disparu, nombre d'amateurs se pressent aujourd'hui devant les sculptures gothiques de son porche.

❺ Rampillon

Dominant la plaine de la Brie champenoise, l'église Saint-Éliphe (XIIe s.) était l'ancien siège d'une commanderie de Templiers. Contempler les décors sculptés de son portail et de sa façade revient à ouvrir un livre d'images médiévales.

❻ Blandy-les-Tours

Lors de la guerre de Cent Ans, la forteresse originelle avait pour mission de protéger Melun et Paris des Bourguignons, redoutables alliés des Anglais. Après une vaste et récente campagne de restauration, l'édifice a retrouvé son donjon et ses cinq tours, qui renfermeraient toujours de mystérieux sarcophages mérovingiens…

❼ Fief des Époisses

Située dans la vallée du ru d'Ancœur, cette ferme fortifiée avec douves fait plutôt penser à un château du Moyen Âge. Il s'agit d'un ancien fief du XIIIe s. doté d'un étonnant pigeonnier carré à échelle pivotante.

❽ Champeaux

Les dimensions de la collégiale Saint-Martin surprennent… mais l'enseignement de Guillaume de Champeaux, philosophe et théologien, avait fait du petit village briard un haut lieu intellectuel de l'Europe du XIIe s. Voir à l'intérieur de l'église les splendides stalles sculptées. 👁 le château de Vaux-le-Vicomte.

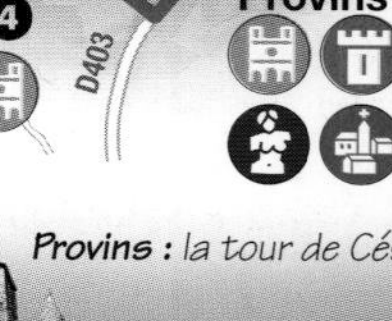
Provins : la tour de Cé

Paysages ruraux du Vexin français

Le Vexin français est resté, à moins de 60 km de Paris, l'une des campagnes les mieux préservées de France : petits villages, églises, châteaux et belles fermes se succèdent à l'infini, comme autant de délicieuses invites à la promenade.

1 Magny-en-Vexin

Ce paisible bourg, jadis sur la route Paris-Rouen, affiche à l'envi son glorieux passé. Sa porte de Paris est presque solennelle, avec ses deux piliers du XVIIIe s. ornés de trophées et de guirlandes. Le long des rues, les maisons, du XVe au XIXe s., montrent tantôt de jolis colombages, tantôt de discrètes frises géométriques ou végétales. L'église aux accents Renaissance abrite des trésors : une Madeleine repentante du peintre Santerre, enfant du pays, un baptistère à baldaquin (1534) et le mausolée des seigneurs de Villeroy (XVIe-XVIIIe s.).

2 Villarceaux

Le domaine de Villarceaux et le château voisin d'Ambleville trouvèrent une commune destinée lorsque, vers 1930, la propriétaire du premier acheta le second. Tous deux raviront les amateurs de jardins. Le parc de Villarceaux s'inspire à la fois du XVIIe et du XVIIIe s., à l'image de son manoir – qui, dit-on, abrita les amours de Ninon de Lenclos – et de son très classique château. Le parc d'Ambleville, jalonné de statues, de fontaines et de topiaires d'ifs, fut créé dans l'esprit du XVIe s. italien, afin de parer le château à la façade Renaissance.

3 La Roche-Guyon

208 16/E6

Depuis la route des Crêtes, qui conduit à La Roche-Guyon, la vue est imprenable sur la Seine entaillant le plateau du Vexin d'impressionnantes falaises de craie. Soudain surgit la silhouette en amande d'un donjon troglodytique. Il faut s'en approcher pour découvrir le château proprement dit, construction composite (XVe-XVIIIe s.), qui eut pour hôte La Rochefoucauld, mais aussi Rommel, qui en fit son quartier général en 1944.

4 Vétheuil

Monet trouvait l'endroit ravissant : il y « planta sa tente » entre 1878 et 1881. L'église, où il se maria peu avant la mort de sa jeune femme, ressemble à un musée tant son mobilier intérieur est riche. On y voit, entre autres, une gracieuse Marie-Madeleine du XVIIe s. et une fresque représentant le cortège d'une confrérie de charité surmonté d'un Jugement dernier médiéval aux redoutables démons noirs…

5 Wy-dit-Joli-Village

« Ah ! Le joli village ! » se serait exclamé Henri IV en découvrant Wy, qui s'est depuis lors enrichi du qualificatif flatteur. Le village y est fidèle, avec ses ruelles bordées de longs murs de pierres sèches. Tout près de l'église, le presbytère, inattendu, ressemble à une caverne d'Ali Baba depuis que Claude Pigeard, ancien ouvrier passionné de traditions rurales, y a installé son musée de l'Outil. Il y expose pas moins de 5 000 objets, modeste échantillon d'une collection de 25 000 pièces ! 👁 le musée archéologique de Guiry-en-Vexin et sa collection d'intérêt national de 35 000 pièces découvertes dans le nord-ouest de l'Île-de-France.

6 Théméricourt

C'est l'un des villages les plus charmants qui soient avec ses belles fermes, ses lavoirs et son église classée. Accolé au sanctuaire, le château (XVe-XVIIIe s.) est devenu le siège du Parc naturel régional. 👁 le château de Vigny, restauré avec une fantaisie propre au XIXe s. : véritable demeure de la Belle au bois dormant, il s'est prêté à de nombreux tournages dont *le Capitaine Fracasse* d'Abel Gance.

7 Nucourt

L'église apparaît, solitaire, solidement campée dans les champs à l'écart du village. Construite entre le XIIe et le XVIe s., elle arbore, avec sa massive tour-porche, des allures de forteresse qui n'effraieront personne : l'endroit est si calme et si charmant…

La Roche-Guyon : *le château troglodytique*

167 Anet (Château d')

 16/E7

(28) ℹ Tél. : 02 37 41 90 07

Les artistes les plus fameux du XVIe s. ont travaillé à l'édification et à la décoration de ce château offert par Henri II à sa maîtresse Diane de Poitiers. Seule une petite partie des lieux est demeurée intacte : le portail surmonté de statues animales ; l'aile gauche (tapisseries de l'école de Fontainebleau) ; la chapelle funéraire avec le sarcophage de Diane.

168 Auvers-sur-Oise

 17/G6

(95) ℹ Tél. : 01 30 36 10 06 petit itinéraire p. 152

Les amateurs de peinture apprécieront ce bourg qui garde de nombreuses traces du séjour de plusieurs impressionnistes.

169 Barbizon

 27/H3

(77) ℹ Tél. : 01 60 66 41 87. Tél. musée : 01 60 66 22 27 encadré p. 140

170 Bourget (Le)

 17/H7

(93) ℹ Tél. musée Air et Espace : 01 49 92 71 99 encadré p. 154

171 Bray-sur-Seine (Méandre de)

 28/A3

(77) ℹ Tél. : 01 64 01 14 17. Tél. mairie : 01 60 67 10 11

La Seine décrit ici, dans une large vallée, une boucle fermée, à 3 km de la cité. On y accède après avoir traversé le canal et cheminé à travers champs jusqu'à l'écluse en ruine.

172 Breteuil (Château de)

 17/G8

(78) ℹ Tél. : 01 30 52 05 02

La propriété appartient aux Breteuil depuis le XVIIIe s. Elle est riche de meubles, d'objets d'art et de tapisseries des Gobelins, mais son trésor reste la table de Teschen, incrustée de gemmes et de bois précieux.

173 Champs-sur-Marne (Château de)

 17/H7

(77) ℹ Tél. : 01 60 05 24 43

Le souci de confort qui présida à l'aménagement intérieur de cet édifice classique (XVIIIe s.) impressionna les contemporains : il accueillit l'une des premières salles à manger. Les pièces sont magnifiquement décorées.

174 Chartres

 26/E3

(28) ℹ Tél. : 02 37 18 26 26

Les tours de sa cathédrale se repèrent de loin dans la plaine beauceronne. Entre le clocher du Midi, roman, et celui, flamboyant, de la tour nord se détachent les trois portails de la façade. Au-dessus des statues-colonnes, les tympans illustrent les étapes de la vie du Christ. L'intérieur de l'édifice est baigné par les reflets colorés de la lumière jouant sur d'admirables verrières (XIIe-XIIIe s.). Il conserve, dans sa nef, le seul labyrinthe intact de France, ainsi que la vénérée Vierge du pilier. Chartres, avec ses vieilles maisons et ses ruelles, recèle d'autres trésors, tel le cellier de Loëns, ancienne grange dîmière devenue le centre international du Vitrail.

175 Châteaudun

 26/E5

(28) ℹ Tél. : 02 37 45 22 46

Le château (XIIe-XVIe s.) et la vieille ville aux maisons à encorbellement dominent la vallée du Loir.

176 Courances (Château de)

 27/H3

(91) ℹ Tél. : 01 40 62 07 71 encadré p. 144

SUR LES PAS DES JANSÉNISTES

Une fois quitté le parc du château de BRETEUIL, les Vaux de Cernay offrent à leur tour quiétude et détente. Par Dampierre-en-Yvelines, on atteint Port-Royal-des-Champs où se réfugièrent, jadis, les jansénistes. En grande partie rasée en 1710, l'abbaye ne conserve qu'un colombier, une grange reconvertie en musée et, sur un vallon, le bâtiment des Petites Écoles, occupé aujourd'hui par le musée national des Granges de Port-Royal. Le circuit s'achève à Chevreuse, petite cité aux rues étroites et à l'église en meulière, dominée par le donjon de son château féodal.

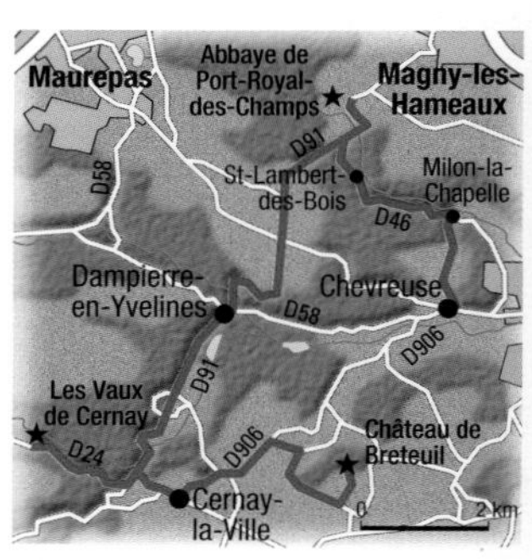

LES VITRAUX DE LA CATHÉDRALE DE CHARTRES

Destinés à instruire les fidèles, les vitraux de Chartres ont donné à l'histoire religieuse des éclats de pierres précieuses. Rois et seigneurs les financèrent, mais aussi les corporations des métiers de la ville. La « rose de France », offerte par Saint Louis, Notre-Dame-de-la-Belle-Verrière et les 160 pièces constituant l'ensemble le plus complet du XIIIe s. ont heureusement échappé aux incendies, à la guerre et… au « mal du verre », terrible maladie dévorant les couleurs. Baigné par leur rayonnement mystique, Claudel s'écria : « Voici le paradis retrouvé ! »

Le château d'Anet
1 Le couronnement du portail d'entrée
2 L'aile gauche et la chapelle

Le Bourget
3 Lors du Salon de l'aéronautique

Chartres, la cathédrale
5 La cathédrale et ses alentours, dans la vieille ville
6 Le portail Royal
7 La facade occidentale

Champs-sur-Marne
4 La façade du château

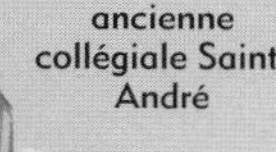

177 Dampierre (Château de)  16/F8

(78) ℹ Tél. : 01 30 52 53 24. Tél. Port-Royal-des-Champs : 01 30 43 74 93
Bâti au XVe s., reconstruit par Jules Hardouin-Mansart pour le gendre de Colbert, cet important édifice rose a gardé son décor somptueux des XVIIe et XVIIIe s. : portraits, boiseries, médaillons. Ingres a réalisé la grande fresque inachevée de la salle des Fêtes. Le parc floral a été dessiné par le Hollandais Matthijsse.

👁 à moins de 10 km (N) les ruines de l'**abbaye de Port-Royal-des-Champs,** monastère de femmes rattaché à Cîteaux. Elles rappellent la querelle entre jansénistes et jésuites, qui, sous le règne de Louis XIV, créa de nombreux troubles. Les bâtiments furent rasés en 1710.

178 Défense (La) 17/G7

(92) ℹ Tél. : 01 47 74 84 24
Avec ses tours de bureaux, ses logements, son palais du CNIT et sa Grande Arche au bout de l'esplanade, ce quartier d'affaires animé, aménagé à partir de 1958, est représentatif de l'architecture du XXe s. et de ses prouesses techniques. Depuis le parvis ou la terrasse située au sommet de la Grande Arche, ☀ sur Paris, par temps clair.

179 Disneyland® Paris  17/J7

(77) ℹ Tél. : 08 25 30 60 30 👁 encadré p. 142

180 Dourdan  27/G2

(91) ℹ Tél. : 01 64 59 86 97
Ville royale, carrefour important de la route des blés vers Paris, Dourdan a conservé sa place du Marché-aux-Grains, avec ses halles médiévales, reconstruites en 1836, et son château édifié sous Philippe Auguste.

181 Dreux   16/E8

(28) ℹ Tél. : 02 37 46 01 73
De la place forte qui gardait autrefois un point de la frontière entre la France et la Normandie, seul subsiste le donjon ; il s'élève dans un parc au centre duquel se dresse la chapelle royale Saint-Louis, édifiée au XIXe s. pour accueillir les tombeaux de la famille d'Orléans. En contrebas, la ville se blottit à l'ombre de son beffroi (XVIe s.) et de l'église Saint-Pierre. Une chapelle abrite le musée d'art et d'histoire Marcel-Dessal.

182 Écouen (Château et musée d')  17/H7

(95) ℹ Tél. château : 01 34 38 38 50
Surplombant une plaine boisée, ce palais, construit pour le connétable Anne de Montmorency, est devenu le musée national de la Renaissance. Il expose des chefs-d'œuvre des écoles française, italienne et néerlandaise : cheminées peintes, pavement en faïence, émaux peints, orfèvrerie, instruments scientifiques et tapisseries dans les appartements royaux.

183 Élancourt  16/F1

(78) ℹ Tél. mairie : 01 30 66 44 44 👁 encadré ci-contre
Le parc de la France miniature est installé dans cette commune. À 2,5 km (S), l'ancienne commanderie de Templiers de la Villedieu accueille des ateliers d'artistes, un restaurant et des expositions temporaires.

184 Étampes  27/G3

(91) ℹ Tél. : 01 69 92 69 00
Dominée par la tour Guinette, donjon royal du XIIe s., la ville a conservé ses vieux ponts, ses lavoirs, ses échauguettes, ses églises et ses ruelles médiévales. La collégiale Notre-Dame-du-Fort est remarquable par sa crypte du XIe s., son clocher du XIIe et le vitrail des Sibylles.

LA VALLÉE DE LA JUINE

À partir d'ÉTAMPES, la route suit la Juine, et gagne Morigny-Champigny et son ancienne abbaye, puis le parc du château de Jeurre avec ses fabriques (cénotaphe de Cook, temple de la Piété filiale...) et ses remplois (fronton du château de Saint-Cloud, portail de l'hôtel de Verrue…).

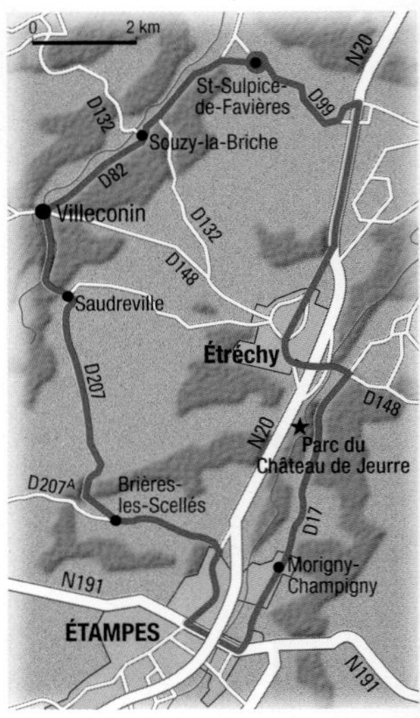

On verra ensuite Étréchy et son église du XIIe s. Celle de Saint-Sulpice-de-Favières est un bel exemple d'architecture rayonnante. Le château de Villeconin se blottit dans la vallée de la Renarde.

LA FRANCE MINIATURE

La découverte des édifices les plus significatifs de chaque région du territoire national est la vocation de ce parc original, installé à **Élancourt.** Ainsi, sur 5 ha, reprenant les contours de l'Hexagone, ses reliefs et ses fleuves, tour Eiffel, châteaux de Chambord ou de Versailles, Futuroscope et 2 000 autres monuments environ, reproduits au 1/30 avec la plus grande fidélité, se dressent le long des allées piétonnières. Le sommet des « Alpes », qui culminent ici à moins de 10 m, offre un superbe panorama sur toute l'étendue de cet ensemble.

1

2

Le château de Dampierre
1 La façade

3

Dourdan
2 Le donjon du château

Disneyland® Paris
3 Le château
de la Belle-au-Bois-Dormant

Étampes
4 Les Portereaux,
ancienne vanne fortifiée
5 La tour de Guinette

4

5

185 Évry  17/H8

(91) Tél. : 01 60 78 79 99
La ville nouvelle a privilégié les espaces verts, avec le parc du lac de Courcouronnes et celui de Saint-Eutrope. Récemment y a été inaugurée la cathédrale de la Résurrection, la plus jeune de France, dont la forme cylindrique favorise largement la pénétration de la lumière.

186 Ferrières (Château de)   17/J7

(77) Tél. : 01 64 66 34 97
Bâti au XIXe s. pour James de Rothschild, la demeure a accueilli les riches collections, aujourd'hui dispersées, réunies par le baron. Au deuxième étage, le musée de l'Imaginaire expose les créations d'artistes contemporains. Le parc à l'anglaise est planté de cèdres et de séquoias.
à 4 km (N) le séduisant **château de Guermantes,** dont Proust fit un lieu de rêve dans *À la recherche du temps perdu*, ne peut plus être visité.

187 A Fontainebleau (Château de)  27/H3

(77) Tél. : 01 60 71 50 70
Depuis le XIIe s., le château est un domaine royal, qu'ont aimé et embelli tous les souverains qui y ont séjourné. Il fut construit avec le grès extrait des carrières de la forêt. François Ier en fit un palais, décoré par des artistes prestigieux. L'escalier en fer à cheval fut commandé par Louis XIII. Le château est aujourd'hui régulièrement restauré : l'aile Louis XV accueille le musée Napoléon ; la salle du Jeu de Paume a été rendue à sa destination première et accueille des compétitions internationales ; les appartements où le pape Pie VII fut retenu prisonnier de 1810 à 1814 ont également été rénovés. Sur d'anciens marécages, Le Nôtre a aménagé des jardins traversés par un canal.

187 B Fontainebleau (Forêt de)  27/H3

(77) Tél. : 01 60 74 99 99
Rien n'est plus dépaysant que le sable marin, les pins, les gorges et les canyons de western, les amphithéâtres naturels, les sentiers serpentant à travers les chaos de blocs de grès de cet immense massif forestier. Près de 400 km de parcours balisés permettent les promenades à pied, à cheval ou à bicyclette. La route de la Tillaie, où se dressait – avant la tempête de 1999 – le Jupiter, l'un des plus vieux chênes de la forêt, conduit, à gauche, à la route de Sully, qui traverse les gorges d'Apremont, passe devant la caverne des Brigands et rejoint le carrefour du Bas-Bréau. L'esplanade de l'Ermitage permet de garer sa voiture pour emprunter à pied le GR 11 (sur les gorges de Franchard, parsemées de chaos rocheux et tapissées d'une végétation basse). Le circuit des Druides (2 h AR) serpente au fond des gorges.

188 France miniature (La)  16/F1

(78) Tél. : 01 30 16 16 30 encadré p. 138

189 Grosbois (Château de)  17/H8

(94) Tél. : 01 45 10 24 24
Bâti au XVIe s. et agrandi après son acquisition par Charles de Valois en 1625, ce château offre un mobilier et un décor Empire remarquables. Racheté par le maréchal Berthier, prince de Wagram, en 1805, il fut enrichi par celui-ci de portraits et de tableaux de batailles.

190 Hautil (Falaise de l')  16/F7

(78) Tél. mairie de Triel-sur-Seine : 01 39 70 22 00
Ce versant abrupt de la vallée de la Seine offre de beaux panoramas. La D 2 conduit au sommet en sinuant à travers une dense forêt de chênes, de châtaigniers et de bouleaux.

EN FORÊT DE FONTAINEBLEAU

La forêt commence aux portes de la ville. La route de la Reine-Amélie et celle du Mont-Ussy débouchent sur la route Ronde, qui dessert les sites les plus pittoresques du massif : les gorges de Franchard, depuis la croix du même nom, les rochers des Demoiselles à partir de la D 63[E], la mare aux Fées...

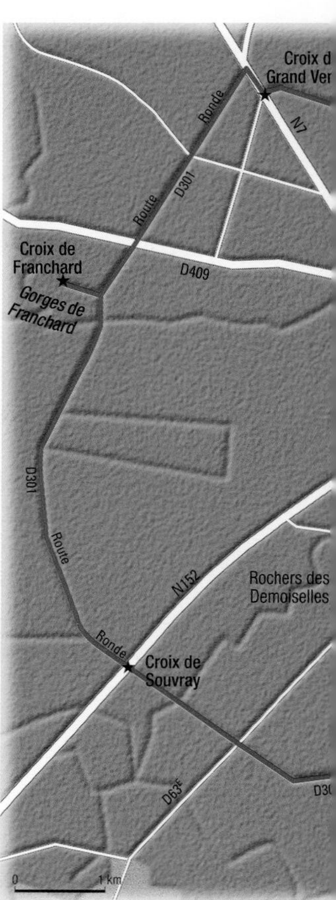

L'ÉCOLE DE BARBIZON

Au XIXe s., quelques artistes firent de Barbizon, en bordure de la forêt de **Fontainebleau,** le centre de la peinture de paysages et de la lumière. Outre Corot, Théodore Rousseau et Millet, qui y situa son fameux *Angélus*, s'y installèrent, attirant une pléiade de peintres. Ils festoyaient dans l'épicerie-buvette du père Ganne, qui fut souvent payé en œuvres d'art, alors sans valeur marchande. La grande rue est aujourd'hui bordée d'hôtels, de magasins d'antiquités et de restaurants. Les ateliers de Rousseau et de Millet valent une visite.

Évry

1 La cathédrale

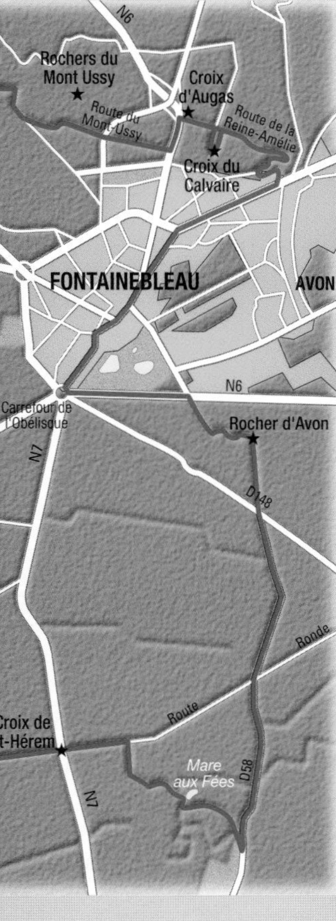

Le château de Fontainebleau

2 Le château vu du canal

La forêt de Fontainebleau

3 Le chaos d'Apremont

4 L'un des blocs de grès des gorges de Franchard

5 Le rocher des Sablons

Le château de Grosbois

6 Buste du maréchal Berthier dans la galerie des Batailles

7 La façade, en brique et pierre

191 Houdan  16/E1

(78) Tél. : 01 30 59 53 86. Tél. mairie : 01 30 46 81 30
Un puissant donjon flanqué de tourelles domine la cité. À l'origine, son rez-de-chaussée (XIIe s.) ne présentait aucune ouverture et seules des échelles permettaient de gagner le premier étage. Des enceintes de la cité subsistent les trois tours Guinand, Jardet et de l'Abreuvoir (XVIe s.). De vieilles maisons à pans de bois bordent les rues de la ville, ramassée entre Vesgre et Opton. L'église est de style gothique flamboyant.

192 Maintenon (Château de)  26/E2

(28) Tél. : 02 37 23 00 09
En 1674, Louis XIV achète cette demeure en brique et en pierre pour l'offrir à Françoise d'Aubigné. Dès 1685, la marquise décide de l'agrandir ; une aile est raccordée au donjon du XIIe s. Au fond du parc, dessiné par Le Nôtre, se dressent les vestiges d'un aqueduc, jamais achevé, qui aurait dû permettre d'amener les eaux de l'Eure jusqu'aux jardins de Versailles.

193 Maisons-Laffitte  17/G7

(78) Tél. : 01 39 62 63 64
Cette ville résidentielle, dont le célèbre champ de courses fut créé par le comte d'Artois en 1777, est la cité du cheval. Son château, construit par Mansart, est un modèle d'art classique : terrasse, vestibule d'honneur, grand escalier, etc.

194 Mantes-la-Jolie  16/F7

(78) Tél. : 01 34 77 10 30
C'est ici qu'Henri IV abjura pour la seconde fois le protestantisme. Bombardée pendant la Seconde Guerre mondiale et marquée par l'industrialisation de ses faubourgs, la ville a cependant conservé son hôtel-Dieu, sa tour Saint-Maclou et sa magnifique collégiale, contemporaine de Notre-Dame de Paris (fin du XIIe siècle).

195 Marais (Château du)  27/G2

(91) Tél. : 01 64 58 91 33. Tél. château de Courson : 01 64 58 90 12
Bâti sous le règne de Louis XVI, ce bel édifice a accueilli, au XIXe s., gens de lettres et personnalités politiques, autour de Mme de La Briche.
à moins de 10 km (N-E) le **château de Courson,** qui se dresse dans un magnifique parc à l'anglaise, résultat de deux siècles de travail. Des cousins de Bonaparte, les Arrighi, y ont séjourné : l'aménagement des salons du rez-de-chaussée en témoigne.

196 Marly-le-Roi  17/G7

(78) Tél. : 01 30 61 61 35
Le château, érigé par Jules Hardouin-Mansart, a été démantelé au XIXe s. Les derniers vestiges de la fameuse machine en bois, qui hissait l'eau de la Seine à 160 m pour alimenter les bassins de Marly et ceux de Versailles, ont été déposés il y a plus de vingt ans. Le parc est encore magnifique : un musée-promenade retrace l'histoire du site.

197 Marne-la-Vallée  17/H7

(77) Tél. : 01 60 43 33 33. Noisiel : 01 60 37 73 78 encadré ci-contre
Cette ville nouvelle de l'Est parisien s'étend le long de la Marne. Le centre de Noisy-le-Grand présente des bâtiments modernes intéressants, dont le Palacio d'Abraxas, de Ricardo Bofill, tandis que le val de Bussy a conservé ses charmants villages proches de la vallée de la Gondoire.
Noisiel et l'usine de la chocolaterie Menier (XIXe s.). Elle fait partie d'une ancienne cité ouvrière constituant un bel exemple d'architecture industrielle : bâtiments en brique, château, parc, domaine agricole. Ce dernier accueille la ferme du Buisson, aménagée en centre culturel.

L'ART CLASSIQUE

François Mansart et Jules Hardouin-Mansart, les architectes de l'époque Louis XIV, au style classique et imposant, songèrent moins à la commodité des châteaux qu'ils conçurent, tel celui de **Maisons-Laffitte,** qu'à la majesté de leurs lignes, les proportions étant calculées pour s'adapter au site. Les façades sont peu ornées, colonnes et pilastres permettent de rompre les lignes horizontales, les frontons apparaissent, les toits sont d'abord hauts puis plats, dissimulés par des balustrades. La statuaire est inspirée de l'Antiquité.

DISNEYLAND® PARIS

It's a Small World et Peter Pan's Flight dans Fantasyland, annoncé par le château de la Belle-au-Bois-Dormant ; Space Mountain, Star Tours et Chérie, j'ai rétréci le public dans Discoveryland ; Phantom Manor et Big Thunder Mountain dans Frontierland ; Pirates of the Caribbean et Indiana Jones et le Temple du Péril : ce sont les attractions les plus spectaculaires de ce parc unique en Europe, installé à **Marne-la-Vallée.** Ses 56 ha accueillent parades et feux d'artifice. On peut même y séjourner, car de nombreux hôtels et un terrain de camping y sont aménagés.

Houdan

1 Le donjon de l'ancien château

Le château de Maintenon

2 La cour intérieure

1

2

Maisons-Laffitte, le château

3 La façade côté Seine

4 L'entrée par laquelle passait Louis XV

3

4

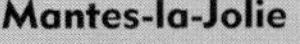

Mantes-la-Jolie

5 La collégiale Notre-Dame

Marly-le-Roi

6 Le parc

5

6

198 Meaux 17/J7

(77) ℹ Tél. : 01 64 33 02 26. Tél. Jouarre : 01 60 22 64 54
Au-dessus des remparts, un ravissant jardin en forme de mitre rappelle que Bossuet, l'Aigle de Meaux, fut évêque de la ville. Un quartier de vieilles demeures entoure le palais épiscopal et la cathédrale gothique Saint-Étienne (XIIe-XVIe s.). Chaque été, un son et lumière fait revivre les périodes importantes de l'histoire de la cité.
👁 à 20 km (E) l'**abbaye** bénédictine **de Jouarre.**

199 Milly-la-Forêt 27/H3

(91) ℹ Tél. : 01 64 98 83 17
Centre important de la culture des plantes médicinales, le village est rassemblé autour de ses halles (XVe s.), à l'imposante charpente. Jean Cocteau a décoré de grands dessins, dont un très beau *Christ aux épines,* la chapelle Saint-Blaise-des-Simples, située un peu à l'écart de la ville. On y soignait autrefois les lépreux. La D 837 conduit au *Cyclop,* sculpture en acier façonnée par Jean Tingely et Niky de Saint-Phalle, qui représente une immense tête.

200 Montfort-l'Amaury 16/F1

(78) ℹ Tél. : 01 34 86 87 96
Du haut d'une colline, le donjon du château féodal surplombe le village. Amaury de Montfort fit fortifier, à la fin du XIe s., cette citadelle qui fut réunie à la Bretagne jusqu'au XIVe s. L'église Saint-Pierre présente d'intéressantes gargouilles et de beaux vitraux Renaissance. Le musée Maurice-Ravel est installé dans la maison où le musicien vécut de 1921 à 1937.

201 Montmorency 17/G7

(95) ℹ Tél. : 01 39 64 42 94
La ville et sa forêt ont, dès le XVIIIe s., attiré écrivains et artistes : Jean-Jacques Rousseau y vécut six ans. Les belles propriétés bâties aux alentours rappellent que diverses personnalités y ont aussi séjourné, dont la reine Hortense et les petits princes d'Orléans.
👁 à environ 5 km (S) **Enghien-les-Bains.** Le canotage, les jeux du casino, les courses sont les principales animations de cette ville d'eaux.

202 Moret-sur-Loing 27/J3

(77) ℹ Tél. : 01 60 70 41 66
De l'ancienne forteresse, il reste la porte de Samois flanquée de deux belles tourelles. Dans la rue Grande se dressent encore plusieurs maisons à pans de bois. Celle dite de François Ier, transportée à Paris au XIXe s., a été remontée à sa place en 1957. La façade comporte trois arcs, une frise d'angelots et de médaillons, ainsi qu'un étage de baies à meneaux. L'église Notre-Dame est un vaste édifice commencé au XIIe s. et achevé au XVIe s. Après la porte de Bourgogne, le pont offre une charmante vue sur la cité et sur ses toits pittoresques. Alfred Sisley s'en inspira.

203 Nemours 27/H4

(77) ℹ Tél. : 01 64 28 03 95
Pierre Samuel Du Pont, député de Nemours sous la Constituante, ajouta le nom de la ville à son patronyme. La société chimique fondée par ses descendants l'a conservé. Cité des bords du Loing, Nemours se serre contre son château (XIIe s.).
Au sud se dressent les rochers Gréau et les **rochers de Nemours,** proches du musée de la Préhistoire d'Île-de-France.
👁 la forêt de Fontainebleau, qui commence au nord, signalée par le site de **Larchant,** parsemé d'énormes rochers de grès posés sur le sable. Le plus haut est la célèbre Dame-Jehanne. À proximité, les ruines imposantes d'une église du XIIe s. rappellent que, pendant des siècles, des pèlerins sont venus prier saint Mathurin, réputé pour guérir la folie.

LE CHÂTEAU DE COURANCES

Malgré les modifications effectuées par ses différents propriétaires, dont un escalier en fer à cheval – inspiré de celui de Fontainebleau –, ajouté au XIXe s. par l'architecte Destailleur, ce château, situé à 5 km au nord de **Milly-la-Forêt,** propose un bel ensemble du XVIIe s. Il marie brique et grès et se distingue par la sobriété de ses façades. La majesté de son parc, avec ses canaux, son Miroir d'eau, son bassin du Fer-à-Cheval, sa fontaine d'Aréthuse et son jardin anglo-japonais, lui sert de bel écrin.

LE MUSÉE DE LA PRÉHISTOIRE D'ÎLE-DE-FRANCE

L'architecte Roland Simounet a conçu en béton brut ce bâtiment percé de baies vitrées, qui s'intègre parfaitement dans son environnement boisé, près de **Nemours.** Campements des chasseurs de Pincevent et d'Étiolles, sépulture collective de La Grande-Paroisse, tombes à incinérations ou à inhumations de Châtenay-sur-Seine et bien d'autres grands sites de la région sont représentés dans ce musée qui s'attache à rendre la préhistoire et la protohistoire plus accessibles aux non-spécialistes.

1

2

Meaux
1 Le quartier épiscopal

Montfort-l'Amaury
2 L'un des vitraux Renaissance de l'église Saint-Pierre

Montmorency, la forêt
3 Le château de la Chasse

3

Moret-sur-Loing
4 La porte de Bourgogne

Nemours
5 Le corps principal du château

4

5

Le parc de Versailles

La nature à la gloire du Roi-Soleil

Les 875 ha de l'actuel parc de Versailles ne représentent qu'une petite portion des 6 000 ha qui existaient à la fin du XVIIe s. Fruit de la volonté du roi Louis XIV et de l'imagination de l'artiste André Le Nôtre, sa conception d'ensemble est à la mesure du palais qu'il jouxte. Le jardin proprement dit (93 ha) fut, pour l'époque et aux yeux de l'Europe entière, le modèle accompli du jardin à la française, d'une conception très architecturale. À la fin du XVIIIe s. en revanche, les quelques nouveaux aménagements s'opéreront suivant le modèle du parc à l'anglaise, d'une conception plus picturale. À voir l'harmonie actuelle des lieux, on imagine mal qu'elle est le résultat d'un labeur immense, amorcé dans les années 1660 à partir d'un espace ingrat, pentu et marécageux.

Nature et architecture : le parterre du Midi et le palais

Exotisme : l'Orangerie témoigne du goût de l'Europe pour l'Orient.

Un parc classique : la nature architecturée

André Le Nôtre est un des premiers à avoir transformé la nature à si grande échelle. Le plan géométrique qu'il adopte, dit à la française, suit le goût classique pour les lignes sobres. Par l'effet visuel des perspectives du jardin, les proportions du château, qui pourraient être écrasantes, s'équilibrent harmonieusement. Les grands axes aménagés dans le parc convergent tous vers la chambre du roi, au cœur du palais, et figurent les rayons émanant du Roi-Soleil. La position du palais, centrale et surplombante, est accentuée par les longues perspectives fuyant vers les lointains – au nord le bassin de Neptune, au sud la pièce d'eau des Suisses, à l'ouest le Grand Canal –, de même que par la succession du jardin haut, tout en ifs et buis taillés, et du jardin bas, où la végétation est moins

Perspective : le bassin d'Apollon et le Grand Canal en arrière-plan

Les fêtes à Versailles

Deux fêtes illustres ont marqué le parc avant même l'installation de la Cour en 1682. « Les Plaisirs de l'île enchantée » (du 7 au 14 mai 1664) lancent les travaux de Versailles : ils sont officiellement organisés en l'honneur d'Anne d'Autriche (mère du roi) et de Marie-Thérèse (épouse du roi), et plus officieusement en hommage à Louise de La Vallière (favorite de 1661 à 1667). « Le Grand Divertissement royal » (18 juillet 1668) honore officiellement le traité d'Aix-la-Chapelle et officieusement la Montespan (favorite de 1667 à 1680).

Peinture : le Grand Canal et le bassin d'Apollon

domestiquée. Ces deux jardins s'organisent selon un axe est-ouest : sur plusieurs kilomètres, le regard glisse ainsi jusqu'au bassin d'Apollon (dieu du Soleil dans la mythologie grecque) pour se perdre à l'horizon, au bout du Grand Canal, à l'endroit exact où le soleil se couche le 25 août, jour de la Saint-Louis.

Nature et sculpture : l'allée de l'Automne

Le décor : divertissement et avertissement

Le parc de Versailles est habité par tout un peuple de créatures sculptées, mythologiques, chimériques ou réalistes, figurants d'un gigantesque théâtre de verdure. Le programme ornemental des jardins fut réalisé sous la direction de Charles Le Brun, relayé par Jules Hardouin-Mansart. Les statues, vases et fontaines furent ensuite créés d'après croquis par les grands sculpteurs de l'époque – Coysevox, Girardon, Le Hongre, les frères Marsy, Tuby… Mais ce théâtre si divertissant exprimait également les messages politiques de Louis XIV. La figure d'Apollon-Soleil émergeant de l'eau sur son char dans le bassin d'Apollon incarne la puissance du roi face aux grands du royaume, soumis après la Fronde (1648-1652). Dans le bassin de Latone, le châtiment des Thessaliens changés en lézards et en grenouilles pour s'être moqués de Latone et de ses deux enfants est une allusion à la mère du roi, Anne d'Autriche, obligée de fuir Paris avec ses deux fils, et vaut avertissement pour les anciens frondeurs. Bientôt, le décor sculpté sera transformé pour mettre l'accent sur la puissance d'un Louis XIV combattant (Louis le Grand) face aux cours européennes.

Grandes Eaux : le bassin de Latone

Les jeux d'eau : le goût des métamorphoses

Quelques jours par an, en été, fontaines et bassins laissent à nouveau s'épanouir jets d'eau et cascades. La tradition des Grandes Eaux remonte aux origines du parc et au goût baroque d'une nature-spectacle en perpétuel mouvement. Comme dans les jardins italiens du XVIe s., les jeux des surfaces d'eau rendent le décor du parc plus ondoyant. Alors que la végétation obéit aux lois de la géométrie, que les pelouses, les parterres et les canaux soumettent le regard à des perspectives horizontales, l'eau jaillissante introduit un élément de désordre propice à l'imagination. Mais que d'efforts pour en arriver là ! Le manque de réserves d'eau aux abords du parc a en effet nécessité de titanesques travaux de captage des eaux de la Bièvre, de l'Eure (au sud) et de la Seine (au nord, machine de Marly). On trouve dans la région des vestiges de ces installations hydrauliques, dont les aqueducs de Maintenon et de Buc.

Géométrie : le parterre du Grand Trianon

204 Paris

17/**G7**

(75) ℹ Tél. : 08 92 68 31 12

Il est peu de vieilles cités qui se soient donné aussi spectaculairement des airs de capitale moderne. Monuments anciens, églises, musées, parcs trouvent leur place au milieu des aménagements les plus récents. Paris est trop vaste pour qu'on puisse tout évoquer ici et c'est sur place qu'il faut le découvrir, le long de la Seine, à travers ses quartiers, ses villages…

Les arcs de verre du Forum des Halles et l'église Saint-Eustache

La tour Eiffel

Présentée par Gustave Eiffel pour l'Exposition universelle de 1889, elle est pour le monde entier le symbole de Paris. Du haut de la troisième plate-forme, desservie par 1 652 marches doublées par des ascenseurs, le panorama est exceptionnel.

L'Arc de triomphe

Dressé au centre de la place de l'Étoile depuis 1836, il s'ouvre vers les jardins des Tuileries à l'est et vers la Défense à l'ouest. L'arche centrale abrite la tombe du Soldat inconnu. De la terrasse, la vue est superbe.

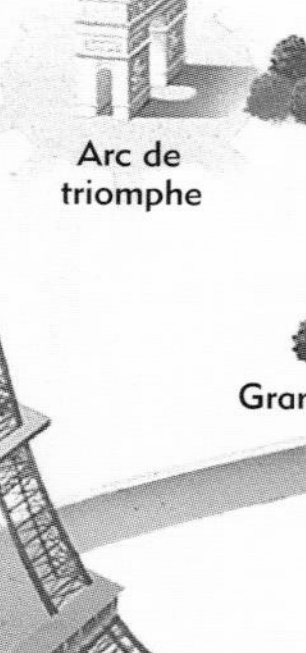

Les Invalides

Fondé sous Louis XIV pour accueillir les soldats blessés au combat, cet hôtel abrite les musées de l'Armée et des Plans-Reliefs. La façade qui borde l'esplanade s'étend sur 195 m. Le dôme des Invalides, ou église du Roi, dont la croix culmine à 101 m, renferme le sarcophage de Napoléon Ier.

La tour Eiffel

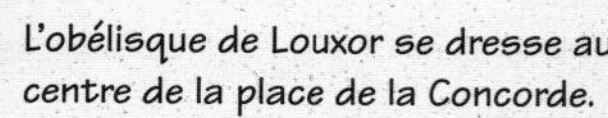

L'obélisque de Louxor se dresse au centre de la place de la Concorde.

La place de la Concorde et l'église de la Madeleine

Conçue pour le roi Louis XV, elle reçut le nom de Concorde pour réconcilier la nation après l'exécution de Louis XVI et de Marie-Antoinette sur son emplacement. Au centre se dresse l'obélisque de Ramsès II, offert à la France par le vice-roi d'Égypte.

De la place de la Concorde, la rue Royale mène à l'église de la Madeleine, qui, construite sous Napoléon Ier dans le style antique (52 colonnes corinthiennes), est la paroisse d'un quartier de commerces de luxe.

Le Sacré-Cœur

La basilique dressée sur la colline de Montmartre est un des phares visuels de la capitale. Le sanctuaire est né après 1870 à l'initiative de deux Parisiens, meurtris par la défaite de la France et désireux que soient rachetés les « péchés de la nation ».
Son campanile abrite l'une des plus grosses cloches du monde, la Savoyarde, qui, avec son battant, ne pèse pas moins de 19 685 kg.

La cathédrale Notre-Dame

Sur l'île de la Cité, la plus grande cathédrale de France, achevée au XIVe s., est un chef-d'œuvre de l'art gothique.
La « paroisse de l'histoire de France » a accueilli le mariage de Marguerite de Valois avec Henri de Navarre, futur Henri IV – qui, protestant, dut rester à l'extérieur –, le sacre de Napoléon Ier le 2 décembre 1804 ou la célébration, le 26 août 1944, de la libération de Paris en présence du général de Gaulle.

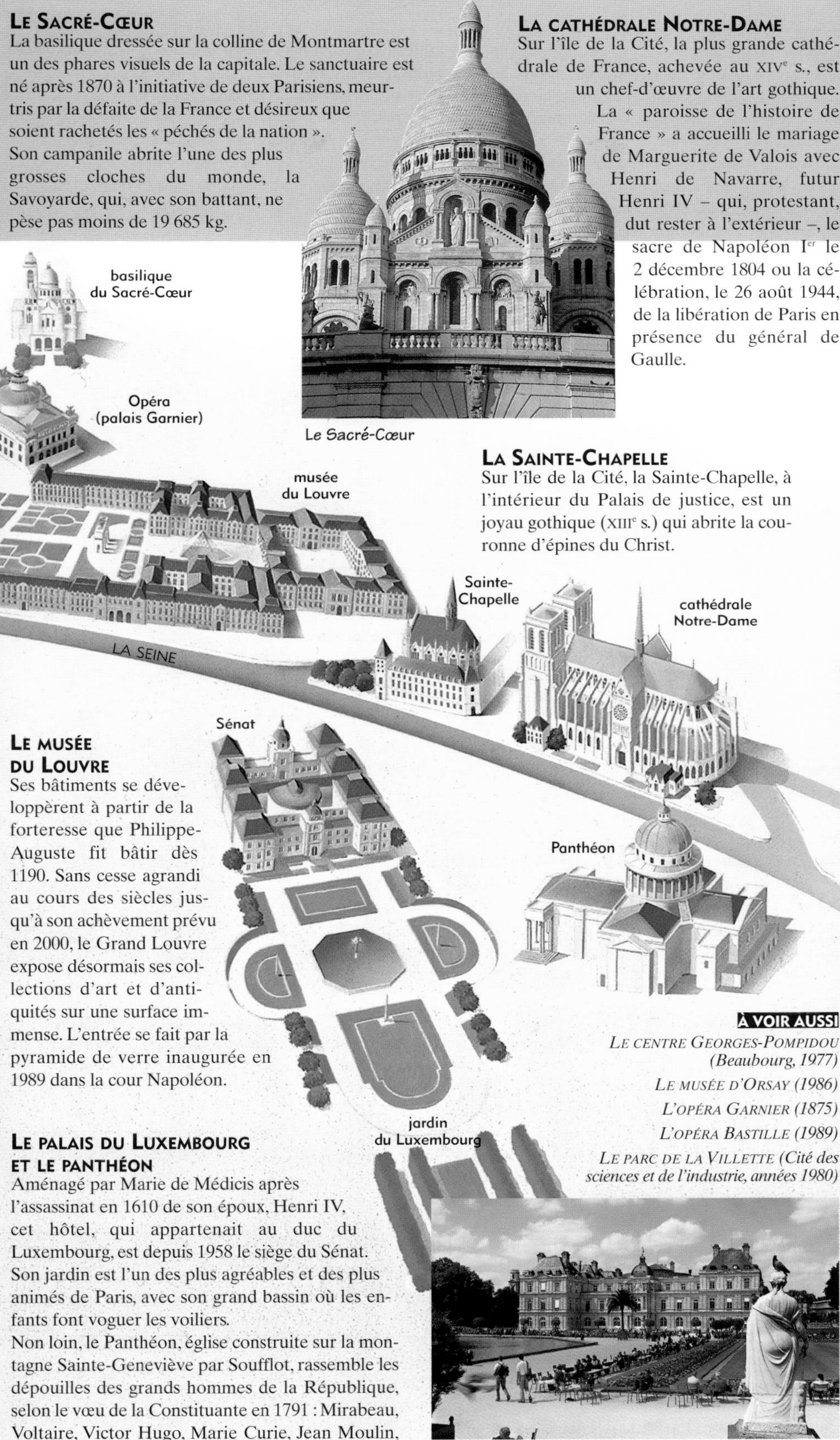

Le Sacré-Cœur

La Sainte-Chapelle

Sur l'île de la Cité, la Sainte-Chapelle, à l'intérieur du Palais de justice, est un joyau gothique (XIIIe s.) qui abrite la couronne d'épines du Christ.

Le musée du Louvre

Ses bâtiments se développèrent à partir de la forteresse que Philippe-Auguste fit bâtir dès 1190. Sans cesse agrandi au cours des siècles jusqu'à son achèvement prévu en 2000, le Grand Louvre expose désormais ses collections d'art et d'antiquités sur une surface immense. L'entrée se fait par la pyramide de verre inaugurée en 1989 dans la cour Napoléon.

À voir aussi

Le centre Georges-Pompidou (Beaubourg, 1977)
Le musée d'Orsay (1986)
L'Opéra Garnier (1875)
L'Opéra Bastille (1989)
Le parc de la Villette (Cité des sciences et de l'industrie, années 1980)

Le palais du Luxembourg et le Panthéon

Aménagé par Marie de Médicis après l'assassinat en 1610 de son époux, Henri IV, cet hôtel, qui appartenait au duc du Luxembourg, est depuis 1958 le siège du Sénat. Son jardin est l'un des plus agréables et des plus animés de Paris, avec son grand bassin où les enfants font voguer les voiliers.
Non loin, le Panthéon, église construite sur la montagne Sainte-Geneviève par Soufflot, rassemble les dépouilles des grands hommes de la République, selon le vœu de la Constituante en 1791 : Mirabeau, Voltaire, Victor Hugo, Marie Curie, Jean Moulin, André Malraux...

Le palais et le jardin du Luxembourg

De Lutèce à Paris

Le Panthéon qui surplombe la Seine contemple deux mille ans d'histoire parisienne. De l'île de la Cité au sommet de la montagne Sainte-Geneviève, c'est Lutèce qui revit à son pied. C'est en effet sur les pentes de la « colline sacrée » que la cité romaine se développa aux premiers siècles de l'ère chrétienne.
La crypte archéologique de Notre-Dame, les thermes de l'Est, invisibles sous le Collège de France, les thermes du Nord, enfouis sous les potagers et les vergers de l'hôtel de Cluny – on distingue, dans le jardin du musée, trois salles et le frigidarium –, les arènes de Lutèce en sont autant de témoignages. Mais il ne reste aucune trace du temple bâti sur le site de la cathédrale, ni du château des premiers rois sur les ruines duquel s'est édifié le Palais de justice.
En revanche, la rue Hautefeuille évoque toujours le quartier médiéval resserré qui s'étendait entre Saint-Séverin et Saint-André-des-Arts. Au Moyen Âge, Philippe Auguste (1180-1223) fait en effet éclater les limites de la Cité. L'architecture religieuse prend à cette époque un essor remarquable : Notre-Dame et la Sainte-Chapelle en sont les plus beaux exemples. La construction du Louvre commence au même moment.

Paris royal

De la Renaissance à Louis XVI (1643-1715), Paris fut sans cesse en travaux. Les perpétuelles transformations du Louvre témoignent de l'énergie des rois bâtisseurs. Dans la ville entière, chaque monarque fit dresser des édifices remarquables et aménager des quartiers neufs. Chacun voulut refaire Paris à son image. François Ier fonde le Collège de France et confie les travaux d'agrandissement du Louvre à Pierre Lescot. L'hôtel Carnavalet est bâti sur les plans du même architecte dans un site marécageux, qui deviendra le quartier du Marais. Les dernières églises gothiques de style flamboyant sont élevées : Saint-Étienne-du-Mont, Saint-Germain-l'Auxerrois et Saint-Eustache. Henri IV fait jeter le Pont-Neuf sur la Seine et ouvrir de nouvelles places, dont celle des Vosges. Le palais du Luxembourg est dû à son épouse Marie de Médicis. Puis Richelieu fait construire le Palais-Cardinal, devenu Palais-Royal, tandis qu'Anne d'Autriche commande à Mansart le futur hôpital du Val-de-Grâce, alors couvent de bénédictines. Sous Louis XIV, Claude Perrault offre au Louvre sa « colonnade », les jardins des Tuileries sont dessinés par Le Nôtre, les premiers arbres poussent sur la promenade des Champs-Élysées et les Invalides s'élèvent sous la direction de Jules Hardouin-Mansart. La première bibliothèque publique, la « Mazarine », s'ouvre quai Conti ; la place Louis-XV (de la Concorde), l'École militaire, le Panthéon, l'église Saint-Sulpice et l'Odéon, le Palais-Bourbon, l'hôtel Matignon… illustrent également l'époque. Puis on détruisit la Bastille…

Paris aujourd'hui

Après avoir été au cœur de la Révolution, Paris retrouve le calme sous le premier Empire (1804-1814/1815). Le percement de la rue de Rivoli et l'ébauche de la célèbre perspective des Champs-Élysées sont entrepris. Mais les grandes transformations interviennent sous Napoléon III (1852-1870), sous la direction du baron Haussmann, préfet de la Seine. De larges avenues et boulevards remplacent les ruelles étroites encore nombreuses. Des parcs, des jardins, les bois de Boulogne et de Vincennes sont aménagés. La ville est découpée en vingt arrondissements.
Le métro est inauguré sous la IIIe République (1870-1940) ; des monuments prestigieux sont édifiés à l'occasion d'Expositions universelles : la tour Eiffel, les Grand et Petit Palais et le palais de Chaillot notamment. La Belle Époque et les Années folles voient proliférer les décors modern'style dans les cafés et les grands magasins (le Printemps date de 1911). Le Sacré-Cœur est consacré en 1919.
Enfin, au cours des années 1970-1990, la fièvre des grands travaux s'empare une nouvelle fois de la capitale. La construction du centre Georges-Pompidou et l'aménagement du musée d'Orsay préfigurent d'autres chantiers. À l'édification de la pyramide du Louvre, de l'opéra Bastille, de la Grande Arche de la Défense et de la Bibliothèque de France s'est ajoutée la refonte complète de l'est de la ville.

Autour de l'Hôtel de Ville

À partir de l'Hôtel de Ville, on rejoint le centre Georges-Pompidou, avec ses baies vitrées et sa structure métallique aux couleurs vives. Les rues Aubry-le-Boucher et Berger conduisent au Forum des Halles, et la rue Rambuteau, à l'église Saint-Eustache et à la Bourse du commerce.

Après l'église Saint-Germain-l'Auxerrois, les quais du Louvre et de la Mégisserie conduisent à la place du Châtelet, puis à la tour Saint-Jacques.

Le métro parisien

Inauguré en 1900 avec la seule ligne Porte-de-Vincennes-Porte-Maillot, le métro compte aujourd'hui 14 lignes. Il a conservé des éléments de son décor d'origine : entrées couvertes de style Art nouveau aux stations Abbesses et Porte-Dauphine, murs en carreaux de faïence blanche, etc. Des aménagements ont parfois été inspirés par les édifices voisins : reproduction d'œuvres du musée à la station Louvre ; décor inspiré du *Nautilus* à Arts-et-Métiers.

1 

 2

1 La passerelle des Arts
2 L'Arc de triomphe
3 La cathédrale Notre-Dame

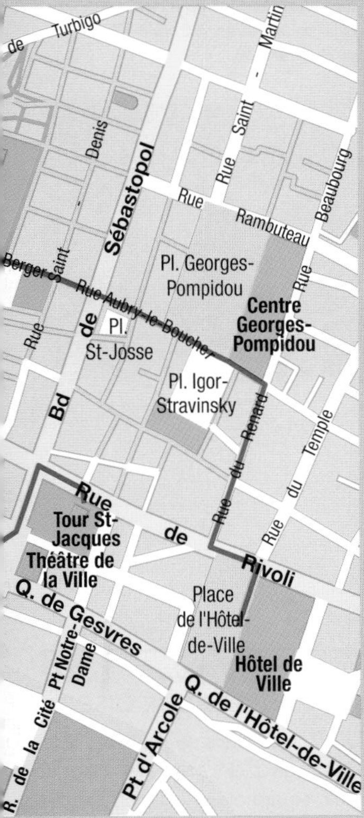

Turbigo
Rue Saint-Martin
Denis
Bd de Sébastopol
Rue Rambuteau
Beaubourg
Berger
Saint
Rue Aubry-le-Boucher
Pl. Georges-Pompidou
Centre Georges-Pompidou
Pl. St-Josse
Pl. Igor-Stravinsky
Rue du Renard
Rue du Temple
Rue de Rivoli
Tour St-Jacques
Théâtre de la Ville
Place de l'Hôtel-de-Ville
Hôtel de Ville
Q. de Gesvres
Pt Notre-Dame
Pt d'Arcole
R. de la Cité
Q. de l'Hôtel-de-Ville

3

4

5

4 En haut du centre G.-Pompidou
5 La colonne Vendôme, place Vendôme

205 Pontoise   17/G6

(95) ℹ Tél. : 01 30 38 24 45
Autour de la cathédrale Saint-Maclou, l'ancienne place forte du Vexin français a bénéficié d'une belle rénovation de ses ruelles en escalier et de ses petites places du centre. Le musée Pissaro est installé dans l'ancien château, qui offre de beaux points de vue sur l'Oise.

206 Provins   28/A2

(77) ℹ Tél. : 01 64 60 26 26
Au-dessus de la plaine à blé de Champagne, la vie paraît intemporelle. À l'intérieur des remparts médiévaux de la haute ville se trouvent la porte Saint-Jean, la tour des Engins, le puissant donjon flanqué de tourelles, et d'anciens palais et demeures à encorbellement édifiés sur d'immenses caves voûtées soutenues par des piliers. Les rues pavées, l'ombre des tilleuls, le rouge sang des roses de Provins – dont les pétales permettent de confectionner des confitures –, les places, la croix des Changeurs et son puits à armatures en fer forgé charment les visiteurs. La ville basse, très animée dans les rues du Val, de la Friperie et de la Cordonnerie, est aussi séduisante. Les trois portails de l'église Saint-Ayoul (XIIe s.) sont des chefs-d'œuvre. Les foires qui, au Moyen Âge, attiraient Français, Lombards, Allemands ou Flamands – la monnaie battue à Provins avait cours dans toute l'Europe – ont fait la fortune de la cité.
👁 à proximité l'**église** romane **de Saint-Loup-de-Naud.**

207 A Rambouillet (Château de)  16/F8

(78) ℹ Tél. : 01 34 83 21 21. Tél. château : 01 34 83 00 25
Résidence d'été du président de la République, le château, remanié à plusieurs reprises, a conservé la tour ronde du XIVe s. où mourut François Ier. La plupart des constructions datent du comte de Toulouse (début du XVIIIe s.), les appartements d'Assemblée notamment, avec leurs boiseries rocaille. Le parc accueille la Laiterie de la reine, la Chaumière des coquillages et la Bergerie nationale, qui abrite les fameux mérinos importés d'Espagne à la fin du XVIIIe s.

207 B Rambouillet (Forêt de)  16/F8

(78) ℹ Tél. : 01 34 83 21 21
L'immense forêt de 13 000 ha, poumon vert de Paris, forme un arc de cercle à 50 km de la capitale. Plantée de chênes, de hêtres, de bouleaux et de pins, elle est trouée de vastes clairières. Les ruisseaux qui la sillonnent ont formé douze étangs dont ceux de Hollande et celui de la Grenouillère, aménagé pour la baignade. La chasse à courre se pratique toujours dans ses bois ; le parc animalier de Clairefontaine accueille sangliers, cerfs et chevreuils.

208 Roche-Guyon (Site de la)  16/E6

(95) ℹ Tél. : 01 34 79 72 84
Cette corniche de craie blanche piquée d'abris troglodytiques est découpée en tours et en pitons qui se dressent au-dessus de landes et de bois de cytises. La route des Crêtes permet d'admirer l'ensemble de ce site botanique – remarquable pour les espèces variées qu'il rassemble – et le donjon du château fort de La Roche-Guyon.

209 Royaumont (Abbaye de)  17/H6

(95) ℹ Tél. : 01 30 35 88 90
L'abbaye cistercienne fondée par Saint Louis, alors qu'il était âgé de 14 ans, fut l'une des plus riches d'Île-de-France. Il ne reste que des vestiges de l'église, démolie sous la Révolution. Le magnifique cloître, les anciennes cuisines et le réfectoire gothique ont été entièrement restaurés. Royaumont est aujourd'hui un centre culturel qui organise colloques, expositions, récitals et autres manifestations artistiques.

LE VEXIN DES IMPRESSIONNISTES

Si Pissaro a laissé son empreinte à PONTOISE, l'ombre de Van Gogh plane sur Auvers-sur-Oise. Le château de Léry présente ici le mouvement impressionniste et ses principaux représentants. Depuis l'Isle-Adam, où se profile la silhouette exotique du pavillon chinois, seul vestige du parc de Cassan, la route des Hauteurs serpente à travers le Vexin, bordée des charmantes églises de Nesles-la-Vallée, d'Épiais-Rhus et de Marines.

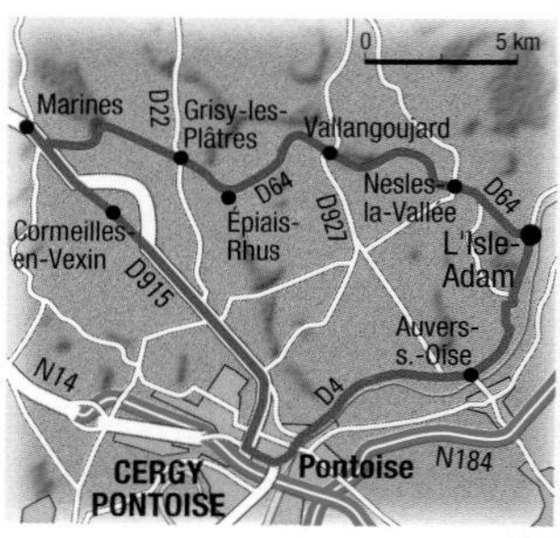

LA MORT DE VAN GOGH À AUVERS-SUR-OISE

Le 27 juillet, près de **Pontoise,** Van Gogh, en plein combat contre la folie, se tire au milieu d'un champ une balle dans la tête. Deux jours plus tard, il meurt dans l'anonymat, à l'âge de 37 ans, sur le petit lit en fer de la mansarde du café Ravoux qui, devenu une auberge coquette, a conservé la chambrette intacte. Dans le cimetière du village se trouve la tombe jumelle des deux frères, Théo et Vincent. Sur la petite route que le peintre empruntait souvent, des panneaux signalent les paysages qui l'ont inspiré.

1 

 2

Provins

1 Maison médiévale à pans de bois

2 Maison de pierre à arcade et ouverture trilobée

3

4

Rambouillet

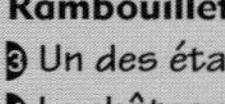

3 Un des étangs de la forêt

4 Le château et son parc

5

 6

L'abbaye de Royaumont

5 Le réfectoire à deux nefs

6 Le bâtiment des moines

210 Rueil-Malmaison (Château de)  17/G7

(92) ℹ Tél. : 01 47 32 35 75. Tél. domaine de Malmaison : 01 41 29 05 55
La Malmaison, achetée en 1799 par Joséphine de Beauharnais, illustre parfaitement l'art du Consulat et de l'Empire. Après son divorce, l'épouse de Napoléon Ier s'y retira, et y mourut en 1814. La demeure a conservé son mobilier et sa décoration d'origine, dont le tableau de David représentant Bonaparte franchissant le col du Grand-Saint-Bernard.
👁 à proximité le **château de Bois-Préau,** provisoirement fermé pour travaux, qui expose des souvenirs de l'Empereur.

211 Saint-Cloud 17/G7

(92) ℹ Tél. parc : 01 41 12 02 90
Ville résidentielle de l'Ouest parisien, Saint-Cloud est apprécié pour son parc s'étendant sur 450 ha environ. Dessiné par Le Nôtre, il domine la Seine. Depuis le jardin du Trocadéro à proximité de la Grande Cascade, ou depuis le rond-point de la Balustrade, ☼ sur Paris.

212 Saint-Denis  17/H7

(93) ℹ Tél. : 01 55 87 08 70
La basilique de Saint-Denis (XIIe s.) est la nécropole des rois de France. Jadis, l'Europe entière s'émerveilla de ce premier sanctuaire de très vastes dimensions, où la lumière pénétrait largement. L'abbé Suger, qui dirigeait les travaux du chœur, eut en effet l'idée ingénieuse de briser les arcs de la voûte pour déporter les poussées vers les piliers et les contreforts extérieurs. Il dut alors imaginer des murs-rideaux, ornés de verrières, qui fleuriront dans toutes les cathédrales gothiques. L'ensemble des tombeaux que celle-ci abrite est un musée de la sculpture funéraire unique au monde. L'ancienne abbaye accueille, depuis 1809, la Maison d'éducation de la Légion d'honneur.
Le Stade de France, belle réalisation architecturale moderne, a été construit ici, à l'occasion de la coupe du monde de football 1998.

213 A Saint-Germain-en-Laye  17/G7

(78) ℹ Tél. : 01 34 51 05 12
Autour de la forteresse féodale, qui a gardé son plan d'origine bien que François Ier l'ait transformée, les rues commerçantes animées, la terrasse et la forêt rendent la cité très agréable. Le château fut l'une des principales résidences royales ; Louis XIV y naquit. Aujourd'hui, il abrite le riche musée des Antiquités nationales, qui rassemble des vestiges archéologiques dont les premiers datent du paléolithique et les derniers de l'époque mérovingienne. Depuis la terrasse, ☼ sur la Seine.

213 B Saint-Germain-en-Laye (Forêt de)  17/G7

(78) ℹ Tél. : 01 34 51 05 12
Plate et sablonneuse, jouxtant les portes de la ville, elle est jalonnée de croix plantées aux carrefours d'allées en étoile, jadis fréquentées par les chasses royales ; grâce à ses nombreux chemins forestiers balisés, elle se prête parfaitement aux promenades à pied, à cheval ou à bicyclette. Le Nôtre y fit planter 5,5 millions d'arbres. Aujourd'hui, elle abrite, sur ses 3 500 ha, des chênes et des pins.

214 Saint-Ouen 17/H7

(93) ℹ Tél. : 01 40 11 77 36 — 👁 encadré ci-contre

215 Saint-Sulpice-de-Favières  27/G2

(91) ℹ Tél. mairie : 01 64 58 42 33
Ce village, à 10 km d'Arpajon, abrite l'une des plus belles églises gothiques d'Île-de-France. Remarquable surtout par son chœur, aux surprenantes proportions aériennes, elle fut construite entre 1245 et 1260.

LE MUSÉE DE L'AIR ET DE L'ESPACE DU BOURGET

Tous les deux ans, à l'est de **Saint-Denis,** l'aéroport du Bourget, associé aux grands événements qui marquèrent les débuts de l'aviation – c'est ici que Lindbergh atterrit après sa traversée de l'Atlantique –, accueille le Salon international de l'aéronautique et de l'espace. Le musée retrace l'histoire de la conquête de l'air à travers des objets, des maquettes et une exceptionnelle collection d'appareils et d'engins spatiaux. Le Voisin de Farman y côtoie notamment le Concorde et la reproduction de la fusée Ariane.

LES PUCES DE SAINT-OUEN

Plusieurs millions de personnes arpentent chaque année les allées de ce paradis de la chine, principal marché aux puces de la capitale. Amateurs, éclairés ou non, et connaisseurs avertis visitent les quelque 2 000 boutiques et échoppes à la recherche de l'objet rare, parfois de la pièce exceptionnelle. Un acheteur acquit pour une somme dérisoire, il y a de nombreuses années, *les Mangeurs de pomme de terre,* de Van Gogh.

Le château de Rueil-Malmaison

1 Centaure ornant le petit pont de la façade côté parc

2 Une des ailes en retour

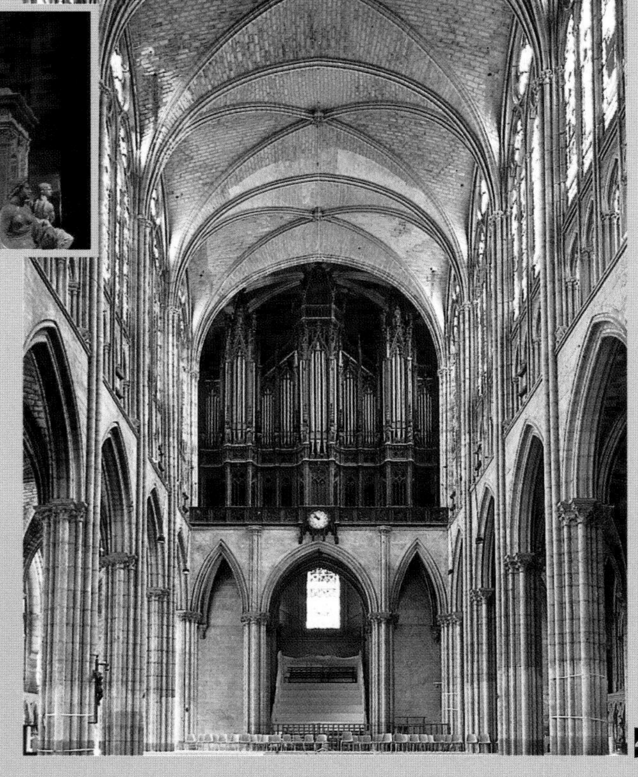

Saint-Denis

3 Le tombeau de Louis XII et d'Anne de Bretagne

4 La nef vue du chœur

Le château de Saint-Germain-en-Laye

5 La façade avec une des tourelles d'angle

La forêt de Saint-Germain-en-Laye

6 La forêt vue d'Herblay

216 Sceaux (Château et parc de)

 17/G1

(92) ℹ Tél. : 01 46 61 19 03

Une première superbe demeure fut construite ici en 1670, par les plus grands artistes du temps, pour le compte de Colbert. Après une période de fastes éblouissants, le domaine tomba peu à peu en décrépitude. Reconstruit, il abrite aujourd'hui le musée régional d'Île-de-France. Le parc réunit l'Orangerie, les Grandes Cascades, le Grand Canal, long de plus de 1 km, et le ravissant pavillon de l'Aurore.

217 Sèvres

 17/G7

(92) ℹ Tél. mairie : 01 41 14 10 10. Tél. observatoire de Meudon : 01 45 07 74 86

En bordure du parc de Saint-Cloud, le Musée national de la céramique présente une collection exceptionnelle de faïences et de porcelaines de Saxe, de Chine, du Japon, et de pièces fabriquées à la Manufacture nationale de porcelaine, installée à Sèvres depuis le XVIIIe s. En ville, la maison des Jardies vit mourir Gambetta. Balzac y vécut.

👁 à proximité **Meudon**. Du domaine du Grand Dauphin, fils de Louis XIV, il ne reste que deux ailes, transformées en observatoire, et la terrasse de Meudon, derrière lesquelles s'étend la forêt. La maison d'Armande Béjart a été conservée et aménagée en musée d'Art et d'Histoire. À côté, un musée Rodin est installé dans la villa des Brillants.

218 Thoiry (Parc animalier)

 16/F7

(78) ℹ Tél. : 01 34 87 40 67

Un millier d'animaux – lions, tigres, éléphants... – vivent en semi-liberté sur les 450 ha de ce domaine. La création du parc, en 1968, a permis la sauvegarde et l'entretien de la belle demeure Renaissance et de son riche mobilier. Un vivarium, aménagé dans les sous-sols du château, abrite une grande variété de reptiles.

219 Vallée-aux-Loups (La)

 17/G1

(92) ℹ Tél. maison de Chateaubriand : 01 47 02 08 62

En 1807, François-René de Chateaubriand s'installe à Chatenay-Malabry, dans une modeste demeure (XVIIIe s.) qu'il embellit peu à peu. Il y écrit beaucoup et il y reçoit. De nombreux souvenirs, gravures et manuscrits ont été conservés à l'intérieur de la maison. Il plante dans le jardin des arbres rares qui lui rappellent ses voyages : cèdres du Liban, cyprès chauves et ifs du Canada. Ces essences sont l'un des charmes de ce très beau parc à l'anglaise.

220 Vaux-de-Cernay (Cascade des)

 16/F8

(78) ℹ Tél. 01 34 85 21 35. Tél. abbaye : 01 34 85 23 00

Le ru de Cernay franchit en cascatelles une gorge chaotique que l'on remonte à pied à partir de l'étang du vieux moulin des Rochers, en suivant la rive gauche. La lumière, les rochers, le sable, les arbres, tout ici évoque la forêt de Fontainebleau.

👁 à proximité les ruines de l'**abbaye des Vaux-de-Cernay.**

221 Vaux-le-Vicomte (Château de)

 27/J2

(77) ℹ Tél. : 01 64 14 41 90

Dressé sur son socle de pierre, le château est le symbole de l'ascension du surintendant général des Finances Nicolas Fouquet. Quand il fut terminé, son propriétaire donna une fête d'un faste inouï, pour faire admirer le chef-d'œuvre construit en cinq ans. Invité, le jeune Louis XIV fut profondément choqué par une telle ostentation... et fit arrêter Fouquet. L'intérieur richement décoré de l'édifice, ses appartements et la perspective de ses jardins annoncent Versailles. Les trois artistes qui réalisèrent Vaux-le-Vicomte – l'architecte Louis Le Vau, le peintre Charles Le Brun et le paysagiste André Le Nôtre – furent en effet choisis par le souverain pour créer son palais.

NICOLAS FOUQUET (1615-1680)

« Jusqu'où ne monterai-je pas ? » La devise choisie par Fouquet révèle l'ambition et l'orgueil de ce surintendant des Finances entré au parlement de Paris à 20 ans. Profitant de sa position, il amasse une fortune considérable, et s'entoure des grands artistes de son temps, tels Molière ou La Fontaine. Il se fait construire le superbe château de **Vaux-le-Vicomte,** à l'image de sa réussite. Louis XIV prend ombrage de tant de richesse et de luxe. Il l'accuse de malversations et le fait arrêter en ordonnant que ses biens soient mis sous séquestre. Après trois ans de procès, Fouquet sera condamné au bannissement. Le roi commue sa peine en prison à vie. Il mourra incarcéré à Pignerol.

LE MÈTRE ÉTALON

Le mètre était initialement la quarante-millionième partie du méridien terrestre. Il fut adopté en France, puis peu à peu dans tous les pays du monde, pour servir de base au système des poids et des mesures. Depuis la première Conférence générale des poids et mesures à Paris, en 1889, et jusqu'en octobre 1960, il était représenté par la distance, à la température de 0 °C, entre deux traits parallèles tracés sur le prototype international en platine iridié qui est toujours déposé au pavillon de Breteuil, à **Sèvres.**

Sceaux

1 La façade du château

2 Une des statues du parc

Sèvres

3 Une des céramiques ornant le parc du château

4 Le Musée national de la céramique

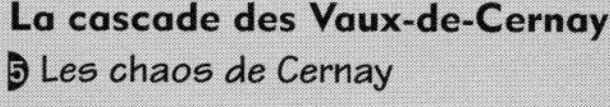

La cascade des Vaux-de-Cernay

5 Les chaos de Cernay

Le château de Vaux-le-Vicomte

6 La façade sud

222 Versailles

17/G1

(78) ℹ Tél. : 01 39 24 88 88. Tél. château : 01 30 83 78 00

L'histoire

Admiré par toutes les cours européennes, le château de Versailles a servi de modèle à de nombreux palais royaux, de l'Espagne à la Russie en passant par la Bavière. Il représente l'un des plus beaux ensembles monumentaux de l'Europe du XVIIe s. C'est à Louis XIII que l'on doit le petit château primitif, bâti sur un rendez-vous de chasse, et qui est demeuré encastré dans l'édifice actuel.

En 1661, émerveillé par le faste de Vaux-le-Vicomte, le jeune Louis XIV décida d'agrandir le château de son père pour en faire une demeure digne de lui. La construction dura près d'un demi-siècle, du début de son règne personnel à sa mort. Pendant toute cette période, Jules Hardouin-Mansart, Charles Le Brun et André Le Nôtre veillèrent sur le chantier, qui employa 36 000 ouvriers et soldats.

Jusqu'à 25 000 visiteurs par jour – on en compte 3 millions par an – viennent aujourd'hui voir l'immense parc et les 11 ha de bâtiments accueillant environ 700 pièces, 8 000 tableaux et 2 000 sculptures.

Le château

À partir du petit édifice de Louis XIII et de sa cour de Marbre s'éleva un ensemble aux proportions impressionnantes. La façade donnant sur le parc est longue de 680 m.

Si la Révolution a vidé le palais de son mobilier, un important effort de restauration a été entrepris depuis 1950, restituant à l'ensemble une partie de sa majesté d'antan : la chambre du Roi et la galerie des Glaces ont retrouvé leur aspect du XVIIIe s. Cette dernière pièce, très célèbre, s'ouvre, par 17 fenêtres, sur les jardins ; elle est éclairée par autant de miroirs, qui leur font face, tandis que les murs sont revêtus d'un décor de marbre orné de trophées de bronze. Longue de 75 m, elle accueillait les fêtes et les cérémonies les plus prestigieuses. Elle sert encore aujourd'hui de cadre aux réceptions de chefs d'État. La chapelle Royale, dédiée à Saint Louis, le salon de la Guerre et le salon de la Paix, le salon d'Hercule, avec ses tableaux de Véronèse, la chambre de la Reine, l'appartement du Roi au-dessus de la cour de Marbre sont autant de pièces somptueuses.

Le parc

Les 800 ha du parc ne sont pas moins riches ; deux châteaux, le Grand et le Petit Trianon ; des jardins à la française où se succèdent parterres géométriques, statues, fontaines, bassins et pièces d'eau ; l'Orangerie, chef-d'œuvre de Mansart ; le Grand Canal, les Trianons et le hameau de la Reine, constitué de maisons à toit de chaume.

La ville

Trois avenues, celles de Saint-Cloud, de Paris et de Sceaux, rayonnent à partir du château et conduisent aux nombreux hôtels particuliers de la ville. La cathédrale trône au cœur du quartier Saint-Louis, aux charmantes petites places en carrés et aux rues pavées. L'église Notre-Dame, le marché et son secteur commerçant, autour de la rue de la Paroisse, et le musée Lambinet, consacré à l'histoire locale, compléteront cette découverte de Versailles.

223 Vincennes (Château de)

17/H7

(94) ℹ Tél. : 01 48 08 13 00

Au XIVe s., le manoir du XIe s. de Philippe Auguste est transformé en forteresse par les Valois. Deux ailes symétriques sont élevées pour Louis XIV et la reine. Le donjon est alors une prison d'État. Arsenal sous Napoléon Ier, fort militaire sous Louis-Philippe, Vincennes commence à être restauré à la fin du XIXe par Viollet-le-Duc. Celui-ci lui rend son plan du XVIIe s., avec son enceinte hérissée de tours, son donjon et son pont d'accès. Le château conserve des souvenirs de Charles V, de François Ier et de prisonniers célèbres, tels Fouquet et Mirabeau. La chapelle Royale possède de magnifiques vitraux du XVIe s.

LOUIS XIV

En 1661, à 23 ans, le Roi-Soleil commence son règne personnel. Souhaitant s'écarter de Paris tout en gardant autour de lui sa cour et les intellectuels de son temps, il choisit **Versailles.** Conçu par les plus grands architectes et artistes de l'époque, le château magnifique qu'il fait construire éclipse toutes les résidences royales précédentes. Dès 1663, fêtes et réceptions s'y succèdent. Le roi s'y installe en 1682, mais le château sera continuellement en chantier. Le 1er septembre 1715, Louis XIV s'éteint dans la chambre du Roi, au centre de ce somptueux palais.

LE BOIS DE VINCENNES

Parc floral, hippodrome, zoo, arboretum, musée des Arts africains et océaniens : autant de visites captivantes dans cette ancienne forêt royale, replantée sous Louis XV et réaménagée en parc à l'anglaise sous Napoléon III. Les allées qui la sillonnent et les lacs qui y miroitent datent de cette époque. Chaque année, elle accueille, sur la pelouse de Reuilly, la foire du Trône ou foire aux Pains d'épice, dont l'origine remonte au Xe s.

1

2

3

Versailles

1 Nymphe et amour au parterre d'Eau

2 La statue de Louis XIV dans la cour Royale

3 Détail ornemental d'une fontaine du parc

4

5

Le château de Vincennes

4 Le donjon et son enceinte

5 La façade sud de la tour du Village

EST

08 Ardennes
10 Aube
51 Marne
52 Haute-Marne
54 Meurthe-et-Moselle
55 Meuse
57 Moselle
67 Bas-Rhin
68 Haut-Rhin
88 Vosges

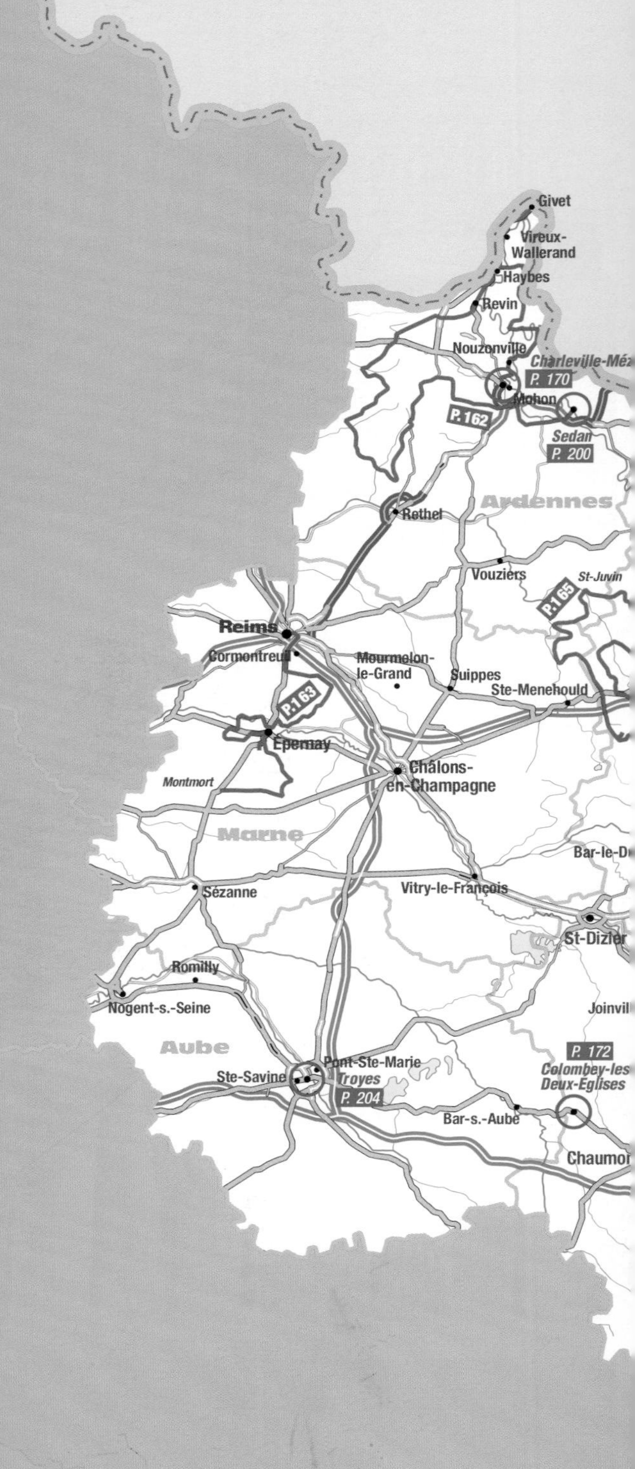

Longwy
Montmédy
Réhon
Villerupt
Hettange-G.
Longuyon
Thionville
Yutz
Spincourt
Fontoy
Piennes
Florange
Guénange
Bouligny
Moyeuvre
Hagondange
Briey
Maizières
Mort-Homme
Homécourt
Grossrosseln
Forbach
Creutzwald
Verdun
Jarny
Woippy
Sarreguemines
Metz
St-Avold
Farebersviller
Bitche
Ars-s.-M.
P. 206
Wissembourg
Faulquemont
Meuse
Reichshoffen
Morhange
Bas-Rhin
Pont-à-Mousson
St-Mihiel
Moselle
Haguenau
Bischwiller
Château-Salins
Dieulouard
Sarrebourg
Brumath
Saverne
P. 198
Commercy
Frouard
St-Max
Écrouves
St-Nicolas-de-P.
Schiltigheim
Toul
Nancy
Ligny-en-Barrois
Neuves-Maisons
Lunéville
Molsheim
Strasbourg
Dombasle-s-Meurthe
Obernai
Meurthe-et-Moselle
Baccarat
P. 168
Andlau
Massif du Donon
Erstein
Colline de Sion
Raon-l'Étape
Charmes
Rambervillers
Neufchâteau
P.164
St-Dié
P.166-167
Sélestat
Mirecourt
Thaon
Ste-Marie-aux-Mines
Vittel
Kaysersberg
P. 182
Haute-Marne
Vosges
Épinal
Sommet du Hohneck
Gérardmer
Colmar
P. 176
P. 180
Wintzenheim
La Bresse
Forêt et lac de Gérardmer
Remiremont
Nogent
Guebwiller
Soultz-Haut-Rhin
Le Val-d'Ajol
Ensisheim
Langres
Thann
Cernay
Mulhouse
Haut-Rhin
Altkirch
LÉGENDE DE LA CARTE
Troyes
P.204
Petit itinéraire :
point de départ
numéro de page
Grand itinéraire :
numéro de page
P.165
tracé

Bâti fortifié en Ardennes

Le vieux massif boisé, l'Ardenne, impose son nom au département, dont le pluriel traduit une diversité réelle. À son pied viennent en effet buter trois régions naturelles : la Lorraine s'achève en Argonne, la Champagne en Porcien et le Nord en Thiérache. Un même destin soude ces facettes : celui d'une frontière exposée dont témoigne leur architecture fortifiée.

Sedan :
une forteresse longtemps réputée imprenable

❶ Charleville-Mézières

237 18/**E3**

Entre des monts boisés, la ville suit les méandres de la Meuse, alliant nature et architecture classique. Sous une arcade de sa place Ducale, on découvre le musée de l'Ardenne (remarquable section archéologique), puis l'on passe place Churchill voir et entendre l'horloge du Grand-Marionnettiste, avant d'aller évoquer le souvenir de Rimbaud au Vieux Moulin, en bord de Meuse.

À Mézières, on flâne sur le chemin de halage (10 minutes à pied de l'hôtel de ville), où nous toise, vestige impressionnant, une porte de la citadelle défendue par Bayard en 1521.

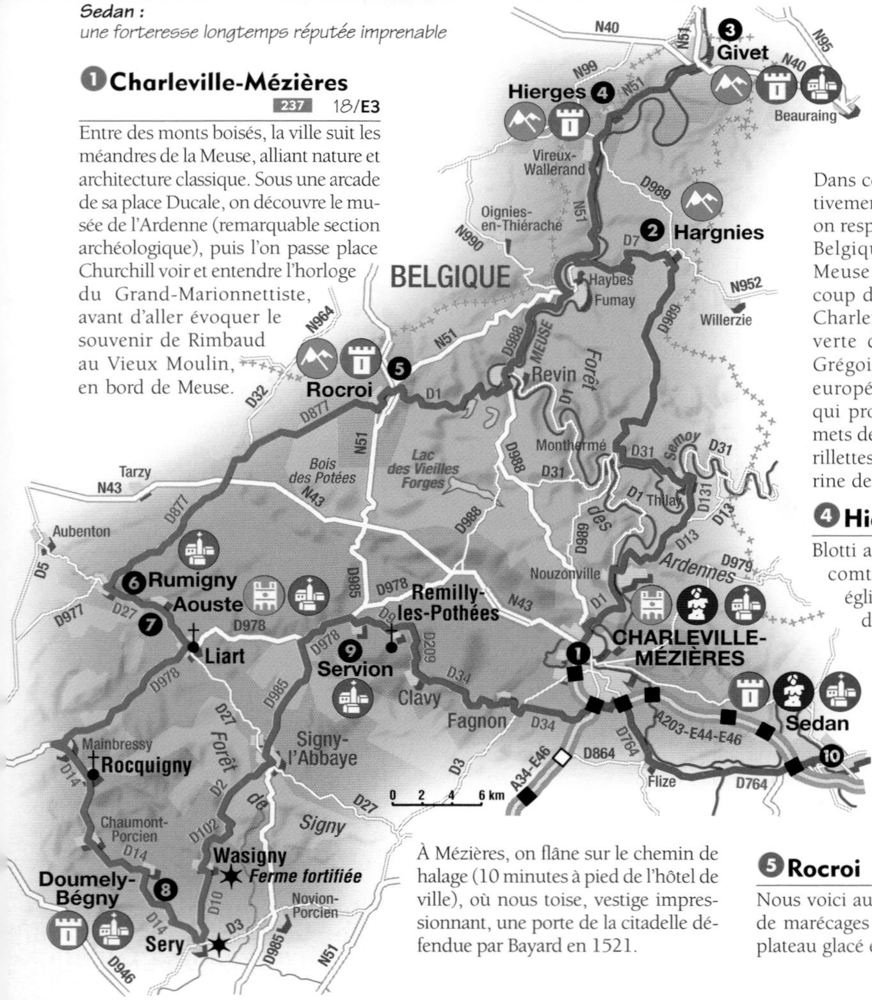

LES BÂTIS FORTIFIÉS

Au nord, au long de la frontière, s'échelonnent les places fortes, ainsi que les châteaux des familles nobiliaires : Givet et Rocroi, Sedan et Hierges. Plus au sud, les interminables conflits, du XVIe s. notamment, ont fait se multiplier maisons, fermes et églises fortifiées en Thiérache et en Argonne. Pourvues de très solides défenses, celles de la Thiérache séduisent par la variété des solutions architecturales. Si les maisons fortes sont l'œuvre de notables, les églises relèvent de l'initiative des communautés campagnardes. Dans le massif, les hommes préféraient fuir en forêt, d'où l'absence de tels dispositifs.

❷ Hargnies

Ici, la forêt est refuge et symbole de liberté : selon la légende, Renaud de Montauban, rebelle à Charlemagne, se cacha dans la contrée, terre de chasse de l'empereur ; et Bayard, son cheval merveilleux, court dans ces bois à jamais. C'est ici aussi, entre les Hauts-Buttés et le Malgré-Tout, où un monument leur est consacré, que se cachaient les jeunes combattants du maquis des Manises.

❸ Givet

255 18/**F2**

Dans cette cité passée définitivement à la France en 1679, on respire déjà un petit air de Belgique au bord d'une Meuse apaisée. Après un coup d'œil à la forteresse de Charlemont (1555), découverte des tours Victoire et Grégoire et halte au Centre européen des métiers d'art, qui propose aussi aux gourmets des spécialités telles que rillettes de dinde rouge et terrine de colvert aux noisettes.

❹ Hierges

Blotti au pied de son château comtal (1560) et de son église, le minuscule village doit sa grâce à la délicatesse de ses couleurs. La pierre de Givet – un calcaire très dur – se marie là à une ardoise tirée d'un tout petit filon dans une rare symphonie de murs bleus et de toits roses.

❺ Rocroi

302 18/**E3**

Nous voici au pays des Rièzes, terre de marécages et d'étangs. Là, sur le plateau glacé en hiver, est posée une forteresse qui a la pureté géométrique d'une étoile. La porte de France passée, c'est une profusion de fleurs à la belle saison, un silence retrouvé (pas de voiture ici), une propreté méticuleuse. L'ancienne place forte accueille avec le sourire. Est-ce son modèle italien ou l'éternel souvenir de la victoire du Grand Condé qui donne à la cité cet air de félicité ?

6 Rumigny

Répondant à l'appel de François Ier, inquiet de « ce grand pays ouvert entre La Capelle et Mézières », Louis Martin, prévôt de Rumigny, fit construire en 1546 ce manoir de la Cour-des-Près, où toute la population pouvait trouver refuge.

7 Aouste

Sa blanche église asymétrique, entièrement reconstruite au XVIe siècle, est peut-être la plus originale des bâtisses fortifiées de la région. 👁 un peu plus avant encore dans cette Thiérache agricole l'église de Liart, à l'allure de maison forte, et celle de Rocquigny avec ses briques rouges et ses robustes tours d'angle rondes (fortifiées au XVIe s.).

8 Doumely-Bégny

Sa maison forte (1620), avec ses tours à bec et ses frises de briques, est un joyau. 👁 Wasigny pour sa ferme fortifiée (XVIe-XVIIIe s.) et sa halle (XVe s.). 👁 Sery, village typique du haut Porcien avec ses maisons en torchis à ossature de bois.

9 Servion

Semblable, n'était sa pierre jaune, à celle de Rocquigny, l'église de Servion est devenue un centre culturel. Qu'on ne s'étonne pas d'y trouver une charpente à mi-hauteur, seul vestige d'un étage disparu où se réfugiaient femmes et enfants quand un assaillant survenait. L'unique accès en était la tour-donjon d'où combattaient les hommes. Le bétail, lui, était mis à l'abri dans la nef. 👁 Remilly-les-Pothées, sa maison forte et son église fortifiée.

10 Sedan

313 18/F3

Ralliée au protestantisme, la principauté de Sedan prospéra, forte de son industrie métallurgique et lainière, à l'ombre du plus grand château fort d'Europe. « Étranger, si tu viens en ennemi du nom français, ce lieu n'est pas sûr pour toi », lisait-on gravé dans la pierre. La ville, rattachée à la France en 1651, donna Turenne au Roi-Soleil, mais se trouva à demi ruinée par la révocation de l'édit de Nantes. Par une ironie du sort, Sedan, dont le château avait découragé toutes les attaques quatre siècles durant, vit *in fine* son nom lié aux désastres de 1870 et de 1940.

Sur les routes du Champagne

« Le roi des vins, le vin des rois » a deux vignobles que les vignerons assemblent pour produire un grand vin de fête : Reims (la puissance, le fruit) et Épernay (la finesse). On passe de l'un à l'autre, par-dessus la Marne.

1 Reims

296 18/C6

Des cathédrales secrètes, souterraines et monumentales, abritent les réserves des grandes marques de champagne. Les plus belles de ces « crayères » d'origine gallo-romaine sont celles de Taittinger (pour son ampleur), Pommery (pour son escalier géant) et Piper-Heidsieck (pour son parcours en nacelle).

2 Verzy

Les « faux de Verzy » sont des hêtres tortillards dont les formes tourmentées font penser à des bonsaïs géants. 👁 Rilly-la-Montagne, où les stalles de l'église figurent les travaux de la vigne. 👁 Verzenay, son moulin à vent (sur le vignoble), et le phare bâti pour une réclame d'antan.

3 Ay

Henri IV y possédait un pressoir dont il reste une maison à colombage. Le musée du Vin (collection d'outils) vaut la visite. 👁 Hautvillers, où officia Dom Pérignon : du vigneron au pompier, chacun y arbore une enseigne polychrome.

4 Boursault

Un faux château Renaissance digne d'un conte de Perrault y fut construit au XIXe siècle pour la veuve Clicquot, célèbre figure champenoise.

5 Épernay

249 18/C6

On remontera l'avenue de Champagne, bordée par les opulentes demeures des grandes marques, avant de visiter quelques caves : Mercier (visite en petit train), ou Castellane (serre où s'ébattent des papillons rares, musée de l'Étiquette, collection d'affiches et musée du Vin).

6 Chavot-Courcourt

Les villages français sont le plus souvent serrés autour de leur église. Pas en Champagne : celle-ci trône au milieu des vignes, comme pour mieux veiller sur elles…

7 Vertus

Le village a gardé les souvenirs de son passé médiéval. 👁 les grands crus du vignoble d'Épernay : Cuis (église romane), Avize (bourg décoré de cartes postales géantes), Le Mesnil-sur-Oger (musée du Vin).

8 Montmort

Dans ce château Renaissance, une rampe à double révolution permettait aux carosses l'accès à l'étage !

Verzenay : *le moulin*

Vers la ligne bleue des Vosges

Frontière ou point de passage ? Moines et hommes politiques, industriels et militaires ont façonné le destin de cette zone tampon, qui tira force et faiblesse de sa situation exposée, au centre d'une croix allant de la Saône à la mer du Nord et du Rhin à la Loire. Du plateau lorrain aux hautes Vosges, redécouverte d'un territoire méconnu.

Le Hohneck : *la vue sur les chaumes, vers le nord-est*

LA LORRAINE DU CRISTAL

L'industrie du verre remonte aux temps gallo-romains, lorsque voies romaines et *villae* fleurissaient entre Argonne et Moselle. Brisée par les invasions du Ve s., réinventée par les abbayes aux XIe et XIIe s., elle est, au XVe s., le fait de « gentilshommes verriers ». Au XVIIIe s., la guerre de Trente Ans, qui ravage la région, l'invention du cristal et la renaissance du duché de Lorraine en 1697 rebattent les cartes : en un siècle naissent les manufactures qui symbolisent encore l'art du cristal lorrain, dont Portieux et Baccarat.

❶ Colline de Sion

317 29/J3

Du haut de ses 541 m, on découvre la houle dense des champs, des prés et des bois du Saintois, pays vert parsemé de bourgs aux tuiles rouges. Du temps des Leuques (Celtes) à celui de Maurice Barrès, la « colline inspirée » resta un lieu de dévotion, et fut le point de ralliement, entre 1870 et 1914, d'une Lorraine bouleversée par la perte de Metz et de Strasbourg. à l'extrémité de la butte, les ruines du château des ducs de Vaudémont.

❷ Charmes

Du Monument de Lorraine, on surplombe rivières à truites, vallée de la Moselle et forêt de Charmes, où fut stoppé en 1914 l'assaut allemand lancé depuis la frontière, à l'époque toute proche. La ville natale de Barrès, quant à elle, n'a sauvé des ravages de la guerre que son église des XVe-XVIe s. et une maison Renaissance.

❸ La Verrerie (Portieux)

Remonter la Moselle, c'est remonter ce qui fut l'empire Boussac : filatures et tissage de coton, telle la « filass' » de Vincey, bâtie sur le modèle d'une filature anglaise, toute de brique rouge. À Portieux, la verrerie, née dans le bourg en 1705, puis déplacée à mesure des coupes effectuées en forêt (d'où elle tirait son feu), est aujourd'hui en plein bois. On y visite (sur rendez-vous ; tél. : 03 29 67 42 22) les ateliers de fabrication d'un cristal encore soufflé à la bouche et fini à la main.

❹ Châtel-sur-Moselle

Axe commercial et industriel, la Moselle vit aussi défiler les armées. Assiégée neuf fois durant la guerre de Trente Ans, cette forteresse bâtie en éperon sur la rivière fut rasée en 1671 par les troupes de Louis XIV. Les fouilles révèlent peu à peu la richesse de son complexe architectural, notamment souterrain.

❺ Baccarat

230 30/B3

La ville doit sa renommée mondiale à la cristallerie fondée en 1764 (ne se visite pas). Le musée attenant expose quelques chefs-d'œuvre soufflés et taillés par ses maîtres verriers. Sur l'autre rive de la Meurthe, le cristal est devenu vitrail dans l'église Saint-Rémy, reconstruite après guerre. à Deneuvre, bourg médiéval, l'étonnante reconstitution d'un sanctuaire gallo-romain dédié à Hercule, et l'église-grange renfermant un orgue de 1704, récemment restauré.

❻ Senones

Fifres, tambours et uniformes d'époque : la relève de la garde de Salm (dim. matin en été) rappelle que Senones fut capitale d'une principauté minuscule dont Voltaire, en visite, prétendit méchamment qu' « un escargot en ferait le tour en une journée.» C'est le temps qu'il faut pour monter vers le Donon à travers la forêt du Val de Senones. du Hohneck à la Forêt-Noire depuis l'étroit plateau ovale du sommet. Le massif du Donon, propice à la randonnée, contrôle depuis toujours les principales voies de passage et d'invasion entre l'Alsace et la Lorraine. les ruines du château de Salm.

❼ Saint-Dié

306 30/C3

La médiathèque municipale conserve un exemplaire du *Cosmographiae Introductio* de 1507, rédigé ici, qui le premier appela Amérique le continent récemment découvert. Du haut de l'aérienne et très moderne tour de la

Liberté, étrange oiseau blanc posé en bord de Meurthe, on redécouvre la ligne bleue des Vosges. 👁 au camp de la Bure, fossés, remparts et ateliers vieux de 4 000 ans. 👁 le défilé de Straiture, pour un arrêt-cueillette à la recherche de myrtilles, qu'on nomme ici brimbelles.

8 Route des Crêtes

241 30/C4

Sur la « ligne », on découvre à chaque tournant de nouveaux horizons sur l'Alsace et parfois jusqu'aux Alpes. Dans les fermes-auberges des chaumes, là où naît le munster, la soupe est servie d'office au randonneur, l'accordéon est roi, et chante le vin d'Alsace… ⁂ à 360° depuis le Hohneck, point culminant de la frontière de 1871 à 1918, et à pic, du côté alsacien, sur le minuscule et miroitant lac glaciaire de Fischboedle.

9 Gérardmer

254 30/C4

La ville est née des glaces. Là où leur expansion s'est arrêtée, les moraines ont constitué un barrage qui retient encore les eaux du lac, tache bleue dans la forêt vert sombre. Gérardmer y gagne aujourd'hui la réputation, méritée, d'un agréable lieu de villégiature. 👁 en descendant des crêtes les trois lacs de Blanchemer, Retournemer et Longemer, perles d'eau que le glacier a laissées derrière lui dans sa course.

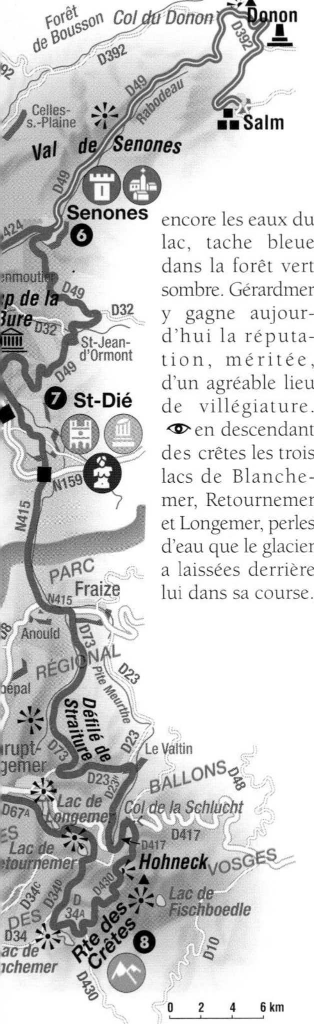

Forêt et mémoire en Argonne

Des vallonnements paisibles de l'Argonne, on passe aux villages fantômes rayés de la carte par la folie meurtrière de 1914-1918.

Vauquois : *le Mémorial*

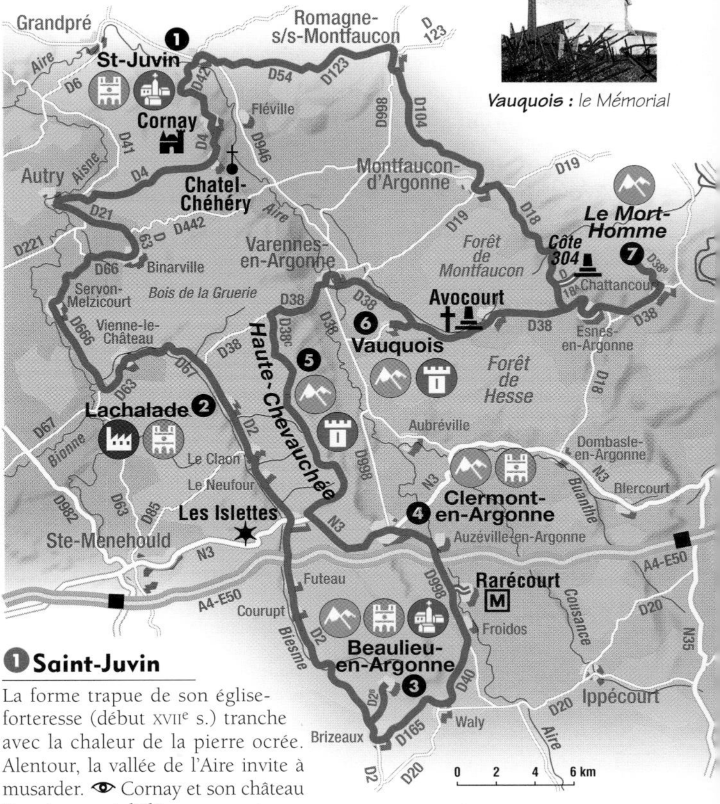

1 Saint-Juvin

La forme trapue de son église-forteresse (début XVIIe s.) tranche avec la chaleur de la pierre ocrée. Alentour, la vallée de l'Aire invite à musarder. 👁 Cornay et son château Renaissance à l'élégance gracieuse. 👁 la façade (XVIIIe s.) du logis abbatial de Chatel-Chéhéry : ordre et équilibre.

2 Lachalade

Fille de Cîteaux, Lachalade (XIIe s.) fonda elle-même Chatel-Chéhéry. Foi et recueillement sont inscrits dans la pierre de l'église abbatiale (XIVe s.), à l'austérité étonnante. 👁 Les Islettes, le plus connu des villages verriers (XVIe-XIXe s.), qui trouvaient ici sables verts et blocs de grès pour la pâte, cendres de fougère ou de genêt pour les fondants et futaies pour le feu.

3 Beaulieu-en-Argonne

Gentiment perché sur son éperon, ce village tout en fleurs renferme les vestiges d'une abbaye bénédictine (VIIe s.). 👁 Rarécourt, son charmant moulin, sa maison forte, ses faïences.

4 Clermont-en-Argonne

La montée au plateau de Sainte-Anne s'impose pour le panorama, comme la visite de la chapelle castrale (*Mise au tombeau*) et de l'église Saint-Didier (bas-relief *le Miroir de la mort*).

5 La Haute-Chevauchée

Si la forêt a reverdi, les énormes entonnoirs de la guerre des mines, de 1914 à 1918, sont ici encore visibles. Les lettres des poilus nous disent que la terre était grise de poudre. Plus un brin d'herbe, même aux beaux jours, quand parfois l'alouette chantait, comme elle le fait de nouveau au cimetière de la Forestière.

6 Vauquois

Avocourt, quoique anéantie en 1918, a conservé un cimetière, un monument, une chapelle. Vauquois, lui, ne renaquit pas de ses cendres : sa butte fut rabaissée par les explosions quand une pluie d'obus découvrait les morts et ensevelissait les vivants.

7 Le Mort-Homme

Le fort de Douaumont était tombé le 24 février 1916 ; du 6 au 10 mars, le Mort-Homme et la cote 304 résistèrent. Quand la bataille de Verdun s'acheva, en décembre, elle avait fait 1 million de victimes, dont 10 000 dans le seul enfer de la cote 304.

Sur la route des vins d'Alsace

Il faut certes des bottes de sept lieues pour parcourir ce vignoble sur plus de 120 km, des environs de Strasbourg à Thann, dans le Haut-Rhin. Il faut aussi savoir les utiliser à petits pas : presque chaque village offre de bonnes raisons de s'attarder, pour ses trésors artistiques ou pour le plaisir de flâner au milieu des vieilles maisons à colombages croulant sous les fleurs.

❶ Avolsheim

Le village appartient à « la couronne d'or », suite de villages aux belles maisons vigneronnes, dont les frontons sculptés évoquent la vigne et la tonnellerie. Il abrite la chapelle Saint-Ulrich, dont les fresques du XIIe s. se déploient sur trois étages, et le Dompeter, plus ancien sanctuaire alsacien construit du IXe au XIe s. (isolé en pleine campagne, mais bien indiqué). 👁 Westhoffen, où l'on peut constater que les soucis des viticulteurs ne datent pas d'aujourd'hui : au 90 de la rue Traversière, une sculpture représente un animal fantastique dévorant la vigne…

❷ Rosheim — 303 30/D2

L'église Saint-Pierre-et-Saint-Paul passe pour être l'une des plus belles églises romanes de la région. Au milieu des animaux fantastiques qui ornent ses corniches, un étrange personnage tend sa sébile : il s'agirait d'un autoportrait de l'architecte, signifiant ainsi que son auguste commanditaire tardait un peu trop à le payer ! 👁 l'abbaye du mont Sainte-Odile. Ici fut rédigé au XIIe s. un codex enluminé, l'*Hortus deliciarum (le Jardin des délices)*, dont, parmi les 300 illustrations, beaucoup concernent la table et les travaux de la vigne : on peut en voir les reproductions dans les chambres de l'*Hostellerie des châteaux*, à Ottrott.

Hunawihr :
l'église et le village vus des vignes

❸ Mittelbergheim

Certains jours de juillet, il ne faut pas être pressé pour traverser Barr : la ville fête les escargots qui l'ont rendue célèbre avec des courses et des tiercés de gastéropodes *Helix pomatia*. Mittelbergheim est plus calme. On flânera dans la Grand-Rue pour détailler les enseignes de vigneron en fer forgé polychrome, dont celle d'Albert Seltz au 21 et la Maikrug du 47 : représentant la tulipe sauvage de vigne, cette enseigne dite « au bouquet » est l'une des plus anciennes connues dans la région.

❹ Andlau — 227 30/D3

Les sculptures du portail roman de l'abbatiale (XIIe s.) magnifient la vigne : face au figuier desséché, une vigne opulente est becquetée avec félicité par la colombe de la foi.

❺ Epfig

La très sobre chapelle Sainte-Marguerite présente au visiteur une architecture originale et rare : elle est dotée d'une galerie-portique à colonnettes, qui enserre en formant un coude deux flancs de l'église.

❻ Dambach-la-Ville

Un peu avant le village, noyée dans le vignoble, la chapelle Saint-Sébastien (XIIIe s.) est bâtie sur un ossuaire seulement fermé par une grille, comme si tous les anciens avaient refusé la sépulture pour continuer à contempler paisiblement leurs vignes.

❼ Sélestat — 314 30/D3

La ville a su séparer les genres avec une rigueur tout alsacienne : d'un côté l'église romane, Sainte-Foy, de l'autre la gothique, Saint-Georges. Dans un esprit encore plus alsacien, elle abrite les deux meilleurs bars à bières de la région, *la Schlees* et *la Cervoise*. Comme pour les églises, on peut passer de l'un à l'autre en tout œcuménisme…

❽ Haut-Kœnigsbourg — 263 30/D3

Dans le cadre grandiose de la vieille forteresse, Jean Renoir tourna *la Grande Illusion*. 👁 à son pied, Bergheim, belle métaphore de l'Alsace : d'un côté la hautaine rigueur de sa sévère porte d'entrée, de l'autre l'échappée belle vers le vignoble.

❾ Ribeauvillé — 299 30/D4

Au bas du village, le restaurant *Pfifferhüs* évoque les joueurs de fifres et leur confrérie, puissante au XVe s. On remontera toute la rue principale le nez en l'air, pour ne pas manquer les enseignes ouvragées qui signalent chaque commerce, jusqu'à l'église paroissiale où l'on verra une très belle Vierge à l'Enfant en bois polychrome du XVe s., debout sur un croissant de lune. Sa coiffe dorée est la toute première représentation iconographique connue de l'ancienne coiffe alsacienne. Les amateurs d'alcools blancs trouveront ici leur bonheur, en particulier chez Jean-PaulAmetté, qui distille tout ce qui lui tombe sous la main, de l'asperge à la truffe !

L'ALSACE, PARADIS VITICOLE

Contrairement à la majorité des régions viticoles françaises, l'Alsace n'assemble pas ses différents cépages mais se plaît au contraire à les distinguer. Chaque vin porte ainsi le nom de son cépage : sylvaner, chasselas, pinot blanc et son cousin pinot auxerrois, riesling, muscat d'Alsace et son cousin muscat ottonel, pinot gris (que l'usage local continue d'appeler tokay) et gewurztraminer. Tous sont blancs sauf un : le pinot noir. Mais les vignerons peuvent aussi mentionner sur leurs étiquettes 50 noms de grands crus et ne se privent pas d'y ajouter une multitude de lieux-dits. Sans compter deux spécialités de vins liquoreux, les vendanges tardives et les sélections de grains nobles. Auxquels s'ajoutent enfin les alcools blancs obtenus par distillation des marcs de raisin ou des fruits. Autant dire que chaque visite de cave peut prendre un certain temps, chaque vigneron pouvant proposer, dans différents millésimes, de trente à près d'une centaine de vins !

❿ Riquewihr 301 30/D4

Peu avant d'arriver, on remarquera la belle église fortifiée d'Hunawihr, île au milieu des vignes sur lesquelles semble flotter le clocher de Zellenberg. Riquewihr, c'est le décor alsacien tel qu'on le rêve : on remontera la rue du Général-de-Gaulle pour admirer ses belles maisons (numéros 12, 13, 16, 28, 38), ses enseignes (celle du 42 a été dessinée par le célèbre illustrateur alsacien Hansi). On flânera aussi dans les petites ruelles : au 7 de la rue Saint-Nicolas, on a accroché en plein air un véritable petit musée vigneron sous une loggia ! 👁 à Kientzheim la porte de la ville, ornée d'une tête grimaçante qui tire la langue au passant : ce mécanisme permettait aux défenseurs du village de défier leurs assaillants… Que le visiteur ne tourne pas les talons : il manquerait le très intéressant musée du Vignoble et des Vins d'Alsace.

⓫ Kaysersberg 267 30/D4

Sous la haute protection du château de Kaysersberg, on visitera l'hôtel de ville (XVIIe s.) ou l'église Sainte-Croix, et on goûtera le schlossberg, le premier grand cru d'Alsace.

⓬ Colmar 239 30/D4

Célèbre pour son retable d'Issenheim (XVIe s.), le musée Unterlinden offre aussi plusieurs salles gourmandes : au rez-de-chaussée, la cave avec ses pressoirs anciens et ses tonneaux sculptés ; au premier étage, les collections d'enseignes d'auberge, de fers à gaufre et à hosties, de moules à pain d'anis, d'objets provenant des fermes de la vallée de Munster et d'outils de vigneron. 👁 aux environs, la vieille ville de Turckheim pour ses maisons Renaissance. 👁 Neuf-Brisach, ville fortifiée construite par Vauban.

⓭ Eguisheim

Serré autour de son château, de sa basilique romano-gothique – une étonnante Vierge s'y ouvre comme un triptyque – et de ses maisons anciennes à colombages, le village complète, avec Riquewihr et Ribeauvillé, la trilogie des plus jolis bourgs du piémont alsacien.

⓮ Gueberschwihr

L'imposant clocher de l'église romane (36 m de haut) domine un beau village vigneron, riche en enseignes colorées, tel le dauphin de la maison Ernest-Burn.

⓯ Écomusée de Haute Alsace 326 30/D5

L'écomusée de Haute Alsace rassemble sur un vaste espace tous les styles de maisons traditionnelles alsaciennes. Pour les sauver de la disparition, on les a soigneusement démontées pour les reconstruire ici. Des artisans y font revivre les anciens métiers.

⓰ Thann 320 30/C5

Après un coup d'œil sur le Rangen, seul terroir alsacien de roches volcaniques et l'un des crus les plus escarpés d'Alsace, on découvrira dans cette ville, qui clôt au sud le vignoble, une église vaste comme une cathédrale et de nombreuses sculptures médiévales. On ne quittera pas la région sans prévoir une excursion au Grand Ballon (☀).

Riquewihr et ses maisons traditionnelles.

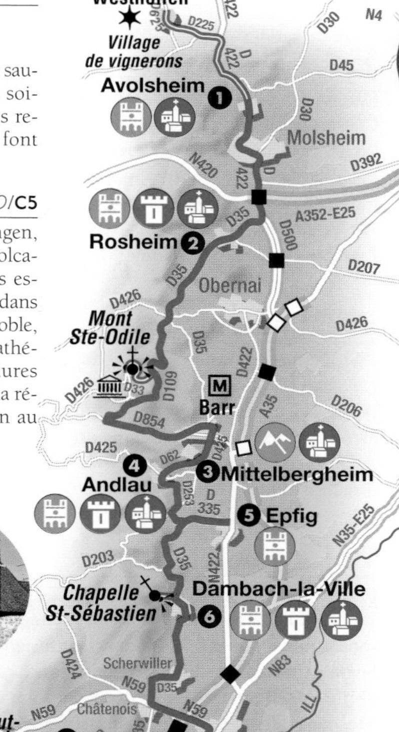

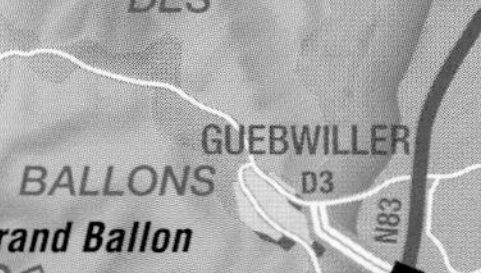

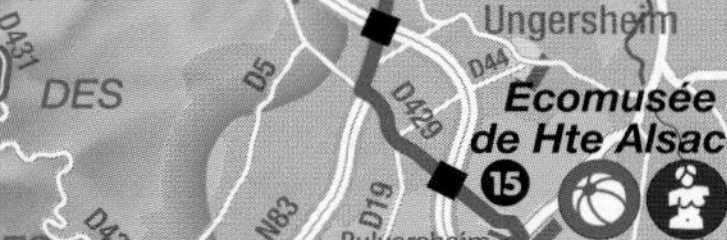

224 Aix-en-Othe

 28/C4

(10) ℹ Tél. : 03 25 80 81 71

Resserrée autour de son église au chœur décoré de peintures en trompe-l'œil d'époque Renaissance, cette petite cité commande un pays d'argile et de craie, riche en sources et en cours d'eau, où s'est développée la longue bande humide de la forêt d'Othe.

👁 à 16 km (O) l'église Notre-Dame (XIIe-XVIe s.) de **Villeneuve-l'Archevêque,** qui abrite une Mise au tombeau Renaissance.

225 Alsace (Ballon d')

 30/C5

(88) Depuis le plus méridional des ballons des Vosges, bastion de granite rose haut de 1 250 m, ☀ sur le Donon, la plaine d'Alsace et la Forêt-Noire, la trouée de Belfort et, par temps clair, le mont Blanc. Cette croupe arrondie, couverte de chaumes, domine des forêts de sapins et d'épicéas. À l'est, les parois raides de cirques glaciaires enserrent le lac réservoir d'Alfeld et le lac naturel de Sewen, plus sauvage, envahi par la tourbe.

226 Altkirch

 30/D6

(68) ℹ Tél. : 03 89 40 21 80

La capitale du Sundgau doit son nom, « vieille église » en français, à un sanctuaire fondé par les moines clunisiens au début du XIIe s., et non à l'église néoromane érigée au XIXe s. La vieille ville, ceinte de remparts, abrite des demeures du XVIe s., dont la maison du Bailli, qui accueille le Musée sundgauvien. L'hôtel de ville a été conçu à la fin du XVIIIe s. selon les plans de l'architecte Kléber, futur général de Napoléon Ier.

👁 à 13 km (S) **Feldbach.** Dans sa belle église romane se recueillaient jadis les religieuses bénédictines du prieuré attenant, détruit sous la Révolution.

227 Andlau

 30/D3

(67) ℹ Tél. : 03 88 08 22 57

Deux forteresses bâties au XIVe s. sur une crête veillaient jadis sur l'abbaye, fondée au IXe s., et sur le village. Du château de Spesbourg subsistent un donjon carré et un corps de logis gothique. Celui du Haut-Andlau, également amputé d'une partie de ses constructions, se distingue cependant par ses deux grosses tours flanquant un grand logis gothique. L'église romane de l'abbaye, plusieurs fois remaniée, possède un remarquable portail sculpté et une intéressante crypte.

👁 sur l'autre bras de la rivière la petite ville de **Barr,** connue pour son vignoble grand cru. L'hôtel de ville Renaissance accueille l'annuelle foire aux Vins (mi-juillet), qui ne doit pas faire oublier le temple Saint-Martin ni le musée de la Folie-Marco, avec son mobilier alsacien.

228 Argonne (Forêt d')

 18/F6

(55) Entre Champagne et Lorraine, l'épais massif ne dépasse pas 12 km de large et 300 m d'altitude. Mais il est difficile à franchir en dehors de ses défilés – les « Thermopyles de France ». De violents combats s'y déroulèrent, notamment pendant la Première Guerre mondiale.

229 Avioth

 19/G4

(55) ℹ Tél. mairie : 03 29 88 90 96

Pourquoi a-t-on édifié une majestueuse basilique gothique dans un petit village isolé, à 9 km de la frontière belge ? Parce qu'une statue de la Vierge, aux pouvoirs dits miraculeux, y a été découverte. Un pèlerinage y a encore lieu chaque année, le 16 juillet. L'église, en partie de style flamboyant, est ornée de fines sculptures. La Recevresse est un petit édifice, situé devant la façade, où les croyants déposaient leurs offrandes à Marie.

230 Baccarat

 30/B3

(54) ℹ Tél. : 03 83 75 13 37 👁 encadré p. 196

LA VALLÉE DE L'ANDLAU

L'ANDLAU serpente à travers les étendues boisées du Hohwald, où se niche le hameau du même nom, jusqu'aux cols du Kreuzweg et de la Charbonnière, permettant d'atteindre le Champ du Feu, sillonné de sentiers pédestres et de pistes de ski – son sommet est le plus haut des Vosges du Nord.

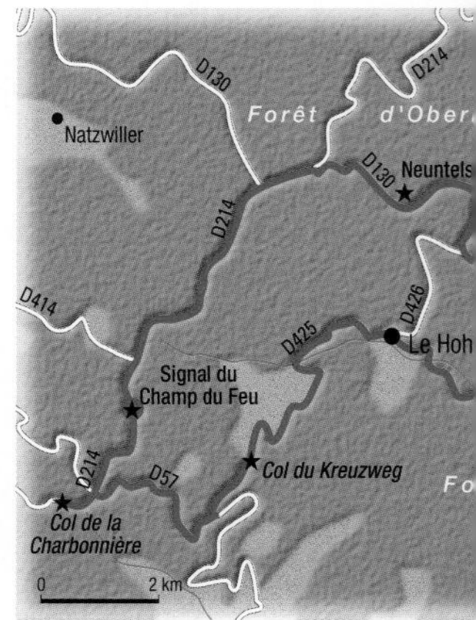

Le regard embrasse alors le Donon, la plaine d'Alsace, la Forêt-Noire, le mont Sainte-Odile… Au nord-est, le rocher de Neuntelstein propose également une belle vue sur celui-ci. Au retour, vers Andlau, la route passe à proximité des châteaux de Landsberg et de Spesbourg.

LE PAYS ET LA FORÊT D'OTHE

Entre Bourgogne et Champagne, le pays d'Othe, parsemé de vallons et sillonné de rivières, déploie dans sa partie méridionale une vaste forêt de 17 500 ha, plantée principalement de chênes et de hêtres. Mais l'arbre roi de ce terroir, objet de toutes les attentions, c'est le pommier. La fabrication de cidre, production traditionnelle qui remonte au XVIIe s., y connaît aujourd'hui un renouveau après avoir failli disparaître. Le musée d'Eaux-Puiseaux en retrace l'histoire à travers ses intéressantes collections de pressoirs, d'alambics et d'objets divers.

1

2

Le ballon d'Alsace

1 Le sommet, culminant à 1 250 m

Altkirch

2 La maison « à la Pomme »

Près d'Altkirch, Feldbach

3 L'une des trois nefs de l'église Saint-Jacques

3

Andlau

4 Les sculptures du tympan de l'abbatiale

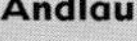

4

Avioth, la basilique

5 Le portail sud

Baccarat

6 Le vase les *Trois Grâces*, cristal et bronze (musée de Baccarat)

7 Les vitraux de l'église Saint-Rémy

6

5

7

231 Bar-le-Duc

19/G1

(55) Tél. : 03 29 79 11 13

La ville haute était le quartier aristocratique. Les nobles y ont édifié de beaux hôtels (XVIe-XVIIIe s.) ; les églises Saint-Pierre et Saint-Étienne s'y dressent également. Cette dernière abrite un chef-d'œuvre de Ligier Richier : le « squelette », qui orne le mausolée du cœur du prince d'Orange, tué en 1544. En 1916, la ville fut le point de départ de la Voie sacrée, route qui permettait le ravitaillement de Verdun.

232 Belmont (Rocher de)

30/C4

petit itinéraire p. 182

(68) Depuis le sommet (1 272 m) de ce rocher granitique, sur les lacs Blanc et Noir, le Donon et le Petit Ballon.

233 Belval (Parc de)

18/F4

(08) Tél. : 03 24 30 01 86 encadré p. 200

234 Bitche

20/D6

(57) Tél. : 03 87 06 16 16

Au-dessus de la ville, une puissante forteresse en grès rouge, reconstruite à plusieurs reprises, notamment par Vauban (XVIIe s.), verrouille le passage des Vosges. Le musée de la Citadelle retrace le rôle qu'elle a joué en 1793, pendant la Révolution, et au cours des guerres de 1870 et de 1939-1945.

235 Bussang

30/C5

(88) Tél. : 03 29 61 50 37. Tél. : mairie : 03 29 61 50 05

Créé à Bussang, également station de ski en hiver, par Maurice Pottecher au XIXe s., le théâtre du Peuple propose en été des pièces classiques ou folkloriques jouées, pour la plupart, par les acteurs amateurs de la région. à moins de 3 km (O) et accessibles par le col de Bussang, la **source de la Moselle** et le **Petit-Drumont** (1 200 m) : sur le ballon d'Alsace.

236 Châlons-en-Champagne

18/D7

(51) Tél. : 03 26 65 17 89

Au Moyen Âge, la ville, enrichie par le commerce du drap, fit édifier plusieurs églises. La cathédrale Saint-Étienne (XIIIe s.) conserve de beaux vitraux. L'église Notre-Dame-en-Vaux est typique du premier art gothique (XIIe s.). En 1960, des fouilles ont révélé le tracé d'un cloître roman et livré une cinquantaine de statues-colonnes, exposées dans un musée voisin. Au cœur de la ville, l'église Saint-Alpin (XIIe-XVIe s.), le Musée municipal et le musée Garinet voisinent avec l'hôtel de ville du XVIIIe s.

237 Charleville-Mézières

18/E3

(08) Tél. : 03 24 55 69 90

La place Ducale, joyau de l'architecture classique qui rappelle la place des Vosges à Paris, est le cœur de la ville nouvelle que fit élever Charles de Gonzague – gouverneur de Champagne et cousin de Henri IV – à Charleville. Les travaux, commencés au début du XVIIe s., se poursuivirent sous Louis XIII. En 1626 fut construit le Vieux Moulin, qui abrite aujourd'hui le musée consacré à Rimbaud, natif de la ville. Une avenue ombragée réunit, depuis 1966, Charleville et Mézières, ancienne place forte, dont l'église Notre-Dame-de-l'Espérance est de style flamboyant.

238 Chaumont

29/G4

(52) Tél. : 03 25 03 80 80

La ville, bâtie sur un site escarpé entre la Marne et la Suize, est intéressante pour son donjon carré (XIIe s.), sa basilique Saint-Jean-Baptiste et le musée de la Crèche, qui expose une collection du XVIIIe s.

LES MÉANDRES DE LA MEUSE

À partir de CHARLEVILLE-MÉZIÈRES, le circuit longe à distance la forêt des Ardennes jusqu'à Renwez, qui propose un musée consacré à celle-ci, avant de s'enfoncer au cœur du massif pour atteindre Revin.

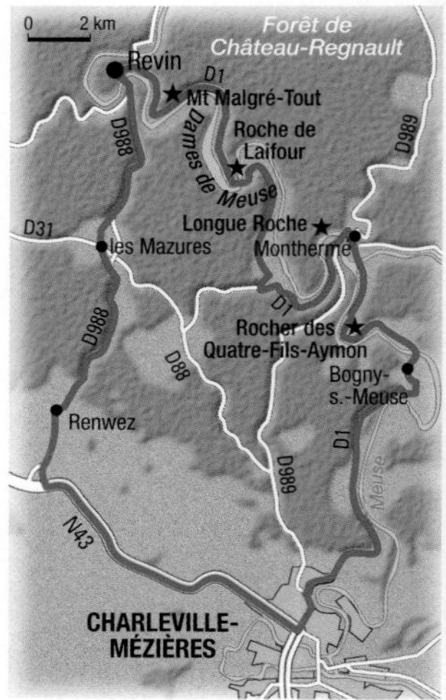

Du mont Malgré-Tout, accessible par un sentier très raide et ombragé, on découvre la ville, qui s'étale sur deux méandres de la Meuse. La route épouse ensuite les divagations du fleuve, jalonné de curiosités naturelles parmi lesquelles la ligne des crêtes déchiquetées des Dames de Meuse, les roches de Laifour et le célèbre rocher des Quatre-Fils-Aymon.

NOTRE-DAME-DE-L'ÉPINE

Cette basilique (XVe-XVIe s.), toute proche de **Châlons-en-Champagne,** est un lieu de pèlerinage depuis le Moyen Âge ; des bergers ont découvert ici une statue de la Vierge dans un buisson d'épines en feu. Les deux flèches ajourées de l'édifice gothique se remarquent de très loin dans la campagne champenoise. Il faut s'en approcher pour distinguer ce qui fait l'originalité de sa façade : des gargouilles représentant des animaux réels ou fabuleux, et une collection de personnages que leurs attitudes devraient logiquement conduire au confessionnal…

Bar-le-Duc

1 L'église Saint-Étienne

Près du rocher de Belmont, le rocher Hans

2 Il plonge dans le lac Blanc.

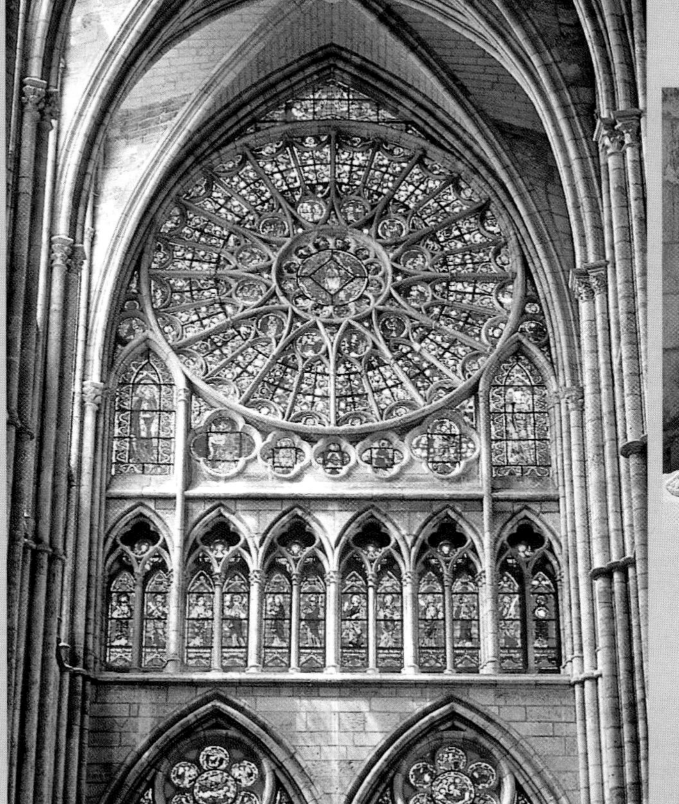

Châlons-en-Champagne

3 Les vitraux de la cathédrale Saint-Étienne. Sous la rose figurent les douze apôtres.

4 Le Christ aux Liens, dans l'une des chapelles

Charleville-Mézières

5 Le Vieux Moulin, qui alimentait les fontaines du palais ducal

239 Colmar 30/D4

(68) ℹ Tél. : 03 89 20 68 92

Au cœur du vignoble alsacien, Colmar est un site enchanteur avec ses quartiers pittoresques (quartier des Tanneurs), ses églises et ses rues bordées de maisons Renaissance, comme celles de la rue des Marchand et de la Grand-Rue, celle de l'ancien corps de garde (XVIe s.), ou la maison des Arcades (XVIIe s.).

Le retable d'Issenheim, de Grünewald

Le musée d'Unterlinden

Installé dans un ancien couvent dominicain, c'est l'un des musées de province les plus visités de France. Il doit son succès au fameux retable d'Issenheim, chef-d'œuvre du XVIe s. Il possède également d'intéressantes collections de peinture médiévale et moderne (impressionnistes), d'archéologie, d'arts et de traditions populaires.

L'église des Dominicains

Construits du XIIIe au XVe s., le couvent et son église présentent une architecture intérieure d'une exceptionnelle légèreté, d'un dépouillement caractéristique de l'idéal de pauvreté des ordres mendiants. Il abrite la *Vierge au buisson de roses,* remarquable tableau de Martin Schongauer (fin du XVe s.).

L'église Saint-Martin

Désignée aussi sous le nom de cathédrale, c'est une ancienne collégiale des XIIIe et XIVe s., dont les portails sont ornés de belles sculptures. Le chœur, œuvre la plus originale de l'architecte Guillaume de Marbourg, appartient au gothique allemand.

La fontaine Roesselmann, place des Six-Montagnes-Noires

240 Colombey-les-Deux-Églises 28/F4

(52) ℹ Tél. : 03 25 01 52 33. Tél. Clairvaux : 03 25 27 88 17

Charles de Gaulle, qui aimait « les vieilles montagnes usées et résignées » de la région, possédait une propriété dans ce village, où il mourut en 1970. Une immense croix de Lorraine en granite y fut élevée en 1972.

👁 à 17 km (S-O) les derniers vestiges de l'**abbaye de Clairvaux,** symbole de la réforme cistercienne, fondée en 1115 par saint Bernard. Fermée sous la Révolution, elle fut transformée en prison sous le premier Empire. Il n'en subsiste aujourd'hui que le bâtiment des convers.

241 Crêtes (Route des) 30/C4

👁 encadré p. 176

242 Dames de Meuse (Rochers des) 18/E3

(08) Masse noire de schiste, ravinée et déchiquetée, formant une ligne de crêtes haute de 393 m, ces Dames épousent la courbe de la Meuse. Depuis le chemin forestier qui suit le rebord de la crête (2 h AR), ⁘ sur la vallée. En face, les **roches de Laifour,** hautes falaises de schiste (270 m), se dressent à pic sur le fleuve. Du pont qu'enjambe la D 1, ⁘ .

243 Der-Chantecoq (Lac du) 28/F2

(51) ℹ Tél. : 03 26 72 62 80

Créé en 1974, ce lac artificiel, le plus vaste de France (48 km²), permet de réguler les cours de la Marne et de la Seine. Il accueille à l'ouest une réserve ornithologique. Depuis Giffaumont, un train touristique passe par la maison de l'Oiseau et du Poisson. La petite église du village de Nuisement, englouti lors de la mise en eau du lac, a été reconstruite sur la commune de **Sainte-Marie-du-Lac-Nuisement**.

Les forêts de la Haute-Marne

À partir de COLOMBEY-LES-DEUX-ÉGLISES, le circuit traverse la forêt des Dhuits, puis remonte le cours de la Renne, sur lequel se trouvent les villages de Montheries et d'Autreville, avant d'atteindre Chaumont. Les maisons à tourelles de la vieille ville se groupent autour d'un gros donjon carré et d'une basilique. La route longe vers le nord le canal de la Marne à la Saône jusqu'à Vignory, qui s'étend au pied des ruines romantiques de son château et d'une des plus pures églises romanes qui soient.

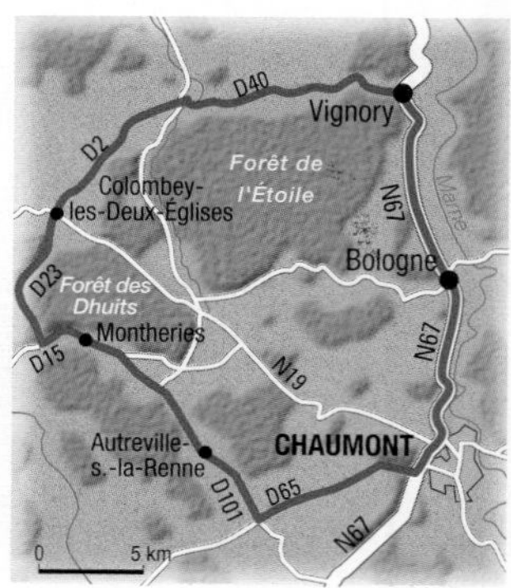

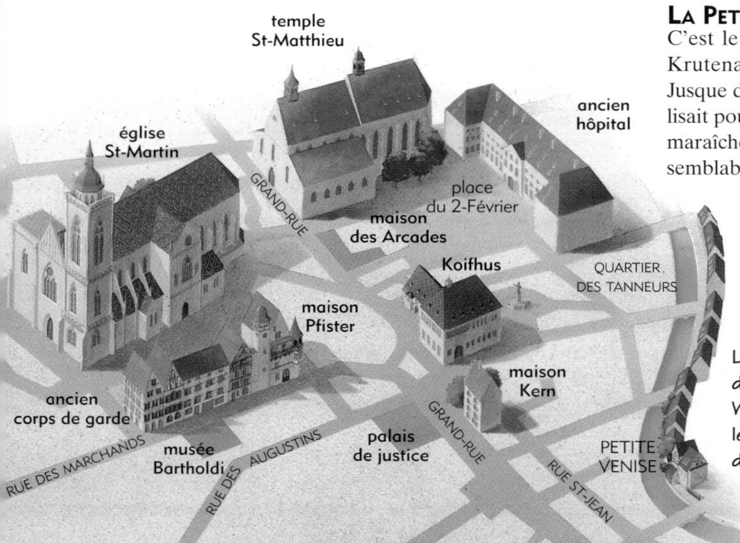

temple St-Matthieu
ancien hôpital
église St-Martin
GRAND-RUE
place du 2-Février
maison des Arcades
Koifhus
QUARTIER DES TANNEURS
maison Pfister
maison Kern
ancien corps de garde
musée Bartholdi
RUE DES MARCHANDS
RUE DES AUGUSTINS
palais de justice
GRAND-RUE
RUE ST-JEAN
PETITE VENISE
place des Six-Montagnes-Noires
lycée Bartholdi

La Petite Venise

C'est le surnom du quartier de la Krutenau, bordé par la Lauch. Jusque dans les années 1940, on utilisait pour se rendre dans les jardins maraîchers des barques à fond plat, semblables à des gondoles.

Le quartier de la Petite Venise, sur les bords de la Lauch

À VOIR AUSSI

Le Koifhus (fin du XVe s-XVIe s.)

La maison des Têtes (début XVIIe s.)

Le musée Bartholdi (œuvres d'art régional)

Le muséum d'histoire naturelle

Le musée du Jouet et des Petits Trains

La maison Pfister

Construite, en 1537, cette maison est l'une des plus belles du vieux Colmar. Elle est ornée d'un oriel de la Renaissance qui mêle des peintures allégoriques à des médaillons sculptés à l'effigie des empereurs Maximilien, Charles Quint et Ferdinand Ier.

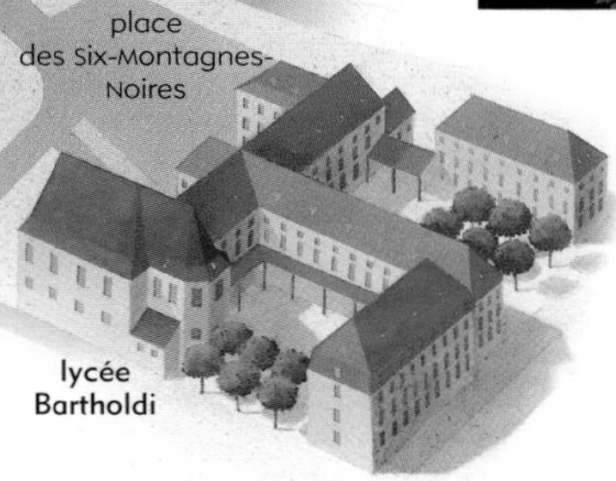

Colombey-les-Deux-Églises

1 La croix de Lorraine

1 

 2

La route des Crêtes

2 Elle permet d'accéder au sommet du Hohneck

Le lac du Der-Chantecoq

3 Le lac artificiel le plus vaste de France (48 km²)

 3

244 Domrémy-la-Pucelle  29/H3

(88) ℹ Tél. : 03 29 06 95 86. Tél. mairie : 03 29 06 90 70
C'est en 1429 que Jeanne d'Arc, âgée de 17 ans, quitta ce village de Lorraine pour obéir à l'appel de ses « voix » qui lui demandaient d'aller délivrer la France et le roi. Au-dessus de la porte de sa maison voisinent les armes de sa famille et celles du roi.
👁 à 1,5 km (S) la **basilique du Bois-Chenu,** devenue un lieu de pèlerinage. C'est là que la Pucelle entendit les voix de sainte Catherine, de sainte Marguerite et de saint Michel.

245 Donon (Col, sommet, forêt du)  30/D2

(67) Le col du Donon (727 m) conduit, par un sentier (1 h 30) ou à partir du parking situé sur la D 993 (2 km), au point culminant des Vosges dites gréseuses, le Donon (1 009 m). Victor Hugo aurait été conçu dans ce beau site. ⁂ sur les Vosges, la vallée de la Bruche, la plaine d'Alsace et le plateau lorrain. De belles forêts de sapins couvrent le sommet.

246 Dormans   18/B6

(51) ℹ Tél. : 03 26 53 35 86. Tél. château : 03 26 58 27 91
À proximité de deux tours du XIVe s., seuls vestiges de la forteresse médiévale de Dormans, s'élève la chapelle de la Reconnaissance, ou mémorial des victoires de la Marne. Le monument néogothique, formé d'une crypte, d'une chapelle et d'un ossuaire, a été bâti en 1921. Ses sculptures évoquent de grandes batailles de l'histoire de France.

247 Ebermunster (Église d')  30/E3

(67) ℹ Tél. mairie : 03 88 85 71 66. Tél. mairie d'Epfig : 03 88 85 50 08
Cette église abbatiale surprend par ses bulbes ! Le sanctuaire édifié au début du XVIIIe s. illustre le baroque de la région. À l'intérieur, le décor, très chargé, est dominé par un autel imposant et un orgue de Silbermann.
👁 à moins de 10 km (N-O), juste avant Epfig, la **chapelle Sainte-Marguerite,** bel édifice roman entouré de son cimetière.

248 Élan   18/E4

(08) ℹ Tél. 03 24 37 25 85. Tél. mairie : 03 24 53 88 78
Saint Roger fut le premier abbé d'une abbaye cistercienne fondée ici, en 1148, au cœur d'une belle forêt. Le village possède un château, flanqué de quatre tours à poivrières, et une église intéressante (XIVe-XVIIe s.).

249 Épernay   18/C6

(51) ℹ Tél. : 03 26 53 33 00
Dans la capitale du champagne, les caves des grandes maisons de négoce bordent une avenue, appelée bien sûr de Champagne. La visite de celles de Moët et Chandon, de Mercier ou de Castellane permet de suivre toutes les étapes de la fabrication de ce vin exporté dans le monde entier.
👁 à 8 km (N), sur l'autre rive de la Marne, les vieilles demeures, les enseignes en fer forgé et l'ancienne abbatiale de **Hautvillers.**

250 Épinal    30/A4

(88) ℹ Tél. : 03 29 82 53 32. Tél. musée : 03 29 81 48 30
Les célèbres images créées par Jean-Charles Pellerin ont fait le renom de la cité. L'Imagerie d'Épinal continue à les imprimer et à les diffuser. Le **musée de l'Image et de l'Imagerie** en possède une vaste collection. Près de la basilique Saint-Maurice, à la fois romane et gothique, s'étend le quartier du Chapitre, avec ses belles maisons anciennes.

251 Épine (Église de l')  18/E7

(51) ℹ Tél. mairie : 03 26 66 96 99 👁 encadré p. 170

L'ÉLABORATION DU CHAMPAGNE

Les raisins vendangés sont soigneusement épluchés, puis transportés dans des mannequins d'osier. La tâche du vigneron s'arrête au pressoir ; le jus appartient ensuite au négociant-éleveur. Le mélange des vins de différentes provenances permet d'élaborer un type suivi de champagne. Les bouteilles sont alors entreposées dans des caves creusées dans le calcaire. Elles sont tournées chaque jour d'un quart de tour afin que le dépôt s'accumule dans le goulot. Il est alors éliminé par débouchage. Une dose de « liqueur » ajoutée rend le vin sec, demi-sec ou doux. Rebouchée, étiquetée, la bouteille n'a plus qu'à attendre l'acheteur.

LES IMAGES D'ÉPINAL

C'est avec Jean-Charles Pellerin, fils d'un graveur sur bois et imprimeur, installé dans la cité vosgienne depuis 1735, que l'image d'Épinal, diffusée de ville en ville par les colporteurs, acquiert sa notoriété. D'abord unique, elle se décline bientôt en planche, lointain ancêtre de la bande dessinée. Son contenu évolue avec le temps ; d'instructive et moralisatrice, elle devient aussi humoristique et satirique. D'abord vouée à l'édification religieuse des fidèles et à leur protection, puis à caractère patriotique sous la Révolution, elle est un formidable moyen de propagande sous l'Empire, contribuant à forger la légende napoléonienne. Aujourd'hui encore, l'Imagerie d'Épinal perpétue la tradition.

1

2

Domrémy-la-Pucelle
1 La maison natale de Jeanne d'Arc

L'église d'Ebermunster
2 La façade avec ses tours à bulbes

3

4

Épernay
3 La tour de Castellane
4 La résidence du Trianon

Épinal
5 La basilique Saint-Maurice

5

252 Étufs (Cascade pétrifiante d')  28/F5

(52) Proche des sources de l'Aube, elle jaillit au cœur de la forêt. L'eau très calcaire a modelé des bassins suspendus, formant un escalier naturel parfaitement régulier de vasques baroques.

253 Forêt d'Orient (Parc naturel régional de la) 28/D4

(10) Tél. : 03 25 43 81 90 encadré p. 204

254 Gérardmer   30/C4

(88) Tél. : 03 29 27 27 27. Tél. mairie : 03 29 60 60 60

Connue pour la fabrication de linge de maison et pour son fromage (le géromé, désormais regroupé avec le munster alsacien sous la même appellation), la ville l'est surtout pour son lac d'origine glaciaire. Celui-ci, cerné par la forêt, est le plus vaste des Vosges (115 ha). Il permet la pêche, la baignade, les sports nautiques, voile et planche, et aussi les promenades en pédalo ou en bateau à moteur. Du belvédère Charles-Dufour et de la Tête de Mérelle (984 m), sur cette étendue d'eau. Gérardmer est le point de départ d'une belle excursion vers les lacs voisins de Longemer et de Retournemer.

255 Givet   18/F2

(08) Tél. : 03 24 42 03 54

À la frontière entre la France et les territoires de Charles Quint, cette ville fut souvent au cœur des luttes que se livrèrent les deux royaumes rivaux. Au milieu du XVIe s., l'empereur ordonna, pour la protéger, la construction du fort de Charlemont. À la fin du XVIIe s., Vauban renforça ce système défensif. Il aurait aussi fait édifier l'église Saint-Hilaire.

256 Grand  29/H3

(88) Tél. : 03 29 06 77 37

Près d'un sanctuaire des eaux dédié à Apollon Grannus, qui attirait de nombreux fidèles, fut construit, à la fin du Ier s., un amphithéâtre, destiné à accueillir un très vaste public (18 000 spectateurs environ). Les Gaulois romanisés appréciaient fort les spectacles musclés qui se déroulaient dans l'arène – combats de gladiateurs ou lutte contre les bêtes sauvages. Sur le site a été dégagée une immense mosaïque (IIIe s.) où figurent notamment ces animaux : sangliers, alors abondants dans les forêts, mais aussi tigres et panthères.

257 Grand Ballon (Sommet du)  30/C5

(68) Au départ de la D 431, un sentier escarpé mène en 30 min au sommet des Vosges, à 1 424 m. Du haut de ce géant de granite, appelé aussi ballon de Guebwiller, sur tout le massif, notamment le Storkenkopf, son deuxième sommet (1 366 m), mais aussi la Forêt-Noire et le Jura. En contrebas s'étend le lac du Ballon (7,6 ha). Le petit tour du Grand Ballon demande moins de 2 h, le grand tour, environ 3.

258 Guebwiller   30/D5

(68) Tél. : 03 89 76 10 63. Tél. mairie : 03 89 76 80 61

Au débouché du Florival, ou vallée de la Lauch, la ville se distingue par ses trois églises, qui résument l'histoire de l'art régional. La plus ancienne, Saint-Léger, mêle le roman tardif et le gothique. Celle des Dominicains, rattachée à leur couvent, fut élevée au XIVe s. dans le style gothique. Elle a conservé son jubé et de belles fresques. Enfin, l'ancienne collégiale Notre-Dame (XVIIIe s.) présente un très beau décor. Le musée du Florival abrite peintures et céramiques.

: musique classique de juin à septembre à l'église des Dominicains.

à 3 km (S) **Soultz-Haut-Rhin,** qui conserve notamment des vestiges de sa forteresse et des édifices anciens.

LA VOLOGNE

En remontant la Vologne, que l'on gagne à la sortie de GÉRARDMER, on parvient au saut des Cuves, la cascade la plus importante de ce torrent. On atteint ensuite le lac d'origine glaciaire de Longemer, qui s'étale au milieu des prés et des bois, puis celui de Retournemer, aux eaux d'un bleu profond, dominé au nord par la roche du Diable et son belvédère. Par le col des Feignes, on s'engage dans la vallée du Chajoux aux versants boisés. On rallie enfin Gérardmer par le col de Grosse Pierre, en traversant la forêt de Noiregoutte.

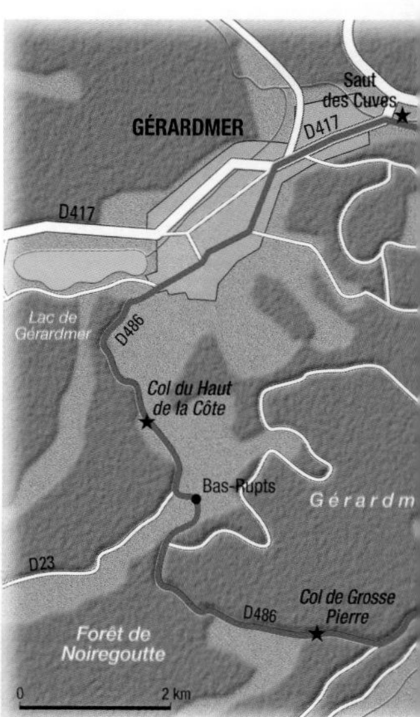

LA ROUTE DES CRÊTES

Percée par les troupes françaises lors de la Première Guerre mondiale pour des raisons stratégiques, cette route emprunte, comme son nom l'indique, la ligne de crête des Vosges. Elle devait permettre de relier, dans un sens nord-sud, les vallées de la région. La vue qu'elle offre est somptueuse. Elle conduit à des sites naturels célèbres comme le Hohneck ou le **Grand Ballon,** et au champ de bataille du Vieil-Armand, où tombèrent 30 000 soldats français et allemands.

1

La forêt d'Orient

1 Le lac

2

Gérardmer

2 La forêt

3 Le lac couvre une superficie de 115 ha.

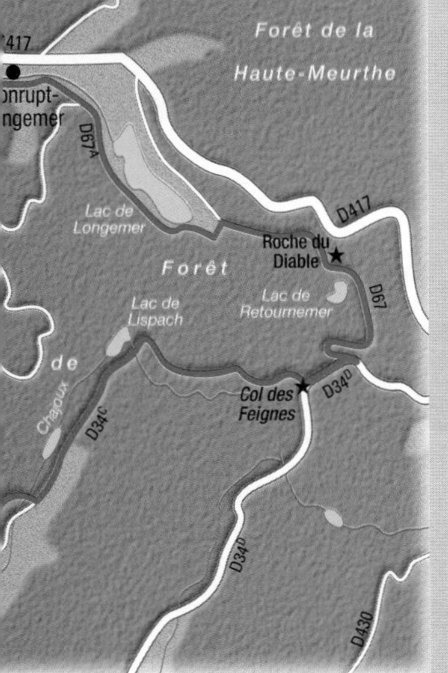

3

5

4

Guebwiller, l'église Notre-Dame

4 Le buffet d'orgues

5 Le chœur, d'inspiration baroque

La forêt vosgienne
Une des plus vastes forêts de France

Âgées de 300 millions d'années, les Vosges longent le Rhin sur près de 150 km, de la porte de la Bourgogne, au sud, à la frontière franco-allemande, au nord. Elles sont bordées par le plateau lorrain à l'ouest et dominent la plaine d'Alsace à l'est. La partie sud, constituée de roches cristallines, est la plus élevée du massif (1 424 m au ballon de Guebwiller). Elle est dominée par les ballons, sommets arrondis, domaine des herbages. Les Vosges du Nord, constituées de roches gréseuses, sont plus basses (1 008 m au Donon). Le massif vosgien est le domaine de la forêt (300 000 ha), la deuxième de France après celle des Landes, favorisée par les sols et la forte humidité héritée du climat montagnard à tendance océanique. Deux parcs naturels régionaux proposent de nombreuses activités liant découverte de la nature et du patrimoine culturel.

Haut-Kœnigsbourg : une des cent vingt forteresses médiévales des Vosges

Mont Hohneck : par temps clair, on distingue les Alpes depuis son sommet, à 1 362 m d'altitude.

Le long de la route des Crêtes : la forêt

Construite par les Français durant la Première Guerre mondiale pour assurer les communications entre les différentes vallées sur le front des Vosges, la route des Crêtes sillonne la forêt sur plus de la moitié de son parcours. Elle traverse du nord au sud le parc naturel régional des Ballons des Vosges. Ce parc, créé en 1989, est l'un des plus étendus de France. La route permet d'admirer les vastes futaies composées de sapins, d'épicéas, de hêtres et de pins, qui constituent le fonds de la forêt vosgienne. Celle-ci appartient en grande partie à l'État et aux communes qui l'exploitent. Son entretien, l'abattage et le transport du bois font vivre une population considérable de paysans bûcherons. De nombreuses scieries et plusieurs industries du bois sont encore installées dans les vallées.

Les lacs vosgiens : *Gérardmer et ses environs*

Lac de Gérardmer : le plus vaste des lacs vosgiens

Les amateurs de pêche et d'excursions en montagne sauront apprécier les nombreux lacs d'origine glaciaire aux eaux pures d'un bleu profond, souvent enchâssés dans la montagne de part et d'autre de la ligne de crête des Vosges du Sud. Ces lacs proviennent de la fonte des glaciers qui se sont formés sur le massif à plusieurs reprises à l'ère quaternaire. La plupart sont nichés en haute montagne dans de petits cirques, aux parois escarpées, entourés par des forêts de sapins. C'est le cas notamment du lac des Corbeaux, du lac Noir et du lac Blanc (72 m de profondeur), de ceux de Blanchemer, de Retournemer ou d'Alfeld. Des digues édifiées au XIXe s. les ont souvent transformés en réservoirs, utilisés pour les besoins de l'industrie textile locale et de l'hydroélectricité. Situés dans des vallées en forme d'auge, d'autres lacs, tels ceux de Gérardmer et de Longemer, dont la profondeur dépasse les 30 m, se sont

Lac de Retournemer :
il est formé par les eaux de la Vologne.

formés derrière des amas de roches détritiques laissés par les glaciers lors de leur fonte. Long de 2,2 km, large de 750 m, le lac de Gérardmer est le plus vaste des Vosges (115 ha). Site estival réputé pour son cadre de vie, Gérardmer est aussi une station de sports d'hiver fréquentée pour le ski de fond mais aussi pour le ski alpin.

Wissembourg :
la Lauter, divisée en plusieurs bras, traverse la ville ancienne.

Une ville frontière : Wissembourg

Située sur la Lauter, à proximité de la frontière allemande, la petite cité de Wissembourg a pour origine une abbaye bénédictine fondée au VIIe s. Rattachée au Saint-Empire romain germanique au Xe s., passée à la réforme protestante au début du XVIe s., elle fut annexée par la France en 1670. Cette ville a conservé une partie de ses remparts du XVIIIe s. et l'essentiel de son tissu urbain ancien (maisons à colombages dans le quartier du Bruch). Le roi déchu de Pologne, Stanislas Leszczyński, y vécut modestement de 1719 à 1725 avec sa fille Marie, la future épouse du roi Louis XV. La ville et ses environs (Reichshoffen, Frœschwiller, Morsbronn, Wœrth) ont été le théâtre de violents combats durant la guerre franco-prussienne de 1870. De nombreux monuments et musées (Wissembourg, château de Wœrth) rappellent la bataille du 6 août 1870 perdue par l'armée de Napoléon III. La région abrite aussi des ouvrages de la ligne Maginot (Four à Chaux, Schœnenbourg), une ligne de fortification permanente édifiée entre 1930 et 1935 le long de la frontière. On peut y voir les installations souterraines et leurs équipements d'origine, dont des canons en parfait état de marche.

Wissembourg :
portail Renaissance (1540)

Le munster

Composé de lait de vache, ce fromage, appelé géromé du côté lorrain et munster du côté alsacien, est connu depuis le XVe s. Sa fabrication se déroulait à l'origine dans des fermes d'altitude qui accueillaient les bêtes en transhumance de mai à septembre. Les fromages étaient ensuite affinés en cave pendant 4 mois. Cette activité, qui offrait aux populations rurales une source de revenu non négligeable, est en voie de disparition. L'essentiel du munster est aujourd'hui produit dans des usines, en plaine.

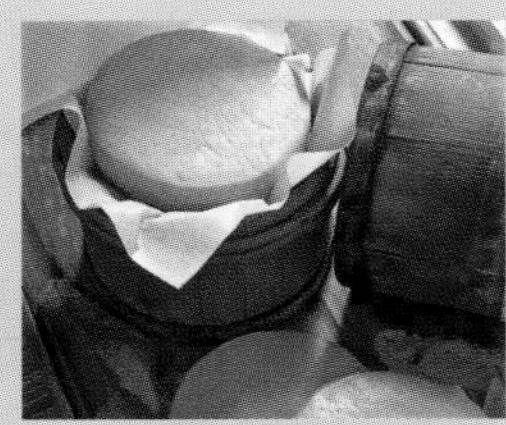

Le munster, un fromage au goût revigorant

259 Haguenau  20/E7

(67) *i* Tél. : 03 88 93 70 00

Outre ses églises médiévales, Saint-Georges (XIIe-XIIIe s.), dont les deux cloches comptent parmi les plus anciennes de France, et Saint-Nicolas, remarquable par ses boiseries du XVIIIe s., la ville abrite le Musée historique et le Musée alsacien. Le premier conserve des collections archéologiques, des sculptures médiévales, des monnaies, des médailles. Le second expose des objets régionaux d'époques diverses et reconstitue, au deuxième étage, une maison de potiers avec son atelier, ses outils, etc.

👁 à 14 km (O) le bourg de **Pfaffenhoffen,** qui accueille un étonnant musée de l'Imagerie peinte et populaire alsacienne.

260 Hanau (Forêt de)  20/D7

(57) Installée sur un sol de grès rouge, cette forêt est originale pour ses arbres : les pins de Hanau, reliques de l'époque glaciaire. L'étang se trouve au cœur des bois, dans une zone de tourbières. Un sentier botanique permet de parcourir ce milieu exceptionnel. En continuant vers Waldeck, à travers chênes rouvres et hêtres, on atteint une impressionnante sculpture naturelle taillée dans le grès : l'arche d'Erbsenfelsen.

261 Haroué (Château d')  30/A3

(54) *i* Tél. mairie : 03 83 52 40 12. Tél. Chamagne : 03 29 38 86 07

La fastueuse demeure des princes de Beauvau-Craon est l'un des plus beaux châteaux classiques de la région, élevé sur le site d'une ancienne forteresse. Les grilles de l'entrée, des balcons et de la rampe d'escalier ont été forgées par Jean Lamour, le créateur des célèbres grilles de la place Stanislas à Nancy.

👁 à 20 km (S-E) **Chamagne,** le village natal du peintre Claude Gellée, dit le Lorrain. Sa maison a été transformée en musée.

262 Harth (Forêt de la)  30/D5

👁 encadré p. 186

263 Haut-Kœnigsbourg (Château du)  30/D3

(67) *i* Tél. : 03 88 82 50 60

Cette impressionnante forteresse en grès rouge est bâtie sur un promontoire à 757 m d'altitude. Celui-ci domine la plaine d'Alsace avec, à l'est, les hauteurs du Kaiserstuhl, au pied de la Forêt-Noire, et, au sud, le Hohneck et le Grand Ballon. Le château médiéval, construit par les Hohenstaufen puis ruiné par les Suédois, fut restauré dans un style néogothique pompeux sur l'ordre de l'empereur d'Allemagne Guillaume II. Derrière sa triple enceinte s'élèvent un donjon, un logis seigneurial et une hôtellerie. Jean Renoir y a tourné *la Grande Illusion.*

264 Hohneck (Sommet du)  30/C4

(68) Dans les Vosges cristallines, ce sommet arrondi culmine à 1 362 m. Couverts de chaumes, ses abrupts impressionnants dominent des cirques glaciaires tapissés de sapins mêlés d'autres essences. Les fonds sont occupés par des lacs, tels celui de Schiessrothried, côté alsacien, ou celui de Blanchemer, côté lorrain. De la cime, ⁂ sur le plateau lorrain, la plaine d'Alsace, le Kaiserstuhl, la Forêt-Noire et les Alpes.

👁 le **lac de Fischbœdlé** (E), accessible par la D 310. Petit (0,5 ha), mais enchanteur, presque circulaire, il occupe à 790 m d'altitude un cirque glaciaire typique. Il est dominé par les rochers des Spitzkœpfe.

265 Hohrodberg  30/D4

(68) *i* Tél. mairie : 03 89 77 36 52

Les estivants qui fréquentent cette agréable station sont séduits par le paysage : ⁂ sur la vallée de Munster, le Petit Ballon et le Hohneck.

LA HAUTE VALLÉE DE LA THUR

À partir du HOHNECK, une route presque parallèle à celle des Crêtes conduit au col de Bramont et permet de gagner la haute vallée de la Thur, ponctuée de buttes granitiques. Sur l'une d'entre elles se dressent les vestiges du château de Wildenstein.

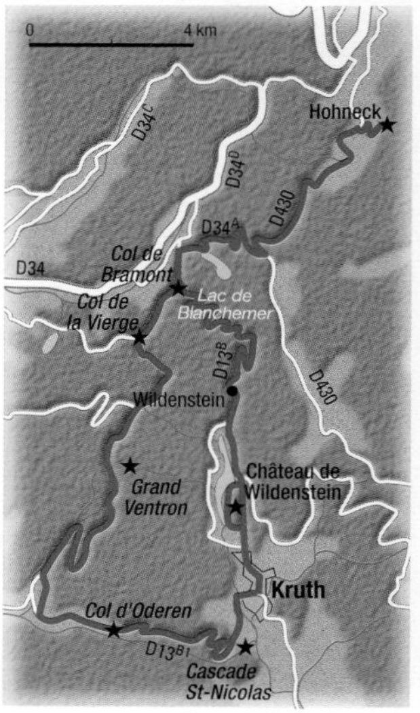

Après le bourg de Kruth et la cascade Saint-Nicolas, on passe le col d'Oderen pour monter par une route, puis par un sentier forestier, au Grand Ventron. À 1 202 m d'altitude se dégage un vaste horizon, marqué par les sommets du Hohneck, du Grand Ballon et du ballon d'Alsace.

LA FORÊT DE HAGUENEAU

L'empereur Sigismond déclara, en 1434, cette forêt propriété indivise entre l'empereur et la ville de Haguenau, qui y engraissait environ 10 000 porcs par an. Celle-ci intenta et gagna un procès contre Louis XIV, qui tentait de gérer seul ce domaine. Le massif marque la transition entre la vallée du Rhin et les collines sous-vosgiennes. Sur ses sols sableux – les 2/3 de ses 14 000 ha – poussent des pins sylvestres, alors que ses sols argileux accueillent des feuillus. Un intéressant sentier botanique part du site du Gros Chêne.

La forêt de Haguenau

1 Le sous-bois en bordure du sentier botanique

La forêt de la Harth

2 L'un des nombreux canaux

Le château du Haut-Kœnigsbourg

3 L'enceinte et le donjon carré

4 Le balcon et les peintures murales du logis sud

5 Une pièce d'artillerie

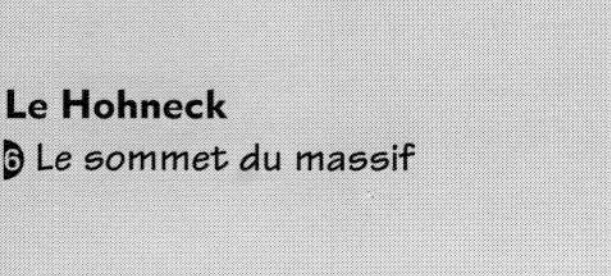

Le Hohneck

6 Le sommet du massif

266 Joinville

29/G3

(52) Tél. : 03 25 94 17 90

Aujourd'hui, le chroniqueur du règne de Saint Louis et seigneur du lieu, Jean de Joinville, ne retrouverait pas sa forteresse médiévale, transformée en carrière de pierres sous la Révolution. En contrebas, le château du Grand Jardin, bâti pour le duc de Guise (XVIe s.), se dresse au milieu d'un parc planté d'arbres fruitiers, de lavandes et de santolines. Ses dimensions modestes évoquent plutôt une somptueuse demeure campagnarde. L'église Notre-Dame a conservé son style du XIIIe s., malgré les remaniements ultérieurs. Les vieilles maisons de la cité bordent un bras de la Marne, dit canal des Moulins car ils sont nombreux à en barrer le cours.

267 Kaysersberg

30/D4

(68) Tél. : 03 89 78 22 78

Avec ses maisons à colombages, ses remparts et les ruines de la forteresse qui dominent le site, le village natal du docteur Schweitzer est charmant. Le pont fortifié en grès rose, jeté sur la Weiss au début du XVIe s., permet de gagner le cœur du petit bourg en passant devant l'Hôtellerie du Pont. L'église Sainte-Croix (XIIe-XVe s.) est ornée d'une poutre de gloire portant un Christ géant et d'un retable en bois sculpté. Derrière s'élève l'hôtel de ville Renaissance. La cité est enfin connue pour ses plants de tokay, qui donnent un des vins les plus savoureux d'Alsace.

268 Kientzheim

30/D4

(68) Tél. : 03 89 47 12 62. Tél. musée du Vin : 03 89 78 21 36

Pour effrayer ses éventuels agresseurs, la cité a fait sculpter sur la porte Basse, située au sud des remparts, une tête grimaçante, surnommée le Lalli. Une dépendance du château Schwendi, siège de la confrérie Saint-Étienne, accueille un musée du Vignoble et des Vins d'Alsace.

269 Langres

29/G5

(52) Tél. : 03 25 87 67 67

La ville natale de Diderot est perchée sur un promontoire rocheux. Depuis le haut des remparts, qui comptent encore 5 tours et 7 portes, ⁂ sur le plateau de Langres, la vallée de la Marne et, par temps clair, les Vosges. La cathédrale Saint-Mammès (XIIe s.) s'élève au cœur de la cité : sa façade classique date du XVIIIe s. ; la partie la plus ancienne est décorée de chapiteaux historiés. Dans la salle du Trésor sont conservés les objets les plus précieux. Derrière son square se dresse une superbe maison Renaissance. Au-delà, le musée du Breuil-de-Saint-Germain est installé dans un hôtel particulier du XVIe s. Il présente des objets d'art et des souvenirs de Diderot.

270 Lunéville (Château de)

20/B8

(54) Tél. : 03 83 74 06 55. Tél. château : 03 83 76 23 57

Érigé au début du XVIIIe s. pour le duc de Lorraine Léopold, le château fut qualifié par Voltaire de « Versailles lorrain ». En janvier 2003, il a été partiellement détruit par un violent incendie. Pendant l'été, il est possible d'accéder au site pour visiter des expositions et observer l'avancement des travaux de reconstruction qui vont durer une dizaine d'années.

271 Marmoutier

20/D1

(67) Tél. : 03 88 71 46 84

De la célèbre abbaye bénédictine de Marmoutier, en partie démantelée sous la Révolution, il reste une église, dédiée à saint Martin. Sa façade, en grès rouge des Vosges, est un bel exemple de l'art roman rhénan du milieu du XIIe s. La nef est gothique et le chœur du XVIIIe s. Le Centre européen de l'orgue a été installé dans les bâtiments conventuels, autour du très bel orgue André Silbermann (1709). Dans la ville, le musée d'Arts et Traditions populaires est aménagé dans une maison à colombages du XVIe s.

AUTOUR DES LACS BLANC ET NOIR

On atteint Orbey à partir de KAYSERSBERG, cerné par les vignobles. Par le hameau de Pairis, construit autour d'une abbaye du XIIe s. aujourd'hui disparue, on gagne le rocher-observatoire de Belmont. Cette hauteur granitique, encadrée au nord-ouest par le lac Blanc (dominé par le « château Hans », bloc de pierre ruiniforme) et au sud-est par le lac Noir, offre une large vue du Donon au Petit-Ballon.

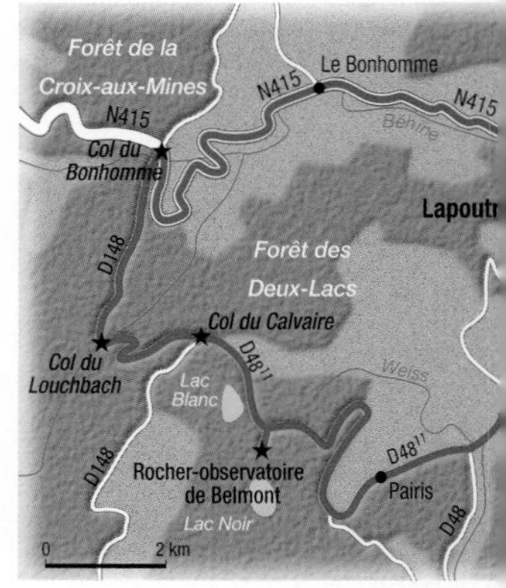

Par les cols du Calvaire, du Louchbach et du Bonhomme, on entre dans la vallée boisée de la Béhine, prolongée par celle de la Weiss.

JEAN DE JOINVILLE (1224-1317)

Fils de sénéchal, Jean de Joinville est éduqué à la cour du comte de Champagne, avant d'occuper à son tour la fonction de son père. Armé chevalier en 1245, il se joint à la croisade dirigée par Louis IX et s'embarque pour Chypre, où il entre au service du roi. Prisonnier comme celui-ci, il passe quatre ans en Terre Sainte à ses côtés, devenant l'un de ses conseillers préférés. Après la béatification de Louis IX en 1298, il commence le *Livre des saintes paroles et des bons faits de notre saint roi Louis,* à la demande de Jeanne de Navarre, épouse de Philippe le Bel et petite-fille de Saint Louis. Achevé en 1309, cet ouvrage constitue l'une des meilleures sources concernant le règne du souverain.

1

2

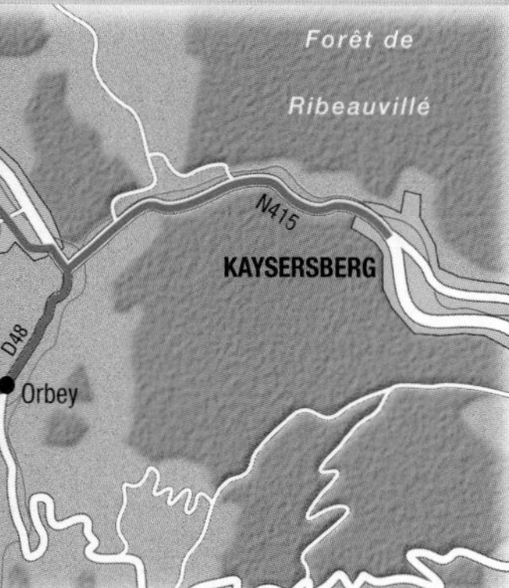

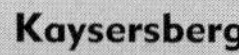

Kaysersberg
1 Le village depuis le pont fortifié
2 Une maison traditionnelle

3

4

Langres
3 La porte des Moulins
4 La tour de Navarre, sur les remparts, édifiée par François Ier

Marmoutier
5 Le musée des Arts et Traditions populaires
6 Le porche de l'abbatiale

5

6

272 Metz 19/J6

(57) Tél. : 03 87 55 53 76

Metz n'a guère conservé de témoins monumentaux de son histoire militaire, mais son patrimoine religieux est très riche (nombreuses églises). Fondée à l'époque gallo-romaine, dont elle conserve des vestiges, elle fut la capitale du royaume d'Austrasie sous la reine Brunehaut et connut une prospérité économique comme centre commercial de la Lorraine, vocation qu'elle a conservée.

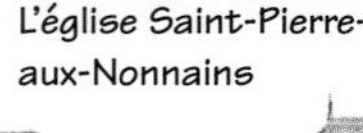

L'église Saint-Pierre-aux-Nonnains

Le musée de la Cour-d'Or

Il fut construit là où débuta, il y a trois mille ans, l'histoire messine : l'oppidum des Médiomatriques, les thermes romains (toujours visibles), le site présumé du palais des rois francs d'Austrasie et le berceau de la dynastie carolingienne. Ses collections gallo-romaines comptent parmi les plus riches d'Europe. Ce musée fut aussi l'ancien grenier à blé de la ville – le grenier de Chèvremont (XVe s.) –, dont la cour couverte accueille des concerts en été.

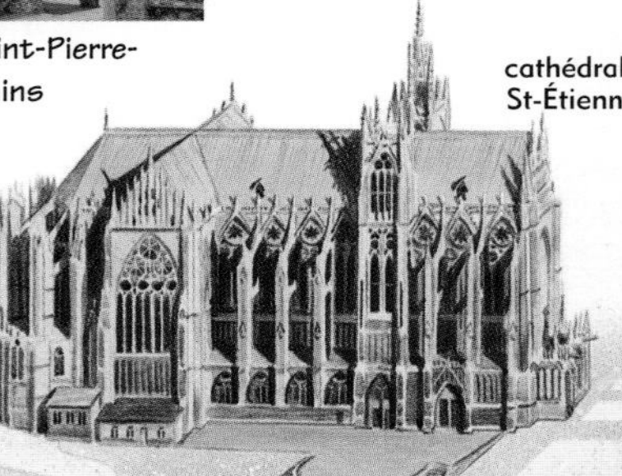

La cathédrale vue des bords de la Moselle

L'église Saint-Pierre-aux-Nonnains

Elle est souvent considérée comme la plus ancienne église de France. Vers 310, les Médiomatriques bâtirent à cet emplacement une basilique civile. Celle-ci, détruite en 451, fut transformée en chapelle, puis des moniales s'y établirent. Mais l'abbaye bénédictine, très endommagée au XVIe s., fut finalement abandonnée.

273 Meuse (Vallée de la)  18/E3

(08) La vallée de la Meuse est un train de méandres encaissés dans le plateau de l'Ardenne. Le fleuve s'écoule dans des paysages d'une « grandiose horreur », célébrés par Victor Hugo et George Sand. Les défilés sont nus ou boisés, toujours sauvages, malgré les activités industrielles.

274 Mirecourt   29/J3

(88) Tél. : 03 29 37 01 01

Des ateliers de luthiers, qui prirent leur véritable essor au XVIIIe s., animent encore la cité. Un musée en retrace l'histoire et évoque l'activité dentellière locale, également réputée. La vieille ville abrite aussi une église (XIVe-XVe s.), dotée d'un clocher-porche, et des halles du XVIIe s.

275 Molsheim    20/D8

(67) Tél. : 03 88 38 11 61

La ville a gardé de beaux édifices, dont la Metzig, bâtie au XVIe s. pour la corporation des bouchers. Le musée abrite des collections archéologiques et la fondation Bugatti. L'église, appartenant à une ancienne université fondée en 1618, rappelle la présence des Jésuites à Molsheim.

276 Montagne de Reims (Forêt de la)  18/C6

(51) Sur un plateau parsemé d'étangs et de gouffres, la forêt s'étend sur 20 000 ha. Sentiers balisés et GR permettent de découvrir le vignoble champenois. Depuis le mont Joli, au nord, Hautvillers, au sud, et l'observatoire du mont Sinaï, sur la montagne et la ville de Reims. À l'est, les Faux-de-Verzy regroupent des hêtres aux étranges troncs noueux.

Le parc naturel régional de la Montagne de Reims

Trônant au milieu du vignoble champenois, un saillant calcaire domine la Champagne crayeuse, ou pouilleuse, plateau aride où l'eau est présente sous forme de rivières ou de sources. Sur 50 000 ha, ce parc, créé en 1976, associe les plaisirs de la table, les balades en forêt et la découverte du patrimoine culturel champenois. Bien aménagé, il offre de nombreuses activités culturelles et sportives, des sentiers, des aires de pique-nique dans une forêt de feuillus. Les hêtres tordus et enchevêtrés de Verzy, phénomène dû vraisemblablement à un marcottage naturel de ces arbres, représentent l'une des grandes originalités de ce site.

La porte des Allemands

À cheval sur la Seille, cette porte massive constitue un important vestige des fortifications médiévales. Il s'agit d'un petit château fort aux tours intérieures du XIIIe s. et extérieures du XIe s., reliées entre elles par un cloître et des salles voûtées.

La cathédrale Saint-Étienne

Elle est formée de deux églises assemblées à angle droit, Saint-Étienne et Notre-Dame-la-Ronde, qui est devenue une simple chapelle. C'est pourquoi la cathédrale gothique n'eut jamais de portail central. Une première ouverture fut érigée dans le style dorique par Blondel en 1764 ; celle d'aujourd'hui date de 1903. L'intérieur est éclairé par de splendides verrières (plus de 6 000 m²) et des vitraux exceptionnels. Le palais épiscopal (XVIIIe s.) est resté inachevé.

Dans la crypte de la cathédrale, Mise au tombeau du XVIe s.

La nef de la cathédrale Saint-Étienne

Le palais de justice

Il constitue l'un des rares chefs-d'œuvre architecturaux de Charles-Louis Clérisseau (1721-1820) qui subsistent encore. Deux bas-reliefs ornent la cour intérieure, évoquant la levée du siège de Charles Quint le 1er janvier 1553 et la paix conclue en 1783 entre l'Angleterre, la France, les États-Unis et la Hollande. Il est bordé par l'Esplanade, qui domine la Moselle.

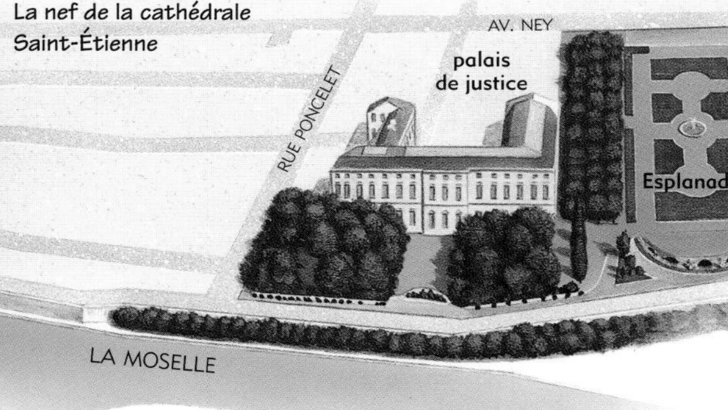

À VOIR AUSSI

L'Arsenal (conçu par Ricardo Bofill)

L'église Saint-Maximin (XIIe s., vitraux de Cocteau)

L'église Saint-Martin (XIIIe-XVe s.)

La chapelle des Templiers (XIIe s.)

La place Saint-Louis (maisons à arcades des XIVe-XVIe s.)

Molsheim

1 L'église des Jésuites

La montagne de Reims

2 La forêt

3 Les hêtres enchevêtrés des Faux-de-Verzy

1

2

3

277 Monthermé

 18/**E3**

(08) Tél. mairie : 03 24 53 00 09
La vieille ville est blottie dans une boucle de la rive droite de la Meuse, alors que les quartiers modernes s'étendent sur la gauche. Le pont qui enjambe le fleuve offre une jolie vue sur son beau cadre naturel, mais aussi sur ses maisons anciennes et son église fortifiée, ornée de fresques (XVIe s.). Le promontoire rocheux de la **Longue Roche** domine de 140 m la cité, la vallée de la Meuse et les forêts environnantes.

278 Montsec (Butte de)

 19/**H7**

(55) Au sommet de cette butte, haute de 375 m, se dresse un monument – auquel on accède par un escalier – formé de colonnes supportant une rotonde, à la gloire de la 1re Armée américaine. Il commémore les combats de septembre 1918 qui réduisirent le saillant de Saint-Mihiel.
en contrebas l'agréable **lac de Madine,** bien équipé pour les sports nautiques et la promenade.

279 Motte-Tilly (Château de la)

 28/**B3**

(10) Tél. : 03 25 39 99 67
Érigé en 1755 pour les frères Terray – l'un d'eux, abbé, fut contrôleur des finances de Louis XVI –, le château classique perdit deux de ses bâtiments sur cour en 1813, à la suite d'un réaménagement. Bâti sur une terrasse naturelle qui domine la Seine, il est entouré d'un parc, dans lequel ont été aménagés un joli bassin, appelé le Miroir, et une grotte.

280 Mulhouse

 30/**D6**

(68) Tél. : 03 89 35 48 48
Cette ville industrielle est connue pour ses musées mais aussi pour son hôtel de ville Renaissance, à la façade ornée de peintures, et son temple néogothique Saint-Étienne, décoré de vitraux anciens (XIVe s.). Le musée national de l'Automobile, l'un des plus fréquentés de France, est né de la collection que les frères Schlumpf constituèrent à la fin des années 1950. Il présente plus de 500 véhicules : modèles rares, voitures de course, automobiles de luxe...
Le Musée français du chemin de fer expose les premières locomotives à traction à vapeur, une voiture-lit (1929) du Train bleu, des wagons à impériale, etc. Celui de l'Impression sur étoffes abrite une riche collection de tissus imprimés en Alsace et dans le monde entier. Le Musée historique, les musées du Papier peint et des Beaux-Arts ou encore le parc zoologique et botanique sont tout aussi intéressants.

281 Munster

 30/**C4**

(68) Tél. : 03 89 77 31 80
Cette agréable station de cure s'est développée autour d'une abbaye médiévale. Celle-ci fut ensuite acquise par un teinturier qui y installa une filature et un tissage, encore actifs aujourd'hui. Mais la ville réunit aussi une église protestante (XIXe s.), à l'architecture néoromane, un hôtel de ville à la façade Renaissance, les vestiges d'un palais abbatial, la fontaine au Lion (XVIe s.) et le parc André-Hartmann. Dans la région, on peut visiter les fermes productrices du fromage le plus réputé d'Alsace, ou entreprendre une excursion vers le Petit Ballon.

282 Murbach (Église de)

 30/**D5**

(68) Tél. : 03 89 76 83 22
Aujourd'hui, seule une partie du sanctuaire roman (XIIe s.) en grès rose témoigne de la splendeur d'une abbaye qui fut l'une des plus puissantes d'Alsace. Son chevet flanqué de deux tours est remarquable. Après le départ des moines, au XVIIIe s., la nef fut amputée et les autres bâtiments abbatiaux détruits. Le transept abrite un très ancien sarcophage et un gisant du XIIIe s.

MAISONS ANCIENNES À L'ÉCOMUSÉE DE HAUTE-ALSACE

Un groupe de bénévoles était soucieux de sauver de la démolition ou de l'oubli les plus typiques des bâtiments ruraux qui font le charme de la campagne alsacienne. Grâce à leur construction en colombages, ceux-ci ont pu être démontés, déménagés et remontés en village (depuis 1984) avec ses rues, ses échoppes, ses tavernes, sa vie, ses buissons de géraniums. Ainsi est né l'écomusée d'**Ungersheim,** où l'on peut même passer la nuit dans une maison de maître de 1574. Les vieilles fermes sont venues des quatre coins du pays, chatoyantes, pour se regrouper et conter l'authentique Alsace, celle des traditions, du labeur, du rêve.

LA FORÊT DE LA HARTH

Poumon de **Mulhouse,** cette vaste forêt (18 000 ha) s'étend jusqu'à la frontière suisse. Son sol, peu fertile, porte de petits chênes, mais devient à l'automne le paradis des cueilleurs de girolles et de trompettes-de-la-mort. De nombreux sentiers partent des routes qui la traversent. Au sud, vers Rosenau, la Petite Camargue est un secteur humide et marécageux. Une réserve ornithologique y a été créée, où l'on recense une centaine d'espèces : bécassines des marais, garde-bœufs, hérons cendrés... On y compte aussi une quinzaine de variétés d'orchidées.

1

Monthermé

1 L'église abbatiale Saint-Rémy

2

3

Mulhouse

2 Le temple Saint-Étienne

3 La façade Renaissance de l'hôtel de ville

4

Munster

4 Les cigognes

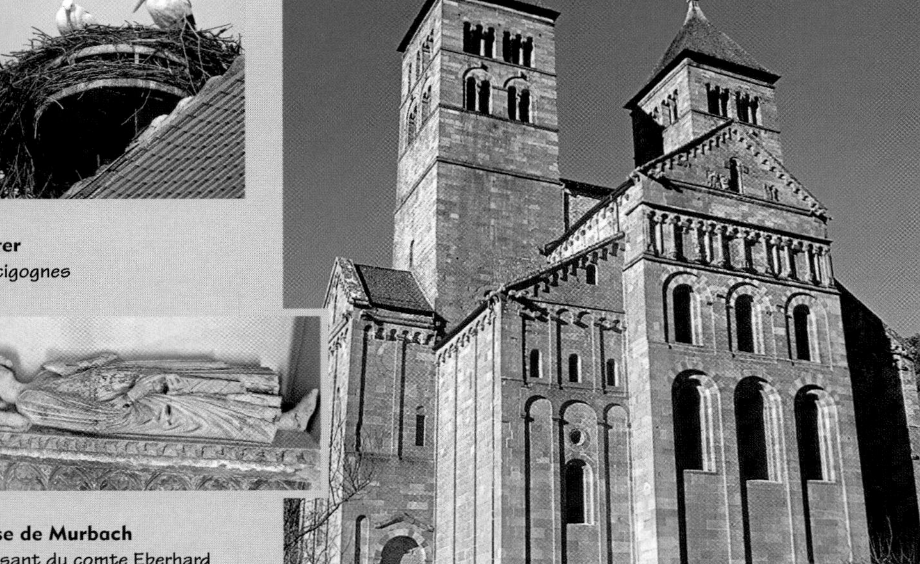

5

6

L'église de Murbach

5 Le gisant du comte Eberhard

6 Le chevet et les tours du XIIe s.

283 Nancy 20/A8

(54) Tél. : 03 83 35 22 41

Avant d'être royale grâce à Stanislas Leszczynski, la cité fut ducale, choisie comme capitale par Gérard d'Alsace. Trois quartiers différents se distinguent : l'un date du Moyen Âge, le deuxième de la Renaissance et le dernier du siècle des Lumières. Avec ses écoles, ses instituts, son théâtre…, cette ville d'art est un centre culturel.

Le musée de l'École de Nancy

Il est aménagé dans une demeure du début du XXe s. Ses collections illustrent ce mouvement artistique (voir encadré ci-dessous) : meubles, reliures, affiches, verreries, céramiques… Une salle à manger, une salle de bains et un bureau d'homme d'affaires ont notamment été reconstitués.

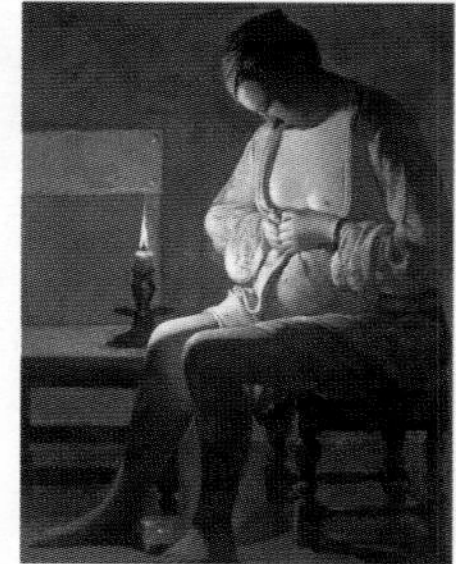

La Femme à la puce, de Georges de La Tour, au Musée historique lorrain

Place Stanislas, les grilles en fer forgé rehaussé d'or

La place Stanislas

Célèbre pour ses grilles en fer forgé rehaussé d'or (les « portes d'or »), commandées à Jean Lamour, elle constitue un ensemble unique d'urbanisme du XVIIIe s., non seulement par ses proportions et l'élégance des pavillons qui l'entourent, mais aussi parce qu'elle consacre le triomphe du style rococo, à l'intérieur comme à l'extérieur des bâtiments. L'hôtel de ville, sur le côté sud de la place, présente un magnifique fronton sculpté et quinze balcons exécutés par Jean Lamour.

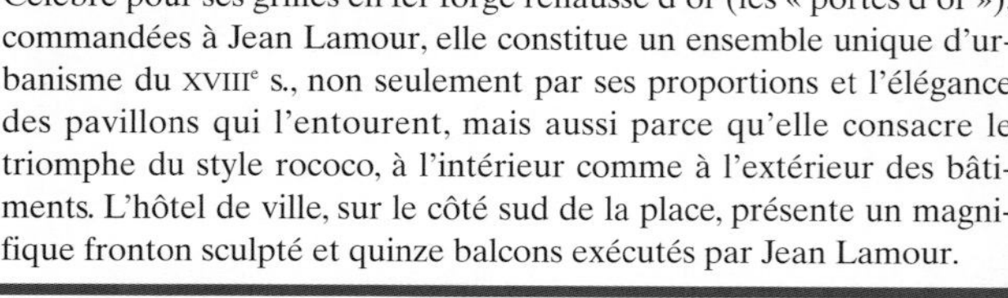

Porterie du Palais ducal : Antoine de Lorraine

284 Neuf-Brisach 30/E4

(68) Tél. : 03 89 72 56 66

Protégée par une enceinte longue de 2,4 km et haute de 5 m, cette place forte est l'une des plus abouties de celles de Vauban. À l'intérieur des fortifications, la cité est découpée par des rues qui se rejoignent sur la place d'Armes, où s'élève l'église Saint-Louis (XVIIIe s.). La porte de Belfort abrite un musée : documents précieux, plan-relief de la ville.

285 Neufchâteau 29/H3

(88) Tél. : 03 29 94 10 95. Tél. mairie : 03 29 95 20 20

L'église Saint-Christophe (XIIe-XVe s.), l'église Saint-Nicolas (XIIe-XIIIe s.), ornée d'un saint sépulcre en pierre polychrome du XVe s., l'hôtel de ville Renaissance, desservi par un bel escalier, et les maisons classiques s'élèvent autour de la place Jeanne-d'Arc, au cœur de la vieille ville.

286 Nideck (Cascade du) 20/D8

(67) On gagne le belvédère par un sentier partant des vestiges – une tour et un donjon – de deux châteaux médiévaux détruits au XVIIe s. De là, sur la vallée glaciaire et sur le gouffre tapissé de sapins, où la cascade se jette du haut d'une brèche de porphyre de 25 m. Pour permettre de la voir de plus près, un sentier a été aménagé (30 min AR).

287 Niederbronn-les-Bains 20/E6

(67) Tél. : 03 88 80 89 70

La station thermale était déjà fréquentée par les Romains. Deux sources y jaillissent : la Romaine, devant le casino, et la Celtique. Celle-ci est proche des demeures de la rue principale.

à 10 km (N-O) les ruines du **château féodal de Falkenstein.**

L'École de Nancy

À la fin du XIXe s., sous l'impulsion du verrier et céramiste Gallé, se rassemblent des artistes tels Majorelle, Grüber, Prouvé, Vallin, les frères Daum et Wiener, qui œuvrent au renouvellement des arts décoratifs. Influencés par le japonisme s'inspirant de la nature, ils créent une nouvelle esthétique, en rupture avec le style du second Empire, dominée par la courbe, l'arabesque, la ligne fluide et la profusion ornementale. En 1901, l'Alliance provinciale des industries de l'art, ou école de Nancy, est officiellement fondée. Les architectes emboîtent le pas à ces initiateurs ; les bâtiments que l'on rencontre autour de la cité lorraine en témoignent. Ce mouvement s'éteint dans les premières années du XXe s. ; ses grands représentants se retrouvent au musée de l'École de Nancy.

Le Palais ducal

Sa construction date du XIIIe s., mais de nombreux aménagements ont été effectués au XVIe s. La Porterie, à la décoration flamboyante et Renaissance, est surmontée par la statue équestre du duc Antoine de Lorraine et ornée de balcons à la balustrade finement sculptée.

Le musée des Beaux-Arts

À VOIR AUSSI

La cathédrale (XVIIIe s.)

L'église Notre-Dame-de-Bon-Secours (XVIIIe s.)

L'église et le couvent des Cordeliers (fin XVe s.)

L'église Saint-Sébastien (XVIIIe s.)

La porte de la Craffe (XIVe s.)

Le musée des Beaux-Arts

Le Palais ducal abrite le Musée historique lorrain, qui renferme des collections exceptionnelles (œuvres de Georges de La Tour et de Jacques Callot).

1 

3 

 2

Neuf-Brisach

1 *L'enceinte de la place forte*

La cascade du Nideck

2 *La chute d'eau*

Près de Niederbronn-les-Bains, le château de Falkenstein

3 *Ce château est en partie creusé dans la roche.*

288 Obernai

30/D2

(67) Tél. : 03 88 95 64 13
Derrière ses remparts, la ville natale de sainte Odile – la patronne de l'Alsace – s'organise autour de la place du Marché : ruelles bordées de maisons à pignon et à colombages, belles constructions Renaissance, tel l'hôtel de ville, halle aux blés, ancien grenier à céréales, Kapelturm – ou beffroi (XIIIe-XVIe s.) –, clocher de l'église Saint-Pierre-et-Paul, dont il ne reste que le chœur. Le puits à Six-Seaux étonne avec ses colonnes et ses trois ruelles.

289 Orbais (Abbaye d')

18/B7

(51) Tél. mairie : 03 26 59 53 60
Sous la Révolution, cette abbaye bénédictine (fondée au VIIe s.) fut, comme beaucoup d'édifices religieux, amputée. Ses moines furent chassés et elle fut vendue comme bien national. De l'église gothique, il ne subsiste qu'une travée de la nef, le transept et le chœur.

290 Ottmarsheim

30/E5

(68) Tél. mairie : 03 89 26 06 42
Le bourg possède une magnifique église octogonale, réplique de la chapelle Palatine que Charlemagne fit élever à Aix-la-Chapelle – sur le modèle de Saint-Vital de Ravenne (Italie). L'édifice, datant du XIe s., faisait partie d'une abbaye de bénédictines.

291 Petit Ballon (Sommet du)

30/D5

(68) Vaste dôme chauve, le Petit Ballon, ou Kahlerwasen, culmine à 1 267 m avec ses chaumes et ses prairies naturelles à la flore riche. ⁂ sur le Hohneck, la vallée de la Fecht, le Brézouard et, plus loin, le Donon, les Trois-Épis, la plaine d'Alsace, le Grand Ballon.

292 Petite-Pierre (Rochers de La)

20/D7

(67) Tél. : 03 88 70 42 30. Tél. maison du Parc : 03 88 01 49 59
Dans cette partie peu élevée, mais escarpée, du parc naturel régional des Vosges du Nord, l'érosion a sculpté les blocs de grès, au cœur d'une forêt de hêtres, de chênes, de pins et d'épicéas. L'étang d'Imsthal se blottit au creux d'un bassin de prairies entourées de bois. La maison du Parc est installée dans le vieux château du village de La Petite-Pierre, qui attire de nombreux vacanciers.

293 Plombières-les-Bains

30/B5

(88) Tél. : 03 29 66 01 30
De Montaigne à Napoléon III – dont les thermes portent le nom –, d'innombrables personnalités vinrent y prendre les eaux. Fondée par les Romains, la station thermale est restée en activité, presque ininterrompue, jusqu'à nos jours. Napoléon Ier fit ériger le Bain national, reconstruit en 1935. Le Bain romain, dont la piscine antique est en partie préservée, le Bain Stanislas (XVIIIe s.), l'étuve romaine, découverte en 1856, le casino, le parc impérial, dessiné par Haussmann, et le parc Tivoli complètent les équipements de la ville.

294 Pont-à-Mousson

19/J7

(54) Tél. : 03 83 81 06 90
Connue pour ses fonderies, la ville l'est aussi pour ses remarquables édifices dont l'histoire s'étend du XIIIe au XVIIIe s. Les églises Saint-Martin et Saint-Laurent sont cependant supplantées par l'ancienne abbaye des Prémontrés, reconvertie en centre culturel de rencontre. La place Duroc, triangulaire, est bordée par l'hôtel de ville et la maison des Sept Péchés capitaux. Le cardinal Charles de Lorraine y fonda une université en 1572, transférée à Nancy en 1968.

LES ENSEIGNES DES AUBERGES ET DES ARTISANS

Dans les ruelles d'antan, les aubergistes, les artisans et les boutiquiers appendaient leurs enseignes à un bras en fer. On les retrouve dans le musée d'**Obernai,** où voisinent un cerf en pleine course, une charrue sur une place publique et un tonnelet d'or qui, tous, signalent une accueillante auberge. D'autres subsistent toujours, en particulier sous forme de girouette ; l'une d'elles indique le domicile d'un artiste peintre obernois. Celles qui furent taillées dans la pierre survivent toutes, tel ce brochet happant un petit poisson ou ce cygne coiffant un portail du XVIIIe s.

1 000 KM DE PISTES POUR FONDEURS

Le massif vosgien possède, répartis sur les deux versants, de nombreuses pistes propices à la pratique du ski de randonnée, mais aussi des dénivelés adaptés au ski alpin. Montagne idéale pour le ski de fond, les Vosges proposent 1 000 km de pistes balisées, dont un grand nombre parfaitement aménagées. Un hébergement confortable, une nourriture revigorante sont assurés dans les chalets-refuges, les fermes-auberges et les caravaneiges.

1

2

Obernai
1 Le puits à Six-Seaux
2 Le beffroi et l'hôtel de ville
3 La cour Fastinger

Ottmarsheim
4 L'église, de plan octogonal

3

4

Le Petit Ballon
5 Il offre un vaste panorama.

Pont-à-Mousson
6 Dans l'église Saint-Laurent, une pietá de Ligier Richier
7 Vue générale de l'abbaye des Prémontrés

5

6

7

Villes d'eaux des Vosges
Un thermalisme actif

Le massif vosgien bénéficie de la vertu vivifiante de ses eaux minérales. Chargées de sels, d'oligo-éléments, de gaz et de matières organiques dont la répartition et l'équilibre déterminent la singularité de chaque source, ces eaux possèdent des qualités curatives éprouvées. Les nombreuses sources vosgiennes, en particulier d'eaux chaudes, sont connues depuis l'époque antique. Les Celtes, puis les Gaulois et les Romains les ont apréciées (Bourbonne-les-Bains, Bains-les-Bains, Luxeuil-les-Bains, Niederbronn-les-Bains). Le développement précoce du thermalisme dans la région a connu un nouvel essor dans la seconde moitié du XIXe s. Aujourd'hui, le thermalisme conjugue les bienfaits de la cure avec ceux, plus récents, de la remise en forme. Mais la principale force économique des stations repose sur la commercialisation de leurs eaux minérales mises en bouteilles.

Luxeuil-les-Bains : les Thermes

De prestigieux visiteurs : Plombières-les-Bains

La ville de Plombières dispose d'eaux très fluorées et peu minéralisées. On y trouve des sources à toutes sortes de températures : sources froides (inférieures à 20 °C), hypothermales (entre 20 et 35 °C), mésothermales (entre 35 et 50 °C) ou hyperthermales (entre 50 et 100 °C – la plus chaude de Plombières dépasse les 70 °C). Active dans l'Antiquité, détruite par les invasions barbares, la station, reconstruite au Moyen Âge, devient très réputée à la Renaissance : l'écrivain bordelais Michel de Montaigne profite d'un séjour dans le nord de la France pour venir à Plombières, en septembre 1580, soigner la « maladie de la pierre » (calculs dans les reins) dont il souffre de manière chronique. Il raconte dans son *Journal de Voyage* la quinzaine de jours passée dans l'actuel Hôtel des Bains pour suivre une cure tout à fait classique, à base d'ingestion d'eau (plusieurs verres par jour). Au XVIIIe s., un autre écrivain célèbre, Voltaire, vient y prendre les eaux. Sous le Second Empire, la ville thermale acquiert une réputation internationale grâce à Napoléon III : l'empereur y reçoit en 1858 le Premier ministre de Piémont-Sardaigne, Cavour, pour y préparer l'annexion à la France de la Savoie et de Nice contre un soutien français en faveur de l'unité italienne.

Plombières-les-Bains : buvette du Bain national

Plombières-les-Bains : fontaine Stanislas

Une station aristocratique : Contrexéville

Au milieu du XVIIIe s., le docteur Bagard, médecin du duc de Lorraine et roi de Pologne Stanislas Leszczynski, met en évidence les qualités médicinales des eaux de Contrexéville. Intéressé par ces recherches, le roi de France Louis XVI favorise quelques années plus tard la construction du premier établissement thermal de la ville. Contrexéville est lancée : un siècle avant sa voisine et rivale Vittel, la station attire

Contrexéville :
la rotonde des Sources

l'aristocratie d'Europe et d'ailleurs, qui vient s'y soigner (infections urinaires, infections biliaires, obésité) mais aussi s'y divertir, au Casino ou dans le théâtre à l'italienne qui le jouxte, aujourd'hui transformé en salle de cinéma.

Contrexéville :
ses eaux sont efficaces contre les maladies du rein, du foie et contre l'obésité.

Le dynamisme du Second Empire : Vittel

À l'ouest du massif des Vosges, Vittel, site thermal fréquenté à l'époque gallo-romaine, a connu une longue éclipse. Les vertus de ses eaux minérales ne sont redécouvertes que dans la seconde moitié du XIXe s., sous l'impulsion de Louis Bouloumié, un avocat à l'esprit d'entreprise. Les constructions de Vittel (hôtels, thermes) témoignent de l'essor rapide de la station dans les années 1860 : petite ville rurale, elle devient en quelques années une cité thermale à la réputation internationale. On y vient soigner les affections du foie (source Hépar) et celles des reins (Grande Source). Aujourd'hui, une grande partie de l'activité touristique consiste à proposer, plutôt que des cures classiques, des séjours de remise en forme. L'usine de la Société des eaux de Vittel se visite ; elle commercialise plusieurs milliards de bouteilles par an.

La consommation d'eau minérale des Vosges

À la fin du XIXe s., le savant Louis Pasteur met en avant les dangers que représente la consommation de l'eau des puits, fréquemment polluée par des bactéries. Il préconise la consommation d'eau minérale en bouteille – même si l'eau de source, quand elle n'est pas bue immédiatement, perd une partie de ses qualités. Aujourd'hui, les Français boivent énormément d'eau minérale, notamment d'origine vosgienne : Vittel, Contrexéville, Hépar sont des marques distribuées partout. L'utilisation par Vittel de bouteilles en plastique à partir de la fin des années 1960 a correspondu à une explosion de la consommation : on est passé de plusieurs centaines de millions de bouteilles commercialisées par an à quelques milliards.

Vittel :
le Grand Hôtel

295 Quatre-Fils-Aymon (Rocher des)

18/**E3**

petit itinéraire p. 170

(08) Quatre rochers de quartzite, très pointus, trouent la forêt des Ardennes face au village de Bogny. La légende veut que ce soient les quatre fils Aymon, fuyant Charlemagne sur leur cheval Bayard.

296 Reims

18/**C6**

(51) *i* Tél. : 03 26 77 45 25
Ville du baptême de Clovis et du sacre des rois de France, Reims fut, pendant des siècles, une grande métropole religieuse ; elle se dota d'une cathédrale digne de son rang. Notre-Dame (XIIIe s.) est l'œuvre d'au moins quatre architectes, dont le premier fut Jean d'Orbais. Sérieusement endommagée durant la Première Guerre mondiale, elle a été restaurée. Ce chef-d'œuvre gothique, parfaitement proportionné, est long de 138 m et haut de 38 m sous voûte. Dans sa façade s'ouvrent trois portails aux fines sculptures, dont le célèbre *Ange au sourire* (portail gauche), et une rosace, consacrée à la Vierge. Les vitraux du XIIIe s. ont pour la plupart été détruits, mais ceux de la chapelle absidiale ont été remplacés par des œuvres de Marc Chagall. Le trésor du sanctuaire est exposé dans le palais du Tau, ancienne résidence des archevêques. Le musée des Beaux-Arts se trouve à proximité. La basilique Saint-Rémi, à la fois romane et gothique, est également dédiée à l'évêque de Reims, qui baptisa Clovis. La ville conserve aussi des témoignages de son passé gallo-romain : la porte de Mars et un cryptoportique, galerie semi-souterraine. Enfin, les grandes caves de champagne incitent à une visite : Pommery, Taittinger, Veuve-Clicquot-Ponsardin, etc.

297 Remiremont

30/**B5**

(88) *i* Tél. : 03 29 62 23 70
La ville se trouve à l'entrée de la route des Forts, ancienne frontière entre la Lorraine et la Franche-Comté. Regroupant des dames, toutes de très haute noblesse, le chapitre de Remiremont était une institution religieuse unique. À l'exception des abbesses, les chanoinesses, qui ne dépendaient que du pape et de l'Empereur germanique, ne prononçaient pas de vœux. Elles vivaient librement dans des hôtels particuliers, dont celui qui abrite le Musée municipal (histoire et artisanat local), et se retrouvaient pour la prière dans l'abbatiale Saint-Pierre, de style gothique. L'abbesse logeait dans le palais jouxtant l'église.

298 Rethel

18/**D4**

(08) *i* Tél. : 03 24 39 51 45. Tél. mairie d'Asfeld : 03 24 72 94 97
La ville fut reconstruite après chacun des conflits mondiaux. L'église Saint-Nicolas, très bien restaurée, réunit deux édifices totalement indépendants à l'origine : le premier sanctuaire, à gauche, date du XIIIe s. ; le second, à droite, fut achevé au XVIe s. et présente de grandes verrières de style flamboyant.
à 20 km (S-O) **Asfeld,** où s'élève une étonnante église baroque en brique (1663), en forme de rotonde. Elle est flanquée d'un campanile et d'une grosse tour couverte d'un dôme.

299 Ribeauvillé

30/**D4**

(68) *i* Tél. : 08 20 36 09 22
Les maisons à colombages bordent la grand-rue de la ville, dominée par la tour des Bouchers, ancien beffroi du XIIIe s. Cette artère pittoresque conduit à une fontaine Renaissance (1536), à l'hôtel de ville (XVIIIe s.), qui accueille une collection d'orfèvrerie (hanaps des XVe-XVIIe s. ayant appartenu à la famille de Ribeaupierre), et à l'église gothique Saint-Grégoire-le-Grand, ornée d'une belle Vierge en bois peint (XVe s.). En septembre, le Pfifferdaj (fête des joueurs de fifre) commémore la réunion annuelle de l'ancienne confrérie des musiciens d'Alsace.
en haut de la ville, les ruines du **château médiéval de Saint-Ulrich**.

LE PFIFFERDAJ À RIBEAUVILLÉ

Cette fête, l'une des plus belles et des plus anciennes d'Alsace, est célébrée depuis le Moyen Âge. Son origine est un véritable conte de fées. Chevauchant sur ses terres, le seigneur de Ribeaupierre rencontra, au détour d'un chemin, un ménétrier éploré par le bris du fifre qui lui permettait de subvenir aux besoins de sa famille. Pris de compassion, le comte lui remit de l'argent pour qu'il puisse remplacer l'instrument. Pour le remercier de ce geste envers l'un des leurs, les trouvères lui offrirent une grande fête. Depuis, chaque année, à la fin de l'été, ils vinrent rendre hommage au châtelain devenu leur protecteur. Ribeauvillé rappelle encore aujourd'hui, le premier dimanche de septembre, le souvenir des seigneurs de Ribeaupierre et des musiciens. Le point d'orgue du Pfifferdaj (jour des fifres), ou fête des ménétriers, accompagné de la dégustation du riesling produit par la cité, est sans conteste le cortège en costumes historiques, dont le thème change chaque année. Il parcourt les rues alors que les airs joués par les musiciens égaient les places.

1

2

3

Reims, la cathédrale

1 Le revers de la façade ouest
2 *L'ange au sourire*
3 La résurrection des corps
4 *La Crucifixion*, vitrail de Chagall
5 Vue ouest-est

4

5

Reims

6 Le chai Billecart

6

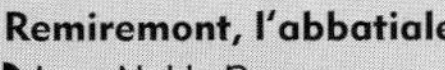

Remiremont, l'abbatiale

7 La « Noble Dame »

Ribeauvillé

8 Une winstub dans la Grand-Rue

7

8

300 Ried (Lits d'inondation, forêts du)

30/E4

(67) Le Rhin et l'Ill ont formé ici une zone humide de 200 km², unique en Europe. Le Ried, jadis marécageux, regroupe aujourd'hui des prairies inondables aux deux tiers et des forêts d'une étonnante exubérance. Plus de 50 espèces de fleurs y sont recensées. Cette étape pour les oiseaux migrateurs accueille des mésanges bleues, des pics verts ou des rouges-gorges. À la sortie du village d'Herbsheim, une eau très pure jaillit à 11 °C toute l'année.

301 Riquewihr

30/D4

(68) ℹ Tél. : 08 20 36 09 22
Dans cette petite cité, perle incontestée du vignoble alsacien, le temps semble s'être arrêté au XVIe s. Ses remparts, ses maisons à colombages et à oriels – fenêtres en encorbellement ornées de sculptures –, son Dolder – porte fortifiée (XIIIe s.) – transformé en musée, ses anciennes églises aujourd'hui habitées et ses fontaines sont remarquablement conservés. L'ancien château, très remanié, accueille le musée d'histoire des PTT d'Alsace, et les anciennes écuries, celui de la Diligence.

302 Rocroi

18/E3

(08) ℹ Tél. : 03 24 54 20 06
« La valeur n'attend pas le nombre des années. » Bossuet salua ainsi la victoire (19 mai 1643) remportée ici sur les Espagnols par le duc d'Enghien – le futur Grand Condé –, alors âgé de 21 ans. La place forte, en forme d'étoile, fut édifiée en 1555, puis consolidée par Vauban. Elle est divisée par 10 rues qui rayonnent à partir de la place d'Armes.

303 Rosheim

30/D2

(67) ℹ Tél. : 03 88 50 75 38
Au cœur de la cité viticole se cache un beau sanctuaire roman alsacien. L'église Saint-Pierre-et-Saint-Paul fut construite en grès jaune dans le style rhénan du XIIe s. Son clocher octogonal date également du XIIe s. Dans la rue du Général-de-Gaulle se trouve la Maison païenne, la plus ancienne demeure (XIIe s.) bâtie en pierres d'Alsace.

304 Rouffach

30/D5

(68) ℹ Tél. : 03 89 78 53 15
Sur la place de la République s'élèvent une halle aux blés (XVIe s.), l'hôtel de ville Renaissance et plusieurs maisons anciennes. La tour des Sorcières (XIIIe-XVe s.) servit de prison jusqu'au XVIIIe s. L'église Notre-Dame-de-l'Assomption et celle des Récollets sont toutes deux de style gothique.
👁 à 9 km (N) **Eguisheim,** qui s'est bâtie autour de son château (XIIIe s.), dont il subsiste une imposante enceinte octogonale et trois tours. Les maisons anciennes du bourg sont toutes fleuries.

305 Saint-Amand-sur-Fion

18/E1

(51) ℹ Tél. mairie : 03 26 73 94 51
Avec ses maisons en torchis peint et à pans de bois, ce village est typique de la Champagne sèche. L'église, précédée d'un joli porche en bois, étonne par les proportions imposantes et l'élégance de son chœur. Un enfant du pays, élu pape en 1261 sous le nom d'Urbain IV, en jeta les bases.

306 Saint-Dié

30/C3

(88) ℹ Tél. : 03 29 42 22 22
La ville natale de Jules Ferry fut incendiée à plusieurs reprises. La cathédrale Saint-Dié, ancienne collégiale, le cloître gothique, le Musée municipal et la bibliothèque, riche en manuscrits et incunables, ont été épargnés. La tour de la Liberté (36 m de hauteur), élevée à Paris pour célébrer le bicentenaire de la Révolution, fut remontée ici.

LA CRISTALLERIE DE BACCARAT

Fondée pour concurrencer les cristaux de Bohême et pour créer des emplois, la Compagnie des cristalleries de Baccarat, située au nord-ouest de **Saint-Dié,** n'a jamais, depuis 1766, démenti sa réputation : l'entreprise compte plusieurs « meilleurs ouvriers de France ». Le cristal est aujourd'hui chauffé dans des fours à bassin à fusion continue, mais toujours soufflé à la bouche. Un musée, riche des objets réalisés depuis 1817, est aménagé dans l'ancien château et une salle d'exposition les présente à Paris (30, rue de Paradis, Xe arr.).

LES CIGOGNES SONT DE RETOUR À HUNAWIHR

Victimes de l'assèchement des marais, de la densification de l'habitat et de l'acharnement des chasseurs, les cigognes ont bien failli disparaître. Des centres de réintroduction s'étant penchés, dès 1956, sur le problème, elles trônent de nouveau sur les énormes nids qui coiffent le sommet des églises et des maisons. Tout proche de **Riquewihr,** celui d'Hunawihr, ouvert depuis 1976, s'est attaché à faire hiverner ces oiseaux sur place. C'est là que chaque année, au printemps, les cigognes couvent leurs œufs, élèvent leurs petits, et ne repartent plus, dès la fin de l'été, vers des cieux plus cléments.

1

Le Ried

1 Le Rhin et l'Ill constituent ici une zone humide de 200 km².

2

3

4

5

Riquewihr

2 Les maisons anciennes et le Dolder

3 L'Obertor, une des entrées de la ville

4 Vue générale sur la ville

5 La maison du Sommelier

Rocroi

6 L'une des rues rayonnant depuis la place d'Armes

7

6

Rosheim

7 L'église Saint-Pierre-et-Saint-Paul

307 Saint-Mihiel

 19/**H7**

(55) Tél. : 03 29 89 06 47
Pour sa ville, Ligier Richier, l'un des plus grands sculpteurs de la Renaissance, a réalisé *la Pâmoison de la Vierge soutenue par saint Jean,* de l'église Saint-Michel et le sépulcre, orné de 13 grandes statues, de l'église Saint-Étienne. Sa maison natale existe toujours, rue Haute-des-Fossés.
à 18 km (N-E) l'église gothique du village fortifié d'**Hattonchâtel,** qui abrite un retable en pierre polychrome attribué au même artiste.

308 Saint-Nicolas-de-Port

  20/**A8**

(54) Tél. : 03 83 46 81 50
Pour recevoir les pèlerins qui se pressaient auprès d'une relique de saint Nicolas – une phalange, qui multipliait les miracles –, une majestueuse basilique dans le style gothique flamboyant fut élevée aux XVe et XVIe s. L'église, dominée par deux tours hautes de 87 m, est ornée de beaux vitraux (XVIe s.) et d'une immense rosace. Une ancienne brasserie accueille un musée retraçant toutes les étapes de la fabrication de la bière, que l'on peut déguster à la fin de la visite.

309 Sainte-Marie-aux-Mines

 30/**D3**

(68) Tél. : 03 89 58 80 50
C'est à des mines d'argent, jadis très prospères, que la ville doit une partie de son nom. Quelques maisons datent du XVIe s., leur période la plus faste. Des visites accompagnées permettent de découvrir plusieurs galeries. La cité est également célèbre pour ses nombreux autres minerais, exposés dans la maison du Pays, qui abrite, au premier étage, un musée du Textile évoquant l'autre activité locale.

310 Sainte-Menehould

 18/**F6**

(51) Tél. : 03 26 60 85 83
Le 21 juin 1791, le maître de poste y reconnut Louis XVI, en fuite, dont il connaissait le portrait par les pièces de monnaie. Depuis la ville haute, avec ses maisons à pans de bois, sur la ville basse, joliment reconstruite en pierre et en brique au XVIIIe s., à la suite d'un incendie.

311 Sainte-Odile (Mont)

 30/**D2**

(67) Tél. : 03 88 95 83 84. Tél. mairie d'Ottrot : 03 88 95 87 07
Ce mont de grès rose (764 m) est un haut lieu de l'histoire alsacienne. Le duc Étichon, réconcilié avec sa fille Odile qu'il avait chassée parce qu'elle était femme et aveugle, lui offrit le site sur lequel elle fit bâtir son premier couvent (VIIe s.). Elle recouvra la vue quand elle se convertit au christianisme. Après ce miracle, on lui attribua des pouvoirs extraordinaires. L'abbaye actuelle n'a conservé, du temps de sa fondatrice, que la chapelle. De la terrasse, le panorama est exceptionnel sur la plaine d'Alsace, le Champ du Feu. L'impressionnant « mur païen », formé de blocs de granite, enserre sur 10 km la forêt entourant le mont.

312 Saverne

 20/**D7**

(67) Tél. : 03 88 91 80 47
La ville doit son vaste château en grès rose au prince de Rohan-Guéménée, le célèbre cardinal impliqué dans l'affaire du collier de la reine. Le « Versailles alsacien », à la façade magnifique, fut élevé à la fin du XVIIIe s. Il abrite aujourd'hui les collections d'archéologie et de peintures du Musée municipal. À proximité se dressent des maisons anciennes, l'église Notre-Dame de la Nativité (XIIe-XIVe s.) et le cloître gothique de l'ancien couvent des Récollets.
à 5 km (S-O) le **château du Haut-Barr,** bâti sur trois gros rochers de grès au-dessus de la vallée de la Zorn. Sa position stratégique sur cette rivière, qui baigne Saverne, et sur la plaine d'Alsace lui a valu son surnom d'Œil d'Alsace.

LA FORÊT DE SAVERNE

Le circuit part de SAVERNE, et conduit à un jardin botanique qui rassemble 2 000 variétés de plantes. À l'ouest, après un col, Phalsbourg, cité fondée au XVIe s., fut fortifiée par Vauban. Un peu plus loin, Lutzelbourg a conservé les vestiges de son château médiéval.

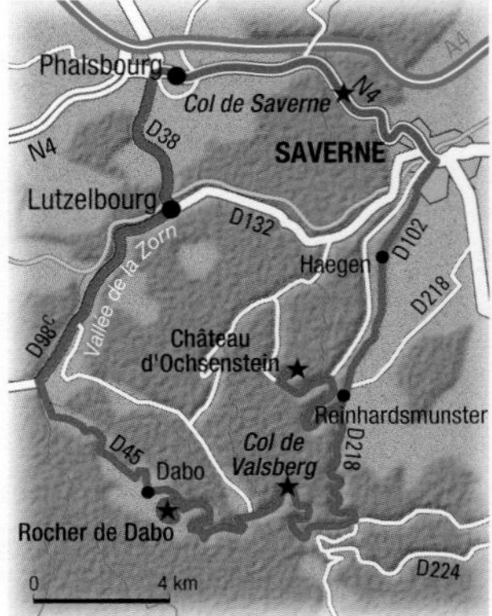

Au sud, le rocher de Dabo domine les forêts et les prés. De la tour de la chapelle qui coiffe son sommet, le regard se promène sur le Donon, le Schneeberg et la vallée de la Mossig. On rejoint la forêt de Saverne, où se cache le château d'Ochsenstein (accessible par un sentier), puis Saverne par Haegen.

L'ARRESTATION DE VARENNES

Dans la nuit du 20 juin 1791, la famille royale et son escorte s'évadent des Tuileries. Elles atteignent sans encombre **Sainte-Menehould.** Mais là, leur passage éveille les soupçons de Jean-Baptiste Drouet, le maître de poste, et de Guillaume, le commis du district, qui gagnent Varennes-en-Argonne, l'étape suivante, pour s'assurer de l'identité des voyageurs. Les deux hommes réveillent le procureur de la commune. Accompagnés de citoyens en armes, ils interceptent l'équipage près du beffroi. Un nommé Destez, ayant passé plusieurs années à Versailles, reconnaît alors formellement le souverain. Démasqué, celui-ci avoue : « Eh bien oui, je suis votre roi. »

Saint-Mihiel
1 *La Pâmoison de la Vierge, dans l'église Saint-Michel*

Saint-Nicolas-de-Port
2 La nef de la basilique
3 Le portail central

Le mont Sainte-Odile, l'abbaye
4 La statue de sainte Odile dans la cour
5 La coupole de mosaïques
6 Détail d'une mosaïque dans la chapelle des Anges

Saverne
7 La façade principale du château (140 m de long)

313 Sedan

18/F3

(08) Tél. : 03 24 27 73 73

La forteresse, couvrant 35 000 m², pouvait accueillir 4 000 hommes de troupe. Perchée sur un éperon rocheux, elle domine la Meuse et la ville. Un premier édifice féodal fut bâti au XIIIe s. sur le site d'une église plus ancienne. Considérablement agrandi et renforcé à partir de 1440, il adopte une forme triangulaire et un système défensif doublé d'une résidence seigneuriale, occupant l'étage de la Grosse Tour (18 m de diamètre) et le corps de logis, qui communiquent. Au XVIe s., les travaux se poursuivent avec l'ajout de bastions. Au siècle suivant, Turenne, natif de la ville, fait élever le palais des Princes, résidence plus confortable que la première. Quelques demeures anciennes se serrent au pied du château, autour de la place de la Halle, de la rue de l'Horloge et de celle du Ménil, où se trouve l'ancienne manufacture royale de draps. Sedan vit la reddition de Napoléon III, le 2 septembre 1870, et la percée allemande de mai 1940, qui aboutit à la débâcle de l'armée française.

314 Sélestat

30/D3

(67) Tél. : 03 88 58 87 20. Tél. château de Kintzheim : 03 88 92 84 33

La création d'une école humaniste au XVe s. fit de Sélestat un centre intellectuel rayonnant dans toute l'Europe. La bibliothèque, qui occupe une partie de la halle aux blés (XIXe s.), est particulièrement riche en manuscrits anciens : ses fonds retracent l'histoire du livre du VIIe au XVIe s. Deux églises résument la période médiévale : Sainte-Foy, romane, possède une tour octogonale ; Saint-Georges, gothique, abrite des vitraux du XVe s. De la vieille ville subsistent aussi des vestiges des remparts et des maisons Renaissance.

: corso fleuri, beau défilé de chars, le 2e dimanche d'août.

à 8,5 km (E) les vestiges du **château de Kintzheim,** qui accueillent un parc animalier : volerie des Aigles, qui rassemble les grands rapaces du monde (vautour, aigle royal, etc), et montagne des Singes.

315 Semoy (Vallée de la)

18/E3

(08) De Monthermé aux Hautes-Rivières, au cœur de la forêt des Ardennes, se cache la vallée sauvage de la Semoy, ou Semois en Belgique, où la rivière prend sa source. Ses méandres rejoignent ceux de la Meuse près de la chapelle de Laval-Dieu, en amont de Monthermé. Ses eaux tumultueuses abondent en truites. Ses rives sont bordées de forêts de chênes, hêtres, bouleaux et sapins qui abritent chevreuils, sangliers et renards. Depuis la roche aux Corpias et le roc de la Tour, sur la vallée.

316 Sept-Villages (Roche aux)

18/E3

(08) Ce piton émergeant de la forêt plonge sur les méandres de la Meuse que jalonnent sept villages, de Braux à Deville.

à 1 km (S-E) le depuis la **roche de Roma** (333 m).

317 Sion-Vaudémont (Colline de)

29/J3

(54) La butte calcaire en fer à cheval qui se dresse en avant des côtes de Meuse fut baptisée par Maurice Barrès « la colline inspirée ». Elle lui fit écrire : « L'horizon qui cerne cette plaine, c'est celui qui cerne toute une vie. Il donne une place d'honneur à notre soif d'infini, en même temps qu'il nous rappelle nos limites. » Du signal de Vaudémont (541 m), sur le Saintois et le plateau lorrain.

318 Straiture (Défilé de)

30/C4

(88) Le long de la D 73, la vallée de la petite Meurthe se resserre et pénètre dans le défilé de Straiture, aux parois escarpées couvertes de sapinières.

à moins de 2 km du hameau du Plainfaing, au bout d'un sentier franchissant la Meurthe, la **glacière de Straiture,** amas de rocs souvent parsemés de plaques de glace.

DES ARDENNES À LA MEUSE

Après SEDAN, qui évoque la guerre franco-prussienne de 1870, Bazeilles, au sud-est, rappelle également ce conflit. C'est ici que résistèrent une poignée de soldats français qui, retranchés dans une habitation, se rendirent, faute de munitions. Cette « maison de la dernière cartouche » abrite aujourd'hui un musée.

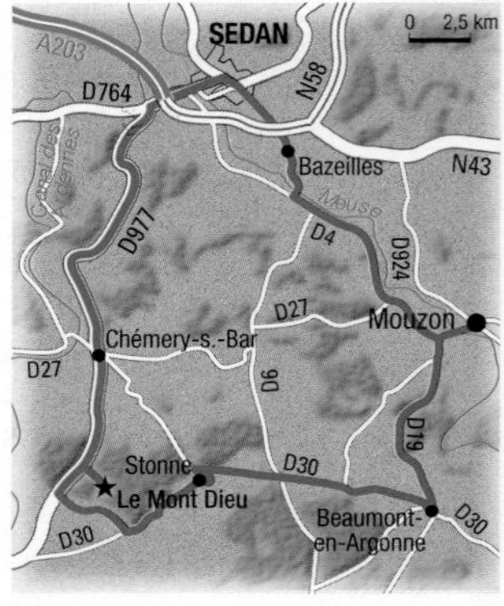

Suivant les divagations de la Meuse, on gagne Mouzon qui, outre ses demeures espagnoles, propose un musée original, consacré au feutre. Par Beaumont-en-Argonne, on parvient ensuite à l'ancienne chartreuse du Mont-Dieu, fondée au XIIe s. On rejoint Sedan en longeant le canal des Ardennes.

LE PARC DE BELVAL

Au sud de **Sedan,** en plein cœur de l'épaisse forêt ardennaise, dans le massif du Dieulet, une route carrossable et des sentiers sillonnent ce parc aménagé sur des terres qui appartenaient jadis à une abbaye augustinienne fondée au XIIe s. Sur plusieurs centaines d'hectares s'ébattent en semi-liberté des animaux toujours présents dans la région, tels le sanglier, la biche, le cerf ou le daim, mais aussi ceux qui la peuplaient jadis, comme l'ours. Le grand étang accueille des espèces d'oiseaux variées parmi lesquelles le héron et le canard colvert. Le parc abrite un institut de recherche qui organise des visites pédagogiques et des stages sur la chasse.

Sedan

1 Le passage entre la Petite Tour et la Grosse Tour
2 Portrait de Turenne
3 La cour du château avec le logis seigneurial

Sélestat

4 Kintzheim, le château
5 Chapiteaux du porche de l'église Sainte-Foy

Le défilé de Straiture

6 Glacière alimentée par la Petite Meurthe

319 Strasbourg

20/**E8**

(67) *i* Tél. : 03 88 52 28 28

Irriguée par l'Ill et ses canaux, la capitale de l'Alsace est le symbole de l'unité européenne. Au confluent des cultures latine et germanique, Strasbourg conjugue les contradictions et les alliances entre la France et l'Allemagne. Avec ses winstubs et ses maisons à pans de bois et pignons ornés, elle est aussi une image vivante de la singularité alsacienne.

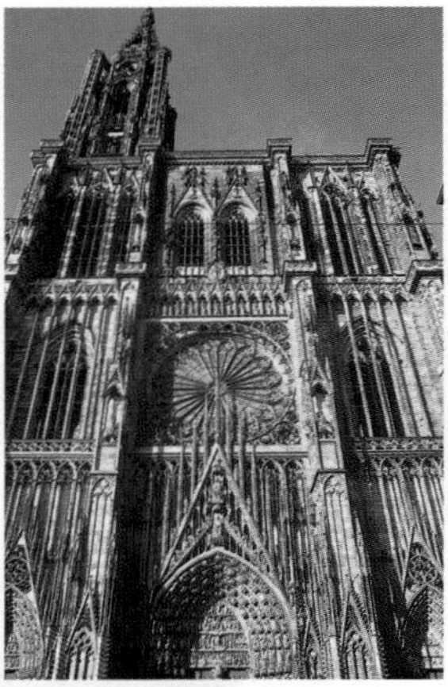

La façade de la cathédrale Notre-Dame

La Petite France

C'est le quartier le plus caractéristique du vieux Strasbourg, où il faut flâner le soir. Sur les quais de l'Ill, les anciennes maisons de tanneurs, crépies de couleurs vives, ont conservé leurs toits aménagés en galeries ouvertes destinées à faciliter le séchage des peaux. Le quartier est fermé à une extrémité par trois ponts, jadis couverts, gardés chacun par une tour (ultimes vestiges de l'enceinte médiévale).

Détail du pilier des Anges, dans la cathédrale

La Petite France

À VOIR AUSSI

Le parc de l'Orangerie

Le musée d'Art moderne

Le Musée alsacien

Le Musée historique

L'église Saint-Thomas (XIIIe-XIVe s.)

L'église protestante Saint-Pierre-le-Jeune (XIe-XIIIe s.)

La cathédrale Notre-Dame

Symbole de la ville et de l'Alsace, cet édifice en grès rose est l'œuvre commune de sculpteurs français et de maîtres rhénans. Sa construction, commencée en 1015, dura quatre siècles. La spectaculaire façade gothique fut entreprise en 1286 par Erwin de Steinbach. La flèche, « la plus haute de la chrétienté » (142 m), fut épargnée par toutes les guerres. La nef, éclairée par de superbes vitraux des XIIe, XIIIe et XIVe s., et les statues les plus célèbres (celles du pilier du Jugement dernier notamment) furent réalisées par des tailleurs de pierre du chantier de Chartres. Dans le bras sud du transept se trouvent le célèbre pilier des Anges et l'horloge astronomique du XVIe s., qu'il faut entendre à midi. Du haut de la plate-forme s'offre un magnifique panorama.

L'abside de la cathédrale

La maison Kammerzell

Sur la place de la Cathédrale, ce restaurant est une demeure du XVIe s., très restaurée au XXe s., dont la façade est décorée de multiples sculptures Renaissance. L'intérieur est couvert de superbes fresques.

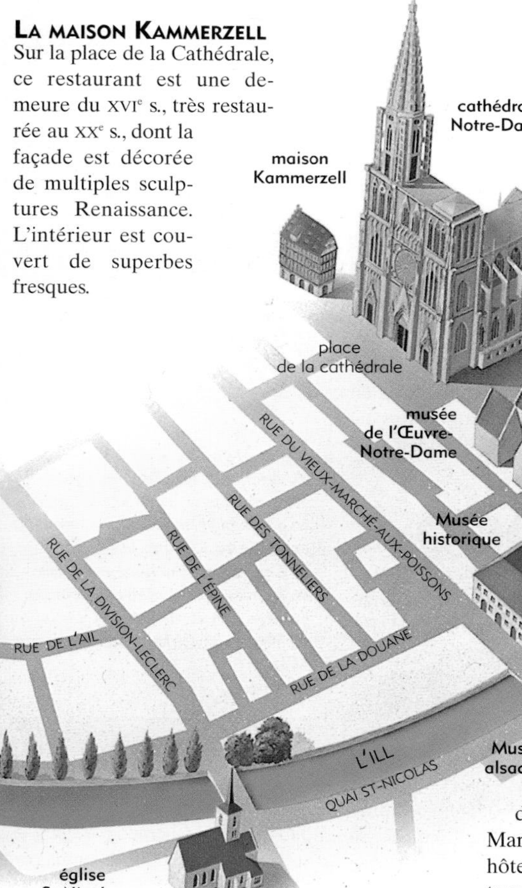

Le palais Rohan et ses musées

Dessiné par Robert de Cotte, premier architecte du roi, il fut construit de 1731 à 1742 pour le cardinal Armand Gaston de Rohan, prince-évêque de Strasbourg. Louis XV, Marie-Antoinette, l'impératrice Joséphine en furent les hôtes les plus célèbres. Outre le palais lui-même (notamment les grands appartements), les bâtiments accueillent aussi les superbes collections du musée des Arts décoratifs, de celui des Beaux-Arts et enfin celles du Musée archéologique.

Le musée de l'Œuvre-Notre-Dame

L'Œuvre Notre-Dame est une fondation créée pour financer la construction et l'entretien de la cathédrale, qui existe toujours. Son musée, dans des maisons du XIVe et du XVIe s., dont la salle des Loges servait de lieu de réunion aux maçons de la cathédrale, recèle les statues originales de la cathédrale et des œuvres du XIe au XVIIe s. Il retrace l'histoire du vitrail figuratif, dont le plus ancien est la célèbre Tête de Christ de Wissembourg. Les salles consacrées à la sculpture et à la peinture de l'école alsacienne sont tout aussi remarquables.

Le palais Rohan

320 Thann

30/C5

(68) Tél. : 03 89 37 96 20

La ville s'étend sous l'Œil de la sorcière, vestige du donjon de la forteresse médiévale. La collégiale Saint-Thiébaut est un chef-d'œuvre du gothique flamboyant ; le portail est orné de plus de 450 personnages sculptés. Dans le chœur sont réunies les statues des douze apôtres. Le clocher (76 m de haut) est surmonté d'une flèche finement ajourée.

321 Thionville

19/J5

(57) Tél. : 03 82 53 33 18

Charlemagne fit de Theodonis Villa l'un de ses lieux de séjour favoris. La tour aux Puces, le château de la Grange (XVIIIe s.) et quelques anciennes maisons constituent le patrimoine historique de cette ville.

à 20 km (E) le **Hackenberg,** imposant fort de la ligne Maginot.

322 Toul

19/J8

(54) Tél. : 03 83 64 11 69

Les remparts qui la ceinturent rappellent qu'elle fut une importante ville de garnison du XVIe au XXe s. Ses ruelles bordées de maisons anciennes mènent à la cathédrale Saint-Étienne (XIIIe-XVIe s.) ou à la collégiale Saint-Gengoult (XIIIe-XVe s.). Le cloître gothique de la première, très spacieux, rivalise avec celui de la seconde, d'une rare élégance. Le palais épiscopal (XVIIIe s.) abrite aujourd'hui l'hôtel de ville.

323 Trois-Épis (Les)

30/D4

(68) Tél. : 03 89 49 80 56

À la fin du XVe s. fut élevée ici une chapelle commémorant l'apparition de la Vierge, tenant trois épis, à un forgeron d'Orbey. Le sanctuaire devint un lieu de pèlerinage fréquenté. Aujourd'hui, cette agréable station attire de nombreux vacanciers. Ceux-ci peuvent monter au Galz (730 m) : sur la plaine d'Alsace (1 h AR).

324 Troyes

28/D3

(10) Tél. : 03 25 82 62 70

La capitale de la bonneterie s'est développée autour de la cité fondée par les Romains. Au Moyen Âge, le bourg de Croncels, au sud-ouest de la cité, prend son essor grâce aux foires de Champagne qui attirent les marchands des divers pays d'Europe. Ce quartier commerçant, devenu très riche, se couvre d'églises. En 1524, de très nombreux édifices sont réduits en cendres à la suite d'un incendie. Ils sont rebâtis de manière plus luxueuse encore. Dans les ruelles s'alignent les demeures à pans de bois, les hôtels Renaissance, la cathédrale Saint-Pierre-et-Saint-Paul (XIIIe-XVIe s.), mais aussi les églises Sainte-Madeleine (au jubé flamboyant), Saint-Jean-au-Marché (XIIIe-XVIe s.), Saint-Urbain (XIIIe-XIVe et XIXe s.) et Saint-Rémi (XIVe s.), à la haute flèche de 60 m. Le décor de ces édifices rappelle que Troyes fut, à la Renaissance, le siège d'une importante école de sculpture et de vitrail. Le musée d'Art moderne et la maison de l'Outil et de la Pensée ouvrière présentent des collections remarquables.

325 Turckheim

30/D4

(68) Tél. : 03 89 27 38 44

Trois portes fortifiées, ouvertes dans les remparts, donnent accès à cette jolie cité située sur la route des vins, côté rive gauche de la Fecht. Les maisons à oriels, la place Turenne, l'église Sainte-Anne à toiture polychrome, l'hôtel de ville Renaissance lui donnent beaucoup de charme.

à 1 km (N) le village de **Niedermorschwihr,** tout aussi séduisant.

326 Ungersheim

30/D5

(68) Tél. mairie : 03 89 48 11 28

encadré p. 186

LES ÉGLISES DE LA RÉGION TROYENNE

La route suit à distance le cours de la Seine de TROYES à Isle-Aumont, dont l'église conserve une nef romane. Elle s'en écarte ensuite pour gagner, à travers les forêts d'Aumont et de Crogny, Chaource.

Des maisons à pans de bois s'y dressent, ainsi qu'une église abritant des trésors artistiques, en particulier une Mise au tombeau sculptée en 1515 par le « maître de Chaource ». Au nord-est, celle de Rumilly-lès-Vaudes est éclairée par des vitraux de Linard Gontier et recèle un beau retable Renaissance.

LE PARC NATUREL RÉGIONAL DE LA FORÊT D'ORIENT

Situé dans la Champagne humide, son cœur est occupé par les lacs artificiels d'Orient et du Temple. Créé en 1970, le parc couvre 70 000 ha. Il a pour mission de préserver les vestiges de la forêt du Der et sa faune, et de favoriser le développement touristique de la région de **Troyes.** De la maison du Parc (tél. : 03 25 43 81 90), à Piney, on peut rayonner dans la chênaie en empruntant des sentiers balisés. Dans la forêt du Temple, l'ONF (Office national des forêts) a aménagé un sentier éducatif permettant de découvrir les essences qui poussent dans le parc.

1

Thann
1 Détail d'une stalle de la collégiale Saint-Thiébaut

2

4

3

Toul, la cathédrale Saint-Étienne
2 Le cloître gothique
3 L'autel de la Crèche

5

6

7

Troyes, la cathédrale Saint-Pierre-et-Saint-Paul
4 Vue d'ensemble
5 La nef vue du chœur
6 Le vitrail *le Pressoir mystique*
7 La châsse de saint Bernard

Ungersheim
8 L'écomusée d'Alsace

8

327 Verdun

 19/G6

(55) ℹ Tél. : 03 29 86 14 18
Toujours associée à la célèbre bataille qui se déroula dans ses environs immédiats durant la Première Guerre mondiale et qui coûta la vie à plus de 700 000 hommes, cette ville conserve des quartiers pittoresques. À proximité des tours rondes de la porte Chaussée (XIVe s.), la cathédrale Notre-Dame (XIe-XIIe s.) et l'hôtel de la Princerie, transformé en musée (histoire locale), voisinent avec les belles maisons neuves. Une visite sur le lieu des combats devrait débuter par celle du Centre mondial de la paix et du monument de la Victoire.
👁 à 9 km (N-O) le **fort de Vaux,** qui permet de rejoindre le cimetière national, l'ossuaire et le fort de Douaumont.

328 Vieil-Armand (Sommet du)

 30/D5

(68) Sur la route des Crêtes (D 431), le Hartmannswillerkopf, le Vieil-Armand des poilus, dresse ses pentes escarpées face à l'est. Depuis ce sommet de 956 m, haut lieu de la Grande Guerre, ⁘ sur le Sundgau et les Alpes (par temps clair), la plaine d'Alsace, la Forêt-Noire et les Vosges.

329 Vignory

 28/F4

(52) ℹ Tél. mairie : 03 25 02 44 53
Au pied des ruines de l'ancien château fort de ce beau village s'élève l'église Saint-Étienne. Cet édifice roman, érigé au XIe s., est orné de chapiteaux historiés. Entre le XIVe et le XVIe s., le côté droit de la nef a été flanqué d'une série de chapelles, décorées de sculptures ; on y découvre un devant d'autel et un retable remarquables.

330 Villemaur-sur-Vanne (Église de)

 28/C4

(10) ℹ Tél. mairie : 03 25 40 55 03
L'église de l'Assomption (XIIIe-XVIe s.) surprend par sa tour-clocher recouverte de bardeaux et par son jubé en bois (1521), qui représente des scènes de la vie de la Vierge et la Passion du Christ.

331 Vittel

 29/J4

(88) ℹ Tél. : 03 29 08 08 88
La célèbre station thermale, connue pour soulager les maladies du foie et des reins, se blottit au cœur des forêts vosgiennes. L'établissement de soins, entouré d'un parc et d'équipements sportifs, compte trois sources d'eau froide. Située à la sortie de la ville, l'usine d'embouteillage des eaux minérales, qui produit plusieurs millions de bouteilles par jour, se visite.

332 Wasselonne

 20/D8

(67) ℹ Tél. : 03 88 59 12 00
Cette place forte, située sur la voie reliant Paris à Strasbourg, veillait jadis sur la région du Kochersberg. Les ruines du château fort dominent les maisons anciennes : le linteau de leur porte est parfois orné de sculptures. Celles-ci, exécutées aux XVIIe et XVIIIe s., annonçaient la profession du propriétaire de la demeure.

333 Wissembourg

 20/F6

(67) ℹ Tél. : 03 88 94 10 11
La ville s'est développée autour d'une abbaye, fondée au VIIe s., dont il subsiste l'église Saint-Pierre-et-Saint-Paul. Celle-ci, élevée au XIIIe s., est décorée de vitraux et de fresques, dont une, remarquable, représente saint Christophe. Le vieux quartier du Bruch, avec ses maisons à oriels, est baigné par un bras de la Lauter. Une demeure du XVIe s. abrite le musée Westercamp (mobilier notamment).
👁 à 22 km (O) les ruines imposantes du **château fort de Fleckenstein** (démantelé à la fin du XVIIe s.), perchées sur un éperon rocheux.

LA PLAINE D'ALSACE

De WISSEMBOURG à Betschdorf, petite cité réputée pour ses poteries de grès, on traverse des villages typiques de la plaine d'Alsace parfaitement préservés. Hunspach est le plus représentatif avec ses maisons à colombages et aux auvents de tuiles rouges. Par Soultz-sous-Forêts, on pénètre dans le parc naturel régional des Vosges du Nord.

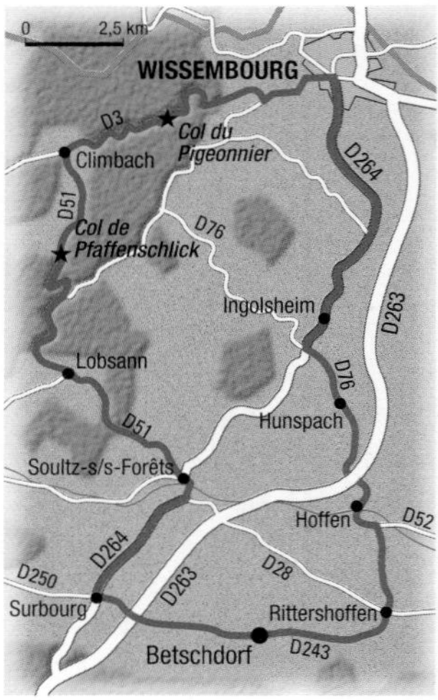

Après le col de Pfaffenschlick, celui du Pigeonnier offre une belle vue sur la plaine d'Alsace, la vallée de la Lauter et la Forêt-Noire.

LE FORT ET L'OSSUAIRE DE DOUAUMONT

L'alignement des 15 000 croix du cimetière est impressionnant. Là ne reposent que les soldats qui purent être identifiés, une infime minorité au regard des 300 000 morts dont les restes ont été rassemblés dans l'ossuaire, anonyme. Autour du fort de Douaumont surgissent de très nombreux vestiges de la bataille de **Verdun.** Le plus émouvant est peut-être la tranchée des Baïonnettes, où, en juin 1916, des soldats bretons du 137e R.I. furent ensevelis debout à la suite d'un bombardement d'une extrême violence. Du sol dévasté, dans le paysage quasi lunaire, n'émergeaient que quelques baïonnettes.

1

2

3

Verdun
1 Le palais épiscopal
2 La cathédrale Notre-Dame : le cloître
3 L'ossuaire de Douaumont

Vittel
4 L'établissement thermal

4

Wissembourg
5 Le chevet de l'église
6 La rosace de la Madone à l'Enfant

5

6

BRETAGNE

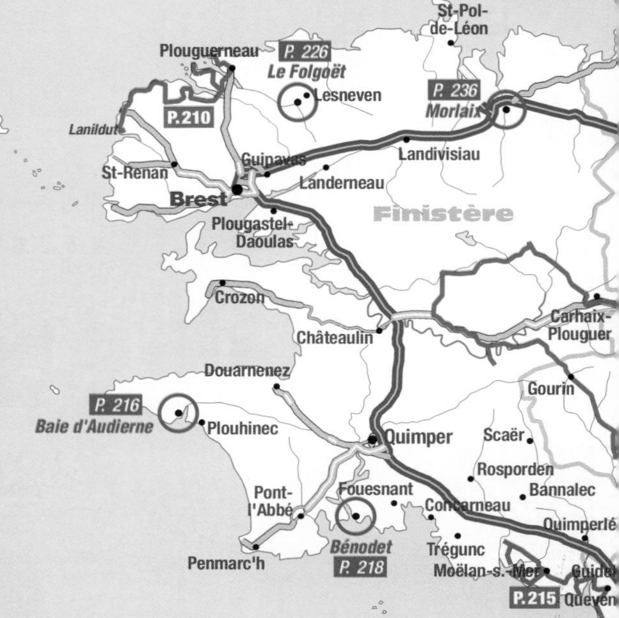

22 Côtes-d'Armor
29 Finistère
35 Ille-et-Vilaine
44 Loire-Atlantique
56 Morbihan

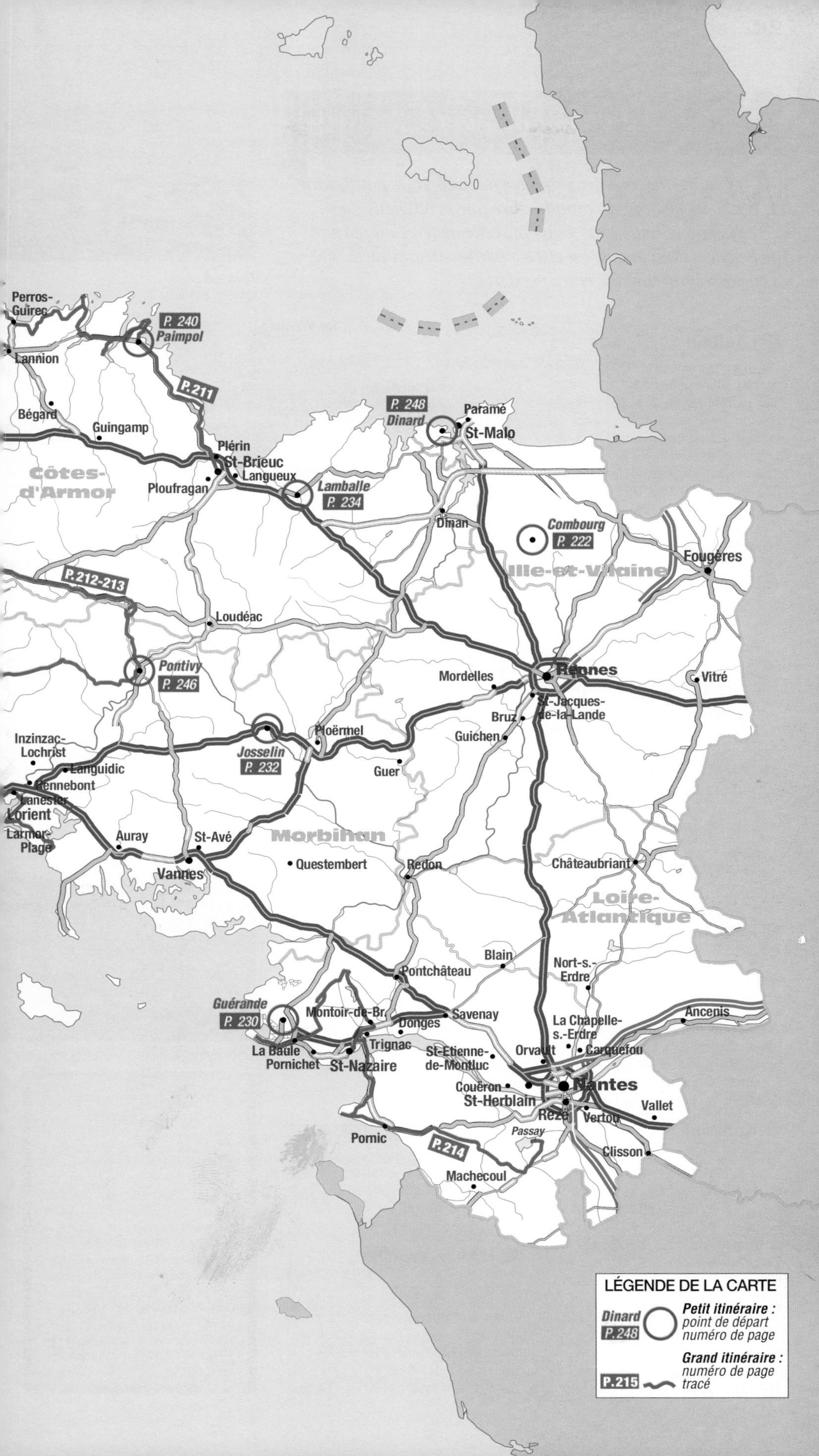

Perros-Guirec
Lannion
P. 240
Paimpol
P.211
Bégard
Guingamp
Plérin
St-Brieuc
Langueux
Ploufragan
Côtes-d'Armor
Lamballe
P. 234
P. 248
Dinard
Paramé
St-Malo
Dinan
Combourg
P. 222
Ille-et-Vilaine
Fougères
P.212-213
Loudéac
Pontivy
P. 246
Rennes
Vitré
Mordelles
St-Jacques-de-la-Lande
Bruz
Guichen
Ploërmel
Josselin
P. 232
Guer
Inzinzac-Lochrist
Languidic
Hennebont
Lanester
Lorient
Larmor-Plage
Auray
St-Avé
Vannes
Morbihan
Questembert
Redon
Châteaubriant
Loire-Atlantique
Blain
Pontchâteau
Nort-s.-Erdre
Guérande
P. 230
Montoir-de-Br.
Donges
Savenay
La Chapelle-s.-Erdre
Ancenis
La Baule
Pornichet
St-Nazaire
Trignac
St-Etienne-de-Montluc
Orvault
Carquefou
Couëron
St-Herblain
Nantes
Rezé
Vertou
Vallet
Passay
Pornic
P.214
Clisson
Machecoul
LÉGENDE DE LA CARTE
Dinard
P. 248
Petit itinéraire :
point de départ
numéro de page
Grand itinéraire :
numéro de page
tracé
P.215

Le pays des abers

Mélange harmonieux de sites naturels et de patrimoine bâti, ce bout du monde offre une prodigieuse série de paysages éblouissants. Cette parcelle de terre au parfum de légende, dont la côte est ciselée par les assauts de la mer, a conservé son identité et ses mystères.

Portsall : *le port à marée basse*

❶ Lanildut

334 12/E7

Les armateurs ont été séduits par le charme boisé de Lanildut, qui, avantage extrême, était situé tout près du port. En témoignent les anciennes demeures des capitaines marchands des XVIIe et XVIIIe s., qui jalonnent la rue Rumorvan. Jadis rempli de navires de commerce, l'Aber-Ildut est aujourd'hui le premier centre goémonier européen. au large l'île Melon.

❷ Porspoder

Quels que soient les sentiers empruntés, les mégalithes qui les parsèment trahissent le peuplement très ancien de ce lieu. la presqu'île Saint-Laurent. sur le banc et le phare du Four, la côte escarpée, le port Mazou et Porspoder, puis, vers l'intérieur des terres, sur la chapelle Saint-Ourzal et le village de Larret.

❸ Kersaint

Les saints Haude et Tanguy, dont la légende est illustrée par deux statues en bois, ont donné son nom au village (« le lieu des saints »). Mais c'est aux Chastel que l'on doit sa grande chapelle du XVIe s., dédiée à Notre-Dame-du-Bon-Secours. On leur doit aussi le château de Trémazan (XIIIe s.), dont les vestiges s'élèvent à plus de 30 m au-dessus de la côte ! l'anse de Portsall, contraste de côte rocheuse et de douces plages de sable fin que surplombent les dunes de Tréompan et de Corn ar Gazel.

❹ Ploudalmézeau

Ce village a conservé sa fontaine Renaissance et son église, dont le remarquable clocher-porche est coiffé d'un dôme à lanternons. On se promènera aussi dans le jardin de faune et de flore du Moulin-Neuf.

❺ L'Aber-Benoît

334 12/E7

L'aber se découvre à pied par ses nombreux circuits. De Saint-Pabu, remonter vers l'intérieur mène à de petits ports et aux moulins du Quinou, de Tanné, de Pont-Ours. Au plateau de Lannlouarn, sur l'aber avant de descendre sur la chapelle de Loc Majan et de longer la rive de Kerdraon vers le site ostréicole de Prat ar Coum puis vers Penn ar Chreach' et l'anse aquacole de Broennou.

❻ Lannilis

Tout en pierre de taille, la chapelle du XVIIe s. est consacrée à saint Sébastien, invoqué contre la peste. le musée des Goémoniers de Plouguerneau, qui enseigne l'art de cuisiner les algues !

❼ L'Aber-Vrac'h

334 12/E7

Parsemée d'îles et d'îlots, l'entrée de l'aber est impressionnante. Le phare de l'île Vierge, le feu de Vrac'h, balises et amers guident les marins parmi les écueils. depuis le sentier du littoral, qui donne accès aux criques et petits ports de la côte. L'Aber-Vrac'h est bien vivant, même si son pont du Diable vole l'âme des passants… la presqu'île Sainte-Marguerite, qui pointe son nez vers la mer pour une balade vivifiante. Son petit port de Toul an Dour attire les pêcheurs. Paluden, au cœur de l'aber. sur l'île de Cezon, à l'embouchure de l'aber.

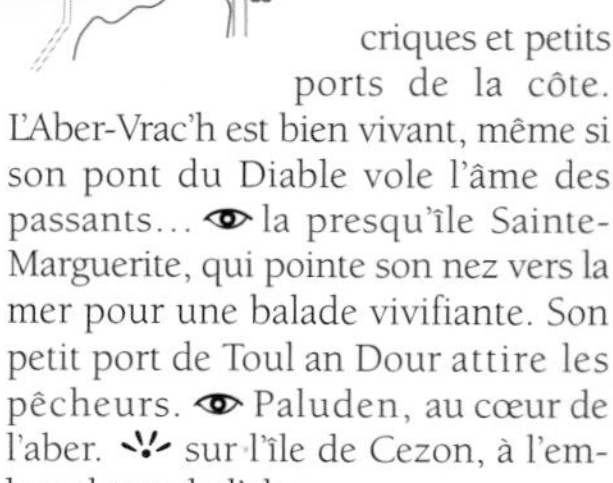

L'Aber-Vrac'h à son embouchure

SUR LA ROUTE DES PHARES

Sentinelles des mers, les phares et les balises apaisent les marins et ponctuent les paysages. Du sud de l'Aber-Ildut au nord de l'Aber-Vrac'h, ils sont 23, auxquels s'ajoutent au moins 16 amers. Le guide *la Route des phares et balises* permet de les retrouver. À partir du phare directionnel de Trézien (qui se visite en été), on longera la côte jusqu'à Lilia, en face de la presqu'île Sainte-Marguerite, d'où le point de vue sur le phare de l'île Vierge, le plus haut d'Europe, est exceptionnel.

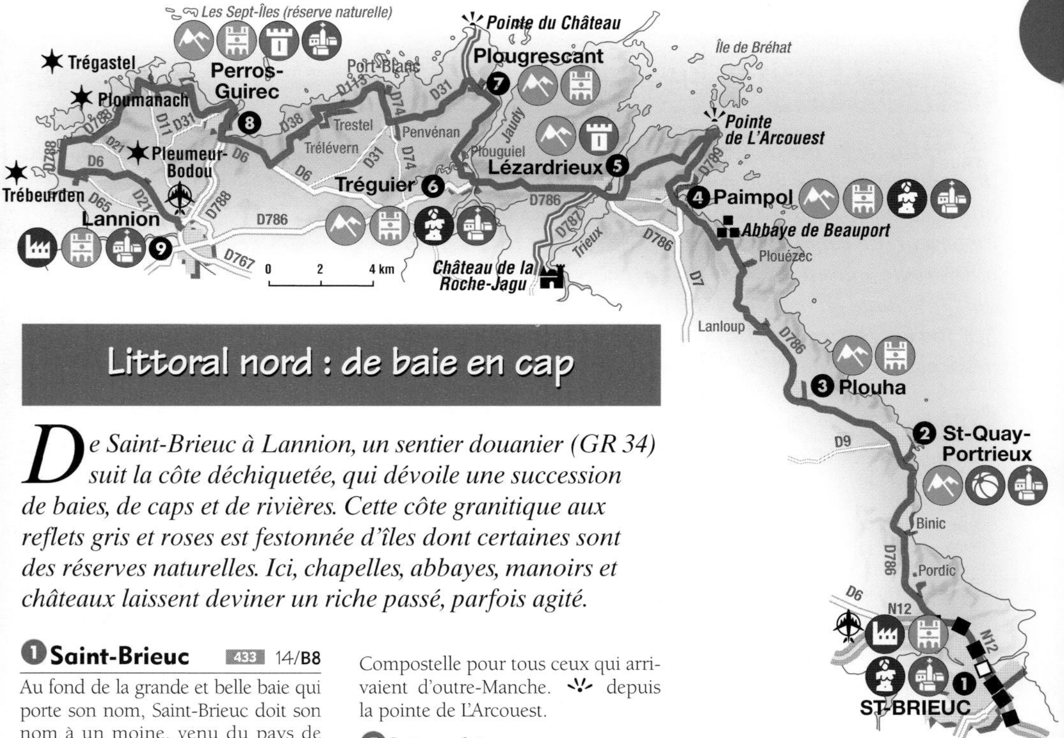

Littoral nord : de baie en cap

De Saint-Brieuc à Lannion, un sentier douanier (GR 34) suit la côte déchiquetée, qui dévoile une succession de baies, de caps et de rivières. Cette côte granitique aux reflets gris et roses est festonnée d'îles dont certaines sont des réserves naturelles. Ici, chapelles, abbayes, manoirs et châteaux laissent deviner un riche passé, parfois agité.

❶ Saint-Brieuc 433 14/B8

Au fond de la grande et belle baie qui porte son nom, Saint-Brieuc doit son nom à un moine, venu du pays de Galles à la fin du VIe s. pour y fonder un monastère. Le vieux quartier de la cathédrale, le parc des Promenades, aménagé sur les anciennes fortifications, invitent à la flânerie. Du côté du port, le Légué, on trouvera quelques belles maisons d'armateurs ; c'est aussi le point de départ de nombreuses randonnées vers la pointe du Roselier et la plage des Rosaires, qui borde la baie et où se pêche la coquille Saint-Jacques, de façon très réglementée.

❷ Saint-Quay-Portrieux

Port de pêche et de plaisance depuis la fin du XIXe s., Saint-Quay est une station balnéaire réputée. L'île de la Comtesse est accessible à pied par la plage du même nom. En face, la villa « Ker Moor », transformée en hôtel, garde ses allures orientales.

❸ Plouha

Sur le littoral de Plouha, les plus hautes falaises de Bretagne culminent à 104 m, et ce sur plus de 10 km. Sur la commune de Plouha, mais à 3 km en direction de Pléhédel, il faut voir les fresques et le porche de la chapelle de Kermaria-an-Isquit.

❹ Paimpol 401 14/A7

Décrit par Pierre Loti et chanté par Théodore Botrel, Paimpol arma des goélettes pour la pêche à la morue sur les bancs de Terre-Neuve puis au large des côtes de l'Islande. Les maisons d'armateurs, la place du Martray et le musée de la Mer témoignent de cette richesse révolue. Au fond de la baie l'abbaye de Beauport, qui fut une étape importante sur la route de Compostelle pour tous ceux qui arrivaient d'outre-Manche. Panorama depuis la pointe de L'Arcouest.

❺ Lézardrieux

Lézardrieux est un abri naturel apprécié des plaisanciers. Le Trieux peut se découvrir en bateau ou grâce au petit train qui longe la rive de Pontrieux à Paimpol. Le magnifique château de la Roche-Jagu, dominant une boucle de la rivière, qui semble toujours guetter un éventuel envahisseur.

❻ Tréguier 445 13/J7

Ville natale de l'historien Ernest Renan (1823-1892), Tréguier est connu pour sa cathédrale (XIIe-XVe s.), l'une des plus belles de Bretagne.

❼ Plougrescant

La chapelle Saint-Gonéry, repérable à son curieux clocher incliné et recouvert de plomb, possède de magnifiques fresques du XVe s. Non loin de là, on trouve une petite maison de pêcheur, coincée entre deux rochers, que des affiches publicitaires ont rendue célèbre. Panorama depuis la pointe du Château.

Ploumanac'h :
Les rochers de granite rose

❽ Perros-Guirec 407 13/J7

Avec Trégastel et Trébeurden, Perros-Guirec est au centre de la superbe Côte de Granite rose. Visibles depuis le sentier des douaniers, les rochers de Ploumanac'h doivent leurs noms (les Empreintes du diable ou les Chaises du curé) à leurs formes cocasses. Entre Perros-Guirec et Trégastel, dans la vallée des Traoueiro, chaos rocheux et cascades se succèdent au milieu d'une flore aquatique généreuse.

❾ Lannion 384 13/J7

Dans la capitale du Trégor, la technologie du musée des télécommunications de Pleumeur-Bodou côtoie le pittoresque de la vieille ville. Un escalier monumental (142 marches) conduit à Brélevenez et dévoile peu à peu l'ancienne église des Templiers. Panorama depuis la chapelle du Yaudet.

La Bretagne insolite

La Bretagne intérieure se découvre au nord et au sud du canal de Nantes à Brest, construit entre 1806 et 1842 pour échapper au blocus anglais et joindre les deux ports par l'intérieur. Le canal devait ouvrir la Bretagne rurale à l'ère industrielle, mais il subit la concurrence du chemin de fer, puis fut coupé en deux en 1930 par le barrage de Guerlédan. Ses 360 km, ses 238 écluses et ses chemins de halage sont désormais le domaine des randonneurs et des plaisanciers.

❶ Pontivy

412 24/A4

C'est l'ancien fief des Rohan, qui, à la fin du Moyen Âge, y bâtirent un imposant château dont les murs atteignent 5 m d'épaisseur. La ville médiévale, aux ruelles étroites bordées de vieilles maisons à pans de bois, s'oppose à la ville impériale, plus austère, voulue par Napoléon Bonaparte et baptisée Napoléon-Ville en 1804. À la jonction du canal et du Blavet, Pontivy possède, sur l'île des Récollets, un moulin transformé en musée et une maison de la Pêche.

❷ Saint-Aignan

Village frontière entre le Morbihan et les Côtes-d'Armor, Saint-Aignan est un endroit paisible dont on retiendra l'église (deux remarquables retables du XVIe s.) et le musée de l'Électricité. On peut aussi visiter l'usine hydro-électrique et le barrage de Guerlédan.

❸ Mûr-de-Bretagne

412 24/A3

Avec son clocher posé sur une tour carrée, l'église de Mûr-de-Bretagne domine ce village, point de départ de toutes les randonnées autour du lac de Guerlédan. Bordé au sud par la très belle forêt de Quénécan, le lac, long de 12 km, s'étend sur 400 ha. Bases nautiques, plages et beaux ⁘ s'y succèdent ; on peut également le découvrir à bord d'une vedette (⚓ depuis Beau-Rivage).

❹ Abbaye de Bon-Repos

Entre les gorges du Daoulas, les allées couvertes de Liscuis (datant du néolithique) et la rivière du Blavet, l'abbaye de Bon-Repos s'éveille doucement d'un sommeil séculaire. Construite en 1184 par Alain de Rohan, elle fut occupée par les moines cisterciens, vendue comme bien national sous la Révolution, avant d'abriter en 1832 les forçats qui creusaient le canal de nantes à brest.

Depuis 1986, les Compagnons de l'Abbaye ont entrepris de lui redonner son allure passée. 👁 de l'autre côté du canal la forêt de Quénécan, qui abrite les forges des Salles (voir encadré).

❺ Rostrenen

Tous les mardis, un marché aux bestiaux anime Rostrenen, cœur du pays fisel. Cette petite ville est aussi connue pour sa collégiale Notre-Dame-du-Roncier, dont le porche (XIVe et XVIe s.) abrite les statues des apôtres sculptées par Chamaillard, natif de Rostrenen. La fontaine est très fréquentée lors du pardon de la mi-août : la légende (retracée sur les vitraux de l'église) veut qu'une statue de la Vierge ait été retrouvée au pied d'un roncier qui fleurissait hiver comme été… De Rostrenen partent de nombreux sentiers de randonnée.

❻ Carhaix-Plouguer

Au cœur du Poher, cette petite ville possède encore des vestiges gallo-romains, dont ceux d'un aqueduc. Au centre, la maison du du sénéchal (XVIe s.) accueille l'office du tourisme. Sur la place du Champ-de-Bataille, la statue de Théophile de La Tour d'Auvergne (1743-1803) rappelle que Bonaparte le nomma premier grenadier de la République.

❼ Huelgoat

376 23/H2

Jusqu'au Moyen Âge, la forêt d'Huelgoat et celle de Paimpont formaient à elles deux la forêt de Brocéliande. Mais Huelgoat offre aussi d'autre curiosités, telles que la promenade le long du canal, qui rappelle l'ancienne mine de plomb argentifère, ou l'église (XVIe s.) qui se dresse au centre du bourg. La chapelle Notre-Dame-des-Cieux, qui domine la cité, accueille un pardon chaque premier dimanche d'août.

Pleyben : l'un des plus beaux calvaires bretons

Le château de Trévarez, *vu ici du côté jardin, domine la vallée de l'Aulne.*

LES FORGES DES SALLES

Traversées par un ruisseau qui sépare les départements du Morbihan et des Côtes d'Armor, les forges des Salles, entourées de leur village ouvrier, n'ont pas changé depuis 1880, date de la fermeture définitive de l'exploitation. Sur ce site, minerais, bois et eau étaient réunis pour donner naissance à l'une des plus importantes forges de Bretagne. On peut y visiter le village, les forges, la chapelle, la cantine, le café et l'école tandis que la maison des maîtres de forges, manoir du XVIIIe s., est toujours habitée. Rarement site sidérurgique a été aussi bien préservé.

❽ Loqueffret

Voici le pays des « Pilhaouers », ces chiffonniers qui, par monts et par vaux et à l'aide de leur charrette, récupéraient chiffons et vieux papiers. La maison du Recteur, petit musée situé dans l'ancien presbytère, parle de ces Bretons extrêmement pauvres et présente l'activité des recteurs, ou curés, jadis essentielle dans ces régions démunies où religion et superstition se confondaient parfois. Ne pas quitter Loqueffret sans avoir admiré le mobilier de l'église Sainte-Geneviève et la chapelle Sainte-Croix (toutes deux du XVIe s.).

❾ Pleyben

408 23/G3

Pleyben est surtout connu pour son remarquable enclos paroissial du XVIe s. : son calvaire (1555) représente les scènes de la vie de Jésus et doit être lu de bas en haut. La porte monumentale (XVIIIe s.) donne accès à l'ossuaire et à l'ancien cimetière qui entourait autrefois l'église. Mais Pleyben est aussi renommé pour ses galettes et les fameux florentins de la maison Chatillon (à côté de l'enclos).

❿ Châteauneuf-du-Faou

Au pied de la Montagne Noire, Châteauneuf-du-Faou domine la vallée de l'Aulne. Le peintre Paul Sérusier (1864-1927), ami de Paul Gauguin, vécut longtemps ici ; il y peignit les fresques des fonts baptismaux de l'église. La chapelle Notre-Dame-des-Portes, lieu du pardon annuel, jouxte le porche gothique de l'ancienne chapelle du XVe s. 👁 sur l'autre rive de l'Aulne le domaine de Trévarez, dont le château, folie de l'époque 1900, est de style néogothique.

⓫ Spézet

Dans ce village attaché à la culture bretonne, toutes les enseignes sont en breton, accessoirement en français. 👁 au sud de Spézet la chapelle Notre-Dame-du-Crann (XVIe s.), qui possède sept vitraux parmi les plus beaux de Bretagne. À mi-parcours entre Spézet et Gourin, sur le rocher de Cudef, la statue de Notre-Dame-des-Montagnes-Noires culmine à 260 m d'altitude. 👁 le lieu dit Roc de Toul-Laëron, où la Montagne Noire s'élève jusqu'à 326 m.

⓬ Gourin

Gourin, capitale de la Montagne Noire, était jadis un grand centre ardoisier. L'église Pierre-et-Paul (XVIe s.), de nombreuses chapelles (XVIe et XVIIe s.) et plusieurs manoirs embellissent la commune. Construit en 1768, le château de Tronjoly accueille des expositions de peinture et de sculpture ; il sert de cadre, chaque année, aux championnats de Musique traditionnelle.

⓭ Le Faouët

365 23/H4

Sur la place Bellanger, les grandes halles furent construites en 1542 et restaurées au XIXe s. L'église abrite des gisants du XVe s. et l'ancien couvent des Ursulines, transformé en musée, expose les œuvres de peintres ayant séjourné ici. La chapelle Sainte-Barbe surplombe la vallée de l'Ellé : des escaliers impressionnants montent jusqu'à elle. À 500 m de là, une belle fontaine attirait autrefois les jeunes filles voulant se marier dans l'année. 👁 parmi les cinq chapelles de la paroisse, Saint-Fiacre pour son jubé en bois polychrome.

⓮ Guern

Les moulins de Keralys, Henven, Stang-Du et Quillio, les villages de Saint-Fiacre et de Locmaria composent le paysage des environs de Guern, charmant bourg traversé par la Sarre. 👁 le village de Quelven, dont la chapelle Notre-Dame, au clocher haut de 70 m, abrite une Vierge ouvrante. Sur la place, se trouve une *scala canta*, magnifique chaire en granite construite pour les jours de pardon (le15 août).

De Grand-Lieu à la Brière

De part et d'autre de la Loire, le pays de Retz et la presqu'île guérandaise se plaisent à vivre les pieds dans l'eau : au gré des humeurs d'un lac, des méandres d'une rivière timide ou dans le silence des marais.

❶ Passay

Passay est le seul village installé sur le bord du lac de Grand-Lieu. Barques et bosselles témoignent de l'activité traditionnelle de ses habitants : la pêche à l'anguille. Un observatoire permet de mesurer l'étendue du lac.

❷ Saint-Philbert-de-Grand-Lieu 441 32/E1

Petit pont fleuri, pêcheurs à la ligne et tapis de lentilles vertes : autour du joyau historique que constitue l'abbatiale, les jardins et les rives de la Boulogne invitent à la promenade. La maison du Lac présente un bel aperçu de la faune de la région.

Pornic : le port au crépuscule

❸ Pornic

414 24/C8

Port principal de la Côte de Jade, Pornic fleure bon les plaisirs balnéaires. Flânerie sur le port de pêche après un après-midi de sable chaud ou promenade sur la corniche, en surplomb des criques tranquilles. Un sentier des douaniers permet de longer la côte à pied, jusqu'à l'estuaire de la Loire.

❹ Pointe de Saint-Gildas

435 24/C8

De la pointe de Saint-Gildas, balayée par les vents, on s'offre une vue grand angle sur le littoral : de l'île de Noirmoutier et la baie de Bourgneuf au sud à la presqu'île du Croisic au-delà de l'estuaire.

❺ Pont de Saint-Nazaire

440 24/C8

Grande enjambée par-dessus la Loire, des longues plages de Saint-Brévin, au sud, à l'imposant port de Saint-Nazaire, au nord, ses 3,356 km dominent le paysage insolite, sauvage et industriel, de l'estuaire : rives limoneuses du fleuve, océan dans sa démesure, cheminées des raffineries de Donges et installations portuaires. 👁 à saint-Nazaire, installé dans un ancien bunker, l'*écomusée* (« Mémoire d'Estuaire ») qui invite le visiteur à découvrir l'histoire de ce grand port.

❻ Île de Fédrun 347 24/C7

Émergeant des roseaux, Fédrun est la plus pittoresque des îles briéronnes, authentique témoin de la vie d'antan des îliens. Limité, l'espace y est rigoureusement structuré, découpé au centre de l'île en parcelles cultivables que ceinturent les chaumières. Ici, les routes ont moins d'un siècle : il faut découvrir l'île à pied, avec visite à la maison du Parc et promenade en chaland sur le marais. Conseillée, une halte à l'*Auberge du parc*, pour le charme du lieu et la saveur des spécialités locales. 👁 la maison de l'Éclusier et le parc animalier, à Rozé.

DEUX ESCALES POUR LES OISEAUX

Pour s'y être arrêtées au cours de leurs longs voyages migratoires ou parce qu'elles en font leur lieu de résidence, plus de 220 espèces d'oiseaux connaissent le lac de Grand-Lieu. Nulle part ailleurs en France la rare spatule blanche ne choisit de bâtir ses nids. En Brière, zone d'hivernage de nombreux canards, quelque 40 espèces, dont le héron, le busard et la fauvette, viennent se reproduire. Des sorties ornithologiques permettent d'approcher les habitants de ces deux milieux humides, classés réserves naturelles. Le printemps, période de nidification, est la saison la plus propice à leur observation.

Grande Brière : une chaumière traditionnelle

❼ Saint-Lyphard

À l'ouest des marais, l'église de Saint-Lyphard ouvre les 35 m de son clocher (135 marches !) aux curieux et aux rêveurs, pour une vue exceptionnelle sur le parc de Brière. Dans les terres, les hameaux se succèdent à la croisée des chemins : c'est le royaume de la chaumière, l'habitation traditionnelle. Sous leur sombre coiffe de roseaux, avec des murs épais blanchis à la chaux ou laissant apparaître leurs pierres, elles cherchent le soleil et se tournent vers le midi. 👁 le charmant village de Kerbourg et les dix-huit chaumières restaurées de Kerhinet.

❽ Le Croisic 356 24/B7

C'est ici le lieu des retours de pêche, égayés par la danse des mouettes et des goélands sur les quais colorés du port. Terminer par la Côte sauvage et par un tour complet de la presqu'île pour une généreuse claque d'iode et d'embruns.

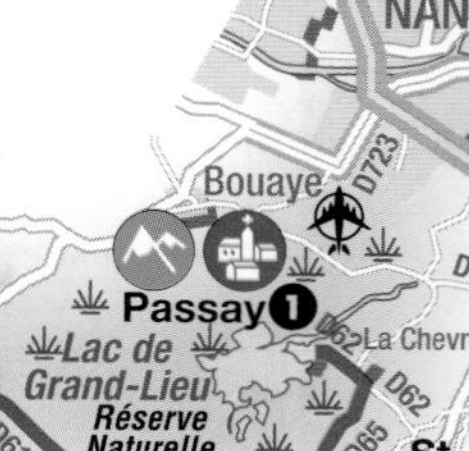

Littoral sud : côte d'art et de soleil

La peinture et Gauguin à Pont-Aven, les vieilles pierres à Guidel et la musique celte à Lorient, l'art est aux portes de la Bretagne sud. Ici la mer rejoint les vallées verdoyantes et mêle ses eaux salées à la douceur de celle des fleuves. C'est à pied que l'on découvrira le mieux les richesses de cette côte.

❶ Pont-Aven 411 23/H5

Au Bois d'amour, dans les ruelles et sur le port de ce joli bourg, cité de la peinture depuis 1860, plane encore l'esprit de Paul Gauguin, d'Émile Bernard ou de Paul Sérusier. Leurs œuvres sont exposées au Musée municipal. L'Aven se découvre par la promenade Xavier-Grall, jalonnée d'anciens lavoirs et d'escaliers de pierre donnant accès à la rivière. 👁 la chapelle de Trémalo (XVIe s.) et, à Nizon, l'église et le calvaire du XVIe s. 👁 à Riec-sur-Bélon, les parcs à huîtres : une visite guidée est un préambule indispensable à la dégustation.

❷ Moëlan-sur-Mer

14 km de côte cachent, au fond d'étroits estuaires boisés, les ravissants ports de Bélon et de Brigneau. Par les sentiers ponctués de fontaines, de chapelles, de calvaires, de mégalithes, de vieux manoirs et de moulins, le visiteur découvre ces verts, ces bleus et ces jaunes qui inspirèrent les maîtres de l'école de Pont-Aven. De l'église de Moëlan, une ruelle conduit à la chapelle Saint-Philibert-et-Saint-Roch, près du calvaire et de la fontaine Saint-Roch.

❸ Clohars-Carnoët

Site aux multiples plaisirs, Clohars-Carnoët offre promenade en forêt, baignade, flânerie sur le port de Doëlan et visite de vieilles pierres avec l'abbaye de Saint-Maurice (XIIe s.) et les chapelles Saint-Maudet, Sainte-Anne et Notre-Dame-de-la-Paix. ✳ depuis le pont de Saint-Maurice, sur la rivière Laïta.

❹ Guidel

L'anse du Pouldu marque l'embouchure de la merveilleuse rivière Laïta. Lui faisant face, Guidel fête chaque été ses septs chapelles sur fond de musique classique. 👁 après une promenade en bord de mer sur près de 10 km, le Fort-Bloqué, ainsi nommé car il est accessible seulement à marée basse.

❺ Larmor-Plage

Cet ancien village de pêcheurs devenu station balnéaire possède de superbes demeures des XIXe et XXe s. (boulevards de Toulhars et des Dunes, quai de Bellevue), qu'on remarque également à l'entrée du port de Kernevel. 👁 la pointe du Talut, d'où quelques brassées suffiraient presque à atteindre l'île de Groix, toute proche.

❻ Lorient 389 23/J5

À Lorient, il faut visiter le port de pêche, vivre la saga du plus grand chalutier français (le *Victor-Pleven*), pénétrer l'ancienne base de sous-marins, faire un tour de la rade en Nautybus, flâner sur les quais du port de plaisance et clore cette exploration sur une note interceltique, avec le célèbre festival du même nom.

❼ Port-Louis 415 23/J5

Dans son écrin de remparts du XVIIe s., Port-Louis alterne maisons de pêcheurs et demeures de maître. La citadelle qui se dresse à l'entrée de la rade abrite les musées de la Marine et de la Compagnie des Indes, riches en mobilier, tableaux, maquettes de navire et autres objets témoins du commerce maritime.

Étel :
le port et la rivière

❽ Étel 364 23/J6

Port d'ostréiculture et de pêche, Étel fête chaque année le thon avec chars, groupes folkloriques, bagadous et sonneurs. C'est aussi une ria à îlots multiples que l'on parcourt en bateau. À son entrée, la redoutable barre d'Étel est gardée par une sémaphoriste, seule femme en France à exercer ce métier.

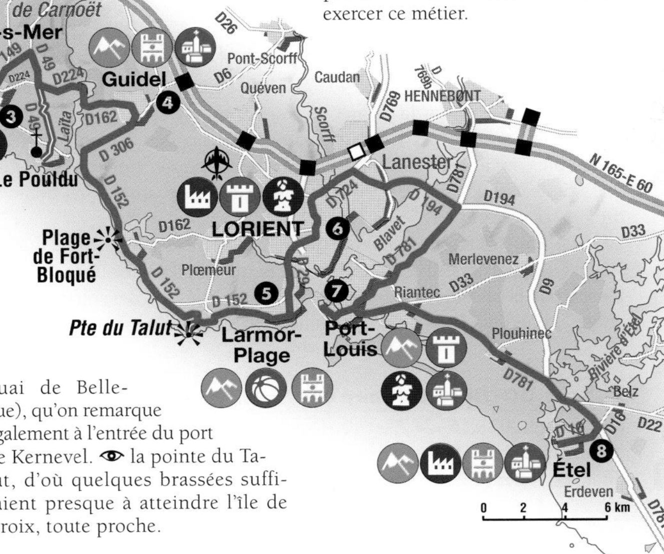

334 Abers (Les)

 12/**E7**

(29) Les abers, ou estuaires, qui jalonnent la côte nord-ouest du Finistère lui ont donné son nom. Parmi les trois principaux, l'aber Wrac'h, le plus imposant, indente profondément le rivage, laissant remonter les marées jusqu'à 9 km à l'intérieur des terres. Tout proche et parallèle, l'aber Benoît (long de 8 km) débouche sur une zone plus sableuse. À Lanildut, l'aber Ildut, plus petit, impressionne néanmoins par la puissance et la rapidité du flux et du reflux.

335 Antrain

  24/**E2**

(35) ℹ Tél. mairie : 02 99 98 31 09
Perchée entre Couesnon et Loisance, la ville doit son nom à sa situation entre les fleuves – *inter amnes.* Elle conserve encore, dans ses rues très pentues, quelques maisons des XVe et XVIe s., à proximité de l'église Saint-André (XIIe-XVIIIe s.). La cité accueillait autrefois la plus grande cidrerie de Bretagne.
👁 à 1,5 km (S), dans un parc à l'anglaise, le **château de Bonne-Fontaine** (XVIe-XIXe s.), dont les grosses tours contrastent avec l'élégance de la façade ornée de tourelles et de fenêtres à meneaux.

336 Arrée (Monts d')

 13/**H8**

(29) Depuis les points culminants de l'Armorique, sur fond de mer. Les monts d'Arrée, couverts de landes d'ajoncs et de bruyères, en comptent trois d'altitude supérieure à 380 m, facilement accessibles par la D 785 et distants les uns des autres de moins de 5 km : le Roc'h Trévezel, au très vaste horizon, le signal de Toussaine et le mont Saint-Michel-de-Brasparts (dit Menez Mikael).

337 Audierne (Baie d')

  22/**E4**

(29) ℹ Tél. Audierne : 02 98 70 12 20
Son arc parfait et sa très large ouverture (25 km) attestent le constant travail de régularisation de cette côte par l'océan. Le processus se poursuit : les falaises, au nord, demeurent vives ; les plages, au sud, laissent encore derrière elles des lagunes marécageuses. Depuis le sommet du phare d'Eckmühl ou les hauteurs de la corniche de Plouhinec, sur ce chantier naturel. Dans la baie, sur l'estuaire du Goyen, le petit port d'Audierne s'épanouit près d'une superbe plage. pour l'île de Sein.
👁 à l'ouest la **chapelle** (XVIe-XVIIIe s.) dédiée à **saint Tugen,** qui était censé guérir de la rage. Elle constitue un des plus beaux édifices religieux du cap Sizun.

338 Auray

 24/**A6**

(56) ℹ Tél. : 02 97 24 09 75
Patrie de Georges Cadoudal (1771-1804), chef des chouans, dont le mausolée se dresse sur la colline de Kerléano, ce vieux port se blottit au fond de l'aber du Loch. De l'église Saint-Gildas (XVIIe s.), on rejoint les halles, puis on descend jusqu'à la promenade du Loch, qui offre une jolie vue sur le vieux quartier Saint-Goustan avec ses quais, ses maisons du XVe s. et ses rues pavées et fleuries.
👁 à 5 km (N) **Sainte-Anne-d'Auray,** lieu de pèlerinage fréquenté. La sainte est apparue, en 1623, à un laboureur qui lui éleva une chapelle, remplacée par la basilique actuelle. Plusieurs pardons s'y déroulent chaque année : celui de Sainte-Anne (26 juillet) est particulièrement suivi.

339 Barnenez (Cairn de)

 13/**H7**

(29) ℹ Tél. : 02 98 67 24 73. Tél. Morlaix : 02 98 62 14 94
Dominant la baie de Térénez, ce tumulus du néolithique, situé sur la presqu'île de Kernéléhen, compte onze sépultures mégalithiques découvertes en 1955. Ces chambres funéraires constituent un ensemble de granite et de dolérite qui s'étend sur 75 m de long.

EXCURSION EN CORNOUAILLE

En remontant le Goyen à partir d'AUDIERNE, on atteint les vieilles maisons et l'église Notre-Dame-de-Roscudon de Pont-Croix. On poursuit la traversée de la presqu'île du cap Sizun par le hameau de Confort, dont le sanctuaire est voué à la Sainte Vierge, et par Poullan-sur-Mer, environné de mégalithes.

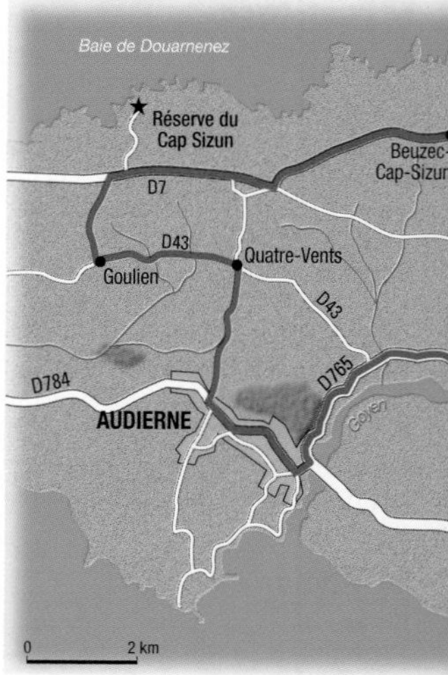

La route longe ensuite la baie de Douarnenez. Elle conduit à la réserve ornithologique du cap Sizun, plus intéressante au printemps, saison de la reproduction ; craves à bec rouge, pingouins, guillemots, macareux, pétrels et autres oiseaux nichent dans les falaises de Castel-Ar-Roc'h.

LES MÉGALITHES

Menhirs alignés ou en cercle (en cromlec'h) à Carnac ou sur l'île aux Moines, dolmens à Locmariaquer, allées couvertes à La Roche aux Fées, tumulus funéraire à **Barnenez,** la Bretagne possède la plus importante concentration de mégalithes au monde. Ils sont les œuvres de populations de l'époque néolithique qui se sédentarisèrent. Les premiers monuments furent érigés dès 4500 avant J.-C. ; les derniers vers 2000 avant J.-C. Ils furent l'expression de plusieurs cultures, comme l'indique l'évolution de leur construction et de leur ornementation.

Les abers
1 L'aber Benoît

Près d'Antrain, Bonne-Fontaine
2 Le château

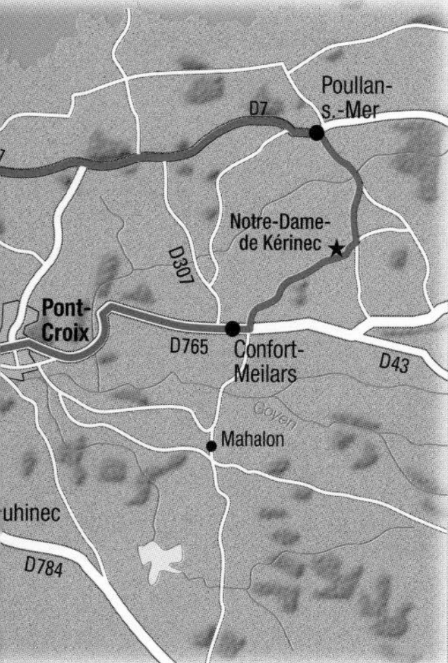

Audierne
3 Le port de pêche

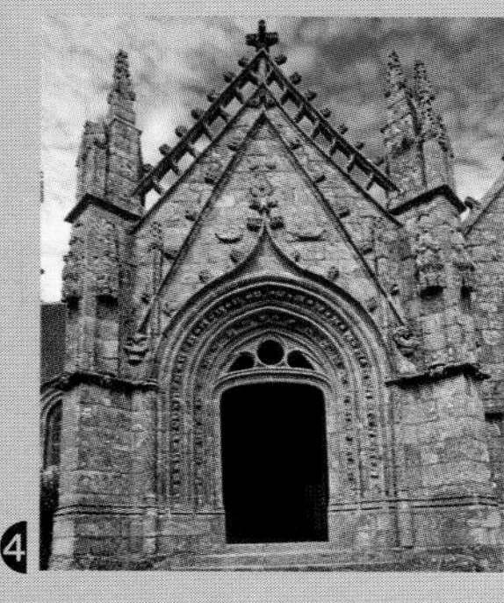

Près d'Audierne, Saint-Tugen
4 Le porche de la chapelle

Auray
5 La pointe
6 Le retable de la chapelle Saint-Gildas

340 Baud  24/A5

(56) ℹ Tél. mairie : 02 97 51 02 29
Le bourg, avec sa chapelle de la Clarté (XVIe s.), est connu pour une étrange statue en granite haute de 2,15 m, la Vénus de Quinipily, qui représente une divinité nue, ceinte de bandelettes. Celle-ci se dresse à 2 km (S-O), près d'un château.

341 Baule (La)   24/B7

(44) ℹ Tél. : 02 40 24 34 44
Créée en 1879, à l'emplacement d'un cordon de dunes et d'une forêt, cette station balnéaire, avec sa plage de sable fin longue de 9 km, doit être contemplée depuis la pointe de Penchâteau (à l'ouest) ou la pointe du Bec (à Pornichet). La ville réunit les luxueuses villas du XIXe s. et du début du XXe s., et les immeubles futuristes du front de mer.

342 Belle-Île (Île de)   23/J7

(56) ℹ Tél. : 02 97 31 81 93
Appréciée de nombreux artistes (Monet, Flaubert, Colette…), c'est la plus grande (8 500 ha) des îles bretonnes. ⛴ en 45 min du port de Quiberon. Sa côte nord, aux plages abritées, contraste avec sa côte sud, sauvage, largement découpée par l'océan. De part et d'autre de la pointe des Poulains (N-O) – où Sarah Bernhardt possédait un château – s'ouvrent deux grottes réputées, accessibles par mer : sur le littoral nord, la grotte de Port-Fouquet ; sur le littoral ouest, celle de l'Apothicairerie, qui tire son nom de l'ordonnancement – rappelant celui des bocaux d'une pharmacie – des nids d'oiseaux qui tapissent son arche. Au centre de la côte sauvage se dresse le phare de Goulphar (85 m) : ⁂ sur l'île et, en plongée presque verticale, sur les aiguilles de Port-Coton. Dans le port du Palais, chef-lieu de l'île, la citadelle (XVIe s.) abrite un musée qui retrace l'histoire locale. À proximité, depuis la pointe de Taillefer, ⁂ sur la rade du Palais, les îles d'Houat et d'Hœdic, et sur la presqu'île de Quiberon.

343 Bénodet  23/G4

(29) ℹ Tél. : 02 98 57 00 14
À l'entrée de la rivière de l'Odet, et face à l'archipel de Glénan, cette station touristique s'ouvre sur la plage du Trez qui s'étend jusqu'à celle de Mousterlin. Le phare de la Pyramide ne se visite plus. Depuis la pointe Saint-Gilles, ⁂ sur la baie de Concarneau.

344 Bourgneuf-en-Retz  32/D1

(44) ℹ Tél. 02 40 21 93 63. Tél. musée : 02 40 21 40 83
L'ancien port médiéval du sel de Bretagne se trouve aujourd'hui à 3 km à l'intérieur des terres. La construction d'une digue a entraîné la formation de polders qui ont encore modifié le paysage. Le musée du Pays de Retz, installé dans les dépendances (XVIIe s.) d'un couvent de cordeliers, témoigne de la forte personnalité de cette région de marais.
👁 à 23 km (N-O) le parc **Planète sauvage,** qui propose de découvrir, à pied ou en voiture, les quelque 1 500 animaux qui y vivent en liberté.

345 Brest   12/F8

(29) ℹ Tél. : 02 98 44 24 96
Ville de marins, d'officiers et d'arsenaux, ce grand port de guerre et de commerce est abrité dans l'une des plus belles rades de France. La visite de l'arsenal permet d'admirer une partie de la flotte française de l'Atlantique. À proximité du vaste port de plaisance du Moulin-Blanc, se dresse le bâtiment, aux allures de crabe, d'Océanopolis, centre moderne de connaissance de la mer et des fonds sous-marins. Le château (XVe-XVIe s.) est le siège du musée de la Marine, tandis que la tour Tanguy (XIVe s.) abrite celui du Vieux-Brest. Enfin, celui des Beaux-Arts se trouve dans le centre-ville.

EN PAYS FOUESNANTAIS

<u>BÉNODET</u> est un bon point de départ vers le pays fouesnantais, bien connu des amateurs de cidre. La chapelle primitive du Perguet, Fouesnant et son église romane – l'une des plus typiques de Bretagne –, ou La Forêt-Fouesnant, avec son sanctuaire flamboyant, sont d'agréables haltes dans cette campagne plantée de pommiers. Avant de regagner la côte, la route conduit au château de Cheffontaines, bel édifice du XVIIIe s. représentatif de cette région riche en manoirs.

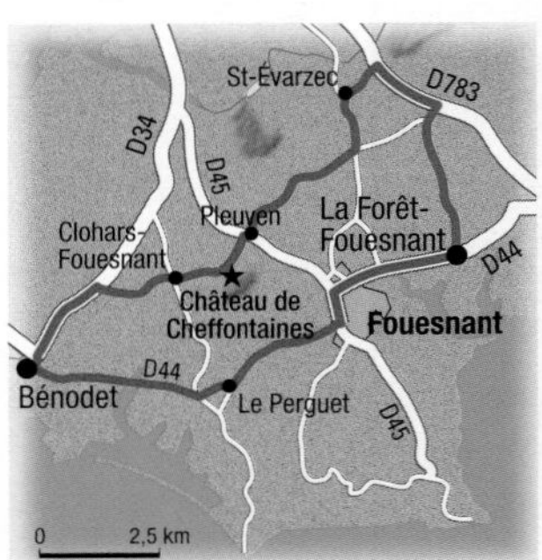

L'ARMOR ET L'ARGOAT

La Bretagne est si variée que près d'une vingtaine de pays naturels s'y distinguent (Léon, Trégor, Cornouaille, etc.). Mais elle est également si unie par ses grands traits naturels et par ses fondements culturels qu'elle ne peut se résoudre à se présenter comme une simple mosaïque. Il est donc d'usage d'en désigner les divisions par des paires indissociables, tel le binôme Armor, Bretagne littorale (*mor* signifie mer en breton), et Argoat, Bretagne intérieure (*goat* se traduit par bois, au sens de forêt, par opposition à la lande littorale). En fait, les différences, notamment démographiques (faibles densités intérieures) et économiques (tourisme dominant sur la côte), conduisent de plus en plus à une nette dissociation.

Baud
1 La Vénus de Quinipily

Bénodet
4 Le phare
5 La croix du calvaire Sainte-Brigitte

Belle-Île
2 La pointe des Poulains
3 Le port de Sauzon

Brest
6 Le pont de la Recouvrance
7 La rade

346 Bretonne (Corniche)

13/H7

(22, 29) Bretonne de la pointe de l'Arcouest à la baie de Lannion, cette corniche est ensuite dite d'Armorique jusqu'à Morlaix. Sur la première partie du littoral, la D 788 suit la côte de Granite rose et ses gros rochers, aux formes étranges dues à l'érosion (le Gnome, l'Éléphant, le Dé, le Parapluie...). Sur la seconde, une route et le GR 34 permettent d'observer, depuis la pointe de Séhar, les pointes de Locquirec et de Plestin, à l'ouest. Vers l'est s'ouvre la vaste grève (ou lieue) de Saint-Michel. Au fond se situe le Grand Rocher (80 m), d'où l'on peut constater l'ampleur et la rapidité des marées.

347 Brière (Grande)

24/C7

(44) ℹ Tél. : 02 40 66 85 01. Tél. parc nat. rég. de Brière : 02 40 91 68 68
Ce paradis des oiseaux est avant tout un marais de 7 000 ha environ. À partir de La Chapelle-des-Marais, des circuits pédestres permettent de découvrir la réserve ornithologique Pierre-Constant, située sur la commune de Saint-Malo-de-Guersac. Des visites en barque sont proposées dans les ports du marais et les villages alentour. La maison du Parc naturel permet de mieux apprécier l'équilibre écologique de ce milieu.

348 Camaret-sur-Mer

22/E3

(29) ℹ Tél. : 02 98 27 93 60
À l'extrémité de la presqu'île de Crozon, le port s'abrite dans une petite anse protégée des fureurs du large par la pointe du Grand-Gouin, et des houles locales par le Sillon, digue naturelle longue de 600 m. La chapelle de Roc'h Amadour (ou Rocamadour) se dresse sur celle-ci ; elle fut étêtée par un boulet anglo-hollandais, en 1694. De nombreux artistes, d'Eugène Boudin à Saint-Pol-Roux, furent sensibles au charme des lieux. Le château Vauban (XVIIe s.), avec sa tour flanquée de murailles, propose une exposition sur les fortifications. Camaret-sur-Mer a été, avec Douarnenez, le seul port de France spécialisé dans la pêche à la langouste. Des bateaux desservent les îles d'Ouessant, de Molène et de Sein.

349 Cancale

14/D1

(35) ℹ Tél. : 02 99 89 63 72
Les huîtres et les bisquines – ces anciens navires de pêche en bois au mât incliné – ont fait la réputation de Cancale et du port de La Houle. Il faut y flâner pour découvrir la baie du Mont-Saint-Michel, qui est aussi parfaitement visible depuis la pointe du Hock. La ville abrite la maison de Jeanne Jugan (1792-1879) – fondatrice de la congrégation des Petites Sœurs des pauvres – et plusieurs musées, dont celui des Arts et Traditions populaires, ainsi que celui de l'Huître, qui permet de découvrir les techniques de culture et le métier d'ostréiculteur.
👁 au nord la **pointe du Grouin,** couverte de landes, qui est accessible par le sentier douanier. Elle domine de ses 49 m la réserve ornithologique de l'île des Landes ; ☀ sur Granville.

350 Carnac

23/J6

(56) ℹ Tél. : 02 97 52 13 52
Autour de cette petite ville, avec sa jolie église dédiée à saint Cornély – le protecteur des bêtes à cornes –, se dresse le plus célèbre ensemble mégalithique d'Europe, dont l'histoire est contée au musée J.-Miln-Z.-Le Rouzic. Les alignements les plus spectaculaires sont ceux du Ménec, 1 167 m de long et 100 m de large, ceux de Kerlescan, et ceux de Kermario. Aux milliers de menhirs plantés dans la lande s'ajoutent de nombreux dolmens, dont ceux de Mané-Kerioned et de Kériaval, ainsi que les tumulus de Kercado, du Moustoir et de Saint-Michel. Long de 120 m et haut de 12 m, ce dernier, surmonté d'une chapelle, protège deux chambres funéraires dolméniques et des coffres de pierre. La D 781 conduit à d'autres alignements : ceux de Rondossec près de Plouharnel, ceux de Crucuno et de Kerzerho en continuant vers Erdeven.

LE PARC NATUREL RÉGIONAL DE BRIÈRE

Ouvert en 1970 sur 40 000 ha (46 000 ha aujourd'hui), il comprend la totalité des marais de la **Grande Brière,** laissant de côté les marécages de l'estuaire de la Loire gagnés par l'urbanisation et l'industrie. Il inclut à l'ouest une partie des marais salants de la ria de Mesquer et, au nord-est, autour de Missillac, une tranche des hautes terres forestières (30 à 70 m) qui bordent sa cuvette de Pontchâteau à La Roche Bernard. Ce vaste marécage se distingue par ses anciennes îles, alignées le long d'une crête granitique, à l'exception notable de celle de Frédun, qui se détache vers le centre, ce qui lui vaut d'être le siège de la maison du Parc (tél. : 02 40 91 68 68). Toutes sont entourées non pas d'eau de mer mais de marais et de roselières. Il s'agit en effet d'un ancien golfe comblé d'alluvions, puis drainé au XXe s.

La Grande Brière
1 Un canal
2 Maison typique briéronne
3 Les marécages

Camaret
4 Le Sillon

Carnac
5 Vue aérienne des alignements
6 L'un des menhirs du Ménec

351 Châteaubriant  24/F6

(44) ℹ Tél. : 02 40 28 20 90
La vieille ville se blottit au pied d'un château (XIe-XVIe s.), connu pour avoir été à l'origine celui d'un seigneur du nom de Brient, ancêtre éloigné de François-René de Chateaubriand. De la partie médiévale de l'édifice subsistent le donjon, la chapelle et le grand logis. En face s'élèvent le palais seigneurial Renaissance, dû à Jean de Laval, et la cour d'honneur.

352 Chèvre (Cap de la)  22/E3

(29) Appelé le Beg ar C'hawz (cap du Géant) en breton, il domine d'une centaine de mètres la baie de Douarnenez et permet de distinguer les pointes de Pen-Hir, du Van et du Raz, l'île de Sein et les Tas de Pois. Avec un peu d'imagination, on peut aussi « voir » la ville engloutie d'Ys parmi les récifs qui forment une chaussée en direction du sud-ouest.

👁 les grottes (⚓ au départ de Morgat). L'une d'entre elles transperce la pointe de part en part ; une autre amplifie tant l'écho qu'elle a été baptisée grotte du Charivari.

353 Combourg  24/E3

(35) ℹ Tél. : 02 99 73 13 93. Tél. château de la Bourbansais : 02 99 69 40 07
Le nom du vieux bourg reste associé à François-René de Chateaubriand (1768-1848) et à son château (XIIe-XVe s.). C'est dans la chambre de la tour du Chat, où grandit l'écrivain, que sa pensée romantique s'est forgée.

👁 à 17 km (O) l'élégant **château de la Bourbansais** (XVIe-XVIIIe s.), qui s'élève dans un domaine comprenant un jardin à la française et un parc zoologique. Attenante au château, l'orangerie est un bâtiment à l'intérieur duquel on mettait à l'abri les orangers en hiver.

354 Commana   13/G8

(29) ℹ Tél. : 02 98 68 88 40. Tél. mairie de Sizun : 02 98 78 00 13
C'était le point de rencontre des « pilhaouers » (chiffonniers) revendant les oripeaux à la fabrique de papier qui a assuré en partie la fortune de la ville. L'entrée dans son enclos paroissial se fait par une porte monumentale qui donne accès à l'ossuaire et à l'église (XVIe-XVIIe s.).

👁 à 10 km (O) l'enclos paroissial de **Sizun,** remarquable pour sa porte triomphale (XVIe s.) à trois arcades, surmontée d'un autel et d'un calvaire. La chapelle-ossuaire (XVIe s.) abrite un musée d'Art sacré.

355 Concarneau  23/G4

(29) ℹ Tél. : 02 98 97 01 44
Au fond de la baie, au cœur du premier port thonier français, la ville close, ceinte d'épais remparts et dominée par un beffroi, possède une rue principale bordée de maisons d'armateurs. Les usines de conserve de poissons, la criée ainsi que la fête des Filets bleus (mi-août à fin-août) renforcent le caractère maritime de la vie locale. Le musée de la Pêche est installé dans l'ancien arsenal. À l'extérieur, on peut visiter l'ancien chalutier *Hémérica*. Le Marinarium, consacré au monde marin, les plages des Sables-Blancs et le château de Kériolet sont d'autres attraits touristiques de la cité.

356 Croisic (Le)    24/B7

(44) ℹ Tél. : 02 40 23 00 70
Dominé par la tour-lanterne de l'église Notre-Dame-de-la-Pitié (XVe-XVIIe s.), ce port possède un riche océarium et d'anciennes demeures, dont l'hôtel d'Aiguillon (XVIIe-XVIIIe s.). Depuis la pointe du Croisic, à l'ouest, on voit bien la Côte sauvage, dite d'Amour.

👁 entre le littoral et les marais le clocher (60 m de haut) de l'église Saint-Guénolé (XVe-XVIe s.), qui signale la cité de **Batz-sur-Mer.** Il faut se promener dans ses rues bordées de maisons en granite et visiter le musée des Marais salants.

LE CANAL D'ILLE-ET-RANCE

La route qui conduit du château médiéval de COMBOURG au château Renaissance de Lanrigan permet d'atteindre, par Dingé, le canal d'Ille-et-Rance. Juchée sur sa colline, Hédé le surplombe. À l'ouest, Les Iffs conservent une remarquable église gothique éclairée de verrières Renaissance.

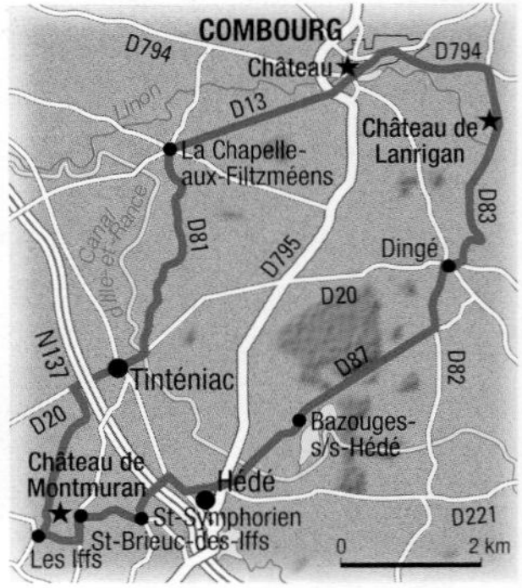

Le château de Montmuran garde le souvenir de Du Guesclin, qui y fut armé chevalier en 1354. On rejoint le canal à Tinténiac, qui a conservé des maisons anciennes, puis on le traverse pour gagner La Chapelle-aux-Filtzméens et son intéressant château du XVIIe s.

LA CRIÉE À CONCARNEAU

La criée de Concarneau, automatisée depuis quelques années, n'est plus bercée par les litanies du crieur. Le déchargement des bateaux, sous les néons, a lieu entre minuit et 4-5 heures du matin. Toute la nuit, les femmes trient le produit de la pêche avant que ne commence la vente, vers 6 heures du matin. Le prix de gros du poisson est alors fixé en fonction de l'offre et de la demande.

1

2

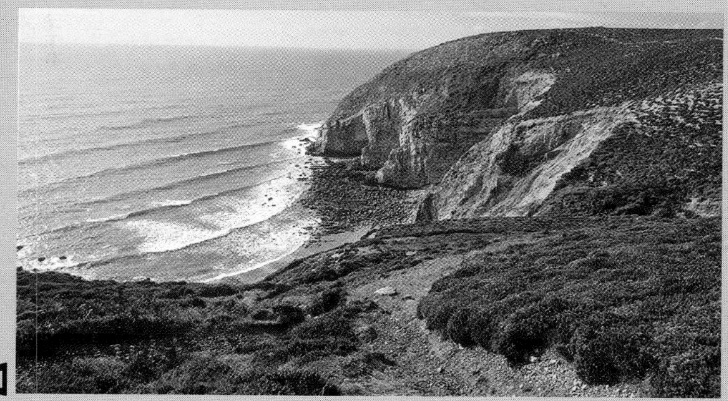

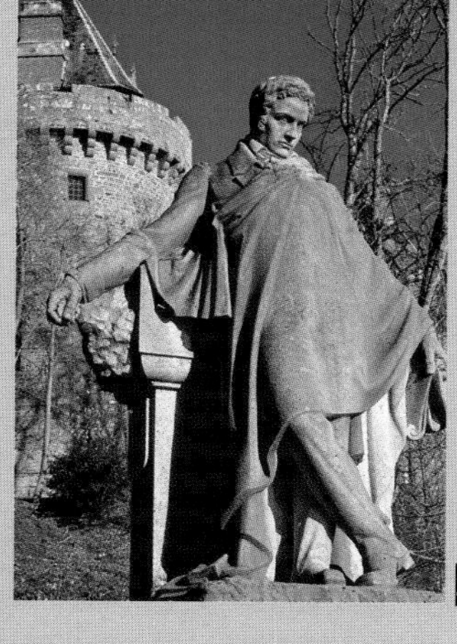

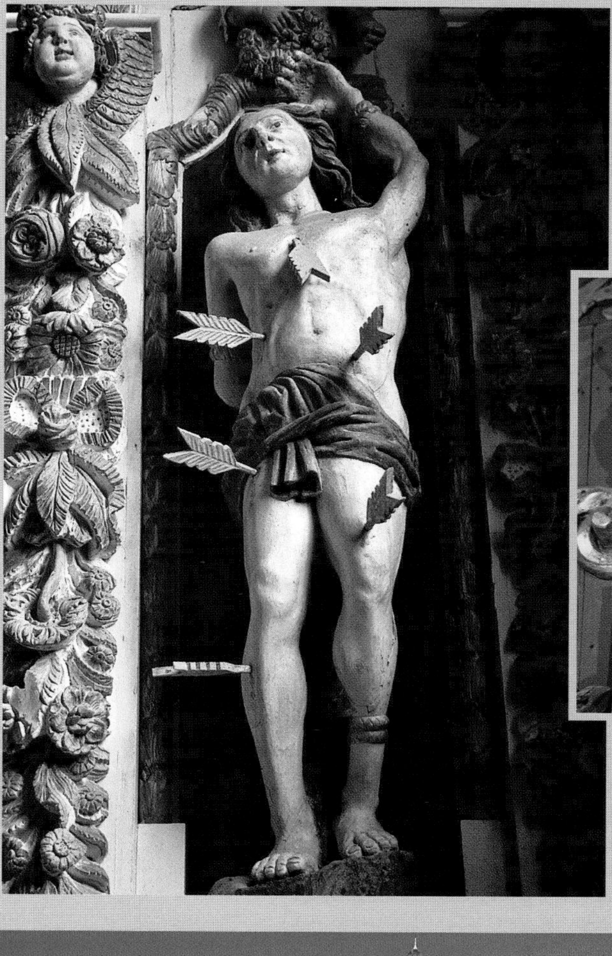
3

4

Le cap de la Chèvre
1 La pointe de la Chèvre

Combourg
2 La statue de Chateaubriand dans le château

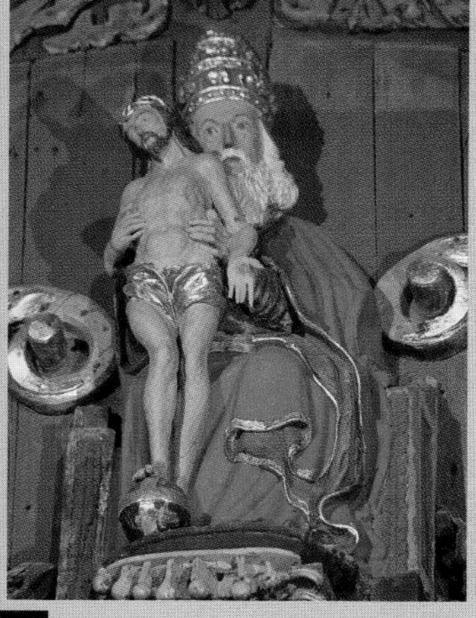

Commana
3 et 4 Détail des retables du XVIIe s. de l'église Sainte-Anne

Concarneau
5 Le beffroi

5

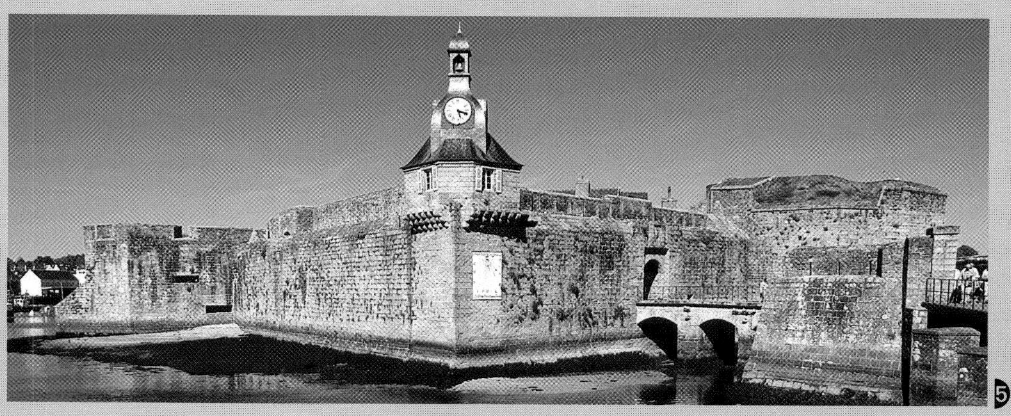

357 Crozon (Presqu'île de)

22/F3

(29) Cette croix de terre affrontant l'océan s'étend sur 15 km depuis son point d'ancrage, le Ménez-Hom, et n'est large que de 5 km au droit de Crozon, entre la rade de Brest et la baie d'Audierne. Ses grandes pointes (des Espagnols, de Penhir et de la Chèvre), crochetées de plus petites (du Toulinguet, du Grand-Gouin, de Dinan, de Morgat), constituent en elles-mêmes de beaux sites naturels abritant des anses célèbres : celle de Camaret, celle de Dinan ; celle aussi de Morgat, d'où l'on part à pied visiter à marée basse les grottes marines de la pointe, et d'où l'on peut embarquer, l'été, pour atteindre celles du cap de la Chèvre.

358 Dinan

24/D2

(22) ℹ Tél. : 02 96 87 69 76
L'enceinte fortifiée de Dinan est l'une des plus belles de France. En flânant dans la vieille ville, on découvre des maisons à colombages, de vieux hôtels (Beaumanoir, Plouër, Kératry, des Trinitaires, maison du Gouverneur), des monuments, dont la basilique Saint-Sauveur (XIIe s.) où est conservé le cœur de Du Guesclin, et l'église Saint-Malo. Le château, avec sa porte, ses tours et son donjon – dit de la duchesse Anne (XIVe s.) –, accueille un musée consacré à l'histoire de la cité (mobilier, art religieux, coiffes…).

359 Dinan (Pointe de)

22/E3

(29) Cette pointe abrupte de 65 m, hérissée d'un chaos naturel évoquant des ruines (le château de Dinan) et relié au continent par une arche, ferme au sud la petite anse de Dinan. sur la pointe de Penhir et les Tas de Pois, au nord, et sur le cap de la Chèvre et les côtes de la Cornouaille, au sud.

360 Dinard

14/D8

(35) ℹ Tél. : 02 99 46 94 12
De somptueuses villas rappellent qu'au début du XXe s., les aristocrates anglais appréciaient beaucoup cette station balnéaire bien située sur l'estuaire de la Rance. La promenade du Clair de Lune longe la mer et la végétation luxuriante d'un jardin exotique. Le sentier douanier serpente ensuite entre le bord de mer et les villas sur 9 kilomètres. Face à la plage du Prieuré, le parc de Port-Breton accueille les promeneurs au cœur de 5 ha arborés et fleuris.

361 Dol-de-Bretagne

14/E8

(35) ℹ Tél. : 02 99 48 15 37. Tél. Cathédraloscope : 02 99 48 35 30
Une très belle verrière orne le chœur de la cathédrale Saint-Samson (XIIe-XIIIe s.). Disproportionnée par rapport à la taille de la ville, elle atteste l'importance religieuse qu'a eue cet évêché. Un centre de découverte des cathédrales, le Cathédraloscope, a été créé en 1999. De nombreuses maisons anciennes se dressent au cœur de la cité médiévale, et notamment dans la Grande-Rue des Stuarts : celles des Plaids, avec ses arcades, celle de la Guillotière et celle de la Trésorerie.

362 Douarnenez

22/F3

(29) ℹ Tél. : 02 98 92 13 35
Selon la légende, c'est dans la baie de Douarnenez que serait engloutie la cité du roi Gradlon, la célèbre ville d'Ys. Le nom de Douarnenez (Douar-an-Enz) apparaît au XVIe siècle et signifie « terre de l'île », allusion à l'île Tristan située à l'entrée de l'estuaire de Pouldavid. Ce port de pêche, adossé au fond de sa magnifique baie, entretient sa tradition maritime : de grands rassemblements de vieux gréements venus du monde entier s'y déroulent tous les deux ans fin juillet. Le port du Rosmeur et le port Rhu, qui accueille le musée du Bateau et son exceptionnelle collection, entourent la ville, dominée par la tour de l'église de Ploaré (XVIe-XVIIe s.).

LE MONT ET LES MARAIS DE DOL

Le pointement rocheux du mont de Dol, autrefois insulaire, domine de ses 65 m un vaste marais, progressivement asséché au fond de la baie du Mont-Saint-Michel. À 17 km à l'est de Mont-Dol, aux alentours de la ferme Foucault, accessible par la route ou par le GR 34 (en bordure de côte), les promenades dans les polders, les herbus et les vasières de l'immense baie, toute proche, permettent de découvrir une variété inattendue de végétaux adaptés au sel : lavande de mer, jonc maritime, obione, spartina, salicorne, soude, etc.

LES PHARES BRETONS

Après avoir été longtemps la plus puissante d'Europe (200 km), la portée du phare du Créac'h (Ouessant) a été réduite à 55 km en raison de la généralisation des systèmes de radionavigation. Le phare le plus haut est celui de l'île Vierge (1902), avec plus de 77 m et 392 marches. Le plus éloigné d'Europe est le phare des Roches-Douvres (1867), au large de Paimpol. Beaucoup sont ancrés à terre, mais d'autres ont été bâtis sur des rocs étroits submergés à marée haute. Autrefois habités par des équipes de deux gardiens relayés tous les dix jours en moyenne, ils sont aujourd'hui, pour la plupart, automatisés.

La presqu'île de Crozon
1 La pointe de Penhir

Dinan
2 La rue du Jerzual
3 Le château

Dol-de-Bretagne, la cathédrale
4 Détail des reliefs sculptés du grand porche
5 La façade et le porche
6 Christ aux outrages dans le bas-côté nord

Douarnenez
7 Le port Rhu

363 Espagnols (Pointe des)  22/F2

(29) Fermant la rade de Brest par un étroit goulet, cette pointe de la presqu'île de Crozon offre la vue qu'aurait un capitaine de navire de haute mer rentrant au port : sur la rade de Brest, le pont Albert-Louppe, le pont de l'Iroise et la presqu'île de Plougastel.

364 Étel (Rivière, passe et barre d')  23/J6

(56) Cette longue ria (120 km) s'ouvre sur l'océan par une passe que rend dangereuse une barre (langue de sable) contournée en vigoureux tourbillons par le flux et le reflux. depuis Saint-Cado.

365 Faouët (Le)  23/H4

(56) Tél. : 02 97 23 23 23
Après un détour par les halles, bâtiment en chêne et en sapin de la fin du XVᵉ s., on gagnera ensuite la campagne et ses vertes vallées creusées par les rivières descendant des montagnes Noires, où se dressent de superbes chapelles. Celle de Saint-Fiacre (XVᵉ s.) est éclairée par des vitraux du XVIᵉ s. Elle se distingue aussi par son jubé (XVᵉ s.) : dentelle colorée mélangeant thèmes sacrés et anecdotes profanes.

366 Folgoët (Le)   12/F1

(29) Tél. mairie : 02 98 83 01 92
C'est au moment du Grand Pardon (premier dimanche de septembre) qu'il faut découvrir le petit manoir (XVᵉ s.) du Doyenné, l'auberge des Pèlerins, où se trouve un musée (statues), et surtout la basilique Notre-Dame (XVᵉ s.) avec sa tour nord, l'un des plus beaux clochers d'Armorique, et son magnifique jubé en granite sculpté.

367 Fougères    24/F3

(35) Tél. : 02 99 94 12 20
Les chaussures et les verres sont les deux ressources traditionnelles de cette ancienne place forte bretonne. Le plus beau panorama s'ouvre depuis le jardin public situé au pied de l'église Saint-Léonard (XVᵉ-XVIIIᵉ s.). Le château (XIIᵉ-XVᵉ s.), avec ses treize tours, est une très belle forteresse médiévale. Le quartier du Marchix, avec ses demeures anciennes, l'hôtel de ville Renaissance et le beffroi (1397), situé dans la ville haute, témoignent du riche passé de la cité.
au nord-est la **forêt de Fougères,** qui s'étend sur 1 555 ha, couverts de chênes et surtout de hêtres. C'est l'ancien domaine des sabotiers qui « suivaient les coupes », vivant en famille dans des cabanes de planches sans cesse démolies et reconstruites plus loin. Ils ont pratiquement disparu et les rares artisans habitent désormais en ville.

368 Fréhel (Cap)  14/C1

(22) Réserve naturelle parmi les plus sauvages d'Armorique et merveille de la côte d'Émeraude, ce cap domine des 72 m de sa masse rose abrupte une mer turquoise. Au départ du phare, deux chemins descendant à mi-pente – à éviter par temps de pluie – permettent l'un d'approcher ses innombrables oiseaux, l'autre d'observer sa flore. Par beau temps, jusqu'aux îles Anglo-Normandes et sur l'île de Bréhat. depuis Saint-Malo.

369 Gavrinis (Île de)   24/A6

(56) Tél. Larmor-Baden : 02 97 57 05 38
Petite et secrète, l'île de Gavrinis offre un très beau spectacle sur le golfe du Morbihan ainsi que sur la rivière d'Auray et la passe vers l'océan. Mais elle est surtout connue pour son cairn, haut de 6 m, qui dissimule une galerie couverte de 14 m de long. Celle-ci est supportée par des mégalithes ornés de motifs, et conduit à une chambre funéraire également très décorée. depuis le port de Larmor-Baden.

LE LÉON

Du FOLGOËT à Brignogan-Plages, le circuit permet de découvrir le pays pagan. Lesneven, aux belles maisons en granite, est l'ancienne capitale des comtes du Léon ; Plouider est bâti sur une colline, sous la protection du beffroi de son église ; celle de Goulven est coiffée d'un clocher Renaissance qui servit de modèle à d'autres édifices religieux dans la région. La route qui longe la côte conduit à Brignogan.

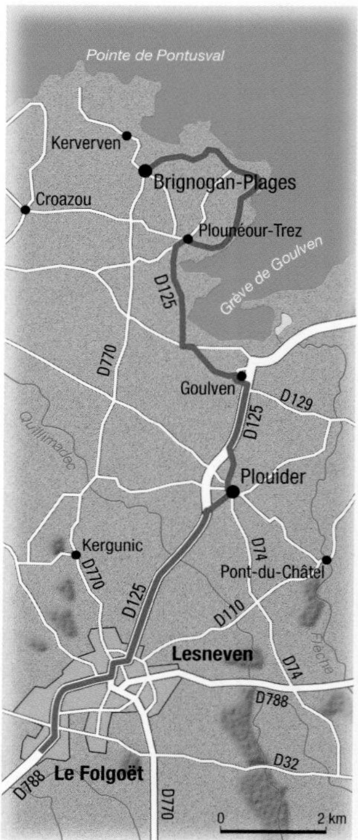

BAIES ET CAPS BRETONS

Le littoral breton doit notamment sa beauté au contraste de ses caps têtus, en guerre continuelle contre les flots, et de ses baies ensablées où l'océan semble venir faire la sieste. Or, entre les premiers et les secondes, il existe une relation cannibale qui n'est pas à l'avantage de celui qui paraît le plus combatif. Les baies se remplissent des débris arrachés aux rochers par la mer, alors que les caps, qui paraissent étrangement neufs et vigoureux malgré leur ancienneté, ne cessent de reculer devant l'océan, qui les sape en falaises vives. Résister, en Bretagne, c'est rajeunir…

La rivière d'Étel
1 Le port, dans l'estuaire

1

2

Le Faouët
2 Détail du jubé
de la chapelle Saint-Fiacre

Le Folgoët
3 Le jubé de la basilique

3

Fougères
4 Les anciens remparts
5 La tour du Gobelin

5

4

Le cap Fréhel
6 Le phare

6

Fêtes et traditions
Un passé toujours vivant

Reliée tardivement à l'ensemble français (fin du XVe s.), la Bretagne a su garder vivaces des traditions culturelles et linguistiques héritées de l'antique culture celte. Jadis, les réjouissances profanes qui accompagnaient les célébrations religieuses bretonnes (pardons, grands rassemblements liés au culte d'un saint fondateur, protecteur ou guérisseur) étaient suivies de fêtes collectives articulées autour de la danse, de la musique et du chant. Aujourd'hui, dans un contexte général de déchristianisation, ces pratiques festives ont su trouver des interprètes inventifs, nourris par des formes d'expression anciennes renouvelées, ainsi qu'un public averti. De la même façon, l'intérêt récent pour le patrimoine maritime a suscité de grandes fêtes populaires autour des anciens bateaux à voiles.

Costumes traditionnels : défilé lors des fêtes de Cornouaille

Danses bretonnes : femmes costumées dansant une gavotte

La musique, le chant et la danse

Après 1945 s'est amorcé un renouveau de la langue bretonne et des pratiques festives locales. Des cercles celtiques n'ont cessé depuis de s'ouvrir pour promouvoir danse et musique traditionnelles, notamment lors de grands rassemblements folkloriques comme les fêtes de Cornouaille (en juillet à Quimper, tél. 02 98 53 04 05) ou la fête des Filets bleus (en août à Concarneau, tél. 02 98 97 01 44). La pratique du biniou, de la cornemuse ou de la bombarde a été redynamisée par des concours de sonneurs. La tradition rurale des *fest-noz* (fêtes de nuit), qui, jusque dans les années 1930, accompagnaient les travaux agricoles dans le centre de la Bretagne, a été relancée. Ces *fest-noz* « modernes » renouent avec la tradition des danses collectives. De nouvelles générations de chanteurs et de musiciens (Alan Stivell, Tri Yann, Yann-Fanch Kemener, Annie Ebrel, Denez Prignet…) se sont imposées dans le paysage culturel français. Tous enrichissent l'héritage musical dont ils sont les dépositaires d'éléments contemporains (instruments électriques ou empruntés à d'autres musiques, techniques d'enregistrement, apports du jazz ou du rock…).

Joueur de cornemuse : festival de Cornouaille

Les grands rassemblements maritimes

Dans les années 1950, quand disparaissent des côtes bretonnes les dernières flottilles de voiliers de pêche, peu de gens se soucient de préserver les témoins d'un patrimoine maritime et artisanal pourtant d'une extraordinaire variété. Dans les années 1960 et 1970, quelques pionniers prennent cependant l'initiative de collecter des vieux bateaux, de relever les plans de voiliers anciens et de recueillir des témoignages sur la vie maritime d'antan. En 1981 sort une revue, *le Chasse-Marée*, consacrée à ces traditions et à leurs prolongements actuels. Son succès est à l'origine d'un grand mouvement

Vieux gréements : rassemblement de Douarnenez

de sauvetage des vieux bateaux de pêche, mais aussi de reconstruction de bâtiments anciens disparus avec des matériaux (bois, chanvre et coton) et des techniques d'époque. Cet engouement collectif pour les vieux gréements connaît son apogée lors des grands rassemblements d'été, notamment de Douarnenez (1998, 2000) et de Brest (1996, 2000), qui ont attiré des centaines de milliers de visiteurs. Ces manifestations ont lieu tous les quatre ans à Brest (tél. 02 98 44 24 96) et tous les deux ans à Douarnenez (tél. 02 98 92 13 35).

Coiffes bretonnes : Bigoudens à Pont-l'Abbé

La foi en marche

En dépit de la déchristianisation, la Bretagne est restée une terre de religion. La tradition des pardons y est toujours vivante : les plus célèbres sont ceux de Sainte-Anne-d'Auray, de Saint-Yves à Tréguier, de Sainte-Anne-la-Palud, et la Troménie de Locronan. Du XIIe au XVIe s., chaque année, plusieurs milliers de fidèles accomplissaient à pied un pèlerinage appelé Tro Breiz pour honorer les saints bretons. Il reliait Saint-Malo, Tréguier, Saint-Brieuc, Vannes et Quimper, soit environ 600 km. Durant l'été 1996, cet ancien pèlerinage a repris. De nombreux fidèles (plus de 200 000 en 2001) sont séduits par le côté spirituel et l'attrait touristique de cette aventure. Un itinéraire permanent de plusieurs centaines de kilomètres devrait être défini d'ici peu, fil conducteur exceptionnel permettant de découvrir le patrimoine architectural le plus intéressant de Bretagne.

Pardon breton : Sainte-Anne-la-Palud

Le Festival interceltique de Lorient

Cet important rendez-vous musical se tient chaque été en août depuis 1971 dans le port de Lorient (tél. 02 97 21 24 29). C'est aujourd'hui un festival très fréquenté (environ 500 000 spectateurs par an) et de renommée internationale. Programmés dans toute la ville, les spectacles sont structurés autour de la découverte et de la confrontation des différentes traditions celtes, représentées par des instrumentistes et chanteurs venus du pays de Galles, d'Irlande, d'Écosse, de Galice, des Asturies, des Cornouailles anglaises et de Bretagne.

Défilé de sonneurs à Lorient

370 Glénan (Archipel de)

 23/G5

(29) ℹ Tél. : 02 98 56 00 93. Tél. mairie de Fouesnant : 02 98 51 62 62
Ce groupe de 7 petites îles entourées d'écueils offre un vaste panorama sur la mer de la Chambre, où il s'éparpille, et sur la côte continentale, de la pointe de Penmarc'h à la presqu'île de Quiberon. L'île principale, est desservie par des vedettes, ⚓ au départ de Beg-Meil, Bénodet, Concarneau et Port-la-Forêt. L'archipel est également célèbre pour son école de voile et son Centre international de plongée.

371 Groix (Île de)

   23/H6

(56) ℹ Tél. : 02 97 86 53 08
En face de Lorient, cette île de 8 km de long, aux côtes sauvages et découpées, est la deuxième de Bretagne par sa superficie. Elle possède un riche patrimoine (mégalithes, tombe à barque viking, minéraux) présenté à l'écomusée de Port-Tudy. La bicyclette est un moyen idéal pour découvrir la réserve naturelle de Pen-Men, la réserve géologique de la pointe des Chats, l'aber vertigineux de Port-Saint-Nicolas et le Trou de l'Enfer, où la mer s'engouffre dans une entaille profonde.

372 Guérande

  24/B7

(44) ℹ Tél. : 02 40 24 96 71
Balzac fut fasciné par cette ville fortifiée « aussi belle qu'une armure antique » qui domine les marais salants. Prospère jusqu'au XVe s. grâce au commerce de l'or blanc – le sel –, elle garde de cette époque une puissante ceinture de remparts. Celle-ci est ponctuée de tours et de portes, dont celle de Saint-Michel, dans laquelle est aménagée un musée régional. À l'intérieur des murs se dressent des maisons anciennes, la chapelle Notre-Dame-la-Blanche (XIVe s.) et la collégiale Saint-Aubin (XIIe-XVIe s.) dont les colonnes romanes de la nef soutiennent des voûtes gothiques.

373 Guimiliau

 13/G8

(29) ℹ Tél. mairie : 02 98 68 75 06
Célèbre pour son calvaire aux 200 personnages, la cité doit son nom à saint Miliau, roi de Cornouaille assassiné par son frère en 531. L'église, remaniée au XVIIe s. dans le style flamboyant, abrite un beau mobilier.
👁 à 4 km (O) **Lampaul-Guimiliau,** qui possède un enclos paroissial complet. La porte triomphale (XVIIe s.), à laquelle est accolée une chapelle-ossuaire (XVIIe s.), donne accès au calvaire (XVIe s.) et à l'église.

374 Guingamp

  14/A8

(22) ℹ Tél. : 02 96 43 73 89
Gwen Gamp, « camp béni », se distingue par sa basilique Notre-Dame-de-Bon-Secours (XIVe-XVIe s.), gothique dans sa partie gauche et Renaissance dans celle de droite. Sur la place du Centre, autour de laquelle se pressent quelques anciennes maisons à pans de bois, se dresse la Plomée, une fontaine aux vasques en pierre et en plomb, dont la décoration associe une statue de la Vierge à des motifs païens.
👁 à 11 km (O) le **Ménez-Bré,** qui est accessible par une route pentue débouchant sur la N 12. Depuis cette butte conique (302 m), ⁂ sur le Trégor et ses vallées, sur les monts d'Arrée et la Montagne Noire.

375 Hennebont

  23/J5

(56) ℹ Tél. : 02 97 36 24 52
La flèche de la basilique Notre-Dame-de-Paradis (XVIe s.) s'élance au-dessus de l'ancienne ville close, encore en partie protégée par ses fortifications. Une promenade sur le chemin de ronde permet d'embrasser d'un seul regard la vallée du Blavet. Les amateurs de chevaux ne manqueront pas de visiter le haras aménagé dans le domaine de l'abbaye la Joie-Notre-Dame.

LES MARAIS SALANTS DU SUD BRETON

À partir de GUÉRANDE, la route longe le kaléidoscope des marais salants pour gagner le port de La Turballe, puis la pointe du Castelli, d'où le regard embrasse la rade du Croisic. Par Piriac-sur-Mer, qui accueillit notamment Flaubert, Daudet et Zola, on atteint la station balnéaire de Quimiac, nichée au milieu des dunes et des pins.

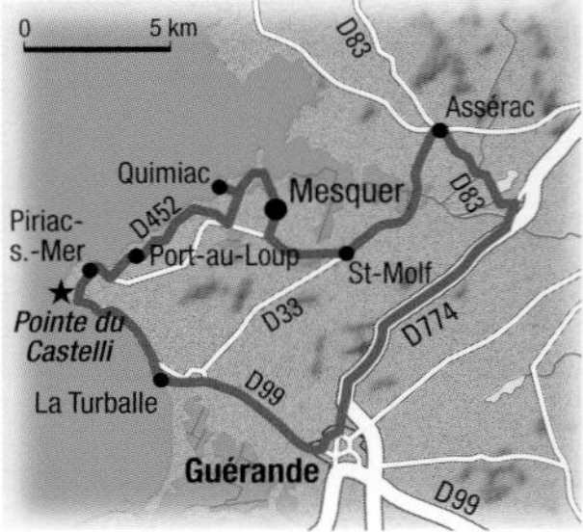

On retrouve les marais à Mesquer et Saint-Molf, situé aux portes du parc naturel régional de Brière. D'Assérac, on regagne Guérande dans un paysage jalonné de jolis hameaux.

LES MONTAGNES BRETONNES

La Bretagne culmine à 383 m, et son altitude moyenne est inférieure à 200 m. Pourtant, il n'apparaît pas illégitime de la considérer comme une région montagnarde. D'une part, c'est un morceau de l'ancien massif hercynien, puissamment raboté. D'autre part, cette vieille montagne, une fois déblayée, fut soumise à une récente et intense reprise d'érosion provoquée par la baisse du niveau marin lors des dernières glaciations. Elle présente ainsi des vallées encaissées et des flancs de crête très pentus, comme dans une chaîne beaucoup plus jeune. De là la vigueur relative des deux arcs qui forment le cœur de ce massif : au nord, les monts d'Arrée, au sud, la Montagne Noire. Il ne manque que quelques flocons sur les cimes, ce qui demeure exceptionnel.

1

L'archipel de Glénan
1 Vue aérienne des îles

2

Guimiliau
2 Le retable de l'église
3 Le calvaire

Guingamp
4 Vierge dans la basilique
5 Les remparts

4

3

5

Hennebont
6 La ville close

6

376 Huelgoat (Forêt et chaos d')

23/H2

(29) ℹ Tél. : 02 98 99 72 32. Tél. chapelle Saint-Herbot : 02 98 86 90 07
Magique souvenir de Brocéliande, cette petite forêt (600 ha) est animée par la rivière d'Argent, qui franchit de vastes chaos de blocs moussus. Celui du Moulin offre la surprise de la grotte du Diable : une échelle y conduit. Tout près se trouvent l'éboulement du Ménage de la Vierge, la roche Tremblante (100 tonnes que l'on fait remuer du dos) et la grotte d'Artus.

👁 à 10 km (N) la barre des **rochers du Cragou,** que franchit la D 769. Depuis le sommet (283 m), ☀ sur les monts d'Arrée.

👁 à 8 km (S-O) la **chapelle flamboyante de Saint-Herbot** (XIVe-XVIe s.), qui renferme un remarquable chancel de chêne sculpté.

377 Hunaudaye (Château de la)

14/C8

(22) ℹ Tél. : 02 96 34 82 10
Les imposantes ruines d'un château (XIIIe-XVe s.) de forme pentagonale, entouré de fossés remis en eau, émergent dans la campagne boisée au sud-ouest de Plancoët. La tour Noire (XIIIe s.) et celle de la Glacière (XVe s.) encadrent le logis seigneurial Renaissance, dont les pans de murs cachent encore un très bel escalier.

378 Josselin

24/B4

(56) ℹ Tél. : 02 97 22 36 43
Cette petite cité médiévale possède l'une des plus belles demeures seigneuriales de Bretagne. Bâti sur un éperon rocheux dominant les eaux de l'Oust, le château des Rohan révèle deux aspects bien différents : côté rivière, une façade fortifiée avec trois tours en pierre sombre ; côté cour, face au parc, une élégante façade Renaissance. Les anciennes écuries accueillent aujourd'hui un musée de Poupées. La basilique Notre-Dame-du-Roncier s'élève derrière l'édifice dont elle fut la chapelle. En se promenant dans la ville, on peut découvrir une cinquantaine de magnifiques maisons anciennes à pans de bois.

👁 à 11,5 km (S-O) **Guéhenno,** qui conserve le seul grand calvaire à personnages du Morbihan. Sculpté en 1550, il se distingue par ses trois croix, sa Mise au tombeau et l'autel qu'entourent plusieurs prophètes en granite.

379 Kerjean (Château de)

13/G1

(29) ℹ Tél. : 02 98 69 93 69
Dressé au milieu d'un parc, le plus célèbre des châteaux (XVIe s.) de la région du Léon est un mélange de manoir breton d'époque Renaissance et de forteresse Henri II. Des douves et une enceinte en granite cachent une vaste cour d'honneur, ornée d'un puits et encadrée notamment par le corps de logis.

380 Kermaria-Nisquit (Chapelle de)

14/A7

(22) ℹ Tél. : 02 96 20 35 78
Cette « maison de Marie qui conserve et rend la santé » est réputée pour ses fresques (XVe s.), dont une danse macabre en 47 figures, qui ornent l'intérieur du sanctuaire (XIIIe-XVIIIe s.).

🎭 : pardon le 3e dimanche de septembre.

381 Kernascléden

23/J4

(56) ℹ Tél. mairie : 02 97 51 61 16
Dans ce petit bourg du pays pourlet, l'église Notre-Dame (1420-1464), édifiée grâce au mécénat des Rohan, est un chef-d'œuvre de l'art flamboyant breton. Remarquable par ses dentelles de pierre et la perfection de sa construction, cette église l'est aussi pour ses peintures murales (XVe s.) illustrant des épisodes de la vie de la Vierge et du Christ, la danse macabre, etc.

L'ARGOAT

La petite cité médiévale de JOSSELIN n'est pas la seule richesse de ce pays ; Guégon, avec son église en partie romane, a conservé une singulière lanterne des morts ; Lizio, dont les bâtisses ont été bien restaurées, accueille l'écomusée de la Ferme et des Métiers.

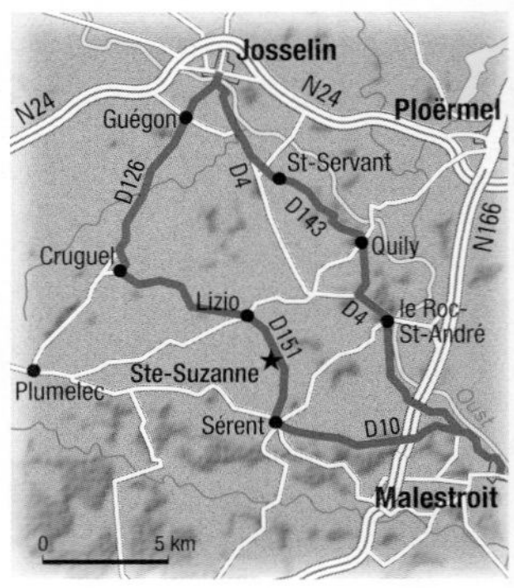

Au sud-est, sur les bords de l'Oust, Malestroit compte de nombreuses maisons à colombages et en pierre. En suivant le cours de la rivière, aux berges verdoyantes, on traverse de charmants villages comme Quily ou Saint-Servant, avant de rejoindre Josselin.

LE PARLER BRETON

Au IXe s., sous le roi Nominoë, la langue bretonne s'étendait jusqu'aux portes de Nantes et de Rennes. Aux XIe et XIIe s., elle recula et se retrouva, comme aujourd'hui, à l'ouest d'une ligne reliant Paimpol à Vannes, en passant par Loudéac et Pontivy. À l'est, on parle le gallo, un patois issu du français. Actuellement, 400 000 Bretons utiliseraient couramment l'un des quatre grands dialectes : le trégorrois, le léonard, le cornouaillais et le vannetais.

La forêt d'Huelgoat
1 Les blocs granitiques
2 La rivière d'Argent

1

2

Josselin
3 Les murailles du château
4 La basilique Notre-Dame-du-Roncier

3

4

5

Le château de Kerjean
5 Détail d'une sablière sculptée dans la chapelle

Kernascléden
6 Les fresques de la voûte de l'église Notre-Dame

6

382 Lamballe

  14/B8

(22) ℹ Tél. : 02 96 31 05 38. Tél mairie : 02 96 50 13 50

L'ancienne capitale du comté de Penthièvre s'élève au pied de la collégiale gothique Notre-Dame-de-Grande-Puissance, qui présente des parties romanes, dont un portail. La place du Martray est bordée de vieilles demeures, dont la maison du Bourreau (XVe s.). Un musée exposant des peintures de Mathurin Méheut (1882-1958), l'enfant du pays, et un second consacré au Vieux Lamballe et au Penthièvre y sont installés.

383 Landévennec

  22/F3

(29) ℹ Tél. mairie : 02 98 27 72 65. Tél. musée : 02 98 27 35 90

Petite station balnéaire appréciée pour la douceur de son climat et son joli site baigné par l'Aulne, Landévennec est aussi célèbre pour son abbaye, fondée par saint Guénolé. Le bâtiment moderne et conventuel des Bénédictins (depuis 1950) et les ruines de l'ancien centre intellectuel et religieux au rayonnement prestigieux s'élèvent au sud du bourg ; un musée en retrace l'histoire. Depuis la corniche entre Le Faou et le pont de Térénez, ⁘ sur l'ensemble du site, qui se distingue dans un paysage de collines, au-dessus du cimetière marin.

384 Lannion

  13/J7

(22) ℹ Tél. : 02 96 46 41 00

Depuis la terrasse de l'église de Brélévenez, d'origine romane, ⁘ sur le Léguer et sur la cité aux maisons à colombages (XVIe et XVIIe s.), recouvertes d'ardoises ou à encorbellement.

👁 à 7,5 km (S-E) les vestiges du **château de Tonquédec** (XVe s.), qui s'élèvent sur un promontoire rocheux dominant la vallée. Il fut démantelé sur ordre de Richelieu.

385 Largoët (Forteresse de)

 24/B6

(56) ℹ Tél. : 02 97 53 35 96

Dans les landes de Lanvaux s'élèvent les deux tours d'Elven, derniers vestiges imposants de la forteresse de Largoët (XIIIe-XVe s.). Son donjon octogonal (XIVe s.), haut de 44 m, compte six étages.

386 Latte (Fort de la)

 14/C1

(22) ℹ Tél. : 02 99 30 38 84

Les tours de cette véritable sentinelle aux murailles roses dominent la mer de 60 m. Après avoir passé les deux enceintes de la forteresse (XIVe s.), on accède à la cour intérieure. Celle-ci est entourée du logis, du corps de garde, de la chapelle et de la citerne. Le donjon se découvre ensuite. Depuis le chemin de ronde, ⁘ sur la Côte d'Émeraude, de Saint-Malo au cap Fréhel.

387 Locmariaquer

 24/A6

(56) ℹ Tél. : 02 97 57 33 05

Ce petit port de pêche occupe un très beau site à l'entrée du golfe du Morbihan ; ⁘ depuis la pointe de Kerpenhir. Il est entouré de vestiges préhistoriques, parmi lesquels la table des Marchands, le Grand Menhir brisé, les dolmens de Mané-Lud et de Mané-Rethual. D'autres mégalithes jalonnent la route de la pointe de Kerpenhir.

388 Locronan

 22/F3

(29) ℹ Tél. : 02 98 91 70 14

Dans ce vieux village de tisserands, artisans et artistes ont installé leurs échoppes dans d'anciennes maisons (XVIe s.). L'église Saint-Ronan (XVe s.) abrite le tombeau en pierre de ce saint du IXe s., en l'honneur duquel se déroule chaque année en juillet (2e dimanche) la Petite Troménie, et, tous les six ans, la Grande Troménie, insolite procession de 12 km.

AUTOUR DE LA BAIE DE SAINT-BRIEUC

À partir de LAMBALLE, la route conduit directement au Val-André, sur la Côte d'Émeraude. Le château en grès rose de Bienassis (XVIIe s.) abrite un riche mobilier. On retrouve le littoral à Erquy, port de pêche et lieu de villégiature aux plages de sable fin. Le cap aux falaises déchiquetées dévoile un vaste panorama sur la baie de Saint-Brieuc. Au retour, la route traverse la campagne de Penthièvre.

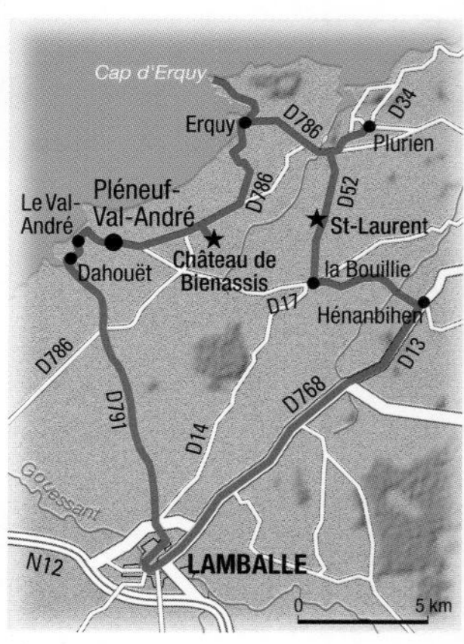

LE HARAS DE LAMBALLE

À Lamballe se trouve l'un des plus importants haras nationaux de France. Le Dépôt d'étalons fut créé ici sous la Restauration, en 1825. Supprimé en 1833, il fut rétabli en 1842 et peut héberger jusqu'à 400 chevaux. Il accueille aujourd'hui environ 70 étalons, essentiellement des postiers et des chevaux de trait bretons dont on tente de relancer la race. En période de reproduction, de mars à juin, les animaux sont répartis dans les stations du Nord-Finistère et des Côtes-d'Armor. Des visites guidées sont organisées toute l'année, auxquelles s'ajoutent des concours hippiques, une fête du cheval en septembre et d'autres événements, notamment l'été.

Landévennec, l'abbaye
2 Évangéliaire (IXe s.) du scriptorium
3 Buste reliquaire de Saint-Guénolé

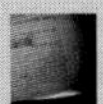

Lannion
4 L'escalier menant à l'église de Brélévenez

Lamballe
1 Sculpture du portail de la collégiale

Le fort de la Latte
5 Vue panoramique
6 Le donjon

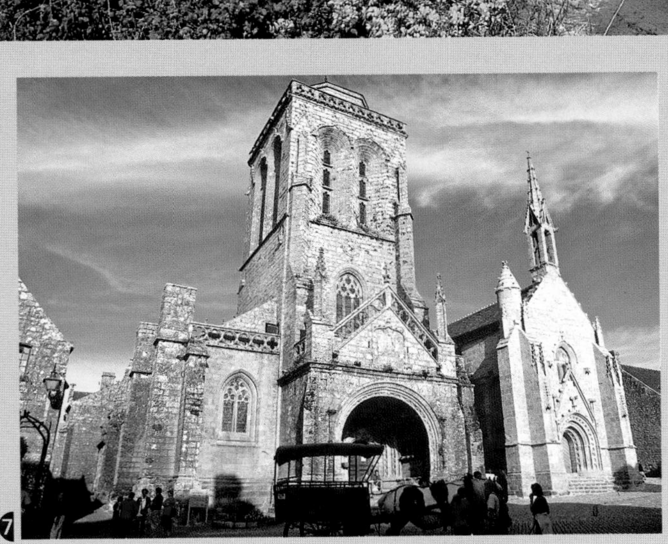

Locronan
7 L'église Saint-Ronan

389 Lorient  23/J5

(56) Tél. : 02 97 21 07 84
Ville de pionniers et de marchands – la Compagnie des Indes s'y établit en 1666 –, de marins et de baroudeurs, Lorient est aujourd'hui un grand port de pêche, reconstruit, comme Brest, après la Seconde Guerre mondiale. Il s'enrichit aussi de la base sous-marine, construite par les Allemands, du quai des Indes, de l'arsenal de la Royale et du port moderne de Kéroman. La cité a acquis la *Thalassa,* ancien navire de l'Ifremer, pour en faire un musée flottant des pêches maritimes. Chaque année en août, toute l'agglomération vit, pendant dix jours, au rythme du Festival interceltique.

390 Ménez-Hom  22/F3

(29) On atteint sa cime pelée (330 m) en 4 km de montée au départ de Sainte-Marie-du-Ménez-Hom, dont la chapelle abrite un bel ensemble de retables. sur la presqu'île de Crozon.

391 Moncontour    24/B3

(22) Tél. : 02 96 73 49 57 ou 02 96 73 44 92
Perchée sur son éperon haut de 180 m, la cité, bâtie au XIe s., garde encore un château, reconstruit au XVIIIe s., des murailles qui enserrent de vieilles demeures en granite, des hôtels particuliers et l'église Saint-Mathurin (XVIe-XVIIIe s.), éclairée par des vitraux (XVIe s.) d'inspiration flamande. Celle-ci abrite aussi un riche mobilier et deux beaux retables.
à 6 km (S-E) le **mont du Bel-Air** (dit de Notre-Dame du Mont-Carmel). Depuis son sommet (339 m), sur l'ensemble des landes du Mené, longue crête chauve.

392 Morbihan (Golfe du)  24/A6

(56) Tél. Vannes : 02 97 47 24 34
Cette « petite mer » de 100 km² est due à un affaissement de terrain. La meilleure découverte est offerte par bateau depuis Vannes, en faisant escale sur l'île aux Moines, la plus haute et la plus grande, ou sur l'île de Gavrinis (sur le golfe ainsi que sur la passe vers l'océan, resserrée entre la pointe de Kerpenhir et Port-Navalo), ou encore sur l'île d'Arz, qui abrite plusieurs monuments mégalithiques.
depuis la pointe d'Arradon, au nord, célèbre pour son coucher de soleil, et depuis le tumulus de Thumiac, sur la presqu'île de Rhuys (accessibles en voiture).

393 Morlaix   13/H1

(29) Tél. : 02 98 62 14 94
« S'ils te mordent, mords-les » : la devise fut ajoutée aux armes de la ville après l'invasion et la défaite des Anglais en 1522. Le grand viaduc ferroviaire en granite, haut de 60 m, enjambe le Dossen et surplombe la cité et ses vieilles demeures du XVe s. Parmi celles-ci, les maisons à lanterne, dont la plus représentative est celle de la Reine Anne, présentent la particularité d'avoir un éclairage par le haut et une architecture qui s'articule autour d'un escalier à vis. Le musée, installé dans l'ancienne église des Jacobins, expose peintures, mobilier et divers objets provenant de fouilles archéologiques. Les églises gothiques Saint-Mélaine et Saint-Mathieu sont aussi dignes d'intérêt.

394 Mur-de-Bretagne  24/A3

(22) Tél. : 02 96 28 51 41
Au cœur de l'Argoat, cette petite ville animée est entourée d'une nature fort belle et de nombreux sites mégalithiques, telle l'allée couverte de la lande de Bel-Air.
au nord la **chapelle Sainte-Suzanne** (XVIIe s.), qui, nichée au sein de futaies de chênes centenaires, inspira le peintre Jean-Baptiste Corot.

VERS LA CORNICHE D'ARMORIQUE

On entre dans le Trégor finistérien, à l'est de MORLAIX, par Lanmeur, dont l'église recèle une crypte préromane, puis la chapelle Notre-Dame-de-la-Joie.

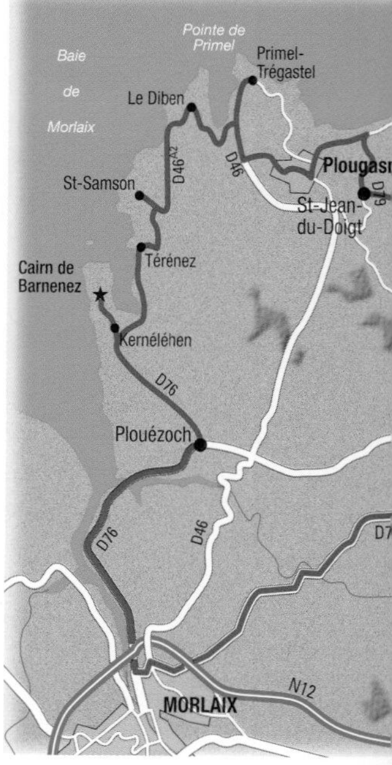

Au nord, Locquirec étire ses plages et sa pointe, idéale pour observer la corniche d'Armorique. La route suit la côte accidentée jusqu'aux pointes du Corbeau et de Primel. Après Primel-Trégastel, hameaux et manoirs se succèdent le long de la baie de Morlaix, jusqu'au cairn de Barnenez, sur la presqu'île de Kernéléhen.

LES LANDES BRETONNES

La lande est caractéristique de deux types distincts de milieux naturels : celui des côtes battues par des vents trop violents pour permettre l'installation des arbres, et celui des crêtes aux sols maigres, sujettes à la sècheresse. Les plus vastes s'étendent sur les monts d'Arrée et la Montagne Noire, à l'ouest, et, à l'est, sur les crêtes du Mené, au sud de Lamballe, et de Lanvaux, au nord de Vannes. Ces régions désertes et mal desservies furent le dernier refuge des chouans. Les landes sont le maquis de la Bretagne.

Lorient
1 *Vue aérienne de l'arsenal*

Le Ménez-Hom
2 Il prolonge à l'ouest la Montagne Noire.

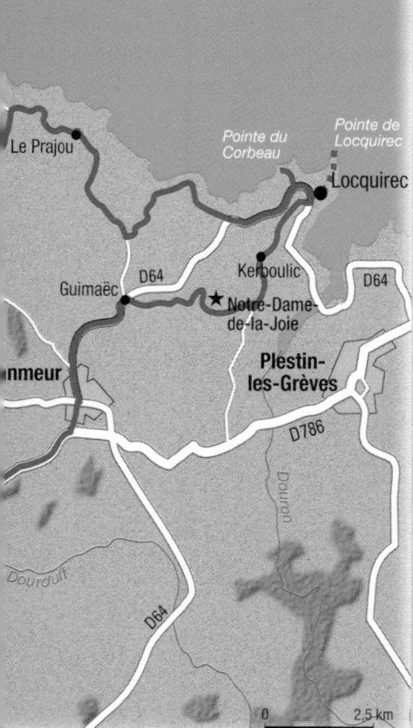

Moncontour
3 Le château

Le golfe du Morbihan
4 L'île d'Arz
5 Vue aérienne

Près de Mur-de-Bretagne
6 La chapelle Sainte-Suzanne

395 Nantes

24/**E8**

(44) ℹ Tél. : 02 40 20 60 00

L'ancienne capitale des ducs de Bretagne est un port industriel qui perpétue la tradition commerciale de l'antique Condivincum gauloise et de la Namnetum romaine. Au XVIIIe s., elle bâtit sa fortune sur le commerce triangulaire du « bois d'ébène » – comme on appelait alors pudiquement les esclaves dont on faisait la traite –, du sucre, etc. Elle offre des contrastes surprenants : il faut découvrir les rues bordées de maisons à colombages (XVe-XVIe s.) du plateau Sainte-Croix, la porte Saint-Pierre (XVe s.) et la place du Maréchal-Foch entourée d'hôtels du XVIIIe s., ou le centre médiéval de la Juiverie et du Change, entre le château et l'église Saint-Nicolas.

Le quartier Graslin

De la place Royale à la place Graslin, la rue Crébillon, très animée, est l'axe d'un ensemble architectural du XIXe s. réalisé grâce au financier Graslin (receveur des fermes). Le célèbre passage couvert Pommeraye relie la rue Crébillon à la rue de la Fosse. Au centre de la place Royale se trouve une fontaine dont la décoration symbolise la ville de Nantes. Sur la place Graslin se trouve le théâtre, néoclassique, dans le même style que la Bourse, non loin.

Le musée des Beaux-Arts

Aménagé dans un bâtiment du XIXe s. qui s'élève derrière la cathédrale, il contient de belles collections de primitifs italiens et de toiles françaises des XVIIe, XIXe et XXe s. (Georges de La Tour, Courbet, Denis, Dufy, Sisley, Monet…). Au-delà du musée, le jardin des Plantes offre un rare ensemble de plantes exotiques, qui évoquent l'ancienne vocation coloniale de la ville.

Le passage Pommeraye

Le Grand Logis

Le château des ducs de Bretagne

L'édit de Nantes y fut signé en 1598. Construit à partir de 1466 pour le duc François II – le père d'Anne de Bretagne –, il est remarquable pour son Grand Logis couronné de belles fenêtres à meneaux ornées de pinacles, réunies entre elles par une balustrade. Cette richesse du gothique flamboyant s'associe avec le caractère sévère des grosses tours rondes, des épaisses courtines et des mâchicoulis. Un musée consacré à l'histoire de la ville et du pays nantais ouvrira ses portes en 2004.

La cathédrale Saint-Pierre

Sa construction, à l'emplacement d'une ancienne église romane, commença sous le duc Jean V en 1434, pour s'achever en 1891. La façade, de style gothique, est dominée par deux tours carrées et percée de trois portails. La nef s'étage sur trois niveaux, les piliers s'élevant d'un seul jet, sans chapiteaux, jusqu'à la voûte. Elle abrite le tombeau en marbre sculpté de François II.

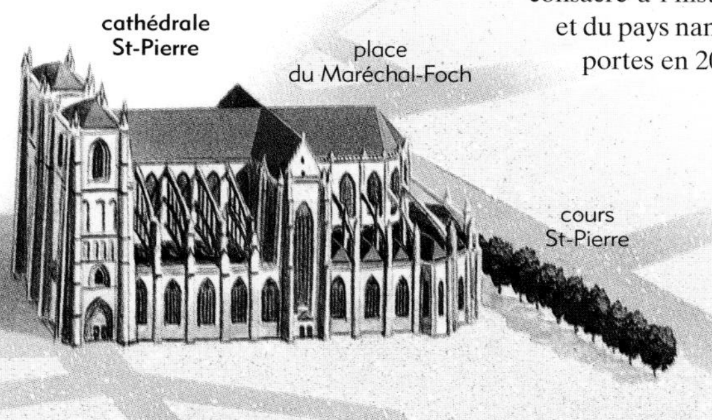

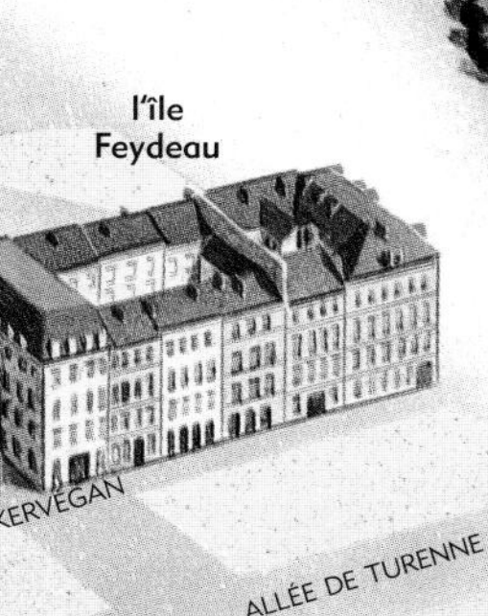

L'île Feydeau

Ancienne île de la Saulzaie, rattachée à la terre ferme depuis 1936, c'est un quartier de riches demeures d'armateurs bâties au XVIIIe s., prolongé par le quai de la Fosse. Témoins de la richesse et du passé de la ville, ces constructions avec leurs mascarons et leurs balcons ouvragés donnent à la rue Kervégan son caractère noble et cossu.

À VOIR AUSSI

L'église Saint-Nicolas (XIXe s.)
Le manoir de la Touche (XVe s.)
Le musée Thomas-Dobrée
Le musée Jules-Verne
Le muséum d'Histoire naturelle

La cathédrale

396 Noire (Montagne)  23/H3

(29) Isolé durant des siècles au centre du Finistère, cet ensemble de collines hérissées de blocs de schiste émerge au cœur des landes, des bois de pins et du bocage. Depuis les 326 m du roc de Toul-Laëron, point culminant du massif, ⁂ au nord, sur les monts d'Arrée, au sud, sur le plateau qui glisse vers l'océan, et à l'ouest, sur le bocage du bassin de Châteaulin.

397 Notre-Dame-de-Tronoën (Chapelle)  22/F4

(29) ℹ Tél. Penmarc'h : 02 98 58 81 44
Solitaire et couverte de lichens jaunes, cette chapelle (XVe s.) se dresse face à la baie d'Audierne. Le calvaire sculpté est l'une des merveilles de Bretagne.

398 Notre-Dame-du-Crann (Chapelle)  23/H3

(29) ℹ Tél. mairie de Spezet : 02 98 93 80 03. Tél. Trévarez : 02 98 26 82 79
Un exceptionnel ensemble de vitraux éclaire cette chapelle du XVIe s.
👁 à 8 km (S-O), dominé par un château (fin XIXe s.), le parc forestier et floral du **domaine de Trévarez,** qui s'étend sur 85 ha.

399 Odet (Vallée de l')  23/G4

(29) ℹ Tél. vedette de l'Odet : 02 98 57 00 58
Le fleuve prend sa source dans la Montagne Noire : sa descente, ⚓ au départ de Quimper, offre de splendides paysages jusqu'à l'océan. Le défilé des Vire-Court est l'un des plus pittoresques. L'Odet y coule, en méandres encaissés, entre des rochers aux noms imagés (le Saut de la Pucelle, la Chaise de l'Évêque...). Au débouché sur l'océan, l'anse de Bénodet est célèbre pour les cordons de Mousterlin, flèches sableuses que l'on peut contempler depuis la pointe de Bénodet. Depuis les belvédères de Kerembleis ou de Boutiguery, ⁂ sur l'ensemble.

400 Ouessant (Île d')  12/D8

(29) ℹ Tél. : 02 98 48 85 83
« Qui voit Molène voit sa peine, qui voit Ouessant voit son sang ». Cette grande île aux côtes déchiquetées est connue pour ses tempêtes. Le phare de Créac'h abrite le musée des Phares et Balises, et permet d'observer les phoques gris et les récifs de la pointe de Pern ; et sur celle de Bac'haol, ⁂ depuis le phare du Stiff. La côte sud-est a un aspect particulièrement saisissant, face à la baie de Pen-ar-Roch. À proximité de Lampaul, la capitale, se trouve l'écomusée du Niou Uhella, qui retrace la vie des Ouessantins. ⚓ en 30 min au départ de Lanildut, et en 1 h 15 depuis Le Conquet, avec escale sur l'île Molène.

401 Paimpol  14/A7

(22) ℹ Tél. : 02 96 20 83 16
Immortalisé par Pierre Loti dans *Pêcheurs d'Islande,* le port de Paimpol a gardé des maisons d'armateurs, quai Morand, et d'anciennes demeures (XVIe s.), place du Martray. Le musée de la Mer de Paimpol présente un grand intérêt.
👁 à 6 km (N) la **pointe de l'Arcouest :** ⁂ sur la baie de Saint-Brieuc, sur l'estuaire du Trieux et sur l'île de Bréhat, dont elle est l'embarcadère. Au nord de celle-ci, les chaos de pierres sont exposés aux tempêtes ; au sud, la végétation évoque une douceur presque méditerranéenne.

402 Paimpont (Forêt de)  24/C4

(35) Ses 7 067 ha constituent le plus grand lambeau de la légendaire forêt de Brocéliande, où les chevaliers de la Table ronde accomplirent de nombreux exploits. Accessible en voiture depuis Plélan-le-Grand, le bel étang de l'ancienne abbaye de Paimpont, au centre du massif, offre un cadre idéal de promenade.

LE TRÉGORROIS

Au creux d'un vallon, au sud de PAIMPOL, se niche le temple roman circulaire de Lanleff. Ce monument, unique en son genre en Bretagne, reprend le modèle du Saint-Sépulcre de Jérusalem. De là, la route passe par Pontrieux et conduit à Runan, dont l'église se distingue par ses sculptures, ses blasons et ses belles statues.

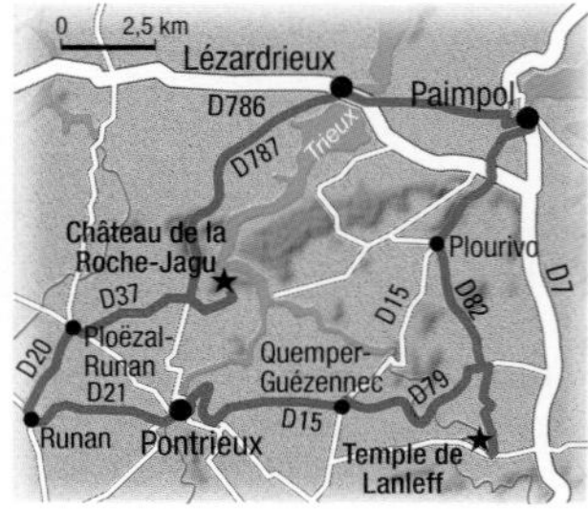

Au nord-est, le château de la Roche-Jagu (XVe s.) domine le Trieux. Ce manoir présente deux façades très différentes ; l'une austère, l'autre très élégante. En remontant le cours sinueux de la rivière, on gagne Lézardrieux, relié à Paimpol par un pont.

LES FLEUVES BRETONS

L'école a beau enseigner qu'un fleuve est une rivière qui se jette à la mer, les Bretons et leurs visiteurs ne peuvent se résoudre à donner ce nom à des cours d'eau dont la plupart n'atteignent pas 10 km de long et possèdent des estuaires à la fois démesurés et remontés par les marées. Ils les appellent donc rivières et distinguent leur partie inférieure, baptisée étang ou loc'h (quand l'estuaire est barré par un cordon littoral), anse ou baie (quand il est très large et envasé). Il arrive que les plus longs fassent hésiter entre deux dictionnaires. Ainsi, l'Odet est dit fleuve en amont de Quimper et rivière de Quimper en aval. Il n'y a guère que la Vilaine pour porter sur toute sa longueur son statut de fleuve.

1

2

Notre-Dame-de-Tronoën

1 *Le calvaire*

Près de Notre-Dame-du-Crann, le domaine de Trévarez

2 Le château

3

4

Paimpol

3 Le port de pêche

4 Personnage en bois peint, décorant l'angle d'une maison traditionnelle

La forêt de Paimpont

5 L'Arbre d'or, sculpté par François Davin

6 Le siège de Merlin

5

6

Les enclos paroissiaux
Monuments de la foi bretonne

L'enclos paroissial est caractéristique de l'art religieux breton. Il se compose de plusieurs édifices regroupés dans un espace sacré, généralement placé au centre du village, voué au repos des morts et entouré d'un mur d'enceinte qui le sépare de l'espace profane. Le fidèle y accède par une porte triomphale qui parfois rappelle les arcs de triomphe antiques (Sizun), parfois présente un aspect baroque et Renaissance (Saint-Thégonnec). À l'intérieur de l'enclos, on trouve l'église proprement dite ; le calvaire, monument de pierre sculptée figurant la vie et la Passion du Christ ; et l'ossuaire – chapelle funéraire à l'occasion –, destiné à recueillir les reliques (ossements) des défunts quand la place venait à manquer dans le cimetière. La plus forte concentration d'enclos se situe dans la région des monts d'Arrée, dans le centre et le nord du Finistère : on y trouve les plus riches témoignages du patrimoine religieux de la Renaissance (XVIe s.) et de l'époque classique (XVIIe-XVIIIe s.).

Pleyben : l'imposant calvaire (XVIe-XVIIIe s.)

Calvaire de Saint-Thégonnec : le Christ fait prisonnier

Un enclos au cœur de la ville : Saint-Thégonnec

Le plan du village met en évidence la position centrale de son remarquable enclos de style Renaissance. Ce lieu, où reposaient les morts – jusqu'à ce que le cimetière soit déplacé par commodité – et vers lequel convergent tous les chemins du bourg, rappelle aux vivants la conclusion inévitable de leur destinée terrestre. Son espace arrondi, ceint d'une clôture percée de plusieurs ouvertures, matérialise la singularité de l'espace sacré, à la fois ouvert et fermé, au cœur de la vie de la paroisse. Au fur et à mesure que le visiteur approche de l'entrée principale par le sud, il découvre des éléments d'architecture de plus en plus élevés – le chevet de la chapelle-ossuaire, la porte triomphale puis l'église et son clocher carré. L'effet ascendant est accentué par l'abondance des lanternons et clochetons verticaux, qui orientent progressivement le regard vers le ciel.

Saint-Thégonnec : l'église, avec sa tour Renaissance, au cœur de l'enclos

La lecture d'un calvaire : Guimiliau

Le calvaire est un monument de pierre sculptée, parfois richement orné. Il comprend une plate-forme supportant une représentation du Christ en croix, entouré de figures évangéliques et de scènes de la Passion. Au-dessus de cette plate-forme, des frises sculptées présentent des scènes de la vie du Christ ou de celle de la Vierge. L'ensemble constitue un livre d'images naïves capable de toucher l'imagination des fidèles : jadis, le prêtre n'hésitait pas à monter sur le calvaire pour montrer les scènes dont il parlait. Le calvaire de Guimiliau (1580) figure plus de deux cents personnages. Les scènes s'organisent selon un ordre thématique : elles ne se succèdent pas toutes selon la chronologie des Évangiles, mais sont

Guimiliau :
église (à gauche) et calvaire (à droite) de l'enclos, vu de l'extérieur

associées de manière inhabituelle pour inviter le croyant à méditer sur les textes sacrés. Ainsi, par exemple, la face est (soleil levant) du calvaire de Guimiliau nous montre à gauche Jésus nouveau-né adoré par les Rois mages et juste au-dessus Jésus moqué par les soldats, mettant en évidence la reconnaissance ou le rejet dont le Christ a été l'objet.

Calvaire de Guimiliau :
Jésus sur les genoux de Marie, adoré par les Rois mages

Des livres de pierre et de bois : Pleyben

L'enclos paroissial de Pleyben (XVe-XVIe s.), où l'on pénètre par une porte monumentale du début du XVIIIe s., comprend un très bel ossuaire (1550), une église et un imposant calvaire, lequel décrit plus d'une trentaine de scènes de la vie du Christ. À l'intérieur de l'église, on peut découvrir sur plus d'une centaine de mètres une frise en bois polychrome courant tout au long des bases des voûtes de la nef (sablière). Elle représente des figures humaines, animales ou surnaturelles, des scènes des Évangiles et de la vie quotidienne, des images empruntées à la mythologie. Au début de la frise, des anges tiennent un rouleau de papier où est inscrit : « *In principio erat Verbum* » (Au commencement était le Verbe) ; à la fin, de mystérieux masques laissent échapper de leur bouche des feuillages verdoyants – image symbolique d'une parole qui a le pouvoir de toujours renaître et de toujours éclore. Ainsi se trouve célébrée la toute-puissance de la parole divine.

Calvaire de Pleyben :
le Christ déposé de la Croix

Katell gollet

Sur plusieurs calvaires bretons, on distingue, voisinant avec les scènes de la vie du Christ, un personnage célèbre du folklore breton : Katell gollet (Catherine perdue). Selon la légende, cette servante coquette et débauchée déroba une hostie consacrée pour l'un de ses amants qui était en réalité le diable déguisé. Pour cet acte sacrilège, elle fut damnée et vouée à subir pour l'éternité les supplices de l'enfer. C'est cette figure suppliciée entourée de monstres que les sculptures représentent – une manière d'effrayer les femmes légères ?

Calvaire de Pleyben : représentation de l'enfer

403 Pen-al-Lann (Pointe de)  13/G7

(29) Depuis cette pointe, ☀ sur les récifs de la baie de Morlaix, l'île Callot, accessible par une chaussée submersible, la ria de la rivière de Morlaix et le château du Taureau (XVIe s.). L'ensemble est survolé par les oiseaux protégés de la réserve ornithologique de la baie.

404 Pencran (Enclos paroissial de)  12/F8

(29) ℹ Tél. mairie : 02 98 85 04 42

Une porte triomphale à lanternons (XVIIe s.), qui impressionne par ses personnages très expressifs, donne accès au calvaire, à l'ossuaire (1594) et à l'église avec son élégant clocher à double balcon.

405 Penhir (Pointe de)  22/E3

(29) Cette pointe grandiose domine de plus de 60 m la mer d'Iroise et la partie sud du « finisterre » breton. Elle se prolonge par les trois énormes rochers du Tas de Pois, alignés en travers des puissants courants.

👁 à 3 km (N) la **pointe du Toulinguet,** ☀ .

406 Penmarc'h (Pointe de)  22/F5

(29) ℹ Tél. Penmarc'h : 02 98 58 81 44

Grâce au phare d'Eckmühl (65 m de haut, 307 marches), cette pointe offre un point de vue aussi abrupt sur la Cornouaille bigoudène qu'élargi sur le Finistère et ses alentours. L'église Saint-Nonna rappelle que Penmarc'h fut un port très actif au XVe s. : des barques et des caravelles sont sculptés de chaque côté de son portail.

👁 à 2,5 km (N) le littoral qui s'allonge dans la mer pour se terminer par une ligne de gros blocs, les **rochers de Saint-Guénolé.**

407 Perros-Guirec  13/J7

(22) ℹ Tél. : 02 96 23 21 15

La capitale de la côte de Granite rose dispose, sur son littoral nord, de deux longues plages abritées, celle de Trestignel et celle du Trestraou. Cette station balnéaire se trouve face à l'archipel des Sept-Îles, l'une des plus riches réserves ornithologiques de France, que l'on peut rejoindre en embarquant pour l'île aux Moines, la seule où l'on fait une escale.

👁 la **chapelle Notre-Dame-de-la-Clarté** (XVIe s.), qui s'élève dans la grève Saint-Guirec, accessible par le sentier des douaniers ; elle abrite un chemin de croix peint par Maurice Denis. Le chemin mène ensuite aux **rochers de Ploumanac'h,** chaos de granite rose aux formes étonnantes.

408 Pleyben (Enclos paroissial de)  23/G3

(29) ℹ Tél. : 02 98 26 71 05

Renommé pour ses galettes au beurre, petits gâteaux sablés, ce bourg possède un splendide enclos paroissial (XVe-XVIIe s.). La porte monumentale dépouillée contraste avec les riches sculptures du grand calvaire (1555) qui racontent la vie du Christ. L'ossuaire (XVIe s.), l'un des plus anciens de Bretagne, et l'église Saint-Germain-l'Auxerrois (XVIe-XVIIe s.), surmontée de deux clochers, complètent l'ensemble.

409 Ploërmel   24/C5

(56) ℹ Tél. : 02 97 74 02 70

Des maisons anciennes bordent la rue des Francs-Bourgeois et la rue Beaumanoir : maison des Marmousets, ornée de cariatides en bois, hôtel des ducs de Bretagne. L'église Saint-Armel (XVIe s.) est éclairée par des vitraux Renaissance, restaurés après 1944. La maison mère des Frères de Ploërmel abrite un musée consacré au père Jean-Marie de La Mennais, fondateur de cette communauté, et, dans la cour, une horloge astronomique fabriquée par le frère Bernardin. Fonctionnant depuis 1855, elle était utilisée à l'origine pour former les capitaines au long cours.

LES SEPT-ÎLES

Émergeant à quelques kilomètres au large de la côte de Granite rose et de sa capitale, **Perros-Guirec,** cet archipel, dont certains composants ne sont que des rochers, constitue l'une des plus riches réserves ornithologiques de France. Sur l'île Rouzic, au nord-est – on ne peut y débarquer –, se succèdent, ou coexistent, d'importantes colonies de fous de Bassan, de guillemots, de macareux ou encore de cormorans. Dominée par un phare, l'île aux Moines, qui tire son nom des religieux qui s'y établirent à la fin du Moyen Âge, a conservé leur ancien monastère et les vestiges d'un fort construit au XVIIIe s.

LE GRANITE BRETON

Le granite constitue la roche la plus courante du substrat de l'Armorique, lequel correspond aux racines les plus profondes d'une énorme montagne rabotée par l'érosion. Sa réputation de pierre à bâtir et à paver ne doit plus rien à son abondance et tout à ses qualités : aptitude aux polissages les plus fins, résistance aux polluants chimiques de l'air de nos villes, gamme de teintes très étendue… Dans la nature, le granite se présente le plus souvent en longues crêtes aux sommets arrondis qui, localement fracturées, se brisent en falaises abruptes puis se déchaussent en chaos de gros blocs. La corrosion et l'érosion finissent par les émousser, et les grains de la superficie forment des sables résiduels. La Côte de Granite rose en constitue le modèle le plus typique.

L'enclos paroissial de Pencran
1 Les statues des apôtres sous le porche de l'église

La pointe de Penmarc'h
2 La côte

Perros-Guirec
3 Le clocher de l'église, datant du XIVe s.

L'enclos paroissial de Pleyben, l'église Saint-Germain-l'Auxerrois
4 Détail d'une sablière
5 L'intérieur

Ploërmel
6 Une des cariatides en bois de la maison des Marmousets

410 Plougastel (Presqu'île de)  12/F8

(29) Tél. : 02 98 40 34 98. Tél. abbaye : 02 98 25 84 39
La presqu'île, entaillée par de profondes rias, offre, depuis Kernisi, la pointe de Kerdéniel ou l'anse du Caro, un ☼ sur la rade de Brest et la presqu'île de Crozon.
Plougastel-Daoulas, terre des maraîchers, des fleuristes et des marins paysans, capitale de la fraise. Elle possède un calvaire (XVIIe s.) orné de 180 personnages.
à 12 km (E) l'ancienne **abbaye de Daoulas,** avec son cloître du XIIe s., qui accueille des expositions internationales.

411 Pont-Aven  23/H5

(29) Tél. : 02 98 06 04 70
Rendue célèbre par la fameuse école de Pont-Aven, groupe de peintres formé autour de Gauguin, la cité, dont le musée évoque ce mouvement de la fin du XIXe s., est aussi celle des galettes au beurre. On retrouve l'inspiration qui a guidé les artistes en se rendant au Bois d'Amour, en suivant les bords de l'Aven et en s'arrêtant à la chapelle de Trémalo, dont le Christ en bois servit de modèle au *Christ jaune* de Gauguin.

412 Pontivy  24/A4

(56) Tél. : 02 97 25 04 10
Agrandie et baptisée Napoléon-Ville en 1804 par l'Empereur, la capitale du duché de Rohan présente deux aspects : au nord, la cité médiévale où se dressent l'église Notre-Dame-de-Joie (XVe s.), de style flamboyant, la place du Martray et la forteresse (1485) ; au sud, le quartier napoléonien, qui développe son plan géométrique à partir de la place Aristide-Briand.

413 Pont-l'Abbé  22/F4

(29) Tél. : 02 98 82 37 99. Tél. manoir de Kérazan : 02 98 87 50 10
La capitale du pays bigouden est fière de ses traditions et de ses coiffes en forme de fuseau. Sa devise en témoigne : « Nous-mêmes, sans besoin des autres. » Cette ancienne baronnie met en valeur son patrimoine : vieilles maisons des XVIe et XVIIe s., vestiges de la chapelle de Lambour, église Notre-Dame-des-Carmes (XIVe-XVIIe s.) et château (XIVe-XVIIIe s.), dont le donjon accueille le Musée bigouden.
à moins de 5 km (S-E) le **manoir de Kérazan** (XVIe-XVIIIe s.), où sont exposés des collections de peintures et un mobilier de qualité. À 6 km, **Loctudy** possède l'une des rares églises romanes de Bretagne. Ce port regarde un charmant aber où se distingue l'île Tudy, avec son minuscule village aux maisons basses.

414 Pornic  24/C8

(44) Tél. : 02 40 82 04 40
Du vieux port, l'escalier Galipaud (XVIIIe s.) conduit aux ruelles de la ville ancienne, où se dresse le château médiéval, édifié par la famille de Retz. La promenade de la Terrasse, aménagée sur les anciennes fortifications, domine le jardin de Retz. Le chemin conduit aux plages. À 500 m de la plage de Noëveillard, à proximité d'un ancien moulin, se trouve l'allée couverte double du **tumulus des Mousseaux** (IVe s. avant J.-C.).

415 Port-Louis 23/J5

(56) Tél. : 02 97 82 52 93
Commandant la rade de Lorient, cette place forte a conservé deux ports (pêche et plaisance), de puissants remparts (XVIIe s.) et une citadelle (XVIe-XVIIe s.). Le musée national de la Marine, avec la salle des Bateaux, l'Arsenal, la Poudrière et la salle de Sauvetage, traite de l'histoire maritime, et celui de la Compagnie des Indes, du négoce des XVIIe et XVIIIe s.
à 11 km (E) **l'église romane de Merlevenez,** qui a conservé ses portails d'origine (XIIe s.).

LES VALLÉES DU BLAVET ET DE L'ÉVEL

En descendant le cours du Blavet à partir de PONTIVY, on gagne le site de Castennec, et son belvédère enserré par un méandre de la rivière. À l'ouest, les villages de Bieuzy et Melrand, caractéristiques de l'Argoat, possèdent des maisons Renaissance.

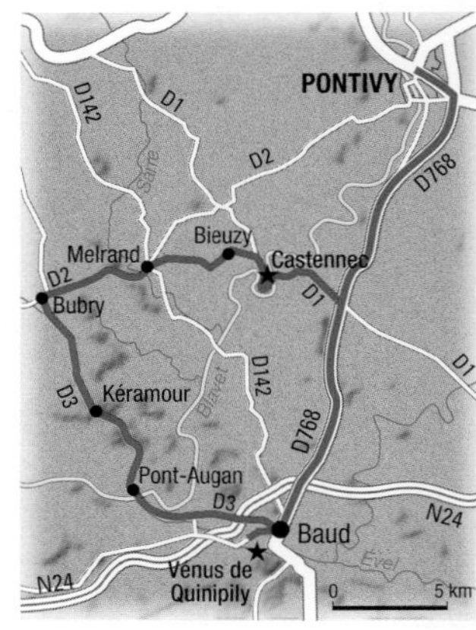

On retrouve le Blavet à Pont-Augan où l'Ével le rejoint. Le hameau de Quinipily, connu pour son idole antique en granite, puis le bourg de Baud, situé près de la forêt de Camors sont les dernières étapes de ce circuit.

L'ÉCOLE DE PONT-AVEN

À l'image de Barbizon, cette petite ville de Cornouaille jouit d'une grande renommée grâce au mouvement pictural d'avant-garde qui y vit le jour à la fin du XIXe s., sous la houlette de Gauguin et d'Émile Bernard. D'autres peintres, tels Sérusier, Filiger, Laval, Meyer de Haan, Verkade, Ballin et Slewinski se rassemblèrent ensuite autour d'eux. De leur recherche naquit une nouvelle esthétique, fondée en particulier sur la simplification des formes aux contours accentués, l'importance accordée aux couleurs et le désintérêt pour la perspective et les détails. Cette école influença plus tard les nabis, post-impressionnistes.

Plougastel-Daoulas
1 Personnages traditionnels bretons sculptés sur le calvaire
2 Le calvaire en granite

Pont-Aven
3 Le Christ en bois de la chapelle de Trémalo

2

4

Port-Louis, la citadelle
4 Vue aérienne
5 Une échauguette

5

416 Quiberon (Presqu'île de)

23/J6

(56) Tél. : 02 97 31 81 93

Une longue flèche sableuse relie au continent, par un cordon terminal large de 22 m seulement, l'île rocheuse de Quiberon. La Côte sauvage, à l'ouest, déchiquetée, présente des grottes, des aiguilles et des arches, notamment autour des pointes du Perche et du Beg-er-Lan, d'où l'on voit Belle-Île et l'île de Groix. À l'extrémité, **Quiberon,** ancien port sardinier, est aujourd'hui une station balnéaire. L'étroite pointe du Conguel, tout au sud, permet d'admirer l'île d'Houat et le golfe du Morbihan. La côte est, abritée, est plus douce.

417 Quimper

23/G4

(29) Tél. : 02 98 53 04 05

La capitale de la Cornouaille s'est nichée au confluent *(kemper)* de l'Odet et du Steir. Bordé de vestiges des anciens remparts, le cœur de la ville est à découvrir en parcourant la place Terre-au-Duc, la rue Kéréon et la place au Beurre, les rues du Guéodet, du Sallé, et les quais de l'Odet. La cathédrale Saint-Corentin, commencée au XIIIe s. et achevée par ses flèches au XIXe s. dans le style gothique flamboyant, est l'une des toutes premières construites en Bretagne. L'ancien évêché (XVIe s.) abrite le Musée départemental breton. Le musée des Beaux-Arts présente une remarquable collection de tableaux. Quimper est aussi la capitale des crêpes dentelles et de la faïence (musée), activité qui s'est installée, en 1690, dans le quartier de Locqmaria, haut lieu de la poterie dès l'Antiquité.

: festival de Cornouaille (4e dimanche de juillet).

à moins de 5 km (N) le **site du Stangala,** merveilleux but de promenade, qui surplombe l'Odet.

418 Quimperlé

23/H5

(29) Tél. : 02 98 96 04 32

Située au confluent de l'Isole et de l'Ellé, dont l'union forme la Laïta, la ville haute est dominée par Notre-Dame-de-l'Assomption (XIIIe-XVe s.). Dans la ville basse, la maison des Archers (1470) héberge un musée qui retrace l'histoire de l'édifice et de la région. L'église Sainte-Croix, édifiée au XIe s., et les vieilles demeures à encorbellement contribuent également au charme de la cité.

à 13 km (N-E) les **roches du Diable,** qui dominent, dans un paysage grandiose, les eaux de l'Ellé.

419 Quintin

24/A2

(22) Tél. : 02 96 74 01 51

Centre de foires et de fabrication de toiles de lin dites de Bretagne, la ville a également connu une activité artistique (verrerie et tentures). Autour du château (XVIe-XVIIIe s.), qui accueille un musée retraçant l'histoire du bourg, de belles demeures témoignent de cette prospérité. La Porte-Neuve (XVe s.) se dresse derrière le chevet de la basilique (fin XIXe s.). Celle-ci conserve un fragment de la ceinture de la Vierge, relique rapportée de Terre sainte au XIIIe s. par un seigneur de Quintin.

420 Rance (Estuaire, vallée de la)

14/D8

(22, 35) Tél. Dinard : 02 99 46 94 12

La plus belle ria de Bretagne du Nord s'enfonce de 25 km dans l'arrière-pays, créant un vaste plan d'eau que des vedettes permettent de parcourir en 2 h 45 entre Dinan et Dinard ou Saint-Malo. Le célèbre barrage et son usine marémotrice en ont accentué le calme. L'estuaire, parsemé d'îles et d'écueils, débouche sur la Côte d'Émeraude, bien visible depuis ses deux rives rocheuses.

au nord de Dinard la **Grande Plage,** ou **plage de l'Écluse,** appelée « reine des plages bretonnes », prise entre les pointes de la Malouine et du Moulinet. Depuis celles-ci, sur les récifs et l'île de Cézembre et, au-delà, par temps clair, sur les îles Anglo-Normandes.

LES RIVES DE LA RANCE

Après avoir quitté Dinard, de jolies haltes sont proposées à La Richardais pour les fresques de son église, à Plouër pour son château, à Taden pour les vestiges du château de La Garaye, à Saint-Sanson-sur-Rance pour son menhir et enfin à Dinan.

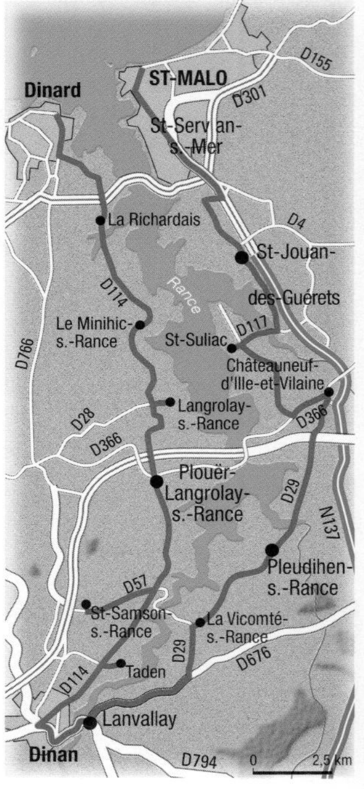

En remontant vers Saint-Malo, le chemin est ponctué de manoirs : ceux des Rochettes et des Champs-Hingants, à Lanvallay, celui de la Bellière, à La Vicomté. Enfin, Saint-Suliac, avec son port et ses vieilles maisons, en surplomb de la Rance, offre de beaux panoramas.

LE FESTIVAL DE CORNOUAILLE

À la fin du mois de juillet, **Quimper** vit au rythme du festival de Cornouaille. Toute la Bretagne s'y donne rendez-vous. Issu des grandes fêtes de bienfaisance, nées en 1923, il connaît un succès grandissant d'année en année. Concerts, animations de rue, expositions, feux d'artifice, fest-noz (fêtes de nuit) et défilés de groupes folkloriques régionaux, ou anglo-saxons, rappellent les traditions et l'identité bretonnes.

La presqu'île de Quiberon
1 *Vue aérienne de la baie*
2 *Le château Turpault*

Quimper, la cathédrale
3 *Le chœur*
4 *Le père Maunoir obtient miraculeusement le don de la langue bretonne*
5 *La façade et le côté sud, flanqué du Musée départemental breton*

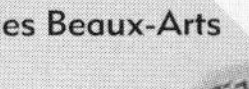

Quintin
6 *Le menhir de Pierre-Longue*

La Rance
7 *Un moulin à marée*

421 Raz (Pointe du)

22/E4

(29) Tél. : 02 98 70 67 18. Tél. Sein : 02 98 70 93 45

L'extrémité du cap Sizun rappelle une double proue de catamaran haute de plus de 60 m, battue et sapée par les flots. Des visites guidées à pied, à marée basse, permettent de découvrir les grottes de la pointe du Raz, visibles lors de la descente côté nord à travers un chaos de blocs, l'Enfer de Plogoff. Cette lutte contre les éléments est aussi illustrée à la pointe du Van, couverte de lande rase. Par contraste, la petite plage ventée de la baie des Trépassés paraît presque tranquille, malgré son nom quelque peu sinistre qui évoque le dernier hommage rendu aux corps des défunts que l'on emmenait pour les enterrer sur l'île de Sein.

l'**île de Sein** dont les maisons blanches se serrent autour du port. Un musée y commémore le ralliement de tous les Sénans valides à la cause de la France libre dès juin 1940. au départ d'Audierne ou de Camaret.

422 Redon

24/C6

(35) Tél. : 02 99 71 06 04

Du Moyen Âge au XVIIe s., l'abbaye bénédictine de la ville rayonna sur toute la Bretagne ; l'église Saint-Sauveur en est le dernier vestige. Son clocher roman à trois étages d'arcatures est exceptionnel. Le port, aux écluses fleuries et aux maisons anciennes, demeure un important carrefour fluvial, à la croisée de la Vilaine, du canal de Nantes à Brest et de l'Oust, qui caresse plus loin les à-pics boisés de l'île aux Pies.

LE PARC NATUREL RÉGIONAL D'ARMORIQUE

Créé en 1969 sur 65 000 ha, puis élargi à 162 000 ha, ce parc se subdivise en plusieurs secteurs alignés d'ouest en est, sur près de 80 km : Ouessant, Molène, Sein (récemment intégrée), puis l'essentiel de la péninsule de Crozon, et enfin le vaste espace des monts d'Arrée. Le parc promeut les fêtes nombreuses qui se déroulent dans son périmètre, assumant ainsi une fonction culturelle de premier plan. Son principal centre d'information (tél. : 02 98 81 90 08), outre celui d'Ouessant, plus particulièrement dédié au milieu insulaire, se situe à Ménez-Meur, au centre des hautes landes du même nom.

423 Rennes

24/E4

(35) Tél. : 02 99 67 11 11

Porte et capitale de la Bretagne – Nantes lui a toujours disputé la souveraineté de la région –, Rennes est une ville surprenante par son dynamisme et sa modernité. L'ancienne cité se découvre en parcourant la rue et la place du Champ-Jacquet, avec ses maisons du XVIIe s., les rues qui bordent la cathédrale, la place des Lices et son marché (halles).

: Transmusicales, fin novembre-début décembre.

L'hôtel de ville

L'HÔTEL DE VILLE

Bordant une place royale de style classique, face au théâtre, il fut édifié de 1734 à 1742 par l'architecte Jacques Gabriel. Le bâtiment abritait l'hôtel de ville dans l'aile sud et le présidial dans l'aile nord. Au centre, la chapelle était surmontée d'un beffroi, détruit lors du grand incendie de 1720. L'actuelle tour de l'Horloge (1728) présente un campanile à l'italienne surmonté d'une flèche dorée.

place des Lices

LA CATHÉDRALE SAINT-PIERRE

Construites aux XVIe-XVIIe s., les deux tours classiques de la façade sont surmontées par les armes de France et le soleil, symbole de Louis XIV. Le reste fut presque entièrement reconstruit au XIXe s. L'intérieur, très richement décoré, abrite un beau retable flamand, en bois sculpté et doré, du XVIe s.

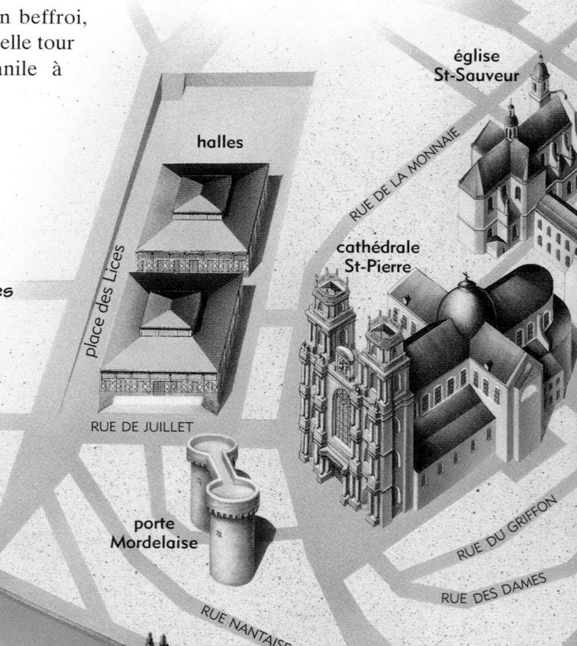

La pointe du Raz
1 Tout au bout de la Cornouaille

Redon
2 Maisons à pans de bois

Le palais de justice

Construit au XVIIe s., l'ancien parlement de Bretagne – endommagé par un incendie en 1994 – se dresse sur la majestueuse place du Palais, bordée d'immeubles en granite. Sa décoration intérieure constitue l'un des témoignages les plus importants de l'art royal des années 1660 en France. Le somptueux plafond à caissons de la Grande Chambre, ancienne salle des séances du parlement, fut réalisé à Paris et convoyé à Rennes par bateau, via la Loire.

Une maison Renaissance

Le jardin du Thabor

Il s'agit du verger d'une ancienne abbaye bénédictine, l'église Notre-Dame (abbatiale Saint-Mélaine, XIVe-XVIIe s.), aménagé au XIXe s. Ses 10 ha regroupent un jardin à la française, un jardin botanique, une roseraie, un jardin paysager et une volière. Des statues de Charles Lenoir ponctuent le parcours.

Le palais de justice

L'ancienne abbaye Saint-Georges

Le musée des Beaux-Arts

Ses riches collections de peinture couvrent toutes les époques du XIVe s. à nos jours : Véronèse, Rubens, Jordaens, Chardin, Boudin, Gauguin, Utrillo, etc. On peut y voir un chef-d'œuvre de Georges de La Tour, *le Nouveau-Né*. Dans le même bâtiment se trouve le musée de Bretagne (archéologie, arts populaires).

À VOIR AUSSI

La porte Mordelaise (XVe s.)

L'hôtel de Blossac (XVIIIe s.)

L'église Saint-Germain (XVe-XVIe s.)

Le théâtre (XIXe s.)

424 Roche-aux-Fées (La)

 24/F5

(35) Tél. mairie d'Essé : 02 99 47 06 01

Construite selon la légende par des fées, cette allée couverte (IIIe millénaire av. J.-C.) constitue la fierté de la commune d'Essé. Ce monument mégalithique est composé d'une quarantaine de blocs de schiste, dont certains pèsent entre 40 et 45 tonnes.

425 Roche-Bernard (La)

 24/C6

(56) Tél. : 02 99 90 67 98. Tél. château de Lehélec : 02 99 91 84 33

La ville forme un belvédère escarpé au-dessus des méandres de la Vilaine bordés de pins et de genêts. Le long de ses ruelles en pente, demeures anciennes, hôtels particuliers (XVe-XVIIe s.), places du Pilori et du Bouffay, et promenade du Ruicard témoignent de son passé portuaire et fluvial. Dans le château des Basses-Fosses est installé le musée de la Vilaine maritime. Le port de plaisance est situé au bord de l'estuaire du fleuve qu'enjambe un pont suspendu.

à 15 km (S-E) le **château de Lehélec** (XVIIe, dépendances XVIe s.). Musée régional rassemblant meubles et objets anciens de la campagne.

426 Roche-Jagu (Château de la)

  14/A7

(22) Tél. : 02 96 95 62 35

Surplombant un méandre encaissé du Trieux, ce manoir du XVe s. présente deux façades très différentes. Celle de devant, avec ses curieuses cheminées et ses lucarnes, contraste avec celle de l'arrière, plus austère, dotée d'une grosse tour et d'un chemin de ronde.

à 8 km (S-O) l'**église de Runan** (XIVe-XVe s.), qui se distingue par sa superbe décoration extérieure et intérieure.

427 Roche-Maurice (La)

 13/G8

(29) Tél. mairie : 02 98 20 43 57

À l'ombre des vestiges de son château médiéval, le bourg accueille un bel enclos paroissial du XVe s. Son église Saint-Yves est pourvue d'un remarquable clocher à double galerie.

à 7 km (S-E) **La Martyre,** où se trouve le plus ancien enclos paroissial du Léon. On y pénètre par une porte triomphale du XVe s.

428 Rochefort-en-Terre

 24/C6

(56) Tél. : 02 97 43 33 57

La cité tire son charme de son joli site et de ses maisons pittoresques des XVIe et XVIIe s. Ancrés sur un promontoire, les vestiges restaurés de son château féodal abritent le musée d'Art populaire. L'église Notre-Dame-de-la-Tronchaye (XIIe-XVIe s.) possède un beau mobilier.

à 13 km (S-O) **Questembert,** qui est encore riche de sa magnifique halle (1675) à trois nefs, entourée de belles maisons à frontons sculptés.

429 Rochers-Sévigné (Château des)

 24/F4

(35) Tél. : 02 99 75 04 54

Entouré d'un beau parc, cet élégant manoir à tourelles du XVe s., remanié aux XVIe et XVIIe s., était le séjour favori de Mme de Sévigné, qui y rédigea, à la fin du Grand Siècle, de nombreuses lettres adressées à sa fille. Le jardin a été reconstitué selon les dessins exacts du XVIIe s.

430 Rosanbo (Château de)

 13/H1

(22) Tél. : 02 96 35 18 77

La masse de granite du « ros-an-bo » – rocher sur le Bo –, accrochée au roc, porte la marque de cinq siècles d'harmonieux remaniements. La demeure abrite un riche mobilier : collections de meubles de la Renaissance bretonne et florentine, tapisseries et vaisselle d'étain. Le jardin à la française est magnifique.

LA MARQUISE DE SÉVIGNÉ (1626-1696)

À travers la correspondance qu'elle entretient avec sa fille, partie rejoindre en 1671 son époux, le comte de Grignan, nommé alors lieutenant général de Provence, mais aussi avec son cousin Bussy-Rabutin, avec Madame de La Fayette et bien d'autres personnages en vue, la comtesse brosse un tableau sans complaisance de la société du XVIIe s. Les centaines de lettres qu'elle rédige depuis l'hôtel Carnavalet, sa résidence parisienne, depuis le **château des Rochers,** hérité de son mari tué en duel, ou encore depuis Grignan, où elle s'éteindra en 1696, évoquent son existence en Bretagne et les événements qui se déroulent dans cette région, à laquelle elle manifeste un grand attachement.

CHÂTEAUX ET PLACES FORTES

De Nantes à Concarneau, en passant par Vitré et Fougères, la Bretagne du Moyen Âge était hérissée d'imposantes forteresses. Les plus importantes étaient construites près des frontières, avant le rattachement de la province à la France en 1532. Les puissants seigneurs possédaient leurs propres places fortes, tels les Rohan à Josselin. La plupart des villes et des ports étaient fortifiés (Saint-Malo, Port-Louis…) et rappellent ainsi que la Bretagne, point d'appui convoité par les Espagnols, les Anglais et les Hollandais, dut se défendre des assauts des conquérants.

1

2

La Roche-aux-Fées

1 *L'allée couverte*

La Roche-Maurice

2 Le jubé sculpté de l'église

3

Près de La Roche-Maurice, La Martyre

3 Bénitier sculpté représentant l'Ankou, dans l'église

4

5

Rochefort-en-Terre

4 Les demeures anciennes du bourg

5 Les remparts du château

Le château des Rochers-Sévigné

6 La résidence de la marquise

6

431 Roscoff

13/G7

(29) ℹ Tél. : 02 98 61 12 13
Tête de pont de la Ceinture Dorée – cette bande de terre entre Morlaix et Plouescat est le jardin potager du Finistère –, ce vieux repaire de corsaires exporte aujourd'hui ses oignons et ses choux-fleurs depuis le Bloscon, son port en eaux profondes. Tout ici respire la mer : les vieilles maisons d'armateurs (XVIIe-XVIIIe s.), l'église Notre-Dame-de-Koaz-Batz (XVIe s.), l'aquarium Charles-Pérez, la station de biologie marine et le centre de thalassothérapie.

👁 l'île de Batz (⛴ en 15 min au départ de Roscoff), au climat très doux, comme l'atteste le jardin colonial riche de plantes exotiques.

432 Saint-Brévin-les-Pins

24/C8

(44) ℹ Tél. : 02 40 27 24 32
Le long pont routier (3 470 m) qui s'élève à 61 m au-dessus de l'estuaire de la Loire est le trait d'union entre les toits en ardoises de la rive droite bretonne et ceux en tuiles rondes qui annoncent la Vendée. La station balnéaire, avec ses belles villas du XXe s., dispose au sud, à Saint-Brévin-l'Océan, d'une vaste plage de sable fin.

433 Saint-Brieuc

14/B8

(22) ℹ Tél. : 02 96 33 32 50
Lovée au fond de sa baie et dominant le port du Légué, la ville tourne le dos à la mer. La cathédrale Saint-Étienne (XIIIe-XIVe s.), fortifiée puis remaniée et restaurée, veille sur la cité aux maisons à pans de bois des XVe et XVIe s. (rues Fardel et Quinquaine, places au Lin et du Martray). Depuis la pointe du Roselier, ☼ de Saint-Quay-Portrieux au Val-André.

👁 à 22 km (O) la **chapelle Notre-Dame-du-Tertre** (XVe-XVIIe s.), à Châtelaudren, qui abrite d'exceptionnelles peintures, dont un ensemble de 96 panneaux en bois représentant des épisodes de l'Ancien et du Nouveau Testament.

434 Saint-Cast-le-Guildo

14/C1

(22) ℹ Tél. : 02 96 41 81 52
Cet ancien village de pêcheurs est devenu, à la Belle Époque, une station élégante. La grande plage est fermée par la pointe de la Garde (d'où l'on aperçoit les ports de pêche et de plaisance), et par celle de Saint-Cast (☼ sur la Côte d'Émeraude).

435 Saint-Gildas (Pointe de)

24/C8

(44) Premier cap rocheux au sud de l'estuaire de la Loire, cette pointe, bordée de plages, offre une large vue du Croisic à Noirmoutier.

436 Saint-Gildas-de-Rhuys

24/A6

(56) ℹ Tél. : 02 97 45 31 45
Le village doit son nom à saint Gildas, dont le tombeau est conservé dans l'église du monastère qu'il fonda en 530. Abélard en fut un des abbés mais, menacé de mort par les moines, il dut s'enfuir. La cité est aujourd'hui une station balnéaire familiale.

👁 à l'est le **château de Suscinio** (XIIIe s.), qui fait face à l'océan. Cette forteresse flanquée de six tours fut agrandie par les ducs de Bretagne, qui en firent une de leurs résidences d'été favorites.

437 Saint-Jean-du-Doigt

13/H7

(29) ℹ Tél. mairie : 02 98 67 34 07
Ce village doit son nom à une phalange du doigt de saint Jean-Baptiste, apportée vers 1420 à la chapelle Saint-Mériadec. En raison de la fréquentation du lieu par les pèlerins, une église de style gothique flamboyant fut plus tard édifiée dans un bel enclos (XVIe s.).

ABÉLARD (1079-1142)

Lorsqu'il arrive à l'abbaye de **Saint-Gildas-de-Rhuys** pour y restaurer la discipline selon le vœu du duc de Bretagne Conan IV, Abélard a déjà subi bien des épreuves. En effet, ce professeur de théologie (à Paris) fut émasculé par des sbires à la solde du chanoine Fulbert qui le châtia ainsi de sa liaison et de son mariage secret avec sa nièce Héloïse. Alors que la jeune femme fut contrainte d'entrer au couvent d'Argenteuil, il se fit moine et entra à l'abbaye de Saint-Denis. Leur passion n'en demeura pas moins intacte, comme l'atteste la correspondance qu'ils échangeront toute leur vie durant. Abélard reprit alors son enseignement, mais ses thèses furent bientôt condamnées par le concile de Soissons, en 1121, à l'instigation de Bernard de Clairvaux. Sa mission en Bretagne se déroula au plus mal. Les moines lui furent hostiles et attentèrent à sa vie à plusieurs reprises. Il finit par s'enfuir précipitamment. Sa doctrine fut à nouveau condamnée par le concile de Sens en 1140, et ses disciples persécutés. Il erra d'asile en asile jusqu'à sa disparition, en 1142. Héloïse rapatria son corps au monastère du Paraclet – qu'il avait fondé – où elle était abbesse. Les dépouilles des célèbres amants reposent toujours au cimetière du Père-Lachaise, à Paris.

Roscoff

1 Sculpture d'une caravelle sur le mur de l'église Notre-Dame-de-Kroaz-Batz

2 Le clocher à dômes de l'église

Saint-Brieuc

3 Maisons à pans de bois de la vieille ville

4 Détail de sculpture en bois sur la façade d'une maison ancienne

Saint-Gildas-de-Rhuys

5 Le chœur roman de l'église

Près de Saint-Gildas-de-Rhuys, le château de Suscinio

6 Le logis-porche

438 Saint-Malo 14/D8

(35) Tél. : 02 99 56 64 48

Jaillissant le long d'une baie hérissée de rocs sur un horizon de plages et de remparts dominés par des flèches aiguës et des toits pentus, Saint-Malo est l'un des plus beaux ensembles fortifiés de France et un creuset de célébrités (Cartier, Surcouf, Duguay-Trouin, Broussais, etc.). Les remparts sud sont bordés d'hôtels d'armateurs, édifiés au XVIIIe s. et parfaitement restaurés après 1945, qui témoignent de son riche passé de commerce maritime. La porte de Dinan s'ouvre sur l'avant-port, les écluses, la cité d'Aleth, Saint-Servan et l'estuaire de la Rance.

Les remparts

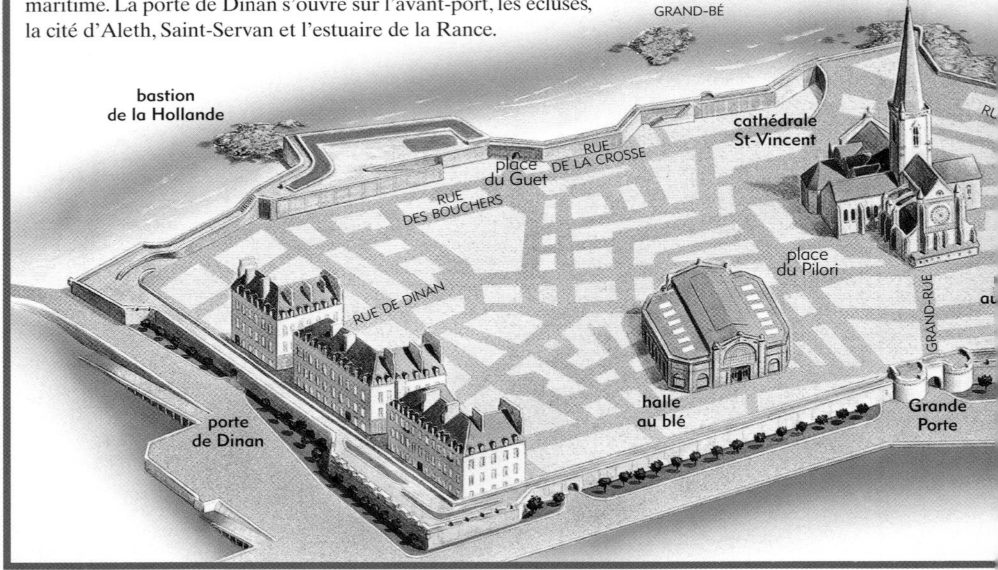

439 Saint-Mathieu (Pointe de)  12/E8

(29) Le sommet du phare (50 m de haut) permet d'admirer toutes les îles et tous les récifs de l'extrême-ouest du continent. De l'abbaye bénédictine (XIIIe s.) qui s'élevait sur cette très belle pointe de la côte bretonne, il ne reste que les ruines de l'église.

440 Saint-Nazaire  24/C8

(44) Tél. : 02 40 22 40 65

Simple bourgade de marins en 1835, Saint-Nazaire voit le lancement du *Normandie* cent ans plus tard. Grâce à cette évolution, la ville est longtemps restée la capitale de la construction navale. Les quartiers modernes, d'où émergent les clochers de Sainte-Anne (bâtie en 1957) et de Saint-Nazaire (XIXe s.), ont été reconstruits après la Seconde Guerre mondiale. L'écomusée relate l'histoire portuaire et donne accès au sous-marin *Espadon* (1957), installé dans une ancienne base allemande.

441 Saint-Philbert-de-Grand-Lieu  32/E1

(44) Tél. : 02 40 78 73 88

Ce bourg possède, avec son église abbatiale, fondée au début du IXe s. par les moines de Noirmoutier, l'un des rares témoignages de l'architecture carolingienne. La crypte à déambulatoire contient le sarcophage, en marbre bleu des Pyrénées, du saint. Derrière l'abbaye, la maison du Lac présente la faune et la flore des marais du lac de Grand-Lieu.

442 Saint-Pol-de-Léon  13/G7

(29) Tél. : 02 98 69 05 69

Haut de 78 m, le clocher de la chapelle du Kreisker (XIVe-XVe s.) domine la ville et ses rues, bordées de maisons anciennes aux façades en granite, à pans de bois ou en ardoises. L'ancienne cathédrale (XIIIe-XVIe s.) est également un monument de l'architecture caractéristique de la région.

LE MUSÉE DU LONG COURS CAP-HORNIER DE SAINT-MALO

Le cap Horn ! Rêve des aventuriers d'aujourd'hui, cauchemar des marins d'hier. On a tout dit de la vie rude à bord, du froid glacial de l'hiver, de la mer démontée, des hommes sculptant le bois, l'os, ou les dents de cachalot... Tous ces souvenirs sont rassemblés dans ce musée, le premier consacré à l'épopée du cap Horn (du premier passage en 1616 aux routes commerciales du XIXe s.). Il a été inauguré en 1970 dans la tour Solidor à Saint-Servan-sur-Mer. Celle-ci abrite une collection exceptionnelle : iconographies, livres, maquettes, objets divers et même un superbe albatros empaillé, ennemi juré des naufragés, auxquels il s'attaquait à coups de bec mortels.

Le château de la duchesse Anne
Commencé en 1424 par les ducs de Bretagne, il fut sans cesse aménagé en fonction des exigences des guerres. Il abrite la mairie et le musée d'Histoire de la ville, ainsi que le musée du Pays malouin.

Le fort National

La tour Solidor

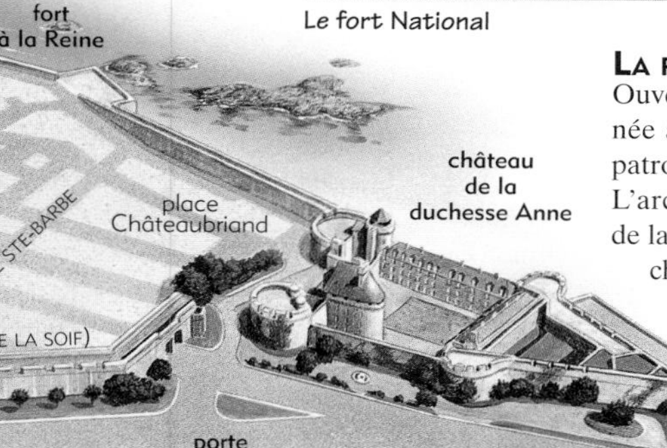

La porte Saint-Vincent et les remparts
Ouverte en 1709 à l'initiative de Vauban, elle était destinée à l'entrée des marchandises. Elle porte le nom du patron de la cathédrale, diacre martyr espagnol du IVe s. L'arcade de gauche, ajoutée en 1890, porte les armes de la ville, ainsi que la fameuse devise *Semper fidelis*. Le chemin de ronde, accessible par un escalier, offre une belle perspective sur la rue Saint-Vincent et la place Chateaubriand.

À VOIR AUSSI

La cathédrale Saint-Vincent

La Grande-Porte (XVe s.)

Le fort National (XVIIe-XVIIIe s.)

La tour Bidouane (XVe s.)

L'îlot du Grand-Bé avec le tombeau de Chateaubriand

Le musée du Long Cours cap-hornier dans la tour Solidor

La pointe de Saint-Mathieu
1 Les ruines de l'abbaye

Saint-Pol-de-Léon
2 Vue de la ville et de la chapelle
3 Le retable de la chapelle
4 La chapelle du Kreisker

443 Saint-Thégonnec

13/**G8**

(29) ℹ Tél. : 02 98 79 67 80. Tél. mairie : 02 98 79 61 06
Ce bourg possède l'un des deux enclos paroissiaux complets de Bretagne. On y pénètre par une porte triomphale (1587) coiffée de lanternons. La chapelle funéraire (1676-1682), le calvaire (XVIIe s.) et l'église forment un ensemble remarquable.

444 Talbert (Sillon de)

14/**A7**

(22) Résultat de l'affrontement de deux courants roulant les alluvions provenant des estuaires proches, cette langue étroite de quelques dizaines de mètres s'avance dans l'océan sur plus de 3 km. Elle apparaît dans toute son étrangeté du haut de la falaise de l'Armor-Pleubian.

445 Tréguier

13/**J7**

(22) ℹ Tél. : 02 96 92 22 33. Tél. chapelle de Saint-Gonery : 02 96 92 51 18
Sur la place du Martray, bordée de vieilles demeures, se dresse la cathédrale Saint-Tugdual (XIVe-XVe s.), tout en granite rose et gris, surmontée d'une élégante flèche ajourée. Intérieur élancé, voûtes nervurées, hautes fenêtres et faisceaux de fines colonnes illustrent la légèreté du gothique flamboyant. Les 48 arcades du cloître qui la jouxte sont tout aussi remarquables. À proximité, la maison natale d'Ernest Renan, bâtisse à colombages du XVIe s., accueille un musée qui lui est consacré.
👁 à 7 km (N) la **chapelle de Saint-Gonery** (XVe s), qui abrite un riche mobilier, notamment des peintures (XVe s.) et un mausolée (XVIe s.).

446 Van (Pointe du)

22/**E3**

(29) Cette petite sœur de la pointe du Raz, paradis des oiseaux de mer, porte la chapelle Saint-They (XVe s.), perdue dans la lande. Le panorama y est inoubliable : ⁂ sur la presqu'île de Crozon, la pointe de Brézellec, la baie des Trépassés, la pointe du Raz et l'île de Sein.

447 Vannes

24/**B6**

(56) ℹ Tél. : 02 97 47 24 34
Ancienne capitale des Vénètes, qui résistèrent à l'invasion romaine (56 av. J.-C.), cité de garnison au XIXe s., la vieille ville se découvre en flânant le long de la promenade de la Garenne, aménagée dans le parc de l'ancien château. Les lavoirs de 1820, la cathédrale Saint-Pierre (XIIIe-XVIIe s.), les maisons des XVIe et XVIIe s. aux façades de pierre à encorbellement et à pans de bois, tout est beau. La Cohue – anciennes halles (XIIe-XIVe s.) – accueille une galerie des Beaux-Arts et retrace les grandes étapes de l'histoire de la région. Le château Gaillard (XVe s.) abrite des collections archéologiques, et l'hôtel de Roscanvec est un musée de Sciences naturelles. Le port constitue un bon point de départ pour découvrir en bateau le golfe du Morbihan. L'aquarium océanographique et tropical est très intéressant.

448 Vitré

24/**F4**

(35) ℹ Tél. : 02 99 75 04 46
Perché sur un éperon rocheux, le château, hérissé de tours et de donjons, est classé parmi les plus belles forteresses de France. Fondé au XIe s., il a été reconstruit au XIIIe s., puis fortifié au XVe s. pour se protéger des invasions françaises. Ville intacte, ville souvenir : le temps s'est figé à Vitré il y a cinq siècles. Il suffit de parcourir les rues Baudrairie, d'Embas ou Poterie, d'admirer l'hôtel Hardy, l'église flamboyante Notre-Dame, de lever la tête vers les façades à pans de bois et en encorbellement du centre historique pour se rappeler que la cité marchande fut l'une des plus dynamiques de Bretagne.
👁 à moins de 10 km (O) la jolie place du village de **Champeaux,** sur laquelle se dresse la collégiale Sainte-Marie-Madeleine (XVe et XVIe s.), qui renferme des stalles et de beaux vitraux Renaissance.

LE RATTACHEMENT DE LA BRETAGNE À LA FRANCE

C'est en août 1532 que les États de Bretagne proclament le rattachement du duché à la couronne de France, qui s'en empare grâce à son habile politique matrimoniale. Lorsque le duc François II meurt, en 1488, sans descendant mâle, ses terres échoient à sa fille, Anne de Bretagne, qui se voit alors contrainte d'épouser Charles VIII, puis son successeur, Louis XII. Sous son autorité, la souveraineté du domaine n'en perdure pas moins. Claude de France, une de ses filles, en hérite en 1514. Son mariage, la même année, avec François d'Angoulême, le futur François Ier, scelle le destin de la Bretagne : elle apporte en dot le duché, qui relève désormais de la couronne.

LES RIAS ET LES ABERS

Ces deux mots d'origine différente désignent la même réalité : la ria espagnole et l'aber breton sont des basses vallées fluviales envahies par la mer, à la suite d'une submersion ou d'un affaissement du littoral. En Bretagne, le facteur responsable de leur formation fut une remontée des eaux lors de la dernière fonte des glaces, (il y a environ 10 000 ans). C'est à elle que l'on doit la transformation de la Manche en bras de mer, de la cuvette du Morbihan en golfe et de la forêt du Mont-Saint-Michel en baie. Ce phénomène rend crédibles les légendes bretonnes évoquant l'engloutissement d'îlots, de menhirs, de routes ou de villes – celle d'Ys, notamment.

2

Saint-Thégonnec, le calvaire

1 La Crucifixion

2 Détail

Tréguier, la cathédrale

3 Statue polychrome de saint Tugdual

4 Le cloître gothique sur le flanc nord

4

Vitré

6 Patène de la chapelle Saint-Nicolas

7 Le château fort

Vannes

5 Les lavoirs et les remparts

6

7

PAYS DE LA LOIRE

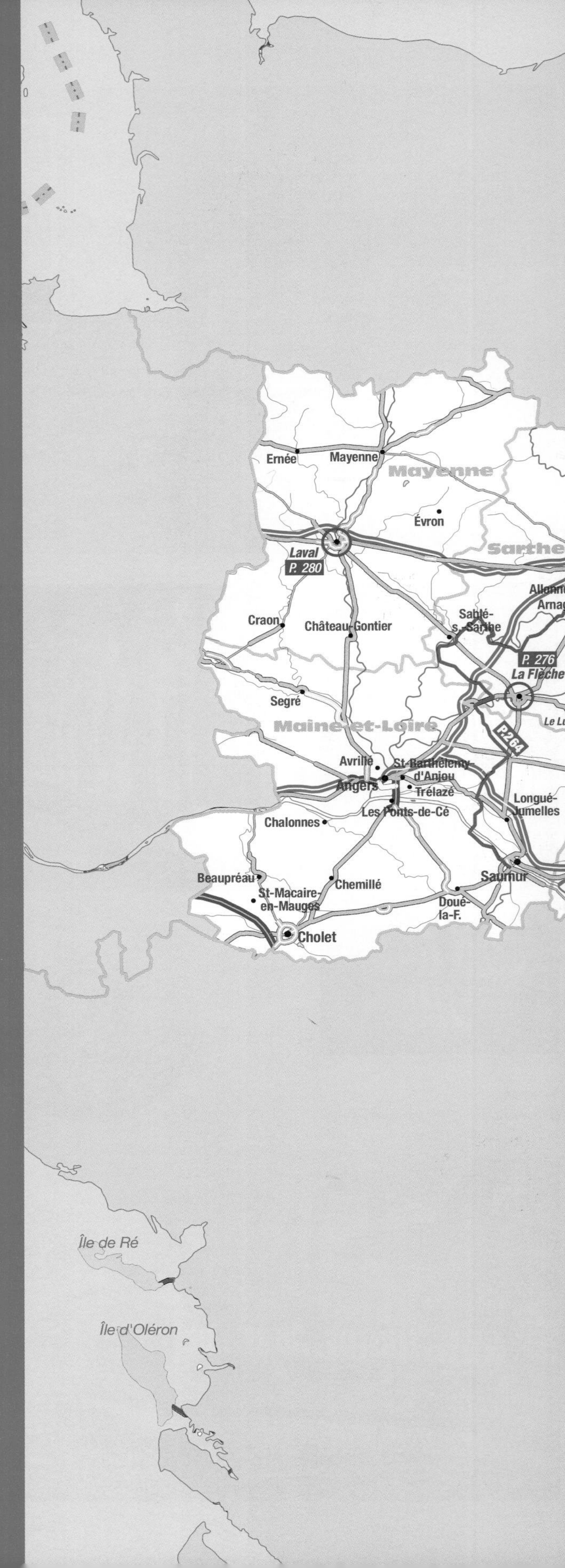

18 Cher
36 Indre
37 Indre-et-Loire
41 Loir-et-Cher
45 Loiret
49 Maine-et-Loire
53 Mayenne
72 Sarthe

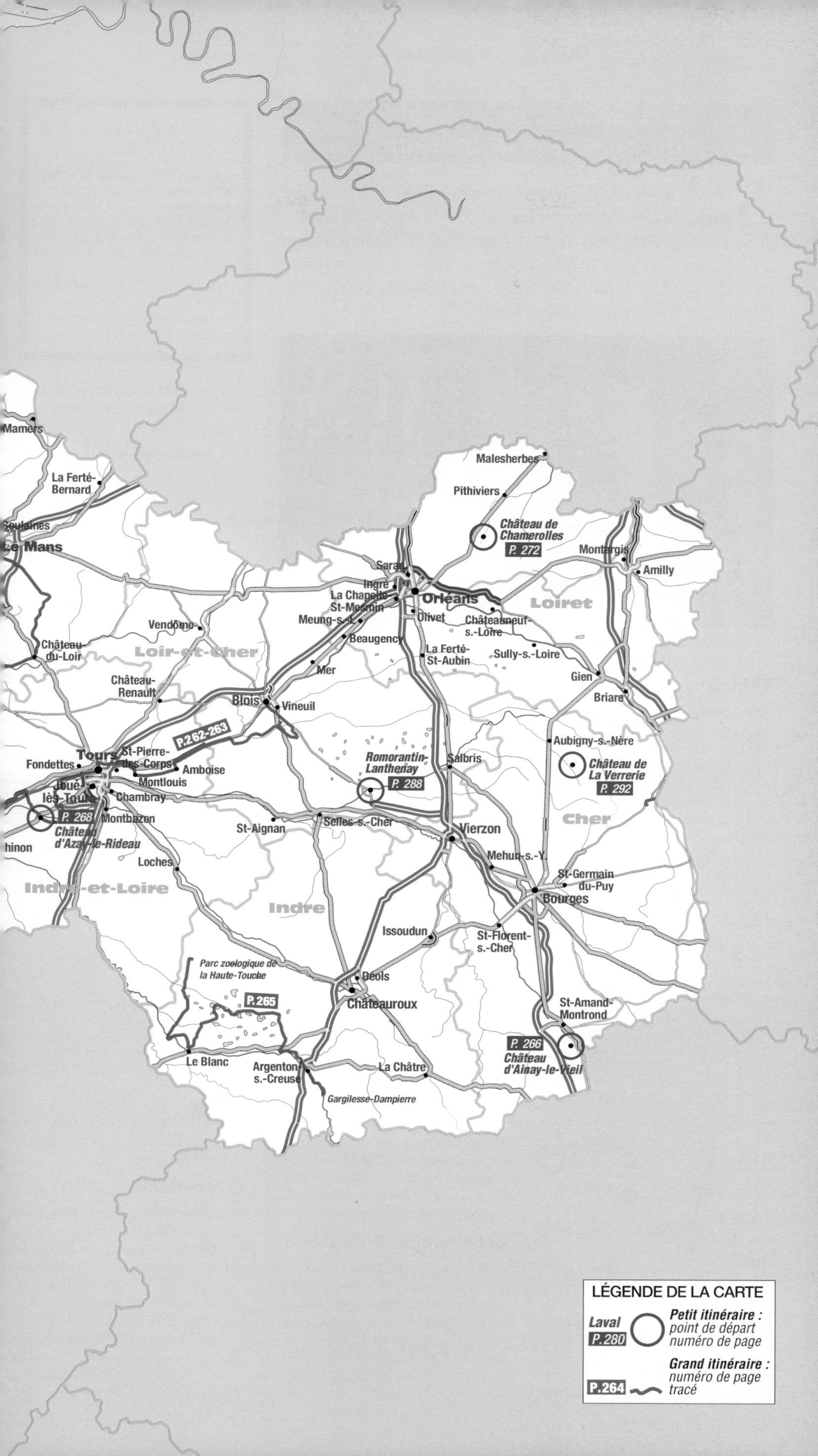

Mamers
La Ferté-Bernard
Coulaines
Le Mans
Château-du-Loir
Vendôme
Loir-et-Cher
Château-Renault
Blois
Vineuil
Tours
Fondettes
St-Pierre-des-Corps
Amboise
Montlouis
Joué-lès-Tours
Chambray
Montbazon
P. 268
Château d'Azay-le-Rideau
hinon
Loches
Indre-et-Loire
P.262-263
St-Aignan
Selles-s.-Cher
Romorantin-Lanthenay
P. 288
Malesherbes
Pithiviers
Château de Chamerolles
P. 272
Montargis
Amilly
Saran
Ingré
La Chapelle-St-Mesmin
Orléans
Meung-s.-L.
Olivet
Châteauneuf-s.-Loire
Loiret
Beaugency
La Ferté-St-Aubin
Sully-s.-Loire
Mer
Gien
Briare
Aubigny-s.-Nère
Château de La Verrerie
P. 292
Salbris
Cher
Vierzon
Mehun-s.-Y.
St-Germain-du-Puy
Bourges
Indre
Issoudun
St-Florent-s.-Cher
Parc zoologique de la Haute-Touche
P.265
Déols
Châteauroux
St-Amand-Montrond
P. 266
Château d'Ainay-le-Vieil
Le Blanc
Argenton-s.-Creuse
La Châtre
Gargilesse-Dampierre
LÉGENDE DE LA CARTE
Laval
P.280
Petit itinéraire : point de départ numéro de page
Grand itinéraire : numéro de page tracé
P.264

De château en vignoble, du Blésois à la Touraine

Si le Val de Loire fut le domaine des rois de France, qui y édifièrent de somptueux châteaux, il le doit à la qualité de son climat, à la douceur de sa lumière reflétée par le fleuve nonchalant qui s'étire entre les bancs de sable, mais aussi au vignoble parti à l'assaut des coteaux et à la bonne chère dont Pantagruel et Gargantua firent ripaille.

Beauregard : *la galerie des Illustres*

❶ Blois

460 26/**D7**

Entre Beauce et Sologne, accroché aux flancs nord du coteau, Blois reflète dans les eaux du fleuve ses maisons aux toits d'ardoise et son château composite édifié du XIIIe au XVIIe s. qui, tel un vin d'assemblage, n'est pas le moins réussi. Les fantômes de Catherine de Médicis et du duc de Guise – assassiné dans l'antichambre du roi – planent sur l'aile Renaissance du château. La vieille ville, avec ses maisons à pans de bois et ses hôtels particuliers du XVIe s., offre d'agréables promenades que l'on peut conclure en dégustant un sandre de Loire au beurre blanc au *Rendez-Vous des pêcheurs*.

❷ Cour-Cheverny

On sait que le château de Cheverny, bel exemple de classicisme et d'harmonie, a servi de modèle à Hergé pour Moulinsart ; on sait moins que l'AOC Cour-Cheverny produit des gamays et pinots noir (à servir avec les gibiers du cru) pour les vins rouges, des chardonnays et des sauvignons pour les vins blancs. 👁 le château Renaissance de Troussay, décorée de meubles d'époque (XVIe-XVIIIe s.).

❸ Beauregard

458 26/**E7**

Le principal intérêt de ce château du XVIIe s. dominant la vallée du Beuvron, c'est sa galerie à arcades ou galerie des Illustres, qui rassemble 327 portraits des rois de France et des grands du royaume, de Philippe VI de Valois à Louis XIII. Le plafond à poutres et les boiseries de la salle, ainsi que le sol carrelé en vieux delft, constituent un précieux écrin à cette leçon d'histoire.

LE PARADIS DU BRETON

Ainsi nomme-t-on en pays ligérien le cabernet franc, cépage qui produit les rouges de Chinon et de Bourgueil. Il donne des vins souples et à boire sur le fruit lorsqu'il pousse sur des sols alluviaux en plaine et des vins de garde sur les terroirs de coteaux. Déjà Rabelais évoquait dans *Gargantua* « ce bon vin Breton, lequel point ne croist en Bretaigne, mais en ce bon pays de Verron ».

❹ Chaumont-sur-Loire

467 26/**D7**

Surplombant de sa masse le petit village étiré entre la route et la Loire, le château, d'abord propriété de Catherine de Médicis, fut cédé à Diane de Poitiers en échange de Chenonceau. Il est aujourd'hui le théâtre en saison d'un festival des Jardins où des paysagistes proposent une série d'aménagements originaux qui rompent avec le classicisme à la française.

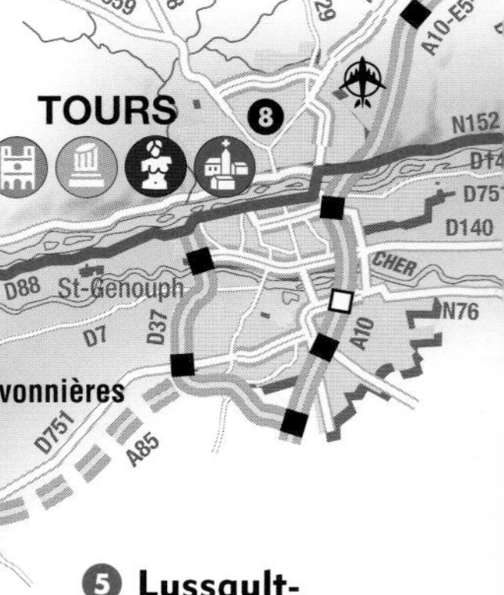

❺ Lussault-sur-Loire

On y visitera une des attractions les plus prisées de la région : l'aquarium de Touraine, ses poissons de rivière ou de mer, indigènes ou exotiques (piranhas, esturgeons ou silures) et son tunnel à requins. Frissons garantis.

❻ Montlouis

Le village semble une réplique de Vouvray, auquel il fait face sur la rive gauche de la Loire. Jusqu'au vignoble, longtemps commercialisé sous le nom de Vouvray de Montlouis, qui, en pleine rénovation, prétend lui faire concurrence. Le château de la Bourdaisière, témoin des amours illégitimes de François Ier puis d'Henri IV, abrite, une fois l'an, une intéressante foire aux Plantes. En bordure du fleuve, une maison de la Loire permet de se familiariser avec la faune et la flore sauvages.

❼ Vouvray

Vouvray a développé son célèbre vignoble à partir de l'abbaye de Marmoutier, fondée en 372 par saint Martin. L'aire d'appellation recouvre 1 800 ha et huit communes où le cépage chenin produit, sur de fabuleux terroirs, des vins très divers : effervescents vifs et fruités, tranquilles secs et demi-secs – à leur avantage sur une andouille de chez *Hardouin* – et de superbes moelleux.

❽ Tours 517 26/C7

Sous le double patronage de saint Martin et de Louis XI, installé au Plessis et qui en fit l'éphémère capitale du royaume, Tours offre, au hasard des flâneries, de multiples occasions de rencontrer l'Histoire : la cathédrale Saint-Gatien, le vieux centre restauré avec ses hôtels Renaissance et ses maisons à pans de bois (rue Colbert, place Plumereau). Le musée du Compagnonage permet d'admirer les chefs-d'œuvre d'une tradition vivante, tandis qu'à proximité le musée de la Vigne rappelle l'ancienneté de cette activité. Le vignoble, grignoté par l'urbanisation, subsiste sous la forme de clos produisant un vin gris d'appellation Noble-Joué.

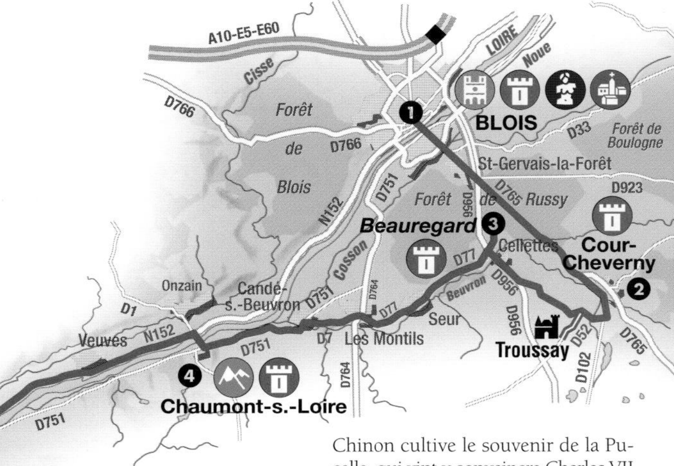

❾ Villandry 522 26/B8

Dernier grand château Renaissance construit dans la région, il est surtout connu pour ses jardins et particulièrement son potager, créé au début du XXᵉ s. par Joachim Carvallo, un médecin espagnol qui a tenté de lui rendre l'aspect du XVIᵉ s. 👁 à Savonnières les anciennes carrières de craie, transformées par l'eau d'infiltration en grottes pétrifiantes. 👁 à Saché le château, devenu musée balzacien, qui rappelle que le village fut un refuge et une source d'inspiration pour l'écrivain.

❿ Azay-le-Rideau 456 26/B8

Plus secret et moins ample que Chenonceau, Azay est un château de transition qui ne manque pas de séduction, un « diamant [...] serti par l'Indre [...] masqué de fleurs », disait Balzac. Le grand escalier est un modèle d'élégance et l'intérieur est admirablement meublé. Dans une appellation minuscule de 50 ha, les vins blancs de chenin et les rosés de grolleau se caractérisent par une réelle finesse.

⓫ Langeais 486 26/B8

Image même du château fort, cette austère bâtisse du XVᵉ s. domine la Loire en aval de Tours et accueille de nombreux visiteurs séduits par le beau mobilier et les reconstitutions historiques.

⓬ Restigné

Noyé dans l'océan des vignes de l'appellation Bourgueil, le village offre au visiteur son église composite – le linteau du portail sud est orné d'un riche bestiaire. À l'intérieur, la nef, du XIᵉ s., est couverte d'une charpente décorée en bois du XVᵉ s.

⓭ Bourgueil

Région de transition entre la Touraine et l'Anjou auquel il appartenait autrefois, le pays de Bourgueil s'est développé autour d'une abbaye bénédictine du XIIᵉ s. dont ne subsistent plus que les celliers et greniers. Sa prospérité tient au vignoble qui envahit les varennes (sols sablo-graveleux) et les plateaux sur 2 000 ha couvrant plusieurs communes.

⓮ Chinon 470 26/A8

« Assise sur pierre ancienne/Au haut le bois, au pied de la Vienne » (Rabelais), la ville s'étend jusqu'au fleuve que dominent les restes de l'orgueilleux château, dont le donjon et la tour de l'Horloge, où la Marie-Javelle continue d'égréner les heures. Chinon cultive le souvenir de la Pucelle, qui vint y convaincre Charles VII de bouter l'Anglais hors de France, et celui de Rabelais. La confrérie des Entonneurs rabelaisiens tient chapitre dans les « Caves painctes » et un marché Rabelais se tient le 1ᵉʳ week-end d'août : on peut y manger de la fouasse et mettre en pratique l'adage des « biens yvres » : « Beuvez toujours avant la soif et jamais ne vous adviendra. » 👁 La Devinière, maison natale de Rabelais, qui en fit le château de Grandgousier et le centre des guerres picrocholines.

Azay-le-Rideau, *telle une caravelle, semble flotter sur ses douves.*

La « douce France »

Entre Anjou et Mayenne, le paysage se fait vallonné, riant, parcouru de rivières et généreusement arboré. Le climat y est doux, la terre prolifique, pour la culture autant que pour l'élevage. Et la qualité de l'habitat démontre que, de tout temps, la région connut une certaine opulence.

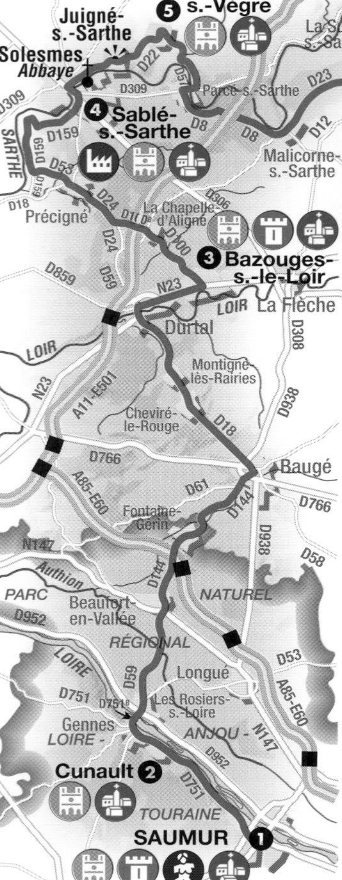

❶ Saumur

514 25/J8

Depuis plus de mille ans, Saumur occupe une excroissance naturelle de la berge sud de la Loire. Initialement monastère, puis forteresse, le somptueux château qui la surplombe date, dans sa forme actuelle, de la fin du XIVe s. Aujourd'hui, l'élégant édifice médiéval, tout en tourelles, sculptures et mâchicoulis, abrite trois musées, dont un consacré au cheval, autre célébrité locale depuis la création, au XVIIIe s., d'une école de cavalerie. Très réputée pour ses vignobles, Saumur l'est également… pour ses champignons de couche, cultivés dans l'obscurité des caves troglodytiques.

❷ Cunault

475 25/J8

Cunault doit sa renommée à son église, chef-d'œuvre incontesté de l'art roman. L'élégante demeure du XVIe s. qui en jouxte le porche fut, en son temps, la maison du prieur. Plus modestes, les autres demeures du village tournent leurs fenêtres vers le cours paisible de la Loire, dont le trafic assurait autrefois une honnête aisance à ce village portuaire.

❸ Bazouges-sur-le-Loir

Peut-être l'une des plus fidèles images de la douceur angevine. Depuis le pont, on admire l'alignement des lavoirs, des jardins potagers et des petits embarcadères devant lesquels des barques vertes attendent de partir pour la pêche. Plus loin, le regard embrasse le château (XVe s.) et son moulin seigneurial, les vieux toits du village et la vigoureuse tour de l'église qui veille sur Bazouges depuis près de 900 ans.

❹ Sablé-sur-Sarthe

Comme son nom l'indique, c'est d'ici que le petit sablé tire son origine. Dominée par le superbe château (XVIIIe s.) des Colbert, la cité portuaire, jadis dédiée au convoyage du sable, s'est muée en base de navigation touristique. 👁 l'imposante abbaye de Solesmes (XIXe s.) et, sur l'autre rive de la Sarthe, le charmant village de Juigné (☀ sur la rivière et l'abbaye).

❺ Asnières-sur-Vègre

Asnières-sur-Vègre fut une puissante seigneurie, dont témoigne la cour d'Asnières, vaste édifice aux fenêtres gothiques et à la charpente impressionnante. Tout près se trouvent l'église du XIIIe s. et le pont médiéval, d'où l'on contemple un vénérable moulin. Les quelques maisons du village, toutes restaurées avec soin, forment l'un des plus beaux ensembles de la région.

❻ Le Mans

493 26/A5

Au confluent de l'Huisne et de la Sarthe, capitale d'un puissant comté au Moyen Âge, la ville conserve l'un des plus intéressants quartiers médiévaux de l'ouest de la France. Concentrés sur la colline de la cathédrale, entre les places des Jacobins, Saint-Michel et Saint-Pierre, maisons à pans de bois, fenêtres Renaissance et hôtels particuliers du XVIIIe s. s'y succèdent en ordre serré. L'on ne se lasse pas d'arpenter ses ruelles piétonnières, d'y découvrir un musée de charme (musée de la Reine Bérengère), de descendre un escalier pour rejoindre un petit jardin ou une fontaine, avant de reprendre des forces dans l'un des nombreux bistrots où l'on peut déguster les célèbres rillettes locales.

❼ Le Lude

491 26/A6

Traverser la forêt de Bercé permet de découvrir une immense et magnifique futaie de chênes, pour certains multi centenaires. Au Lude, l'arrivée par la rue du Pont offre le plus beau point de vue sur la façade la plus ancienne du château (début XVIe s.). Car l'ancienne forteresse médiévale garde sur elle comme en un beau livre les traces des remaniements successifs (XVIe s.-XIXe s.). Un cadre idéal pour l'un des plus anciens et des plus célèbres son et lumière de France !

Le Lude : les façades XVIIIe s. et Renaissance

Brenne sauvage, romantisme en bord de Creuse

Dans les étendues planes et marécageuses de la Brenne comme sur les bords escarpés de la Creuse, le plaisir de la découverte passe par des routes étroites et peu fréquentées, dans le calme d'une campagne secrète. Brenne plus sauvage, Creuse romantique : refusant de choisir, on mariera les deux.

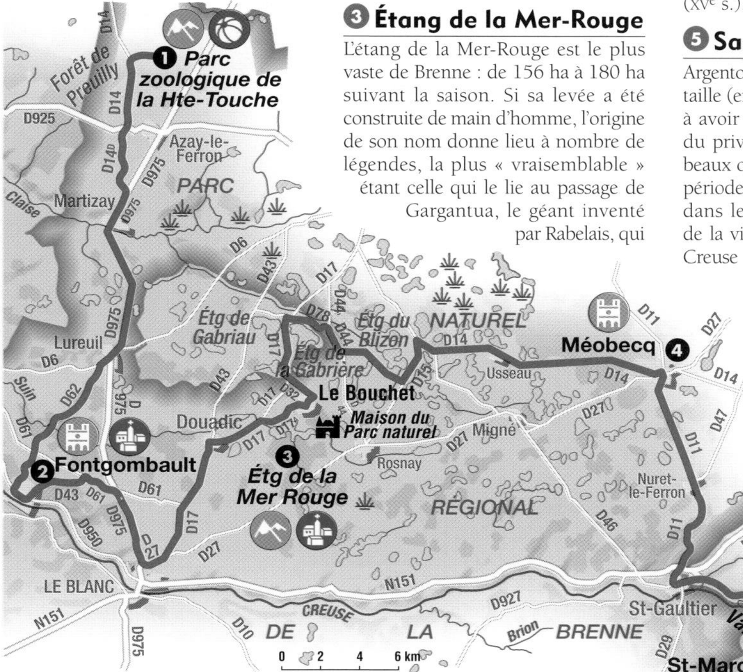

1 Parc zoologique de la Haute-Touche

Des cerfs venant de Chine et du Viêt Nam, des cerfs cochons, des antilopes, des tigres de Sumatra ou des loups de différentes origines évoluent dans de vastes enclos. Craintifs, ils s'observent de loin (miradors) ; curieux, ce sont alors eux qui observent les visiteurs… La promenade, à pied ou à vélo, peut être longue : le parc couvre 480 ha. Lié au muséum d'Histoire naturelle, il est, plus qu'un zoo, un lieu d'étude et de recherche en vue de la réimplantation d'espèces menacées.

2 Abbaye de Fontgombault

481 34/**C4**

Sur un site exceptionnel, en bord de Creuse, l'abbaye vient de fêter les cinquante ans du retour d'une communauté religieuse : les bénédictins de Solesmes. Les cérémonies, majestueuses et chantées en grégorien, acquièrent un écho pénétrant dans ce cadre roman poitevin. La restauration de l'abbaye a dynamisé celle du village entier, dont elle a influencé les travaux.

3 Étang de la Mer-Rouge

L'étang de la Mer-Rouge est le plus vaste de Brenne : de 156 ha à 180 ha suivant la saison. Si sa levée a été construite de main d'homme, l'origine de son nom donne lieu à nombre de légendes, la plus « vraisemblable » étant celle qui le lie au passage de Gargantua, le géant inventé par Rabelais, qui y aurait « pâté » ses bottes de vase ; ce qui expliquerait la présence tout autour de l'étang de buttes de terre, appelées ici « buttons », ou « dépâtures de Gargantua ». 👁 le hameau de grès rouge du Bouchet, où la maison du Parc présente les richesses de la faune et de la flore locales, et le château du même nom, (XIe-XVIIe s.), construit sur l'un de ses buttons (☀ depuis la terrasse).

LES ÉTANGS

Ce sont les moines qui, désireux d'assainir ces marécages vecteurs de maladies, ont créé les premiers étangs à partir du VIIIe s. Le « pays des mille étangs » en compte désormais plus de 1 300. Il faut les voir au lever du jour, noyés de brume, bruissants de l'agitation d'animaux furtifs, pour comprendre ce qui lie la Brenne aux légendes, mare au Diable et autres Vouivre. Belles et mystérieuses, ces étendues d'eau sont aussi une ressource : la tradition est ici de vider l'étang pour pêcher. Les 1 200 tonnes de poisson prises chaque hiver sont, pour la plupart, vendues en Allemagne.

4 Méobecq

Il ne reste de l'importante abbaye qui, avec Fontgombault et Saint-Cyran, participa à la construction des étangs, que l'église de ce bourg, merveilleux bâtiment roman. Si le clocher en ardoise est visiblement postérieur au chevet, qui était sans doute couvert de tuiles, chapiteaux et fresques à l'intérieur datent des XIe et XIIe s., sauf la représentation de Dieu le Père (XVe s.).

5 Saint-Marcel

Argentomagus fut la seule ville de cette taille (entre 4 000 et 6 000 habitants) à avoir joui, au temps des Romains, du privilège d'un amphithéâtre ! De beaux objets de la préhistoire et de la période gallo-romaine sont présentés dans le musée proche des vestiges de la ville antique. 👁 Argenton-sur-Creuse et son centre-ville ancien.

6 Gargilesse-Dampierre

473 34/**E4**

Lovée en surplomb d'une boucle de la Creuse, Gargilesse séduisit George Sand, Claude Monet et bien d'autres par son charme sauvage et romantique. En haut du village, l'église emprunte l'un de ses murs au château. Elle se découvre par un petit chemin creux, planté d'aubépines, qui laisse imaginer ce qu'était ce village paysan. Aujourd'hui, artisans et restaurants occupent la plupart des petites maisons, mais l'actuel musée George-Sand, dans les lieux qu'habitèrent l'écrivain puis sa petite-fille, garde son charme de minuscule refuge.

Étangs de Brenne
Ici, l'on vit les pieds dans l'eau.

449 Ainay-le-Vieil (Château d')  35/H4

(18) ℹ Tél. : 02 48 63 50 03

De toutes les forteresses érigées au XIVe s. dans le Val de Loire, celle-ci, la mieux conservée, présente une puissante enceinte octogonale hérissée de hautes tours et isolée par des douves. La porte fortifiée ouvre sur un château à la façade flanquée d'une tour d'escalier à vis et ornée de balcons ouverts et de tourelles. La chapelle est décorée de belles peintures murales et de vitraux. Le parc accueille un jardin de roses.

450 Amboise  26/C7

(37) ℹ Tél. : 02 47 57 01 37. Tél. pagode de Chanteloup : 02 47 57 20 97

Dominant la ville et la Loire, le château fut embelli à la fin du XVe s. par Charles VIII puis agrandi par François Ier. L'édifice mêle joliment le style Renaissance et le style gothique. Le logis du Roi, la tour des Minimes, la tour Hurteault et la chapelle Saint-Hubert sont remarquables. Longeant l'enceinte, la rue Victor-Hugo conduit au Clos-Lucé, petit manoir en briques roses, où Léonard de Vinci s'installa en 1516. Des maquettes réalisées d'après les dessins du maître sont exposées au sous-sol.

👁 à 3 km (S) la **pagode de Chanteloup,** qui constitue le dernier vestige du somptueux château du duc de Choiseul, ministre de Louis XV.

451 Angers 25/H7

Voir ci-dessous

452 Angevine (Corniche)  25/H7

(49) ℹ Tél. château de Serrant : 02 41 39 13 01

De Rochefort-sur-Loire à Chalonnes, la route s'élève en corniche : ⁘ sur la Loire – et sur la vallée du Layon depuis le village de la Haie-Longue.

👁 le pittoresque village de **Béhuard** et son église dédiée à la Vierge.

👁 le **château de Serrant,** de style Renaissance, qui est l'un des plus harmonieux de la région. Dans la chapelle du XVIIIe s. se trouve le mausolée en marbre blanc du marquis de Vaubrun, sculpté par Antoine Coyzevox.

453 Apremont-sur-Allier   35/J2

(18) ℹ Tél. château et parc floral : 02 48 77 55 00

Des maisons ont été construites au XXe s. dans le style des demeures du Moyen Âge près d'une forteresse de cette époque et d'un beau parc floral.

DU CHER AU BOIS DE MEILLANT

À partir d'AINAY-LE-VIEIL, on longe le cours du Cher. Drevant possède des vestiges gallo-romains, en particulier ceux d'un théâtre, et Saint-Amand-Montrond une belle église romane et un musée consacré à l'histoire locale.

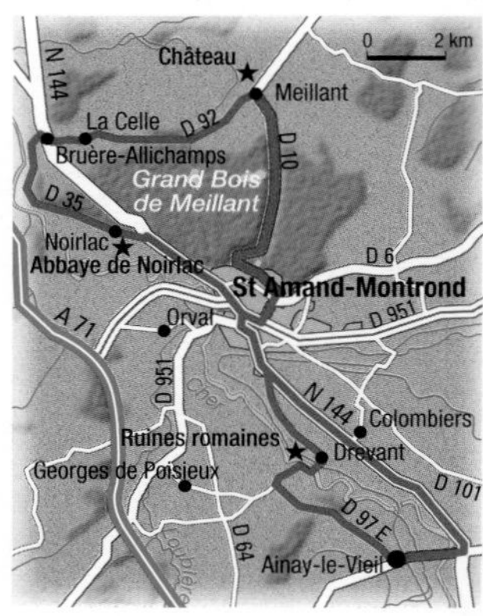

Au nord, l'ancienne abbaye de Noirlac, avec son église (XIIe-XIIIe s.) et ses bâtiments conventuels, est l'un des monatères cisterciens les mieux conservés de France. De Bruère-Allichamps, où se dresse une borne milliaire gallo-romaine, en passant par La Celle et son église romane, on gagne le château de Meillant. Le gothique flamboyant annonce ici la Renaissance ; seule la façade sud, d'aspect encore médiéval, tranche avec le reste de l'édifice.

451 Angers 25/H7

(49) ℹ Tél. : 02 41 23 50 00

Le bon roi René y vécut dans le faste et le raffinement. Ancienne capitale de l'Anjou, amie des arts, haut lieu de la tapisserie (voir le musée Jean-Lurçat et de la Tapisserie contemporaine), la belle cité offre le charme de ses vieilles maisons à pans de bois des XVe-XVIIIe s. (la maison d'Adam, ou les quartiers de la Cité, de la Doutre, l'hôtel du Croissant, l'hôtel Pincé).

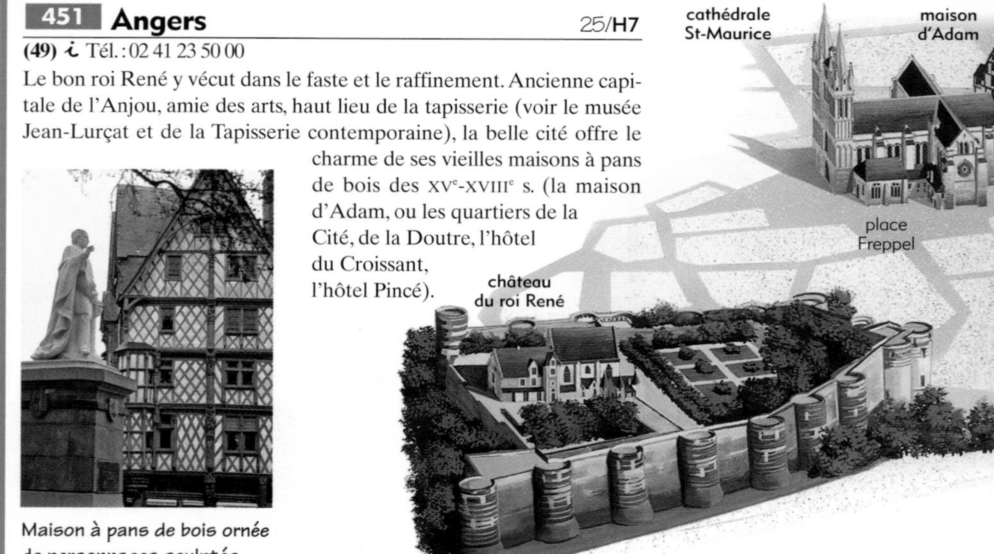

Maison à pans de bois ornée de personnages sculptés

1

Le château d'Ainay-le-Vieil

1 L'enceinte fortifiée, entourée de douves et de tours

Amboise, le château

2 La salle des États dans le logis du Roi, avec ses colonnes ornées d'hermines et de fleurs de lys

3 Sur le front de Loire, une haute muraille à contreforts sur laquelle est juché le logis du Roi

4 Détail du linteau de la chapelle Saint-Hubert représentant la légende du saint

2

3

4

Près d'Amboise, la pagode de Chanteloup

5 Vestige imposant du château du duc de Choiseul, démantelé en 1825

5

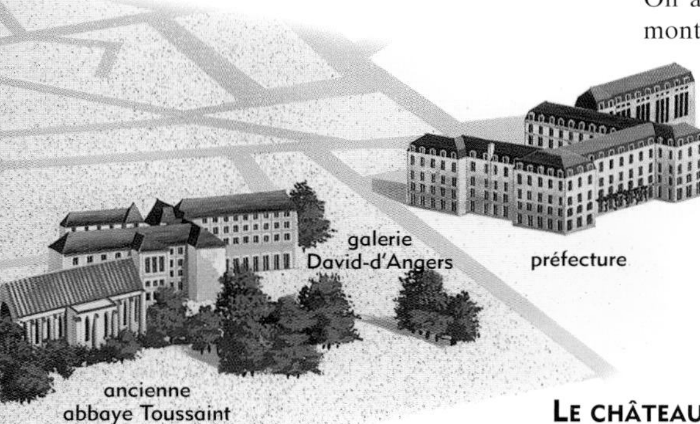

La cathédrale Saint-Maurice

On accède à cette église (XIIe-XVIIe s.) par une montée de plus de 1000 marches. Un superbe Christ en majesté est sculpté sur le tympan du portail. Les voûtes de la large nef sont soutenues par des croisées d'ogives bombées, typiques du style angevin. L'intérieur est remarquable pour ses vitraux et ses tapisseries d'Aubusson.

Le château

Cette imposante forteresse, constituée d'une enceinte du XIIIe s. flanquée de 17 tours rondes, a la forme d'un pentagone. À l'intérieur, le logis royal et la chapelle furent construits par Louis II et le roi René (XIVe-XVe s.). Entre 1952 et 1954, une grande galerie fut construite pour abriter la tenture de *l'Apocalypse*. Depuis, le château est devenu un musée de tapisseries exceptionnel.

La façade nord du logis royal

À VOIR AUSSI

Le musée des Beaux-Arts

La galerie David-d'Angers (ancienne abbaye Toussaint, XIe s.)

L'ancienne abbaye Saint-Aubin (XVIIe s.)

L'église Saint-Serge (VIIe s.)

454 Avaloirs (Mont des)

25/J3

(53) Ce « signal » boisé domine de ses 417 m le parc régional de Normandie-Maine. Au sommet d'une tour d'observation, ⁘ sur les Alpes mancelles et la cuvette alençonnaise de la Sarthe, sur la forêt d'Écouves et la sinueuse vallée de la Mayenne.

455 Azay-le-Ferron (Château d')

34/D3

(36) ℹ Tél. : 02 54 39 20 06
Avec la tour Frotier, de la fin du Moyen Âge, le corps de logis, Renaissance, et les pavillons d'Humières et de Breteuil, classiques, le château réunit de nombreux styles. La même diversité se retrouve dans la collection de meubles et d'objets d'art, datant du XVIIe au XIXe s., et dans le parc où se côtoient un jardin à l'anglaise et un jardin à la française.

456 Azay-le-Rideau (Château d')

26/B8

(37) ℹ Tél. : 02 47 45 44 40. Tél. château : 02 47 45 42 04
« Diamant taillé à facettes, serti par l'Indre » ou encore « joyau de cette belle vallée verte » selon Balzac, Azay-le-Rideau est l'un des exemples les plus parfaits des demeures d'agrément de la Renaissance. Il associe à merveille le gothique français et le style italien. Le château, qui se reflète aujourd'hui dans les anciennes douves, remises en eau, fut commencé en 1518 pour Gilles Berthelot, trésorier de François Ier. Sa façade s'inscrit dans la tradition française par ses toits et ses cheminées élevés, ses tourelles d'angle et ses fenêtres surmontées de lucarnes. Elle s'inspire de l'Italie pour les corps de moulure qui la quadrillent et les pilastres à chapiteaux. L'escalier, à baies et à rampes droites, également à l'italienne, est la pièce maîtresse de l'édifice. L'intérieur, raffiné, évoque bien la vie de l'époque. Le soir, à la belle saison, a lieu un son et lumière.

457 Beaugency

26/E6

(45) ℹ Tél. : 02 38 44 54 42. Tél. château de Talcy : 02 54 81 03 01
Avec ses 36 m de hauteur, le donjon rectangulaire du XIe s. surplombe la cité. Il garde le seul passage de la Loire qui ait longtemps été praticable entre Orléans et Blois. Le pont actuel (400 m de long), restauré en 1978, date du XIVe s., et l'audace de sa construction lui a valu le nom de pont du Diable. La tour domine le manoir, construit vers 1429 pour Dunois, compagnon d'armes de Jeanne d'Arc – siège du musée régional de l'Orléanais, qui abrite notamment la bibliothèque d'Eugène Sue –, l'abbatiale romane Notre-Dame, l'hôtel de ville, Renaissance, et des maisons anciennes.
👁 à 17 km (O), le **château de Talcy** (XIIIe s.), qui mêle les styles gothique et Renaissance. Il rappelle encore les passions qu'inspirèrent deux de ses occupantes aux poètes Pierre de Ronsard et Agrippa d'Aubigné.

458 Beauregard (Château de)

26/E7

(41) ℹ Tél. : 02 54 70 40 05
Bien que réaménagé et agrandi au cours des siècles, ce château, blotti au cœur de la Sologne, a gardé de nombreux éléments de son époque Renaissance. Sa décoration présente un intérêt exceptionnel. La pièce la plus remarquable demeure la galerie des Illustres, réalisée en 1619 au premier étage et décorée de 327 portraits de personnages célèbres de ce temps, rois, reines et princes étrangers.

459 Bercé (Forêt de)

26/B6

(72) ℹ Tél. : 02 43 24 44 70. Tél. Le Mans : 02 43 28 17 22
Cette superbe chênaie de plus de 5 000 ha est parsemée de quelques arbres géants et de frais étangs tourbeux cernés de bruyères et de fougères. Autour de la fontaine de la Coudre et de ses deux pièces d'eau se dressent des arbres exotiques (cyprès, tulipiers...). Le vallon des sources de l'Hermitière, lui, offre l'agrément de plans d'eau séparés par de petites cascades, que fréquente parfois le rare pouillot siffleur.

LA VALLÉE DE LA MANSE

Au sud d'AZAY-LE-RIDEAU, Villaines-les-Rochers accueille le musée de l'Osier et de la Vannerie, et Saint-Épain un bel ensemble formé par l'église, la porte fortifiée et l'hôtel de la Prévôté. Par la vallée de la Manse, on atteint Sainte-Maure-de-Touraine, réputée pour son fromage de chèvre, puis Sainte-Catherine-de-Fierbois, dont l'aumônerie de Boucicault accueillait les pèlerins en route pour Compostelle. La vallée de Courtineau, avec ses habitations troglodytiques, permet de retrouver Saint-Épain. Enfin, on gagne le manoir de Saché, où séjourna fréquemment Balzac, qui y rédigea plusieurs de ses ouvrages.

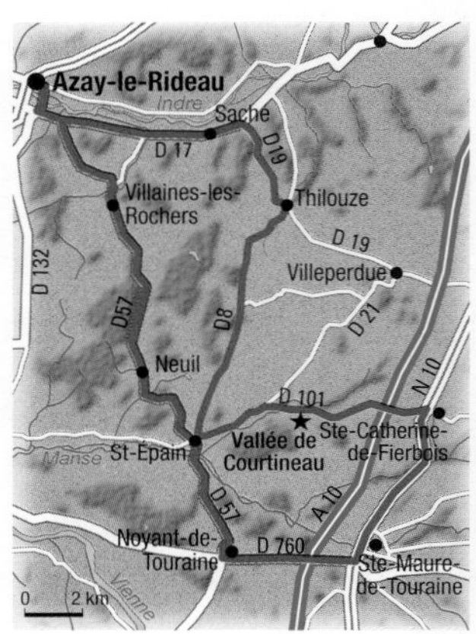

LES FRUITS ET PRIMEURS DU VAL DE LOIRE

« Elles donnent une idée de la bonté des fruits du paradis », déclara un jour un voyageur florentin au sujet des poires des vergers de Louis XI à Plessis-lès-Tours. C'est dire si la réputation des fruits et des légumes du Val de Loire est ancienne. Leur qualité s'explique par un climat clément et des sols favorables, légers et chauds, qui leur permettent de mûrir sans effort avec quinze jours d'avance sur la région parisienne. Profitant de cet avantage, les producteurs des pays de la Loire se sont spécialisés dans les primeurs.

Le château d'Azay-le-Rideau

1 La façade arrière avec ses lucarnes coupant le chemin de ronde

2 *La Dame au bain*, Diane de Poitiers, maîtresse d'Henri II

3 Le grand escalier, au centre de la façade intérieure

Beaugency, le château

4 Le donjon, roman, appelé la tour de César

Le château de Beauregard

5 Le portrait d'Anne de Bretagne

6 La galerie des Illustres, décorée de 327 portraits

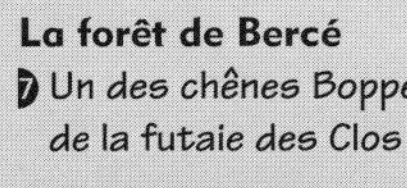

La forêt de Bercé

7 Un des chênes Boppe de la futaie des Clos

460 Blois

 26/D7

(41) ℹ Tél. : 02 54 90 41 41. Tél. château : 02 54 90 33 32

Du château médiéval subsistent des vestiges de l'enceinte et l'imposante salle dite des États généraux (XIIIe s.), longue de 30 m, élevée sans doute sur l'ordre du comte de Blois, Thibaud VI, pour tenir sa cour et rendre la justice. À la fin du XVe s., Louis XII fit ajouter une aile dont l'architecture et le décor restent de style flamboyant, mais qui se distingue par son absence de système défensif et par ses larges ouvertures. Quinze ans plus tard, François Ier fit ériger une autre aile, Renaissance. Son grand escalier, à vis et hors œuvre, selon la tradition française, et au décor italien, est pourvu de balcons, d'où la cour assistait aux cérémonies qui se déroulaient sur le parvis. Gaston d'Orléans fit compléter l'ensemble par une troisième aile, conçue par Mansart. Le château abrite désormais un Musée archéologique et un musée des Beaux-Arts. À ses pieds s'élèvent l'église Saint-Nicolas et de beaux hôtels particuliers.

461 Bouges (Château de)

 34/E2

(36) ℹ Tél. : 02 54 35 88 26

Construit en 1763 pour un maître de forges, lorrain, Charles Leblanc de Marnaval, il est l'un des chefs-d'œuvre de l'architecture néo-classique. Son style rappelle celui du Petit Trianon, à Versailles. Les quatre façades sont divisées symétriquement par un avant-corps surmonté d'un fronton triangulaire. Une balustrade cache le toit et la verrière centrale. L'intérieur du château est orné de meubles du XVIIIe s. Les communs abritent un musée des Selleries, des Écuries, des Harnais et des Voitures hippomobiles.

462 Bourges

35/H2

Voir ci-dessous.

463 Brissac (Château de)

 25/H8

(49) ℹ Tél. : 02 41 91 21 50. Tél. château : 02 41 91 22 21

Avec sa moitié de château classique insérée entre deux massives tours médiévales, Brissac – habité par la même famille depuis le XVIe s. – offre une silhouette peu banale. Au début du XVIIe s., son propriétaire entreprit de détruire la forteresse et de la remplacer par une nouvelle demeure. Il mourut avant la fin des travaux qui ne furent, d'ailleurs, jamais terminés.

LE PALAIS JACQUES-CŒUR À BOURGES

Construit de 1443 à 1451 par le grand argentier de Charles VII (né en 1395 à **Bourges** dans une famille modeste de pelletiers), cet hôtel est très caractéristique du goût des bourgeois de l'époque pour les grandes maisons seigneuriales avec son grand portail d'entrée (couronné d'un pavillon), sa cour d'honneur, ses trois tourelles d'escalier, richement décorées, et ses fresques intérieures.

L'hôtel des Échevins

462 Bourges

35/H2

(18) ℹ Tél. : 02 48 23 02 60

Capitale du peuple gaulois des Bituriges Cubes, fleuron de la Gaule romaine et pièce maîtresse du domaine du roi de France, Bourges a un passé de reine. La capitale du haut Berry, très animée, offre le cachet de ses hôtels (le palais Jacques-Cœur, voir encadré ci-dessus), de ses maisons à colombages des XVe et XVIe s. (la maison dite Jacques-Cœur, la place Gordaine, la rue Mirebeau) et de ses jardins (les Prés-Fichaux, l'archevêché).

🎭 : le Printemps de Bourges en avril.

La cathédrale Saint-Étienne

La cathédrale Saint-Étienne

Depuis le jardin de l'Archevêché, elle offre la ligne pure de sa haute nef sans transept, dont l'équilibre est solidement maintenu par la double volée d'arcs-boutants entre lesquels se nichent les chapelles. Cet édifice, classé par l'Unesco au patrimoine mondial de l'humanité, fut construit d'un seul jet entre 1195 et 1260. Ses cinq portails s'ouvrent sur cinq nefs éclairées par une série exceptionnelle de vitraux.

maison dite J.-Cœ

L'hôtel des Échevins

Inauguré en 1492, il abrite le musée Estève. À l'extérieur, la tourelle d'escalier, octogonale, fut particulièrement travaillée. Au XVIIe s. y fut ajouté un corps de galeries qui ouvre sur la cour par cinq arcades.

1

2

Blois, le château

1 La statue équestre de Louis XII au-dessus du portail d'entrée

2 L'aile Louis XII en brique avec un chaînage de pierre

3 L'aile Louis XII (à dr.), l'aile François 1er (au fond) et l'aile Gaston d'Orléans (à g.)

3

Le château de Bouges

4 La chambre d'apparat, richement meublée dans l'esprit du XVIIIe s.

5 La façade néo-classique

4

5

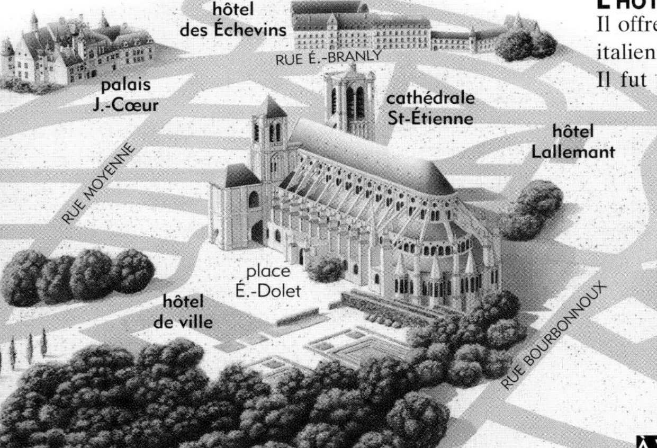

L'HÔTEL LALLEMANT

Il offre un bel ensemble de style Renaissance italienne, enrichi d'un superbe décor sculpté. Il fut remanié au XVIIe s. Il abrite le musée des Arts décoratifs. Une collection de meubles miniatures est exposée dans l'une des salles ouvertes sur la belle cour d'honneur.

À VOIR AUSSI

LE MUSÉE DU BERRY (hôtel Cujas, XVIe s.)

LE MUSÉUM D'HISTOIRE NATURELLE

L'ÉGLISE SAINT-PIERRE-LE-GUILLARD (XIIIe s.)

L'ÉGLISE NOTRE-DAME (XVIe-XVIIe s.)

L'ÉGLISE SAINT-BONNET (XVIe s.)

Maison à colombages du centre-ville

464 Chambord (Château de)

 26/E7

(41) Tél. : 02 54 50 40 28

Des 5 500 ha du parc et des forêts aux 440 pièces que compte l'édifice, tout est démesuré à Chambord. Ce palais de conte de fées, le premier à présenter un plan parfaitement symétrique, fut construit à partir de 1519 pour François Ier. Il s'articule autour d'un donjon carré, flanqué de quatre tours, et d'un grand escalier à double vis. Probablement imaginé par Léonard de Vinci, celui-ci donne accès aux étages, où se trouvent les appartements royaux et la chapelle, ainsi qu'aux terrasses. Le décor sculpté qui orne l'ensemble du château est l'un des plus riches de la première Renaissance française.

à 12 km (O) le **château de Ménars,** rendu célèbre par la marquise de Pompadour, qui le fit agrandir par l'architecte Gabriel.

465 Chamerolles (Château de)

 27/G5

(45) Tél. : 02 38 39 84 66 — petit itinéraire ci-contre

Cette résidence seigneuriale, médiévale à l'extérieur mais Renaissance à l'intérieur, se distingue surtout par sa « promenade des parfums ».

466 Châteauneuf-sur-Loire

 27/G5

(45) Tél. : 02 38 58 44 79. Tél. Germigny-des-Prés : 02 38 58 27 97

La rotonde du XVIIe s., la galerie du XVIIIe s., les communs, l'orangerie et les écuries ne laissent pas supposer que le château fut jadis l'un des plus imposants du Val de Loire. Louis Phélypeaux de La Vrillière, un des grands commis de Louis XIV, fit abattre la forteresse du XIVe s. pour la remplacer par un édifice classique, en partie détruit après la Révolution (1802). Un musée, consacré à la marine de Loire, occupe les écuries. Autour des bâtiments s'étend un vaste arboretum aux immenses rhododendrons. Dans la ville, l'église gothique Saint-Martial est toute proche de la halle Saint-Pierre, ancien hangar à bateaux.

à 4 km (S) le petit sanctuaire de **Germigny-des-Prés,** qui conserve une superbe mosaïque du IXe s. représentant l'Arche d'alliance.

467 Chaumont-sur-Loire (Château de)

 26/D7

(41) Tél. : 02 54 51 26 26

Sa silhouette d'imposante forteresse est due aux travaux effectués à la fin du XVe s. Avec ceux du début du XVIe s., il s'enrichit d'un nouveau logis et d'une chapelle à l'élégante façade Renaissance. La belle frise sculptée, qui court à l'extérieur, se rattache, elle, au style gothique flamboyant.

468 Chenonceau (Château de)

 26/D8

(37) Tél. : 02 47 23 90 07 ou 08 20 20 90 90

Construit pour des femmes et habité par des femmes, ce château est l'un des plus gracieux de la Loire. Associant harmonieusement les apports de la Renaissance et du classicisme, il est entouré de bois, et de jardins à la française dessinés par Bernard Palissy. La grande galerie à deux étages, qui enjambe le Cher sur 60 m, le vestibule dominé par une voûte d'ogives, le cabinet vert de Catherine de Médicis, la chambre des Cinq Reines, filles et brus de celle-ci, portent la marque d'un grand raffinement. En été, un son et lumière a lieu le soir.

469 Cheverny (Château de)

 26/E7

(41) Tél. : 02 54 79 96 29

Bâti sans interruption, à partir de 1625 environ, Cheverny présente deux façades de pierre blanche parfaitement symétriques, d'une rare homogénéité. Habité par la même famille depuis sa construction, il a gardé intacte sa riche décoration intérieure. Il conserve aussi des tableaux de Clouet, Titien, Mignard, des tapisseries des Gobelins et du mobilier des XVIIe et XVIIIe s. La chambre du Roi est ornée de boiseries aux couleurs éclatantes. Traversé par un canal, le magnifique parc peut se visiter en bateau.

EN FORÊT D'ORLÉANS

Après les senteurs de la « promenade des parfums » proposée par le CHÂTEAU DE CHAMEROLLES, on suit la lisière de la forêt d'Orléans jusqu'à Courcy-aux-Loges, avant d'y pénétrer pour atteindre Nibelle. Le bourg, outre le château du Hallier (XVIe s.), possède un musée qui évoque l'artisanat et les activités du village au début du XXe s. Après Boiscommun et son église gothique flamboyante, on retourne à Nibelle.

Ensuite, on s'enfonce au cœur du massif forestier jusqu'à Ingrannes, dont l'arboretum des Grandes-Bruyères présente de belles collections de rhododendrons, de magnolias et de roses, avant de revenir vers Courcy-aux-Loges par le carrefour des 8 routes.

LE COMBAT DU JOUR ET DE LA NUIT

C'est en 1952, après avoir vu un orage sur **Chambord,** que le fils de Robert-Houdin eut l'idée d'y monter le premier spectacle son et lumière jamais organisé. D'une durée de 35 minutes, ce spectacle, mettant en scène « le combat du Jour et de la Nuit », permet au spectateur de connaître des sensations comparables à celles que vécurent les membres de la cour de François Ier qui suivaient du haut des terrasses les curées aux flambeaux. Celles-ci avaient souvent lieu dans la cour d'honneur, à la lumière des torches et au son des cors.

1

2

Le château de Chambord

1 La façade nord-ouest

2 L'escalier ajouré

3

Le château de Chaumont-sur-Loire

3 Le châtelet d'entrée

Le château de Chenonceau

4 La galerie sur le Cher et le donjon

5 Portrait de Catherine de Médicis

4

5

6

Le château de Cheverny

6 *Vue aérienne*

470 Chinon

26/A8

(37) ℹ Tél. : 02 47 93 17 85. Tél. manoir de la Devinière : 02 47 95 91 18

Le pont jeté sur la Vienne offre une vue d'ensemble sur la cité et le château. Les rues de la vieille ville, bordées de logis à colombages et en tuffeau des XVe et XVIe s., grimpent jusqu'aux ruines des trois anciennes puissantes forteresses qui dominaient la cité. C'est là qu'en 1429 Jeanne d'Arc exposa à Charles VII sa mission divine, qui consistait à délivrer Orléans et à le faire sacrer roi à Reims. Le château fut bâti à partir du Xe s. sur un éperon rocheux, à l'emplacement d'un camp romain. Agrandi au cours des siècles suivants par le roi d'Angleterre, Henri II Plantagenêt, puis par les souverains français, il fut abandonné à la fin du Moyen Âge et tomba peu à peu en ruines. Prosper Mérimée le sauva de la destruction complète, et il est aujourd'hui peu à peu restauré.

👁 à 5 km (S-O) le **manoir de La Devinière,** transformé en musée Rabelais, qui vit naître l'écrivain. Celui-ci fit de ce terroir qu'il aimait tant le théâtre de la fameuse « guerre picrocholine » de Gargantua.

471 Courossé (Cirque de)

24/F7

(49) Ici, la basse vallée de l'Èvre s'encaisse en un méandre très prononcé dans les schistes des Mauges. La pure et ample géométrie de la rive concave évoque un vaste cirque romain.

👁 à 8,5 km (N) **Saint-Florent-le-Vieil,** qui étage ses maisons en schiste sur une colline bordée par la Loire. L'église abrite le tombeau du marquis de Bonchamps, chef vendéen mortellement blessé à la bataille de Cholet, en 1793. Le monument fut sculpté par David d'Angers, fils de l'un des 4 000 prisonniers républicains que le marquis, juste avant d'expirer, aurait ordonné d'épargner.

472 Craon

25/G5

(53) ℹ Tél. château : 02 43 06 11 02

Avec son enceinte de 27 tours, cette ville fortifiée fut jadis la sentinelle du roi de France aux frontières de la Bretagne. Elle garde aujourd'hui son charme médiéval : des rues sinueuses, des maisons à pans de bois, des halles. Au-delà des remparts, le château est une des plus belles demeures du XVIIIe s. de la Mayenne.

473 Creuse (Vallée de la)

34/E4

(36) Au sortir des plateaux de la Marche, la Creuse a tracé sa sinueuse vallée dans les collines rocheuses du Boischaut. George Sand a aimé cette oasis située au cœur d'un pays pauvre en terre végétale. De son passé, **Argenton-sur-Creuse,** parfois surnommée la « Venise du Berry », a hérité de jolies maisons bordant la rivière.

👁 à 12 km (S) **Gargilesse-Dampierre,** qui séduisit nombre d'artistes et d'écrivains, dont George Sand, à qui un musée est ici consacré.

474 Culan (Château de)

35/G4

(18) ℹ Tél. : 02 48 56 66 66

En 1429, le château reconstruit pour Louis de Culant, compagnon d'armes de Jeanne d'Arc, reçut la visite de la jeune fille. Malgré les nombreux remaniements qu'il subit au cours des siècles, le bâtiment a, fait exceptionnel, conservé les hourds – galeries en bois extérieures – couronnant ses tours.

475 Cunault (Église de)

25/J8

(49) Pour recevoir les pèlerins affluant dans la petite cité lors du pèlerinage annuel à la Vierge, les bénédictines de l'abbaye de Cunault firent construire entre les XIe et XIIIe s. une église d'une extraordinaire ampleur. Les piliers de sa haute nef sont richement décorés d'un ensemble de plus de 200 chapiteaux romans aux thèmes très variés. Le clocher est coiffé d'une flèche en pierre du XVe s.

LES PEINTRES DE LA VALLÉE DE LA CREUSE

Célébrée par George Sand et Maurice Rollinat, qui participèrent à la faire découvrir, la vallée de la Creuse attira également, à partir du milieu du XIXe s., de nombreux peintres qui vinrent y chercher l'inspiration. Crozant, au confluent de la Creuse et de la Sédelle, Fresselines, au point de convergence de la Grande et de la Petite Creuse, Gargilesse-Dampierre, La Celle-Dunoise, Anzême figurent parmi leurs sites préférés. Rousseau, Dupré, Detroy, Monet, Guillaumin, Osterlind et bien d'autres artistes de cette école, dite de Crozant, s'attachèrent à retranscrire sur leurs toiles les impressions éprouvées face à ces paysages et à évoquer les variations infinies de la lumière et des couleurs.

LA CONFRÉRIE BACHIQUE DES ENTONNEURS RABELAISIENS

Si la Touraine compte un nombre important de confréries vineuses, la plus célèbre est celle des Entonneurs rabelaisiens de **Chinon.** Fondée en 1961, elle est aujourd'hui, par son nombre d'adhérents, la deuxième confrérie de France après celle des chevaliers du tastevin de Bourgogne. Loin d'être artificiel, le patronage rabelaisien qu'elle invoque trouve sa légitimité dans les « Caves painctes », inspiratrices du temple de la Dive Bouteille, où elle tient ses chapitres, et le vignoble du clos de l'Écho, sous les murailles du château, qui appartint à la famille de l'écrivain.

Chinon

1 La vieille ville

2 La tour de l'Horloge

1

2

3

Dans la vallée de la Creuse, Argenton-sur-Creuse

3 La vieille ville

Le château de Culan

4 Ses grosses tours rondes dominent l'Arnon.

6

4

5

L'église de Cunault

5 L'un des bas-côtés et le clocher

6 La nef et le chœur

476 Doué-la-Fontaine  25/J8

(49) i Tél. : 02 41 59 20 49

Cette petite cité angevine expédie chaque année plusieurs millions de rosiers à travers l'Europe et organise en juillet l'exposition des journées de la Rose. Un parc zoologique est situé à la sortie de la ville.

477 Évron  25/H4

(53) i Tél. : 02 43 01 63 75

Entre forêts et étangs, sa basilique associe le roman au gothique très pur. La tour de l'an mille est imposante avec ses contreforts et ses mâchicoulis.

👁 à 10 km (S) **Sainte-Suzanne,** dont le donjon et les remparts évoquent le temps où la place forte tint tête aux assauts de Guillaume le Conquérant.

478 Ferté-Bernard (La)  26/C4

(72) i Tél. : 02 43 71 21 21

La ville a été construite sur plusieurs bras de l'Huisne, qui a toujours constitué un moyen de défense efficace. Au lieu de percher leur château en hauteur, les habitants édifièrent le leur sur une île. Il était protégé par de solides remparts, dont subsiste la porte Saint-Julien, qui remonte au règne de Louis XI. Des rues piétonnes bordées de maisons à colombages conduisent vers la superbe église flamboyante Notre-Dame-des-Marais (XVe-XVIe s.), ainsi que vers les halles du XVIe s. et une fontaine en granite.

479 Flèche (La)  25/J6

(72) i Tél. : 02 43 94 02 53

Le célèbre prytanée national militaire, fondé sous Napoléon Ier, qu'elle accueille, est toujours en activité. Il a formé un grand nombre de personnalités. L'école s'est installée dans un ancien collège de jésuites datant de Henri IV, qui compta parmi ses élèves Descartes. D'architecture classique, la cité est dominée par le clocher de la chapelle Saint-Louis. Depuis l'ancien port, ⁂ sur le château des Carmes (XVe-XVIIe s.), devenu l'hôtel de ville, et sur l'ancien barrage.

480 Fontevraud (Abbaye de)  26/A8

(49) i Tél. : 02 41 51 71 21 👁 encadré p. 284

481 Fontgombault (Abbaye de)  34/C4

(36) i Tél. : 02 54 37 12 03

Le village de Fontgombault s'est développé autour de l'abbaye bénédictine Notre-Dame-et-Saint-Julien, fondée au XIe s. La vaste église, érigée au XIe s., effondrée au XVIIe s. et restaurée au XIXe s., est le seul témoin de ce monastère. Son chœur roman, avec ses cinq chapelles rayonnantes desservies par un déambulatoire, est une splendeur.

482 Fougères-sur-Bièvre (Château de)  26/D7

(41) i Tél. : 02 54 20 27 18

Pierre de Refuge, trésorier de Louis XI, obtint du roi l'autorisation pour son gendre de bâtir l'un des derniers châteaux forts du Blésois. L'édifice, jadis isolé par des douves, s'organise autour d'une cour. Le logis, qui occupe les ailes ouest et sud, est relié à la chapelle par une galerie, à arcades surbaissées et au décor italianisant. La charpente en carène inversée est l'une des curiosités de l'édifice.

483 Fresnay-sur-Sarthe  26/A3

(72) i Tél. : 02 43 33 28 04. Tél. mairie : 02 43 97 23 75

Fresnay, aux allures médiévales, se blottit au pied des pentes tapissées de bruyères et de genêts d'un petit massif sauvage, aux granites sculptés par les méandres de la Sarthe, qualifié parfois d'alpin, peut-être abusivement.

LA VALLÉE DU LOIR

À 5 km au sud de LA FLÈCHE, le parc zoologique du Tertre-Rouge propose de découvrir mammifères (singes, éléphants, loups...), oiseaux, reptiles (serpents, crocodiles...) et des bassins accueillant loutres, otaries et manchots. Par Cré, où un écomusée évoque la vie des villageois, on rejoint le Loir, au bord duquel se dressent le château de Bazouges (XVe-XVIe s.) et son moulin. Le village ne manque pas de charme avec son église du XIIe s., ses vieilles maisons et ses lavoirs. Saint-Germain-du-Val conserve un beau manoir, au nord de La Flèche.

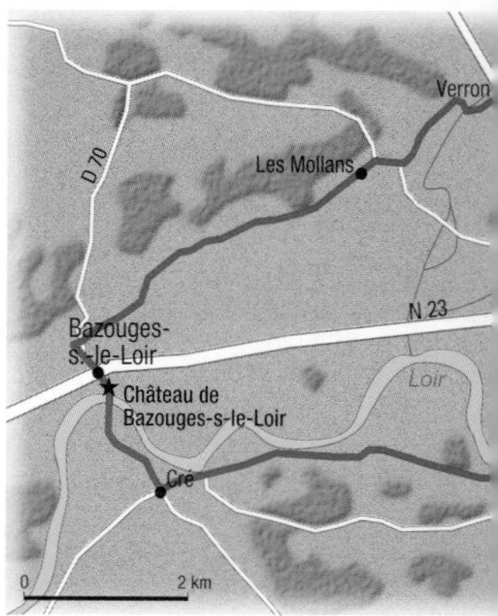

LE PARC NATUREL RÉGIONAL DE LA BRENNE

Sur 166 000 ha, le parc, ouvert en 1989, protège et valorise le pays des Mille Étangs, près de **Fontgombault.** Son atmosphère mystérieuse et sa nature sauvage justifiaient la désignation ancienne de pays des Sorciers et de pays oublié de Dieu. Son paysage est tout aussi artificiellement drainé et boisé que celui de la Sologne. La capitale du pays brennou, Mézières-en-Brenne, où sont installés les musées de la Pisciculture et de l'Histoire locale, constitue la porte nord du parc. Les sites à ne pas manquer se succèdent le long de la D 17 vers le sud : la réserve naturelle de Chérine, celle ornithologique de l'étang de la Gabrière, l'étang de la mer Rouge, au Bouchet. La ferme du château du Bouchet abrite la maison du Parc (tél. : 02 54 28 12 13).

La Flèche

1 Le château des Carmes

L'abbaye de Fontevraud

2 La salle capitulaire, divisée en six voûtes et décorée de peintures murales du XVIe s.

3 Les monumentales cheminées des cuisines romanes

L'abbaye de Fontgombault

4 Le chevet de l'église abbatiale

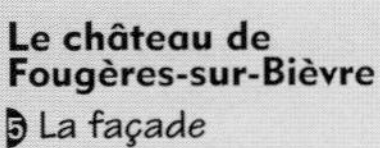

Le château de Fougères-sur-Bièvre

5 La façade

LES CHÂTEAUX DE LA LOIRE
Villégiatures de la Cour

Du XVe au XVIe s., la Cour séjourne fréquemment dans le Val de Loire, réputé pour sa douceur de vivre. La Renaissance italienne est alors à la mode. De nombreux artistes et ouvriers italiens viennent donc dans la région travailler avec les bâtisseurs tourangeaux et angevins pour embellir, agrandir ou construire des châteaux destinés avant tout à l'agrément : leurs ouvrages ne sont plus les austères forteresses d'antan vouées aux conflits armés, mais des architectures originales décorées avec profusion, symboles de la puissance et du faste des monarques mécènes qui en sont les promoteurs. Jusque dans les années 1530, la Cour séjourne le plus souvent à Amboise et à Blois. Ensuite, sans pour autant délaisser le Val de Loire, elle va se fixer en Île-de-France (Fontainebleau ou Saint-Germain-en-Laye) et à Paris.

Chambord : vue du château depuis la porte Royale

Amboise : l'aile gothique et la tour des Minimes, deux bâtiments dus à Charles VIII

Le souvenir de Charles VIII : Amboise

De la fin du XVe au début du XVIe s., la cour de France réside au château d'Amboise. Le roi Charles VIII, qui y est né et y a passé son enfance, l'agrandit et l'embellit dans les années 1490, mais s'y blesse mortellement en 1498. Habité par le futur François Ier (couronné en 1515), le château sert alors de cadre à des fêtes brillantes organisées notamment par Léonard de Vinci, que le roi de France a fait venir d'Italie en 1516. Avec la mort de Vinci et le début des travaux de Chambord (1519), Amboise sera bientôt délaissé. Il ne s'animera plus que lors d'épisodes violents qui ponctuent les querelles religieuses du XVIe s. : affaire des placards en 1534, conjuration d'Amboise en 1560.

La cour d'Anne de Bretagne : Blois

Blois, qui appartient aux comtes de Blois puis aux ducs d'Orléans, devient résidence royale lorsque Louis XII succède à son cousin Charles VIII en 1498. Louis XII aime cette demeure où il est né, et son épouse, Anne de Bretagne, partage son goût. Ils embellissent les jardins et agrandissent le château (aile Louis XII) pour accueillir, notamment, la cinquantaine de dames et de demoiselles d'honneur de la reine. C'est l'époque où les femmes s'imposent à la Cour, à la fois par leur nombre et par le rôle qu'elles jouent. Sans y faire jeu égal avec les hommes, elles contribuent à adoucir les mœurs et à tempérer une violence masculine qui continue cependant de s'exprimer au cours des parties de chasse, des tournois et des combats guerriers.

Amboise : cheminée sculptée

Le château rêvé par François Ier : Chambord

Chambord, commandité par le roi François Ier, est le plus imposant des châteaux de la Loire. Commencés en 1519, les travaux, très coûteux, se prolongeront durant une bonne partie

Blois : le célèbre escalier François Ier (à droite) et l'aile Gaston d'Orléans (à gauche)

du XVIe s. L'édifice, en pierres blanches avec toitures d'ardoises, est d'une grande unité de style. Son plan est révélateur du goût de la Renaissance pour la symétrie et les proportions. Comme Blois, Chambord voisine avec des forêts vastes et giboyeuses qui permettent au souverain de satisfaire sa passion pour la chasse à courre. On retrouve ce goût pour la chasse sur les tapisseries ornant les murs du château. Le parc est aujourd'hui une réserve de chasse étendue sur plus de 5 000 ha.

Chambord : tapisserie de la salle des Chasses

Un objet de convoitises féminines : Chenonceau

Construit sur les bords du Cher par de riches financiers au début du XVIe s., Chenonceau devient propriété royale en 1535. En 1547, le roi Henri II l'offre à sa favorite, Diane de Poitiers. À la mort du roi, la reine Catherine de Médicis oblige celle-ci à lui céder le château en échange de celui de Chaumont-sur-Loire. Catherine fait aménager un parc et construire sur le Cher la galerie qui prolonge sur deux étages le corps de logis primitif. Instrument de vengeance, objet de discorde entre deux femmes, le château unit pourtant harmonieusent deux époques et deux styles architecturaux : la façade du corps de logis (début du XVIe s.) révèle une richesse décorative caractéristique des débuts de la Renaissance ; la galerie sur le Cher (fin du XVIe s.), par ses lignes plus dépouillées et son décor plus sobre, relève d'un style Renaissance plus tardif, comme assagi, déjà presque classique.

Chenonceau : le château et le donjon

La vie nomade de la cour de France

Pendant le règne de François Ier (début du XVIe s.), la Cour est en perpétuel mouvement. Les résidences royales étant souvent vides, une caravane transporte tout ce qui est nécessaire au train de vie de la maison du roi et de toutes les autres maisons (familles princières, officiers de la Couronne, ambassades étrangères…) qui l'accompagnent. On y trouve les différents membres de la noblesse, leurs domestiques mais aussi des roturiers, ce qui représente des milliers de personnes sans compter les chevaux, les chiens et autres animaux…

Buste de François Ier à Chambord

484 Gien

27/H6

(45) ℹ Tél. : 02 38 67 25 28

Édifié de 1484 à 1500 pour Anne de Beaujeu, fille de Louis XI, le premier des grands châteaux royaux de la Loire est bâti à l'emplacement d'une très ancienne forteresse médiévale. Formé par deux corps de logis en équerre, l'édifice marie les briques rouges et noires et la pierre de taille blanche en une décoration originale. Ce témoin privilégié de l'histoire de France, qui accueillit aussi bien Jeanne d'Arc que François Ier, Anne d'Autriche, Louis XIV et Mazarin, abrite aujourd'hui le Musée international de la chasse. À la sortie ouest de la ville, la faïencerie, créée au XIXe s., présente environ 400 pièces, remarquables.

👁 à 10 km (S) la petite ville de **Briare,** qui est célèbre pour ses émaux et pour son pont-canal, le plus long d'Europe (660 m).

485 Lamotte-Beuvron (Forêt de)

26/F6

(41) Au cœur de la Sologne, cette étendue boisée présente un paysage changeant selon les sols, plus ou moins sableux et spongieux. Des sentiers balisés permettent de ne pas se perdre – ce qui est facile – en passant d'un massif de pins à une lande à bruyères, puis d'un marais à une chênaie.

486 Langeais (Château de)

26/B8

(37) ℹ Tél. : 02 47 96 72 60

Avec son donjon de la fin du Xe s., peut-être le plus ancien existant en France, et son château (XVe s) avec des tours à mâchicoulis, un châtelet d'entrée défendu par un pont-levis et une herse, Langeais illustre parfaitement l'architecture militaire médiévale. En revanche, la façade sur cour d'une sobre élégance et les jardins à la française reflètent le mode de vie paisible et luxueux des seigneurs de la fin du Moyen Âge. À l'intérieur, l'ameublement et le décor, patiemment reconstitués, recréent le cadre de vie d'un châtelain du XVe s.

487 Lassay-les-Châteaux

25/H3

(53) ℹ Tél. : 02 43 04 74 33. Tél. mairie : 02 43 04 71 53

Outre son château fort du XVe s. dont les huit tours sont reliées par un chemin de ronde avec mâchicoulis, la ville conserve de belles maisons en granite décorées de linteaux sculptés. Elle possède également une roseraie, qui comporte quelque 300 variétés de roses, et un jardin médiéval.

👁 à 1,5 km (N-O) le **château de Bois-Thibault,** avec les ruines de sa forteresse médiévale et ses constructions des XVIe et XVIIIe s.

488 Laval

25/G4

(53) ℹ Tél. : 02 43 49 46 46

Vue depuis le Vieux-Pont (XIIIe s.) sur la Mayenne, la vieille ville, avec ses maisons en encorbellement (XVIe s.), ses hôtels classiques, ses églises et sa cathédrale richement décorées, témoigne de sa prospérité passée : elle fut en effet la principale productrice de toiles de lin jusqu'au XVIIIe s. Un remarquable donjon circulaire, coiffé d'une galerie en bois, domine le Vieux Château qui abrite un musée dédié au Douanier Rousseau, né ici.

489 Loches

34/C1

(37) ℹ Tél. : 02 47 91 82 82

Une charmante cité médiévale encercle la citadelle qui renferme le Logis royal, édifié aux XIVe et XVe s., et l'un des plus impressionnants donjons de France. Construit vers 1100, il est haut de 37 m. Une collégiale au superbe porche roman reste du monastère fondé par saint Ours aux XIe-XIIe s.

👁 au nord-est la **forêt de Loches,** qui doit son renom à ses chênes multiséculaires, à ses hêtres géants et à la grande variété de ses champignons. Les anciennes carrières de tuffeau de Chemillé-sur-Indrois, à l'est, se couvrent, courant mai, de magnifiques massifs d'orchidées sauvages, rares et protégées.

LE LONG DE LA MAYENNE

À partir de LAVAL, au milieu des vallons et des prairies, on atteint Houssay, qui offre une belle vue sur la rivière. Celle-ci traverse Château-Gontier, au sud ; sur la rive droite s'étend la haute ville, avec ses vieux hôtels, sa promenade du Bout du monde et son église Saint-Jean-Baptiste.

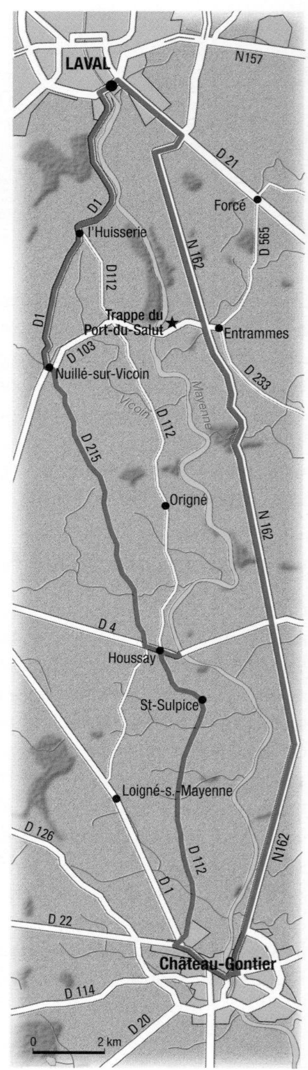

Sur l'autre rive, s'élèvent celle de la Trinité, Notre-Dame-du-Geneteil et le manoir de la Touche. Sur la route du retour, Entrammes accueille des vestiges de thermes gallo-romains, l'abbaye de Port-du-Salut – célèbre pour le fromage qui y était fabriqué.

1

Gien

1 La ville et le château depuis la rive sud

Le château de Langeais

2 L'entrée et le pont-levis

3

Laval

3 Le retable de l'église Notre-Dame-des-Cordeliers

2

4

Loches

4 La porte Picois (XVe s.), accolée à l'hôtel de ville

5 L'étang du Pas des Armes

6 Le Logis royal du château

5

6

490 Lorris

27/H5

(45) *i* Tél. : 02 38 94 81 42

Patrie de l'auteur de la première partie du *Roman de la Rose,* Guillaume de Lorris, cette cité est fière de son église (XIIe-XIIIe s.) et de son mobilier, composé notamment d'un buffet d'orgues remontant à 1501 et de stalles en bois (fin XVe s.). Elle possède aussi un bel hôtel de ville, des halles anciennes et un musée de la Résistance et de la Déportation.

491 Lude (Château du)

26/A6

(45) *i* Tél. : 02 43 94 60 09

À l'origine puissante forteresse féodale, le château en a gardé le plan : chacune de ses façades adopte un style différent, sans pour autant lui faire perdre son unité architecturale. À l'intérieur, après la bibliothèque et la salle des fêtes aménagées dans l'aile Louis XII, s'ouvrent l'aile Louis XVI et ses pièces ornées de peintures et de boiseries, puis l'aile François Ier. Les jardins à la française, étagés au-dessus du Loir, ont été le cadre d'un des premiers son et lumière de France. Ils ont été redessinés au XIXe s. par le paysagiste Édouard André, à l'initiative du marquis de Talhouët.

492 Malesherbes (Rochers de)

27/H4

(45) Ce chaos rocheux marque les confins de la forêt de Fontainebleau et en présente quelques caractères typiques : de grandes coulées de sable fin où se déchaussent des blocs gréseux, formant localement des entablements.

493 Mans (Le)

26/A5

(72) *i* Tél. : 02 43 28 17 22. Tél. mairie : 02 43 47 47 47

Surplombant l'agglomération moderne, la vieille cité du Mans, piétonnière, étire ses ruelles, bordées de maisons médiévales et Renaissance, à l'intérieur d'une enceinte gallo-romaine. La cathédrale Saint-Julien (XIIe-XIIIe s.) se distingue par son portail sud, son chœur à trois étages orné de vitraux classés parmi les plus anciens d'Europe et son surprenant menhir, dressé dans l'angle sud-ouest de la nef. Plus à l'ouest, dans la rue Reine-Bérengère, la maison du même nom (XVe s.) a été transformée en musée d'Histoire et d'Ethnographie. Non loin du vieux Mans, l'ancien évêché abrite le musée de Tessé et ses collections de peintures. Au sud se trouve le circuit de courses automobiles, où se déroulent les 24 Heures du Mans, et le musée de l'Automobile de la Sarthe.

494 Mehun-sur-Yèvre

35/G1

(18) *i* Tél. : 02 48 57 35 51

De l'ancienne forteresse médiévale transformée en somptueuse demeure princière au XIVe s. et figurée dans une miniature des *Très Riches Heures* du duc de Berry, son propriétaire, il ne reste que la tour maîtresse, qui abrite le musée Charles VII. La collégiale romane a mieux résisté au temps.

495 Meillant (Château de)

35/H3

(18) *i* Tél. : 02 48 63 32 05 👁 petit itinéraire p. 266

Toujours habitée, cette demeure est un exemple parfaitement achevé de gothique flamboyant.

496 Meung-sur-Loire

26/F6

(45) *i* Tél. : 02 38 44 32 28

La construction du château, résidence des évêques d'Orléans du Moyen Âge au XVIIIe s., demanda plusieurs siècles. Dans les souterrains se trouvaient les cachots et le cul-de-basse-fosse où fut jeté François Villon. C'est Louis XI qui le sauva d'une mort certaine. Dans la prison sont exposés les instruments de torture utilisés pour appliquer la question.

👁 à 5 km (E) la basilique Notre-Dame de **Cléry-Saint-André,** construite, en grande partie sous Louis XI, qui souhaita y être inhumé.

LE ROMAN DE LA ROSE

Ce poème, composé de plus de 20 000 vers, qui eut un grand impact au Moyen Âge, fut rédigé par deux auteurs, dont les conceptions étaient diamétralement opposées. Guillaume de **Lorris,** un lettré dont on sait peu de choses, écrivit la première partie, la plus courte, à la fin des années 1230. Dans un style précieux, il se fait le chantre de l'amour courtois. Maniant savamment allégories et symboles, il identifie l'objet de sa flamme à une rose. Pour une raison inconnue, cinquante ans plus tard, Jean de Meung ajouta 17 000 vers environ qui contrastent par leur trivialité avec ceux de son prédécesseur. Adepte d'un courant de pensée dominé par la raison, il désacralise la femme, qui n'apparaît pas sous son meilleur jour.

LES 24 HEURES DU MANS

Créée par l'Automobile-Club de l'Ouest, en 1923, l'épreuve des 24 heures du Mans est devenue au fil des années une course particulièrement réputée. Les plus grands champions ont couru au Mans. Le circuit mesure 13,626 km. Ses points forts sont la ligne droite des Hunaudières et les virages de Mulsanne et d'Arnage. Pour cette remarquable épreuve d'endurance, les pilotes et leurs voitures parcourent des milliers de kilomètres (près de 5 000 aujourd'hui, contre 2 200 pour les premiers vainqueurs en 1923). Mais la course est aussi une formidable fête populaire aux airs de kermesse, qui attire chaque année des centaines de milliers de spectateurs, passionnés de mécanique ou simples curieux.

Le château du Lude

1 La façade Louis XVI et les jardins

Mehun-sur-Yèvre

2 La tour maîtresse, vestige de la forteresse

1

2

3

4

Le Mans, la cathédrale Saint-Julien

3 Le chœur gothique

4 Peinture ornant les voûtes de la chapelle Notre-Dame-du-Chevet

6

Meung-sur-Loire, le château

5 La façade nord a conservé son allure de forteresse.

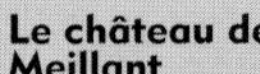

Le château de Meillant

6 La salle des Festins

7 La tour du Lion

5

7

497 Montgeoffroy (Château de)

 25/J7

(49) Tél. : 02 41 80 60 02
Conçu par l'architecte parisien Nicolas Barré, vers 1775, pour le maréchal Louis de Contades, commandant de l'armée d'Allemagne pendant la guerre de Sept Ans, l'édifice actuel a remplacé une construction du XVIe s. Le château, classique, à la symétrie parfaite, est resté la propriété de la même famille, qui a su conserver l'ensemble de sa décoration et de son mobilier.

498 Montoire-sur-le-Loir

 26/C6

(41) Tél. : 02 54 85 23 30. Tél. Possonnière : 02 54 72 40 05
Les fresques qui ornent la chapelle Saint-Gilles, du XIIe s., comptent parmi les plus émouvantes du Val de Loire. Le donjon roman défendait jadis le château fort, bâti entre le XIIe et le XIIIe s.

à 5 km (E) le **château de Lavardin,** de la même époque, qui fut démantelé durant les guerres de Religion.

à 20 km (O) le **manoir de La Possonnière,** qui évoque les amours de Ronsard et son *Ode à Cassandre (Amours),* « une beauté de 15 ans ».

499 Montpoupon (Château de)

 26/D8

(37) Tél. : 02 47 94 24 83
Construit au XIIIe s., très remanié au XVe s. et complété par un châtelet au XVIe s., Montpoupon conjugue l'héritage médiéval et les apports de la Renaissance. Lors des désordres révolutionnaires, il perdit sa chapelle et ses courtines. Sa restauration eut lieu entre 1885 et 1920. Les communs accueillent un musée de la Vénerie.

500 Montrésor (Château de)

 34/D1

(37) Tél. : 02 47 92 60 04. Tél. mairie : 02 47 91 43 00
Rocher surveillant la rive droite de l'Indrois, Montrésor fut fortifié dès le Xe s. Démantelé au début du XIIIe s., reconstruit à la fin du suivant, le château fort s'enrichit au XVIe s. du logis qui demeure aujourd'hui. Il conserve les collections rassemblées ici au XIXe s., par le comte Branicki, noble polonais en exil et ami de Napoléon III.

à 5 km (O) les ruines de la **Chartreuse de Liget** (XIIe s.), qui montrent l'importance qu'eut jadis cette abbaye, détruite sous la Révolution.

501 Montreuil-Bellay

  25/J8

(49) Tél. : 02 41 52 32 39
Cette ville paisible d'Anjou est toujours protégée par une partie de ses remparts et deux belles portes fortifiées. Comme souvent en Val de Loire, le château offre le double visage d'une puissante forteresse féodale et d'un aimable logis de la fin du Moyen Âge et de la Renaissance. Si les façades extérieures sont encore conçues pour la défense, les façades sur cour évoquent la paix, le luxe et les plaisirs. L'intérieur est particulièrement confortable. Partout, des escaliers facilitent la circulation entre les niveaux. Les deux étages du château disposent chacun de leur oratoire. Toutes les pièces sont chauffées par des cheminées. Des étuves permettent à la fois de se laver et de se détendre.

502 Montsoreau

 26/A8

(49) Tél. : 02 41 51 70 22
Gardées par une vieille forteresse médiévale, les maisons en tuffeau de Montsoreau contemplent un lumineux paysage de Loire.

à 1,5 km (S) le vieux **moulin de La Herpinière,** restauré, qui moud encore le grain.

à 3 km (E) **Candes-Saint-Martin,** qui recueillit, en 397, le dernier souffle du saint et conserva sa dépouille jusqu'à son transfert à Tours. Depuis les hauts du village, sur le confluent de la Loire et de la Vienne, marqué par une longue flèche de sable bruissante d'oiseaux.

L'ABBAYE DE FONTEVRAUD

De l'époque romane, l'abbaye conserve son église et ses cuisines, dont la toiture en pierre est taillée en pointe de diamant. Fondé, au sud de **Montsoreau,** à la fin du XIe s. par Robert d'Arbrissel, ce monastère mixte apparaît des plus originaux. Les différentes communautés (moines et frères lais, moniales, lépreux, malades et sœurs laies…) placées sous l'autorité d'une abbesse occupaient des bâtiments séparés. Jeunes filles de la noblesse et reines déchues s'y retiraient. Les Plantagenêts la choisirent comme nécropole royale ; les gisants d'Henri II d'Angleterre, d'Aliénor d'Aquitaine et de Richard Cœur de Lion se trouvent dans le transept. Profanée pendant les guerres de Religion, mutilée sous la Révolution, transformée en prison par Napoléon Ier, l'abbaye est aujourd'hui occupée par le centre culturel de l'Ouest, qui en assure la restauration et l'animation.

LA BATELLERIE

La Loire n'est plus depuis un siècle ce « chemin qui marche » où chaque ville, et presque chaque village, avait son port sur ce grand fleuve. Le chemin de fer a bien vite relégué les longues gabares à fond plat, aux grandes voiles carrées gonflées par les vents d'ouest. Seules demeurent les jolies maisons de mariniers et leurs souvenirs, qui revivent dans les musées consacrés à la batellerie, installés à Châteauneuf-sur-Loire, à Chouzé-sur-Loire et à Orléans.

1

2

Le château de Montpoupon

2 Le corps de logis

Le château de Montrésor

4 Depuis les rives de l'Indrois

Le château de Montgeoffroy

1 La façade classique

Près de Montoire-sur-le-Loir, le château de Lavardin

3 Les ruines du donjon roman

4

3

Montreuil-Bellay

5 Le château et la collégiale

Près de Montsoreau, Candes-Saint-Martin

6 La voûte du porche de l'église

6

5

Montsoreau

7 La Loire et le château

7

503 Nohant-Vic

 34/F4

(36) Tél. : 02 54 31 07 37

La jolie place du village de Vic, rattaché à celui de Nohant au siècle dernier, s'ouvre devant une petite église romane, ornée d'un bel ensemble de fresques du XIIe s. sauvé grâce à George Sand et Prosper Mérimée. La première a vécu dans le château (XVIIIe s.). Elle y reçut souvent ses amis, Liszt, Balzac, Delacroix et surtout Chopin. Le surprenant théâtre de marionnettes est l'œuvre de son fils, Maurice Sand.

504 Noirlac (Abbaye de)

 35/H3

(36) Tél. : 02 48 62 01 07 petit itinéraire p. 266

Édifiée par les cisterciens (XIIe-XIIIe s.), elle constitue l'un des ensembles monastiques les mieux conservés de France.

505 Nuaillé (Forêt de)

 33/G1

(49) Près de Cholet s'étend sur 2 500 ha le seul grand massif forestier des Mauges. Les futaies et taillis sont privés, mais les chemins communaux offrent d'agréables promenades, notamment vers le Petit Bocage, puis vers l'étang de Péronne.

le **puy de la Garde,** point culminant (216 m) des pays bordiers de la basse Loire, dont le sommet domine toutes les Mauges. sur les hauteurs de Gâtine, ainsi que sur les marges de la Vendée et du pays nantais. Chaque 8 septembre, un pèlerinage d'origine très ancienne y a lieu.

506 Orléans

 26/F5

(45) Tél. : 02 38 24 05 05

Depuis la guerre de Cent Ans, Orléans demeure la « cité de Jeanne d'Arc », et la levée du siège anglais est fêtée chaque année avec le même faste (7 et 8 mai). La statue équestre de la jeune fille trône sur la place du Martroi, le cœur de la cité, et sa maison a été bien restaurée. Tout autour, les vieux quartiers regroupent de nombreuses maisons anciennes. Impressionnante par ses dimensions, la cathédrale Sainte-Croix, débutée en 1287, a été reconstruite aux XVIIe et XVIIIe s. dans le style gothique. À côté se trouve le musée des Beaux-Arts et, un peu plus loin, l'hôtel Cabu, qui abrite le Musée archéologique et historique de l'Orléanais.

la **forêt d'Orléans,** ancienne forêt sacrée des Carnutes, puis chasse royale et aujourd'hui forêt domaniale (34 600 ha), qui se divise en trois massifs : Orléans, Ingrannes et Lorris. Elle est connue pour ses magnifiques allées et promenades balisées, ses essences variées, ses sous-bois de bruyères et de fougères aigles, ses étangs et sa faune (cervidés, sangliers, lièvres, faisans, canards).

507 Perseigne (Forêt de)

 26/A3

(72) Tél. Mamers : 02 43 97 60 63

Aux confins du Maine et de la Normandie, cerfs, chevreuils et sangliers sont chez eux dans ses 5 000 ha de terrain accidenté planté de chênes, de hêtres et de conifères.

à l'ouest la ville de **Mamers,** qui s'est édifiée autour du château et de la tour Saint-Nicolas. Toutes ses ruelles, appelées coulées, convergent vers le centre et l'ancien couvent de la Visitation.

508 Plessis-Bourré (Château du)

 25/H6

(49) Tél. : 02 41 32 06 01. Tél. château de Plessis-Macé : 02 41 32 67 93

Cet édifice harmonieux semble surgir, comme un rêve, des eaux tranquilles de ses douves. Construit en 1468, il réunit le style du château de défense et de la demeure de plaisance. Au premier étage, un magnifique plafond à caissons en bois peint (XVe s.) domine la salle des Gardes.

à 15 km (S-O) le **château de Plessis-Macé,** qui garde des ruines de la forteresse féodale et de son élégant logis du XVe s. Fait rare, la chapelle, de style gothique flamboyant, a gardé intactes ses boiseries du XVe s.

GEORGE SAND À NOHANT

Arrivée chez sa grand-mère à Nohant en 1808, après la mort de son père, Aurore Dupin allait y séjourner au total 41 ans, y revenant invariablement chaque fois qu'elle éprouvait le besoin de trouver un peu de sérénité. Aimant courir la campagne et participer aux fêtes locales, elle découvrit l'atmosphère des lieux et le caractère des gens du Berry, qui allaient lui fournir le cadre de son œuvre. Mais si les paysans berrichons lui apportèrent beaucoup, elle le leur rendit non seulement en se faisant le chantre de leur province, jusque-là méconnue, mais aussi en leur apportant aide financière ou soins. Elle a décrit, en toute modestie, cette maison qu'elle aimait dans *Histoire de ma vie*, publié en 1855.

LE BERCEAU DE LA MONARCHIE FRANÇAISE

Le rôle historique d'**Orléans** s'explique par l'origine de la dynastie capétienne : lorsqu'il est élu roi de France en 987, Hugues Capet ne possède qu'un domaine réduit, s'étendant de part et d'autre de la Loire, avec deux petites enclaves autour de Poissy et Senlis. C'est d'ailleurs sa faiblesse qui amena l'Église à le soutenir, dans l'espoir qu'il ne serait qu'un souverain de transition et que la famille des Othon pourrait ainsi consolider sa position en Allemagne, puis réunifier toute la chrétienté occidentale autour du Saint Empire romain germanique. Mais il n'en fut rien : dès la nuit de Noël 987, Hugues Capet assura l'avenir de sa dynastie en posant, dans la cathédrale d'Orléans, la couronne royale sur la tête de son fils.

1

2

L'abbaye de Noirlac

1 L'aile des moines

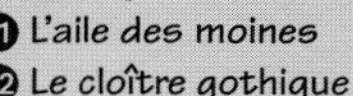
2 Le cloître gothique

3

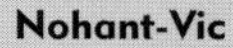
Nohant-Vic

3 L'église du village

Orléans

4 La forêt

5 La ville vue des bords de la Loire

6 La façade de la cathédrale Sainte-Croix

4

5

6

Près du Plessis-Bourré, le château de Plessis-Macé

7 La haute silhouette du donjon

Le château du Plessis-Bourré

8 Le corps de logis entouré de douves

7

8

509 Richelieu

 34/A2

(37) Tél. : 02 47 58 13 62

Lorsqu'il remplaça la demeure familiale par un château princier, le duc de Richelieu fit édifier à côté une ville nouvelle. Aujourd'hui, seule celle-ci, avec ses hôtels classiques, subsiste. Du palais, détruit au début du XIXe s., il ne reste que le parc.

à 6 km (N) le **château de Champigny-sur-Veude,** que le cardinal démantela, n'épargnant, à la demande du pape, que la chapelle, chef-d'œuvre du gothique flamboyant.

510 Romorantin-Lanthenay

 26/F8

(41) Tél. : 02 54 76 43 89

Au cœur du pays des landes et des étangs, Romorantin éparpille jardins et maisons anciennes entre les bras paresseux de la Sauldre. Le musée de la Sologne et ses collections ethnographiques sont installés dans des moulins qui bordent la rivière.

à 10,5 km (O) le **château du Moulin,** bel édifice solognot de la fin du XVe s., en briques avec chaînage de pierres blanches.

511 Saint-Aignan

 26/E8

(41) Tél. : 02 54 75 22 85

Fondé au Xe s., agrandi aux XVe et XVIe s., remanié au XIXe s. pour être équipé du confort moderne, le château se distingue par son architecture éclectique. Il surplombe l'une des plus belles églises romanes de Touraine (XIe-XIIe s.), dont la crypte est ornée de fresques (XIIe-XVe s.).

à 2 km (S) le **zoo-parc de Beauval.**

512 Saint-Benoît-sur-Loire

 27/G6

(45) Tél. : 02 38 35 79 00

encadré ci-contre

513 Sancerre

 27/J8

(18) Tél. : 02 48 78 03 58

Perché sur une colline, le vieux bourg semble surveiller ses vignobles.

à moins de 5 km (O) le charmant site de Chavignol, réputé pour son fromage, le fameux crottin ; et, à 15 km environ, sur le Sancerrois depuis la **butte du bois de Sens-Beaujeu** (427 m) et la **motte d'Humbligny,** point culminant de la région (431 m).

514 Saumur

 25/J8

(49) Tél. : 02 41 40 20 60

Le cheval et l'école de cavalerie militaire ont donné à la « perle de l'Anjou » ses lettres de noblesse. Deux musées leur sont consacrés, le premier dans le château des ducs d'Anjou (XIVe et XVe s.), le second dans l'école. À la fin du mois de juillet, le Cadre noir, formé des officiers et des sous-officiers enseignant à l'École nationale d'équitation, donne ses célèbres reprises.

515 Solesmes (Abbaye de)

 25/J5

(72) Tél. Sablé-sur-Sarthe : 02 43 95 00 60

Ce haut lieu du chant grégorien se cache derrière d'austères et hautes murailles. Les visiteurs ne sont admis que dans l'église, en partie romane. Son transept est célèbre pour ses remarquables sculptures (XVe - XVIe s.).

516 Sully-sur-Loire (Château de)

 27/H6

(45) Tél. : 02 38 36 36 86

Au XIVe s., Raymond du Temple, le plus célèbre architecte du gothique flamboyant, a conçu le château en mariant harmonieusement ses fonctions défensive et résidentielle. Les combles du donjon sont dotés d'une exceptionnelle charpente en forme de carène renversée du XIVe s.

INCURSION EN SOLOGNE

En empruntant la vallée de la Sauldre au départ de ROMORANTIN-LANTHENAY, on atteint Selles-Saint-Denis, dont la chapelle abrite une fresque du XIVe s. À travers les landes de bruyère et les étendues boisées ponctuées d'étangs et jalonnées de plaisants villages, tels Millançay et Veilleins, on gagne Mur-de-Sologne.

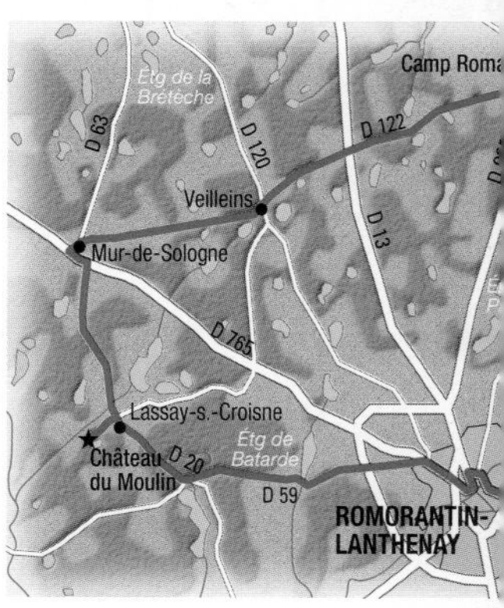

De là, la route conduit à Lassay-sur-Croisne, qui possède une belle église (XVe s.) renfermant une peinture murale du XVIe s. Non loin du village s'élèvent les bâtiments du château du Moulin.

SAINT-BENOÎT-SUR-LOIRE

Peu de temps après sa fondation au milieu du VIIe s., l'abbaye accueillit la dépouille de Benoît de Nursie, père du monachisme occidental. Elle connut son apogée au Moyen Âge. Ruinée par les guerres de Religion, elle renaît au XVIIe s. avec l'installation de la congrégation de Saint-Maur. Elle subit de nouvelles destructions sous la Révolution et sous l'Empire. Depuis la Seconde Guerre mondiale, une communauté monastique l'occupe de nouveau. L'abbatiale compte parmi les monuments majeurs de l'art roman. Le clocher-porche à deux étages, décoré de 128 chapiteaux, ouvre sur la nef, dont les voûtes montrent les influences du gothique naissant. Sous le chœur s'étend la crypte où reposent les reliques du saint.

Richelieu

1 L'une des portes de la ville

Sancerre

2 Le village, vu des vignobles

Saumur

3 Détail d'une tapisserie conservée au musée du château

4 Le château des ducs d'Anjou

Le château de Sully-sur-Loire

5 La charpente, en forme de carène renversée

6 La façade ouest

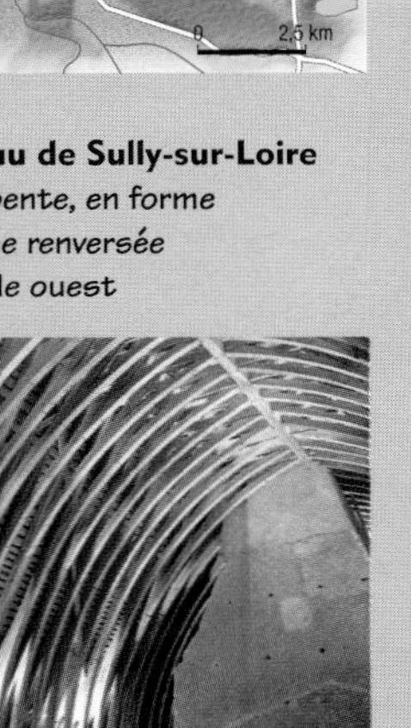

517 Tours 26/C7

(37) *i* Tél. : 02 47 70 37 37

Au confluent de la Loire et du Cher, au centre d'une région très visitée pour ses nombreux châteaux, la capitale de la Touraine fut un haut lieu de la chrétienté, dont on peut apprécier le charme dans le vieux Tours : la place Plumereau en est le centre, bordée de nombreuses maisons à pans de bois du XVe s. ; la rue Briçonnet présente des façades de toutes les époques de l'architecture tourangelle jusqu'au XVIIIe s. (notamment la maison de Tristan, remarquable par son escalier à vis) ; la place Châteauneuf ; le quartier de la cathédrale (la place Grégoire-de-Tours, le jardin de l'archevêché).

L'hôtel Gouin

L'hôtel Gouin

Construit aux XVe et XVIe s., il illustre parfaitement les logis de la Renaissance. À l'intérieur, le Musée archéologique présente des collections d'art de l'époque gallo-romaine à nos jours, ainsi que le cabinet de physique de C.-L. Dupin de Francueil, dont Jean-Jacques Rousseau fut le secrétaire.

L'hôtel de Beaune-Semblançay

Cette demeure revint au surintendant des Finances de François Ier, Jacques de Beaune, baron de Semblançay, lorsque Louise de Savoie lui en fit la donation, au début du XVIe s. Après la disgrâce du baron, l'hôtel fut occupé par les Jésuites, puis vendu. La façade de la galerie (1525) et la chapelle, au portique orné de colonnes de marbre, ont échappé aux bombardements de 1940.

L'église Saint-Julien

L'église est de pur style gothique. De l'ancienne abbaye des XIIe et XIIIe s. ne subsistent que le clocher-porche et l'aile est, où se trouve la salle capitulaire. Le cellier abrite le musée des Vins de Touraine.

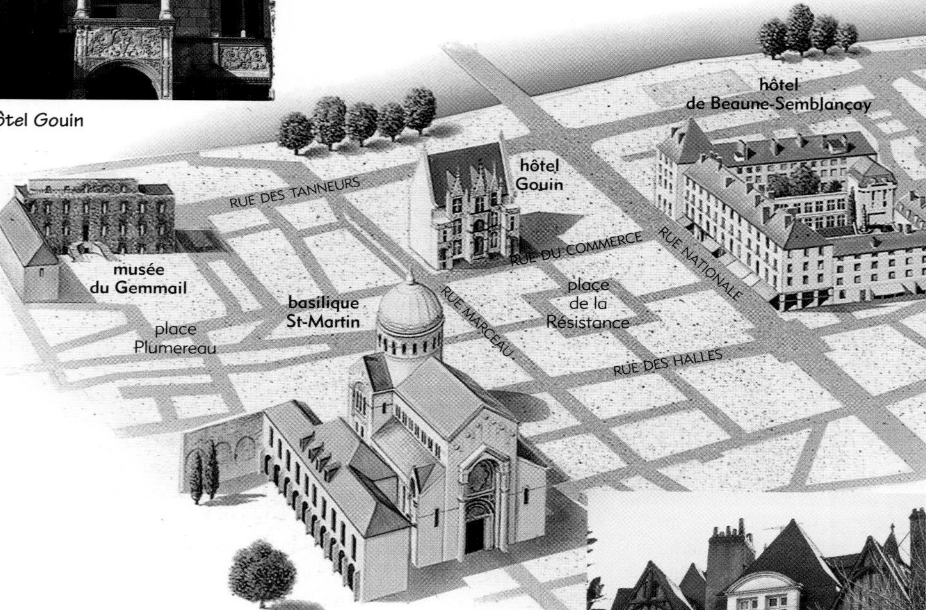

Le château royal de Tours

Il n'en reste que deux tours du XIIIe s., qui abritent l'Historial de Touraine. Dans le logis du gouverneur se trouve l'atelier Histoire de Tours, qui retrace l'urbanisation de la ville.

Le cloître Saint-Martin

Le cloître est accolé au flanc sud de la basilique Saint-Martin, qui date du XIXe-XXe s. (de l'ancienne basilique romane, à côté, ne subsistent que la tour de l'Horloge et la tour Charlemagne). Bien que partiellement en ruine – il date du XIIIe s. –, le cloître est remarquable pour sa galerie est : construite au XVIe s. par le maître d'œuvre Bastien François, elle comporte six travées et des voûtes en pendentif dont les nervures croisées à angle droit dessinent des caissons. Son décor sculpté est d'une rare beauté.

La place Plumereau

La cathédrale Saint-Gatien

Commencée en 1236, la façade ajoute au style flamboyant de ses portails le style première Renaissance, plus sobre, des tours nord et sud. Le couronnement de celles-ci, au XVIe s., constitue une date dans l'architecture : pour la première fois en France, un édifice religieux est coiffé d'un dôme et non d'une flèche. À l'intérieur, les vitraux (XIIIe s.) du chœur sont superbes. À côté, le cloître Saint-Gatien, ou de la Psalette, date des XVe et XVIe s.

Les voûtes de la nef dans la cathédrale Saint-Gatien

À VOIR AUSSI

Le musée des Équipages militaires et du Train

Le Centre de création contemporaine

Le musée des Vins de Touraine

Le prieuré Saint-Côme (XIIe-XVe s.)

Le musée des Beaux-Arts

Dans l'hôtel de l'ancien archevêché (XVIIe-XVIIIe s.), il réunit des chefs-d'œuvre des plus grands maîtres de la peinture des XVIIe et XVIIIe s. : Mantegna, Rubens, Rembrandt, Nattier, Boucher, Degas… ainsi que du mobilier, des sculptures, et des céramiques des XIXe et XXe s. On peut y voir notamment deux Mantegna fameux, *le Christ au jardin des Oliviers* et *la Résurrection*.

[Le] musée du Gemmail

[In]stallé dans le vaste hôtel Raimbault [(1]825), il rend hommage à la technique [du] gemmail (gemme et émail) utilisée [po]ur reproduire plusieurs grandes [œu]vres de la peinture. Celles-ci côtoient [les] réalisations plus récentes des lau[ré]ats du prix annuel créé en 1957 par la [vil]le de Tours, qui furent qualifiés de [« p]eintres de la lumière ».

[Le] musée du Compagnonnage

[In]stallé dans les salles de l'ancienne [ab]baye Saint-Julien, rue Nationale, il [pr]ésente une collection unique au [m]onde d'outils et de chefs-d'œuvre des [di]fférentes corporations et de nom[br]eux documents sur l'histoire des [co]mpagnons du Tour de France.

Le tombeau des enfants de Charles VIII dans la cathédrale

518 Ussé (Château d')

 26/A8

(37) Tél. : 02 47 95 54 05
Avec ses hautes tours en pierre blanche, ses cheminées, ses lanternons et ses lucarnes, Ussé a inspiré à Charles Perrault (1628-1703) l'un de ses plus beaux contes, celui de *la Belle au bois dormant.* L'édifice actuel se compose d'un château fort, érigé dans la seconde moitié du XVe s., d'une aile et d'une chapelle bâtis dans le style de la première Renaissance française, et d'un corps de bâtiment classique du XVIIe s. L'ensemble a été modernisé au XIXe s., Ses jardins à la française et son vaste parc sont très agréables.

519 Valençay (Château de)

 34/E1

(36) Tél. : 02 54 00 10 66
Construit entre 1520-1530 et les années 1760, ce château étonne par sa cohérence. Ses bâtisseurs successifs se sont attachés à lui conserver le même style architectural ; ainsi, la tour sud-ouest est un pastiche inspiré de modèles de la Renaissance. Talleyrand, qui fut propriétaire de cette demeure, l'a décorée de meubles somptueux et de belles collections d'œuvres d'art, toujours en place. En été, un son et lumière réunit environ 300 acteurs amateurs.

520 Vendôme

 26/D6

(41) Tél. : 02 54 77 05 07
Du haut d'un promontoire qui surplombe le Loir, les ruines d'un château fort (XIe-XVe s.) veillent encore sur l'ancienne capitale des comtes de Vendôme, dont le passé fut loin d'être toujours paisible. L'église abbatiale de la Trinité, qui se signale par son clocher roman, dressé à son côté, a été épargnée par les destructions guerrières. Présentant tous les styles du XIe au XVIe s., elle offre une magistrale leçon d'histoire de l'art. Les stalles sculptées du XVe s. sont remarquables.

521 Verrerie (Château de La)

 27/H7

(18) Tél. : 02 48 81 51 60. Tél. mairie d'Oizon : 02 48 58 07 05
Pour le décor de la fête dans son roman *le Grand Meaulnes,* Alain-Fournier se serait inspiré de cet édifice Renaissance, situé dans un site paisible. Cette demeure d'agrément, sans aucun élément défensif, s'articule autour d'une cour où l'on pénètre par un châtelet flanqué de tourelles. Le style italianisant tient notamment à des médaillons en marbre représentant des têtes et des bustes.

522 Villandry (Château de)

 26/B8

(37) Tél. : 02 47 50 02 09
Au début du XXe s., Joachim Carvallo, le nouveau propriétaire de Villandry, scandalise les habitants du village lorsqu'il entreprend de détruire le parc et ses arbres séculaires à la dynamite. Aujourd'hui, les visiteurs du monde entier s'extasient devant les jardins Renaissance en terrasses qu'il a fait recréer et qui sont largement aussi célèbres que le superbe château de la même époque, réaménagé au XVIIIe s.
à 2,5 km (E) les **caves gouttières de Savonnières,** qui sont des grottes nées de la dissolution naturelle du tuffeau, le calcaire crayeux caractéristique de la Touraine.

523 Villegongis (Château de)

 34/E2

(36) Tél. mairie : 02 54 36 63 50. Tél. château d'Argy : 02 54 84 04 98
Construit dans les années 1530 et agrandi au XVIIIe s., il doit son surnom de petit Chambord à son décor. Les lucarnes, les incrustations d'ardoise et les cheminés sculptées rappellent en effet le château de François Ier.
à 15 km (O) le **château d'Argy,** qui fut construit au XVIe s., à la place d'une ancienne forteresse. Les arcades de sa cour intérieure sont du plus pur style gothique flamboyant.

LES COLLINES DU SANCERROIS

Du CHÂTEAU DE LA VERRERIE, par Vailly-sur-Sauldre, on gagne le bassin de la Grande Sauldre, qui sillonne les collines du Sancerrois, jalonnées de villages viticoles : Menetou-Râtel, Chavignol, Crézancy-en-Sancerre. Au-delà de la motte d'Humbligny s'élèvent le château de Maupas (XVe s.) et celui de Menetou-Salon. Henrichemont, avec ses maisons du XVIIe s., se trouve au nord. La Chapelle-d'Angillon est la patrie d'Alain-Fournier ; le château de Béthune s'y dresse.

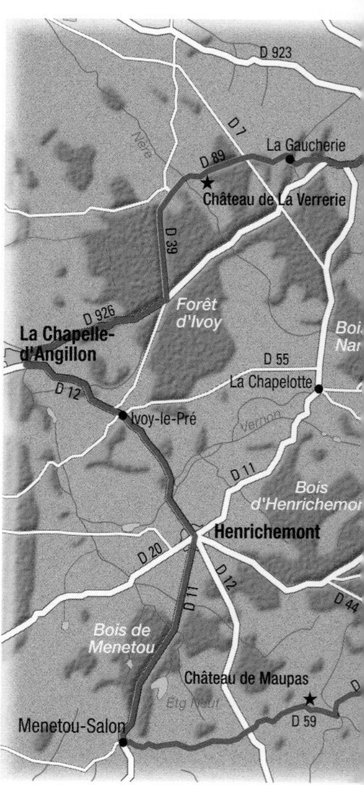

TALLEYRAND (1754-1838)

Rien ne laissait présager que cet évêque d'Autun, sous Louis XVI, deviendrait l'un des plus brillants diplomates d'Europe. Il est en effet ministre des Relations extérieures de Bonaparte, lorsqu'il acquiert, en 1803, le **château de Valençay** pour y donner des réceptions officielles. Mais, tombé en disgrâce en 1807, il ne retrouve sa fonction qu'en 1814. Il poursuit sa carrière jusqu'en 1834. Depuis 1838, son corps, conformément à ses vœux, repose à Valençay.

Le château d'Ussé
1 La salle des Gardes
2 Les bâtiments en U dominant l'Indre

Le château de Valençay
3 La façade nord, longue de 100 m
4 La façade Louis XVI et les arcades de la cour d'honneur

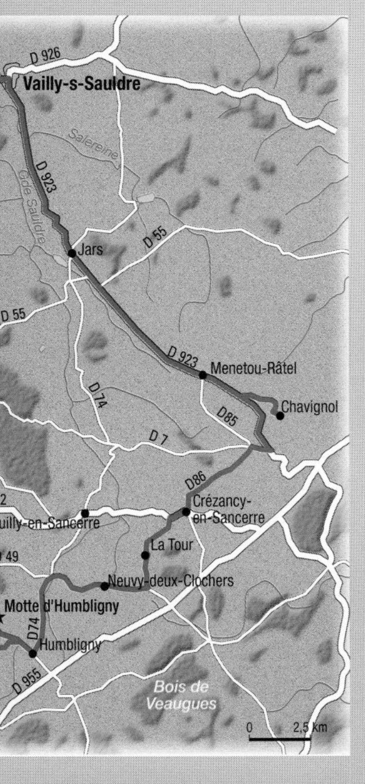

Le château de Villandry
5 Les douves et la cour intérieure
6 Les jardins qui ont fait la renommée du château.

BOURGOGNE-FRANCHE-COMTÉ

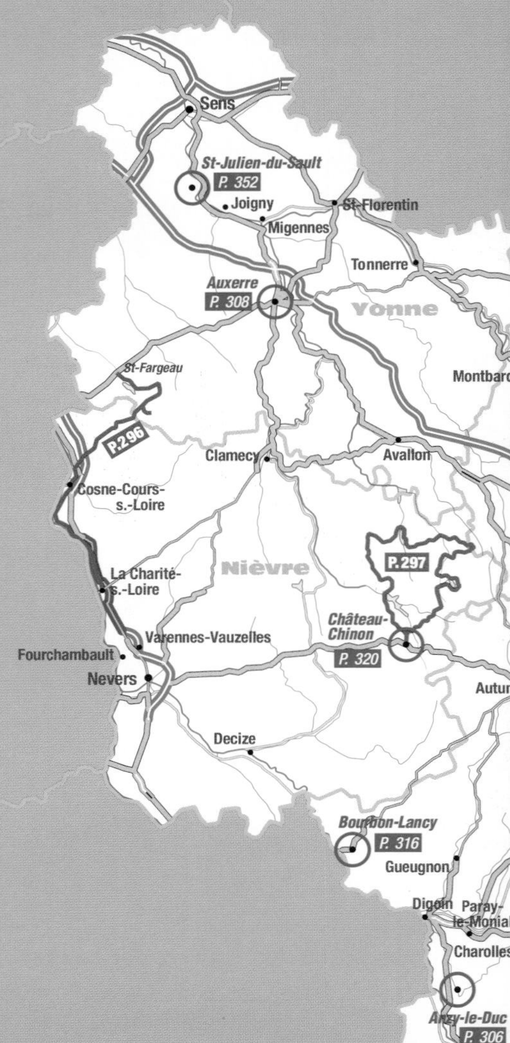

01 Ain
21 Côte-d'Or
25 Doubs
39 Jura
58 Nièvre
69 Rhône
70 Haute-Saône
71 Saône-et-Loire
89 Yonne
90 Territoire de Belfort

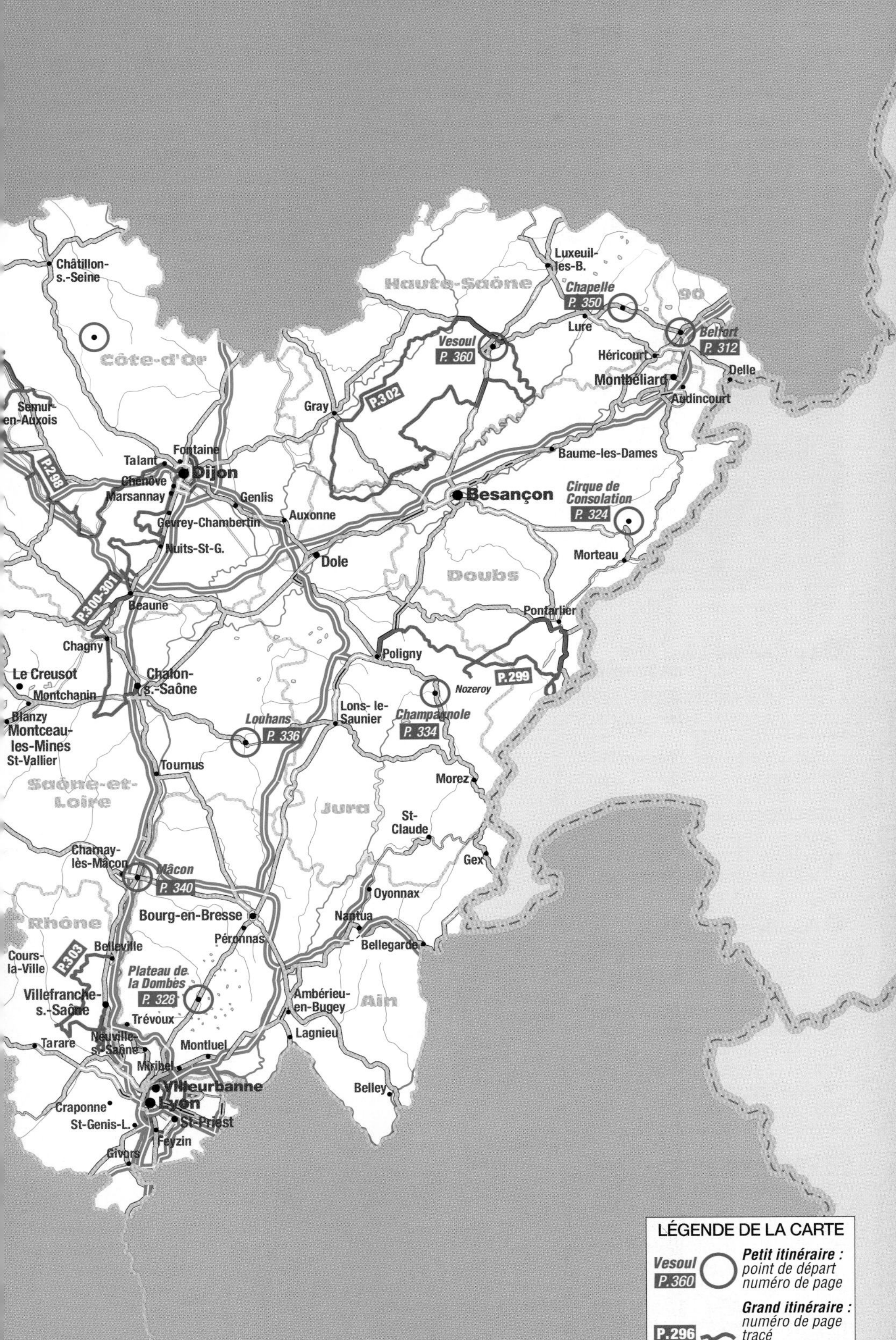
Châtillon-s.-Seine
Côte-d'Or
Semur-en-Auxois
Haute-Saône
Luxeuil-les-B.
Chapelle
P. 350
90
Vesoul
P. 360
Lure
Belfort
P. 312
Héricourt
Delle
Montbéliard
Audincourt
Gray
P.302
P.298
Talant
Fontaine
Dijon
Chenôve
Marsannay
Genlis
Baume-les-Dames
Besançon
Cirque de Consolation
P. 324
Auxonne
Gevrey-Chambertin
Nuits-St-G.
Dole
Morteau
Doubs
P.300-301
Beaune
Pontarlier
Chagny
Poligny
P.299
Le Creusot
Chalon-s.-Saône
Nozeroy
Montchanin
Blanzy
Montceau-les-Mines
St-Vallier
Louhans
P. 336
Lons-le-Saunier
Champagnole
P. 334
Tournus
Saône-et-Loire
Morez
Jura
St-Claude
Charnay-lès-Mâcon
Mâcon
P. 340
Gex
Oyonnax
Rhône
Bourg-en-Bresse
Nantua
Péronnas
Bellegarde
P.303
Belleville
Cours-la-Ville
Plateau de la Dombes
P. 328
Villefranche-s.-Saône
Ambérieu-en-Bugey
Ain
Trévoux
Tarare
Neuville-s.-Saône
Montluel
Lagnieu
Miribel
Villeurbanne
Lyon
Belley
Craponne
St-Genis-L.
St-Priest
Feyzin
Givors
LÉGENDE DE LA CARTE
Vesoul
P. 360
Petit itinéraire :
point de départ
numéro de page
Grand itinéraire :
numéro de page
P. 296
tracé

Des bords de Loire en Puisaye

En ce haut Val de Loire, planté de vignes et couronné de bois sombres, s'étagent le long du fleuve des cités historiques jadis prospères. À l'ouest, la douce et apaisante Puisaye, pays d'eau et de bocage que chanta Colette, est la terre de prédilection d'une poterie de grès utilitaire née d'un sous-sol riche en argile et de bois « profonds et envahissants, qui moutonnent et ondulent jusque là-bas, aussi loin qu'on peut les voir. »

Saint-Fargeau : *l'une des façades du château*

❶ La Charité-sur-Loire

569 27/J8

La place forte médiévale que Jeanne d'Arc ne put prendre s'enorgueillit de l'un des trésors de l'architecture romane de Bourgogne. L'église prieurale Notre-Dame (XIe-XVe s.), « fille aînée de Cluny », conserve la mémoire d'une communauté monastique qui compta, au XIIe s., plus de deux cents moines bénédictins. depuis l'esplanade, rue du Clos, sur le chevet, la vieille ville et les remparts.

❷ Pouilly-sur-Loire

Sur le rebord du coteau qui surplombe la Loire, ce tout petit vignoble produit le pouilly fumé et le pouilly-sur-loire, vins blancs secs renommés que les producteurs aiment à faire découvrir lors des opérations « Caves ouvertes » (tél. : 03.86.39.03.75). sur la rive gauche de la Loire le célèbre vignoble de Sancerre, qui semble toiser Pouilly du haut de sa butte.

❸ Cosne-sur-Loire

Cosne-sur-Loire était célèbre au XVIIIe pour ses forges et ses manufactures de canons et d'ancres de marine. Mais elle tira aussi sa prospérité de son port, auquel elle rend aujourd'hui hommage au Musée municipal : peintures, maquettes, objets usuels et photographies racontent ainsi l'histoire du « fleuve royal » et de ses mariniers. La « ville aux deux clochers », ceux des églises Saint-Aignan, la romane, et Saint-Jacques, la gothique, s'anime tout particulièrement lors du marché du dimanche matin.

❹ Saint-Amand-en-Puisaye

Au cœur d'un gisement d'argiles à grès de grande qualité, Saint-Amand développe depuis le XIVe s. une tradition de poterie utilitaire. En témoignent aujourd'hui le musée du Grès, installé dans les salles d'un château Louis XIII, l'école de poterie et la trentaine d'ateliers encore en activité. à Treigny le château de Ratilly (XIIIe s.), qui sert d'écrin à un centre d'art où se côtoient grès anciens et poteries contemporaines. À ne pas manquer également, le parc naturel de Boutissaint, un musée vivant de la forêt et des animaux qui l'habitent.

❺ Saint-Sauveur-en-Puisaye

Installé dans le château (XVIIe s.) qui domine la ville et la maison natale de l'écrivain, le musée Colette est tout en impressions et sensations, baignant dans une lumière bleue rappelant la couleur qui lui était chère. Au dehors, c'est avec *la Maison de Claudine* et *Sido* en main qu'il faut suivre le sentier balisé le long duquel revit l'enfance de la romancière, et comprendre ainsi son attachement à la Puisaye.

❻ Saint-Fargeau

650 28/A6

Cet élégant château Renaissance est posé sur les bords du Loing, au cœur d'un village médiéval. Il compta parmi ses plus célèbres occupants la Grande Mademoiselle, cousine germaine de Louis XIV exilée pendant la Fronde, puis Le Peletier (dit de Saint-Fargeau), qui vota la mort de Louis XVI. Le château fut sauvé de la ruine et restauré par deux frères passionnés de demeures historiques qui le découvrirent dans une série télévisée. le chantier de Guédelon, où, dans le respect des techniques et des matériaux du XIIIe s., les Compagnons bâtisseurs de Puisaye se donnent trente ans pour construire un château fort.

Les lacs du Morvan

Socle granitique érodé et couvert d'une forêt très dense, le cœur du Morvan montre d'abord un aspect sévère et des villages solitaires. Mais, sur le versant sud, il s'éclaire par petites touches de bocages qui annoncent les riantes collines bourguignonnes.

Saint-Brisson : *l'Herbularium*

LES GALVACHERS

Par des chemins de traverse boueux, ces hommes parcouraient le massif sur des charrettes « tout terrain » à deux roues, tirées par deux puissants bœufs charolais. Ces attelages lourdement chargés de bois, de grains ou de vin transportaient les marchandises d'une place à l'autre, animant les foires du Bourbonnais et du sud de la Bourgogne.

❶ Château-Chinon

572 36/**C2**

La bourgade, nichée au centre du haut Morvan forestier, faisait jadis office de capitale des bûcherons et des flotteurs de l'Yonne, mais fournissait aussi aux familles parisiennes leur lot de nourrices morvandelles ! Si la vieille ville rappelle l'époque médiévale, le musée du Septennat, où sont exposés les cadeaux protocolaires offerts au président Mitterrand, nous entraîne dans un voyage plus contemporain… Tout comme l'insolite fontaine de Niki de Saint Phalle et Jean Tinguely, sur la place de l'Hôtel-de-Ville.

❷ Réservoir de Pannesière

Le plus vaste lac du Morvan (520 ha), formé en 1949 lors de la construction de l'imposant barrage-poids, fait le bonheur des pêcheurs qui viennent y taquiner carpes, sandres et brochets. depuis la crête du barrage. la charmante petite chapelle du Banquet, perchée sur une colline d'où la vue embrasse le massif.

❸ Lormes

La bourgade, qui conserve un quartier ouvrier bien restauré et trois moulins à eau, compte deux splendides belvédères : la terrasse de l'église Saint-Alban (renommée pour ses chapiteaux sculptés et ses vitraux figuratifs) et le mont Justice (470 m), situé à 1,5 km au nord-ouest. sur Lormes, le Morvan, le Nivernais et le Bazois.

❹ Lac et barrage de Chaumeçon

L'ouvrage hydroélectrique fut construit dans les années 30 pour réguler les affluents de la Seine. Dévalant les collines environnantes, l'impétueux torrent du Chalaux qui l'alimente est, à présent, propice aux sports d'eaux vives.

❺ Saint-Brisson

Au cœur du parc naturel régional du Morvan créé en 1970, le domaine de Saint-Brisson accueille, outre les espaces d'exposition et d'information de la maison du Parc, un musée de la Résistance, poignant hommage aux maquisards morvandiaux. L'Herbularium ravira les botanistes, éclairés et amateurs : toutes les espèces végétales du Morvan y ont été replantées ! La forêt de Breuil-Chenue, la plus belle hêtraie du massif, invite, quant à elle, à la promenade (GR 13).

❻ Gouloux

Le village abrite le dernier sabotier de tradition, qui utilise encore les essences régionales (hêtre, aulne et bouleau). La belle cascade du saut du Gouloux, formée par le Caillot avant sa rencontre avec la Cure, témoigne de la vigueur des eaux morvandelles, que tant d'ouvrages ont dompté ailleurs.

❼ Lac des Settons

662 28/**D8**

Le barrage sur la Cure, érigé au XIXe s., facilitait aussi le flottage du bois. Les lâchers d'eau à date précise (en mars) permettaient de grossir artificiellement les flots et de laisser dériver les billes de bois jusqu'à la plaine. Le lac, classé depuis 1973, est désormais aménagé pour les sports nautiques et apprécié à l'automne par les pêcheurs.

Lac des Settons : *panorama sur le lac*

Le long du canal de Bourgogne

Le vin donne sa renommée à la Bourgogne, mais l'eau y compte tout autant : la Saône en forme la frontière est, et la Loire celle de l'ouest. Le canal de Bourgogne la traverse, reliant le Rhône à la Seine, la Méditerranée aux mers du Nord, par des paysages paisibles et des sites qui trahissent l'opulence et le bien-vivre.

1 Dijon

587 28/F8

Le vignoble de la Côte-d'Or se termine à Dijon par la vigne de Montrecul dont le nom évoque la forte pente, au pied du mont Affrique. Par la verdoyante vallée de l'Ouche, le canal de Bourgogne emportait le vin vers Paris.

2 Pont-de-Pany

La « montagne bourguignonne » barre ici l'horizon par la haute falaise de Baulme-la-Roche. Sur l'autre rive de l'Ouche, on accède par de sévères lacets au château de Montculot, où Lamartine s'était réfugié après un revers sentimental. Il y écrivit *la Source*, et s'en souviendra dans ses *Nouvelles Méditations poétiques*.

3 La Bussière-sur-Ouche

L'abbaye fut créée par les moines de Cîteaux, qui appliquaient ici la même règle : *Ora et Labora*, Prière et Travail. On retrouve d'ailleurs dans les étangs et dérivations de La Bussière la science de l'hydraulique appliquée dans le canal de Centfonds à Cîteaux. Dans le parc de l'abbaye, un petit bâtiment abritait tout à la fois l'élevage d'écrevisses et un pigeonnier. Par-delà la robuste église et le cloître, une solide construction du XIIe s. évoque le savoir-faire viticole initié au Clos de Vougeot : un cellier voûté surmonté du local de vendange, avec un pressoir du XVIe s., est resté dans son état d'origine, y compris une rare vis de serrage en bois.

4 Châteauneuf

573 28/E8

Depuis les fenêtres du château ou le point de vue de la Croix s'ouvre un vaste panorama traversé par le ruban d'argent du canal qui achève son parcours sur le versant méditerranéen. On domine quatre écluses, le port de Vandenesse, le lac-réservoir de Tillot et celui de Panthier, plus proche du château de Commarin.

Le canal arrive à son point le plus haut et va basculer vers la Seine après le tunnel de Pouilly, long de plus de 3 km et vieux de 150 ans (se visite en bateau-mouche).

5 Éguilly

Dans cette vallée de l'Armançon, chaque village recèle un château. Celui d'Éguilly, entre le canal et l'autoroute du Soleil, est en cours de restauration. 👁 à Saint-Thibault une surprenante église : le chœur d'une cathédrale y est adossé à un médiocre clocher de chapelle rurale.

6 Semur-en-Auxois

658 28/D7

Un peu en amont sur l'Armançon s'étire le lac de Pont. Ourlé d'un sentier bucolique, c'est une réserve d'eau pour le canal qui a pris près de là un raccourci pentu : trente-neuf écluses en 14 km ! C'est aussi à pied qu'il faut apprécier les rues anciennes de Semur, ancienne petite capitale du paisible comté d'Auxois.

Semur-en-Auxois et l'Armançon

7 Alise-Sainte-Reine

529 28/E7

Au pied du site d'Alésia, voici l'une des sources sacrées de la Bourgogne où se rendent encore quelques pèlerins. Elle fut si célèbre que la reine Anne d'Autriche se fit porter de son eau pour combattre la stérilité qui la frappait. Elle fit aussi pèlerinage à Notre-Dame-d'Étang, près de Pont-de-Pany, but encore du vin de la « vigne de l'Enfant-Jésus » à Beaune, et accoucha bientôt du Roi-Soleil… 👁 à Flavigny la fontaine de Récluse, universellement connue parce que son image orne les emballages des Anis de Flavigny.

8 Abbaye de Fontenay

599 28/E6

On ne manquera pas, en sortant des bâtiments de l'abbaye, d'emprunter le petit sentier qui s'ouvre face à la porterie. On retrouve là les eaux courantes, les minières et les bois qui permettaient la métallurgie : les Cisterciens disposaient, à la fin du Moyen Âge, d'un quasi-monopole du fer en Europe occidentale. Et l'on se souviendra ici de l'enseignement de saint Bernard, qui écrivait qu'on apprend plus dans les bois que dans les livres…

Châteauneuf :
le château vu du canal

Sur les routes du Comté

Au cœur de cette campagne jurassienne, forêts, massifs, prairies, cluses, lacs et rivières composent un paysage polychrome où l'homme a su se faire discret. Dans les fruitières et les fermes à tuyé, il perpétue les traditions, attentif au temps qui régit la lente maturation des saveurs du terroir.

Fabrication du comté : *l'étape délicate du décaillage*

LES FRUITIÈRES

Au Moyen Âge, l'ancêtre du fromage de comté était fabriqué dans une « fructerie » où les fermiers s'étaient réunis en coopérative. Aujourd'hui, à travers 200 fruitières, ce cru de terroir est toujours élaboré de façon traditionnelle, avant de séjourner en cave pour trois à neuf mois d'affinage. ℹ Maison du Comté à Poligny. Tél. : 03.84.37.23.51

❶ Poligny 642 37/H3

Le Comté s'est doté d'une route touristique sur laquelle Poligny, sa capitale, est une étape obligée. Serrée contre la culée de Vaux, la ville est connue pour son vin et sa fête du Comté (mai). Rue du Collège, la collégiale Saint-Hippolyte (1415) garde une remarquable collection de statues de l'école bourguignonne du XVe s.

❷ Arbois 535 37/J2

Inscrit parmi les quatre vins AOC du Jura, le vin d'Arbois fait la réputation de cette pittoresque cité médiévale. Alentour, les douces pentes du vignoble promettent quelques bonnes caves et dégustations, tandis que le château Pécault s'est transformé en musée de la Vigne et du Vin. L'exposition « Mille Milliards de microbes », dans la maison familiale de Pasteur, rappelle le souvenir du savant, qui passa sa jeunesse à Arbois.

❸ Pontarlier 643 38/B2

Avant de rejoindre la capitale du haut Doubs, une halte s'impose en forêt de la Joux, l'une des plus belles sapinières de France. Plus la frontière suisse se rapproche et plus la montagne s'impose, tel un rempart imprenable dont le château de Joux, sur son ergot rocheux, serait l'unique gardien. Le Doubs, ici alangui, arrose la ville, dont on retiendra la porte Saint-Pierre et les vitraux de l'église Saint-Bénigne, signés Manessier.

❹ Château de Joux

Dès les origines, la cluse de Joux fut un axe nord-sud précieux, tant pour le commerce que pour les envahisseurs. Le château de Joux (XIe s.) en contrôlait alors l'accès sud, à près de 1 000 m d'altitude. Renforcé par Vauban, il servit de prison, notamment à Mirabeau, dont la cellule se visite.

❺ Métabief 619 38/A3

Les fondeurs (adeptes du ski de fond) fréquentent en nombre cette station réputée pour ses sports de plein air. Sur les hauteurs, le mont d'Or culmine à 1 463 m : du belvédère des Chamois, le panorama imprenable sur la vallée de Joux, les lacs suisses et les grandes Alpes est à couper le souffle. La fromagerie de Métabief fait partager les secrets de fabrication des fromages de la région, dont le savoureux vacherin mont-d'or.

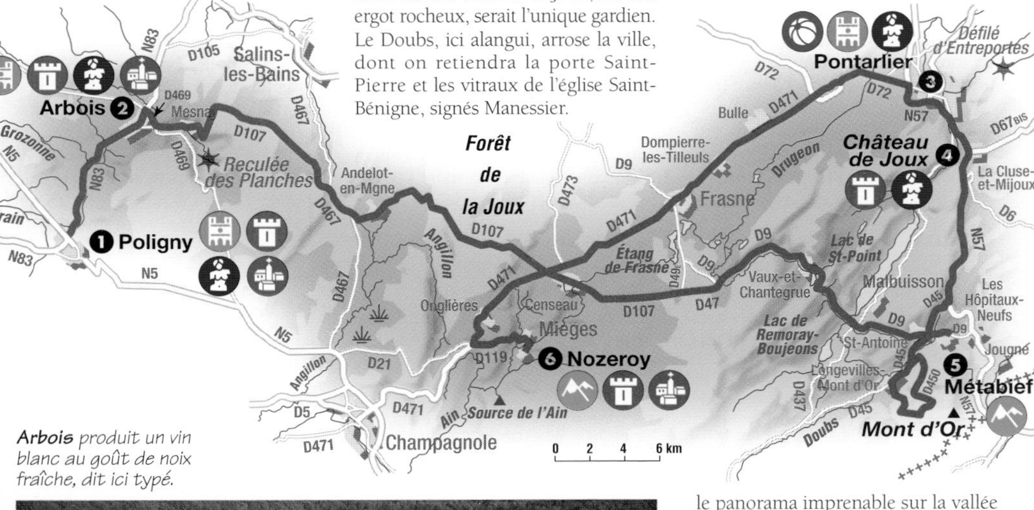

Arbois produit un vin blanc au goût de noix fraîche, dit ici typé.

❻ Nozeroy 632 37/J3

Ce bourg médiéval a connu un glorieux passé de ville forte dont témoignent, sur la butte, les ruines du château des Chalon (XIIIe s.). Au-delà des prairies voisines, l'Ain prend sa source sur le plateau, puis devient ce cours d'eau mouvementé qui chute, se perd et rejaillit soudain, dévalant vers Champagnole, 100 m d'altitude plus bas.

Dans les vignobles des Côtes

De Chalon-sur-Saône à Dijon, le vignoble bourguignon prend ses aises, piquetant ses villages de châteaux, d'églises et d'abbayes. Car les moines, comme les ducs de Bourgogne, ont laissé dans la pierre le souvenir de leur existence. Les vignes qu'ils ont plantées sont toujours soigneusement encloses de leurs murets, et le cœur des villages balance entre église romane et caves voûtées...

Meursault : *le village vu de ses vignes*

❶ Chalon-sur-Saône

566 36/F3

Ville natale de Niepce, inventeur de la photographie, Chalon lui a consacré un musée, mais elle a aussi conservé un secteur médiéval à découvrir (rue au Change, rue du Châtelet, rue Saint-Vincent). L'église Saint-Vincent vaut une visite pour sa construction composite associant roman et gothique, et pour les chapiteaux de son cloître.

❷ Buxy

Solidement campées sur la butte, les maisons médiévales de Buxy sont toujours groupées autour de leur église, derrière les vestiges des remparts (XIIe s.).

❸ Givry

À Givry, une vaste halle-grenier circulaire (XIXe s.) fait face à une fontaine cadran solaire ornée de dauphins. À un jet de pierre des anciens remparts, une surprenante église octogonale évoque, par son volume intérieur, une basilique byzantine en réduction. 👁 Fontaines pour son lavoir et son église Saint-Just.

❹ Meursault

On entre ici en Côte-de-Beaune, comme d'autres entreraient en religion. Si le village s'enorgueillit d'avoir accueilli le tournage de *la Grande Vadrouille*, il constitue surtout, avec Chassagne-Montrachet et Puligny-Montrachet, le triangle consacré au vin blanc le plus célébré au monde. On peut donc préférer au cinéma le château et ses caves, ainsi que l'église Saint-Nicolas et sa Vierge à l'Enfant.

❺ Pommard

« Tu n'es pas encore à la croix de Pommard », dit-on en Bourgogne pour signifier qu'on n'est pas au bout de ses peines. C'est peut-être pourquoi Hugo voyait dans ce vin « le combat du jour et de la nuit » et pourquoi Hitchcock lui fait jouer un rôle dans *les Enchaînés*... À Volnay, ☀, par le chemin derrière l'église, sur le village et la côte de Beaune.

❻ Beaune

549 36/F2

Fondée autour de la source sacrée de l'Aigue, Beaune a depuis mis beaucoup de vin dans son eau... Après avoir flâné dans les vieilles rues, visité les hospices aux toits polychromes et la collégiale Notre-Dame, on se rendra dans l'ancienne résidence des ducs de Bourgogne, où le musée du Vin de Bourgogne présente une collection de pressoirs, d'outils, de documents rares et d'objets liés aux rites et coutumes de la région. 👁 Savigny-lès-Beaune, dont le château abrite aujourd'hui un surprenant musée de la Motocyclette, de la Voiture de course et de l'Aviation.

❼ Aloxe-Corton

Le vin de Corton sut réunir des admirateurs aussi dissemblables que Voltaire (qui avouait le boire en cachette), Guy de Maupassant ou John F. Kennedy. Le village est aussi connu pour la « montagne » – en fait une assez haute colline – qui le surplombe, et pour le château Corton-André, coiffé d'un magnifique toit polychrome. 👁 Pernand-Vergelesses, qui séduisit assez Jacques Copeau pour qu'il y implante, en 1925, sa compagnie, « décentralisée ». Il est vrai que la curieuse église asymétrique – pour mieux tenir dans la pente du village – et le panorama sur tout le sud de la Côte, dont on jouit depuis le sommet de la butte, ont de quoi enchanter les plus blasés !

Aloxe-Corton : *une borne marquant la limite d'un domaine*

❽ Arcenant

Retirées, bucoliques, les Hautes-Côtes, ou Arrière-Côte, produisent aussi un vin respectable, mais sont surtout le terroir des baies dont on fait les liqueurs (entre autres, le cassis). Arcenant offre en sus le plaisir d'une montée en sous-bois à la découverte de son puits Groseille (grotte et rivière souterraine).

❾ Nuits-Saint-Georges

631 36/F1

C'est de la déformation du latin *nux*, le lieu étant autrefois planté de nombreux noyers, que le village tiendrait son nom. Saint-Georges était un cru connu, dit-on, avant l'an mille. La notoriété du village viendra au XVIIe s. d'une cure effectuée par Louis XIV : le *french paradox* (la bonne santé par le vin) avait déjà ses adeptes. Un peu plus tard, Jules Verne fit boire une bouteille de nuits-saint-georges aux héros du *Voyage autour de la Lune* ; et la place du Cratère-Saint-Georges rappelle élégamment le baptême d'un cratère par la mission Apollo 15, en 1971. On visitera l'église Saint-Symphorien, l'une des plus belles de la Côte, qui marie roman et gothique.

❿ Vosne-Romanée

Ici naissent des vins mythiques, dont le romanée-conti, il est vrai protégé depuis des siècles par une grande croix de pierre. 👁 Chambolle-Musigny, réputé pour l'élégance et la finesse de ses vins, illustrées par les noms de ses premiers crus : les Amoureuses et les Charmes. L'église (XVIe s.) mérite une visite pour ses fresques. 👁 Morey Saint-Denis, qui couve son clos de Tart, entouré de murs, au centre du village. Il a conservé son unité depuis le XIIe s. et abrite un pressoir du XVIe s.

⑪ Clos de Vougeot

677 28/F8

Le Clos de Vougeot fut planté par les moines de Cîteaux pour assurer leur approvisionnement en vin de messe, en échange de prières pour le repos éternel de l'âme des donateurs des terrains. Le château abrite un cuvier et quatre pressoirs en bois médiévaux et forme avec les vignes du clos l'un des plus beaux lieux de la région.

⑫ Reulle-Vergy

Ce paysage élargi de collines et de plateaux est accessible depuis la vallée par des combes étroites taillées à vif dans la roche des côtes. Il diffère tant de la côte de Nuits qu'il semble appartenir à un autre monde. La splendide église Saint-Saturnin (XIIe-XVIe s.) surplombe ce relief adouci.

⑬ Gevrey-Chambertin

Son Clos de Bèze passe pour avoir été la première vigne plantée dans la région : il est cité dès le VIIe s. On fera le tour du massif et spectaculaire château de Gevrey, et l'on méditera devant l'église, qui doit, selon une légende locale, sa couleur rose au vin qui aurait été mêlé au ciment…

⑭ Fixin

On mesure tout l'ascendant que Napoléon exerçait sur ses grognards en montant jusqu'au monument que Noisot, grenadier de l'Empereur, fit sculpter (par Rude) en son souvenir, et entourer d'un parc et d'un petit musée. On visitera le pavillon de chasse du clos de la Perrière, la belle église du XIIe s. et le lavoir circulaire du XIXe s., qui font de Fixin une halte originale en côte de Nuits.

⑮ Fixey

Une petite rue qui débouche dans les vignes et, sous son toit de lave dominé par un clocher aux tuiles vernissées, une petite église romane, restaurée dans sa nudité première : voilà la plus ancienne et la plus charmante église de la Côte (Xe s.). Non loin, dans le hameau, on peut encore faire son pain dans un four banal (communal) vieux de cinq siècles, également restauré.

⑯ Dijon

587 28/F8

Sur la fontaine de la place François-Rude, le Bareuzai de bronze, foulant les grappes de raisin pour en extraire le jus, rappelle que si la ville est connue pour sa liqueur de cassis, sa moutarde et son pain d'épice, elle est d'abord la porte du vignoble bourguignon. On se promènera dans la vieille ville médiévale (rue des Forges pour ses hôtels particuliers, au palais des Ducs pour sa salle des cuisines, au musée des Beaux-Arts pour ses collections de primitifs et dans le quartier Notre-Dame) avant de gagner le musée de la Vie bourguignonne (où vin et table sontà l'honneur) et le musée du Vin de l'hôtel Thomas-Berbisey. 👁 à Chenôve le très ancien pressoir des Ducs de Bourgogne, dans un bâtiment du XIIIe s. ouvert sur un jardin. 👁 Marsannay-la-Côte, qui s'offre une coquetterie : imposer le rosé au côté des rouges et des blancs qui font la célébrité de la Bourgogne.

DES NUANCES INFINIES

Cent huit appellations pour décliner seulement deux cépages, le chardonnay (en blanc) et le pinot (en rouge). Autant dire qu'on a ici le sens de la nuance et les pieds ancrés dans le sol. Car chaque parcelle de vigne, avec ses variations d'exposition et de nature du sous-sol, amène les deux cépages à produire de subtiles variations dont aiment à disserter à l'infini vignerons et amateurs de vins, en des débats parfois byzantins.

Puligny-Montrachet : hommage au labeur viticole

Entre la Saône et l'Ognon

Entre les vallées de la Saône et de l'Ognon, la plaine de Gray et les plateaux de la Haute-Saône alignent leurs successions de forêts enserrant les villages. Le relief s'accentue en s'éloignant de la Saône, des monts de Gy aux plateaux du sud et de l'est de Vesoul. Partout, des clochers à bulbe signalent les villages, où les fontaines-lavoirs surprennent par leur nombre et leur importance.

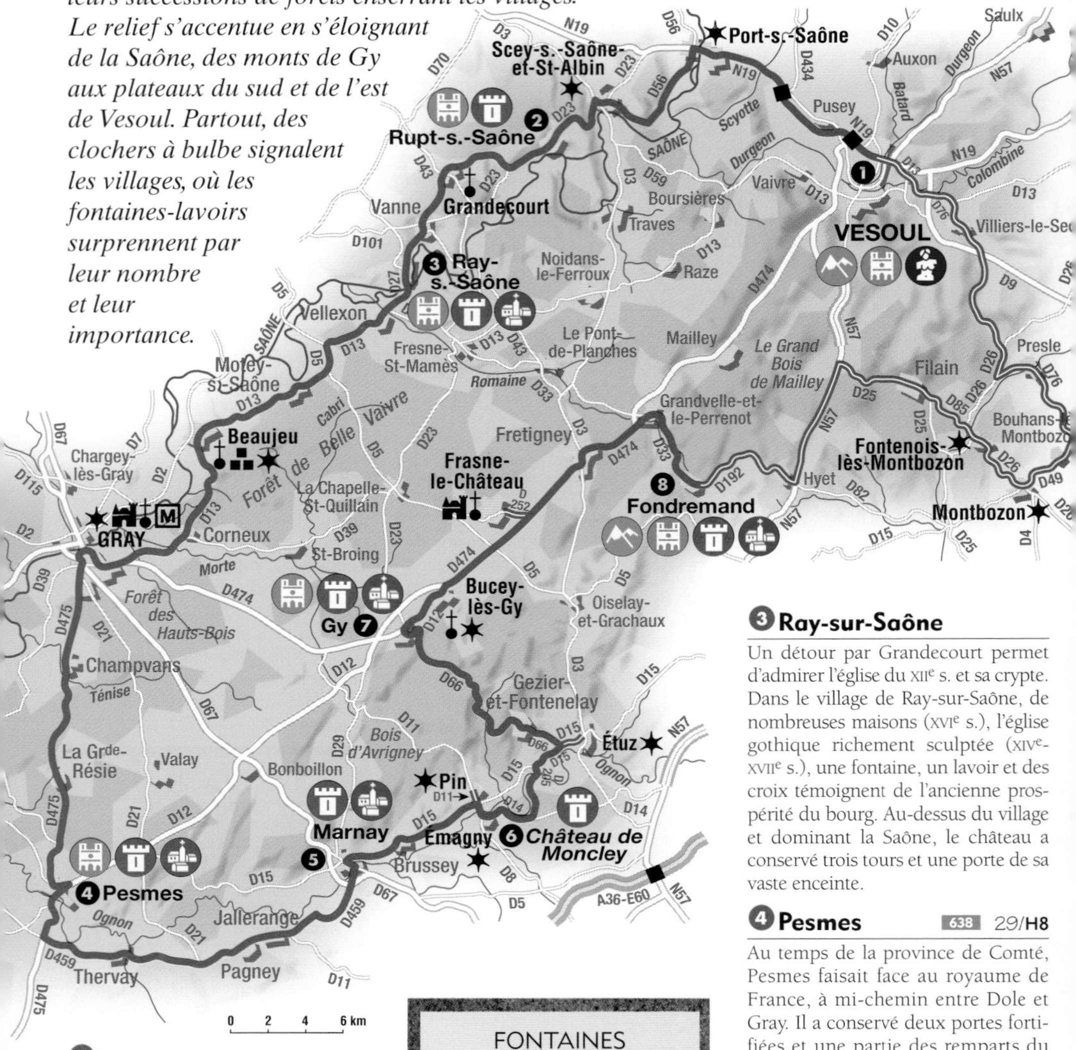

❶ Vesoul

675 30/A6

Vesoul se découvre par la pittoresque vallée de la Colombine, qui entaille les plateaux calcaires. Dominée au sud-est et à l'est par leurs avancées – certaines couronnées par des fortifications antérieures à notre ère –, la ville s'est étendue dans la plaine. Au pied de la colline de la Motte, elle aligne ses maisons des XVIe et XVIIIe s., son église-halle et ses couvents austères, dont celui des Ursulines, qu'occupe le musée Garret. Port-sur-Saône et Scey-sur-Saône-et-Saint-Albin, qui possèdent une élégante église-halle. Tout au long de la vallée de la Saône, des croix (XVIe s-XVIIIe s.), portent d'un côté le Christ et de l'autre une Vierge à l'Enfant.

FONTAINES ET LAVOIRS

Au cœur des villages comtois se dressent souvent des fontaines sculptées, véritables monuments datant pour la plupart des XVIIIe et XIXe s. Ainsi, de nombreux villages de la région possèdent de remarquables ouvrages, parmi lesquels on retiendra le lavoir d'Étuz, les deux fontaines-lavoirs de Fontenois-lès-Montbozon (1844), la fontaine du Cygne de Montbozon, ou encore la mairie-lavoir de Beaujeu, datant de 1830 et inspirée des villas italiennes. Construite sur un plan en croix grecque et dotée d'une façade en pierres finement taillées, celle de Bucey-lès-Gy reste l'un des chefs-d'œuvre du genre.

❷ Rupt-sur-Saône

Sur le coteau, le château fort et l'église paroissiale se font face, séparés par un vallon. De la plate-forme de l'église, sur le donjon cylindrique du XIIIe s. L'élégante église-halle (1750) a gardé son décor d'origine.

❸ Ray-sur-Saône

Un détour par Grandecourt permet d'admirer l'église du XIIe s. et sa crypte. Dans le village de Ray-sur-Saône, de nombreuses maisons (XVIe s.), l'église gothique richement sculptée (XIVe-XVIIe s.), une fontaine, un lavoir et des croix témoignent de l'ancienne prospérité du bourg. Au-dessus du village et dominant la Saône, le château a conservé trois tours et une porte de sa vaste enceinte.

❹ Pesmes

638 29/H8

Au temps de la province de Comté, Pesmes faisait face au royaume de France, à mi-chemin entre Dole et Gray. Il a conservé deux portes fortifiées et une partie des remparts du bourg, la muraille (XVIIe s.) de son château qui domine l'Ognon, de nombreuses maisons Renaissance et son église gothique au majestueux clocher classique. Les nombreuses œuvres d'art du chœur et des chapelles seigneu-

Pesmes : *les rives de l'Ognon*

riales sont d'une qualité rare. 👁 Gray, port fluvial et ancienne place forte, qui ajoute au charme de son site celui de ses maisons bourgeoises.

5 Marnay

Le bourg descend en pente douce vers l'Ognon, que surplombent l'escarpement de l'ancien château et ses corps de logis Renaissance. Au long des rues et des places, on découvre de jolies maisons gothiques dont l'hôtel Terrier-de-Santans, l'actuelle mairie, et une petite église gothique rehaussée d'œuvres de la Renaissance.

6 Château de Moncley

Bâti dans les années 1780, ce château forme, avec ses vastes communs, l'un des plus majestueux ensembles néoclassiques de Franche-Comté. La sobriété recherchée du décor architectural et des volumes, ainsi que l'étendue des bâtiments, en font le noble pendant de la saline royale d'Arc-et-Senans. 👁 la grande fontaine-lavoir de Pin-l'Émagny.

7 Gy

Ce petit chef-lieu a conservé la physionomie de son passé seigneurial et vigneron : de belles maisons des XVIe et XVIIIe s., et, dans le bourg haut, le château des archevêques de Besançon, ainsi que l'église de style néogrec (1770). Au XIXe s., les édiles firent bâtir un palais grec à colonnades en guise de mairie ainsi qu'une fontaine digne d'une grande ville. Leur majesté peut surprendre... 👁 Frasne-le-Château.

8 Fondremand

Parcourant les rues de ce vieux bourg retiré au fond des forêts, on découvre de nombreuses maisons des XVe et XVIe s. À l'intérieur de l'ancienne enceinte (arasée) du château ont subsisté deux corps de logis du XVIe s. et le donjon du XIe s., qui domine la source de la Romaine. La rivière sort des rochers dans un bassin aménagé avec lavoir, ponceau, quais et escaliers dans un style néoclassique assez rustique (1833). Ne pas manquer le chœur et la chapelle gothiques de l'église.

***Fondremand :** source de la Romaine*

Au pays des pierres dorées

Une poignée de villages attachants feront découvrir au visiteur cette partie du Beaujolais, qui doit son surnom à la couleur blonde de pain d'épice que prennent les maisons sous les rayons du soleil couchant.

1 Villefranche-sur-Saône

Les sculpteurs de la collégiale Notre-Dame-des-Marais ont travaillé les pierres comme une dentelle, créant des scènes saisissantes – dont certaines assez crues ! Rue Nationale, on découvre des maisons Renaissance. Les plus belles sont au 596 (maison de la Pêcherie) et au coin de la rue du Faucon. 👁 Anse et sa forteresse. 👁 le Saint-Christophe polychrome (XIIIe s.) de l'église de Chazay-d'Azergues.

2 Saint-Jean-des-Vignes

Le musée géologique Pierres-Folles y présente en aquarium des nautiles vivants... et des vols de ptérosaures en hologramme.

3 Oingt

Perchés au-dessus de leurs vignes, les villages aux maisons hautes et étroites semblent dressés sur la pointe des pieds. Oingt, le plus beau de la région, a soigneusement enterré tous ses fils, ce qui lui vaut de servir de décor pour les films d'époque : entre les rues Trayne-Cul, Coupe-Jarret ou Tyre-Laine, on peut à l'envi jouer aux *Visiteurs*... 👁 à Theizé, le superbe château de Rochecorbonne. Il se transforme en « pôle œnologique » pour faire découvrir les vins du Beaujolais.

4 Ternand 668 28/F8

Le village médiéval de Ternand, dont les jardins lilliputiens occupent chaque interstice entre les maisons, abrite dans son église une belle crypte aux peintures carolingiennes.

5 Vaux-en-Beaujolais

Les amateurs d'histoires lestes feront un détour par Vaux, illustré par Gabriel Chevalier dans *Clochemerle*. Proche de l'intéressant musée viticole, le caveau de dégustation est l'un des plus rabelaisiens du Beaujolais, avec ses peintures illustrant personnages et épisodes de la saga. 👁 Salles-Arbuissonnas, qui conserve un beau cloître, bruissant encore, si l'on a l'oreille fine, des aventures galantes de ses chanoinesses.

6 Belleville

Belleville offre deux merveilles : l'ancien hôtel-Dieu, avec ses trois salles garnies de lits en noyer aux rideaux blancs et son apothicairerie, et surtout l'église Notre-Dame, associant le roman aux balbutiements du gothique. Les piliers de la nef centrale sont décorés de motifs étonnants, polychromes et dorés : monstre dévorant une pécheresse, homme se transperçant la langue d'un couteau, femme précipitée dans les enfers, masques divers rappelant que la pédagogie de l'époque ne s'embarrassait guère de nuances...

Les pierres dorées

524 Afrique (Mont)

 28/**F8**

(21) Surplombant la vallée de l'Ouche, à 12 km à l'ouest de Dijon, cette butte calcaire (600 m), escarpée et boisée, est parcourue par un chemin de ronde de 5,5 km, accessible aux piétons, à partir de la D 108. sur le chef-lieu de la Bourgogne, la Saône, le Jura au loin, ainsi que sur l'alignement des points hauts de la Côte-d'Or, au sud.

525 Aigle (Pic de l')

 37/**J4**

(39) Depuis La Chaux-du-Dombief, la première petite route à droite conduit vers Bonlieu. Un sentier balisé, 500 m plus loin à gauche, mène, après une marche en sous-bois (45 min) au sommet du pic de l'Aigle (993 m) ; sur la chaîne du Jura, la vallée de la Saône, le mont Blanc par temps clair, et sur de nombreux lacs. On les atteint en redescendant par le même chemin et en suivant la route forestière (2 km) jusqu'au belvédère des Quatre Lacs. sur les lacs du Petit Maclu, du Grand Maclu, d'Ilay (dit aussi de la Motte) et de Narlay, entourés de sapins et de feuillus.

526 Aignay-le-Duc

 28/**F6**

(21) Tél. : 03 80 93 91 21
Cette ancienne châtellenie des ducs de Bourgogne a perdu son château, rasé par Louis XI. Au XVe s., le pays était un centre de commerce de draps, de toiles et de cuirs. Dépeuplé et pillé pendant les guerres de Religion, le bourg a cependant gardé des éléments de son enceinte, de belles maisons du XVIe s. et des lavoirs. L'église Saint-Pierre-et-Saint-Paul (XIIe s.), l'une des plus belles du Châtillonnais, abrite un magnifique retable Renaissance en pierre, où sont sculptées, peintes et dorées, neuf scènes de la Passion.
à environ 4 km la ferme forte de la Potière.

527 Ain (Gorges de l')

 37/**H5**

(39, 01) Elles serpentent de Pont-de-Poitte à Poncin. Noyées pendant les 35 premiers kilomètres par la retenue du barrage de Vouglans, puis par une deuxième série de barrages plus petits, elles sont cependant visibles depuis la D 470 au pont de la Pyle ou au belvédère du Regardoir, juste avant Moirans-en-Montagne. Elles retrouvent leur aspect naturel à partir de Thoirette. De ce village à Bolozon, sur la rive gauche de l'Ain, depuis la D 91, sur la vallée encaissée dans le calcaire. À partir de Cize, celle-ci se resserre en une combe profonde. Le hameau de Racouse la domine au-dessus d'un méandre à la courbe parfaite.

528 Albarine (Chute de l')

 37/**H7**

(01) Entre Tenay et Hauteville-Lompnes, la D 21 remonte les gorges de la rivière, qui se faufile entre de hautes falaises. La route conduit à un belvédère situé à hauteur du sommet de la chute de l'Albarine – que l'on appelle aussi cascade de Charabotte. À 1 km de là, le long d'un abrupt de 150 m, les eaux tombent en quatre sauts impressionnants.

529 Alise-Sainte-Reine

 28/**E7**

(21) Tél. centre Alésia : 03 80 96 81 03
Début septembre, ce village situé à l'ombre du mont Auxois vit au rythme de la dévotion à Reine, jeune chrétienne qui fut martyrisée au IIIe s. pour avoir refusé d'épouser le gouverneur romain Olibrius. Un pèlerinage se déroule ici chaque année et le Mystère de sainte Reine est représenté au théâtre des Roches, créé sur le modèle des scènes antiques. Une chapelle, érigée à côté de la fontaine née selon la légende à l'emplacement du supplice, accueille les pèlerins qui y vénèrent la statue de la sainte. Mais ce bourg est surtout célèbre pour les vestiges de la cité gauloise puis gallo-romaine d'Alésia, qui s'épanouissent sur le plateau. Les objets exhumés au cours des fouilles sont exposés dans le musée situé au cœur du village : statues, pièces de monnaie, céramiques, éléments architecturaux. C'est ici que César assiégea et vainquit Vercingétorix en 58 avant J.-C.

LA CÔTE D'OR

La longue corniche de la Côte d'Or, qui domine de plus de 400 m le plateau de la Saône au sud de Dijon, doit son renom aux crus prestigieux des vignobles qu'elle incline vers le soleil, l'orient, l'or : Vougeot, Vosne-Romanée, Nuits-Saint-Georges, Beaune, Pommard, Volnay, Meursault, Montrachet Gevrey-Chambertin... Elle constitue un accident naturel qui rappelle l'abrupte retombée des Vosges sur l'Alsace viticole. Ses hauteurs boisées, ses panoramas portant jusqu'au Jura, ses abrupts en roches dures, ainsi que les vallées encaissées qui indentent son tracé forment, entre Dijon et Chagny, un espace touristique très attrayant. La plupart des communes proposent d'ailleurs des sentiers de randonnée qui conduisent jusqu'aux crêtes. Le plus célèbre des belvédères, celui du **mont Afrique,** domine Dijon de ses 600 m.

1

Le pic de l'Aigle

1 Le belvédère des Quatre Lacs

2

Les gorges de l'Ain

2 Vue des gorges à Cize

3 La perte de l'Ain à Bourg-Sirod

3

4

La chute de l'Albarine

4 Les quatre sauts de la rivière

5

Alise-Sainte-Reine

5 Le mont Auxois et l'immense statue de Vercingétorix réalisée par Gustave Millet

530 Allymes (Château des)  37/H6

(01) *i* Tél. : 04 74 38 06 07

Perchée sur un promontoire, cette forteresse révèle depuis ses courtines les beaux paysages de la Bresse et de la Dombes. Elle est dominée par le mont Luisandre, qui s'élève au nord-ouest à 805 m d'altitude. Ces deux sites constituent le but d'agréables promenades à pied à partir du hameau de Brédévent (respectivement 30 et 15 min AR), que l'on atteint par la route montant à gauche de l'église d'Ambérieu-en-Bugey (à l'ouest).

531 Ambronay  37/H6

(01) *i* Tél. abbaye : 04 74 34 52 72

L'abbaye bénédictine, fondée au IXᵉ s. par saint Barnard – un chevalier de Charlemagne – et autour de laquelle s'est construit le bourg, a conservé une grande partie de ses bâtiments conventuels, dont un élégant cloître gothique. Son église (XIIIᵉ-XVᵉ s.) renferme la sépulture de l'abbé Jacques de Mauvoisin (XVᵉ s.), qui a restauré l'édifice.

532 Ancy-le-Franc (Château d')  28/D6

(89) *i* Tél. : 03 86 75 14 63

Conçu sur les plans de l'architecte Sebastiano Serlio, ce superbe château à l'aspect italien exprime à merveille le charme de la Renaissance au cœur même de la Bourgogne. Une cour intérieure harmonieuse et élégante se cache derrière les murs austères du bâtiment. Commencé en 1546 par Antoine III de Clermont-Tonnerre, qui avait épousé la sœur de Diane de Poitiers, il fut vendu à Louvois – qui y fit aménager par Le Nôtre un jardin à la française –, puis racheté au milieu du XIXᵉ s. par la famille de Clermont-Tonnerre. La décoration intérieure fut confiée au Primatice, peintre italien que François Iᵉʳ avait fait venir pour embellir le château de Fontainebleau, à Nicolo dell'Abbate et à leurs élèves, mais aussi à des artistes régionaux comme André Meynassier. Les plafonds et les très beaux lambris peints de la chapelle Sainte-Cécile, tout comme les panneaux de la galerie des Sacrifices, les toiles du cabinet du Pastor Fido ou les fresques de la galerie de Pharsale, illustrent parfaitement les conceptions artistiques de la Renaissance. Un musée de l'Automobile et de l'Attelage est installé dans les communs du château.

533 Antheuil (Grotte d')  28/F8

(21) Derrière le village d'Antheuil, au cœur d'un cirque rocheux, une cavité s'ouvre sur 200 m de salles reliées par d'étroits couloirs. Une source pétrifiante, car ses eaux sont riches en sels calcaires, jaillit à 10 m au-dessus de l'entrée ; au fond de la caverne, le courant souterrain réapparaît.

534 Anzy-le-Duc  36/D5

(71) *i* Tél. mairie : 03 85 25 16 43

Sans doute commencée au début du XIᵉ s., l'église du village, par la qualité de son décor sculpté (portail, chapiteaux historiés de la nef) et l'harmonie de son clocher polygonal à trois étages percé de baies, s'affirme comme l'une des plus belles réussites romanes du Brionnais.

535 Arbois   37/J2

(39) *i* Tél. : 03 84 66 55 50

Au cœur du vignoble, la cité entretient toujours sa tradition viticole. Le château Pécaud accueille le musée du Vin et de la Vigne ainsi que l'Institut des vins du Jura. Sous le clocher (XVIᵉ s.) au dôme bulbeux de l'église Saint-Just (XIIᵉ-XIIIᵉ s.), la ville garde de vieux moulins, le château Bontemps, jadis propriété des ducs de Bourgogne, et de belles demeures bourgeoises du XVIIIᵉ s., dont l'hôtel Sarret-de-Grozon, où se trouve un musée (collections de peintures et de porcelaines). Arbois abrite aussi la maison familiale de Pasteur, conservée en l'état, avec notamment le laboratoire du savant.

LE BRIONNAIS

À partir d'ANZY-LE-DUC, le circuit entre dans la campagne vallonnée du Brionnais. Les villages qui s'y nichent possèdent souvent une église romane, à l'image de celle de Montceaux-l'Étoile, au portail sculpté, ou de celle de Varenne-l'Arconce. Proche du château de Chaumont (XVIIᵉ-XIXᵉ s.), celui d'Oyé garde un logis des XVᵉ et XVIᵉ s.

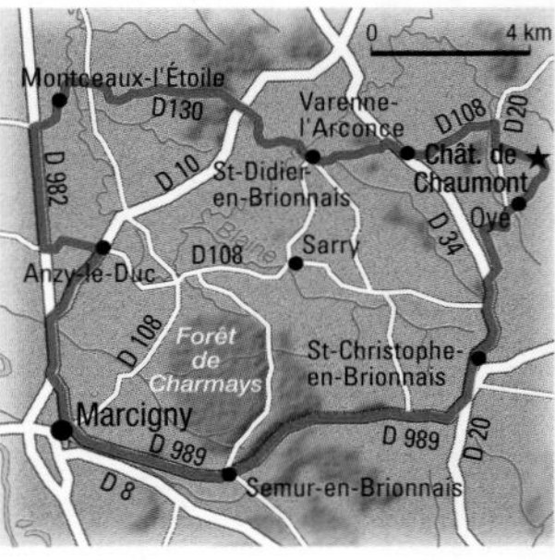

Par Saint-Christophe-en-Brionnais, réputé pour son marché aux bovins, on gagne Semur-en-Brionnais, qui conserve l'une des plus anciennes forteresses de Bourgogne. Marcigny, avec ses maisons à pans de bois, ses hôtels particuliers et sa tour du Moulin, qui abrite un musée de faïences, constitue une dernière étape agréable.

PASTEUR (1822-1895)

Bien que né à Dole, c'est dans la ville d'**Arbois** que Pasteur passe toute son enfance. Et, toute sa vie durant, le grand savant reste fidèle à cette petite cité jurassienne dont il fait son lieu de villégiature attitré. Pendant ses nombreux séjours, la maison familiale, installé dans l'ancienne tannerie paternelle, s'ouvre aux Arboisiens qui viennent solliciter du chimiste une aide pour la conservation de leur production de vin, et du biologiste quelques conseils pour la sauvegarde de leur santé.

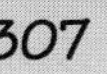

1

Le château d'Ancy-le-Franc
1 La façade ouest

Anzy-le-Duc
2 Le tympan du portail de l'église

2

3

Arbois
3 Le clocher de l'église Saint-Just
4 La statue de Pasteur
5 La ville et la vallée de la Cuisance

4

5

536 Arc-et-Senans (Saline royale d')

37/J2

(25) Tél. : 03 81 54 45 45

Imaginée par Claude-Nicolas Ledoux au XVIIIe s., cette « cité idéale » traduit des conceptions sociales audacieuses : une ville de forme circulaire avec maison du directeur, ateliers, entrepôts et logements pour les ouvriers. Cette saline royale, qui n'assura jamais la production escomptée, devait permettre d'exploiter les eaux saumâtres de Salins-les-Bains. Les manifestations organisées par le Centre culturel de rencontre, qui occupe les lieux, apportent de la vie à cet ensemble jamais achevé.

537 Arcy (Grottes d')

28/C7

(89) Tél. : 03 86 81 90 63

Née au cœur du Morvan, la Cure s'enfonce, jusqu'à Vézelay, dans une succession de gorges boisées dominées par de curieux rochers (roche de la Pierre percée). Avant de rejoindre l'Yonne, elle traverse Arcy-sur-Cure. En amont du village, des grottes ont été creusées par les eaux, à trois reprises, dans la haute corniche calcaire formée par un méandre. Les 900 m de salles et de galeries de la Grande Grotte, aux parois couvertes de peintures préhistoriques, permettent de découvrir de nombreuses concrétions façonnées par des millions d'années d'érosion.

à 800 m le **château de Chastenay** (XIVe-XVIIIe s.), qui se dresse sur une hauteur surplombant la Cure.

538 Asquins

28/C7

(89) Tél. mairie : 03 86 33 20 14

Les pèlerins en route pour Compostelle s'arrêtaient ici, car on y vénérait saint Jacques le Majeur, dont un buste-reliquaire est conservé dans l'église. Le chemin qu'empruntaient les fidèles pour monter à Vézelay, toute proche, est à nouveau praticable et passe par la croix où saint Bernard prêcha la croisade en 1146, et par la chapelle de la Cordelle où s'installèrent, en 1217, les premiers Franciscains.

539 Autun

36/D2

(71) Tél. : 03 85 86 80 38

Fondée en l'an 15 av. J.-C. sous le nom d'Augustodunum, la ville a fêté, en 1985, ses 2 000 ans. Son théâtre antique, le plus vaste de Gaule, les portes Saint-André et d'Arroux, les ruines du temple de Janus, la pierre de Couhard, les stèles et fragments architecturaux exposés au Musée lapidaire sont les impressionnants vestiges de cette cité gallo-romaine. Commencée au XIIe s., la cathédrale Saint-Lazare doit beaucoup à un artiste de génie, Gislebert : il réalisa notamment le tympan du portail central représentant le Jugement dernier. Une autre de ses œuvres, *la Tentation d'Ève,* constitue l'une des pièces majeures du musée Rolin, réputé pour la richesse de ses collections lapidaires.

540 Auxerre

28/B6

(89) Tél. : 03 86 52 06 19

Des clochers, le haut vaisseau de la cathédrale et des toits rosés à lucarnes dominent les rues en pente, bordées de belles maisons en brique et à pans de bois, qui conduisent à la statue de la poétesse Marie Noël, à celle de Cadet Roussel, l'huissier excentrique, à la tour de l'Horloge et au passage Manifacier, inspirés de ceux de Paris. Surplombant le cours de l'Yonne, la cathédrale Saint-Étienne (XIIIe-XVIe s.), reposant sur une crypte romane, avec ses proportions très harmonieuses et les vitraux du XIIIe s. de son déambulatoire, adopte un superbe style gothique. Depuis son chevet, la rue Cochois descend à l'ancienne abbaye Saint-Germain, ensemble monastique presque complet. Son église compte plusieurs cryptes carolingiennes ornées de fresques, datant de 850, les plus anciennes connues en France. Le Musée archéologique est installé dans le dortoir des moines. Le musée Leblanc-Duvernoy conserve des faïences, des tapisseries de Beauvais, du mobilier...

LES COTEAUX DE L'AUXERROIS

En remontant l'Yonne au départ d'AUXERRE, on pénètre dans le vignoble de l'Auxerrois. Après les caves médiévales de Saint-Bris-le-Vineux et d'Irancy, Cravant se signale par son église de style Renaissance.

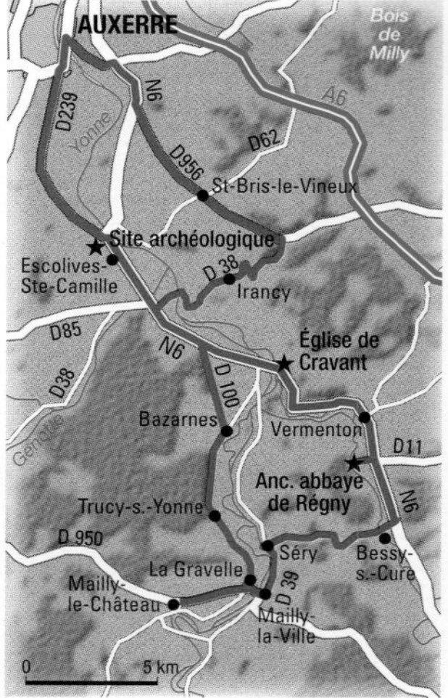

La vallée de la Cure conduit à Vermenton et ses maisons des XVIIe et XVIIIe s., puis à l'ancienne abbaye de Régny (XIIe s.). Il faut traverser l'Yonne pour atteindre Mailly-le-Château, qui conserve une église gothique et les vestiges du château des comtes d'Auxerre. Au nord, le dépôt de fouilles d'Escolives-Sainte-Camille, ruines d'un établissement thermal gallo-romain, abrite un portique décoré d'une frise sculptée.

LES FAILLES DE L'AUXOIS

Situées sur la ligne de partage des eaux des bassins de la Seine et du Rhône, les hauteurs se caractérisent par de nombreuses failles qui cloisonnent le terrain. Inutile, ici, d'être géologue pour les distinguer et déterminer quel bloc s'est soulevé ou effondré. Les failles de l'Auxois affectent en effet des roches dont les sols portent des cultures très différenciées selon qu'elles appartiennent aux couches les plus anciennes ou aux plus récentes. Les premières, datant du primaire et du début du secondaire, accueillent des bois et des prairies alors que les plus récentes portent des céréales.

La saline royale d'Arc-et-Senans

1 La maison du directeur, à droite, et l'un des bâtiments des sels, à gauche

Autun, la cathédrale Saint-Lazare

2 Chapiteau représentant l'apparition de Jésus à sainte Madeleine

3 Le tympan du portail central

Auxerre

4 Le Christ en majesté dans la cathédrale Saint-Étienne

5 La ville vue du pont Paul-Bert

6 La tour de l'Horloge

541 Avallon

 28/C7

(89) Tél. : 03 86 34 14 19
Selon la tradition, les portails de la collégiale Saint-Lazare se situent exactement sur la ligne de frontière Bourgogne-Morvan : en bas des marches, on se trouve dans le Morvan. Cet édifice, tout comme la tour de l'Horloge, les anciennes demeures (XVe-XVIIIe s.) et les musées de l'Avallonnais et du Costume, se trouve dans la vieille ville, entourée de remparts.

la **vallée du Cousin,** que la cité, du haut de son promontoire rocheux, surplombe d'une centaine de mètres. La promenade de la Petite Porte permet de suivre les vagabondages de la rivière. Jusqu'à sa confluence avec la Cure, bois, îlots, rapides et anciens moulins la rendent très pittoresque. Le cours d'eau traverse de charmants villages.

à 6 km (O) le village de **Vault-de-Lugny,** près duquel se dresse un château avec un donjon du XVe s.

542 Azé (Grottes d')

 36/F5

(71) Tél. : 03 85 33 32 23
Elles se composent de deux étages : le plus ancien a livré les ossements d'un lion des cavernes et d'ours ayant vécu il y a 300 000 ans – certains squelettes ont été reconstitués sur place. L'autre étage est encore traversé par le ruisseau de Veizé, qui débouche à Rizerolles, à la fontaine de la Balme ; un parcours aménagé permet de le suivre sur 1 km. Azé possède un intéressant musée archéologique.

543 Baulme-la-Roche (Falaise de)

 28/F8

(21) La résurgence de la Douix jaillit à 50 m en amont des dernières maisons du village de Baulme, au bord de la D 104C. Un sentier très escarpé part de la fontaine et grimpe sur la corniche calcaire. La grotte de la Baulme, où courent 100 m de galeries, s'ouvre dans la paroi et offre une belle vue sur l'Ouche.

544 Baume-les-Dames

 30/A8

(25) Tél. : 03 81 84 27 98
C'est au VIIe s. que fut fondée ici, à l'emplacement d'un ancien château fort, une abbaye bénédictine où, selon la légende, sainte Odile, patronne de l'Alsace, recouvra la vue. En été, l'abbatiale (XVIIIe s.) ouvre ses portes, à l'occasion d'expositions et de concerts. L'église paroissiale, dédiée à saint Martin, renferme une pietà du XVIe s. et deux belles statues en bois polychrome. L'ancienne usine de fabrication des pipes Ropp se visite et le musée des Sires de Neufchâtel, installé dans un hôtel Renaissance, présente des reconstitutions de scènes de la vie quotidienne au début du XXe s.

à 14 km (S-E) la **source Bleue,** accessible par la D 21 depuis Pont-les-Moulins. Le Cusançin naît ici, dans un cadre boisé. À droite, une seconde source, dite Noire, jaillit d'une grotte.

545 Baume-les-Messieurs

 37/H3

(39) Tél. mairie : 03 84 44 61 41
De l'abbaye bénédictine, fondée au VIe s., subsistent l'église romane, qui renferme un riche mobilier, un cellier et une cuisine. La tour de Justice abrite un musée de l'Artisanat jurassien. L'ancien monastère et son village se trouvent à l'entrée de trois vallées dominées par de hauts escarpements calcaires.

à 2,5 km (S) l'impressionnant **cirque de Baume.** La D 4 et la D 471 vers Crançot montent au belvédère des roches de Baume, qui domine ce site et la cascade de la Seille. De là, un sentier sur la droite conduit, par les échelles de Crançot, taillées dans le roc, au fond de la reculée et à des grottes. Le GR 59, par une belle promenade panoramique, permet de faire le tour des autres sites.

à 10 km (N-E) la **reculée de Ladoye** – longue de 6 km –, close par les cirques de Ladoye, de Lioutre et de Sautelard. La D 96 conduit à un belvédère offrant une superbe vue.

LE PARC NATUREL RÉGIONAL DU HAUT-JURA

Créé en 1986 sur 62 000 ha, ce parc s'étend au sud-est de **Baume-les-Messieurs.** Il protège les paysages et les activités traditionnelles des hautes terres forestières de 46 communes du département du Jura, entre Morez au nord-est et Lavancia-Epercy au sud-ouest. Sa limite orientale est calée sur la Valserine alors que les corniches qui annoncent la vallée de l'Ain le bornent à l'ouest. Le grand carrefour naturel des gorges de la Bienne, du Flumen et du Tacon, que Saint-Claude commande, constitue son centre géométrique, bien que la maison du Parc (tél. : 03 84 34 12 30) se situe légèrement au nord-est, à Lajoux. La forêt et la filière du bois constituent le premier thème de ce parc, qui présente aussi une maison de la Faune à La Cure, entre Prémanon et le col de la Givrine. Le GR 9, qui le traverse puis le longe à l'est, permet d'en dominer les hauts chaînons orientaux ; il offre de superbes panoramas, au sud sur les plateaux rongés de dépressions karstiques des Molunes et de Bellecombe et, au nord, sur les belles forêts de résineux du Frênois et du Massacre. Enfin, plusieurs musées présentent, dans le cadre du parc, les nombreuses activités artisanales et industrielles qui se sont développées dans la région, d'abord issues du bois : pipes à Saint-Claude, jouets à Moirans-en-Montagne, lunettes à Morez, etc.

Avallon

1 Les anciens remparts vus du bastion de la Petite Porte

2 Statue d'un prophète du portail de l'église Saint-Lazare

Près d'Avallon, la vallée du Cousin

3 Le vieux pont à dos d'âne de Moulin-Cadoux

Baume-les-Messieurs

5 La cascade de la Seille

6 L'église de l'abbaye et le cirque de Baume, en arrière-plan

La falaise de Baulme-la-Roche

4 La paroi, appréciée par les amateurs d'escalade

546 Bazoches (Château de)  28/C8

(58) Tél. : 03 86 22 10 22

Le maréchal de Vauban l'acquit en 1675, et il appartient aujourd'hui encore à ses descendants. Il y apporta de nombreuses modifications et y réalisa les plans de plusieurs centaines de places fortes. À l'intérieur, de nombreux souvenirs évoquent ce maître de l'architecture militaire.

547 Beaujeu  36/E6

(69) Tél. : 04 74 69 22 88

Dominée par le clocher roman de son église Saint-Nicolas, l'ancienne capitale du Beaujolais, avec son musée des traditions populaires Marius-Audin, se cache au milieu de collines couvertes de vignes.

548 Beaumont-sur-Vingeanne (Château de) 29/G7

(21) Tél. mairie : 03 80 47 74 02

Dans un parc (6 ha) ouvert toute l'année à la visite, cette demeure aux dimensions modestes mais à l'ornementation des plus raffinées, est une folie du début du XVIIIe s. Elle fut construite pour l'abbé Claude Jolyot, chapelain de Louis XV.

549 Beaune  36/F2

(21) Tél. : 03 80 26 21 30

La « descente de cave » fait partie des rites incontestables de tout séjour dans cette cité. Chaque année (le 3e dimanche de novembre), la vente des vins des hospices est un événement de renommée internationale. Entourée par le vignoble, Beaune se signale comme un haut lieu vinicole Derrière ses remparts, elle abrite un riche patrimoine culturel dont l'hôtel-Dieu (XVe s.), construit à la demande du chancelier Nicolas Rolin, constitue le fleuron. Ses bâtiments, aux toits de tuiles vernissées et à la galerie à pans de bois reposant sur des colonnes en pierre, entourent la cour d'honneur et son puits. La salle des « pôvres », entièrement meublée, la cuisine, la pharmacie et le triptyque du *Jugement dernier* (XVe s.) peint par Roger Van der Weyden, sont remarquables. La collégiale Notre-Dame (XIIe-XVIe s.) et ses tapisseries médiévales, l'église Saint-Nicolas, l'ancien hôtel des ducs de Bourgogne, qui accueille le musée du Vin, et les nombreuses vieilles demeures – notamment celles des rues de Lorraine et Rousseau-Deslandes et des places Fleury et Carnot – attestent la richesse de cette ancienne capitale bourguignonne. Le musée des Beaux-Arts est situé dans l'ensemble Porte Marie-de-Bourgogne et celui qui est consacré à Étienne-Jules Marey est installé dans l'ancien couvent des Ursulines.

à 6 km (S), en bordure de l'autoroute A6, l'**Archéodrome,** qui présente la vie des sociétés du paléolithique supérieur.

à 6 km (N) **Savigny-lès-Beaune –** notamment réputée pour son crémant de Bourgogne –, qui conserve un château féodal remanié au XVIIe s. Celui-ci accueille aujourd'hui un musée de la Motocyclette, de l'Aviation et de la Voiture de course. L'église du village renferme une fresque du XVIe s.

550 Belfort  30/C6

(90) Tél. : 03 84 55 90 90

Jusqu'en 1870, Belfort était une cité exclusivement militaire qui gardait la trouée de 30 km de large séparant le sud des Vosges du nord du Jura. La citadelle militaire s'élève sur les hauteurs de la rive gauche de la Savoureuse. Un château occupait le site de la citadelle dès le XIIIe s. ; au XVIIe s., Vauban y fit élever un nouvel ensemble de fortifications – la porte de Brisach, construite en 1687, en est un des vestiges intacts. C'est pour commémorer cet événement qu'Auguste Bartholdi réalisa de 1875 à 1880 le célèbre *Lion* en grès rose.

La cathédrale Saint-Christophe fut édifiée, au XVIIIe s., avec la même pierre. Le musée d'Art et d'Histoire occupe le casernement construit par le général Haxo (XIXe s.).

LE TERRITOIRE DE BELFORT

On quitte BELFORT par le nord-est. Le bourg d'Étueffont abrite une forge-musée retraçant l'histoire d'une famille de maréchaux-ferrants qui y exerça de 1843 à 1977. Puis on gagne Giromagny.

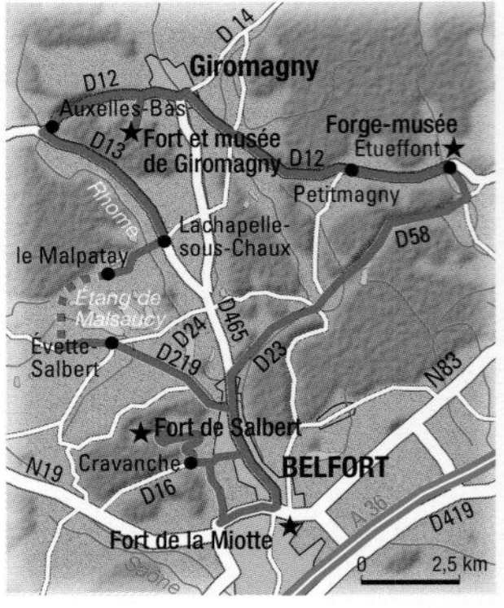

On y exploita, du Moyen Âge au XVIIIe s., les minerais du sous-sol, aventure relatée au musée de la Mine et des Techniques minières. Celui de Lachapelle-sous-Chaux est consacré au peintre Gantner. Par le Malpatay, on peut rejoindre Évette-Salbert en empruntant un sentier à travers lacs et étangs ; on atteint ensuite le fort de Salbert, installé sur une butte rocheuse qui domine le site de Belfort et la célèbre trouée.

LE MÂCONNAIS ET LE BEAUJOLAIS

La côte du Mâconnais et les monts du Beaujolais portent de nombreux vignobles. Ces terres présentent en outre un réel attrait naturel. Leur position élevée par rapport à la dépression de la Bresse et de la Dombes en fait un belvédère portant loin, tant vers le Jura que les Alpes du Nord, le Morvan, le Bourbonnais et le Forez. Leurs forêts et surtout leurs petites vallées en râteau dans l'arrière-côte constituent autant de microcosmes aux paysages variés. On pourra s'en faire une idée en remontant, par exemple, la vallée de la Mouge depuis La Salle jusqu'aux grottes d'Azé, en Mâconnais, ou le val de l'Arlois, depuis Crêches-sur-Saône jusqu'à Chasselas en passant par Saint-Amour-Bellevue, en Beaujolais.

Beaujeu

1 Le musée des traditions populaires Marius-Audin

Beaune

2 L'hôtel-Dieu

3 La collégiale Notre-Dame

4 La salle des « pôvres », à l'hôtel-Dieu

Belfort

5 La porte de Brisach, frappée aux armes de Louis XIV

6 *Le Lion* de Bartholdi

551 Belley

37/**J8**

(01) Tél. : 04 79 81 29 06
Dans la Grande-Rue de la capitale du Bugey, la maison natale de l'enfant du pays, Anthelme Brillat-Savarin (1755-1826), le célèbre auteur de l'incontournable *Physiologie du goût,* conserve une belle façade sur cour ornée d'une galerie à deux étages. Le palais épiscopal est un bon exemple de l'architecture civile du XVIIIe s.

552 Belvoir (Château de)

30/**B8**

(25) Tél. mairie : 03 81 86 39 70
Niché sur une colline depuis le XIIe s., il offre, comme son nom l'indique, un superbe panorama, notamment depuis le sommet de ses deux tours. À l'intérieur de la bâtisse, les locaux, très restaurés, ont retrouvé leur aspect médiéval, notamment la salle d'armes et l'ancienne salle de l'arsenal.

553 Berzé-la-Ville

36/**F5**

(71) Tél. mairie : 03 85 37 71 10
Saint-Hugues, abbé de Cluny, aimait se rendre au prieuré de ce village. Le chœur de la chapelle des Moines (XIIe s.) est orné de peintures romanes, influencées par l'art byzantin, aux couleurs étonnantes de fraîcheur.
à 5 km (N) les tours et les donjons de la forteresse médiévale de **Berzé-le-Châtel,** la plus importante du Mâconnais.

554 Besançon

29/**J8**

(25) Tél. : 03 81 80 92 55
La capitale de la Franche-Comté occupe les deux rives d'un méandre très resserré du Doubs dominé par un promontoire rocheux. Jules César décida d'en faire une place forte ; Vauban y fit ériger une citadelle. Celle-ci accueille aujourd'hui le musée d'Histoire naturelle (aquarium, insectarium, noctarium et parc zoologique) et l'espace Vauban. À son pied s'étend la vieille ville, avec ses vestiges romains (porte Noire, square archéologique Auguste-Castan), ses hôtels particuliers (XVIIe et XVIIIe s.) et ses monuments. Le palais Granvelle, édifice Renaissance, abrite le musée du Temps. La cathédrale Saint-Jean conserve une exceptionnelle horloge astronomique comprenant 62 cadrans et la *Vierge aux saints* de Fra Bartolomeo. Le musée des Beaux-Arts et d'Archéologie possède de belles collections de peintures (Bellini, Titien, Cranach, Jordaens, Boucher, Courbet, Renoir, Picasso...).
à 7 km (N-O) le **château de Moncley** (XVIIIe s.), qui domine la vallée de l'Ognon. C'est sans doute l'un des plus beaux de Franche-Comté. De style Louis XIV, sa façade dessine un hémicycle côté cour et forme une rotonde côté jardin.

555 Beuvray (Mont)

36/**D2**

(71) Tél. oppidum et musée : 03 85 86 52 35
On accède à cette plate-forme, bordée de chênes et de hêtres, par la très étroite D 274, aux pentes raides. Ici se trouvait l'oppidum de Bibracte, où les Gaulois désignèrent Vercingétorix pour lutter contre les Romains. Ce site fait l'objet de fouilles depuis des années. Le mobilier exhumé est exposé dans le musée qui présente aussi la civilisation celtique.
sur l'Autunois, le Charolais et le Morvan.

556 Bèze (Source de la)

29/**G7**

(21) Tél. grottes : 03 80 75 31 33
Du village du même nom, un parcours fléché conduit à la source – résurgence de la Venelle et d'autres cours d'eau –, qui bouillonne de façon spectaculaire en hiver. La Bèze devient ensuite calme et limpide. En hauteur, un trou dans la paroi s'ouvre sur une salle hérissée de stalactites.
les **grottes de Bèze** (accessibles depuis le village) ; on peut suivre en barque une rivière souterraine sur quelques centaines de mètres.

L'HORLOGERIE AU MUSÉE DE BESANÇON

La mesure du temps, qui a toujours fasciné l'homme, méritait bien un musée. Celui de Besançon raconte l'histoire du temps calculé par les cadrans solaires, puis par les horloges à écoulement. Les premières montres apparaissent à la fin du XVe s. Dès lors, elles deviennent œuvres d'art, bijoux et enfin merveilles de précision avec les techniques actuelles et l'apparition des montres à quartz. En présentant ces objets mais aussi les ateliers d'où ils sont sortis et les outils qui ont été utilisés, en évoquant les mains qui les ont créés, ce musée révèle l'amour d'une région pour un métier.

LA PUISSANCE DE BIBRACTE

Capitale des Éduens, qui formaient l'un des peuples les plus puissants de Gaule, Bibracte constitua aux IIe et Ier s. avant J.-C. un centre politique, religieux et économique de première importance, et devint, lors de la conquête romaine, un lieu symbolique de l'identité celtique. L'oppidum du **mont Beuvray** reçut les deux principaux antagonistes de la guerre des Gaules. Vercingétorix d'abord, qui, chargé d'organiser la résistance, y fut proclamé chef suprême des armées ; et César ensuite, qui, après sa victoire à Alésia (52 avant J.-C.), décida d'y hiverner et commença à y rédiger ses *Commentaires.* Face à la celtique Bibracte, l'empereur Auguste fonda la très romaine Augustudunum, « cité d'Auguste ». La place forte fut donc abandonnée dans le courant du Ier s. après J.-C. au profit de cette création ex nihilo qui allait bientôt devenir Autun.

Belley
1 La maison de Brillat-Savarin

2

Besançon
2 La ville depuis le belvédère de Montfaucon

La citadelle :
3 Vue depuis le fort de Chaudanne
4 La façade de la cathédrale depuis la porte Noire

4

Près de Besançon, le château de Moncley
5 La façade incurvée

Le mont Beuvray
6 *Vestiges de construction gauloise*

La source de la Bèze
7 *La résurgence*

7

557 Bourbon-Lancy

 36/**C4**

(71) *i* Tél. : 03 85 89 18 27

Dominant la station thermale, la vieille ville regroupe dans ses remparts ses maisons anciennes et sa tour de l'Horloge animée chaque heure par un jacquemart (le « beurdin », c'est-à-dire l'innocent du village) tirant la langue. L'ancienne église romane Saint-Nazaire accueille peintures, sculptures et pièces archéologiques. Le musée des Métiers du bois présente une belle collection de rabots de l'époque gallo-romaine.

558 Bourg-en-Bresse

 37/**G6**

(01) *i* Tél. : 04 74 22 49 40

Plus que pour sa collégiale Notre-Dame, ses maisons (XVe-XVIe s.) ou encore ses hôtels particuliers du XVIIIe s., la capitale de la Bresse est connue pour l'église de Brou (XVIe s.). Commandée par Marguerite d'Autriche afin d'abriter sa sépulture et celle de son époux, elle fut construite en un peu plus de vingt ans par un architecte flamand. L'intérieur abrite notamment un beau jubé, des vitraux, des stalles, la chapelle de Marguerite (contenant un retable de marbre blanc) et des tombeaux. L'église jouxte les trois cloîtres d'un monastère au style dépouillé, qui accueille désormais les collections d'arts et de traditions populaires du musée de l'Ain.

559 Brancion

 36/**F4**

(71) *i* Tél. mairie : 03 85 51 12 56. Tél. château : 03 85 51 11 41

Accroché à son promontoire, ce village médiéval a conservé ses halles, ses maisons anciennes (XVe s.), son château, nid d'aigle féodal des Xe et XVe s, et surtout son église romane Saint-Pierre (XIIe s.), bâtie sous l'influence de Cîteaux. Elle abrite le gisant de Josserand IV de Brancion, compagnon de Saint Louis tué à la croisade, et des fresques du XIVe s.

560 Breuil-Chenue (Forêt de)

 28/**D8**

(58) Comprise dans le parc naturel régional du Morvan, cette forêt s'étend sur 537 ha de part et d'autre de la Vignant. Elle possède l'une des dernières futaies de hêtres du Morvan. Des tours d'observation permettent d'admirer les animaux, et notamment les daims. Le GR 13 traverse les bois, longeant en partie le ru des Breuil. Un chemin conduit au dolmen de Chevresse.

561 Buffon (Forge de)

 28/**D6**

(21) *i* Tél. mairie : 03 80 92 38 73. Tél. forge : 03 80 92 10 35

En 1768, le comte de Buffon, grand naturaliste, fit construire cette forge pour mettre en application ses études sur les métaux, en particulier sur le fer et l'acier, et poursuivre ses recherches sur les minéraux. Les ateliers regroupent un haut fourneau, la forge proprement dite et la fonderie.

562 Bussy-Rabutin (Château de)

 28/**E7**

(21) *i* Tél. : 03 80 96 00 03

Pour avoir tourné en dérision les amours de Louis XIV, Roger de Bussy-Rabutin fut contraint de se retirer dans son château. Il transforma la vieille bâtisse médiévale en un temple de l'esprit et de l'insolence, veillant en personne à sa décoration.

563 Chablis

 28/**C6**

(89) *i* Tél. : 03 86 42 80 80. Tél. mairie : 03 86 42 87 70

Ouvrant la route des vignobles bourguignons, la cité produit un vin blanc sec très réputé. La ville haute a beaucoup de cachet, notamment dans le quartier de l'église romane Saint-Martin (fin XIIe s.) – ancienne collégiale des chanoines Saint-Martin-de-Tours –, qui conserve de beaux chapiteaux ainsi que des fers à cheval cloués au portail par les pèlerins en signe de dévotion au saint patron des voyageurs.

DE LA LOIRE AU BOURBONNAIS

À partir de BOURBON-LANCY, on gagne le signal du Mont qui offre un panorama, sur les monts du Morvan, le signal d'Uchon, le Charolais, le val de Loire et les monts d'Auvergne par temps clair. Par le village de Maltat, dominé par le château de la Motte, puis Saint-Seine et son église romane éclairée par des vitraux du XVIe s., on atteint Ternant.

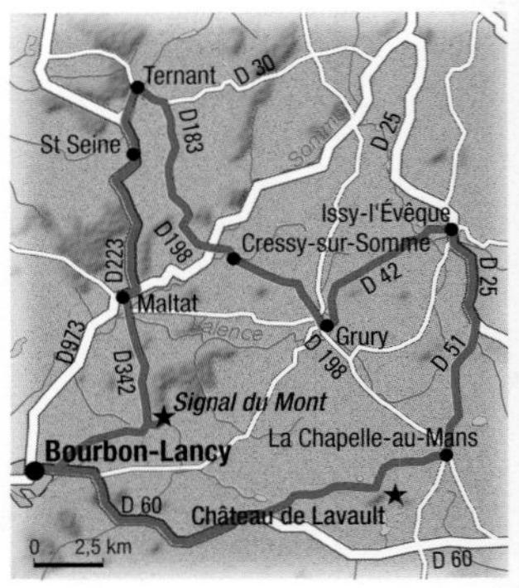

Le sanctuaire de ce village renferme deux triptyques, chefs-d'œuvre de l'art flamand du XVe s. En passant par Grury, puis par Issy-l'Évêque, qui possède une église romane, et le château de Lavault (XVIIIe s.), on rejoint la station thermale installée sur les rives de la Loire.

BUFFON (1707-1788)

C'est à Montbard que Georges Louis Leclerc, comte de Buffon, vit le jour au début du siècle des Lumières, qu'il allait marquer par ses recherches scientifiques. Membre de l'Académie des sciences en 1733, puis de l'Académie française vingt ans plus tard, l'intendant du Jardin du roi (futur Muséum d'histoire naturelle de Paris) consacra son existence à la publication de sa monumentale *Histoire naturelle*, en 36 volumes, somme des connaissances de l'époque, dont le dernier tome parut un an après sa mort. Théoricien, il se fit aussi, à la fin de sa vie, technicien, en concevant, sur son domaine bourguignon de Buffon, une forge, étonnant complexe industriel, pur produit du rationalisme.

2

3

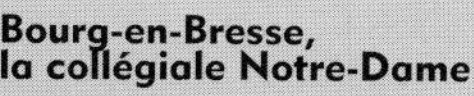

**Bourg-en-Bresse,
la collégiale Notre-Dame**

1 La façade

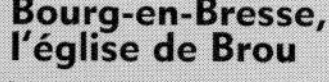

**Bourg-en-Bresse,
l'église de Brou**

2 Le grand cloître abritant le musée de l'Ain

3 Le jubé gothique flamboyant

Brancion

4 Le village féodal avec son château, dont les fondations datent du Xe s.

La forêt de Breuil-Chenue

5 Le dolmen de Chevresse, situé sur l'un des points hauts de la forêt

4

5

564 Chalain (Lac de) 37/J3

(39) i Tél. CRAVA : 06 80 32 25 06
La D 39E longe la rive est de ce lac situé à près de 500 m d'altitude (3 km de long sur 1 km de large). Sur la rive ouest ont été mis au jour les vestiges de maisons néolithiques sur pilotis, dont deux ont été reconstituées. Pour les visiter, s'adresser au Centre de recherche archéologique de la vallée de l'Ain (CRAVA). Du haut de la falaise se dévoile le secret du bleuté du lac : un fond de sable parfaitement blanc.

565 Chalame ou Chalam (Crêt de) 37/J5

(01) i Tél. : 03 84 42 72 85
On parvient à son sommet (1 545 m d'altitude) en empruntant d'abord, depuis Lélex, la télécabine de la Catheline, puis un sentier. Le regard embrasse alors la vallée de la Valserine et le crêt de la Neige (1 717 m), au nord-est, point culminant des monts du Jura.

566 Chalon-sur-Saône 36/F3

(71) i Tél. : 03 85 48 37 97
C'est tout près d'ici, à Saint-Loup-de-Varennes, que Nicéphore Niepce inventa, au début du XIXe s., la photographie. Chalon lui consacre un musée qui retrace aussi l'évolution de cet art. À deux pas, le musée Denon expose peintures, sculptures, mobilier ainsi que d'importantes collections archéologiques. Le vieux quartier Saint-Vincent s'étend autour de la cathédrale et de son cloître (XVe s.).
☺ : carnaval (en février ou en mars), le deuxième de France. Il occupe une place de choix. Pendant huit jours, les rues résonnent des échos des cavalcades, des chars et des défilés des grosses têtes et des « goniots ».

567 Champlitte 29/H6

(70) i Tél. musées : 03 84 67 82 00
Le musée départemental Albert-Demard des Arts et Traditions populaires est installé dans le château (XVIe-XVIIIe s.). Il évoque, à travers de nombreuses reconstitutions, la vie quotidienne locale. Dans une dépendance, le musée de la Vigne et des Pressoirs rappelle la tradition viticole de la ville, qui fête saint Vincent depuis le XVIIIe s.

568 Chapaize 36/F4

(71) i Tél. mairie : 03 85 50 13 45
Vestige d'un prieuré, l'église Saint-Martin de ce petit bourg est caractéristique du premier art roman. Elle se distingue par son haut clocher aux arcatures lombardes et à deux étages de fenêtres jumelées.

569 Charité-sur-Loire (La) 27/J8

(58) i Tél. : 03 86 70 15 06
La cité doit son nom, dit-on, à la qualité de l'hospitalité offerte aux pèlerins de Saint-Jacques par les moines du grand prieuré bénédictin qui la domine encore. L'église Notre-Dame est d'ailleurs inscrite au patrimoine mondial de l'Unesco comme « étape majeure sur le chemin de Saint-Jacques-de-Compostelle entre Vézelay et Bourges ». La promenade des remparts permet de comprendre comment une ville aussi bien défendue a pu résister quarante jours au siège de Jeanne d'Arc, qui connut là sa première défaite.

570 Charolles 36/D5

(71) i Tél. : 03 85 24 05 95
Célèbre pour ses faïences (bleu de Charolles), exposées en grand nombre au musée aménagé dans le prieuré clunisien, cette petite ville conserve le souvenir de Charles le Téméraire, comte de Charolais avant de devenir duc de Bourgogne. Les vestiges de son château (XIVe s.) se dressent au-dessus de la ville, synonyme aussi des bovins de race... charolaise.

LA PREMIÈRE PHOTOGRAPHIE

Nicéphore Niepce, physicien, se consacra surtout à la recherche scientifique, plus qu'à l'enseignement. Il savait que les sels d'argent noircissent à la lumière et trouva le produit qui fixe ce processus. Grâce à cette découverte, ce chimiste de **Chalon-sur-Saône** parvint le premier, en 1816, à fixer une image dans une chambre noire. Ce fut la première photographie. Il perfectionna peu à peu son invention, à laquelle Daguerre donna son essor. Abel Niepce de Saint-Victor, l'un de ses neveux, fut l'inventeur du cliché sur verre et posa les prémices de la photographie en couleurs.

LES BŒUFS BLANCS DE CHAROLLES

Appartenant au grand groupe des races jurassiques qui peuplent l'est de la France, les bœufs charolais sont de robe uniformément blanche. Depuis un quart de siècle, ils sont élevés exclusivement pour la viande. Aujourd'hui, le cheptel total est de 140 000 têtes environ, réparties sur 21 000 exploitations qui produisent essentiellement de jeunes bœufs de 18 à 24 mois, et même des animaux « maigres », engraissés dans d'autres pays.

Le lac de Chalain

1 La base de loisirs à Fontenu

2 Les eaux bleues du lac, vues depuis la falaise

Chalon-sur-Saône

3 Les quais de Saône

4 La statue de Nicéphore Niepce, sur la place Gambetta

La Charité-sur-Loire

5 L'église prieurale Notre-Dame (XIe-XIIe s.) et le pont de pierre (XVIe s.), depuis les quais de Loire

571 Château-Chalon

 37/H3

(39) Tél. mairie : 03 84 44 62 90

Vin jaune et vin de paille, fleurons rares et précieux des vins du Jura, sont la gloire de ce modeste village. Il conserve des vestiges de son château fort – il veillait sur une abbaye de bénédictines, fondée au VIIe s. –, construit sur une colline fortifiée dès l'époque gallo-romaine, et de vieilles demeures vigneronnes. L'église Saint-Pierre (Xe s.) s'organise autour d'une nef à croisées d'ogives, parmi les premières du gothique.

à moins de 10 km (N-E) le **cirque de Ladoye.**

572 Château-Chinon

 36/C2

(58) Tél. : 03 86 85 06 58

La capitale du Morvan – dont la devise est « Petite ville, grand renom » – appartient à l'histoire de la Ve République. François Mitterrand y fut en effet longtemps maire et député. On lui doit la création, dans l'ancien couvent Sainte-Claire, du musée du Septennat, rassemblant les cadeaux reçus dans l'exercice de sa fonction de président de la République (décorations honorifiques, objets d'art, etc). À proximité, le musée du Costume, installé dans un hôtel du XVIIIe s., abrite de riches collections.

573 Châteauneuf

 28/E8

(21) Tél. château : 03 80 49 21 89

Comme il a séduit Henri Vincenot, ce village charme par ses rues étroites, ses halles et ses demeures des XIVe-XVIIe s. en excellent état. Son château fort contrôlait jadis toute la région. Construit au XIIe s., il fut restauré à la fin du XVe s., dans le style gothique flamboyant, par Philippe Pot, qui le mit au goût du jour.

574 Châtel-Censoir

 28/B7

(89) Tél. mairie : 03 86 81 01 98

Située sur une colline, la collégiale Saint-Potentien, avec sa nef et ses bas-côtés (portails Renaissance) du XVIe s., son chœur roman (XIe s.) et sa jolie salle capitulaire, domine cette petite cité de l'Yonne.

575 Châtillon-en-Bazois

 36/B2

(58) Tél. : 03 86 84 02 03. Tél. mairie : 03 86 84 14 76

Appréciée des plaisanciers qui naviguent sur le canal du Nivernais, cette halte nautique doit son nom au château (XIIIe-XVIIe s.) qui la surplombe depuis le Moyen Âge.

576 Châtillon-sur-Seine

 28/E5

(21) Tél. : 03 80 91 13 19

C'est d'ici que Joffre, installé dans l'ancien couvent des Cordeliers, dirigea la bataille de la Marne. Dans une maison Renaissance, le Musée archéologique présente le trésor de Vix, comprenant notamment un splendide vase en bronze (VIe s. avant J.-C.) haut de 1,64 m et un diadème en or massif, trouvés dans la sépulture d'une princesse celte. Au-dessus de la source de la Douix, l'église Saint-Vorles, d'une austère simplicité, illustre parfaitement le premier âge roman.

577 Chaux (Forêt de)

 37/H2

(39) Tél. baraques du 14 : 03 84 71 72 07 ou 03 84 82 09 21

Routes forestières et pistes cavalières sillonnent ces quelque 20 000 ha de chênes et de hêtres. Deux réserves, l'une vers le centre équestre, l'autre sur la D 11, accueillent cerfs et sangliers, visibles depuis les zones d'observation aménagées.

au village de La Vieille-Loye, dans la forêt, les **baraques du 14**, restaurées et réhabilitées, qui étaient occupées par les bûcherons et les charbonniers travaillant naguère ici pour alimenter en bois les usines voisines.

À TRAVERS LE MORVAN

À partir de CHÂTEAU-CHINON, le circuit plonge au cœur des vastes étendues boisées, des prés et des hauteurs du Morvan. Après une halte au Chatz, devant les vestiges d'un théâtre rural gallo-romain, on atteint le bourg d'Arleuf, réputé pour ses charcuteries.

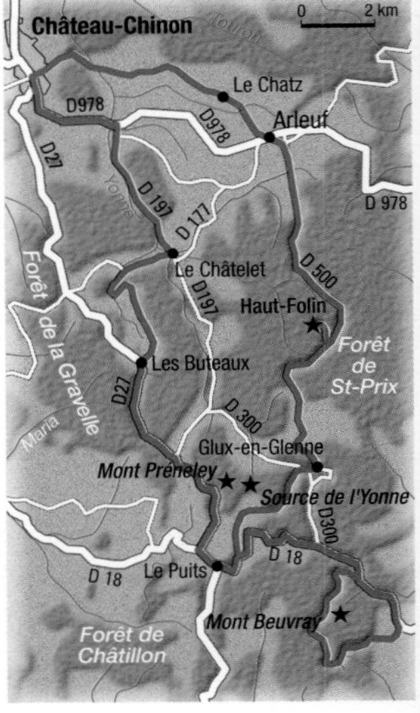

Point culminant du Morvan (901 m), le Haut-Folin s'élève au sud, dominant la forêt de Saint-Prix, que l'on traverse pour gagner Glux-en-Glenne et la source de l'Yonne. On découvre ensuite les monts Beuvray et Préneley, avant de rejoindre Château-Chinon par la forêt de la Gravelle.

LE TRÉSOR DE VIX

À la fin du premier âge du fer, il y avait sur le mont Lassois, au nord de **Châtillon-sur-Seine,** un oppidum. Au VIe s. avant J.-C., ce site stratégique abritait une cité active. On en avait presque oublié l'importance quand René Joffroy, en effectuant des fouilles, découvrit la sépulture d'une femme celte, déposée sur un char et parée d'un diadème d'or. Près d'elle se trouvait un vase de 1,64 m de haut et 1,45 m de diamètre, décoré d'un frise d'hommes casqués. Sorti des ateliers grecs d'Italie, il est le plus grand cratère de bronze parvenu jusqu'à nous.

Château-Chalon
1 Le village et l'église Saint-Pierre
2 Le vignoble vu du village
3 Le cirque de Ladoye

2

4

3

Châteauneuf
4 Une des tours du château
5 Le vieux bourg fortifié

7

La forêt de Chaux
6 L'un des chênes à la Vierge
7 L'une des baraques du 14

BOURGOGNE GOURMANDE

Une tradition ancestrale

Les moines ne s'y sont pas trompés : combien d'abbayes et de monastères se sont implantés au fil des siècles dans cette région où les richesses naturelles abondent ? Les élevages de Bresse et du Charolais, mais aussi de l'Auxois et du Bazois, la pêche, la chasse, l'apiculture, les salaisons, les fromages, les sauces : tout concourt à la renommée culinaire de la Bourgogne. La qualité et l'abondance des produits du terroir ont généré une cuisine plantureuse pour gourmets-gourmands. En Saône-et-Loire, le château Pierre-de-Bresse, transformé en écomusée de la Bresse bourguignonne, cherche à mettre en valeur les patrimoines naturel et culturel de la région. Quant à la Côte d'Or, la foire gastronomique internationale de Dijon accueille chaque année les États généraux de la gastronomie française !

Écomusée : château Pierre-de-Bresse

Morvan : ferme près du mont Beuvray

Salaisons : viandes dans un fumoir

Les recettes de la vigne

Orgueil de la région, le vin de Bourgogne est au cœur de la cuisine bourguignonne. Il est à la base des incontournables meurettes (vin rouge aromatisé et épicé, lié en sauce avec du beurre et de la farine). Cette sauce accommode les œufs pochés, la cervelle, la viande (le bœuf bourguignon), la volaille (le coq au vin), les poissons (la carpe). Dans d'autres sauces, la crème vient se marier au vin et accompagne, par exemple, le brochet à la dijonnaise ou le fameux jambon saupiquet. D'autres alcools entrent dans la composition de recettes comme pour le plus célèbre fromage régional, l'époisses, affiné au marc de Bourgogne. Quant à la non moins réputée liqueur de cassis, mélangée au vin de Bourgogne blanc aligoté, elle compose le Kir, ce célèbre apéritif, qui doit son nom au chanoine Kir, un ancien député-maire de Dijon.

La moutarde de Dijon

Ce sont les Romains qui auraient introduit en Bourgogne les graines de sénevé, dont on fait la moutarde. Officiellement présente sur la table des seigneurs de Bourgogne dès 1336, la moutarde de Dijon reste la plus connue et la plus consommée en France. Son procédé de fabrication doit son originalité à l'emploi, au lieu de vinaigre, d'un ingrédient du cru, le verjus (extrait de raisins pas encore mûrs). La moutarde de Dijon s'impose naturellement avec le filet de bœuf charolais et l'andouillette de Chablis.

Moutarde, cassis et pain d'épices de Dijon

Des fêtes et des foires gourmandes

Au fil de l'année, les produits du riche terroir bourguignon donnent lieu à des manifestations qui vous permettront de découvrir les ressources culinaires de la région : la foire gastronomique internationale de Dijon, les journées gourmandes de Marsannay-la-Côte ou de Saulieu, la foire aux cerises d'Escolives-Sainte-Camille ou encore la fête des myrtilles de Glux-en-Glenne… Les grands concours de Bourg-en-Bresse et de Louhans sont l'occasion d'apprécier la qualité des volailles de Bresse. À Louhans, les premier et troisième lundis de chaque mois, le marché, promu au rang de foire, célèbre le poulet et la poularde. Le dernier dimanche de novembre, son théâtre municipal accueille la confrérie des poulardiers, qui intronise de nouveaux chevaliers. La qualité de ses poulets à plumes blanches et pattes bleues (les seuls à bénéficier d'une AOC) fait le renom de la Bresse.

Escargots de Bourgogne : en coquilles ou feuilletés, ils sont incontournables.

Des sous-bois prometteurs

Les forêts bourguignonnes abritent un abondant gibier, réputé à juste titre, où le sanglier est roi. Dans leurs fertiles sous-bois poussent les meilleurs champignons (cèpes, morilles, girolles et mousserons), qui font le prix de savoureuses recettes du terroir. Elles accueillent également d'innombrables abeilles, à la grande joie des amateurs de miel, de pain d'épices et autres nonnettes. Quant aux fameux escargots de Bourgogne, traditionnellement rencoquillés dans un beurre d'ail persillé, leur renommée a depuis bien longtemps franchi les frontières de la France.

Apiculture : la Bourgogne produit un succulent miel de trèfle.

Les trésors de l'eau douce

La Bourgogne ne se contente pas d'offrir de belles rivières aux eaux vives peuplées de savoureuses truites et d'écrevisses. Ses kilomètres de rivières, de torrents, de canaux, d'étangs et de lacs sont autant de viviers naturels où pêcher anguilles, brochets, carpes, perches, sandres et tanches… destinés aux matelotes, meurettes et fricassées délicieuses. Spécialité de Verdun-sur-le-Doubs, la pochouse est une matelote de poissons d'eau douce à chair ferme, cuisinés au vin blanc sec et servis avec de petits croûtons aillés : brochet, carpe, anguille, perche et tanche s'y donnent rendez-vous pour le plus grand bonheur des membres de la très sérieuse confrérie des chevaliers de la pochouse.

Rivières et torrents : le paradis des pêcheurs

578 Cîteaux (Abbaye de)

37/G1

(21) Tél. église : 03 80 61 11 53
Née en 1098 sur une terre couverte de roseaux (les *cistels*), cette abbaye accueillit en 1112 saint Bernard, qui lui donna l'élan décisif pour créer, en quarante ans environ, 300 fondations cisterciennes. Abandonnée à la Révolution, elle renaît en 1898 avec le retour des moines. C'est l'abbaye mère d'une centaine de monastères dans le monde entier. Elle compte aujourd'hui une quarantaine de frères.

au sud la **forêt de Cîteaux,** qui s'étend sur 3 550 ha, prolongée au nord par celle d'Izeure et au sud par le bois de Champjarley. De très beaux chemins de promenade conduisent vers ses étangs bordés de hêtres, de chênes et de charmes.

579 Clamecy

28/B7

(58) Tél. : 03 86 27 02 51
Ici se sont longtemps côtoyées deux sociétés dépendantes l'une de l'autre et pourtant très séparées : les bourgeois, dans la ville haute, et les flotteurs de bois, dans la ville basse. La vie de ces derniers est évoquée au musée d'art et d'histoire Romain-Rolland, qui retrace aussi la vie et l'œuvre de l'écrivain, natif de la ville. Sur un promontoire rocheux surplombant l'Yonne et le Beuvron, le cœur de la vieille cité s'organise autour de la collégiale Saint-Martin (XIIe-XVIe s.)

580 Cluny

36/E5

(71) Tél. : 03 85 59 05 34
L'abbaye, fondée en 910, rayonna sur la chrétienté pendant trois siècles. Sa troisième église abbatiale, dont la construction débuta en 1088, fut jusqu'au XVIe s. le plus vaste sanctuaire chrétien après Saint-Pierre de Rome. Détruite en 1790, adjugée comme bien national en 1798 puis démontée pierre par pierre, elle se réduit aujourd'hui à quelques vestiges. Mais le croisillon droit du grand transept, supportant le clocher de l'Eau-Bénite encore debout, suffit à en mesurer l'ampleur. Le farinier abrite les chapiteaux du chœur de l'abbatiale, chefs-d'œuvre de la sculpture romane. Les tours conservées de l'enceinte et les façades classiques des bâtiments conventuels – ceux-ci accueillent aujourd'hui un haras national et une école d'ingénieurs – témoignent encore de la forte influence religieuse qu'eut l'abbaye ; elle possédait plus de 1 400 dépendances, édifiées jusqu'en Terre sainte. Le musée d'Art et d'Archéologie, installé dans l'ancien palais abbatial (XVe s.), évoque cette histoire brillante. Le bourg a gardé des maisons médiévales, une église romane, Saint-Marcel, et des tours qui offrent une belle vue sur l'abbaye – celle des Fromages plus particulièrement.

581 Commarin (Château de)

28/E8

(21) Tél. : 03 80 49 23 67
Évoqué par Henri Vincenot dans *la Billebaude,* ce château, entouré par des douves et un parc avec pièces d'eau, combine parties classiques et médiévales. L'intérieur présente toujours la décoration conçue au XVIIIe s. par Marie-Judith de Vienne.

à 3 km (N-E) l'église romane d'**Échanney**, qui abrite, dans son chœur, un retable en marbre du XVIe s.

582 Consolation (Cirque de)

30/B8

(25) Cette vaste dépression, formée de deux hémicycles séparés par une crête ruiniforme, est encadrée de hautes parois calcaires (300 m) couvertes de sapins et de hêtres. Au fond, des sources, dont celle du Dessoubre, jaillissent en cascade. La D 41 conduit à la roche du Prêtre, qui surplombe le site. Depuis le parc de la chapelle de Notre-Dame-de-Consolation, sur la cascade du Lançot.

au nord le **défilé des Épais-Rochers,** gorge étroite, aux versants raides et boisés, qui a été creusée dans le calcaire par la Reverotte. La D 39 (N), puis la D 20, en direction de Pierrefontaine-les-Varans, y conduisent.

LE VAL DU DESSOUBRE

En quittant le CIRQUE DE CONSOLATION par Guyans-Venne et Grand-Chaux, route qui offre de jolis points de vue, on rejoint le val du Dessoubre à Laval-le-Prieuré, puis on suit la Reverotte, qui se faufile dans le défilé des Épais-Rochers. On gagne ensuite le village de Loray, avec son imposante fontaine-lavoir.

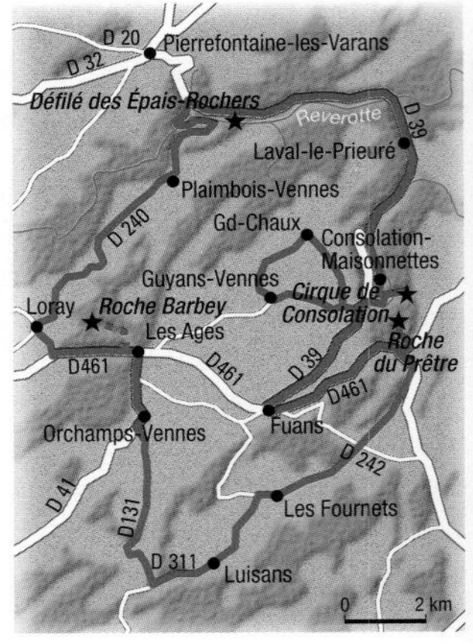

La roche Barbey se profile au loin. Orchamps-Vennes conserve une église du XVIe s. Près des Fournets, à la ferme du Montagnon (XVIIIe s.), on fabrique de manière traditionnelle les spécialités charcutières locales. On gagne enfin le superbe belvédère de la roche du Prêtre.

LE FLOTTAGE DU BOIS À CLAMECY

De Clamecy partirent pendant des siècles, au fil de l'Yonne, des trains de bois qui servaient à alimenter Paris en bois de chauffe. Ces radeaux, qui atteignaient 80 m de long pour 4 m de large, étaient constitués de bûches arrivées par flottage des forêts du Morvan et assemblées par de simples liens ligneux. Une fois parvenus à destination, ces vaisseaux de fortune étaient démontés, puis vendus. Le dernier train rallia Clamecy à la capitale en 1923. Si les flotteurs sur bois ont disparu, les joutes dans lesquelles ils s'affrontaient pour occuper leurs périodes d'inactivité demeurent et perpétuent leur souvenir.

1

Cîteaux

1 Les vestiges de l'ancienne bibliothèque de l'abbaye

Cluny

2 Détail d'une enluminure d'un missel conservé au musée d'Art et d'Archéologie

3 Les bâtiments abbatiaux et le clocher de l'Eau-Bénite

4 Le croisillon droit du transept

2

3

4

Le cirque de Consolation

5 Les versants du cirque, couverts de sapins et de hêtres

5

Près du cirque de Consolation, le défilé des Épais-Rochers

6 La Reverotte y jaillit.

6

583 Cormatin (Château de)

 36/F4

(71) i Tél. : 03 85 50 16 55

Fréquenté au XXe s. par Sarah Berhnardt, Caruso et bien d'autres artistes, ce château, construit à partir de 1605, renferme l'un des plus somptueux ensembles décoratifs d'époque Louis XIII. Le parc séduit tout autant avec ses fontaines, son labyrinthe, son potager, ses parterres et sa volière.

584 Creusot (Le)

  36/E3

(71) i Tél. : 03 85 55 02 46

Dressé à l'entrée sud de la ville, le marteau-pilon de 100 tonnes évoque le fabuleux développement industriel de la cité au XIXe s. Le château de la Verrerie, ancienne cristallerie de la reine Marie-Antoinette, puis résidence des Schneider, maîtres de forges, abrite le centre des Techniques et le musée de l'Homme et de l'Industrie (écomusée du Creusot).

585 Dessoubre (Val du)

 30/B8

(25) petit itinéraire p. 324

La D 39 suit la vallée aux versants boisés du Dessoubre et gagne, par des prairies et des forêts, Saint-Hippolyte, où la rivière rejoint le Doubs.

586 Digoin

 36/C4

(71) i Tél. : 03 85 53 00 81

Outre ses canaux, Digoin est également intéressant pour son riche centre de documentation consacré à cet art du feu qu'est la céramique.

L'ÉCOMUSÉE DU CREUSOT

Centre de recherches sur la civilisation industrielle, l'écomusée du Creusot présente la diversité des activités locales. Mais plus encore, il s'attache à démontrer l'influence du développement de ces industries sur la vie quotidienne et communautaire des habitants de ce bassin minier. Avec son inventaire local, il est la mémoire de ce qui est également un patrimoine ; l'histoire des Schneider et de leurs usines y est notamment présentée, et une maquette de l'usine métallurgique datant de la fin du XIXe s. y a été reconstituée.

587 Dijon

 28/F8

(21) i Tél. : 03 80 44 11 44

Cité ducale, capitale provinciale puis régionale, Dijon est l'une des villes d'art les plus riches de France. Patrimoine (musées, hôtels particuliers, places, églises) et douceur de vivre se conjuguent dans cette ville-carrefour dynamique qu'on ne saurait réduire à sa moutarde et à son cassis. Dans les rues de la vieille ville, bordées de maisons à colombages et à encorbellement, signalons la rue des Forges où se succèdent plusieurs monuments remarquables : l'hôtel Aubriot, dont une partie remonte au XIIIe s. ; la maison Milsand, caractéristique de la Renaissance bourguignonne ; l'hôtel Chambellan (XVe s.)…

L'escalier Gabriel, au palais des ducs

Le palais des ducs et des États de Bourgogne

Ancienne résidence des ducs capétiens, puis des ducs de Valois, il devint ensuite celui des princes de Condé – gouverneurs de la Bourgogne –, qui, au XVIIe s., l'aménagèrent pour abriter les services des États de la province. À cet ensemble sont attachés les noms de Jules Hardouin-Mansart et de Jacques V Gabriel. Une partie des bâtiments abrite le musée des Beaux-Arts, l'un des plus riches de France.

L'église Notre-Dame

Elle fut édifiée entre 1230 et 1250 et restaurée au XIXe s. par Viollet-le-Duc. Merveille d'équilibre et de finesse, ce bijou gothique, selon l'expression de Vauban, est considéré comme le chef-d'œuvre de l'architecture gothique bourguignonne du XIIIe s.

Le château de Cormatin
1 L'édifice (XVIIe s.) vu du parc

Le Creusot, l'écomusée :
2 Le château de la Verrerie, dans lequel il est installé
3 La fonderie à la fin du siècle dernier

La façade de l'église Saint-Michel

L'une des rues de la vieille ville

Le palais de justice

L'ÉGLISE SAINT-MICHEL

Sa construction s'est étalée de la fin du XVe s. au XVIIe s. Ainsi, sa façade, de structure encore gothique, fait une large part à l'ornementation de la Renaissance.

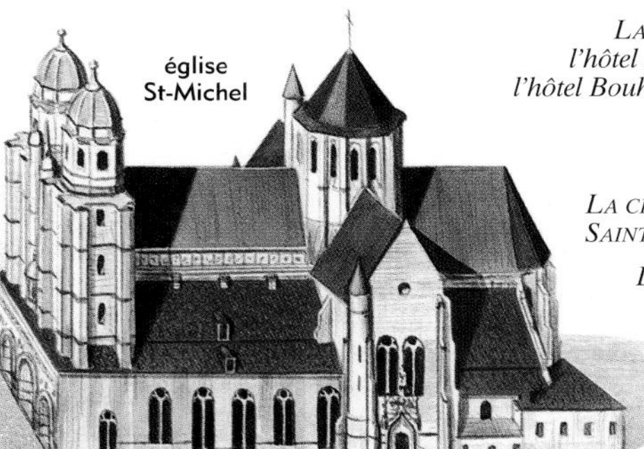

L'HÔTEL DE VOGÜÉ

Construit au XVIIe s pour Étienne Bouhier, il illustre parfaitement les demeures que se firent construire les parlementaires – Louis XI dota Dijon d'un parlement en 1480, après avoir rattaché le duché de Bourgogne à la Couronne. Sa décoration mêle harmonieusement des éléments empruntés à la Renaissance italienne et bourguignonne.

À VOIR AUSSI

LA RUE CHAUDRONNERIE : la maison des Cariatides (XVIIe s.)

LA RUE DE LA PRÉFECTURE : l'hôtel Mochot-Copin (XVIIe s.) et l'hôtel Bouhier-de-Lantenay (XVIIIe s.)

LA RUE VERRERIE ET LA RUE VANNERIE

LA CRYPTE DE LA CATHÉDRALE SAINT-BÉNIGNE (début du XIe s.)

L'ÉGLISE SAINT-PHILIBERT (XIIe s.)

LE PORTAIL DE LA CHAPELLE ET LE PUITS DE MOÏSE (XIVe s.) dans la chartreuse de Champmol

LE QUARTIER DU PALAIS DE JUSTICE, dont le musée Magnin

588 Dole

 37/**H2**

(39) *i* Tél. : 03 84 72 11 22

Pillée par les armées de Louis XI et bombardée par celles de Louis XIII, l'ancienne capitale – d'origine gallo-romaine – de la Comté bourguignonne, devenue la Franche-Comté, ne put empêcher son rattachement au royaume de France sous Louis XIV. Elle s'étage sur les pentes de la rive droite du Doubs. Malgré les destructions qu'elle a subies, elle conserve un riche patrimoine architectural (XVIe-XVIIe s.) : collégiale Notre-Dame, hôtels aux porches baroques, maisons anciennes aux toits bruns, divers couvents dont celui des Carmélites, collège de l'Arc fondé en 1582 par les Jésuites. Marcel Aymé a séjourné à plusieurs reprises dans la ville, dont on trouve mention dans quelques-unes de ses œuvres. La maison natale de Pasteur s'y trouve également ; elle a été aménagée en musée. Quant à celui des Beaux-Arts, il possède une intéressante collection de peintures, dont certaines œuvres de Courbet, jurassien d'origine.

589 Dombes (Plateau de la)

 37/**G6**

(01) *i* Tél. parc ornithologique : 04 74 98 05 54

En Dombes, les étangs ont permis de maîtriser les eaux de ruissellement ; sans eux, le plateau ne serait que marécages. Celui de Birieux fut l'un des premiers à être aménagé. Il en existe aujourd'hui plus de 1 000 répartis sur près de 11 000 ha.

L'**étang des Vavres** est remarquable par son étendue, sa flore et sa faune. Il est accessible par la N 83, au sud de Bourg-en-Bresse, qui traverse le plateau, ponctué de maisons en pisé. À moins de 10 km, plus de 350 espèces d'oiseaux – pélicans frisés, autruches, nombreux échassiers – vivent dans le **parc ornithologique de Villars,** unique en Europe, avec ses 30 ha et sa pièce d'eau. Au centre du bourg se dresse une église de style gothique flamboyant qui abrite une belle Vierge à l'Enfant du XVIIIe s.

590 Doubs (Gorges du)

 38/**C1**

(25) *i* Tél. : 03 81 68 00 98. Tél. Villers-le-Lac (bateaux) : 03 81 68 13 25

Des bateaux suivent d'abord la rivière, qui s'élargit pour former le lac de Chaillexon, long de 3,5 km et large de 200 m en moyenne. Puis ils descendent au fond des gorges, s'ouvrant parfois sur des bassins aux parois percées de grottes, et les passagers peuvent alors descendre pour prendre le sentier qui mène au saut du Doubs. Plusieurs belvédères permettent d'admirer cette chute puissante. au départ de Villers-le-Lac.

La rivière marque ensuite la frontière entre la France et la Suisse, au-delà du barrage du Châtelot, ouvrage commun aux deux pays.

les **échelles de la Mort,** qui constituent l'une des étapes importantes de la vallée dans ce secteur. Après la Cheminée, poste douanier, le chemin de l'usine du Refrain conduit à un sentier fléché qui descend au fond des gorges – où la vue sur les falaises est saisissante – et qui se termine par trois échelles métalliques – très sûres ; accrochées à la corniche, elles permettent d'arriver au belvédère (560 m) ; sur tout le site.

591 Échets (Marais des)

 36/**F7**

(01) Dans Mionnay, un chemin vicinal conduit au marais – exploité pour sa tourbe –, qui occupe une vaste cuvette au fond plat et aux flancs raides, hauts de plusieurs dizaines de mètres.

592 Écluse (Défilé de l')

 37/**J6**

(01) Comme les eaux du Rhône, la voie ferrée, la N 206 et la pittoresque D 908^A^, à l'est de Bellegarde-sur-Valserine, longent cet impressionnant rétrécissement. Il est dominé par le fort de l'Écluse, ensemble comprenant le fort d'en haut et le fort d'en bas – reliés entre eux par une galerie souterraine de 1 170 marches. Le défilé sépare la montagne de Vuache, au sud, du Grand Crêt d'eau, au nord. Ce dernier, composé d'un ensemble de plusieurs crêtes aux pentes boisées, culmine au crêt de la Goutte (1 702 m). sur le Jura, Genève et le lac Léman.

AU CŒUR DE LA DOMBES

VILLARDS-LES-DOMBES constitue un point de départ idéal pour aller à la rencontre du plateau constellé d'étangs de la Dombes. On traverse Bouligneux, qui conserve un château médiéval, puis Sandrans, pour atteindre Châtillon-sur-Chalaronne et ses maisons à colombages, ses halles en bois (XVIe s.) et son ancien hôpital du XVIIIe s.

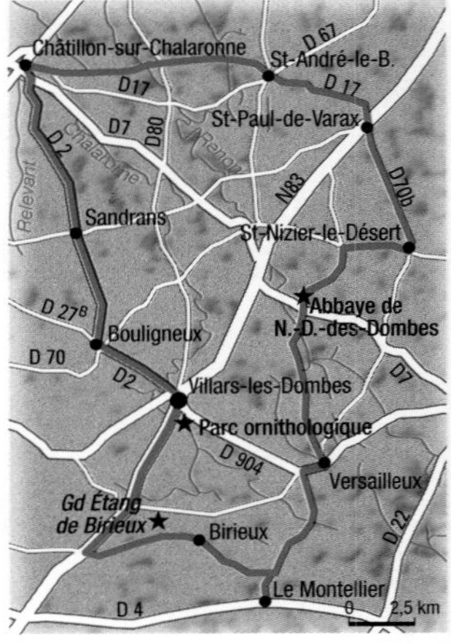

Saint-Paul-de-Varax, pour son église romane, l'abbaye Notre-Dame-des-Dombes et Le Montellier, pour son château, sont autant de haltes sur la route conduisant au grand étang de Birieux, puis au parc ornithologique de Villars.

LE CURÉ D'ARS (1786-1859)

Jean-Marie Vianney est un pauvre petit curé de campagne lorsqu'il arrive, en 1818, dans le misérable village de la **Dombes** qu'est Ars-sur-Formans, qu'il ne quittera pas jusqu'à sa mort. Les 400 paroissiens indolents seront vite fascinés par le charisme, la charité et l'ascétisme de cet homme exceptionnel. Déjà considéré comme un saint de son vivant, il sera canonisé en 1925. Le village de ce patron des curés de paroisse est devenu un lieu de pèlerinage très fréquenté.

Dole

1 La collégiale dominant la cité

2 Le clocher, haut de 75 m, de la collégiale Notre-Dame

3 La place aux Fleurs

Les gorges du Doubs

4 Le lac de Chaillexon, à Villers-le-Lac

5 Le saut du Doubs, formant une cascade de plus de 25 m

Dans les gorges du Doubs, les échelles de la Mort

6 Accès au belvédère dominant les gorges

593 Époisses

28/D7

(21) Tél. château : 03 80 96 42 56

Ce village, bien connu pour son fromage, l'est aussi pour sa forteresse à la double enceinte fortifiée. À l'intérieur de la première prennent place des maisons, une église, un colombier et des bâtiments d'exploitation. À l'intérieur de la seconde se dresse le château dont la construction s'est échelonnée du Moyen Âge au XVIIe s. Il a conservé son donjon, la tour de Bourdillon, celle de Condé et une tour octogonale. La chambre de Mme de Sévigné rappelle que la comtesse séjourna ici de temps à autre.

à 13 km (O), perché au-dessus du cours sinueux du Serein, le bourg médiéval de **Montréal** qui, à l'abri de ses remparts, semble n'avoir jamais changé. Une fois franchie la porte d'En-Bas, des ruelles bordées de maisons médiévales grimpent jusqu'à l'église Notre-Dame (XIIe-XIIIe s.). Celle-ci renferme des stalles (XVIe s.) aux scènes sculptées très vivantes et un retable d'albâtre du XVe s.

594 Éveux (Couvent d')

36/E7

(69) Tél. : 04 74 26 79 70

Il s'agit d'un exemple unique de rencontre entre Le Corbusier et une congrégation de dominicains : le résultat est ce couvent construit en béton, à la fin des années 50. Fidèle à ses principes, l'architecte a joué de la lumière et des matériaux bruts, mis au service de la spiritualité dans le respect du plan monastique traditionnel.

595 Fer-à-Cheval (Cirque du)

37/J3

(39) Depuis Arbois, la D 469 monte régulièrement le long du versant de la reculée de la Cuisance. Au sommet, un belvédère offre une large vue sur la vallée, qui se termine en cul-de-sac au cirque du Fer-à-Cheval, vaste amphithéâtre aux parois verticales.

596 Ferney-Voltaire

38/A5

(01) Tél. : 04 50 28 09 16

Déçu par Genève qui n'aimait pas sa littérature, Voltaire acheta en 1758 la terre de Ferney, située en France. Dans ce pays qu'il trouve « bien dépeuplé, bien misérable, sans industrie ni ressources », il applique, jusqu'à sa mort en 1778, ses théories de développement et s'attache à améliorer le sort des habitants du village : il encourage notamment la construction de fabriques pour attirer des horlogers et avance l'argent nécessaire à leur installation, il fait construire un hôpital et tente de lutter contre le servage. Il n'en continue pas moins d'écrire, entouré d'une cour d'admirateurs qu'il accueille dans son château, que l'on visite aujourd'hui.

597 Flavigny-sur-Ozerain

28/E7

(21) Tél. : 03 80 96 25 34. Tél. mairie : 03 80 96 21 73

Campé sur son promontoire, ce paisible village, avec ses vieilles maisons et son église Saint-Genest du XIIIe s., embaume l'anis. Une usine, installée dans les bâtiments conventuels (XVIIIe s.) d'une ancienne abbaye fondée au VIIIe s. sur de belles cryptes carolingiennes, confectionne les célèbres petits bonbons qui assurent depuis des siècles sa renommée.

598 Fontaine-Française

29/G7

(21) Tél. mairie : 03 80 75 81 21

Dans cette ancienne enclave française en pays bourguignon, Henri IV remporta, le 5 juin 1595, la victoire décisive sur les chefs de la Ligue et leurs troupes espagnoles. Un monument commémore cet événement qui permit l'achèvement de l'unité française. La forteresse où dormit le roi a disparu, remplacée en 1754 par un château caractéristique du siècle des Lumières, tant par son architecture que par sa décoration intérieure. La demeure s'élève dans un parc à la française où ifs et tilleuls sont taillés en portique.

VOLTAIRE (1694-1778)

Lorsqu'en 1758-1759 François Marie Arouet, dit Voltaire, s'installe à **Ferney,** il est déjà ce prince de l'esprit dont les écrits incisifs provoquent l'admiration des élites intellectuelles et l'exaspération des autorités politiques et religieuses. Au début de sa carrière littéraire dans les années 1720, puis à nouveau dans les années 1740, il a été admis à la Cour et promu historiographe du roi ; mais ses idées subversives l'ont contraint chaque fois à s'enfuir, tout comme il a dû, entre 1750 et 1753, quitter précipitamment la cour de Frédéric II pour se rendre à Postdam. Venant de mettre fin à sa collaboration à l'*Encyclopédie,* il va se lancer, depuis ce petit bourg de l'Ain, dans sa grande croisade contre l'injustice et l'intolérance, entreprenant notamment la réhabilitation de protestants et d'athées condamnés pour fanatisme, comme Calas ou le chevalier de La Barre. Il reçoit, dans son château, écrivains, artistes, seigneurs… Il ne s'y trouve jamais moins d'une cinquantaine de personnes. Il y fait également jouer de nombreuses pièces de théâtre. Voltaire devra attendre 1778 pour revenir à Paris et voir, peu de temps avant sa mort, son génie reconnu par tous.

1

2

Le cirque du Fer-à-Cheval

1 Vue panoramique de la reculée depuis le belvédère

2 La route d'accès au belvédère, creusée dans la roche

3

4

5

Flavigny-sur-Ozerain

3 L'une des portes fortifiées de la ville

4 L'église Saint-Genest

Fontaine-Française

5 Monument commémorant la victoire d'Henri IV sur les armées espagnoles

6 Le château

6

599 Fontenay (Abbaye de)

 28/E6

(21) ℹ Tél. : 03 80 92 15 00

Rigueur et simplicité sont les maîtres mots de l'architecture cistercienne dont Fontenay constitue sans doute le plus bel exemple. Retirée au fond d'un vallon boisé, l'abbaye, admirablement préservée et restaurée, fut fondée en 1119 par les moines de l'abbaye de Clairvaux, elle-même fille de Cîteaux. Son existence religieuse dura 671 ans. Jusqu'à la fin du XVIe s., le monastère abritait plus de 300 moines et convers. Son déclin commença avec les guerres de Religion. L'abbaye s'organise autour de son solide cloître, havre de paix où s'ouvre la salle capitulaire. Très austère, sans décor sculpté, l'église (XIIe s.), aux belles proportions, répond aux conceptions de l'ordre de saint Bernard. Vaste lui aussi, le dortoir est couvert d'une remarquable charpente. Dépendances et jardins bruissants de fontaines forment un cadre séduisant.

600 Glacière (Grotte de la)

 30/A8

(25) ℹ Tél. : 03 81 60 44 26

Cette grotte à ciel ouvert, profonde de 66 m, est une glacière naturelle en pleine forêt. Elle était jadis exploitée et son sol est recouvert de sortes de stalagmites. L'air froid s'y engouffre durant l'hiver et, pendant l'été, il ne peut en sortir car il est plus dense que l'air chaud. Ainsi la glace née de l'eau qui s'écoule de la paroi de la caverne s'y conserve-t-elle. Tout près de l'entrée, on peut admirer les collections, d'origines très diverses, de la maison des Cristaux : vanadinite du Maroc, aragonite orange de Roumanie, wulfénite du Mexique…

601 Goumois (Corniche de)

 30/C8

(25) La D 437B, sinueuse, longe les gorges du Doubs ; ☀ sur la vallée et le versant suisse du Jura. Deux belvédères, au nord et au sud de Goumois, surplombent ce défilé verdoyant.

602 Grand Colombier (Massif du)

 37/J7

(01) L'observatoire du Fenestré, dominant la dépression de Culoz, offre une première vue splendide. La D 120 mène aux deux sommets de ce massif ; ☀ sur le Jura, la Dombes, la vallée du Rhône et les Alpes.

👁 à l'ouest la **vallée du Groin,** qui est encaissée dans le calcaire. Sur 500 m à peine, les eaux de cette gorge accusent un dénivelé de 100 m. Ce site est accessible par la D 904, qui conduit à Artemare. À moins de 5 km du village, au lieu dit le Pont, la D 31 traverse le Groin.

603 Grand Taureau (Sommet du)

 38/B2

(25) À la sortie de Pontarlier par la N 57 (S), la première route à gauche conduit au chalet de Gounefay, qui permet de rejoindre ce sommet à pied (2,5 km). Point culminant (1 323 m) de la montagne du Larmont, à moins de 1 km de la frontière franco-suisse, le Grand Taureau domine la vallée de la Morte et laisse le regard embrasser les chaînes du Jura et les Alpes bernoises (table d'orientation).

604 Gray

   29/H7

(70) ℹ Tél. : 03 84 65 14 24

Un pont de pierre de 14 arches construit au XVIIIe s. franchit la Saône ; il offre un beau point de vue sur le site. Autrefois, la ville accrochée aux flancs de cette rivière vivait de l'activité portuaire. Ses maisons s'étagent en amphithéâtre sur la colline jusqu'à la basilique Notre-Dame, qui abrite un Christ gisant de 1530, et l'hôtel de ville Renaissance (1566) aux tuiles vernissées, avec sa façade ponctuée de colonnes en marbre rose. Non loin de là, conservant des parties de la forteresse médiévale des ducs de Bourgogne, le château (XVIIIe s.) du comte de Provence (frère de Louis XVI et futur Louis XVIII), orné d'or et de lambris, abrite le musée Baron-Martin et ses collections d'art et d'histoire.

LES MAISONS COMTOISES DE NANCRAY

Avec ses 30 maisons traditionnelles provenant du Territoire de Belfort, du Doubs, du Jura et de la Haute-Saône, le musée de plein air des Maisons comtoises représente le conservatoire d'un patrimoine architectural menacé de disparition. Regroupées en trois ensembles distincts – maisons de polyculture, maisons pastorales et maisons vigneronnes –, ces bâtisses ont été démontées et transportées de leur emplacement originel à Nancray, à l'ouest de la **grotte de la Glacière.** Granges et autres annexes, mobilier, outils et matériel agricole n'ont pas été oubliés. L'environnement végétal et animal y a été soigneusement reconstitué ; vergers, potagers, jardins se juxtaposent alors que canards, porcs, chevaux comtois ou vaches montbéliardes s'ébattent dans des aires aménagées. Ce musée très vivant accueille également de nombreuses manifestations artisanales.

LE BUGEY

Extrémité du Jura vers les Alpes, le Bugey oppose un piémont méridional viticole à des plis de hautes terres laissées aux sapinières, tel le plateau de Retord, au nord-est. Mais l'eau, partout présente sous forme de torrents, lacs et cascades, ainsi que les vertes forêts et prairies lui donnent une unité incontestable ; ses habitants, les bugistes, ont d'ailleurs depuis un millénaire le sentiment d'appartenir à un pays. Sa capitale, Hauteville-Lompnes est moins active que ses villes périphériques : Belley, Ambérieu-en-Bugey, Nantua, Bellegarde-sur-Valserine. De beaux panoramas s'ouvrent depuis le sommet du **Grand Colombier** (1 531 m) à l'est, et depuis le belvédère du mont Luissandre (805 m) à l'ouest.

1

L'abbaye de Fontenay

1 La salle des moines, bénéficiant en hiver de la proximité du chauffoir

2 Une des bornes marquant le domaine de l'abbaye

3 Vue aérienne de l'abbaye, encore intacte au cœur de la forêt bourguignonne

2

3

La corniche de Goumois

4 Le sommet de la corniche permet de découvrir un paysage typiquement jurassien.

Près de Grand Colombier, la vallée du Groin

5 La cascade d'Artemare

4

5

605 Hérisson (Cascades du)  37/J4

(39) La route qui longe les lacs de Chambly et du Val, à partir de Doucier (D 326), permet de gagner le belvédère de la Dame-Blanche. De là, un chemin remonte la rivière jusqu'aux cascades du Grand-Saut et de l'Éventail, qui, sur un escalier de rochers, ruissellent en une façade d'eaux vives. Le sentier conduit ensuite au saut de la Forge, puis au saut du Moulin et enfin au saut Girard, qui tombe dans une grande flaque bleutée. Il se poursuit jusqu'à Ilay.

606 Hôpitaux (Cluse des)  37/H7

(01) Cette profonde et étroite entaille, longue de 20 km, est barrée par trois petits lacs allongés. Ses parois verdoyantes, d'où jaillissent ici et là des cascades, dominent de 400 m le sillon, d'une austère beauté.

607 Joigny  28/B5

(89) *i* Tél. : 03 86 62 11 05

Les Joviniens sont surnommés les Maillotins, en souvenir d'une révolte au cours de laquelle les habitants se seraient emparés du château à grands coups de maillet avant de tuer leur seigneur. La ville s'est construite sur le très beau site de la côte Saint-Jacques, au pied de laquelle coulent les eaux de l'Yonne. Le dôme de l'église Saint-Jean, surmonté d'un campanile, domine le château Renaissance des Gondi, et les ruelles bordées de nombreuses maisons anciennes (du Bailli, XVIe s., de l'Arbre de Jessé, XVIe s...) descendent vers le vieux quartier des Pêcheurs et la rivière. La plus curieuse des demeures, dite du Pilori, aux pans de bois sculptés et au décor de carreaux en terre cuite vernissée, se dresse devant l'église Saint-Thibault, qui possède une belle Vierge au sourire (XIVe s.). Autour de l'église Saint-André, qui s'ouvre par une porte Renaissance décorée au linteau d'un haut-relief retraçant la vie du saint, se trouvent l'ancien couvent Notre-Dame, la chapelle des Ferrand et la maison natale de Marcel Aymé.

608 Jonvelle    29/J5

(70) *i* Tél. mairie : 03 84 92 55 88. Tél. La Rochère : 03 84 78 61 00

Au-delà d'un pont ancien se dressent les ruines d'un château du XVe s., une église des XIIIe et XVIe s., dont la verrière du XIXe s. est l'œuvre d'un élève de Viollet-le-Duc.

👁 à 1,3 km (O) les fouilles qui ont mis au jour les vestiges d'une villa gallo-romaine du Haut Empire, et notamment ses thermes. À proximité, un musée, installé dans un hangar, présente des machines agricoles anciennes, qui ont été fabriquées dans la région.

👁 à 15 km (N-E) la **verrerie-cristallerie de La Rochère,** fondée en 1475, qui est encore en activité. Ses ateliers se visitent.

609 Joux (Forêt de la)  37/J3

(39) Cette forêt exceptionnelle, plantée de magnifiques futaies d'épicéas et de très hauts sapins (45 m), s'étend sur 2 500 ha. Elle se prolonge au nord par celle de Levier, et au sud par celle de la Fresse. Elle s'est enrichie de 80 km de sentiers balisés, de belvédères et d'un arboretum, proche de la maison forestière du Chevreuil. Une belle route des Sapins – longue de 50 km environ –, très bien aménagée, accessible notamment par les D 471, 72 et 107, relie Champagnole à Levier et permet de découvrir le massif.

610 Langouette (Gorges de la) 37/J3

(39) Creusées dans le calcaire par la Saine, ces gorges larges de 4 m à peine, mais profondes de 47, doivent être admirées depuis les belvédères accessibles à partir des Planches-en-Montagne, situés entre Foncine et Champagnole. La rivière s'écoule en cascades successives, dont celle du bief de la Ruine, haute de 60 m.

LA ROUTE DES SAPINS

La route des Sapins de la FORÊT DE LA JOUX part de Chapois, au nord de Champagnole, où il faut voir le musée archéologique. Après le hameau de La Joux, on atteint une maison forestière (arboretum).

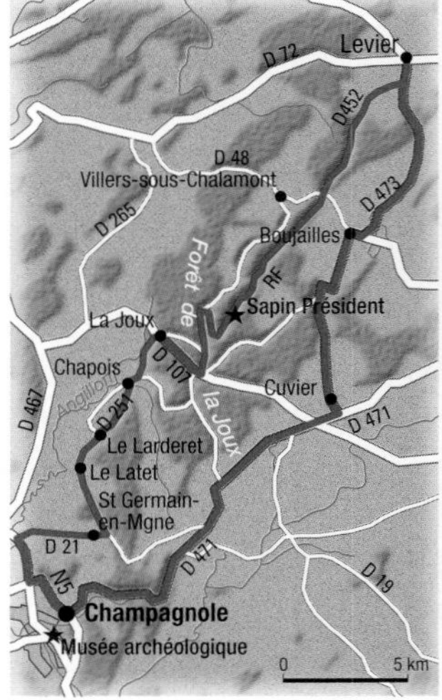

Passant à proximité du sapin Président, impressionnant avec son tronc de 4 m de diamètre et ses 45 m de haut, on continue dans la forêt , en longeant la clairière où se niche Villers-sous-Chalamont, pour gagner Levier. Au retour, le circuit suit le massif forestier, avant de s'y enfoncer de nouveau.

QUI A CREUSÉ LA CLUSE DES HÔPITAUX ?

Aucune eau, ou presque, ne coule dans cette cluse. Il faut la remonter pour comprendre comment elle a été creusée. Pas de source, rien sur 15 km. Puis, soudain, au village de Tenay, l'Albarine débouche à angle droit dans la gorge. Hélas, elle file vers l'ouest, à l'opposé de la cluse ! Ce parcours fait penser à une capture : il est vraisemblable qu'à l'origine la petite rivière coulait dans la cluse des Hôpitaux, et que c'est elle qui l'a creusée. Mais un autre cours d'eau, faisant remonter sa tête de vallée d'ouest en est par érosion régressive, a fini par l'atteindre, l'attirant dans son propre lit.

Joigny

2 La ville depuis les bords de l'Yonne

Les cascades du Hérisson

1 La cascade du Grand-Saut

La forêt de la Joux

3 Planté sous le règne de Louis XIV, le sapin Président se dresse au lieu-dit Les Chérards

4 L'un des bûcherons chargés d'entretenir la forêt

5 Une maison forestière

611 Lison (Source du)

 37/J2

(25) Au sud de Nans-sous-Sainte-Anne (D 477), au fond d'une reculée, le Lison jaillit de la falaise par une grotte et forme un petit bassin. Une riche végétation adoucit la sévérité du paysage. À proximité, un sentier balisé conduit à la grotte Sarrazine, haute de 90 m, et au creux Billard, profond de 50 m, qui laisse voir le passage souterrain du cours d'eau.

612 Lons-le-Saunier

 37/H3

(39) ℹ Tél. : 03 84 24 65 01

La capitale du Jura est fréquentée depuis l'époque romaine pour ses eaux thermales. La rue du Commerce, bordée de maisons à arcades (XVIIe-XVIIIe s.), dont celle où naquit Rouget de Lisle, conduit de la tour de l'Horloge au musée des Beaux-Arts. À proximité s'élèvent l'hôtel-Dieu, à la grille richement ouvragée et à l'admirable apothicairerie du XVIIe s. , l'église des Cordeliers, aux boiseries du XIXe s., et le théâtre à l'italienne de 1903. Le Musée archéologique, avec ses collections régionales, et la crypte romane de l'église Saint-Désiré sont également intéressants.

613 Loue (Miroir de la)

 38/A1

(25) La Loue s'épanouit à la sortie (S-O) d'Ornans, dans une ample vallée aux versants et aux coteaux boisés. Elle crée un plan d'eau calme dans lequel se reflètent la falaise et les arbres.

614 Loue (Source de la)

 38/A2

(25) ℹ Tél. mairie de Mouthier-Haute-Pierre : 03 81 60 91 10

La D 443, au départ d'Ouhans, mène à un sentier qui conduit à cette résurgence, la plus puissante et la plus belle du Jura, qui inspira Courbet. Elle jaillit d'une vaste grotte, creusée au fond d'un cirque encaissé. Son débit, toujours très important, la rend impressionnante. Ses eaux se précipitent dans les gorges boisées et sauvages de Nouailles, repaire de la Vouivre, femme-serpent légendaire, à laquelle Marcel Aymé a consacré un roman.

👁 à moins de 10 km (N-O) la belle église du XVe s. de **Mouthier-Haute-Pierre.** La D 67, qui y conduit, est ponctuée de belvédères aménagés sur des corniches, qui s'ouvrent sur les **gorges de Nouailles** – vallée étroite de la Loue – et la cascade du Syratu, très belle à la fin du printemps.

615 Louhans

 37/G4

(71) ℹ Tél. : 03 85 75 05 02

Au cœur de la Bresse, la ville, réputée pour ses foires et ses marchés, a conservé sa Grande-Rue, bordée de belles arcades, et son hôtel-Dieu (XVIIIe s.). Celui-ci abrite une apothicairerie présentant une riche collection de faïences. Dans la rue des Dodânes, l'imprimerie d'un journal local *(l'Indépendant)* telle qu'elle fonctionnait il y a encore quelques années, a été préservée et constitue une antenne de l'écomusée de la Bresse bourguignonne.

616 Luxeuil-les-Bains

   30/A5

(70) ℹ Tél. : 03 84 40 06 41

Cette station thermale, très en vogue sous le second Empire, exploite ses sources d'eau chaude depuis le XVIIIe s. Ses principaux monuments, construits en grès rouge, les maisons François Ier et du Bailli, l'hôtel des Échevins (XVe s.), qui accueille un musée (objets d'époque gallo-romaine), et celui du cardinal Jouffroy (XVe s.), mariant styles gothique flamboyant et Renaissance, se dressent autour de l'ancienne abbaye Saint-Colomban. Fondée au VIe s., celle-ci a conservé sa basilique (XIIIe-XIVe s.), son cloître et des bâtiments conventuels.

👁 à 22 km (N-O), près d'Anjeux, la **source du Planey**, qui jaillit d'un gouffre de 25 à 30 m de diamètre. Ses eaux, au niveau très variable, coulent en permanence et ne gèlent jamais.

LA BRESSE BOURGUIGNONNE

À partir de LOUHANS, le circuit sillonne la campagne bressane, en traversant d'abord Sainte-Croix (église gothique et forteresse).

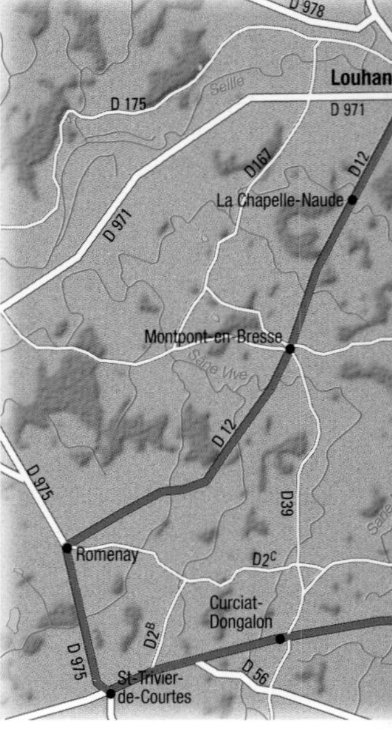

Puis, par Sagy, où une ancienne ferme abrite une exposition consacrée aux moulins, on gagne Cuiseaux, qui conserve des vestiges de son enceinte et le château (XVIIIe s.) des princes d'Orange – annexe de l'écomusée de la Bresse bourguignonne. Sur le chemin du retour, Varennes-Saint-Sauveur propose un ancien relais de diligences ainsi qu'une tuilerie du XVIIIe s., et Romenay des maisons à pans de bois et un instructif musée du Terroir.

LE KIRSCH DE FOUGEROLLES

Apparues à Fougerolles, petit bourg proche de **Luxeuil-les-Bains,** à la fin du XVIIe s., la fabrication et la commercialisation du kirsch se développèrent rapidement. Ce breuvage, issu des guignes, fruits noirs et sucrés des cerisers locaux, assura la renommée de la cité en Franche-Comté et en Lorraine, et conquit Paris puis l'étranger au début du XIXe s. Aujourd'hui, le kirsch de ferme est toujours distillé selon les techniques traditionnelles, expliquées à l'écomusée du Petit-Fahys et du Pays fougerollais.

Lons-le-Saunier
1 La rue principale et la tour de l'Horloge

La source de la Loue
2 Jaillissant d'une vaste grotte, la Loue, au débit impressionnant

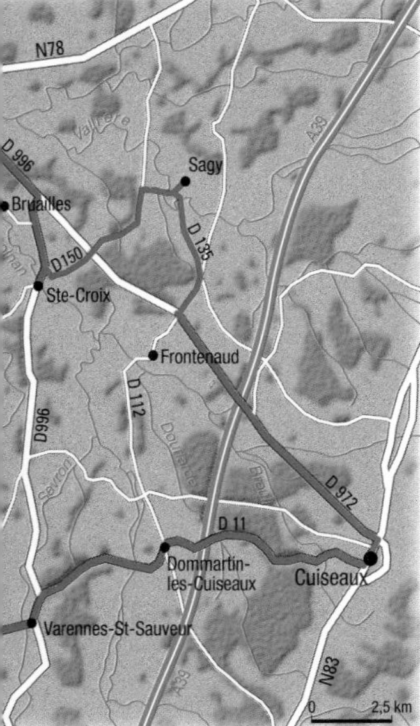

1

2

3

Près de la source de la Loue, les gorges de Nouailles
3 La cascade du Syratu

Le miroir de la Loue
4 À Ornans, la Loue s'épanouit en un plan d'eau calme.

4

617 Lyon

36/F8

(69) *i* Tél. : 04 72 77 69 69
Entre Beaujolais et Dauphiné, à la confluence de la Saône et du Rhône, la capitale des Trois Gaules est aujourd'hui une métropole économique et régionale de première importance.

La basilique Notre-Dame de Fourvière

Le quartier Saint-Jean

C'est l'un des plus beaux ensembles architecturaux des XVe, XVIe et XVIIe s. Dans les rues du Bœuf, des Trois-Marie et de la Bombarde vivaient les gens de loi, près du palais, tandis que la rue Saint-Jean et la place du Change étaient le domaine des changeurs et des drapiers. Les maisons construites dans le style italien témoignent de la prospérité de la cité.

Le café Tire-Bouchon, dans le quartier Saint-Jean

À la fois romane et gothique, la cathédrale Saint-Jean est l'un des monuments les plus originaux de la ville. Elle accueillit en 1245 et en 1274 les deux conciles de Lyon ; de grands événements y furent célébrés – notamment la consécration du pape Jean XXII et le mariage d'Henri IV et de Marie de Médicis.

L'horloge astronomique, dans la cathédrale

La Presqu'île

Passé le pont Bonaparte ou la passerelle Saint-Georges, qui enjambent la Saône, Lyon dévoile son visage classique au cœur de la Presqu'île : la place Bellecour, qui a gardé en partie l'allure de ces grandes places glorifiant le monarque – statue équestre de Louis XIV au centre, façades monumentales à l'ordonnance symétrique (seuls les côtés est et ouest furent achevés) ; les façades des hôtels particuliers (XVIIIe et XIXe s.) ; le musée des Arts décoratifs, celui de Villeroy, qui accueille le musée des Tissus, la grande façade – due à Soufflot – de l'hôtel-Dieu, la place des Terreaux et le musée des Beaux-Arts.

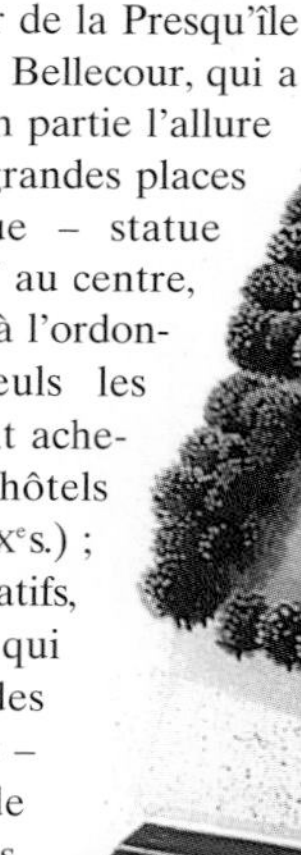

L'hôtel-Dieu

Sa grande façade, dessinée au XVIIIe s. par Soufflot, s'étire au bord du Rhône. Cet ancien hôpital accueillit notamment parmi ses médecins un certain François Rabelais. Il est aujourd'hui le siège du musée des Hospices civils, où la salle de l'Apothicairerie est remarquable.

La colline de Fourvière

Ses rues tortueuses conduisent à la basilique Notre-Dame de Fourvière (fin XIXe s.), qui domine Lyon. En 1870, les Lyonnais, qui appréhendaient une invasion des Prussiens, promirent de bâtir une église si l'ennemi ne pénétrait pas dans la ville. Exaucés, ils firent construire cette église de style néobyzantin. Sur la hauteur, un vaste site antique se visite également : grand théâtre édifié par Auguste, thermes et musée de la Civilisation gallo-romaine.

La cathédrale Saint-Jean

Les bouchons

Héritiers des cabarets du XVIIIe s., ce sont les hauts lieux de la convivialité lyonnaise. On y déguste des cochonnailles toujours chaudes, arrosées de vins de la région.

La place des Terreaux

Une cour intérieure à loggias

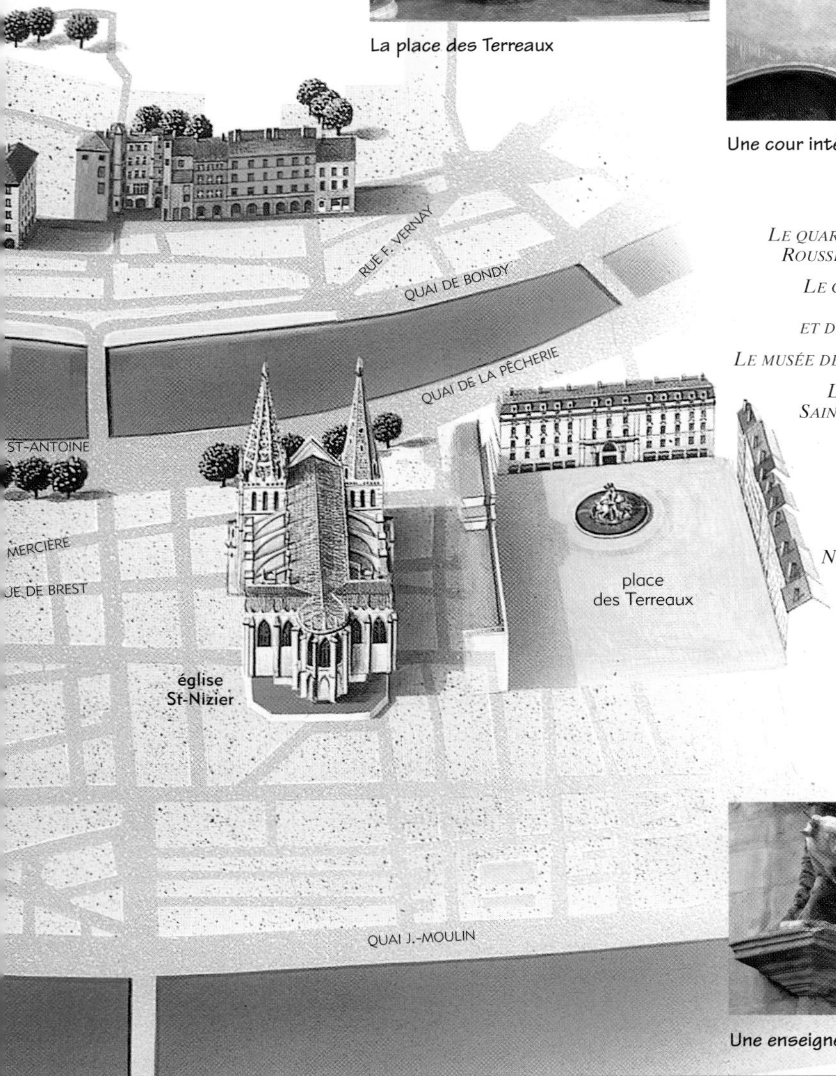

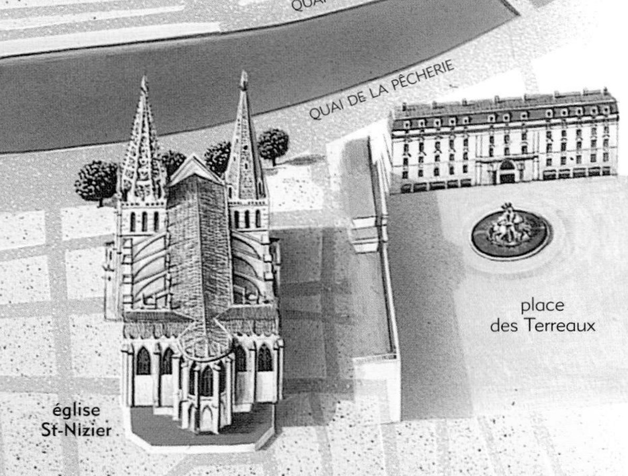

À VOIR AUSSI

Le quartier de la Croix-Rousse avec ses traboules

Le centre d'Histoire de la Résistance et de la Déportation

Le musée de la Marionnette

L'église abbatiale Saint-Martin-d'Ainay (XIIe s.)

Le musée de la Banque et de l'Imprimerie

L'église Saint-Nizier (XIVe-XVIIIe s.)

Une enseigne rue du Bœuf

618 Mâcon

 36/F5

(71) ℹ Tél. : 03 85 21 07 07

Mâcon, grand centre vinicole, a consacré un musée à Alphonse de Lamartine, né ici. Au-dessus des maisons aux teintes ocre se dressent le bel hôtel de Montrevel, l'hôtel-Dieu et l'ancien hospice de la Charité. Si le Vieux-Saint-Vincent, la cathédrale, a beaucoup souffert sous la Révolution, la maison de Bois de la place aux Herbes (1500) est demeurée presque intacte. À proximité de la nouvelle cathédrale, le musée, installé dans l'ancien couvent des Ursulines, expose des collections d'arts plastiques, d'archéologie et d'ethnologie.

👁 à 9 km (E) **Saint-André-de-Bagé,** qui se distingue par le clocher octogonal qui surmonte son église du XIe s.

619 Mont d'Or (Sommet du)

 38/A3

(25) À partir de Longevilles-Mont-d'Or, après le chalet de la Grangette, ce sommet est accessible à pied (10 min). Depuis le belvédère des Chamois, ⁂ la vallée de la Joux, le lac Léman et, au loin, les Alpes.

620 Mont-Rond

 37/J5

(01) Du belvédère du Petit Mont-Rond (1 534 m), le panorama est saisissant. Depuis la table d'orientation, le GR 9 mène au Grand Mont-Rond, puis se poursuit jusqu'au Colomby de Gex (1 689 m).

Ce dernier peut aussi être rejoint par une route qui part à droite du col de la Faucille, conduisant jusqu'au chalet de la Maréchaude, et se poursuit par un sentier. Du sommet, ⁂ sur le Jura, la plaine suisse, les Alpes, la Jungfrau et le mont Blanc.

621 Mont-Saint-Vincent

  36/E4

(71) ℹ Tél. : 03 85 69 00 00

Ce village, avec son église romane (XIe s.), celle d'un ancien prieuré clunisien et son ancien grenier à sel reconverti en musée archéologique (musée Jean-Régnier), est bâti sur le mont du même nom. Depuis son sommet (603 m), aisément accessible, ⁂ sur les collines du Morvan, du Mâconnais et du Charolais. D'ici part, chaque année, le signal des feux de la Saint-Jean (24 juin), célébrant l'été.

622 Montbard

 28/D6

(21) ℹ Tél. : 03 80 92 53 81

Le souvenir de Buffon est ici beaucoup plus vivace que celui des comtes de Montbard, qui firent construire le château. Celui-ci fut racheté en 1735 par le naturaliste, qui n'en conserva que l'enceinte fortifiée et deux tours mais qui aménagea superbement les jardins. La demeure où il vécut, son cabinet de travail et la chapelle où repose sa dépouille se visitent. Un musée installé dans les anciennes écuries lui est consacré.

623 Montbéliard

 30/C7

(25) ℹ Tél. : 03 81 94 45 60. Tél. musée Peugeot : 03 81 99 42 03

De son passé alémanique, la cité, rattachée à la France après la Révolution (1793), conserve l'essentiel de ses constructions. Le château des ducs de Wurtemberg (XVe-XVIIIe s.) – dont il reste surtout les deux imposantes tours, la tour Henriette et la tour Frédéric – , dans le prolongement duquel se dresse le logis des Gentilhommes, dû à l'architecte Heinrich Schickhardt, veille sur les maisons colorées. Autour de la place Saint-Martin s'élèvent l'hôtel de ville (XVIIIe s.), l'hôtel Beurnier-Rossel, cadre du Musée historique, et le temple Saint-Martin (XVIIe s.), qui est l'un des plus vieux sanctuaires protestants de France.

👁 **Sochaux,** l'un des faubourgs de la ville, qui est indissociable des usines Peugeot. Celles-ci se visitent, et un musée retrace leur histoire et leurs productions, des lames de scie à la Vis-à-Vis, première automobile à moteur à explosion fabriquée par la firme.

SUR LES PAS DE LAMARTINE

Une fois franchis les faubourgs de MÂCON, on entre dans le vignoble. Après le joli village de Vergisson s'élève le château de Pierreclos (XIIe-XVIIe s.) – apprécié par Lamartine –, dont les caves accueillent un musée de la Vigne, du Vin et de la Tonnellerie et l'ancienne boulangerie un musée du Pain et du Blé.

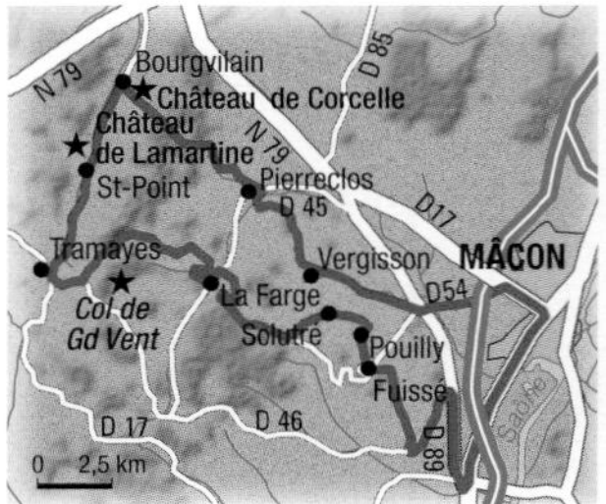

Après le château de Corcelle (XVe s.), on atteint l'ancienne forteresse médiévale de Saint-Point ; chaque pièce conserve le souvenir de Lamartine, qui l'habita. Par Tramayes et son château du XVIe s., puis par le col de Grand Vent, on rejoint le vignoble avec Solutré et les bourgs de Pouilly et Fuissé, aux crus réputés.

LES « USINES PEUGEOT » SOCHAUX-MONTBÉLIARD

Au XVIIIe s., Jean-Jacques Peugeot, meunier de son état, transmet à ses enfants et petits-enfants un moulin à grains : le moulin « Sous-Cratet », à Hérimoncourt. Ses descendants, Jean-Pierre et Jean-Frédéric Peugeot, transforment le moulin en fonderie d'acier. À la fin du XIXe s., les industries Peugeot s'installent à Beaulieu où débute la fabrication des cycles. En 1889, un tricycle à vapeur, premier véhicule automobile, sort des ateliers pour être présenté à l'Exposition universelle de Paris. En 1912, l'usine se déplace à Sochaux, dans la plaine de la Vouaivre. De 437 salariés en 1912, les usines passent à un effectif de 41 000 personnes à la fin des années 1970. Aujourd'hui rebaptisée « PSA Peugeot Citroën », l'entreprise est toujours installée sur le site d'origine de Sochaux-Montbéliard.

1

Mâcon

1 Les tours octogonales, vestiges de la cathédrale Saint-Vincent

2 Détail d'un chapiteau

3 Les quais

2

3

Le Mont-Rond

4 Panorama depuis Échenevex

Montbéliard

5 Le temple Saint-Martin

4

5

De Cluny à Citeaux

Le berceau du monachisme occidental

Carrefour important des vallées de la Seine, du Rhin et du Rhône, la Bourgogne a été, du Xe au XIIe s., un des principaux centres du renouveau spirituel du monachisme occidental, après les troubles de la décadence carolingienne. L'ordre bénédictin de Cluny, qui y a vu le jour, privilégiait la prière et la célébration de l'office divin. Sous la direction de grands abbés compétents et énergiques, il a mis en place à travers l'Europe un vaste réseau de monastères, dont la richesse et le luxe des bâtiments ont provoqué, au XIIe s., une violente critique de la part de saint Bernard, fondateur de l'ordre des Cisterciens. La règle de ces derniers est fondée sur la pauvreté, le dépouillement et le travail manuel. L'architecture de leurs églises et leur liturgie sobre s'opposent aux pompes et au faste des Clunisiens.

Cluny :
cloître et clocher de l'Eau bénite

Cluny :
un des chapiteaux du farinier

Un art à la gloire de Dieu : Cluny

Fondée au Xe s. dans une vallée isolée du Mâconnais, l'abbaye de Cluny a joué un rôle essentiel dans la diffusion de l'art roman en Occident, en essaimant à travers la France et les pays voisins son modèle architectural. Sa troisième abbatiale, bâtie entre 1088 et 1230, est demeurée la plus vaste église de la chrétienté occidentale jusqu'à la construction de la basilique Saint-Pierre de Rome, au XVIe s. Remarquable par son gigantisme et la hardiesse de ses voûtes de pierre s'élevant à 30 m de haut dans la partie centrale, le bâtiment l'était également par la richesse de son décor intérieur et par sa grande luminosité. De ce magnifique ensemble médiéval, utilisé comme carrière de pierres sous la Révolution, après la fermeture de l'abbaye, il ne reste plus qu'un dixième de la basilique. Couvert d'une belle charpente en châtaignier, le farinier (XIIIe s.) abrite de nombreuses sculptures, dont les magnifiques chapiteaux sculptés du chœur, représentatifs du style roman bourguignon. Les vestiges de Cluny sont cependant suffisants pour admirer la noblesse et la grandeur d'un art mis, jadis, au service de Dieu.

Cluny :
croisillon droit du transept

Un Cluny en miniature : Paray-le-Monial

Située aux confins du Charolais et du Brionnais, au bord de la Bourbince, un modeste affluent de la Loire, cette abbaye fut fondée vers 975 et rattachée à Cluny en 999. Reconstruite à la fin du XIe et au XIIe s., sa basilique romane, bâtie en calcaire ocre, apparaît comme une réplique « en miniature » de l'abbatiale de Cluny. Son clocher octogonal, son narthex surmonté de deux tours carrées et son chevet étagé sont de pur style roman bourguignon. Une douzaine d'autres églises romanes, construites dans la région du Brionnais (Anzy-le-Duc, Iguerande, Semur-en-Brionnais, Saint-Julien-de-Jonzy) sous l'influence de Cluny, méritent également d'être visitées.

Paray-le-Monial : chœur et croisée du transept de l'église Notre-Dame

Paray-le-Monial : vue extérieure de la basilique

Un bijou de l'art roman : Vézelay

Juché au sommet d'une colline au nord du Morvan, près d'Avallon, Vézelay était à l'origine un monastère bénédictin, fondé au IXe s. autour des reliques de sainte Marie-Madeleine. Rattaché à Cluny dès 1055, Vézelay devient, aux XIe et XIIe s., un des grands centres de pèlerinage de la chrétienté et le point de départ d'un des quatre itinéraires vers Saint-Jacques-de-Compostelle. Reconstruite entre 1096 et 1215, l'abbatiale impressionne par la pureté et la sobriété de ses formes. La richesse et le soin apportés au décor sculpté des chapiteaux et des portails (le narthex) sont remarquables, et tous les âges de l'art roman y sont représentés.

Vézelay : la rue centrale mène à l'abbaye.

Une architecture austère : Fontenay

Tapie dans un vallon près de Montbard, en Côte d'Or, l'ancienne abbaye de Fontenay fut fondée en 1119 par saint Bernard, abbé de Clairvaux. Ses bâtiments du XIIe s., organisés autour d'un vaste cloître, constituent l'ensemble le plus complet d'architecture cistercienne romane conservé en France. L'église, consacrée en 1147, répondait à l'idéal de simplicité revendiqué par les moines cisterciens. Le monastère abrite aussi une forge du XIIe s., dont les machines étaient mues par l'eau amenée dans un canal de dérivation.

Fontenay : entrée de la salle capitulaire

Les Hospices de Beaune

Le célèbre vignoble de la Côte-d'Or, qui déroule ses vignes sur 60 km de Dijon à Santenay, fut créé par les Romains et développé au Moyen Âge par les moines. Beaune, magnifique cité d'art médiéval et prestigieuse capitale du vin, se trouve au cœur de ce vignoble. Joyau de l'art burgondo-flamand du XVe s., les Hospices de Beaune, fondés par Nicolas Rolin, chancelier du duc de Bourgogne, sont chaque année le théâtre d'une célèbre vente aux enchères de grands crus réputés (Tél. : 03 80 24 45 00).

La toiture est en tuiles vernissées multicolores.

624 Montbenoît

38/**B2**

(25) ℹ Tél. : 03 81 38 10 32

De l'abbaye fondée au XIIe s. sur la rive gauche du Doubs, il reste le cloître du XVe s, ouvrant sur la salle capitulaire, et l'église, dont le chœur (XVIe s.) est célèbre pour ses stalles aux motifs empruntés aux thèmes médiévaux, tels « le Crêpage de chignon » ou « la Correction d'Aristote ».

625 Montenoison (Butte de)

28/**B8**

(58) Comptant parmi les points culminants de la Nièvre (417 m), elle domine les vaux, pays de bois, de prairies, de rus et d'étangs. ⁘ sur le Morvan, le Bazois et la vallée de Prémery.

626 Morez

37/**J4**

(39) ℹ Tél. : 03 84 33 08 73. Tél. musée de la Lunette : 03 84 33 39 30

Entre le marché de la lunette, celui du fromage de Morbier, le travail du bois pour les horloges et la proximité des stations de sports d'hiver, Morez se montre très actif. Le sommet de la roche au Dade (N-E) permet de découvrir le site. Le musée de la Lunette présente environ 450 pièces de collection qui retracent l'histoire de l'industrie lunetière de la ville.

627 Nancray

30/**A8**

(25) ℹ Tél. musée : 03 81 55 29 77 👁 encadré p. 332

628 Nantua (Cluse de)

37/**H6**

(01) ℹ Tél. : 04 74 75 00 05

Au départ de Bourg-en-Bresse, la D 979 offre un beau point de vue sur la cluse étroite aux pentes raides, entièrement occupée par le lac de Nantua (140 ha), très profond (plus de 40 m). Entouré d'abrupts couverts de sapins, de hêtres et de buis, le site propose de très belles promenades. Construite au bord de l'eau, la ville, née autour d'une abbaye bénédictine (VIIe s.), fut d'abord un relais de diligences. À côté de l'église Saint-Michel se trouve le musée départemental de la Résistance et de la Déportation de l'Ain et du Haut-Jura.

👁 à moins de 10 km (E), divisé en deux bassins inégaux, le **lac de Sylans,** aux eaux très froides, qui s'allonge sur 2 km. Il est dominé par des escarpements hauts de plus de 200 m.

629 Nevers

36/**A2**

(58) ℹ Tél. : 03 86 68 46 00

La Loire alanguie baigne les murs de la ville, qui garde de ses remparts médiévaux la porte du Croux, avec échauguettes et mâchicoulis (Musée archéologique). L'église romane Saint-Étienne, ancien prieuré de Cluny bâti au XIe s., à l'admirable chevet, se trouve non loin de Saint-Pierre (XVIIe s.). Les deux édifices emblématiques de la cité s'élèvent sur la butte dominant le fleuve. Le premier, la cathédrale Saint-Cyr-et-Sainte-Julitte, se distingue par ses deux absides, l'une romane, conservant une fresque du XIIe s., l'autre gothique, comme la haute nef. La crypte romane abrite une Mise au tombeau Renaissance. Sous le chœur, un baptistère du VIe s. témoigne de l'ancienneté du sanctuaire. Le second, le palais ducal, marque la transition entre les styles gothique et Renaissance. Le couvent Saint-Gildard abrite la châsse de Bernadette Soubirous. Le quartier des faïenciers évoquent l'activité qui fit la renommée de Nevers dès le XVIe s.

630 Noyers-sur-Serein

28/**C6**

(89) ℹ Tél. : 03 86 82 66 06

Cette ville est un cadre idéal pour les films de cape et d'épée en costumes d'époque : seize tours rondes et deux portes fortifiées entourent de vieilles rues et maisons du Moyen Âge et de la Renaissance. Un ancien collège accueille un intéressant musée d'art naïf.

LES LACS ET LES MARÉCAGES DU JURA

Les axes de plissement du Jura s'orientent perpendiculairement à la pente du massif. Les eaux ont donc du mal à s'écouler, et restent plus facilement emprisonnées dans le creux des plis. Les lacs de Saint-Point et de Joux (ce dernier côté suisse) sont à ce titre typiques ; il en va de même des très nombreux marécages du Jura. Dans d'autres cas, l'eau se trouve piégée dans une cuvette surcreusée par un glacier en travers d'un pli ; les lacs de **Nantua** et de Chalain en sont deux illustrations. En revanche, de nombreux endroits, notamment sur les hauts plateaux, par exemple au sud-est de Saint-Claude, ne présentent aucune trace d'eau courante ou stagnante. La topographie de ces zones calcaires, marquées d'innombrables dépressions circulaires, donne la clé de cette absence : les eaux s'infiltrent par des puits de dissolution, coulent et stagnent, mais souterrainement.

LES FAÏENCES DE NEVERS

Grâce aux Gonzague de Mantoue, ducs de Nevers, des faïenciers italiens, les frères Conrade – « maîtres pothiers en œuvre blanche et autres couleurs » –, arrivèrent à Nevers au XVIe s. Ils apportèrent le décor « a istoriato », copie de gravures anciennes, et « a compendiaro », avec deux couleurs : le bleu et le jaune. Ce qui donna à la faïence de Nevers sa personnalité tout en fantaisie. Les décors chinois n'apparurent qu'au XVIIIe s.

1

2

Montbenoît

1 Le village, niché dans le val du Saugeais

2 « Le Crêpage de chignon », stalle du chœur de l'église abbatiale

Nevers

3 Le palais ducal

4 Mise au tombeau, cathédrale Saint-Cyr-et-Sainte-Julitte

4

3

Noyers-sur-Serein

5 Des maisons médiévales à pans de bois, place du Marché-au-Blé

5

631 Nozeroy

37/J3

(39) Tél. mairie : 03 84 51 10 54

L'ancienne place forte médiévale, encore abritée en partie par ses remparts, a été bâtie au sommet d'une colline veillant sur le val de Mièges. Depuis la porte de l'Horloge, les ruelles conduisent à l'église (XVe s.) et aux ruines du château.

à 4 km (S) la **source de l'Ain,** qui jaillit au creux d'une arène rocheuse et boisée. Un sentier y conduit, à partir de la D 283, après le village de Conte. Un chemin balisé longe la rive jusqu'à un ensemble de cascades. La D 283 mène ensuite à la D 84, qui rejoint Bourg-de-Sirod. Du parking proche de la mairie, une sente aboutit, à travers hêtres et sapins, à la **perte de l'Ain.** La rivière s'engouffre ici sous le calcaire pour ressortir de la gorge par une cascade de 17 m de haut sur 45 de large.

632 Nuits-Saint-Georges

36/F1

(21) Tél. : 03 80 62 01 38

Cette jolie petite ville, regroupée autour de son église romane Saint-Symphorien (XIIIe s.), de son beffroi et de l'hôpital Saint-Laurent, tous deux du XVIIe s., est connue dans le monde entier pour son vignoble. Le musée expose notamment des collections gallo-romaines exhumées lors des fouilles effectuées aux Bolards (S-E).

633 Ornans

38/A1

(25) Tél. : 03 81 62 21 50

La ville natale de Gustave Courbet ressemble à une carte postale, avec ses habitations anciennes baignant dans la Loue (superbe depuis le Grand Pont) et son église environnée d'hôtels particuliers (XVe-XVIIIe s.). Le musée, aménagé dans la maison du peintre, présente des œuvres de ce maître de l'école réaliste. Tout près de là se trouvent la maison nationale de l'Eau et de la Pêche et le miroir de la Loue.

à moins de 10 km (S-O), situés en bordure de cette petite rivière, le **château de Cléron** (XIVe-XVIe s.) et son parc, qui forment un ensemble charmant.

634 Osselle (Grotte d')

29/J8

(25) Tél. : 03 81 63 62 09

Creusée dans la falaise qui domine le Doubs, à 7,5 km au sud de Saint-Vit, elle est traversée par une rivière souterraine. Cette cavité abrite une belle collection de minéraux.

635 Pannesière-Chaumard (Barrage de)

36/C1

(58) Destiné à régulariser les cours de l'Yonne et de la Seine et construit dans un joli site, ce barrage est long de 340 m et haut de 50. De son sommet, sur toute la retenue, paradis des pêcheurs et des amateurs de sports nautiques, et au loin, sur les monts du Morvan.

636 Paray-le-Monial

36/D5

(71) Tél. : 03 85 81 10 92

Témoin bien conservé de la grande architecture clunisienne, la basilique possède un magnifique chevet ainsi qu'une nef et une abside romanes, coiffées par une tour octogonale. Anciennement dédiée à Notre-Dame, elle est, depuis le XIXe s., vouée au Sacré-Cœur, et accueille chaque année des centaines de milliers de pèlerins. D'autres monuments anciens se dressent au cœur de la cité : tour Saint-Nicolas (XVIe s.) , hôtel de ville Renaissance à la belle façade en pierre, et plusieurs musées intéressants, dont celui du Hiéron – consacré à l'art sacré – et le musée Paul-Charnoz, qui abrite une collection historique de céramiques.

à 15 km (N-E) le **château de Digoine,** belle construction du XVIIIe s., qui présente une façade sur cour surmontée d'un élégant fronton sculpté ; celle qui se tourne vers le jardin inclut les deux étages d'un portique.

GUSTAVE COURBET (1819-1877)

Profondément attaché à sa ville natale d'**Ornans** et à son terroir jurassien, Gustave Courbet y puise l'essentiel de son inspiration. Les modèles de ses portraits sont ses parents, ses amis, ses voisins. Les animaux qu'il aime représenter sont ceux qu'il chasse dans les forêts et les campagnes environnantes. Sous l'influence de l'art hollandais, qui l'éblouit, il hisse le genre au niveau de la peinture d'histoire. C'est sur des toiles de grand format qu'il peint ses contemporains, grandeur nature, dans leurs activités quotidiennes. *L'Après-dînée à Ornans, les Paysans de Flagey revenant de la foire,* ou encore son immense *Enterrement à Ornans,* pour lequel posèrent une cinquantaine de ses concitoyens, en font, en ce milieu du XIXe s., le chef incontesté d'un nouveau mouvement pictural : le réalisme.

LE MUSÉE DE LA FROMAGERIE DE TRÉPOT

Seules les vaches montbéliardes, pie rouge, nourries d'herbe locale et de farine naturelle fournissent le lait qui peut être utilisé dans la fabrication du comté, fromage à pâte cuite qu'un label garantit dans sa qualité. Dans un ancien « chalet de fromagerie » de 1818, au nord d'**Ornans,** sont réunis outils, machines, presses et cuves nécessaires à cette fabrication. Et ce n'est pas une mince affaire : 12 litres de lait ne donnent que 1 kg de comté ! Il faut au fromager une dextérité et une force peu communes pour extraire, d'un seul mouvement, tout le caillé des cuves de cuivre : une seule meule exige 600 litres de lait... On fabriquait déjà le « fromage de fructères » (fruitières) au XIIe s.

Nuits-Saint-Georges

1 Le village et l'église Saint-Symphorien, au milieu du vignoble

2 Un chai où vieillissent les crus de renommée mondiale

Ornans

3 Vieilles maisons

Près d'Ornans, le château de Cléron

4 L'édifice vu des bords de la Loue

La grotte d'Osselle

5 S'ouvrant sur 8 km de galeries, elle abrite une belle collection de minéraux.

Paray-le-Monial

6 La basilique du Sacré-Cœur

637 Pérouges

37/**G7**

(01) ℹ Tél. : 04 74 61 01 14

Au sommet d'une colline entièrement ceinte de remparts s'élève l'une des plus jolies anciennes cités bien préservées de France. L'église fortifiée, la maison des Princes de Savoie, qui accueille une partie du musée du Vieux-Pérouges, les vieilles habitations (XVe-XVIe s.), où sont aujourd'hui installées des échoppes d'artisans, et la halle attirent de très nombreux visiteurs qui parcourent les ruelles pavées et fleuries de ce village du XVe s., souvent retenu par les cinéastes en quête d'authenticité.

638 Pesmes

29/**H8**

(70) ℹ Tél. : 03 84 31 23 37. Tél. mairie : 03 84 31 22 27

Encore en partie protégée par ses remparts, la petite ville, perchée au-dessus de l'Ognon, a fait front à tous les envahisseurs. Des pièces romaines retrouvées sur son sol ont révélé sa lointaine origine. Ses ruelles sont bordées de maisons Renaissance et d'habitations vigneronnes. Du château ne subsistent que quelques murs et des salles voûtées, mais la terrasse aménagée à proximité offre une jolie vue sur le site. Quant à l'église Saint-Hilaire, elle offre d'admirables sculptures, notamment dans la chapelle d'Andelot, qui abrite une belle Vierge Renaissance en albâtre.

639 Pierre-Châtel (Défilé de)

37/**J8**

(01, 73) À proximité de Yenne, depuis le hameau de Nant, un chemin permet d'aller dominer ce défilé, où le Rhône coule sur 2 km entre deux hautes falaises grises, espacées de 100 m à peine. À l'ouest (N 504), le pont de la Balme offre la vision surprenante du brusque coude que fait le fleuve vers le sud.

640 Pierre-de-Bresse (Château de)

37/**G2**

(71) ℹ Tél. : 03 85 76 24 95. Tél. château : 03 85 76 27 16

Ce vaste et harmonieux édifice du XVIIe s., protégé par des douves et dressé au milieu d'un parc de 30 ha, abrite l'écomusée de la Bresse bourguignonne. Celui-ci a pour but de préserver la mémoire de cette région, en présentant ses milieux naturels, en retraçant son histoire et ses traditions, et en évoquant sa vie économique passée et actuelle : missions de sauvegarde des vieilles maisons basses, mise en valeur du travail des bûcherons et des agriculteurs, etc.

641 Pierre-qui-Vire (Abbaye de la)

28/**D8**

(89) ℹ Tél. : 03 86 33 19 20

Dans son environnement boisé baigné par le Trinquelin, cette abbaye morvandelle, fondée au XIXe s., accueille toujours une communauté bénédictine. Les moines y fabriquent un fromage fermier et y éditent des livres d'art religieux. Les bâtiments sont fermés au public, mais une salle d'exposition présente la vie qu'ils mènent actuellement. Il est également possible d'assister aux offices.

642 Poligny

37/**H3**

(39) ℹ Tél. : 03 84 37 24 21

Renommée pour la qualité de ses vins, la capitale du fromage de comté – auquel elle consacre une Maison (exposition de matériel de fabrication et montage audiovisuel) – satisfait aux plaisirs du palais. Mais elle réjouit aussi l'œil par son riche patrimoine architectural, qui compte notamment la collégiale Saint-Hippolyte, avec sa collection de statues bourguignonnes du XVe s., le couvent des Clarisses, l'hôtel-Dieu, avec sa pharmacie, l'église romane Notre-Dame-de-Mouthier-Vieillard (XIe s.) et les hôtels particuliers du XVIIe s dans la Grande-Rue.

🎭 : fête du Comté tous les deux ans, au mois de juin.

👁 à 3 km (S) la **croix du Dan,** belvédère – accessible par la D 68 – qui domine toute la région de Poligny.

VAUGELAS (1585-1650)

Claude Favre, seigneur de Vaugelas et baron de **Pérouges,** dut probablement à son père, homme de loi mais aussi humaniste, ami de saint François de Sales, son goût pour les belles-lettres. Servant d'abord la maison Nemours-Genevois à la cour de Turin, puis la royauté française à Paris (où il fut nommé chambellan de Gaston d'Orléans, frère du roi), il acquit une réputation de grammairien et de linguiste. Aussi est-ce à lui que revint le soin de diriger les travaux de l'Académie française, dont il était membre, pour l'élaboration du *Dictionnaire.* On lui doit en outre les célèbres *Remarques sur la langue française,* qu'il publia en 1647.

LES ZIGZAGS DU RHÔNE

En amont de Lyon, le tracé général de ces zigzags n'a rien d'étonnant puisqu'ils se calent sur les grandes orientations des plissements et qu'ils suivent notamment la limite entre les Alpes et le Jura. Mais, dans le détail, les choses se compliquent car le fleuve franchit par un détroit impressionnant – le défilé de **Pierre-Châtel** – une crête qu'il aurait été plus facile de contourner par le nord, entre Belley et Cressin-Rochefort, où s'ouvre une vallée sèche dont la seule eau courante est celle du récent canal de dérivation du Rhône. Tout laisse penser que le fleuve empruntait originellement la vallée maintenant morte et que le franchissement du défilé actuel résulte d'une capture, vraisemblablement favorisée par une perte, c'est-à-dire un écoulement souterrain à travers les calcaires de la crête.

1

2

3

Pérouges

1 L'Hostellerie

2 La porte d'En-Haut

3 Maison à pans de bois bordant la place de la Halle

Pesmes

4 Le village, bordant l'Ognon

4

5

L'abbaye de la Pierre-qui-Vire

5 La statue de la Vierge, posée sur la pierre en équilibre, qui a donné son nom à l'abbaye

Poligny

6 Ancien prieuré de Vaux-sur-Poligny

6

643 Pontarlier

 38/B2

(25) Tél. : 03 81 46 48 33

Reconstruite en grande partie après l'incendie de 1736, la ville n'en conserve pas moins plusieurs monuments intéressants. La porte Saint-Pierre (XVIIIe s.) donne accès à la rue de la République, bordée par la chapelle du couvent des Annonciades (XVIIe s.), aménagée en salle d'expositions, et l'imposante église Saint-Bénigne (XIe s.), dont Manessier a reconstitué les vitraux.

à 4 km (S) la **cluse de Pontarlier,** qui coupe les hauteurs de la montagne. Ce passage est commandé par le **fort de Joux,** d'origine médiévale, mais qui a pris son aspect actuel avec les travaux commandés par Vauban. Il servit jadis de prison et abrite aujourd'hui un musée militaire.

644 Pontigny (Abbaye de)

 28/C5

(89) Tél. église : 03 86 47 54 99. Tél. église de Seignelay : 03 86 47 75 66

Grande barque retournée sur la plaine, l'abbatiale, sans tour ni clocher, est la deuxième fille de Cîteaux ; ses voûtes abritèrent l'exil de Thomas Becket. Le mobilier du XVIIe s. (orgue, stalles) atténue l'austérité de l'architecture, qui marque la transition entre les styles roman et gothique.

à 12 km (O) le bourg de **Seignelay,** qui conserve les vestiges du château réaménagé par Colbert à partir de 1657. L'église Saint-Martial, reconstruite au XVe s. sur des fondations romaines, se distingue par son plan irrégulier.

645 Poudrey (Gouffre de)

 30/A8

(25) Tél. : 03 81 59 22 57

On accède au gouffre par un long escalier traversant le plancher effondré d'une grotte. L'immense salle, au plafond curieusement régulier d'une portée de 100 m, comporte des concrétions blanches et bleues qui forment de beaux piliers. L'ensemble est mis en valeur par un son et lumière.

646 Ratilly (Château de)

 28/A7

(89) Tél. : 03 86 74 79 54

Cette demeure médiévale (XIIIe s.), remaniée au XVIIe s., abrite une collection de grès anciens et récents ainsi qu'un atelier artisanal qui en perpétue la tradition. Il sert aussi de cadre à des expositions d'art contemporain.

647 Rochepot (La)

 36/E2

(21) Tél. château : 03 80 21 71 37

Le petit village et son église romane (XIIe s.) aux chapiteaux historiés – ancienne prieurale d'un couvent bénédictin –, sont dominés par le château. Celui-ci (XIIe et XVe s.), avec son aspect bien bourguignon dû à ses tuiles colorées, a été très restauré au XIXe s. mais bénéficie d'un site superbe. La salle à manger abrite un riche mobilier.

à moins de 10 km (S) le sommet de la **montagne des Trois-Croix** (également appelée mont de Sène) : sur la côte viticole et la Saône.

à 5 km (N-O) les hautes **falaises de Cormot,** vaste hémicycle de corniches calcaires que l'on peut admirer par la route qui conduit à Vauchignon, depuis Nolay. Plus haut dans la remontée de la vallée de la Cosanne, un chemin conduit au **cirque du Bout-du-Monde,** d'où tombe, d'une hauteur de 30 m, la cascade du même nom.

648 Ronchamp (Chapelle de)

 30/B6

(70) Tél. : 03 84 20 65 13

À 1,5 km (N) du bourg, qui accueille un musée de la Mine, s'élève la chapelle Notre-Dame-du-Haut. Conçue en 1955 par Le Corbusier, cette construction moderne reste, grâce à la pureté de ses lignes et à la courbe de son toit, en parfaite harmonie avec le paysage.

à 12 km (O) le **lac de la Font de Lure,** formé à la sortie de Lure par l'une des résurgences de l'Ognon, qui jaillit au cœur de la ville.

LES MILLE ÉTANGS

À partir de RONCHAMP, on rejoint Lure, où jaillit une résurgence de l'Ognon qui forme le lac de la Font de Lure. Après avoir suivi le cours de la rivière, on s'en éloigne pour gagner la région des Mille Étangs.

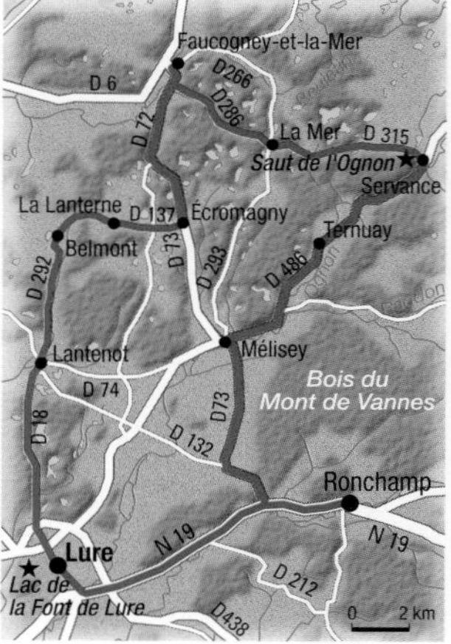

Après Lantenot, Belmont et Faucogney-et-la-Mer, ancienne place forte qui conserve les vestiges de ses fortifications et une belle chapelle (XIIe-XIVe s.), on traverse un plateau pour rejoindre Servance. À proximité, l'Ognon tombe en cascade dans une gorge étroite, le saut de l'Ognon. Par Mélisey, qui possède une église romane, on rejoint Ronchamp.

GEORGES COLOMB, DIT CHRISTOPHE (1856-1945)

Professeur de sciences naturelles – qui compta Tristan Bernard au nombre de ses élèves –, auteur de manuels scolaires et sous-directeur du laboratoire de botanique de la Sorbonne, Georges Colomb, originaire de **Lure,** était un savant reconnu. C'est de l'imagination de ce très sérieux monsieur, qui publia, à la fin du XIXe s., de merveilleux albums illustrés, tendrement ironiques, sous le pseudonyme de Christophe, que sortirent la famille Fenouillard, le sapeur Camember et le savant Cosinus, personnages farfelus qui firent la joie de plusieurs générations d'enfants.

1

Près de Pontarlier, le fort de Joux

1 Vue depuis le fort de Salbert

2 Le cachot de Toussaint Louverture

2

3

L'abbaye de Pontigny

3 L'une des plus grandes églises cisterciennes de France

La Rochepot

4 Le château dominant le village

La chapelle de Ronchamp

5 La porte d'entrée

6 La coque en béton de son toit est une prouesse technique.

4

5

6

649 Saint-Claude

37/J5

(39) ℹ Tél. : 03 84 45 34 24

Dominée par sa cathédrale (XIVe-XVIIIe s.), qui abrite des stalles du XVe s. – parmi les plus belles de France – et un retable Renaissance, la capitale de la pipe et de la taille des diamants (des expositions évoquent ces deux activités) est cernée par les montagnes.

👁 au sud-est les **gorges du Flumen,** profondes, que suit la D 436. Le premier lacet est surmonté par le pli calcaire du **Chapeau-de-Gendarme.** Un sentier escarpé conduit au pied des rochers et à une cascade. Puis, en continuant vers L'Évalide, la route atteint le belvédère de la Cernaise (D 25, à droite après le hameau) : ⁂ sur les gorges.

650 Saint-Fargeau

28/A6

(89) ℹ Tél. château : 03 86 74 05 67

Ce bourg, avec son beffroi, son église Saint-Ferréol (XIVe-XVe s.), renfermant un riche mobilier, et sa chapelle Sainte-Anne, ornée de fresques (XVe-XVIe s.), doit sa notoriété à son château. Au sein d'un parc à l'anglaise aménagé au XIXe s., cet édifice en briques roses fut un temps propriété de la Grande Mademoiselle. Durant la période estivale, le monument revit ses grandes heures à travers un son et lumière rassemblant des centaines de figurants.

👁 à 10 km (S-E) l'**église de Moutiers,** qui est connue pour ses motifs sculptés sur les baies du narthex et pour ses fresques romanes et gothiques.

651 Saint-Hymetière (Église de)

37/H5

(39) ℹ Tél. mairie : 03 84 48 02 12

À l'écart du bourg, cette église romane, surmontée d'une tour octogonale, séduit par son dépouillement et sa simplicité. Sa décoration se limite à des bandes lombardes situées au niveau du chœur.

👁 à 4 km (N) la jolie place du village d'**Arinthod,** qui est bordée de maisons anciennes à arcades et dominée par l'église, dont le clocher-porche est orné des symboles des quatre évangélistes.

652 Saint-Julien-du-Sault

28/A5

(89) ℹ Tél. mairie : 03 86 63 22 95

Blotti sous la chapelle de Vauguillain et les ruines du château, ce village du pays d'Othe borde les rives de l'Yonne. Il conserve une collégiale, Saint-Pierre (éclairée par des vitraux du Moyen Âge et de la Renaissance) et une superbe maison à pans de bois du XVIe s.

653 Saint-Point (Lac de)

38/A3

(25) ℹ Tél. : 03 81 69 31 21. Tél. maison de la Réserve : 03 81 69 35 99

Long de 6,3 km et large de 800 m, il reste gelé longtemps en hiver, bien qu'il soit traversé par les eaux du Doubs. Sur sa rive droite, entre Chaudron et Malbuisson, à quelques mètres de la D 437, jaillit la source Bleue, qui doit son nom à l'eau très pure qui s'en écoule.

Il est prolongé par le **lac de Remoray**, intégré dans une réserve naturelle, dont la Maison, qui présente la faune et la flore locales, se trouve à Labergement-Sainte-Marie. Les alentours de ces deux étendues d'eau offrent de nombreuses et belles excursions.

654 Saint-Romain (Mont)

36/F4

(71) ℹ Tél. grottes de Blanot : 03 85 50 03 59

Accessible par les cols de Brancion et de la Pistole (D 14 et 187), il émerge, à 580 m, d'une belle forêt et offre une vue magnifique sur la montagne et l'arrière-côte bourguignonnes, la combe de Meursault et les plaines de la Saône (table d'orientation).

👁 au pied du mont **les grottes de Blanot,** qui comportent des salles aux nombreuses concrétions de formes variées. Deux d'entre elles ont été occupées par l'homme au cours de la préhistoire.

DANS LA VALLÉE DE L'YONNE

On remonte l'Yonne à partir de SAINT-JULIEN-DU-SAULT jusqu'à Joigny. Au sud-est, Champlay conserve une ferme seigneuriale avec son pigeonnier. Par la vallée du Ravillon, on gagne Neuilly et sa grange dîmière du XVIIe s., Guerchy avec les vestiges de son château, et Laduz qui propose un remarquable musée rural des Arts populaires.

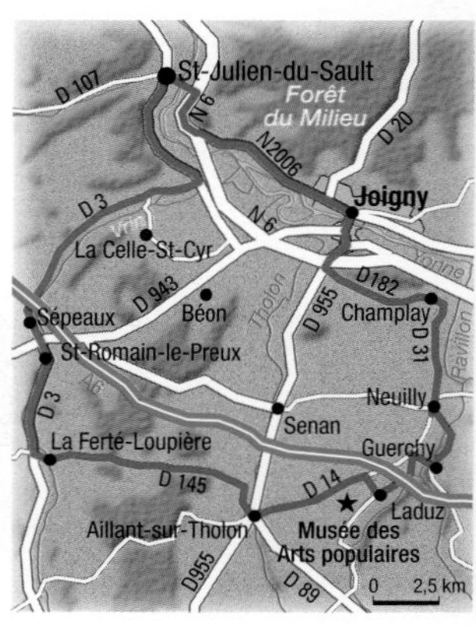

Après Aillant-sur-Tholon, la Ferté-Loupière est célèbre pour les peintures murales (XVe-XVIe s.) de son église. La vallée du Vrin permet de rejoindre l'Yonne, que l'on suit jusqu'à Saint-Julien-du-Sault.

LES PIPES EN BRUYÈRE

Dans ce haut pays aux vallées fermées et forestières, le travail du bois est traditionnel. C'est d'abord en ajoutant des tuyaux de bois aux culots de porcelaine que les habitants de **Saint-Claude** sont devenus pipiers. Puis ils ont tenté de fabriquer eux-mêmes ces fourneaux, en buis ou en noyer, mais aucun bois ne résistait au tabac brûlant : il se consumait. Puis, un jour, un Corse de passage dans la région proposa un bois de son pays : la racine de bruyère blanche. Elle est d'une telle densité qu'elle ne peut que se culotter sous le foyer. La pipe en bois était née, et le savoir-faire des tourneurs de Saint-Claude allait lui donner une renommée universelle. Jusqu'à la fin du XIXe s., la petite ville a conservé l'exclusivité de sa fabrication.

1

Saint-Claude

1 La cathédrale Saint-Pierre

Près de Saint-Claude, le Chapeau-de-Gendarme

2 Les strates témoignent des forces exercées sur le relief à l'ère tertiaire.

2

Saint-Fargeau

3 La tour de l'Horloge

4 Les tours de la porte d'entrée du château

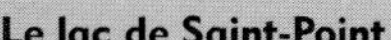

Le lac de Saint-Point

5 L'un des plus grands lacs du Jura français

3

5

4

655 Salins-les-Bains  37/J2

(39) *i* Tél. : 03 84 73 01 34. Tél. salines : 03 84 73 10 92
Longtemps ville du sel – denrée onéreuse qui la rendit prospère –, la cité est aujourd'hui une station thermale fréquentée. Les anciennes salines, classées monument historique, ont conservé 400 m de galeries souterraines et de vastes chaudières en état de marche. Cette cité, baignée par la Furieuse, conserve aussi d'intéressants monuments : l'église Saint-Anatoile, l'hôtel-Dieu avec sa pharmacie et l'hôtel de ville, dans lequel est enclavée la chapelle Notre-Dame-Libératrice. La promenade des Cordeliers permet de flâner le long de la rivière.

656 Saulieu   28/D8

(21) *i* Tél. : 03 80 64 00 21
Cette cité, ancien relais de poste, entretient sa tradition gastronomique ; il fallait soigner les voyageurs qui faisaient halte ici. La basilique romane Saint-Andoche, aux admirables chapiteaux historiés, se dresse sur la place du Docteur-Roclore – tout comme le musée qui consacre un étage à François Pompon, sculpteur animalier, enfant du pays.

657 Saussois (Rochers du)  28/B7

(89) Dominant un méandre de l'Yonne, la corniche calcaire (300 m de long et 60 m d'à-pic) compte de nombreux surplombs et cheminées propices à l'escalade. Divers sentiers conduisent au sommet : ⁘ sur la vallée.

658 Semur-en-Auxois  28/D7

(21) *i* Tél. : 03 80 97 05 96. Tél. château de Bourbilly : 03 80 97 25 40
Protégée par ses remparts et les quatre tours du donjon (XIIIe s.) qui défendaient le château – celle de l'Orle d'or est particulièrement imposante –, cette ancienne place forte aligne ses maisons et ses vieux hôtels le long de rues pavées. Émergeant au-dessus des toits, la collégiale Notre-Dame (XIIIe-XIVe s.) est l'un des chefs-d'œuvre du gothique bourguignon.
👁 à 9 km (S-O) le **château de Bourbilly,** demeure d'origine médiévale très restaurée au XIXe s., qui accueillit notamment la marquise de Sévigné.

659 Semur-en-Brionnais  36/D5

(71) *i* Tél. château : 03 85 25 13 57. Tél. musée de Marcigny : 03 85 25 37 05
Au milieu des vignes et des vergers, ce village perché a conservé un hôtel de ville du XVIIIe s., un grenier à sel et des habitations du XVIIe s. autour des ruines de son château – où saint Hugues, abbé de Cluny, vit le jour – et de sa superbe église romane au lourd clocher octogonal et au portail richement décoré.
👁 à 4 km (O) **Marcigny,** qui a également beaucoup de charme, avec ses maisons à pans de bois et ses hôtels particuliers du XVIIIe s. Aménagé dans la tour du Moulin (XVe s.), un musée retrace l'histoire locale et expose notamment de belles collections de faïences et de sculptures.

660 Sens   28/A4

(89) *i* Tél. : 03 86 65 19 49
La sobre puissance et la majesté de la cathédrale Saint-Étienne impressionnent dès l'abord. Première des grandes constructions gothiques, elle a été remaniée à plusieurs reprises. Elle offre ainsi un saisissant contraste entre une nef romane, solide et sombre, et l'élégance légère et libre de la croisée du chœur (XVe et XVIe s.). Elle renferme aussi un ensemble de vitraux des XIIe et XIIIe s. et un très riche trésor. À l'intérieur des remparts, devenus promenade, ce superbe monument commande l'ordonnancement des vieux quartiers. L'ancien archevêché et le palais synodal sont aujourd'hui des musées évoquant le passé de la cité. Celle-ci conserve de nombreuses maisons à pans de bois sculptés, ainsi que des hôtels particuliers, comme ceux de Biencourt, de Jodrillat ou de Jean Cousin, qui était l'un des maîtres verriers de la cathédrale.

FRANÇOIS POMPON (1855-1933)

Solidement campé sur ses quatre pattes, imposant, calme et puissant, *le Taureau* de Pompon accueille, au bord de la N 6, les voyageurs qui entrent dans **Saulieu.** Façonné l'année de la mort de son créateur, il est, avec *l'Ours blanc,* qui lui valut en 1923 son premier grand succès, l'œuvre la plus connue de cet artiste. Natif de Saulieu, François Pompon connut, après des études à l'école des Beaux-Arts de Dijon, des débuts difficiles à Paris, travaillant comme praticien chez des sculpteurs renommés, dont Rodin. Il consacra son talent au monde animal. Dans un style épuré, supprimant les détails, il se limita à de grandes masses lisses conjuguées à des courbes élégantes, faisant jaillir de son ciseau un modèle idéal de l'espèce tout entière.

LES CONDÉS À VALLERY

À l'ouest de **Sens,** aux frontières de la Gâtine, les sires de Vallery étaient déjà presque champenois. Leur forteresse féodale fut vite abandonnée au profit d'un château plus habitable. L'une des héritières, souhaitant se faire épouser, l'offrit à Louis de Condé. Celui-ci accepta le cadeau mais refusa le mariage ! La terre resta dans la famille de ce dernier jusqu'en 1747. Henri II de Condé repose dans l'église du village, dont le cénotaphe fait toute la richesse. Le chêne du Grand Condé, âgé de plus de 350 ans, se dresse dans le bois de Vallery.

Salins-les-Bains
1 Les salines vues depuis l'hôtel-Dieu

1

2

Semur-en-Auxois
2 Le pont Joly

3

Semur-en-Brionnais
3 Le portail roman de l'église

4

6

5

Sens, la cathédrale
4 La statue de saint Étienne, adossée au trumeau du portail occidental
5 Les grilles du chœur
6 Détail de l'un des vitraux

661 Servance (Ballon de)

30/B5

(70, 88) Ce sommet (1 216 m) des Vosges méridionales, accessible depuis le col des Croix par la D 16 puis par un sentier, permet d'admirer largement la chaîne des Vosges. sur la vallée de l'Ognon à l'ouest et sur le plateau d'Esmoulières.

à plus de 15 km (S-O) **Servance,** accessible par la D 486. Des carrières de syénite étaient jadis exploitées ici : les colonnes de l'Opéra de Paris furent taillées dans cette pierre rouge. Au **saut de l'Ognon,** à la sortie de cette cité (S-E), la rivière jaillit en cascade dans un étroit goulet.

la **vallée de la Savoureuse** (environ 25 km au sud par la D 16 puis la D 12 jusqu'à Giromagny). En remontant la rivière depuis Lepuix, par la D 465, apparaissent les roches du Cerf, striées par un glacier, et, plus en amont, deux cascades, le saut de la Truite et la cascade du Rummel. Encore plus haut, depuis le plain de la Gentiane, sur les vallées de la Savoureuse et de la Doller.

662 Settons (Lac des)

28/D8

(58) Au cœur du parc naturel régional du Morvan, ce lac (360 ha), bien qu'artificiel, a un charme sauvage. Situé à 573 m d'altitude, à l'emplacement d'un ancien marais, il est entouré de bois de sapins et de mélèzes, et alimenté par la Cure. Bien aménagé pour la plaisance et les sports nautiques, il rend très agréables les séjours dans le village des Settons, situé au nord, à proximité du barrage.

à 10 km environ (N) **le saut du Gouloux,** accessible par la D 292, vers Gouloux. Le Caillot franchit ici un chaos de granite en une abondante cascade.

663 Solborde (Reculée et grottes de)

30/A6

(70) Dans les corniches calcaires de la belle reculée d'Échenoz-la-Méline s'ouvrent deux abris voisins. De la grotte de Solborde, au sud, jaillit une rivière souterraine que l'on peut suivre sur 30 m sous de hautes voûtes. Tout près se trouve la petite chapelle Notre-Dame de Solborde. À l'ouest, le rocher de la Beaume domine le site et s'ouvre sur un réseau de galeries. Lors des dernières périodes glaciaires, l'entrée de la cavité servit de refuge à des animaux dont les ossements ont été mis au jour.

664 Solutré (Roche de)

36/F5

(71) Tél. musée : 03 85 35 85 24

Le sommet de ce bloc calcaire basculé (493 m) est accessible par l'abrupt sentier des Roches (20 min AR) ; la vue s'étend jusqu'au Jura. À son pied, dans le site préhistorique du Crôt-du-Charnier, ont été découverts d'innombrables ossements de chevaux. Le musée départemental de la Préhistoire évoque, par diverses maquettes, la vie et la culture des chasseurs du paléolithique supérieur qui parcouraient ce site.

sur la roche, depuis La Grange-du-Bois (S).

665 Suin (Butte de)

36/E5

(71) Un sentier proche de l'église du village de Suin conduit au sommet de la butte (593 m), d'où la vue, très vaste, s'étend sur le mont Saint-Vincent, la vallée de la Saône, le Charolais, le Brionnais, le Beaujolais... (table d'orientation accessible par un escalier).

666 Sully (Château de)

36/E2

(71) Tél. : 03 85 82 09 86

Le « Fontainebleau de la Bourgogne », selon l'expression de la marquise de Sévigné, est un grand château Renaissance, remanié aux XVIIIe et XIXe s., de plan carré, avec des tours placées de biais aux angles et entouré de douves d'eau vive, celle de la Drée. Dans ses murs naquit, en 1808, le maréchal de Mac-Mahon, futur président de la IIIe République. Le vaste parc comprend un jardin potager.

LE PARC NATUREL RÉGIONAL DU MORVAN

Créé en 1970 sur 64 communes des 4 départements bourguignons, ce parc s'étend sur 173 000 ha. Sa forme allongée, entre Vézelay au nord et Saint-Honoré-les-Bains au sud, correspond à celle du massif granitique du Morvan, sorte d'île avancée du Massif central au milieu de la Bourgogne sédimentaire. Située à Saint-Brisson, la maison du Parc (tél. : 03 86 78 79 00) est le point de départ d'un intéressant sentier d'observation de la superbe forêt de chênes et de hêtres. Ce parc se caractérise aussi par ses beaux lacs – un sentier balisé permet d'effectuer en dix jours un tour du Morvan par les lacs –, dont celui des **Settons,** avec son gibier : un premier enclos d'observation se trouve à Quarré-lès-Tombes, au nord, un second à Anost, au centre.

MAC-MAHON (1808-1893)

Le **château de Sully** vit naître le comte Edme Patrice de Mac-Mahon, futur duc de Magenta. Si sa scolarité et sa carrière d'officier puis d'homme politique l'éloignèrent de sa demeure natale, qui revint à son frère aîné, il y retourna en 1873, alors qu'il venait d'être nommé président de la République, et y séjourna trois semaines. Sully est encore aujourd'hui la propriété de la famille Magenta.

Le lac des Settons
1 Le lac artificiel situé à l'emplacement d'un marais
2 L'ancien barrage

La roche de Solutré
3 Ce bloc de calcaire a une hauteur de 493 m.

Le château de Sully
4 La statue de Mac-Mahon, dans le parc
5 La façade avec ses tours d'angle en biais

667 Talmay (Château de)

 29/H8

(21) *i* Tél. : 03 80 36 13 64

Entouré de beaux jardins à la française, ce château du XVIIIe s. conserve le gros donjon (XIIIe s.) de la forteresse médiévale qui l'a précédé.

668 Ternant

 28/F8

(58) *i* Tél. mairie : 03 86 30 84 10

L'église toute simple de ce village renferme deux superbes triptyques flamands du XVe s., en bois sculpté, peint et doré. Le plus important illustre la Passion du Christ ; le plus petit, plus ancien et particulièrement délicat, est consacré à la Vierge.

669 Thil (Collégiale et château de)

 28/D8

(21) *i* Tél. mairie Vic-sous-Thil : 03 80 64 50 11

Dressée au cœur de l'Auxois, la butte de Thil porte une ancienne collégiale gothique et les vestiges d'un château médiéval, dont un puissant donjon, appelé « l'espionne de l'Auxois » ; il permettait en effet de surveiller les environs dans un rayon de 50 km.

670 Tonnerre

 28/C5

(89) *i* Tél. : 03 86 55 14 48. Tél. château de Tanlay : 03 86 75 70 61

Au bas des vieux quartiers, avec leurs tuiles brunes, l'ancien lavoir circulaire est alimenté par l'eau pure de la Fosse-Dionne, résurgence d'une source vauclusienne. De là, un escalier gravit la colline jusqu'à la terrasse où se dresse l'église Saint-Pierre : la vue embrasse alors toute la ville. Ici, seules subsistent de l'hôpital, fondé à la fin du XIIIe s., l'immense salle des Malades, longue de 80 m, charpentée en chêne, et la chapelle, qui abrite une exceptionnelle Mise au tombeau du XVe s. L'étrange chevalier d'Éon naquit dans l'hôtel d'Uzès.

👁 à 9 km (E) le **château de Tanlay**, édifice Renaissance en pierre et en ardoise, qui a gardé le plan de la forteresse antérieure. Le canal, long de plus de 500 m, tronque la perspective des jardins dus à Le Muet, architecte et dessinateur de Louis XIII et d'Anne d'Autriche. C'est aussi lui qui présida à la restructuration de l'ensemble, et conçut la galerie des Réceptions au premier étage. Elle apparaît comme un espace éclaté, ponctué de pilastres et de colonnes, de niches et de statues. Mais en fait, tout y est faux, peint en un étourdissant trompe-l'œil.

671 Tournus

 36/F4

(71) *i* Tél. : 03 85 27 00 20

Avec ses toits de tuiles rondes, la ville prend déjà un air méridional. Les tours massives signalent l'abbatiale Saint-Philibert, dont la construction s'échelonna du Xe au XIIe s. Derrière un solide narthex, la nef est curieusement voûtée de berceaux perpendiculaires à son axe, soutenus par d'énormes colonnes faites de moellons de calcaire rose. Sous l'église s'étend une crypte aux chapiteaux décorés, et qui est ornée d'une fresque romane. Sur son côté sud s'alignent les bâtiments conventuels (logis abbatial, réfectoire, cloître, cellier...), autrefois protégés par l'ancienne enceinte, dont subsistent plusieurs tours. Les ruelles de la vieille cité conservent des maisons des XIVe et XVIIIe s., dont celle du Trésorier, qui accueille le Musée bourguignon (nombreux personnages de cire habillés de costumes traditionnels). Le musée Greuze est installé dans l'hôtel-Dieu, rénové.

672 Uchon (Chaos et signal d')

 36/D3

(71) Le signal s'élève non loin du village d'Uchon, dont la tour en ruine, la vieille église et l'oratoire se confondent avec les chaos de grès (Pierre-qui-croule, Crapaud, Griffe du diable). Depuis le sommet (681 m) de cette hauteur, ☀ sur le site, le Morvan, les monts de la Madeleine et les monts Dômes.

JEAN-BAPTISTE GREUZE (1725-1805)

Avec des tableaux comme *Un père de famille expliquant la Bible à ses enfants, l'Accordée de village, le Fils puni* ou encore *la Cruche cassée*, Greuze, natif de **Tournus,** s'affirme comme l'un des principaux maîtres de la scène de genre de la seconde moitié du XVIIIe s. Exprimant dans ses toiles cette sensibilité quelque peu empruntée distillée par Rousseau et caractéristique de l'époque pré-révolutionnaire, il se veut peintre moralisateur. Il est d'ailleurs célébré comme tel, avec enthousiasme, par Diderot. Si ses fillettes faussement naïves et ses scènes larmoyantes et compassées n'émeuvent guère aujourd'hui, l'élégance de sa palette qui marie, en une délicate harmonie, les gris bleutés, les roses tendres et les blancs moirés reste admirable.

LE MONASTÈRE DE KAGYU LING

Le temple des Mille Bouddhas est le plus grand monastère bouddhique d'Europe. On peut y devenir lama après une retraite totalement solitaire de trois ans, trois mois et trois jours. Créé en 1974 près de La Boulaye (aux franges du Morvan, au sud-ouest d'**Uchon**) ce centre spirituel s'est très bien intégré au paysage et à la population. Il s'est installé dans le château de Plaige (XVIIIe s.), entouré par un immense parc (8 ha). Oriflammes et bannières annoncent la pagode à trois niveaux, abritant plusieurs statues de Bouddha.

Le château de Talmay

1 La façade et la donjon carré

Près de Tonnerre, Tanlay

2 La façade du château

Tournus, l'abbatiale Saint-Philibert

3 La voûte peinte de la travée gauche

4 Le clocher

Le chaos d'Uchon

5 Vue depuis la table d'orientation

673 Valserine (Vallée de la)

 37/J6

(01) À partir de Bellegarde-sur-Valserine, la rivière court dans un ample val puis s'enfonce dans une gorge étroite. Depuis Lancrans, un sentier très raide conduit aux pertes de la Valserine, ainsi appelées parce que ses eaux disparaissent dans des fissures. La D 991 (N) monte vers les crêts de Chalame et de la Neige.

674 Vaux (Culée de)

 37/J3

(39) La N 5 suit cette courte reculée, longue de 3 km et large de 700 m, qui s'encaisse de 240 m. En amont, son tracé rectiligne s'achève en « bout du monde », par un cirque dominant la source de la Glantine – rivière qui traverse Poligny.

675 Vesoul

   30/A6

(70) ℹ Tél. : 03 84 97 10 85

Des routes millénaires passent ici et les hommes, dès la préhistoire, se sont installés en ces lieux. Au cœur de la ville, dominée par la colline de la Motte, les façades restaurées de maisons des XVe et XVIe s. bordent les rues de la vieille ville. L'église Saint-Georges, bel édifice classique, abrite une Mise au tombeau du XVe s. Installé dans l'ancien couvent des Ursulines, le musée Georges-Garret expose notamment les œuvres (peintures, sculptures) de Jean-Léon Gérôme, un enfant du pays.

676 Vézelay

  28/C7

(89) ℹ Tél. : 03 86 33 23 69. Tél. musée Saint-Père : 03 86 33 37 31

En approchant de la « colline inspirée », on comprend pourquoi l'Unesco a classé au patrimoine mondial ce lieu unique né de la foi médiévale, où saint Bernard appela à la deuxième croisade, en 1146. À partir de 1050, des reliques de sainte Marie-Madeleine assurèrent la prospérité du monastère bâti ici deux siècles plus tôt. La basilique actuelle, qui date des XIIe et XIIIe s., est baignée d'une lumière tout à la fois exaltante et apaisante. Prosper Mérimée, qui la découvrit, la sauva de la ruine définitive. En 1840, il demanda à un jeune architecte, Eugène Viollet-le-Duc, d'en entreprendre sa restauration, qui dura vingt ans.

👁 à 2 km (S-E) **Saint-Père-sous-Vézelay,** qui conserve une merveilleuse église gothique de style bourguignon. Un petit musée d'archéologie locale expose les pièces exhumées sur le site gallo-romain des Fontaines-Salées, situé à 2 km sur les bords de la Cure.

👁 à environ 5 km (S-E) le village de **Pierre-Perthuis,** qui domine la rivière de 50 m. Il permet de voir, au loin, Vézelay et la Pierre percée, arche naturelle haute de 6 m. Depuis le vieux pont, un sentier longe la rive droite jusqu'aux roches de Gingon.

677 Vougeot (Château du clos de)

 28/F8

(21) ℹ Tél. : 03 80 62 86 09

Les chevaliers du Tastevin, qui tiennent leurs assemblées sous la magnifique charpente du cellier roman de ce domaine viticole, ont remplacé ici les moines de Cîteaux. Ce sont en effet ces derniers qui donnèrent un grand essor à ce fameux vignoble de 50 ha, ceint de murs, qui produit l'un des meilleurs vins rouges de Bourgogne. Le domaine comprend aussi des pressoirs à cabestan (XIIe-XVe s.), un corps de logis Renaissance, une ancienne cuisine du XVIe s. et le dortoir des moines, dont la superbe charpente date du XIVe s.

678 Vouglans (Lac de)

 37/H5

(39) ℹ Tél. bateaux : 03 84 25 46 78

Créée par le barrage de Vouglans, cette retenue artificielle de 1 600 ha est alimentée par les eaux de l'Ain. Des plages sont aménagées à Bellecin et Surchauffant. Le barrage se visite.

Depuis la D 299 (N), ⁘ sur le site.

LA VALLÉE DE LA LANTERNE

En sortant de VESOUL par le nord, on suit le cours du Batard jusqu'à Neurey-en-Vaux. On entre dans la vallée de la Lanterne par Bourguignon-lès-Conflans, qui garde un château et une église au clocher-porche du XVIe s. Au sud, Faverney, réputé pour son haras national, s'est développé autour de son abbaye, fondée au VIIIe s.

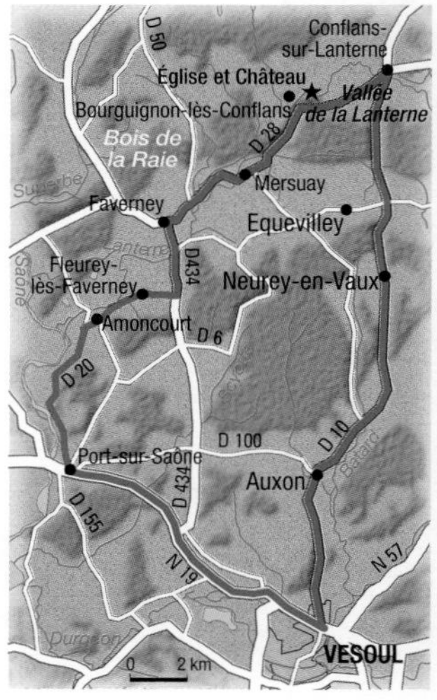

Son église est un lieu de pèlerinage ; on y rappelle qu'un ostensoir contenant deux hosties fut, en 1608, miraculeusement épargné par un incendie. Sur le chemin du retour, Port-sur-Saône, cité d'origine gallo-romaine, conserve des lavoirs et une église du XVIIIe s.

LE SITE ARCHÉOLOGIQUE DE VILLARDS-D'HÉRIA

Près du **lac de Vouglans,** Villards-d'Héria est un ancien sanctuaire du peuple des Séquanes (époque gallo-romaine). Cet ensemble complexe lié au culte des eaux et à celui de Mars et de Bellone s'étageait à flanc de montagne et comprenait deux temples en bordure du lac d'Antre. En contrebas s'élevaient des bâtiments culturels et un établissement balnéaire. Dans ce lieu où se conjuguaient thermalisme et religion, aucun ex-voto n'a jamais été retrouvé, contrairement à d'autres sites similaires.

La vallée de la Valserine
1 La rivière, avant les gorges
2 Les pertes de la Valserine

Vézelay, la basilique
3 Détail de l'un des chapiteaux historiés de la façade
4 Le cloître

Le château du clos de Vougeot
5 Les vendanges dans l'une des nombreuses parcelles du clos

VENDÉE-POITOU-CHARENTES

16 Charente
17 Charente-Maritime
79 Deux-Sèvres
85 Vendée
86 Vienne

Loudun
Mauléon
Thouars
Bressuire
Pouzauges
P.364
Châtellerault
Parthenay
Buxerolles
Poitiers
Chauvigny
Fontenay-
le-Comte
P.367
St-Benoît
St-Savin-s.-
Gartempe
St-Maixent-
l'École
Lusignan
P. 376
Château-Larcher
Montmorillon
P. 380
Niort
Vienne
Deux-
Sèvres
Surgères
Aulnay
Verteuil-s.
-Charente
P. 390
Confolens
Charente Maritime
St-Jean-d'Angély
Château
de Crazannes
P. 372
Saintes
Cognac
St-Yrieix-
s.-Ch.
Ruelle-s.-Touvre
Angoulême
Soyaux
P. 368
La Couronne
P.366
Jarnac-
Champagne
Charente
Barbezieux-
St-Hilaire
LÉGENDE DE LA CARTE
Niort
P. 380
Petit itinéraire :
point de départ
numéro de page
Grand itinéraire :
numéro de page
tracé
P.367

La Gâtine vendéenne

Ici, les lieux et le patrimoine ont gardé l'empreinte du Moyen Âge. Églises, donjons, moulins, abbayes et forteresses témoignent encore de cette époque, que les nombreux spectacles et reconstitutions nous racontent aujourd'hui…

Le Puy-du-Fou : un couple de figurants

LA FORÊT DE MERVENT-VOUVANT

D'une surface totale de 5 000 ha, la forêt occupe l'extrémité sud des collines du bocage vendéen. 2 500 ha sont aujourd'hui domaine national ; l'autre moitié du massif forestier est constituée de propriétés privées. Le chêne, qui trouve ici les conditions idéales pour se développer, est, avec le hêtre et le châtaignier, un produit très recherché pour l'ébénisterie, les parquets et les merrains. La promenade à pied ou à vélo est facilitée par le balisage de nombreux sentiers. Autres curiosités : le musée des Amis de la forêt et le parc ornithologique de Payolle.

1 Tiffauges

745 32/F2

Le Moyen Âge vit encore à Tiffauges, au château de Barbe-Bleue qui, fort de ses 18 tours, surplombe un plan d'eau de 3 ha. Au conservatoire des Machines de guerre et au centre de l'Alchimie, on assiste à de véritables lancers de boulets avec des machines appelées trébuchets, couillards et mangonneaux. Toujours à Tiffauges, dans un village miniature, 200 santons racontent la vie d'autrefois.

2 Mortagne-sur-Sèvre

À l'époque romane, une église (XIIe s.) y fut construite pour abriter les reliques de saint Léger. Dans les anciennes ruelles, on découvrira un escalier en fer à cheval, une balustrade du XVIIe s. et, en surplomb de la vallée, la tour du Trésor, vestige du château construit aux XIVe et XVe s.

3 Saint-Laurent-sur-Sèvre

De style néoroman, la basilique Saint-Louis-Marie-de-Montfort (1888-1949) possède un clocher qui s'élève à 75 m et un chœur de 20 m de haut sur lequel ouvrent cinq chapelles. Musée dédié à Montfort, le couvent du Saint-Esprit est mitoyen de celui des sœurs de la Sagesse, qui abrite le musée des Missions. Il ne faut pas quitter Saint-Laurent-sur- Sèvre sans poursuivre jusqu'au parc de la Barbinière, dont les sentiers boisés mènent à la Sèvre.

4 Le Puy-du-Fou

728 33/G2

Spectacle unique au monde, la cinéscénie du Puy-du-Fou met en image l'histoire de la Vendée. Au château, d'époque Renaissance – dont il subsiste une admirable galerie à l'italienne –, toute l'histoire de la région est embrassée par l'écomusée de la Vendée : préhistoire, Moyen Âge, Renaissance, Ancien Régime, jusqu'au début du XXe s. sur 20 km d'est en ouest, depuis le mont des Alouettes.

Forêt de Mervent-Vouvant : la tour Mélusine

5 Réaumur

C'est dans ce petit bourg perché sur un coteau, en bordure du Lay, que René-Antoine Ferchault de Réaumur, grand physicien du XVIIIe s., séjournait avec sa famille, au manoir qui présente aujourd'hui ses travaux.

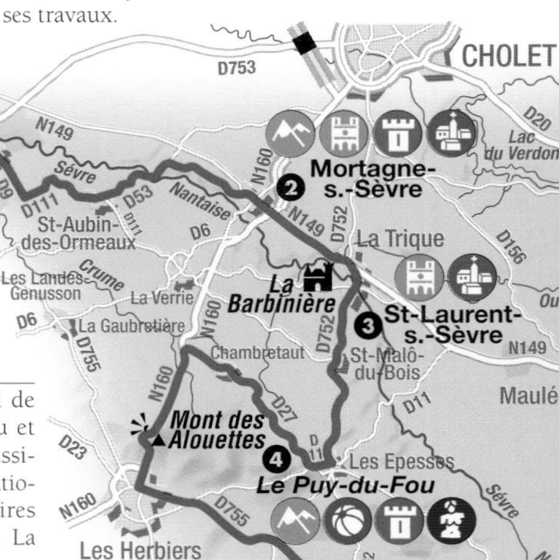

6 Mouilleron-en-Pareds

Dans le village natal de Georges Clemenceau et Jean de Lattre de Tassigny, le petit musée national des Deux-Victoires évoque leur action. La maison des Tassigny restitue, quant à elle, le cadre d'une vie de notable.

7 Bazoges-en-Pareds

Parmi les vestiges médiévaux de la cité, on retiendra le donjon (XIVe s.), avec ses trois salles meublées et son pigeonnier (XVIe s.) aux 1 980 boulins (ou nids). Bazoges-en-Pareds possède aussi un jardin de plantes médicinales et d'agrément, ainsi qu'un petit musée d'Art et Traditions populaires.

8 Vouvant

Née au XIe s. et bâtie sur un éperon rocheux, la cité était jadis entourée de longs remparts ; elle a gardé de cette époque l'église romane Notre-Dame (XIIe s.), avec son magnifique portail sculpté, la tour Mélusine, les vestiges de l'ancien château ainsi que le pont roman qui enjambe la Mère. à deux pas la forêt de Mervent-Vouvant.

La côte et les îles

Dans ce plat pays de Charente où la terre et la mer se rejoignent, les hommes ont appris au fil des siècles à vivre avec l'océan, source de tous leurs maux mais aussi de toutes leurs richesses…

Saint-Martin-de-Ré : le port

❶ Mornac-sur-Seudre

Les maisons blanches et les venelles bordées de roses trémières caractérisent ce petit village typique des bords de la Seudre, dont les huîtres font la réputation.

❷ Marennes 716 32/F7

Cette ville active et prospère a vécu de la pêche et de l'exploitation du sel jusqu'au XIXe s., lorsque les anciens marais salants ont été reconvertis pour l'élevage des huîtres. 👁 le port ostréicole de La Cayenne et le chenal qui y conduit.

La Seudre et les marais salants

❸ Île d'Oléron 723 32/E6

La citadelle du Château-d'Oléron rappelle le rôle que joua l'île dans la protection de la Charente et de l'arsenal de Rochefort. Le port de La Cotinière abrite nombre de petits chalutiers spécialisés dans la crevette, le homard et la sole. Celui du Château-d'Oléron s'est tourné vers l'ostréiculture. À Saint-Pierre, la lanterne des morts (XIIe s.) est l'une des plus belles de tout le Centre-Ouest. ☼ du haut du phare de Chassiron sur le pertuis d'Antioche et les îles charentaises.

❹ Brouage 687 32/F7

Les fortifications de cette ancienne ville catholique en pays huguenot abritaient autrefois une garnison royale et protégeaient le commerce du sel issu de l'exploitation de 8 000 ha de marais salants. À la fin du XVIIe s. s'amorça le déclin de Brouage face à La Rochelle et à Rochefort, à mesure que l'envasement condamnait inexorablement la patrie de Champlain, fondateur de Québec.

❺ Moëze

Dans le petit cimetière, une belle croix hosannière, terme de la procession des Rameaux et symbole de la Contre-Réforme, rappelle la prospérité ancienne de ce village saunier.

❻ Rochefort 732 32/F6

En 1665, Colbert décida d'y créer un port militaire. En témoignent de nombreux édifices en pierres de taille tels que l'arsenal, la Corderie royale (elle abrite le Centre international de la mer) ou l'hôpital de la Marine. Au XVIIIe s., les vaisseaux construits à Rochefort se distinguèrent sur tous les océans, notamment pendant la guerre de l'Indépendance américaine.

❼ Fouras 703 32/F6

Du château médiéval qui protégeait l'accès à la Charente ne subsiste que le donjon entouré de fortifications de Vauban, aujourd'hui transformé en musée. La ville occupe le seuil d'une presqu'île qui conduit à la pointe de la Fumée (⚓ pour l'île d'Aix) et au fort Enet.

❽ La Rochelle 734 32/F5

Dès son origine, la capitale d'Aliénor d'Aquitaine abrita de nombreux négociants. Le centre ancien rappelle le commerce du vin et du sel vers les pays nordiques. Très tôt gagnée par les idées liées au protestantisme, la cité huguenote s'opposa à Louis XIII. Pour faire tomber la ville, Richelieu dut fermer le chenal d'accès par une digue en bois et couper son ravitaillement. Ainsi le pouvoir royal conquit-il la dernière grande cité rebelle…

❾ Île de Ré 729 32/E5

Territoire avancé sur la frontière maritime, l'île a longtemps été soumise aux incursions des flottes anglaises ou espagnoles. Pour y remédier, Vauban créa une véritable place forte : Saint-Martin-de-Ré. La citadelle, à l'ouest, et la ville, à l'abri des remparts, ont conservé tout leur cachet. Au nord, dans la zone des marais salants, le phare des Baleines signale depuis plus de trois siècles des hauts-fonds causes de nombreux naufrages. ☼ sur le large et la Vendée.

L'art roman en Saintonge

Le paysage de vignes, de pâturages et de cultures ferait presque oublier que ce pays a connu pendant deux siècles les horreurs des guerres contre les Anglais puis des guerres de Religion. Le pays des Santones, romanisé puis christianisé, conserve heureusement les souvenirs d'époques moins troublées. L'art roman y fleurit dans une grande profusion d'églises et d'abbayes à l'ornementation exubérante.

Saintes :
l'abbaye aux Dames

❶ Aulnay

684 33/H6

Joyau de l'art roman saintongeais, Saint-Pierre d'Aulnay est enchâssée dans un cimetière arboré, où l'on peut admirer de nombreux sarcophages et une croix hosannière du XVe s. L'église présente un aspect particulièrement harmonieux. Sa façade méridionale, soigneusement sculptée, offre une véritable leçon d'histoire religieuse. Les artistes qui y travaillèrent essaimèrent ensuite leur art dans toute la région.

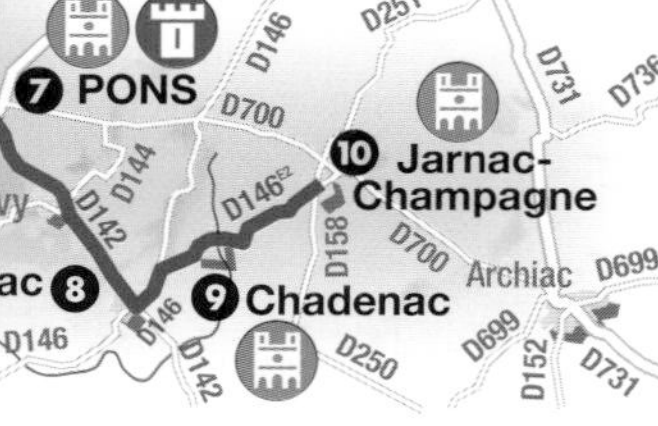

❷ Dampierre-sur-Boutonne

Du château du XVIe s., fortement endommagé pendant les guerres de Religion, ne subsiste que le logis principal encadré de deux grosses tours à mâchicoulis. Dans la cour, deux galeries Renaissance séparées par une admirable frise contrastent agréablement avec le caractère austère de l'ensemble. À l'intérieur, on remarquera les 93 caissons du plafond de la galerie du 1er étage, complétés de sculptures ésotériques à symbolique alchimique.

❸ Saint-Jean-d'Angély

Importante étape sur la route de Saint-Jacques-de-Compostelle, la ville conserve de nombreux témoignages de son passé médiéval (maisons à pans de bois, tour de l'Horloge, fontaine du Pilori) et des hôtels particuliers à proximité de l'ancienne abbaye, détruite lors des guerres de Religion. Les tours monumentales et la façade XVIIIe s. d'une nouvelle église abbatiale, inachevée pour cause de Révolution française, dominent la campagne angérienne. 👁 à Fenioux l'impressionnante lanterne des morts (40 m de haut), l'une des plus complètes de la région : ses onze piliers surmontés d'un lanternon conique abritaient un fanal que l'on hissait le soir et dont la lumière symbolisait la vie éternelle de l'âme.

❹ Saintes

741 33/G7

Le poète latin Ausone y résida et les vestiges romains y sont nombreux et bien conservés : amphithéâtre, où l'on donnait des combats de gladiateurs et où l'on martyrisa des chrétiens, arc de Germanicus sur les bords de la Charente. On flânera dans la vieille ville, dont les ruelles pittoresques et les hôtels particuliers (XVIIe et XVIIIe s.) s'étirent sur la rive gauche autour de la cathédrale Saint-Pierre, dotée d'un intéressant porche de style flamboyant. Les joyaux de la ville sont toutefois excentrés. Au nord, la basilique Saint-Eutrope, dédiée à l'évangélisateur des Santones, conserve un chœur roman aux magnifiques chapiteaux historiés et une église souterraine, où reposent les reliques du saint patron. À l'est de la ville s'élève le remarquable ensemble de l'abbaye aux Dames, dont l'église (XIe-XIIIe s.), de style roman saintongeais, présente une façade richement décorée et un clocher conique à toit en écailles. On distingue sur les voussures du portail central une figuration symbolique de l'histoire sainte : les Évangélistes entourant l'Agneau, les rois de l'Ancien Testament, les vieillards de l'Apocalypse, dotés d'instruments de musique, et le massacre des Innocents.

❺ Rétaud

L'église romane, dont les murs s'enflamment au soleil de l'après-midi, a été superbement restaurée. La richesse de l'ornementation (dont un superbe chevet) est rehaussée par la simplicité de la structure d'ensemble. Lors des expositions temporaires qu'elle abrite parfois, la chaleur de la peinture habille l'écrin froid de la pierre, lointain écho des fresques que les fidèles du Moyen Âge pouvaient voir dans les églises.

❻ Thaims

Établie sur les ruines d'une villa gallo-romaine dont les pierres ont servi à sa construction, l'église, en partie préromane, abrite un musée lapidaire, où l'on admirera une stèle d'Épona, la déesse gauloise des chevaux.

❼ Pons

726 33/H8

De l'orgueilleux château ne restent que le donjon rectangulaire (☀ magnifique sur la ville), la chapelle Saint-Gilles et un logis construit au XVIIe s. Sur ses ruines s'étend un agréable jardin public en terrasse. On y médite le soir les images conservées de ses visites dans les nombreuses églises romanes des alentours (Échebrunne, Lonzac, Chadenac, Pérignac…).

❽ Marignac

Petite église prieurale du XIIe s., Saint-Sulpice possède un chœur et un transept sur plan trèflé couvert d'une coupole octogonale. Tailloirs et chapiteaux y forment une frise continue où se succèdent rinceaux, animaux et personnages.

***Le portail de Chadenac** : il figure la lutte du Bien et du Mal.*

❾ Chadenac

L'église Saint-Martin (XIIe s.) est l'un des plus beaux édifices romans de Saintonge. Une décoration exubérante figure la lutte des Vices et des Vertus, les Vierges sages et les Vierges folles ainsi qu'un impressionnant bestiaire. Noter les sculptures des chapiteaux d'angle de la façade célébrant Constantin triomphant de l'Hérésie.

❿ Jarnac-Champagne

L'église surprend par sa nef charpentée et ses sculptures intérieures, d'une facture très hétérogène. Mais l'originalité des motifs décoratifs et de son chevet en fait un édifice attachant.

DE VÉRITABLES BANDES DESSINÉES

Qu'il s'agisse des peintures murales de Saint-Savin (en Poitou), qui déroulent en une trentaine de tableaux les scènes de l'Ancien Testament, ou de l'étonnante iconographie sculptée qui couvre les tympans des édifices romans de Saintonge et du Poitou, l'image est reine. À une époque où la langue écrite, le latin, était l'apanage des moines et des clercs, les histoires si expressives gravées ou peintes dans ou sur les pierres étaient autant de leçons compréhensibles par tous.

L'art roman en Poitou

Trait d'union entre la France du Nord et l'Aquitaine, le Poitou doit à cette situation sa fortune comme ses malheurs. Châteaux fortifiés et églises font écho à ce passé. À partir du XIe s., sous la houlette des grands féodaux, les moines bâtisseurs, les architectes et les sculpteurs édifient ici quelques-uns des chefs-d'œuvre de l'art roman.

❶ Saint-Savin-sur-Gartempe

Original par sa technique – empruntant à la fresque et à la détrempe –, l'ensemble de peintures murales de l'abbaye excelle à rendre le mouvement et la vie. Ainsi, la seule voûte en berceau de la nef offre sur plus de 400 m² et 42 m de long le récit de l'Ancien Testament. Jumelles indispensables !

❷ Chauvigny

691 34/B4

La ville médiévale, perchée sur un éperon, constitue un écrin de choix à la collégiale Saint-Pierre, dont le magnifique chevet en pierres dorées s'éclaire au soleil couchant. Mais l'église vaut davantage pour les étonnants chapiteaux du chœur, habités de créatures effrayantes : lions ailés et griffus ou vautours dévorant les pécheurs témoignent d'une vision particulièrement sévère de l'au-delà. Ces sculptures, dues au ciseau de Gofridus, ont été recolorées au XIXe s. dans des tons blancs et rouges.

***Chauvigny** et ses chapiteaux*

❸ Nouaillé-Maupertuis

Non loin du site de la bataille de Poitiers (1356) entre Français et Anglais se dressent au bord du Miosson les vestiges imposants d'une abbaye bénédictine fortifiée. Dans l'église, on admirera le sarcophage du IXe s., polychrome et sculpté, dit « châsse de Saint-Junien ».

❹ Poitiers

725 34/A4

Surplombant un méandre du Clain, la ville, ruinée par les guerres de Religion, offre au visiteur les vestiges d'un très riche passé et le spectacle paisible de ses vieux quartiers. Notre-Dame-la-Grande ne cesse de surprendre le voyageur : d'abord par sa petite taille (17 m de haut) et par le style orientalisant de sa façade. Elle est pourtant caractéristique du style poitevin avec ses clochetons à toit d'écailles de type pomme de pin. La façade, dans un riche programme iconographique, résume l'histoire sainte. À l'écart du centre historique, l'église Saint-Hilaire-le-Grand offre une architecture originale et un remarquable ensemble de chapiteaux historiés et de fresques. 👁 le Futuroscope, qui présente un époustouflant échantillonnage des techniques modernes de communication.

❺ Château-Larcher

Ce pittoresque village des bords de la Clouère a gardé ses vieilles maisons et quelques vestiges du château. Dans le cimetière se dresse une lanterne des morts du XIIIe s. L'église, du XIIe s., s'enorgueillit d'un intéressant portail sculpté.

679 Aiguillon (Anse de l')

32/**F5**

(85) À Port-du-Pavé, le centre de cette anse – l'ancien golfe du Poitou, asséché digue par digue – est occupé par des polders et, à marée basse, par des chenaux et des parcs à huîtres. Les bancs de sable de la pointe d'Arçay s'étirent à l'ouest, abritant une flore originale et de nombreuses espèces d'oiseaux. Depuis la pointe Saint-Clément, à Esnandes, ⁂ sur le site.
👁 à l'intérieur des terres les ruines de l'abbaye bénédictine de **Saint-Michel-en-l'Herm,** qui comptent encore une salle capitulaire gothique, le réfectoire et les bâtiments conventuels.

680 Airvault

33/**J3**

(79) *i* Tél. 05 49 70 84 03. Tél. mairie : 05 49 64 70 13
Les rues de ce bourg, niché dans un vallon, sont bordées de maisons à colombages. Le porche roman de l'église Saint-Pierre est remarquable. Le château (XIIe s.) a conservé trois belles tours carrées.
👁 à 9 km (N-E) l'ancienne **abbatiale de Saint-Jouin-de-Marnes,** qui illustre parfaitement l'architecture romane du Poitou.

681 Aix (Île d')

32/**F6**

(17) *i* Tél. bateaux : 05 46 50 55 54. Tél. musée : 05 46 84 66 40
Ce petit croissant (3 km de long sur 600 m de large) est planté de chênes verts, de tamaris et de pins, et bordé de plages, de falaises et de criques sauvages. L'île est interdite aux voitures. Napoléon y séjourna avant son exil à Sainte-Hélène (musée). Le fort de la rade, construit par Vauban en 1699, fut détruit en 1757 puis réédifié au XIXe s. ⁂ sur le fort Boyard.
✆ depuis la pointe de la Fumée (25 min).

682 Alouettes (Mont des)

32/**F2**

(85) Visible de loin avec ses 231 m et ses trois moulins à vent, il permet de découvrir toutes les collines vendéennes et la mer (table d'orientation). Le labyrinthe de haies et de boqueteaux du pays chouan rappelle les guerres de Vendée.

683 Angoulême

34/**A8**

(16) *i* Tél. : 05 45 95 16 84
La cathédrale Saint-Pierre (XIIe s.), avec les six étages de son élégant clocher roman, domine les toits de la ville haute, cernée de remparts. Remanié au XIXe s., l'édifice est cependant marqué par le style périgourdin qui a présidé à sa conception, à l'exception de la façade. Celle-ci s'orne de sculptures réalisées suivant les méthodes des artistes poitevins : plus de 70 personnages y illustrent l'Ascension. Au cœur de la cité, l'hôtel de ville (XIXe s.) occupe l'emplacement du château comtal, dont subsistent la tour, polygonale, de Lusignan (XIIIe s.), et celle, ronde, de Valois (XVe s.). Autour de celui-ci, de nombreuses maisons Renaissance et classiques – entre autres celle de Saint-Simon – bordent les vieilles rues étroites. Au bord de la Charente, d'anciennes brasseries ont été rénovées et marient des matériaux traditionnels au verre ; elles abritent le Centre international de la bande dessinée.
👁 à moins de 10 km (E), au pied d'un escarpement calcaire, les **sources de la Touvre,** qui constituent l'une des résurgences les plus importantes de France et assurent l'alimentation en eau de l'agglomération.

684 Aulnay

33/**H6**

(17) *i* Tél. château de Dampierre : 05 46 24 02 24
Sur le chemin de Saint-Jacques-de-Compostelle, l'église Saint-Pierre, édifice roman poitevin imposant, se distingue par les voussures de ses portails et les chapiteaux de son transept.
👁 à 7,5 km (N-O) le **château de Dampierre,** qui se dresse dans la vallée de la Boutonne. Il a perdu ses tours de défense, mais le logis principal et ses galeries demeurent, ainsi qu'une élégante cour intérieure.

PROMENADE DANS L'ANGOUMOIS

Au sud d'ANGOULÊME, Mouthiers-sur-Boëme possède une belle église romane, et, à proximité, la caverne préhistorique de la Chaire, ornée de gravures rupestres.
On gagne ensuite le château de la Mercerie, étonnant édifice de style Louis XIV, commencé en 1930 mais jamais achevé.

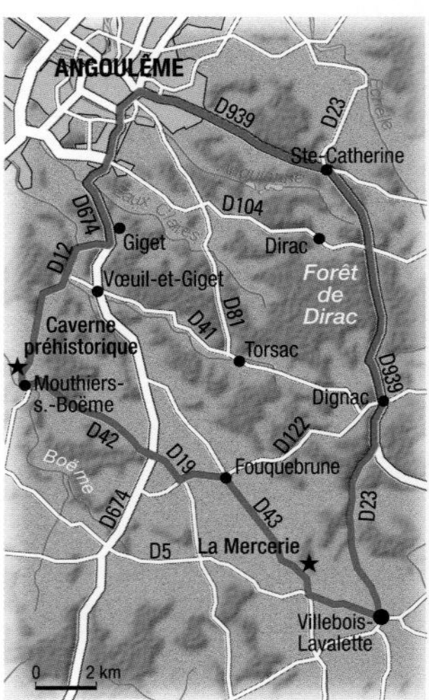

Au loin, Villebois-Lavalette s'accroche sur la pente d'une colline. Le bourg conserve, outre des maisons anciennes, des halles (XVIIe s.), des vestiges de son enceinte, et un château reconstruit au XVIIe s. On traverse au retour la forêt de Dirac.

ANGOULÊME, CAPITALE DE LA BANDE DESSINÉE

Tout a commencé fin 1972 avec une exposition intitulée « Dix Millions d'images ». Ce fut l'ébullition parmi les éditeurs, les libraires et les lecteurs ! Le premier Salon de la bande dessinée s'ouvrit le 26 janvier 1974. Depuis cette date, chaque année, durant quatre jours, la ville se met aux couleurs de cet art. En 1997, le Salon, qui est devenu la manifestation incontournable des amateurs de BD, a accueilli près de 170 000 personnes et pas moins de 500 auteurs. Un musée (tél. : 05 45 38 65 65), avec sa médiathèque, installé dans le Centre national de la bande dessinée, est également consacré au 9e art ; il rassemble une riche collection de planches et de dessins originaux.

L'anse de l'Aiguillon

1 À Port-du-Pavé, au centre de l'anse, la marée basse découvre les parcs à huîtres.

Angoulême, la cathédrale Saint-Pierre

2 Le chevet, alternance de fenêtres et d'absidioles, la coupole néoromane et la tour, reconstruites au XIXe s.

3 La façade, ornée de plus de 70 personnages

Aulnay, l'église Saint-Pierre

4 Le chevet, un des bras du transept et la tour de croisée

5 Détail des sculptures du portail sud

685 Bougon (Tumulus de)

 33/J5

(79) Tél. : 05 49 05 12 13 encadré p. 388

686 Bourg-Charente

33/H8

(16) Tél. Jarnac : 05 45 81 09 30

Le pont qui enjambe la rivière en offre la meilleure vue : le château Renaissance, bâti sur un rocher, domine une rive ; l'église Saint-Jean, de style roman saintongeais, se dresse sur l'autre.

à la sortie de la cité la plus haute **corniche de la Charente,** que longe un chemin sur 1 km : sur la rivière et sur le vignoble du cognac.

687 Brouage

 32/F7

(17) Tél. : 05 46 85 19 16 encadré ci-contre

688 Chalais

  41/J2

(16) Tél. : 05 45 98 02 71

Bâtie sur un site escarpé, au confluent de la Tude et de la Viveronne, la ville est dominée par l'imposante masse du château des Talleyrand, princes de Chalais. Cette forteresse est l'une des dernières à posséder un pont-levis en état de marche. À proximité, l'église Saint-Martial conserve une belle façade romane du XIIe s.

à 11 km (E), construit sur une butte calcaire, le **château d'Aubeterre,** qui domine la vallée de la Dronne et les maisons accrochées à la falaise. L'église monolithe (XIIe s.) est creusée dans le roc sous l'édifice.

689 Charroux

 34/B6

(86) Tél. : 05 49 87 60 12. Tél. abbaye : 05 49 87 62 43

De la puissante abbaye Saint-Sauveur, protégée par Charlemagne et lieu de pèlerinage jadis fréquenté, il ne restait, sous le second Empire, que des bâtiments en ruine. Prosper Mérimée, inspecteur général des Monuments historiques, les sauva de l'oubli. Il subsiste aujourd'hui la haute tour polygonale, le cloître et la vaste salle capitulaire aux sculptures du XIIIe s.

690 Châtellerault

 34/B3

(86) Tél. : 05 49 21 05 47

Cette ville industrielle active a gardé, de son passé de port sur la Vienne, le pont Henri-IV et des hôtels particuliers (XVIe-XVIIe s.). La maison familiale de Descartes se trouve à l'une des extrémités de la rue piétonne qui conduit à l'église Saint-Jacques, aux belles croisées d'ogives de style gothique. « La Manu », une ancienne manufacture réhabilitée située sur la rive gauche de la rivière, accueille un musée de l'Automobile.

691 Chauvigny

 34/B4

(86) Tél. : 05 49 46 39 01. Tél. château de Touffou : 05 49 56 08 48

Perchée sur une arête rocheuse, la ville haute est blottie au pied des ruines de cinq châteaux forts, dont le plus impressionnant appartenait aux évêques de Poitiers. Dans le chœur de l'église Saint-Pierre, ancienne collégiale romane, des chapiteaux représentent des scènes de la Bible.

à 6 km (N) en amont sur la Vienne, le **château de Touffou,** construit en pierre ocre, qui se compose d'ajouts successifs : le premier donjon date du XIe s., l'aile Renaissance de 1560.

692 Chizé (Forêt de)

 33/H6

(79) Tél. zoorama : 05 49 77 17 17

Accrochée à un plateau au-dessus de la Boutonne, la forêt rassemble de grandes futaies de chênes et de hêtres, dont certains sont classés (les Sept-Chênes, l'Empereur). Dans un domaine de 25 ha, le zoorama, avec plus de 600 animaux, présente la faune des forêts d'Europe.

L'ENVASEMENT DE BROUAGE

Ce solide port élève ses fortifications au-dessus de l'étrange décor des marais, face à Oléron. Grâce au sel, il eut une grande importance économique, commerçant notamment avec la Flandre et l'Allemagne. Après le siège de La Rochelle (1628), Richelieu le fait fortifier pour en faire une ville arsenal. Mais, malgré les renforcements dus à Vauban, le chenal s'envase, les activités se déplacent vers Rochefort, les marais deviennent générateurs de fièvres ; Brouage n'est plus qu'un port en déclin. Il garde également la nostalgie de Marie Mancini, qui s'y réfugia, déçue de ne pouvoir passer au-dessus de la raison d'État et quittant Louis XIV – « Vous êtes roi, vous m'aimez et je pars… » –, dont le mariage avec Marie-Thérèse d'Espagne était imminent.

LES BAUDETS DU POITOU

Sous ses airs lascifs, cet animal solidement charpenté, à la robe bai brun et aux longs poils, dissimule une robustesse et une résistance peu communes. Pour ces qualités, il fut très recherché et se répandit dans les provinces françaises et à travers l'Europe. Employé par les paysans, utilisé par l'armée, il participa également à l'aménagement du Marais poitevin. Mais au début du XXe s., avec l'essor de la mécanisation agricole, il fut progressivement abandonné. Faute de débouchés, les élevages, localisés surtout dans le pays mellois, déclinèrent, et avec eux l'âne fut bientôt menacé de disparition. Grâce à l'action de l'Asinerie nationale, installée près de Dampierre-sur-Boutonne, qui s'attache à sauver cette race de l'extinction, le processus semble aujourd'hui enrayé.

1

2

Bourg-Charente

1 Le chevet de l'église Saint-Jean, de style roman saintongeais

Brouage

2 Une échauguette sur les remparts

3

4

5

6

Châtellerault

3 Détail des sculptures de la façade de l'église Saint-Jacques, de part et d'autre du portail

4 Le pont Henri-IV, vu de la rive droite

Chauvigny, l'église Saint-Pierre

5 L'un des chapiteaux, représentant Satan couvert d'une tunique d'écailles

6 Le chœur, remarquable par ses chapiteaux historiés

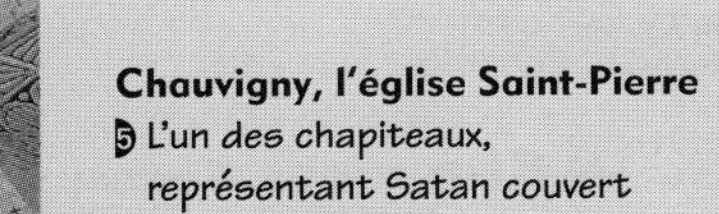

693 Civray

34/A6

(86) ℹ Tél. : 05 49 87 60 42

L'église Saint-Nicolas est l'un des plus beaux édifices romans du Poitou, notamment pour sa façade sculptée. Civray est également connu pour ses chabichous, petits fromages de chèvre, fabriqués dans le village tout proche de Saint-Saviol.

👁 à moins de 5 km (O) le **château de Léray.**

694 Cognac

33/H8

(16) ℹ Tél. : 05 45 82 10 71

La cité natale de François Ier fut, avant de devenir la capitale mondiale du cognac, un site important fortifié sur la Charente. Les chais monumentaux des grandes maisons de négoce, dont ceux d'Hennessy, ont été construits au bord de la rivière, à côté de la porte Saint-Jacques (XVe s.). Celle-ci s'ouvre sur l'ancien château des Valois, transformé en chai, et sur la Grande-Rue. Dans la vieille ville, les belles demeures sont dominées par l'église Saint-Léger, du XIIe s., mais très remaniée.

👁 à 6 km (E) l'**église de Châtre,** qui garde sa belle façade romane encadrée de colonnes et composée de deux étages à arcatures aveugles.

695 Confolens

34/B6

(16) ℹ Tél. : 05 45 84 22 22

Le pont Neuf permet d'admirer le pont Vieux et les maisons médiévales à pans de bois de la cité, dominée par le donjon de l'ancien château.

☺ : au mois d'août, festival international de folklore.

👁 à 4 km en aval, sur la rive droite de la Vienne, les deux énormes tours rondes du **château de Saint-Germain-de-Confolens,** qui sont les derniers témoins d'une ancienne châtellenie.

696 Corniche vendéenne (La)

32/D3

(85) De Sion à Saint-Gilles-Croix-de-Vie – dont l'actif port de pêche abrite aussi de nombreux bateaux de plaisance –, des falaises de schiste dessinent les contours escarpés d'une corniche offrant de belles vues sur des rochers ruiniformes.

697 Coubre (Forêt et pointe de la)

32/F7

(17) ℹ Tél. zoo : 05 46 22 46 06

Plantée de pins maritimes et de chênes verts – qui servent notamment à fixer les dunes de la Côte sauvage –, la forêt propose de nombreuses promenades. Des sentiers partant de la D 25 permettent d'accéder au littoral (les baignades y sont dangereuses). Au nord, la route conduit à la pointe Espagnole et à la tour des Quatre-Fontaines. Au sud, la pointe de la Coubre se prolonge par une flèche de sable délimitant Bonne Anse, veillée par un phare haut de 60 m.

👁 à **La Palmyre** le zoo, qui abrite plus de 1 600 animaux, dont une grande variété d'oiseaux exotiques, de reptiles et de petits singes.

698 Coulon

33/H5

(79) ℹ Tél. : 05 49 35 99 29

La capitale du Marais poitevin est blottie autour de la place de son église (XIIe s.). La plus jolie perspective s'ouvre depuis la passerelle jetée sur les eaux de la Sèvre, dans lesquelles se reflètent les maisons des bateliers. De Coulon partent des barques de promenade qui parcourent une partie de la Venise verte (partie orientale du Marais poitevin ou Marais mouillé).

699 Crazannes (Château de)

33/G7

(17) ℹ Tél. : 06 80 65 40 96 👁 petit itinéraire ci-contre

Niché dans un parc aux arbres centenaires, ce château de la fin du XIVe s. est l'une des plus anciennes demeures saintongeaises.

CHÂTEAUX EN CHARENTE

Taillebourg est dominé par les vestiges de sa forteresse du XVe s. En suivant la Charente, on gagne deux châteaux très proches l'un de l'autre : Panloy (XVIIIe s.), qui conserve des tapisseries de Beauvais, et Crazannes (XVe s.). Puis on s'écarte du fleuve pour atteindre celui de la Roche-Courbon, édifice médiéval réaménagé au XVIIe s. La route de Saint-Porchaire (église romane) ramène à Saintes. Le château du Douhet ne se visite pas.

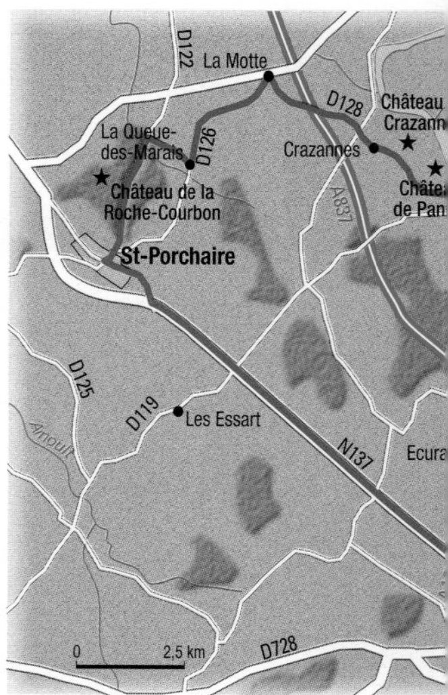

LE COGNAC

Aliénor d'Aquitaine étant reine d'Angleterre et comtesse de Poitou, le commerce des vins prospéra très tôt entre les deux côtés de la Manche. Vers la fin du XVIIe s., la distillation, c'est-à-dire la récupération des vapeurs de vin chauffé dans un alambic, permit d'obtenir une concentration de l'alcool, qui se trouvait ainsi plus facile à convoyer. Cette eau-de-vie trop blanche, trop dure a trouvé son parfum et son goût en séjournant dans des fûts de chêne. Affiné, sélectionné, issu seulement de certains cépages récoltés sur un terroir délimité dans les environs de Cognac, cet alcool ambré a pris le nom de cette petite ville et l'a répandu à travers le monde. 80 % de la production des alcools de Cognac sont destinés à l'exportation ; ce sont d'ailleurs les habitants de Hongkong qui en consomment le plus.

Civray, l'église Saint-Nicolas

1 La croisée du transept et le chœur, richement peints

2 La légende de saint Gilles, illustrée par une fresque du XIVe s.

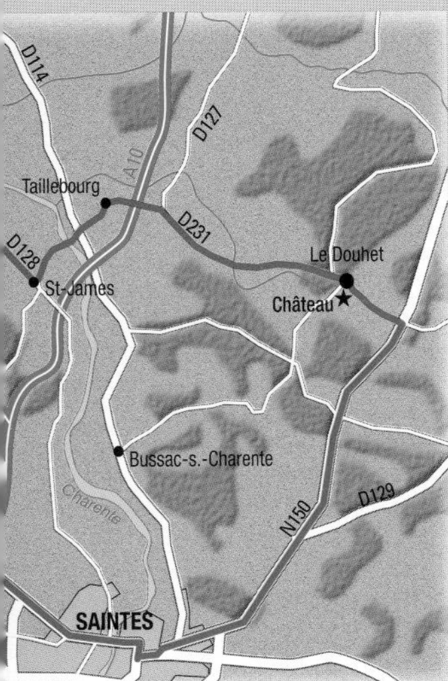

Cognac

3 La maison de la Lieutenance, dans la vieille ville

Près de Cognac, l'église de Châtre

4 L'ancienne abbatiale conserve sa magnifique façade romane.

Confolens

5 Le pont Vieux, qui enjambe la Vienne, permet d'entrer dans la vieille ville.

700 Esnandes
32/F5

(17) *i* Tél. mairie : 05 46 01 32 13 — 👁 petit itinéraire ci-contre

Située au sud de l'anse de l'Aiguillon, cette cité accueille une église fortifiée (XVe s.) et la maison de la Mytiliculture.

701 Fenioux

33/H7

(17) *i* Tél. mairie : 05 46 90 22 06

Le village se serre autour d'une lanterne des morts (XIe-XIIe s.)et d'une charmante église romane au clocher octogonal et aux chapiteaux portant de gros masques ou des oiseaux.

702 Fontenay-le-Comte

33/G4

(85) *i* Tél. : 02 51 69 44 99

Ce centre humaniste fut, au XVIe s., fréquenté notamment par Rabelais. Son héritage monumental est le plus riche de la région. Sur la rive droite de la Vendée, le quartier Notre-Dame réunit de somptueux hôtels Renaissance et classiques autour de l'église (XVe s.). Ses ruelles tortueuses et la rue du Pont-aux-Chèvres permettent de découvrir la fontaine des Quatre-Tias et le Musée vendéen. La rive gauche s'est développée au XVIIIe s. Le château de Terre-Neuve (XVIe s.) renferme un beau mobilier.

👁 au nord la **forêt de Mervent-Vouvant,** qui est sillonnée de petites vallées encaissées et de retenues créées par quatre barrages.

703 Fouras

32/F6

(17) *i* Tél. : 05 46 84 60 69

De la forteresse et de l'enceinte du XVIIe s. construite par Vauban, il ne reste qu'un donjon (haut de 40 m), à l'intérieur duquel est aménagé un petit musée régional retraçant notamment l'histoire de la cité.

704 Futuroscope (Le)

34/B3

(86) *i* Tél. : 05 49 49 30 10 — 👁 encadré p. 382

705 Gémozac

33/G8

(17) *i* Tél. mairie : 05 46 94 20 35

L'église romane du village se distingue par un très beau chœur du XIIIe s.

👁 à 8 km (N) la façade ornée de sculptures de celle de **Rioux.**

706 Isle-Jourdain (L')

34/B5

(86) *i* Tél. : 05 49 48 80 36. Tél. La Réau : 05 49 87 65 03

Le viaduc, récemment sauvé de la démolition, est un lieu de promenade idéal pour admirer la vallée de la Vienne, la ville et le pont Saint-Sylvain. Cet ouvrage médiéval était très fréquenté, surtout la nuit ; des femmes, en faisant trois fois le tour de la statue du saint dressée sur une des arches, venaient lui demander un mari ou un enfant.

👁 à 14 km (S-O) l'ancienne **abbaye de La Réau** (XIIe s.), qui conserve une belle façade et des bâtiments conventuels aménagés en habitations.

707 Jarnac

33/J8

(16) *i* Tél. : 05 45 81 09 30. Tél. Bassac : 05 45 81 94 22

Son nom est entré dans l'histoire par un célèbre coup d'escrime : Guy Chabot, seigneur de Jarnac, trancha contre toute attente le jarret de son adversaire François de Vivonne, seigneur de la Châtaigneraie. Sur les quais de la Charente, les chais de réserve de quelques grandes maisons rappellent que la ville est un important centre de négoce des eaux-de-vie de la région. Elle ne conserve de son passé prospère que l'église romane Saint-Pierre. Celle-ci, très restaurée au XIXe s., garde cependant une crypte du XIIIe s. François Mitterrand a été inhumé ici, sur sa terre natale.

👁 à 7 km en amont la belle **abbaye** romane **de Bassac.**

LA CÔTE DE L'AUNIS

À partir du charmant village d'ESNANDES, qui tire une partie de ses ressources de la production de moules et d'huîtres, on gagne la pointe Saint-Clément et son panorama sur l'anse et la pointe de l'Aiguillon, l'île de Ré et le pertuis Breton.

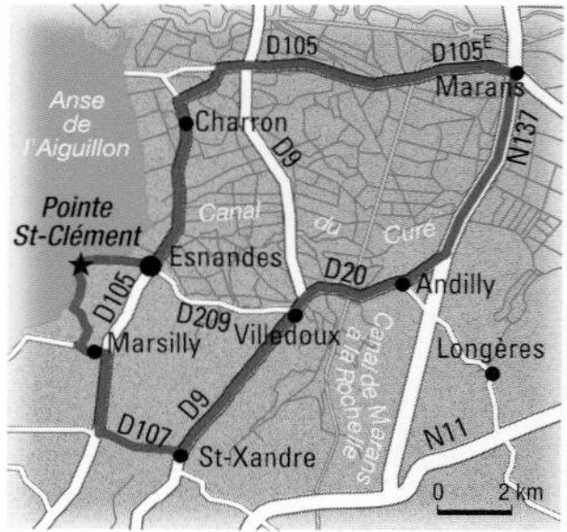

Après Marsilly, dont l'église est fortifiée, on s'éloigne de la côte pour atteindre Marans, dans le Marais poitevin. À l'ouest de ce bourg, qui produisit des faïences au XVIIIe s. et dont quelques pièces sont exposées au musée local, se trouve le village de Charron, à partir duquel on longe l'anse de l'Aiguillon pour retrouver Esnandes.

LES PERTUIS VENDÉENS

Le pertuis d'Antioche s'étend entre le continent et les deux îles de Ré et d'Oléron. Le creux de ce golfe se prolonge en terre par les marais du Havre de Brouage et de la Charente. De même, le Marais poitevin, avec **Esnandes,** fait suite au pertuis Breton, ouvert entre le continent et la côte nord de Ré. Le mot pertuis signifie ouverture (porte). Il désigne non seulement des golfes, mais aussi de simples passes au travers du cordon dunaire. Les courants qui affectent ces golfes et ces passes expliquent que les profondeurs soient localement beaucoup plus importantes que ne le laisserait supposer l'envasement qui les comble progressivement partout ailleurs ; la fosse de Chevarache descend à – 62 m, à moins de 3 km seulement du rivage, sur la côte nord-ouest de l'île de Ré.

1

Fenioux
1 La lanterne des morts

Le Futuroscope
2 Le pavillon
3 Le Kinémax

2

3

Près de Gémozac, Rioux
4 La façade de l'église romane possède un beau décor sculpté.

Jarnac
5 Les quais de la Charente

4

5

708 Jonzac

 41/**H2**

(17) *i* Tél. : 05 46 48 49 29
Devenue un grand marché agricole, cette ancienne place forte protestante possède un puissant châtelet du XVe s., encadré par deux grosses tours rondes. Henri IV puis Louis XIV y firent halte.

709 Ligugé (Abbaye de)

 34/**A4**

(86) *i* Tél. galerie et musée : 05 49 55 21 12
Cette abbaye où saint Martin, alors disciple d'Hilaire de Poitiers, passa dix ans de sa vie est une des plus anciennes de France. Seize siècles après sa fondation, une communauté bénédictine l'anime toujours. Les bâtiments abritent une galerie d'émaux et un musée d'histoire monastique.

710 Luçon

 32/**F4**

(85) *i* Tél. : 02 51 56 36 52
Cet ancien port de terre était « le plus vilain évêché de France, le plus crotté et le plus désagréable », selon Richelieu qui fut ordonné dans ce diocèse en 1606. La cathédrale Notre-Dame présente une façade classique (XVIIe s.) et abrite de belles orgues (XIXe s.) de Cavaillé-Coll. Le palais épiscopal s'ordonne autour d'un cloître Renaissance. Le jardin Dumaine (XIXe s.) mêle pelouses et plans d'eau.

711 Lusignan

 34/**A4**

(86) *i* Tél. : 05 49 43 61 21
La légende raconte que Mélusine, dame de Melle et de Lusignan, édifia la forteresse de cette cité d'un coup de baguette magique. Chaque samedi, elle se changeait en serpent ; surprise un jour par son mari pendant sa métamorphose, elle disparut à jamais. Elle ne se manifesta ensuite que lorsque le malheur menaçait l'un des membres de la famille. Sa dernière apparition date de 1622, lors de la démolition de la tour Mélusine qui, seule, restait encore debout. La place forte fut en effet démantelée après les guerres de Religion. L'église, de style roman poitevin, date du XIe s.

712 Maillezais

 33/**G5**

(85) *i* Tél. : 02 51 87 23 01 petit itinéraire p. 380
Bien que très restaurée, l'église Saint-Nicolas (XIIe s.) conserve une belle façade romane. À l'ouest du village, les ruines de l'abbaye fondée par Guillaume II de Poitou surplombent les eaux vertes du Marais poitevin.

713 Maine-Giraud (Manoir du)

 41/**J1**

(16) *i* Tél. : 05 45 64 04 49
Alfred de Vigny venait oublier ses déceptions et ses échecs dans cette jolie demeure du XVe s. En une nuit, il écrivit ici *la Mort du loup*.
à 6 km (S) la **chapelle des Templiers,** qui est ornée de fresques.

714 Marais poitevin (Le)

 32/**F4**

(17, 85, 79) *i* Tél. promenades : 05 49 35 90 47 encadré ci-contre

715 Marans

 32/**F5**

(17) *i* Tél. : 05 46 01 12 87 petit itinéraire p. 374
Cet ancien port protestant, relié à la mer par un canal, était jadis un riche marché de grains, devenu au XVIIe s. un centre faïencier.

716 Marennes

 32/**F7**

(17) Les anciens marais salants, séparés par de nombreux chenaux, transformés en parcs à huîtres, font ressembler l'estuaire de la Seudre à un archipel d'îlots. Depuis la terrasse de la Tour, à Marennes, sur le site.

LA GÂTINE

On emprunte, à partir de LUSIGNAN, la vallée de la Vonne, en passant par Jazeneuil, qui possède une église romane, et par Cursay-sur-Vonne, pour atteindre le plaisant village de Sanxay. On s'éloigne ensuite de la rivière pour se rendre au château de Marconnay, bel exemple d'architecture militaire du XVe s.

Les importants vestiges d'un sanctuaire gallo-romain, avec théâtre, thermes et temple, se dressent non loin. À travers la campagne de la Gâtine, où Rouillé propose le singulier musée de la Machine à coudre, on rejoint Lusignan.

LE MARAIS POITEVIN

La moitié des terres de cette région s'étendent au-dessous du niveau des marées hautes. La partie basse du Marais poitevin se compose de deux paysages distincts. Dans l'arrière-pays, le Marais mouillé (ou pays Maraîchin), inondable mais boisé, sillonné de voies d'eau (les conches, rigoles et fossés), constitue un milieu extraordinaire, notamment dans la Venise verte, à l'est, que l'on visite en barque depuis la plupart des villages proches de la Sèvre Niortaise entre Damvix, Saint-Hilaire-la-Palud et Coulon. Quant au Marais desséché, en bordure de littoral, il est drainé en prairies et champs sur le modèle classique des polders.

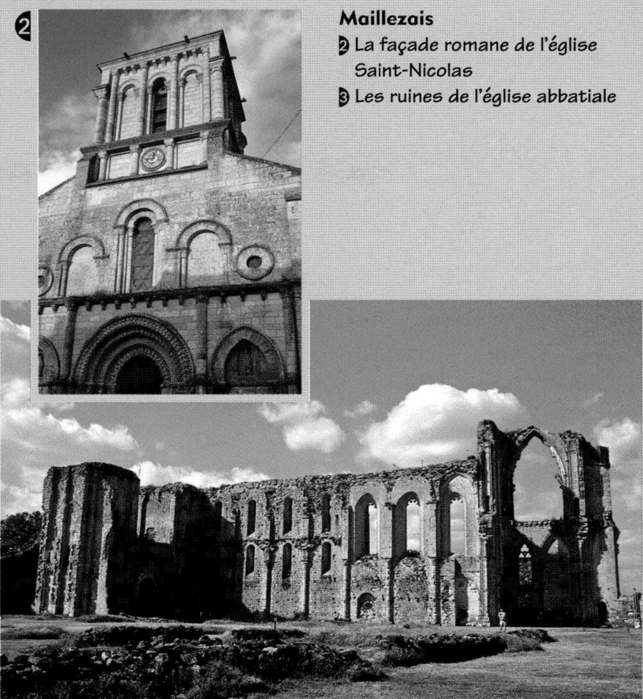

Maillezais

2 La façade romane de l'église Saint-Nicolas

3 Les ruines de l'église abbatiale

Lusignan

1 La crypte de l'église

Le Marais poitevin

4 De nombreuses promenades en barque sont organisées sur les canaux.

5 Pêcheurs sur la Sèvre Niortaise à Coulon

Marennes

6 Bateaux à marée basse dans le port ostréicole

LES MARAIS
Un monde d'eau et de terre

Entre Loire et Garonne, la côte atlantique présente dans ses régions basses un paysage singulier, celui des marais. Les principaux sont le Marais breton-vendéen, situé sur le littoral même, autour de Bourgneuf, et, à l'emplacement de l'ancien golfe du Poitou, le Marais poitevin. Il y a quelque deux mille ans, la mer en se retirant laissa des vases, et les rivières déposèrent des alluvions qui se transformèrent bientôt en marécages insalubres. Il fallut dix siècles de travaux acharnés pour les assainir. Ce fut l'œuvre des premiers habitants, relayés dès le XIe s. par les grandes abbayes (Maillezais, Saint-Michel-en-l'Hern), puis, à la fin du XVIe s., celle des ingénieurs hollandais appelés par Henri IV. Les digues et les nombreux canaux de drainage contribuèrent à la création de polders, terres gagnées sur la mer qui sont aujourd'hui habitées.

La Guittière (Vendée) : anciens salins, utilisés pour la pisciculture

Ragondin : ce gros rongeur vit dans les cours d'eau.

Une oasis entre le ciel et l'eau : le Marais poitevin

Par un matin d'été, lorsque le soleil fait miroiter toute la palette de verts des végétaux et de l'eau, une promenade en barque est la meilleure façon de découvrir l'envoûtante et sauvage beauté de la « Venise verte » poitevine. Sur les berges des canaux, appelés conches et rigoles, s'égrènent les maisons, ou cabanes. Les Maraîchins se déplacent en barques plates manœuvrées à coups de pelles (rames) et de pigouilles (gaffes), également utilisées pour le transport du bétail et des récoltes. La nature est dominée par les hêtres, les frênes têtards aux racines tourmentées et les peupliers, dont on vendait autrefois le bois pour constituer la dot des filles à marier. Sur les talus fleurissent iris, renoncules, reines-des-prés, angélique et menthe sauvages. Hérons, milans noirs, buses, chouettes, pigeons, cygnes sauvages, ragondins, lapins et grenouilles peuplent le Marais poitevin, tandis que, dissimulés sous les lentilles d'eau, foisonnent anguilles, goujons, carpes, tanches et gardons.

Île de Noirmoutier : paludière raclant le sel d'un salin

L'île aux marais salants : Noirmoutier

L'île de Noirmoutier est située à l'ouest de la baie de Bourgneuf, qui borde l'est du Marais breton-vendéen. L'ensoleillement relatif des étés, plus chauds qu'en Bretagne, et un rivage à fleur d'eau y facilitent la récolte du sel. La situation remarquable des marais salants bretons-vendéens, les plus septentrionaux de l'ancienne Europe, leur valut autrefois un rôle international de premier plan, les navires de la Hanse venant y charger le fameux « sel de la baie ». Dans les vastes bassins rectangulaires des salins, l'eau de mer pénètre lors des grandes marées par des canaux, ou étiers. Elle s'évapore petit à petit et le sel se dépose. Les paludiers raclent alors le fond des compartiments et y forment des tas de sel réguliers qui, après égouttage, seront rassemblés en mulons. Ce travail est peu rentable, à cause

La « Venise verte » :
bras d'eau surmonté d'une voûte de saules

de la concurrence des exploitations de sel gemme de l'Europe intérieure. Les salins sont donc de plus en plus transformés en parcs à huîtres ou en écloseries pour l'élevage du poisson.

Au cœur du Marais poitevin : l'abbaye de Maillezais

Sur la voie naturelle des invasions venues de l'Océan, le Marais poitevin, dévasté par les Normands, fut abandonné par ses premiers habitants. Ce n'est qu'en 980 qu'Emma de Blois, épouse de Guillaume II le Grand, duc d'Aquitaine, fonda sur une île formée par l'Autise et la Sèvre Niortaise l'abbaye de Saint-Pierre de Maillezais. Ensuite, l'attribution à des « hôtes » de terre à redevances modérées facilita le repeuplement du Marais. De nos jours, l'abbaye étonne par son architecture démesurée et son aspect de ruine romantique. C'est dans cette abbaye bénédictine, érigée en évêché de 1317 à 1648 par démembrement du diocèse de Poitiers, que le moine Rabelais, expulsé de Fontenay-le-Comte, trouva asile de 1523 à 1526 auprès de l'évêque humaniste Geoffroy d'Estissac, en qualité de secrétaire. L'abbaye eut à souffrir des guerres de Religion. Dévastée par les huguenots en 1587, elle fut transformée en forteresse par Henri de Navarre et confiée à la garde du protestant Agrippa d'Aubigné. L'abbatiale conserve d'importants éléments des XIe, XIIIe et XIVe s.

Abbaye de Maillezais :
des vestiges grandioses

Une gastronomie ancestrale

Les Maraîchins raffolent des civelles et de la bouilliture, une matelote d'anguilles à base de vin rouge. Autre spécialité maraîchine, les escargots, que les Poitevins appellent lumas et les Charentais cagouilles. Le chevreau à l'ail vert, le gigot de mouton, le jambon de pays frotté au sel, accompagnés de mojettes, sorte de haricots blancs, sont autant de régals. Fromages de chèvre, caillebotte, une spécialité à base de lait, et tourteau fromagé complètent les menus, tandis que l'angélique parfume divinement les pâtisseries.

Récolte de l'angélique, utilisée en confiserie

717 Melle

  33/J5

(79) ℹ Tél. : 05 49 29 15 10

Réputée pour son atelier monétaire et ses élevages d'ânes, cette ville possède trois églises romanes ; Saint-Hilaire, célèbre pour le cavalier sculpté sur son portail, Saint-Savinien et Saint-Pierre.

👁 à 8 km (N-O) l'église de **Celles-sur-Belle,** qui s'ouvre par un superbe portail roman, dont les arcs sont ornés de figures d'inspiration orientale.

718 Meschers-sur-Gironde

  32/F8

(17) ℹ Tél. : 05 46 02 70 39

Le village est juché sur une falaise de calcaire, creusée de grottes décorées ouvertes sur différents niveaux. Seules celles du Regulus et de Matata se visitent. On y accède à pied, à marée basse, depuis la conche des Nonnes ou par des escaliers taillés dans le roc à la pointe de Meschers.

👁 à 5,5 km (S-E), par la D 25, l'élégante petite église romane de **Talmont,** bâtie dans un site exceptionnel, qui surplombe la Gironde.

719 Montmorillon

  34/C5

(86) ℹ Tél. mairie : 05 49 91 13 99. Tél. Civaux : 05 49 48 34 61

L'ancienne Maison-Dieu domine la ville, dont elle est séparée par des jardins. L'octogone, curieuse construction à deux niveaux, dont le sommet était jadis surmonté par une lanterne des morts, s'élève dans le cimetière de cet ancien hôpital. Les bâtiments monastiques, la salle des dîmes, la chapelle Saint-Laurent, le chauffoir à pèlerins se visitent. L'église Notre-Dame, ornée de belles fresques, surplombe la rive gauche de la Gartempe.

👁 à 18,5 km (O) le cimetière mérovingien de plusieurs milliers de sépultures qui a été mis au jour près de la petite église de **Civaux.**

720 Niort

   33/H5

(79) ℹ Tél. : 05 49 24 18 79. Tél. Coudray-Salbart : 05 49 25 71 07

Métropole médiévale des cuirs et du drap, la vieille cité se découvre depuis les vieux ponts jetés sur la Sèvre Niortaise et dominés par les deux tours massives du donjon des Plantagenêts : demeures anciennes, dont la maison natale de Mme de Maintenon, église Notre-Dame, avec son clocher du XVe s. à la flèche effilée, musée des Beaux-Arts. L'angélique, délicieuse plante confite, est une spécialité de la ville.

👁 à 10,5 km en amont les ruines du puissant **château fort de Coudray-Salbart,** qui surplombent la rivière.

721 Noirmoutier (Île de)

  32/C2

(85) ℹ Tél. : 02 51 39 12 42

Longue de 19 km, l'île, protégée des flots par un cordon de digues, n'est large que de 900 m dans sa partie la plus étroite. Ses paysages sont changeants : au nord, une côte granitique ; au centre, 1 500 ha de marais salants ; au sud, une longue flèche de sable semée de moulins, champs et polders qui produisent des pommes de terre de primeur renommées. À Noirmoutier-en-l'Île se dresse encore le donjon (XIe s.) du château ; le port de la Guérinière conserve des maisons anciennes et un moulin à vent.

Deux voies conduisent dans l'île : le goulet de la Fromentine, chenal creusé par les marées, enjambé par un pont ; le passage du Gois, chaussée dallée construite sur un haut-fond entre Bellevue et Noirmoutier, et ouverte à la circulation pendant deux heures avant et après la marée basse.

722 Nouaillé-Maupertuis

 34/B4

(86) ℹ Tél. : 05 49 55 35 69

Sur ce lieu de passage entre France du Nord et Aquitaine, Jean le Bon fut fait prisonnier des Anglais par le Prince Noir au cours de la bataille de Poitiers (1356). L'église romane qui abrite, dans un sarcophage (IXe s.) décoré d'aigles, le corps de saint Junien est le dernier vestige d'une ancienne abbaye bénédictine.

LE MARAIS MOUILLÉ

Après NIORT, la descente de la Sèvre Niortaise permet de pénétrer au sud de Coulon dans le Marais poitevin. Le circuit serpente à travers ce labyrinthe de cours d'eau, jalonné de villages et de hameaux aux maisons basses comme La Garette, Arçais, Damvix, Maillé ou Maillezais ; les vestiges de l'ancienne abbaye bénédictine qui accueillit jadis Rabelais se dressent à proximité. Entre Liez et Sainte-Christine, la Venise verte se révèle dans toute sa splendeur.

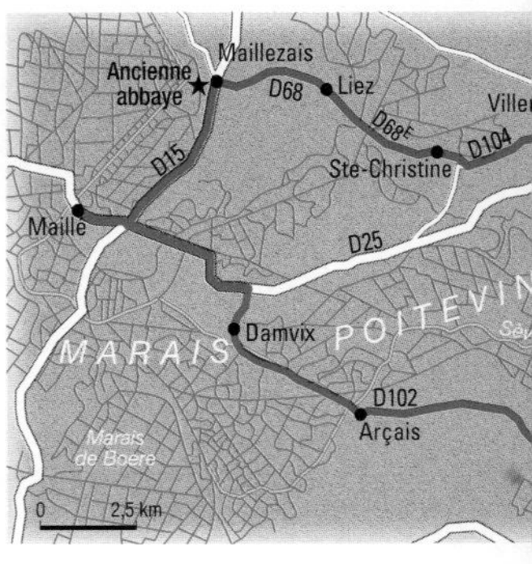

Par Benet, dont l'église présente une façade romane remaniée à l'époque gothique, on rejoint Coulon, où se trouve la maison des Marais mouillés (écomusée sur le site et les hommes).

MADAME DE MAINTENON (1635-1719)

Françoise d'Aubigné, issue d'une famille noble mais désargentée, connut une ascension sociale inespérée. Elle naît à **Niort,** où son père est emprisonné pour dettes. Sa tante l'accueille dans son château de Mursay, où elle passe quelques années avant de rejoindre les siens. Elle entre au couvent, mais le quitte rapidement pour se marier avec le poète Scarron, et tient l'un des plus brillants salons de Paris. Puis Mme de Montespan lui confie l'éducation de ses enfants nés de sa liaison avec Louis XIV ; elle fréquente alors la Cour. Le Roi-Soleil en fait bientôt sa favorite et lui offre le marquisat de Maintenon. À la mort du souverain, elle se retire dans l'institution qu'elle a fondée, à Saint-Cyr, pour recevoir les jeunes filles démunies de l'aristocratie.

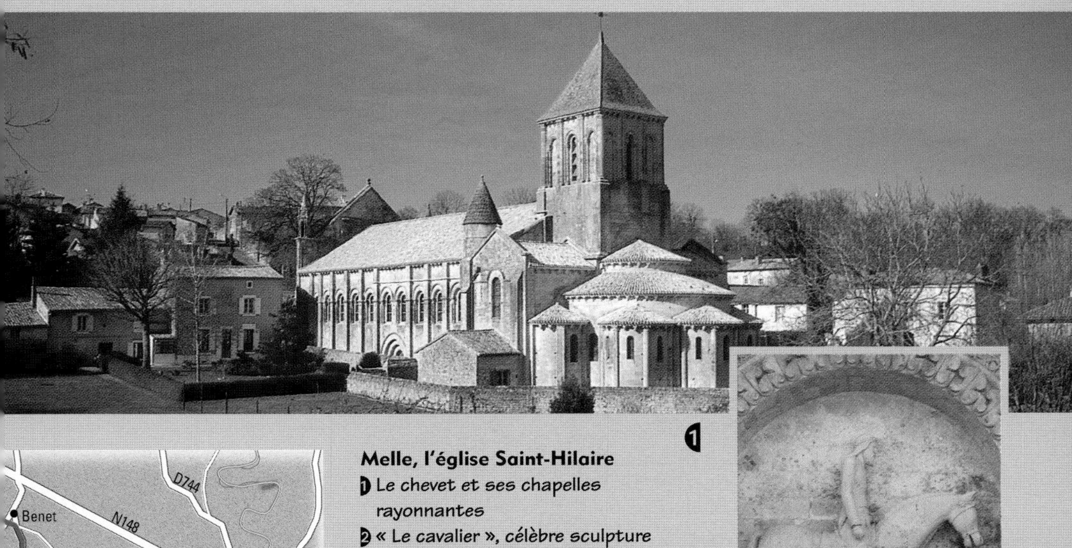

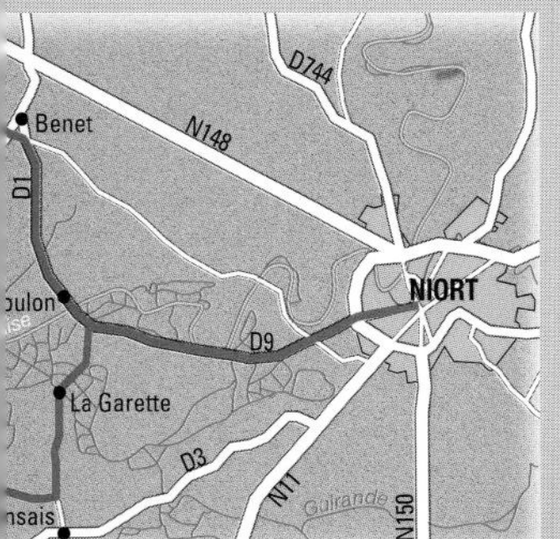

Melle, l'église Saint-Hilaire

1 Le chevet et ses chapelles rayonnantes

2 « Le cavalier », célèbre sculpture ornant le portail

Près de Montmorillon, l'église de Civaux

3 Les voûtes en berceau de la nef

4 Détail d'un pilier

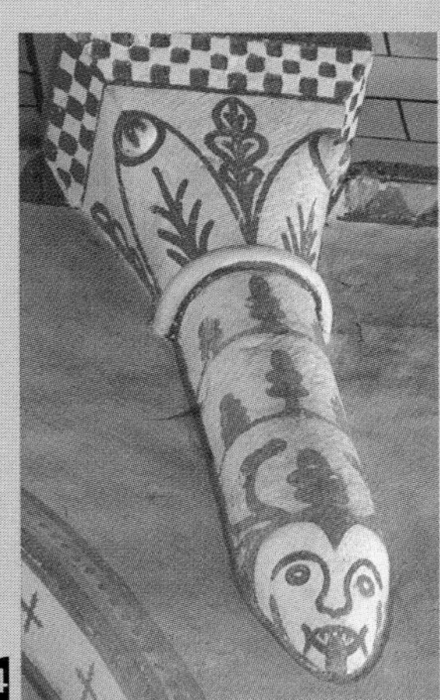

Nouaillé-Maupertuis

5 Les bâtiments conventuels de l'ancienne abbaye bénédictine

723 Oléron (Île d') 32/E6

(17) i Tél. : 05 46 47 11 39

Reliée au continent par un pont-viaduc de 3 km, l'île (175 km^2) prolonge la Saintonge avec ses paysages de cultures et de vignobles et ses marais salants devenus parcs à huîtres. Mais, par ses dunes, elle rappelle aussi la côte aquitaine. Ses plages sont très réputées.

À droite du pont, en arrivant sur l'île, se dressent les vestiges de la citadelle du **Château-d'Oléron,** construite par les ducs d'Aquitaine pour défendre l'estuaire de la Charente. Au sud, **Saint-Trojan-les-Bains,** baigné par le Gulf Stream, bénéficie d'un climat presque méridional. Capitale de l'île, **Saint-Pierre-d'Oléron** accueille une église du XIIe s. dont le clocher sert d'amer aux marins, une lanterne des morts et la tombe de Pierre Loti, située dans le jardin de la maison des Aïeules. Depuis le sommet du phare de Chassiron, sur la pointe nord de l'île, sur le pertuis d'Antioche.

724 Parthenay 33/J3

(79) i Tél. : 05 49 64 24 24

Cette place forte médiévale était une étape importante pour les pèlerins de Saint-Jacques-de-Compostelle. Le pont, la porte Saint-Jacques (XIIIe s.) et la rue de la Vaux, aux belles maisons à pans de bois, en conservent le souvenir, par leur décoration extérieure. Depuis le pont Neuf, sur la vieille ville et sa citadelle.

à 2 km (O) l'église à la façade poitevine de **Parthenay-le-Vieux.**

725 Poitiers 34/A4

voir ci-dessous

726 Pons 33/H8

(17) i Tél. : 05 46 96 13 31. Tél. mairie : 05 46 91 46 46

Les maisons de la ville haute s'étagent au pied d'un donjon du XIIe s. Dans la ville basse, l'hospice, érigé en face de Notre-Dame-de-l'Hôpital-Neuf (XIIe s.), rappelle que Pons est sur la route de Compostelle.

à 1 km (E) l'élégant **château d'Usson.**

LE FUTUROSCOPE DE POITIERS

Ce parc de loisirs est dédié à la communication par l'image. Il surprend par son architecture aux formes futuristes – en aéronef extraterrestre et en fleur de lotus –, conçue par Denis Laming. Le vaste parc (70 ha) invite à voyager dans cet univers étonnant mêlant science, culture et loisirs : Lac enchanté et son théâtre alphanumérique, jardins de l'Europe, Tapis magique, Kinémax, dont le bâtiment imite la forme du cristal de roche, salles du « cinéma dynamique », où les sièges s'animent en synchronisation avec le film, etc. On peut désormais passer plusieurs jours sur le site : des hébergements ont été construits à proximité, permettant de s'y rendre à pied.

725 Poitiers 34/A4

(86) i Tél. : 05 49 41 21 24

Cette ville très ancienne – c'était l'une des capitale des Celtes – se veut aussi pionnière par la jeunesse de sa population, son université, son Futuroscope…

hôtel Fumé

L'HÔTEL FUMÉ

C'est un bel exemple d'hôtel du XVe s. : cour intérieure avec galerie aux colonnes torsadées, balcon en encorbellement et tourelle d'escalier surmontée d'une licorne offerte par Charles Quint.

Le palais des ducs d'Aquitaine

église N.-D.-la-Grande

palais des ducs d'Aquitaine

GRAND-RUE

LE PALAIS DES DUCS

Aliénor d'Aquitaine le fit construire au XIIe s. La vaste salle des Pas perdus vit siéger le parlement sous Charles VII, lorsque Poitiers fut la capitale du royaume. Au XIVe s., Jean de Berry fit modifier le donjon et ajouter une splendide cheminée de style gothique flamboyant.

L'ÉGLISE NOTRE-DAME-LA-GRANDE

Chef-d'œuvre de l'art roman (XIe-XIIe s.), elle mérite son qualificatif de grande pour l'harmonie de ses proportions, l'originalité de ses clochetons et de son clocher à écailles, et sa magnifique façade sculptée.

L'église Notre-Dame-la-Grande

L'île d'Oléron

1 Le moulin de la Brée-les-Bains
2 Le pont-viaduc, long de 3 027 m, relie l'île au continent depuis 1966.
3 Le port de pêche de La Cotinière
4 Le phare de Chassiron

La cathédrale Saint-Pierre

À l'exception de sa façade (XVe s.), elle est de style gothique angevin. Son caractère imposant lui vient de ses trois nefs, presque aussi hautes que larges, et de son immense chevet plat.

Les trois nefs de la cathédrale Saint-Pierre

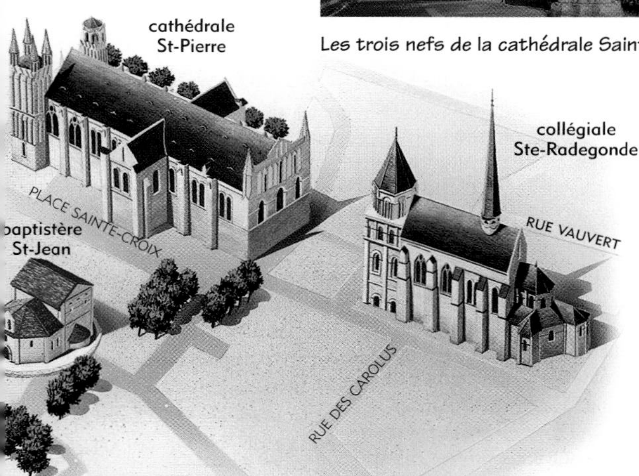

Le baptistère Saint-Jean

C'est l'un des tout premiers témoins de l'architecture chrétienne en Europe (IVe s.). Il ne subsiste de cette époque que la piscine, où l'on recevait le baptême par immersion. Des vestiges de superbes fresques des XIIe et XIIIe s. demeurent sur les murs.

L'église Sainte-Radegonde

Cette ancienne collégiale fut fondée vers 552 par la reine Radegonde qui, abandonnant trône et mari, vint établir près de Poitiers l'un des premiers monastères féminins d'Occident. Son imposant clocher-porche roman a été doté au XVe s. d'un portail flamboyant.

727 Pouzauges

33/G3

(85) Tél. mairie : 02 51 57 01 37

Disposé en amphithéâtre sur une colline, ce village est dominé par le donjon carré (XIIe s.), dernier vestige, avec ses dix tours en ruine, de la forteresse apportée en dot à Gilles de Rais par Catherine de Thouars. L'église romane de Pouzauges-le-Vieux abrite des peintures murales du XIIIe s.

à l'est, par la D 49, le **puy Crapaud** : sur toute la Vendée.

728 Puy-du-Fou (Château du)

33/G2

(85) Tél. : 02 51 57 60 60 — encadré ci-contre

729 Ré (Île de)

32/E5

(17) Tél. : 05 46 09 20 06

Un pont à péage relie à La Rochelle « l'île blanche », surnommée ainsi tant ses villages fleuris sont parfois d'un blanc éclatant. Des isthmes étroits relient les trois îlots qui la composent. Depuis la pointe de Sablanceaux, la D 735 conduit d'abord aux impressionnants vestiges de l'abbaye des Châteliers, puis à la capitale de l'île, **Saint-Martin-de-Ré.** Ce port, avec son fort et ses enceintes reconstruites par Vauban, reste marqué par son passé militaire : terrain d'affrontement des troupes françaises et anglaises, puis prison et lieu d'embarquement des bagnards pour la Guyane. Ars-en-Ré fut davantage un port de pêche et de commerce. Les anciens marais salants du **Fier d'Ars** (N) sont une réserve d'oiseaux. Depuis le phare des Baleines, sur l'île, les côtes de Vendée et Oléron.

730 Roche-Posay (La)

34/C3

(86) Tél. : 05 49 19 13 00. Tél. Angles-sur-l'Anglin : 05 49 48 86 87

Il faut admirer la ville, ses fortifications, le clocher roman de son église, son donjon (XIIe s.) depuis le pont sur la Creuse.

à 12 km (S) **Angles-sur-l'Anglin,** qui est célèbre pour ses ateliers de confection de linge de luxe destiné aux grands magasins parisiens et aux paquebots tels le *Normandie* ou le *Queen-Elizabeth.* Les rues tortueuses de la cité conduisent à la forteresse des barons-évêques de Poitiers.

731 Roche-sur-Yon (La)

32/E3

(85) Tél. : 02 51 36 00 85

Elle fut créée de toutes pièces par Napoléon Ier, à l'emplacement d'un bourg incendié sous la Révolution, pour surveiller la Vendée. Ses rues s'ordonnent autour de la place (3 ha), prévue pour accueillir 20 000 soldats.

732 Rochefort

32/F6

(17) Tél. : 05 46 99 08 60

Fondée par Colbert, la ville a conservé de son origine militaire son plan régulier. Dans le quartier de l'arsenal, certains bâtiments sont devenus de hauts lieux touristiques, notamment l'hôtel de Cheusses (XVIIe s.). La porte du Soleil, nommée ainsi en hommage à Louis XIV, forme un arc de triomphe. La Corderie royale aligne sa longue façade (372 m) en pierres blanches, que couronnent des combles d'ardoises bleues : elle a fourni en cordages, jusqu'à la Révolution, toute la marine. La maison de Pierre Loti, né ici, est riche de tous ses souvenirs de voyage.

733 Rochefoucauld (La)

34/A8

(16) Tél. : 05 45 63 07 45

La ville retient l'attention par le cloître de l'ancien couvent des Carmes, la flèche gothique de Notre-Dame et le château, berceau de l'auteur des *Maximes.* Le sévère donjon carré est accolé à une façade Renaissance.

à l'ouest la **forêt de la Braconne** (4 000 ha), qui se caractérise par ses trous de verdure en forme d'entonnoirs, comme la Grande Fosse (250 m de diamètre et 55 de profondeur) ou la fosse mobile (interdite au public).

LE PUY-DU-FOU ET SON SPECTACLE

Le château du Puy-du-Fou est célèbre pour sa spectaculaire cinéscénie (tél. : 02 51 64 11 11) : *Jacques Maupillier, paysan vendéen* fait revivre chaque été (de mi-juin à début septembre), toute l'histoire de la Vendée insurgée. Plus de 1 000 acteurs, 130 chevaux ainsi que des jets d'eau, des effets sonores et pyrotechniques... rendent cette mise en scène éblouissante. L'édifice, construit aux XVe et XVIe s. en brique et en granite, se mire dans les eaux d'un étang qui sert de décor à la représentation. Il conserve une belle galerie à arcades et un escalier Renaissance monumental. Sa partie centrale fut entièrement détruite sous la Révolution, ce qui lui donne un air d'abandon. Restauré progressivement, il accueille désormais l'écomusée de la Vendée, créé en 1978, qui présente l'histoire de la région, des origines à nos jours, consacrant une large place à l'insurrection de 1793.

LES JOURS D'ANGLES

Il y a d'abord les fils que l'on tire dans un sens et puis dans l'autre pour faire naître dans l'étamine des jours carrés. Puis les fils restant sont regroupés par de petits points qui font de ces jours d'Angles une lumineuse broderie. Parce qu'un chemisier eut l'idée de les ajouter aux plastrons de chemises d'homme, ces jours ont fait naître la réputation d'**Angles-sur-l'Anglin,** dans les beaux quartiers, au XIXe s. Deux ajoureuses seulement perpétuent encore aujourd'hui cet art discret de l'élégance.

L'île de Ré, Saint-Martin-de-Ré

1 Le port

2 La porte des Campani

Près de La Roche-Posay, Angles-sur-Anglin

3 Les ruines de la forteresse dominant le village

Rochefort

4 L'aile sud de la Corderie royale, qui abrite le Centre international de la mer

La Rochefoucauld

5 La façade Renaissance du château et les vestiges du donjon carré

734 Rochelle (La)

32/F5

(17) Tél. : 05 46 41 14 68

Belle, chaleureuse la capitale de l'Aunis, port de commerce depuis le XVIe s., a su adapter son riche patrimoine à une vie moderne et animée. Des bateaux du monde entier viennent jeter l'ancre dans sa rade.

: festival de musique, les Francofolies (autour du 14 juillet).

L'hôtel de ville

Le musée des Beaux-Arts

Installé au deuxième étage du palais épiscopal (XVIIIe s.), il abrite des œuvres d'artistes locaux – comme Duvivier et Brossard de Beaulieu – ainsi que des peintures de Corot, de hassériau ou de Fromentin.

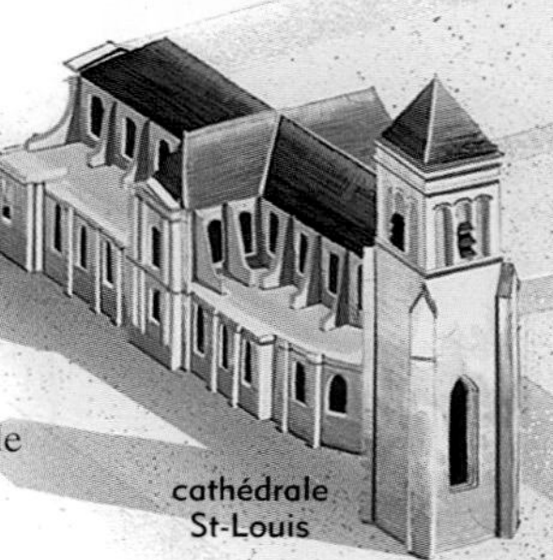

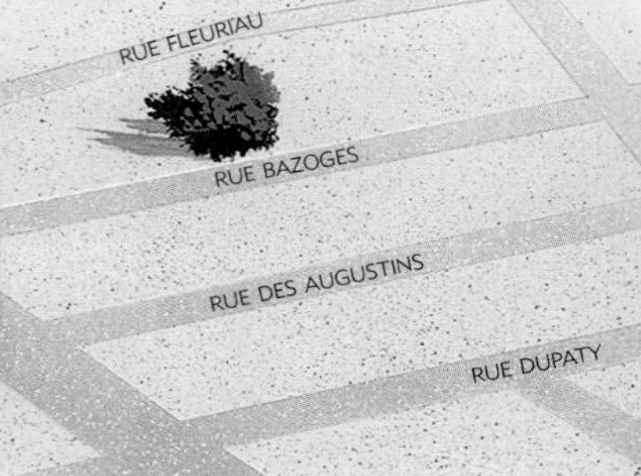

La cathédrale Saint-Louis

Cet édifice sévère fut construit de 1742 à 1862 sur des plans de Gabriel pour remplacer une première cathédrale symbolisant la victoire des catholiques sur les protestants lors du siège de 1627-1628. Il abrite des ex-voto des XVIIe et XVIIIe s., offerts par des marins et représentant des scènes de navires en perdition.

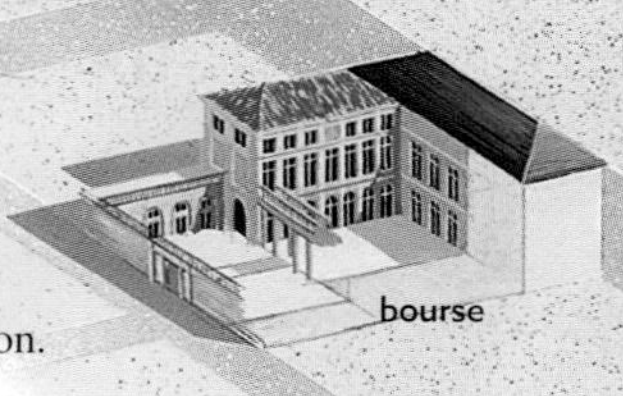

La porte de la Grosse-Horloge

Cette tour gothique (remaniée au XVIIIe s.), surmontée d'un beffroi, était l'une des portes de l'enceinte fortifiée. Elle s'ouvre aujourd'hui sur la charmante place des Petits-Bancs.

L'hôtel de la Bourse

Ce bel édifice d'architecture classique (XVIIIe s.) fut, dès l'origine, le siège de la chambre de commerce. Il se dresse au cœur du quartier ancien et commerçant, aux passages et aux rues bordés de maisons à pans de bois.

La tour de la Chaîne, à gauche, et la tour Saint-Nicolas, à droite

L'hôtel de ville

Cet édifice (XVe-XVIe s.), qui fut jadis le siège du corps des échevins, a gardé son enceinte gothique. Dans la cour, qui s'ouvre par un portail flamboyant, se succèdent un élégant pavillon Renaissance, un logis à la façade exubérante construit sous Henri IV selon la mode italienne et une aile du XIXe s.

L'une des salles de l'hôtel de ville

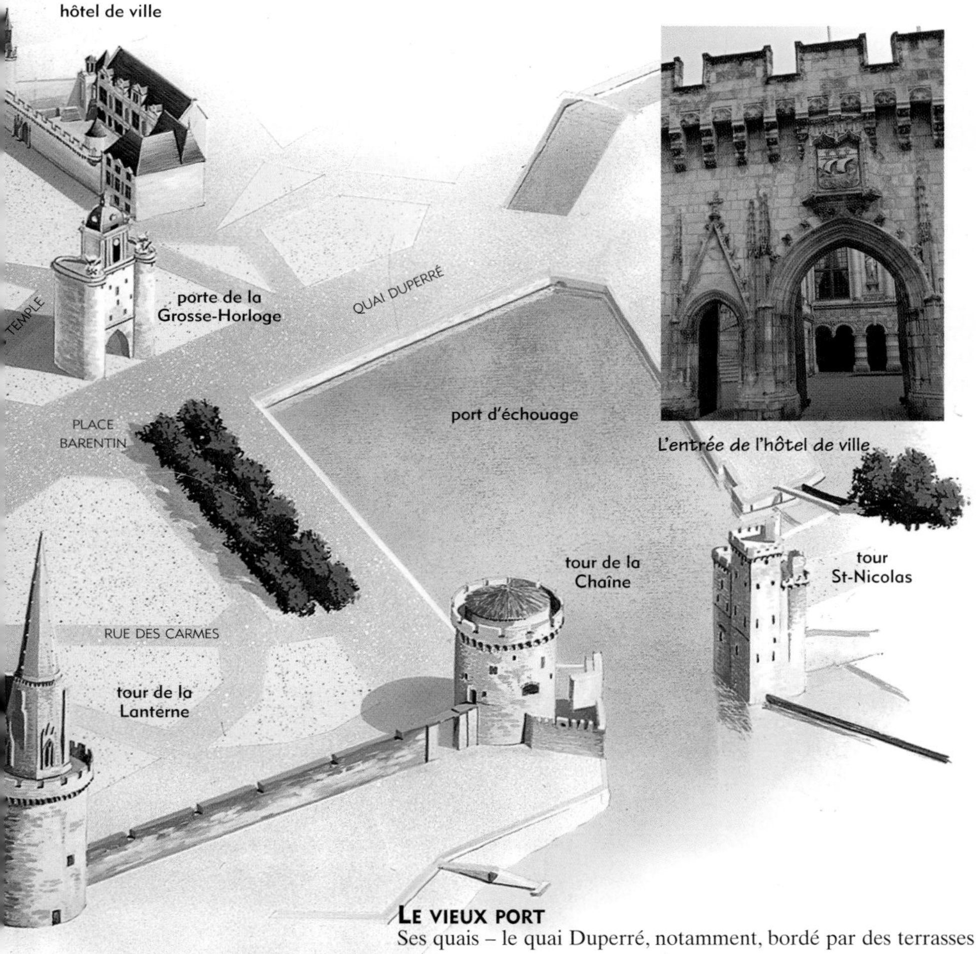

hôtel de ville

porte de la Grosse-Horloge

QUAI DUPERRÉ

TEMPLE

PLACE BARENTIN

port d'échouage

L'entrée de l'hôtel de ville

tour de la Chaîne

tour St-Nicolas

RUE DES CARMES

tour de la Lanterne

Le vieux port

Ses quais – le quai Duperré, notamment, bordé par des terrasses de cafés – sont très agréables. Son accès était autrefois gardé par une énorme chaîne tendue entre les tours de la Chaîne et Saint-Nicolas (XIVe s.). Dans la première est exposée une maquette de la ville avant le siège de Richelieu (1627).

La tour de la Lanterne

Avec sa haute flèche et sa lanterne, dans laquelle on allumait un énorme cierge, cette tour fut une défense et un phare mais servit aussi de prison. Quatre de ses huits salles superposées sont installées dans la flèche ; leurs murs sont gravés de graffitis de prisonniers ou de soldats. Du balcon situé à mi-hauteur, ⁂ sur la ville, le port et les îles.

Le musée du Nouveau Monde

L'hôtel Fleuriau, du nom d'un riche négociant de l'Ancien Régime, abrite une importante collection consacrée à La Rochelle et l'Amérique du XVIe au XIXe s. : transports maritimes, cartographie, Indiens d'Amérique du Nord, anciennes colonies françaises d'Amérique…

735 Royan

32/F8

(17) Tél. : 05 46 23 00 00

Cette station réputée pour ses vastes plages et ses forêts de pins fut reconstruite après les bombardements de 1945. S'élançant au-dessus des immeubles blancs, le vaisseau en béton armé de l'église Notre-Dame symbolise la résurrection de la ville.

au sud la jolie **plage de Saint-Georges-de-Didonne.** Jules Michelet se retira dans ce petit port, devenu depuis très à la mode.

736 Sables-d'Olonne (Les)

32/D4

(85) Tél. : 02 51 96 85 85

Bâtie sur un cordon littoral, cette station balnéaire familiale est appréciée pour sa longue plage de sable fin (3 km). Ce grand port de pêche vendéen est doublé d'un vaste bassin de plaisance. L'église gothique Notre-Dame-de-Bon-Port fut élevée par Richelieu. Le quartier de pêcheurs de la Chaume a conservé ses maisons traditionnelles, dominées par la tour d'Arundel (XIIe s.) et l'église Saint-Nicolas, transformée en fort au XVIIIe s.

737 Sablonceaux (Abbaye de)

33/G8

(17) Tél. : 05 46 94 41 62

La haute tour de l'église de cette abbaye (XIIe s.) longtemps abandonnée, domine les marais de la Seudre. Sa nef et son chœur ainsi que les bâtiments conventuels ont été restaurés.

738 Saint-Jean-de-Monts

32/C3

(85) Tél. : 02 51 59 60 61

Grâce à son cordon de sable ininterrompu, bordant 2 700 ha de pins maritimes et de chênes verts, ce littoral est devenu très touristique. Tassée sur sa longue nef, l'église du XVe s. est le monument le plus ancien du bourg.

la belle **forêt des pays de Monts,** qui est formée par les dunes littorales, immenses paraboles plantées de pins maritimes et d'oyats.

739 Saint-Maixent-l'École

33/J5

(79) Tél. : 05 49 05 54 05

Cette petite ville est renommée pour son école militaire fondée par le colonel Denfert-Rochereau, qui y naquit en 1823. Elle conserve plusieurs hôtels Renaissance et classiques. Les bâtiments conventuels de l'abbaye (Ve s.) ont été transformés en caserne. Son église reflète des périodes de construction successives : l'édifice est de style Renaissance, mais son clocher, du XVe s., sa nef gothique remaniée au XVIIe s., et sa crypte, romane.

740 Saint-Savin

34/C4

(86) Tél. abbaye : 05 49 48 66 22

Le bourg est connu pour son abbatiale (IXe s.), qui se distingue par ses proportions inhabituelles (76 m de long et une flèche haute de 77 m). Elle abrite de magnifiques peintures murales romanes, couvrant une superficie de plus de 400 m² et inscrites au patrimoine mondial de l'Unesco.

741 Saintes

33/G7

(17) Tél. : 05 46 74 23 82

L'arc de Germanicus, l'amphithéâtre et le pont franchissant la Charente sont des vestiges de cette ancienne capitale de l'Aquitaine gallo-romaine. Repérable à son puissant clocher gothique, l'église Saint-Eutrope – premier évêque de la ville, dont les reliques attirent encore les pèlerins – se compose de deux édifices superposés ; celui du bas conserve une crypte du XIIe s. L'église Saint-Palais voisine avec l'abbatiale Sainte-Marie-des-Dames (XIe-XIIe s.), aux proportions très harmonieuses. L'ancienne cathédrale Saint-Pierre (XIIe-XVIe s.) se distingue notamment par sa taille (plus de 100 m) et son clocher-porche.

LE LITTORAL VENDÉEN

Les SABLES-D'OLONNE sont prolongés par la pointe de l'Aiguille, d'où l'on découvre le célèbre remblai. La Côte de Lumière, après la pointe de Tanchette – où se trouve un zoo –, conduit au puits d'Enfer, faille rocheuse baignée par l'Atlantique.

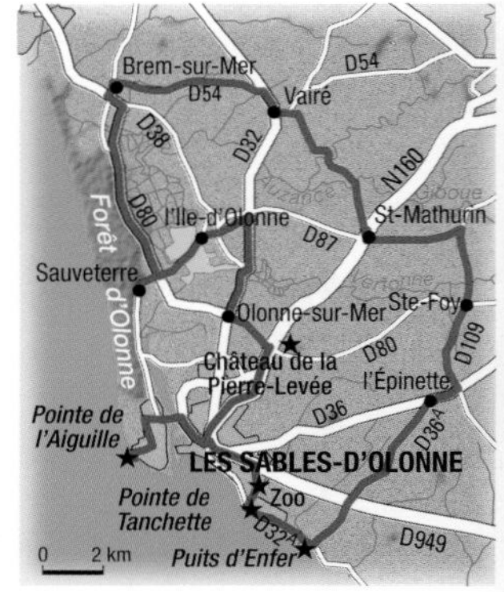

Puis on gagne les jolis villages de l'arrière-pays olonnais avant de retrouver le littoral à Brem-sur-Mer. La route, bordée côté océan par la forêt d'Olonne et côté terre par les marais salants, conduit à Sauveterre. L'observatoire de L'Île-d'Olonne permet d'apercevoir les oiseaux de la réserve de chasse de Chanteloup. On rejoint la station balnéaire par Olonne-sur-Mer et le château de Pierre-Levée (XVIIIe s.).

LES TUMULUS DE BOUGON

Regroupant cinq tumulus, vastes constructions de pierre et de terre à vocation funéraire, Bougon, près de **Saint-Maixent-l'École,** s'avère l'un des sites archéologiques les plus représentatifs de la civilisation mégalithique atlantique. Ce complexe néolithique a été érigé au cours des Ve et IVe millénaires avant J.-C., ce qui en fait l'un des plus anciens témoignages architecturaux du monde, antérieur de quelque deux mille ans aux grandes pyramides d'Égypte. Le musée associé au site permet de découvrir les ossements, parures, poteries… mis au jour lors des fouilles et de suivre l'histoire de l'humanité jusqu'à l'époque néolithique.

Royan, la conche de Pontaillac

1 La plage et les carrelets, filets de pêche suspendus par une perche au-dessus de l'eau

2 Les grandes villas de la corniche

Saint-Savin, l'abbatiale

3 Les peintures de la voûte, dans la nef

4 Détail de l'une des peintures

Saintes, les vestiges gallo-romains

5 L'arc de Germanicus, érigé en l'honneur de Tibère

6 L'amphithéâtre, qui pouvait accueillir 20 000 personnes

742 Surgères

33/G6

(17) Tél. : 05 46 07 20 02

La patrie d'Hélène de Surgères, l'égérie de Ronsard, à qui il a dédié ses plus beaux sonnets, conserve de beaux monuments derrière l'enceinte (XVIe s.) de son château : l'église romane Notre-Dame, à la façade sculptée sous une tour octogonale, une porte Renaissance dans un agréable jardin public et un logis seigneurial du XVIIe s. C'est ici qu'on fabrique la plupart du beurre des Charentes.

743 Talmont-Saint-Hilaire

32/E4

(85) Tél. château : 02 51 90 27 43. Tél. musée : 02 51 22 05 81

Au-dessus de l'ancien port se dressent les ruines de l'imposant château du XIe s., démantelé par Richelieu, les différentes enceintes, la cour, le donjon et la chapelle.

à 2,5 km (N-O) le **musée automobile de Vendée,** qui présente plus de 100 véhicules restaurés.

à 9 km (S-O), en longeant le littoral vers Bourgenay à marée basse seulement, le gisement d'empreintes de pas laissées par des dinosaures, bipèdes ou quadrupèdes, il y a 200 millions d'années.

744 Thouars

33/J2

(79) Tél. : 05 49 66 17 65. Tél. mairie d'Oiron : 05 49 96 51 26

Cernée par le Thouet, l'ancienne cité des seigneurs de La Trémoille, édifiée en amphithéâtre sur une colline, doit être vue depuis le pont Neuf (XVe s.) : derrière le château (XVIIe s.) et sa chapelle funéraire à la façade flamboyante se cachent des maisons des XVe et XVIe s. À proximité de l'église romane Saint-Michel, la tour du Prince de Galles (XIIe-XIIIe s.) et la porte du Prévost (XIIIe s.) dominent les toits d'ardoise.

au sud, dans une boucle de la rivière, la **cascade de Pommiers** et le petit **cirque de Missé,** qui sont d'agréables lieux de rêverie.

à 13 km (E) **Oiron,** qui réunit un château à l'italienne – avec des boiseries dorées aux débordements baroques et une galerie décorée de fresques inspirées de l'Énéide – et une collégiale Renaissance.

745 Tiffauges (Château de)

32/F2

(85) Tél. : 02 51 65 70 51 encadré ci-contre

746 Verteuil-sur-Charente

34/A6

(16) Tél. mairie : 05 45 31 42 05

Le château fort des La Rochefoucauld dresse son donjon du XIe s. et ses imposantes tours rondes du XVe s. sur un promontoire. En contrebas, l'église Saint-Médard conserve une superbe Mise au tombeau polychrome (XVIe s.), attribuée à Germain Pilon.

à 19 km (S-E) **Cellefrouin,** qui s'est développé autour d'une abbaye médiévale, dont l'église bien conservée date du XIe s. Dans le cimetière s'élève une superbe lanterne des morts (XIIe s.).

747 Yeu (Île d')

32/B3

(85) Tél. : 02 51 58 32 58

L'île (23 km^2) se trouve à 17 km de la côte vendéenne. À l'ouest, grottes, falaises et caps tourmentés lui donnent une allure de côtes d'Armorique. À l'est, des conches de sable et des pins tempèrent cette rudesse. La pointe de la Tranche permet de découvrir la Côte sauvage, dont une échancrure rocheuse abrite le Port-de-la-Meule – où se dresse la chapelle Notre-Dame-de-Bonne-Nouvelle, bien connue des marins. Les ruines du Vieux-Château (XVIe s.) s'élèvent sur un rocher battu par les flots. Avec ses maisons blanches et ses bateaux colorés, Port-Joinville, la capitale, ressemble à un port du Midi. Parmi les prisonniers internés dans la citadelle de Pierre-Levée, le plus célèbre demeure sans doute le maréchal Pétain.

depuis la pointe de la Fosse, à Noirmoutier.

LA VALLÉE DE LA CHARENTE

En allant vers le sud à VERTEUIL-SUR-CHARENTE, le circuit longe le fleuve et les villages qui le bordent : Lichères et son église romane au portail richement décoré ; Mansle, où une ancienne route romaine franchit le cours d'eau ; sur la motte Châteaurenaud se dressait une forteresse médiévale.

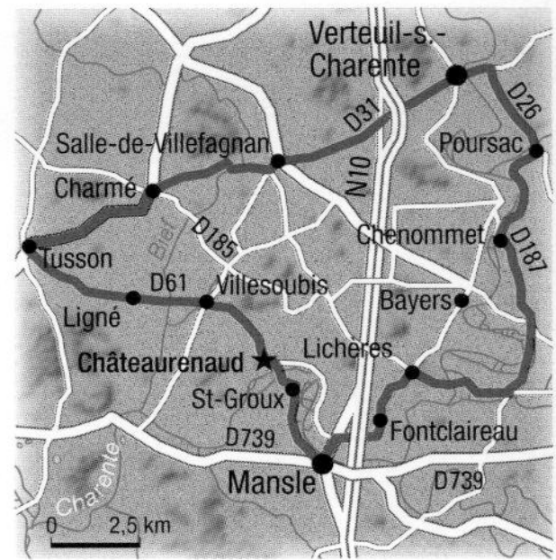

Au nord, Villesoubis possède une grange dîmière médiévale, et Ligné un cimetière à l'intérieur duquel une croix hosannière veille sur des sarcophages ornés d'épées et de bannières. À 4 km, Tusson accueille un musée des Arts et Traditions populaires. Les ruines d'une ancienne abbaye (XIIe s.) s'élèvent à l'écart de ce bourg.

LE CHÂTEAU DE BARBE-BLEUE

Courageux compagnon de Jeanne d'Arc, maréchal à 25 ans, Gilles de Rais est, par sa femme, seigneur de **Tiffauges.** Pour satisfaire ses goûts dispendieux, il use de l'alchimie et tente de trouver de l'or dans le sang des enfants. Cent quarante seront ainsi sacrifiés à sa cruauté, peut-être dans cet énorme château édifié à la place d'un castrum romain. Démantelée plus tard sur l'ordre de Richelieu, la forteresse sera encore le théâtre d'un massacre, sous la Révolution, en 1794. Gilles de Rais, qui avoua ses crimes à ses juges, fut pendu et brûlé à Nantes. Il inspira, plus tard, à Charles Perrault l'un de ses célèbres contes, *Barbe-Bleue.*

Surgères
1 La façade de l'église Notre-Dame

Thouars
2 Le portail de l'église Saint-Médard, surmonté d'un Christ en majesté

Le château de Tiffauges
3 Ruines de la chapelle et du donjon

L'île d'Yeu
4 Le Port-de-la-Meule, base des langoustiers
5 Le Vieux-Château offre un beau panorama sur la Côte sauvage.

MASSIF CENTRAL

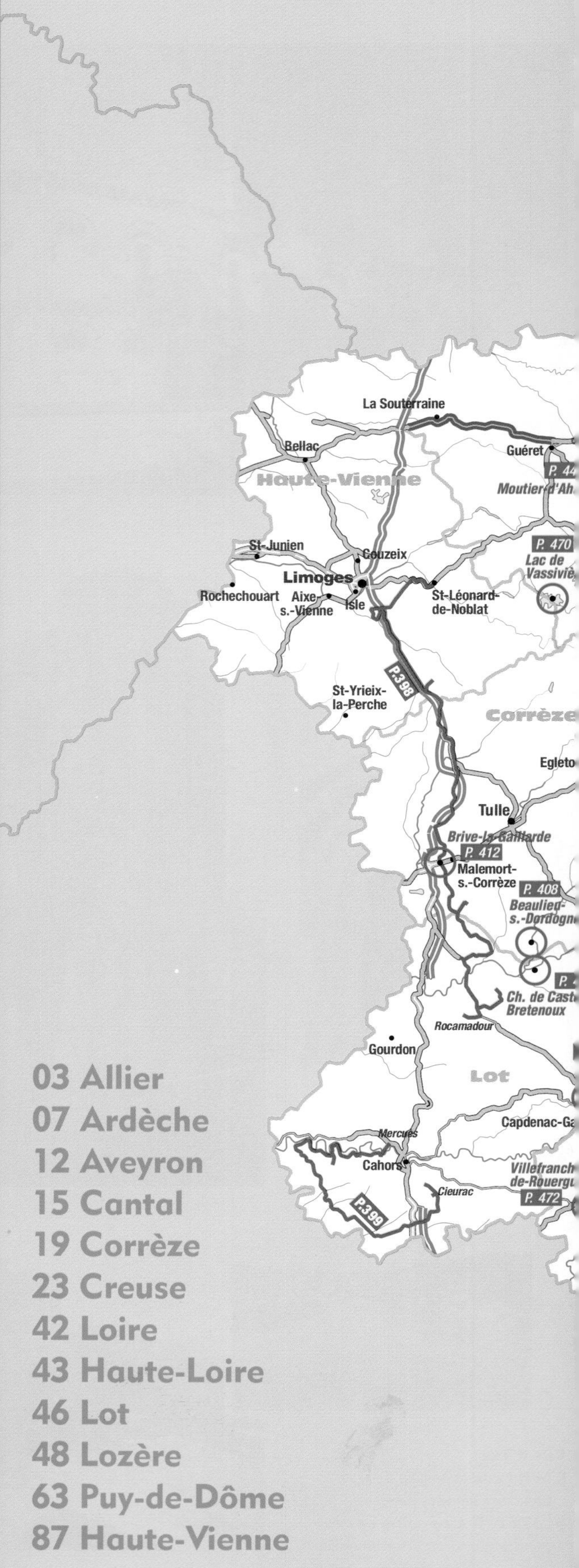

03 Allier
07 Ardèche
12 Aveyron
15 Cantal
19 Corrèze
23 Creuse
42 Loire
43 Haute-Loire
46 Lot
48 Lozère
63 Puy-de-Dôme
87 Haute-Vienne

Allier
Moulins
Yzeure
Domérat
Montluçon
Commentry
Boussac
P. 410
St-Pourçain-s.-Sioule
P. 460
Lapalisse
P. 434
Vichy
Cusset
Gannat
P. 394-395
Creuse
Aubusson
Mably
Riorges
Roanne
Le Coteau
Loire
Riom
Gerzat
Clermont-Ferrand
Thiers
P. 466
Aubière
Cournon-d'Auv.
Courpière
Feurs
P. 396
Montbrison
Chazelles-s.-Lyon
P. 444
Le Mont-Dore
Issoire
P. 432
Puy-de-Dôme
Ambert
Andrézieux-Bouthéon
La Grand-Croix
Rive-de-Gier
St-Chamond
Le Chambon-Feugerolles
St-Étienne
Firminy
Lempdes
Brioude
Monistrol-s.-Loire
Annonay
Mauriac
Cantal
Yssingeaux
Tournon-s.-R.
St-Flour
P. 452
Le Puy-en-Velay
P. 397
Haute-Loire
St-Péray
Guilherand
Le Cheylard
Aurillac
La Voulte-s.-Rhône
St-Chély-d'Apcher
Lozère
Ardèche
Privas
Aubenas
N.-D. des Neiges
Decazeville
Aubin
P. 400
Espalion
Marvejols
Mende
P. 442
Largentière
Le Teil
P. 404
Vallon-Pont-d'Arc
Bourg-St-Andéol
P. 401
Rodez
Florac
P. 402
Mont Aigoual
Aveyron
Millau
Roquefort-s.-S.
P. 458
St-Affrique
LÉGENDE DE LA CARTE
Thiers
P. 466
Petit itinéraire :
point de départ
numéro de page
Grand itinéraire :
numéro de page
tracé
P.401

Villes d'eaux et volcans d'Auvergne

Rives de l'Allier, chaîne des Puys, gorges de la Sioule, cet environnement façonné par l'eau et le feu, protégé pour l'essentiel par le parc naturel régional des volcans d'Auvergne, hisse un château sur chaque butte, égrène un chapelet d'églises, invite à la randonnée, au ski ou à la pêche selon la saison, à la cure thermale ou aux jeux du casino selon l'heure du jour…

1 Vichy 938 36/B6

La reine des villes d'eaux, qui a longtemps vécu du thermalisme, cultive aujourd'hui l'art de la remise en forme. Elle a trouvé un nouveau style, modernisé ses thermes, aménagé de vastes parcs en bordure de l'Allier et relancé l'opéra. Ville plurielle dans ses activités, Vichy l'est aussi dans son architecture empreinte des charmes du second Empire et de la Belle Époque.

2 Riom 886 36/A7

Quittant les rives de l'Allier, à travers les terres noires de Limagne vouées au maïs, au tabac, au tournesol et autres céréales, on passe près du château d'Effiat, remarquable édifice du XVIIe s. Riom « le Beau », façonné dans la lave sombre de Volvic, mérite une flânerie dans le dédale de ses rues jalonnées d'anciens hôtels des XVIIe et XVIIIe s. ouvrant sur des cours Renaissance… On verra le musée Mandet, la sainte chapelle (située, comme à Paris, dans le Palais de Justice) et le pittoresque marché paysan du samedi matin.

3 Châtelguyon 793 36/A7

L'ancien bourg conserve ses hautes maisons de vignerons et possède une curiosité : sa chapelle du XIXe s., dans laquelle Nicolas Greschny a peint, dans les années 50, des fresques de style byzantin. De l'ancienne gare jusqu'au parc se déploie le quartier thermal avec ses immeubles ornés de ferronneries et de céramiques Art nouveau, et ses Grands Thermes. Visiteurs et curistes admireront leur hall, dont la voûte de style mauresque retombe sur de somptueuses colonnes de marbre rouge. 👁 le château médiéval de Chazeron, puis celui de Tournoël, juché sur un éperon rocheux dominant la plaine.

4 Volvic 945 35/J7

Volvic est renommée pour son eau de source, mise en bouteilles sur place, et pour la pierre dite de Volvic dont l'histoire est contée à la Maison de la pierre, située dans une ancienne carrière d'extraction.

5 Royat et Chamalières 893 36/A8

La station de Royat jouxte Chamalières et Clermont-Ferrand pour former une agglomération. On y soigne les maladies cardio-vasculaires et on y pratique la remise en forme, dans un cadre des plus agréables : façades prestigieuses des grands hôtels, gare classée monument historique, église fortifiée du XIIe s. surplombant la vallée, thermes rénovés, parc thermal, arboretum proche. Il flotte encore dans la cité l'arôme du chocolat qu'appréciait la marquise de Sévigné et le souvenir des amours clandestines du général Boulanger à l'hôtel de La Belle Meunière. ※ du sommet du puy de Dôme, volcan fétiche et géant de la chaîne des Puys.

6 Saint-Nectaire 901 35/J8

Niché sur les pentes du Sancy, le vieux village surplombe la petite station thermale où l'on soigne les maladies des reins et l'obésité. Il vaut le détour pour sa remarquable église romane jaillissant au centre d'une mer de collines verdoyantes, et a donné son nom au célèbre fromage dont il est la capitale.

7 Lac Chambon

À droite, le château de Murol trône sur son dyke basaltique, tandis qu'à peine plus loin à gauche, le lac Chambon offre ses eaux de montagne, sa plage blonde et ses rives boisées. 👁 la vallée de Chaudefour, cirque glaciaire classé réserve naturelle.

8 Le Mont-Dore 860 35/J8

La ville thermale s'étire à 1 050 m d'altitude, dans l'étroite vallée de la Dordogne, cernée par le cortège des crêtes volcaniques du Sancy. Ses sources d'eau gazeuses à 40° font merveille contre l'asthme et les allergies respiratoires. Plusieurs balades aux alentours entraînent le visiteur dans la ronde des cascades : Queureuilh, Saut du loup, Rossignolet, Grande Cascade – 30 m de chute ! Le vieux funiculaire grimpe vers le sommet du Capucin et le téléphérique mène au sommet du Sancy. L'hiver, la ville vit au rythme de sa station de ski.

9 La Bourboule 774 35/J8

À quelques kilomètres du Mont-Dore, La Bourboule profite d'un climat tonique, salutaire pour l'asthénie des enfants. Le parc Fenestre, qui met à l'honneur l'art de la promenade et des jardins paysagers, réserve également un espace aux jeunes curistes. Expérimenter le départ de la télécabine s'élevant au-dessus de la ville pour quelques instants de vertige.

Puy de Sancy : les crêtes du plus haut sommet du Massif central

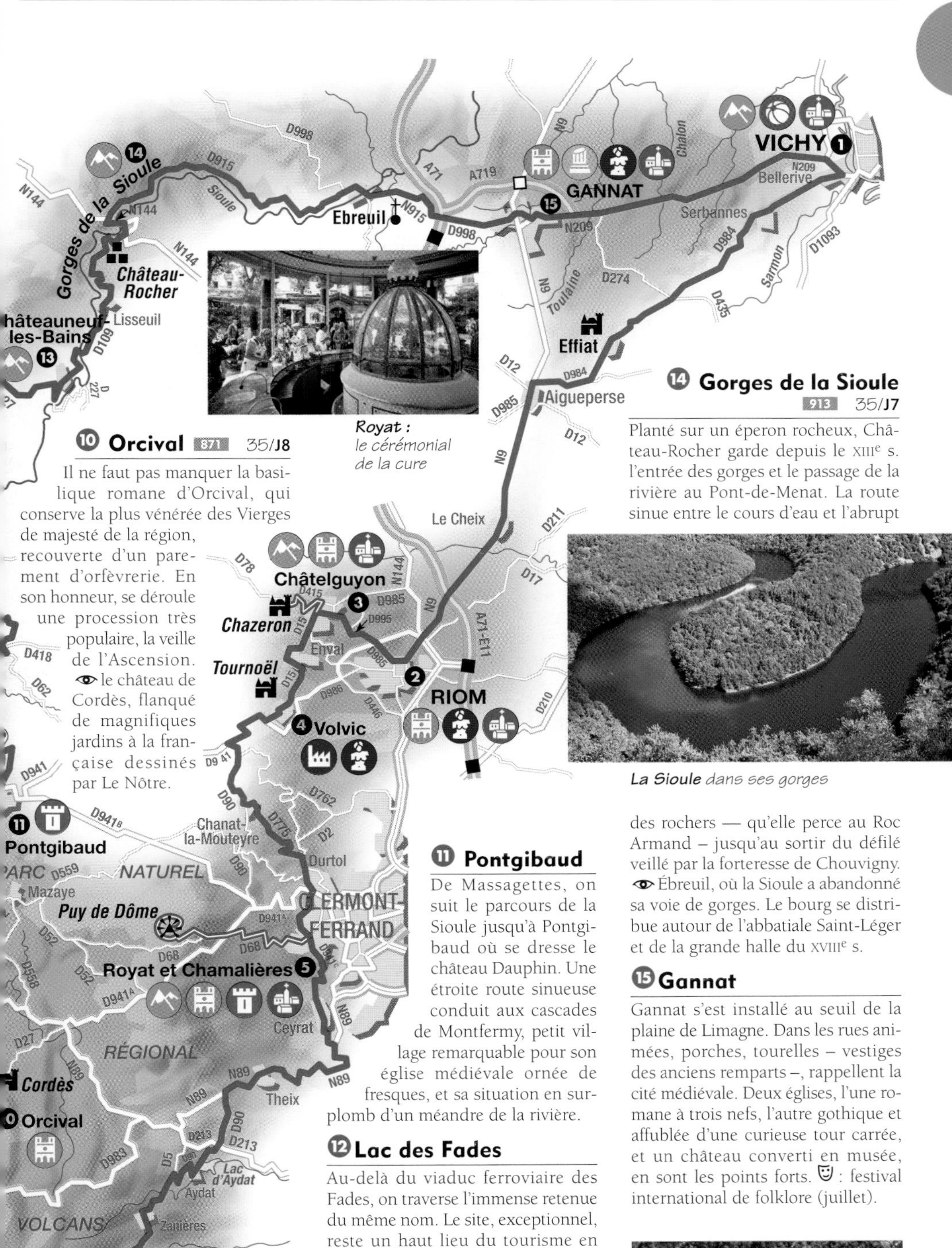

❿ Orcival 871 35/J8

Il ne faut pas manquer la basilique romane d'Orcival, qui conserve la plus vénérée des Vierges de majesté de la région, recouverte d'un parement d'orfèvrerie. En son honneur, se déroule une procession très populaire, la veille de l'Ascension. 👁 le château de Cordès, flanqué de magnifiques jardins à la française dessinés par Le Nôtre.

Royat : le cérémonial de la cure

⓫ Pontgibaud

De Massagettes, on suit le parcours de la Sioule jusqu'à Pontgibaud où se dresse le château Dauphin. Une étroite route sinueuse conduit aux cascades de Montfermy, petit village remarquable pour son église médiévale ornée de fresques, et sa situation en surplomb d'un méandre de la rivière.

⓬ Lac des Fades

Au-delà du viaduc ferroviaire des Fades, on traverse l'immense retenue du même nom. Le site, exceptionnel, reste un haut lieu du tourisme en Combrailles.

⓭ Châteauneuf-les-Bains

C'est un bourg tranquille sur les bords de la Sioule où l'explorateur Alibert, qui avait guéri ici ses rhumatismes, fit construire des terrasses et ériger sur une hauteur la statue Notre-Dame-de-l'Espérance (1892). Le centre thermal a conservé ses spécialités : soin des rhumatismes et des maladies inflammatoires. À deux pas de là, la presqu'île de Saint-Cyr est enlacée dans un méandre encaissé de la rivière.

⓮ Gorges de la Sioule 913 35/J7

Planté sur un éperon rocheux, Château-Rocher garde depuis le XIIIe s. l'entrée des gorges et le passage de la rivière au Pont-de-Menat. La route sinue entre le cours d'eau et l'abrupt

La Sioule dans ses gorges

des rochers — qu'elle perce au Roc Armand – jusqu'au sortir du défilé veillé par la forteresse de Chouvigny. 👁 Ébreuil, où la Sioule a abandonné sa voie de gorges. Le bourg se distribue autour de l'abbatiale Saint-Léger et de la grande halle du XVIIIe s.

⓯ Gannat

Gannat s'est installé au seuil de la plaine de Limagne. Dans les rues animées, porches, tourelles – vestiges des anciens remparts –, rappellent la cité médiévale. Deux églises, l'une romane à trois nefs, l'autre gothique et affublée d'une curieuse tour carrée, et un château converti en musée, en sont les points forts. 🎭 : festival international de folklore (juillet).

L'ART ROMAN MIS EN SCÈNE

À la maison du tourisme de Clermont-Ferrand, l'espace Art Roman invite à découvrir le patrimoine roman du Massif central. Des itinéraires de visite ainsi que des séquences thématiques sont présentés sur écrans interactifs. Dans la salle de projection, *le Jeu de la pierre et de la foi* évoque l'œuvre des bâtisseurs du Moyen Âge.
ℹ Tél. : 04.73.98.65.00.

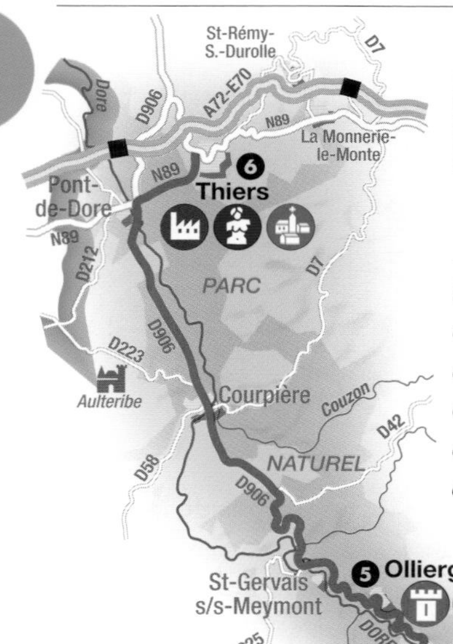

Paysages et traditions du Livradois-Forez

Entre vallée de la Dore et de la Loire, l'Auvergne est bien diverse : sur les monts arrondis du Forez, les jasseries parsèment un paysage chauve, battu par les vents, et dans les vallons, où se complaisent des forêts de résineux, les ruisseaux ont favorisé une vie industrieuse, de la coutellerie de Thiers à la papeterie d'Ambert.

La fourme d'Ambert, *célèbre bleu de forme cylindrique…*

❶ Montbrison

859 36/**D8**

Ancien fief des comtes du Forez, la ville est blottie autour d'une proéminence volcanique et conserve un cachet médiéval, notamment avec l'église Notre-Dame-d'Espérance (XIIIe-XVe s.). De là, partir sur les petites routes permet d'apprivoiser un pays fier et discret, aujourd'hui valorisé par un parc naturel régional.

❷ Col des Supeyre

Au-delà des sapinières giboyeuses s'étirent les pâturages sur des crêtes qui font le dos rond : les hautes chaumes. Jadis, toute la famille accompagnait les vaches à l'estive et fabriquait la fourme d'Ambert dont les secrets sont dévoilés par l'écomusée de la jasserie du Coq-Noir. Au col, le regard porte sur le pays de Gaspard des Montagnes raconté par l'écrivain paysan Henri Pourrat. Il ne faut pourtant pas se fier à ce relief débonnaire : ici, l'hiver est rude et seules les robustes jasseries en pierres de granite et toit de chaume résistent au souffle d'une bise glaciale, l'écir.

❸ Moulin Richard-de-Bas

Tout près d'Ambert, dans une combe à l'écart, la force du torrent actionne toujours les lourds maillets de bois d'un moulin transformé en musée vivant. Grâce à Marius Péraudeau, cet atelier, rénové en 1943, fabrique toujours une pâte à papier à l'ancienne où, en filigrane, se devine le cœur barré, symbole du moulin.

❹ Ambert

Nichée dans la vallée de la Dore, dont les affluents faisaient travailler des centaines de moulins, la bourgade est célèbre pour la curieuse architecture de sa mairie, une ancienne halle à grains toute ronde, et pour le temps des *Copains* si bien raconté par Jules Romains. La maison de la Fourme expose les méthodes de fabrication de ce fromage emblématique.

LE PAPIER D'AMBERT

Les chiffons sont pilés dans l'eau, la pâte obtenue est tamisée par l'ouvreur et étalée sur un feutre de laine par le coucheur, comme au XIVe s. ! En 1326, trois croisés importent pour la première fois en France l'extraordinaire savoir-faire des Arabes, qu'eux-mêmes détenaient des Chinois. Le moulin d'Ambert témoigne de l'esprit pionnier de la région et produit encore en quantité limitée ce papier imprimé de fleurs naturelles…

❺ Olliergues

Au creux de la verdoyante vallée de la Dore, le village d'Olliergues étage ses maisons du XVe s. à flanc de colline. Au château, un musée des Vieux-Métiers retrace la florissante époque du tissage (XVIe s.).

❻ Thiers

923 36/**B7**

Capitale de la coutellerie, Thiers raconte dans son musée la saga des couteliers, le dur labeur des émouleurs allongés sur le ventre toute la journée, l'esprit de corporation marqué par la charte de la Jurande et l'orgueil d'un métier symbolisé par le célèbre poinçon… Si les nombreux ateliers (rouets) accrochés sur les rives de la Durolle ont disparu, quelques grandes entreprises, des dizaines de PME et des travailleurs à domicile font perdurer un savoir-faire séculaire.

Paysage ondoyant du Livradois

Crêtes et châteaux du Cantal

Praticable uniquement en été, une haute route de crête mène au cœur de la citadelle cantalienne, le plus grand volcan d'Europe. On découvre ici et là d'autres forteresses, construites par l'homme, la plupart à la fin du Moyen Âge. Elles témoignent de l'art de bâtir auvergnat que révèle aussi, de village en village, l'harmonie des maisons paysannes.

❶ Aurillac 765 43/H4

La cité métisse les influences de l'Auvergne et de l'Aquitaine. À la première appartiennent ces échappées sur des troupeaux tranquilles que ménage parfois une promenade dans la vieille ville, serrée autour du château Saint-Étienne. La seconde offre ce contact facile, déjà méridional, qui se manifeste lors du festival de Théâtre des rues, un des temps forts de la vie aurillacoise.

❷ Polminhac

Les grands arbres qui environnent le château de Pesteils donnent la mesure de ce donjon géant de six étages, le plus haut du Cantal, qui dut subir les assauts des Anglais, des catholiques et des révolutionnaires. L'escalier à vis pris dans l'épaisseur du mur, les voûtes, les latrines restituent le luxe froid de la pierre. Le chemin de ronde sur mâchicoulis et l'élégante toiture apportent un brin de fantaisie à son faîte. 👁 l'habitat typique des bourgs de Vic-sur-Cère et Thiézac.

❸ Route des Crêtes

L'appel des cimes commence après Saint-Jacques-des-Blats par un amphithéâtre de prairies arborées, de hêtres et de pelouses d'altitude, couronné par le cône pierreux du puy Griou. Au-delà de Mandailles, pays des hautes neiges, les villages disparaissent, puis la forêt. De part et d'autre, d'amples cirques glaciaires donnent naissance aux vallées rayonnantes du volcan cantalien. ※ au sommet du puy Mary, au terme d'une ascension pédestre soutenue.

❹ Vallée du Falgoux 821 43/H3

Passé le pas de Peyrol, plus haut col routier du Massif central, la hêtraie s'empare de la montagne et se mêle à la sapinière. De retour dans la vallée, au bord du Mars, le paysage s'ouvre enfin en d'immenses versants ponctués d'habitats temporaires d'altitude, les burons. 👁 le village du Falgoux.

❺ Anglards-de-Salers

Le château de La Trémolière est une modeste maison forte de hobereau villageois, dont la tour d'escalier, couverte en poivrière, a l'élégance dépouillée des constructions paysannes. Il abrite une intéressante collection de tapisseries d'Aubusson du XVIe s.

❻ Salers 906 43/H3

Salers, c'est d'abord un nom transmis en héritage aux plus beaux fleurons du pays : les célèbres vaches rouges, l'apéritif amer que procure la gentiane et la fourme de Salers, exquis fromage de Cantal. Ce sont aussi les portes des anciens remparts, les maisons Renaissance, la Mise au tombeau dans l'église, qui évoquent une ancienne urbanité, fruit des succès de l'économie herbagère. L'été venu, Salers renoue avec son animation d'antan et célèbre son passé lors des fêtes Renaissance. 👁 l'église et les maisons de Saint-Martin-Valmeroux.

❼ Saint-Chamant

Juste avant les gorges de la Bertrande, Saint-Chamant domine un vaste berceau bocager, où la lumière joue avec les rideaux de peupliers avant de s'engloutir dans les frondaisons des versants. Le château marie les époques, l'authentique et le pastiche. Au XVe s., ses seigneurs fondèrent une collégiale, ornée de riches boiseries peintes, conservées dans l'église du village.

❽ Anjony 754 43/H4

Fiché sur un petit éperon dominant la Doire, le château d'Anjony est un chef-d'œuvre de l'architecture militaire auvergnate de la fin du Moyen Âge.

Ses quatre tours rondes, hautes et serrées, étreignent un corps de logis dont les fonctions défensives – mâchicoulis et chemin de ronde – s'allient à un bel art de vivre, qu'illustrent deux rares ensembles de peintures murales.

Anjony : protecteur et redoutable

Sur les routes de Saint-Jacques-de-Compostelle

Saint-Jacques-de-Compostelle a attiré pendant des siècles des pèlerins en quête d'une renaissance religieuse ou d'une rémission de leurs péchés. De cité en abbaye, un écheveau d'itinéraires convergeait vers quatre routes principales, dont l'une, partie de Vézelay, rejoignait Limoges, la Dordogne et, de là, l'Aquitaine actuelle.

1 Saint-Léonard-de-Noblat

899 34/E7

Patron des prisonniers, célébré à partir du XIe s. dans toute l'Europe, saint Léonard protégea efficacement le bourg jusqu'au XIVe s. Les maisons nobles soulignent cette prospérité passée, liée à la collégiale, étape vers Compostelle. Puis les chanoines et la cité souffrirent, à l'instar de toute la province, des guerres, des famines et des épidémies.

2 Solignac

914 44/C4

Au cœur du Limousin vert, près des rives ombragées de la Briance, la simplicité de la ville, qui fut une halte privilégiée des pèlerins, séduit toujours le voyageur. On visitera l'église, chef-d'œuvre de l'art roman du XIIe s., le quartier du vieux pont et les anciens moulins.

3 Saint-Germain-les-Belles

Ce charmant bourg médiéval est protégé par l'église fortifiée du XIVe s., dont l'architecture rappelle le palais-forteresse des papes d'Avignon. Il est vrai que le cardinal qui en renforça les défenses était le frère du pape limousin Clément VI…

4 Uzerche

932 42/E2

L'église Saint-Pierre s'élève, avec sa crypte du XIe s., sur la crête d'un escarpement rocheux et semble ainsi veiller sur la ville. Rehaussée de nombreux hôtels du Moyen Âge, celle-ci s'épanouit, situation exceptionnelle, tout autour d'une boucle de la Vézère.

5 Brive-la-Gaillarde

778 42/E3

« Au marché de Brive-la-Gaillarde, à propos de bottes d'oignon, quelques douzaines de gaillardes se crêpaient un jour le chignon »… Sous la halle Georges-Brassens, dès la saison, cèpes, châtaignes, noix, oies, canards, foie gras et truffes abondent. De quoi satisfaire le plus exigeant des pèlerins… En décembre, on profite des Foires grasses et en janvier des Foires des Rois pour préparer ses conserves.

Turenne : *un site redoutable…*

SUR LA ROUTE

Un bâton de près de 2 m muni d'une pointe de fer à la main, une besace en bandoulière, bien chaussés et arborant la fameuse coquille, les pèlerins, sur ce long et dangereux chemin qui les menait en Galice, prenaient déjà note des paysages et des abbayes, offrant ainsi à d'autres, à leur retour, des conseils et un vrai guide pour se réconforter ou se restaurer au mieux.

6 Turenne

931 42/E4

Turenne fut la capitale d'une vicomté des plus puissantes durant près de dix siècles. On le comprend à sa position stratégique et aux vestiges (tour de guet du XIIIe s. et donjon élancé du XIVe s.) qui couronnent une butte impressionnante. Dans les rues, on croit entendre les pas des chevaliers et des croisés… Vertige garanti du sommet du donjon ! 👁 la ville médiévale de Collonges-la-Rouge (pour la couleur de sa pierre).

7 Martel

La « ville aux sept tours » est restée très médiévale. Longtemps florissante sous la protection de la vicomté de Turenne, la cité recèle de remarquables édifices tels l'église Saint-Maur, la halle, le palais de la Raymondie ou l'hôtel Fabri, où Henri « Court-Mantel » trouva la mort après avoir pillé le trésor de Rocamadour.

8 Rocamadour

887 42/E5

Les églises au-dessus des maisons, le rocher au-dessus des églises, le château sur le rocher, c'est une immense cascade de pierre (120 m) qui s'accroche au ciel et s'enfonce tout droit vers l'Alzou. On ne cesse de monter dans Rocamadour, à l'image de cette élévation spirituelle que poursuivirent des centaines de milliers de pèlerins. 👁 le gouffre de Padirac, qui offre par contraste une formidable plongée dans les entrailles de la Terre.

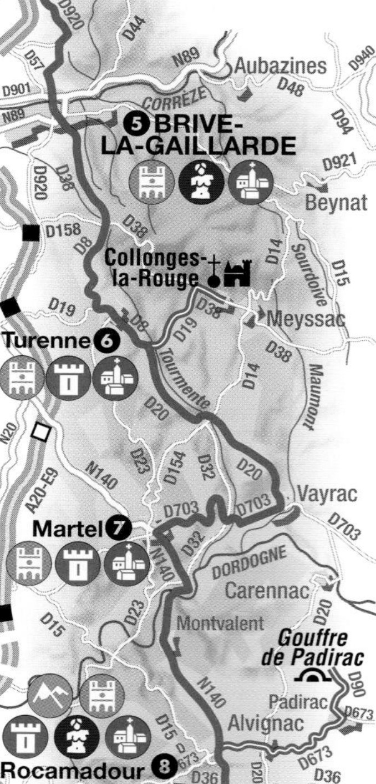

Vallée du Lot et Quercy blanc

Bienvenue en Quercy blanc, où les pieds de vigne contrastent avec la couleur de la pierre ! Le vignoble, dont l'histoire fut toujours liée à celle de la navigation sur le Lot, fait le lien entre la vallée et le causse. Presque disparu après l'offensive du phylloxéra en 1880, réimplanté vers 1950, il produit aujourd'hui l'AOC Cahors et des vins de pays sous l'appellation Coteaux du Quercy.

❶ Cieurac

Le château Renaissance de Cieurac a été doté en 1989 d'un jardin à la française qui apporte sérénité et harmonie à l'ensemble (ouvert de juill. à sept.). Ne pas manquer le pigeonnier-tour ni l'ancien moulin seigneurial à vent (1672), classé monument historique. 👁 au nord de Cieurac le château de Haute-Serre, entouré de son vignoble, et ses chais où le cahors est élevé. 👁 Lalbenque, capitale de la truffe. 👁 l'église (XVe s.) de Fontanes.

Castelnau-Montratier : au pays des moulins à vent

❷ Castelnau-Montratier

Au nord du promontoire sur lequel est bâtie la cité s'alignent trois moulins à vent dont deux sont antérieurs à la Révolution. En ville, la place pavée du Mercadial, fermée sur trois côtés par des couverts, recèle de remarquables édifices, dont la maison Jacob, à l'angle de la place, ou la maison Vaysse.

❸ Montcuq

Édifiée sur une colline, au-dessus du vallon de la Petite Barguelonne, Montcuq est une bastide qui a su garder son caractère médiéval. Les points de vue qu'elle réserve sur les vignobles de chasselas sont autant de tentations gourmandes. 👁 à 3 km (N) la grotte de Roland : 410 m de galeries et des salles garnies de concrétions sont complétées par un petit musée de la Préhistoire.

❹ Puy-l'Évêque

Le castrum de Puy-l'Évêque occupe une position stratégique sur l'isthme d'un cingle (méandre) du Lot. La ville s'étage en anneaux successifs sur les pentes d'une colline, jusqu'aux berges où se développa un important port fluvial. De nombreux noms de rue y évoquent l'activité des bateliers et des lavandières. L'église Saint-Sauveur arbore un superbe clocher-porche et un portail gothique flamboyant.

❺ Grézels

Le village se trouve aux abords du château de Lacoste, détruit en 1580 et rebâti au début du XVIIe s. (ouvert de juin à sept.). L'imposant édifice domine l'horizon de la vaste boucle de Puy-l'Évêque. 👁 Belaye : ⁘ sur un autre cingle du Lot. 👁 le château d'Anglars-Julliac, réplique du XVIe s. du château de Cousserans.

❻ Albas

Le site exceptionnel du castrum d'Albas, au sommet d'une falaise percée de grottes et en à-pic sur le Lot, offre une protection naturelle. Un privilège qui, allié au vignoble et à la proximité de la rivière, incita de tout temps le voyageur à y séjourner. Lors de la fête du Vin, au printemps, on déguste à volonté les crus de la région dans les caves égayées par musiciens et chanteurs.

❼ Luzech

Spectaculaire château fort naturel, Luzech est implanté sur l'isthme étroit d'une vaste presqu'île isolée par un cingle du Lot (⁘). Vestiges gallo-romains, château, donjon du Moyen Âge, chapelle, église, maison des Consuls – elle abrite un musée de la Préhistoire locale – sont autant de témoins d'un passé prospère.

❽ Mercuès

L'impressionnant château épiscopal, à l'extrémité d'un promontoire, domine la vallée. Regroupée autour de son église et d'une place typique de bastide, la ville joua un rôle prépondérant pendant les guerres franco-anglaises et les guerres de Religion, mais elle est aujourd'hui, plus pacifiquement, l'une des portes du vignoble de Cahors. 👁 Douelle, port viticole.

Vignoble du Lot : Château-Chambert

Aubrac et pays d'Olt

Mille mètres de dénivelé séparent les hauts plateaux volcaniques de l'Aubrac de la vallée du Lot ou pays d'Olt, du nom ancien de la rivière. D'un côté, la force et la rudesse des grands espaces, de l'autre, la délicatesse et le raffinement d'une vallée accueillante.

Espalion : *le pont franchit le Lot depuis le XIe s.*

❶ Espalion

819 43/J6

Ce « premier sourire du Midi » a des aspects inattendus : trois imposantes églises gothiques et néo-gothiques, auxquelles la pierre rouge donne une présence étonnante, ou un petit musée du Scaphandre, invention espalionnaise. Mais c'est au bord du Lot que bat le cœur de la ville, sur le pont en arc brisé qu'empruntaient jadis les pèlerins de Compostelle, entre le château Renaissance et l'enfilade des maisons à galeries des tanneurs.

❷ Aubrac

763 43/J5

La route se fraye un chemin entre les ravins des boraldes, ces torrents qui descendent vers le Lot en rangs serrés et parallèles. Puis la pente s'adoucit, l'horizon s'élargit. Bientôt, ce n'est plus qu'une ondulation infinie de prairies parcourues aux beaux jours par des troupeaux de vaches crème, dont le lait est à la base de la fourme de Laguiole. Des siècles durant, marchands et pèlerins trouvèrent refuge et protection à la Dômerie d'Aubrac, à 1 300 m d'altitude. Il en subsiste une haute tour quadrangulaire et la chapelle Notre-Dame, dont la cloche « des perdus » battait le rappel des voyageurs égarés dans la tourmente.

❸ Marchastel

Au-delà de l'église romane de Nasbinals commence une haute plaine désolée, étrange et fascinante. La dernière glaciation a charrié là des milliers de blocs de granite entre lesquels sortent des dents de lave. Le minuscule village de Marchastel s'accroche au pied d'un de ces môles, entre son église à clocher-peigne et les traces d'un ancien château.

❹ Château de la Baume

On le dit Versailles du Gévaudan. Et l'expression rend bien compte de la majesté de l'édifice, de l'ordonnancement régulier des façades, des richesses du mobilier ; ce raffinement côtoie le gros appareil de granite, l'ardoise épaisse, les mâchicoulis, les hêtres et les rocs du chemin d'accès, témoins d'une noblesse terrienne façonnée par ce pays rude qu'elle chevauchait depuis des siècles. 👁 le parc des Loups du Gévaudan.

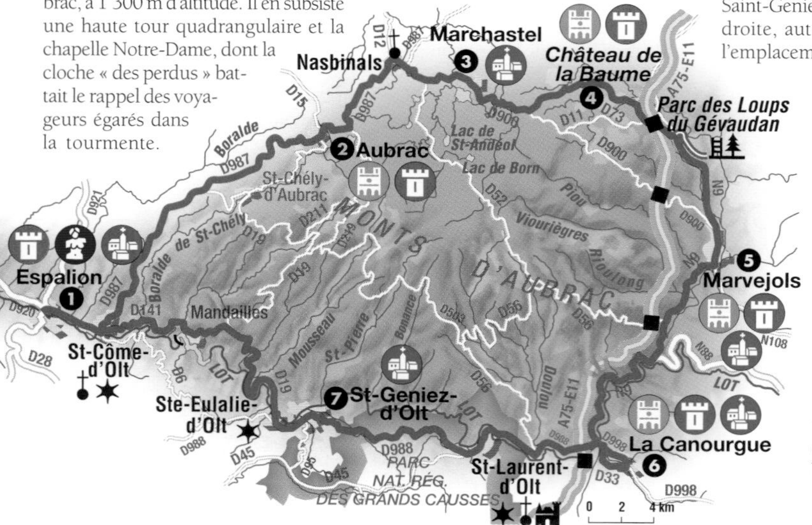

❺ Marvejols

848 44/A6

Au bord de la Colagne, la ville vécut une longue histoire d'amour avec les rois de France : Philippe Le Bel, en 1307, la fit ville royale en Gévaudan et Henri IV la releva de ses cendres après les guerres de Religion. Mais Richelieu démantela les murailles de la cité protestante. Les hautes portes demeurent, avec leurs tours jumelées restituant l'ambiance de la place forte, où des façades Renaissance attestent la longue prospérité du négoce des laines.

❻ La Canourgue

L'Urugne et le Merdéric, deux ruisseaux descendus du Sauveterre, filent au long des rues, accompagnant le promeneur dans un dédale de ruelles tortueuses et de passages couverts. Ici et là, quelques dalles de calcaire polies par les genoux des lavandières évoquent l'ancienne animation de ces rives, où s'affairaient aussi les tisserands. Plus loin, à la faveur d'une place, le regard s'élève, détaille les modillons sculptés au chevet de l'église et remonte la fine tour de l'horloge, vestige d'un vieux fort. On flâne longtemps entre les façades rénovées, qui marient pans de bois et rutilants encadrements de grès, matériau dont sont aussi faits Saint-Laurent d'Olt et les villages de la vallée.

Saint-Geniez-d'Olt : *le cloître de l'ancien couvent des Augustins*

❼ Saint-Geniez-d'Olt

D'abord amples, les paysages vallonnés du pays d'Olt se referment sur un bocage boisé et pentu. L'histoire de Saint-Geniez débuta sur l'étroite rive droite, autour d'un château situé à l'emplacement de l'actuel monument Talabot (☀). Son plan en éventail révèle combien il s'est ensuite développé en franchissant la rivière. Au XVIIe s., un nouveau pont, large et solide, donna le départ de l'odyssée drapière, âge d'or industriel auquel la cité doit son caractère surprenant de ville classique : beaux hôtels, façades à frontons et porches à bossages abondent, ornés de feuillages et d'anges joufflus au cloître des augustins. 👁 Sainte-Eulalie-d'Olt, et Saint-Côme-d'Olt, bourg fortifié.

En Cévennes, sur les traces de Stevenson

En 1878, un jeune Écossais, Robert-Louis Stevenson, futur auteur de l'Île au trésor, *entama en compagnie de Modestine, l'ânesse qui portait son paquetage, un étonnant* Voyage avec un âne à travers les Cévennes. *Son but était de parcourir et de comprendre les Cévennes, pays mythique de la révolte des camisards, ses coreligionnaires. Le nôtre est de suivre les traces de l'écrivain, sur l'itinéraire de randonnée rouvert cent ans après par le Club cévenol.*

Le mont Lozère : *du col de Finiels vers le sommet*

❶ Notre-Dame-des-Neiges

Ayant traversé le Velay, puis le Gévaudan, Stevenson atteint la Trappe de Notre-Dame-des-Neiges après quatre jours de voyage. Étrange étape pour un protestant que cette abbaye cistercienne perdue en pleine forêt, à 1 100 mètres d'altitude ! Halte enrichissante pour tout voyageur en quête d'une retraite silencieuse, car les moines accueillent aujourd'hui encore le visiteur dans l'hôtellerie construite à cet effet.

❷ Chalet du Mont-Lozère

844 44/C6

La route du col de Finiels (1 548 m) passe devant le chalet-hôtel d'une petite station de ski. C'est une halte incontournable dont le patron, Henri Pagès, président de l'association Sur le chemin de Stevenson, est prodigue en informations utiles pour la suite du voyage. Du col, une promenade à pied de 2,5 km permet d'atteindre le sommet du mont Lozère (1 699 m) à travers les pelouses rases jonchées de granite. Passé le col, les serres (crêtes) et les valats (vallées) cévenoles apparaissent enfin à l'horizon comme un « déferlement de hautes vagues. »

❸ Le Pont-de-Montvert

C'est ici, sur le pont près de la tour de l'Horloge, que Pierre-Esprit Séguier, premier chef camisard, fut brûlé vif le 12 août 1702. Ce village aux trois ponts est le cœur de l'écomusée du mont Lozère, dont les sites s'éparpillent sur le flanc sud de la montagne. Ses maisons s'égrènent le long du Tarn enserré dans son étroite vallée. 👁 à Mas-Camargues, une maison restaurée par le parc national des Cévennes et son sentier d'observation du milieu naturel. 👁 à Troubat, une ancienne ferme cévenole, habitat traditionnel en granite.

Le Pont-de-Montvert : *le pont sur le Tarn*

❹ Florac

Dominée par les hautes falaises de calcaire blanc du causse Méjean, Florac est la porte des Cévennes. Son esplanade ombragée de platanes, ses ruelles aux hautes maisons de schiste sombre et la rafraîchissante source du Pêcher jaillissant au pied de la montagne lui confèrent un air méridional. L'ancien château abrite depuis 1970 le siège du parc national des Cévennes. 👁 Saint-Julien-d'Arpaon, village pittoresque dominé par les vestiges de son château.

LA GUERRE DES CAMISARDS

En 1685, Louis XIV révoque l'Édit de Nantes qui garantissait la liberté de culte pour les protestants, nombreux en Cévennes. Lorsque la répression s'installe, les Cévenols résistent. Les camisards, quelques centaines d'hommes portant chemise (*camisa* en occitan) pour se reconnaître lors des combats nocturnes, affrontent les dragons du roi, une armée de plus de 25 000 hommes. De cette lutte (1702-1710) est née l'identité culturelle cévenole.

❺ Saint-Germain-de-Calberte

Au col de Jalcreste, ☀ sur la longue vallée qui mène à Alès. Saint-Germain-de-Calberte, village typique des Cévennes, révèle toute la ruralité cévenole, dont l'histoire s'est faite autour de la culture de la vigne, de l'olivier, du châtaignier, du mûrier pour l'élevage du ver à soie, et dont les traces s'effacent peu à peu. Le château Saint-Pierre a été restauré par une famille d'artisans d'art et se laisse approcher par un chemin pentu et pierreux.

❻ Saint-Jean-du-Gard

Ici prit fin le voyage de Stevenson, dans la « petite capitale des camisards ». Déjà méditerranéen, le bourg a donné son nom au gardon de Saint-Jean qui le traverse. Le musée des Vallées cévenoles présente un remarquable tableau de la vie rurale. Le vieux train à vapeur évoque le souvenir de l'épopée de la soie, tout en menant les touristes vers Anduze, sa célèbre bambouseraie et son village musical. 👁 à Mialet, le musée du Désert, dédié à la mémoire du protestantisme cévenol.

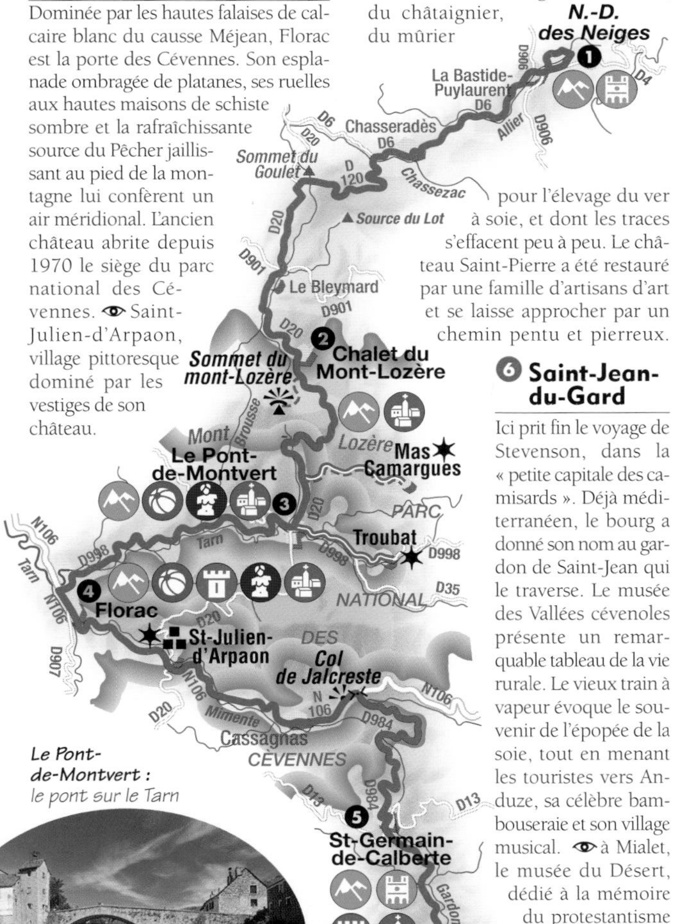

748 Aigoual (Mont)

44/B8

(48) ℹ Tél. château de Roquedols : 04 66 45 62 81
Deuxième sommet des Cévennes (1 567 m), ce mont schisteux et granitique délimite les causses et les serres cévenols. La particularité d'être très arrosé (2 000 mm/an) et de subir des vents violents lui a valu l'installation d'un observatoire météorologique. Accessible en voiture, il est parcouru de nombreux sentiers qui permettent d'apercevoir chevreuils et mouflons, réintroduits par les autorités du parc national des Cévennes. Par temps clair – et de préférence en hiver ou en automne, à l'aurore –, de la tour de l'observatoire, ☀ sur le mont Lozère, les monts du Cantal, les Garrigues, le bas Languedoc, les Préalpes et le mont Ventoux.
👁 à 25 km (O), près de Meyrueis, le **château de Roquedols** (XVe-XVIe s.).

749 Alagnon (Gorges de l')

43/J3

(15) Prenant sa source dans les monts du Cantal, l'Alagnon creuse son lit dans la roche volcanique. La rivière traverse ensuite de belles forêts de sapins avant de s'enfoncer dans des premières gorges, difficiles d'accès, parsemées de rochers et de cascades. Longée par la N 122, elle s'élargit peu à peu. La route traverse l'Alagnon à Massiac où la N 9, elle aussi taillée dans la roche, prend le relais en suivant les gorges inférieures. Le regard plonge de 100 m sur les eaux tumultueuses et, à l'approche de Blesle, joue sur les orgues basaltiques du Babory (accès par la D 8).

750 Alleuze (Château d')

44/A4

(15) Après avoir appartenu aux évêques de Clermont, ce château du XIIIe s. devint un repaire de brigands alliés aux Anglais, longtemps réputé imprenable. En 1405, les Sanflorains l'incendièrent afin de mettre un terme aux pillages. Établi sur un piton abrupt, il dresse encore fièrement ses quatre tours étroites (qui ne se visitent pas). Depuis la D 48 et le village de La Barge, ☀ sur la forteresse.

751 Allier (Gorges de l')

44/B4

(43) Entre Chapeauroux et la plaine de Langeac, l'Allier a creusé des gorges sauvages aux versants abrupts dans des roches cristallines, qui sont souvent inaccessibles. Depuis Langogne, où la rivière quitte le plateau de Lozère, une voie ferrée adopte le même tracé et permet d'admirer d'austères paysages. La D 40, juste après Saint-Didier-d'Allier, puis la D 301 et la D 48 à Prades – celles-ci offrent, depuis la rive gauche, un beau panorama sur les orgues basaltiques du même nom – se rapprochent des gorges. Les eaux vives et les orgues égayent le sombre escarpement.

752 Ambazac

34/D6

(87) ℹ Tél. : 05 55 56 70 70
Le trésor sacré des « Bonshommes » de l'abbaye de Grandmont (XIIe-XVe s.) a fait la célébrité de la ville. Il est notamment constitué d'une châsse précieuse du XIIe s., qui symbolise la Jérusalem céleste, et d'une dalmatique brodée d'or sur fond rouge, toutes deux abritées dans l'église.
👁 à moins de 10 km (N-O) les **monts d'Ambazac,** où sont exploités des gisements d'uranium, qui se révèlent à travers de longues fosses aux fonds occupés par des mares. Les concessions de Beaune-les-Mines, de Beaugiraud et de la Petite-Faye, dans la Creuse, sont les plus pittoresques.

753 Ambierle

36/C6

(42) ℹ Tél. musée : 04 77 65 60 99
L'église gothique (fin du XVe s.), éclairée par des vitraux de la même époque, domine le village et le vignoble. Le musée Alice-Taverne présente les arts populaires foréziens et notamment la reconstitution d'une maison rurale. La région offre des possibilités de promenades variées.
👁 à 15 km environ (S-E) le **barrage de la Tache** et l'**arboretum des Grands-Murcins.**

UNE GROTTE DANS LE CAUSSE NOIR

Du mont AIGOUAL, on descend jusqu'à Cabrillac puis on entre dans la vallée de la Jonte, par le col de Perjuret. Après Meyrueis, avec sa tour de l'Horloge, on s'écarte de la rivière pour atteindre la grotte de Dargilan, creusée dans le causse Noir. Après la grande salle du Chaos, on découvre un puits naturel et le couloir des Cascades pétrifiées, où se développe une impressionnante draperie.

LE PARC NATIONAL DES CÉVENNES

Classé par l'UNESCO réserve mondiale de biosphère, ce parc, créé en 1970, couvre 91 280 ha depuis le causse Méjean jusqu'aux hautes vallées des Gardons, qui en sont séparées par le **mont Aigoual.** Il a de nombreux buts : préservation de sites exceptionnels, arrêt du reboisement des pentes en résineux (néfaste aux sols à moyen terme), promotion de la restauration des châtaigneraies, aide à la renaissance de la vie rurale. La forêt, formée surtout de hêtres, de sapins et de châtaigniers, occupe plus de 60 % de sa superficie. Les sous-bois sont constitués de quelque 1 600 espèces, dont des lis martagons ou des sabots-de-Vénus. La faune est riche – aigles royaux, vautours fauves et grands tétras, castors, sangliers. La principale maison du Parc (tél. : 04 66 49 53 01) se trouve dans les murs du château de Florac.

Le mont Aigoual

1 L'un des nombreux cours d'eau dévalant ses pentes

2 Aux environs, le château de Roquedols

2

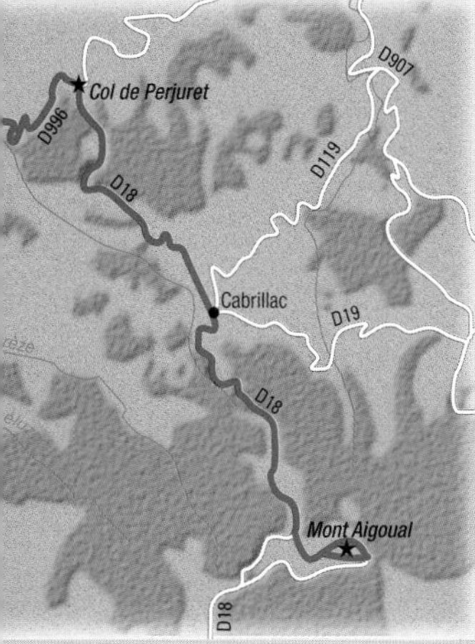

Le château d'Alleuze

3 Les ruines de la forteresse du XIIIe s.

3

1

4

5

Ambazac, l'église

4 La châsse en cuivre à émaux champlevés du XIIe s.

5 La façade et le clocher

754 Anjony (Château d')

 43/H4

(15) ℹ Tél. : 04 71 47 61 67

Édifié au XVe s., l'impressionnant donjon rectangulaire accroche ses quatre tours à un rocher de basalte. La décoration intérieure et le mobilier sont moins austères : table incrustée, lit à baldaquin et tapisseries rythment l'espace. Deux salles sont couvertes de fresques ; dans celle dite des Preux, les peintures évoquent, plus grands que nature, les neuf chevaliers de la Table ronde en habits Renaissance.

👁 tout proche (E), le bourg de **Tournemire,** qui présente une ravissante église romane en tuf volcanique, au porche à voussures ogivales.

755 Apchon (Dyke d')

 43/H3

(15) Visible de loin, la masse sombre de cette roche magmatique dégagée par l'érosion se détache du plateau de la Font-Sainte et domine la vallée de la Petite Rhue. Depuis le sommet du dyke au-dessus des ruines d'un château, ⁘ sur les monts Dore, ceux du Cézallier et du Cantal.

756 Ardèche (Gorges de l')

 44/E6

(07) ℹ Tél. Vallon-Pont-d'Arc (descente en barque) : 04 75 88 04 01

L'immense arche naturelle du pont d'Arc enjambe l'Ardèche et ouvre la porte à 48 km de gorges creusées dans le calcaire où alternent rapides et plans d'eau calmes. La D 290, sur la rive gauche, est jalonnée de nombreux belvédères qui dominent des méandres encaissés aux eaux émeraude. Celui de la Madeleine donne le vertige ; les Flèches de la cathédrale – gigantesque rocher ruiniforme – et les Remparts – barre de falaises haute de 300 m – se découvrent au regard. Un tunnel relie la grotte Lescure à la celle de la Madeleine, dont les 25 salles renferment des trésors de stalactites, de pilastres et de disques de cristal. L'ensemble des gorges constitue un lieu idéal pour les sports nautiques, l'escalade, la spéléologie et les randonnées.

757 Argentat

 42/F3

(19) ℹ Tél. : 05 55 28 16 05

Le long du quai Lestourgie et dans les venelles, la petite cité bâtie en amphithéâtre sur l'une des rives de la Dordogne expose fièrement de ravissantes maisons aux toits de lauses, agrémentées de balcons en bois, d'élégantes tourelles ou de poivrières. Elles furent construites aux XVIe et XVIIe s., à l'époque prospère où le transport du bois se faisait par voie d'eau grâce aux gabares (barques) qui descendaient jusqu'à Bergerac.

👁 vers Beaulieu (S-O) le **puy du Tour** (408 m) : ⁘ sur le site.

758 Arlempdes (Dyke d')

 44/C4

(43) La D 54, venant d'Ussel, permet d'atteindre ce dyke de basalte, qui surplombe de 80 m le flot impétueux de la Loire. Il est couronné par le village fortifié et les ruines de son château médiéval. Près de la chapelle, au sommet du piton, l'à-pic sur les gorges est saisissant.

759 Armand (Aven)

 44/B7

(48) ℹ Tél. Le Rozier : 05 65 60 60 89. Tél. : 04 66 45 61 31

En plein causse Méjean, le gouffre a été découvert par un serrurier de la région, Louis Armand, qui en révéla l'existence à Édouard-Alfred Martel. Ce « rêve des Mille et Une Nuits », selon l'expression du spéléologue, est hérissé de près de 400 concrétions aux formes fantastiques, dont la Grande Stalagmite (30 m de haut et 3 m de diamètre), la Grande Colonne et le Cierge Pascal. Un tunnel long de 200 m conduit au puits naturel (profond de 75 m) qui permet de descendre dans la Grande Salle. Un belvédère la surplombe ; le regard plonge sur l'univers insolite de l'aven. Un escalier permet de se frayer un chemin dans cet ensemble pétrifié dont les silhouettes rappellent celles des arbres d'une forêt vierge (palmiers, cyprès, etc).

LA VALLÉE DE L'ARDÈCHE

VALLON-PONT-D'ARC constitue un point de départ idéal pour découvrir la vallée de l'Ardèche, en aval (les gorges) ou en amont. On parvient, par Pradons et Saint-Maurice-d'Ardèche, au village féodal de Rochecolombe, où se dressent les vestiges d'une tour et une chapelle romane.

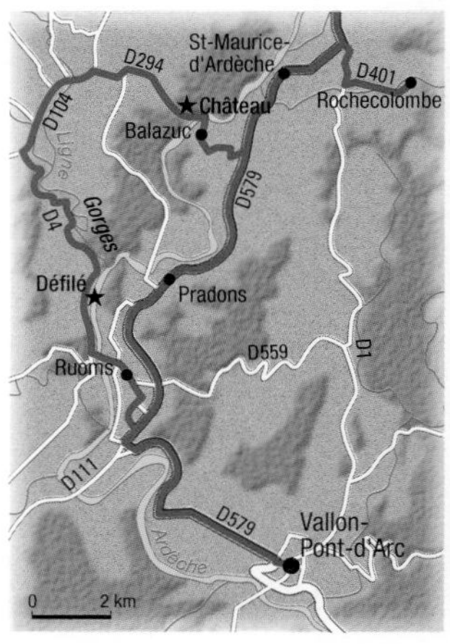

On gagne ensuite Balazuc, campé sur sa falaise, sous la protection des ruines de la tour de la Reine Jeanne. On emprunte les gorges de la Ligne, puis un défilé, d'où le regard plonge sur les eaux vertes de l'Ardèche, Après Ruoms et son église romane, à l'abri de ses remparts, on retrouve Vallon-Pont-d'Arc.

ÉDOUARD-ALFRED MARTEL (1859-1938)

Ce passionné de géographie commença sa carrière au tribunal de commerce de Paris. Mais, dès 1883, il partit explorer les Cévennes. Puis, en 1888, il profita d'une mission dans le sud du Massif central pour descendre dans le gouffre de Padirac, inconnu jusque-là. Et le 18 septembre 1897, il découvrit, avec son assistant, l'**aven Armand.** Ne se contentant pas des régions calcaires françaises, il se rendit également en Irlande, en Italie, en Autriche, dans le Caucase, etc. Il dressa par la suite un inventaire presque complet des grottes et gouffres de France. Martel est considéré comme le fondateur de la spéléologie.

1

2

Le château d'Anjony

1 La salle des Preux, ornée de fresques

2 La Vierge noire, en bois doré du XVIIe s., dans la chapelle

Les gorges de l'Ardèche

3 4 Depuis l'un des belvédères offrant une vue splendide sur les Flèches de la cathédrale

3

4

Argentat

5 Les maisons à balcons de bois et toits de lause s'alignent le long de la Dordogne.

5

760 Artense (Plateau de l')

43/J2

(63) Dominée par les monts Dore, le Cézallier et le Cantal, traversée par la Tarentaine et la Rhue, cette « Scandinavie auvergnate » est particulièrement belle lors de la fonte des neiges. Elle présente un relief de buttes et d'alvéoles où se nichent de petits plans d'eau, dont les lacs Chauvet et de la Landie ; on les rejoint depuis Bagnols par la D 25 puis par la D 203 vers les orgues de Picherande.

761 Aubazine

42/E3

(19) Tél. abbaye : 05 55 84 61 12

Juché sur son promontoire, face aux gorges du Coiroux, le village a conservé une abbatiale cistercienne du XIIe s. et les vestiges de ses bâtiments conventuels. Elle abrite le tombeau en calcaire de saint Étienne, ainsi que, fait rare, une armoire liturgique d'origine.

le **puy de Pauliac,** par un sentier (15 min) qui part de la D 48 (N-E) et conduit à son sommet (520 m). Depuis celui-ci, sur le massif des Monédières et la roche de Vic (table d'orientation).

762 Aubenas

44/E5

(07) Tél. : 04 75 89 02 03

Cette ancienne place forte du Vivarais est bâtie dans un coude de l'Ardèche, au flanc d'un vaste cirque de montagnes. Le château est agrémenté d'une jolie cour intérieure et d'une terrasse qui domine la vallée. En face se trouve la maison des Gargouilles (XVIe s.), l'un des plus beaux et anciens édifices de la ville.

le **Jastres** (361 m), par la N 102 (S-E), peu après avoir franchi l'Ardèche : sur la rivière et la ville au loin.

763 Aubrac

43/J5

(12) Tél. mairie : 05 65 44 27 08. Tél. Laguiole : 05 65 44 35 94

Il ne subsiste qu'une petite partie de l'ancienne dômerie des moines hospitaliers. En été, la commune est un bon point de départ pour la découverte des monts d'Aubrac. Ce vaste massif d'origine volcanique a des horizons sans fin, des rivières et des lacs qui offrent un spectacle de toute beauté. En hiver, la neige le recouvre suffisamment pour permettre la pratique du ski de fond.

à 19 km (N-O) la petite ville de **Laguiole,** qui est devenue célèbre pour ses couteaux – et son musée du Couteau – sa tome de vache… et sa fouace. Il faut aussi y saluer le taureau de bronze qui règne sur le foirail.

764 Aubusson

35/G7

(23) Tél. : 05 55 66 32 12. Tél. musée de la Tapisserie : 05 55 66 33 06

Verdures, paysages et scènes de chasse, tout un monde renaît dans ces célèbres tapisseries (XVIe-XVIIIe s.) exposées à l'hôtel de ville. Depuis 1981, le centre culturel Jean-Lurçat – l'artiste qui, à la fin des années 30, a redonné vie aux ateliers de la Manufacture royale – présente des tapisseries contemporaines. On peut assister à la fabrication de tapis à la manufacture Saint-Jean. Le cœur ancien de cette étonnante petite cité s'étire le long de la Creuse : rue Vieille, pont de la Terrade (XVIe s.), maison des Vallenet (XVIe s.), etc.

765 Aurillac

43/H4

(15) Tél. : 04 71 48 46 58

Le château Saint-Étienne (donjon du XIIIe s.) offre une vue superbe sur la capitale de la haute Auvergne. La maison des Volcans est installée dans l'une de ses ailes. Le quartier piétonnier de la vieille ville est charmant ; maisons anciennes dans les rues de la Coste, de Noailles, du Consulat, et sur la place Saint-Géraud. Un ancien couvent de visitandines accueille le musée d'Art et d'Archéologie.

: festival européen de Théâtre de rue (fin août).

L'AUBRAC

À cheval sur les départements de la Lozère, du Cantal et de l'Aveyron, l'Aubrac s'allonge sur 50 km. Enserré par les vallées du Lot et de la Truyère, ce massif volcanique aux formes lourdes est dissymétrique : son versant occidental est abrupt, alors que le versant oriental descend en pente douce vers la Margeride. D'une altitude moyenne de 1 200 m – il culmine au signal de Mailhebiau (1 469 m) –, il connaît un climat rude et très venté. Peu boisé, si ce n'est à l'ouest, il offre de vastes pâturages qui se couvrent de jonquilles et de gentianes au printemps. Des tourbières sont exploitées au sud-est, mais la principale activité reste l'élevage. L'aubrac, vache à la robe brun acajou, est une bonne laitière. Aujourd'hui, le tourisme se développe, grâce notamment à la pratique du ski et à la randonnée.

LES COUTEAUX DE LAGUIOLE

Parce qu'ils avaient particulièrement bien combattu lors d'une bataille décisive en Italie, les Laguiolais furent autorisés par Napoléon à prendre pour emblème l'abeille, insigne impérial. Voici l'origine de la marque des fameux couteaux fermants à manche en corne que l'on fabrique ici depuis le début du siècle dernier. Mais on ne les forge plus depuis longtemps, et ces couteaux diffusés en France et à l'étranger lors de leurs différents exils par les Aveyronnais proviennent la plupart du temps de la région thiernoise. À l'initiative des collectivités locales, un nouvel atelier de fabrication a été ouvert au début de l'année 1986, pour donner du travail au pays et maintenir la tradition.

1

Le plateau de l'Artense

1 Le lac de la Landie, bordé de tourbières

Aubazine, l'abbatiale

2 Le tombeau de saint Étienne

3 La pietà en calcaire polychrome du XVe s.

2

3

4

Aubrac

4 L'église romane de l'ancienne dômerie des frères hospitaliers

Aurillac

5 Les voûtes gothiques du chœur de l'église Saint-Géraud

5

766 Autoire

 42/F4

(46) Ce village lotois a conservé une authenticité et un charme distillant une atmosphère pleine de magie, digne d'un conte populaire. Ses rues et ses jardins fleuris sont particulièrement agréables au printemps.

à 2 km (S) **l'Autoire,** qui tombe du causse de Gramat en plusieurs cascades de 30 m de haut, depuis les falaises blanches d'un cirque.

767 Aveyron (Gorges de l')

42/F7

(12) De Villefranche-de-Rouergue à Laguépie, l'Aveyron s'encastre dans des gorges profondes, aux méandres prononcés. Le site de Najac est remarquable : le village, construit sur une corniche, est suspendu à 150 m au-dessus d'une boucle de la rivière. La rue principale, bordée de maisons des XIIIe et XVIe s., conduit à une imposante forteresse (XIIIe s.).

depuis les D 47 et D 239.

768 Bastie-d'Urfé (Château de La)

 36/D8

(42) Tél. : 04 77 97 54 68

Grotte de rocaille – salle au revêtement de cailloutis, de coquillages et de sable –, chapelle décorée, tapisseries d'Aubusson, jardins, temple d'Amour font du château d'Honoré d'Urfé (1557-1625), l'auteur de *l'Astrée,* un ensemble fastueux. L'austère manoir d'origine (XIVe- XVe s.) fut en effet transformé en une élégante demeure Renaissance au XVIe s. Au cours de la visite, il n'est pas inutile de se rappeler que les péripéties du roman pastoral de l'écrivain, qui eut un très grand succès au XVIIe s., ont lieu dans le Forez, à l'époque gauloise.

769 Beaulieu-sur-Dordogne

 42/F4

(19) Tél. : 05 55 91 09 94

Née autour d'une importante abbaye bénédictine fondée en 855, la ville a conservé l'abbatiale, caractéristique du roman limousin. Le portail sud de Saint-Pierre (1125) est orné d'un tympan sculpté figurant l'une des plus anciennes représentations du Jugement dernier. Le trésor abrite une Vierge assise (XIIe s.), en bois revêtu d'argent.

770 Bénévent-l'Abbaye

 34/E6

(23) Tél. : 05 55 62 68 35

La D 912 offre une belle vue sur ce village bâti autour d'un ancien monastère (XIe s.). L'église du XIIe s., avec son clocher-porche et sa tour octogonale coiffée d'une flèche conique et d'un lanternon, a été construite dans un style roman de transition. Les piliers de la nef, voûtée en berceau, sont très imposants et les chapiteaux finement ouvragés.

le **puy de Goth** (546 m) au sud-est, entre les monts d'Ambazac et ceux de la Haute Marche ; on y accède après un carrefour signalisé de trois chemins en suivant à pied celui de gauche, qui part à travers champs.

sur la région et sur les volcans d'Auvergne (le puy de Dôme, par temps clair).

771 Besse-et-Saint-Anastaise

 43/J1

(63) Tél. : 04 73 79 52 84. Tél. grottes de Jonas : 04 73 88 57 98

Ce bourg pittoresque a gardé ses fortifications et ses vieilles demeures en lave noire. La statue de Notre-Dame de Vassivière, une Vierge noire, passe la saison froide dans l'église Saint-André, aux jolies stalles du XVIe s. Elle la quitte le 2 juillet, portée à la chapelle de Vassivière lors de la « Montée ». Elle en revient le 21 septembre, avec les bergers et les troupeaux transhumants, lors de la « Dévalade ».

à 9 km (N-E), par la D 978 puis le Cheix, les **grottes de Jonas,** qui furent probablement habitées pendant la préhistoire et le Moyen Âge. Une chapelle aux fresques du XIe s., une forteresse et ses appartements, une prison et un four à pain, aménagés dans ces cavités creusées dans le tuf volcanique, en témoignent.

LA HAUTE VALLÉE DE LA DORDOGNE

À partir de BEAULIEU-SUR-DORDOGNE, on gagne, par Vayrac, sur la rive droite de la Dordogne, le puy d'Issolud, coiffé par les vestiges d'un oppidum gaulois. Puis on atteint La Chapelle-aux-Saints en passant par Saint-Michel-de-Bannières et Sourdoire. Dans une grotte toute proche de la commune, on a découvert, en 1908, la sépulture d'un homme mort il y a quelque 50 000 ans.

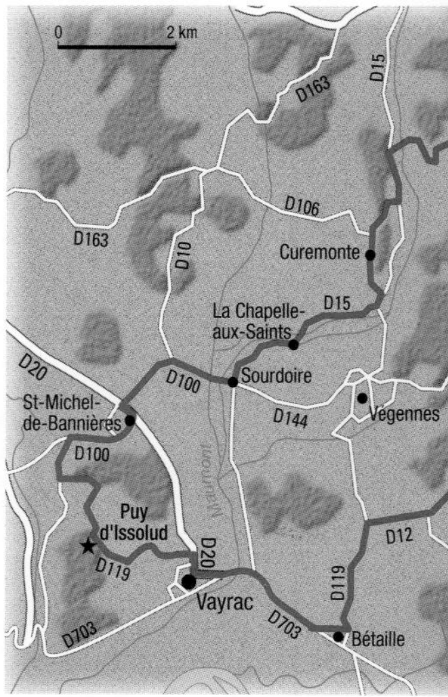

Plus loin, Curemonte est un splendide petit village, avec ses remparts protégeant les châteaux de la Johanne (XVe s.), de Plas (XVIe s.) et Saint-Hilaire (XIVe s.), mais aussi d'anciennes maisons et des halles (XVIe s.) qui abritent un calvaire décoré de bas-reliefs. Par Puy-d'Arnac, on rejoint Beaulieu.

LE PORCHE MÉRIDIONIAL DE L'ÉGLISE DE BEAULIEU

Cette œuvre admirable (XIIe s.) de l'école de sculpture romane languedocienne rappelle, par la composition et le style, le porche de Moissac. Le thème général en est la victoire sur le mal. Au tympan du portail, le Christ du Jugement dernier étend ses bras devant la Croix – figuration de la Passion –, au-dessus d'un linteau peuplé de monstres dévorant les damnés. Le pilier central, avec ses trois atlantes, les piédroits et les murs latéraux sont tout aussi remarquables.

Autoire

1 Les maisons et manoirs groupés autour de l'église fortifiée

2 La cascade vue du belvédère

Les gorges de l'Aveyron

3 Les rochers d'Anglars, couverts d'une végétation touffue, dominent les gorges.

Beaulieu-sur-Dordogne, l'église

4 Le mur latéral droit du porche, où sont représentées les trois Tentations du Christ.

772 Bort-les-Orgues

 43/H2

(19) ℹ Tél. : 05 55 96 02 49

Bort est connu pour ses coulées basaltiques, qui s'alignent sur près de 2 km, et pour son barrage important sur la Dordogne, dominé par le château de Val.

👁 les **orgues de Bort** (S-O), qui dominent la ville (45 min AR), accessibles par la D 127 puis par un sentier qui commence au lieu-dit les Grottes (45 min AR). La lave a formé en se refroidissant des tuyaux d'orgue, hauts de 80 à 100 m. Depuis la corniche, ✶ sur la vallée.

👁 le **saut de la Saule** (S-E), en suivant la D 922 puis un chemin pédestre bien indiqué : la Rhue y chute de 6 m.

773 Bouchet (Lac du)

 44/C4

(43) Presque rond, ce lac aux eaux claires occupe un cratère de 43 ha entouré de sapins, de pins et d'épicéas. Un sentier en sous-bois permet d'en faire le tour (1 h). Au sud, on atteint, en 15 min, la croix de la Chèvre (1 302 m) : ✶ sur le plan d'eau.

774 Bourboule (La)

 35/J8

(63) ℹ Tél. : 04 73 65 57 71

Ses eaux arsenicales ont fait sa renommée. Ici, les activités ne manquent pas : espace de jeux de plein air dans le parc Fenestre, nombreuses excursions vers les monts Dore, etc.

👁 à 7 km environ (N-E), par un chemin escarpé à partir de la D 609, la **Banne d'Ordanche.** Depuis le sommet (1 512 m), ✶ sur le puy de Sancy et la vallée de la Dordogne (table d'orientation).

775 Boussac

 35/G5

(23) ℹ Tél. château : 05 55 65 07 62

Le pont sur la petite Creuse offre une belle vue sur la cité fortifiée, jadis destinée à défendre l'accès au Berry pendant la guerre de Cent Ans. C'est au château, où elle vécut 30 ans, que George Sand découvrit, dans la salle des Gardes, quelques pans de tapisserie servant de couverture aux chevaux... Ainsi commença le sauvetage de la célèbre *Dame à la licorne,* tapisserie aujourd'hui conservée au musée de Cluny, à Paris.

776 Bozouls (Trou de)

 43/H6

(12) Ce canyon pittoresque du causse du Comtal a été creusé dans le grès rouge par le Dourdou, qui s'écoule d'abord en une belle cascade avant de former un méandre. Dans la partie étroite du défilé, un joli plan d'eau porte le nom d'Enfer ou Gourp de Bozouls. Depuis la terrasse jouxtant l'église du village, ✶ sur le canyon et les cascades du Dourdou.

777 Brioude

 44/B2

(43) ℹ Tél. : 04 71 74 97 49. Tél. cloître de Lavaudieu : 04 71 76 45 89

Gros bourg agricole situé sur une terrasse au-dessus de l'Allier, il fut une étape sur la route de Saint-Jacques-de-Compostelle. On y vénérait saint Julien dans la basilique, la plus grande église romane d'Auvergne (74,15 m de longueur). Sa rigoureuse ordonnance est imposante. Pavement de galets polychromes, piliers en grès rouge, chapiteaux à feuillage concourent à l'harmonie de l'ensemble. Des maisons anciennes, dont celle dite de Mandrin, une boutique à arcades et l'hôtel de la Dentelle bordent la rue du 4-Septembre. La maison du Saumon et de la Rivière évoque la tradition locale de la pêche.

👁 à 4 km (S) le charmant site d'origine de **Vieille-Brioude,** qui a conservé son vieux pont.

👁 à 10 km (S-E) l'abbatiale romane de **Lavaudieu,** qui abrite, dans sa nef, des fresques du XIVe s. représentant des scènes de l'Évangile. L'ancien réfectoire, le cloître et la maison des Arts et Traditions populaires, aménagée dans une ancienne boulangerie, se visitent également.

LES PIERRES JAUMÂTRES

En quittant BOUSSAC, on se rend à l'ancienne commanderie de templiers de Lavaufranche (XVe s.), qui conserve une chapelle du XIIe s. ornée de fresques et un donjon plus ancien. On gagne ensuite Toulx-Sainte-Croix, bâtie sur une colline.

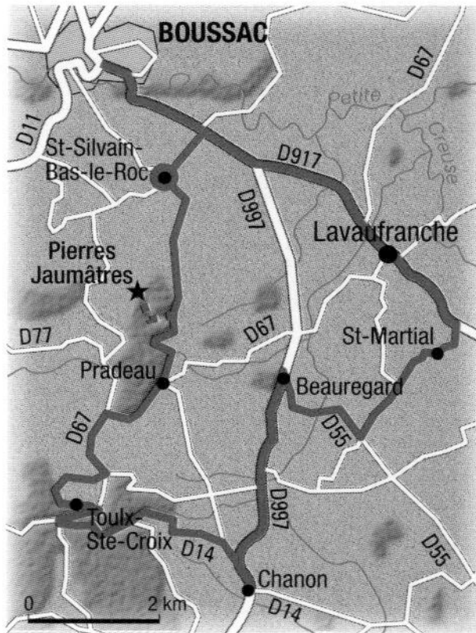

Non loin de l'église romane, depuis la plate-forme d'une tour médiévale, un vaste panorama s'ouvre sur le Limousin, le Berry et le Bourbonnais. En face, s'entassent de gigantesques blocs de granite, les pierres Jaumâtres.

LES CAUSSES

Les Causses (du latin *calx,* chaux) sont des plateaux calcaires qui s'étendent des Cévennes, à l'est, au Périgord, à l'ouest, en deux ensembles séparés par les terrains cristallins du Rouergue occidental : à l'est, les Grands Causses (de Sauveterre, de Méjean, Noir, du Larzac) et leurs annexes les Petits Causses – dont celui du Comtal à **Bozouls** ; à l'ouest, ceux du Quercy (Martel, de Gramat et de Limogne). Au secondaire, ces régions étaient recouvertes par la mer, qui déposa des calcaires. À la fin de cette période, l'ensemble fut soulevé et l'érosion commença son œuvre. Au tertiaire, la surrection des Alpes provoqua dans cette zone des failles, des effondrements et des rajeunissements. Les rivières empruntent des fractures, creusent des gorges. Sur les plateaux, les eaux dissolvent les roches, creusent des gouffres et sculptent des reliefs ruiniformes.

Bort-les-Orgues
1 Les orgues dominant la ville
2 Le château de Val
3 Les hautes colonnes de basalte

Brioude, la basilique
4 L'une des fresque du XIIe s, dans la chapelle Saint-Michel
5 Vierge couchée du XIVe s. en bois polychrome

Près de Brioude, Lavaudieu
6 Dans la nef de l'église, la fresque de la Mort aveugle (XIVe s.)
7 Le cloître, surmonté d'une galerie en bois

778 Brive-la-Gaillarde   42/E3

(19) ℹ Tél. : 05 55 24 08 80. Tél. musée Labenche : 05 55 24 19 05
Gaillarde parce que prête à soutenir tous les sièges, Brive, vieille cité à la célèbre équipe de rugby, est aussi surnommée « le riant portail du Midi ». Tout près de l'ancien couvent des Clarisses (XVIe s.), l'hôtel de Labenche, typique de la Renaissance toulousaine, est remarquable pour sa riche décoration. Posée au cœur de la ville, l'église Saint-Martin, au transept et à l'abside romane, possède de beaux chapiteaux historiés. À proximité, la tour des Échevins, un hôtel du XVIe s., est entourée de quelques vieilles demeures. Le musée Labenche présente d'intéressantes collections d'objets préhistoriques et gallo-romains.

👁 à 1 km, sur le versant sud de la vallée de Corrèze, les **grottes de Saint-Antoine** – où se retirait parfois saint Antoine de Padoue –, transformées en chapelles, qui s'ouvrent dans la falaise (visite libre). À 7 km, celles de **Lamouroux** sont creusées dans un escarpement de grès. Au nombre de 75 et réparties sur 5 étages (300 m de haut), elles ont servi de refuge aux habitants de la région pendant les périodes d'insécurité.

779 Bromme (Gorges de la)  43/H5

(12) Affluent de la Truyère, ce petit torrent, né au pied du plomb du Cantal, a creusé ici de belles gorges, profondes et sauvages. La D 900 les suit jusqu'à Rueyre. Un chemin part du hameau et descend vers le barrage de la Bromme. Depuis Brommat, en allant vers Chaudes-Aigues, on rejoint facilement les gorges de la Truyère.

780 Cahors   42/E6

(46) ℹ Tél. : 05 65 53 20 65
Dans une boucle du Lot, Cahors, florissante cité de négoce du XIIIe au XVIIe s., a su préserver un riche patrimoine : le pont Valentré, véritable forteresse qui fit reculer les Anglais pendant la guerre de Cent Ans ; la cathédrale Saint-Étienne, tout aussi fortifiée, dont il subsiste un remarquable portail roman et des fresques, ainsi qu'un cloître (XVIe s.) aux sculptures satiriques ; le quartier des Badernes – celui des rues Nationale, Saint-Priest, du Docteur-Bergounioux, de Lastié et Saint-Urcisse –, centre du commerce durant l'âge d'or de la ville, aujourd'hui méticuleusement restauré ; la maison de Roaldès sur le quai Champollion, qui constitue un bel exemple des demeures seigneuriales de la fin du XVe s. (elle aurait été habitée par Henri IV pendant le siège de Cahors). À l'est, au croisement de la D 911 et de la D 653, on peut aussi observer deux des très rares vestiges des remparts médiévaux : la tour Saint-Jean et la barbacane. L'église Saint-Barthélemy, au beau clocher-porche, et la tour Jean-XXII se dressent au sud. La visite de la ville est plus agréable pendant les jours de marché, quand tous les produits lotois sont proposés sur la place, devant la cathédrale. On peut enfin découvrir la cité par la route de crête au nord, ou en bateau, sur la rivière.

👁 au sud-ouest le **mont Saint-Cyr** : ☀ sur le site.

781 Cantal (Monts du)  43/J3

(15) ℹ Tél. Lioran : 04 71 49 50 08
Ces monts aux sommets et aux paysages extrêmement variés constituent l'ensemble volcanique le plus important de France. Le plomb du Cantal en est le point culminant (1 855 m) et domine les hautes vallées de l'Alagnon et de la Cère. Il atteignait plus de 3 000 m à l'époque tertiaire. Même érodé, il offre toujours une vaste vue, des monts Dore au Rouergue (table d'orientation). Au-dessus des forêts, les pentes sont revêtues d'une herbe drue, d'airelles et de bruyère. Le sommet est accessible à pied (4 h AR), ou par le téléphérique de Super-Lioran. D'autres excursions sont possibles vers le nord, comme vers l'est – site de Prat de Bouc – ou vers le sud – puy Brunet (1 806 m) et puy Gros (1 599 m). Le site est superbe en juin.

👁 le **puy Griou,** qui est également un des volcans les plus élevés (1 694 m) du Cantal. Il a l'allure d'un pic ; ☀ depuis le sommet.

LE BASSIN DE BRIVE

Au sud de BRIVE-LA-GAILLARDE, la route grimpe jusqu'aux grottes de Saint-Antoine. Celles de Lamouroux s'ouvrent un peu plus loin, avant Noailles, dominé par son église en partie romane et le château Renaissance de la célèbre famille de Noailles.

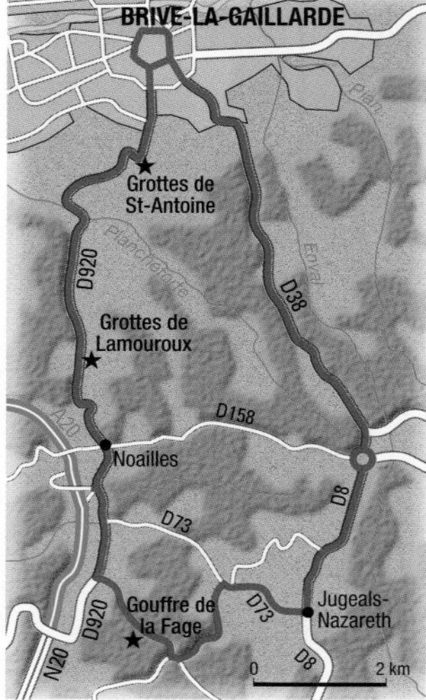

Puis on gagne le gouffre de la Fage, dont les deux galeries renferment, outre des concrétions, un gisement paléontologique. La mairie de Jugeals-Nazareth, à l'est, conserve les salles voûtées d'une ancienne maladrerie (fin du XIe s.).

LA LÉGENDE DU PONT VALENTRÉ

Le pont Valentré (XIVe s.) est le symbole de **Cahors.** Il est, dit-on, l'œuvre du diable. Exaspéré par la lenteur des travaux, l'architecte accepta d'abandonner son âme à ce dernier à condition qu'il lui donne tous les matériaux nécessaires et quelques coups de main. Dès lors, le rythme de la construction s'accéléra. Mais, lorsque le chantier toucha à sa fin, l'architecte ordonna au diable de lui apporter de l'eau à l'aide d'un crible. Ne pouvant bien sûr y parvenir, Satan, vaincu, dut renoncer à l'âme convoitée. Vexé d'avoir été trompé, il fit tomber l'une des pierres de la tour centrale. Chaque fois que cette pierre fut remontée, immanquablement, elle retomba… jusqu'au XIXe s., où elle fut scellée après avoir été ornée de l'effigie du diable.

Brive-la-Gaillarde

1 Détail d'un chapiteau du chevet de la collégiale Saint-Martin

2 Maison ancienne, sur la place de Latreille

Cahors

3 Le pont Valentré et ses tours de 40 m de haut

4 Les fresques de la coupole de la cathédrale Saint-Étienne

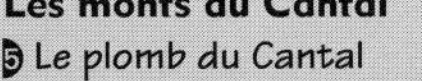

Les monts du Cantal

5 Le plomb du Cantal (1 855 m), accessible par le téléphérique de la station de ski de Super-Lioran

782 Carlat (Rocher de)  43/H4

(15) Les rebords abrupts de cette table de basalte surplombent de plus de 200 m le lit du ruisseau. Un château s'élevait jadis sur le côté ouest de cette plate-forme, séparé par une brèche de la partie orientale. On y accède par l'escalier de la Reine, taillé dans le roc. ⁘ sur les monts du Cantal et sur d'autres tables, dont le rocher de Ronesque (table d'orientation).

783 Castelnau-Bretenoux (Château de)  42/F4

(46) ℹ Tél. : 05 65 10 98 00

Au confluent de la Cère et de la Dordogne s'élèvent sur une colline les ruines d'une des plus importantes forteresses du Moyen Âge, celles du château des barons du Quercy. Il est flanqué de six tours et doté d'un imposant donjon du XIe s. À l'intérieur de son enceinte, il pouvait accueillir une troupe de 1 500 hommes. La décoration des pièces a été enrichie, en mobilier surtout, au début du XXe s. Depuis les remparts, ⁘ sur la vallée.

👁 en contrebas, à **Prudhomat,** la collégiale Saint-Louis, qui fut bâtie au XVe s. en pierres rouges semblables à celles utilisées pour la construction du château de Castelnau.

784 Célé (Vallée du)  42/E6

(46) ℹ Tél. musée de plein air du Quercy : 05 65 22 58 63

De Figeac à Cahors, la D 41 suit le cours de la rivière et conduit à des sites pittoresques. Vers Sauliac-sur-Célé, la vallée présente de nombreuses falaises ruiniformes fortifiées, telle Rochecourbe, qui supporte le château du Diable. Plus au nord, à la fontaine de la Pescalerie, une jolie cascade surgit de la paroi calcaire ; et à Cuzals est aménagé le musée de plein air du Quercy. Au retour, la route conduit à la grotte du Pech-Merle, renfermant de nombreuses stalagmites. On y découvre surtout plusieurs sanctuaires paléolithiques ornés de peintures rupestres.

👁 à 7 km (S), sur la D 40, le **belvédère de Bouziès,** qui permet de voir le Célé rejoindre le Lot au détour d'une courbe. Le calcaire, très érodé, offre un paysage très particulier ; les falaises, trouées de grottes, ont servi de refuge aux habitants de la région pendant les périodes d'insécurité, puis ont accueilli un habitat semi-troglodytique.

785 Cère (Gorges de la)  43/G4

(15, 19, 46) En aval du bassin d'Aurillac, la Cère a creusé des gorges sauvages, profondes de 200 m, coupant les plateaux de Siran et de Montvert. De Laroquebrou au confluent avec la Dordogne, de rapides en cascades, la rivière descend de 300 m entre des abrupts couverts de chênes et de hêtres. Le belvédère du rocher du Peintre, vers Camps-Saint-Mathurin, en offre une vue très picturale. La rive gauche propose de belles randonnées.

786 Cévennes (Corniche des)  44/C7

(48) ℹ Tél. parc national des Cévennes : 04 66 49 53 01

Le spectacle offert par cette route de corniche très pittoresque (entre Florac et Saint-Jean-du-Gard) est inoubliable. Ouverte pour faciliter le passage des dragons du roi qui recherchaient les camisards (XVIIIe s.), elle donne un aperçu du caractère particulier de la montagne cévenole. Ses sommets acérés, ses à-pic impressionnants et ses torrents nerveux sont encore plus saisissants en fin d'après-midi, lorsque les contrastes sont plus vifs. Cela vaut pour le passage du col des Faïsses, d'où le panorama sur le mont Lozère, tout comme celui offert à Saint-Laurent-de-Trèves sur le causse Méjean, est superbe. Au-dessus de ce village, des traces de dinosaures ont été découvertes. Ces animaux font l'objet d'un spectacle audiovisuel, projeté dans l'ancienne église. Des sentiers de découverte et des musées aménagés à l'initiative de l'écomusée de la Cévenne apportent des informations complémentaires sur la région. La Barre-des-Cévennes propose notamment un circuit pédestre (3 km) qui permet de découvrir l'histoire du site, camp retranché des camisards, et la nature environnante.

LA DORDOGNE QUERCYNOISE

À partir de BRETENOUX, on atteint le château de Loubressac (XVe-XVIIe s.). Carennac, sur la rive gauche de la Dordogne, possède des maisons anciennes, les vestiges d'un prieuré qui accueillit Fénelon, et une église accolée à un cloître gothique.

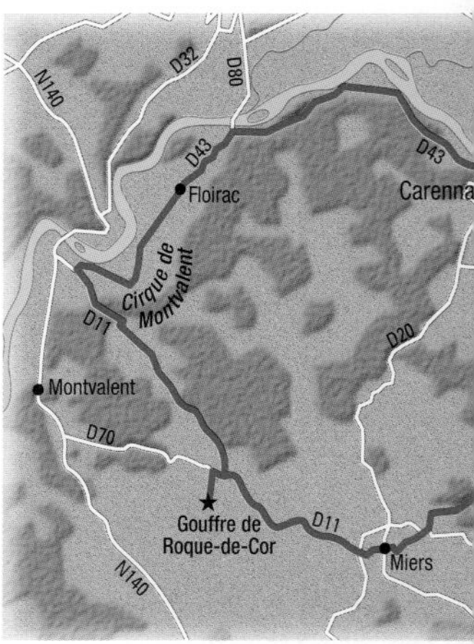

Le château (XVIe s.) abrite la maison de la Dordogne quercynoise. La route de Floirac conduit aux parois criblées de grottes du cirque de Montvalent. Après le gouffre de Roque de Cor, on retrouve Bretenoux.

LES CAMISARDS

C'est de ce nom, donné à cause de la chemise blanche qu'ils revêtaient pour se reconnaître pendant la nuit, que les protestants cévenols furent baptisés lorsqu'ils reprirent les armes au début du XVIIIe s. La révocation de l'édit de Nantes en 1685 marqua le début d'une répression, particulièrement dure, qui entraîna une importante vague d'émigration et surtout, en 1702, le soulèvement des **Cévennes.** Celui-ci fut provoqué par l'assassinat, au Pont-de-Montvert, de l'abbé Chayla. Si le principal chef des camisards, Jean Cavalier, fit soumission en 1705, la révolte demeura endémique jusqu'à la promulgation par Louis XVI, en 1787, de l'édit de Tolérance.

Le rocher de Carlat

1 Les rebords abrupts de cette table de basalte, surplombant de plus de 200 m le lit du ruisseau

La vallée du Célé

2 La fontaine de la Pescalerie

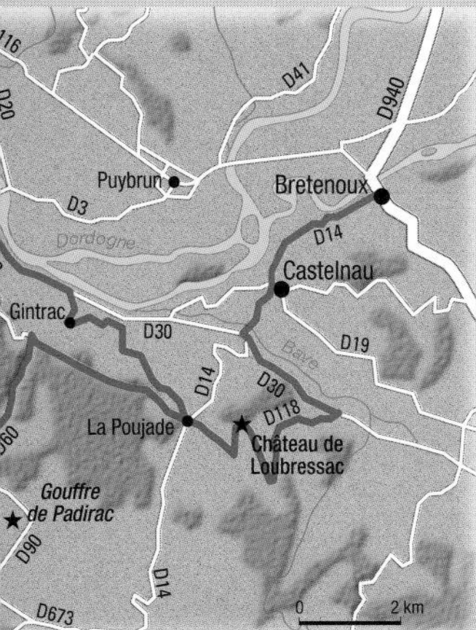

Les gorges de la Cère

3 Cascades et rapides se succèdent jusqu'au confluent avec la Dordogne.

La corniche des Cévennes

4 La route, aménagée sous Louis XIV pour le passage des armées

787 Chaise-Dieu (La)

 44/C2

(43) Tél. : 04 71 00 01 16

Situé au cœur d'un plateau granitique couvert d'herbages, le village doit sa notoriété au rayonnement de son abbaye, dont un des moines fut élu pape (Clément VI). L'église que celui-ci fit reconstruire au milieu du XIVe s. est un vaste édifice gothique, dont la nef centrale abrite un beau Christ du XVIIe s. Le chœur est entouré de 144 stalles en chêne et orné de tapisseries d'Arras ; une peinture murale (XVe s.), s'étirant sur 26 m, la *Danse macabre*, se trouve dans le bas-côté gauche. Seules deux galeries du cloître du XIVe s. subsistent.

: festival de musique sacrée (mi-août à début septembre).

788 Châlus-Chabrol (Château de)

 34/C8

(87) Tél. : 05 55 78 56 61

Un donjon circulaire vieux de neuf siècles, vestige de la forteresse du Haut-Châlus, domine le village. Le corps de logis de l'édifice abrite, dans sa partie la plus récente (XVIIe s.), le musée de l'Artisanat ; certaines salles anciennes des XIe et XIIIe s. comportent des éléments architecturaux remarquables. C'est en assiégeant ce château en mars 1199 que Richard Cœur de Lion reçut une flèche mortelle. Les ruines de la chapelle qui recueillit sa dépouille subsistent encore.

à 7 km (E), surmonté d'un donjon carré et flanqué de grosses tours rondes, le **château de Montbrun,** qui a conservé son caractère médiéval. Il ne se visite pas, mais le site est particulièrement séduisant ; les murailles couronnées de créneaux se reflètent dans un plan d'eau bordé de bois.

789 Chambon-sur-Voueize

 35/H6

(23) Tél. mairie : 05 55 82 11 36

Dans un site classé, le village de Chambon conserve de l'abbaye Sainte-Valérie son église du XIe s., l'une des plus grandes de style roman limousin. Les boiseries du chœur et le buste de la sainte sont des pièces admirables. Un pan du triptyque est attribué au maître de Moulins. Le joli pont jeté sur la rivière est dit romain, même s'il n'est que médiéval (XVe s.).

par la D 917 les **gorges de la Voueize,** où se profilent les inquiétantes ruines du château de Barbe-Bleue, dit-on.

790 Charlannes (Plateau de)

 35/H8

(63) Ce haut plateau boisé de 60 ha parcouru de sentiers abrupts et de multiples cavités, domine, au nord, la vallée de la Dordogne et la Banne d'Ordanche, vestige d'une cheminée volcanique. On y accède à pied, par la télécabine du parc de Fenestre, ou en voiture, par la D 610. Un sentier balisé mène (en 1 h) au point culminant (1 250 m) : sur les monts Dore et les monts du Cantal. Le site, à 7 km (S) de La Bourboule, est très apprécié des curistes en été et des skieurs de fond en hiver.

791 Charlieu

 36/D6

(42) Tél. : 04 77 60 12 42

Bourg fortifié aux maisons anciennes, Charlieu parlera aux amateurs d'histoire de l'art à travers les vestiges de son abbaye : cloître gothique (XVe s.), salle capitulaire et éloquents témoignages de l'art des sculpteurs romans (portail et chapiteaux).

792 Chassezac (Cluse de)

 44/C6

(48) Depuis la D 252, au départ du petit bassin des Vans, un sentier forestier conduit à la corniche du Chassezac (20 min). Depuis le belvédère sur la rivière, le Chassezac, qui serpente en grondant entre des falaises de calcaire hautes de 150 m, creusées de nombreuses grottes.

les reliefs ruiniformes du **bois de Païolive** (S-E), qui s'étend sur 15 km^2 de part et d'autre du cours d'eau. Les rochers semblent parfois évoquer d'étranges silhouettes animales.

RICHARD CŒUR DE LION (1157-1199)

Tour à tour allié puis adversaire de Philippe Auguste, Richard Ier d'Angleterre, surnommé Richard Cœur de Lion, acheva sa vie en Limousin. Au cours du siège du château de **Châlus-Chabrol,** il fut atteint à l'épaule par un carreau d'arbalète et décéda une dizaine de jours plus tard des suites de sa blessure. Son corps fut transporté à l'abbaye de Fontevraud, nécropole des Plantagenêts, mais ses entrailles demeurèrent à Châlus, où elles reposent toujours dans l'église en ruine du château. Ce roi d'Angleterre – souvent absent de ses terres –, dont le règne fut très court, apparut comme l'archétype du parfait chevalier, courageux, honnête, fidèle à sa parole comme à sa foi, et poète à ses heures.

LES FEUILLARDIERS

Entre Limousin et Périgord, le pays de Saint-Yrieix compte au nombre de ses trésors ses séculaires forêts de châtaigniers. Ce bois est à l'origine d'un artisanat qui a traversé les âges, celui du feuillardier. Taillant dans des branches de cette essence de fines lattes de bois, il assurait autrefois le cerclage des tonneaux de vins de Bordeaux et de Bourgogne. Cet artisan, plus rare aujourd'hui, fabrique encore des piquets, des paniers ou encore des dossiers de chaise. Bâties sommairement en plein bois, ses cabanes s'inscrivent toujours dans le paysage limougeot comme autant de silhouettes anachroniques. Le château de **Châlus-Chabrol** sert de cadre à un musée du Feuillardier.

1

2

3

La Chaise-Dieu, l'abbatiale

1 La *Danse macabre*, peinture murale du XVe s., dans le chœur

2 La façade

3 Le jubé flamboyant, fermant le chœur des moines

4

Charlieu

4 L'abbaye, dans le bourg

La cluse de Chassezac

5 Les falaises de calcaire, creusées de nombreuses grottes

5

793 Châtelguyon

36/A7

(63) i Tél. : 04 73 86 01 17

La station thermale est dominée par le Calvaire, butte de calcaire autour de laquelle se serrent les maisons de la vieille ville, où s'élevait l'ancien château de Gui II, comte d'Auvergne. Depuis le sommet, sur les monts Dôme, sur ceux du Forez et sur la Limagne.

à 7 km (S-E), aux portes de Riom, l'**abbatiale de Mozac,** qui abrite de très beaux chapiteaux du XIIe s., chefs-d'œuvre de l'art roman, ainsi que la châsse de saint Calmin, fondateur de l'abbaye au VIIe s.

794 Châtel-Montagne

36/B6

(03) i Tél. mairie : 04 70 59 72 17

Dans ce beau village de la montagne bourbonnaise s'élève une église romane en granite, aux proportions élégantes, dernier vestige d'un prieuré bénédictin.

le **puy du Roc** (S-O), accessible à pied (45 min) à partir de la D 25, par un sentier qui conduit d'abord vers une statue de la Vierge. Depuis son sommet, sur tous les monts alentour.

795 Chaudefour (Vallée de)

43/J1

(63) On ne pénètre qu'à pied dans cette vallée sauvage – la D 36 et un sentier y conduisent –, qui a échappé à la construction d'un établissement thermal lors du déclenchement de la Première Guerre mondiale. Hêtres, papillons, mouflons, roches aux noms curieux (dent de la Rancune, crête du Coq) et cascades (l'Aigle, le saut de la Biche) peuplent ce magnifique cirque. Au sommet du puy de Sancy (1 885 m), qui le domine, sur les monts et les lacs de la région.

le **lac Chambon** (N-E), par une route partant de la D 36. Ses 60 ha, à 877 m d'altitude, sont alimentés par la Couze de Chaudefour. Il est peu profond et de nombreux îlots le parsèment. On peut s'y baigner (grande plage aménagée), y canoter ou encore y faire de la planche à voile.

796 Chaudes-Aigues

43/J4

(15) i Tél. : 04 71 23 52 75

Niché dans le vallon du Remontalou, ce village est connu depuis les Romains pour ses eaux thermales. La source du Par, la plus chaude (82 °C), alimente à la fois la fontaine située au-dessus de la place du Marché, la piscine et le chauffage central de la plupart des maisons. Derrière cette résurgence est installé Géothermia, musée consacré à la géothermie et au thermalisme. Les alentours se prêtent à de belles promenades, notamment sur le plateau de l'Aubrac.

797 Chavaniac-Lafayette (Château de)

44/B3

(43) i Tél. : 04 71 77 50 32

Face aux monts d'Auvergne, dans un site recherché pour son microclimat reposant, ce château très restauré s'ouvre sur un parc à l'anglaise et sa roseraie (à voir en juin). L'édifice – propriété de la fondation américaine La Fayette Memorial – abrite la chambre du marquis de La Fayette (né ici en 1757), ainsi qu'un musée qui lui est dédié et des salles consacrées à la Première Guerre mondiale.

798 Chouvigny (Gorges de)

35/J6

(03, 63) i Tél. château : 04 70 90 44 95

À l'ouest du village de Chouvigny, sur la D 915, le roc Armand domine l'entrée de gorges étroites, aux escarpements granitiques, formées par la Sioule. Elles s'étirent sur 1,5 km de chaque côté de la commune. Un escalier taillé dans la roche conduit à ce belvédère admirablement situé, permettant de découvrir le défilé.

le **château de Chouvigny** (XIIIe s.), qui a appartenu aux La Fayette et au duc de Morny. Depuis la terrasse de la forteresse, sur les gorges.

LA FAYETTE (1757-1834)

Né au château de **Chavaniac,** Marie Joseph Gilbert Motier, marquis de La Fayette participa à toutes les luttes révolutionnaires qui secouèrent son époque. Il forgea ses armes en Amérique, combattant, aux côtés de Franklin, pour l'indépendance. Sous la Révolution, il fut nommé commandant de la Garde nationale après la prise de la Bastille, qu'il fit démolir. Il tenta en vain de concilier le régime constitutionnel et la royauté ; à partir de 1792, il connut la détention, l'exil, puis rentra en France après le coup d'état du 18 brumaire. Pendant la période napoléonienne, La Fayette se retira de la vie politique, mais sous la Restauration, l'insurrection de 1830 le retrouva à nouveau à la tête de la Garde nationale.

LA FORMATION DU MASSIF CENTRAL

Le Massif central s'étend sur plus de 80 000 km² et 22 départements. Château d'eau du pays, il doit sa diversité à la nature de ses roches et de ses formes. Cette variété s'explique par son histoire. À l'ère primaire, le massif est arasé et des veines de houille se forment (Saint-Étienne, Alès, Blanzy, Decazeville…). Au début du secondaire, il est envahi par la mer. À l'ère tertiaire, lors de la surrection des Alpes, la partie centrale est fortement faillée, ce qui favorise l'apparition du volcanisme (Mont-Dore, Cantal). La partie orientale est rajeunie (Montagne Noire, Cévennes…). La région des Causses se met en place, alors qu'à l'ouest le plateau du Limousin s'incline vers le Poitou. Au quaternaire, une seconde vague volcanique apparaît (monts Dôme) et le réseau hydrographique s'installe.

Près de Châtelguyon, l'abbatiale de Mozac

1 *Détail de la châsse de saint Calmin*

2 *Le chapiteau des Atlantes, dans la nef*

Au nord-est de la vallée de Chaudefour, le lac Chambon

3 *C'est un lieu de baignade idéal en été.*

Chaudes-Aigues

4 *L'eau chaude jaillit des fontaines du village.*

Le château de Chavaniac-Lafayette

5 *Le donjon crénelé*

L'ART ROMAN EN AUVERGNE
La beauté et l'harmonie au pays des volcans

Au cœur des plus beaux paysages d'Auvergne, les architectes et les artistes de la fin du XIe s. et du XIIe s. ont créé des chefs-d'œuvre tout en harmonie de volumes et de couleurs, aux lignes et aux effets de toute pureté. La majesté des monuments doit beaucoup à l'allégement des parois (les arcades reposent non plus sur des piliers, mais sur des colonnes) et à la parfaite maîtrise du bien-voûter. L'école auvergnate s'illustre surtout par une étonnante invention dans les détails, mariant réalisme et fantaisie pour donner vie, notamment, à des chapiteaux qui brillent par leur verve pittoresque. Orcival, Notre-Dame-du-Port, Issoire, Saint-Nectaire et Saint-Saturnin sont les cinq joyaux de cet art, qui signera l'âge d'or de la région.

Saint-Nectaire : une des cinq églises majeures d'Auvergne

La vallée de Dieu : Lavaudieu

Assis sur un éperon rocheux surplombant la Sénouire, ce hameau de Haute-Loire abrite un remarquable monastère du XIe s. C'est l'abbé de La Chaise-Dieu, Robert de Turlande, qui fonda ici une abbaye de bénédictines vers 1060. L'église Saint-André a souffert des outrages du temps (et de la Révolution, qui décapita son clocher d'origine), mais elle recèle toujours de magnifiques fresques, remises au jour il y a trente ans. Parmi elles, une saisissante allégorie de la peste noire, datée de 1315, évocation prémonitoire de la grande épidémie qui allait ravager l'Auvergne en 1348. Lavaudieu est le seul cloître roman d'Auvergne encore intact aujourd'hui. Resté longtemps abandonné, transformé en grange, ce joyau de l'art sacré a retrouvé une place d'honneur il y a cinquante ans. Le visiteur peut en admirer le décor enchanteur : élégantes colonnettes, simples ou jumelées alternativement, arcades surmontées d'une galerie de chêne en auvent, chapiteaux sculptés.

Lavaudieu : le cloître, un lieu hors du temps

Lavaudieu : nef de l'abbatiale Saint-André

Lavaudieu : Christ en majesté (XIIe s.)

La basilique Saint-Julien : Brioude

Plusieurs sanctuaires renfermant les reliques de Saint-Julien se succédèrent à Brioude jusqu'à 1060, date de la mise en chantier de l'église, dont la construction s'étala sur quatre générations. Au Moyen Âge, ce fut un des hauts lieux de la chrétienté et un centre de pèlerinage important. La polychromie de la façade – tuf ocre, arkose blanche, pierres grises, beiges, rousses – se retrouve à l'intérieur de l'église, la plus lumineuse et la plus grande d'Auvergne. Son décor, qui foisonne de figures allégoriques, animales, végétales et géométriques, achève d'en faire un lieu saint original. La nef comprend un narthex à double étage, dont la restauration de 1957 mit au jour un ensemble de fresques romanes jusqu'alors effacées. Les plus belles fresques, dans la chapelle Saint-Michel, mettent en scène le Jugement dernier et les damnés assaillis par des démons rouges et verts.

Brioude : la basilique Saint-Julien (chapiteau des Sirènes)

Notre-Dame-du-Port : Clermont-Ferrand

Construite aux XIe et XIIe s. en pierre d'arkose, ce joyau roman contraste avec la noirceur des églises gothiques voisines. Son chevet, aux lignes épurées et aux fines mosaïques polychromes d'inspiration mérovingienne, est admirable. À l'intérieur, tout n'est qu'harmonie et pureté, de la sveltesse des colonnes élancées à la sublime ordonnance de la triple nef à cinq travées, jusqu'au chœur à déambulatoire et chapelles rayonnantes. Dans le chœur, le visiteur découvre des chapiteaux historiés parmi les plus beaux d'Auvergne, où les scènes édifiantes se parent d'un humour savoureux. Ces petits bijoux des années 1120 ou 1150 sont l'œuvre de maître Rotbertus. La crypte (XIe s.) abrite une Vierge noire (copie du XVIIe s.), qui reste encore aujourd'hui très vénérée.

Clermont-Ferrand : Notre-Dame-du-Port (détail du clocher)

Clermont-Ferrand : Notre-Dame-du-Port (la nef)

L'église Saint-Nectaire

Évangélisateur de l'Auvergne, Nectaire aurait été enseveli vers l'an 300 en haut du mont Cornadore, lieu qui devint un site de culte. C'est sur ce sanctuaire, qui domine Saint-Nectaire-le-Haut et la vallée du Courançon, avec pour horizon la ligne des monts Dore, qu'au milieu du XIIe s., les moines de La Chaise-Dieu bâtirent un fleuron de l'art roman auvergnat. Entre autres merveilles, l'intérieur de l'église révèle cent trois chapiteaux et un trésor où brille un buste-reliquaire en chêne et en cuivre de saint Baudime (compagnon de Nectaire).

La Vierge d'Orcival

C'est derrière le maître-autel que siège cette statue de noyer, de 74 cm, parée de feuilles de vermeil et d'argent. La Vierge en majesté porte Jésus sur les genoux. L'enfant a un visage étrangement adulte, tandis que celui de Marie reflète sa double nature divine et humaine : le profil gauche est pur et délicat, et le droit a la grâce plus terrestre d'une paysanne auvergnate. Le jeudi de l'Ascension, des pèlerins viennent en foule vénérer la statue. La procession chemine jusqu'au sanctuaire édifié à l'endroit où elle aurait été mise au jour.

Orcival : Vierge en majesté du XIIe s.

799 Clermont-Ferrand

36/A8

(63) Tél. : 04 73 98 65 00

Née de l'union de deux cités distinctes – Clermont et Montferrand –, la capitale auvergnate se dresse au cœur des collines et des plateaux qui s'étagent jusqu'au puy de Dôme, dont la masse s'élève au-dessus des flèches de la cathédrale. Sur le plateau domine le vieux Clermont, aux maisons en lave (voir la maison de Savaron dans la rue des Chaussetiers). Montferrand est le quartier de la bourgeoisie enrichie des XVe et XVIe s., où l'on peut voir de nombreux hôtels particuliers (ceux de Lignat, de Fontenailles) et la maison de l'Éléphant, dans la rue Kléber.

: festival international du Court-Métrage (fin janvier-début février).

La place de Jaude

La cathédrale Notre-Dame-de-l'Assomption

Ce bel édifice gothique des XIIIe et XIVe s., se distingue par la couleur sombre de la lave utilisée pour sa construction (pierre de Volvic). Les deux élégantes flèches (108 m) furent dressées au XIXe s. par Viollet-le-Duc – à qui l'on doit la façade actuelle – dans le même matériau. Cette cathédrale, qui succède à une église romane, dont la crypte subsiste, abrite de superbes vitraux et de non moins remarquables fresques (XIIIe-XVe s.). La tour de la Bayette offre un beau panorama.

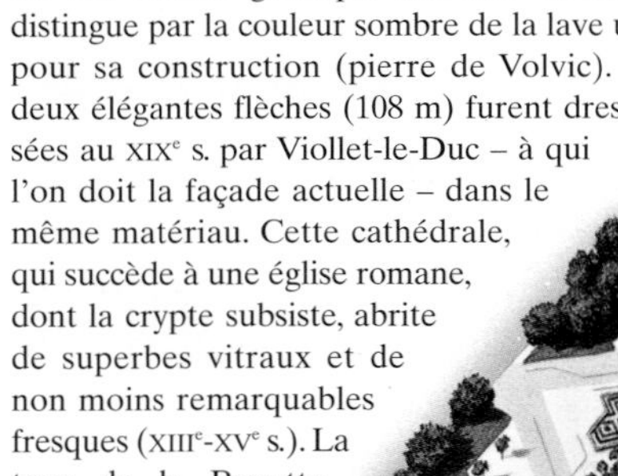

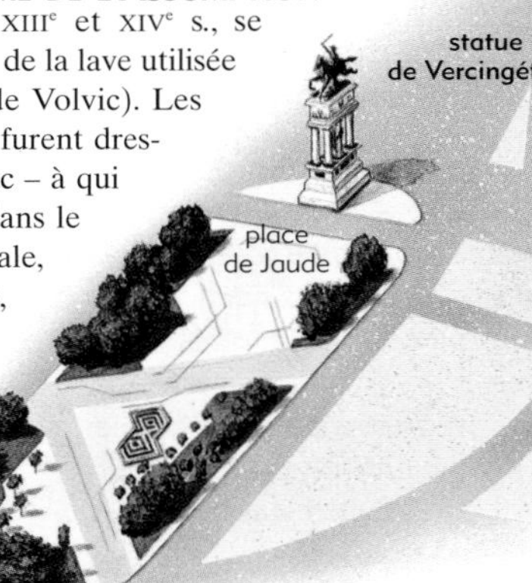

La place de Jaude

Cette vaste esplanade plantée d'une ceinture d'arbres constitue le centre de la vie clermontoise avec ses grands magasins, ses cinémas… À l'une des extrémités de dresse la statue en bronze de Vercingétorix, œuvre de Bartholdi (1902) ; à l'autre s'élève celle du général Desaix.

800 Collonges-la-Rouge

42/E3

(19) Tél. : 05 55 25 47 57

Les castels de ce village, dont ceux de Maussac et de Vassinhac, en grès pourpre avec leurs tourelles aux toits d'ardoises bleues, rappellent le cadre de vie des notables de la vicomté de Turenne au XVIe s. Entre les demeures aristocratiques subsistent les bâtiments de la vie ordinaire, comme le four à pain, la halle... L'église Saint-Pierre conserve un portail au tympan en pierre blanche illustrant l'Ascension. Les voitures sont interdites.

801 Conques

43/H5

(12) Tél. : 05 65 72 85 00

La cité fut le siège de l'une des plus riches et des plus célèbres abbayes de France. Commencée en 1041, l'église Sainte-Foy attira immédiatement les pèlerins et servit de modèle pour la construction de nombreux édifices. La pureté de ses lignes trouve un point d'orgue dans le tympan parfaitement conservé de son portail ouest, un chef-d'œuvre de l'art roman représentant le Jugement dernier. À l'intérieur, les vitraux de Soulages laissent pénétrer une douce lumière, presque irréelle. Le trésor abrite des pièces – dont la statue-reliquaire de la sainte – qui témoignent de l'art des orfèvres du IXe au XVIe s. Depuis la chapelle Saint-Roch, sur le bourg. Le Centre européen d'art et de civilisation médiévale réunit des documents uniques destinés à satisfaire la curiosité des chercheurs, des amateurs, etc.

802 Coussac-Bonneval

42/D1

(87) Tél. 05 55 75 28 46. Tél. mairie : 05 55 75 20 29

Avec sa petite église et sa remarquable lanterne des morts, vieille de 800 ans, ce petit village est dominé par un imposant château (XIVe s.), dont l'intérieur est élégamment décoré de tapisseries et de boiseries.

Les fontaines pétrifiantes de Saint-Alyre

À **Clermont-Ferrand,** cinq sources pétrifiantes (Tél. : 04 73 37 15 58), riches en bicarbonate de fer et de calcium, jaillissent à 18 °C et alimentent les grottes du Pérou de Saint-Alyre, où se produit le phénomène de pétrification. L'eau abandonne son fer dans des canaux remplis de copeaux de bois et de cailloux, avant de descendre les marches d'un escalier en bois. Les objets qui y sont placés se couvrent d'une couche brillante de carbonate de calcium, semblable à de l'ivoire.

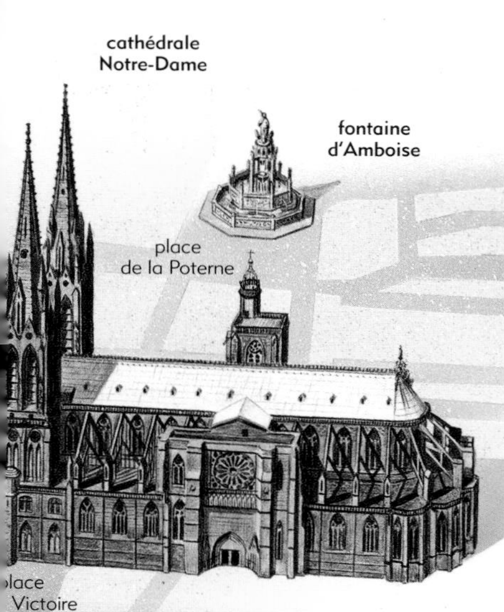

La basilique Notre-Dame-du-Port

Cette église (XIe-XIIe s.) est l'une des plus représentatives de l'école romane auvergnate : rigueur, pureté de conception, majestueuse et élégante simplicité. Sur le tympan du portail sud, semi-circulaire, trône le Christ en majesté entouré de deux séraphins ailés, tandis qu'au-dessous sont sculptés l'Adoration des mages, la Présentation au Temple et le Baptême du Christ. À l'intérieur, le chœur est la partie la plus remarquable de l'édifice.

La fontaine d'Amboise

Les arcs-boutants de la cathédrale Notre-Dame-de-l'Assomption

À VOIR AUSSI

La fontaine d'Amboise (1515)

L'église Saint-Laurent (XIe-XIIe s.)

Le musée des Beaux-Arts

Le musée d'archéologie Bargoin

Collonges-la-Rouge

1 Détail du tympan de l'église Saint-Pierre

Conques, l'abbatiale

2 *La Majesté de sainte Foy*, statue-reliquaire, chef-d'œuvre d'orfèvrerie

803 Couvertoirade (La)

 52/A1

(12) ℹ Tél. mairie : 05 65 58 55 55
Minuscule cité fortifiée par les templiers puis par les chevaliers de Saint-Jean-de-Jérusalem, ce village émeut et intrigue. Le château fut détruit, mais les clés de voûte de l'église portent encore la croix de Malte. Les hôtels particuliers (XVIIe-XVIIIe s.) et les maisons paysannes à escalier extérieur – le premier niveau, qui servait de bergerie, rappelle que la laine a fait la fortune du bourg – ont remplacé les demeures médiévales.

804 Couzan (Site du château de)

 36/C8

(42) Cette forteresse des XIIIe et XVe s., édifiée sur un sommet granitique, est l'un des plus beaux monuments de l'architecture militaire féodale. Ses vestiges dominent les ravins du Lignon et du Chagnon.

805 Creuse (Gorges de la)

 34/F5

(23) Le pont du Diable franchit les gorges escarpées de la Creuse, à Anzême (D 14). Depuis la place de l'église, ⁂ sur la rivière. Genêts et bruyères poussent sur les roches des précipices, autour d'un vieux moulin en ruine. Un peu en amont, à la cascade des Moulines, la Sciave, petit affluent de la Creuse, serpente au milieu des blocs granitiques, érodés en marmites de géants.

806 Crozant (Site de)

 34/E5

(23) ℹ Tél. château : 05 55 89 80 12 ou 05 55 89 09 05
Cet éperon au confluent de la Creuse et de la Sédelle porte les ruines colossales de la citadelle de Crozant, conçue pour abriter 10 000 soldats.
👁 En aval, le **barrage d'Éguzon,** le premier grand barrage français (construit en 1929), à partir duquel s'étend le **lac Chambon.**

807 Cruas

 44/F5

(07) ℹ Tél. : 04 75 49 59 20
Une fine pellicule blanche, provenant de carrières exploitées par des cimenteries, recouvre ce village bordé par le canal du Rhône, où des bénédictins fondèrent une abbaye au XIe s. Son église, inspirée par l'architecture lombarde, est un bel édifice qui servit de modèle à ceux de la région ; elle comporte une remarquable tribune monastique, qui occupe deux travées de la nef, et une crypte romane. La cité conserve des maisons médiévales et une chapelle-donjon.

808 Crussol (Château de)

 44/F4

(07) En face de Valence, de l'autre côté du Rhône, les ruines du château, véritable nid d'aigle, coiffent le sommet de la montagne.

809 Dargilan (Grotte de)

 44/B7

(48) ℹ Tél. : 04 66 45 60 20 👁 petit itinéraire p. 402
Creusée dans la corniche du causse Noir, elle s'ouvre sur la grande salle du Chaos. Le couloir des Cascades pétrifiées conduit à l'étage inférieur.

810 Dôme (Puy de)

 35/J8

(63) ℹ Tél. route à péage : 04 73 62 12 18
Cette pyramide arrondie est à la fois le point culminant (1 465 m) et le centre de la chaîne des monts Dôme. Montagne sacrée, sanctuaire celte du dieu Lug, puis romain de Mercure, le puy est constitué d'une masse de lave claire, recouverte de scories et de coulées de basalte. Du col de Ceyssat, un sentier serpente jusqu'au sommet (1 h), qui accueille diverses installations scientifiques. Une route à péage permet d'y accéder en voiture, une voie romaine à pied. ⁂ sur l'immense cohorte des volcans d'Auvergne et les Alpes. Le meilleur moment pour leur rendre hommage est le coucher du soleil, lorsque le feu semble les ranimer.

TEMPLIERS ET HOSPITALIERS

Ces ordres religieux et militaires apparurent à Jérusalem au début du XIIe s. Ils hébergeaient, soignaient les pèlerins, et protégeaient les lieux saints. Rapidement, cette vocation l'emporta et ils formèrent de véritables milices dans lesquelles s'enrôlaient les chevaliers les plus valeureux. Constituant des refuges sûrs dans une Terre sainte sans cesse menacée, les maisons des templiers servirent de coffres-forts et de banques. L'ordre s'enrichit et s'implanta également en Occident, comme à **La Couvertoirade.** Mais Philippe IV le Bel prit ombrage de cette puissance financière et, par un procès retentissant (1307-1314), fit disparaître l'ordre, après avoir condamné à mort ses principaux dirigeants.

LE VIVARAIS

Cet ancien pays languedocien se situe à la fois dans le Massif central et la vallée du Rhône. Au nord, le haut Vivarais prolonge le Pilat et le Velay. Le pays des Boutières, où l'on pratique l'élevage, est couvert de sombres sapinières, tandis que le Mézenc est une coulée basaltique d'où émergent de nombreux sucs. Dans le couloir rhodanien, les vergers ont colonisé les coteaux ; le **rocher de Crussol** domine la vallée. Le Coiron, parcouru par les moutons, crée un trait d'union entre le haut et le bas Vivarais. Au-delà, le climat se fait déjà méditerranéen : c'est le « Midi moins le quart ». Le massif de Tanargues, à l'ouest, est le prolongement des Cévennes. Le plateau des Gras annonce les garrigues ; il est percé d'avens et creusé de profondes gorges, dont celles de l'Ardèche.

La Couvertoirade

1 Une lavogne, mare circulaire dans laquelle les brebis viennent s'abreuver

2 La croix de Malte, emblème de l'ordre des Templiers

Les gorges de la Creuse

3 La cascade des Moulines

Le puy de Dôme

4 Le point culminant des monts Dôme

5 Vue panoramique des volcans ; à droite, le puy de Dôme

811 Dorat (Le)

34/D6

(87) Tél. : 05 55 60 76 81

L'influence poitevine est sensible dans la collégiale romane Saint-Pierre, coiffée d'un clocher octogonal surmonté d'une flèche. Construite dans la première moitié du XIIe s., elle est restée presque intacte, avec son portail polylobé, son déambulatoire et sa crypte. Le mur d'enceinte de la ville, dont fait partie la porte Bergère, est encore debout, et soutient de pittoresques jardins en terrasses.

812 Dordogne (Gorges de la)

42/F3

(19) Tél. : Argentat : 05 55 28 16 05

Entre le site de Saint-Nazaire et Argentat, la Dordogne coule dans une vallée encaissée, coupée par plusieurs barrages de retenue offrant de beaux points de vue sur la rivière. En aval de Marèges, la route des Ajustants (D 168E) suit le cours d'eau bordé d'abrupts coteaux boisés. Elle permet de découvrir le barrage de l'Aigle et le pont suspendu de Saint-Projet, que l'on atteint par la D 105. En aval, depuis le belvédère de Chastang (D 29), sur le lac ; et, de la route, sur les châteaux de Servières et de Gibanel.

813 Dourbie (Gorges de la)

44/A8

(12) Tél. Gorges du Tarn, Causse, Dourbie : 05 65 59 74 28

La Dourbie sépare le causse du Larzac du causse Noir et du mont Aigoual par des gorges très variées. La D 991, qui les longe, offre de nombreux promontoires. De Nant à La Roque-Sainte-Marguerite, la vallée se resserre jusqu'au joli village perché de Saint-Véran. Ses versants escarpés sont dominés par des rochers ruiniformes, ceux du Rajol notamment. La route suit la rivière jusqu'à Millau.

814 Doux (Gorges du)

44/F3

(07) Au-dessus de la vallée du Rhône, le Doux s'encaisse dans le granite, sautant de cascade en cascade. À Tournon, la D 534 enjambe la rivière par l'arche unique du Grand Pont, et remonte les gorges sauvages au milieu de chênes verts et de genêts. Plus au sud, la D 534 franchit le pont de Duzon, qui surplombe le torrent de 50 m. Sur la gauche, un sentier de 2 km suit le cours d'eau et conduit aux cuves de Duzon ; la rivière se précipite en grondant dans des marmites de géants, creusées dans la roche par la turbulence des eaux.

815 Ébreuil

36/A6

(03) Tél. mairie : 04 70 90 71 33. Tél. château de Veauce : 04 70 58 53 27

L'église Saint-Léger (Xe-XIIIe s.) de ce bourg était celle d'une abbaye bénédictine. Elle contient plusieurs éléments remarquables, dont un clocher-porche, des fresques du XIIe s. et la châsse du saint. Les bâtiments conventuels ont été aménagés en hôpital-hospice au XVIIIe s.

à 8 km (N) l'église de **Veauce** (XIIe s.), construite en belles pierres dorées, qui se trouve tout près du château. Celui-ci, bâti entre le IXe et le XVe s. mais remanié à la Renaissance et au XIXe s., comporte de nombreuses galeries bien aménagées.

816 Effiat (Château d')

36/A6

(63) Tél. : 04 73 63 64 06

Sur la route de Vichy, l'édifice construit par le marquis de Coiffier-Ruzé – le père de Cinq-Mars – est un bel exemple du style Louis XIII. Le portail, en lave de Volvic, les jardins à la française et la noble façade invitent à découvrir l'intérieur chargé de l'histoire du jeune favori du roi, conspirateur contre Richelieu.

à moins de 10 km (S-E), par les D 984 et D 12, le **château de la Roche,** manoir féodal qui a vu naître Michel de L'Hospital (1505-1573), désormais fermé au public.

LES LIMAGNES

Cet ensemble est séparé en deux : la Grande Limagne, centrée sur l'Allier, dont font partie **Ébreuil** et **Effiat,** et les Limagnes du Sud ou Petite Limagne (Issoire et Brioude). Lors de l'apparition des Alpes, la région a été faillée. Certains blocs se sont effondrés, formant des fossés que l'on appelle en Auvergne des limagnes, où des lagunes et des lacs se sont installés. La Grande Limagne mesure 60 km de long sur 40 dans sa partie la plus large. Au centre, le marais est un secteur aux terres noires et fertiles. Le pays des Buttes (Clermont-Ferrand) est formé de calcaires ou de roches cristallines, alors qu'à l'est les Varennes (Puy-Guillaume) sont envahies de sables. Les limagnes d'Issoire et de Brioude, plus accidentées, sont soumises aux inondations de l'Allier.

CINQ-MARS (1620-1642)

Le marquis Henri de Cinq-Mars était le fils d'un ami intime de Richelieu, le maréchal Antoine Coeffier de Ruzé d'**Effiat,** qui occupa les charges de conseiller du roi et d'ambassadeur de France en Angleterre. Introduit à la cour, Cinq-Mars sut gagner l'amitié du souverain, qui le nomma grand écuyer de France. Mais, abusant de la protection royale à des fins très personnelles, il inquiéta Richelieu, qui s'opposa à plusieurs de ses projets. Le marquis trama alors, avec l'aide de plusieurs grands du royaume, dont Gaston d'Orléans, le frère de Louis XIII, un complot contre le cardinal. La conspiration fut découverte, et Cinq-Mars, condamné à mort, fut décapité à Lyon.

Le Dorat

1 Le chœur et le déambulatoire de la collégiale romane

La vallée de la Dordogne

2 Le lac de Chastang

Les gorges de la Dourbie

3 Les versants escarpés de la rivière sont dominés par des rochers ruiniformes.

Ébreuil

4 Au bord de la Sioule, le bourg abrite une belle église romane, ornée de fresques.

Le château d'Effiat

5 La demeure, de style Louis XIII, surmontée de hauts combles couverts d'ardoise

817 Ennezat

 36/A7

(63) ℹ Tél. mairie : 04 73 63 80 14

L'ancienne collégiale (appelée cathédrale des Marais) de ce bourg de la Limagne est composée de deux parties franchement distinctes : la nef et le transept sont construits en pierres claires dans le style roman ; le chœur et les chapelles rayonnantes, en lave, sont gothiques. La partie la plus ancienne vaut surtout pour son harmonieuse architecture, la seconde pour les œuvres qu'elle renferme : fresque, pietà en bois...

818 Espagnac-Sainte-Eulalie

  42/F6

(46) ℹ Tél. mairie : 05 65 40 09 17

Étageant ses vieilles maisons à tourelles et clochetons sur la rive gauche du Célé, le village entoure l'église de style flamboyant de l'ancien prieuré des chanoinesses Notre-Dame-du-Val-Paradis. Son clocher, original, supporte une chambre carrée à colombages.

819 Espalion

 43/J6

(12) ℹ Tél. : 05 65 44 10 63. Tél. Calmont d'Olt : 05 65 44 15 89

Le palais Renaissance, les maisons anciennes et le Pont-Vieux (XIe s.) en grès rouge – ses trois arches sont illuminées les soirs d'été – se mirent avec quiétude dans le Lot. L'église Saint-Jean, devenue le musée Joseph-Vaylet, abrite des collections d'art et de tradition populaire, et l'ancienne maison d'arrêt présente les mœurs et les costumes rouergats. L'avenue de la Gare conduit à la très belle église de Perse, dédiée à saint Hilarion.

👁 à 3,5 km (S) le **château de Calmont-d'Olt,** qui se dresse sur un piton rocheux. Une animation audiovisuelle retrace l'histoire de cette forteresse médiévale et explique sa vocation défensive. ⁂ sur la vallée du Lot, l'Aubrac et le causse Comtal.

👁 à 4 km (O), à **Bessuéjouls,** la charmante chapelle romane en grès rose de l'église Saint-Pierre (XIe s.), qui a accueilli, pendant longtemps, les pèlerins en route pour Saint-Jacques-de-Compostelle.

820 Espaly (Rocher d')

 44/C3

(43) Aux alentours de la commune d'Espaly-Saint-Marcel, de nombreux belvédères permettent de découvrir le Velay, et notamment le piton d'Espaly, jadis surmonté d'un château, et celui de l'Ermitage. Depuis le rocher Saint-Joseph, ⁂ sur le Puy-en-Velay et sur les orgues d'Espaly. Ces hauts tuyaux de basalte (20 m), nés d'une coulée du volcan de la Denise, dominent la Borne. Un sentier partant de l'Ermitage, sur la N 102, permet d'y accéder.

821 Falgoux (Cirque du)

 43/H3

(15) À partir du village du Falgoux, la D 12 descend en pente raide dans la vallée du Mars jusqu'à ce profond cirque glaciaire, creusé à plus de 500 m au-dessous des crêtes. La vallée du Falgoux s'ouvre dans cet amphithéâtre entouré de forêts et de rochers aux couleurs changeantes, qui font tout son charme. Le village est le point de départ de nombreuses promenades. Dès la sortie, un sentier part de la D 37 et conduit au roc des Ombres (1 647 m), puis au rocher du Merle.

822 Figeac

 42/F5

(46) ℹ Tél. : 05 65 34 06 25

Cette ancienne place protestante a gardé son plan médiéval. De nombreux bâtiments en grès, dont la plupart s'ouvrent au rez-de-chaussée par de vastes ogives, bordent ses rues resserrées. L'hôtel de la monnaie – celle-ci était frappée ici sous Philippe le Bel – illustre bien cette architecture locale. La cité évoque le souvenir de Jean-François Champollion – le déchiffreur des hiéroglyphes égyptiens – dans un musée aménagé dans sa maison natale et sur le sol de la place des Écritures, couvert d'une reproduction géante de la pierre de Rosette.

LE CAUSSE DE GRAMAT

À Cardaillac, au nord de FIGEAC, les sites du Musée éclaté (séchoirs à châtaignes, maison du Sémalier, école...) évoquent la vie d'autrefois. Lacapelle-Marival conserve un château et des halles du XVe s. et Assier, une église, ornée à l'extérieur d'une frise et un château Renaissance. Dans la vallée du Célé, celui de Ceint-d'Eau (XVe et XVIe s.) est remarquable.

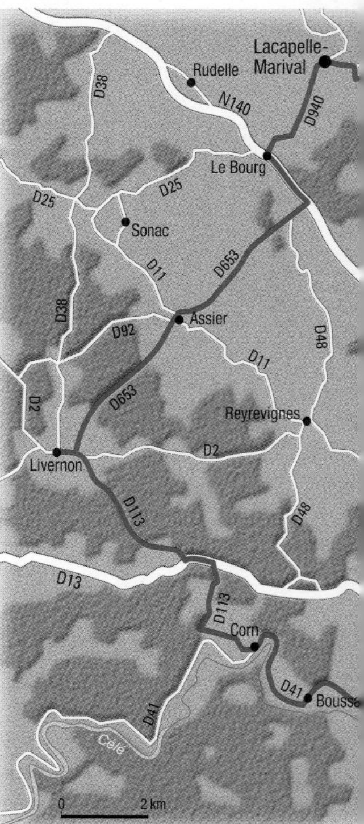

JEAN-FRANÇOIS CHAMPOLLION (1790-1832)

Les noms de Champollion et de **Figeac** sont liés à la pierre de Rosette, découverte lors de l'expédition de Bonaparte en Égypte. Elle porte gravée en deux langues et trois écritures un décret du souverain Ptolémée V Épiphane (196 avant J.-C.). En l'étudiant, Champollion perça à jour le secret des hiéroglyphes. Il se passionna pour l'égyptologie. Créateur et premier conservateur du département consacré à cette science au musée du Louvre, il dirigea de 1828 à 1830 une expédition scientifique en Égypte avant d'être nommé, en 1831, professeur d'archéologie au Collège de France.

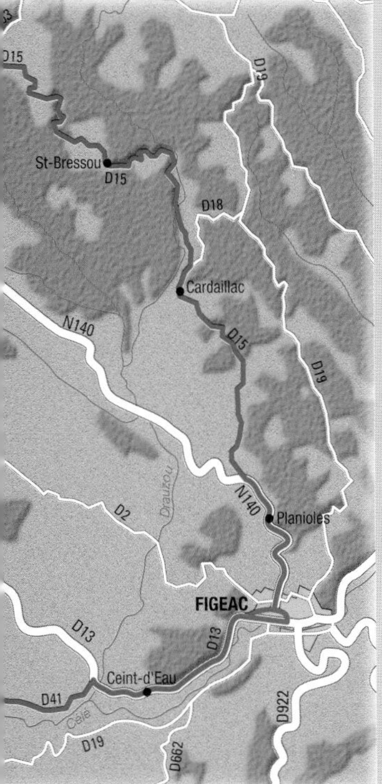

Ennezat, l'église

1 Peinture à la cire de 1405, qui représente le Jugement dernier

2 Détail d'une fresque du XVe s., *la Rencontre des trois vifs et des trois morts*

Espagnac-Sainte-Eulalie

3 L'église et l'ancien prieuré

Figeac, l'église Saint-Sauveur

4 Un bas-relief peint et doré

5 Un des panneaux illustrant le thème de la Passion

823 Forez (Monts du)  36/C8

(42) Le versant occidental, auvergnat, de la chaîne formée par ces monts granitiques sur 45 km environ, est le plus abrupt. Sur ses pentes s'étagent jusqu'à 1 000 m les villages et les champs, puis commencent les forêts de sapins, et les pâturages au-delà de 1 300 m. depuis la D 67 (N), à proximité d'Ambert. Le beau cirque de Valcivières doit être contemplé depuis le rocher de la Volpie, les monts du Livradois depuis le col du Béal.

824 Fourchaud (Château de)  36/A5

(03) ¿ Tél. Moulins : 04 70 44 14 14
Posée, au sud de Moulins, au milieu des champs, cette imposante forteresse médiévale (XIVe s.) force le respect avec ses tours en poivrière et son gros donjon (ne se visite pas).
de l'autre côté de la N 145, le château du Vieux Bostz (XVe-XVIe s.).

825 Garabit (Viaduc de) 44/A4

(15) ¿ Tél. promenades en bateau : 04 71 23 49 40
Résille d'acier de 564 m de long, ce pont ferroviaire associe la prouesse technique à la réussite artistique. Son arche unique a été jetée à 120 m au-dessus de la Truyère par Eiffel, sur les plans de l'ingénieur Boyer – cinq ans avant la réalisation de la tour parisienne. Une promenade en bateau sur la rivière est un agréable moyen de découvrir le viaduc.

826 Garde-Guérin (La)  44/C6

(48) ¿ Tél. mairie de Prévenchères : 04 66 46 01 58
Isolé au milieu d'un plateau, ce village fortifié du XIIe s. domine des rochers déchiquetés. Interdit à la circulation automobile, il a retrouvé son visage d'antan et sa silhouette montagnarde. Les maisons parfaitement identiques des pariers, les nobles qui s'étaient installés ici, sont désormais occupées par des bergeries. Du donjon, jusqu'au mont Ventoux.
à 1 km le **belvédère du Chassezac** : sur les gorges du même nom.

827 Gargan (Mont)  34/E8

(87) Belvédère admirablement situé à 1 km de Saint-Gilles-les-Forêts, le sommet du mont Gargan (731 m), coiffé par une chapelle en ruine, offre un magnifique sur les monts du Limousin, les Monédières et les collines de la Marche (table d'orientation). La légende veut que Gargantua y soit passé.

828 Gerbier-de-Jonc (Mont)  44/D5

(07) Entre les bassins de la Loire et du Rhône, avec ses 1 551 m, il appartient au massif du Mézenc. Édifié par des éruptions successives, ce dôme de lave se désagrège en plaques et éboulis qui lui donnent à distance l'aspect d'une meule de foin. Les sources de la Loire naissent sur son flanc ouest. La difficulté du chemin pédestre (45 min AR) est largement compensée par la vue sur les plateaux de la Loire et les sucs (sommets) volcaniques, dont celui de la Barre. Par beau temps, on peut voir les Alpes.
à partir des D 237 et D 116.

829 Gergovie (Plateau de)  36/A8

(63) ¿ Tél. maison de Gergovie : 04 73 79 42 98
S'agit-il bien de l'oppidum gaulois, au sud de Nemessos (Clermont-Ferrand), où Vercingétorix affronta victorieusement César ? Même après la lecture approfondie de *la Guerre des Gaules*, certains historiens en débattent encore. La maison de Gergovie présente l'histoire du site, la flore, la géologie et les découvertes archéologiques du plateau. Depuis la terrasse de cette maison, à proximité du monument commémoratif – construit en 1900 –, sur les monts Dôme, la Limagne et la vallée de l'Allier, qu'elle domine d'environ 400 m.

LA LOIRE

Longue de 1 012 km, la Loire – d'un mot qui signifie « eau trouble » en gaulois – traverse 12 départements, et son bassin s'étend sur 117 800 km^2. Elle a un régime très irrégulier en raison de l'imperméabilité des terrains qu'elle traverse et de l'absence de véritables réserves de neige dans le Massif central. Elle prend sa source au **mont Gerbier-de-Jonc,** puis se dirige vers le nord, à travers le Velay. À Vorey, elle s'oriente vers l'est et passe dans des gorges, puis reprend sa direction septentrionale pour entrer dans le bassin de Roanne, où elle dessine des méandres jusqu'à Nevers. Dans le Bassin parisien, elle décrit un immense arc de cercle autour du Berry et de la Sologne, puis se dirige vers l'ouest à partir de Tours. Après s'être encaissé dans le Massif armoricain, le fleuve se jette dans l'Atlantique par un long estuaire de 70 km.

LA VICTOIRE GAULOISE À GERGOVIE

La conquête des Gaules par César s'effectua en plusieurs campagnes de 58 à 51 avant J.-C. Au début de l'année 52, le massacre de Romains à Cenabum (Orléans) marqua le début de l'insurrection des peuples gaulois sous la direction d'un jeune Arverne, Vercingétorix. Averti de ces événements, César quitta l'Italie et partit combattre les armées rebelles à Gergovie. Mais il fut vaincu. Si les pertes romaines ne s'avérèrent pas décisives, la défaite n'en eut pas moins un grand retentissement car le célèbre général s'inclina ici pour la première fois. Néanmoins, la victoire gauloise fut de très courte durée puisque les Gaules furent totalement soumises après Alésia, la même année.

1

2

3

Le viaduc de Garabit

1 Son arche unique, œuvre d'Eiffel, enjambe la Truyère.

La Garde-Guérin

2 Le village fortifié

3 Le donjon de l'ancien château fort

4

5

Le mont Gerbier-de-Jonc

4 Ce dôme de lave domine les sources de la Loire.

5 Pierre signalant la naissance du fleuve

Le plateau de Gergovie

6 Vercingétorix y aurait remporté la victoire sur les légions romaines.

6

830 Gimel-les-Cascades

42/F2

(19) ℹ Tél. cascades : 05 55 21 26 49. Tél. mairie : 05 55 21 25 33
L'église du village abrite une très riche châsse de saint Étienne, ornée d'émaux et de pierres précieuses (XIIe s.).
👁 les **cascades de Gimel.** La Montane tombe ici dans le gouffre de l'Inferno en une succession de trois chutes encaissées – le Grand Saut (45 m), la Redole (27 m) et la Queue-de-Cheval (60 m) –, que permettent de rejoindre de nombreux sentiers partant des parcs Vuillier et Blavignac.

831 Godivelle (Lacs de La)

43/J2

(63) Le lac d'En-Haut (à 1 225 m) est une belle nappe ronde de 14 ha, profonde de 45 m, aux berges régulières prises dans un ancien cratère. Celui d'En-Bas (1 200 m), cerné de tourbières, ressemble davantage à un étang (15 ha). De nombreux oiseaux y transitent lors de leurs migrations. Les solides bâtisses en granite du hameau de La Godivelle sont calées entre ces deux étendues d'eau.

832 Gourdon

42/D5

(46) ℹ Tél. : 05 65 27 52 50. Tél. grottes de Cougnac : 05 65 41 47 54
Repliée sur une colline jouissant d'une vue panoramique sur les environs, l'ancienne cité médiévale a conservé une porte fortifiée, de vieux logis à encorbellement et une église gothique, Saint-Pierre.
👁 à 3 km (N) les **grottes de Cougnac,** qui sont classées monuments historiques. Dans la première, une rivière a façonné des coupoles et des marmites de géants, ainsi que des stalactites translucides. La seconde est décorée de fresques paléolithiques ocre et noir.

833 Guéret

34/F6

(23) ℹ Tél. : 05 55 52 14 29. Tél. musée de la Sénatorerie : 05 55 52 07 20
Guéret dormait, bercée par le chant de ses élégantes fontaines, quand Marcel Jouhandeau – ami de Giraudoux et de Cocteau –, né ici, la réveilla brusquement en publiant *Chaminadour* (1934), nom dont il baptisa la ville. L'hôtel des Moneyroux, de style gothique, le musée de la Sénatorerie, installé dans un parc aux essences rares et intéressant pour la salle du Trésor d'orfèvrerie, méritent une visite.
👁 au-dessus de la cité la colline volcanique du **puy de Gaudy,** qui est ceinturée d'un rempart de 1 500 m de long, dont le granite a été vitrifié à l'époque gallo-romaine selon une technique qui n'a jamais été retrouvée.

834 Issarlès (Lac d')

44/D5

(07) Accessible depuis le village par la D 37, ce lac de montagne (90 ha) surplombe la Loire et la Veyradeyre. De forme ovale régulière, profond de 138 m, il ne possède ni source ni exutoire apparents. Il a été aménagé pour alimenter la centrale hydroélectrique de Montpezat, sauf en été, où il attire alors de nombreux baigneurs.

835 Issoire

44/A1

(63) ℹ Tél. : 04 73 89 15 90
Au cœur de la vieille ville, dont les rues étroites furent le théâtre sanglant des guerres de Religion, l'abbatiale Saint-Austremoine (XIIe s., remaniée au XIXe s.) se distingue par la perfection de sa silhouette. Le très beau chevet illustre l'architecture romane auvergnate. L'édifice présente une riche décoration, tant extérieure qu'intérieure, avec 420 chapiteaux historiés – ceux du chœur sont consacrés à la Cène. La crypte est l'une des plus belles d'Auvergne.
👁 le **puy d'Ysson** (S-O), par la D 32 conduisant à Solignat, d'où un sentier balisé permet de monter (1 h) au sommet du cratère (856 m). De là, ☀ sur les monts Dore, la partie basse de l'Auvergne et la vallée des Couzes. À son pied se détache l'aiguille basaltique de Vodable.

BALADE DANS LE LIVRADOIS

Au sud d'ISSOIRE se dresse le château de style classique de Parentignat, avec sa cour d'honneur et son parc à l'anglaise. Par Saint-Rémy-de-Chargnat, on gagne ensuite Usson, accroché à un roc granitique – et privé depuis Richelieu de son château, où fut emprisonnée la reine Margot.

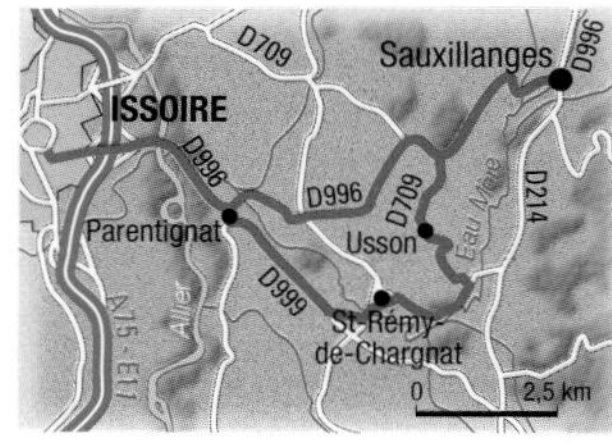

Au sommet du rocher s'élève une chapelle surmontée d'une statue de la Vierge. Sauxillanges, au nord, se développa autour d'un monastère fondé au Xe s. – où étudia Pierre le Vénérable –, dont il subsiste le cloître, le dortoir des moines et la chapelle du Prieur. L'église abrite des œuvres d'art de qualité.

JOACHIM MURAT (1767-1815)

Né à Labastide-Fortunière, aujourd'hui Labastide-Murat, au sud-est de **Gourdon,** Joachim Murat connut, grâce à l'épopée napoléonienne, une ascension sociale vertigineuse. Engagé à 20 ans dans l'armée, il se trouva le 13 Vendémiaire (en 1795) aux côtés de Bonaparte pour réprimer l'insurrection royaliste qui menaçait le Directoire. En Italie (1796), Murat devint son aide de camp et l'accompagna, en 1799, en Égypte. Il se maria, l'année suivante, avec Caroline Bonaparte, la sœur du Premier consul. Murat accumula les honneurs et les titres les plus prestigieux, dont celui de roi de Naples (1808). Mais sa chute fut tout aussi spectaculaire : après les Cent Jours, il fut arrêté et fusillé en Calabre. Le musée aménagé dans sa maison natale retrace ce parcours hors du commun.

Gimel-les-Cascades

1 Les impressionnantes cascades plongent dans le gouffre de l'Inferno.

Le lac d'Issarlès

2 Il occupe le cratère de l'ancien volcan de Cherchemus.

Issoire

3 L'un des chapiteaux du chœur dans l'abbatiale Saint-Austremoine

4 La maison natale, à arcades, du docteur Roux, premier chercheur à mettre en valeur l'action de la pénicilline

836 Jaujac (Coupe de)

44/D5

(07) À partir de la D 19, au sud de la cité aux maisons anciennes (XVe-XVIe s.), d'agréables sentiers conduisent à ce volcan du quaternaire au cône largement égueulé. De ses flancs tapissés de châtaigniers, de pins et de genêts jaillissent des sources minérales.

👁 la **coulée basaltique de Jaujac** (N), longée par la D 5. Elle impressionne par la régularité et la verticalité de ses orgues, dont certaines arborent une couleur gris-bleu presque métallique.

837 Jonte (Gorges de la)

44/A7

(48) Entre Meyrueis et le Rozier, la Jonte sépare le causse Noir du causse Méjean par un étroit sillon, profond de 300 m, que suit une route carrossable (D 996). À 5 km de Meyrueis, en aval, on aperçoit d'abord deux grottes – celles de la Vigne et de la Chèvre – puis, surmonté d'une chapelle, le roc Saint-Gervais, qui ressemble à une tour. Le belvédère des Terrasses permet ensuite d'admirer les parois verticales et colorées de ces gorges, le rocher de Saint-Michel et les Vases de Sèvres et de Chine, colonnes de roche en équilibre au-dessus du vide. Après Le Truel, en descendant vers Le Rozier, on atteint le rocher de Capluc. Le hameau abandonné du même nom s'adosse à la corniche du causse Méjean, qui offre un paysage spectaculaire. Une échelle métallique puis un escalier de pierre conduisent au sommet du rocher, qui domine de ses 250 m la confluence de la Jonte et du Tarn.

838 Lapalisse

36/B5

(03) ℹ Tél. château : 04 70 55 01 12

Le village de Lapalisse situé sur les bords de la Besbre, dont la belle vallée est particulièrement riche en châteaux, est dominé par une importante forteresse. Elle appartint à Jacques II de Chabannes, seigneur de La Palice, maréchal de France mort à Pavie en 1525, et héros de la célèbre chanson (créée par ses soldats) *Monsieur de La Palice* – ancienne orthographe du nom. La demeure offre un mobilier et une décoration intéressants, dont un salon orné de tentures flamandes et d'un plafond à caissons dorés. Une collection de drapeaux est exposée dans les communs du château.

839 Lassalle (Découvertes de)

43/G6

(12) ℹ Tél. : 05 65 43 18 36

Il s'agit de gigantesques entonnoirs dans lesquels l'exploitation du gisement houiller, développé par le duc Decazes, se faisait à ciel ouvert. Au sud de Decazeville, ces mines sont accessibles par la D 5, vers Aubin. On peut compléter cette visite par le Musée régional de géologie. Depuis la route du Moulinou et la route minière, où des belvédères ont été aménagés, ☼ sur le site.

840 Lassolas et la Vache (Puys de)

35/J8

(63) ℹ Tél. château de la Bâtisse : 04 73 79 41 04

Ces cônes de scories rouges, boisés grâce aux travaux du comte de Montlosier et très agréables en été, témoignent du volcanisme auvergnat le plus récent. Proches l'un de l'autre, ils s'élèvent respectivement à 1 195 m et 1 167 m. Ils sont accessibles depuis le hameau de Randanne, au sud de Saint-Genès-Champanelle (N 89).

👁 la **cheire d'Aydat,** au sud-est en direction de Saint-Amant-Tallende. Cette longue coulée de lave noirâtre (6 km), issue du flanc sud du puy de la Vache, a bouché la vallée de la Veyre et emprisonné le **lac d'Aydat,** plan d'eau de 60 ha situé à 825 m d'altitude. Doté d'une petite île, il est entouré de bois et de prairies. Outre des parties de pêche, il offre de belles promenades. ☼ Depuis le sommet du **puy de la Rodde,** accessible à pied à partir d'Aydat.

👁 le **château de la Bâtisse** (E) par la N 89 puis en direction de Chanonat ; il abrite un riche mobilier, des tapisseries, des armes...

LES CHÂTEAUX DE LA VALLÉE DE LA BESBRE

On entre dans la vallée de la Besbre, ponctuée de nombreux châteaux, à LAPALISSE. Après celui du Vaux-Chambord et son donjon du XIIe s., on gagne celui, Renaissance, de Jaligny-sur-Besbre, village qui conserve des maisons à colombages et une église romane très remaniée.

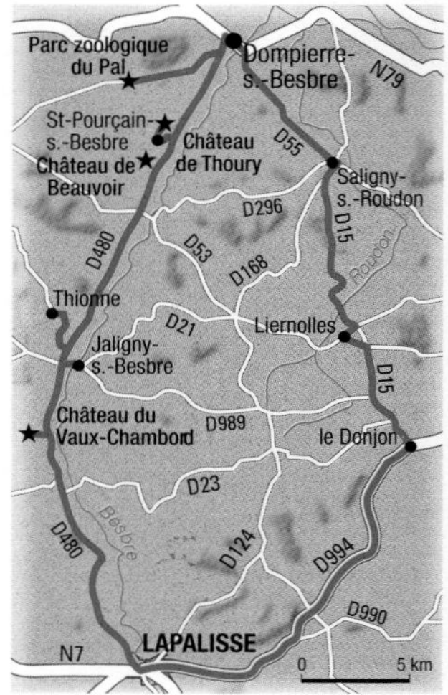

De part et d'autre de Saint-Pourçain-sur-Besbre se dressent les châteaux de Beauvoir (XIIe s.) et de Thoury. Après un détour par le parc zoologique du Pal, on rejoint ensuite Dompierre-sur-Besbre. De là, on abandonne alors la vallée pour sillonner la campagne bourbonnaise, en passant par Saligny-sur-Roudon.

LE CHARBON

Le charbon (ou, mieux, la houille), découvert notamment à **Lassalle,** est une roche sédimentaire composée de débris végétaux (bois, feuilles, spores). On en distingue trois types, selon sa teneur en carbone et son pouvoir calorifique : la houille grasse (80 % de carbone) est terne, se réduit en poudre facilement et dégage une grande quantité d'hydrocarbures en brûlant. La houille maigre (90 %) est l'archétype du charbon. L'anthracite (du grec *anthrax,* charbon), enfin, est le plus riche en carbone (plus de 90 %). D'un noir brillant, il brûle sans dégager de fumée et son pouvoir calorifique est élevé.

1

2

Près de la coupe de Jaujac, la coulée basaltique

1 Les orgues parfaitement régulières qui en sont issues

Les gorges de la Jonte

2 Les rebords vertigineux des Grands Causses les dominent.

3

Lapalisse

3 L'imposant château de style Renaissance italienne appartient, depuis toujours, à la famille de Chabannes.

4

Le puy de la Vache

4 Cône de scories rouges, témoin du volcanisme auvergnat récent

Près des puys de Lassolas et de la Vache, le lac d'Aydat

5 Entouré de bois et de prairies, il offre de belles promenades.

5

841 Limoges

 34/D7

(87) ℹ Tél. : 05 55 34 46 87

La capitale du Limousin, centre de l'émaillerie et de la porcelaine depuis fort longtemps, a des origines gallo-romaines. Cité des troubadours, elle fut un important foyer culturel aux XIIe et XIIIe s. avant de connaître, jusqu'au XVIIe s., un long repli dû à son enclavement, ce qui lui a permis en contrepartie de préserver son héritage architectural. Belle réussite du gothique, la cathédrale Saint-Étienne, commencée en 1273, ne fut achevée qu'au XIXe s. Son clocher-porche (haut de 62 m) est constitué d'une base romane. Le portail flamboyant s'ouvre, à l'intérieur, sur un remarquable jubé à colonnes ; tombeaux autour du chœur.

Au musée national Adrien-Dubouché, plus de 10 000 pièces retracent l'histoire de la céramique et des porcelaines : les pièces fabriquées par les manufactures locales – celles-ci se visitent, place Wilson – sont bien sûr mises en avant. Le musée de l'Évêché conserve une belle collection d'émaux ; depuis ses jardins en terrasses, ⁂ sur la Vienne.

La crypte de l'ancienne abbaye Saint-Martial (dont les éléments d'architecture s'échelonnent de l'époque gallo-romaine au XIIIe s.) ; l'église-halle Saint-Michel-des-Lions (XIVe-XVIe s.) ; les maisons anciennes de la rue de la Boucherie ; les ponts Saint-Étienne, à huit arches (1210), et Saint-Martial (construit en 1215 sur une base romaine) ; la gare des Bénédictins (1929), qui est un exemple intéressant de style Art déco, sont dignes de l'importance régionale de cette préfecture.

LES ÉMAUX DE LIMOGES

La technique est connue depuis l'Antiquité, mais c'est au XIIe s. que Limoges devint célèbre pour la qualité de ses émaux : émaux cloisonnés dans un dessin de bandelettes de métal, émaux champlevés exécutés sur une plaque de cuivre creusée. Les deux techniques, qui utilisent des poudres colorées se transformant en émaux de couleurs vives à la cuisson, furent détrônées au XIVe s. par celle de l'émail peint au pinceau. Il est à remarquer que si la qualité de la production avait sérieusement baissé pour satisfaire les goûts d'une clientèle touristique, friande de copies de tableaux de Fragonard par exemple, quelques maîtres émailleurs ont décidé de rompre avec la facilité et de faire œuvre de création. C'est le cas de quelques ateliers voisins de l'office du tourisme.

842 Loire (Gorges de la)

 44/D2

(42) Entre Saint-Paul-en-Cornillon et Saint-Rambert-sur-Loire, la D 108 domine la Loire, ⁂ sur l'ensemble des gorges. Le promontoire de Saint-Victor-sur-Loire s'avance en presqu'île dans la retenue créée par le barrage de Grangent. 3,5 km avant Saint-Rambert, une petite route à droite y conduit et permet d'admirer l'île de Grangent. Les vestiges d'un château médiéval (XIIe s.) et une petite chapelle s'y dressent.

843 Lot (Vallée du)

 42/F6

(46) ℹ Tél. Cahors : 05 65 53 20 65. Tél. Centre d'Art : 05 65 40 78 19

Avant d'être rejoint par le Célé, le Lot forme de nombreux méandres et coule au pied de versants souvent escarpés. La D 662 suit cette belle vallée et propose de superbes points de vue comme celui du saut de la Mounine, qui surplombe la rivière de 150 m et permet d'apercevoir les ruines du château fort de Montbrun. À Carjac, où le président Pompidou avait une propriété, le Centre régional d'Art contemporain – créé en 1989 – accueille des expositions d'œuvres contemporaines ; Soulages, Bissière et Hartung firent la notoriété de ce centre. Les vestiges de la forteresse de Calvignac puis celle de Cénevières apparaissent ensuite. Enfin, depuis le belvédère de Bancourel, sur la D 40 vers Bouziès, ⁂ sur un large méandre du Lot, sa confluence avec le Célé et l'étonnant village de Saint-Cirq-Lapopie.

SAINT MARTIAL

L'évêque et « historien » Grégoire de Tours fait de Martial l'un des sept évêques évangélisateurs de la Gaule. Il fut envoyé, par saint Denis, au milieu du IIIe s., évangéliser le peuple gallo-romain. Il prêcha en Aquitaine, dans le Rouergue, le Poitou et la Saintonge avant de parvenir à **Limoges** où il convertit Valérie, la fiancée du gouverneur romain. Condamnée au supplice au nom de sa foi, elle mourut en martyre. Quant à Martial, il fut élu évêque de la ville. Son tombeau devint un haut lieu de pèlerinage et, à l'époque carolingienne, une abbaye fut élevée à son emplacement. Située sur l'une des nombreuses routes menant à Saint-Jacques-de-Compostelle, elle fut au Moyen Âge un grand centre spirituel.

844 Lozère (Mont)

 44/C6

(48) ℹ Tél. écomusée : 04 66 45 80 73

Entre les vallées du Lot et de l'Allier, du Tarn et du Luech, le mont Lozère s'étire, d'est en ouest, sur 35 km. Ses plateaux pelés lui ont valu le surnom de mont Chauve. Ses paysages contrastés – landes, pâturages, forêts de résineux – sont érodés par le ruissellement des torrents (cascades des Runes et de la Lozerette). Le sommet de Finiels (1 699 m) en est le point culminant. Depuis le col de Finiels (1 541 m), ⁂ sur les Grands Causses, le massif du Tanargue, le mont Aigoual.

👁 au sud le **pic Cassini** (1 680 m), au pied duquel le Tarn prend sa source. Depuis son sommet, la vue y est encore plus somptueuse : ⁂ sur les Alpes et, par temps clair, sur le mont Ventoux. Il est accessible à pied à partir du gîte du Mas de la Barque. De là part également un sentier d'observation, aménagé à l'initiative de l'écomusée du mont Lozère (à Pont-de-Montvert) et destiné à présenter le milieu naturel.

1

Limoges

1 Le portail Saint-Jean de la cathédrale Saint-Étienne

2 Le Musée municipal, ou musée de l'Évêché

3 La gare des Bénédictins

2

4

3

La vallée du Lot

4 On peut la découvrir, en bateau, au départ de Cahors.

Le mont Lozère

5 Les paysages contrastés de landes, de pâturages et de tourbières s'étendent sur 35 km.

6 Chaos de blocs granitiques

6

5

Les fromages d'Auvergne

Un appétissant plateau

Auréolée des 365 fromages que la légende lui prête, la France offre le plus beau plateau de fromages au monde. L'Auvergne participe pour une large part à la richesse de cette palette gastronomique puisque, en plus des gaperon, murol, bleu de Laqueuille, brique du Forez et saint-amour, elle fabrique un quatuor de fromages renommés : cantal, saint-nectaire, fourme d'Ambert et bleu d'Auvergne, tous protégés par une AOC (appellation d'origine contrôlée). À Égliseneuve-d'Entraigues, la maison des Fromages d'Auvergne met en scène l'histoire et les techniques de fabrication de ces quatre merveilles, produites dans le parc des volcans d'Auvergne, qui présentent toutes les saveurs du terroir dont elles sont originaires.

Vaches salers :
une race couleur châtaigne

Aubrac :
la région du fromage fermier

La gloire des cantals : le salers

La grand-place de Salers porte le nom de Tyssandier d'Escous (1813-1889), inventeur et promoteur de la race bovine locale, laquelle est reconnaissable à sa robe roux foncé et à ses cornes en forme de lyre. Son lait est à la base de plusieurs fromages de la région, dont le fameux salers. Présenté sous la forme d'un gros cylindre de 35 à 50 kg, c'est un fromage à pâte ferme, pressée, non cuite, demi-dure, sous une croûte épaisse fleurie de taches rouges. Sa saveur de terroir, mi-fruitée, mi-piquante, lui a valu d'être protégé par une AOC. Le label haute Montagne est réservé aux salers fabriqués dans les burons des hauts pâturages d'estivage, du 1er mai au 31 octobre.

Trois siècles au sommet : le saint-nectaire

Ce fromage doit son nom à Henri de Sennectaire, qui le fit connaître à Louis XIV. Depuis lors, on continue à produire du saint-nectaire fermier (estampille ovale) et laitier (étiquette carrée). Fromage à pâte pressée, non cuite et demi-dure, il

Les fêtes de l'estive

En Auvergne, les vaches prennent le chemin de la montagne (Montade) après la fonte des neiges, autour du 25 mai. Les brebis suivent en juin. Les troupeaux ne redescendent dans les vallées qu'aux alentours du 1er octobre (Dévalade). L'estive donne lieu à des réjouissances traditionnelles, notamment à Saint-Chély-d'Aubrac et à Allanche dans le Cantal (pour les vaches), ainsi qu'au col de l'Espéron (pour les brebis). À Besse, la fête de la Montade se déroule le 2 juillet : soixante hommes escortent la statue de la Vierge noire depuis l'église Saint-André jusqu'à la chapelle de Vassivière, d'où elle veillera sur les bêtes. Elle en sera redescendue le dimanche qui suit le 21 septembre, à l'occasion de la fête de la Dévalade.

Transhumance : montée des troupeaux

a acquis son AOC en 1979. Une seule tomme de 1,7 kg exige 15 litres de lait cru de salers. Issu des hauts pâturages de la région volcanique des monts Dore, le saint-nectaire bénéficie de quatre à huit semaines d'affinage en cave, où il perd son acidité et forme sa croûte grise, fleurie de jaune et de rouge. Ce fromage est au mieux de juillet à novembre. À Saint-Nectaire, la ferme Bellonte propose de visiter ses caves médiévales et d'assister à la fabrication du saint-nectaire fermier.

Saint-Nectaire : le fromage est affiné en cave.

Fourme d'Ambert et bleu d'Auvergne

Emblématique de la région, le bleu d'Auvergne n'a été créé qu'au milieu du siècle dernier. Préparé avec du lait de vache (et non de brebis, comme le roquefort), c'est un fromage à pâte persillée, non pressée et non cuite, comme la fourme d'Ambert. Cet autre fleuron de l'Auvergne doit sa forme particulière (un cylindre de 20 cm de haut) et son nom au moule (la fourme) qui contient le caillé. Beaucoup plus ancienne que le bleu, la fourme figure sur le chapiteau d'une chapelle médiévale (La Chaulme, près de Saint-Anthème). Dans la vieille ville d'Ambert, une maison du XIIIe s. abrite le musée de la Fourme. De même que le bleu d'Auvergne compte un rival non moins auvergnat avec le bleu de Laqueuille, la fourme d'Ambert est concurrencée par la fourme de Montbrison.

Chèvres : leur lait entre dans la composition de certains fromages d'Auvergne.

Providence des affamés : l'aligot

Au Moyen Âge, les pèlerins en marche pour Compostelle traversaient les grands espaces sauvages de l'Aubrac. Pour nourrir ces marcheurs de Dieu, les moines de l'abbaye d'Aubrac se devaient de leur donner à manger aliquod (« quelque chose », en latin). Ils eurent l'idée de préparer un plat unique composé de pain et de tomme fondue, issue des pâturages de leur région. Cette tomme fraîche de l'Aubrac, c'est le laguiole (prononcer laïole), et cet aliquod n'est autre que l'aligot. Avec le temps, une purée de pommes de terre a remplacé la mie de pain, mais l'aligot est resté le plat traditionnel des monts d'Auvergne.

Aligot : une étonnante purée à base de tome fraîche

Bon appétit : fromages, charcuteries et vin d'Auvergne

845 Mandailles (Vallée de)

 43/H3

(15) Les orpailleurs recherchaient l'or dans la Jordanne, qui coule au fond de cette belle vallée. Celle-ci s'ouvre sur le cirque de Mandailles, creusé au flanc des puys Chavaroche, Mary et Griou. Des orgues basaltiques jalonnent la montée vers le puy Griou (1 694 m), l'un des volcans d'Auvergne les moins accessibles : 4 h par les sentiers balisés du parc des volcans, avec de l'escalade à l'approche du sommet. En redescendant, en aval de la cascade de Liadouze, la rivière s'enfonce dans une succession de gorges et de défilés encombrés de chaos. La D 17, qui suit la vallée, est souvent impraticable en hiver.

846 Marcilhac-sur-Célé

  42/F6

(46) ℹ Tél. grotte de Bellevue : 05 65 40 63 92. Tél. mairie : 05 65 40 61 43
Le village, bâti dans un cirque, est remarquable avec ses maisons édifiées autour d'une abbaye bénédictine du XIe s. Le corps de saint Amadour a été découvert ici, en 1166. Mais, un siècle plus tard, le monastère se laissa déposséder par l'évêque de Tulle de son autorité sur Rocamadour.

👁 au départ de Marcilhac, en direction du nord-ouest, la route aux virages serrés qui s'élève au-dessus du Célé : ⁂ sur la vallée encaissée, sur le village et les ruines de son abbaye, entouré d'un cirque de falaises. Un agréable sentier balisé (1,2 km) conduit à l'entrée de la **grotte de Bellevue.** Sa visite s'ouvre sur un magnifique spectacle souterrain aux multiples concrétions, comptant notamment la Colonne d'Hercule, des stalactites aux formes étranges et des pilastres de cristal.

847 Maronne (Gorges de la)

  43/G3

(19) ℹ Tél. tours de Merle : 05 55 28 22 31
La vallée est accessible par les D 13 et D 136, qui conduisent d'abord aux six tours de Merle et aux deux donjons bâtis sur un promontoire – le pillard Aymerigot Marchès y chercha refuge en 1380 mais fut capturé peu de temps après. Depuis le sommet de la tour dite des seigneurs de Pesteils, ⁂ sur la Maronne et sur l'un de ses profonds méandres aux parois boisées. Bruyères, chênes et bouleaux se parent de superbes couleurs en automne. La rivière creuse son lit dans les hauts plateaux corréziens et serpente jusqu'à Argentat, où elle rejoint la Dordogne.

848 Marvejols

 44/A6

(48) ℹ Tél. parc du Gévaudan : 04 66 32 09 22
La cité fortifiée au bord de la Colagne, faite ville royale par Philippe le Bel, détruite par l'amiral de Joyeuse parce qu'elle était place protestante et reconstruite sous Henri IV, a conservé ses trois portes monumentales (Soubeyran, Théron et Chanelles) ainsi qu'une partie de ses remparts. On peut voir sur la place Soubeyran une surprenante statue du Vert-Galant exécutée par le sculpteur Auricoste et une autre œuvre de ce dernier place des Cordeliers, *la Bête du Gévaudan,* représentant le loup qui terrorisa la région entre 1764 et 1767.

👁 à 7 km (N), par la N 9, le **parc zoologique du Gévaudan** (4 ha), qui sert de réserve à une centaine de loups. Ils sont facilement visibles grâce à un parcours pédestre d'un kilomètre aménagé autour des enclos.

849 Mary (Puy)

 43/H3

(15) Du pas de Payrol, enneigé à la saison froide, la courte et raide ascension vers le puy Mary se fait à pied sur son versant nord-ouest, à travers bois (1 h 30 AR). Du sommet (1 787 m), ⁂ sur le cirque du Falgoux, la vallée de Mandailles, le Cézallier, les causses (table d'orientation).

👁 le **pas de Peyrol,** qui est le col routier – souvent enneigé dès le mois de novembre – le plus élevé de tout le Massif central (1 582 m). Il permet de passer du puy Mary à celui de la Tourte. Depuis la D 680, ⁂ sur les pentes du Falgoux et sur la belle vallée de l'Impradine après le col, qu'elle surplombe.

LE GÉVAUDAN

Terre sauvage entre l'Aubrac et la vallée de l'Allier, le Gévaudan couvre le département de la Lozère. Au nord-est, la Margeride s'abaisse doucement, à l'est, vers l'Allier. Ces hautes terres mamelonnées sont couvertes de landes, de bruyères, d'airelles et de forêts. Plus au sud, on bute sur les Cévennes. Les causses rouergats se prolongent en Gévaudan, avec ceux de Méjean et de Sauveterre. C'est dans cet ancien pays languedocien, terre d'élevage, qu'a sévi, entre 1764 et 1767, la bête du Gévaudan. Elle s'attaquait aux femmes et aux enfants, dans les régions de Langogne et du Malzieu-Ville. Les loups étant nombreux dans la région, on a attribué ces attaques à l'un d'eux. Mais n'était-ce pas plutôt une bête à deux pattes ?

LES RELIEFS VOLCANIQUES

Les coulées des volcans peuvent être transformées par l'érosion en cheire, surface rugueuse et stérile, ou en planèze, plateau triangulaire érodé par des vallées rayonnantes (Saint-Flour). On parle de trapp lorsqu'elles sont issues d'une éruption fissurale et très étendue. Les nappes basaltiques forment alors des marches d'escalier (Aubrac). Lorsque l'érosion fait disparaître le cône d'un volcan, elle crée un neck, cylindre rocheux vertical (rochers du Puy). Lorsqu'elle met en saillie un filon en forme de muraille, c'est un dyke (Apchon). Les ruissellements créent aussi des réseaux de ravins en étoile, les barrancos. Enfin, les orgues basaltiques sont des prismes dus à un refroidissement rapide d'une coulée de basalte (Bort-les-Orgues).

1

2

3

La vallée de Mandailles

1 La vallée est dominée par la pyramide régulière du puy Griou.

Dans les gorges de la Maronne, les tours de Merle

2 Le repaire de brigands a conservé deux donjons carrés.

Marvejols

3 Le bourg, au bord de la Colagne

Le puy Mary

4 Cette pyramide blanche en hiver devient un immense pâturage au printemps.

4

850 Marzal (Aven de)

 44/E7

(07) ℹ Tél. : 04 75 04 12 45
Signalé en 1892 et redécouvert en 1949, l'aven de Marzal est situé au cœur des gorges de l'Ardèche. Un escalier de 743 marches descend à la salle du Tombeau ; plusieurs salles sont riches en concrétions. La partie aménagée atteint 130 m de profondeur au niveau de celle des Diamants, où scintillent mille feux cristallins. Un musée, véritable zoo préhistorique, a été créé en 1983 pour présenter des reproductions d'animaux préhistoriques grandeur nature.

851 Mauriac

 44/G3

(15) ℹ Tél. : 04 71 67 30 26
Dans les hauts plateaux verts du Cantal, la cité, construite en pierres basaltiques noires, abrite l'une des plus belles églises romanes de la haute Auvergne, la basilique Notre-Dame-des-Miracles. L'intérieur accueille un font baptismal polychrome et deux retables. Une Vierge noire – objet d'un pèlerinage le dimanche qui suit le 9 mai – trône dans le chœur.
👁 à moins de 5 km (S-E), par la D 922, la **cascade de Salins** ; l'Auze tombe de 30 m devant un arc d'orgues basaltiques, puis s'enfonce dans un entonnoir brisé, formant de petits rapides. Le spectacle est magnifique, tout particulièrement au mois de mai.

852 Mazan-l'Abbaye

 44/D5

(07) Du plus ancien édifice cistercien du Languedoc (XIIe s.), construit ici, il ne reste que des vestiges du cloître et l'arc de l'abside de l'abbatiale. Les moines de Mazan fondèrent, en Provence, les célèbres abbayes de Sénanque et du Thoronet. Le château fut bâti avec les pierres des ruines. En prenant la D 239 en direction du sud, ⁂ sur la **source de l'Ardèche,** qui naît au cœur du massif forestier culminant à 1 467 m.

853 Mende

  44/B6

(48) ℹ Tél. : 04 66 94 00 23
La cathédrale Saint-Pierre trône fièrement au sommet de la vieille ville. Sa construction fut entreprise au XIVe s. par le pape Urbain V, natif de la région. À l'intérieur, sa triple nef abrite huit tapisseries d'Aubusson, une Vierge noire du XIe s. et le battant de la Non-Pareille, une cloche qui pesait 20 tonnes. Autour de l'édifice, les ruelles sont bordées de maisons à pans de bois (XVe-XVIIIe s). En contrebas, un joli pont médiéval enjambe le Lot.

854 Meymac

   43/G1

(19) ℹ Tél. : 05 55 95 18 43
Située au sud du plateau de Millevaches, cette ville se serre autour de l'abbatiale Saint-André. Construite aux XIIe et XIIIe s., l'église conserve une Vierge noire. Dans l'ancien cloître, un centre d'art contemporain expose les œuvres de jeunes artistes. Les rues étroites, bordées d'édifices aux multiples porches sculptés, ne manquent pas de charme.
🎭 : fête du Mouton (fin août).
👁 par la D 76 le **lac de Séchemailles,** qui est bien équipé pour les loisirs.

855 Mézenc (Mont)

 44/D4

(07, 43) Accessible par deux itinéraires (par la croix de Peccata ou par celle de Boutières), ce massif volcanique se compose en fait de deux sommets séparés par un val ou replat : le mont Mézenc, point culminant des Cévennes du Vivarais (1 753 m) et celui d'Alambre (1 691 m). ⁂ sur les Cévennes, les monts du Forez et du Lyonnais, la chaîne du Velay, jusqu'aux Alpes. À l'est des Estables, la D 631 monte vers la croix de Boutières : ⁂ sur le Vivarais. Couvrant un vaste plateau entre le mont Mézenc et le mont Gerbier-de-Jonc, la forêt de Bonnefoy présente une flore riche en espèces rares et de très belles sapinières.

SUR LE CAUSSE DE SAUVETERRE

On suit le Lot à partir de MENDE jusqu'à La Canourgue, par Chanac. Cette cité conserve d'anciennes maisons et une église au chœur roman. Puis on gagne le sabot de Malepeyre, pont naturel façonné par les eaux, qui se dresse sur le causse. Près du cirque de Pougnadoires, Sainte-Énimie se niche au pied des hautes falaises des gorges du Tarn.

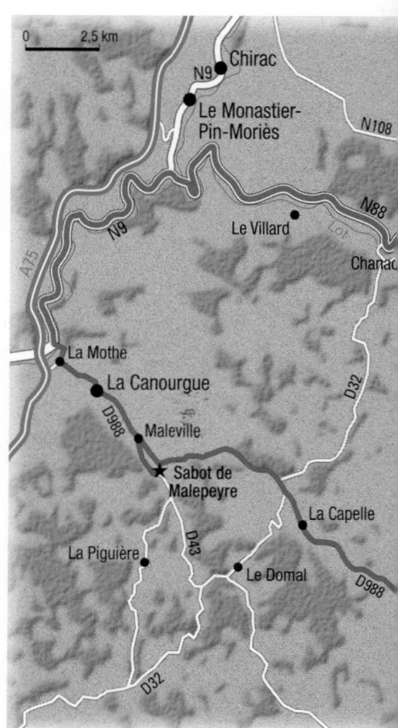

LE PLATEAU DE MILLEVACHES

Ce plateau granitique culmine au mont de Bessou (977 m), au nord de **Meymac.** Les surfaces basses sont monotones, mais, en prenant de l'altitude, le paysage devient sauvage, avec ses landes et ses amas de pierres. La Vienne, la Creuse, la Vézère, la Corrèze y naissent. L'abondance de l'eau a fait dire à certains que cette région est celle des mille sources (vache viendrait de *batz,* source en celte). D'autres y voient une allusion aux troupeaux de ruminants, nombreux. À moins que ce nom ne soit en fait composé d'un terme gaulois, *melo,* montagne, et latin, *vacua,* vide, désignant ainsi des hauteurs peu peuplées en raison de la dureté de leur climat, de leurs sols ingrats et de leur isolement. L'histoire du plateau semble donner raison à cette dernière étymologie.

1

Mauriac, la basilique Notre-Dame-des-Miracles

1 Détail de la cuve baptismale

2 Détail du portail

2

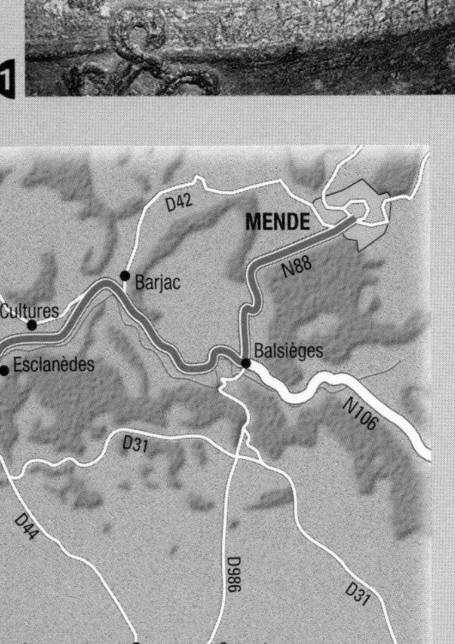

3

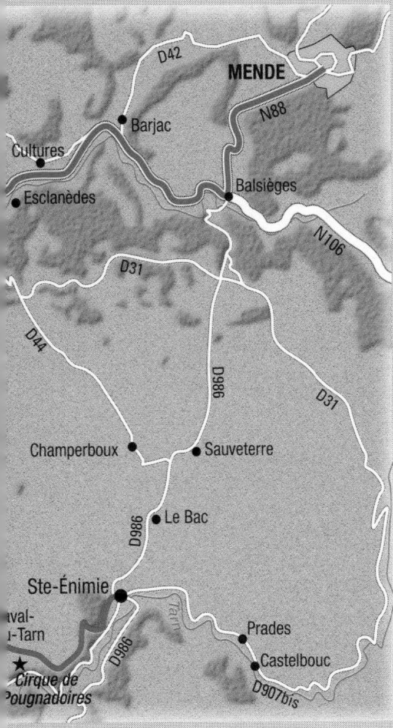

Près de Mauriac, la cascade de Salins

3 L'Auze tombe de 30 m devant un arc d'orgues basaltiques.

Mende, la cathédrale Saint-Pierre

4 Le chœur et la nef

5 La façade ouest

4

5

856 Millau

 44/A8

(12) Tél. : 05 65 60 02 42. Tél. La Gaufresenque : 05 65 60 11 37
Avec ses tuiles roses, ses oliviers, la ville du gant est déjà méditerranéenne. Les causses Noir et du Larzac l'entourent et la couvent. L'église Notre-Dame-de-l'Espinasse, romane avec un clocher toulousain, et le couvert aux arcades sur la place du Maréchal-Foch se dressent dans le vieux quartier. Depuis le sommet du beffroi (haut de 42 m), sur la cité.
Dessiné par l'architecte britannique Norman Foster, le viaduc de Millau, le pont le plus haut du monde (343 m), permettra en janvier 2005 d'aller de Clermont-Ferrand à Béziers par l'A 75 sans passer par la ville.
à 1 km (S), par la N 9, le site archéologique de **La Gaufresenque,** où de belles poteries gallo-romaines ont été découvertes.

857 Millevaches (Plateau de)

(19) encadré p. 442

858 Montal (Château de)

(46) Tél. : 05 65 38 13 72. Tél. grotte de Presque : 05 65 38 07 44
Entre Auvergne et Quercy, ce château montre deux visages : les murs extérieurs ont gardé leur aspect de forteresse médiévale, alors que les façades de la cour intérieure portent tout le charme de la Renaissance.
la **grotte de Presque,** toute proche (par la D 673 en direction du sud-ouest), connue pour ses colonnes particulièrement élégantes.

859 Montbrison

(42) Tél. : 04 77 96 08 69. Tél. salle de la Diana : 04 77 96 01 10
La salle héraldique de la Diana est le monument le plus étonnant de la vieille ville. Construite à la fin du XIIIe s. par le comte du Forez en guise de cadeau de mariage pour sa future épouse, la salle voûtée d'ogives est ornée de caissons en bois peint. Derrière les remparts de la cité se dressent aussi la collégiale Notre-Dame-d'Espérance, la chapelle des Pénitents, la tour du Baron-des-Adrets, des couvents et hôtels particuliers.
à 4 km (N) l'imposante église fortifiée du village de **Champdieu.**

860 Mont-Dore (Le)

  35/J8

(63) Tél. : 04 73 65 20 21
Les eaux siliceuses, et chargées en gaz carbonique, de cette station, nichée dans un cirque de montagnes, étaient déjà connues des Gaulois. Outre le thermalisme, de nombreuses activités sportives y sont proposées.
par un chemin partant, à la sortie du Mont-Dore, de la D 983 (S), la **Grande Cascade,** qui tombe de 30 m dans un cirque de lave noire.

861 Montjaux

(12) Tél. mairie : 05 65 62 53 61
Le village est situé sur le rebord du plateau du Lévezou, face aux Grands Causses. Des maisons anciennes bordent les rues qui descendent vers l'église romane, alliant les charmes du lieu à ceux de l'architecture.

862 Montluçon

(03) Tél. : 04 70 05 11 44. Tél. Néris-les-Bains : 04 70 03 11 03
La cité ancienne entoure la forteresse des ducs de Bourbon (XIVe-XVe s.). Le Vieux-Château est agrémenté de trois belles tours, dont deux sont rectangulaires et la troisième à pans coupés. De l'esplanade, sur la ville. L'église Notre-Dame a été construite au XVe s. en grès rose. Dans l'église Saint-Pierre (XIIe et XIIIe s.), le transept est soutenu par d'imposants piliers circulaires. Le musée des Musiques populaires, aménagé dans le château, présente des instruments du XIIe s. à nos jours.
à 7 km (S-E) la nécropole mérovingienne de **Néris-les-Bains,** qui renferme des sarcophages du VIe s.

DANS LES VOLCANS D'AUVERGNE

En partant du MONT-DORE, vers le nord, on atteint les rives du lac de Guéry, environnées de bois et de pâturages semés de blocs de basalte juste avant le col du même nom, depuis lequel on découvre le cirque de Chausse, entre les deux pitons aux flancs raides et boisés des roches Tuilière et Sanadoire.

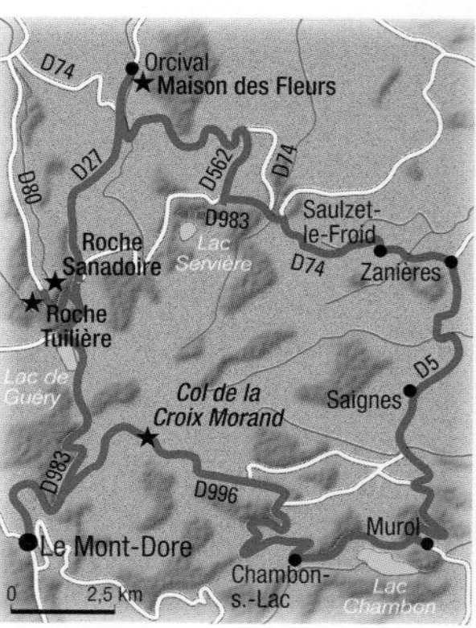

La maison des Fleurs d'Auvergne est installée, au nord, près d'Orcival. Au sud-est de ce village, le lac Servière occupe un ancien cratère. Par Zanières et Saignes, on atteint Murol et son château. En longeant le lac Chambon et en franchissant le col de la Croix Morand, on retrouve la station thermale.

LE MOULIN RICHARD-DE-BAS

À 6 km d'Ambert, à l'ouest de **Montbrison,** cet ancêtre des moulins à papier (tél. : 04 73 82 03 11) est le dernier témoin de ce qui fut l'activité essentielle de la vallée durant des siècles. On y fabrique toujours le papier à l'ancienne. Les chiffons sont d'abord broyés sous des piles de bois, jusqu'à ce qu'ils constituent une bouillie qui, après divers traitements, est emprisonnée dans une forme. Une fois l'eau égouttée, la feuille est formée et il n'y a plus qu'à la lever pour la coucher entre des feutres. Une presse à essorer, maniée à bras, extrait le surplus d'eau des feuilles avant qu'elles soient mises à sécher dans d'immenses étendoirs.

Millau

1 La ville, avec le beffroi, vestige de l'ancien hôtel de ville

Le plateau de Millevaches, à Peyrelevade

2 La croix des Templiers

3 L'une des tourbières de la région

Le Mont-Dore

4 La Grande Cascade

5 La station thermale dominée par le puy de Sancy

Montluçon

6 L'église Notre-Dame

863 Montpellier-le-Vieux (Chaos de)

 44/A8

(12) i Tél. : 05 65 59 74 28

Plusieurs circuits fléchés permettent de découvrir cette zone étrange du causse Noir, que l'on disait jadis hantée par le diable. Les eaux ont attaqué le calcaire et créé cet ensemble ruiniforme, sauvage et tourmenté, divisé en cirques du Lac, des Amats, de la Rouquette et de la Millière. La visite débute par la Citadelle, continue par la Porte de Mycènes (une arche haute de 12 m qui rappelle la porte des Lions de la cité grecque) et s'achève au cœur d'un étrange chaos : Sphinx, Quille et Château-Gaillard, qui domine la Jonte de 400 m. De la plate-forme du Douminal, sur l'ensemble du site.

864 Moulins

 36/A4

(03) i Tél. : 04 70 44 14 14. Tél. Balaine : 04 70 43 30 07

Cette ancienne capitale des ducs de Bourbon tire son nom des moulins à eau qui, il y a six siècles, fonctionnaient sur les rives de l'Allier. Le triptyque du maître de Moulins – dont l'identité est incertaine –, les vitraux de la cathédrale, le musée d'Art et d'Archéologie, installé dans le pavillon d'Anne de Beaujeu, et le mausolée du duc de Montmorency constituent le riche patrimoine de la capitale du Bourbonnais. L'ambiance est plus feutrée sur les cours bordés d'hôtels en briques roses et noires formant des losanges, mais s'anime dans les cafés Belle Époque, et avec les quatre automates Jacquemart sonnant les heures au sommet du beffroi.

à 18 km (N), par la N 7, l'**arboretum de Balaine.**

865 Moutier-d'Ahun

 35/G6

(23) i Tél. : 05 55 62 55 93

Un couvent, moutier en langage de l'époque, fut fondé ici au Moyen Âge. Thèmes religieux et profanes donnent vie aux superbes boiseries baroques de l'abbatiale, au retable, aux panneaux du chœur et aux stalles. L'ensemble des sculptures a été réalisé par un seul artiste, maître Simon Baüer, à la fin du XVIIe s.

866 Najac

  42/F7

(12) i Tél. : 05 65 29 72 05

Alignant ses maisons aux toits d'ardoise sur une seule rue, au-dessus de l'Aveyron, ce village est dominé par les vestiges des trois enceintes et le donjon de sa forteresse médiévale (XIIIe s.) ; sur la vallée. Ce château fort remplace celui, construit, à l'origine, pour Bertrand de Saint-Gilles, fils du comte de Toulouse, Raimond IV.

867 Nant

 44/A8

(12) i Tél. mairie : 05 65 62 25 12

Place forte installée à l'entrée des gorges de la Dourbie, le bourg a gardé les massives arcades (XIVe s.) de sa vieille halle (XVIIIe s.) et une église fortifiée du XIIe s. Cette abbatiale, Saint-Pierre, abrite de remarquables chapiteaux, historiés ou à motifs floraux et géométriques.

à 5 km (N) le site de **Cantobre** – *Quant obra,* « quelle œuvre » dit-on là-bas –, qui est remarquable par ses falaises érodées en forme de gros champignons, hautes de 10 m. Du promontoire, sur le confluent de la Dourbie et du Trévezel.

868 Nîmes-le-Vieux (Chaos de)

 47/B7

(48) i Tél. Meyrueis : 04 66 45 60 33

La décomposition de la roche a déposé ici une couche d'argile sur le sol et créé un labyrinthe de rues tortueuses, de maisons fantômes, de cirques hérissés de tours atteignant parfois 50 m de haut. Pendant les guerres de Religion, les troupes royales à la poursuite des protestants ont cru qu'elles avaient atteint ici la ville de Nîmes. Depuis la colline qui surplombe le beau village de Veygalier, sur le site et ses rochers.

LA MARCHE

En quittant MOUTIER-D'AHUN, on rejoint Ahun, aux nombreuses maisons anciennes et à l'église romane remarquable pour sa crypte du Xe s. Après La Saunière, où s'élève le château du Théret (XVe-XVIe s.), on atteint Sainte-Feyre et son église du XIIe s. Le puy de Gaudy s'élève à l'ouest, dans une forêt semée de chaos rocheux.

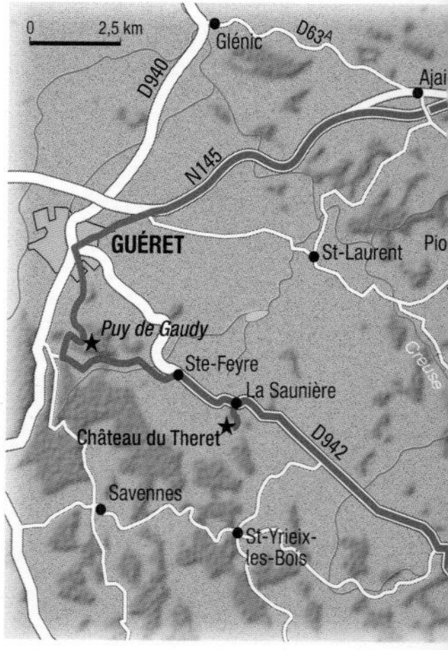

Le site porte les ruines d'un oppidum gaulois. Après Guéret, le circuit conduit, à travers la campagne de la Marche, à Jarnages, avec son église fortifiée et son vieux puits à margelle, puis à Chénérailles, qui garde des vestiges de ses remparts.

LE TRIPTYQUE DU MAÎTRE DE MOULINS

Attribué à un peintre lyonnais de la fin du XVe s., cette œuvre magistrale fut exécutée à la demande de Pierre II et d'Anne de Beaujeu. Autour de la Vierge assise et de l'enfant Jésus, encadrés par des anges, sont agenouillés les souverains. À gauche, le duc Pierre est présenté par saint Pierre et à droite, Anne de Beaujeu et sa fille sont présentées par sainte Anne. Une fois fermés, les volets du triptyque offrent en grisaille une admirable Annonciation.

Le chaos de Montpellier-le-Vieux

1 Les eaux ont érodé le calcaire, créant cet ensemble sauvage et tourmenté.

Moulins

2 Détail des verrières du chœur de la cathédrale

Moutier-d'Ahun

3 Les deux lions du lutrin de l'église

4 L'une des stalles du chœur

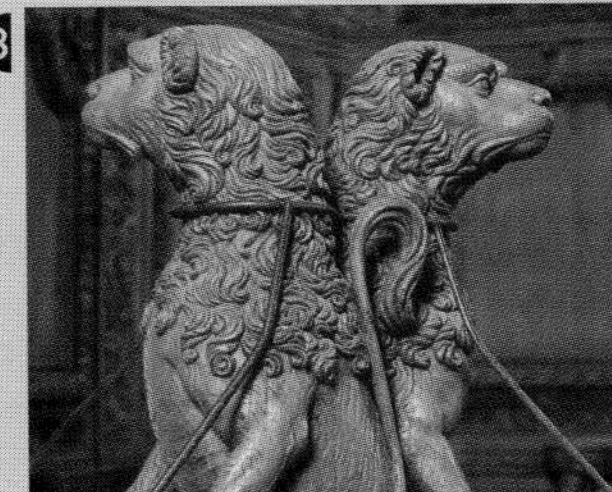

Najac

5 La forteresse, dressée sur son piton rocheux

6 Le village, blotti entre le château et l'église, domine les gorges de l'Aveyron.

869 Nonette

44/A2

(63) Tél. mairie : 04 73 71 65 79

La colline sur laquelle est bâti le village est une butte volcanique qui domine l'Allier de 170 m. Un chemin permet d'accéder au sommet, coiffé par les vestiges d'un château médiéval qui fut détruit par Richelieu ; sur l'Auvergne des monts Dôme au Livradois (table d'orientation). L'église de Nonette abrite un beau buste de Christ de la fin du XIVe s.

870 Oradour-sur-Glane

34/C7

(87) Tél. : 05 55 03 13 73

Depuis le 10 juin 1944, date à laquelle périrent, sous les balles et dans les flammes, presque tous les habitants (642 personnes, dont 247 enfants), les ruines, transformées en mémorial, de ce village martyr suscitent un silence de sanctuaire, même aux jours d'affluence. À l'écart, le nouvel Oradour incarne le retour à la vie.

871 Orcival

35/J8

(63) Tél. mairie : 04 73 65 82 13

Au fond de la vallée du Sioulet, la basilique romane du village, Notre-Dame, fut fondée au XIIe s. par les moines de la Chaise-Dieu. À l'intérieur, la lumière converge vers le chœur, où trône une Vierge en majesté, objet de plusieurs pèlerinages dont le plus suivi est celui de l'Ascension (procession aux flambeaux).

les **roches Tuilière et Sanadoire** par la route du col de Guéry (D 27) en direction du sud. Ces cerbères de la vallée de Fontsalade sont d'imposants pitons volcaniques (respectivement 1 296 et 1 288 m) nichés au creux du cirque de Chausse.

872 Orgnac (Aven d')

44/E7

(07) Tél. : 04 75 38 65 10

Superbe labyrinthe à la lumière naturelle bleutée, cet aven est une merveille du monde souterrain, tant par sa taille que par la richesse de ses concrétions. Seule une petite partie du gouffre a été aménagée : après la salle supérieure, dont la Pomme de pin – stalagmite de 12 m – occupe le centre, et la salle du Chaos, on parvient à un belvédère (393 marches) qui domine les salles Rouges, avec leurs coulées d'argile ferrugineuse.

873 Padirac (Gouffre de)

42/E4

(46) Tél. : 05 65 33 64 56

Le diable aurait promis à saint Martin un sac plein d'âmes à sauver si sa mule arrivait à sauter le gouffre. Le pari fut gagné ; Satan retourna en enfer par le trou. On accède à cet ancien refuge des paysans du causse de Gramat pendant les guerres féodales par un puits de 75 m. Doté d'une « avenue » de 10,5 km, le gouffre recèle des splendeurs, les Grands Gours ou le Quai aux Fleurs. Quatre ascenseurs en facilitent l'entrée et la sortie. Après la galerie de la Source, à 103 m sous terre, des canots circulent sur la Rivière plane et le lac de la Pluie. On atteint ensuite la salle du Grand Dôme (coupole de 94 m de haut), où se cache, dans une anfractuosité, le Lac supérieur, entouré de curieuses stalagmites en piles d'assiettes. Un belvédère à mi-hauteur permet d'admirer cet univers scintillant.

874 Pariou (Puy de)

35/J7

(63) Ce volcan récent (9 000 ans) se termine par deux cratères emboîtés ; le cône extérieur, plus ancien, est largement égueulé ; le second, régulier, fait 950 m de circonférence. Depuis la D 941^{B}, vers Pontgibaud, un sentier fléché emprunte cette brèche boisée pour atteindre le sommet (1 209 m) : sur la chaîne des Puys.

par un autre chemin (2 h AR), au départ de la même route, le **puy de Côme** (1 252 m), qui est également formé de deux cônes emboîtés, aux versants boisés, découpés en parcelles dont certaines sont privées.

GOUFFRES ET AVENS

Ces cavités s'ouvrent dans des surfaces calcaires et permettent de pénétrer dans un monde souterrain fascinant. Elles se forment lorsque les eaux s'infiltrent par les fissures qui courent dans la roche. Cette dernière se dissout, se creuse de galeries, mais aussi de puits et d'abîmes. On accède à ces cavités en descendant verticalement, à la différence des grottes, dont l'ouverture est horizontale. Les gouffres, de grande taille, résultent de l'effondrement du plafond d'une salle ; les avens (du languedocien *avenc*), sont moins vastes ; les igues (du languedocien *iga*, fondrière) sont des puits verticaux. Les eaux circulent dans ces cavités, formant des rivières souterraines, des lacs, ou gours (comme à **Padirac**), remontant ou descendant dans des siphons et réapparaissant au jour par des résurgences.

LA MAGNANERIE

Important élevage d'appoint entre les XVIIe et XIXe s., le ver à soie, que l'on semblait avoir oublié, tente une réapparition dans le bas Vivarais, la région du plateau d'**Orgnac.** Les magnaneries font éclore les œufs, puis les vers sont installés sur des claies en châtaignier, où ils sont nourris plusieurs fois par jour avec des feuilles de mûrier blanc, cueillies à la main une à une. Lorsque le ver atteint le « dernier âge », on dispose des rameaux de bruyère dans lesquels il grimpe pour tisser, avec sa bave, un cocon. Une fois arrivé à maturité, on étouffe les chrysalides et l'on décroche les cocons, qui sont expédiés à la filature.

1

2

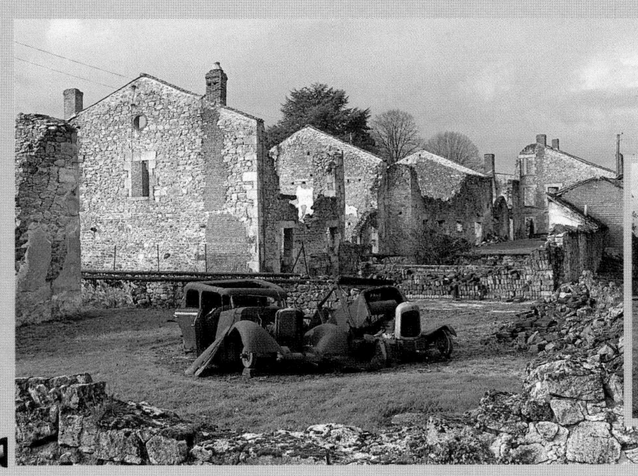

Oradour-sur-Glane

1 2 Le village, conservé en l'état après le massacre du 10 juin 1944

3

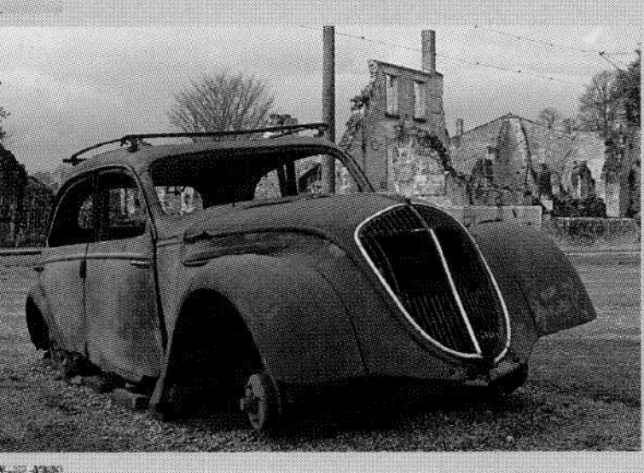

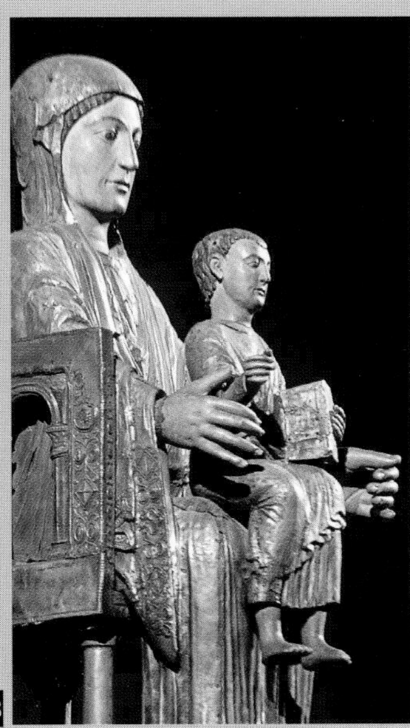

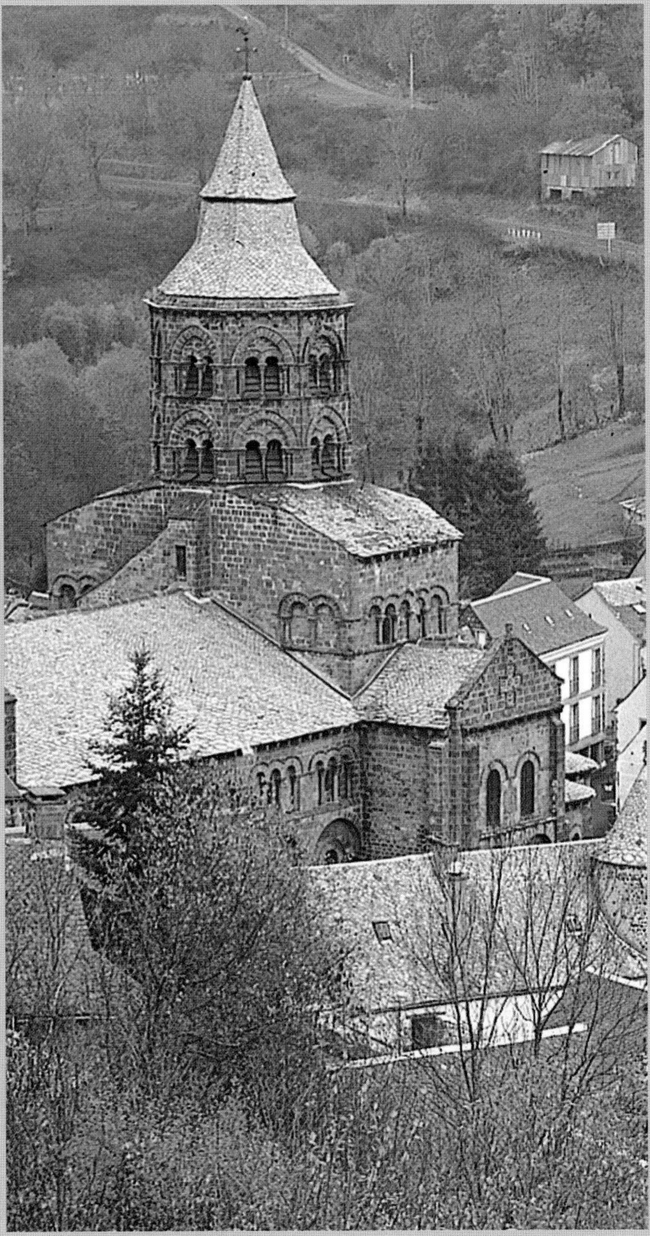

4

Orcival, la basilique Notre-Dame

3 La Vierge en majesté

4 La basilique

5

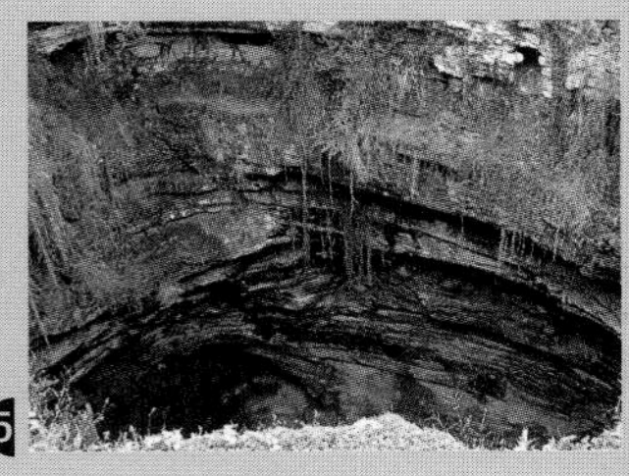

Le gouffre de Padirac

5 L'entrée du gouffre ouvert sur le causse de Gramat

875 Pavin (Lac)

 43/J2

(63) Depuis Besse, la D 149 permet d'atteindre le lac (1 197 m d'altitude) qui occupe une cuvette circulaire aux pentes abruptes et boisées. Peuplé d'ombles chevaliers et d'énormes truites, il n'avait, selon la légende, pas de fond. Une seule pierre jetée dans ses eaux sombres suffisait, disait-on, à déchaîner la tempête, ce qui lui valut le nom de *pavens* (épouvante en latin). Un sentier fait le tour du lac. Le chemin des Fraux en part et conduit au sommet du puy de Montchal (1 411 m) : ⁘ sur les monts Dore, les dômes du Cézallier, du Cantal et du Livradois. En longeant le bois des Fraux sur 300 m jusqu'à la mare de Pisseport, on atteint le creux de Soucy, gouffre ouvert sur une caverne dans laquelle se niche un lac souterrain.

👁 les **cascades de Chilosas** – celles des Chaudrons, de la Caverne, du Saut du Bec et de la Reine –, formées par les eaux du Pavin qui ont entaillé une coulée de basalte, creusant, par endroits, des marmites de géants. Cette belle gorge boisée est difficile d'accès (partir de Besse).

876 Pech-Merle (Grotte de)

  42/E6

(46) ℹ Tél. : 05 65 31 27 05. Tél. musée : 05 65 31 23 33

Outre ses exubérantes concrétions, cette caverne longue de plus de 1 km représente avec ses galeries et ses salles couvertes de peintures pariétales (bisons, ours, chevaux) un témoignage paléolithique de grande valeur. La grande frise (longue de 7 m et haute de 3) qui orne la Chapelle des Mammouths est remarquable. Le musée Amédée-Lemozi (du nom du curé-spéléologue de Cabrerets) est particulièrement intéressant et permet de se familiariser avec la préhistoire du Quercy.

877 Perse (Église de)

 43/G4

(12) ℹ Tél. mairie d'Espalion : 05 65 51 10 30

À 1 km (S-E) d'Espalion, cet édifice (XIe s.), en grès rose – dédié au confesseur de Charlemagne, saint Hilarian, qui fut décapité par les sarrasins –, s'apparente, dans ses couleurs et dans sa forme, quoique de dimensions plus modestes, à l'abbatiale de Conques dont il dépendait. Le tympan du portail sud, représentant la Pentecôte et le Jugement dernier, est remarquable.

878 Pierre-Gourde (Site du château de)

 44/F4

(07) La corniche de l'Eyrieux (emprunter la D 14 au départ de Vernoux-en-Vivarais) offre ici son plus beau panorama. Du village médiéval, il ne reste que des ruines, mais le site qui porte les vestiges (corps de logis, fortifications, etc.) du château féodal est magnifique : ⁘ sur la croix de Bauzon, le Mézenc, les Trois-Becs – entre le massif du Vercors, les Baronnies et le mont Ventoux – et le Rhône.

879 Pierre-sur-Haute (Site de)

 36/C8

(63) ℹ Tél. télécabine : 04 77 24 85 09

On atteint ce point culminant du massif du Forez (1 634 m) en voiture par le col du Béal (1 390 m), puis à pied (2 h 30) ou bien par télécabine. ⁘ sur la plaine de la Loire, les monts du Lyonnais et d'Auvergne. Des radars sont installés au sommet du dôme.

👁 à 20 km environ (S-O), par la D 255, l'**église** (XVe s.) du village **de Job.**

880 Pilat (Mont)

 44/E2

(42) Situé entre les vallées du Rhône et de la Loire, ce mont granitique est couvert de pâturages, de sapinières, de landes et de rochers. De nombreux cours d'eau s'écoulent par des vallées encaissées, dont le goulet du gouffre d'Enfer. Trois sommets, offrant de très beaux points de vue, dominent la vallée du Gier : le crêt de la Perdrix, culminant à 1 432 m, le crêt de l'Œillon, du haut duquel le regard plonge sur la vallée du Rhône (table d'orientation), et le pic des Trois-Dents. La D 63 permet de longer le massif et de traverser le cœur du parc naturel régional.

LE PARC NATUREL RÉGIONAL DU PILAT

Ce parc, créé en 1974, commence aux portes du « pays noir » stéphanois. Couvrant 65 000 ha, il regroupe 45 communes situées au sud des départements de la Loire et du Rhône. Ses sommets, culminant au crêt de la Perdrix (1 432 m), sont couronnés de chirats, étranges amas granitiques. Cette moyenne montagne rappelle les Vosges par ses sombres forêts de conifères, mêlés de chênes et de châtaigniers. Dans les sous-bois poussent des orchidées, des violettes des prés, des alchemilles des hauteurs… Le parc a trois vocations : développer l'économie de la région et améliorer le cadre de vie de ses habitants, favoriser le tourisme vert et conserver l'originalité de l'écosystème du massif. La maison du Parc (tél. : 04 74 87 52 01) se situe à Pélussin.

SAINTE-CROIX-EN-JAREZ

Sainte-Croix-en-Jarez, village atypique du parc naturel régional du **Pilat,** est né d'une abbaye fondée, à la fin du XIIIe s., par Béatrix de Roussillon. Les chartreux qui l'occupaient furent chassés sous la Révolution et remplacés, dès 1793, par une communauté villageoise qui s'installa dans les bâtiments conventuels. Ainsi, les cellules qui bordaient la cour des Pères et qui abritaient leurs méditations solitaires furent transformées en mairie, école, logements… Malgré cette laïcisation des lieux, l'âme monastique demeure présente, pétrifiée dans ses vestiges : anciennes cuisine et boulangerie, église du XVIIe s. jouxtant les restes du sanctuaire du XIIIe s. où l'on admire encore de merveilleuses fresques médiévales.

1

Le lac Pavin
1 Avec ses 44 ha et ses 92 m de profondeur, c'est l'un des plus beaux lacs volcaniques d'Auvergne.

L'église de Perse
2 La nef et le chœur
3 Le clocher à peigne, formant mur

2

3

Le mont Pilat
4 Cascade dans le parc régional
5 Vue depuis le mont

4

5

881 Polignac

 44/C3

(43) Tél. mairie : 04 71 09 49 78
Il faut découvrir cette étonnante table de basalte dominant la plaine, en arrivant par le nord (N 102). Elle supportait un temple d'Apollon à l'époque romaine (il reste des fragments d'un masque du dieu), et servit plus tard d'acropole à une forteresse du XIIIe s. Celle-ci est surmontée d'un puissant donjon, haut de 32 m. Depuis son sommet, sur le volcan de la Denise et Le Puy-en-Velay. L'église romane du village abrite des fresques des XIIe et XVe s.

882 Pompadour

 42/D2

(19) Tél. : 05 55 98 55 47. Tél. Ségur-le-Château : 05 55 73 39 92
Le château de Pompadour fut offert par Louis XV à sa favorite, qui porta désormais le titre de marquise. La naissance du haras, en 1761, date de la même époque. Il a transformé le village en capitale du cheval. Le château, fermé au public, est occupé par les bureaux de l'administration du haras, mais on peut visiter son jardin, l'hippodrome, en face, et, à quelques kilomètres, la jumenterie nationale de la Rivière. La cité est unie à celle d'Arnac, dont l'église (XIIe s.) s'ouvre par un joli portail limousin.
: concours hippique, chaque année, au mois d'août.
à 10 km (N-E) **Ségur-le-Château,** ancien siège d'un tribunal féodal de première importance, qui conserve de beaux hôtels, dont les maisons Henri IV et Febrer, de charmantes venelles et les ruines d'une forteresse, accrochées à une butte.

883 Puy-en-Velay (Le)

 44/C4

(43) Tél. : 04 71 09 38 41
Le pic de lave de l'Aiguilhe, surmonté de la chapelle Saint-Michel (fin XIe s.), et le rocher Corneille (ou mont Anis), dont le sommet est coiffé par une statue colossale de la Vierge, sont les deux belvédères de ce haut lieu de la chrétienté.
La ville basse, autour du jardin et de deux grandes places, contraste avec la ville haute, qui étage ses toits rouges à l'assaut du rocher. On y découvre de nombreux hôtels particuliers (XVe-XVIe s.), ceux de Polignac, et des Laval d'Arlempdes ; la cathédrale romane (inscrite sur la liste du patrimoine mondial de l'Unesco), marquée par des influences orientales, des mosaïques de la façade aux coupoles qui couvrent la nef. Fresques, porphyre et lave multicolore concourent à l'ambiance particulière de ce lieu où une Vierge noire est toujours vénérée. Le cloître aux magnifiques arcades romanes est accolé à l'édifice. La cité conserve aussi la chapelle des Pénitents, l'église gothique Saint-Laurent et le musée Crozatier, qui abrite une collection de dentelles, rappelant l'importance que celles-ci avaient dans l'économie locale. Le meilleur jour pour apprécier la vieille ville est le samedi, lorsque le marché bat son plein.
: procession de Notre-Dame, chaque année le 15 août, et fêtes du roi de l'Oiseau la mi-septembre.

884 Ray-Pic (Cascade du)

 44/D5

(07) Dans un site sauvage – accessible par la D 215 à partir de Péreyres, puis au bout de 20 min à pied –, fermé de toutes parts, la Bourges se précipite, avant de glisser dans des gorges inaccessibles, sur des orgues basaltiques aux teintes sombres en deux chutes. Celle de gauche jaillit d'une brèche dominée par un piton. Celle de droite tombe de 35 m (parfois à sec en été). En aval de Burzet, la rivière saute en cascades sur une longue plate-forme basaltique érodée mettant en valeur des pavés réguliers appelés pavés des Géants.

885 Riau (Château du)

 36/A4

(03) Tél. : 04 70 43 34 47
Le domaine du Riau enserre non seulement un château médiéval, mais aussi une grange aux dîmes (XVIe s.) à la belle charpente.

BALADE DANS LE VELAY

Au nord du PUY-EN-VELAY, on franchit les gorges granitiques de Peyredeyre pour atteindre Lavoûte-sur-Loire qui possède une église romane. Près du village, dans une boucle du fleuve, se dresse le château – aujourd'hui réduit à un seul bâtiment –, qui abrite les souvenirs de la famille Polignac.

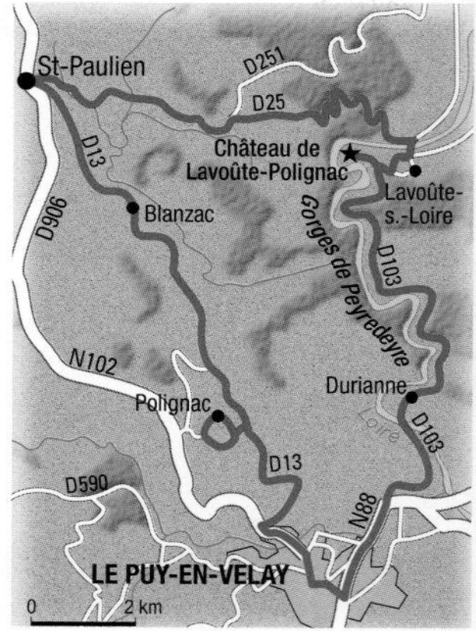

Abandonnant la Loire, on rejoint Saint-Paulien et son église romane. Polignac, dernière halte du circuit, s'épanouit au pied d'une butte granitique qui domine la plaine et porte le château, construit à l'emplacement d'un temple antique consacré à Apollon. Depuis le sommet du donjon, le regard embrasse toute la région.

LA DENTELLE DU PUY

Selon la légende, c'est une jeune fille, Isabelle Mamour, qui eut, au tout début du XVe s., l'idée d'entrecroiser des fils autour d'épingles plantées dans une planche. La première dentelle servit à vêtir la célèbre statue de la Vierge noire. Malgré les interdits royaux frappant le port des dentelles, le travail des fuseaux fut l'activité essentielle du Velay jusqu'au XXe s. Mais depuis une dizaine d'années, la création d'un atelier national a permis la renaissance de la dentelle aux fuseaux et un regain d'intérêt pour le patrimoine artistique régional.

Polignac

1 Le château, protégé par son socle aux pentes abruptes

Pompadour

2 Le château, demeure de la favorite de Louis XV

La cascade du Ray-Pic

6 La Bourges se précipite sur des orgues basaltiques.

Le Puy-en-Velay

3 La Vierge noire sur le maître-autel de la cathédrale

4 La ville haute sur les pentes du rocher Corneille, où se détache la cathédrale

5 L'une des arcades du cloître de la cathédrale

886 Riom  36/A7

(63) ℹ Tél. : 04 73 38 59 45

L'ancienne capitale administrative et judiciaire de l'Auvergne a été construite en pierre sombre de Volvic. Une promenade dans les rues permet de découvrir l'église Saint-Amable, la sainte chapelle avec ses merveilleux vitraux, les hôtels anciens, le musée Mandet (peintures, objets d'art) et le musée d'Auvergne (ethnographie régionale), la maison des Consuls et l'église Notre-Dame-du-Marthuret, avec sa célèbre Vierge à l'oiseau (XIVe s.).

887 Rocamadour   42/E5

(46) ℹ Tél. : 05 65 33 62 59

La cité religieuse, accrochée à sa falaise surplombant le canyon de l'Alzou, est parfaitement visible de l'Hospitalet (D 673), où se trouve aussi la grotte des Merveilles. Les remparts du château et la tour située sur la route de Couzou (D 32) offrent aussi de sueperbes ✴. Cette ancienne place forte est un lieu de pèlerinage à la Vierge noire, statuette miraculeuse abritée dans la chapelle Notre-Dame. Les fidèles accèdent au sanctuaire par les 216 marches du Grand Escalier. La rue de la Mercerie est bordée de vieux logis. La basilique Saint-Sauveur possède un Christ du XVIe s. et la chapelle Saint-Michel, des fresques médiévales.

👁 à proximité le **rocher des Aigles** (élevage de rapaces), le **gouffre du Réveillon** et la **forêt des Singes** (macaques en liberté) ; et, en direction de Gramat, les alentours de la cascade du moulin du Saut peuvent être le cadre de belles promenades.

👁 à moins de 15 km (N-O), par la D 247, la **grotte de Lacave,** qui s'ouvre dans une falaise haute de 70 m. Ses galeries renferment des concrétions aux formes étranges et des colonnes se reflétant dans l'eau.

888 Rochechouart (Château de)  34/C7

(87) ℹ Tél. : 05 55 03 72 73. Tél. Chassenon : 05 45 89 32 21

La famille Rochechouart fut au service des rois de France pendant de longs siècles. Dans le château situé au confluent de la Graine et de la Vayres, on peut admirer les fresques (XVIe s.) de la salle des Chasses. Dans le centre-ville, un musée (l'Espace Météorites) présente l'histoire de la météorite de Rochechouart, tombée il y a quelque 120 millions d'années.

👁 à 5,5 km (N-O) les **thermes de Chassenon,** qui faisaient partie d'un établissement romain complété par un sanctuaire. Les techniques curatives et le rituel religieux se comprennent aisément à travers la visite.

889 Rochemaure   44/F6

(07) ℹ Tél. mairie : 04 75 49 08 07

Les ruines du château occupent une arête de basalte au-dessus de la plaine de Montélimar et du village médiéval construit en cirque.

👁 à 5 km (N-O) le **pic de Chenavari** (507 m), qui domine l'ensemble : ✴ exceptionnel sur le Rhône, l'Ardèche et le Vercors.

890 Rodez  43/H7

(12) ℹ Tél. : 05 65 75 76 77

Sur son belvédère dominant l'Aveyron, la capitale du Rouergue se distingue de loin. Peu d'édifices sont aussi contrastés que la cathédrale, dont les parties basses aux airs de forteresse faisaient partie du système défensif de la cité, tandis que les éléments supérieurs sont des joyaux du style flamboyant, comme le clocher-tour, haut de 87 m. L'intérieur gothique abrite un retable sculpté et un beau buffet d'orgues. Les rues sont bordées d'habitations anciennes, dont la maison d'Armagnac (XVIe s.). Le musée Fenaille abrite des statues-menhirs préhistoriques.

👁 à 6 km (S-E) par la D 12, **Sainte-Radegonde,** dont les maisons sont dominées par le donjon-clocher de l'église fortifiée.

👁 à 12 km (S-E) l'**église d'Inières,** qui possède une Annonciation du XVe s. en pierre polychrome.

LE PARC DE VISION DE GRAMAT

Implantée sur le causse qui porte son nom, la cité de Gramat, à l'est de **Rocamadour,** présente, au sein de son parc de vision, sur 38 ha, un grand nombre d'animaux européens vivant en semi-liberté. Des espèces de races primitives, en voie de disparition, y sont rassemblées, tels le cheval de Przewalski, l'aurochs ou encore le bison d'Europe, qui peuplaient le causse et le continent à l'époque préhistorique. Une grande variété de races de basse-cour s'y abrite également. Un jardin floral ainsi qu'un parcours géologique complètent cet espace insolite (tél. : 05 65 38 81 22).

COUGNAGUET ET LES MOULINS QUERCYNOIS

Nichés dans des paysages pittoresques, les moulins font toujours partie du patrimoine quercynois. Imposant, celui de Cougnaguet, près de **Rocamadour,** présente la particularité d'être fortifié, rappelant combien, jadis, étaient précieux le grain et la farine. Fondé au Moyen Âge, il demeure l'un des plus anciens conservés dans la région. Les moulins de Fontvieille, à Varaire, de Martel et de Saint-Antonin-Noble-Val pressent, quant à eux, une denrée bien particulière, les noix, d'où est tirée une huile blonde et parfumée.

Riom

1 La porte de l'Horloge

Rocamadour

2 La ville, agrippée à la falaise, et le château en surplomb

3 La porte flamboyante de la chapelle Notre-Dame

Rodez, la cathédrale Notre-Dame

4 Le clocher en grès, de style flamboyant

5 La nef et le chœur

LES VOLCANS D'AUVERGNE
Un volcanisme récent et diversifié

Créé en 1977, le parc régional des volcans d'Auvergne est le plus vaste parc naturel régional de France. Cet immense territoire de verdure et de forêts est parsemé de lacs aux eaux limpides. Façonné par les glaciers et les éruptions volcaniques, il rassemble un ensemble de volcans unique en Europe dont les plus jeunes, datant de 7 500 ans, sont à peine refroidis. Avec le thermalisme et le tourisme (randonnées en été et ski en hiver), l'agriculture constitue la principale activité d'une région marquée, depuis le XIXe s., par une dépopulation intense.

Plomb du Cantal : point culminant du massif du Cantal (1 855 m)

Chaîne des Puys : *cet ensemble de volcans est aligné sur de grandes fissures.*

Un musée des formes volcaniques : la chaîne des Puys

Dominant la plaine de la Limagne et Clermont-Ferrand, la chaîne des Puys, ou monts Dôme, présente, sur une trentaine de kilomètres, un alignement nord-sud unique en Europe de 80 volcans éteints d'origine récente (15 000 à 7 500 ans). Les premiers hommes ont sans doute été témoins de leurs éruptions. Les édifices volcaniques reposent sur un plateau de 900 à 1 000 m d'altitude. Ils ne le dépassent pas, en fait, de plus de 500 m. Ils présentent des formes variées. Du haut du puy de Dôme, point culminant de la chaîne (1 465 m d'altitude), on peut admirer entre autres des volcans à dôme sans cratère (Sarcouy, Suchet), des cratères emboîtés (Pariou) ou égueulés (La Vache, Lassolas), des cônes de scories (Côme, Louchadière, Nid de la Poule). De longues coulées de lave ou cheires ont barré certaines vallées, créant de magnifiques lacs, comme celui d'Eydat. C'est en fin de journée, au soleil couchant, que cet extraordinaire panorama montre son visage le plus grandiose.

Puy de Dôme : son dôme de lave pâteuse a surgi il y a environ 8 200 ans.

Le thermalisme en Auvergne

L'Auvergne abrite à elle seule le tiers des sources françaises. Connues déjà des Romains, elles sont riches en matières carbonatées et possèdent une radioactivité naturelle qui stimule l'organisme. Vichy, Châtelguyon, Royat, Le Mont-Dore, La Bourboule et Saint-Nectaire furent redécouvertes aux XVIIIe et XIXe s. et mises à la mode. Outre les curistes, ces stations accueillent de nombreux touristes attirés par un cadre de vie agréable, la beauté des sites et les nombreux équipements de loisirs (casinos, équitation, tennis, piscines, VTT, etc.).

Royat : mis à la mode en 1862 par l'impératrice Eugénie.

Une région de sources thermales et de lacs : les monts Dore

Édifié entre 3,2 et 0,25 million d'années, le massif des monts Dore est constitué par les restes d'un gigantesque complexe volcanique s'ordonnant jadis autour de trois cônes juxtaposés (Sancy, Banne d'Ordanche et l'Aiguiller), qui culminaient alors à 2 500 m d'altitude. Attaqué par l'érosion glaciaire à l'origine des vallées en auge de Chaudefour, de Fontaine Salée et du Chausse, le massif porte encore de nos jours le plus haut sommet du Massif central : le puy de Sancy culmine à 1 886 m d'altitude. De nombreux lacs d'origine volcanique (Pavin, Chauvet, Chambon, Guéry) ponctuent ce relief étonnant. En outre, les vertus thérapeuthiques des sources thermales de la région (Le Mont-Dore, La Bourboule, Saint-Nectaire) sont recherchées par les curistes. Les touristes, quant à eux, sont attirés en saison par les stations de sports d'hiver du Mont-Dore et de Super-Besse.

Le lac Chambon : un volcan, qui barra les eaux de la Couze, est à l'origine de ce lac.

Un Etna auvergnat : le volcan du Cantal

Avec une superficie double de celle de l'Etna, ce gigantesque volcan de forme circulaire (80 km de diamètre) constitue les monts du Cantal, le plus vaste édifice volcanique d'Europe. Il culminait, il y a deux millions d'années, à 3 000 m d'altitude et comptait de nombreuses cheminées par lesquelles s'échappaient des laves fluides, qui s'étalaient loin autour du cône. Démantelé par l'érosion, il offre aujourd'hui des paysages parmi les plus beaux d'Auvergne. Les puissants reliefs représentés par le puy Mary (1 787 m), le puy Griou (1 694 m) et le Plomb du Cantal (1 858 m) sont les vestiges de l'ancien cratère, d'où partent en étoile de profondes vallées rayonnantes. Entre elles s'étendent les planèzes, de vastes plateaux recouverts de cultures et de verts pâturages où paissent les vaches de Salers.

Puy Griou : l'accès au sommet se fait par un sentier raide.

Une citée fortifiée : Salers

Célèbre pour avoir amélioré au XIXe s. la race bovine du pays, le village de Salers est bâti sur un piton rocheux dominant les vallées de l'Aspre et de la Maronne, face au puy Violent. La petite cité a conservé ses remparts édifiés au XVe s. pour se protéger des attaques des Anglais et des routiers durant la guerre de Cent Ans. Sous la Renaissance, elle s'est parée des superbes logis à tourelles et encorbellements en basalte qui entourent sa Grande-Place et lui donnent son cachet.

Salers : maisons et remparts sont en basalte, une roche volcanique de couleur sombre.

891 Roquefort-sur-Soulzon

 43/**G8**

(12) ℹ Tél. mairie : 05 65 59 91 95
Le village est situé au pied d'une falaise, sur les éboulis rocheux détachés du plateau, dit de Combalou. C'est dans les creux qui les séparent qu'ont été aménagées les caves où s'affine le fameux fromage de Roquefort.

892 Roques-Altes (Chaos de)

 44/**A8**

(12) Visibles de loin, les grands monolithes – ils font songer à un château fort – se dressent comme des tours plantées dans le gazon, tels la porte et le donjon (tour à trois piliers, haute de 40 m).
👁 le **chaos du Rajol** (prendre un sentier au départ du chaos de Roques-Altes en direction du sud). Un dromadaire, des quilles, des obélisques hauts de 20 m, des roches aux formes singulières dominent de 400 m les eaux de la Dourbie. Aride en été, l'endroit ruisselle en hiver.

893 Royat

 36/**A8**

(63) ℹ Tél. : 04 73 29 74 70
La station thermale possède une église fortifiée et des vestiges, installations gallo-romaines visibles dans le parc.

894 Saint-Affrique

 43/**J8**

(12) 👁 petit itinéraire ci-contre
La ville sur la Sorgues, construite autour du tombeau du saint évêque, est un petit carrefour commercial et un paradis pour les pêcheurs.

895 Saint-Ambroise (Puy)

 36/**C5**

(03) Au sommet de ce cône volcanique, ⁂ sur la magnifique vallée de la Besbre et la verdoyante Sologne bourbonnaise (table d'orientation).

896 Saint-Cirq-Lapopie

 42/**E6**

(46) ℹ Tél. : 05 65 31 29 06. Tél. Cénevières : 05 65 31 27 33
Face à un cirque de falaises calcaires, ce beau village possède des maisons anciennes, bien restaurées par des artistes dont le plus connu est André Breton. La forteresse, souvent assiégée, fut ruinée sous Louis XI.
👁 à 11 km, en aval sur le Lot, le **château de Cénevières,** qui occupe une position stratégique dans la vallée. Outre sa terrasse belvédère, il comporte des salles intéressantes pour leur décor (tapisseries des Flandres).

897 Saint-Étienne

  44/**E2**

(42) ℹ Tél. : 04 77 49 39 00
Armurerie, outillage, moulinage, les traditions locales majeures sont industrielles, comme le rappellent les musées de la Mine, du Puits Couriot et des Arts et de l'Industrie. Mais la vie culturelle est tout aussi animée, avec notamment le théâtre de la Comédie de Saint-Étienne et le récent et remarquable musée d'Art moderne (de Claude Monet à l'avant-garde des années 1980, en passant par le pop art), au nord de l'agglomération. La promenade dans les vieux quartiers autour de la Grande-Église est très agréable.

898 Saint-Flour

 44/**A4**

(15) ℹ Tél. : 04 71 60 22 50
Campée sur un plateau basaltique dominant la vallée de l'Ander, la cité se serre autour de sa cathédrale, d'un gothique austère. Celle-ci abrite le Beau Dieu noir, un Christ en bois. Derrière l'édifice, depuis la terrasse des Roches, ⁂ sur la vallée ; et autour de lui s'élèvent plusieurs maisons anciennes, dont le palais épiscopal, devenu le musée de la Haute Auvergne, et l'ancienne maison consulaire, qui abrite aujourd'hui le musée Douet (arts décoratifs).

LE ROUERGUE MÉRIDIONAL

À partir de ROQUEFORT-SUR-SOULZON, dominé par la falaise du Combalou, on découvre le causse, aride. Après Tiergues, par Saint-Rome-de-Cernon, se dresse un imposant dolmen, l'un des nombreux mégalithes éparpillés à travers la région, témoignant d'une forte implantation humaine au néolithique.

On gagne ensuite le rocher de Caylus, dont la massive silhouette veille sur Saint-Affrique. Cette ville doit son nom au saint évêque venu se réfugier sur le causse – et mort ici – lorsque les Wisigoths le chassèrent de Saint-Bertrand-de-Comminges. Ancien bastion protestant, assiégé par Condé puis démantelé par Louis XIII, le bourg conserve peu de vestiges de son passé mais ne manque pas de charme.

LA TAILLERIE DE PIERRES FINES DE ROYAT

Cet atelier lapidaire fut fondé il y a une centaine d'années dans un ancien moulin à eau, pour tailler les pierres fines – améthyste, fluorine, agate, cristal de roche et tourmaline – que l'on trouvait encore dans les montagnes d'Auvergne. Aujourd'hui, les ateliers semblent tourner au ralenti. On taille moins et les pierres proviennent du Brésil ou de Madagascar. Avec ses vieilles machines, la taillerie a fini par prendre un air de musée (tél. : 04 73 35 81 25).

Royat

1 Détail d'un vitrail de l'église Saint-Léger

Saint-Étienne

2 Maisons anciennes

3 Le musée d'Art moderne

Saint-Flour

La cathédrale :

4 Le Beau Dieu noir, dans le chœur

5 Détail d'une peinture murale du XVe s.

La ville :

6 Elle domine la vallée de l'Ander.

899 Saint-Léonard-de-Noblat

 34/E7

(87) ℹ Tél. : 05 55 56 25 06

Cette cité active, centre de la race bovine limousine, porte le nom d'un ermite, filleul de Clovis et patron des prisonniers. La belle église romane du XIIe s., dotée d'une flèche en pierre haute de 52 m, abrite de jolies stalles, les reliques du saint et le fameux « verrou », son attribut.

900 Saint-Nazaire (Site de)

 43/H2

(19) Depuis le promontoire de Saint-Nazaire, ☀ sur les gorges de la Diège et de la Dordogne. En aval du barrage de Marèges, la vallée de la Dordogne devient étroite. À partir de Charlane, la route des Ajustants (D 168^{E}) suit ces sites encaissés aux abrupts coteaux boisés.

901 Saint-Nectaire

 35/J8

(63) ℹ Tél. : 04 73 88 50 86. Tél. château de Murol : 04 73 88 67 11

Outre son fromage et son équipement thermal, le vieux bourg, adossé aux monts Dore, possède une église du XIIe s. dont l'équilibre et les 103 chapiteaux sont une superbe expression du roman auvergnat. Le trésor abrite de belles pièces, dont un buste en cuivre doré de saint Baudine.

👁 à moins de 10 km (O), par la D 637, le **château de Murol,** qui fut construit au XIIIe s. à 833 m d'altitude. Depuis le sommet du donjon, ☀ sur la vallée de la Couze, le lac Chambon et le puy de Sancy. Des visites en costumes et des spectacles nocturnes sont organisés en été.

902 Saint-Pourçain-sur-Sioule

 36/A5

(03) ℹ Tél. : 04 70 45 32 73

La vigne, ici fort ancienne, est le thème d'un musée local très riche. Les bénédictins du monastère, dont il ne subsiste que l'église Sainte-Croix, ne voulaient pas d'autre vin.

👁 par la D 415, qui traverse le vignoble, le bourg médiéval de **Verneuil-en-Bourbonnais,** dont la collégiale date du Xe s.

903 Saint-Saturnin

 36/A8

(63) ℹ Tél. château : 04 73 39 39 64

Dans ce fief des barons de La Tour d'Auvergne – dont le château se dresse encore –, entre une placette ombragée et une terrasse surplombant des gorges s'élève une église romane d'une grande pureté.

👁 à 2 km (S-O), par la D 119, l'**abbaye Notre-Dame-de-Randol,** dont l'église, moderne, possède un chœur très clair et très élevé.

904 Sainte-Énimie

 44/B7

(48) ℹ Tél. : 04 66 48 53 44 👁 petit itinéraire p. 442

Le village est lové au pied de falaises qui enserrent le Tarn.

905 Saints (Vallée des)

 44/A2

(63) De profondes entailles sur les flancs ocre et abrupts du vallon, dues à l'érosion intense de l'argile, isolent des pinacles aigus, dont le curieux profil évoque des statues de saints. On y accède par le sud du village de Boudes en franchissant le Couzilloux.

906 Salers

 43/H3

(15) ℹ Tél. : 04 71 40 70 68

Remparts, toits de lause, fenêtres à meneaux, Salers sur son piton semble sortir tout droit du Moyen Âge. La place Tyssandier-d'Escous (du nom du créateur de la fameuse race bovine) est ornée d'une fontaine et de maisons à tourelles richement décorées, dont celle du bailliage. L'église Saint-Matthieu possède une Mise au tombeau en pierre peinte du XVe s. De l'esplanade de Barouze, ☀ sur la vallée de la Maronne.

LA LIMAGNE BOURBONNAISE

En quittant SAINT-POURÇAIN-SUR-SIOULE par le sud-ouest, on gagne Chantelle, qui conserve deux tours du château des ducs de Bourbon et une église de style roman auvergnat. À Charroux, au sud, les vieilles maisons sont ornées de sculptures.

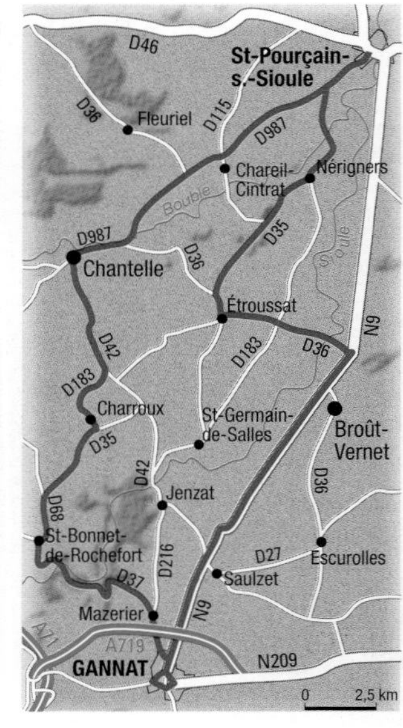

La cité possède aussi une église fortifiée, des vestiges de remparts et un musée d'histoire locale. On atteint ensuite Gannat, célèbre pour son festival des Cultures du monde. Sur la route du retour, Étroussat vaut le détour pour les vitraux de son église.

LE LIVRADOIS

Entre Issoire et Ambert, le Livradois est une succession de plateaux surmontés de croupes et de bassins. Ces derniers forment le bas Livradois – où s'ouvre la **vallée des Saints** –, centré sur Issoire. À l'opposé, le haut Livradois annonce les monts du Forez. C'est l'une des régions les plus boisées de France, avec de somptueuses sapinières, trouées de clairières et de landes. Pour lui donner un nouveau souffle les autorités ont créé, en 1984, le parc naturel régional du Livradois-Forez (300 000 ha). La maison du Parc (tél. : 04 73 95 57 57) se trouve à Saint-Gervais-sous-Meymont.

Saint-Nectaire, l'église

2 Le chevet

3 Mosaïques sur le chevet

Le site de Saint-Nazaire

1 Le promontoire offre une vue sur les gorges de la Diège et de la Dordogne.

Près de Saint-Nectaire, le château de Murol

4 Des ruines spectaculaires

5 Juché sur une butte recouverte d'une couche de basalte, il domine la vallée.

Saint-Saturnin

6 Le village d'où se détache l'église romane

Salers

7 Le village médiéval

907 Salles-la-Source

 43/H6

(12) *i* Tél. musée : 05 65 67 28 96
Trois charmants hameaux forment le village aux belles maisons de pierre, blotti dans un cirque rocheux, où jaillit une source. Une section du musée du Rouergue, installée dans un ancien bâtiment industriel (XIXe s.), est consacrée aux arts et métiers (machines et évocation du travail du bois).

908 Sancy (Puy de)

 43/J1

(63) *i* Tél. téléphérique : 04 73 65 02 23
Depuis le Mont-Dore, on accède au puy par la D 983, puis par un téléphérique montant jusqu'à un chemin aménagé qui conduit, en 20 min, à une table d'orientation. Ce mont (1 886 m) est le point culminant du Massif central. De là, ☼ sur ses flancs déchiquetés, creusés de ravins, d'arêtes et d'aiguilles, ses cirques profonds (Chaudefour, val d'Enfer), ses vallées divergentes (Dordogne, couzes de Chaudefour et de Pavin), qui permettent de belles promenades au printemps. Ravin sauvage ouvert au flanc du volcan, le val d'Enfer est un très beau cirque encombré de roches (l'Ours, les Trois-Diables).

909 Sartre (Cascade du)

 43/H3

(15) Sur la D 62, au sud de Cheylade, une voie étroite, à droite, permet de traverser la Rhue du même nom. La belle cascade du Sartre, où la rivière chute de 30 m, se trouve peu après le pont. Le site, verdoyant et lumineux, est particulièrement charmant au moment de la fonte des neiges.

910 Saugues

  44/B4

(43) *i* Tél. tour des Anglais et musée : 04 71 77 64 22
Bâtie sur un plateau, cette vieille ville-marché du Gévaudan – dont l'arrière-pays eut tant à souffrir de la Bête – a été célébrée par Robert Sabatier dans *les Noisettes sauvages.* L'église gothique au clocher octogonal abrite une Vierge du XIIe s. Avec ses mâchicoulis, la tour des Anglais – nom donné aux mercenaires pendant la guerre de Cent Ans – témoigne de l'architecture militaire médiévale.

911 Sauveterre-de-Rouergue

  43/G7

(12) *i* Tél. : 05 65 72 02 52
C'est l'une des plus belles bastides, fondée au XIIIe s., de l'Aveyron. Elle a conservé son plan en échiquier, sa place centrale bordée de couverts (XIVe-XVe s.), de belles maisons médiévales, notamment dans la rue Saint-Vital, une église gothique (XIVe s.) et les échoppes de nombreux artisans. L'Oustal rouergat présente l'intérieur d'une demeure locale.

912 Sédelle (Gorges de la)

 34/E5

(23) La D 913 franchit la Sédelle au pont Charraud. La rivière s'enfonce alors, jusqu'au moulin de la Folie, dans une vallée encaissée aux flancs tapissés de sapins centenaires. C'est un lieu de pêche réputé. Le sommet du rocher des Frileuses, à 3 km au nord de Crozant, permet d'admirer ce village bâti sur l'éperon au confluent de la rivière avec la Creuse, la « clé du Limousin ».

913 Sioule (Gorges de la)

 35/J7

(63) Pour découvrir au mieux ces gorges, entrecoupées de ravins boisés, il faudrait avancer comme les truites, de rocher en rocher. À partir des Ancizes-Comps, la D 62 suit partiellement la vallée, toujours difficile à franchir malgré le viaduc des Fades (132 m de haut). Deux femmes auraient légué leur fortune pour réaliser ce passage ferroviaire de Limagne en Combrailles (*fade* signifie folle en patois).
👁 par la D 19, en aval, le **méandre de Queuille** formé par la Sioule, que l'on domine grâce à un promontoire.

LE VIADUC DU VIAUR

Œuvre de l'ingénieur Paul Bodin (1847-1926) – qui fut un élève de Gustave Eiffel –, ce viaduc enjambe hardiment, à une hauteur de 116 m, le Viaur, au sud de **Sauveterre-de-Rouergue.** Sa construction nécessita cinq années de travail. Achevé en 1902, il fut le premier pont de type « à cantilever », système de construction révolutionnaire en matière d'ouvrage métallique. Depuis les piles de maçonnerie s'élance, aérienne, une arche centrale de plus de 200 m d'envergure. Le viaduc permit le passage du chemin de fer qui relia désormais Rodez à Toulouse, désenclavant la région et favorisant ainsi son épanouissement agricole.

LE BOURBONNAIS

Entre la Combraille et le Morvan, cette région, dont la variété des paysages est trop méconnue, fait la transition entre le nord du Massif central et le sud du Bassin parisien. Les Limagnes de la Loire et de l'Allier y fusionnent, formant la plaine de Moulins. La terre est propice à l'agriculture et à l'élevage des bœufs charolais. À l'est, la Sologne bourbonnaise est le pays des étangs, et de châteaux souvent construits en briques. Plus au sud, les plateaux des Bois Noirs, pays de sapinières et de brumes, prolongent le Forez. À l'ouest, un paysage mollement vallonné forme le bocage bourbonnais, bordé au nord-ouest par la forêt de Tronçais. Au sud-ouest, enfin, la Combraille est une région de forêts, d'étangs, de bruyères et de prairies, traversée par la **Sioule.**

1

2

Salles-la-Source

1 Le village

2 L'une des cascades

3

Le puy de Sancy

3 Il offre un aspect de montagne alpine avec ses sommets découpés.

Sauveterre-de-Rouergue

4 L'une des arcades de la place centrale, typique de l'architecture des bastides médiévales

5 L'église-donjon

4

Les gorges de la Sioule

6 Les ravins boisés

5

6

914 Solignac

 44/C4

(87) Tél. : 05 55 00 42 31. Tél. mairie : 05 55 00 50 09
Couverte de quatre coupoles sur pendentifs, avec une large nef et de curieux chapiteaux sculptés, l'église romane de ce village est d'influence périgourdine. Elle appartenait à une abbaye fondée par saint Éloi en 632.
à 4 km (S-O) les imposants vestiges du **château de Chalusset,** qui se dressent sur la crête d'un promontoire au confluent de la Ligoure et de la Briance.

915 Souillac

  42/E4

(46) Tél. : 05 65 37 81 56. Tél. Martel : 05 65 37 30 03
Ancien port sur la Dordogne, cette ville commerçante s'est développée autour d'une abbaye bénédictine, dont il subsiste l'église, construite au XIIe s. Le revers de l'ancien portail, sculpté de très beaux bas-reliefs, dont un prophète Isaïe remarquable de vivacité, est déposé dans la nef.
à 15 km (N-E) **Martel,** la « ville aux sept tours », qui conserve une belle église gothique, l'hôtel de la Raymondie et une jolie halle sur la place des Consuls. On dit que c'est ici que Charles Martel remporta sa dernière victoire sur les Arabes ; la cité mit sur son blason les trois marteaux de ses armoiries.

916 Souterraine (La)

 34/E5

(23) Tél. mairie : 05 55 63 97 80
La ville fut construite à l'emplacement d'une villa gallo-romaine, villa Sosteranea. De l'ancienne cité médiévale, très belle, subsistent le donjon, les portes et les remparts. L'énigmatique lanterne des Morts est sans doute antérieure à l'ère chrétienne : c'est une colonne creuse posée sur quelques marches, percée de trous au sommet et surmontée d'une croix.

917 Souvigny

 36/A4

(03) Tél. église : 04 70 43 60 51
C'est autour de cette cité que, depuis l'an 916, s'est constituée la province du Bourbonnais, grâce à la ténacité des seigneurs de Bourbon. Plusieurs d'entre eux furent inhumés dans le prieuré Saint-Pierre (XIe s.), dont il subsiste une magnifique église. Le musée de la Grange Nord (musée lapidaire) conserve le calendrier, étonnant pilier sculpté au XIIe s.
à 6 km (N), par la D 253, le village de **Saint-Menoux,** qui se serre autour d'une belle église (XIIe s.), vestige d'une abbaye bénédictine (fondée au VIIe s.), à l'emplacement du tombeau du saint, évêque breton mort ici en revenant de Rome.

918 Suc-au-May (Panorama du)

 42/F2

(19) Depuis Lestards, la D 128 traverse le massif des Monédières, moyennes montagnes en forme de taupinières géantes, et conduit au Suc-au-May (908 m). On y découvre un paysage de landes, de bruyères roses et de genêts ; sur les monts Dôme, les monts Dore et le Cantal.

919 Sylvanès (Abbaye de)

 51/J2

(12) Tél. abbaye : 05 65 98 20 20
L'église en grès (XIIe s.) et les bâtiments conventuels de l'ancienne abbaye illustrent bien, par leur style très dépouillé, l'art cistercien. C'est aujourd'hui le siège de rencontres culturelles et spirituelles.

920 Tanargue (Massif du)

 44/D5

(07) Dans cette région sauvage du Vivarais, aux orages très violents en automne, les crêtes escarpées du Tanargue accueillent, au nord-ouest, la belle forêt de la Souche. On y accède par la D 24, qui s'élève vers le col de Meyrand (1 370 m) : sur le massif. Pour admirer les gorges de la Borne, on peut redescendre vers le village isolé du même nom.

LE MUSÉE DE L'AUTOMATE

Riche de plus de 3 000 pièces, issu à l'origine de la collection Roullet Descamps – Jean Roullet fut, en 1909, le créateur de la première vitrine de Noël animée –, le Musée national de l'automate et de la robotique de **Souillac** est l'un des plus fréquentés du Quercy. À juste titre, car le visiteur, envoûté par le spectacle, retrouve là son âme d'enfant. Automates régis par un ingénieux cerveau électronique, robots et marionnettes évoluent dans d'amusantes mises en scène. Ces tableaux animés, pleins de poésie, transforment ce musée en un lieu magique.

SAINT ÉLOI (588-660)

Éloi est né à Chaptelat, en Limousin. Après un apprentissage d'orfèvre à Limoges, il gagne Paris, où il devient le maître de la monnaie de Clotaire II. Puis Dagobert, son successeur, le nomme trésorier du roi. Attiré par la vocation monastique, Éloi fonde une abbaye sur ses terres de **Solignac,** présent de son royal ami. À la mort de ce dernier, il choisit la prêtrise et, en 641, l'évêché de Noyon-Tournai lui est confié. Il consacre la fin de sa vie à secourir les pauvres, à racheter les esclaves, et tente, sans succès, de poursuivre son œuvre d'évangélisation jusqu'à Anvers. Sa charité, qui fera de lui le « bon saint Éloi » de la chanson populaire, et ses merveilleux talents d'artiste lui vaudront de passer à la postérité.

1

Solignac, l'abbatiale

1 Détail de la façade

Souillac, l'abbatiale

2 La légende du moine Théophile et l'histoire de Joseph et d'Isaïe ont inspiré le décor du portail.

3 Le prophète Isaïe, à droite de la porte

3

2

Le Suc-au-May

4 Cette colline du massif des Monédières fut incendiée par César pour résister aux attaques gauloises.

4

921 Tarn (Gorges du)

 44/B7

(81) Tél. descente des gorges : 04 66 48 51 10
Sur 60 km environ, elles constituent le plus impressionnant des canyons séparant le causse Méjean de celui de Sauveterre. Ces gorges, aux falaises blanches, grises ou rougeâtres, hautes de plusieurs centaines de mètres, sont plus belles d'amont en aval. On peut descendre le Tarn en canoë ou suivre à pied les sentiers des corniches du causse Méjean. La D 907 longe la rive droite d'Ispagnac au Rozier.

Après les châteaux de Castelbouc et de Prades, la petite grotte constituant l'ermitage de **Sainte-Énimie** propose de jolies vues sur le canyon et le village. Sur la rive gauche, surplombant un cirque formé dans le causse, se dressent les vieilles maisons et le joli clocher roman de l'église de Saint-Chély. En aval, les parois blanches et rouges des falaises forment le site grandiose du **cirque de Pougnadoires.** Après le château de la Caze, en descendant vers la Malène – qui a conservé une église romane et de vieilles maisons dominées par un château –, on atteint le roc des Hourtous, où commence le **défilé des Détroits.** Du belvédère aménagé à cet endroit, le regard plonge sur cette partie très étroite des gorges, réputée la plus belle. Le **point Sublime** domine le cirque des Baumes – belles falaises ocre plongeant dans des eaux émeraude – et offre des panoramas inoubliables sur cet ensemble. La descente se poursuit vers le pas de Souci, où la rivière tourbillonne au milieu de blocs effondrés puis disparaît sur 400 m, jusqu'au rocher des Vignes.

922 Testavoyre (Sommet du)

 44/D3

(43) Après le village de Queyrières, la D 18, à l'est, conduit au pied de la montagne du Meygal, aux flancs couverts de roches grises que l'on retrouve sur les toits de lauses de la région. Son sommet, le Testavoyre (1 436 m) émerge de la forêt de sapins : ☆ sur le pic du Lizieux, le Velay et le mont Mézenc.

923 Thiers

 36/B7

(63) Tél. : 04 73 80 65 65. Tél. musée de la Coutellerie : 04 73 80 58 86
La capitale de la coutellerie, située au cœur de la vallée de la Durolle, abrite tout au long de ses rues étroites, souvent piétonnières, de jolies demeures anciennes à pans de bois judicieusement restaurées – notamment dans les rues Conchette, Grenette et du Bourg –, dont celle, remarquable, du Pirou (XVe s.) sur la place du même nom, ainsi que les maisons des Sept-Péchés-Capitaux et de l'Homme-des-Bois. Cette dernière abrite, avec celle des Échevins, le musée de la Coutellerie et la maison des Couteliers, qui évoquent l'activité traditionnelle de la ville. De la terrasse du Rempart, ☆ , plus particulièrement sur la Limagne, les monts Dore et les monts Dôme (table d'orientation en lave).

924 Thines

 44/D6

(07) Tél. mairie : 04 75 39 45 26
Au cœur de la vallée de la Thines se niche un charmant petit village, perché sur un promontoire rocheux. Ses maisons anciennes bordent des rues étroites qui conduisent à une belle église romane, en grès de couleurs différentes. Richement décorée, elle s'ouvre par un portail encadré de statues-colonnes.

925 Thueyts (Coulée basaltique de)

 44/D5

(07) Bâti sur le flanc d'un ancien volcan, celui de la Gravenne de Montpezat, le village de Thueyts groupe ses maisons sur une épaisse coulée de lave qui a comblé la vallée de l'Ardèche. Pour franchir ce verrou, la rivière a creusé des orgues basaltiques, créant ainsi sur près de 1 km des gorges profondes que franchit l'arche unique du pont du Diable. Un sentier balisé longe ces roches bleues, descend le long du Merdaric jusqu'à la cascade de la Gueule d'Enfer, contourne la coulée et remonte par l'étroit passage de l'Échelle du Roi, qui conduit à un belvédère.

ENTRE DORE ET DUROLLE

À partir de THIERS, la route, par Peschadoires, conduit au château médiéval d'Aulteribe – remanié au XIXe s. –, qui abrite des tapisseries des Flandres et des toiles de maître. Au sud-est, Courpière domine les eaux de la Dore. Le bourg possède une église de style roman auvergnat, renfermant une Vierge du XIIe s.

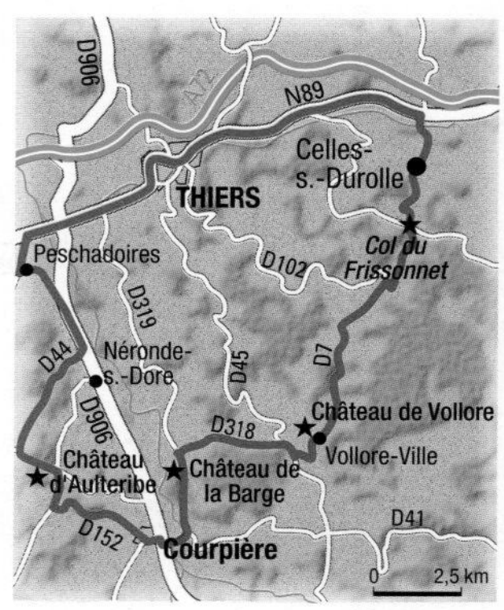

Les châteaux de la Barge et de Vollore, avec son donjon du XIIe s., apparaissent ensuite ; Vollore-Ville occupe le site d'un ancien castrum. Par la forêt et par le col du Frissonnet, on rejoint Thiers par Celles-sur-Durolle.

LA COUTELLERIE, TRADITION THIERNOISE

Depuis la fin du Moyen Âge, la coutellerie assure la richesse et la renommée de **Thiers.** On dit que cet artisanat fut importé d'Orient après la première croisade. Il s'avère en fait lié au développement important de la métallurgie dans la cité auvergnate, dès le XIVe s. La fabrication est longue et délicate, les conditions de travail particulièrement difficiles, mais la qualité des couteaux thiernois est rapidement reconnue en Europe. La maison des Couteliers et le musée de la Coutellerie retracent l'histoire de cette production, industrielle à partir du XIXe s., encore florissante aujourd'hui. Des chefs-d'œuvre y sont exposés, dont les manches sont faits de matériaux précieux (ivoire, corne, écaille de tortue…) finement ouvragés.

Les gorges du Tarn

1 Le Tarn s'enfonce dans un profond canyon entre les causses Méjean et de Sauveterre.

2 Le village médiéval de Sainte-Énimie

1

2

Thiers

3 Détail d'un panneau sculpté sur la façade d'une maison

4 L'une des maisons médiévales, au centre de la ville

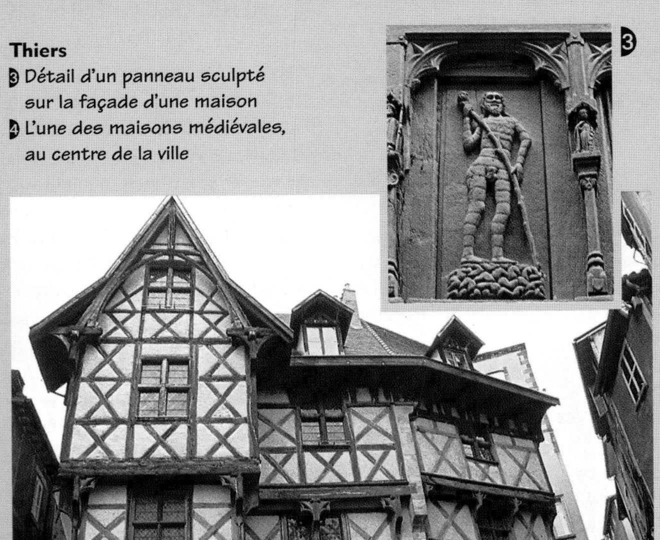

3

4

5

La coulée basaltique de Thueyts

5 La végétation pousse sur la roche.

926 Tournon-sur-Rhône

44/F3

(07) i Tél. : 04 75 08 10 23

De la grande terrasse du château de Tournon, érigé au sommet d'un éperon rocheux, on peut admirer le fameux vignoble de Tain-l'Hermitage, qui s'étage sur la rive opposée du Rhône. La demeure abrite aujourd'hui le Musée rhodanien, consacré à la navigation sur le fleuve. Le collège fondé en 1536 par le cardinal de Tournon (actuel lycée Gabriel-Fauré) fut un brillant foyer culturel sous la Renaissance. Stéphane Mallarmé y enseigna l'anglais. De Tournon à Valence par la rive droite, depuis la N 86 en corniche, ※ sur la vallée.

927 Treignac

42/F1

(19) i Tél. : 05 55 98 15 04

Bâtie au bord de la Vézère, au pied des Monédières, cette ville ancienne a conservé des demeures médiévales et une église, au curieux clocher hexagonal, dont l'autel a une forme de dolmen. La maison Marc-Sangnier expose des collections ethnographiques locales intéressantes.

928 Tronçais (Forêt de)

35/J3

(03) i Tél. visites guidées : 04 70 46 82 02

Cette forêt de plus de 10 000 ha, déjà exploitée pour les besoins de la marine royale, fournit aujourd'hui les douelles des tonneaux indispensables au vieillissement des grands vins de Cognac et de Bordeaux. Ses arbres sont superbes : chênes rouvres ou pédonculés, pins sylvestres et hêtres. Du rond de Morat, des sentiers balisés conduisent par exemple vers des chênes tricentenaires : la Résistance, Stebbing (40 m de haut), les Jumeaux (350 ans), le Carré. Des visites guidées sont organisées en été. Les D 953 et D 978 a traversent les bois et se croisent au rond Gardien, d'où partent des promenades vers les étangs de Morat, de Saint-Bonnet, de Tronçais et de Saloup.

DU BOIS POUR LES FÛTS

Les chênes de **Tronçais,** particulièrement appréciés en ébénisterie pour leur couleur claire, le sont également en tonnellerie. Les merrains, planches obtenues à partir des billots de 40 à 50 cm de diamètre, servent à fabriquer les douelles, dont le façonnage a peu varié depuis les Celtes. Les tonneaux contribuent à la maturation du cognac et des bordeaux. Le bois peut en effet jouer sur l'arôme de l'alcool au cours de son vieillissement.

929 Truyère (Gorges de la)

43/J4

(12) i Tél. Espace Truyère : 05 65 44 56 10

La Truyère a creusé son lit, aux versants boisés tapissé de genêts et de bruyères, entre les massifs du Cantal et de l'Aubrac. De nombreux barrages ponctuent son cours de lacs. La D 11 permet d'admirer ses gorges étroites et sinueuses, parmi les plus belles de la région, surtout depuis le hameau d'Espinasse, le pont suspendu de Tréboul (village et vieux pont engloutis par la retenue) et le belvédère du Vezou. Enfin, depuis la D 34, ※ sur le lac et le village en presqu'île de Laussac.

👁 en aval le **barrage de Sarrans** et sa retenue, qui doivent être contemplés depuis le belvédère aménagé sur la D 98 en direction de Cantoin.

930 Tulle

42/F3

(19) i Tél. : 05 55 26 59 61

Cette ancienne capitale du bas Limousin connut un passé tumultueux : guerre de Cent Ans, peste noire, guerres de Religion, représailles des troupes allemandes en 1944. La cathédrale Notre-Dame, ancienne abbatiale, possède un élégant clocher de 75 m ; on y vénère saint Jean-Baptiste. Le beau cloître a été aménagé en musée d'Art contemporain. Au nord de ces édifices, le quartier de l'Enclos a conservé son aspect médiéval.

931 Turenne

42/E4

(19) i Tél. mairie : 05 55 85 91 15. Tél. château : 05 55 85 90 66

C'était le centre de la plus riche vicomté du Limousin, qui avait sous sa dépendance 1 200 villages et une douzaine d'abbayes. Parmi les vicomtes restés célèbres, on compte Henri de La Tour d'Auvergne, maréchal de Louis XIII. Aujourd'hui ne subsistent du château que les tours de l'Horloge et de César (※ sur la région). La ville conserve quelques belles maisons, qui témoignent de l'opulence passée, et une église (XVIe s.).

HENRI DE TURENNE (1611-1675)

Henri de La Tour d'Auvergne, vicomte de Turenne, fut sans aucun l'un des membres les plus célèbres de la famille de La Tour d'Auvergne, vénérable dynastie remontant au XIIIe s. et qui, jusqu'à la fin du XIXe s., resta toujours liée au pouvoir. Même si ce maréchal de Louis XIII ne fut pas fidèle à la couronne au début de la Fronde, sous la Régence, il se racheta rapidement, faisant triompher plusieurs fois l'armée royale, notamment lors de la bataille de Dunes, près de Dunkerque (1658). Ces hauts faits lui valurent le titre de maréchal général des Camps et des Armées et l'estime du jeune Louis XIV. Il prit part, pendant quinze ans, à toutes les campagnes du Roi-Soleil et mourut au combat à Sasbach, à l'âge de 64 ans.

1

La forêt de Tronçais

1 La chênaie, produisant le bois nécessaire aux fûts de vin

2 L'étang de Saint-Bonnet, aménagé en base de loisirs

2

Les gorges de la Truyère

3 Le lac du barrage de Grandval

Turenne

4 Le retable de l'église

5 Les tours César et de l'Horloge, vestiges de l'ancien château

3

4

5

932 Uzerche

 42/E2

(19) Tél. : 05 55 73 15 71

La vieille cité fortifiée, aux hôtels flanqués de tourelles, dominés par le clocher à étages de l'église Saint-Pierre, s'élève sur un éperon rocheux ceinturé par la Vézère. La porte Bécharie est la dernière des cinq ouvertures qui gardaient l'entrée de la ville. De nombreuses maisons des XVe et XVIe s. ont été préservées, sur la place des Vignerons notamment. Un ancien hôtel (XVIIe s.) accueille le centre régional de Documentation sur l'archéologie du paysage. Depuis Sainte-Eulalie, 800 m après le pont Turgot (D 3 au nord), sur l'ensemble du site.

933 Valcivières (Cirque de)

 36/C8

(63) La D 106 conduit du village au col des Supeyres (1 366 m), qui domine ce vaste amphithéâtre. Creusés dans le Forez et dominés par de hauts plateaux (1 450 m), ses flancs raides sont plantés de feuillus, de conifères et parcourus de ruisseaux qui forment le Batifol.

934 Vals-les-Bains

 44/E5

(07) Tél. : 04 75 37 49 27

La ville, très encaissée, compte plus de 100 sources, et bien que beaucoup ne soient pas exploitées, les établissements de soins sont ouverts toute l'année. Dans le parc de l'Intermittente, d'un trou de 76 m jaillit, toutes les six heures, un geyser haut de 8 m, avec un débit de 775 litres par sortie. L'usine d'embouteillage des eaux minérales de Vals se visite.

935 Vassivière (Lac de)

 34/F7

(23) Tél. Centre nationnal d'Art et du Paysage : 05 55 69 27 27

Les eaux de ce réservoir (1 000 ha) entouré de forêts proviennent de la Maulde, de la Vienne et du Taurion. Le site offre promenades, baignades, sports nautiques et circuits sur l'eau (1 h au départ du port de l'Escale). On peut se rendre à pied sur la presqu'île de Pierrefitte, où deux parcs réunissent des sculptures autour d'un centre national d'Art et du Paysage merveilleusement intégré dans le cadre. Le sentier des Poètes (2 km AR) contourne le lac, traversant une tourbière, croisant des pierres étranges, se poursuivant à travers une lande de bruyères avant d'atteindre une table d'orientation. On peut prolonger la promenade en revenant par le village de Quenouille.

936 Vic (Roche de)

 42/F3

(19) Situé à 636 m d'altitude, un ancien oppidum était construit sur cette pointe rocheuse rose qui domine la campagne alentour. Depuis le sommet, jusqu'au causse du Quercy (table d'orientation).

937 Vic-le-Comte

 36/A8

(63) Tél. mairie : 04 73 69 02 12

Le bourg est situé au cœur de la Comté, région de volcans du tertiaire tout aussi ruinés que les châteaux qui, çà et là, les couronnent. Une sainte chapelle abrite de belles pièces : un retable en pierre, des statues d'apôtres et des vitraux très colorés. Les rues qui partent de l'édifice sont bordées de maisons anciennes (XVe-XVIe s.).

938 Vichy

 36/B6

(03) Tél. : 04 70 98 71 94

Au centre du quartier thermal, le parc des Sources s'étire entre le hall des Sources et le Grand Casino-théâtre. Le Parlement y a voté, le 10 juillet 1940, l'attribution des pleins pouvoirs au maréchal Pétain. En été, les distractions sont nombreuses : concerts, festivals, expositions. Un vaste plan d'eau créé par un pont-barrage met en valeur les jardins à l'anglaise des bords de l'Allier.

AUTOUR DU LAC DE VASSIVIÈRE

En quittant le LAC DE VASSIVIÈRE, on rejoint, installé près d'un étang au milieu de collines boisées, Peyrat-le-Château, qui conserve le donjon de sa forteresse. On atteint ensuite Eymoutiers. De son ancien monastère subsiste l'église, qui abrite, outre des vitraux du XVe s., une croix reliquaire limousine du XIIIe s.

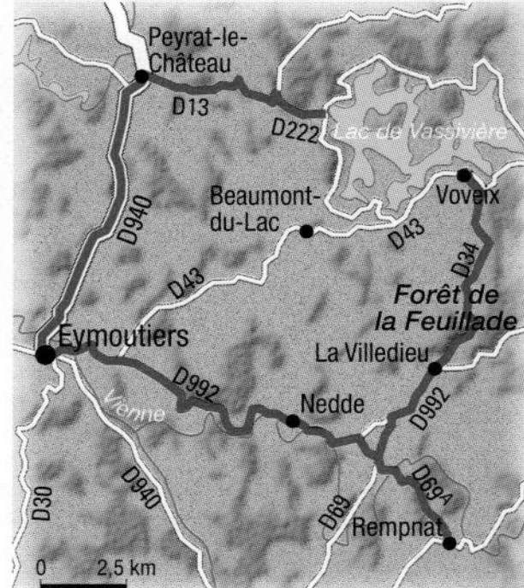

L'espace Paul-Rebeyrolle présente les toiles de cet artiste et l'Espace minéralogique, de superbes collections. Nedde, à l'est, ravit les entomologistes avec sa « cité des insectes ». Avant de prendre la route du retour, qui traverse la forêt de la Feuillade, un détour par Rempnat permet d'admirer la jolie église romane de ce village.

LES GEYSERS

Le mot geyser, qui désigne un phénomène volcanique, vient de l'islandais *geysir*, jaillissement. Ce terme s'applique à des sources d'où sortent de l'eau et de la vapeur d'eau accompagnées d'hydrogène sulfureux et de gaz carbonique, dont la température varie de 70 à 100 °C. Les jets, intermittents (de quelques minutes à plusieurs mois), peuvent atteindre 450 m (geyser de Waimangu, en Nouvelle-Zélande). Mais, en moyenne, ils montent d'une cinquantaine de mètres, tel Steamboat Geyser, aux États-Unis (76 à 115 m). En France, le geyser de **Vals-les-Bains,** beaucoup plus modeste, est le plus célèbre.

Uzerche

1 La ville et l'église Saint-Pierre, dominant la Vézère

2 La porte Bécharie

Le lac de Vassivière

3 Le lac-barrage de 1 000 ha est une base nautique fréquentée.

Vichy

5 Le centre thermal des Dômes

6 Le hall des Sources

Vals-les-Bains

4 Les sources minérales

939 Villefranche-de-Rouergue  42/F7

(12) ℹ Tél. : 05 65 45 13 18

La ville conserve encore son plan en damier d'ancienne bastide, créée par Alphonse de Poitiers sur la rive droite de l'Aveyron. Surmontée d'un haut clocher-porche, l'église Notre-Dame s'élève sur la place centrale. La belle chapelle des Pénitents noirs et l'ancienne chartreuse Saint-Sauveur, ensemble gothique d'une remarquable unité comportant l'un des plus grands cloîtres de France, sont tout aussi remarquables.

940 Villeneuve (Château de)  44/A2

(63) ℹ Tél. : 04 73 96 41 64

Ce château, situé à Villeneuve-Lembron, a été érigé au XIVe s. Elle était la demeure familiale de Rigault d'Aureille – serviteur des rois de France de Louis XI à François Ier –, qui en conçut la décoration, riche en peintures (XVe s.), boiseries et meubles.

941 Villerest (Lac de)  36/D7

(42) ℹ Tél. : 04 77 71 51 77

La Loire, retenue au barrage de Villerest, se répand dans les gorges pour former un lac. Une base de loisirs propose terrain de golf, sports nautiques et promenades en bateau.

👁 en ville les maisons médiévales et le musée de l'Heure et du Feu.

942 Viviers  44/F6

(07) ℹ Tél. : 04 75 52 77 00

Ruelles pentues, balcons de fer forgé, toits de tuiles rondes... Ancrée sur son rocher surplombant le Rhône, l'ancienne cité épiscopale fait entrer les visiteurs dans le Midi. La ville médiévale réserve de nombreuses curiosités autour de la cathédrale (chevet), telles la maison des Chevaliers (Renaissance), la place de l'Ormeau et l'esplanade de Châteauvieux (※ sur le Rhône et les Alpes).

943 Vogüé  44/E6

(07) ℹ Tél. : 04 75 37 01 17

Le village, appuyé sur la falaise, et l'Ardèche sont dominés par le château d'une ancienne famille du Vivarais, reconstruit au XVIe s. (expositions).

944 Volane (Gorges de la)  44/E5

(07) La D 578 longe les gorges de la Volane. De Mézilhac – qui offre une belle vue sur le Mézenc – à Antraigues, le canyon est rocheux, boisé et encaissé. On aperçoit bientôt la coupe d'Aizac, cratère typique du Vivarais. En aval, la vallée de la Volane s'étrangle le long de coulées basaltiques jusqu'à Vals-les-Bains, où le cours d'eau rejoint l'Ardèche.

945 Volvic   35/J7

(63) ℹ Tél. : 04 73 33 58 73. Tél. château de Tournoël : 04 73 33 53 06

Dans cette ville de la pierre, on débite depuis sept siècles, en minces tranches, l'andésite – lave – des monts voisins qui va recouvrir notamment, une fois émaillée, les paillasses de laboratoire du monde entier, car les acides ne peuvent l'altérer. Mais Volvic est surtout connue pour ses sources, dont les eaux sont d'une très grande pureté. On peut assister aux opérations de mise en bouteilles.

👁 à 1,5 km (N), le **château de Tournoël,** qui, construit sur les ruines d'une forteresse détruite par Philippe Auguste, date du XIVe s. Le bâtiment est dominé par un grand donjon circulaire : on y monte par un escalier creusé dans les murs, épais de 4 m ; au sommet, ※ sur la Limagne, le Forez et le Livradois. Le corps de logis comprend, outre les appartements, d'autres éléments intéressants : tourelle, cuisine, vastes cheminées et salle de cuvage avec son pressoir.

À TRAVERS LE SÉGALA

À partir de VILLEFRANCHE-DE-ROUERGUE, on s'engage sur les plateaux du Ségala, pour atteindre, juste avant Rieupeyroux, une chapelle. On gagne ensuite la bastide de Sauveterre-de-Rouergue. Après une halte au château du Bosc, on suit le Viaur. Près de Pampelonne, se dressent les ruines du château médiéval de Thuriès. Par Mirandol-Bourgnounac et La Salvetat-Peyralès, on retrouve Villefranche.

LA PIERRE DE VOLVIC

Pendant cinquante ans, elle a jalonné toutes les routes et veillé sur tous les carrefours de France. Ce n'est que dans les années 70 qu'elle s'effacera devant l'invasion de la tôle et du plastique. Extraite des carrières à ciel ouvert de Volvic, l'andésite est une roche éruptive légère, solide et facile à émailler à haute température. C'est pourquoi on l'utilisa longtemps pour les bornes et les poteaux indicateurs routiers. Mais, comme en témoignent les nombreux bâtiments sombres de l'Auvergne, on s'en servit également comme matériau de construction dès le Moyen Âge.

1

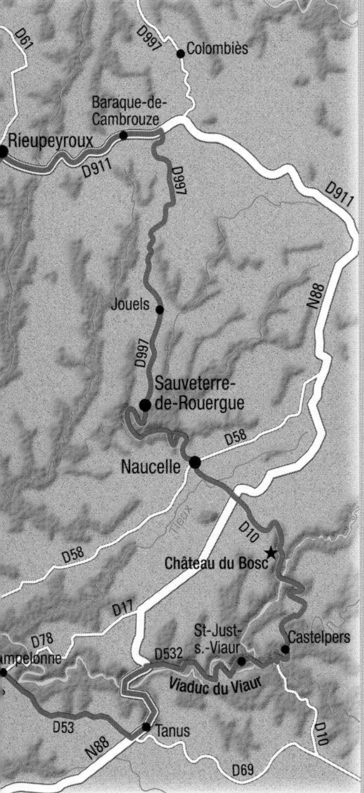

Villefranche-de-Rouergue

1 La collégiale Notre-Dame, surmontée d'un haut clocher-porche

Viviers

2 La façade de la maison des Chevaliers

3 L'ancienne tour du château, servant de clocher

2

3

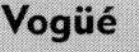

Vogüé

4 Les deux tours rondes du château, encadrant le corps de logis, surplombent l'Ardèche.

4

Près de Volvic, le château de Tournoël

5 Les vestiges de l'importante forteresse médiévale

5

ALPES

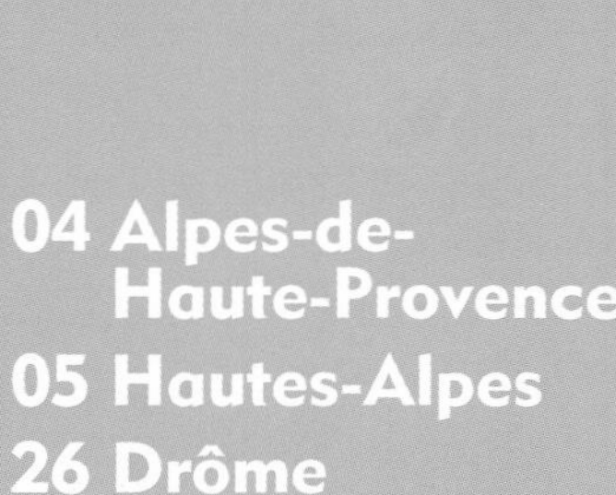

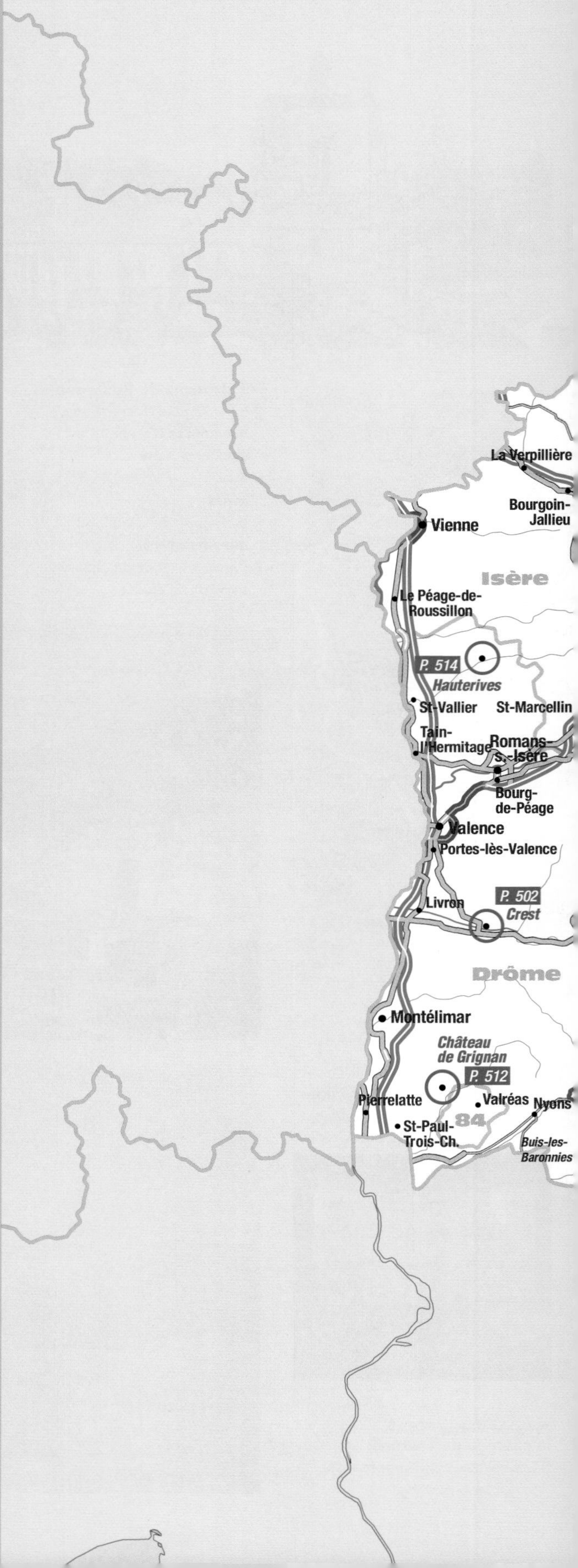

04 Alpes-de-Haute-Provence
05 Hautes-Alpes
26 Drôme
38 Isère
73 Savoie
74 Haute-Savoie

La Verpillière
Bourgoin-Jallieu
Vienne
Isère
Le Péage-de-Roussillon
P. 514
Hauterives
St-Vallier
St-Marcellin
Tain-l'Hermitage
Romans-s.-Isère
Bourg-de-Péage
Valence
Portes-lès-Valence
Livron
P. 502
Crest
Drôme
Montélimar
Château de Grignan
P. 512
Pierrelatte
Valréas
Nyons
84
St-Paul-Trois-Ch.
Buis-les-Baronnies

Évian-les-B.
Thonon-les-Bains
La Roche-s.-Foron
Bonneville
Scionzier
P. 506
Cluses
Haute-Savoie
Sallanches
P. 536
Passy
Chamonix
P. 532
Annecy
Seynod
Rumilly
P.476
Megève
St-Gervais-les-Bains
Faverges
Ugine
Albertville
Aix-les-Bains
P. 484
Bourg-St-Maurice
La Tour-du-Pin
La Motte-Servolex
Chambéry
P. 494
Moûtiers
P. 526
P.478-479
P.477
Pontcharra
Savoie
Voiron
Rives
Moirans
Tullins
Voreppe
St-Hilaire-du-Touvet
St-Jean-de-Maurienne
St-Egrève
Villard-Bonnot
Sassenage
Domène
Grenoble
Le Pont-de-Claix
Vizille
P. 550
P.481
Briançon
P. 492
La Mure
Château-Queyras
P. 496
Die
Hautes-Alpes
Mont-Dauphin
P. 524
Embrun
Gap
Barrage de Serre-Ponçon
P. 488
Barcelonnette
P.480
P.483
Alpes-de-Haute-Provence
Clue de Plaisians
Sisteron
P. 540
Château-Arnoux
Digne-les-Bains
P.482
P. 518
Manosque
LÉGENDE DE LA CARTE
Crest
P. 502
Petit itinéraire :
point de départ
numéro de page
Grand itinéraire :
P.480
numéro de page
tracé

Les lacs de Savoie

Un périple qui longe les grands lacs naturels du Bourget et d'Annecy, où rivages de charme, paysages soignés, villes d'eaux et demeures historiques permettent d'évoquer l'histoire des États de Savoie et de revivre les grandes heures du romantisme.

LA MAISON DE SAVOIE

Cette dynastie seigneuriale fondée en Maurienne au XIe s. et implantée à Chambéry sut patiemment agrandir son comté puis son duché, constituant enfin le royaume de Piémont-Sardaigne. Les ducs de Savoie devinrent au fil des siècles de vrais hommes d'État et surent jouer de leur territoire alpin pour s'imposer, de traité en alliance, au centre de l'histoire européenne.

Talloires, *sur la rive droite du lac d'Annecy*

1 Annecy 953 38/A7

Les vieux quartiers baignés par le Thiou sont d'une coquetterie et d'une convivialité sans pareilles. Dominées par le château des comtes de Genève (XIIe-XVIe s.), les façades médiévales se reflètent dans l'eau des canaux, et les rivages du lac agrémentés de parcs sont autant de promenades bucoliques. Le palace de l'Impérial ajoute encore une touche mondaine à cette villégiature dorée.

2 Menthon-Saint-Bernard 1050 38/A7

Le lac d'Annecy, miroir turquoise, est enchâssé dans un écrin de montagnes, où alternent les pentes douces et verdoyantes du massif des Bauges et les falaises orgueilleuses des Aravis. Le tour du lac peut commencer par la rive des Aravis, dominée par la puissante forteresse (privée) de Menthon. ⁂ depuis la route en balcon sur le lac.

3 Talloires 1096 38/A7

Les pieds dans l'eau, une ancienne abbaye transformée en hôtel de luxe souligne le côté chic de ce petit port de plaisance. Cézanne, en séjour à Talloires l'été 1896, fut parmi les nombreux peintres séduits par la sérénité du lac…

4 Mont de la Chambotte

Le tour du lac accompli, une escapade par les impressionnantes gorges du Fier (⁂) mène au château de Montrottier. On parcourt le pays des collines riantes de la Haute-Savoie pour gravir le mont de la Chambotte, d'où le regard porte sur le lac naturel du Bourget, emblème du romantisme du XIXe s. 👁 le château de Châtillon, perché sur un promontoire.

5 Portout

À l'orée de la plaine de Chautagne, ancien marais planté d'une peupleraie dans les années 30, Portout signale le début du canal de Savières, reliant le lac au Rhône. Importante voie marchande au Moyen Âge, il est aujourd'hui sillonné par de petits bateaux-croisière.

6 Abbaye d'Hautecombe 1032 37/J7

Si cette abbaye, fondée au XIIe s. et entièrement reconstruite au début du XIXe s., résonne encore des lamentations romantiques d'un Lamartine, elle attire aujourd'hui les visiteurs pour sa situation remarquable au bord du lac, son église, véritable panthéon de la famille de Savoie, et sa grange batelière, seul vestige de la construction cistercienne.

7 Chambéry 979 37/J8

Château ducal, vieille ville médiévale parcourue par un inextricable lacis d'allées (l'équivalent des traboules lyonnaises), façades colorées des hôtels particuliers, tout permet ici d'évoquer le rayonnement de la maison de Savoie, qui fit de Chambéry la capitale de ses États jusqu'en 1562.

8 Aix-les-Bains 950 37/J8

La ville thermale, qui connut son apogée à la Belle Époque, a d'abord construit ses palaces sur le coteau avant de s'étendre jusqu'au rivage du lac, animé par des plages et des petits ports. Les salles du casino, au plafond orné de mosaïques, bruissent encore des voix des princes qui fréquentèrent cette villégiature.

Le massif de la Chartreuse

Grand récif de calcaire, ce bastion préalpin prend un air farouche en dressant ses hautes falaises à l'aplomb de Grenoble. L'intérieur du massif constitue un joyau d'authenticité et un refuge de quiétude, où s'épanouit une forêt dense et se blottissent des villages au fort caractère ainsi que le célèbre monastère de la Grande Chartreuse.

❶ Grenoble 1026 45/J3

La capitale dauphinoise s'étire autant que possible au confluent de l'Isère et du Drac, profitant d'un vaste replat coincé entre les massifs de Belledonne, du Vercors et de Chartreuse. sur cette extraordinaire situation depuis Le Sappey ou mieux encore depuis le fort du Monteynard.

❷ Charmant Som

Une route grimpe sans encombre vers le sommet du Charmant Som, accessible ensuite par un sentier facile : une pente douce et verdoyante pour un alpage qui accueille des vaches laitières et un profil rocailleux et abrupt illustrent la géographie si contrastée du massif. l'église de Saint-Hugues, restaurée et décorée, entre 1952 et 1985, par le peintre Arcabas, et, un peu plus loin, le cirque de Perquelin, aux falaises blanches couvertes de résineux.

❸ La Grande Chartreuse 1022 45/J2

Saint Bruno de Cologne trouva en l'an 1084, tout au fond d'un vallon discret, son « désert » propice à la vie contemplative et au strict vœu de retraite solitaire de ses condisciples. Pourtant, l'épopée des Chartreux s'exprime aussi par une vocation industrieuse, leur domaine forestier et agricole couvrant autrefois une bonne partie du massif. Plusieurs bornes et oratoires jalonnent ainsi les chemins en sous-bois et les crêtes d'alpage. Si la Grande Chartreuse n'accueille aucun visiteur, un petit musée aménagé à la Correrie évoque la vie des moines. Leur fameuse liqueur, jaune ou verte, est aujourd'hui fabriquée à Voiron.

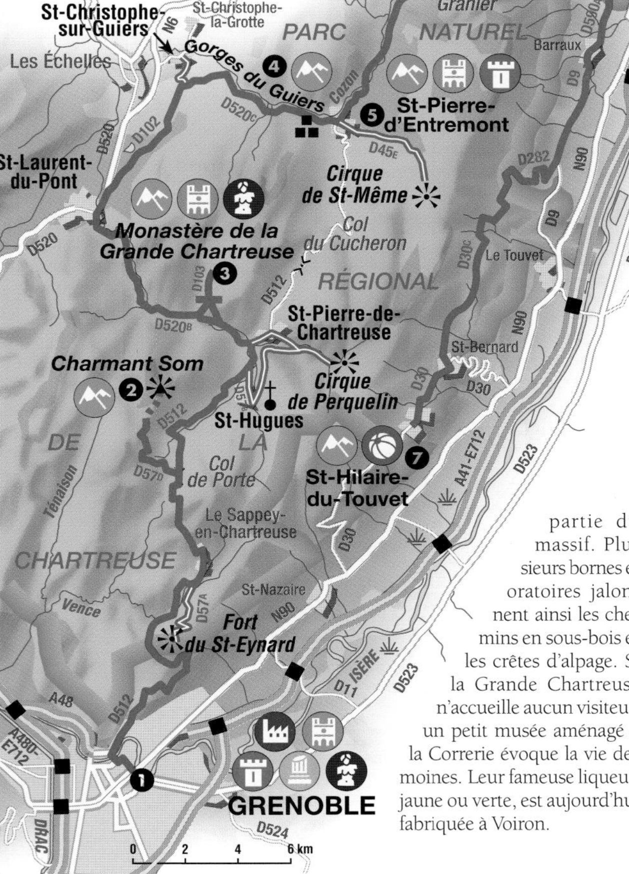

❹ Gorges du Guiers

Les contreforts occidentaux du massif ne sont entaillés que par les gorges du Guiers Vif et une faille géologique spectaculaire dans laquelle passe la voie sarde, aménagée en 1670 par Charles-Emmanuel II. Encore aujourd'hui, le Guiers Vif est enjambé hardiment par le pont médiéval Saint-Martin (accessible par un sentier depuis le pont de Saint-Christophe-sur-Guiers) et la voie sarde témoigne du seul chemin carrossable qui jadis traversait la Chartreuse. Le torrent du Guiers Vif marquait aussi la frontière entre la France et la Savoie, avant son rattachement en 1860.

❺ Saint-Pierre-d'Entremont

En remontant les gorges du Guiers Vif et le passage vertigineux du Pas du Frou, on rejoint le cœur du massif, fief des seigneurs de Montbel, dont le château en ruine est perché au-dessus du village de Saint-Pierre-d'Entremont. Celui-ci garde encore en mémoire les tiraillements des partages de territoire, avec ses deux communes jumelles, l'une située en Savoie, l'autre en Isère. l'impressionnant cirque de Saint-Même, dominé par des parois verticales et zébré de belles cascades.

Le mont Granier

❻ Col du Granier

Le col conduit au bassin chambérien. Il est au pied de l'impressionnante face nord du mont Granier, véritable proue septentrionale du massif. La chronique médiévale en rapporte l'éboulement tragique dans la nuit de 24 au 25 novembre 1248, qui ensevelit soudainement plusieurs villages. La zone de chaos géologique, dit « abîmes de Myans », est maintenant plantée de vignobles soignés qui produisent les crus AOC Abymes et Apremont.

❼ Saint-Hilaire-du-Touvet

Accroché sur un plateau suspendu à 200 m de hauteur au-dessus de la vallée du Grésivaudan, le village est un site de parapente mondialement réputé. Un funiculaire centenaire, considéré comme le plus pentu d'Europe, donne aussi accès à ce « balcon panoramique ».

Sur les Chemins du baroque en Savoie

Sur les versants du massif de la Vanoise, où fut fondé le premier parc national français, les montagnards ont essaimé des chapelles ornées de peintures médiévales et des sanctuaires brillant des feux du baroque. Il faut suivre les longues vallées de la Maurienne et de la Tarentaise pour comprendre comment un art religieux remarquable s'est très profondément ancré dans les traditions populaires.

La marmotte, *sentinelle des alpages*

Bonneval-sur-Arc arbore de solides maisons aux toits de lauses.

❶ Saint-Jean-de-Maurienne 1078 46/B2

La vallée de l'Arc révèle d'abord sa vocation industrielle née au XIXe s. et favorisée par la houille blanche, l'énergie hydraulique. Mais le royaume de l'aluminium cache un riche passé historique. Saint-Jean, fief des comtes de Maurienne, fut en effet le berceau de la maison de Savoie. Son fondateur, Humbert aux Blanches Mains, repose d'ailleurs en la cathédrale.

❷ Aussois

Au-dessus du village, un verrou rocheux surmonté des cinq forts de l'Esseillon signale la haute vallée. Au-delà de cette ligne de défense bâtie à partir de 1817 pour protéger Turin des menaces françaises, la nature montagnarde reprend ses droits. Dans un paysage d'une ampleur nouvelle, les villages s'accrochent au moindre espace cultivable.

❸ Bramans

À la sortie de Bramans s'ouvre le vallon d'Ambin, qu'Hannibal aurait suivi pour franchir les Alpes en compagnie de 37 éléphants. Le fier clocher de Saint-Pierre-d'Extravache y rivalise avec les cimes altières de la Dent Parrachée (3 684 m). Le sanctuaire, en ruine, est le plus vieux de Maurienne.

❹ Termignon

Aux pays des alpages, les activités agropastorales apportèrent une richesse dont témoigne l'église paroissiale où resplendissent pas moins de cinq retables baroques. Termignon est aussi l'une des cinq portes du parc national de la Vanoise et la promesse de plus de 200 km de sentiers de randonnée.

❺ Lanslebourg-Mont-Cenis

Au pied du passage le plus stratégique des Alpes, le village s'est mué en station de ski mais se souvient du temps où ses habitants se faisaient passeurs du col du Mont-Cenis pour armées conquérantes, marchands, pèlerins et premiers touristes, en bravant les pentes raides et les tempêtes. Dans l'ancienne église, l'Espace baroque évoque l'influence extraordinaire de la Contre-Réforme en Savoie au XVIIe s. 👁 à Lanslevillard, la chapelle Saint Sébastien.

❻ Bessans

Au pays des diables, les statuettes en bois exorcisent depuis des siècles le malheur et les drames de la vie en haute montagne. Les paysans se faisaient artistes et « chapoteurs » (sculpteurs sur bois) pendant les longs mois d'hiver. Parmi eux, les Clappier essaimèrent au XVIIe s. leurs figurines religieuses et leurs rutilants retables baroques dans toute la vallée. Ne pas manquer l'atelier de Georges Personnaz, l'un des derniers sculpteurs de diables, ni la chapelle Saint-Antoine, tapissée de remarquables peintures murales du XVe s.

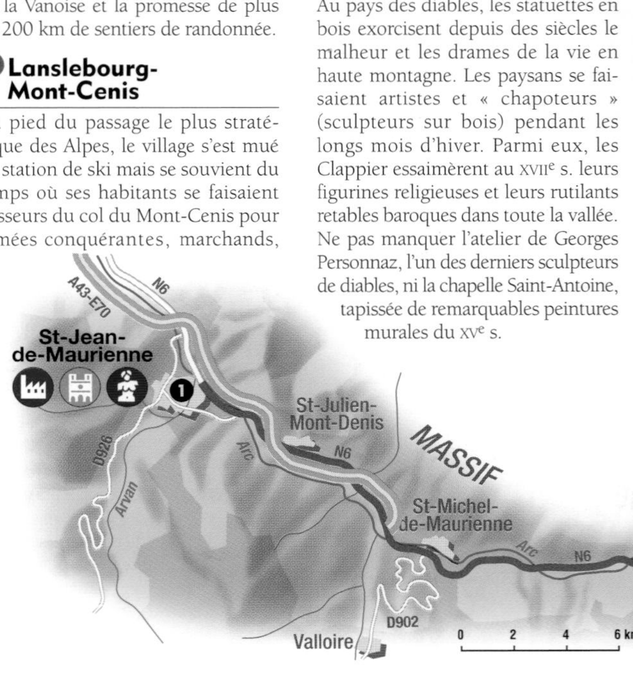

7 Bonneval-sur-Arc

969 46/D2

Joyau intact de l'architecture de montagne, avec ses maisons trapues en pierres granitiques et aux lourds toits de lauses, patiemment restaurées, ce village du bout du monde, au pied du mont Lenta, est la preuve du tempérament pugnace des gens d'en-haut, installés ici malgré les rigueurs d'un environnement exclusivement minéral. Il est aussi un point de départ de randonnées, notamment vers l'impressionnant cirque des Évettes où se trouve le plus vaste glacier du département.

8 Col de l'Iseran

1034 46/D2

Le col, un des plus hauts passages routiers des Alpes (2 770 m), ménage de beaux panoramas sur les sommets de la Vanoise et permet de passer en Tarentaise, vallée auréolée de la gloire olympique des Jeux d'Albertville de 1992. 👁 Val-d'Isère, fleuron des stations de sports d'hiver, où Jean-Claude Killy fit ses premières armes.

9 Barrage de Tignes

1101 46/C1

Le surprenant géant peint sur la face extérieure du barrage-voûte semble souligner la toute-puissance des éléments. Si les Tignards vivent désormais aussi des sports d'hiver, la perte des terres noyées sous les eaux fut, pour certains, un vrai drame.

10 Bourg-Saint-Maurice

La bourgade s'affirme comme la porte des prestigieuses stations de haute Tarentaise. 👁 la chapelle de Vulmix dont les fresques racontent la vie de saint Grat, protecteur des récoltes. 👁 Séez, où la filature Arpin tisse encore le drap de Bonneval, dont les alpinistes apprécient la résistance. 👁 à Aime, la basilique Saint Martin.

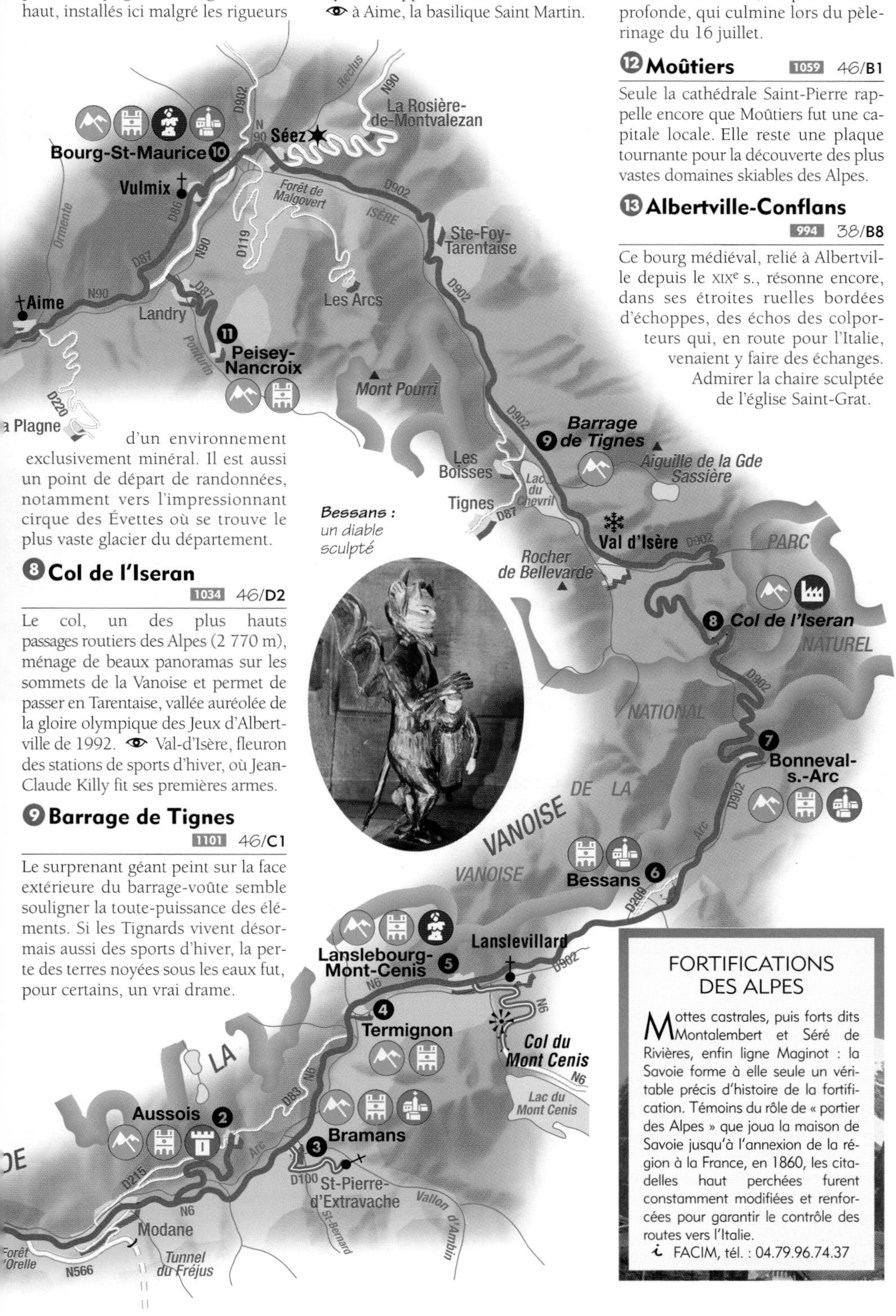

11 Peisey-Nancroix

Derrière la façade sobre de l'église de la Trinité, trésor incomparable du baroque savoyard, flamboient les ors de sept retables. Un peu plus haut, à 1 816 m d'altitude, au cœur d'un cirque grandiose, le sanctuaire de Notre-Dame-des-Vernettes, lui aussi richement décoré, inspire une foi profonde, qui culmine lors du pèlerinage du 16 juillet.

12 Moûtiers

1059 46/B1

Seule la cathédrale Saint-Pierre rappelle encore que Moûtiers fut une capitale locale. Elle reste une plaque tournante pour la découverte des plus vastes domaines skiables des Alpes.

13 Albertville-Conflans

994 38/B8

Ce bourg médiéval, relié à Albertville depuis le XIXe s., résonne encore, dans ses étroites ruelles bordées d'échoppes, des échos des colporteurs qui, en route pour l'Italie, venaient y faire des échanges. Admirer la chaire sculptée de l'église Saint-Grat.

Bessans : un diable sculpté

FORTIFICATIONS DES ALPES

Mottes castrales, puis forts dits Montalembert et Séré de Rivières, enfin ligne Maginot : la Savoie forme à elle seule un véritable précis d'histoire de la fortification. Témoins du rôle de « portier des Alpes » que joua la maison de Savoie jusqu'à l'annexion de la région à la France, en 1860, les citadelles haut perchées furent constamment modifiées et renforcées pour garantir le contrôle des routes vers l'Italie.

ℹ FACIM, tél. : 04.79.96.74.37

Val de Durance, pays des vergers et de l'eau vive

Dévalant de la haute montagne briançonnaise, le torrent impétueux devient à mi-parcours une rivière nourricière : les barrages ont dompté les crues, fourni l'énergie hydroélectrique et permis de canaliser les eaux pour l'irrigation. À partir du lac de Serre-Ponçon, la Durance fertilise les terres de Provence, autant de contrées gorgées de soleil où prospèrent vergers et vignes.

❶ Sisteron

1092 46/A7

Au confluent du Buëch et de la Durance, un étroit défilé cisaille cruellement un rocher plissé en forme de tranches de pain. En rive droite, une citadelle haut perchée et remaniée entre le XIIIe et le XVIIe s. défend ce verrou unique en son genre, qui semble aussi marquer une frontière entre les climats et entre les tempéraments. Les toits de tuiles serrés et les ruelles couvertes – andrônes – de la vieille ville trahissent déjà une influence méditerranéenne.

❷ Ventavon

En remontant le large val de Durance, on distingue un promontoire isolé, où se dressent un château (privé) et un minuscule village. Autour, un relief de synclinaux typiques ponctue un paysage très ouvert, baigné de soleil. La cadence des arrosoirs géants anime les vergers : pommes, poires, abricots et autres fruits poussent comme dans une corne d'abondance, tandis que l'horizon est souligné au nord d'une frange blanche, les hautes cimes des Écrins.

❸ Tallard

1095 46/A6

Vergers et château en ruine se voient ici d'en haut, tant le ciel est propice aux sports aériens. L'aérodrome de Gap-Tallard, consacré premier centre européen de parachutisme, est réputé mondialement auprès des pilotes de vol à voile. Une météo plus clémente qu'ailleurs permet aux passionnés de se jouer de l'apesanteur ou des courants d'air. Pour qui lève le nez en l'air, le spectacle est quasi permanent.

❹ Gap

1019 46/A6

À l'écart du val de Durance, la préfecture focalise l'activité économique et culturelle, mais en cultivant un certain art de vivre. Important site gallo-romain, elle possède un musée dédié à l'archéologie régionale et à l'ethnologie montagnarde. Le domaine de Charance abrite dans un cadre agréable le siège du parc national des Écrins et un conservatoire botanique unique en son genre : ses jardins et vergers constituent des collections de multiples variétés de plantes ou d'arbres fruitiers.

Sisteron : les tuiles canal des toits

UN CHANTIER TITANESQUE

Serre-Ponçon est une sorte d'immense digue enrochée de 120 m de haut, construite entre 1955 et 1961. Adapté par Jean Giono, le film *l'Eau vive* raconte cet épisode épique qui fit disparaître le village de Savines. Un programme d'aménagement hydraulique permit en outre de créer quinze centrales électriques en aval et d'irriguer, par le canal de Provence, 100 000 ha de cultures. Une révolution agricole qui a fait la prospérité de la haute Provence.

Théus : les élégantes silhouettes des cheminées de fées

❺ Théus

1098 46/A6

Accroché sur les pentes du mont Colombis, en amont de Remollon, le village inspira à Jean Giono *le Hussard sur le toit*. À proximité, il faut admirer la salle de bal des Demoiselles coiffées, curiosité géologique : tout un pan de montagne raviné laisse se former des dizaines de cheminées, colonnes de conglomérat argileux chapeautées d'un rocher plat, qui ont résisté à l'érosion. Les coteaux en aval produisent un petit vin régional qui accompagne agréablement les produits du terroir.

❻ Barrage de Serre-Ponçon

1089 46/B6

La plus grande retenue d'Europe (2 800 ha) baigne le bassin de la moyenne Durance. Sous la tutelle du puissant sommet du Grand Morgon, le lac est devenu un site balnéaire fréquenté, rendez-vous des amoureux de tous les sports nautiques.

La traversée du Vercors

Les contours du massif sont ourlés d'une impressionnante ligne de remparts rocheuse qui défend un écrin de pâturages et de forêts. Taillées dans le vif du calcaire, seules quelques routes audacieuses permettent d'atteindre des espaces solitaires placés sous le label d'un parc naturel régional. Sanctuaire de la nature et bastion imprenable de la Résistance, le Vercors possède un caractère unique.

❶ Sassenage

1086 45/J3

Ici le sous-sol de la ville sonne creux. Les cuves de Sassenage, grottes d'une belle envergure, témoignent déjà d'une géologie incroyablement creusée par l'érosion souterraine. Les seigneurs de Sassenage possédaient autrefois les pâturages des hauts plateaux. Les troupeaux y paissent encore et la bourgade produit un fromage récemment crédité d'une AOC : le bleu de Vercors-Sassenage.

Le Vercors, royaume des randonneurs protégé par un parc naturel régional

❷ Rencurel

L'étroite route en encorbellement du canyon des Écouges offre grand spectacle et émotions fortes. Dans ce repli septentrional, le massif dévoile un aspect très sauvage, tandis que les combes de Méaudre et Autrans prennent l'allure de contrées nordiques où alternent forêts touffues et prairies verdoyantes.

❸ Gorges de la Bourne

Par une entaille très marquée, la rivière s'échappe du centre du massif et file vers la plaine. Intrépide ouvrage des hommes, la route, qui nécessita au XIXᵉ s. douze ans de travaux, s'accroche au pied des immenses falaises ocre de Presles (300 m de hauteur), domaine réservé des adeptes de l'escalade.

❹ Choranche

990 45/H3

À flanc de paroi, une ouverture béante laisse jaillir une cascade scintillante : la grotte de Choranche, valorisée par un habile jeu de lumières, met en scène toutes les formes extravagantes et la dentelle de pierre du monde souterrain.

❺ Pont-en-Royans

1066 45/H3

Situé au débouché le plus resserré du massif, Pont-en-Royans tire son charme de ses singulières maisons suspendues en équilibre au-dessus de la Bourne. Son ancestrale vocation commerciale se nourrit de la riche tradition agricole du pays du Royans, versant extérieur du Vercors sur lequel s'ouvre l'horizon. La noix de Grenoble (AOC), les ravioles, le fromage de Saint-Marcellin ou encore la pogne de Romans illustrent tous les trésors gourmands du Dauphiné.

Pont-en-Royans et ses saisissantes maisons suspendues

❻ Les Grands Goulets

1024 45/H3

On rejoint ensuite l'antre du massif par cette porte monumentale que sont les gorges des Grands Goulets. En amont, des pistes forestières donnent accès aux Hauts-Plateaux (1 200 m) classés en réserve naturelle. La flore et la faune de montagne ont trouvé un sanctuaire dans la forêt de pins à crochets, la pelouse alpine et les alpages dont se régalent les troupeaux de brebis transhumants.

❼ Villard-de-Lans

La petite route du belvédère de Valchevrière, d'où s'étend un large panorama sur les gorges de la Bourne et du Méaudret, rallie la charmante bourgade de Villard-de-Lans, station climatique depuis les années 20 et station de sports d'hiver renommée, intronisée depuis peu centre de réflexion et d'expérimentation d'Internet et du télétravail ! 👁 à Lans-en-Vercors le très singulier musée des Automates, où sont présentés quelque 300 personnages animés.

Lavande et vieilles pierres en haute Provence

Lumières du sud et patchwork d'or, d'azur et de mauve soulignent avec force les paysages contrastés de cette région subalpine. Entre le monde minéral et vertical des gorges du Verdon et l'univers champêtre du vaste plateau de Valensole, les fragrances de lavande et le gargouillis des fontaines de village, les bruissements du vent et les sonnailles des troupeaux transhumants exacerbent les sens du visiteur. Une escapade envoûtante.

En haute Provence, *les champs de lavande émaillent le paysage.*

❶ Digne-les-Bains

1004 46/B8

La préfecture des Alpes-de-Haute-Provence est située à la croisée des contrées montagnardes et provençales, des rudes vallées alpines et des douces collines méditerranéennes. Outre les nouveaux thermes, son centre ancien arbore une fontaine monumentale, des rues pittoresques et une cathédrale qui rappelle que la cité est le siège d'un évêché depuis 506. Digne fut plus récemment le « camp de base » d'Alexandra David-Neel, à son retour d'expédition en 1946. Sa maison et une fondation évoquent la vie aventureuse et passionnée de la première exploratrice du Tibet interdit.

❷ Clue de Chabrières

978 46/B8

Caractéristique de la région, cet étroit défilé laisse passer le petit train des Pignes, reliant Digne à Nice à une allure de sénateur, ainsi que la route Napoléon, empruntée en 1815 par l'Empereur à son retour d'exil.

TRANSHUMANCE

À la mi-juin, les petites routes sont encombrées par les troupeaux de moutons qui transhument comme jadis. Leur voyage jusqu'aux alpages dure de douze à quinze jours et tient de la plus authentique culture provençale, si bien décrite par Giono et Pagnol. Par chance, les milliers de brebis migrantes dédaignent les brins de lavande… que l'on récoltera un mois plus tard.

❸ Castellane

975 54/C1

Bourgade d'importance aux époques gallo-romaine et médiévale, elle illustre aujourd'hui tout l'art de vivre provençal avec sa place ombragée et ses ruelles étroites. Nichée au creux d'un paysage de rocailles plissé, elle est dominée par un éperon rocheux sur lequel se sont perchées une chapelle et une statue de la Vierge : Notre-Dame-du-Roc.

❹ Gorges du Verdon

1117 54/B2

La route panoramique suit avec hardiesse le rebord des falaises, sur la rive droite de la grande faille du Verdon, qui présente des parois de 300 à 600 m de verticalité absolue. Le belvédère du point Sublime prouve que seul le canyon du Colorado peut rivaliser avec ses dimensions ahurissantes.

❺ Moustiers-Sainte-Marie

1058 54/B1

Fait de vieilles pierres et de tuiles rondes, ce village pittoresque agrippé à un contrefort rocheux est l'un des plus grands centres faïenciers de France. En amont, la chapelle Notre-Dame-

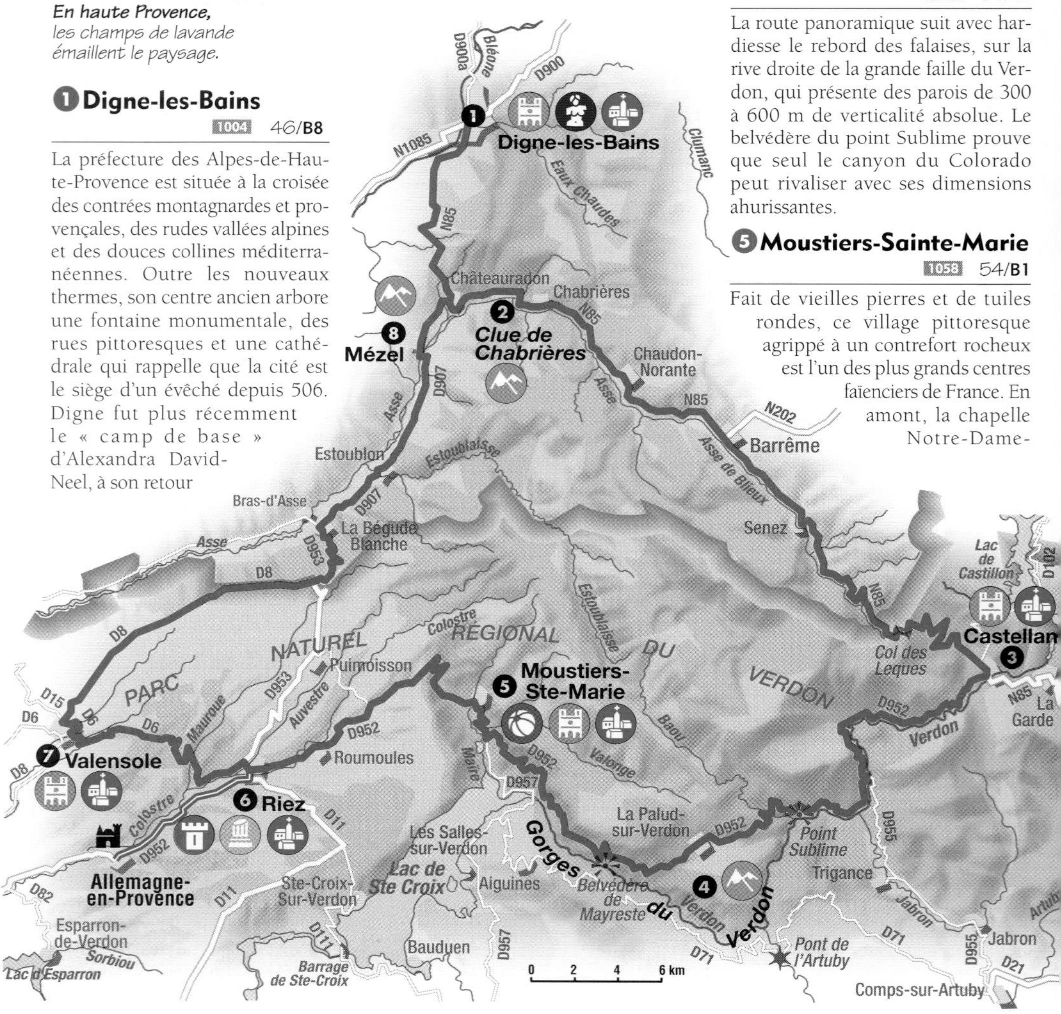

Moustiers-Sainte-Marie : *le clocher roman de l'église Notre-Dame domine les toits de la cité*

de-Beauvoir s'accroche à un escarpement. Au-dessus, un câble tendu entre les deux versants supporte l'étoile de Moustiers, ex-voto d'un croisé qui symbolise depuis toujours le site. En contrebas, au débouché du canyon, s'étire le grand lac artificiel de Sainte-Croix, dont les plages et bases nautiques confèrent aux alentours une atmosphère balnéaire.

❻ Riez
1068 54/**A2**

Situé au beau milieu d'un plateau formé par les alluvions de l'ère glaciaire, d'une terre sèche mais généreuse grâce à l'irrigation, le bourg est d'origine antique, comme l'attestent ses colonnades. Il est aujourd'hui bâti, comme tant d'autres au pays du soleil, autour d'un vieux quartier enserré dans ses remparts circulaires. 👁 le château Renaissance d'Allemagne-en-Provence.

❼ Valensole
1109 54/**A2**

Le bourg, aux ruelles serrées et rafraîchies par les fontaines, s'annonce par le campanile de l'église Saint-Blaise-et-Saint-Denis, dont la cage laisse le mistral emporter le son des cloches. Autour de Valensole, les distilleries de lavande prolifèrent et ses boutiques proposent un miel onctueux. C'est que le plateau devient ici une mosaïque de champs de blé et de rangées de lavande.

❽ Mézel

La vallée de l'Asse, rivière aux méandres langoureux, donne accès aux collines du pays de Digne. Tout autour de Digne, ce paysage de garrigue et de forêt sèche est classé réserve géologique, car il recèle, sur 150 000 ha, des fossiles d'une valeur inestimable, dont 500 ammonites, qui permettent de lire à ciel ouvert le grand livre de l'histoire de la Terre.

Lumières des Baronnies, en Drôme provençale

Au pays des villages de vieilles pierres, des cultures en terrasses, des ruisseaux tortueux et des saveurs raffinées, l'excursion prend un autre rythme et l'accent du Sud.

❶ Buis-les-Baronnies
974 45/**G7**

La bourgade, qui s'anime tout particulièrement, en juillet, lors de la grande foire du tilleul, doit aussi sa fortune à un très médiatique enfant du pays, Ducros, qui a mis sur toutes les tables les indispensables herbes de Provence.

❷ Sainte-Jalle

Après le col d'Ey, le bien mal nommé val d'Ennuye égrène vergers d'abricotiers, champs de fleurs et rangées de lavande jusqu'à sa capitale, Sainte-Jalle, recluse à l'ombre de ses vénérables tourelles. Voir l'église Notre-Dame-de-Beauvert (XIIe s.), de style clunisien.

❸ Saint-May

Dans les Alpes blanches, la rivière force le passage dans le tourment des rocailles des gorges de l'Eygues. Au débouché, le village perché de Saint-May semble imbriqué dans le rocher.

❹ Col de Perty

9 km de lacets panoramiques conduisent au col, qui ménage de belles vues sur un pays de pierres, de buissons, de moutons et de cigales. Côté Dauphiné, les Écrins ; côté Provence, le Ventoux. 👁 Séderon, dans la vallée de la Méouge, au cœur d'une houle de collines tapissées de plantes aromatiques et de lavande sauvage.

❺ Montbrun-les-Bains
1055 45/**H7**

Fontaines et sources sulfureuses : l'eau est omniprésente dans ce charmant village perché où les vieilles pierres content les temps anciens et où les ombrages invitent à la paresse.

❻ Clue de Plaisians

Une entaille laisse deviner les colères de rivières qui se prennent parfois pour des oueds. S'exprime ici le fort contraste entre la violence des éléments et un climat serein, propice à la culture de l'olivier.

***Montbrun-les-Bains,** au pied du mont Ventoux*

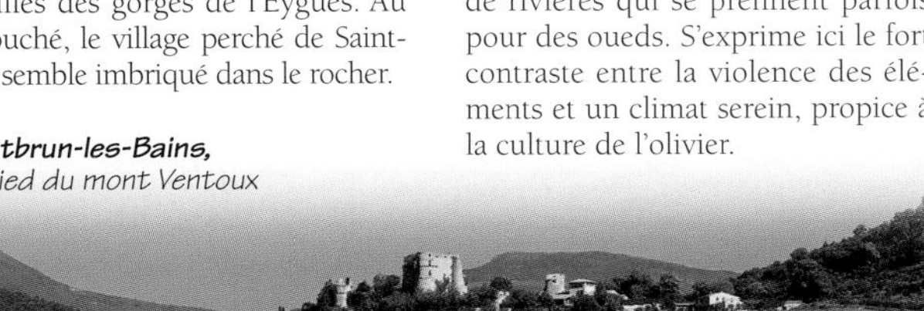

946 Abondance  38/C5

(74) ℹ Tél. : 04 50 73 02 90
Le village, lieu de villégiature agréable, est construit autour d'une abbaye. Elle remplaça, au XIIe s., un prieuré du XIe s., et devint un des centres monastiques les plus importants des Alpes. Dans l'église actuelle, seuls restent de la chapelle d'origine le chœur et le transept. Le cloître du XIVe s. a conservé deux galeries et des peintures murales du XVe s.

947 Aiguebelette (Lac d')  37/J8

(73) 👁 petit itinéraire p. 494
Ce beau lac du Bugey savoyard est enchâssé dans le flanc de la montagne de l'Épine. Il offre de nombreuses activités nautiques en été.

948 Aiguilles (Chourums des)  45/J5

(05) En Dévoluy, chourum signifie aven (gouffre karstique). Les chourums du versant est de la crête des Aiguilles, profonds de plus de 1 000 m, sont reliés entre eux par des galeries d'écoulement dont certaines abritent des glaciers souterrains permanents. On peut approcher l'ouverture de l'un d'eux par le GR 33 (3 km de montée) au départ du Grand Villard.

949 Aiguilles rouges (Réserve naturelle des) 38/C6

(74) ℹ Tél. chalet d'accueil : 04 50 54 02 24
Située entre 1 200 et 2 995 m d'altitude, face au massif du Mont-Blanc, cette réserve se découvre grâce aux expositions présentées au chalet d'accueil du col des Montets (N), et au sentier proposé, long de 2 km ; ⁂ .

950 Aix-les-Bains  37/J8

(73) ℹ Tél. : 04 79 88 68 00
De son passé de station thermale romaine, la ville a conservé le temple de Diane (IIe ou IIIe s.), l'arc de Campanus et les vestiges d'un caldarium (bain chaud) à l'intérieur des thermes nationaux (inaugurés en 1864). De nos jours, les installations sont ouvertes toute l'année. Les abords du lac du Bourget et les manifestations pendant la saison estivale en font un lieu de villégiature très apprécié. Les amateurs de peinture impressionniste ne manqueront pas de visiter le musée du Docteur-Faure.
👁 à l'est par la D 913, qui part du centre d'Aix, le **mont Revard** (1 537 m). Depuis le sommet, ⁂ sur le lac et le massif du Mont-Blanc.

951 Alby-sur-Chéran  38/A7

(74) ℹ Tél. : 04 50 68 39 44
Situé sur la falaise qui domine le Chéran, encaissé dans une gorge, ce village pittoresque fut une cité médiévale importante grâce à ses nombreux ateliers de cordonnerie. Les maisons à arcades de la vieille place entourent une jolie fontaine. L'église abrite des vitraux modernes de Manessier. Le château de Montpon veille sur la vallée (ne se visite pas).

952 Allos (Col d')  46/C7

(04) ℹ Tél. : 04 92 83 02 81
À 2 240 m, ce col domine les gorges du Bachelard, à l'est et, à l'ouest, la vallée du Verdon. Un peu avant, la D 908 (N) conduit à la terrasse du refuge des Ponts-et-Chaussées ; ⁂ sur l'Ubaye (table d'orientation). La promenade vers le lac d'Allos – le plus vaste d'Europe à cette altitude (2 229 m) –, qui étend ses eaux bleu azur au creux d'un cirque, est rafraîchissante dans ces Alpes ensoleillées : un sentier en fait le tour en 4 km. Le lac est accessible par la D 226, étroite et escarpée, au départ d'Allos, puis par un bon sentier (environ 45 minutes de marche), en amont de la cascade. Un refuge-hôtel y est installé. Exactement en regard du lac se dresse la pyramide du mont Pelat, à 3 051 m.
👁 tout près du village d'Allos l'église **Notre-Dame-de-Valvert** (XIIIe s.).

À LA DÉCOUVERTE DU SEMNOZ

En partant d'AIX-LES-BAINS vers le nord-est, on pénètre dans le massif des Bauges par les gorges du Sierroz. On atteint le Chéran à Cusy ; le pont de l'Abîme est dominé par les aiguilles qui prolongent la montagne du Semnoz. On suit le Chéran jusqu'au pont du Diable. Par le col de Leschaux, on gagne le crêt de Châtillon, qui permet de découvrir les sommets des Alpes. Après le belvédère de Bénévent et son panorama, on quitte le sillon du Semnoz pour atteindre Alby-sur-Chéran.

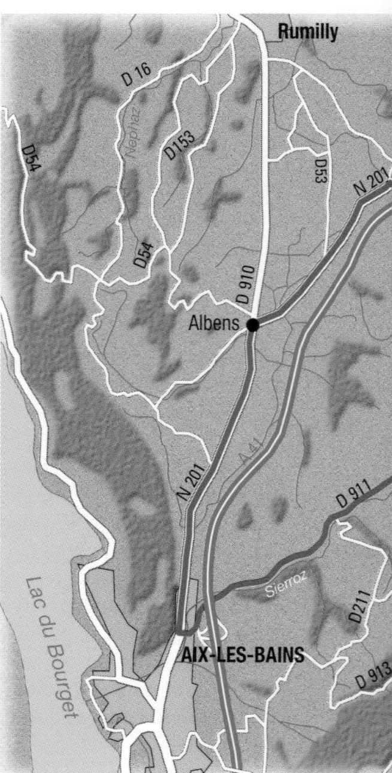

LE LAC DU BOURGET

Chanté par Lamartine, ce beau lac d'origine glaciaire, couvrant 44 km², à l'ouest d'**Aix-les-Bains,** constitue un biotope exceptionnel. Il est possible d'en faire le tour par la route, superbe, ou en bateau, mais il faut s'en écarter un peu pour en apprécier les plus beaux panoramas, dont ceux offerts par le point de vue du Fenestré (1 176 m) et le Grand Colombier (1 531 m), au nord ; par le Molard Noir (1 452 m) et la dent du Chat (1 390 m), à l'ouest ; par la table d'orientation du mont Revard (1 537 m) et la tour de l'Angle Est (1 562 m), à l'est ; enfin, en enfilade plus directe avec le lac, par la Croix du Nivolet (1 558 m), au sud-est.

Abondance
1 L'église
2 Le cloître

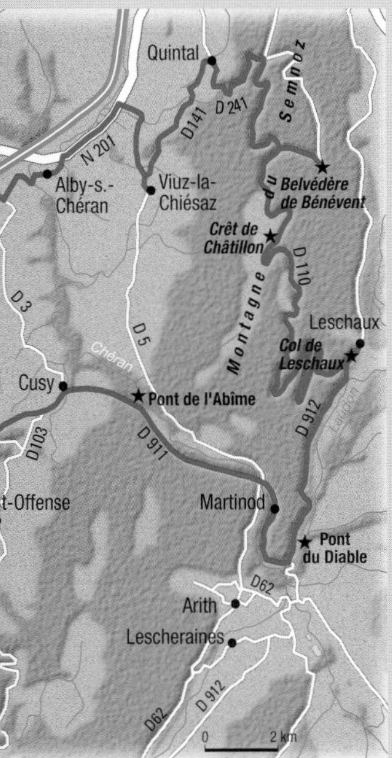

Le lac d'Aiguebelette
3 Il s'étire au creux
de la montagne de l'Épine.

Aix-les-Bains
4 Le Musée lapidaire
archéologique ; au centre,
un torse d'homme, supposé
être la statue d'un empereur
5 L'arc de Campanus, haut de 9 m
et ajusté sans mortier

953 Annecy

 38/A7

(74) ℹ Tél. : 04 50 45 00 33

Situé au bord d'un lac ceinturé de montagnes, Annecy est un site somptueux qui tire aussi son charme de ses canaux et de la splendeur de ses églises. La rue Sainte-Claire, voie principale du vieil Annecy, offre ses maisons à arcades. Les jardins de l'Europe, derrière l'hôtel de ville, plantés de séquoias géants et d'un ginkgo biloba, entre les canaux du Thiou et du Vassé, s'ouvrent sur le lac, en face de l'île des Cygnes.

Le palais de l'Isle et le canal du Thiou

La cathédrale Saint-Pierre

Bâtie entre 1535 et 1538, sur les plans de Jacques Rossel, qui avait travaillé à Genève, l'église du couvent des Cordeliers devint cathédrale en 1771. Sa façade est en partie Renaissance et les cinq travées de la nef conduisent à un chœur polygonal et à deux chapelles sur les côtés.

L'église Saint-Maurice

Elle fut construite à la fin du XVe s. à l'initiative du cardinal de Brogny, fondateur du couvent des Dominicains.

Le palais de l'Isle

Cette ancienne maison seigneuriale (XIIe s.), qui servit successivement de prison, d'hôtel des monnaies, de siège de la chambre des comptes, puis à nouveau de prison au XIXe s., abrite le musée d'Histoire d'Annecy.

Le château : la tour de la Reine

954 Annot

 46/C8

(04) ℹ Tél. : 04 92 83 23 03

La Grande-Rue, bordée de maisons à colombages aux portes sculptées, grimpe vers l'église romane.

👁 les blocs de grès qui entourent cette petite station sont détachés de la falaise et forment un **chaos** dans la vallée **de la Vaïre,** avant que la rivière rejoigne le Coulomp. Ce type de roche, qui prend des aspects ruiniformes, tire de ce lieu son nom générique de grès d'Annot, une catégorie à laquelle appartient, par exemple, le grès des rochers de Fontainebleau.

955 Aravis (Chaîne des)

 38/B7

(74) Cette chaîne, parfois appelée massif Genevois, domine au nord la vallée de l'Arve et, au sud, celle de l'Isère. Elle culmine à la pointe Percée (2 752 m). Son versant oriental descend en pente abrupte vers la vallée de l'Arly. La route du col des Aravis (1 498 m) coupe les monts en leur milieu en suivant vers l'est les gorges de l'Arondine. Depuis ce col, très fréquenté par les cyclistes et les randonneurs, tout comme depuis celui de la Croix-de-Fer (1 649 m) qui le domine (2 h AR), ⁂ . Pour le rejoindre en partant d'Annecy, il est recommandé de passer par la riante vallée de Manigod (depuis le col de la Croix-Fry, ⁂ sur les crêtes).

956 Archiane (Cirque d')

 45/H5

(26) Orienté plein sud, il entaille profondément le versant méridional du Vercors entre la montagne de Glandasse et le plateau de Combeau, à la limite sud de la réserve naturelle des hauts plateaux. Des aiguilles festonnent ses falaises colorées, hautes de 200 m ; un gros promontoire divise le cirque en deux. Son plancher, où naît l'Archiane, domine de 1 000 m le fond de la vallée principale. Du cirque, on peut suivre, à mi-pente vers le sud-ouest, le chemin du Balcon de Glandasse, ou remonter vers le nord sur 5 km par le GR 93 jusqu'au plateau : ⁂ (surtout en fin d'après-midi).

LE LAC D'ANNECY

Au fond d'une ancienne auge glaciaire, ce lac de 2 800 ha se compose de deux bassins alignés sur 14 km. Sa profondeur (45 m en moyenne) donne parfois une tonalité verte à ses eaux. On en fait le tour en bateau (au départ de la ville), par la route ou par la piste cyclable. On peut aussi l'admirer de plus haut en montant vers le mont Baron, au nord-est (1 252 m), sur le mont Veyrier (1 291 m) ; ou encore au col de la Forclaz (1 157 m), au sud-est ; ou enfin au crêt de Châtillon (1 699 m), sur le Semnoz. Au terme de la route qui y conduit à travers une forêt comportant quelques métaséquoïas, un belvédère permet d'admirer aussi le lac du Bourget, à l'ouest.

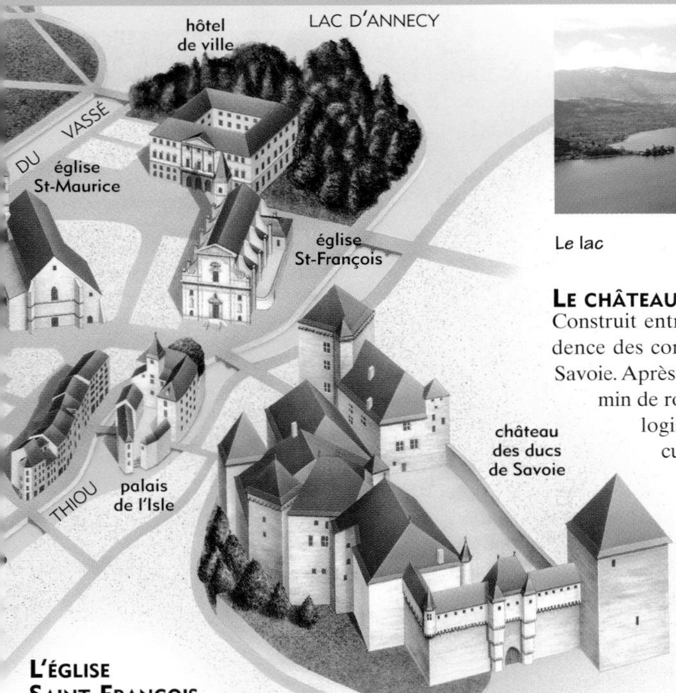

hôtel de ville
LAC D'ANNECY
DU VASSÉ
église St-Maurice
église St-François
château des ducs de Savoie
THIOU
palais de l'Isle

Le lac

Le château

Construit entre le XIIe et le XVIe s., il fut la résidence des comtes de Genève puis des ducs de Savoie. Après une avant-cour fortifiée et un chemin de ronde, un ensemble de bâtiments (le logis Nemours et le Vieux Logis) accueille le musée régional (arts populaires et beaux-arts). Un observatoire des lacs alpins est aménagé dans le logis Perrière.

À VOIR AUSSI

L'hôtel de ville

L'église Notre-Dame-de-Liesse (1846-1855)

L'ancien palais épiscopal (XVIIIe s.)

Le conservatoire d'Art et d'Histoire de la Haute-Savoie

La basilique Saint-Joseph-des-Fins

L'église Saint-François

Première église de l'ancien couvent de la Visitation – la basilique actuelle se dresse sur les pentes du crêt du Maure au-dessus de la ville –, elle date du milieu du XVIIe s. La façade est à deux étages, avec pilastres toscans à l'étage inférieur et fronton à niches.

1

La chaîne des Aravis

1 Le col des Aravis

2 La pointe Percée

Le cirque d'Archiane

3 Le promontoire du Jardin du roi, divisant le cirque en deux

3

2

957 Arly (Gorges de l')

 38/B7

(73) Longue de 12 km, cette gorge profonde que suit la N 212 franchit un dénivelé de plus de 400 m. Les sommets proches, en particulier le signal de Bisanne (1 939 m), la dominent de 1 400 m d'un seul jet.

958 Avrieux

 46/C3

(73) ℹ Tél. mairie : 04 79 20 33 16
L'église de ce village, dédiée à saint Thomas Becket, fut élevée au XVIIe s. À l'extérieur, les fresques couvrant la façade représentent les sept péchés capitaux et les sept vertus. L'intérieur conserve un beau décor baroque et des statues en bois doré.

959 Balme (Grottes de la)

 37/H7

(38) ℹ Tél. : 04 74 90 63 76
Dites 7e merveille du Dauphiné, ces grottes sont situées à la pointe nord du plateau du Crémieu, pratiquement contre le Bugey, dont elles ne sont séparées que par l'étroite vallée du Rhône – profondément encaissée et coudée à cet endroit –, et contre la Dombes, dont la limite, constituée par la vallée de l'Ain, n'est qu'à quelques kilomètres (N-O). Elles présentent des concrétions diverses, particulièrement riches dans les Grottes supérieures. Elles ont été visitées par François Ier et vraisemblablement habitées par Mandrin ; ils ont chacun donné leur nom à une galerie.

960 Barcelonnette

   46/C6

(04) ℹ Tél. : 04 92 81 04 71
S'étendant au milieu des alpages et des prairies de la vallée de l'Ubaye, l'ancienne bastide (XIIIe s.), entourée de montagnes, est aujourd'hui une ville active et commerçante. Elle a conservé l'église Saint-Pierre, la place Manuel, sur laquelle s'élève la tour Cardinalis (XVe s.) du couvent des Dominicains, et les luxueuses villas (avenue de la Libération) édifiées par les Mexicains ou « Barcelonnettes » – habitants de la région partis faire fortune au Mexique, dont l'histoire est évoquée au musée de la Vallée.

961 Baronnies (Les)

 45/H7

(26) Situé au sud du Diois, ce massif préalpin est constitué de roches tendres facilement attaquées par les cours d'eau qui y ont allègrement creusé leur lit. Les villages, entourés de champs de lavande, d'oliviers et de vigne, épousent le flanc des falaises. Depuis le col de Perty (1 303 m), ☀ sur l'ensemble de la région, que l'on peut découvrir à partir de Buis-les-Baronnies, en suivant la vallée de l'Ouvèze puis celle du Céans, à l'est (D 546 et 65), ou encore celles de l'Ennuye et de l'Eygues (D 64 et 94), après le col d'Ey au nord.

962 Bastille (Fort de la)

  45/J3

(38) ℹ Tél. téléphérique : 04 76 44 33 65
À Grenoble, un téléphérique partant du jardin de la Ville mène à ce fort construit sur un éperon rocheux au-dessus de la rive droite de l'Isère. ☀ sur les versants en falaises du Grésivaudan et, au-delà, jusque sur les massifs alpins centraux, et sur le Mont-Blanc, par temps clair.
👁 le **mont Moucherotte,** qui domine la ville, le Vercors et la Chartreuse de ses 1 901 m. Il est accessible à partir du petit village de Saint-Nizier-du-Moucherotte, à 18 km (O) de Grenoble.

963 Bataille (Col de la)

 45/G4

(26) Ce col du sud du Vercors, à 1 318 m, permet de passer entre deux cirques impressionnants, celui de Bouvante, avec son lac de barrage enchâssé dans une forêt humide, au nord, et celui des gorges d'Omblèze, au sud, avec sa végétation déjà méditerranéenne. Les belvédères se succèdent le long de la D 199, en corniche.

INCURSION DANS LE MERCANTOUR

En quittant BARCELONNETTE, on remonte les profondes gorges du Bachelard, qui s'ouvrent au sud, en bordure du parc national du Mercantour. On pénètre dans celui-ci pour atteindre, à 2 327 m d'altitude, le col de la Cayolle. Ce belvédère, dominé par les sommets dénudés du Mercantour, offre un vaste panorama et constitue le point de départ de nombreuses randonnées, en particulier vers les sources du Var, les lacs d'Allos et de Lausson ou encore le cirque de la Petite Cayolle.

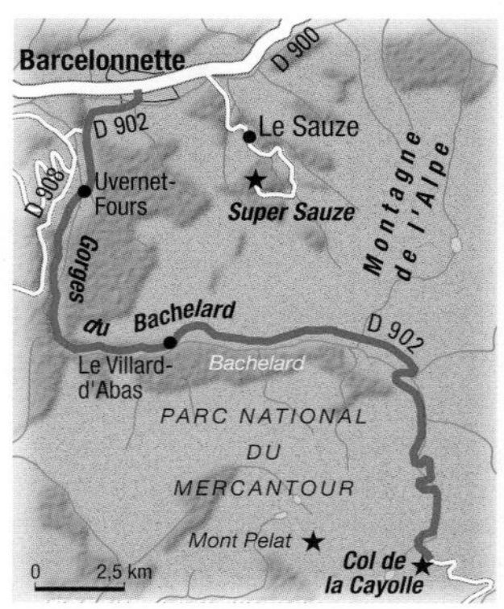

LES BARCELONNETTES AU MEXIQUE

Lorsque au début du XIXe s., les filatures tissant la laine des moutons de la vallée connurent de graves difficultés, les jeunes de l'Ubaye partirent chercher fortune au Mexique. Ils furent 5 000, appelés les Barcelonnettes, à marcher sur les traces des frères Arnaud, partis de Jausier en 1821. Unissant leurs efforts, ils bâtirent de véritables empires commerciaux et industriels. Aujourd'hui encore, au cœur des villes mexicaines, les grands magasins des Barcelonnettes rappellent cette étonnante aventure. Ces « Mexicains » sont venus finir leurs jours au pays ; ils se sont fait construire de somptueuses villas (notamment à Barcelonnette et à Jausiers) et des tombeaux non moins extraordinaires.

Les gorges de l'Arly

1 Elle ont été défoncées par une langue glaciaire, puis surcreusées par le torrent.

Barcelonnette, le musée de la Vallée

2 La villa La Sapinière, qui l'abrite

3 Reconstitution du comptoir de vente de tissus des Barcelonnettes au Mexique.

Les Baronnies

4 La D 94, qui suit le cours de l'Eygues, avec, au fond, le mont Ventoux

Le col de la Bataille

5 Le sommet enneigé

964 Beaufortin (Massif du)

 38/B8

(73) Situé entre le Mont-Blanc et la Tarentaise, ce massif est couvert de forêts et d'alpages, où paissent les vaches dont le lait sert à fabriquer le fameux beaufort. Des barrages ont créé de nombreux lacs de retenue : celui de la Girotte mais surtout celui de Roselend. Les villages (Arèches, Beaufort, Boudin) ont gardé leur caractère traditionnel avec leurs chalets qui s'étagent sur les pentes. Depuis le signal de Bisanne (1 939 m), ⁘ sur l'ensemble du massif, sur celui du Mont-Blanc et sur les Aravis.

965 Belleville (Vallée des)

 46/B2

(73) *i* Tél. Val-Thorens : 04 79 00 08 08. Tél Saint-Martin : 04 79 08 93 09 Saint-Martin-de-Belleville constitue le cœur de cette région située aux portes de la Vanoise. Ce village, devenu touristique grâce à sa situation centrale, fait communiquer l'aval de la vallée encore préservée, où se cachent des vieux hameaux et de jolies chapelles baroques, et l'amont désormais occupé par de grandes stations de ski, dont celles des Ménuires et de Val-Thorens.

966 Béranger (Gorges du)

 46/A4

(38) Encaissées de près de 800 m, ces gorges suivies par une route en corniche pénètrent sur 7 km dans le parc national des Écrins. Le versant sud, très forestier et ponctué de multiples cascades, est classé réserve naturelle. De Valsenestre, à l'entrée d'un cirque, le GR 54 permet des randonnées à plus de 2 000 m d'altitude.

967 Bérarde (Site de la)

 46/B4

(38) Au départ de la Bérarde, la Chamonix de l'Oisans, desservie par la D 530 au cœur du massif des Écrins, on remonte facilement à pied vers le sud, la haute vallée du Vénéon. Après 4 km, on atteint le chalet-hôtel du Plan du Carrelet, à 1 918 m d'altitude : ⁘ sur le glacier du Chardon, la crête acérée de l'Ailefroide, le Pelvoux (qui culmine plein est à 3 946 m) et la barre des Écrins (qui lui fait face à 4 102 m).

En poursuivant sur 4 km vers le sud au-dessus du Carrelet, le long du Vénéon puis du glacier du Chardon, on accède (en 1 h de bonne marche) au refuge de la Pilatte (2 572 m), au bas du cirque du glacier de la Pilatte. Celui-ci est dominé par le mont Gioberney (3 351 m), à l'ouest, et par le sommet des Bans (3 669 m), au sud.

Vers le nord, dans la vallée des Étançons, un long sentier conduit au refuge du Promontoire (3 092 m), au fond d'un cirque dominé au nord par le sommet de la Meije (3 983 m).

968 Bonhomme (Col, aiguilles du)

 38/C7

(74) Accessible à pied par le GR du tour du Mont-Blanc (GR 5) soit du nord (en 2 h au départ de Notre-Dame-de-la-Gorge, à 4 km au sud des Contamines-Montjoie), soit du sud (en 1 h au départ des Chapieux) en passant par le col de la Croix-du-Bonhomme. Depuis ce col, situé à 2 329 m d'altitude, ⁘ sur le sud-ouest du Mont-Blanc et le Beaufortin.

👁 à mi-chemin du trajet nord, près du chalet de Jovet, les deux superbes petits lacs du profond **cirque** glaciaire **des monts Jovet.** On y accède par un sentier vers l'est (2 km).

969 Bonneval-sur-Arc

   46/D2

(73) *i* Tél. : 04 79 05 95 95

Niché à 1 835 m d'altitude, ce village est le plus haut de la Maurienne. Devenu station de sports d'hiver – on peut même faire du ski en été sur le glacier du Grand Pissaillas –, il n'a rien perdu de son authenticité avec ses maisons en pierre aux toits de lauses et son église du XVIIe s. La Grande Maison, un vieux chalet, accueille un centre d'information sur le site. Dans une fromagerie située à la sortie du village, on peut voir la préparation du bleu de Bonneval…

LES PRODUITS SAVOYARDS

De son généreux terroir, la Savoie tire des trésors de gastronomie. Lacs et torrents aux eaux claires abondent en poissons à la chair succulente – lavarets, brochets, truites, ombles chevaliers, etc. – que l'on sert préparés de différentes façons. Des alpages parviennent les fromages aux pâtes onctueuses ou fruitées – abondance, beaufort, reblochon et, bien sûr, tommes variées, dont celle de Savoie –, autour desquels sont élaborés nombre de plats savoureux : tarte au beaufort, soupe châtrée, gratin savoyard, sans oublier la pela et la célèbre tartiflette (toutes deux à base de reblochon). Ces mets se dégustent accompagnés de crus locaux ; des blancs tels l'apremont, le chignin, le marignan et les roussettes ; ou des rouges, comme la mondeuse, au bouquet d'arôme de fraise et de framboise, « subtils et quelquefois perfides », comme disait l'écrivain Henry Bordeaux. La Savoie offre également de délicieuses pâtisseries, dont de multiples tartes aux fruits – aux framboises et aux myrtilles notamment – et le moelleux gâteau de Savoie. Enfin, aucun gourmet digne de ce nom ne saurait quitter cette région sans faire honneur à sa charcuterie, jambons et saucissons séchés à l'air pur des montagnes.

1

2

Dans le massif du Beaufortin, Arèches

1 *Le village*

2 *L'église*

Dans la vallée des Belleville, Saint-Martin-de-Belleville

3 *L'église*

4

3

Le site de la Bérarde

4 *La vallée du Vénéon*

Bonneval-sur-Arc

5 *Le glacier du Mulinet*

5

970 Boscodon (Forêt de)

 46/B6

(05) Tél. abbaye de Boscodon : 04 92 43 14 45
Occupant le creux du coude du lac de Serre-Ponçon, cette ancienne sapinière royale est traversée par le sentier de randonnée du Tour du lac. Le belvédère de la fontaine de l'Ours, au sud de l'ancienne abbaye bénédictine de Boscodon, domine en corniche la gorge et le cirque du Bragousse.
à 8 km à vol d'oiseau la série des **Demoiselles coiffées** (cheminées de fées) **de Pontis,** que longe la D 954.

971 Bourg-d'Oisans (Le)

 46/A3

(38) Tél. : 04 76 80 03 25
Entourée de sommets élevés, la capitale de l'Oisans attire de nombreux touristes et alpinistes. Son sous-sol est riche d'une grande variété de minéraux exposés dans un musée.
le **belvédère du Prégentil** (S-E), accessible par des routes tortueuses qui le contournent, ou en 4 km par le GR 50 au départ de la commune. Depuis ce pic (1 938 m), sur les massifs environnants.

972 Bourget (Lac du)

 37/J8

(73) Tél. activités nautiques : 04 79 63 45 00 encadré p. 484

973 Briançon

 46/C4

(05) Tél. : 04 92 21 08 50
Les ruelles étroites et en pente de cette ancienne place forte élevée par Vauban sont dominées par la citadelle. Située à 1 326 m d'altitude, c'est la plus haute ville d'Europe. À son pied, le pont d'Asfeld (XVIIIe s.) enjambe les gorges de la Durance. Quelques maisons, à l'intérieur des remparts, notamment autour de la Grande-Rue – dite la Grande-Gargouille –, ont conservé leurs façades très colorées (XVIIIe s.). La place d'Armes (aux deux cadrans solaires) la relie à la Petite-Gargouille (rues du Commandant-Carlhan et de la Mercerie). Depuis la table d'orientation, située entre la porte Pignerol et la collégiale Notre-Dame, sur le site fortifié.

974 Buis-les-Baronnies

 45/G7

(26) Tél. : 04 75 28 04 59
Ce vieux bourg est renommé pour son marché au tilleul et son Salon du livre des plantes aromatiques et médicinales (en juillet). L'église fut reconstruite au XVIIe s. ; ses boiseries, plus anciennes, viennent de l'ancien couvent des Dominicains. La place du Marché est bordée d'arcades aux larges ogives. De l'enceinte médiévale, il ne subsiste que la tour de Saffre.

975 Castellane

 54/C1

(04) Tél. : 04 92 83 61 14
Dominée par une haute falaise, le Roc, la vieille ville a conservé une jolie fontaine et l'église Saint-Victor (XIIe-XIIIe s.), au clocher lombard.
en aval du village le Verdon qui franchit la **porte Saint-Jean,** défilé dominé par les 1 626 m de la crête de la Cadières de Brandis, au nord.

976 Cayolle (Col de la)

 46/C7

(04) petit itinéraire p. 488
Ce col (2 327 m) constitue le point de départ de nombreuses randonnées.

977 Chablais (Massif du)

 38/B5

(74) Crêtes calcaires, profondes vallées, coteaux plantés de vignes, forêts et pâturages font de ce massif, qui s'élève en paliers au sud du lac Léman, un endroit idéal pour la promenade ; circuit des trois cols à partir de Thonon-les-Bains ou découverte de la vallée de la Dranse d'Abondance et de ses chalets anciens jusqu'à la station de Châtel.

LA VALLÉE DE LA CLARÉE

À partir de BRIANÇON, on suit la Durance jusqu'à sa confluence avec la Clarée, que l'on remonte. Après le village de Val-des-Prés, on atteint Plampinet, dont l'église Saint-Sébastien et la chapelle Notre-Dame-des-Grâces abritent des peintures murales du XVIe s. Névache, à l'ouest, étire le long de la rivière ses maisons en pierre et en bois, agrémentées de balcons de séchage et d'auvents. L'église du XVe s. accueille un musée d'Art religieux. La route s'achève aux Chalets de Laval, d'où partent plusieurs chemins de randonnées.

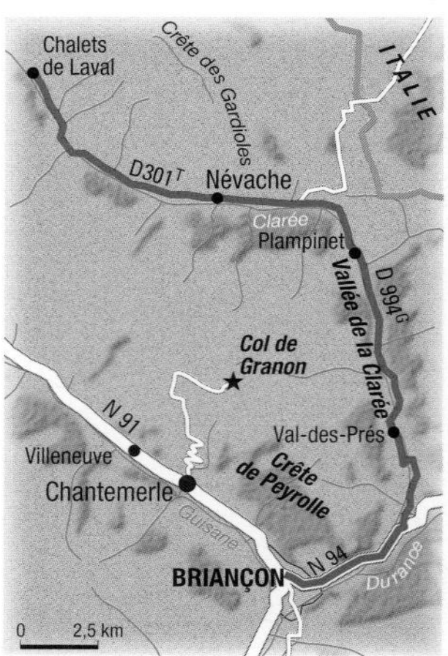

LA HAUTE DURANCE

Ancien fleuve dont la Crau était le delta, la Durance est le plus long des cours d'eau strictement alpins. Sa vallée, étroite et irrégulière, constitue une voie de passage naturelle mieux adaptée aux découvertes touristiques qu'aux échanges économiques. Depuis ses sources, au col de Montgenèvre (au nord-est de **Briançon**), jusqu'à son débouché sur le sillon rhodanien, la rivière présente une série de bassins fermés par des défilés dont les plus spectaculaires étranglent son cours supérieur en deux endroits : l'étroit de Remollon, barré artificiellement à Serre-Ponçon pour noyer sous un vaste lac la confluence de la Durance et de l'Ubaye, puis la barre de la Baume, à Sisteron, qui clôt la vaste dépression où confluent le Buëch, la Durance et le Sasse.

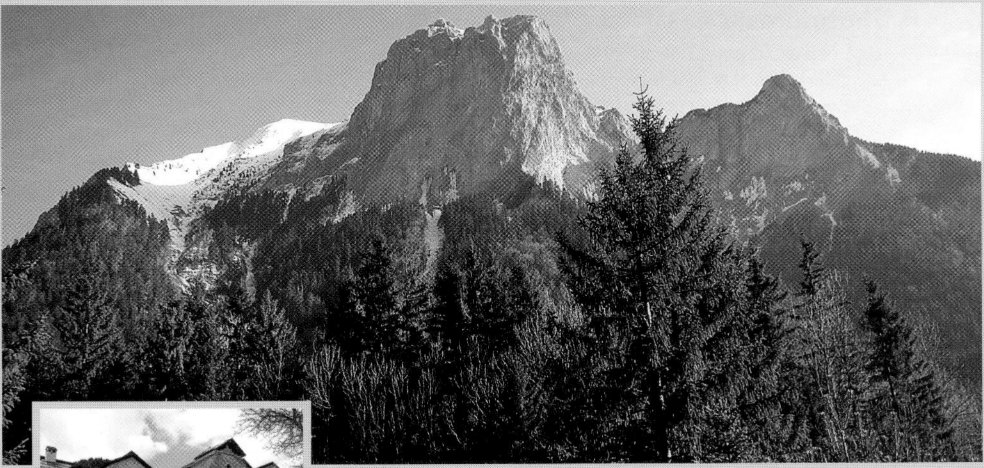
1

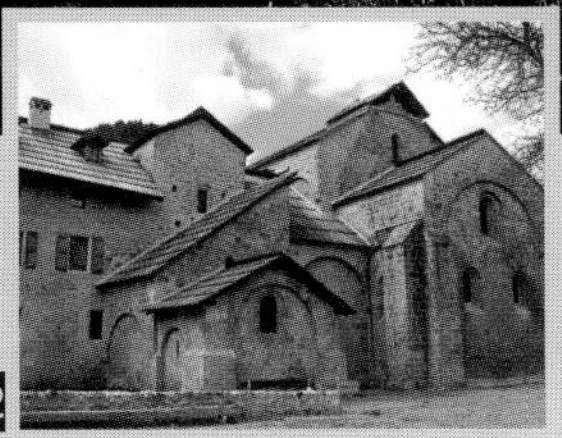
2

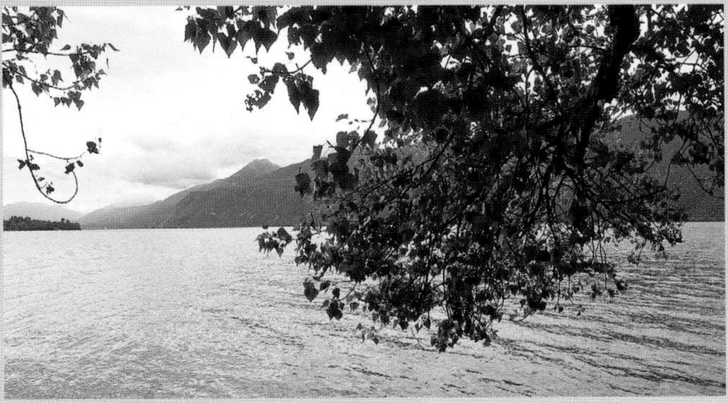
3

La forêt de Boscodon

1 Sous Colbert, son bois fut utilisé pour construire les mâts des navires de la marine royale.

2 L'ancienne abbaye

Le lac du Bourget

3 Le plus vaste des lacs naturels français

5

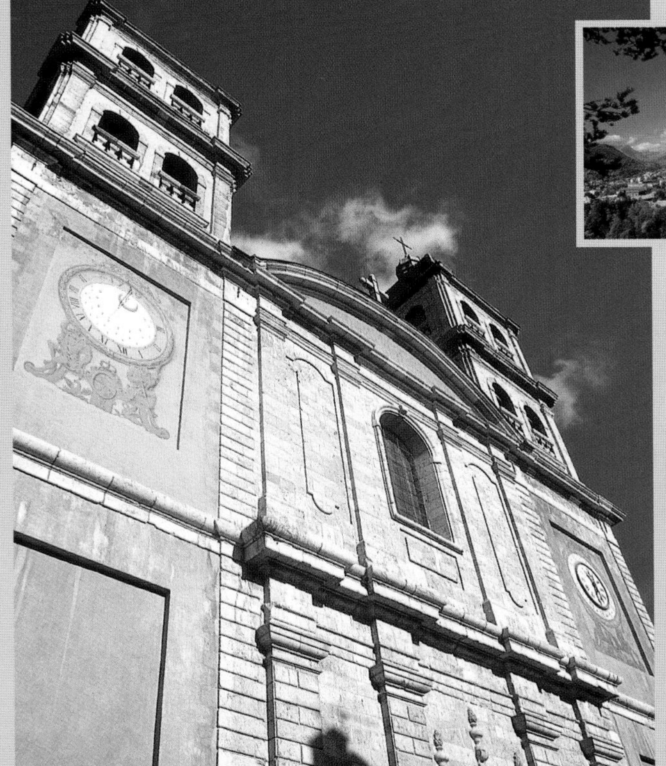

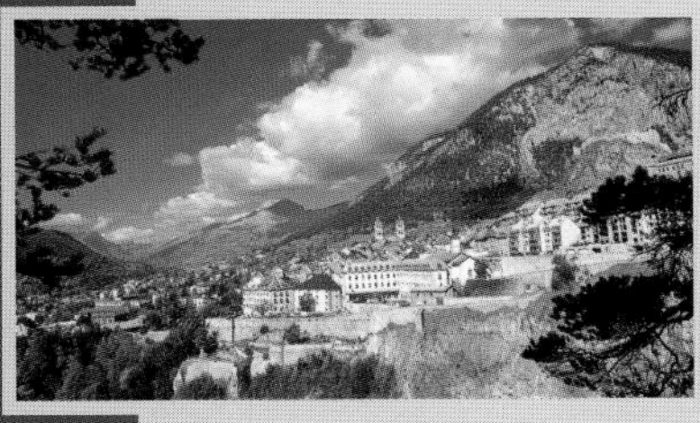
4

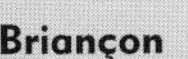

Briançon

4 La ville haute

5 La collégiale Notre-Dame

6 Une rue de la ville haute

6

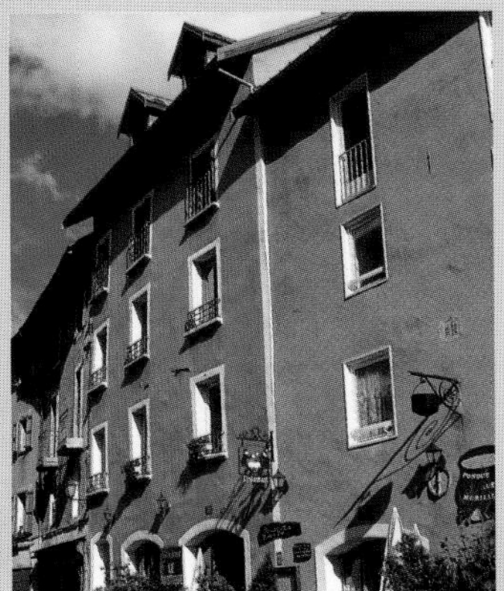

978 Chabrières (Clue de)  46/B8

(04) Cette clue (ou cluse, gorge) de la vallée de l'Asse, à 18 km (S) de Digne, est desservie par la N 85 (route Napoléon), ou par le chemin de fer touristique. Elle zigzague sur 10 km vers la cascade du Saut du Loup.

979 Chambéry    37/J8

(73) ℹ Tél. : 04 79 33 42 47

De son statut d'ancienne capitale de la Savoie (jusqu'en 1562) témoignent le vieux centre historique, le château des ducs de Savoie, la sainte chapelle et la cathédrale métropolitaine à la façade en gothique flamboyant, dédiée à saint François de Sales. Le baptistère carolingien de la crypte de l'église Saint-Pierre-de-Lemenc est tout aussi remarquable. Dans le quartier commerçant, se trouve la fontaine des Éléphants, commémorant le séjour aux Indes du comte de Boigne. Le musée des Beaux-Arts abrite une belle collection de peintures italiennes, tandis que le musée savoisien d'Arts populaires est doté d'un riche cabinet d'estampes.

👁 à 2 km (S-E) les **Charmettes,** résidence de Mme de Warens, qui accueillit notamment Jean-Jacques Rousseau.

980 Chambre (Mont de la)  46/B2

(73) ℹ Tél. Méribel : 04 79 08 60 01

Accessible par télésiège depuis la station des Ménuires, qu'il domine à l'est, ce mont (2 850 m) constitue un belvédère sur l'ensemble des Trois Vallées (Doron de Belleville, de Méribel et de Courchevel), vers le nord. Pour l'observer d'un point plus élevé, il faut emprunter le funitel (téléphérique à double câble) au départ de la station de Val-Thorens pour gagner la crête de l'aiguille de Péclet, qui surplombe à l'est le glacier du Gébroulaz. Depuis le sommet de la Saulire (2 693 m), accessible par deux télécabines au départ de Méribel-les-Allues, ☀ sur la Vanoise.

981 Chamonix-Mont-Blanc  38/C7

(74) ℹ Tél. : 04 50 53 00 24

Dominé par des aiguilles, blotti au fond d'une vallée glaciaire, Chamonix est la capitale historique de l'alpinisme. Dans la vieille ville, on peut rendre visite à la maison de la Montagne et au Musée alpin. Auprès du toit de l'Europe, les splendeurs ne manquent pas : aiguille du Midi, vallée Blanche, Brévent, Grands Montets, Bossons, Flégère, Prarion et mer de Glace. En été, grâce à la célèbre Compagnie des guides, les randonneurs peuvent faire de nombreuses excursions, dont le tour du mont Blanc en une dizaine de jours.

982 Champsaur (Massif du)  46/B5

(05) Le Drac traverse le Champsaur, nom signifiant « champ jaune » en raison de son air méridional et de ses paysages campagnards. Les plus hauts sommets du massif, à 2 500 m d'altitude environ, le séparent du Valgaudemar et de l'Embrunais.

👁 la belle vallée encaissée et austère du Drac Blanc, ou Drac de Champoléon, que la petite D 944^A remonte entre l'aiguille de Cédera (2 883 m) et le massif du Vieux-Chaillol (3 163 m). À 3 km à pied, le GR 54 conduit à travers les pâturages d'altitude jusqu'au refuge du Pré de la Chaumette (1 800 m).

983 Chamrousse (Massif de)  45/J3

(38) ℹ Tél. mairie : 04 76 89 90 21

Il est dominé par la Croix de Chamrousse (2 255 m), accessible par un téléphérique au départ de la station de Chamrousse – très fréquentée, en hiver, par les skieurs grenoblois. ☀ sur la plaine de Grenoble, le Grésivaudan et le Vercors.

👁 la grande **cascade de l'Oursière,** par le GR 59, à partir de Saint-Martin-d'Uriage, qui y conduit en 5 km.

LE LAC D'AIGUEBELETTE

En quittant CHAMBÉRY, il faut gravir les pentes de la montagne de l'Épine pour atteindre à 987 m le col du même nom, qui offre un panorama sur le lac d'Aiguebelette. Par Novalaise-Lac et Saint-Alban-de-Montbel, le circuit fait le tour de ce lac, réputé pour ses eaux poissonneuses, d'où émergent deux petites îles. Après les plages de Lépin-le-Lac, on longe la rive est, la plus escarpée et la plus boisée, où s'épanouissent de charmants petits hameaux. On reprend la route du col de l'Épine pour revenir à Chambéry.

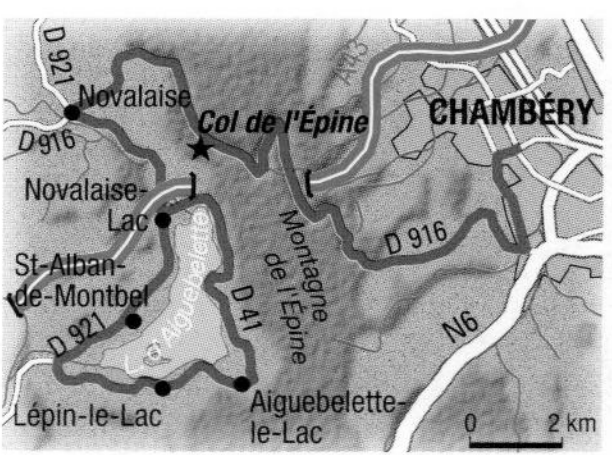

ROUSSEAU AUX CHARMETTES

« C'est ici que ce sont écoulés les courts mais paisibles instants qui me permettent de dire : j'ai été heureux, j'ai vécu » *(Confessions).* C'est aux Charmettes, maison de campagne du XVIIe s. accrochée sur le versant d'une colline, au sud-ouest de **Chambéry,** que l'auteur du *Contrat social* se réfugia, de 1736 à 1742, auprès de sa compagne et protectrice Mme de Warens, méditant dans le jardin de curé, au milieu des glycines et des haies de buis, lisant des ouvrages savants, projetant de nouveaux voyages à pied à travers cette Savoie qu'il aimait plus que tout autre pays.

Chambéry

1 La rue Basse-du-Château, avec sa galerie-passerelle

2 La cathédrale métropolitaine Saint-François-de-Sales

3 La fontaine des Éléphants

Le mont de la Chambre

4 La Saulire et la station de Courchevel depuis le mont de la Chambre.

Chamonix-Mont-Blanc

5 La maison de la Montagne

6 La statue du docteur Paccard qui, le premier, gravit le mont Blanc en 1786, avec le guide Balmat.

984 Charan (Défilé du)  45/H5

(26) Deux défilés impressionnants du massif du Diois sont accessibles par la D 539 à partir de Glandage : celui du Charan, très escarpé, à l'ouest-nord-ouest, en montant vers le col de Grimone (1 318 m) ; et les gorges des Gas, profondes de plus de 100 m, à l'ouest et au sud de la route, coupée sur la rive droite du Gas par le rio Sourd. Au loin apparaît la montagne de Glandasse, qui cerne le cirque d'Archiane.

985 Chartreuse (Massif de la)  45/J2

(38) Sommets calcaires aux formes irrégulières, versants couverts de pâturages, gorges profondément encaissées, réseaux souterrains et forêts de sapins forment ce massif idéal pour le ski de fond et les promenades en moyenne montagne.

à partir de Grenoble, jusqu'aux gorges du Guiers-Mort, la **route du Désert** (D 512), qui compte de multiples et admirables vues ; au fort du Saint-Eynard, au Charmant Som (1 867 m) – en haut duquel se découvrent les bâtiments du couvent de la Grande-Chartreuse –, ou encore au belvédère des Sangles.

986 Château-Bayard  46/A2

(38) Tél. Grésivaudan : 04 76 97 68 08

Au-dessus de l'Isère, et dominant le village de Pontcharra, seul le corps de logis (XVe s.) reste du château qui vit naître, en 1476, Pierre Terrail, le « chevalier sans peur et sans reproche », lieutenant général du Dauphiné sous François 1er. Un musée y a été aménagé et évoque la vie de Bayard. Depuis la terrasse, sur le Grésivaudan, les Bauges, les massifs de la Chartreuse et de Belledonne.

987 Château-Queyras  46/C5

(05) Tél. : 04 92 46 86 89

Au cœur du parc naturel régional du Queyras, surplombant le bourg, la puissante forteresse (XIIIe s.), remaniée par Vauban à la fin du XVIIe s., verrouille l'accès à la vallée du Guil. La D 947 passe ici à l'étroit du goulet. Un centre intéressant, aménagé dans l'ancienne crypte de l'église de Château-Queyras, présente l'histoire géologique de la région.

988 Châtel  38/C5

(74) Tél. : 04 50 73 22 44

Jolie station du haut Chablais, ce village est situé à l'extrémité de la vallée de la Dranse d'Abondance. À peine plus au sud, le pas de Morgins permet d'entrer en Suisse.

le **pic de Morclan,** qui est accessible par la télécabine de Super-Châtel, puis à pied. Depuis le sommet (1 970 m), sur la vallée et les cornettes de Bise (2 432 m). De la pointe des Ombrieux, un peu plus au nord, on peut apercevoir le Rhône rejoindre le lac Léman.

989 Chéry (Mont)  38/C5

(74) Tél. télécabine : 04 50 75 80 99

À l'ouest de Morzine, à 1 827 m d'altitude, ce mont est couvert de rhododendrons en fleur au printemps ; sur le Chablais et le Faucigny. On y accède par télécabine, au départ de la station des Gets.

990 Choranche (Grottes de)  45/H3

(38) Tél. : 04 76 36 09 88

Au pied d'un majestueux amphithéâtre naturel s'ouvrent sept grottes très différentes les unes des autres. La grotte de Couffin, découverte en 1875, comporte une vaste salle qui offre le spectacle féerique de milliers de stalactites et la galerie Serpentine, où les jeux de lumière sont extraordinaires. Celle de Gournier abrite des colonnes qui se mirent dans un lac.

À LA DÉCOUVERTE DU QUEYRAS

À partir de CHÂTEAU-QUEYRAS, le circuit conduit, par la vallée du Guil, au hameau de Ville-Vieille, où commence le sentier écologique des Astragales, que l'on peut suivre pour découvrir cette plante rare. De là, on remonte la vallée de l'Aigue Blanche, dominée par le sommet Bucher, et ponctuée de demoiselles coiffées, juste avant La Rua. On atteint ensuite le village tout proche de Molines-en-Queyras, dont les habitations sont surmontées de greniers à auvents.

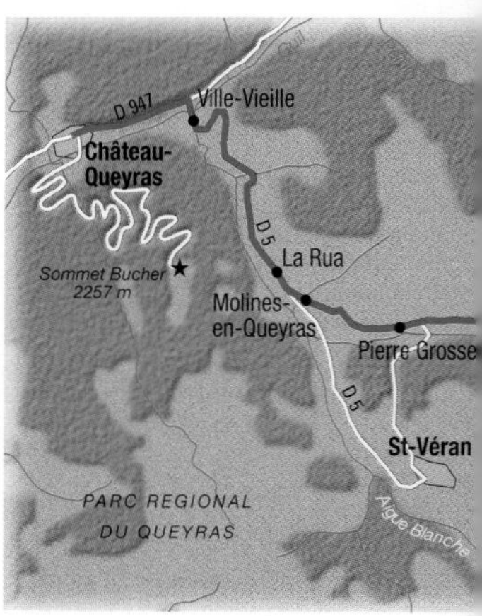

Puis on longe le cours de l'Aigue Agnelle, que l'on quitte pour monter au col Agnel ( ), à la frontière franco-italienne. On y découvre le Queyras et ses sommets, dont le mont Viso et le Pain de Sucre et, dans le lointain, les massifs du Pelvoux et des Écrins.

LES MEUBLES DU QUEYRAS

Lits clos ornés d'étoiles, coffres à grain aux rosaces naïves, coffres de mariage massifs, amoureusement travaillés à la main dans un bois tendre et clair – le pin cembro, ou le mélèze et le noyer… D'autres meubles sont tout aussi remarquables : chaises, berceaux, vaisseliers… Les Queyrassins les fabriquaient autrefois pour leur famille. La tradition se perpétue aujourd'hui grâce à une soixantaine d'artisans.

Le massif de la Chartreuse
1 Le couvent de la Grande-Chartreuse
2 D'immenses forêts de conifères tapissent ses pentes.

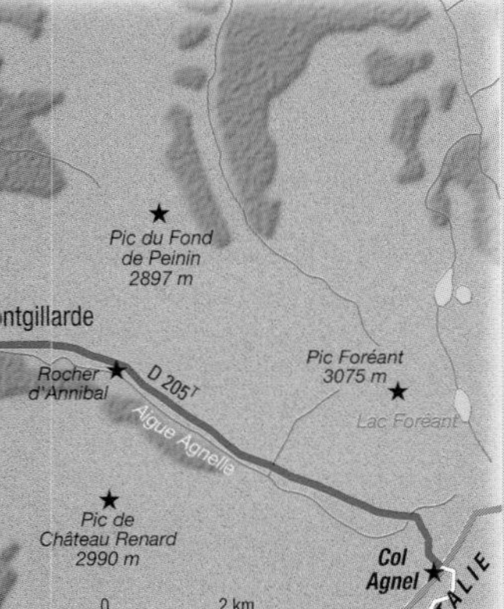

Château-Queyras
3 La forteresse coiffe un beau verrou glaciaire.

Châtel
4 Le village, au fond de la vallée

À L'ASSAUT DES CIMES

L'aventure apprivoisée

Jusqu'au XVIIIe s., la haute montagne faisait peur. Il a fallu que s'allume la flamme naturaliste, alimentée par Rousseau ou Stendhal, pour que débute la vogue des ascensions. En 1760, Horace Bénédict de Saussure, venu herboriser à Chamonix, offre une prime à qui saura conquérir le toit de l'Europe. Le 8 août 1786, le cristallier Jacques Balmat et le docteur Paccard gagnent le sommet du mont Blanc. En 1877, tous les grands sommets du massif ont été gravis par les itinéraires les plus faciles. Par la suite, les alpinistes s'attaqueront à des voies plus techniques, recherchant la difficulté pour elle-même. Les années 1980 consacrent, quant à elles, la pratique de l'enchaînement : accumulation de plusieurs courses en un temps record. Aujourd'hui, la France compte quelque 100 000 alpinistes. Mais la randonnée, le plus populaire des sports de montagne, a des millions d'adeptes : nul besoin d'apprivoiser le vertige pour découvrir les panoramas des Alpes ou leur patrimoine protégé.

Train du Montenvers : *une excursion romantique jusqu'à la mer de Glace*

Massif du Mont-Blanc

Un massif majestueux : le Mont-Blanc

Les aiguilles de Chamonix, les Drus, les Grandes Jorasses, le mont Blanc sont les grands seigneurs du massif. Celui-ci compte vingt-cinq sommets de plus de 4 000 m qui ont été conquis par toutes les faces possibles. Mais la magie reste entière, de l'alpinisme classique, pour le plaisir du sommet, aux courses chronométrées, facilitées par les remontées mécaniques : le tramway du Mont-Blanc mène au glacier de Bionnassay, et la crémaillère du Montenvers à la mer de Glace. Le téléphérique de l'aiguille du Midi (3 790 m) est le point de départ de fabuleuses randonnées dans la vallée Blanche et sur le glacier du Géant : même les néophytes peuvent s'y aventurer

Massif du Mont-Blanc : vue depuis Chamonix

Profession, guide

En 1823 naît la Compagnie des guides de Chamonix. Ils sont paysans, cristalliers, chasseurs... et tous originaires de la vallée. Aujourd'hui, on compte en France 1 200 guides de haute montagne, formés sur concours à l'École nationale de ski et d'alpinisme de Chamonix. Leur activité s'est diversifiée : alpinisme, escalade de cascades gelées ou descente de canyons, ski hors piste, trekking en pays lointains... Quant aux guides de moyenne montagne, également diplômés d'État, ils sont les compagnons idéals des randonneurs.

Randonneurs dans le parc des Écrins

avec un guide. Un sentier international (160 km) fait le tour du Mont-Blanc, mais quantité de sentiers approchent au plus près cet univers de roches et de séracs. Ainsi, par la montagne de la Côte, on emprunte l'itinéraire de Paccard et Balmat jusqu'au glacier des Bossons : pour fouler sans crampons la légende de l'alpinisme.

Téléphérique du Brévent : un panorama spectaculaire sur le massif du Mont-Blanc

Le tour de la Grande Casse : la Vanoise

Créé en 1963, le parc national de la Vanoise, avec ses cimes tapissées de neige et ses moraines tourmentées, est le plus ancien de France. Le GR 5 et le GR 55 (sentiers de grande randonnée) décrivent une boucle autour du sommet le plus caractéristique de la Vanoise : la Grande Casse (3 855 m). Haut lieu de l'alpinisme, elle se dévoile tout au long du circuit, de Val-d'Isère à Tignes. Sur le parcours, on peut apercevoir des bouquetins, emblème du parc. Et, du col du Palet, la vue sur la face nord de la Grande Casse est imprenable.

Aiguille du Midi : le plus haut téléphérique du monde

Un balcon sur la Meije : les Écrins

Ce parc national est le plus vaste de France. Il abrite 12 km² de glaciers – un record – et des bastions si rudes qu'ils furent les derniers des Alpes à être vaincus : en 1864, Whymper atteignait la barre des Écrins (4 102 m). En 1877, la Meije (3 983 m) était enfin conquise par Boileau de Castelnau, après dix-sept tentatives. Saint-Christophe-en-Oisans, où reposent ces guides légendaires, est un des camps de base les plus prisés. Mais le parc compte aussi 740 km de sentiers : du hameau de La Bérarde, une excursion tranquille jusqu'au plan du Carrelet (2 000 m) dévoile une vue époustouflante sur la Meije.

Le parc aux 30 000 merveilles : le Mercantour

Aux confins de la Méditerranée et des Alpes, le dernier-né des parcs nationaux de montagne (1979) est un paradis pour la randonnée : 600 km de sentiers sillonnent ce massif, peuplé de 2 500 espèces de fleurs et émaillé de lacs glaciaires, dont celui d'Allos, le plus vaste d'Europe. Au pied du mont Bego, la vallée des Merveilles et celle de Fontanalbe recèlent quelque 30 000 gravures rupestres (bovidés, figures anthropomorphes, objets) réalisées sur des dalles, entre 1800 et 1500 environ avant J.-C. Pour découvrir certains secteurs de ce patrimoine classé, il faut être accompagné par un guide agréé.

Mercantour : gravure rupestre de la vallée des Merveilles

991 Clusaz (La)

  38/B7

(74) ℹ Tél. : 04 50 32 65 00. Tél. Thônes : 04 50 02 00 26
Cette station de sports d'hiver, tournée vers les Aravis, est en vogue depuis les années 20. Le village a cependant gardé ses traditions, notamment lors des mariages de guides ou de moniteurs de ski, et sa grande église au clocher à bulbe.

👁 à 11,5 km (S-E) la place du village de **Thônes,** qui est bordée de maisons anciennes ; l'église baroque abrite un retable sculpté (1721). Un musée retrace l'histoire de la région et expose les œuvres d'artistes locaux.

992 Colmars

  48/C7

(04) ℹ Tél. : 04 92 83 41 92
La petite ville entourée de remparts, appartenant à l'ancien domaine des comtes de Provence, est située à 1 250 m dans un magnifique site montagneux. L'un des bas-côtés de l'église (XVIe-XVIIe s.) est inséré dans l'enceinte. Les rues étroites mènent à des places où coulent des fontaines. Les forts de Savoie et de France, édifiés entre 1693 et 1697, veillent sur la cité.

👁 la **cascade de la Lance,** qui tombe dans une vasque naturelle circulaire. Elle est accessible par une marche à pied (30 min) sur un bon chemin, qui part de l'école du village (S-E) et qui remonte le cours d'eau.

993 Combe Laval (La)

 45/H4

(26) Entre le col de la Machine et Saint-Jean-en-Royans, cette longue combe entaille sur 5 km le versant ouest du Vercors. Une petite route la suit jusqu'à son cirque terminal, alors que le GR 9 gravit le versant nord et conduit à son sommet à 1 011 m. Cet impressionnant belvédère sur le vallon du Cholet est aussi accessible par la D 76 creusée dans la paroi calcaire, sur le versant sud.

994 Conflans

 38/B8

(73) ℹ Tél. Albertville : 04 79 32 04 22
Cette bourgade du Beaufortin, toute proche d'Albertville, est aujourd'hui isolée sur sa roche dominant la Combe de Savoie. L'église (XVIIIe s.), la Grande-Place et les maisons médiévales, occupées par des artisans, de la rue Gabriel-Pérouse ne peuvent que charmer le visiteur.

995 Corrençon (Glacière de)

 45/H4

(38) Au sud-ouest de Villard-de-Lans, cette profonde grotte conserve de la glace toute l'année. Un sentier pédestre y conduit en 30 min à partir de Corrençon-en-Vercors.

👁 à 1,8 km (O), par une petite route forestière, le **scialet de Malaterre,** qui est un gouffre où la neige ne fond pas.

996 Côte-Saint-André (La)

 45/G2

(38) ℹ Tél. : 04 74 20 61 43
La patrie d'Hector Berlioz, construite en amphithéâtre au-dessus de la plaine de Bièvre, a transformé en musée la maison natale du musicien. La cité a conservé des halles du XIIe s., une église médiévale (XIe-XVe s.) très colorée, qui inspira le pré-impressionniste Jongkind, et la forteresse (XIIIe s.) de Philippe de Savoie, reconstruite à partir du XVIIe s. Le musée des Liqueurs et le Paradis du chocolat sont consacrés à ces fabrications locales.

997 Courchevel

 46/C2

(73) ℹ Tél. : 04 79 08 00 29
Cette station de ski, développée ici dès 1946 sur plusieurs paliers, a joué un rôle moteur dans le lancement des Trois Vallées. Les 150 km de pistes, la qualité des équipements et de l'hébergement et les nombreuses activités proposées en font un lieu de séjour très animé été comme hiver. Les paysages offerts n'en sont pas moins remarquables.

BERLIOZ (1803-1869)

Berlioz, fils de médecin, quitta, en 1820, **La Côte-Saint-André,** sa ville natale, pour gagner Paris afin de terminer des études qui lui permettraient de suivre la même voie que son père. Cependant, il privilégia rapidement la musique. Grâce à ses deux grands maîtres, Lesueur et Reicha, il remporta en 1830 le Grand Prix de Rome et composa, la même année, sa *Symphonie fantastique*. Si Berlioz ne cessa jamais d'écrire, c'est en tant que critique musical qu'il gagna sa vie. Car bien qu'honoré à plusieurs reprises – il fut nommé chevalier de la Légion d'honneur en 1839 et membre de l'Institut en 1856 –, il demeura méconnu tout au long de sa vie. Le maître du romantisme musical français possédait un art trop novateur pour son époque et, quand la gloire finit par couronner son œuvre, ce fut à titre posthume.

LES JEUX OLYMPIQUES D'ALBERTVILLE

Après Chamonix en 1924, puis Grenoble en 1968, Albertville, dominée par la vieille cité de **Conflans,** fut en 1992 la troisième ville de France à accueillir les jeux Olympiques d'hiver. Les infrastructures construites pour cette occasion subsistent, tels la Halle olympique ou l'Anneau de vitesse, transformé en stade omnisports. Le lieu où se déroulèrent les cérémonies, notamment celle d'ouverture, époustouflante, conçue par le chorégraphe Philippe Decouflé, fut reconverti en parc de loisirs. La maison des 16e jeux Olympiques expose les quelque 2 000 costumes que revêtirent les figurants de ce spectacle enchanteur. Elle évoque aussi toutes les épreuves sportives.

1

La Clusaz

1 Le village

2

Près de La Clusaz, Thônes

2 L'un des retables du XVIIe s. dans l'église baroque

Colmars

3 Le village fortifié

4 Au sud du village, une échauguette du fort de France

4
3

Courchevel

5 Le village

5

998 Crémieu

37/G8

(38) Tél. : 04 74 90 45 13. Tél. Saint-Chef : 04 74 27 73 83

Crémieu a conservé une partie de ses remparts, des portes fortifiées, des tours, des maisons anciennes, des halles du XIVe s. et un ancien château.

à 16 km (S-E) l'église de **Saint-Chef,** ancienne abbatiale romane, qui est réputée pour ses fresques.

999 Crest

45/G5

(26) Tél. : 04 75 25 11 38

Convoitée par les comtes de Valentinois et les évêques de Die, cette ville-forteresse, située au débouché de la Drôme, n'a cessé d'être au centre de luttes locales. Les guerres de Religion la ruinèrent, puis Louis XIII donna l'ordre, en 1632, de détruire ses remparts et son château ; enfin, la révocation de l'édit de Nantes la vida de ses drapiers. Elle n'en conserve pas moins un donjon de 52 m de hauteur (de la terrasse supérieure,) et des demeures anciennes. Un musée retrace l'histoire tumultueuse de la ville.

1 000 Croix-de-Fer (Col de la)

46/A3

(73) À 2 067 m, ce col fait face aux aiguilles de l'Argentière (à l'ouest) et découvre à l'est celles d'Arves. sur les grands sommets et les glaciers de la Vanoise et des Écrins.

1 001 Croix-Haute (Col de la)

45/J5

(26) Marquant la frontière climatique entre Alpes du Nord et du Sud, ce col (1 179 m) est dominé à l'est par une impressionnante suite d'aiguilles hautes de plus de 2 000 m, baptisées Dolomites françaises.

1 002 Crolles (Dent de)

45/J2

(38) Tél. mairie : 04 76 08 04 54

Le rebord sud-est du massif de la Chartreuse porte deux excellents belvédères. Au-dessus de Crolles, le bec du Margain (1 054 m, table d'orientation) est accessible par un funiculaire partant de la gare de Montfort (N-E). Puis, au-dessus du bec, le GR 9 et un raide sentier conduisent en 6 km du col du Coq (1 434 m) à la dent de Crolles (2 062 m), sous laquelle fut découvert un labyrinthe karstique, le plus vaste de France.

le petit village de **Saint-Pancrasse,** qui se trouve au pied de ce sommet, posé sur le rebord du plateau des Petites Roches.

1 003 Die

45/H5

(26) Tél. : 04 75 22 03 03

Die, l'ancienne Augusta Vocontiorum, a gardé de ses origines gallo-romaines des remparts érigés au IIIe s., maintes fois transformés, et la porte Saint-Marcel, arc de triomphe modifié au Moyen Âge. Lorsque la ville se convertit au protestantisme, les églises furent détruites, même la cathédrale, dont il ne resta que la façade et le clocher-porche. Aujourd'hui restaurée, elle abrite un riche mobilier (boiseries, stalles du XVIIe s.).

à 22 km en amont la Drôme, qui franchit en cascade le **chaos** rocheux **du Claps.** Il est dû au glissement, en l'an 1442, d'une partie du pic de Luc.

1 004 Digne-les-Bains

46/B8

(04) Tél. : 04 92 36 62 62

Située au confluent de trois vallées, entourée de chaînons calcaires aux ravins profonds, la vieille cité se niche avec ses ruelles autour de la cathédrale Saint-Jérôme. Elle est animée, fin août, par la foire à la Lavande. La Réserve géologique de Haute-Provence bénéficie d'une remarquable présentation au Musée géologique. Les eaux chaudes qui jaillissent de la falaise Saint-Pancrace expliquent la présence ici d'un établissement thermal. La fondation consacrée à l'écrivain Alexandra David-Neel est installée dans la « forteresse de la méditation », sur la route de Nice.

BALADE DANS LE DIOIS

À partir de CREST, on remonte la Drôme jusqu'à Saillans, charmante bourgade du Diois. De là, la route part vers le sud, passant à proximité des Trois-Becs et offre de belles vues sur la serre de l'Aup, plus à l'est, avant d'atteindre le col de la Chaudière. À partir de Bourdeaux, on suit le Roubion, puis on gagne Saou, à l'orée de la forêt du même nom. Par La Répara-Auriples, on retrouve les rives de la Drôme.

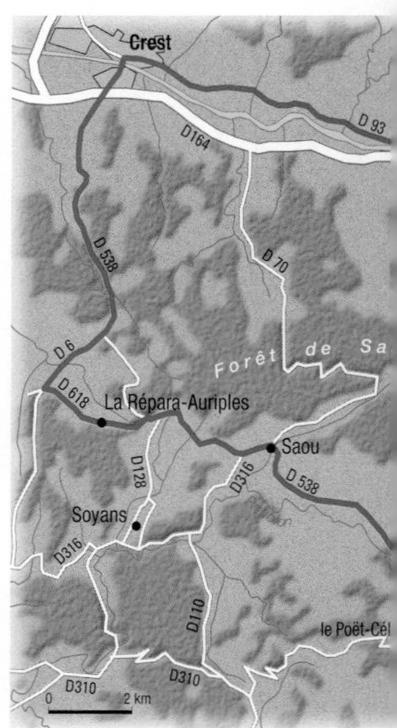

LA DALLE DE DIGNE

La surface de cette couche de calcaire présente plus de 1 500 fossiles d'ammonites géantes ayant vécu dans une mer antérieure à la formation des Alpes. On l'atteint, après Saint-Benoît, où se situe le centre des visites guidées de la réserve géologique de Haute Provence (tél. : 04 92 36 70 70), par la D 900A, en direction du nord. En remontant la vallée du Bès, en direction de l'impressionnante clue de Barles, on accède au site protégé des fossiles d'empreintes de pattes d'oiseaux datant de 30 millions d'années. Des stages d'un à plusieurs jours, et un hébergement, sont destinés à faciliter la découverte de la réserve.

1

2

Crest
1 *Le donjon*

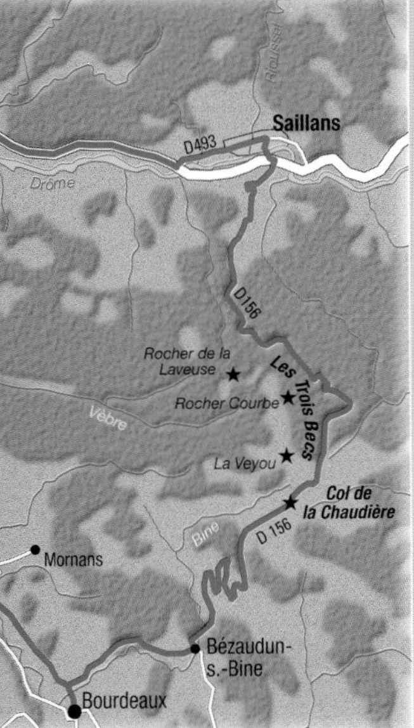

Le col de la Croix-Haute
2 Les « Dolomites françaises »

Die
3 La ville, dans son écrin de montagnes

Digne-les-Bains
4 La ville vue depuis la Bléone
5 La cathédrale Notre-Dame-du-Bourg

3

4

5

1 005 Diosaz (Gorges de la)

 38/C7

(74) *i* Tél. Saint-Gervais : 04 50 47 76 08
À 12 km (N-E) de Saint-Gervais-les-Bains, sur le versant nord de la vallée de l'Arve, débouchent ces courtes gorges encombrées des vestiges chaotiques d'une arche naturelle effondrée. Une série de chutes les alimentent, dont la plus belle est la cascade de l'Aigle (※ depuis le pont du Soufflet). Un monument, situé sur le sentier d'accès à ces gorges, fut élevé à la mémoire du naturaliste et poète Eschen, tombé dans une crevasse du Buet (3 099 m), d'où descend la Diosaz.

1 006 Donzère (Défilé de)

 44/F6

(26) Baptisé « le robinet de Donzère », cet étroit défilé, même protégé par une statue de Saint-Michel, était jadis un passage redouté des mariniers. À sa sortie, le Rhône impétueux entre dans le Midi.
※ depuis le pont sur la D 541.

1 007 Doron (Gorges du)

 46/C2

(73) Le torrent du Doron de Belleville a creusé, entre Salins-les-Bains et Saint-Martin-de-Belleville, une gorge en limite ouest du parc de la Vanoise. ※ depuis la D 96, en encorbellement.

1 008 Embrun

  46/B6

(05) *i* Tél. : 04 92 43 72 72
Balcon sur la vallée de la Durance, en amont du lac de Serre-Ponçon, la ville, au pied du mont Guillaume, a conservé la tour Brune (donjon du XIIe s.) – qui abrite un musée du Paysage –, des fontaines, les chapelles des Cordeliers (vestiges d'une église franciscaine du XVe s.), avec leurs fresques, et des rues bordées d'hôtels du XVIe s. et de maisons médiévales. La cathédrale Notre-Dame-du-Réal, construite à la fin du XIIe s., est dotée d'un porche sculpté de style lombard, d'un buffet d'orgues vieux de cinq siècles et d'un riche trésor. La maison des Chanonges (XIIIe s.) se trouve en face de la cathédrale. Sept conciles se tinrent dans cette cité, ancien siège d'un archevêché. Depuis la terrasse de la place de l'Archevêché ※ sur la vallée de la Durance (table d'orientation).

1 009 Entrevaux

   46/C8

(04) *i* Tél. : 04 93 05 46 73
Massée au pied du rocher couronné par la citadelle de Vauban – accessible par une rampe fortifiée, sur la rive gauche du Var –, la place forte d'Entrevaux est restée telle qu'elle était au XVIIIe s., quand elle contrôlait la frontière sud des Alpes. Des jardins médiévaux, aménagés dans l'ancien chemin de ronde, rassemblent des plantes exotiques, médicinales, aromatiques et potagères. Une fois franchie l'enceinte fortifiée par le pont-levis de la porte Royale – la vieille ville a conservé trois entrées – , on peut visiter la cathédrale, de style gothique tardif (XVIIe s.), et son quartier aux maisons anciennes. Deux anciens moulins à l'extérieur de la place forte, l'un à farine, l'autre à huile, ont été restaurés.

1 010 Évian-les-Bains

 38/B5

(74) *i* Tél. : 04 50 75 04 26
Cette ville « verte » et sportive, très bien située au bord du Léman et au pied des Préalpes du Chablais, garde le charme suranné des stations thermales de vieille réputation. Toute l'aristocratie s'y donnait rendez-vous, perpétuant une tradition commencée par les princes de Savoie qui venaient ici en villégiature. Les rues piétonnières et le front du lac, bordé par le jardin anglais, l'établissement thermal, la villa Lumière (hôtel de ville) et le casino (néobyzantin) sont très animés en été. Les accords reconnaissant l'indépendance de l'Algérie furent signés à l'hôtel du Parc. Les thermes sont ouverts toute l'année.
☺ : rencontres musicales d'Évian, à la fin du mois de mai.

LE LAC LÉMAN

Long de 72 km, large en moyenne de 8 km, le plus beau lac alpin offre à la France et à la Suisse un miroir en forme de croissant que les pêcheurs apprécient pour ses 30 espèces de poissons, les navigateurs pour ses vents, propices aux régates, les curistes d'**Évian-les-Bains** et de Thonon pour ses eaux, et les gourmets pour son vignoble. Mais il captiva également lord Byron, Jean-Jacques Rousseau, Anna de Noailles, Mme de Staël, ainsi que Vladimir Nabokov.

ANNA DE NOAILLES (1876-1933)

Bien que née et résidant à Paris, Anna de Noailles passa une partie de sa vie aux abords d'**Évian-les-Bains,** à Amphion, où sa famille paternelle, les princes de Brancovan, possédait une propriété. Dès l'enfance, elle aimait à y passer plusieurs mois par an et, à n'en pas douter, la beauté des paysages savoyards influença son œuvre – *le Cœur innombrable* notamment –, dans laquelle elle chanta avec tant de ferveur et de délicatesse la beauté de la nature. Amphion honore aujourd'hui la poétesse par un monument commémoratif. Son cœur repose près de là, à Publier – où elle célébra, en 1897, son union avec le comte Mathieu de Noailles –, alors que son corps est inhumé à Paris, au cimetière du Père-Lachaise.

1

Les gorges de la Diosaz
1 Le sentier qui les longe

Les gorges du Doron
2 Le torrent à Brides-les-Bains

2

3

4

Entrevaux
3 Le pont fortifié
4 La citadelle, massée au pied du rocher

5

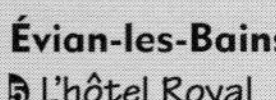

Évian-les-Bains
5 L'hôtel Royal

1 011 Faucigny (Le)

 38/B6

(74) Cette région qui, longtemps, fut une terre convoitée par la maison de Savoie, correspond au bassin de l'Arve. La vallée de cette rivière en est la principale voie d'accès, mais celle du Giffre représente son cœur. C'est, avec ses pics calcaires, un massif propice à l'escalade et aux excursions. Depuis le sommet du mont Chéry, ☼ sur le pays du Faucigny.

1 012 Festre (Col du)

 45/J5

(05) À 1 441 m, face à la montagne d'Aurouze, ce col permet un large tour d'horizon sur les pics du Dévoluy. En redescendant de 9 km vers le nord par la D 17, on s'engage après Rioupes dans le défilé des Étroits (2 m seulement séparent parfois les deux versants), creusé par la Souloise. Le même torrent s'encaisse, en aval, après Saint-Disdier.

1 013 Fier (Gorges du)

 37/J7

(74) ℹ Tél. gorges : 04 50 23 13 40. Tél. Montrottier : 04 50 46 23 02
À l'ouest d'Annecy, le Fier coule sur quelques centaines de mètres, dans un trait de scie vertical étroit de 2 à 10 m, mais profond de 60 m, que l'on visite grâce à une galerie et à des passerelles.
👁 par la D 116 le **château de Montrottier,** qui surplombe une ancienne gorge en demi-cercle abandonnée par le torrent, la Grande Fosse. Cette forteresse médiévale abrite de belles collections d'armes, de faïences, d'ivoires... Au sommet de son donjon (haut de 36 m), ☼ sur le mont Veyrier, la Tournette et, par temps clair, le mont Blanc.

1 014 Flaine (Lac de)

 38/C6

(74) ℹ Tél. téléphérique des Grandes Platières : 04 50 90 81 72
Ce petit lac très encaissé est accessible par le GR 96. On le suit vers l'ouest sur un peu plus de 1 km au départ de la D 106, route d'accès à la station (1 600 m).
👁 le **Désert de Platé** (S-E), accessible par le téléphérique des Grandes Platières. Ce vaste plateau calcaire (15 km²) raviné de la chaîne des Fiz est dominé par la chaîne du Mont-Blanc.

1 015 Font-d'Urle (Glacières de)

  45/H4

(26) ℹ Tél. Vassieux-en-Vercors : 04 75 48 27 40
Ce plateau du Vercors est rongé de cuvettes et de gouffres karstiques, dont certains gardent des traces de glace en permanence. Plusieurs de ces « glacières » s'ouvrent au sud de Font-d'Urle, village construit dans un cirque dont l'entrée évoque une porte (centre de ski).
👁 à moins de 2 km (O), par le GR 93, le balcon rocheux du **pas de l'Infernet,** qui domine de ses 1 698 m l'abrupt cirque de la Sure.
👁 à 3 km (N), par la D 76, la **grotte du Brudour,** où resurgissent les eaux infiltrées sur le plateau.
👁 à environ 10 km (E), par la D 76, **Vassieux-en-Vercors,** où se trouvent le musée de la Résistance du Vercors, le cimetière national du Vercors et, au col de Lachau (3 km), le mémorial du Vercors.

1 016 Forcalquier

   45/J8

(04) ℹ Tél. : 04 92 75 10 02. Tél. musée d'Art régional : 04 92 70 91 00
Capitale au XIIᵉ s. du comté du même nom, la ville est accrochée à une colline. Les rues étroites conduisent à la terrasse Notre-Dame-de-Provence (☼ sur les vestiges de l'ancienne forteresse et les montagnes voisines), où fut construite une chapelle. La cathédrale, avec sa tour rectangulaire, se trouve au cœur de la ville. L'ancien couvent de la Visitandines accueille un musée d'Art régional. Les alentours proposent des excursions vers les vieux villages perchés ou dans la montagne de Lure.
🎭 : festival : les Rencontres musicales de Haute-Provence (juillet).
👁 au nord les **rochers des Mourres,** aux formes animales, que la D 12 et le GR 6 longent sur 3 km.

LE FAUCIGNY

À partir de Cluses, cité dont le principal attrait, outre son site, réside dans le musée de l'Horlogerie et du Décolletage, la route, passe à côté de l'ancienne chartreuse de Mélan (XIIᵉ s.), juste avant Taninges, niché au pied du mont Orchez. Le bourg possède une église, dont le carillon fut fabriqué par la fonderie Paccard. En suivant le Giffre, qui coule bientôt en gorge, on gagne Mieussy, qui se signale par le clocher à bulbes de son sanctuaire. Sans quitter la rivière, qui borde la forêt de Saint-Jeoire, on atteint l'Arve, que l'on remonte jusqu'à Cluses.

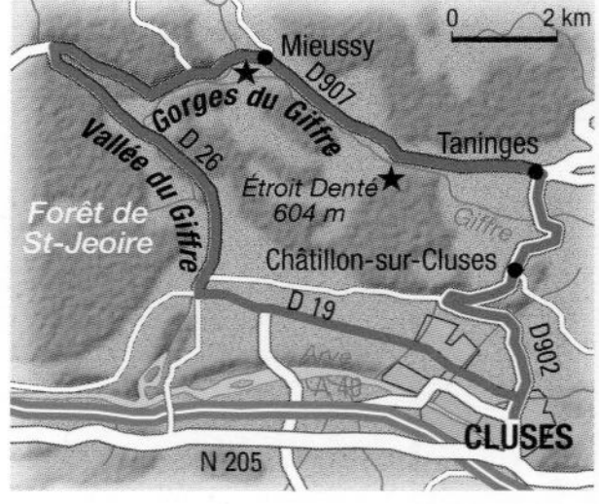

LE DÉVOLUY

De la vallée de la Souloise, au nord, à celle du Buëch, au sud, s'étend le Dévoluy, le plus élevé des massifs préalpins, dont le **col du Festre** marque à peu près la mi-longueur dans le sens nord-sud. Cette haute terre calcaire, rongée de dépressions et de gouffres karstiques – les chourums – alimentant un réseau profond d'eaux qui réapparaissent en résurgences, paraît souvent lunaire, malgré les efforts de reboisement entrepris depuis plus d'un siècle. L'hiver assure la prospérité de stations de ski comme Superdévoluy, alors que l'été, très ensoleillé, attire des pêcheurs, escaladeurs, spéléologues et randonneurs. Le GR 93 le traverse d'est en ouest, le GR 94ᴮ du nord au sud, reliant Superdévoluy à Montmaur ou à La Roche-des-Arnauds.

1

Les gorges du Fier

1 Des passerelles permettent de les approcher.

2

Le lac de Flaine

2 Il est entouré de forêts d'épicéas.

3

Près de glacières de Font-d'Urle

3 La station de ski

Forcalquier

4 Le centre de la ville

5 Le musée, dans l'ancien couvent des Visitandines (XVIIe s.)

4

5

1 017 Galibier (Col du)  46/B3

(73) Ce haut col est bien connu des cyclistes du Tour de France pour sa montée impitoyable jusqu'à 2 642 m et sa descente rapide entre des pentes arides et rocailleuses. Il relie, avec celui du Lautaret, la Maurienne et le Briançonnais dans un paysage austère et grandiose.

1 018 Ganagobie (Prieuré de)  45/J8

(04) ℹ Tél. : 04 92 68 00 04

À l'emplacement d'un prieuré clunisien restauré au XVIIe s., puis partiellement démoli à la Révolution, subsistent aujourd'hui, juchés sur le rebord d'un plateau dominant la Durance, couvert de chênes verts et de lavande, une église romane et un cloître (XIIe s.). Leur restauration a mis en valeur de très belles sculptures : Christ en majesté du tympan, décor végétal des chapiteaux, etc. Des mosaïques, dont une représentant un chevalier tuant le dragon, inspirées des tissus rapportés par les croisés, ont été retrouvées. L'allée des Moines, à gauche de l'église, conduit au bord du plateau ; ⁂ sur la Durance, les Alpes et le Pelvoux.

1 019 Gap  46/A6

(05) ℹ Tél. : 04 92 52 56 56

Située entre Marseille et les Alpes, sur la route Napoléon – l'Empereur y passa une nuit en mars 1815 –, Gap est logiquement devenue une ville de commerce et de foires. Ses toits de tuiles, ses places, l'animation de la rue Carnot et le climat tonique évoquent déjà le Midi. Le Musée départemental abrite le beau mausolée, en marbre noir, du duc de Lesdiguières. Préfecture et siège du parc national des Écrins, la ville est active et constitue un bon point de départ pour les excursions dans les massifs voisins.

👁 à 7,5 km (N) sur la N 85, **le col Bayard** (1 248 m), que le célèbre chevalier aurait franchi pour passer en Italie. Au sommet, le contraste entre le paysage, vert, du nord et celui, déjà méditerranéen, du sud est saisissant.

1 020 Glières (Plateau des)  38/B6

(74) ℹ Tél. mairie de Thorens : 04 50 22 40 15

Ce plateau, isolé au cœur des Aravis, fut un maquis célèbre pour les résistants qui libérèrent la Haute-Savoie. On y accède soit à partir de Thorens-Glières, en remontant la reculée de la Fillière, soit par la vallée du Borne, en suivant une route en lacet menant au lieu-dit Chez la Jode. Dans les deux cas, le GR 96 permet d'achever la promenade autour du col des Glières, à 1 440 m d'altitude. Un monument commémoratif des combats se dresse au sommet ; un sentier « Nature et Paysage des Glières » part de là. À gauche de la D 909, en venant de Thônes (S), se trouve le musée de la Résistance en Haute-Savoie, près du cimetière militaire.

1 021 Grand-Bornand (Le)  38/B7

(74) ℹ Tél. : 04 50 02 78 00

Située à l'entrée de la vallée ensoleillée du Bouchet, qui conduit à la pointe Percée, cette jolie station des Aravis est le pays d'origine du fameux reblochon.

👁 au nord le **Chinaillon,** qui creuse, avant le vieux village du même nom, une gorge animée de cascades que longe la D 4, montant au col de la Colombière (1 613 m).

1 022 Grande-Chartreuse (Couvent de la)  45/J2

(38) ℹ Tél. musée : 04 76 88 60 45

Installé à la lisière d'une forêt de pins noirs, l'immense monastère abrite une communauté de moines voués à la pauvreté et à la prière, conformément à la volonté de saint Bruno, son fondateur (1084). Les bâtiments actuels, qui datent de 1676, ne se visitent pas, mais le Musée cartusien, installé à la Correrie, retrace l'histoire de l'ordre des Chartreux et montre des reconstitutions du cloître et d'un ermitage.

LA ROUTE NAPOLÉON

Le 1er mars 1815, résolu à reconquérir son trône après son exil dans l'île d'Elbe, Napoléon débarque à Golfe-Juan. Il choisit, malgré les difficultés de l'hiver, la route des Alpes, de Grasse à Grenoble – en passant par Castellane, Digne, Sisteron, **Gap,** etc. –, pour voler « de clocher en clocher jusqu'aux tours de Notre-Dame ». Il arrivera aux Tuileries dans la soirée du 20 mars, le jour de l'anniversaire du roi de Rome, son fils. Ce trajet porte désormais le nom de l'Empereur, tout comme les refuges qui furent construits près des cols, grâce à l'argent qu'il laissa au département des Hautes-Alpes après son passage.

LE REBLOCHON

Entre le **Grand-Bornand,** Thônes et le col des Aravis, les Savoyards élaborent ce délicieux fromage à la pâte onctueuse, au parfum de noisette. Après la traite, le lait est caillé, découpé, moulé et mis en cave, où les fromages se présentent comme des cercles d'exactement 14 cm de diamètre. Les connaisseurs affirment que l'altitude – entre 1 000 et 1 500 m – n'est pas pour rien dans la saveur toute particulière de ce fromage. Et les gourmets aiment y trouver un soupçon d'amertume, marque de sa pleine maturité. Le reblochon n'est, dans tous les cas, jamais fade.

Le prieuré de Ganagobie

1 Le tympan du portail

Gap

2 Une fontaine dans l'avenue Jean-Jaurès

3 Vierge à l'Enfant dans la cathédrale Saint-Arnoux

Le couvent de la Grande-Chartreuse

4 Les clochers de l'église

5 Le musée de la Correrie, sur l'histoire des Chartreux

6 Les bâtiments du monastère

1 023 Grandes Rousses (Les)

 46/A3

(38) Tél. télécabine et téléphérique du pic du Lac Blanc : 04 76 80 30 30
Face au balcon de Vaujany, cette courte chaîne acérée, culminant au pic Bayle (3 466 m), est un domaine de lacs et de pentes très propices au ski et aux randonnées. De L'Alpe-d'Huez (1 860 m), une télécabine et un téléphérique conduisent au belvédère du pic du Lac Blanc (3 327 m), en passant au-dessus de petits lacs puis du glacier des Grandes Rousses : .
la **cascade de Sarennes,** d'où part le GR 54 ( ), qui grimpe en 10 km environ au col de Sarennes (2 009 m). La chute est accessible par la D 211 (montant du Bourg-d'Oisans à L'Alpe-d'Huez), qui gravit un dénivelé de 1 100 m en 21 virages très serrés – c'est l'une des épreuves les plus difficiles du Tour de France.

1 024 Grands et Petits Goulets (Les)

 45/H3

(26) Entre Pont-en-Royans et Les Barraques-en-Vercors, le torrent de la Vernaison entaille ici une abrupte reculée sur le flanc ouest du Vercors. La D 518 se faufile par l'entrée très resserrée des Petits Goulets, puis longe le torrent. À 8 km en amont, la sortie impressionnante constitue le défilé des Grands Goulets.

1 025 Grave (La)

 46/B3

(05) Tél. : 04 76 79 90 05
Au nord du parc national des Écrins, la grande station d'alpinisme du Dauphiné, avec sa ravissante église romane et sa chapelle des Pénitents (fresques), occupe une situation exceptionnelle au pied de la Meije (3 983 m). Un téléphérique monte au col des Ruillans (3 200 m) : .
les autres panoramas qui sont offerts par le village : sur les hauts sommets englacés du Rateau (3 809 m) et du pic de la Grave (3 669 m) ainsi que sur les majestueux glaciers de la Girose et du Tabuchet. Les plus beaux se découvrent depuis : le replat des Terrasses (O, par la D 33) ; la chapelle Saint-Jacques, à Ventelon (E, D 33) ; l'oratoire du Chazelet, isolé à 1 834 m au milieu des alpages, au-dessus des Terrasses, sans aucun doute le meilleur.

1 026 Grenoble

   45/J3

(38) Tél. : 04 76 42 41 41
Située au confluent de l'Isère et du Drac, dans un site montagneux exceptionnel (Chartreuse, Vercors, chaîne de Belledonne), la capitale du Dauphiné est une métropole très animée. Elle accueille plusieurs écoles d'ingénieurs, un centre d'études nucléaires et l'une des plus anciennes universités de France.
La vieille ville se dresse autour de la place Grenette, du palais de justice (ancien parlement du Dauphiné), de l'église Saint-André (XIIIe s.), de la cathédrale Notre-Dame, de la Grande-Rue – où se dresse la maison natale de Stendhal – et des rues piétonnières, bordées de demeures anciennes. À proximité s'élève l'église Saint-Laurent, remarquable avec sa crypte mérovingienne richement décorée. La ville compte également de nombreux musées : celui de Grenoble et ses antiquités égyptiennes, ses peintures anciennes et ses collections d'art contemporain ; le Musée dauphinois, installé dans un ancien couvent, qui présente la vie régionale ; celui de la Résistance et de la Déportation ; et le musée Stendhal – la bibliothèque municipale possède de nombreux manuscrits de l'écrivain. Depuis le fort de la Bastille, qui domine la ville, sur le site.

1 027 Gréoux-les-Bains

  53/J2

(04) Tél. : 04 92 78 01 08
L'essor thermal a modifié le cadre de cette jolie petite cité médiévale, bâtie en amphithéâtre entre le Verdon et le plateau de Valensole. Elle est dominée par l'ancien château des Templiers, dont la cour accueille, en été, un théâtre de plein air. La crèche de haute Provence illustre, grâce à plus de 300 santons, la vie locale au début du XXe s.

LE MUSÉE DES BEAUX-ARTS DE GRENOBLE

Ayant abandonné la place de Verdun pour s'implanter sur les berges de l'Isère, le nouveau musée des Beaux-Arts de Grenoble, qui a ouvert ses portes en 1994, s'impose comme l'un des grands musées de province, tant par son architecture que par l'exceptionnelle richesse de ses collections. Outre la peinture européenne du XVIe au XIXe s., illustrée par d'incontestables chefs-d'œuvre signés Le Pérugin, Rubens, Champaigne, La Tour, Zurbarán…, la visite offre un panorama complet de l'art moderne et contemporain, avec des toiles aussi célèbres que la *Nature morte aux aubergines* de Matisse, la *Femme lisant* de Picasso, ou le *Bœuf écorché* de Soutine. Deux magnifiques collections sont à voir et à revoir : celle des dessins, enfin représentée au public, dans la tour de l'Isle, et celle d'égyptologie.

LES NOIX DE GRENOBLE

La campagne grenobloise était jadis couverte de noyers, l'arbre typique de l'Isère. Aujourd'hui ce terroir s'est élargi. Il jouit d'une appellation d'origine, et produit 8 000 tonnes de noix par an. Cet excellent oléagineux porte ici divers noms : franquette, mayette ou parisienne. Il y a près de 25 façons de l'accommoder, une seule de l'aimer : goûter aux pâtisseries de la ville, place Grenette notamment. La noix est également un sujet de discussion ; chaque année, un congrès international de la Noix se tient dans la capitale du Dauphiné.

Les Grands Goulets
1 Près des Barraques-en-Vercors

2

La Grave
2 L'église romane du village

3

Au-dessus de La Grave
3 L'oratoire du Chazelet

Grenoble
4 La façade du palais de justice, place Saint-André
5 La fontaine de la place Grenette
6 Le pont Saint-Laurent

4

5

6

1 028 Grésivaudan (Le)

45/J2

(38) Creusée entre le massif de la Chartreuse et la chaîne de Belledonne, cette ample trouée n'est pas l'œuvre de l'Isère, qui « flotte » dedans comme dans un habit trop ample, mais des glaciers qui la défoncèrent. Elle s'étend sur 45 km entre Grenoble et Montmélian, et est propice à l'agriculture, car bien abritée par les sommets.

1 029 Grignan (Château de)

44/F6

(26) ℹ Tél. : 04 75 91 83 50

C'est par les lettres qu'elle envoyait à sa fille, Mme de Grignan, que Mme de Sévigné fit connaître cette demeure dans laquelle elle séjourna à plusieurs reprises. Elle y mourut en 1696 ; sa tombe, profanée à la Révolution, se trouve dans l'église Saint-Sauveur (XVIe s.), accolée au château. Construit sur une butte, celui-ci domine le village. Ses appartements conservent un mobilier Louis XIII et des tapisseries d'Aubusson remarquables. Depuis le toit en terrasse de la collégiale, ⁂ sur le Ventoux, les Alpilles et le Vivarais.

1 030 Guiers-Mort et Guiers-Vif (Gorges du)

45/J2

(38, 73) ℹ Tél. mairie de Saint-Christophe-sur-Guiers : 04 76 66 00 42

Deux longues gorges parallèles tranchent le massif de la Chartreuse : au nord, celle du Guiers-Vif, au sud, celle du Guiers-Mort. Des routes conduisent aux fonds abrupts des vallons ; le cirque de Saint-Même, par la D 45^{E}, avec les deux cascades des sources du Guiers-Vif, est le plus impressionnant. Pour passer d'un Guiers à l'autre, on peut emprunter le GR 9 (trajet facile de 9 km), qui passe entre la crête des Petites Roches et celle des Lances de Malissard, et la D 102^{B}, entre Saint-Pierre-d'Entremont et Saint-Pierre-de-Chartreuse, qui contourne la crête du Grand Som (2 026 m).

👁 au nord le chaotique et forestier **plateau du Désert,** qui est accessible à partir du pont Saint-Bruno, sur le Guiers-Mort, par un sentier de 2 km.

👁 au sud du Guiers-Mort, à 10 km par la D 512 puis par la D 57^{D}, le **belvédère du Charmant Som** (1 867 m, table d'orientation), à 500 m à pied de la fin de la route : ⁂ sur la Chamechaude au sud (2 082 m), point culminant du massif.

👁 près de Saint-Christophe-sur-Guiers les deux **grottes des Échelles** – l'un des repaires de Mandrin –, séparées par une gorge, ancien tunnel dont la voûte s'est effondrée.

1 031 Guil (Gorges du)

46/C5

(05) ℹ Tél. télésiège de Jilly : 04 92 46 72 26

Dites combe du Queyras, ces gorges pénètrent profondément la partie occidentale du parc naturel régional du Queyras. On peut, avant d'y entrer, aller admirer la belle cascade de la Pisse, en amont de Ceillac, accessible par la D 60 (10 km). La D 902 remonte les gorges sur 12 km au départ de la même commune jusqu'à l'ancien verrou glaciaire, dit rocher de l'Ange-Gardien – un monument aux morts se dresse à son pied –, qui marque leur fin, et le début de la haute vallée du Guil.

👁 les sites exceptionnels desservis, à partir de Château-Queyras, par la D 947 qui remonte cette vallée – dont les versants sont très contrastés sur 30 km environ : le **belvédère du sommet Bucher** (2 257 m), auquel conduit une petite route tortueuse (⁂ sur la vallée) de moins de 5 km au départ d'Abriès, vers le sud-ouest, puis le sud-est ; la **demoiselle coiffée de la Rua,** située à 1,5 km au sud du hameau de Ville-Vieille, par la D 5 en direction de Molines ; la **maison du parc naturel régional du Queyras,** à Guillestre ; le **belvédère du Roux** (1 880 m), à 3 km au nord d'Abriès en remontant la D 441 ; le **belvédère du Jilly** (2 448 m), accessible par le télésiège de la même station, ou par le GR 58 (au moins 1 h) ; le petit belvédère du Viso, point haut de la route prolongeant la D 947, à 4 km en amont du hameau désert de l'Échalp (2 000 m) – détruit par une avalanche en 1948 – ; le **belvédère du Viso,** terminus de la route, à près de 2 600 m d'altitude, qui est à 6 km à vol d'oiseau du sommet du mont Viso, en Italie (3 841 m).

LE DAUPHINOIS

En quittant GRIGNAN par le nord-est, on rejoint Taulignan, à l'abri de ses remparts médiévaux jalonnés de tours et percés d'une porte fortifiée. La route, qui passe à proximité du donjon de Blacon, conduit à Dieulefit, centre potier réputé. De là, on emprunte la vallée du Jabron, où se trouve le Poët-Laval dont le donjon du XIIe s. témoigne du passé médiéval. Perchée sur une hauteur, La Bégude-de-Mazenc conserve notamment d'anciennes maisons et une église en partie romane. À travers les bois ou les longeant, le circuit rejoint la cité chère à Mme de Sévigné.

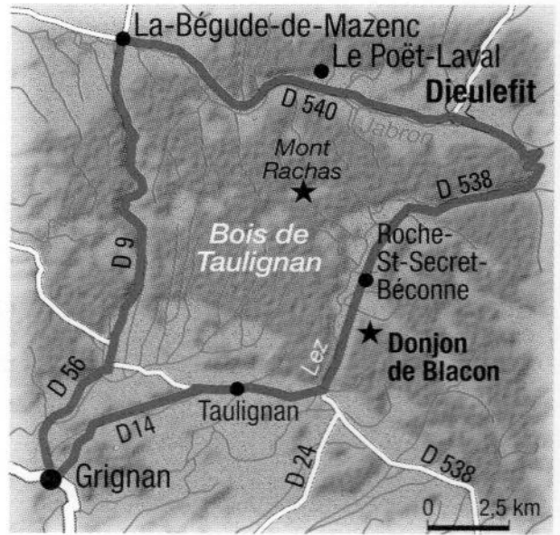

LE MUSÉE DU PROTESTANTISME DAUPHINOIS

Annoncée par les vaudois dès le XIIe s., l'idée de la Réforme s'est très vite répandue en Dauphiné, où les protestants, nombreux, furent pourchassés après la révocation de l'édit de Nantes (1685). Au Poët-Laval, cité médiévale située sur un site escarpé au nord de **Grignan,** l'ancien temple, demeure hospitalière du XVe s., abrite un riche petit musée rappelant ces événements (tél. : 04 75 46 46 33). La bibliothèque du village, qui rassemble de nombreux documents sur l'histoire régionale, se trouve dans le même édifice.

1

Le château de Grignan

1 Imposant, il *domine le village.*

Les gorges du Guiers-Mort

2 Elles s'ouvrent dans le massif de la Chartreuse.

Les gorges du Guil

3 La cascade de la Pisse

4 Panorama sur la vallée

2

3

4

1 032 Hautecombe (Abbaye de)

 37/J7

(73) Tél. : 04 79 54 26 12

Isolée sur un éperon crevant la surface du lac du Bourget, l'abbaye cistercienne, fondée au XIIe s., abrite les tombeaux des princes de Savoie. La décoration exubérante de style gothique fut effectuée par des artistes piémontais, qui ont restauré le sanctuaire au XIXe s. La grange batelière (XIIe s.) servait d'entrepôt aux moines, qui recevaient les produits de leurs terres par voie d'eau.

1 033 Hauterives

 45/G3

(26) Tél. : 04 75 68 86 82

La commune de Hauterives doit sa notoriété au singulier Palais idéal, érigé entre 1879 et 1912 par un facteur appelé Ferdinand Cheval. Surgi de ses rêves, de ses lectures ou peut-être de sa vision des fontaines pétrifiantes locales, l'édifice fantastique – composé de tours, de minarets, de personnages... – d'une surface d'environ 300 m² a pris place après un labeur sans relâche au milieu de son jardin. Il a été tardivement classé monument historique.

1 034 Iseran (Col de l')

 46/D2

(73) Ce haut col (2 770 m) propose trois belvédères avec tables d'orientation ouvrant sur la haute Vanoise ; l'un à l'entrée du col par le nord à la proue de la crête des Lessières (2 400 m), sur tout le massif de la Vanoise ; l'autre au col même, sur la Grande Sassière, l'Albaron et la Tsanteleina ; et le troisième juste en amont du tunnel du pont de la Neige (2 400 m), sur le site presque andin du village de Bonneval-sur-Arc (1 835 m).

1 035 Izoard (Col d')

 46/C4

(05) Tél. relais cyclotouristique : 04 92 45 06 23

Porte d'entrée nord du parc régional du Queyras, le col s'élève à 2 361 m (table d'orientation). Depuis le sommet – où un musée consacré au Tour de France est installé –, sur le mont Thabor et les hauteurs du Queyras et du Briançonnais. Au versant nord, forestier, s'opposent les pentes caillouteuses et ravinées de la Casse-Déserte, du côté sud. Les randonneurs préfèrent souvent franchir la crête 4 km à l'ouest, par le belvédère du col des Ayes (2 480 m), en empruntant sur 7 km le GR 5 qui longe la réserve biologique du bois des Ayes.

1 036 Jovet (Mont)

 46/C1

(73) À 2 554 m, ce belvédère de la Tarentaise (table d'orientation) n'est accessible qu'à pied. Par l'ouest, la piste carrossable de Feissons-sur-Salins au Dou-du-Moutiers s'en approche, puis un sentier court sur 1 km. Par le nord, celle de La Roche, sur la route d'accès à la station de La Plagne, mène à la Tête du Jarset : le sommet se trouve alors à un peu plus de 3 km par le sentier du pas des Brebis. Par le sud, le sentier raide et tortueux qui part du terminus de la petite route du Bois-de-la-Cour, long de 8 km, n'est conseillé qu'aux bons marcheurs.

1 037 Lautaret (Col du)

 46/B3

(05) Tél. jardin alpin : 04 76 51 49 40

Ce col (2 058 m), souvent fermé en hiver, est inséparable de celui, plus élevé, du Galibier, à 7,5 km à vol d'oiseau au nord. Au sommet (table d'orientation), sur le massif et le parc national des Écrins, en particulier le glacier de l'Homme et la Meije (centre d'information).

à 200 m du col le **jardin alpin du Lautaret,** le plus haut d'Europe (2 000 m), qui rassemble sur 2 ha plus de 2 200 espèces de plantes venues des montagnes du monde entier (Pyrénées, Carpates, Balkans, Himalaya, Rocheuses, etc.). Parmi les plus belles, les pavots bleus de l'Himalaya sont à voir en début d'été, lors de la floraison.

DANS LA VALLÉE DU RHÔNE

Au départ d'HAUTERIVES, on suit la Galaure jusqu'à sa confluence avec le Rhône, en passant par La Motte-de-Galaure et son prieuré Sainte-Agnès, puis par Saint-Vallier. On remonte un peu le fleuve puis on joint Albon, dont la tour, au nord-est, offre un panorama sur la vallée. Après Mantaille, qui garde les vestiges de son château, et Manthes, avec son église romane accolée à un prieuré clunisien, on retrouve Hauterives.

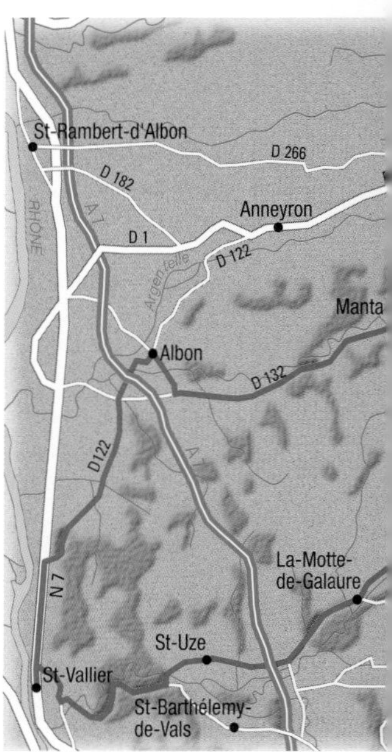

LE TOUR DE FRANCE

Cette épreuve, créée en 1903 par le directeur du journal *l'Auto,* Henri Desgranges, n'avait alors que six étapes, séparées par plusieurs jours de repos, et n'était disputée que par des individuels. Le premier Tour se heurta à une vive hostilité : des coureurs furent roués de coups et les routes parsemées de clous. Sur le site de la Casse-Déserte, des plaques ont été fixées sur un rocher à la mémoire de deux grands coureurs : Fausto Coppi et Louison Bobet, respectivement deux fois (1949, 1952) et trois fois (1953, 1954, 1955) vainqueurs du Tour de France. Un petit musée a été aménagé au **col d'Izoard.**

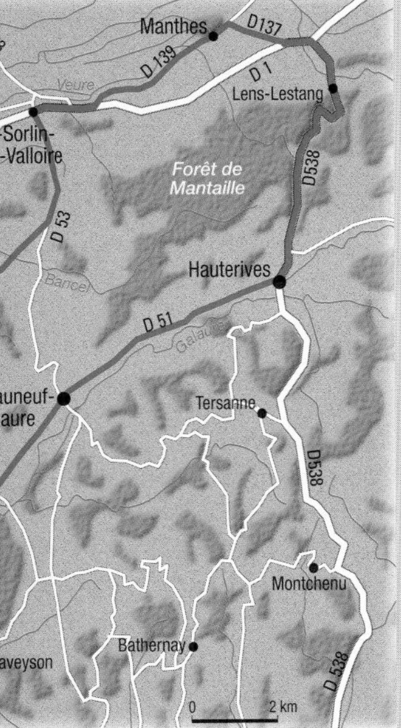

L'abbaye de Hautecombe

1 La pietà de Benoît Cacciatori
2 Vue aérienne de l'abbaye
3 Le tombeau de Louis de Savoie et de Jeanne de Montfort
4 Le grand orgue, orné d'une Vierge à l'Enfant

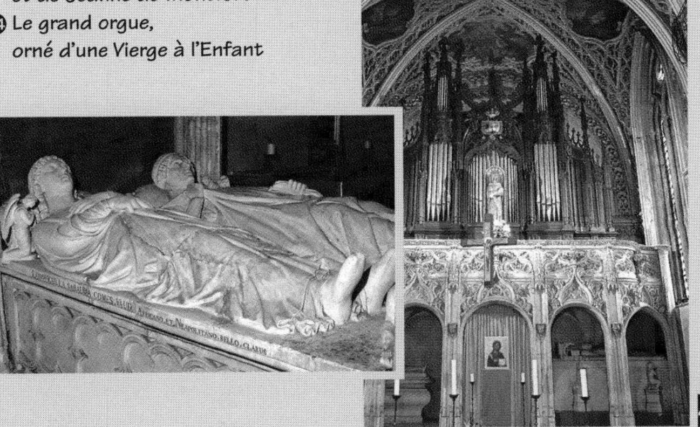

Le mont Jovet

5 Depuis le village de Bozel

Le col du Lautaret

6 L'une des nombreuses bergeries de la région
7 Le jardin alpin

FAUNE ET FLORE DES ALPES

Une profusion de vie liée au relief

Malgré une altitude moyenne de 1 100 m, des massifs culminant à plus de 4 000 m (Mont-Blanc, 4 807 m) et un climat très rude, les Alpes françaises accueillent une grande diversité d'êtres vivants. La végétation change pourtant en fonction des conditions climatiques, de plus en plus difficiles, la température diminuant et l'oxygène se raréfiant avec l'altitude. De 1 600 à 2 000 m poussent des forêts de conifères, plus résistants que les feuillus : c'est l'étage subalpin. Au-dessus, la forêt disparaît et l'on passe à une zone de transition formée de landes. À partir de 2 200 m, c'est l'étage alpin, avec ses pelouses, cuvettes glaciaires, rochers, éboulis et combes. À cette altitude, la croissance des plantes et l'activité des animaux se réduisent à la période estivale. Au-dessus de 3 000 m, on atteint l'étage nival et ses neiges éternelles.

Vallon de Lenta : rhododendrons en fleur

Forêt de mélèzes : leurs aiguilles dorent en automne, puis tombent.

Arbres pionniers des hauteurs

À l'étage subalpin, la période de croissance des végétaux ne dure que de mai à septembre. Ici, la forêt de résineux domine. Quelques épicéas côtoient les mélèzes, les aroles et les pins à crochets, tous très résistants au froid. Plus on monte, plus les arbres ont du mal à pousser. Leur allure tortueuse témoigne de leur difficulté à croître à cette altitude. Bientôt, les arbrisseaux des landes (bruyères, rhododendrons) occupent la place.

Délicates fleurs des cimes

À l'étage alpin, la végétation souffre d'un climat encore plus rude : les vents sont violents, le rayonnement solaire est intense, l'eau devient rare, le sol est instable à cause de la pente. Dès la fonte des neiges, on assiste pourtant à l'éclosion d'une multitude de fleurs. Le blanc de l'edelweiss, le jaune des trolles, le bleu des gentianes se mêlent aux graminées des prairies alpines, tandis que joubarbes, génépis et saxifrages s'accrochent aux rochers. Ces petites plantes sont adaptées aux conditions extrêmes : leur taille leur évite une trop grande déperdition de chaleur et leur duvet forme une couche isolante.

DES ESPÈCES FRAGILES ET MENACÉES

En montagne, la survie des plantes et des animaux est très précaire. C'est pourquoi certaines espèces menacées sont protégées. Citons de façon non exhaustive : le sabot-de-Vénus, le chardon, l'ancolie des Alpes, l'anémone pulsatille, le rhododendron poilu, la gentiane à calice renflé, la violette à feuilles pennées et la tulipe précoce pour les fleurs ; le bouquetin, la marmotte, l'hermine, le lynx boréal, le lièvre variable, l'aigle royal, le chocard à bec jaune, le gypaète barbu, le hibou grand duc et le lézard vivipare pour les animaux...

Sabot-de-Vénus

Gypaète barbu : disparu des Alpes au début du XXe s., il y a été réintroduit.

Aigle royal : aire de nidification

Le petit peuple éphémère de l'été

L'hiver, les invertébrés, les amphibiens et les reptiles entrent en hibernation. L'été, en revanche, on assiste à une explosion de vie. Le triton alpestre et la grenouille rousse se dépêchent de pondre leurs œufs dans les mares. La vipère péliade et le lézard vivipare mettent au monde des petits déjà formés, ce qui accroît leurs chances de survie. De toutes parts, sauterelles et criquets jaillissent, tandis que des papillons comme la piéride des Alpes volettent de fleur en fleur pendant la brève période chaude.

Salamandre : une vie amphibie

Bruissements d'ailes dans les airs

Les Alpes sont un paradis pour les amateurs d'oiseaux, qui peuvent en effet y observer une multitude d'espèces. À la belle saison, les rares pelouses et les pierriers sont le territoire du traquet motteux et du pipit spioncelle. La niverolle et l'accenteur alpin, adaptés aux conditions de vie dans les hauteurs, peuvent installer leur nid jusqu'à 3 500 m d'altitude. Dans les parois rocheuses nichent le chocard à bec jaune et le tichodrome. En été, le lagopède troque son plumage immaculé, qui lui permettait de se confondre avec la neige et d'abuser ses prédateurs, contre une livrée roussâtre plus adaptée aux rochers et à la ponte au sol. L'aigle royal, le hibou grand duc ou le gypaète barbu sillonnent les cieux au-dessus des alpages à la recherche de leur nourriture.

Vipère péliade : ses petits naissent déjà formés.

Les acrobates des rochers

Dans les alpages, les marmottes, après s'être rassasiées d'herbes et de racines, se prélassent au soleil aux abords des terriers où elles ont hiberné tout l'hiver. Le lièvre variable (blanc en hiver et brun en été) broute les riches pâturages. Indifférents aux précipices, les chamois et les bouquetins escaladent les rochers, dévalent les pentes escarpées ou traversent les éboulis. L'hermine s'aventure jusqu'à 3 000 m d'altitude, où campagnols et mulots constituent son alimentation principale.

Bouquetin des Alpes : les plus belles cornes des cimes

1 038 Lauvitel (Lac de)

46/A4

(38) i Tél. télécabine des Deux-Alpes : 04 76 79 75 00

Ce lac de 50 ha, situé à 1 499 m d'altitude à l'ouest du massif des Écrins, est célèbre pour le spectacle des pics rocheux de l'Oisans, dont le signal de Lauvitel (2 902 m), qui se reflètent dans ses eaux pures. Il est accessible en moins de 1 km par le GR 54 au départ de la Danchère, hameau desservi par une petite route partant de la D 530, aux Ougiers, à mi-chemin entre Le Bourg-d'Oisans et Saint-Christophe-en-Oisans.

le **Pied Moutet,** à 2 338 m (accessible par la télécabine de Super-Venosc, depuis la station des Deux-Alpes), qui est situé symétriquement par rapport à la vallée du Vénéon : sur le lac et son écrin montagneux.

1 039 Lauzanier (Lac du)

46/C6

(04) Au cœur de la pointe nord du parc national du Mercantour, le petit ensemble de lacs dispersés autour de celui du Lauzanier (dont le beau lac des Hommes) se trouve dans une réserve naturelle connue pour ses papillons. Il est accessible par le GR 5/56 au départ soit du col de Larche vers le sud (5 km faciles), soit du col des Fourches (sur la D 64) vers le nord (6 km, comportant le passage pentu du pas de la Cavalle, à 2 671 m).

1 040 Léman (Lac)

38/B5

(74) encadré p. 504

1 041 Lente (Forêt de)

45/H4

(26) Cette hêtraie de 3 300 ha au cœur du Vercors est peuplée de nombreux chamois, mouflons et autres cerfs que l'on croise parfois au détour de ses bonnes pistes et du GR 95 qui la traverse sur près de 10 km, du col de la Machine (1 011 m), au nord, au col de la Chau (1 337 m), au sud-est. La belle route (D 199) du col de la Portette (1 175 m) permet d'accéder facilement à son centre, le hameau de Lente : sur la Combe Laval.

1 042 Luire (Grotte de la)

45/H4

(26) i Tél. : 04 75 48 22 54

Un gouffre profond de 450 m s'ouvre dans cette grotte, qui abrita l'hôpital de fortune des maquisards du Vercors. On y accède à partir de la D 518, qui dessert le col de Rousset (à 6 km au sud,) et La Chapelle-en-Vercors (à 9 km au nord), centre touristique où se situe la maison du Parc naturel régional et de la Spéléologie.

1 043 Lurs

45/J8

(04) i Tél. : 04 92 79 10 20

On entre dans ce village dominant la Durance, ancienne résidence d'été des évêques de Sisteron – dont le château se dresse encore –, par la porte de l'Horloge. Les ruelles, bordées de maisons à encorbellements, conduisent à l'église, à la chancellerie des compagnons de Lurs, au théâtre de plein air et au prieuré, aménagé en centre culturel. Bordée de 15 oratoires, la promenade des Évêques conduit jusqu'à un panorama exceptionnel.

1 044 Manosque

53/J2

(04) i Tél. : 04 92 72 16 00

La cité de Jean Giono s'est enrichie grâce à l'aménagement de la Durance, qui apporta l'irrigation nécessaire aux cultures fruitières. Les boulevards de la Plaine et des Tilleuls, vestiges des anciennes fortifications, ceinturent la vieille ville. Les portes Saunerie et Soubeyran – la tour de cette dernière est coiffée d'un bulbe - donnent accès à la rue Grande (dans laquelle se dresse la maison où Giono vécut enfant), aux ruelles étroites et sinueuses, au bel hôtel de ville du XVIIe s., aux places avec fontaines, aux églises Saint-Sauveur (clocher surmonté d'un campanile) et Notre-Dame-de-Romigier, dont l'autel en marbre est d'origine paléochrétienne.

LE PAYS DE FORCALQUIER

À partir de MANOSQUE, par la forêt de Pélicier, riche en pins noirs, on gagne l'ancien bourg médiéval de Dauphin. Passant non loin de Saint-Maime, dominé par les vestiges du château des comtes de Provence, le circuit conduit à Mane puis à Forcalquier. Le prieuré roman Notre-Dame-de-Salagon, le château de Sauvan (XVIIe s.) et le vieux village de Saint-Michel-l'Observatoire (églises, fontaines et fortifications), sont autant de haltes sur le chemin du retour vers Manosque.

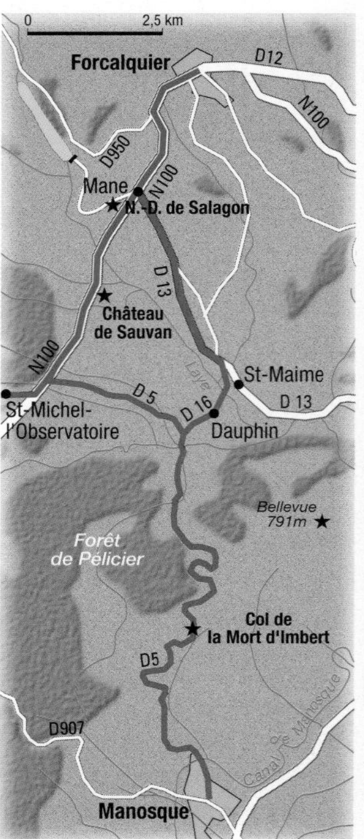

L'OBSERVATOIRE DE HAUTE PROVENCE

Au-dessus du village de Saint-Michel-l'Observatoire, au nord-ouest de **Manosque,** émergent les 14 coupoles de l'observatoire de Haute Provence, qui offre de belles vues sur les montagnes de Lure et du Luberon, sur le plateau de Valensole, le mont Ventoux et le plateau d'Albion. Cet observatoire national d'astrophysique a été implanté ici en 1938. Des visites organisées, permettent de découvrir un matériel très perfectionné, dont deux télescopes qui font respectivement 1,52 et 1,93 m de diamètre (tél. : 04 92 70 64 00).

2

1

Le lac de Lauvitel

1 Il est entouré d'impressionnants pics rocheux.

La forêt de Lente

2 De nombreuses pistes la traversent.

Lurs

3 La porte de l'Horloge, au léger campanile

3

Manosque

4 Le clocher-tour carré de l'église Saint-Sauveur

5 La porte Saunerie, aux tourelles couronnées de mâchicoulis

4

5

1 045 Maurienne (La)

 46/B3

(73) Inséparable de la Tarentaise, cette région correspond à la vallée très encaissée de l'Arc, qui a su garder son paysage traditionnel et ses villages malgré l'installation de nombreuses industries. C'est, depuis fort longtemps, l'un des passages les plus fréquentés de la Savoie, en tant qu'axe de transit international (France-Italie). De Bonneval-sur-Arc à Modane, en haute Maurienne, en passant par le col du Mont-Cenis, le parcours est ponctué d'oratoires et de chapelles.

1 046 Méan Martin (Glacier de)

 46/D2

(73) Au sud-est du parc national de la Vanoise, ce glacier aux formes pures descend de la pointe de Méan Martin (3 330 m) vers le hameau du Vallon, situé au creux d'un cirque inférieur. L'accès se fait par le GR 5 reliant Bessans – où la chapelle Saint-Antoine abrite des peintures du XVe s. – à Bonneval-sur-Arc par le versant nord de la haute vallée de l'Arc.

1 047 Mées (Rochers des)

 46/A8

(04) Des rochers clairs, érodés en forme de pénitents hauts de 100 m environ – la légende y voit des moines punis pour avoir succombé aux charmes des sarrasines –, festonnent sur 2,5 km le front nord du plateau de Valensole sur la rive gauche de la Durance (exactement dans l'axe du pont de l'autoroute A 51), à hauteur du village des Mées.

1 048 Megève

  38/B7

(74) ℹ Tél. : 04 50 21 27 28
Son église Saint-Jean-Baptiste, ses vieilles maisons et ses ruelles confèrent à cette station de sports d'hiver réputée un charme savoyard et une ambiance qui attire la bonne société. Trait d'union entre le val d'Arly et le bassin de Sallanches, elle offre un équipement sportif et touristique sans pareil sur les pentes ensoleillées du mont d'Arbois et de Rochebrune. Le musée du Haut Val d'Arly présente des collections d'objets traditionnels.

1 049 Meije (Glacier et pic de la)

 46/B3

(05) ℹ Tél. téléphérique du glacier de la Meije : 04 76 79 91 09
Second sommet du massif des Écrins (à 3 983 m), cette pyramide englacée domine la vallée de la haute Romanche, face aux belvédères de la Grave. On peut l'approcher, à pied par le sud, depuis La Bérarde, mais la compagnie d'un guide est absolument indispensable pour l'escalader.
👁 au col des Ruillans (※ sur les glaciers de la Meije, de la Girose et du Rateau), la **grotte de Glace.**

1 050 Menthon-Saint-Bernard

 38/A7

(74) ℹ Tél. : 04 50 60 14 30
Située au bord du lac d'Annecy, cette petite cité touristique est une station agréable. Les tourelles du château (XIIIe-XVe s.), construit à l'emplacement de celui où naquit saint Bernard au XIe s., fondateur de l'hospice du Grand-Saint-Bernard, dominent la ville et le lac. La demeure appartient toujours à la famille de Menthon.
👁 sur la route de Talloires (S) le **roc de Chère,** butte calcaire devenue réserve naturelle (68 ha) depuis 1977 : ※ .

1 051 Miolans (Château de)

 38/A8

(73) ℹ Tél. : 04 79 28 57 04
Donjon, oubliettes, chemin de ronde enterré font de cette forteresse, isolée sur son éperon rocheux, à 200 m au-dessus de l'Isère, un bel exemple d'architecture militaire médiévale savoyarde. Elle gardait les routes de Maurienne et de Tarentaise, avant d'être utilisée comme prison d'État par les ducs de Savoie. De la plate-forme supérieure de la tour Saint-Pierre, ※ sur le mont Blanc au-delà du Beaufortin.

LES DIABLES DE BESSANS

Pour impressionner le curé du village de Bessans, au cœur de la vieille **Maurienne,** Étienne Vincendet sculpta, vers 1860, un diable grimaçant et fourchu dans un morceau de bois. Quelqu'un voulut aussitôt l'acheter. Il en exécuta alors plusieurs, tous aussi inquiétants, mais très populaires dans ce pays de légendes. Ainsi lança-t-il au XIXe s. l'exploitation touristique des diables, dont la tradition était cependant bien plus ancienne, quoique non précisément datée. Étienne Vincendet s'était principalement inspiré des peintures de la chapelle Saint-Sébastien de Lanslevillard, réalisées à l'initiative d'un riche habitant du pays épargné par la peste, au XVe s. L'artisanat local reprit désormais la production lancée par le sculpteur.

LES BAUGES

Entre le lac d'Annecy, au nord, et le Grésivaudan, au sud, les Bauges forment un massif préalpin de crêtes acérées alignées dans le sens nord-sud, qui le rendent assez difficile à traverser d'ouest en est. Les grands axes le contournent, laissant en paix ses vallées intérieures. La plus belle est le vallon de Bellevaux, qui s'encaisse jusqu'au cœur du massif en remontant le Chéran, en amont d'École, entre les hêtres, les épicéas et les sapins – le **château de Miolans** se dresse au sud. Au-delà s'ouvre une réserve de chasse où l'on a toutes les chances d'observer de près – mais il faut se lever tôt – des mouflons, chamois et marmottes, voire de rares tétras. La maison des Bauges (tél. : 04 79 54 87 64), au Châtelard, propose de nombreux itinéraires de randonnée pour préparer ces découvertes.

1

2

3

Les rochers des Mées
1 Les « pénitents » alignés

Megève
2 La place
3 L'une des vieilles maisons du village

La Meije
4 Le glacier

4

Le château de Miolans
5 Le donjon
6 La tour Saint-Pierre

5

6

1 052 Mont-Blanc (Massif du)

 38/C7

(74) Tél. Chamonix-Mont-Blanc : 04 50 53 00 24

Pour admirer la pyramide et le massif du point culminant de l'Europe (4 807 m) il faut prendre du recul. Certains sites éloignés, parfois de 100 km, comme le fort de la Bastille à Grenoble, ou le col du Galibier, en offrent de beaux panoramas.

La première ascension du sommet date de 1786 et assura à Chamonix une réputation européenne, dont la Compagnie des guides, fondée en 1821, profita largement. Le parcours du tour du Mont-Blanc (152 km) représente environ une semaine de marche, le circuit le plus long (320 km), par le Grand- et le Petit-Saint-Bernard, près de deux. Mais certains belvédères sur le massif sont proches et facilement accessibles.

Les belvédères sur le massif du Mont-Blanc

depuis le chevet de la **chapelle du Médonnet**, qui se trouve sur la route de Nant Cruy, à 2 km à vol d'oiseau au sud de Sallanches.

depuis le **hameau des Brons,** au sud-ouest de Combloux, qui offre, au-dessus et au pied de l'antenne de télécommunications, une très belle vue.

depuis le **mont d'Arbois** (1 833 m), qui est desservi par trois téléphériques partant l'un à mi-chemin de la route de Combloux à Megève, l'autre de la station des Pettoreaux, et le troisième du Bettex.

depuis le **mont Joly** (2 525 m, table d'orientation), qui peut être rejoint à pied, en 1 h, à partir du haut de la route montant de la vallée du Bon Nant à Saint-Nicolas-de-Véroce.

depuis le **mont de Vorès** (2 067 m), qui est accessible par le téléphérique de Rochebrune partant de Megève, ou en 5 h 30 de marche à pied.

depuis le **pavillon de Charousse** (1 000 m), terrain privé situé sur la route de Passy à Bay ; et, un peu à l'est, au-delà du sanatorium, depuis le plateau d'Assy, où les eaux des lacs Gris et Vert reflètent le massif.

depuis **le Prarion** (1 967 m), qui est accessible par télésiège au départ des Houches (Les Chavants), ou de Saint-Gervais, ou encore du col de Voza (1 653 m). Le tramway du Mont-Blanc, d'où l'on peut rejoindre par remontée mécanique la Tête de la Charme (1 870 m), y conduit. Une table d'orientation se trouve à côté de l'hôtel du Prarion.

depuis le parc du **Balcon de Merlet** (longue-vue sur la terrasse du restaurant), qui est situé face au Mont-Blanc. On y accède par la route partant de la gare des Houches vers Coupeau puis par une route forestière (3 km plus loin, sur la droite). Le parc (20 ha) abrite des daims, des mouflons, des marmottes, des chamois…

depuis la **station de Planpraz** (à 2 062 m d'altitude) puis, plus haut, depuis le sommet du **Brévent** (2 526 m) – téléphérique à partir de Chamonix –, qui offre le plus somptueux point de vue sur le mont Blanc et son massif, avec la vallée de l'Arve, au premier plan.

depuis **la Flégère** (1 894 m, table d'orientation), qui est desservie par un téléphérique (partant de 3 km en amont de Chamonix, aux Praz). La vue sur l'aiguille Verte et les Grandes Jorasses y est somptueuse. Au-delà,

depuis le **névé de l'Index** (2 385 m), sous l'aiguille de la Glière (2 800 m), auquel on accède par la télécabine de la Flégère.

Le tour du Mont-Blanc à pied

Un superbe sentier de randonnée de 152 km, le TMB (tour du Mont-Blanc), permet de boucler en 7 à 12 jours de marche le tour du massif, en passant les frontières de la Suisse (par Champex) et de l'Italie (par Courmayeur).

On peut effectuer plus rapidement une partie des étapes en empruntant les navettes automobiles ou les télécabines qui les relient entre elles. Des organismes se chargent en outre de réserver les lits et de transporter les bagages : on en trouvera la publicité dans les topoguides annuels, en vente dans toutes les stations du parcours.

Deux difficultés sont à prévoir. D'une part, le GR franchit plusieurs cols à plus de 2 000 m, ce qui suppose une certaine aptitude à l'effort. D'autre part, de nombreux lieux abrités du soleil demeurent enneigés jusqu'au-delà de la mi-juillet, ce qui nécessite des équipements de marche et des vêtements adaptés. La variante fléchée dite « petit tour du Mont-Blanc » (4 jours seulement) ne dispense aucunement de prendre ces précautions.

L'ascension du mont Blanc

De 300 à 500 personnes atteignent le sommet du mont Blanc chaque jour à la belle saison ! Pourquoi ne pas tenter l'aventure ? À condition de respecter certaines règles. Il faut d'abord être en bonne forme physique et au moins sommairement entraîné à la marche dans la neige en altitude : le cœur, les poumons, les mollets seront très sollicités. Il faut aussi un équipement adapté, que l'on peut louer, mais qu'il faut essayer avant de partir. Ensuite, il est impératif de réserver au moins un mois à l'avance un lit en refuge, car l'ascension se pratique en deux temps. Il faut aussi retenir, dans les mêmes délais, un guide qui vous prendra en charge au départ de Chamonix-Mont-Blanc, d'Argentière ou des Houches. Enfin, et ce n'est pas négligeable, sachez que sa rétribution est à la hauteur, élevée, des responsabilités qu'il va assumer. On ne doit jamais oublier que le mont Blanc, autrefois appelé « montagne maudite », blesse, voire tue, davantage d'imprévoyants que de malchanceux…

La mer de glace

Le chemin de fer du Montenvers n'existait pas à l'époque où Pococke et Windham découvrirent, en 1741, dans le massif du **Mont-Blanc,** cette merveille inquiétante, au bout d'un petit sentier ardu. Véritable monstre naturel, probablement le plus impressionnant du monde, ce glacier de science-fiction, fendillé de partout, éclatant de reflets, percé de murailles de cristal, n'arrive jamais à fondre. Il glisse tel un géant menaçant pour se résoudre en un filet d'eau, ridicule au regard de cette masse immobile. L'empire des glaces ne laisse personne de marbre. Devant lui, Greta Garbo et Jean Mermoz eurent l'impression que la montagne allait les engloutir.

1

Le massif du Mont-Blanc

1 Le sommet

2 L'aiguille de l'Index

3 L'aiguille d'Argentière

4 Le sommet du Brévent

3

2

4

1 052 Mont-Blanc (Accès au massif du)  38/C7

La valorisation touristique du massif du Mont-Blanc dépend en grande partie des équipements mécaniques à gros débit dont il est équipé. Quatre d'entre eux, conduisant à des sites inoubliables, méritent vraiment de supporter l'attente et le coût qu'ils représentent.

Le téléphérique de l'aiguille du Midi
i Tél. : 04 50 53 30 80
Sa grosse cabine saute en deux bonds de Chamonix-Mont-Blanc aux cimes du massif. À l'arrivée, un ascenseur conduit au belvédère de l'aiguille du Midi (3 842 m), d'où le regard vole du glacier des Bossons à la mer de Glace et à l'enfilade du Mont-Blanc-du-Tacul (4 248 m), du mont Maudit (4 465 m) et du mont Blanc (4 807 m). On peut ensuite, par la galerie, accéder à la télécabine panoramique Mont-Blanc, qui mène à Helbronner. La télécabine surplombe la vallée Blanche et le col du Midi puis le glacier et le col du Géant, et enfin la pointe Helbronner (3 462 m).

Le chemin de fer du Montenvers
i Tél. : 04 50 53 12 54
Au départ de la gare de Montenvers, ce petit train dessert en 20 min la mer de Glace et en offre des vues splendides.
Du terminus, on peut effectuer des visites libres ou guidées de la langue de glace, dominée par l'aiguille du Géant (4 013 m), les Grandes Jorasses (4 015-4 208 m) et l'aiguille Verte (4 122 m).

Le tramway du Mont-Blanc
i Tél. : 04 50 47 51 83
Au départ de la gare du Fayet (Saint-Gervais-les-Bains), il dessert à flanc de montagne, en amont de la station du col de Voza (1 653 m), la bien nommée gare de Bellevue (1 700 m) puis, en été, celles du mont Lachat (2 077 m) et du Nid d'Aigle, impressionnant terminus, à 2 386 m, et à 6 km seulement à vol d'oiseau du sommet du mont Blanc.
On peut encore s'en approcher grâce à la télécabine de Tête Rousse (3 167 m), au-dessous de l'aiguille du dôme du Goûter (4 304 m), auprès du glacier de Bionnassay (4 051 m).

Le téléphérique des Grands Montets
i Tél. : 04 50 54 00 71
Le plus moderne des moyens de transport du massif du Mont-Blanc, conduit du sud-est de la station d'Argentière à la petite aiguille Verte (3 300 m), non loin des aiguilles du Dru (3 754 m) et de l'aiguille Verte, proposant un magnifique panorama sur le glacier d'Argentière.

1 053 Mont-Cenis (Col du)  46/C2

(73) En quittant la route de la haute Maurienne qui suit la vallée de l'Arc – il s'agit de la N 6, construite sur ordre de Napoléon pour se diriger vers Susa –, on emprunte la voie qui reliait autrefois Chambéry et Turin, les deux principales villes du duché de Savoie. La route, qui traverse des sapinières et des prairies (※ sur la Vanoise), reste très fréquentée entre la France et l'Italie.
👁 le grand **lac** de barrage **du Mont-Cenis,** que domine le col (2 083 m) vers le sud. Le haut sommet couvert de glace de la pointe de Ronce (3 610 m), d'où descend vers le nord le glacier de l'Arcelle Neuve, se reflète dans les eaux.

1 054 Mont-Dauphin  46/C5

(05) *i* Tél. : 04 92 45 17 80
Ce carrefour de vallées a toujours été un lieu de passage. Sur les ordres de Louis XIV à la fin du XVIIe s., Vauban a construit une imposante place forte en marbre rose sur un promontoire rocheux qui contrôle la vallée de la Durance et sa confluence avec le Guil. Occupées jusqu'en 1980 par les militaires, les casernes accueillent aujourd'hui des centres de vacances et des artisans d'art. La petite cité est très bien préservée.

DU QUEYRAS À L'UBAYE

Au sud de MONT-DAUPHIN, l'église de Guillestre (XVIe s.) présente un porche baldaquin, dont les colonnes reposent sur des lions de pierre. La route du col de Vars offre de belles vues sur les vallées de la Durance et du Guil, et conduit à la table d'orientation du hameau de Peyre Haute. Le circuit suit le cours du Chagne, passant par le village de Vars, le hameau de Saint-Marcellin, dominé par les ruines d'un château fort, et les stations de sports d'hiver de Sainte-Marie et des Claux, au milieu des mélèzes. Puis la route monte au col de Vars, entre le pic de Crévoux et la Tête de Paneyron.

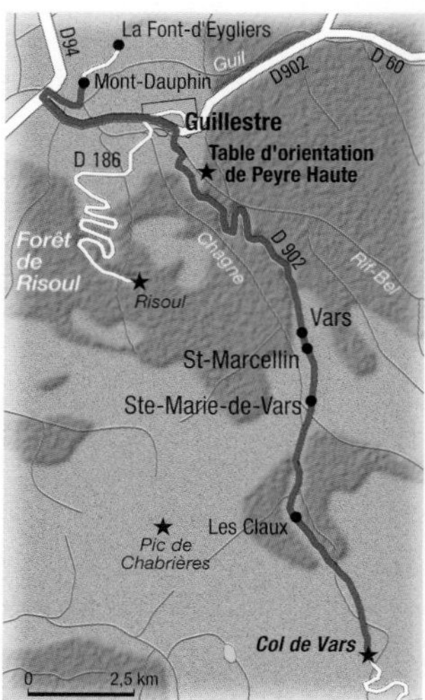

LE PARC NATUREL RÉGIONAL DU QUEYRAS

Créé en 1977 sur 60 000 ha, ce parc relie une douzaine de communes. Un développement touristique, soucieux de préserver les paysages et les traditions d'autonomie villageoise, le permet d'autant mieux que cet espace présente des ressources originales : un climat très ensoleillé, marqué par la sécheresse estivale, de vastes forêts de pins, une flore et une faune particulières. Les GR 5 et 56 et la route reliant le col d'Izoard au col frontalier d'Agnel – ils sont, avec la route de la haute vallée du Guil, les meilleurs itinéraires de découverte de cet espace du bout du monde – traversent le parc, dont la maison est située à Guillestre. La réserve naturelle du val d'Escreins complète la protection au sud-est de **Mont Dauphin.** Informations au 04 92 45 06 23.

Le massif du Mont-Blanc
1 La vallée Blanche
2 L'aiguille du Midi
3 La mer de Glace

Le col du Mont-Cenis
4 Vue en venant de Lanslebourg-Mont-Cenis

Mont-Dauphin
5 La porte de Briançon
6 Plan-relief de la citadelle

1 055 Montbrun-les-Bains  45/H7

(26) ℹ Tél. : 04 75 28 82 49

Situé sur le Toulourenc, ce vieux village est l'ancien bastion calviniste de Charles Dupuy-Montbrun. Ses ruelles en pente et la tour de l'Horloge (XIVe s.) sont dominées par les ruines du château Renaissance. Des sources sulfureuses, déjà exploitées par les Romains, jaillissent ici.

1 056 Montélimar  44/F6

(26) ℹ Tél. : 04 75 01 00 20

Outre les nougats, il faut découvrir la vieille ville, avec sa place du marché, sa collégiale Sainte-Croix et son château médiéval (panorama sur les Préalpes).

1 057 Montriond (Lac de)  38/C5

(74) En voiture, on peut faire le tour de ce lac très encaissé, situé à 1 050 m d'altitude, à l'extrême est du Chablais ; puis en continuant la D 228 (E), monter au belvédère qui le surplombe. De là, en suivant à pied la crête sur 1 km vers l'ouest, on atteint la table d'orientation de la montagne de Séracé (1 775 m) : panorama sur la haute vallée de la Dranse de Morzine.

1 058 Moustiers-Sainte-Marie  54/B1

(04) ℹ Tél. : 04 92 74 67 84

Des parois blanchâtres abruptes dominent les toits roses et le clocher roman de l'église du village. Au centre, la falaise est entaillée par un ravin ; un escalier en pierre conduit à la chapelle Notre-Dame-de-Beauvoir, lieu de pèlerinage. Une messe de l'Aurore pour la Nativité de la Vierge a lieu dans celle-ci, chaque 8 septembre, à l'aube. Le musée présente des faïences des XVIIe et XVIIIe s.

1 059 Moûtiers  46/B1

(73) ℹ Tél. : 04 79 24 04 23. Tél. Aime : 04 79 55 67 00

Au confluent de l'Isère et des Doron (de Bozel et de Belleville), l'ancienne capitale de la Tarentaise était une cité épiscopale. La cathédrale Saint-Pierre (XVe s.) abrite des boiseries et une belle Mise au tombeau. Dans l'archevêché, l'espace baroque Tarentaise présente les différentes manifestations de cet art dans la région.

👁 à 14 km (N-E) **Aime,** qui conserve une basilique, Saint-Martin, illustrant très bien la première expression romane savoyarde. Le musée Pierre-Borrione expose les vestiges archéologiques découverts sur le site de la cité. Aime donne accès à la station de sports d'hiver de La Plagne.

1 060 Notre-Dame-de-la-Salette (Site de)  46/A4

(38) ℹ Tél. : 04 76 30 03 85

Ce haut belvédère (1 802 m), situé au-dessus d'une basilique fréquentée par les pèlerins en août-septembre, est accessible du sud par la route du col de l'Homme, ou du nord, depuis la vallée du Valjouffrey, par le GR 50, en franchissant le col d'Hurtières (1 825 m).

👁 à 1 km à pied du nord de la basilique le belvédère du **mont Gargas** (2 207 m, table d'orientation), qui permet d'admirer le versant sud de l'Oisans et l'Obiou.

1 061 Nyons  45/G7

(26) ℹ Tél. : 04 75 26 10 35

Bien que traversée par l'Eygues, Nyons – bien abritée par ses falaises – souffrait de la sécheresse. La légende veut que, pour la sauver de cette intempérie, saint Césaire soit allé au bord de la mer, ait rempli son gant de vents marins, puis l'ait jeté contre le rocher au-dessus de la cité. Depuis, il y souffle un petit vent frais, le pontias. Le quartier des Forts, aux ruelles étroites, est accroché au-dessus des maisons. On peut visiter les moulins produisant une huile d'olive AOC.

LE DORON DE BOZEL

À partir de MOÛTIERS, on s'engage dans la basse vallée du Doron de Bozel, marquée à ses débuts par les stations thermales et touristiques de Salins-les-Bains – réputée pour ses eaux salées – et de Brides-les-Bains. On remonte le cours du torrent, aux rives rocheuses et boisées, jusqu'à la station de Pralognan-la-Vanoise, dont la réputation sportive et touristique remonte au XIXe s.

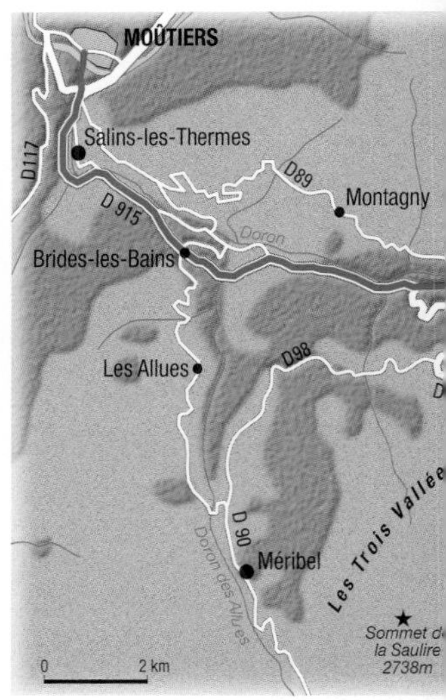

Pralognan est installée au pied du mont Bochor (2 023 m), auquel on accède par un téléphérique. Elle constitue une base de départ idéale pour découvrir les nombreux sites naturels du parc national de la Vanoise : col de la Vanoise, Petit Mont-Blanc, cirque du Genepy, etc.

LES MOULINS À HUILE DE NYONS

Les moulins traditionnels sont rares. Celui du maître de moulin Paul Farnoux, à Mirabel, date du XVIe s. et produit encore une huile dorée et onctueuse. Actionnée autrefois par un âne, une grosse meule de pierre broie les olives. Puis la pâte obtenue est mise dans des scourtins sous 450 kg de pression, et l'huile sort enfin. À Nyons, le moulin Autrand et celui de Ramade fonctionnent encore et se visitent. Le musée de l'Olivier et la coopérative oléicole et viticole apportent des informations complémentaires.

Le lac de Montriond

1 Il se niche dans l'un des vallons du Chablais.

Moustiers-Sainte-Marie

2 Le piton rocheux surplombant le village

3 Le village

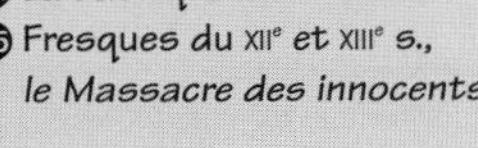

Près de Moûtiers, Aime

4 La basilique Saint-Martin

5 Fresques du XIIe et XIIIe s., *le Massacre des innocents*

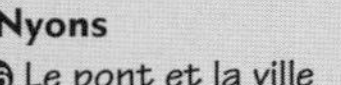

Nyons

6 Le pont et la ville

1 062 Oisans (L')

46/A3

(05, 38) i Tél. : 04 76 80 03 25

Avec ses glaciers et ses sommets élevés (jusqu'à 4 100 m), l'Oisans est au Dauphiné ce que le massif du Mont-Blanc est à la Savoie, un espace rêvé pour l'alpinisme. Dominé par les cimes des Écrins, il offre des possibilités multiples de découvertes dans des paysages superbes. Des stations renommées comme l'Alpe-d'Huez et les Deux-Alpes en valorisent les pentes abruptes et ensoleillées. Les GR 50, 54 et 549 permettent d'en apprécier les contrastes en accédant, sans escalade éprouvante, aux principaux belvédères. L'Oisans compte également de beaux villages tels que Besse-en-Oisans ou Villard-Reculas.

1 063 Paladru (Lac de)

45/H2

(38) i Tél. : 04 76 55 77 47

Ce long lac de 400 ha d'origine glaciaire offre de belles promenades, notamment près de Charavines, qui propose un musée consacré à ses anciennes cités lacustres. Celle de Colletière, immergée sous 6 m d'eau, habitée jusqu'au début de l'an mille, avant une brusque montée des flots, était une ville fortifiée. L'occupation de la station des Baigneurs, ancien village d'agriculteurs, remonte au néolithique ; silex taillés, manches de hache et de cuillère en témoignent.

1 064 Pelvoux (Mont et glacier)

46/B4

(05) i Tél. : 04 92 23 36 12

Troisième sommet du parc national des Écrins, le Pelvoux est une massive pyramide granitique (3 946 m) que seuls peuvent gravir des grimpeurs entraînés. On l'approche néanmoins de très près en longeant son flanc oriental par la superbe D 994^{T}, au départ de Vallouise, jusqu'au refuge Cézanne (1 874 m) – en passant par le village de verrou glaciaire d'Ailefroide : sur le glacier et le point culminant du massif des Écrins, la barre des Écrins (4 102 m).

tout près de ce refuge (au bout de la D 240^{T}), en pleine réserve naturelle, le **pré de Mme Carle,** chaos morainique dû à la soudaine extension – il n'y a que deux siècles – des deux langues des glaciers Blanc et Noir, et qui s'étend à 1 874 m d'altitude.

au nord du refuge Cézanne, après 2 km de sentier remontant le long du premier lac Blanc jusqu'à l'écomusée puis au refuge du glacier Blanc (2 550 m). De là, très beau sur le Pelvoux et la crête de l'Ailefroide, d'où descend le glacier Noir, couvert de moraines.

Trois autres beaux belvédères (avec tables d'orientation) sur le Pelvoux se situent en recul :

au sud-est, au nord de L'Argentière-la-Bessée, à 16 km à vol d'oiseau du sommet, dans l'épingle à cheveux de la N 94 au-dessus de la confluence de la Durance et de la Gironde.

au col de Granon (2 413 m), à 18 km à l'est-nord-est, accessible par la D 234 au départ de La Salle, au nord de Briançon par la N 91, ou bien par télésiège au départ de Chantemerle, ou encore par le GR 5^{C} de Briançon à Névache.

au sud-sud-est, à 12 km, au sommet (2 200 m) de la crête accessible par télésiège au-dessus de Puy-Saint-Vincent.

1 065 Pont du Diable (Gorges du)

38/B5

(74) i Tél. visite des gorges : 04 50 72 10 39

La Dranse a creusé ici la roche, ouvrant des fissures et des marmites de géants où les eaux tourbillonnent. L'arche naturelle du pont du Diable enjambe l'abîme à 40 m au-dessus du torrent. Après le défilé des Tines, en amont, se dressent les vestiges de l'abbaye cistercienne de Notre-Dame-d'Aulps, c'est-à-dire la façade de l'église (XIIe-XIIIe s.).

en aval, à partir du barrage du Jotty, les **gorges de la Dranse,** que la D 902 suit jusqu'à Thonon-les-Bains. Le cours d'eau est bordé de falaises ocre et boisées.

LES SITES ARCHÉOLOGIQUES DU LAC DE PALADRU

Au fond des eaux émeraude de ce lac sommeillent deux sites archéologiques remarquablement conservés. Le premier, celui des Baigneurs, est un habitat datant de la fin du néolithique (IIIe millénaire avant J.-C.), dont près de 900 poteaux de maison ont été sauvegardés. Le second, celui de Colletière, d'une grande richesse, remonte à la fin du Xe s. après J.-C. Il semble que ses occupants aient dû l'évacuer très rapidement, abandonnant une grande partie de leurs biens. Protégé par l'eau du dépérissement naturel et de la déprédation humaine, un matériel abondant a pu être retrouvé lors des fouilles. Un musée illustre ces sites, par des objets, des maquettes et des projections audiovisuelles (tél. : 04 76 55 11 47).

LE PARC NATIONAL DES ÉCRINS

Créé en 1973, ce parc national, le plus vaste de France, fut préfiguré dès 1913 par celui de la Bérarde, qu'il intègre désormais au centre de ses 91 800 ha de protection directe, et de ses 177 500 ha de zone périphérique. Il doit à sa haute altitude moyenne d'être peu boisé mais très englacé. Son périmètre regroupe deux massifs, celui des Écrins et une petite partie de celui de l'Oisans. Son renom se justifie par ses paysages vertigineux (**mont Pelvoux,** barre des Écrins, la Meije), ainsi que par la richesse de sa faune et de sa flore (bouquetins, lis martagons, sabots-de-Vénus...). Son siège administratif se situe à Gap, mais son cœur est le village de La Bérarde, « le Chamonix de l'Oisans ». La maison du Parc est à Vallouise (tél. : 04 92 23 32 31).

1

L'Oisans

1 La chapelle de Villard-Reculas

3

Le Pelvoux

2 Le mont Pelvoux et le glacier des Violettes
3 Le chaos du pré de Mme Carle
4 Le glacier Blanc
5 Le col du Granon

2

4

5

Près des gorges du Pont du Diable, celles de la Dranse

6 Au nord de Thonon, la rivière devient un véritable torrent.

6

1 066 Pont-en-Royans

45/H3

(38) Tél. gorges de la Bourne : 04 76 36 09 10
Adossée à la montagne, la cité étage les façades de ses vieux quartiers au-dessus de la Bourne. À partir de la place de la Porte-de-France, une série d'escaliers monte jusqu'au belvédère des Trois-Châteaux ; sur la vallée de l'Isère.
à la sortie de la ville les **gorges de la Bourne,** qui constituent la plus pittoresque des portes du Vercors. La D 531 les remonte jusqu'à Villard-de-Lans, en suivant le torrent, puis en s'élevant en encorbellement. En amont de Choranche, à partir de la Balme-de-Rencurel, la D 35 remonte le val de Rencurel. Toujours à partir de la D 531, puis, à la sortie du défilé de la Goule Noire, on aperçoit l'entrée de la grotte de la Goule Blanche, accessible par une petite route franchissant le torrent 2 km en amont. La D 103, conduisant à la centrale du Bournillon, part juste après le pont de la Goule Noire et permet d'atteindre la grotte du Bournillon (1 km par la route puis 1 h à pied), qui s'ouvre par un porche géant (100 m de haut), dans un cirque aux parois rouille.

1 067 Réotier (Fontaine de)

46/C5

(05) Sur la rive droite de la Durance, à 2 km (O) de Mont-Dauphin, cette fontaine pétrifiante présente de singulières concrétions calcaires. En face, sur l'autre rive, jaillit la source thermale du Plan de Phazy.
à 3 km (N-O) de Mont-Dauphin, par une petite route, le **belvédère de Mikéou** (1 400 m, table d'orientation).

1 068 Riez

54/A2

(04) Tél. : 04 92 77 99 09
Le mont Saint-Maxime, au centre du plateau de Valensole, veille sur l'ancienne cité gallo-romaine. Elle se distingue par son baptistère d'époque paléochrétienne, coiffé d'une coupole refaite au XIIe s. Deux portes fortifiées invitent à entrer dans la vieille ville, où s'élèvent hôtels (XVIe s.) et maisons à encorbellement.
à 2 km (N-E), bâtie sur la colline, la **chapelle Saint-Maxime.** Depuis la terrasse, sur la région.

1 069 Roche-sur-Foron (La)

38/A6

(74) Tél. : 04 50 03 36 68
L'importante foire agricole de Haute-Savoie-Mont-Blanc se tient à ce carrefour de la vallée de l'Arve. La vieille ville a conservé des maisons médiévales, aux façades aux couleurs vives et aux fenêtres à meneaux. Une tour, vestige du château des comtes de Genève, la domine.

1 070 Romanche (Vallée de la)

45/J3

(38) La N 91, qui relie Le Bourg-d'Oisans au col du Lautaret, suit la superbe vallée de la Romanche, jusqu'à La Grave. Après le passage de la rampe des Commères, le torrent pénètre dans les gorges de l'Infernet, visibles depuis le promontoire qui les surplombe. Puis la route suit la crête du barrage du Chambon. Jusqu'à La Grave, la combe de Malaval et de charmants villages alpins se succèdent.

1 071 Romans-sur-Isère

45/G4

(26) Tél. : 04 75 02 28 72. Tél. musée de la Chaussure : 04 75 05 51 81
Autour de la collégiale Saint-Barnard, restaurée au XVIIIe s. et qui s'ouvre par un beau porche roman – le traité rattachant le Dauphiné à la France y fut signé en 1349 –, s'étend le vieux quartier avec ses maisons à balcons de bois et ses places ornées de fontaines. Dès le Moyen Âge, la ville, qui travaillait le cuir, devint un important centre de fabrication de souliers à la fin du XIXe s. (Musée international de la chaussure).
depuis la place Aristide-Briand, à côté de l'hôtel de ville de Bourg-de-Péage, sur l'autre rive de l'Isère.

LE RATTACHEMENT DU DAUPHINÉ

D'abord terre vassale du Saint Empire romain germanique, le Dauphiné, tout en poursuivant son expansion, passa à partir du XIe s. entre les mains de différents seigneurs locaux ; de la maison d'Albion, il échut en 1162 à la maison de Bourgogne puis, en 1281, à celle de La Tour du Pin. Son dernier possesseur, Humbert II, privé de descendance, résolut de vendre cette province florissante – qui ne comprenait pas moins de sept baillages, un conseil delphinal, une chambre des comptes et même une université – à la couronne de France. C'est donc le 30 mars 1349, en la collégiale Saint-Barnard de **Romans-sur-Isère,** que le Dauphiné fut cédé à la France pour la somme de 200 000 florins. Cette terre devint l'apanage du prince héritier, qui prit dès lors le titre de dauphin.

LE MUSÉE INTERNATIONAL DE LA CHAUSSURE

Les salles de l'ancien couvent de la Visitation, à **Romans-sur-Isère,** abritent près de 2 000 paires de chaussures couvrant quatre millénaires et cinq continents : sandales funéraires de l'Égypte pharaonique, bottes sado-masochistes, chaussures ardéchoises servant à décortiquer les châtaignes, « chopines » vénitiennes du XVIe s., etc. Divers outils et machines retracent par ailleurs l'histoire de la tannerie et de la chaussure, principales activités traditionnelles de Romans.

1

Près de Pont-en-Royans, les gorges de la Bourne

1 Le torrent, bordé de parois calcaires

La fontaine de Réotier

2 L'eau jaillissant de la falaise

3

Riez

3 Le baptistère mérovingien

Romans-sur-Isère

4 La collégiale Saint-Barnard

2

4

1 072 Rosans

 45/H6

(05) ℹ Tél. mairie de Saint-André-de-Rosans : 04 92 66 61 44
Ce village des Baronnies conserve des maisons anciennes et des vestiges de ses fortifications. Son nom viendrait de la présence, jadis, d'un sarrasin qui aimait les roses. C'est pourtant la lavande qui embaume dans les rues pentues du bourg.
👁 à 5,5 km (S-E) **Saint-André-de-Rosans,** qui est le siège d'un ancien prieuré clunisien (Xe s.). Seuls les vestiges de l'église du XIIe s. subsistent : les façades latérales de la nef et notamment des éléments du décor, très riche, inspiré de l'Antiquité.

1 073 Roselend (Belvédère de)

 38/C8

(73) En amont de Beaufort-sur-Doron, la D 217 franchit le défilé d'Entreroches puis grimpe en lacet jusqu'au lac de barrage de Roselend ; ☀ sur l'immense lac-réservoir, sur le Beaufortin et, plus loin, sur la chaîne des Aravis et les Bauges (table d'orientation). En amont, cette route conduit au belvédère du col du Cormet de Roselend (1 968 m), puis aux Chapieux (1 554 m). De là, on peut emprunter sur 5 km le sentier pédestre du tour du Mont-Blanc en longeant vers le nord-est le torrent des Glaciers jusqu'au hameau de la Ville des Glaciers (1 781 m), dominé par le glacier des Glaciers, descendant de l'aiguille des Glaciers (3 816 m).

1 074 Saint-Antoine (Abbaye de)

 45/G3

(38) ℹ Tél. : 04 76 36 44 46
L'abbatiale gothique conserve les reliques du saint, rapportées de Constantinople. Celles-ci sont à l'origine de la fondation d'un ordre hospitalier. L'imposant édifice s'ouvre par un portail flamboyant particulièrement bien décoré. L'intérieur abrite des stalles, des chapelles peintes, un maître-autel en marbre, un buffet d'orgues du XVIIe s. et surtout, dans le trésor, un Christ en ivoire du XVIe s.

1 075 Saint-Benoît (Cascade de)

 46/C3

(73) Cette belle cascade se situe légèrement en aval de la D 215, environ 1 km avant d'arriver à Aussois, en venant de Modane.
👁 à 1 km en amont de ce village, en direction de Sollières, par une petite route qui grimpe sur le versant, l'étonnant **monolithe de Sardières,** cheminée de fée décoiffée haute de 83 m, de couleur ocre, isolée au milieu d'une clairière verdoyante.
👁 au terme de la route du lac d'Amont (5 km, N), par un sentier qui grimpe en 4 km au fond du cirque puis au col d'Aussois (2 914 m), le pied de la **pointe de l'Observatoire** (3 017 m).

1 076 Saint-Bernard (Col du Petit-)

 38/C8

(73) La N 90, à partir de Bourg-Saint-Maurice, surplombe la vallée de l'Isère et conduit à ce col frontière (2 188 m). Passage commercial et militaire, il est aujourd'hui touristique. La vue est magnifique sur le versant italien du Mont-Blanc, l'aiguille des Glaciers et l'aiguille Noire de Peutérey. Une statue du saint s'élève à proximité des vestiges de l'ancien hospice. Celui-ci fut très endommagé par les combats de 1940 puis de 1944 et 1945. Les bons randonneurs, bien équipés, peuvent suivre le sentier qui conduit au sommet de Lancebranlette (2 928 m, 4 h AR) : ☀ .

1 077 Saint-Gervais-les-Bains

 38/C7

(74) ℹ Tél. : 04 50 47 76 08
Cette station familiale, prolongée par le quartier thermal du Fayet, s'étend dans le bassin de Sallanches. Elle constitue le point de départ de nombreuses excursions dans le massif du Mont-Blanc. Le pont du Diable, qui enjambe le Bon Nant (☀ sur le mont Joly, le mont Tondu et les Dômes de Miage), permet d'entrer dans la ville. Celle-ci est groupée autour de son église Notre-Dame-des-Alpes, édifiée en 1938.

LE PLATEAU D'ASSY

À partir de SAINT-GERVAIS-LES-BAINS, on franchit l'Arve pour atteindre Servoz. On monte à Passy, puis au pavillon de Charousse, promontoire privé près duquel s'ouvre une large vue sur la chaîne des Aravis. On atteint ensuite Plateau d'Assy, dont l'église renferme notamment des œuvres de Léger, Rouault, Matisse, Chagall, Lurçat et Richier. À Plaine-Joux se trouve le chalet de la réserve naturelle de Passy. Depuis cette petite station de ski, on rejoint le lac Vert, environné de sapins et dominé au nord par la chaîne des Fiz.

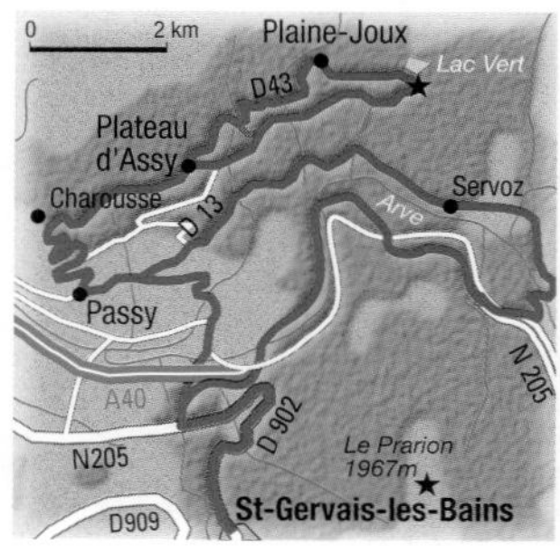

SAINT ANTOINE (251-356)

Au XIe s. les reliques de saint Antoine furent apportées de Constantinople en Dauphiné. Invoqué contre le « mal des ardents », ou « feu de saint Antoine », l'ermite de Thébaïde – ayant secouru les victimes de la lèpre et de la peste et protégé hommes et bêtes de toutes sortes de maladies – était considéré comme un grand saint guérisseur. Déposées dans une petite église, ses reliques ne tardèrent pas à produire des miracles et furent à l'origine de la création d'une grande abbaye. Les frères antonins furent érigés en ordre à la fin du XIIIe s., et rejoignirent les rangs des hospitaliers, fondant de nombreux hospices à travers l'Europe. Très populaire, Antoine fut l'un des saints les plus célébrés par l'art religieux.

1

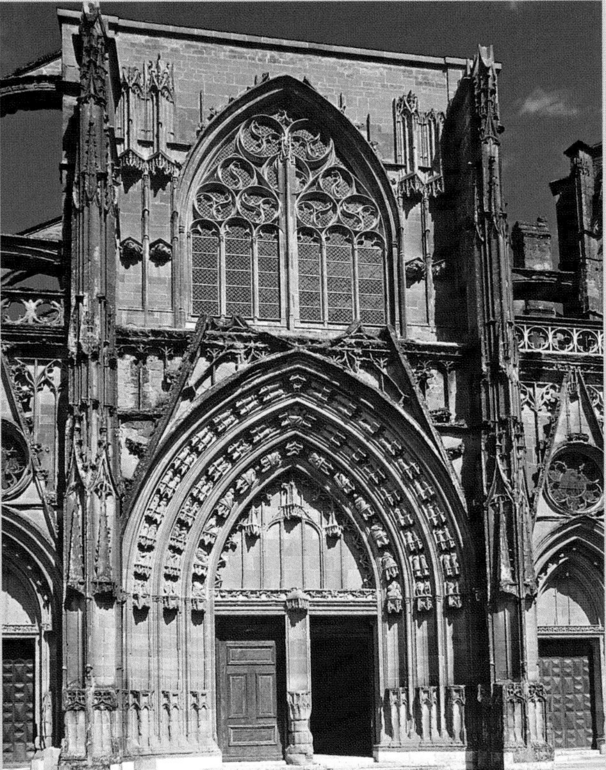

2

Le belvédère de Roselend

1 Le lac-réservoir, né du barrage de Roselend

L'abbaye de Saint-Antoine

2 Le portail flamboyant

3

La cascade de Saint-Benoît

3 La turbulence des eaux de l'Arc

4

Saint-Gervais-les-Bains

4 L'église Saint-Gervais-de-Milan, détail des boiseries de la chaire

LES MAISONS DE MONTAGNE
Des refuges contre le froid

Avec ses balcons débordant de géraniums, ses poutres mordorées et son toit moussu, le chalet est le symbole de la maison de montagne. Si cossu parfois, dans les riantes stations alpines, que l'on oublierait qu'il a été conçu pour répondre au froid intense et à l'isolement à l'époque où régnait l'économie pastorale. Le mot chalet est d'origine suisse. Dans les Alpes françaises, il désigne plutôt l'abri d'alpage où, de juin à septembre, on « emmontagnait » avec le troupeau. L'habitation de village, où l'on trouvait refuge pour un hiver de plus de six mois, était tout simplement appelée maison. Dans toutes les Alpes, l'architecture en dit long sur les contraintes du milieu : d'imposantes demeures en un seul bloc, des balcons où le grain séchait mais aussi le linge et la bouse de vache, des granges énormes où l'on entreposait jusqu'à 3 t de foin… Quant aux matériaux, ils varient selon l'altitude et les ressources locales : pierre dans les régions d'éboulis, bois dans les zones forestières.

Massif du Mont-Blanc : chalet en bois de mélèze à Vallorcine

Scions du bois : les Aravis

Cette chaîne est le royaume de la forêt et, de Manigod au Grand-Bornand, ses chalets traditionnels sont presque tout en bois. Sur un soubassement de pierre, les pièces de mélèze ou d'épicéa des parois, de la charpente, des planchers et de la cheminée forment un savant jeu de construction. Même les tuiles sont en bois : les tavaillons étaient cloués à la toiture ; les ancelles, non clouées, étaient régulièrement tournées pour durer jusqu'à cent ans. Grâce à la pointe d'âne, énorme poutre plantée du soubassement au faîtage, le chalet peut supporter jusqu'à 800 kg de neige par mètre carré.

Beaufortin : réserves de bois à Boudin, étonnant village savoyard classé

La maison coupe-vent : le Vercors

Au nord de cet immense plateau calcaire, dans les Quatre Montagnes, les fermes massives sont en pierre. Leur toit à deux pans, de tuiles ou d'ardoises, est calé entre deux murs à pignons, en escalier. Chaque décrochement est protégé par une lause (pierre plate) où la pluie glisse sans s'attarder : ces « sauts de moineau » sont une réplique aux bourrasques qui sévissent dans le Vercors. Au sommet du toit jaillit la couve, une pointe taillée dans le calcaire. Elle ne protège pas la maison des intempéries… mais du diable ou des sorcières.

Massif du Chablais : ample maison-chalet près d'Abondance

Des hommes et des bêtes : la Maurienne

À Bonneval-sur-Arc ou à Bessans, les maisons semblent écrasées sous leur toit de lauses. Durant l'hiver, tout le monde se terrait au sous-sol : hommes, chiens, vaches, moutons, mulets, poules et lapins cohabitaient dans une seule pièce.

Massif de la haute Maurienne : maisons aux toits de lauses, à Écot

L'escalier était conçu de façon à pouvoir être emprunté par le bétail. Trois portes successives permettaient d'« enfermer le froid chez lui ». Chaque lit – celui du couple et celui des enfants, qui dormaient ensemble – était installé dans une sorte de coffre, sous lequel reposaient les bêtes : chaleur garantie ! À l'étage supérieur séchaient les céréales. L'été venu, les hommes s'installaient à ce niveau et dégageaient enfin de l'espace.

Le tour du cadran : le Queyras

Dans cette région où se nichent les villages les plus haut perchés des Alpes, le soleil brille près de trois cents jours par an. Pour en profiter au maximum, les bourgs s'étirent à flanc de montagne, comme à Molines ou à Saint-Véran. Mi-pierre, mi-bois, les maisons à trois étages s'élancent vers le ciel et possèdent plusieurs balcons. De superbes cadrans solaires ornent les façades. Réalisés aux XVIIIe et XIXe s. par des artistes itinérants, souvent d'origine piémontaise, ces petits chefs-d'œuvre sont décorés d'oiseaux naïfs, d'astres, voire de trompe-l'œil baroques. Nostalgique ou moralisatrice, leur devise évoque la course du soleil et celle du temps.

Queyras : cadran solaire à Saint-Véran, le plus haut village de France

Le beaufort d'alpage

Entre Mont-Blanc et Vanoise, le massif du Beaufortin est surnommé le « pays des mille chalets » : chaque famille possédait plusieurs habitations, dans la vallée et en altitude. Aux beaux jours, les troupeaux grimpaient au fur et à mesure de la pousse de l'herbe. Le beaufort naissait dans les chalets d'alpage : d'un abri à l'autre, à dos de mulet, on emportait les chaudrons de cuivre utiles à sa fabrication. Aujourd'hui, le tintement des cloches résonne toujours dans les herbages de Roselend, où paissent les vaches tarines. Mais c'est à la coopérative de Beaufort que le « prince des gruyères » est coulé dans les moules. Une visite-dégustation permet de découvrir les secrets de ce fromage AOC : les meules sont affinées pendant plus de six mois, retournées, frottées et salées trois fois par semaine.

Beaufortin : la saison des alpages

1 078 Saint-Jean-de-Maurienne  46/B2

(73) ℹ Tél. : 04 79 83 51 51
La cathédrale Saint-Jean-Baptiste (XIe-XVe s.) rappelle que la capitale de la Maurienne fut une cité épiscopale. L'intérieur abrite plus de 80 stalles, qui forment un ensemble de boiseries du XVe s., et un ciboire d'albâtre, de style gothique. Trois doigts du saint sont conservés dans la salle du Trésor.

1 079 Saint-Paul-Trois-Châteaux   44/F7

(26) ℹ Tél. : 04 75 96 61 29
Dans cette ville, qui a conservé ses remparts, il n'y eut jamais, dit-on, autant de châteaux. Son nom viendrait plutôt de la tribu gauloise qui habitait la région, les Tricastins. Des maisons Renaissance et des hôtels particuliers (XVIIe et XVIIIe s.) s'élèvent autour de la cathédrale (XIe-XIIe s.), bel exemple de l'école provençale.
👁 à 5 km (N) le vieux village de **La Garde-Adhémar,** qui est repérable à son église perchée au joli clocher. De la place forte médiévale subsistent quelques vestiges des fortifications et la chapelle des Pénitents (XIIe s.).

1 080 Saint-Véran  46/C5

(05) ℹ Tél. : 04 92 45 82 21
Situé au cœur de la vallée de l'Aigue Blanche, avec ses vieux chalets de bois, ses cadrans solaires et ses maisons à fustes, coiffées de vastes greniers, Saint-Véran est l'un des plus hauts villages d'Europe (autour de 2 000 m). Chacun des cinq quartiers de la commune possède une fontaine en bois, une croix et un four à pain.

1 081 Sainte-Croix (Lac de) 54/B2

(04) En aval du grand canyon du Verdon s'étale ce beau lac, créé par la construction d'un barrage. Randonnées et activités nautiques permettent de profiter pleinement de ce site enchanteur.

1 082 Salève (Belvédère et massif du)  38/A6

(74) ℹ Tél. : 04 50 95 28 42
Haut de 1 380 m, le Salève étire sa falaise calcaire sur 18 km, entre le bassin du lac Léman et celui du lac d'Annecy. Sa crête est suivie par la D 41 et un chemin de randonnée ; ☀ notamment depuis le plan de Salève (1 347 m) au sud, le Grand Piton (1 375 m, point culminant) au centre, et le sommet des Treize-Arbres (1 200 m, vue sur Genève avec table d'orientation) au nord. Ce dernier est aussi accessible par le téléphérique du pas de l'Échelle, depuis l'entrée sud, française, de la ville suisse de Veyrier.

1 083 Sallanches  38/B7

(74) ℹ Tél. : 04 50 58 04 25
La vue qu'offre Sallanches sur le Mont-Blanc est inoubliable. Le château des Rubins accueille le Centre d'initiation à la nature montagnarde. Les lacs de la Cavettaz, à 2 km, sont dotés d'équipements sportifs et touristiques tels, qu'ils se font appeler « Mont-Blanc-Plage ».

1 084 Samoëns  38/C6

(74) ℹ Tél. : 04 50 34 40 28. Tél. Jaysinia : 04 50 34 49 86
Blottie au pied des rochers du Criou (2 207 m), Samoëns est une station d'hiver et d'été. Son église, surmontée d'une belle tour-clocher du XIIe s., s'élève sur la place du Gros-Tilleul, au cœur du vieux village.
👁 au sud-est la **cascade du Nant d'Ant,** qui est impressionnante avec ses 200 m de chute.
👁 au nord le **jardin alpin de la Jaysinia –** décor naturel de ravins, cascades et tourbières, créé en 1907 par Mme Cognac-Jay, native du pays –, qui s'étend dans la forêt, dominée par les rochers du Criou.

LA CLUSE DE L'ARVE

En quittant SALLANCHES par le nord-est, on traverse l'Arve pour en suivre le cours. Après un détour par la station de ski de Méribel, on atteint Luzier ; à proximité, la cascade d'Arpenaz chute en pluie sur plus de 200 m. On continue au nord d'Oëx, précédé par le torrent du Nant de la Ripa, avant d'abandonner la vallée pour gravir les pentes calcaires du Faucigny. On gagne Arâches, puis la station de sports d'hiver des Carroz-d'Arâches et enfin Flaine, dans sa cuvette.

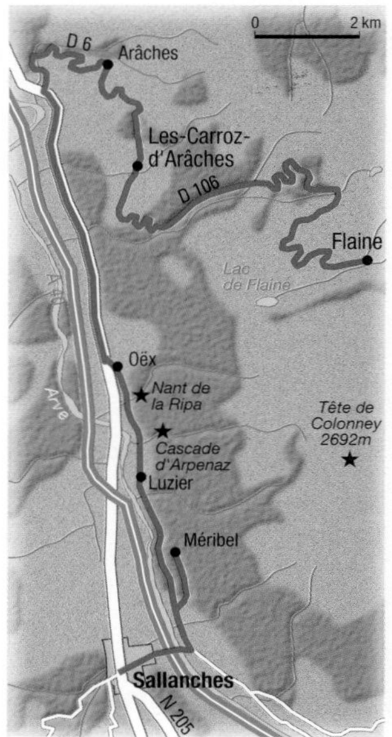

DES PANORAMAS SUR LE GENEVOIS ET LE LAC LÉMAN

Vu depuis les hauteurs du **Salève,** le lac Léman paraît d'évidence une entité indivisible. Pourtant, il est scindé entre la France et la Suisse, tranchant dans le vif du pays genevois, dont la capitale est helvétique alors que les campagnes sont françaises (Genevois haut-savoyard au sud, pays de Gex au nord). Le meilleur point de vue sur le littoral du lac est offert en recul, depuis le GR du « balcon du Léman », qui court sur les hauteurs depuis Bonne jusqu'à Saint-Guingolf. La promenade croise de nombreuses routes à partir desquelles on peut la fractionner en se contentant, par exemple, de grimper au sommet du mont d'Hermone, superbe belvédère situé à 1 217 m.

1

Saint-Paul-Trois-Châteaux, la cathédrale

1 La façade

2 Statue d'un apôtre

3 Mosaïque romane représentant Jérusalem

2

3

Près de Saint-Paul-Trois-Châteaux, La Garde-Adhémar

4 Dans l'église Saint-Michel, la chapelle de l'abside, avec la statue de Notre-Dame-des-Nymphes

4

5

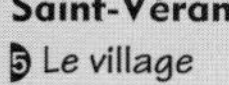

Saint-Véran

5 Le village

Le lac de Sainte-Croix

6 Depuis la D 952, à la sortie des gorges du Verdon

6

1 085 Saou (Forêt de)  45/G5

(26) Elle occupe une étonnante dépression perchée, allongée sur 13 km d'est en ouest dans le nord du pays du Diois. La vallée de la Vèbre, qui la draine, est suivie par la D 328, au départ de Saou, à laquelle se raccordent de nombreux sentiers vers les crêtes et les deux cirques terminaux.

1 086 Sassenage (Cuves de)  45/J3

(38) ℹ Tél. : 04 76 27 55 37
Au nombre des sept merveilles du Dauphiné, ces grottes d'eau glacée superposées, où Dante vit l'Enfer, sont aussi connues pour leurs chélidoines ou pierres ophtalmiques, censées soigner les yeux.
👁 à 6 km les **gorges du Furon,** vantées par Stendhal, dans lesquelles on pénètre en remontant la D 531
👁 en suivant le GR 9 (sur 6 km) vers le nord, à partir d'Engins, le **gouffre Berger,** l'un des plus profonds connus au monde (– 1 141 m) ; on peut en approcher l'ouverture.

1 087 Sautet (Lac du)  45/J4

(38) La forme étonnante de ce lac qui se divise en deux ramifications, celle de la Souloise et celle du Drac, est due au barrage créé en aval juste avant la confluence de ces deux cours d'eau.
👁 à 5 km (E) **Corps,** la capitale du Beaumont, qui est une étape sur la route du pèlerinage à Notre-Dame-de-la-Salette.

1 088 Sept-Laux (Lacs des)  46/A3

(38) Le chapelet des lacs bleus de la montagne des Sept-Laux, au creux du cirque glaciaire complexe du massif d'Allevard, à 2 200 m d'altitude, est accessible en 4 h environ pour les randonneurs endurcis, ou, pour les autres, par le télésiège du lac Noir (le premier au nord) au départ de la station du Fond-de-France (D 525A).
👁 en 5 km de marche vers le sud le **lac de la Sagne,** le dernier que l'on rencontre. En remontant encore un peu plus haut, ☀ sur le site.
👁 au retour, par la même route qui conduit jusqu'à Allevard, le **défilé du Bout-du-Monde,** un détroit des gorges du Bréda.

1 089 Serre-Ponçon (Barrage et lac de) 46/B6

(05) ℹ Tél. : 04 92 54 41 18
Formé par une digue de 115 m de haut contenant 14 millions de m³ de rochers extraits du site, cet ouvrage édifié pour régulariser le cours de la Durance, juste après sa confluence avec l'Ubaye, a entraîné la formation, en 1960, du plus grand lac de retenue de France. La centrale électrique se visite. ☀ depuis le belvédère Ivan-Wilhelm.

1 090 Seythenex (Cascade de)  38/B8

(74) ℹ Tél. grottes : 04 50 44 55 97
Une double et abondante cascade se précipite de 30 m par une entaille à la sortie sud de Faverges.
👁 en poursuivant la route sur 1 km les **grottes de Seythenex,** dans lesquelles sont organisées des visites accompagnées qui permettent de mieux comprendre l'histoire du torrent.

1 091 Simiane-la-Rotonde  45/H8

(04) ℹ Tél. mairie : 04 92 75 91 40
Cette petite ville fortifiée du plateau d'Albion est dominée par un donjon. Ses maisons ont de belles portes sculptées ; ☀ depuis sa halle couverte.
👁 à moins de 10 km (S-E) le **canyon d'Oppedette,** dans lequel le Calavon s'encaisse de 150 m au contact du Luberon. Long de 2,5 km, la D 201 le longe en corniche alors que le GR 6 y descend, permettant d'approcher ses gours (bassins en marmites), grottes et abris sous roche.

LES SEPT MERVEILLES DU DAUPHINÉ

Le Dauphiné s'enorgueillit de posséder sept merveilles, sites naturels ou constructions humaines, dont la liste varie selon les sources mais dont la plupart ont partie liée avec le surnaturel. On compte ainsi le pont de Claix, construit par Lesdiguières ; les grottes de la Balme, qui auraient servi de refuge à Mandrin ; la Fontaine ardente – bassin que le diable occupa –, près du col de l'Arzelier ; la Tour sans venin – ainsi nommée parce que son propriétaire, le sire Pariset, répandit à son pied, lors de son retour de croisade, la terre qu'il avait prélevé près du Saint Sépulcre, faisant ainsi disparaître à jamais les serpents qui y pullulaient. Quant aux principaux joyaux naturels, ils sont au nombre de trois. Tout d'abord, la Pierre percée, arche monumentale située non loin de la Mure, n'est autre que le diable pétrifié en personne. Viennent ensuite les célèbres **cuves de Sassenage,** lesquelles résonnent encore l'été, grâce à un son et lumière, de la voix de la fée Mélusine qui les hante. Enfin, le plus populaire, le plus cher au cœur des Dauphinois, c'est le mont Aiguille, sur lequel venaient jadis flâner, dit-on, des anges et des animaux fantastiques, qui fut baptisé, modestement, l'Olympe dauphinois.

1

La forêt de Saou

1 Le massif, planté de chênes blancs, de pins et de hêtres

3

Les cuves de Sassenage

2 3 Selon la légende, Mélusine s'y baignait.

2

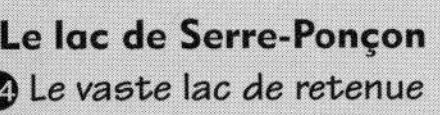

Le lac de Serre-Ponçon

4 Le vaste lac de retenue

4

Simiane-la-Rotonde

5 L'une des rues en pente du village

6 L'ancien donjon, la « rotonde »

6

5

1 092 Sisteron

 46/A7

(04) Tél. : 04 92 61 36 50

Sisteron, « sûre entre les montagnes et les fleuves », s'est développée à l'endroit où la Durance s'engouffre dans un étroit couloir. La ville basse, jadis fortifiée, est un dédale de rues étroites, de passages voûtés – appelés andrones – et d'escaliers. Du chemin de ronde ou de la guérite du Diable, sur l'ensemble du site. L'église Notre-Dame-des-Pommiers, aux chapiteaux sculptés, est un édifice roman provençal.

: le festival des Nuits de la citadelle (mi-juillet/mi-août) se déroule dans le théâtre en plein air situé dans l'enceinte.

la **montagne de la Baume,** qui s'élève de l'autre côté de la Durance. Depuis cette barre de calcaire dur, tranchée par la rivière, sur la ville.

à 7 km (E), par la D 3, le **défilé de la Pierre-Écrite,** renommé pour l'inscription sculptée sur sa paroi nord, indiquant en latin qu'une énigmatique « cité de Dieu » y fut fondée – lors de la chute de l'Empire romain – par le préfet des Gaules converti au christianisme.

1 093 Sixt-Fer-à-Cheval

 38/C6

(74) Tél. maison de la réserve naturelle : 04 50 34 91 90

Ce beau village groupe ses robustes maisons aux larges toits d'ardoise autour de l'ancien monastère des Augustins. L'église du XIIIe s. subsite, et a conservé sa nef d'origine. La maison de la réserve naturelle de Sixt présente la faune et la flore de la vallée.

à 6,5 km (N-E), par la D 907 qui remonte le Giffre, le **cirque du Fer-à-Cheval,** considéré comme le Gavarnie des Alpes. Ses parois s'élèvent à plus de 2 800 m et même jusqu'à 3 099 m au mont Buet, au sud.

1 094 Sommeiller (Glacier du)

 46/C3

(73) En remontant la D 100 à partir de Bramans et de sa forêt, le long du vallon d'Ambin jusqu'au Planay, puis de là, par 4 km de piste et 4,5 km de sentier, on atteint le petit lac Blanc. Celui-ci s'étale tout près du front du vaste et serein glacier du Sommeiller, qui descend vers le nord de la pointe Sommeiller (3 350 m).

1 095 Tallard

 46/A6

(05) Tél. : 04 92 54 04 29

Démantelé en 1692 par les troupes de Savoie, le château du village dresse sur un éperon ses murs qui accueillent chaque été le son et lumière *Mille Ans d'histoire* (2e quinzaine de juillet). Le pignon ouvragé de la chapelle Renaissance révèle une forte influence italienne. Le village garde quelques restes de fortifications et une église du XIIe s.

1 096 Talloires

 38/A7

(74) Tél. : 04 50 60 70 64

Au fond d'une baie abritée ouverte sur le lac d'Annecy, face au château de Duingt, sur l'autre rive, cette petite villégiature jouit d'un site admirable. Les bâtiments de l'abbaye bénédictine, fondée au IXe s., abritent aujourd'hui un hôtel.

au sud-est, par la D 42, le **col de la Forclaz** : sur le lac et le versant occidental des Aravis.

1 097 Tarentaise (La)

 38/C8

(73) La Tarentaise est une très ancienne voie de passage formée par la haute vallée de l'Isère. Son tracé, plus heurté que celui de la Maurienne, contourne des massifs enclavés tels que le Beaufortin et le nord-est de la Vanoise. En amont d'Albertville, entre Bourg-Saint-Maurice et Moûtiers – où les hauts versants sont valorisés par les grandes stations touristiques de La Plagne, des Arcs, de Tignes, de Val-d'Isère… –, le cœur de la région a conservé, malgré la forte industrialisation de la vallée, ses paysages forestiers et pastoraux, et ses traditions locales.

LA VALLÉE DU RIOU DE JABRON

En sortant de SISTERON, on traverse le pont jeté sur la Durance pour atteindre le hameau de La Baume. De là, on entre dans la vallée du Riou de Jabron, par le défilé de la Pierre-Écrite. Après Saint-Geniez, on peut faire un agréable détour pour aller admirer l'église romane Notre-Dame de Dromon.

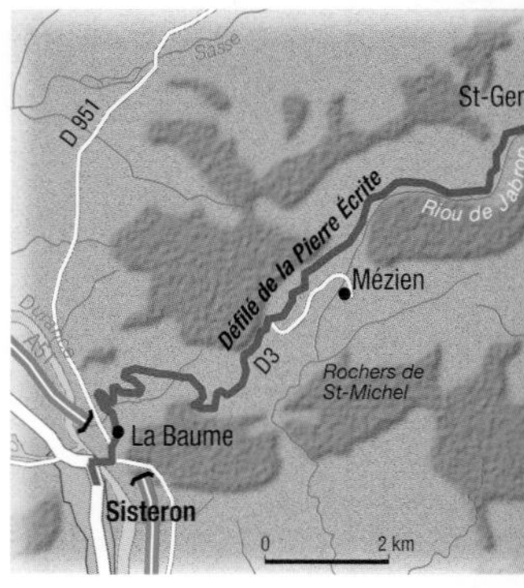

On regagne ensuite la route initiale pour rejoindre Authon, dans la haute vallée du Vançon. Peu après ce village, on s'enfonce alors dans la forêt domaniale de Mélan jusqu'à Mélan après le col de Fontbelle.

LA LAVANDE EN HAUTE PROVENCE

Les sols calcaires et le climat sec de la haute Provence sont particulièrement favorables à la culture de la lavande et du lavandin. En été, au sud de **Sisteron,** des Préalpes de Digne au plateau de Valensole, les touffes mauves, bien alignées dans les champs, sont une vraie fête pour les yeux. La récolte se fait pendant les deux ou trois semaines les plus chaudes de l'année. Suivant les caprices du temps, il faut 150 à 300 kg de fleurs pour obtenir 1 kg d'essence par distillation. Les Alpes-de-Haute-Provence produisent actuellement 13 tonnes d'essence de lavande et 441 tonnes d'essence de lavandin par an. Cette culture est malheureusement en crise en raison du dépérissement des plants et de la concurrence de la lavande étrangère ou synthétique.

1

2

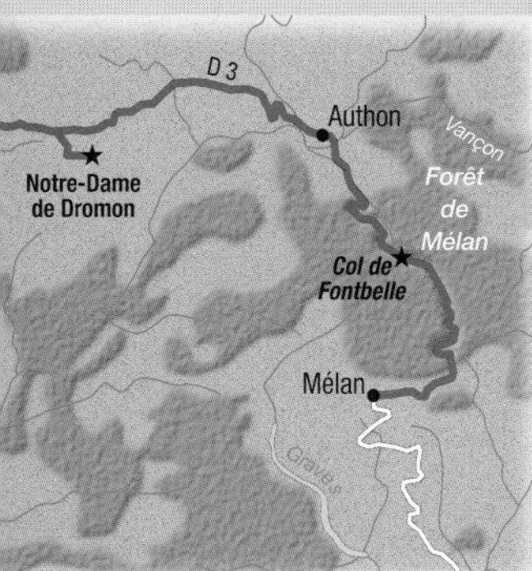

Sisteron

1 Notre-Dame-des-Pomoerri, surplombant le village

2 Le chemin de ronde

3

Sixt-Fer-à-Cheval

3 Les parois du cirque, au fond duquel coule un torrent

4 L'église

5

4

Talloires

5 Le village borde l'une des rives du lac d'Annecy.

La Tarentaise

6 Les hauts versants enneigés

6

1 098 Théus

46/A6

(05) Ce village, dont les maisons s'étendent au pied du mont Colombis, est surtout connu pour le spectaculaire ensemble de cheminées de fées qui s'élève au nord-est. Au départ de Théus, un circuit pédestre en forêt (5 km AR) permet de visiter cette Salle de bal des Demoiselles coiffées.

1 099 Thonon-les-Bains

38/B5

(74) Tél. : 04 50 71 55 55. Tél. Ripaille : 04 50 26 64 44
Active station thermale, très fleurie, et port de plaisance, la capitale historique du Chablais s'est développée sur une terrasse au-dessus du lac Léman. Ses vieux quartiers s'étendent derrière la place du château de Sonnaz (musée du Chablais, folklore et antiquités). Deux églises s'élèvent côte à côte : Saint-Hippolyte, avec ses voûtes « rocaille » du XVIIe s. et sa crypte romane, et la basilique néogothique Saint-François-de-Sales.

à moins de 5 km (N-E), en longeant le Léman, le **château de Ripaille,** ancienne demeure d'Amédée de Savoie – élu antipape en 1439 par le concile schismatique de Bâle. Cet édifice imposant avec ses quatre tours presque identiques – à l'origine, il en possédait sept – est entouré d'un parc de plus de 150 ha, dont 1/3 de forêt. Celui-ci abrite notamment un arboretum planté de noyers noirs, de chênes rouges d'Amérique, de thuyas… Une ancienne chartreuse (XVIIe s.), dont on peut encore voir le pressoir et les cuisines, se dresse à proximité de la cour du château.

1 100 Thorens (Château de)

38/A6

(74) Tél. La Roche-sur-Foron : 04 50 03 36 68
Entre Annecy et la petite cité médiévale de La Roche-sur-Foron, cette forteresse avec salles d'armes et oubliettes est située à l'entrée du plateau des Glières, haut lieu de la Résistance. Élevée au XVe s. sur des bases du XIe s., elle est habitée par la famille de Sales depuis 1559 (voir encadré) et marquée par le souvenir de Cavour, artisan de la cession de la Savoie à la France (1860). Le château est désormais fermé au public, mais le site offre un panorama sur la vallée d'Usillon et sur le village de Thorens-Glières.

1 101 Tignes

46/C1

(73) Tél. : 04 79 40 04 40
Le vieux village fut englouti en 1952 sous les eaux du barrage du même nom. Le site de cette haute station de sports d'hiver reste admirable ; il est occupé par un petit lac naturel, au milieu des alpages.

le **glacier de la Grande Motte** – célèbre parce qu'on peut y skier toute l'année –, qui domine l'ensemble. Sa large calotte, descendant comme un tremplin de la pointe de la Grande Motte, à 3 656 m en surplomb du cirque de la Balme, appartient à la réserve naturelle de Tignes, au sein du parc de la Vanoise. Le glacier est accessible par le téléphérique de la station du Val-Claret.

1 102 Touvet (Château du)

45/J2

(38) Tél. : 04 76 08 42 27
Situé sur le versant occidental du massif de la Chartreuse, ce château (XVe s.) a conservé deux des tours de ses anciens remparts. Son intérieur abrite un riche mobilier et, dans la salle à manger, une parure murale en cuir de Cordoue. Les jardins sont bien aménagés ; on peut y voir un escalier d'eau, à l'italienne.

1 103 Trièves (Le)

45/J5

(38) Entre Vercors et Dévoluy, ce bassin accueille les vallées du Drac et de l'Ébron. Depuis la N 75, qui conduit au col de la Croix-Haute, sur la région et les sommets qui l'encadrent. Le mont Aiguille (2 086 m) – l'une des sept merveilles du Dauphiné – veille sur la province, à l'est. depuis le pont de Brion (D 34), suspendu au-dessus de l'Ébron, à proximité de ce site où il rejoint le Drac.

LES RÉSERVES NATURELLES DE TIGNES ET DE VAL-D'ISÈRE

La pression de l'immobilier touristique étant très forte dans un secteur, où se rejoignent les intérêts de la haute Tarentaise et de la haute Maurienne, le parc de la Vanoise ne peut assurer la sauvegarde de tout cet espace alpin. Quatre réserves périphériques, classées entre 1963 et 1973, en complètent la protection pour la flore et la faune. Trois d'entre elles dépendent de Tignes : celle du sud protège le glacier de la Grande Motte ; celle du nord, le cirque de la Sachette ; celle de l'est, la plus étendue, concerne le vaste cirque glaciaire de la Grande Sassière. La quatrième dépend de Val-d'Isère et veille sur le goulet de l'Iseran, dévalant du col du même nom.

SAINT FRANÇOIS DE SALES (1567-1622)

Ce jeune aristocrate est né en 1567 au château de **Thorens.** Il poursuit à Paris, puis à Padoue, des études de droit. Mais à une brillante carrière d'avocat au sénat de Chambéry, il préfère, en 1593, la prêtrise. Envoyé dans le Chablais gagné au calvinisme, il obtient par ses talents d'orateur et la simplicité de ses prêches de nombreuses conversions. Nommé évêque de Genève en 1602, où il ne peut demeurer, il s'installe à Annecy. Il y publie en 1609 son *Introduction à la vie dévote.* L'ouvrage connaît un succès considérable, et impose le fondateur de l'ordre de la Visitation comme le guide spirituel de son époque, ce que confirme, en 1616, son *Traité de l'amour de Dieu.* Canonisé en 1665, il est déclaré docteur de l'Église en 1877.

1

2

Théus
1 Le village
2 Quelques demoiselles coiffées

Thonon-les-Bains
3 L'église Saint-Hippolyte
4 Près de Thonon, le château de Ripaille

4

3

Tignes
5 La Grande Motte

5

1 104 Ubaye (Vallée et sommets de l')

46/C6

(04) En amont de Saint-Paul, entre la longue crête du Parpaillon (2 988 m au Grand Parpaillon) et les aiguilles de Chambeyron (3 411 m), commence le paysage sévère de la haute vallée de l'Ubaye. La D 25 suit cet affluent de la Durance jusqu'au refuge de Maurin ; ensuite, un chemin la prolonge sur 9 km jusqu'à sa tête, un vaste cirque, puis au col frontalier du Longet, à 2 969 m.

à 3,5 km en amont du village, par la D 25, le **pont du Chatelet,** qui enjambe un étroit défilé profond de 110 m. Le site est très spectaculaire.

à 1 km en aval de Saint-Paul le **défilé du pas de la Reyssole,** dans lequel la D 902 s'enfonce. Un tunnel permet de traverser un chaos rocheux qui bouche le défilé.

à 2 km (N-O), à mi-chemin du col de Vars (2 111 m), une série de hautes **cheminées de fées,** que longe la D 902.

1 105 Usses (Ravin des)

38/A6

(74) La N 201 franchit ce ravin dans lequel coule le torrent des Usses, que l'on peut voir depuis un pont en béton, doublant un ouvrage suspendu plus ancien (1928), à Allonzier-la-Caille (12 km au nord d'Annecy). Ces deux ouvrages, les ponts de la Caille, surplombent de 147 m le fond de la gorge. En empruntant la N 201 vers le nord et la D 227 jusqu'à Féchy, une petite route à gauche conduit à la source chaude des bains de la Caille.

1 106 Valbonnais (Le)

45/J4

(38) Entraigues sépare le Valbonnais, vallée inférieure de la Bonne, du Valjouffrey, la vallée supérieure. Cet affluent du Drac traverse un pays encore très préservé jusqu'au Trièves.

1 107 Val-d'Isère

46/D1

(73) Tél. : 04 79 06 06 60

Par la diversité de ses pistes et la réputation de ses champions (Jean-Claude Killy, les sœurs Goitschel), la station s'adresse aux sportifs de haut niveau. Aux portes du parc national de la Vanoise, elle s'ouvre aussi sur un magnifique domaine naturel. Difficilement pénétrable, celui-ci peut cependant être admiré depuis deux promontoires principaux.

depuis le **rocher de Bellevarde** (2 826 m), à l'ouest – accessible par téléphérique –, qui permet de voir la partie occidentale du massif jusqu'à la pointe de la Grande Casse (3 852 m) et à la dent Parrachée (3 684 m).

depuis le **belvédère de la Tarentaise** (2 528 m) – accessible par la route du col de l'Iseran –, qui offre quant à lui une vue en enfilade sur la haute vallée de l'Isère, vers le nord.

1 108 Valence

44/F4

(26) Tél. : 04 75 44 90 40

Carrefour des grands passages vers la Méditerranée, après la confluence de l'Isère et du Rhône, la ville s'est développée très tôt sur ce site privilégié. Une université de prestige y fut fondée en 1452 : elle accueillit notamment François Rabelais. La cité est dominée par la cathédrale romane Saint-Apollinaire (XIe-XIIe s.). Autour de cet édifice, se dressent, dans la Grande-Rue et les ruelles voisines, le musée des Beaux-Arts (dessins et peintures d'Hubert Robert, XVIIIe s.), occupant un ancien évêché, quelques demeures anciennes remarquables, en particulier la maison des Têtes (XVIe s.) et la maison Dupré-Latour (Renaissance). Depuis l'esplanade du Champ-de-Mars, sur le Rhône et le rocher de Crussol.

1 109 Valensole (Plateau de)

54/A2

(04) Sur la rive gauche de la Durance, entre les Préalpes de Digne et le Verdon, ce plateau domine la haute Provence. Le nord, isolé par la vallée de l'Asse est plus pauvre que la partie méridionale. Giono a souvent évoqué les terres ocre et les champs couverts de lavande de cette dernière.

L'UBAYE ET SES DEMOISELLES COIFFÉES

Dite aussi vallée de Barcelonnette, l'Ubaye doit aux promesses du développement touristique de ne plus être une terre d'émigration massive. Les ressources potentielles de ce pays encore relativement enclavé sont exceptionnelles, puisqu'elles conjuguent le soleil, lié à la latitude, et la neige, liée à l'altitude, ici élevée. En été, les touristes apprécient la visite de l'étroite vallée encaissée de l'Ubaye, suivie par la route depuis le lac de Serre-Ponçon jusqu'à Maurin, puis par un chemin muletier montant vers les sources. Les GR 6 et 56, puis le GR 5 permettent aux randonneurs entraînés d'effectuer le même trajet de remontée. Quelques demoiselles coiffées les saluent au passage. En fait, il s'agit le plus souvent de cheminées de fées, car ces colonnes naturelles ont presque toutes perdu leur chapeau de roche dure protectrice.

LOUIS MANDRIN (1724-1755)

Né à Saint-Étienne-de-Saint-Geoirs, aux environs de Grenoble, Louis Mandrin demeure l'un des héros les plus populaires du Dauphiné. Marchand ruiné, il se fit contrebandier. À la tête d'une troupe disciplinée, il s'en prit aux collecteurs d'impôts, qu'il dévalisa pendant plusieurs années, échappant à toutes les poursuites. Son courage et son audace le rendirent rapidement célèbre et le choix de ses victimes, les fermiers généraux, lui assurèrent la sympathie du peuple. Il fut arrêté en Savoie – où il se croyait à l'abri de ses poursuivants – et roué en place publique à **Valence,** le 26 mai 1755.

1

2

Dans la vallée de l'Ubaye

1 Un pont surplombant un couloir étroit près de Méolans, dans la vallée

2 Le torrent parsemé de rochers

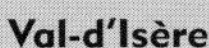

Val-d'Isère

3 Statue de saint-Georges dans l'église Saint-Bernard

4 La dent Parrachée

5 La station de sports d'hiver

3

4

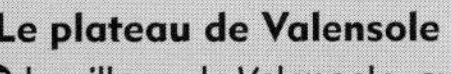

Le plateau de Valensole

6 Le village de Valensole, sur les flancs du plateau auquel il a donné son nom

5

6

1 110 Valgaudemar (Vallée du)

46/A4

(05) Cette vallée profonde indente sur 15 km environ la bordure occidentale du parc national des Écrins, entre Saint-Maurice-en-Valgodemard et le chalet de Gioberney (1 650 m).
La raideur des versants et la nature cristalline des roches expliquent le nombre et le débit des cascades qui, en amont de Villar-Loubière, sont visibles depuis la route. Sur le versant sud resurgit celle du court **défilé des Oulles du Diable,** à la confluence, sur le site du village de La Chapelle-en-Valgaudémar, de la Séveraisse et de la Navette. Un peu en amont, sur le versant nord, l'eau de la cascade de **Combefroide** dévale du sommet de l'Olan (3 564 m). Celle du **Casset** se trouve juste un peu plus loin, sur le même versant. Enfin, tout au bout de la route, dans le site le plus sauvage, immédiatement à l'ouest du parking du chalet de Gioberney, jaillit la cascade, superbe, du **Voile de la mariée.** De là, en suivant à pied le torrent vers l'est, on aboutit en moins de 5 km de pente raide au mont Gioberney (3 351 m).

1 111 Vallon (Lac de)

38/B5

(74) On rejoint ce petit lac du Chablais, calé derrière un ancien verrou glaciaire, par une route remontant le cours du Brevon. Nichés dans cette vallée, le vallon de la Chèvrerie, les vestiges de deux chapelles rappellent qu'une chartreuse s'élevait sur ce site au XIIe s. En amont, un sentier grimpe à travers la forêt en direction d'un cirque aux parois austères sur lequel veille le roc d'Enfer (2 244 m).

1 112 Vallouise (La)

46/B4

(05) Cette région correspond à la vallée qui conduit au massif des Écrins. Elle a jadis servi de refuge aux vaudois. La splendeur de ses paysages et la richesse de sa flore et de sa faune s'ajoutent au charme de son climat ensoleillé. Les sommets qui l'environnent, comme le Pelvoux, dépassent fréquemment la barre des 3 000 m.

1 113 Valmorel

46/B1

(73) ℹ Tél. : 04 79 09 85 55
Cette station, moderne, n'en est pas moins charmante ; la vallée du Morel aux versants boisés, le cirque de montagnes au sein duquel elle s'est construite et l'industrie fruitière de la région y concourent. Les vieux hameaux, notamment Doucy et les Avanchers, qui occupent les pentes de la montagne, peuvent constituer de jolis buts de promenade.

1 114 Vanoise (Massif de la)

46/C2

(73) ℹ Tél. téléphérique du mont Bochor : 04 79 08 70 07
De Pralognan, porte occidentale du plus ancien parc national, et sa seule station d'alpinisme, part le GR 55 (que l'on peut rejoindre plus haut par le télésiège de Fontanette ou par le téléphérique du mont Bochor) qui permet de découvrir en 12 km AR une partie de cet espace de haute montagne. L'aiguille de la Vanoise (2 796 m) s'élève en bordure sud du sentier, puis on découvre les deux lacs du col de la Vanoise (2 517 m), le lac Long et le lac Rond, anciennes terminaisons du glacier des Grands Couloirs, qui s'étire, plein nord, depuis la pointe de la Grande Casse (3 855 m). Au-delà du lac Rond, en descendant le GR 55 sur 3 km vers l'est, on accède au vallon de la Leisse ; en le remontant vers le nord-est, on parvient au refuge et au lac des Nettes, au pied de la Grande Motte (3 656 m).

1 115 Vénéon (Gorges du)

46/A4

(38) Comme la Romanche, le Vénéon pénètre le massif des Écrins, par des gorges encaissées sur 10 km. La D 530 s'y faufile entre Venosc et Champhorent, dominée par des versants à pic de plus de 1 000 m, en longeant des cascades et des défilés, notamment l'Étroit et la cascade du Pont du Diable, à Saint-Christophe-en-Oisans.

LA SECTE VAUDOISE

La **Vallouise** demeure indissociable des vaudois auxquels elle servit de refuge pendant plusieurs siècles. Née à la fin du XIIe s. sous l'impulsion d'un marchand lyonnais, Pierre Valdo, cette secte, d'abord approuvée par l'Église, fut bientôt déclarée hérétique car sa doctrine sapait les fondements même de l'orthodoxie chrétienne – le culte des saints, la messe et la confession étaient rejetés. Elle niait l'ensemble de la hiérarchie ecclésiastique, affirmant que tout croyant qui suivait la voie de la pauvreté et du renoncement pouvait prêcher et évangéliser. Malgré les persécutions, les vaudois résistèrent dans les vallées alpines. Cependant, les guerres de Religion, puis la répression de la fin du XVIIe s. contraignirent les survivants à l'exil.

LE PARC NATIONAL DE LA VANOISE

Créé en juillet 1963, c'est le plus ancien parc national de France. S'étendant entre les deux vallées de la Tarentaise et de la Maurienne, il a pour mission de protéger une zone centrale de 53 000 ha et une zone périphérique de 145 000 ha, et de sensibiliser à la protection de la faune et de la flore. Il propose plus de 500 km de sentiers balisés – dont les GR 5 et 55, qui le traversent du nord au sud – et plus de 40 refuges, dont la moitié lui appartiennent en propre. Toutes les stations périphériques (la zone centrale ne comporte aucun habitat permanent) offrent des informations et proposent des guides à la journée : Pesey-Nancroix, Pralognan, Aussois, Termignon, Bonneval-sur-Arc, Val-d'Isère, Tignes. La maison du Parc (tél. : 04 79 05 84 10) est située à Bonneval-sur-Arc.

La Vallouise

1 Le petit lac de Tucket dominé par le mont Pelvoux

Dans la vallée du Valgaudemar

2 La cascade du Voile de la mariée

Le massif de la Vanoise

3 La pointe de la Grande Motte, au-dessus de Champagny

4 Le Doron de Chavière à Pralognan

5 L'église de Pralognan-la-Vanoise

Les gorges du Vénéon

6 Le cours étroit du torrent

1 116 Vercors (Forêt du)

45/H4

(26) Constitués en réserve naturelle sur 17 000 ha, les hauts plateaux du Vercors surplombent le pays du Trièves, à l'est, et le Diois, au sud. Leur surface élevée, rongée de dépressions karstiques, est occupée au nord par une grande forêt domaniale, pénétrée par un réseau de petites routes partant de la D 518, à l'ouest. Le GR 91 longe le massif à l'est puis traverse les étendues lunaires, dépourvues de routes, de la partie sud, un causse austère très protégé (tout accès en voiture y est interdit).

👁 les deux hauts belvédères, le **Grand Veymont** (2 341 m) et le **mont Aiguille** (2 087 m), qui dominent à l'est ce Vercors désert. On peut en approcher les sommets par l'est, en remontant la D 8^{A}, depuis Saint-Michel-les-Portes ou Gresse-en-Vercors, jusqu'au GR du pays de Trièves. Ce dernier longe l'un et l'autre sur 5 km en franchissant le col de l'Aupet, avant de rejoindre la route descendant sur Chichilianne, au sud.

1 117 Verdon (Grand canyon du)

54/B2

(04, 83) ℹ Tél. : 04 92 74 68 00

Quatre voies permettent de visiter ce Colorado de l'Europe long de 21 km, parfois étroit de 6 m, chacune offrant des vues plongeantes plus merveilleuses les unes que les autres. Mais en aucun cas il ne faut manquer d'admirer le point Sublime et, de là, de descendre à pied, en 15 min, jusqu'à la première fenêtre du premier tunnel du sentier Martel. L'été, il est recommandé de parcourir tôt le matin ces routes très fréquentées.

La rive nord du canyon

À partir de Moustiers-Sainte-Marie, la D 952 longe de haut, sur 6 km par le nord (rive droite) la partie aval du canyon, du belvédère de Galetas, à l'entrée ouest au-dessus du lac de Sainte-Croix, jusqu'au ravin de la Mainmorte, en offrant une série de **belvédères** remarquables dont ceux **de Galetas et de Mayreste**. Ensuite, elle s'écarte du canyon et ne le rejoint qu'au village juché de Rougon, à son entrée amont, tout près du promontoire du **point Sublime.**

La corniche Sublime

La D 71 longe par le sud l'aval du canyon, entre le col d'Illoire et le belvédère des **balcons de la Mescla,** qui domine l'angle droit que forme le cours du Verdon à la confluence du canyon de l'Artuby. Ce trajet dessert successivement les superbes belvédères du col d'Illoire, du cirque de Vaumale, du pas de l'Imbut (d'où l'on voit le Verdon disparaître sous une digue chaotique longue de 400 m), du pas de l'Estellié, de la falaise des Cavaliers, des tunnels du Fayet, du pont de l'Artuby (arche jetée à 180 m au-dessus du précipice).

La route des Crêtes

La D 23, partant de La Palud-sur-Verdon (à 915 m d'altitude), passe par le **belvédère de Trescaïre** puis surplombe la **barre de l'Escalet.** À partir du chalet de la Maline, la route s'écarte du sommet du coude de la Mescla, qui correspond à la confluence entre le Verdon et l'Artuby.

La Maison des gorges du Verdon située à La Palud comprend un espace muséographique qui permet de mieux découvrir ce site touristique.

Le sentier Martel

On emprunte ce sentier (GR 4) à partir du chalet de la Maline (accessible de la rive sud par la passerelle du pas de l'Estellié) et on longe le Verdon sur 8 km jusqu'au belvédère de la brèche Imbert. On peut rallonger la promenade en suivant encore le GR sur 3 km, légèrement en amont du défilé du couloir Samson et de la grotte de la Baume aux Pigeons, jusqu'au tunnel du Tusset, sur la D 952, à l'entrée amont du canyon. Il faut une journée complète pour effectuer la promenade sportive mais inoubliable du sentier Martel. La faire avec un accompagnateur de moyenne montagne est recommandé ; une torche électrique, des chaussures de randonnée, de l'eau et de la nourriture sont indispensables. Des navettes entre le point Sublime et le chalet de la Maline permettent d'effectuer le retour par la route.

LE COLORADO EUROPÉEN

Comme le Grand Canyon du Colorado, celui du **Verdon** résulte du mouvement vertical contraire de deux forces travaillant à peu près au même rythme : d'une part le mouvement descendant d'un torrent poursuivant le creusement de son lit, d'autre part le soulèvement d'une masse rocheuse au fur et à mesure qu'il s'y encaisse. Parfois, le second est trop rapide, et le cours d'eau finit en lac ou change de direction. Parfois, la rivière s'enfonce plus vite que la terre ne s'élève et il en résulte non pas un canyon, mais une vallée plus ou moins ample. Le Verdon n'avait sans doute pas une force d'érosion linéaire suffisante pour vaincre le soulèvement. Mais la dissolution des roches a rétabli l'équilibre. Celle-ci préparait, par des infiltrations souterraines conduisant à des sapes et à des écroulements sous son propre cours, l'approfondissement du canyon. Enfin, le massif lui-même présentait une fragilité que le Verdon exploita ; en se soulevant, il fut affecté de fissures et de fractures qui facilitèrent le travail des eaux courantes. De là viennent l'étroitesse, la profondeur et la sinuosité du canyon.

La forêt du Vercors
1 L'un des hauts lieux de la Résistance
2 Les crêtes du Vercors

Le grand canyon du Verdon
3 Le couloir Samson
4 Le Verdon
5 Des falaises vertigineuses

1 118 Veyrier (Mont)

 38/A7

(74) De ce sommet, la vue porte sur le mont Baron à 1 252 m, le lac et la ville d'Annecy au fond, dominée par la basilique de la Visitation.

1 119 Vienne

 44/F1

(38) ℹ Tél. : 04 74 53 80 30

Capitale des Allobroges à l'époque gallo-romaine, chef-lieu de province à partir du IVe s., une des principales cités du royaume burgonde (fin Ve-début VIe s.) et enfin cité sainte au Moyen Âge, Vienne fut rattachée à la France en 1450. Le centre historique recèle de nombreux vestiges romains, notamment le théâtre antique en gradins, le temple d'Auguste et de Livie, ainsi que des arcs du forum. La vieille ville, autour des rues des Clercs et des Orfèvres, a conservé d'anciennes maisons à galeries (XVIe s.). Les richesses de Vienne sont innombrables : la cathédrale Saint-Maurice (XIIe-XVIe s.), qui abrite des tapisseries des Flandres et le mausolée de deux archevêques (XVIIIe s.) ; l'ancienne basilique Saint-Pierre (bâtie au Ve s.), aménagée en Musée lapidaire ; l'église Saint-André-le-Bas, avec ses beaux chapiteaux et son cloître roman du XIIe s., le musée des Beaux-Arts et d'Archéologie, et la cité gallo-romaine de Saint-Romain-en-Gal (mosaïques, antiquités romaines), située sur la rive droite du Rhône. Un musée de la Draperie retrace l'histoire de l'industrie textile viennoise. Du mont Pipet, sur lequel s'adosse le théâtre antique, la vue sur la ville et le Rhône ne manquera pas d'inspirer les photographes.

1 120 Virieu (Château de)

 45/H1

(38) ℹ Tél. : 04 74 88 27 32

Le château féodal fut élevé au-dessus de la vallée de la Bourbre, au nord-ouest du lac de Paladru. Remanié entre le XVIe et le XVIIIe s., il compta parmi ses hôtes célèbres Louis XIII et le poète Lamartine.

1 121 Vizille

 45/J3

(38) ℹ Tél. : 04 76 68 15 16

Réunie en 1788 dans la salle du Jeu de Paume du château du connétable de Lesdiguières (XVIIe s.), l'assemblée des états du Dauphiné a réclamé ici la convocation des États généraux. Le musée de la Révolution française y est installé : mobilier, maquettes, portraits, etc.

1 122 Voiron

 45/H2

(38) ℹ Tél. caves : 04 76 05 81 77

C'est ici que se trouvent les caves de la chartreuse, dont la formule secrète de fabrication, qui réunit 130 plantes, fut transmise aux moines en 1605. Elles se visitent : salle des alambics et pièces où l'élixir vieillit dans d'énormes foudres de chêne.

1 123 Yenne

 37/J8

(73) ℹ Tél. : 04 79 36 71 54

Située à l'entrée du défilé de Pierre-Châtel, bordé de falaises grises, la petite ville possède quelques maisons anciennes. De très belles stalles en bois sculpté du XVe s. décorent son église romane.

👁 au sud le **Molard Noir** (1 452 m) : ⁂ du lac du Bourget aux lointaines aiguilles du massif du Mont-Blanc. Il est accessible par la D 41, puis par un sentier de crête au départ du mont du Chat.

1 124 Yvoire

 38/B5

(74) ℹ Tél. : 04 50 72 80 21

Ce village fortifié est perché au bout du promontoire qui coupe le Léman en petit et grand lac. Ses rues piétonnières sont bordées de maisons médiévales. Ses balcons de géraniums et ses fontaines de pétunias bien entretenus lui ont valu le premier prix national des villages fleuris.

SUR LES TRACES DE NAPOLÉON

À partir de VIZILLE, le circuit se confond avec la route Napoléon. On longe le lac de Laffrey, sur les bords duquel se situe la prairie de la Rencontre, où les troupes dépêchées pour interdire le passage à l'Empereur se rallièrent à lui. L'austère plateau s'étend ensuite jusqu'à La Mure. Ce petit bourg, célèbre pour sa ligne de chemin de fer inaugurée dès 1888, propose un musée consacré au pays matheysin. On quitte alors la N 85 pour rejoindre la vallée de la Roizonne. Après La Morte, la route descend et offre un belvédère d'où l'on découvre la Romanche, que l'on atteint à Séchilienne.

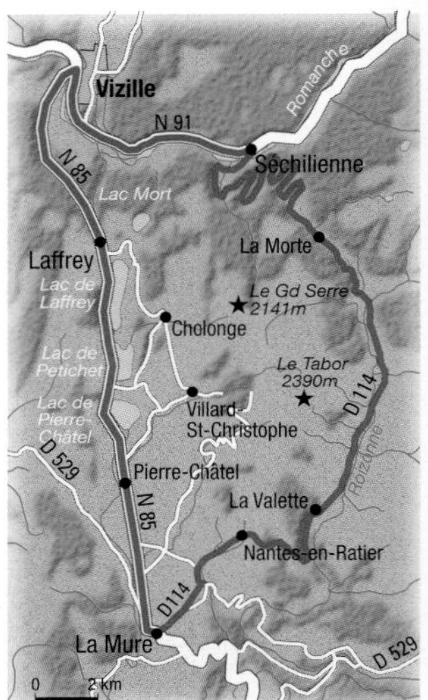

LA CHARTREUSE

Dans les caves de la Grande-Chartreuse, à **Voiron**, se poursuit la production d'une liqueur séculaire, qui participa grandement à la renommée et à la prospérité de l'abbaye. Élaborée à partir d'un manuscrit du XVIIIe s., la chartreuse demeure un breuvage mystérieux dont le secret de fabrication demeure très bien gardé. Les quelque 130 variétés de plantes entrant dans sa composition sont soigneusement sélectionnées à l'abbaye, apportées à Voiron où elles sont mises à macérer, puis distillées ; l'alcool vieillit ensuite dans d'imposants foudres en chêne. Il existe deux chartreuses, une verte titrant à 55° et une jaune, moins forte.

1

2

Vienne
1 La ville, traversée par le Rhône
2 La cathédrale Saint-Maurice
3 Le temple d'Auguste et de Livie

3

4

Le château de Virieu
4 Les tours encadrant le corps de logis

Vizille
5 La façade du château donnant sur le parc

Yvoire
6 La ville, sur les bords du lac Léman

5

SUD-OUEST

09 Ariège
24 Dordogne
31 Haute-Garonne
32 Gers
33 Gironde
40 Landes
47 Lot-et-Garonne
64 Pyrénées-Atlantiques
65 Hautes-Pyrénées
81 Tarn
82 Tarn-et-Garonne

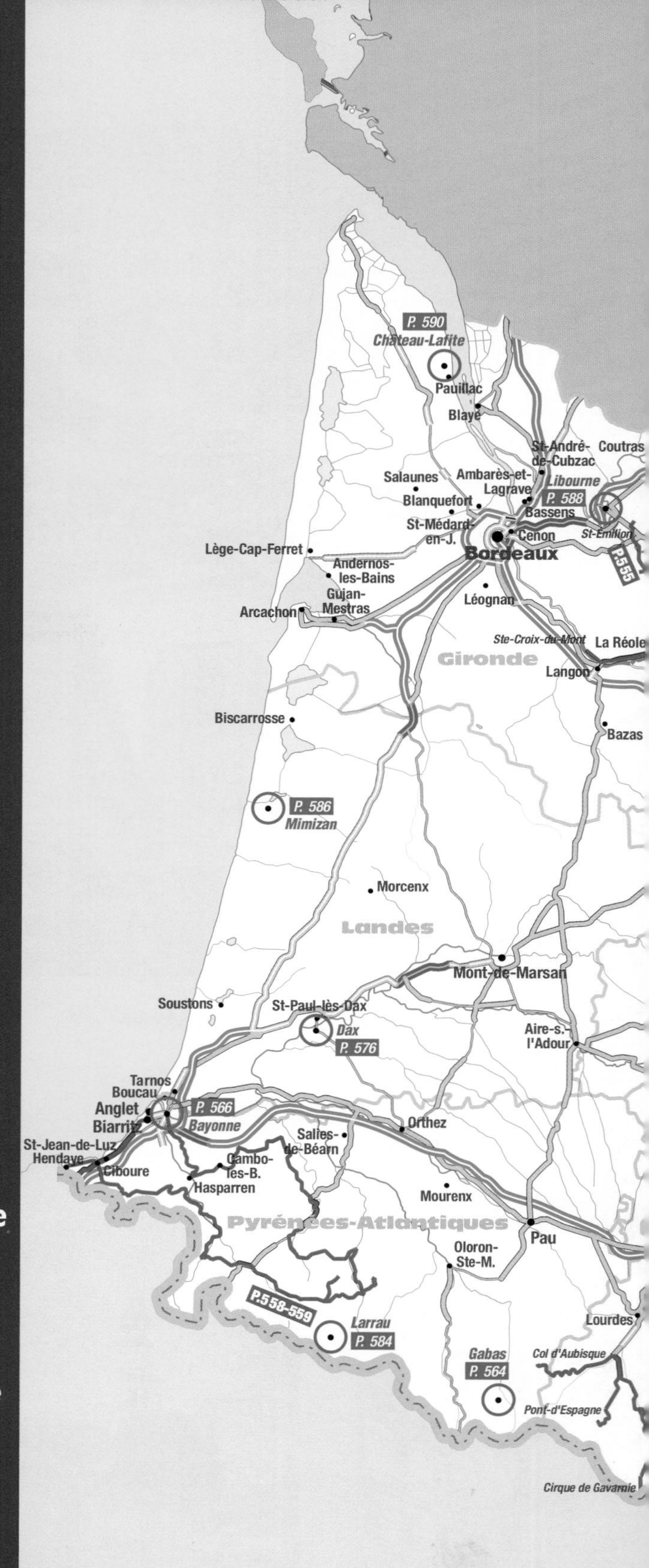

Nontron
St-Jean-de-Côle
P. 608
Coulounieix-Ch.
P. 600
Périgueux
Montpon-Ménestérol
Dordogne
Terrasson-la-Villedieu
P.554
Trémolat
P. 614
Bergerac
Sarlat-la-Canéda
Marmande
Fumel
Ste-Livrade-s.-Lot
Villeneuve-s.-Lot
Tonneins
Casteljaloux
Lot-et-Garonne
Agen
Le Passage
Nérac
P. 596
Moissac
Caussade
Carmaux
Castelsarrasin
Montauban
Condom
Tarn-et-Garonne
St-Juery
Albi
Gaillac
P. 580
P.557
Fleurance
Vic-Fézensac
Tarn
Roquecourbe
P. 602
Lavaur
Gers
L'Union
Auch
P. 562
Blagnac
Toulouse
Colomiers
Castres
Cugnaux
Labruguière
Mazamet
Mirande
Aussillon
Revel
Muret
Vic-en-Bigorre
Auterive
Aureilhan
Tarbes
P. 610
Haute-Garonne
P. 604
Rieux
Lannemezan
St-Gaudens
Pamiers
Bagnères-de-Bigorre
Ariège
P.556
Col d'Aspin
St-Girons
Foix
Lavelanet
Hautes-Pyrénées
Bethmale
P. 568
P. 560
Tarascon-s.-Ariège
LÉGENDE DE LA CARTE
Auch
P. 562
Petit itinéraire : point de départ numéro de page
P.557
Grand itinéraire : numéro de page tracé

Au pays de l'Homme

C'est à un voyage à travers les millénaires qu'invitent les vallées de la Vézère et de la Dordogne. Pour les gens d'ici, nul doute que l'homme de Neandertal, comme son successeur de Cro-Magnon, ne pouvait qu'être attiré par ce territoire. Le voyageur est invité lui aussi à découvrir la majesté grandiose des sites et la douceur de la vie dans l'un des berceaux de l'humanité.

❶ Sarlat-la-Canéda

1259 42/**D4**

L'hôtel de La Boétie, où est né en 1530 l'humaniste ami de Montaigne, est l'un des plus remarquables édifices de cette ville, qui a su conserver son cachet ancien (XIVe au XVIIe s.). Chaque maison est une splendeur du temps passé. En été, les rues s'animent de bateleurs, de comédiens et de musiciens. On ne manquera pas d'acheter sur le marché du samedi un foie gras bien frais, à déguster sur une tranche de pain grillé, accompagné d'un vin blanc doux.

❷ Lascaux

1195 42/**D3**

La grotte de Lascaux renferme plus de 2 000 gravures et peintures. À Lascaux II, fac-similé où se pressent quelque 300 000 visiteurs par an, la sensibilité et le génie des premiers artistes rivalisent avec les techniques et le talent de ceux qui, de nos jours, ont réalisé cette copie. Éblouissement garanti ! Avec le même billet, on visite, à Thonac, le Thot, parc préhistorique où mammouths et rhinocéros s'animent pour la plus grande joie de tous.

❸ Sergeac

En 1275, les Templiers y établirent une importante commanderie autour de laquelle le village est encore groupé. La proximité des abris de Castel-Merle a également fait de Sergeac un centre important du tourisme de la préhistoire.

❹ Castel-Merle

Après les Eyzies, Castel-Merle est la zone de peuplement paléolithique la plus dense du Périgord noir. Neuf abris, occupés de 30000 à 10000 av. J.-C., ont livré nombre d'œuvres d'art et d'outils (os, ivoire, coquillages). 👁 Saint-Léon-sur-Vézère.

❺ Le Moustier

Les deux abris du site ont donné son nom à l'époque du moustérien. Le musée proche rappelle que l'homme de Neandertal, qui enterrait ses morts, avait créé une vraie civilisation. ⁂ sur la vallée de la Vézère.

Sarlat-la-Canéda : le marché

❻ La Roque-Saint-Christophe

1245 42/**C4**

Fort troglodytique remarquable, ce site en surplomb de la Vézère fut occupé du moustérien au XVIe s. Le petit village suspendu à 80 m d'altitude a pu abriter près de 1 500 personnes, qui y disposaient d'un poste d'observation et y trouvaient une protection naturelle plus efficace que toutes les forteresses…

❼ La Madeleine

Du petit village de Tursac, l'un des centres de la préhistoire en Périgord, on emprunte à pied un sentier qui atteint, en pleine nature, le grand abri de la Madeleine qui a, lui, donné son nom à l'époque magdalénienne. L'habitat troglodytique y fut occupé jusqu'au milieu du XXe s. !

❽ Château de Commarque

Accessible par un chemin qui s'enfonce dans la forêt (compter 20 minutes de marche), un site impressionnant cache les ruines du donjon de Commarque, gardiennes hantées, dit-on, d'une vallée sauvage. 👁 tout proche et accessible à pied, l'abri du Cap-Blanc, qui livra en 1910 une double frise sculptée monumentale, ensemble de chevaux et de bisons de 13 m de long que l'on peut encore admirer *in situ*.

❾ Campagne

Dans ce cadre de verdure qui porte si justement son nom, il faut découvrir, outre un château restauré à la Renaissance et au XVIIIe s., un remarquable fort troglodytique, des grottes et plusieurs gisements préhistoriques.

LE MAGDALÉNIEN

De 15000 à 9000 av. J.-C., le magdalénien est la dernière grande phase du paléolithique supérieur. C'est à cette époque que *Homo sapiens sapiens* (l'homme de Cro-Magnon) réalisa la plupart de ses grandes œuvres pariétales, telles que Lascaux, Font-de-Gaume, Rouffignac ou Pech-Merle (dans le Lot). Les grottes de la vallée de la Vézère furent toutefois habitées bien avant, en particulier par l'homme de Neandertal (*Homo sapiens neandertalensis*), au Moustier et à La Ferrassie (près du Bugue).

La Madeleine : l'un des sites majeurs du paléolithique supérieur

⑩ Saint-Cyprien

Saint-Cyprien doit son nom à un ermite qui vécut dans une grotte troglodytique dominant la vallée. De nos jours, on apprécie le marché du dimanche matin ou une promenade dans les rues de la vieille ville. 👁 le château de La Roque, forteresse imposante sur son piton rocheux.

⑪ Beynac-et-Cazenac

1151 42/D4

Le château, nid d'aigle éclaboussé de lumière, est bâti au sommet d'une falaise de 150 m de haut. Il est plaisant d'y flâner dans le village sur les pas de Paul Eluard, qui y vécut à la fin de sa vie. D'origine troglodytique, le bourg s'étage entre bord de l'eau et pierre à pic. ☀ sur Castelnaud-la-Chapelle, de l'autre côté de la Dordogne, longtemps la rivale de Beynac dans la lutte pour dominer cette partie de vallée.

⑫ Domme

1170 42/D5

Domme, « l'approximation la plus voisine du paradis » selon l'écrivain Henry Miller, est un chef-d'œuvre d'esthétisme et d'architecture accroché à la muraille rocheuse. Bastide édifiée pour la guerre, elle est aujourd'hui un village paisible de pierres blondes qui offre, de la terrasse de la Barre, l'un des plus célèbres panoramas du Périgord. ☀ sur les méandres de la Dordogne, La Roque-Gageac, les châteaux de Beynac, Montfort et Giverzac.

Promenade dans l'Entre-Deux-Mers

Cette vaste région doit son nom étrange à une bizarrerie administrative et fiscale. En zone maritime, les impôts étaient plus légers qu'en zone de rivière. Les habitants obtinrent que la limite de la mer soit fixée par le point ultime du mascaret, effet de la marée remontant le cours de la Garonne et de la Dordogne. Toute la région se retrouva « entre deux mers ».

❶ Sainte-Croix-du-Mont

Cette appellation de vins liquoreux n'a rien à envier (hors la notoriété de l'étiquette) à sa rivale Sauternes. Le terroir se singularise par un banc d'huîtres fossiles que l'on observe en coupe à proximité du caveau de dégustation, creusé sous le château de Sainte-Croix. Au château Loubens, l'un des meilleurs domaines de l'appellation, on peut voir la chapelle creusée dans le banc d'huîtres où Louis XIII assista à la messe en 1620.

❷ Saint-Macaire

La ville, ancienne bastide médiévale restaurée (place du Mercadieu, église Saint-Sauveur et ses peintures de l'Apocalypse), a gardé l'aspect d'un bourg commerçant du XVe s. La maison de Pays propose des randonnées à thèmes dont l'une est consacrée aux travaux de la vigne et de la cave.

Saint-Macaire : les arcades de la place du Mercadieu

❸ La Réole

1240 41/J5

La ville offre bien des attraits, en particulier son ancienne maison communale du XIIe s. et un petit musée des Traditions populaires, installé dans un ancien prieuré bénédictin (Xe s.). Mais on picorera avec plaisir dans les environs. 👁 les moulins fortifiés et le château de Lavison à Loubens, et la cité médiévale de Castelmoron-d'Albret, perchée sur son piton.

❹ Blasimon

1153 41/J5

Les amateurs d'églises romanes iront à Blasimon pour son superbe porche dont les personnages s'allongent démesurément sous les voussures. Ceux qui aiment découvrir des trésors plus secrets apprécieront des églises romanes dont le charme rustique a été préservé (Saint-Jean- de-Blaignac, Mauriac). 👁 pour les amateurs de pierres majestueuses les ruines du château de Rauzan et la maison girondine qui le jouxte, dont le fronton est dédié à la vigne.

❺ Saint-Émilion

1249 41/J4

La belle cité médiévale perchée sur ses vignes mérite que l'on fasse en petit détour de l'autre côté de la Dordogne pour flâner dans ses venelles et admirer l'église monolithe taillée dans le calcaire par les Bénédictins il y a près de dix siècles…

La route thermale des Pyrénées

On remontera le long des gaves (torrents), dans les vallées étroites qui entaillent la chaîne pyrénéenne, pour retrouver l'atmosphère surannée des stations thermales à la mode Napoléon III, ou franchir les cols hardis à la découverte de cimes telles que les pics du Vignemale ou du Midi de Bigorre.

1 Argelès-Gazost

La bourgade est la première d'une succession de stations thermales, dont les eaux bienfaisantes sont réputées depuis les Romains. Tout proche et à flanc de coteau, le village de Saint-Savin conserve en l'église de l'Assomption la mémoire d'un ordre bénédictin très influent au XIe s. dans le pays du Lavedan. Premier carrefour des vallées, le site invite déjà au détour vers le val d'Azun et ses villages pittoresques, ses alpages et ses lacs de montagne, jusqu'au fameux col d'Aubisque.

2 Cauterets

1164 49/H6

Blottie dans un décor très boisé, cette petite ville d'eaux, prisée des écrivains romantiques, fut un lieu de villégiature pour la famille impériale et après elle pour la bonne société du XIXe s. Architecture néoclassique, gare tout en bois « recyclée » de l'Exposition universelle de 1889 et mosaïques des établissements de bains en font foi. Au pays des cascades impétueuses, Cauterets est aussi devenu une station de ski et le sésame des paysages les plus emblématiques des Pyrénées : le site naturel du Pont d'Espagne, et le pic du Vignemale (3 289 m).

3 Luz-Saint-Sauveur

1202 49/J6

Dans un site taillé par le gave de Pau, ce village typique, porte des hautes vallées des Pyrénées centrales, revendique aussi sa vocation thermale et le parrainage de Napoléon III. La promenade Eugénie mène au fond des gorges de la rivière, ultime mise en jambes avant la découverte du cirque de Gavarnie, cul-de-sac grandiose dominé par une muraille rocheuse monumentale. Barèges, bourg réputé dès le Moyen Âge pour ses eaux « d'arquebusade », guérissant les pires cicatrices des soldats.

Cauterets, ville d'eaux… vives

4 Col du Tourmalet

1265 49/J6

Dans son austère dépouillement, ce col perché à 2 114 m est inséparable de la légende du Tour de France cycliste. Mais les vrais « forçats de la route » ne furent-ils pas plutôt les valets qui, au XVIIe s., faisaient franchir le col aux chaises à porteur des dames de la cour de Louis XIV ?

5 Pic du Midi de Bigorre

1210 49/J5

Puissant donjon, isolé comme un récif, il s'impose sur l'horizon depuis Tarbes et la plaine de l'Adour. Il est coiffé depuis 1881 par la kyrielle de coupoles qui composent l'observatoire astronomique, audacieusement érigé sur cette cime rocailleuse. Accès par une route à péage et un téléphérique.

6 Bagnères-de-Bigorre

1142 49/J5

La vallée de Campan, parsemée de fermes traditionnelles, s'achève ici dans le piémont pyrénéen. Station thermale réputée, un temps la plus mondaine des Pyrénées (voir le Casino, les Grands Thermes et les parcs des Vigneaux et de l'Hôtel-de-Ville), Bagnères est aussi une petite ville qui cultive la tradition du « rugby des champs », chère au Sud-Ouest.

7 Col d'Aspin

1134 50/A6

Pour qui ne veut plus quitter la montagne, le verdoyant plateau de Payolle mène parmi les sapins au col d'Aspin (1 489 m), autre référence de la Grande Boucle cycliste. depuis le col sur le pic du Midi de Bigorre et, depuis les crêtes (vers le Pla del Naou), sur les vallées d'Aure et de Campan. Arreau et la vallée d'Aure, qui recèlent des trésors d'architecture religieuse et rurale.

Sur les routes du foie gras et de l'Armagnac

Magret, foie gras, garbure, madiran, armagnac…, le Gers est, sans conteste, le pays de la bonne chère. À l'écart des grands axes, ce terroir cultive son art de vivre lors des marchés, festivals, ferias ou autres corridas et cache, dans un paysage tout en rondeurs, un patrimoine architectural et historique inattendu.

Condom : *la cathédrale Saint-Pierre*

❶ Auch

1136 50/**B3**

Devant la cathédrale Sainte-Marie, chef-d'œuvre de l'art gothique, on a du mal à croire qu'un éminent voyageur tel que Stendhal ne fut guère ému par les vitraux, aux figures très expressives et aux couleurs intenses, d'Arnaud de Molles (XVe s.) et ne prêta aucune attention à la dentelle Renaissance des stalles du chœur. De la cathédrale, une promenade dans les pousterles (rues étroites en escalier) de la haute ville permettra de découvrir de belles demeures médiévales et Renaissance.

❷ Fleurance

Un nom fleurant l'Italie et une atmosphère presque toscane pour un bourg aux allures médiévales, qui conserve une belle place à arcades, une halle, des fontaines et une église ornée, ici encore, de vitraux d'Arnaud de Molles…

❸ Lectoure

1198 42/**B8**

Si la capitale de la Lomagne, dominant la vallée du Gers, s'enorgueillit d'un riche patrimoine artistique, elle n'est pas uniquement une ville musée. Elle connaît en été une activité culturelle surprenante, lors des festivals de photographie, de musique et de théâtre… ⁂ sur la Gascogne, et, par temps clair, sur les Pyrénées, de la terrasse du Bastion et du jardin des Marronniers.

❹ Condom

1165 42/**A8**

Au cœur de cette grande région de vignobles, le musée de l'Armagnac est une bonne introduction à la tournée des chais. Les pèlerins en route pour Saint-Jacques-de-Compostelle faisaient halte à la cathédrale Saint-Pierre, l'un des derniers grands édifices gothiques du Gers, et ne manquaient pas de déguster quelques gorgées d'armagnac pour reprendre des forces… Nul doute qu'ils participèrent ainsi à la renommée au-delà des frontières de ce breuvage réparateur ! 👁 l'abbaye de Flaran, joyau de l'art cistercien.

❺ Montréal

La bastide de Montréal, perchée au-dessus de la vallée de l'Auloue, abrite un somptueux musée qui expose les trésors archéologiques de Séviac. 👁 à 4 km, une vaste villa gallo-romaine, dotée d'un ensemble exceptionnel de thermes, et entièrement décorée de mosaïques polychromes aux étonnants motifs géométriques, parfois en trompe-l'œil (visites guidées).

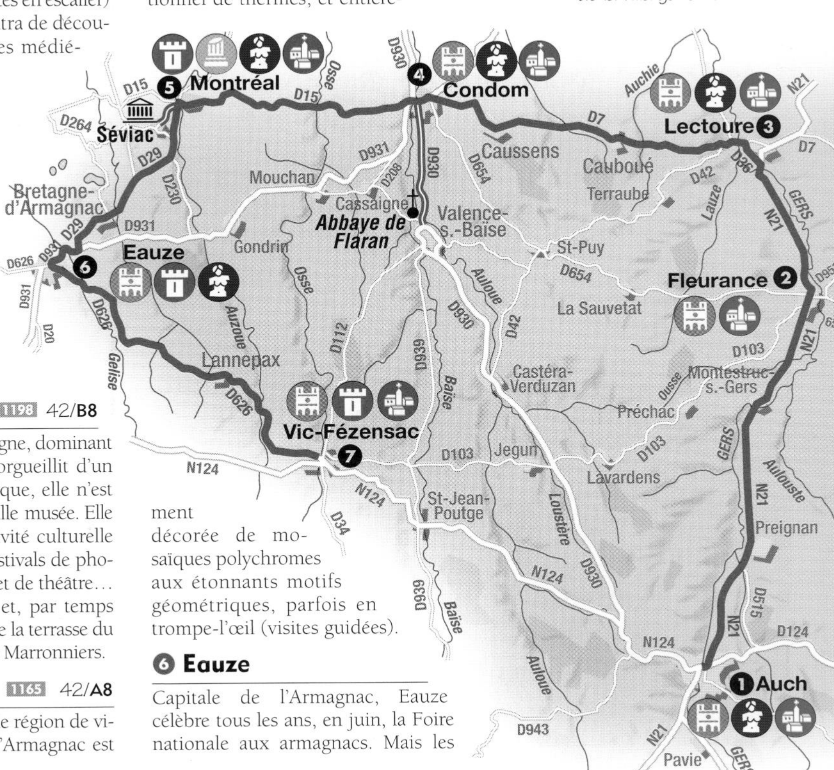

❻ Eauze

Capitale de l'Armagnac, Eauze célèbre tous les ans, en juin, la Foire nationale aux armagnacs. Mais les vignes ne sont pas l'unique trésor de la bourgade. En témoigne le Musée archéologique, qui dévoile les richesses de l'antique Elusa : enfoui en 261 par une famille de notables gallo-romains, et mis au jour en 1985, le « trésor d'Eauze » est ainsi composé de quelque 28 000 pièces de monnaie, d'objets précieux et de bijoux…

❼ Vic-Fézensac

Nul besoin d'apprécier les corridas pour se laisser gagner par la ferveur que connaît cette localité du bas Armagnac lors de la feria de la Pentecôte. Pendant trois nuits, tous cultivent l'esprit de la fête qui embrase les places et les rues où fleurissent les *bodegas !*

Séviac : *une mosaïque de la villa gallo-romaine*

AU PAYS DE LA BONNE CHÈRE

Mises à l'honneur par le film *Le bonheur est dans le pré*, les oies gersoises, véritables héroïnes du produit de terroir gascon, font du département le deuxième producteur de foie gras en France. Gimont est indéniablement la capitale du « gras », comme en témoigne son impressionnant marché du dimanche (nov.-mars). Pour une découverte gourmande de la Gascogne avec un guide, ℹ tél. : 05 62 61 79 00.

En Pays basque

De tout temps, les Basques ont su mettre à profit les richesses de la mer, de la montagne et de la plaine pour en extraire ce qu'elles ont de meilleur. Entre pierre, nature et gourmandises, voici un parcours où patrimoine et douceur de vivre se répondent.

❶ Bayonne 1146 48/D3

Grande cité portuaire, Bayonne connut des heures prospères dont témoignent bien les hautes maisons de la vieille ville. Blanches à colombages rouges ou verts, parfois bâties sur un premier niveau d'arcades, elles livrent leurs plus beaux alignements sur les quais de la Nive. À l'arrière, on entrevoit en remontant vers la cathédrale Sainte-Marie (XIIIe-XVIe s.) des vestiges du Château-Vieux, avant de buter sur les fortifications de Vauban. Ne pas manquer l'exceptionnel musée Bonnat, mais découvrir aussi les chocolatiers de la rue du Port-Neuf.

❸ La Bastide-Clairence

Fondée en 1312 par le roi de Navarre pour se protéger des Anglais, la ville est une très belle bastide classique, avec maisons à arcades sur la place centrale et grande rue rehaussée de colombages. De là, rejoindre l'église (XIVe s.), aux cloîtres latéraux pavés de dalles funéraires.

LES CAPRICES DE L'ADOUR

Fleuve erratique, l'Adour ne se contente pas de sortir de son lit lors d'inondations mémorables. Du Xe au XVIe s., il déplaça 4 fois son embouchure sur une distance de 30 km, entre Bayonne et Vieux-Boucau. Sa dernière folie laissa un port ensablé, inutilisable. Il fallut neuf ans de travaux à travers 2 km de dunes pour qu'un chenal permette, en 1578, de renflouer le port de Bayonne, auquel l'Adour est depuis resté fidèle.

❻ Tardets-Sorholus

Dans la très verdoyante vallée du Saison, Tardets-Sorholus est une petite bastide dont la place centrale accueille des marchés colorés. À l'arrière, les bâtiments qui surplombent le lit de la rivière affichent d'antiques galeries de bois. Exceptionnel depuis le site de la Madeleine, sur le pic d'Ohry et les collines de Soule.

❷ Cambo-les-Bains 1160 48/D4

En contrebas, le long de la Nive, s'étirent les vieilles maisons du village ; en haut se concentrent les hôtels et les propriétés résidentielles entourées d'une végétation luxuriante teintée d'exotisme. Réputée pour la douceur de son climat, la station thermale de Cambo-les-Bains séduisit tant Edmond Rostand qu'il y fit bâtir la fastueuse et envoûtante Villa Arnaga.

❹ Saint-Palais 1256 48/F4

Fondé à l'aube du XIIIe s. par les rois de Navarre, Saint-Palais était un point de ralliement pour les pèlerins de Compostelle avant l'aventureuse traversée des Pyrénées. Dans l'actuelle mairie, un intéressant musée est consacré à ce thème et à la civilisation basque.

❺ Mauléon-Licharre

Ancienne possession anglaise puis capitale des États de Soule, Mauléon reste dominé par les ruines d'une puissante forteresse et conserve dans sa ville haute un bel ensemble médiéval. Rejoindre, en traversant le Saison, Licharre, où cohabitent le château d'Andurain, l'hôtel de Montréal (XVIIe s.)… et le fronton de pelote basque !

Cambo-les Bains :
la Villa Arnaga et ses jardins

❼ Ahusquy

À voir vaches et pottoks (ces petits chevaux indigènes) pâturer sereinement sur des pentes quasi verticales, on a peine à croire ses yeux ! D'Alçay à Mendive, voici 25 km vertigineux et splendides dominés notamment par le pic des Vautours et le sauvage massif des Arbailles. Aussurucq, serré autour de sa vieille église et de son château (fin XVIe s.).

8 Saint-Jean-Pied-de-Port 1254 48/E4

Capitale et trésor de la Basse-Navarre, avec ses maisons serties de galeries en bois surplombant la Nive (depuis le pont), Saint-Jean-Pied-de-Port fut aussi une ville fortifiée dès le XIIe s. On se laissera gagner par l'ambiance médiévale de la rue de la Citadelle et de ses vieilles habitations.

9 Saint-Étienne-de-Baïgorry 1250 48/E4

Un paysage vallonné, bordé au nord par les vignobles d'Irouléguy, mène à ce bourg dont l'habitat en pierre est typique de la Basse-Navarre. L'étroit vallon devient large pâture à mesure que l'on monte, par la D 948, vers la vallée des Aldudes.

Aïnhoa, dominée par la Rhune

Saint-Jean-Pied-de-Port : *la rue de la Citadelle*

10 Ossès

Son architecture rurale mêle les influences de plusieurs régions basques (colombages, grands auvents). Il subsiste des édifices nobles (Moyen Âge-XVIIe s.), telles les maisons Harismendia ou Sastriarena. On remarquera l'église au clocher polygonal et polychrome (rouge et blanc).

11 Espelette

Au-delà du pas de Roland, Itxassou, dont l'habitat se répartit en terrasses le long des gorges de la Nive, est rehaussé de milliers de cerisiers en fleur au printemps. Espelette, célèbre pour son piment qui sèche en chapelets de grappes rouges sur les façades blanches, est aussi, en janvier, le lieu d'une foire aux pottoks incomparable !

12 Aïnhoa 1126 48/D4

L'unique rue d'Aïnhoa, bastide fondée au XIIIe s., est bordée de maisons aux colombages peints. Leurs ornements et leurs vastes proportions illustrent l'opulence d'un bourg qui fut un important relais commercial du XVIIe au XIXe s.

13 Sare

C'est l'un des plus célèbres villages basques : son grand fronton résonne souvent du bruit mat des jeux de pelote et sa magnifique église du XVIIe s., avec son chœur surélevé et ses trois niveaux de galeries, est une visite obligée ! Alentour, les champs vallonnés remontent les pentes de la Rhune et s'offrent à la voracité des moutons et des vaches autochtones.

14 Ascain

Avec sa place organisée autour de l'inévitable fronton, son quartier portuaire sur la Nivelle, son église au clocher trapu et sa mairie du XVIIe s., Ascain ne manque pas de caractère. De là, une excursion vers la frontière, le col d'Ibardin et ses fameuses *ventas* permet d'acquérir à prix réduits alcool, charcuteries, fromages et produits artisanaux.

15 Saint-Jean-de-Luz 1253 48/D3

Protégée par ses digues brise-lames, Saint-Jean-de-Luz et sa large baie occupent l'un des plus charmants sites de la côte atlantique, que met en valeur une étonnante concentration de maisons à colombages. La maison Louis-XIV et la maison de l'Infante, accueillirent – séparément – le couple royal venu célébrer ici ses noces en 1660. On verra la place Louis-XIV et l'église Saint-Jean-Baptiste (XVe s.) et son retable, sans oublier la maison Adam, où l'on vend toujours les célèbres macarons inventés au XVIIe s. le ravissant village de Ciboure, son vieux centre préservé et ses villas des Années folles. On appréciera, depuis la corniche entre Socoa et Hendaye, le sur l'Océan, qui mena tant de Basques vers l'Amérique.

16 Hendaye 1184 48/C3

Station balnéaire fortement marquée par le style néobasque très en vogue à la fin du XIXe s., Hendaye se divise entre Hendaye-Ville (quartier des pêcheurs, maison de Pierre Loti) et Hendaye-Plage, avec son front de mer luxueux.

17 Biarritz 1152 48/D3

Lancée par l'impératrice Eugénie, qui convainc Napoléon III de l'adopter comme lieu de villégiature, Biarritz deviendra l'une des plus célèbres stations balnéaires d'Europe. Son architecture fin XIXe s. a aujourd'hui un petit air d'opérette, la Villa Eugénie est devenue l'hôtel du Palais, la modernité gagne peu à peu, mais la promenade le long des falaises bordées de tamaris et la traversée de la passerelle du Rocher de la Vierge, malmenée par les vagues, ont toujours autant de succès.

1 125 Agen

42/**B7**

(47) i Tél. : 05 53 47 36 09

Célèbre pour ses pruneaux, Agen est niché au cœur d'une riante campagne, entre Garonne et coteau de l'Ermitage. Le musée des Beaux-Arts, aménagé dans de nobles hôtels mitoyens des XVIe et XVIIe s., regorge de trésors (Goya, Sisley...). Les amateurs d'art gothique ne manqueront pas la maison du Sénéchal. La cathédrale Saint-Caprais, ancienne collégiale fondée au XIe s., marie chevet roman, portail gothique et clocher du XIXe s. Depuis l'esplanade du Gravier, ☼ sur le pont-canal (500 m de long et 23 arches).

1 126 Aïnhoa

48/**D4**

(64) Avec ses maisons (XVIIe et XVIIIe s.) couvertes de toits débordants parfois asymétriques, Aïnhoa apparaît comme le modèle du village basque. Hautes et étroites, les façades s'organisent autour d'un rez-de-chaussée que surmontent des étages à colombages verts ou rouges. Les murs blanchis donnent à la petite cité un air de décor d'opérette.

1 127 Albi

51/**G1**

(81) i Tél. : 05 63 49 48 80

Cette ville, rouge par ses constructions en brique et traversée par le Tarn, possède un majestueux monument, la cathédrale Sainte-Cécile (1282), joyau du gothique méridional. À côté, le palais de la Berbie accueille le musée Toulouse-Lautrec où une superbe collection des œuvres du peintre est exposée. Le vieil Albi abrite encore la maison Enjalbert, l'hôtel Reynès et le musée Lapérouse (instruments de navigation, modèles de bateaux, etc). Depuis le pont du 22-Août-1944, ☼ sur le site.

1 128 Ambialet (Méandre d')

43/**G8**

(81) En amont d'Albi, le Tarn s'encaisse dans la montagne et bute sur un banc de gneiss, qui l'oblige à dévier son cours. Cette superbe boucle de 4 km enserre un promontoire rattaché à la rive gauche par un mince pédoncule. De la chapelle Notre-Dame-de-l'Auder, ☼ sur le méandre.

1 129 Arcachon

40/**E5**

(33) i Tél. : 05 57 52 97 97

Haut lieu de plaisance et d'ostréiculture, Arcachon et son bassin s'abritent entre marais, dunes et bois. Sur la hauteur, la ville d'hiver entoure le parc de l'ancien casino mauresque, disparu en 1977. Depuis la jetée du port de plaisance, ☼ sur le bassin, avec l'île aux Oiseaux et ses deux cabanes sur pilotis.

⚓ à Arcachon, pour le bassin et les parcs à huîtres.

👁 le **bassin d'Arcachon,** qui s'ouvre sur l'océan par une passe de 3 km ; il est soumis aux marées. Une route carrossable en fait le tour, de la baie du Cap-Ferret à Arcachon.

👁 à 12 km (E) **Gujan-Mestras,** qui compte six ports ostréicoles, avec leurs cabanes traditionnelles, et, un peu plus loin, le **parc ornithologique du Teich,** qui accueille des espèces sauvages menacées de disparition.

1 130 Ariège (Haute vallée de l')

50/**F7**

(09) i Tél. Tarascon : 05 61 05 94 94. Tél. Bédeilhac : 05 61 05 95 06

La porte de la haute Ariège, Tarascon-sur-Ariège, jouit d'un environnement privilégié au carrefour de cinq vallées. Le bassin où se niche la ville s'impose comme un haut lieu de la préhistoire – à Tarascon, la tour d'Espagne abrite un musée d'Histoire et d'Archéologie. Outre la **grotte de Niaux,** au sud, les environs offrent de nombreuses excursions.

👁 à moins de 5 km (N-O) la **grotte de Bédeilhac,** qui s'ouvre par un porche remarquable (36 m de large et 25 m de haut). La galerie principale est longue de 720 m et haute de 15 à 30 m. Une rivière souterraine a jadis déposé de l'argile sur laquelle reposent des stalagmites géantes.

LA HAUTE VALLÉE DE L'ARIÈGE

À partir de TARASCON-SUR-ARIÈGE, où le remarquable musée pyrénéen de l'Art préhistorique est à découvrir, on se dirige, en amont, vers Ussat-les-Bains, sur les bords de l'Ariège. De là, par Les Cabannes, le circuit conduit à Luzenac, connu depuis la fin du XIXe s. pour son gisement de talc, exploité dans la carrière de Trimouns. Non loin de Luzenac, sur la route de Caussou, s'élève une belle église romane, remarquable pour ses chapiteaux, à l'entrée du chœur. Le retour à Tarascon par la route des Corniches offre des vues plongeantes sur la vallée de l'Ariège.

TOULOUSE-LAUTREC (1864-1901)

Né dans l'hôtel du Bosc à **Albi,** Henri de Toulouse-Lautrec, qui descend des comtes de Toulouse, a vécu dans tout le Sud-Ouest. Il était propriétaire d'un vignoble, celui du château de Malromé, près de Verdelais, en Gironde, où il fut enterré. Mais il est inutile de rechercher la fresque qu'il avait peinte sur la palissade de la villa qu'il louait à Arcachon : le propriétaire la fit effacer, la jugeant trop obscène. Le palais de la Berbie abrite l'essentiel de son œuvre (dessins, affiches, peintures, lithographies…), notamment parisienne – il s'est installé à Montmartre en 1882 –, du portrait d'Yvette Guilbert à celui de Valentin le Désossé (tél. : 05 63 49 48 70).

1

Aïnhoa

1 Le village, né d'une bastide

3

2

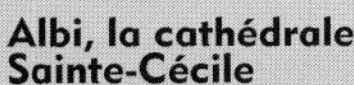

Albi, la cathédrale Sainte-Cécile

2 La cathédrale et le palais de la Berbie

3 Le clocher-donjon, qui s'élance à 78 m de hauteur

4 L'un des angelots du chœur

5 Fresque représentant le Jugement dernier située sous le grand-orgue (fin XVe s.)

4

5

6

Le méandre d'Ambialet

6 Le Tarn enserre un promontoire sur lequel se dresse le village d'Ambialet.

Arcachon

7 Le port ostréicole d'Andernes-les-Bains, dans le bassin d'Arcachon

7

1 131 Ars (Cascade d')

50/D6

(09) Tél. Aulus-les-Bains : 05 61 96 00 01
En remontant l'Ars à partir d'Aulus-les-Bains, on gagne (en 1 h), le pied de la cascade qui bondit en trois chutes d'une hauteur totale de 110 m. Du dernier lacet de la D 32 avant le col d'Agnès, un sentier, difficile, mène au lac du Garbet.
Aulus-les-Bains, village thermal pyrénéen, perché à 780 m au fond de la vallée du Garbet, peu avant sa confluence avec l'Ars. Déblais et galeries témoignent de son riche passé minier.

1 132 Arthous (Abbaye d')

48/E3

(40) Tél. : 05 58 73 03 89
Somptueuse, l'abbaye romane d'Arthous (XIIe s.) domine une vaste plaine où convergent trois voies d'eau : l'Adour, le gave de Pau et celui d'Oloron. Une partie des bâtiments abbatiaux (reconstruits aux XVIe et XVIIe s.) accueille des stagiaires en archéologie ainsi qu'un musée présentant le résultat des fouilles effectuées dans la région.

1 133 Aspe (Vallée d')

49/G5

(64) Cette vallée glaciaire du Béarn s'ouvre sur le défilé de la Pène d'Escot, gorges calcaires étroites et impressionnantes. Elle est également dotée de plusieurs écomusées, mémoires de la vie villageoise au siècle dernier. À l'est de Bedous, le chemin le long du Gabarret conduit au cirque d'Aydius. Entre les aiguilles d'Ansabère, le mont Billare, et les orgues de Camplong, au nord-ouest, le cirque de Lescun est entouré de parois vertigineuses. Du fort du Pourtalet, le chemin de la Mâture (GR 10) suit la gorge d'Enfer, qu'il faut voir absolument si l'on ne craint pas de marcher.

1 134 Aspin (Col d')

50/A6

(65) Malgré une altitude moins importante que les cols environnants, celui-ci (1 489 m) est une étape classique du Tour de France. Trait d'union entre les vallées de Campan et d'Aure, il offre une grande diversité de paysages : cimes enneigées, pâturages, noires sapinières. du pic du Midi de Bigorre aux monts Maudits et à la vallée d'Aure (table d'orientation).

1 135 Aubisque (Col d')

49/H5

(64) Tél. Arrens-Marsous : 05 62 97 49 49
Ce col est peu accessible en hiver à cause de la neige. On peut s'y rendre, de juin à novembre, depuis Laruns par la D 918. À 1 709 m, il domine le cirque de Gourette et permet de découvrir le pic de Ger (2 613 m) et la Pène Blanque, offrant un beau panorama pyrénéen ; sur le pic du Midi de Bigorre, reconnaissable à son émetteur de télévision.
à 18 km (E) le village d'**Arrens-Marsous,** qui possède un curieux sanctuaire : la chapelle de Pouey-Laün, construite à même le rocher. Elle abrite un beau mobilier datant du XVIIIe s.

1 136 Auch

50/B3

(32) Tél. : 05 62 05 22 89
La capitale de la Gascogne se situe sur les bords du Gers, avec sur la rive droite la ville moderne et sur la rive gauche l'ancienne cité. À l'intérieur de celle-ci, un escalier néo-classique, monumental, de 232 marches court jusqu'à la rivière. Des ruelles escarpées rejoignent la cathédrale, édifiée entre le XVe et le XVIIe s. Impressionnant avec ses deux clochers-tours ornés de colonnes, cet édifice gothique possède de remarquables vitraux Renaissance et plus de mille personnages sculptés sur des stalles de chêne. De la petite place Salinis, sur les toits de la cité gersoise. Plus au nord, la préfecture occupe l'ancien palais archiépiscopal. Pour découvrir une collection d'archéologie d'art et de traditions populaires de Gascogne, un détour par le musée des Jacobins s'impose.

BASTIDES ET CASTELNAUS DU GERS

Au départ d'AUCH, on se dirige vers L'Isle-de-Noé et son château du XVIIIe s. En passant par Montesquiou, où il subsiste encore des maisons à colombages et une porte de l'enceinte fortifiée du XIIIe s., on atteint Bassoues.

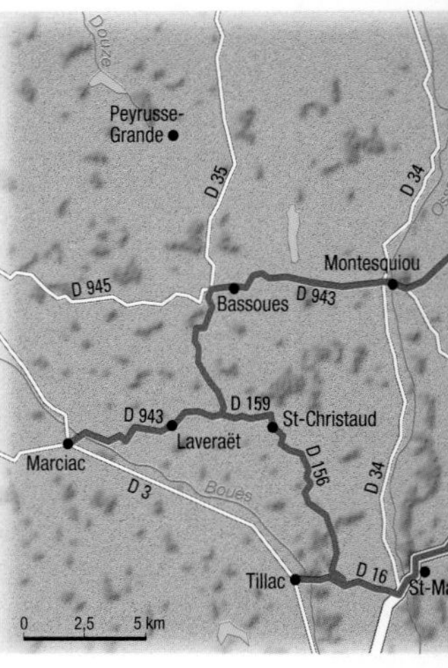

*Ce bourg est visible de loin avec son donjon du XIVe s., bel héritage de l'architecture militaire.
En continuant vers la bastide de Marciac (XIIIe s.), et Saint-Christaud – son église en brique fait face aux Pyrénées –, on gagne le castelnau de Tillac, puis Mirande, autre bastide animée, avant de revenir à Auch.*

L'OURS OU LE DÉVELOPPEMENT ÉCONOMIQUE ?

Les Pyrénées constituent toujours un obstacle aux communications entre la France et la péninsule Ibérique ; les grands axes passent aux deux extrémités du massif. À la fin des années 1980, Français et Espagnols ont projeté de percer trois tunnels, au Puymorens, au Somport et à Vielha-e-Mijaran. En 1994, le premier a été ouvert. Mais les travaux dans la vallée d'**Aspe** vers le Somport se heurtent à la résistance des écologistes, car la percée traverserait le parc national des Pyrénées, où vivent les derniers ours bruns. Les opposants proposent d'utiliser un tunnel ferroviaire désaffecté. Les habitants de la vallée, eux, espèrent que le tunnel revitalisera l'économie sinistrée de la région.

1

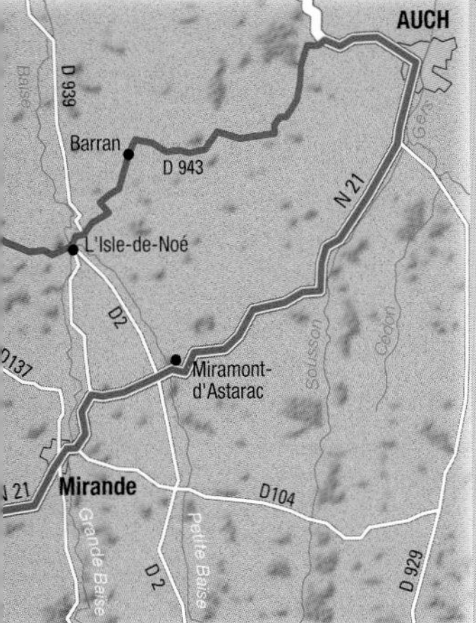

2

Le col d'Aspin

1 Il est situé à 1 489 m d'altitude.

Le col d'Aubisque

2 Le pottok, petit cheval des Pyrénées, vit depuis des millénaires dans la montagne.

3

4

Près du col d'Aubisque, la chapelle d'Arrens-Marsous

3 Sa voûte est constellée d'étoiles peintes.

4 Confessionnaux en bois noble réhaussé de motifs rocaille

Auch, la cathédrale Sainte-Marie

5 Détail de la façade occidentale

6 L'édifice dominant la ville

7 L'un des vitraux de la chapelle du Purgatoire

7

5

6

1 137 Aure (Vallée et cirque d')

 50/A6

(65) De Saint-Lary-Soulan à Arreau, cette vallée, aux versants couverts de hêtres et de sapins, se dessine en arc de cercle autour de l'Arbizon (2 831 m). Les glaciers y ont créé des épaulements, des vallons suspendus et des bassins. En altitude, ils ont creusé des cirques, que l'on découvre en remontant les vallées de Rioumajou, de Géla ou de Badet, et d'où partent des sentiers vers les cols.

👁 au cœur de la vallée le village d'**Arreau,** qui constitue le point de départ vers les cols d'Aspin et de Peyresourde. Il se situe à égale distance entre l'Atlantique et la Méditerranée. Cette ancienne capitale du pays des Quatre Vallées a conservé de son passé des maisons à colombages et de jolies halles.

1 138 Aurignac

 50/C4

(31) ℹ Tél. : 05 61 98 70 06. Tél. mairie : 05 61 98 90 08

Les adeptes de la préhistoire connaissent forcément cette cité, située au nord-est de Saint-Gaudens, dont le clocher de l'église (XVIe s.) forme une porte fortifiée. Les fouilles d'Édouard Lartet (au milieu du XIXe s.), paléontologue du Gers, aboutirent à la définition de la période aurignacienne. Un musée est d'ailleurs consacré à la préhistoire.

👁 à 15 km (S-E) **Saint-Martory,** la patrie du spéléologue Norbert Casteret, qui est dotée d'un joli pont du XVIIIe s. reliant le village à l'autre rive de la Garonne, où s'élève le château Renaissance de Montpezat (remanié au XIXe s.) – que l'on ne visite pas.

👁 à 16 km (E) **Martres-Tolosane,** cernée par un boulevard circulaire, qui perpétue ses techniques en matière de faïenceries depuis le XVIIIe s. L'église Saint-Vidian (XIVe s.), fondée sur une nécropole paléochrétienne, abrite de beaux sarcophages.

1 139 Auvillar

 42/C8

(82) Plumes d'oie à écrire et faïences faisaient jadis la réputation de ce petit bourg plein de charme. Sa place de la Halle est surprenante : triangulaire, elle est entourée de maisons en briques des XVIIe et XVIIIe s. Depuis l'esplanade de l'ancien château, ⁂ sur les châteaux et villages de la vallée de la Garonne.

1 140 Aveyron (Gorges de l')

 42/F8

(82) ℹ Tél. grotte du Bosc : 05 63 30 62 91

Elles entaillent profondément le calcaire du causse Saint-Antonin. Depuis la route en corniche (D 115 et 115B), ⁂ sur le canyon. À la limite du Quercy, de l'Albigeois et du Rouergue, les hautes falaises des rochers d'Anglars, à Saint-Antonin-Noble-Val, sont impressionnantes.

👁 à 3 km (N-E) la **grotte du Bosc,** longue galerie de 200 m, qui abrite un Musée minéralogique et préhistorique.

1 141 Ayous (Lacs d')

 49/G6

(64) Dans la vallée d'Ossau, ces somptueux lacs, situés à plus de 1 900 m d'altitude près du parc national des Pyrénées, offrent des vues imprenables sur le pic du Midi d'Ossau.

1 142 Bagnères-de-Bigorre

 49/J5

(65) ℹ Tél. : 05 62 95 50 71

Bagnères est une ville thermale située à 15 km de Tarbes. Son vieux quartier est traversé par les allées des Coustous, très animées. L'église Saint-Vincent, du XVIe s., et la tour des Jacobins, du XVe s., constituent les principaux monuments de la cité. Les établissements de cure, de style néo-classique, se dressent à proximité d'un vaste parc ombragé. Le musée de Salies présente des céramiques et diverses toiles, alors que le musée bigourdan du Vieux-Moulin donne une idée de la vie traditionnelle dans la vallée du haut Adour.

LES LACS D'AYOUS

Depuis GABAS, village de montagne, une promenade pédestre facile (3 h) mène d'abord au lac de Bious-Artigues qui offre, sur sa rive gauche, un panorama somptueux sur le pic du Midi d'Ossau. En suivant le GR 10, on atteint les lacs d'Ayous.

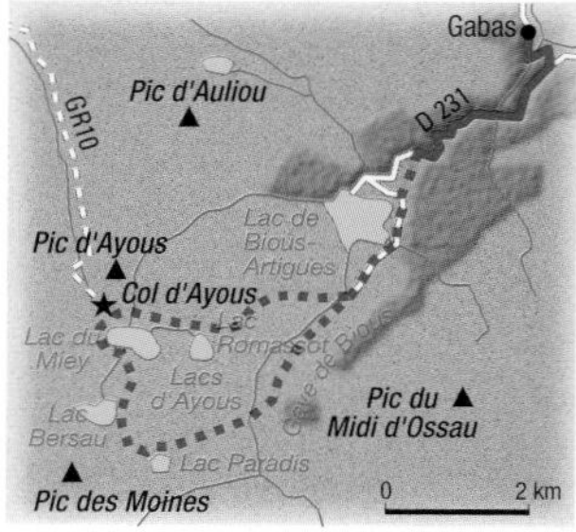

La vue sur les sommets pyrénéens est superbe, notamment depuis les lacs Romassot et du Miey. Les lacs Bersau et Paradis se découvrent ensuite, avant de longer le gave de Bious jusqu'à Gabas.

LE GÂTEAU À LA BROCHE

Après un bon repas bigourdan, le gâteau à la broche est un véritable régal en dessert. Il est plutôt difficile à réaliser, mais il est possible de le déguster chez les restaurateurs et pâtissiers de **Bagnères-de-Bigorre** et de Campan. Sa pâte, composée de farine, d'œufs, de beurre ainsi que de sucre vanillé, et relevée par du pastis ou du rhum, est versée régulièrement sur une broche (munie d'un cône en bois), qui tourne dans la cheminée. En raison des pointes qui se forment lors de la cuisson sur le gâteau, on a donné à ce dessert le surnom de rocher des Pyrénées. L'origine de ce fameux dessert est incertaine. S'il s'agit d'une spécialité de la région de Bagnères, on trouve ses cousins en Aveyron, en Alsace et même en Pologne. Pour certains, son origine remonte à Napoléon : ses soldats auraient rapporté ce mets de la campagne de Russie, en 1810.

Dans la vallée d'Aure, Arreau

1 Les halles

Auvillar

2 La tour de l'Horloge

Dans les gorges de l'Aveyron, Saint-Antonin-Noble-Val

3 Les gorges, près du village

4 Les maisons du village

Les lacs Ayous

5 Le pic du Midi d'Ossau et le lac d'Ayous

1 143 Bagnères-de-Luchon

50/B6

(31) i Tél. : 05 61 79 21 21
Cette station thermale entourée de montagnes, demeure des passionnés de la glisse (en hiver), propose de multiples excursions : la vallée d'Oô et son lac ou la vallée de la Pique qui abrite le port de Vénasque (2 248 m) ; sur le massif de la Maladetta.

la **vallée du Lys,** à l'entrée de laquelle se situe la ville. Du gouffre Richard, le torrent qui se jette dans une cuve rocheuse apparaît particulièrement majestueux. La cascade d'Enfer est l'une des plus belles chutes d'eau des Pyrénées.

1 144 Balaïtous (Pic de)

49/H6

(65) Les randonneurs confirmés se rendront d'abord au refuge du Balaïtous par la vallée du gave d'Arrens, et pousseront jusqu'au col de la Peyre Saint-Martin. Du barrage du Tech, sur le pic (3 146 m).

1 145 Bara-Bahau (Grotte de)

42/C4

(24) i Tél. : 05 53 07 44 58. Tél. Le Bugue : 05 53 07 20 48
Cette caverne, ouverte dans un plateau calcaire, est célèbre pour ses gravures d'animaux, et ses griffures d'ours.

à moins de 5 km (E), située aux portes du Périgord noir, la petite cité du **Bugue,** qui possède un curieux aquarium, à ciel ouvert, de poissons d'eau douce. Les amateurs d'histoire ou de nature ne manqueront pas le musée de Paléontologie et la maison de la Vie sauvage.

1 146 Bayonne

48/D3

(64) i Tél. : 05 59 46 01 46
La ville doit la réputation de son jambon à la qualité de son sel. Terre de confluence à cheval sur l'Adour et la Nive, elle connut ses heures de gloire au XVIIIe s. avec son trafic maritime. Le Grand Bayonne est le cœur historique de la cité, avec la place de la Liberté. En prenant le pont Mayou qui enjambe la Nive, on gagne le musée Bonnat, qui présente des peintures et des sculptures du XIVe au XIXe s. (Delacroix, Géricault, Degas...). De l'autre côté de la rivière, la cathédrale gothique Sainte-Marie (XIIIe-XVIe s.) est pourvue d'un très beau cloître du XIVe s. Sur la rive droite de l'Adour, une imposante citadelle, édifiée par Vauban, domine le quartier Saint-Esprit.

à 7 km (N-O), sur la même rive, la **barre de l'Adour,** longue de 1 km. Elle fut bâtie pour limiter l'errance de l'embouchure du fleuve. Depuis cette digue, sur la côte des Landes et sur la Côte d'Argent.

1 147 Beaumont

42/C5

(24) i Tél. mairie Saint-Avit : 05 53 22 32 27
Cette imposante bastide du XIIIe s. a conservé de son enceinte une porte, et de sa place centrale trois côtés bordés de maisons à cornières. À proximité se dresse l'église entourée de quatre tours rectangulaires.

à moins de 10 km (E) **Saint-Avit-Sénieur,** qui est dominé par les vestiges d'une abbaye du XIe s. (musée de géologie et d'archéologie).

1 148 Bergerac

42/B4

(24) i Tél. : 05 53 57 03 11. Tél. Monbazillac : 05 53 63 65 00
De l'église Notre-Dame au marché couvert, la ville de Cyrano séduit par ses vieux quartiers. Près du musée d'Art sacré, l'église Saint-Jacques abrite diverses œuvres contemporaines. Des demeures médiévales préparent à la découverte de la maison Peyrarède où se trouve le musée du Tabac. Le musée du Vin et de la Batellerie mérite également une visite.

à moins de 10 km (S) le **château de Monbazillac,** qui s'élève au-dessus d'un vaste vignoble, célèbre pour son vin blanc liquoreux. À l'intérieur, le musée du Protestantisme rappelle une période souvent sanglante de l'histoire de la vallée de la Dordogne.

LE SUD LANDAIS

En partant de BAYONNE, il faut flâner dans l'arrière-pays basque en passant par Saint-Martin-de-Seignanx, Saint-André-de-Seignanx, puis Saint-Vincent-de-Tyrosse avant de rejoindre les abords des étangs Blanc et Noir, et Seignosse.

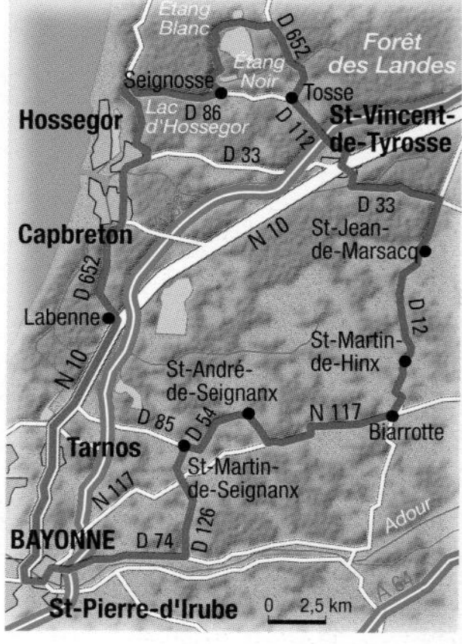

Une halte dans la station balnéaire d'Hossegor s'impose. Mais il est également possible de se prélasser autour de son lac, salé, cerné de pins. Capbreton, sur le trajet du retour, offre, de la jetée, un bel aperçu de la côte et des Pyrénées basques.

LE TABAC EN DORDOGNE

Le premier département français producteur d'herbe à Nicot – sur 4 500 ha – se devait d'abriter deux institutions spécialisées : l'Institut expérimental des tabacs, centre de recherches d'une valeur scientifique incontestable, et le musée d'intérêt national du Tabac, installé dans le vieux quartier de **Bergerac.** On peut y admirer une concentration d'objets et de souvenirs souvent rares, tous relatifs au tabac, dans l'histoire, la politique, les mœurs, dans les secrets de sa culture et de sa fabrication, dans l'immense variété de son conditionnement et de sa consommation. Pipes, tabatières, enseignes, gravures et tableaux témoignent, à travers les âges et les lieux, de l'universalité du pétun de Cyrano.

1

Bagnères-de-Luchon

1 L'établissement thermal

Près du pic de Balaïtous

2 Le pic de Clot Bédout (2 461 m)

2

Bayonne, la cathédrale Sainte-Marie

3 Détail de la façade

4 Fresque du XVIe s. dans la chapelle des Fonts Baptismaux

5 Le cloître adossé à l'édifice

3

4

5

1 149 Bétharram (Grottes de)

 49/**H5**

(64) *i* Tél. : 05 62 41 80 04. Tél. Asson : 05 59 71 03 34
Au bord du gave de Pau, ces grottes aménagées sur 2,8 km présentent un dédale de galeries. Répartie sur cinq étages, la visite se fait en partie en barque sur la rivière souterraine, et en petit train.

👁 à moins de 5 km (E) **Saint-Pé-de-Bigorre** – fréquenté pour sa base de plein air –, qui est doté d'une ancienne abbatiale romane.

👁 à environ 10 km (N-O) le **parc zoologique d'Asson,** qui accueille flamants roses, perroquets, perruches, mais aussi singes et lémuriens.

1 150 Bethmale

 50/**C6**

(09) La toute petite commune de Bethmale, avec moins de 80 habitants aujourd'hui, fut longtemps connue pour son isolement et sa population peu nombreuse. La vallée du même nom est également très enclavée. Elle doit sa célébrité à la beauté du costume traditionnel des villageois, reconnaissable aux vestes de laine écrue à parements multicolores et aux sabots à la haute pointe recourbée. Les vêtements d'apparat ne sortent plus que pour les fêtes et intriguent toujours les ethnologues.

1 151 Beynac (Château de)

 42/**D4**

(24) *i* Tél. : 05 53 29 50 40. Tél. Castelnaud : 05 53 31 30 00
Cet impressionnant château fort (XIIIe-XVIe s.) domine le village et la Dordogne. En cours de restauration depuis de longues années, l'intérieur témoigne toujours de la puissance des seigneurs qui l'occupaient jadis : chambre du Diable, salle des États du Périgord, fresques gothiques dans le petit oratoire, etc.

👁 le **château de Castelnaud,** qui se dresse sur la rive opposée de la rivière. Anglais pendant la guerre de Cent Ans, il entrait régulièrement en conflit contre Beynac, français. La Dordogne constituait la limite des territoires. Un musée de la guerre au Moyen Âge est aménagé dans la forteresse. Depuis la terrasse, ⁂ sur la vallée.

1 152 Biarritz

 48/**D3**

(64) *i* Tél. : 05 59 22 37 00
Paradis des surfeurs, Biarritz, chère à l'impératrice Eugénie, a toujours vécu au rythme de l'océan. Ses principaux sites sont marins : musée de la Mer, plage de la Côte des Basques, Grande Plage encadrée par le phare d'un côté et le rocher de la Vierge de l'autre. De là, une passerelle permet de rejoindre le plateau de l'Atalaye. Mais on n'oubliera pas non plus les villas aristocratiques de l'intérieur, aujourd'hui protégées.

👁 la **plage de la Chambre d'amour,** longue de 2 km, qui tire son nom de la légende de deux amants noyés par la marée dans une grotte du cap Saint-Martin, au sud du site.

1 153 Blasimon (Abbaye de)

 41/**J5**

(33) *i* Tél. : 05 56 71 59 62
La façade de cette abbaye bénédictine (XIIe-XIIIe s.), nichée au fond d'un vallon, doit être admirée en fin de journée, lorsque les rayons du soleil couchant accentuent le relief des élégantes sculptures de son portail.

1 154 Bonaguil (Château de)

 42/**C6**

(47) *i* Tél. : 05 53 71 90 33
Étonnant, ce château édifié sur une aiguille rocheuse s'impose comme un modèle de l'architecture militaire du Moyen Âge finissant (1480-1520). Exceptionnel par sa taille, avec une enceinte longue de 350 m, il est l'un des précurseurs des systèmes défensifs de la Renaissance et de l'âge classique : canonnières et mousqueterie.

👁 à 20 km environ (E), au bord du Lot, **Puy-l'Évêque,** qui a gardé de vieilles maisons médiévales en pierres ocre. La ville est dominée par un donjon carré, vestige de l'ancien château des évêques de Cahors.

LE COUSERANS

Au départ de BETHMALE, on entre dans la vallée du même nom, aux versants bosselés. Par Sentenac-d'Oust et Seix, on atteint le château de la Garde qui domine ce village, au sud. Les gorges de Ribaouto – au fond desquelles coule le Salat –, après Oust, conduisent, au nord, à Saint-Girons. Après un détour par Saint-Lizier, on passe par Luzenac, situé sur la rive droite du Lez, pour rejoindre Castillon-en-Couserans. Une remarquable chapelle du XIIe s. s'y élève.

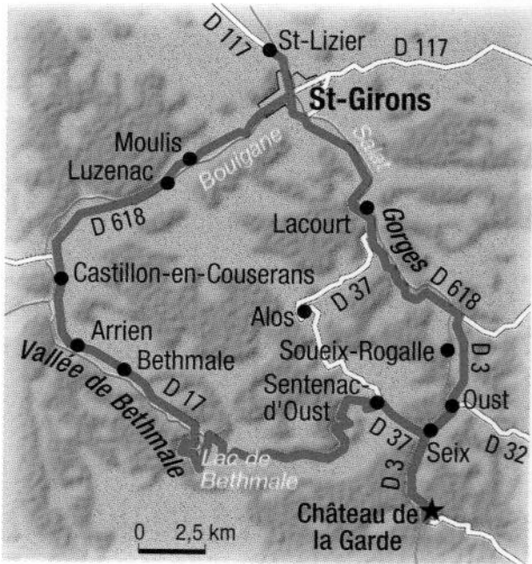

DES VAGUES AU SURF

Mouvements ondulatoires, les vagues sont forcées, poussées par le vent, ou libres (houle) – se propagent par leur propre mouvement dérivant. Généralement, c'est la vibration qui se déplace et non l'eau. À proximité des côtes, les hauts-fonds déforment les vagues, les transformant en déferlantes, ou *surf* en anglais. Le littoral entre Lacanau et Saint-Jean-de-Luz est réputé pour ses rouleaux, qui en font un site idéal pour le surf, introduit en 1955 sur la côte basque par un Américain, Peter Viartel. Un championnat du monde amateur est créé, pour la première fois en Europe, en 1980, à **Biarritz.** Mais les Landais se disent les précurseurs de ce sport, car ils assuraient autrefois le transport des billots de bois par flottage sur mer (*coungate*), et montaient même parfois dessus !

1

2

Le château de Beynac
1 Le sommet du donjon
2 L'édifice, nid d'aigle veillant sur la vallée de la Dordogne

3

4

Biarritz
3 La plage de la Côte des Basques
4 Le rocher de la Vierge

5

Le château de Bonaguil
5 La grande salle du logis seigneurial et la grosse tour en arrière-plan
6 La forteresse, sur son éperon rocheux

6

1 155 Bordeaux

  41/G4

(33) *i* Tél. : 05 56 00 66 00

Mondialement connue pour le négoce de ses fameux vins, la capitale de l'Aquitaine s'étend en forme de croissant, que l'on retrouve sur ses armoiries. À côté du visage classique de sa façade portuaire du XVIIIe s. sur la Garonne (à voir du Pont de pierre, premier pont de la ville), le quartier des Chartrons, où les négociants firent construire au XVe s. de nombreux entrepôts à vins et des hôtels particuliers (voir le musée des Chartrons), est dynamisé par la moderne Cité mondiale. De la porte d'Aquitaine au Grand-Théâtre, la rue Sainte-Catherine est l'axe commerçant du centre-ville, ponctué par la pittoresque place Saint-Projet.

La place Gambetta

Créée par Tourny en 1743, elle fut inaugurée en 1770 au nom de la dauphine Marie-Antoinette… et désignée en 1793 pour accueillir la guillotine. Cœur vivant de la ville, la place est remarquable par l'unité de ses façades et son jardin à l'anglaise.

Le musée des Beaux-Arts

Ses collections, du XVe au XXe s., regroupent des œuvres de la Renaissance italienne, des écoles flamande et hollandaise, des peintures de paysagistes (Barbizon et Bordeaux), ou encore de Chardin, Delacroix, ainsi que de Soutine et Picasso pour le XXe s.

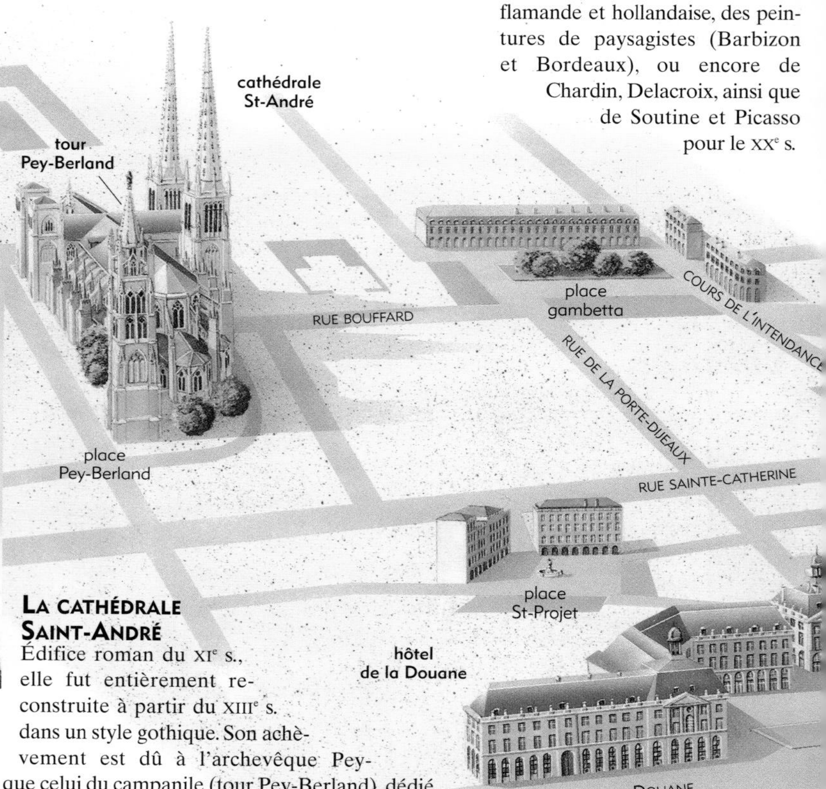

La tour Pey-Berland

La cathédrale Saint-André

Édifice roman du XIe s., elle fut entièrement reconstruite à partir du XIIIe s. dans un style gothique. Son achèvement est dû à l'archevêque Pey-Berland, de même que celui du campanile (tour Pey-Berland), dédié en 1440 à la Vierge. À côté de la cathédrale se trouvent l'hôtel de ville (palais Rohan, XVIIIe s.), le musée des Beaux-Arts, le musée des Arts décoratifs et le centre Jean-Moulin (musée de la Résistance).

Le Pont de pierre

La façade du Grand-Théâtre

Le Grand-Théâtre

Chef-d'œuvre de Victor Louis, il fut édifié de 1773 à 1780. Les dimensions de son escalier monumental à trois volées, éclairé par une coupole, inspirèrent Francis Garnier pour la construction de l'opéra de Paris. Conçu à l'image d'un temple grec, il présente une façade constituée d'un vaste péristyle à l'antique surmonté de douze statues représentant les neuf Muses et trois déesses. De là partent les allées de Tourny, promenade conçue à la même époque.

L'une des statues ornant le théâtre

Le musée d'Aquitaine

Il retrace la vie des hommes de la région, de la préhistoire à nos jours : hâches de l'âge du fer, bijoux et armes de l'âge du bronze, fragments de remparts, de mosaïques, de céramiques et de verreries de l'époque gallo-romaine, sarcophages et chapiteaux romans pour la période médiévale, documents historiques sur la ville de Bordeaux, etc.

L'église Notre-Dame

Sa façade baroque se cache au milieu de ruelles noircies. Sa restauration intérieure et la sobriété de sa nef mettent en valeur un mobilier extraordinaire, dont un maître-autel en marbre blanc et de superbes grilles ouvragées du XVIIIe s.

La façade de l'église Notre-Dame

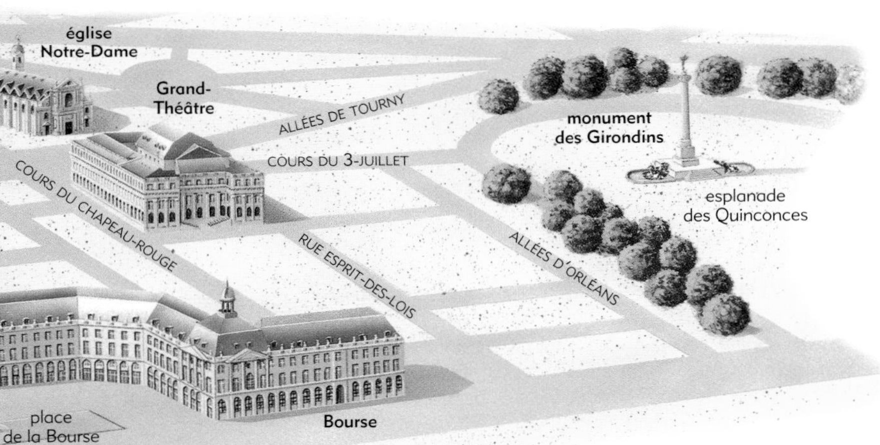

La place de la Bourse

Cette ancienne place Royale dédiée à Louis XV est l'œuvre de Jacques Gabriel. Face à la Garonne, elle est bordée, par l'hôtel des Douanes d'un côté, et de l'autre par le palais de la Bourse. La fontaine des Trois-Grâces remplaça la statue du roi en 1864. Derrière la place de la Bourse s'étend le vieux Bordeaux.

La place du Parlement

Au cœur du vieux Bordeaux, elle est bordée d'immeubles Louis XV et de demeures à arcades. La fontaine construite au centre de la place date du second Empire. Le quartier Saint-Pierre, avec ses maisons du XVIIIe s., s'ouvre à l'est.

La fontaine en bronze du monument aux Girondins

À VOIR AUSSI

L'église Saint-Seurin (XIe s.)

L'église Saint-Michel (XIVe-XVe s., avec sa flèche de 110 m)

La Grosse Cloche (porte Saint-Éloi, XVe s.)

Le Centre d'art plastique contemporain (CAPC, ancien entrepôt Lainé)

Le croiseur Colbert (musée militaire)

L'esplanade des Quinconces

Elle fut aménagée à la place du château Trompette à la fin des années 1820. Elle tire son nom de ses arbres plantés en quinconce. Outre le monument aux Girondins, on y trouve les statues de Montaigne et de Montesquieu.

1 156 Branlant (Roc)

 34/B8

(24) Au nord de Nontron s'étendent des paysages entaillant des gorges coupées de cascades et entourées de chênes et de châtaigniers. Le roc Branlant ou Cassenoisette, chaos rocheux très érodé, se retrouve en équilibre. Proche de la D 675, le roc Poperdu est un étrange bloc modelé par les eaux dans un site sauvage.

1 157 Brantôme

  42/B2

(24) ℹ Tél. : 05 53 05 80 52. Tél. Bourdeilles : 05 53 03 42 96

Le long d'un méandre de la Dronne, au cœur du Périgord vert, se découvre la ville et son abbaye bénédictine, autrefois très influente dans la région. Bâtie au VIIIe s., elle compte encore des vestiges des habitations des premiers moines. Ce havre de paix doit sa célébrité à son charme, mais aussi à Pierre de Bourdeille (v. 1540-1614), dont les ouvrages, parmi lesquels les *Vies des dames galantes,* ont été publiés sous le nom de seigneur de Brantôme.

👁 à 10 km (S-O) l'enceinte médiévale de **Bourdeilles,** dressée sur son piton rocheux, qui renferme deux châteaux : l'un médiéval, l'autre Renaissance. Depuis les terrasses, on peut apercevoir un pont gothique et un moulin du XVIIe s., en forme de bateau.

1 158 Brède (Château de la)

 41/G5

(33) ℹ Tél. : 05 56 20 20 49

« C'est le plus beau lieu champêtre que je connaisse », disait Montesquieu à propos du château (XIIe-XVe s.) où il vécut. Isolée sur son îlot, la demeure garde l'aspect guerrier d'un manoir médiéval. La chambre du philosophe est meublée telle qu'elle était au XVIIIe s. Le parc qui l'entoure, avec ses vastes pelouses, enlève à l'édifice toute sa sévérité.

1 159 Cadouin

 42/C5

(24) ℹ Tél. cloître : 05 53 63 36 28

Le village s'est développé autour de l'abbatiale, austère construction cistercienne du XIIe s., à la façade massive percée de trois grandes fenêtres en plein cintre. Mais le cloître, gothique flamboyant du XVIe s., tranche par sa décoration avec cette rigueur.

👁 à 12 km (E) **Belvès** qui, construite dans un site remarquable, sur un promontoire à l'emplacement d'un établissement gallo-romain, a conservé, sur la place d'Armes, son beffroi et sa halle du XVe s., autour desquels se groupent de vieilles maisons à tourelles.

1 160 Cambo-les-Bains

 48/D4

(64) ℹ Tél. : 05 59 29 70 25

Cette station de cure où séjourna Edmond Rostand jouit d'un climat doux. La villa Arnaga est perchée sur un promontoire agrémenté, grâce au dramaturge, de jardins à la française.

👁 à 4 km (S) le village d'**Itxassou,** qui se distingue, quant à lui, grâce à ses excellentes cerises. De Laxia, on arrive à l'Artzamendi (926 m), massif aux vallées encaissées, où paissent des pottoks, une race de poneys.

☀ sur l'autre côté de la frontière.

👁 à 5 km (S) le **défilé du Pas de Roland,** qui fut ouvert, selon la légende, par le sabot du cheval de Roland, alors poursuivi par les Vascons. La Nive a en fait creusé cette gorge étroite dans des quartzites.

1 161 Campan et Gripp (Vallées de)

 49/J5

(65) Ces belles vallées glaciaires forment un arc de cercle autour du massif du pic du Midi de Bigorre. En amont de celle de Gripp se trouvent les cascades du Garet et d'Arizes. Le marbre vert veiné de rouge et de blanc de la carrière d'Espiadet, toute proche du col d'Aspin, a servi à la construction du Grand-Trianon, du château Sans-Souci de Potsdam et de l'Opéra Garnier.

LES QUATRE COULEURS DU PÉRIGORD

Au nord du Bassin aquitain, le Périgord est un plateau entaillé de vallées dont les escarpements sont troués de grottes et d'abris, habitats ou sites artistiques des hommes du paléolithique. Il est divisé en quatre parties. Au nord-est, le Périgord vert, dont **Brantôme** constitue la limite méridionale, au relief doux recouvert de forêts. Au nord, autour de Périgueux, le Périgord blanc, véritable causse où des affleurements rocheux, les queyrous, sont visibles. Plus au sud, avec Sarlat pour cœur, le Périgord noir, qui doit son nom aux chênaies et surtout aux châtaigneraies sombres, formé de grès et de calcaire et profondément entaillé par la Dordogne et ses affluents. Enfin, au sud-sud-ouest, le Périgord pourpre, ainsi baptisé en raison de la couleur des toits et de la pierre.

LES PLUMES DE GUYENNE

Ausone, Montaigne, Montesquieu, Mauriac : quatre, comme les mousquetaires, ils comptent parmi les plus grands écrivains de la région. Précurseur des troubadours et de Ronsard, Ausone, de sa villa de Loupiac, a chanté la paix gallo-romaine. Dans la librairie de Montaigne, au plafond orné de maximes, combien d'essais studieux ont précédé ceux que publia Montesquieu, conseiller au parlement de Bordeaux ? Et en son îlot de **la Brède,** l'auteur de *De l'Esprit des lois* pouvait certes se demander comment on peut être persan. Malagar (tél : 05 57 98 17 17), demeure familiale chère à François Mauriac, reste le creuset d'une peinture féroce des mœurs du début du XXe s., que Toulouse-Lautrec, dont la tombe est proche, n'eût pas désavouée.

Brantôme, l'abbaye

1 Détail du portail

2 L'église et les bâtiments conventuels

Cadouin, l'abbatiale

3 Le cloître

4 Colonne sculptée

5 La Vierge, peinture murale

Près de Cambo-les-Bains, le défilé du Pas de Roland

6 La gorge étroite creusée par la Nive

1 162 Cap-Ferret (Pointe du)

40/**E5**

(33) Tél. Le Cap-Ferret : 05 56 03 94 49

Entre le bassin d'Arcachon et l'Atlantique, cette étroite flèche de sable offre le charme d'une plage océane sauvage et celui d'une côte abritée par les pinèdes. Depuis le phare (qui se visite), sur le bassin. La station balnéaire du Cap-Ferret a installé ses hôtels et ses villas au milieu des pins.

1 163 Castres

51/**G3**

(81) Tél. : 05 63 62 63 62

Surplombant l'Agout, les maisons à encorbellement des tanneurs et des teinturiers rappellent les traditions lainières de la cité, qui remontent au XIVe s. Dans l'ancien palais épiscopal, le musée Goya possède des peintures espagnoles. L'église Notre-Dame-de-la-Platé, le musée Jaurès et l'hôtel de Nayrac sont également à découvrir. La vieille ville est animée les jours de marché (place Jean-Jaurès).

1 164 Cauterets

49/**H6**

(65) Tél. : 05 62 92 50 50

Marguerite de Navarre, George Sand, Alfred de Vigny, Victor Hugo, René de Chateaubriand ont fait de cette station thermale la plus littéraire des Pyrénées. Cette ville magnifique, cernée par la montagne, déploie ses beaux bâtiments du XIXe s. Comme sortie d'un décor de cinéma, la gare en bois, édifiée en 1897, reste le monument le plus original de Cauterets. Des télécabines permettent d'accéder au domaine skiable de la station.

à moins de 15 km (S-O) le **lac de Gaube,** dont les eaux bleues sont dominées par le Vignemale et encaissées entre d'âpres parois nues, qui constitue un but d'excursion rituel (1h 30 à pied). On l'atteint par le **val de Jéret,** qui mérite une randonnée pédestre, notamment pour ses nombreuses cascades, celle du Cerisey, celle du Pas de l'Ours, etc. Après le pont d'Espagne, la **vallée du Marcadau** montre prairies et verrous glaciaires.

la **vallée du Lutour,** qui s'ouvre également à partir de Cauterets. Partant de la D 920, une route raide et étroite conduit à la la cascade du Lutour, puis à la Fruitière. Elle débouche sur une clairière ; dans un décor de pelouse et d'éboulis, un sentier (1 h 30) monte au lac d'Estom.

1 165 Condom

42/**A8**

(32) Tél. : 05 62 28 00 80

La ville a prolongé son environnement rural en créant de nombreux jardins et jardinets. Dominant la cité, la cathédrale Saint-Pierre (1507-1531) est l'un des derniers représentants de l'art gothique du Sud-Ouest. Surmontée d'une haute tour carrée, elle est flanquée d'un cloître flamboyant au-dessus duquel s'élèvent les bâtiments de l'hôtel de ville et de l'ancien évêché. Une promenade en bateau sur la Baïse permet, par des haltes instructives, de découvrir l'histoire du négoce de l'armagnac : exposition, installée dans un ancien moulin, sur l'histoire de la navigation, visite des chais, etc.

à 5,5 km (O) le minuscule village de **Larressingle,** qui se blottit à l'intérieur de ses murailles bien conservées. Au centre s'élèvent le donjon, vestige de l'ancien château, et l'église à deux chœurs emboîtés.

à moins de 15 km (N-O) la petite bastide (XIIIe s.), au plan circulaire, de **Fourcès,** qui possède une charmante place ronde. Les vieilles maisons à colombages sont dominées par une puissante forteresse des XVe et XVIe s.

1 166 Cordes-sur-Ciel

42/**F8**

(81) Tél. : 05 63 56 00 52

La « ville aux cent ogives » a, comme Cordoue en Espagne, emprunté son nom aux ateliers du cuir et des étoffes qui ont fait sa fortune aux XIIIe et XIVe s. La cité est un fouillis de ruelles bordées par des maisons gothiques aux vieux portails, dont celles du Grand Veneur et du Grand-Fauconnier qui présentent de remarquables façades sculptées… Plusieurs musées, une église, une halle complètent ce bel ensemble architectural.

LES DUNES LITTORALES

Entre la pointe de Grave et l'embouchure de l'Adour, en passant par la flèche du **Cap-Ferret,** s'étend une immense plage (230 km) de sable fin, bordée à l'est par des dunes. Chaque année, l'océan dépose de 15 à 18 m^3 de sable par mètre de côte. Face à une houle de nord-ouest, ces dunes transversales, séparées par des lettes, ou couloirs intermédiaires, sont partiellement fixées. Battues par les vents d'ouest, celles d'estran sont creusées de *caoudeyres* (chaudières en gascon) où poussent des chardons ou des immortelles argentées. Ces mêmes vents transportent le sable vers l'intérieur. Celui-ci s'accumule, formant peu à peu les dunes littorales qui, retenues à l'aide de madriers à partir de 1788, sont aujourd'hui larges de 5 km et couvrent 3 000 ha.

L'ARMAGNAC

L'armagnac est une longue histoire d'amour. C'est l'amour du terroir d'abord, aux cépages adaptés aux promesses des trois aires de production : Haut-Armagnac (Auch), Ténarèze **(Condom),** Bas-Armagnac (Eauze). C'est aussi l'amour de l'élaboration : chauffé en alambics qu'on dit venus d'Égypte, le vin distille en continu. L'alcool mûrit en fûts de chêne : là, l'exacte épaisseur des douelles de bois neuf qui font les pièces de 400 litres assure une bonne oxydation, une correcte mobilisation des tanins et une évaporation suffisante – la « part des anges ». Enfin, c'est l'amour de la dégustation : du gobelet chauffé au creux des doigts s'exhale le bouquet – violette ou pruneau – qui résume toute l'histoire.

1

La pointe du Cap-Ferret
1 La plage, à l'entrée du bassin d'Arcachon

Près de Cauterets, la vallée du Lutour
2 Les rives du torrent

2

3

Castres
3 Les jardins et la façade du musée Goya

Condom
4 Le cloître de la cathédrale Saint-Pierre

4

Cordes-sur-Ciel
5 Sept enceintes l'ont entouré au Moyen Âge
6 Façades gothiques

5
6

1 167 Cordouan (Phare de) 32/F8

(33) Tél. Royan : 05 46 23 00 00
Aves ses 66 m de haut et ses 301 marches, ce phare en plein milieu de l'océan abrite une décoration digne de celle d'un château. Ce belvédère Renaissance comprend un appartement du Roi et une chapelle.
au départ de Verdon ou de Royan.

1 168 Corniches (Route des) 50/E6

(09) Surplombant le val d'Ariège, cette route regorge de trésors de l'art roman. À partir de Luzenac, la D 2 conduit au col de Chioula (1 431 m) : sur la vallée, les Pyrénées ariégeoises et la montagne de Tabe. À Mercus, l'église Saint-Louis est dotée d'un portail aux somptueuses sculptures. Un circuit passant par Unac, Vernaux, Axiat et Arnave permet de découvrir d'autres chapelles et sanctuaires.

1 169 Dax 48/F2

(40) Tél. : 05 58 56 86 86
Dax est une vieille ville thermale – l'empereur Auguste y avait amené sa fille –, sans richesse architecturale majeure, mais qui a su éviter, notamment grâce aux corridas, la mélancolie de certaines stations. Le lieu le plus visité est la Fontaine chaude, qui jaillit à 64 °C dans un petit bassin. Le musée de Borda, dans un hôtel du XVIIe s., parcourt l'histoire de la ville. Le parc du Sarrat abrite des espèces rares et protégées. La cathédrale ne conserve de l'édifice gothique, qui s'effondra au XVIIe s., que le portail des Apôtres. Au sud de la ville, le musée de l'Aviation légère et de l'Armée de terre (Alat) présente diverses collections d'avions et d'hélicoptères de combat.
: fêtes traditionnelles de Dax (mi-août) ; corridas, jeux de vachettes, spectacles folkloriques…
à 2 km (N) l'église de **Saint-Paul-lès-Dax,** qui a gardé son chevet et ses chapiteaux romans du XIIe s.

1 170 Domme 42/D5

(24) Tél. : 05 53 31 71 00
Depuis cette charmante ville, bâtie sur un promontoire, sur la vallée de la Dordogne. Le belvédère de la Barre, la promenade des falaises et le jardin public offrent également des panoramas à couper le souffle. Une balade sur les remparts de la Bastide permet de découvrir de belles demeures. Dans la halle se trouve l'entrée de grottes-refuges qui présentent de fines concrétions et des ossements de rhinocéros et de bisons.
à moins de 10 km (N-E), en amont, la rivière qui dessine, au pied d'un château, une belle boucle formant le **cingle de Montfort.** Le GR 64 suit le sommet de la falaise qui le domine. Sur la rive gauche, le lobe du méandre s'élève en pente douce jusqu'à Turnac.

1 171 Duras 42/A5

(47) Tél. château : 05 53 83 77 32
Commandant le vignoble des Côtes de Duras depuis une haute colline, appartenant à une ancienne bastide, le château des ducs fut bâti au début du XIVe s. sur les fondements d'une forteresse médiévale. La belle façade du corps de logis date du XVIIe s. Un montage audiovisuel fait revivre la demeure au cours des siècles. Les salles du rez-de-chaussée abritent également un musée d'Archéologie, d'Arts et Traditions populaires. Le village garde de vieilles maisons à cornières.

1 172 Estaubé (Cirque d') 49/J7

(65) Coincé entre celui de Gavarnie et celui de Troumouse, ce cirque est accessible par un sentier depuis le barrage des Gloriettes. L'amphithéâtre est entouré par le grand Astazou (3 071 m), le pic de Pinède (2 860 m) et le soum de Port-Bieil (2 846 m).

LA CHALOSSE

Au nord-est de DAX se trouve le Berceau de Saint-Vincent-de-Paul, maison natale du saint, et une église néo-byzantine, édifiée au XIXe s. sur les lieux. On gagne Tartas par Buglose, avec sa basilique romane Notre-Dame, et Pontonx-sur-l'Adour. Le beau château de Poyanne (XVIIe s.) s'élève au sud, avant Montfort-en-Chalosse. Ce village accueille un musée et une médiathèque qui présentent l'économie rurale et le monde paysan de la Chalosse. On rejoint la ville thermale de Dax par Candresse.

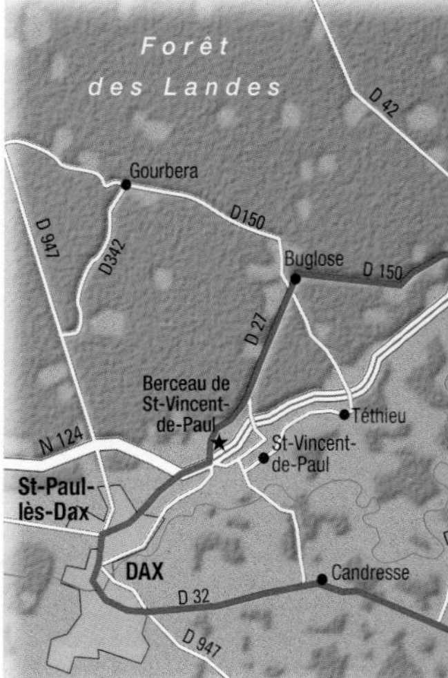

LA COURSE LANDAISE

Si la corrida s'est imposée dans le sud-ouest de la France au XIXe s., entre l'Adour et le bassin d'Arcachon, la course landaise, autre forme de la tauromachie, reste très prisée par les Gascons. Elle est issue des courses de vaches en pleine rue. Il n'est pas question d'affrontement et contrairement au sport espagnol, il n'y a pas de mise à mort. Les cornes de la vache sont protégées par un embout et sa tête maintenue par une longue corde. Un écarteur, face à la vache, attend et la provoque, en l'évitant par des sauts, des figures élégantes et difficiles, ou par d'autres feintes.

1

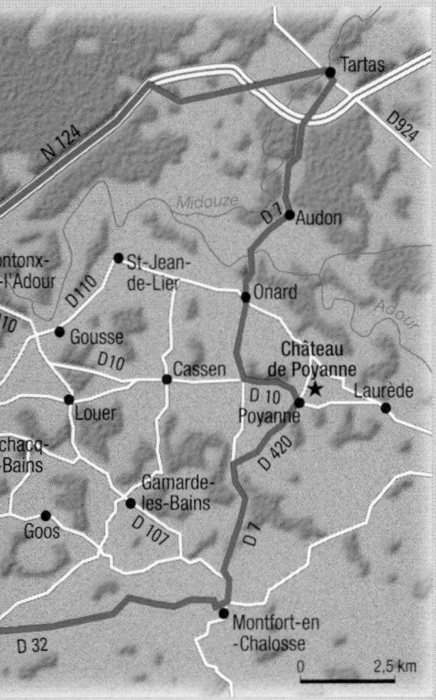

2
3

La route des Corniches
1 Le sommet du pic de Tarbezou

Dax
2 Les arènes

4

5

Domme
3 La porte de la Combe
4 La halle et l'entrée des grottes
5 La statue de Jacquou-le-Croquant

Les bastides du Périgord

Des villes neuves nées de la rivalité des rois

Au XIIIe s., des conflits d'intérêt entre Français et Anglais font jaillir en Périgord des villes fortifiées qui sont autant de places stratégiques. Souvent créées ex nihilo, selon un plan en quadrilatère avec des rues se coupant à angle droit, ces bastides résultent de décisions des comtes de Toulouse, puis des rois de France et d'Angleterre, pour fixer les populations, diminuer l'influence des seigneurs locaux, exploiter les terres environnantes et surveiller les frontières. La création d'une bastide était marquée par l'octroi d'une charte accordant des libertés à ses habitants et par l'appel à venir s'y installer aux populations des environs. La ville nouvelle était divisée en lots égaux et qui voulait y construire sa maison trouvait sur place les matériaux offerts.

Domme : l'imposante porte des Tours

La première bastide : Villefranche-du-Périgord

C'est Guillaume de Bagneux, sénéchal d'Agenais, œuvrant pour le compte d'Alphonse de Poitiers (frère de Saint Louis), qui fonda la première bastide en Périgord, en 1261. Villefranche jouit d'un cadre naturel enchanteur, en surplomb de la Lémance, dans un cirque de forêts de chênes et de châtaigniers. Sa position clé à la frontière de l'Agenais, du Périgord et du Quercy lui a valu et son renom et bien des vicissitudes pendant la guerre de Cent Ans. Aujourd'hui, cette bastide, devenue chef-lieu de canton, joue un grand rôle économique dans la région : non loin des belles maisons sur arcades des XIIe et XIIIe s., la halle sept fois centenaire aux lourdes colonnes de pierres est un haut lieu du commerce des châtaignes et des cèpes.

Villefranche-du-Périgord : ses ruelles moyenâgeuses ont gardé tout leur charme.

À Beaumont-du-Périgord, une église qui fait front

Cette bastide anglaise fut fondée en 1272 par Lucas de Thaney, sénéchal de Guyenne, sur un « beau mont » de la vallée de la Couze, entre Lot et Dordogne. En hommage à Henri III d'Angleterre, père du roi régnant Édouard Ier, la bastide fut construite en forme de H. Les cornières de la place centrale ont souffert des outrages du temps, et de l'enceinte percée de 16 portes fortifiées, il ne subsiste guère que la porte Luzier. Mais le trésor de Beaumont, c'est Saint-Front, une des plus belles églises gothiques militaires du Périgord. Austère, parée de 4 tours carrées, elle rappelle sa vocation défensive en affichant sur son portail une frise de personnages menaçants.

Beaumont-du-Périgord : l'église-forteresse Saint-Front

Le temps s'est arrêté à Monpazier

Le 7 janvier 1284, le duc d'Aquitaine, qui n'était autre que le roi d'Angleterre Édouard Ier, signa l'acte de naissance de Monpazier. Ce joyau d'architecture a gardé sa pureté géométrique, qui en fait la plus parfaite des bastides anglaises du Périgord.

Monpazier :
la grand-place des Cornières

À l'intérieur de son enceinte fortifiée, les rues se croisent à angle droit. Le centre de ce plan en damier est occupé par la magnifique place des Cornières. Bordée par ses galeries à arcades gothiques (les cornières) et leurs maisons médiévales ocre et blanches, cette place accueille toujours une halle aux grains datant des XVe-XVIe s. Monpazier ne compte pas moins de 32 constructions classées monuments historiques.

L'acropole du Périgord : Domme

Domme :
porte du sud-ouest, dite del Bos

Construite sur un promontoire situé à 150 m au-dessus de la vallée de la Dordogne, Domme est la plus belle bastide française du Périgord et, par sa forme rectangulaire, la plus atypique. Fondée en 1281 par le roi Philippe III le Hardi pour contrer la menace anglaise, cette bastide dut essuyer les troubles de la guerre de Cent Ans et des guerres de Religion. Aujourd'hui, le village entier est classé monument historique. Lauriers-roses et pampres de vignes parent les pierres blondes des maisons coiffées de tuiles brunes qui jalonnent des rues tirées au cordeau. La cité médiévale a conservé son enceinte percée de trois portes. La promenade des Remparts culmine avec la porte des Tours, dont les cachots voûtés portent encore les graffiti qu'y tracèrent les Templiers pendant leur captivité. L'esplanade conduit au belvédère de la Barre, une terrasse qui offre un panorama inoubliable.

La rigueur des bastides

Les bastides sont invariablement conçues sur le même modèle d'une rigueur toute militaire. Le plan, d'une parfaite régularité, est quadrillé comme un échiquier. Une enceinte fortifiée enserre la plupart des bastides dans un périmètre très souvent carré ou rectangulaire. Au centre-ville, jouxtant l'église, s'ouvre la place des Cornières, chef-d'œuvre architectural et cœur économique de la cité puisqu'elle accueille la halle ou le marché. La place doit son nom aux majestueuses galeries gothiques à arcades qui la bordent (ce sont les « couverts » ou « cornières »).

Monpazier : la halle aux grains (XVe-XVIe s.)

1 173 Eyzies-de-Tayac-Sireuil (Les)  42/C4

(24) ℹ Tél. : 05 53 06 97 05. Tél. grotte du Grand-Roc : 05 53 06 92 70
La capitale de la préhistoire, traversée par la Vézère, est entourée de falaises ocre percées de cavités. Le musée national de la Préhistoire et le célèbre abri de Cro-Magnon révèlent de précieuses indications sur la vie et les comportements de nos ancêtres.
👁 à moins de 5 km (N-O) la **grotte du Grand-Roc,** qui, outre la vue sur la vallée, offre de somptueuses stalactites et stalagmites, et des cristallisations d'une diversité surprenante.

1 174 Flaran (Abbaye de)  50/A1

(32) ℹ Tél. : 05 62 28 50 19
Bâtie en 1151 sur un îlot de la Baïse, l'abbaye, marquée par l'influence cistercienne, jouit de la sérénité du cadre naturel qui l'entoure. L'église (XIIe-XIIIe s.), son cloître et sa salle capitulaire, aux colonnes en marbre de couleurs différentes, constituent un ensemble architectural de grande qualité. Diverses expositions sont organisées dans le centre culturel départemental, installé dans les bâtiments conventuels. Ces derniers s'ouvrent sur un jardin à la française et sur un jardin de plantes aromatiques.

1 175 Foix  50/E6

(09) ℹ Tél. : 05 61 65 12 12. Tél. Labouiche : 05 61 65 04 11
Surveillée par son château surmonté de trois tours qui couronnent un pic rocheux, Foix barre la vallée de l'Ariège. Les premières constructions de cet édifice remontent au Xe s. Du sommet de la tour ronde, ⁂ sur la ville et le bassin de Foix, le Pain de Sucre, qui domine le village de Montgaillard, et la couronne de montagnes. À l'intérieur, le musée de l'Ariège contient diverses collections d'art préhistorique et d'objet médiévaux. Au pied de la butte, la ville entoure le confluent de l'Ariège et de l'Arget. Enjambant ce dernier, le pont réserve une belle vue sur le château. La vieille ville renferme des maisons anciennes à pans de bois, mais aussi de très belles fontaines. La plus célèbre, celle de l'Oie, est ornée d'un cygne déployant ses ailes. L'église gothique Saint-Volusien, avec sa nef du XIVe s. et son chœur du XVe s., abrite un autel Renaissance en pierre polychrome.
👁 à moins de 10 km (N-O) la **rivière souterraine de Labouiche,** que l'on découvre par une promenade en barque. À 70 m de profondeur, elle révèle des galeries, ouvertes par son cours, où se sont formées d'importantes concrétions, et deux cascades.

1 176 Fontestorbes (Fontaine de)  50/F6

(09) Restituant les eaux infiltrées à travers le calcaire du plateau de Sault dans la vallée de l'Hers, cette résurgence se caractérise par son intermittence entre juillet et novembre. Toutes les heures, l'eau s'écoule en 6 min, le débit variant de 100 à 1 800 l/s. Une légende voudrait que des fées, les *encantadas,* lavent nuitamment leur linge avec des battoirs d'or.

1 177 Gaillac  50/F1

(81) ℹ Tél. : 05 63 57 14 65
La ville sur la rive droite du Tarn est très joliment agencée avec ses maisons en brique et les étroites ruelles du vieux Gaillac, bien conservées, tout comme l'église Saint-Michel (XIe-XIVe s.), célèbre pour sa très belle Vierge à l'Enfant, statue polychrome du XIVe s. Mais Gaillac est surtout réputé pour son vignoble, ancien, produisant une gamme de vins riche et variée (20000 ha).

1 178 Gaujacq (Château de)  49/G2

(40) ℹ Tél. mairie : 05 58 89 01 07
Du haut du château, par beau temps, la chaîne des Pyrénées se profile à l'horizon. Cet édifice du XVIIe s., entouré de magnolias, perpétue le souvenir du cardinal de Sourdis, qui maria Louis XIII.

LES PLATEAUX DE L'ALBIGEOIS

Au sud-ouest de GAILLAC, Lisle-sur-Tarn a conservé de son passé de bastide une place à couverts ornée d'une fontaine. En suivant la rivière, on atteint le château de Saint-Géry, dont la cour est gardée par deux sphinx.

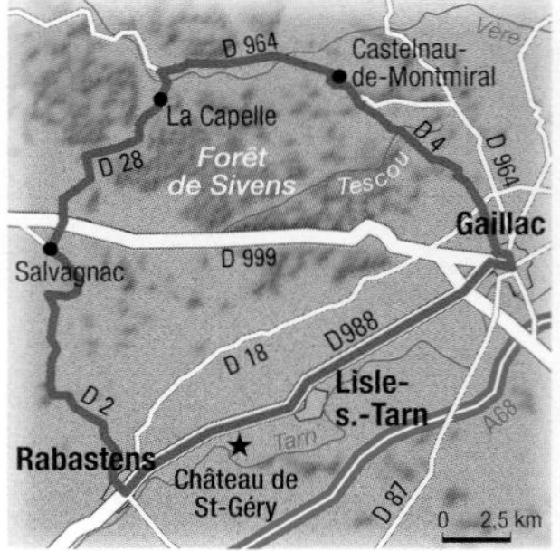

À Rabastens subsistent d'importants vestiges des remparts et une église du XIIe s. Longeant la forêt de Sivens, la route conduit, par Salvagnac, à l'ancienne bastide de Castelnau-de-Montmiral qui veille sur la vallée de la Vère.

GASTON PHÉBUS (1331-1391)

Gaston III fut le plus célèbre des comtes de **Foix** et des vicomtes du Béarn, à une époque où les limites de la province étaient très larges. Passionné de chasse – il a écrit un traité concernant l'art de la vénerie –, fin lettré, il entretenait à Orthez une cour nombreuse et fastueuse. Il se désigna lui-même par le surnom de Phébus, signifiant « le brillant », « le chasseur ». Mais ce poète, politique avisé, était surtout violent ; sa devise, qui était « toque-y si tu gauses » (touches-y si tu l'oses), le rappelle. Il tua son fils unique dans un accès de colère. N'ayant plus de descendant, il légua alors tous ses domaines au roi Charles VI.

Les Eyzies-de-Tayac-Sireuil

1 Statue d'une jeune femme de 16 ans, en bronze, réalisée à partir de ses ossements (musée national de la Préhistoire)

L'abbaye de Flaran

2 Le jardin des plantes aromatiques et médicinales

3 L'une des riches cellules du dortoir des moines, datant du XVIIIe s.

Foix

4 Les tours du château fort, protégées par deux enceintes

Près de Foix, la rivière de Labouiche

5 On la suit en barque sur 1,5 km.

Gaillac

6 L'église Saint-Michel et le pont du même nom

7 Le centre, serré au-dessus d'un coude du Tarn

1 179 Gavarnie (Cirque de)

49/J7

(65) ℹ Tél. : 05 62 92 49 10

On atteint ce cirque glaciaire majestueux, creusé par les glaciers du quaternaire, à pied ou à dos de mulet (2 h 30 AR) en partant du village de Gavarnie. Cet amphithéâtre de calcaire ocre a une circonférence de 14 km au sommet et un dénivelé de 1 600 m. Sa cime est couronnée de glaciers et de neiges éternelles. Sa beauté, célébrée notamment par Victor Hugo et George Sand, est rehaussée par la Grande Cascade, haute de 422 m, gelée en hiver. On peut l'admirer depuis le pic de Tantes (2 322 m), en partant du village par la D 923. L'ascension se fait facilement en 30 min ; il faut cependant se méfier du brouillard, qui tombe vite. De ce promontoire, ⁂ sur la brèche de Roland.

1 180 Gimont

50/C3

(32) ℹ Tél. : 05 62 67 77 87

Bastide fondée en 1266, Gimont est le siège d'importantes conserveries de foie gras. Son église à nef unique, de style gothique méridional, se remarque de loin grâce à sa tour en briques, typiquement toulousaine.

1 181 Grave (Pointe de)

32/F8

(33) ℹ Tél. Soulac-sur-Mer : 05 56 09 86 61

Entre Gironde et océan, la pointe de Grave, face à Royan, est un lieu chargé d'histoire : un monument rappelle notamment le débarquement des Américains en 1917. Le phare de la pointe abrite un musée exposant des photographies du phare de Cordouan. Sur la dune, ⁂ sur ce dernier, sur l'estuaire, et sur la côte charentaise.

👁 à 11 km (S) la station balnéaire de **Soulac-sur-Mer,** qui offre, entre les pins, derrière une immense plage que protègent des hauts-fonds, une très belle vue sur le même phare. Sa basilique Notre-Dame-de-la-Fin-des-Terres, du Xe s., était jadis presque entièrement recouverte par le sable.

1 182 Grésigne (Forêt de la)

42/E8

(81) Sur la rive gauche de l'Aveyron, ce dôme de grès est un avant-poste du Massif central dans les calcaires du Bassin aquitain. Couvert d'une forêt de près de 4 000 ha, il est composé essentiellement de chênes. C'est Colbert qui la fit aménager pour procurer du bois à la Marine ; les ruines d'un mur de protection entourant le massif sont encore visibles.

👁 à l'ouest de la forêt les vieilles maisons et le château médiéval de **Bruniquel,** qui surplombent le confluent de l'Aveyron et de la Vère.

👁 au sud-ouest le vieux bourg fortifié de **Puycelci,** qui est construit sur un rocher dominant la vallée. On peut y admirer les vestiges de ses remparts, des tours (XIVe et XVe s.) et des demeures des XVe et XVIe s.

1 183 Hautefort (Château de)

42/D3

(24) ℹ Tél. : 05 53 50 51 23

Cette ancienne forteresse médiévale appartenait au troubadour Bertrand de Born. L'édifice du XVIIe s. fut construit à partir de celle-ci – et restauré en 1968 à la suite d'un incendie. Il se dresse, majestueux, au-dessus du village. Imitation des châteaux de la Loire, cette demeure est un véritable palais, étonnant en raison de l'association d'une architecture Grand Siècle et d'éléments défensifs, antérieurs (châtelet d'entrée, échauguettes, pont-levis). Il comporte également de remarquables jardins à la française.

1 184 Hendaye

48/C3

(64) ℹ Tél. : 05 59 20 00 34

Divisée en trois quartiers, Hendaye-Gare, Hendaye-Ville et Hendaye-Plage, la cité est une station balnéaire réputée, située aux portes du Pays basque espagnol. Hendaye-Plage s'organise autour de son casino néo-mauresque. À Hendaye-Ville, l'église Saint-Vincent présente des morceaux de retable détachés de leur meuble.

LA FORMATION DES CIRQUES

L'ère quaternaire a connu quatre périodes glaciaires (Würm, Riss, Mindel et Günz), séparées par des réchauffements. Le nord des continents eurasiatique et américain était alors recouvert d'un inlandsis, ou calotte glaciaire continentale, et les grands massifs montagneux par des glaciers. La gravité due à la pente du relief mit ceux-ci en mouvement, et ce déplacement finit par creuser des cavités en demi-cercle, en contrebas des crêtes sommitales. Cerné de murailles abruptes, le fond est raclé et il s'est parfois accumulé un verrou rocheux ; il retiendra un lac après la fonte des glaces. La forme des cirques dépend de l'ampleur de l'englacement et de la nature de la roche : en fauteuil dans les Alpes, en van ou en baquet dans les Pyrénées – comme à **Gavarnie** –, mais aussi en escalier, succession de cirques emboîtés.

LE SOUVENIR DE LOTI À HENDAYE

Officier de marine et écrivain, Pierre Loti a laissé son souvenir à Hendaye. Après Rochefort, où il naquit en 1850, il fut nommé ici, en 1891, au commandement du *Javelot*, une canonnière installée sur la base navale de la Bidassoa. Il occupa ce poste pendant deux ans. L'écrivain de *Mon frère Yves, Pêcheur d'Islande...* fut séduit par le Pays basque ; *Ramuntcho,* qui se déroule dans la région, en est l'illustration. Il y retourna de 1896 à 1898 et y mourut en 1923. Sa demeure à colombages, peints en vert, située rue des Pêcheurs peut toujours être admirée mais ne se visite pas.

1

2

Le cirque de Gavarnie
1 La Grande Cascade chute au fond du cirque.
2 Le plateau de Piméné

3

La forêt de la Grésigne
3 L'une des coupes, élément essentiel pour régénérer un peuplement

4

Le château de Hautefort
4 Le corps de logis et les tours rondes surmontées de lanternons

Hendaye
5 La station balnéaire, qui s'étire sur la Côte basque

5

1 185 Henne-Morte (Gouffre de la)

 50/C6

(31) Le massif calcaire de la Paloumère est troué d'une centaine de grottes et de gouffres. Le plus célèbre de ces derniers est celui de la Henne Morte (signifiant « femme morte » en gascon), situé au milieu d'une épaisse forêt de hêtres et de sapins. Son réseau souterrain est très profond (446 m).

1 186 Holçarté (Crevasses d')

 48/F5

(64) Elles entaillent le calcaire de la haute Soule. Depuis le pont de Laugibar, la montée par le GR 10 est difficile, mais les gorges en valent la peine, avec leurs falaises vertigineuses de 200 m de haut. Au croisement avec celle d'Olhadubi, la vue depuis la passerelle qui enjambe le torrent grondant 100 m plus bas est saisissante. Ces crevasses sont dominées par le pic d'Orhy (2 017 m).

1 187 Hourtin-Carcans (Lac d')

 40/F3

(33) Au sud-ouest d'Hourtin – dont le port de plaisance s'est beaucoup développé –, le lac est impressionnant par sa superficie (6 000 ha). Long de 19 km et large de 3 km, c'est l'un des plus vastes plans d'eau de France. Il est séparé de l'océan, à l'ouest, par une haute dune et bordé, au nord et à l'est, par des marais. Il offre également de belles plages de sable abritées, à l'ombre des pins.

👁 au sud le **lac de Lacanau** (2 000 ha), qui fait le bonheur des pêcheurs – anguilles, brochets et perches y abondent – et des amateurs de sports nautiques ; il est possible d'y pratiquer, entre autres, planche à voile, ski nautique, surf, canoë, voile. Sur la côte, la station balnéaire de Lacanau-Océan est connue pour ses vastes plages de sable fin et leurs vagues appréciées par les surfeurs.

1 188 Huchet (Courant d')

 40/E8

(40) ℹ Tél. excursions en barque : 05 58 48 75 39

Ce fleuve côtier, le plus beau de la côte landaise, jouit d'une faune et d'une flore luxuriantes, ce qui lui donne un aspect très exotique ; les frondaisons, de cyprès chauves notamment, couvrent le courant.

Il sert de déversoir à l'**étang de Léon,** à partir duquel de très belles promenades en barque sont organisées. Très poissonneux (anguilles) et peu profond, cet étang est bordé de roseaux et de pins. On peut profiter de sa quiétude mais aussi des attractions sportives qui y sont proposées.

1 189 Iraty (Forêt d')

 48/E5

(64) À cheval sur la frontière entre la France et l'Espagne, ce massif est planté au cœur de la montagne basque. Il était exploité au XVIIIe s. par les deux pays pour fournir à leur Marine les mâts des navires. Dans une cuvette profondément incisée, les hêtres, mêlés de sapins et d'ifs, couvrent 2 310 ha. L'ONF rénove aujourd'hui les chemins – qui ont vu passer bien des contrebandiers – et gère les futaies où vivent les derniers ours pyrénéens. L'accès à la région se fait par les cols de Burdincurutcheta (1 135 m) à l'ouest ou de Bagargui (1 327 m) à l'est, où se trouvent les chalets d'Iraty, point de départ de randonnées.

1 190 Isturits et Oxocelhaya (Grottes d')

 48/E4

(64) ℹ Tél. : 05 59 29 64 72

Entre Saint-Palais et Hasparren, ces grottes superposées sont traversées par le cours de l'Arbéroue qui sort par un siphon à Isturits. La première présente surtout un intérêt archéologique : des preuves d'occupation humaine au paléolithique – notamment des gravures – y ont été découvertes. Celle d'Oxocelhaya, quant à elle, présente les splendides résultats des infiltrations d'eau : stalactites, stalagmites, draperies translucides et cascade pétrifiée, disques… Les grottes sont accessibles à partir du village de Saint-Martin-d'Arberoue.

DANS LES GORGES D'HOLÇARTÉ

En partant de LARRAU, la route, qui passe par Laugibar, conduit au GR 10 menant aux crevasses d'Holçarté.

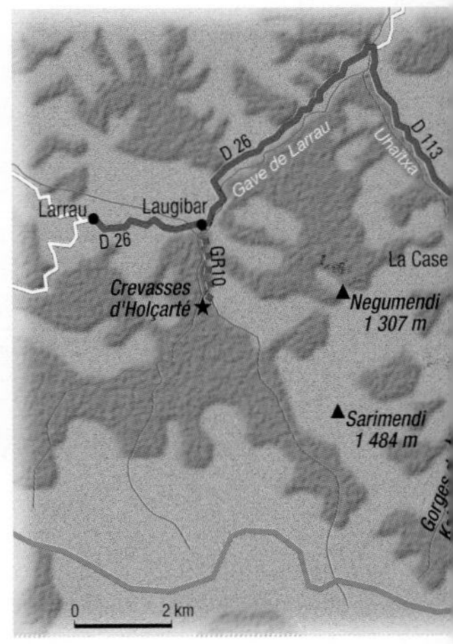

À l'est, sur la route de Sainte-Engrâce, s'ouvrent les somptueuses gorges de Kakouetta. Elles précèdent celles d'Ujarre et le gouffre de la Pierre-Saint-Martin que l'on atteint par le col de Suscousse. On rejoint ensuite le col de Labays.

LES ÉTANGS DES LANDES

Entre la pointe de la Négade et l'embouchure de l'Adour, le cordon dunaire constitue une barrière qui bloque les eaux des berles (cours d'eau landais), transformant les embouchures en étangs. Ces étangs d'eau douce (à l'exception du lac d'Hossegor) sont bordés de roseaux et de joncs. Ils ont une topographie dissymétrique : la rive occidentale est rectiligne, alors que l'orientale s'allonge en forme de triangle. Ils communiquent par un réseau de canaux naturels et se déversent dans l'océan par des courants capricieux. Immergées dans la *pignada* landaise, ces étendues d'eau très poissonneuses font la joie des amateurs de loisirs nautiques. Les principaux étangs sont **Hourtin-Carcans,** Lacanau, Cazaux et Sanguinet, Biscarrosse et Parentis, Aureilhan, Léon, Soustons, Blanc, Hossegor et Boucau.

Le gouffre de la Henne-Morte

1 Il est particulièrement apprécié des spéléologues.

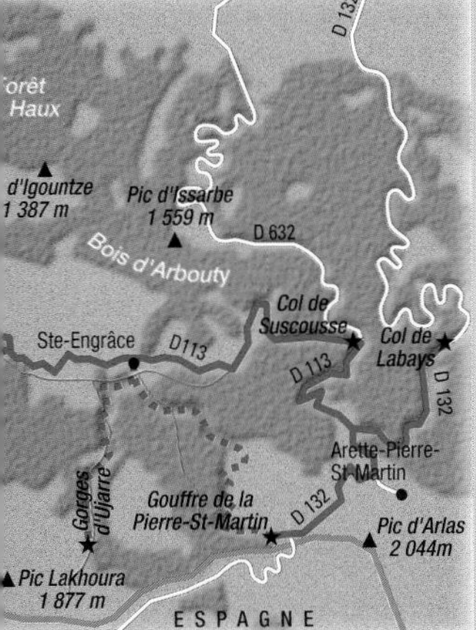

Le lac d'Hourtin-Carcans

2 La plage de Carcans

La forêt d'Iraty

3 Le massif forestier occupe une large cuvette, tournée vers l'Espagne.

4 La futaie de hêtres

1 191 Jumilhac-le-Grand

 42/C2

(24) *i* Tél. château : 05 53 52 42 97
Castel à la Gustave Doré, le château (XIVe-XVIIe s.), perché au-dessus de la cité et des gorges de l'Isle, est digne d'un conte de fées, avec ses toits hérissés de clochetons et ses épis de faîtage.

1 192 Kakouetta (Gorges de)

 48/F5

(64) *i* Tél. : 05 59 28 73 44
Si une excursion dans ces gorges est assez fatigante, l'effort en vaut la peine, car le canyon est très beau. La D 113 (circulation difficile) y conduit. Le passage le plus impressionnant est le Grand Étroit, abrupt humide haut de 260 m, mais large de 3 à 10 m. La lumière y pénètre difficilement, donnant au site un aspect grandiose et oppressant à la fois. Plus haut jaillit en pleine falaise une cascade haute de 20 m.

1 193 Landes (Forêt des)

 40/F7

(33) *i* Tél. Marquèze : 05 58 08 31 31
Cette forêt, la plus vaste de France, s'étend sur un plateau de sable blanc éclatant, déposé par les vents d'ouest. À 50 cm de profondeur, ce sable forme l'alios, grès brun, empêchant l'infiltration des eaux et le développement des racines. La végétation spontanée est composée de molinies, de carex, de fougères, d'ajoncs nains, de bruyères, de chênes tauzins… Mais c'est le pin maritime, planté dès le XVIIIe s., qui domine à 90 % ces milliers d'hectares. Il a une double fonction : fixer les dunes et produire gemme et bois pour l'industrie. Cette vaste forêt offre de nombreuses possibilités de randonnées, notamment le long du cours de l'Eyre, avec ses méandres sauvages en amont de Salles, ses plages, ses petites falaises.
👁 **Belin-Béliet,** situé au cœur du parc régional des Landes de Gascogne. On dit qu'il est le village natal d'Aliénor d'Aquitaine. Les sportifs et amateurs d'environnement se rendront au centre d'animation du Graoux.
👁 l'**écomusée de Marquèze,** accessible par le petit train des Landes, qui y conduit à partir de la gare de Sabres. Sur place, on y découvre, entre autres, l'airial, où se trouvaient des habitations et les bâtiments d'exploitation au XIXe s., et les méthodes d'exploitation traditionnelles de la résine.

1 194 Lanquais (Château de)

 42/B4

(24) *i* Tél. : 05 53 61 24 24
Sur des restes de remparts d'un château fort furent élevés ici, aux XIVe et XVe s., un corps de logis, complété, au moment des guerres de Religion, par une demeure Renaissance. Les façades sur cour, avec leurs travées, leurs moulures et leurs bandeaux, sont superbes. Il est même possible d'y voir des impacts de boulets du XVIe s.

1 195 Lascaux (Grotte de)

 42/D3

(24) *i* Tél. : 05 53 51 95 03. Tél. Saint-Amand-de-Coly : 05 53 51 67 50
Véritable trésor préhistorique, cette grotte fut découverte, par hasard, par des enfants, en 1940. Elle est aujourd'hui fermée au public mais une réplique exacte, Lascaux II, située à 200 m de l'originale, permet de découvrir ses peintures rupestres.
👁 à moins de 10 km (E) la sobre et majestueuse église abbatiale, en pierres calcaires jaunes, qui domine le petit bourg de **Saint-Amand-de-Coly.** Elle est originale par son profil de forteresse et sa nef qui s'élève doucement vers le chœur.

1 196 Lavardens

 50/B2

(32) *i* Tél. château : 05 62 58 10 61
Perché sur un promontoire, ce village du Gers est étroitement lié au relief et indissociable de son château à la surprenante silhouette, qui paraît plus étroite à la base qu'au sommet. Depuis la route (D 103) conduisant au sommet du site, ☀ sur les collines.

LA FORÊT DES LANDES

Au départ de MIMIZAN, on découvre le magnifique univers boisé des Landes. On se dirige d'abord vers Escource puis vers Solférino, où est aménagé, dans l'ancienne mairie, le musée Napoléon-III ; il rassemble des souvenirs du Second Empire et de l'histoire de la région à la même époque. Des terres du massif forestier landais furent en effet concédées à l'empereur en 1857.

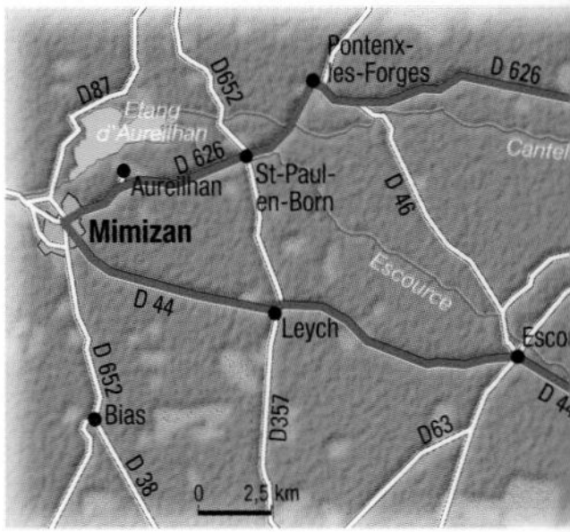

À l'ouest du village de Sabres, accueillant une belle église Renaissance, part le train qui chemine jusqu'à Marquèze (écomusée). On retrouve Mimizan par Sabres, Commensacq et son église du XVe s., Labouheyre – ancienne étape sur la route de Saint-Jacques-de-Compostelle – et Pontenx-les-Forges.

L'ÉCOMUSÉE DE MARQUÈZE

Ici sont présentés, dans un airial typique parfaitement restauré, les éléments de l'habitat, du milieu et de la vie landais, dans un site très démonstratif à la lisière de la **Grande Lande** et de la vallée de l'Eyre : maisons de torchis et de garluche, à colombages et auvents tournés vers l'est, bergeries, poulaillers perchés dans les arbres, pelouses rases sous l'ombre des grands chênes épars, moulins à eau, postes de charbonniers. C'est en effet toujours à la charnière des deux paysages – grande lande humide à molinias et brande, lande drainée à fougères et bruyères – que se sont établis et maintenus les noyaux de peuplement.

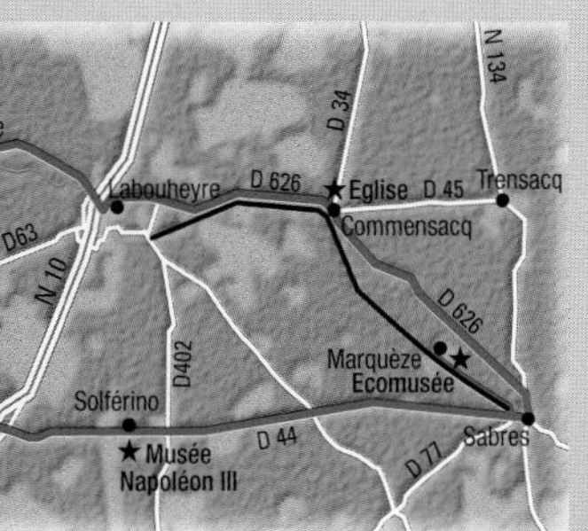

Jumilhac-le-Grand, le château

1 La façade et les toits en poivrière, hérissés de clochetons

Les gorges de Kakouetta

2 Les versants très humides du Grand Étroit

La forêt des Landes

3 La maison de maître, dite Marquèze, à l'écomusée

4 Sous-bois couvert d'osmondes royales

Près de Lascaux, Saint-Amand-de-Coly

5 L'église abbatiale

Lavardens, le château

6 La façade ouest

1 197 Lavaur  50/F2

(81) ℹ Tél. : 05 63 58 02 00
Petite ville charmante et ancienne place forte défendue par le château du Plo, Lavaur a conservé sa cathédrale romane Saint-Alain (1211), reconstruite en briques en 1254. Au sommet d'une tour de la façade sud se trouve un jacquemart en bois peint. L'église Saint-François (XIVe s.) et le jardin de l'évêché sont également remarquables.

1 198 Lectoure    42/B8

(32) ℹ Tél. : 05 62 68 76 98. Tél. Fleurance : 05 62 64 00 00
La capitale de la Lomagne fut construite sur un site élevé, dans la vallée du Gers. La cathédrale Saint-Gervais-Saint-Protais a perdu sa flèche mais a gardé son clocher quadrangulaire. Un musée gallo-romain est situé dans les caves d'un ancien palais épiscopal du XVIIe s., qui abrite également l'hôtel de ville. Il présente 20 autels tauroboliques, découverts en 1540. Depuis la terrasse de la promenade du Bastion, ☼ sur la vallée et, par temps clair, sur les Pyrénées.
👁 à 11 km (S) la halle en pierre, qui occupe presque toute la place centrale de la bastide de **Fleurance,** célèbre pour marché au Gras (oies, canards, foies gras, etc.).

1 199 Lescun (Cirque de)  49/G5

(64) Village du Béarn, Lescun est surtout visité pour son cirque au paysage grandiose. Situé entre les aiguilles d'Ansabère, le Billare, le pic d'Anie, le Soumcouy et les orgues de Camplong, il se donne en spectacle, majestueux (☼ depuis le GR 10 au niveau du lavoir).
👁 à l'ouest le sommet du **pic d'Anie** (2 504 m), accessible par le GR 10 à partir du refuge de Labérouat (8 h AR).

1 200 Libourne   41/H4

(33) ℹ Tél. : 05 57 51 15 04. Tél. Vayres : 05 57 84 96 58
L'ancienne bastide anglaise a perdu ses remparts, transformés en promenade, mais a gardé son cachet, avec sa grand-place, ses vieilles maisons, sa tour du Grand Port (XIIIe s.) et ses quais sur la Dordogne. Elle est surtout située au cœur d'une région viticole.
👁 à 8 km (O) le **château de Vayres,** qui domine la vallée de la Dordogne. Il est composé de bâtiments de diverses époques qui s'articulent autour d'une grande cour.

1 201 Lourdes   49/J5

(65) ℹ Tél. : 05 62 42 77 40
Lourdes, lieu de pèlerinage célèbre dans le monde entier, est à la jonction de la montagne et de la plaine de Bigorre. Quand Bernadette Soubirous y vit la Vierge, en 1858, le destin de cette ville changea. Le cœur de l'important complexe des sanctuaires est la grotte de Massabielle, lieu des apparitions. Outre les artères commerciales, il ne faut pas manquer de parcourir la rue du Bourg, aux vieilles maisons bigourdanes. Le château fort, véritable nid d'aigle, abrite le très intéressant Musée pyrénéen.

1 202 Luz-Saint-Sauveur    49/J6

(65) ℹ Tél. : 05 62 92 30 30
Entre les vallées de Barèges et de Gavarnie, dans un large bassin d'origine glaciaire, dont la luminosité surprend après les gorges sombres qui le précèdent, Luz-Saint-Sauveur est un joli village. Son église du XIIe s. (fortifiée au XIVe s.) renferme de somptueuses boiseries du XVIIIe s.
👁 le **pic de Maucapéra,** accessible par un sentier à partir de Pragnères (à moins de 10 km). L'ascension (2 h) conduit au refuge de Rabier. On peut aller ensuite au lac de Bugarret (à l'est), au pied du pic de Néouvielle (3 035 m), ou au lac Tourrat, alimenté par le glacier du pic Long (3 192 m), dont les pentes, raides et pelées, se mirent dans l'eau.

L'ESTUAIRE DE LA GIRONDE

À partir de LIBOURNE, on atteint Saint-André-de-Cubzac et son église fortifiée, puis le château du Bouilh. Cet étonnant édifice Louis XVI, jamais achevé, se dresse au-dessus du vignoble. En longeant la Dordogne, vers Bourg, s'ouvre la grotte de Pair-non-Pair.

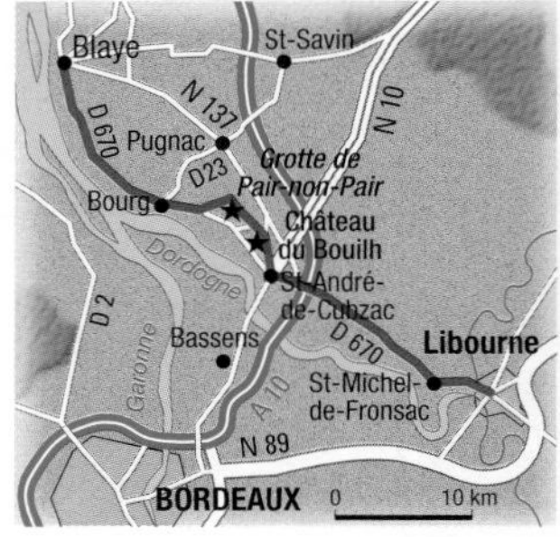

On y découvre de remarquables gravures aurignaciennes de chevaux, mammouths et autres animaux. Cette promenade s'achève à Blaye, situé au bord de la Gironde, dominé par une imposante citadelle.

LE PYRÉNÉISME AU MUSÉE PYRÉNÉEN

Aménagé dans le château fort de **Lourdes,** le Musée pyrénéen rassemble une importante collection d'art régional et de traditions populaires : reconstitution d'ambiances, modèles réduits de monuments, faïences de Samadet. Ses conservateurs ont privilégié le pyrénéisme, mot ignoré des dictionnaires mais attesté par une bibliothèque de 15 000 volumes. Patiemment ont été recueillies les traces de trois siècles d'investigations : montres solaires de bergers, cartes anciennes, dessins de Ramond, relevés de Peytier et Hossard (officiers géodésiens, premiers vainqueurs du Balaïtous), instruments de topographie, dont l'orographe de Schrader, souvenirs de Meillon, Wallon, Ledormeur, Le Bondidier, piolets d'hommes célèbres.

1

2

Le cirque de Lescun

1 Le village, entouré par les sommets pyrénéens

2 Le pic d'Anie

Lourdes

3 La façade de la basilique du Rosaire

4 Le château fort abritant le Musée pyrénéen

3

4

Luz-Saint-Sauveur, l'église

5 Détail de l'une des peintures murales

6 Maître-autel en bois doré

5

6

1 203 Lys (Cirque du)

 50/B7

(65) Tél. téléphérique et télésiège : 05 62 92 50 50
Depuis la gare du téléphérique, au départ de Cauterets, sur ce cirque glaciaire situé à 1 800 m d'altitude. Ensuite, le télésiège de Grum permet d'atteindre les crêtes du Lys (2 302 m) : sur les vallées voisines.

1 204 Malle (Château de)

 41/H5

(33) Tél. : 05 56 62 36 86
Au cœur du terroir de Sauternes, le château et ses jardins (XVIIe s.) ont conservé leur grâce Renaissance. L'intérieur abrite une collection de silhouettes en trompe-l'œil (XVIIe s.) unique en France.

1 205 Mas-d'Azil (Grotte du)

 50/D5

(09) Tél. : 05 61 69 97 71
L'Arize contournait autrefois la montagne par l'est. Depuis, le cours d'eau a percé le calcaire du Plantaurel, ouvrant un tunnel naturel de 420 m de long et de 50 m de large où passe la route, et creusant plusieurs étages de galeries. Au milieu de la grotte, les galeries ont été aménagées en musée préhistorique, abritant des objets d'époque magdalénienne.

1 206 Mauvezin

 50/C2

(32) Tél. mairie : 05 62 06 81 45
La cité est un ancien castelnau (ville nouvelle créée par un seigneur autour de son château) installé au cours du XIIe s. sur une hauteur qui portait déjà une forteresse. Son église se distingue par son clocher du XIIIe s., de style toulousain. La place centrale est bordée de maisons à arcades, dont celle dite d'Henri IV (XVIe s.). La halle du XIVe s., imposant monument aux piliers de pierre, est couverte d'une forte charpente au toit de tuiles.
à 9 km (E) **Cologne,** bastide du XIIIe s., dont la place centrale, entourée de maisons à couverts en brique et en pierre, possède également une jolie halle.

1 207 Médoc (Route des châteaux du)

 40/F2

(33) Tél. : 05 56 59 03 08 — petit itinéraire ci-contre
Cette route, qui longe la Garonne et l'estuaire de la Gironde, traverse le célèbre vignoble du Médoc, aux nombreux châteaux des XVIIIe et XIXe s.

1 208 Médous (Grotte de)

 49/J5

(65) Tél. : 05 62 91 78 46
Elle s'ouvre au pied d'une montagne calcaire, au sud de Bagnères-de-Bigorre. Sur 1 km, la grotte est ornée de magnifiques concrétions, de larges coulées de calcite aux formes capricieuses. Une visite en barque sur l'Adour conduit au parc du château de Médous, où les eaux de la rivière ressortent à l'air libre.

1 209 Midi (Canal du)

 50/F4

(11) Tél. Castelnaudary : 04 68 23 05 73
Aujourd'hui classé au patrimoine mondial de l'Unesco, le canal est rythmé par les écluses et bordé d'immenses arbres. Que l'on en longe les rives ou que l'on y navigue, de Toulouse à la Méditerranée, c'est un véritable petit paradis. L'histoire du percement du canal, au XVIIe s., par Paul Riquet est commémorée par un obélisque au seuil de Naurouze, la ligne de partage des eaux.
la jolie cité de **Castelnaudary,** située sur le canal, réputée pour son cassoulet, ses poteries et ses céramiques. Ses belles maisons se regroupent autour de la collégiale gothique Saint-Michel, dotée d'un clocher-porche de 56 m de haut. Des boiseries dorées du XVIIIe s. sont à voir dans la chapelle Notre-Dame-de-la-Piété. Sur la colline du Pech dominant la ville, depuis le moulin de Cugarel (XVIIe s.), sur le Lauragais.

LA ROUTE DES CHÂTEAUX DU MÉDOC

Cette fameuse route traverse de part en part le vignoble du pays de Médoc, longeant la Garonne et l'estuaire de la Gironde. Elle commence au CHÂTEAU LAFITE-ROTHSCHILD, et continue vers les célèbres Mouton-Rothschild et Pauillac.

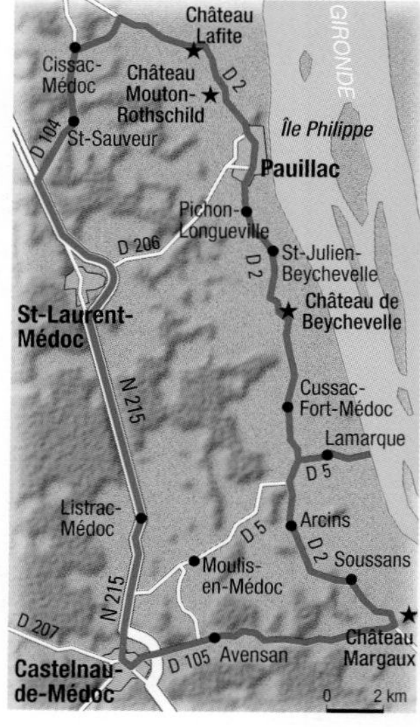

Des châteaux aux vignobles tout aussi prestigieux se succèdent ensuite : Pichon-Longueville, Beychevelle, Cussac-Fort-Médoc et Margaux. Avant de rejoindre le point de départ, Castelnau-de-Médoc, Listrac-Médoc, Saint-Laurent-Médoc et Cissac-Médoc complètent ce circuit du « bon » vin.

LE CASSOULET

On ne passe pas à **Castelnaudary** sans déguster son fameux cassoulet. L'origine de ce mot vient de la « cassolo » en argile d'Issel. On raconte traditionnellement que les haricots ont poussé sur le sol de Lavelanet avant d'être cuits dans l'eau pure de Castelnaudary. Haricots blancs, couennes, bouquet garni, jarret de porc, poitrine de mouton, confit d'oie et sa graisse, ainsi que de la saucisse fraîche, font de cette recette régionale un plat succulent.

1

2

3

Le château de Malle

1 La façade vue du parc

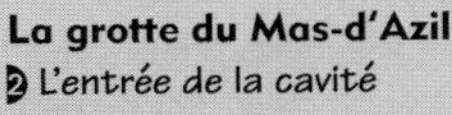

La grotte du Mas-d'Azil

2 L'entrée de la cavité

4

5

6

La route des châteaux du Médoc

3 Le château Cos-d'Estournel

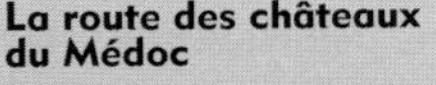

4 Le château Lafite-Rothschild

5 Le vignoble et la Gironde

6 Le château de Beychevelle

7

Le canal du Midi

7 Le chemin de halage invite à la promenade.

1 210 Midi de Bigorre (Pic du)

49/J5

(65) Tél. La Mongie : 05 62 91 94 15

Facilement reconnaissable à son émetteur de télévision, ce pic (2 865 m) est accessible par une route à péage, depuis le col du Tourmalet, ou par un téléphérique au départ de La Mongie : sur les sommets pyrénéens. À son pied, sur le versant nord, s'étend le lac de Peyrelade. Vers l'ouest, le regard s'arrête sur le lac Bleu, dans un site grandiose et désolé.

L'OBSERVATOIRE DU PIC DU MIDI

Fondé à l'initiative du général de Nansouty et de l'ingénieur Vaussenat, l'observatoire du **pic du Midi,** construit par souscription publique, a été remis en 1882 à l'État. Cette station scientifique d'altitude, de renommée mondiale, est rattachée à l'université de Toulouse. Sa spécialité : les sciences de l'univers. La recherche en ce domaine est conduite par l'observatoire lui-même et par celui de l'université Paul-Sabatier de Toulouse, sous la tutelle de l'un des instituts du CNRS. Des études de l'astronomie, de la physique de l'atmosphère et de l'environnement global, ainsi que des recherches en sciences de la terre y sont réalisées. L'observatoire est ouvert au public.

1 211 Mirepoix

50/F5

(09) Tél. : 05 61 68 83 76. Tél. Vals : 05 61 68 61 19

Cette ancienne bastide du XIIIe s. baigne dans une ambiance médiévale avec ses couverts aux belles charpentes en bois, ses maisons à colombages et son ancienne cathédrale.

à 11 km (O) **Vals,** qui possède une église rupestre, en partie préromane, certainement la plus ancienne d'Ariège, à laquelle on accède par un escalier creusé dans une étroite faille rocheuse.

1 212 Moissac

42/C8

(82) Tél. : 05 63 04 01 85

L'abbatiale de la ville, étape vers Compostelle, est originale par la diversité de ses styles architecturaux (du XIe au XVIe s.) : roman pour le clocher et le porche, gothique pour la nef et le chœur – dans lequel une abside carolingienne a été découverte. Son extérieur est tantôt recouvert de pierres de taille, tantôt de briques. L'intérieur est accueillant grâce à la chaleur des décors peints et des statues polychromes. Mais c'est dans le vaste et paisible cloître (fin XIe s.) que l'on retrouvera l'âme de l'ancien monastère (à visiter tôt le matin pour le calme), en découvrant la décoration de ses 76 arcades et de ses 116 colonnes ; les scènes bibliques alternent avec les motifs végétaux et animaux.

1 213 Monflanquin

42/B6

(47) Tél. : 05 53 36 40 19

Monflanquin est une ancienne bastide (XIIIe s.) au plan original, en ovale. Le village est établi sur une colline dominant la Lède, affluent du Lot. Son église, de style gothique méridional, présente une façade fortifiée.

1 214 Monpazier

42/C5

(24) Tél. : 05 53 22 68 59. Tél. Biron : 05 53 63 13 39

Au cœur du Périgord pourpre, Monpazier a conservé la disposition caractéristique des bastides. Au centre, la place des Cornières est entourée de maisons, toutes de la même taille. À l'écart, l'église Saint-Dominique est dotée d'une façade remaniée à diverses époques. Il faut également se rendre à la maison du Chapitre, qui date du XIIIe s.

à moins de 10 km (S), planté sur un puy (« butte » en occitan), le **château de Biron.** Cette massive forteresse médiévale, déjà présente au XIe s., fut transformée à la Renaissance en un plaisant palais, que vinrent compléter de nouveaux bâtiments. La basse cour est bordée de plusieurs constructions, dont une très belle chapelle gothique ; plus petite, la cour d'honneur renferme des expositions d'œuvres d'art.

1 215 Montaigne (Château de)

41/J4

(24) Tél. : 05 53 58 63 93

Le château de l'auteur des *Essais* fera le bonheur des amateurs de littérature. Il y a gravé, dans la tour de la Librairie où il aimait se réfugier, de célèbres maximes.

à moins de 10 km (O) la petite ville de **Castillon-la-Bataille,** qui est construite sur une butte dont les versants portent un vignoble de bordeaux supérieur.

: reconstitution historique de la bataille de la guerre de Cent Ans qui, en 1453, mit fin à la domination anglaise dans la région (juillet-août).

LA BATAILLE DE CASTILLON

Au milieu du XVe s., la fin de la guerre de Cent Ans est proche mais la Guyenne reste, pour les troupes du roi de France (Charles VII), une terre difficile à reconquérir. En effet, les Bordelais sont attachés à l'Angleterre, notamment pour assurer la continuité de leurs relations commerciales avec ce pays, qui apprécie leurs vins. Mais l'attaque du 17 juillet 1453 – à laquelle participèrent les frères Bureau, qui contribuèrent à la modernisation de l'artillerie à cette époque – est décisive pour le souverain français. Conduits par le général Talbot, qui meurt au combat, les hommes d'Henri VI subissent une lourde défaite. Celle-ci marque la fin de la domination anglaise en Aquitaine.

1

2

Le pic du Midi de Bigorre

1 Panorama depuis le pic

Moissac

2 Le chœur et la nef de l'église Saint-Pierre

3 Mise au tombeau (1485), dans l'église

4 L'un des piliers du cloître, où est représenté l'abbé Durant de Bredon

3

4

Monpazier

5 Les halles

6 Maisons anciennes sur la place principale, bordée d'arcades

5

6

1 216 Montalet (Roc de)

51/J2

(81) Tél. Lacaune : 05 63 37 04 98
Ce sommet des monts de Lacaune (1 259 m) est accessible en voiture. Depuis la butte où se trouve une statue de la Vierge, . La table d'orientation permet d'admirer le plateau bocager, les formes accidentées de l'Espinouse, le lac de Laouzas en contrebas, les monts du Somail et le point culminant du massif, le Montgrand (1 267 m).

à moins de 15 km (O) **Lacaune** – connu pour sa race de brebis et pour ses ardoisières –, qui constitue un bon point de départ pour se rendre vers tous ces sites.

1 217 Montauban

42/D8

(82) Tél. : 05 63 63 60 60. Tél. musée Ingres : 05 63 12 13 53
Au bord du Tarn, l'ancienne bastide de Montauban a été embellie aux XVIIe et XVIIIe s., notamment autour de la place Nationale, qui se distingue par ses doubles galeries. La cathédrale Notre-Dame, aux deux tours carrées, l'église Saint-Jacques, gothique, à clocher toulousain, le Pont-Vieux (sur les quais et la cité) complètent le patrimoine de la ville. L'ancien palais épiscopal abrite le musée Ingres : la collection d'œuvres de ce peintre, né ici, est remarquable.

1 218 Montcalm (Pic de)

50/D7

(09) Les imposantes parois éboulées de ce pic (3 078 m) sont accessibles, bien que difficilement, depuis L'Artigue. La D 108 permet de remonter la vallée de Soulcem, vaste domaine de pâturages d'été étendu dans un bassin de surcreusement glaciaire (ombilic), dont les versants sauvages sont constitués d'éboulis, comme les rochers de la pointe d'Argen. Avec de la chance, on peut voir des troupeaux d'isards.

1 219 Mont-de-Marsan

41/G8

(40) Tél. : 05 58 05 87 37. Tél. Saint-Sever : 05 58 76 34 64
Cerné de pins, Mont-de-Marsan ajoute à leurs senteurs les délicats parfums des lauriers-roses et des magnolias qui trouvent ici un climat très favorable. La ville, puissance économique du Moyen Âge au XIXe s., est pourvue de beaux édifices de styles Empire et Restauration (préfecture, théâtre...). Le musée Despiau-Wlérick abrite des sculptures monumentales de l'artiste Despiau, né ici en 1874. Depuis la terrasse, sur la cité. Au sud de la ville se déroulent, dans les arènes, corridas et courses de vaches landaises, très réputées dans le Sud-Ouest.

à 16 km (S) le village de **Saint-Sever,** qui surplombe l'Adour. Son église, ancienne abbatiale romane, est célèbre pour ses chapiteaux historiés. L'ancien couvent des Jacobins a également gardé la sienne, ainsi qu'un cloître en brique du XVIIe s.

1 220 Montmaurin

50/B4

(31) Tél. : 05 61 88 74 73. Tél. Notre-Dame-de-Garaison : 05 62 99 49 41
L'intérêt de ce haut lieu archéologique tient à sa vaste villa gallo-romaine. Les premiers bâtiments datent du Ier s. ; ils furent remplacés au IVe s. par un palais en marbre, qui bénéficiait d'un grand confort, avec thermes et système de chauffage.

à moins de 20 km (O) **Notre-Dame-de-Garaison,** qui abrite un beau mobilier. Certaines de ses boiseries et de ses statues sont conservées dans l'**église de Monléon-Magnoac** (à 7 km, N).

1 221 Montpezat-de-Quercy

42/E7

(82) Tél. : 05 63 02 05 55
Ce charmant bourg possède la très riche collégiale Saint-Martin, avec sa nef centrale ogivale à clés de voûte armoriées et ses incomparables tapisseries des Flandres (XVIe s.). Le trésor renferme des panneaux d'albâtre et des aumônières brodées d'or.

INGRES À MONTAUBAN

Abritant le seul violon d'Ingres qui fut vraiment un violon, le musée de Montauban réserve à l'un des plus prestigieux élèves de David les plus belles salles de son palais épiscopal (planchers à marqueterie et plafonds à la française). Esquisses, portraits, dessins et souvenirs du peintre sont rassemblés ici. Par la sobriété de son style, l'étonnante précision de son trait, l'ingrisme, puisqu'il faut l'appeler par son nom, consacre le triomphe de la plus banale des mines de plomb. Ingres demeure l'apôtre de la rigueur.

LA TAPISSERIE DE LA COLLÉGIALE SAINT-MARTIN

À **Montpezat-de-Quercy,** perché à 265 m, se dresse la somptueuse collégiale Saint-Martin, bâtie au XIVe s., dans le style gothique, par le cardinal des Prés. À l'intérieur, de superbes tapisseries, très colorées, datent du début du XVIe s. Seize scènes, réparties sur cinq panneaux longs de 25 m et hauts de 2 m, évoquent la vie de saint Martin et sa légende. Chacune d'elles est expliquée par un quatrain en français de l'époque : un trésor de beauté et d'éloquence, en excellent état de conservation.

Montauban

1 Les arcades de la place Nationale

2 La mosaïque qui orne le dessus du portail de l'église Saint-Jacques

Le pic de Montcalm

3 Au sommet du pic, vue sur le pic d'Estats (3 143 m)

Mont-de-Marsan

4 L'un des quartiers de la ville, s'étirant le long de la Midouze

Montpezat-de-Quercy

5 La collégiale Saint-Martin

1 222 Montségur

50/F6

(09) ℹ Tél. château : 05 61 01 06 94

Le château de Montségur, haut lieu historique, refuge des derniers cathares, perché à 1 216 m au sommet d'un « pog » (éperon rocheux), domine de somptueux paysages : ⁘ sur le massif du Plantaurel, les gorges de la Frau, les vallées de l'Hers, du Touyre et de l'Aude, et même, par temps très dégagé, la Montagne Noire. À son pied, le village présente lui aussi un plan original, avec ses rangs de maisons qui s'étagent sur la pente en formant un escalier semi-circulaire. Un musée archéologique est aménagé dans la mairie.

1 223 Néouvielle (Massif de)

49/J6

(65) Ce massif granitique, à la centaine de lacs, est un extraordinaire « château d'eau » exploité pour l'hydroélectricité. Le pic de Néouvielle (3 192 m) attire les randonneurs, séduits par sa faune et sa flore subalpine. La D 929 monte au lac d'Orédon, dont les eaux vertes reflètent les pins qui les entourent. C'est le point de départ pour découvrir le site (5 h de randonnée). À l'ouest, un chemin conduit au lac de Cap-de-Long, formant un fjord, vaste complexe lacustre dans un paysage austère dominé par le pic. Du lac d'Orédon, on atteint celui d'Aumar, à 2 192 m d'altitude, entouré de pelouse et de pins, puis celui d'Aubert, et enfin le col d'Aubert (2 498 m) : ⁘ sur les Pyrénées centrales.

1 224 Nérac

42/A7

(47) ℹ Tél. : 05 53 65 27 75

Sur les bords de la Baïse, qu'enjambe le pont Vieux (gothique), Nérac, la ville d'Henri IV, dominée par l'église Saint-Nicolas, est un dédale de rues sinueuses et pentues, bordées de maisons anciennes à colombages. La cité s'est développée autour du château Renaissance des Albret, qui se limite aujourd'hui à une seule aile ; celle-ci accueille un musée gallo-romain. En face, sur la rive droite de la rivière traversée par le pont Neuf, l'ancienne garenne du château est devenue un lieu de promenade très romantique. Le petit Nérac, un peu plus au nord, a conservé un parfum de quartier médiéval.

1 225 Neste de Clarabide (Gorges de la)

50/A7

(65) Depuis la centrale électrique de Tramezaygues, un chemin (4 h de randonnée) suit les gorges de la Clarabide jusqu'au cadre sauvage du lac de Caillauas, dominé par les pics de Hourgade (2 964 m) et des Gourgs Blancs (3 129 m).

1 226 Niaux (Grotte de)

50/E6

(09) ℹ Tél. : 05 61 05 88 37

La conservation des dessins préhistoriques (époque du magdalénien moyen) qui se trouvent dans la grotte est remarquable. Celle-ci présente également un intérêt géologique (visite déconseillée aux personnes âgées ou handicapées). Précédées d'un majestueux auvent, ses voûtes ont jadis été entaillées par de violents torrents qui ont déposé du sable, des graviers et des galets dans les parois et sur les voûtes, formant d'énormes tas. L'endroit le plus spectaculaire est le célèbre Salon noir qui abrite de stupéfiantes œuvres d'art, représentant des bisons, des chevaux…

1 227 Oloron-Sainte-Marie

49/G4

(64) ℹ Tél. : 05 59 39 98 00

La capitale de la sandale et du béret basque, située au confluent du gave d'Aspe et du gave d'Ossau, a conservé, outre ses maisons Renaissance – dont celle du XVIIe s. qui abrite la maison du Patrimoine – dans le quartier Sainte-Croix, une église romane que domine un massif clocher-donjon. Sur l'autre rive du gave d'Aspe, l'ancienne cathédrale Sainte-Marie (XIIe-XIVe s.) s'ouvre par un superbe portail roman.

CHÂTEAUX ET MOULINS DE L'ALBRET

À partir de NÉRAC, capitale de l'Albret, se succèdent les vestiges du château de Tasta, les quatre tours carrées du moulin Henri IV – l'un des plus beaux moulins fortifiés d'Aquitaine – à Barbaste, l'ancienne bastide anglaise de Vianne, où une verrerie d'art et un atelier de création artisanale sont installés, Limon et les ruines du château de Salles, avant de rejoindre le point de départ par Espiens et Calignac.

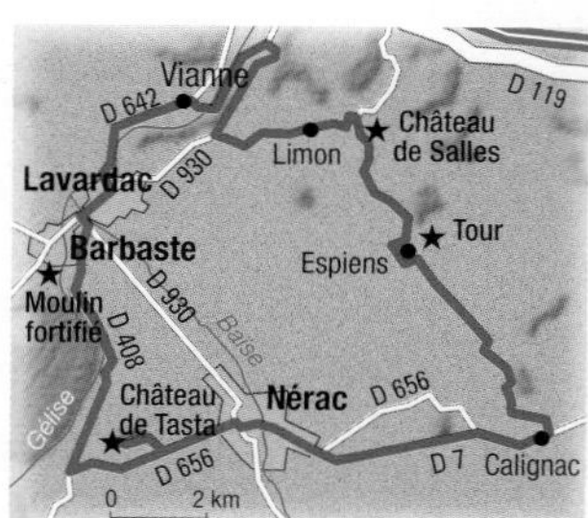

LA RÉSERVE NATURELLE DE NÉOUVIELLE

Couvrant 2 313 ha, cette réserve est composée essentiellement de forêts (2 000 ha). Dans ce sanctuaire biologique, la flore est somptueuse et la nature est restée très sauvage. Le massif de Néouvielle, ou de la Vieille Neige, a été fortement creusé par les glaciers, formant des cirques où se logent d'innombrables lacs. Les fortes dénivellations et les précipitations abondantes ont attiré l'attention d'EDF, qui exploite ce site pour son potentiel hydroélectrique depuis le milieu du XXe s. De leur côté, les promoteurs de l'aménagement des coteaux de Gascogne ont fait creuser le canal de la Neste, de Sarrancolin à Lannemezan, pour irriguer la plaine. Ces activités ont contribué à retenir les populations locales et à attirer des touristes.

1

2

Montségur, le château

1 La tour maîtresse et l'enceinte avec son mur-bouclier

2 La stèle commémorative du bûcher

3

Le massif de Néouvielle

3 Les lacs d'Aumar et d'Aubert

4

La grotte de Niaux

4 Ces représentations animales datent d'environ 15 000 ans.

PRÉHISTOIRE EN PÉRIGORD

Les prémices de l'art

Le Périgord a été occupé de façon continue par les hommes préhistoriques. Ils ont trouvé dans les falaises de calcaire surplombant les vallées de la Dordogne et de la Vézère de nombreux abris et grottes taillés qui les ont protégés du froid pendant les glaciations. La région est donc très riche en vestiges préhistoriques. Leur étude minutieuse a permis de définir différents stades d'évolution culturelle, qui tirent leurs noms des sites de fouilles (micoquien, moustérien, périgordien, magdalénien…).

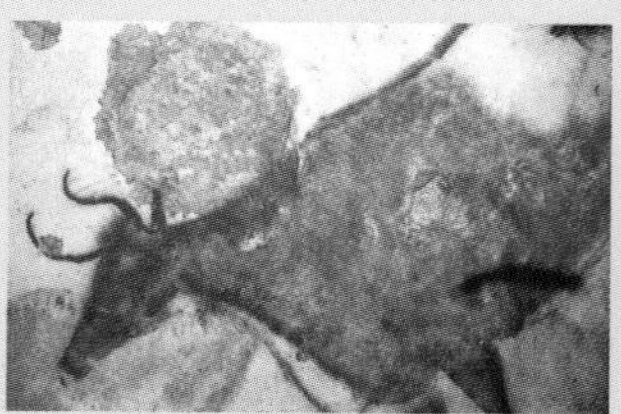

Grotte de Lascaux : les pigments sont d'origine minérale.

Les Eyzies : *l'Homme primitif*, statue de Dardé (Musée national de la préhistoire)

La capitale de la préhistoire : les Eyzies

Le bourg des Eyzies-de-Tayac-Sireuil, situé sur les bords de la Vézère, en Dordogne, a été qualifié de capitale de la préhistoire en raison de l'importance des sites paléolithiques (près de 200 recensés) découverts sur son territoire depuis 1862. De riches collections d'objets en pierre (lithiques) et en os, ainsi que des sépultures reconstituées sont réunies dans un musée installé dans un château fort restauré (Musée national de la préhistoire, tél. : 05 53 06 45 45). À 1 km du bourg se trouvent également trois grottes magnifiques ornées de gravures pariétales et de peintures rupestres que l'on peut visiter : Font-de-Gaume, connue pour ses mammouths et ses bisons rouges ; Combarelles, réputée pour ses gravures, dont le fameux « homme assis » ; et La Mouthe, pour ses figures gravées rehaussées de couleur ocre.

La « grotte aux 100 mammouths » : Rouffignac

Cette grotte de 8 km de long, située sur la commune de Rouffignac-Saint-Cernin-de-Reilhac, est la plus vaste des grottes ornées de Dordogne. Elle est considérée comme la première manifestation de l'art magdalénien. La visite, effectuée à bord d'un petit train électrique, permet aux amateurs d'admirer un ensemble de peintures et de gravures exécutées entre 15 000 et 13 000 ans avant notre ère. Parmi celles-ci, de nombreuses figures de mammouths et de rhinocéros, dont une étonnante frise représentant deux hardes de mammouths s'affrontant. Le plafond de la dernière salle est exceptionnel par le foisonnement des dessins, qui se superposent les uns aux autres (Tél. : 05 53 05 41 71).

Les Eyzies : ce bison d'argile prouve que nos ancêtres étaient aussi sculpteurs.

La « chapelle Sixtine » de la préhistoire : Lascaux

Située sur la commune de Montignac, en Dordogne, la grotte de Lascaux a été découverte par hasard, en septembre 1940, par quatre enfants partis à la recherche de leur chien disparu dans un trou. Ses galeries abritent un ensemble de peintures polychromées et de gravures considéré comme l'un des plus

Les techniques des artistes préhistoriques

Les hommes préhistoriques disposaient de colorants naturels extraits des roches. Les couleurs dominantes étant les rouges, les bruns, les jaunes et les noirs. Ces premiers colorants étaient utilisés à l'état brut sous forme de simples crayons ou réduits en poudre et mélangés à de l'eau ou de la graisse animale, avant d'être appliqués avec des pinceaux ou des tampons de poils d'animaux serrés par un lien. Certaines couleurs étaient pulvérisées sur la paroi à l'aide d'un os creux : l'ancêtre de la peinture au pistolet !

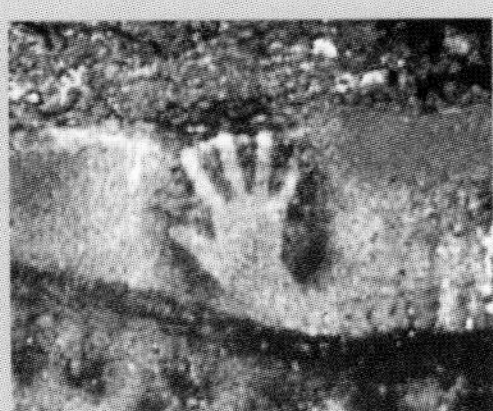

Grotte de Pech-Merle : main en négatif

remarquables de la préhistoire européenne. Ces œuvres, représentant des animaux et des signes, ont été réalisées par différents groupes d'artistes entre 15000 et 14000 avant J.-C. Depuis 1963, la grotte est fermée au public pour préserver les peintures, menacées de disparition par la prolifération d'une algue verte due à l'afflux de visiteurs. On peut cependant admirer, non loin de là, une réplique exacte de deux salles de la grotte, reconstituées grâce à des techniques originales et offrant au public la vision d'une beauté fragile et mystérieuse vieille de 15 millénaires (Tél. : 05 53 51 95 03).

Grotte de Lascaux : salle des taureaux

Une grotte-sanctuaire : Pech-Merle

Proche de Cabrerets, dans le Lot, cette grotte est située à la limite méridionale du causse de Gramat (Tél. : 05 65 31 27 05). Découverte en 1922 par deux adolescents, elle offre au public 1 600 m de galeries (un tiers du réseau réel). Elle présente un décor naturel impressionnant ainsi que nombre de peintures et de gravures rupestres réalisées entre 20000 et 15000 avant J.-C. Elle est surtout célèbre pour sa chapelle aux mammouths et son panneau des chevaux pommelés, ponctués de mains et de signes divers. La forme en tête de cheval du panneau rocheux a servi à l'artiste pour y peindre celle de l'un des animaux. Des empreintes de pieds préhistoriques sont conservées dans l'argile du sol.

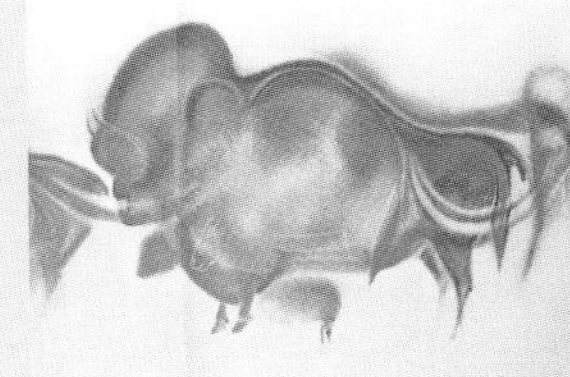

Font-de-Gaume : bisons polychromes (détail)

Grotte de Pech-Merle : panneau des chevaux pommelés

1 228 Oô (Lac d')

50/A7

(31) À 1 504 m d'altitude, ce lac de 39 ha, au charme romantique, est cerné par de hautes falaises et des pics enneigés (2 h AR par le GR 10). Un torrent s'y jette en cascade, d'une hauteur de 273 m.

1 229 Ossau (Vallée d')

49/G6

(64) ℹ Tél. train : 05 59 05 36 99
Passé le cirque d'Arudy s'égrène un chapelet de villages, dont Bielle, avec ses ruelles bordées de maisons à meneaux. À Laruns, de beaux linteaux couronnent les portes de certaines maisons. Des danses en costumes locaux (le 15 août) et une foire aux fromages (début octobre) s'y déroulent.
👁 les **gorges du Bitet** – perpendiculaires à la vallée d'Ossau –, accessibles à partir de Miégebat (1 h AR). Le torrent est coupé de cascades et de vasques.
👁 le **pic de la Sagette,** à 2 031 m d'altitude (1 h AR), que l'on atteint au départ de Gabas par une vallée menant au barrage de Fabrèges, où conduit une télécabine ; ☀ sur les vallées voisines, sur le pic du Midi d'Ossau et le Balaïtous.
👁 le **lac d'Artouste,** à 2 100 m d'altitude, enchâssé dans un cirque granitique. On y accède, depuis le lac de Fabrèges, par la même télécabine, puis par un petit train à flanc de montagne (3 h 30 AR).
👁 le **pic du Midi d'Ossau,** haut de 2 884 m et fortement érodé. Mais on aperçoit déjà, depuis Pau, le sommet en forme de croc de cet ancien volcan. Seul un culot d'andésite, qui encombrait la cheminée, subsiste et a donné les actuelles aiguilles acérées du pic. Ce géant peut être admiré sous tous les angles depuis le lac de Bious-Artigues, dans lequel il se reflète, le col du Portalet, ou depuis les lacs d'Ayous. À l'est, on peut admirer une véritable colonie d'isards.

1 230 Pau

49/H4

(64) ℹ Tél. : 05 59 27 27 08
Avec les Pyrénées pour horizon, la ville, jeune et sportive, fut une élégante station touristique au XIXe s. Balcon sur la vallée du gave de Pau, le boulevard des Pyrénées, né à l'initiative de Napoléon Ier, embrasse la chaîne du regard : ☀ sur 100 km de sommets. Le château, édifié au XIVe s., est devenu un palais Renaissance au XIXe s. Le Musée béarnais présente les arts et traditions de la région, celui des Beaux-Arts des peintures des écoles italienne, espagnole, flamande, hollandaise, française et anglaise ; le musée Bernadotte, aménagé dans la maison natale de Charles XIV, rappelle que ce fondateur de la dynastie suédoise était palois. Des édifices des XVIIe et XVIIIe s. s'élèvent dans le quartier ancien.

1 231 Penne-d'Agenais

42/C6

(47) Véritable nid d'aigle au-dessus du Lot, la cité, avec ses belles maisons en pierre à colombages (XVIe s.), offre un vaste panorama sur la vallée. La basilique moderne de Peyragude se dresse à côté des vestiges du château. La ville accueille de nombreux artisans.

1 232 Périgueux

42/B3

(24) ℹ Tél. : 05 53 53 10 63. Tél. Chancelade : 05 53 04 86 87
La ville, étape gastronomique (marché), comporte deux quartiers historiques. La Cité, dominée par le toit de tuiles de l'église Saint-Étienne, typique du roman périgourdin, rappelle son origine antique par son amphithéâtre et la tour de Vésone, temple circulaire. Dans la ville médiévale du Puy-Saint-Front, ce sont les cinq coupoles de la surprenante cathédrale Saint-Front qui émergent. Le musée du Périgord, qui recèle des collections préhistoriques et d'archéologie gallo-romaine, et le Musée militaire, évoquant quelques grands personnages, tel Daumesnil, sont à découvrir.
👁 à 5 km (O) l'**abbaye de Chancelade,** qui, fondée au XIIe s., dépendait directement du Vatican. Le portail et le clocher roman de l'église, ainsi que la chapelle Saint-Jean, sont remarquables.

LA VALLÉE DE L'ISLE

En partant de PÉRIGUEUX, on se dirige vers Saint-Astier, village situé au bord de l'Isle, où se dresse une église surmontée d'une splendide tour-clocher à deux étages. On passe ensuite par Neuvic, Saint-Martin-l'Astier et Mussidan (musée des Arts et Traditions populaires du Périgord) pour rejoindre le château de Montréal, mi-médiéval, mi-Renaissance, coiffant le sommet d'une colline.

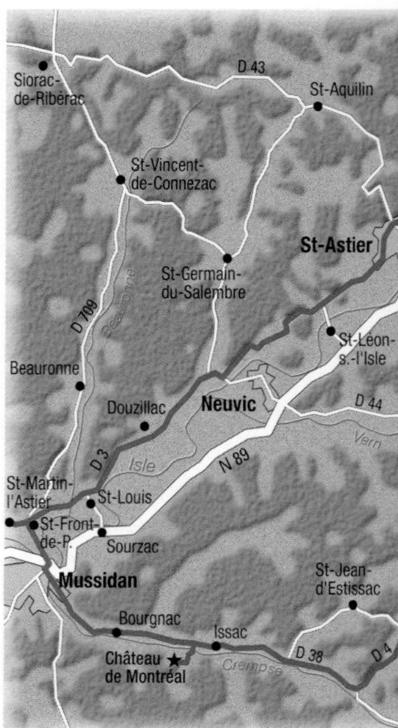

Puis, après Issac et le château de Villamblard, on atteint, par Jaures, celui de Grignols (XIIe-XVIe s.). Cette forteresse, dressée au sommet d'une crête, protégeait jadis la route qui conduisait de Périgueux à Bordeaux. On revient à Périgueux par la N 89 et la N 21.

LE FESTIVAL DE THÉÂTRE DE PAU

Ce festival réputé se déroule chaque année, entre la fin du mois de juin et le début du mois de juillet, depuis plus de vingt ans. Dirigé par Roger Hanin, il connaît un grand succès. Nouveaux talents et artistes reconnus sont présents à ce rendez-vous de choix qui allie le théâtre, la danse, la musique et d'autres manifestations artistiques.

Dans la vallée d'Ossau
1 Le pic du Midi d'Ossau

Pau
2 Une lucarne sculptée du château
3 Fontaine aux Enfants, boulevard des Pyrénées

Périgueux, la cathédrale Saint-Front
4 Le clocher (vu du cloître) s'élève à plus de 60 m.
5 Détail du grand retable en noyer, de style baroque

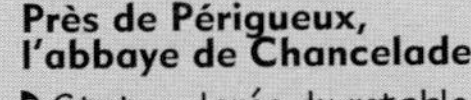

Près de Périgueux, l'abbaye de Chancelade
6 Statue dorée du retable dans le transept droit
7 La façade sud

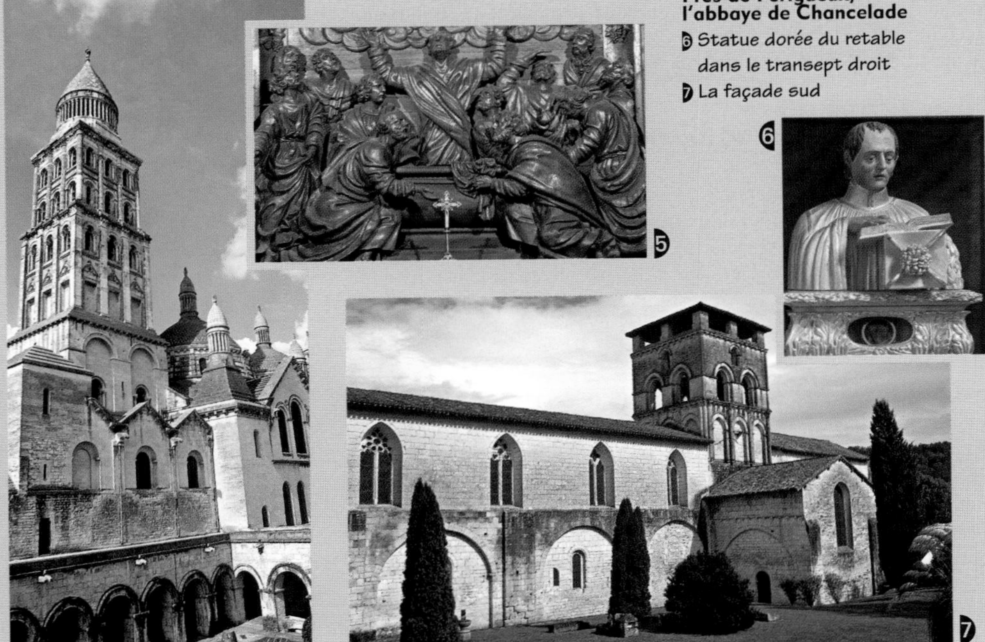

1 233 Peyro Clabado (Rocher de la)

51/G3

(81) L'érosion a désagrégé le granite du Sidobre, formant des chaos et des compayrès – amoncellements de rochers –, au milieu des bruyères et des bouleaux. Le bloc le plus imposant est la Peyro Clabado. Avec ses 800 tonnes en porte-à-faux, il repose sur une base très étroite, bloquée par une petite pierre en forme de coin.

👁 à moins de 2 km (S-E), par la D 30, le **chaos de la Resse,** où le Lignon disparaît en grondant.

👁 à moins de 15 km (S) par la même route puis la D 622, le **chaos Saint-Dominique,** qui couvre le lit du Lézert sur 4 km.

1 234 Pilat (Dune du)

40/E5

(33) ℹ Tél. La Hume : 05 56 66 12 65

Longue de 2,7 km, large de 500 m et haute de 114 m – elle n'en comptait que 35 en 1885 –, la dune du Pilat est la plus haute dune d'Europe. Son profil est dissymétrique : le versant ouest est doux, alors qu'à l'est il plonge dans la pinède. Les courageux l'escaladeront pour admirer la forêt landaise, l'Atlantique et le bassin d'Arcachon. Face au site, le banc d'Arguin, île sableuse à l'entrée de la passe vers l'océan, est un refuge pour les oiseaux migrateurs, comme les sternes.

👁 à 10 km (N-E), le port ostréicole de **La Teste-de-Buch,** qui est impressionnant par sa superficie (18 000 ha). La maison Lalanne (XVIIIe s.) présente une façade ornée d'une ancre et l'église Saint-Vincent un clocher très imposant.

👁 à 13 km (N-E) le **parc de loisirs de la Hume,** qui accueille un mini-golf, la reconstitution d'un village médiéval, le parc aquatique d'Aquacity et un parc animalier.

1 235 Pierre-Saint-Martin (col et réseau de la)

48/F5

(64)

👁 encadré ci-contre

1 236 Pique (Vallée de la)

50/B7

(31) On entre au sud de Bagnères-de-Bigorre dans la vallée de la Pique, bercée par des prairies et des hêtraies. À 2,5 km, l'arboretum de Jouéu regroupe diverses espèces de conifères du Sichuan et du Kamtchatka. La route se termine à l'Hospice de France, à 1 385 m d'altitude, dans une clairière, où jaillit l'abondante fontaine de la Pique. Un chemin difficile conduit aux quatre boums de Port, aux eaux limpides, et à l'étroit couloir du port de Vénasque, à 2 448 m (4 h 30 AR). On peut également admirer le massif de la Maladetta, en montant au pic de Sauvegarde (2 738 m).

1 237 Proumeyssac (Gouffre de)

42/C4

(24) ℹ Tél. : 05 53 07 27 47

Cette immense cloche naturelle, au sud du Bugue, présente des stalagmites, des stalactites et des draperies translucides ocre ou blanches, en particulier la Méduse, splendide formation de calcite suspendue à 20 m du sol. Au milieu du XIXe s., on descendait par une nacelle dans le tunnel d'accès à ce gouffre. Ce moyen est toujours employé pour les touristes qui en font la demande.

1 238 Puntous de Laguian (Site des)

50/A4

(32) ℹ Tél. Saint-Sever-de-Rustan : 05 62 96 63 93

Sur le circuit des bastides et des castels, le site des Puntous de Laguian domine le cours de l'Arros ; ☀, par beau temps, sur les Pyrénées et notamment sur le pic du Midi de Bigorre.

👁 à 11,5 km (S-O) l'abbaye bénédictine de **Saint-Sever-de-Rustan,** qui date du Xe s. Elle fut restaurée dans le style classique. L'église, quant à elle, comprend encore des parties romanes. On peut observer, sur les quatre groupes de chapiteaux, des aigles et des lions. L'édifice renferme des boiseries somptueuses du XVIIIe s.

LA PEYRO CLABADO ET LE SIDOBRE

On atteint facilement le rocher de la PEYRO CLABADO, au départ de Roquecourbe.

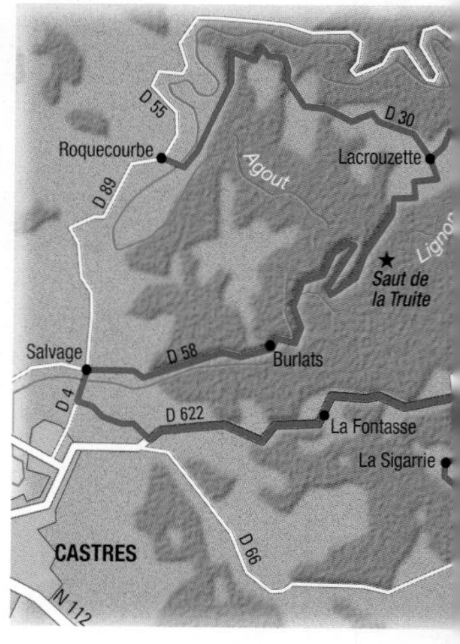

À proximité, Lacrouzette vit de l'exploitation du granite du Sidobre. Le circuit permet de découvrir ensuite le saut de la Truite, où le Lignon tombe en une belle cascade, les vestiges de l'abbaye bénédictine de Burlats et le chaos de la Balme. On revient par Ferrières et la D 58.

LE COL ET LE RÉSEAU DE LA PIERRE-SAINT-MARTIN

D'Arette en Barétous, la route s'élève dans la forêt d'Issaux et les lapiaz d'Anie, vers le col de la Pierre-Saint-Martin, dont la célébrité tient à l'immense réseau souterrain – découvert en 1950 et exploré sans cesse depuis – ouvert dans ses calcaires. Une rivère souterraine coule à 450 m de profondeur et plusieurs salles se succèdent, dont celle, immense, de la Verna (longue de 230 m, large de 180 et haute de 150). Une manifestation solennelle fait revivre, chaque 13 juillet, depuis six siècles, sur la borne frontière, le traité de « lies et passeries », alliance unissant les vallées de Barétous et de Roncal. *Patz aban* (« Nous avons la paix »), proclame, devant les maires béarnais venus payer tribut de trois génisses, l'alcade (juge) d'Isaba ; après quoi les Roncalois offrent à ceux de Barétous pain, vin et jambon.

Le rocher de la Peyro Clabado

1 Le rocher tient en équilibre sur un socle minuscule.

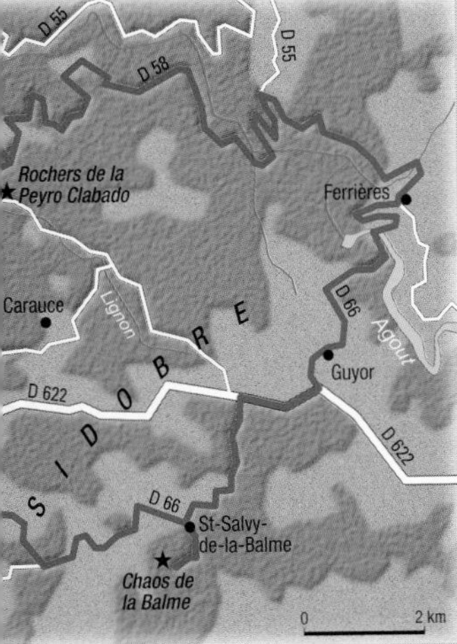

La dune du Pilat

2 La dune, constamment remodelée par le vent, à l'entrée du bassin d'Arcachon

Le réseau de la Pierre-Saint-Martin

3 L'une des salles

4 La rivière souterraine

La vallée de la Pique

5 La tour de Casteviel, à l'entrée de la vallée

1 239 Pyrénées (Parc national des)

 49/H6

(64) ℹ Tél. : 05 62 92 52 56

encadré p. 614

1 240 Réole (La)

  41/J5

(33) ℹ Tél. : 05 56 61 13 55

Construite à flanc de coteau, La Réole possède, avec son ancien hôtel de ville du XIIe s, offert par Richard Cœur de Lion aux bourgeois réolais, l'un des rares exemples de monument civil de l'époque romane. L'abbaye bénédictine, dont l'imposante façade domine le fleuve, a été reconstruite au XVIIIe s. Le musée de l'Automobile renferme de somptueuses voitures du début du XXe s., des machines à vapeur et quelques véhicules de course des années 30 et 50.

à 6 km (N-O) le **moulin de Labarthe** (XIVe s.), qui se dresse au cœur du vignoble bordelais. Il vaut le détour, mais ne se visite pas.

1 241 Rhune (Montagne de La)

 48/B4

(64) ℹ Tél. Ascain : 05 59 54 00 84

Symbole du Pays basque, cette imposante montagne de grès rouge, haute de 900 m, domine le Labourd. Ses flancs sont tapissés de touyas – landes d'ajoncs et de fougères. Depuis le sommet, situé à la frontière franco-espagnole, ☀ sur la Côte d'Argent et l'océan, les monts Cantabriques, les Landes, les Pyrénées et la vallée de la Bidassoa. On y monte par un chemin de fer à crémaillère (1 h AR) partant de Sare.

à 7,5 km de Sare (N) **Ascain**, situé dans la vallée verdoyante de la Nivelle. Ses maisons labourdines en torchis, à pans de bois apparents, sont groupées autour de son église et de son fronton de pelote basque, mur contre lequel on pratique ce jeu traditionnel.

1 242 Rieux

 50/D4

(31) ℹ Tél. : 05 61 87 63 33

Établi sur un site encerclé par les eaux vertes de l'Arize, Rieux est une aimable bourgade que domine le clocher en briques toulousaines (XIVe s.) de la cathédrale Sainte-Marie. Devant cet édifice, on observe des maisons à colombages des XVe et XVIe s. À proximité se dresse le palais épiscopal, reconnaissable à sa tour.

1 243 Romieu (La)

 42/B8

(32) ℹ Tél. mairie : 05 62 28 15 72

Cet agréable village fleuri, jadis cerné de murailles, est dominé par une étonnante collégiale (XIIIe s.), d'une taille démesurée. Soutenue par de puissants contreforts, elle est flanquée de deux énormes tours qui la signalent de loin.

1 244 Roque-Gageac (La)

 42/D5

(24) ℹ Tél. promenades sur la Dordogne : 05 53 29 40 44

Entre la Dordogne et une haute falaise à pic, le village, tout comme l'église et le manoir de Tarde qui le surplombent, se confond avec la roche. L'eau, le ton prune des grands toits, qui contraste avec l'ocre de la pierre, et quelques bosquets composent une symphonie de couleurs à contempler au coucher du soleil. Ce village pittoresque possède aussi un château du début du XXe s., ressemblant au style du XVe s. (pas de visites).

1 245 Roque-Saint-Christophe (La)

 42/C4

(24) ℹ Tél. : 05 53 50 70 45. Tél. Saint-Léon : 05 53 50 73 16

La Roque-Saint-Christophe est un site surprenant et magnifique : la falaise qui domine la Vézère abrite cinq étages d'habitations troglodytiques.

à 5 km (N), le long des méandres de la rivière, **Saint-Léon-sur-Vézère,** qui conserve une église édifiée sur les vestiges d'une villa gallo-romaine. Les châteaux de la Salle et de Clérans sont tout aussi charmants.

LE VOLVESTRE

Au départ de RIEUX, la route conduit à Montesquieu-Volvestre où se dresse une église fortifiée du XIVe s. Après Sainte-Croix-Volvestre, près de la route de Salies-du-Salat, s'ouvre la grotte de Marsoulas. Les chapelles de Sainte-Matrone et de Saint-Martory jalonnent le circuit qui mène à Martres-Tolosane, célèbre pour sa faïence depuis le XVIIIe s. On rejoint Rieux par Cazères et Saint-Julien.

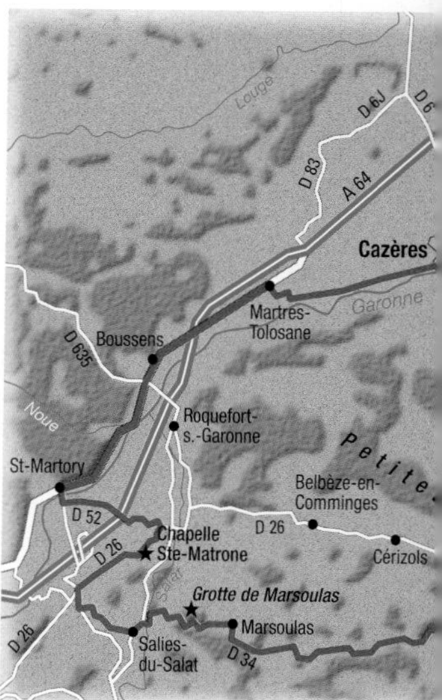

LE CENTRE DE RECHERCHES ET D'ART PRÉHISTORIQUE DU THOT

Au nord de **Saint-Léon-sur-Vézère,** le centre du Thot, créé en 1972, initie le public à l'art préhistorique. Dans une région regorgeant de trésors d'un autre âge, curieux et passionnés sont ainsi préparés aux visites des sites du Périgord et notamment à celle de la grotte de Lascaux. Le musée présente l'évolution de l'homme préhistorique, de son expression artistique (peintures, graffitis, etc), la faune qui l'entourait (aurochs, mammouths, rhinocéros laineux) et reconstitue, dans le parc, des scènes de la vie quotidienne de nos ancêtres (tél : 05 53 50 70 44).

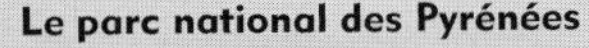

1

2

Le parc national des Pyrénées

1 Près de Gavarnie, la brèche de Roland vue du pic des Sarradets

2 Des isards, visibles dans le parc

Rieux

3 La tour-clocher de la cathédrale

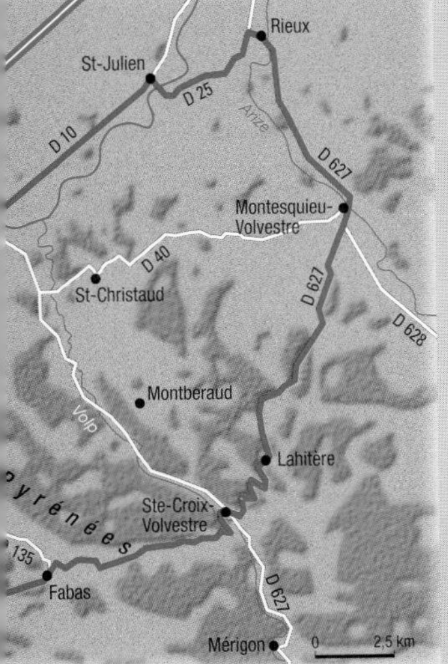

3

4

5

La Roque-Gageac

4 L'église

5 En arrière-plan, le manoir de Tarde

6

Près de La Roque-Saint-Christophe, Saint-Léon-sur-Vézère

6 Le village, baigné par la rivière

1 246 Roquetaillade (Château de)

41/H6

(33) Tél. : 05 56 76 14 16

Construit au tout début du XIVe s., ce château féodal est constitué de deux édifices. Du plus ancien, le Château-Vieux (XIIIe s.), il reste le donjon et une tour d'accès. Datant des années 1310, le Château-Neuf est une belle construction rectangulaire, flanquée de tours d'angle ; l'intérieur fut remarquablement décoré, notamment au XIXe s. par Viollet-le-Duc. Son parc regorge d'arbres séculaires.

à moins de 10 km (S-E) perché sur un étroit promontoire, **Bazas,** qui doit sa renommée à son église du XIIIe s. Cette ancienne cathédrale domine une belle place qu'entourent de vieilles maisons à arcades. Les trois portails de sa façade sont richement décorés de sculptures du XIIIe s.

1 247 Rouffignac (Grotte de)

42/C4

(24) Tél. : 05 53 05 41 71

La grotte de Rouffignac, ou Cro de Granville, connue depuis plusieurs siècles, s'ouvre sur un labyrinthe de 8 km. Elle abrite de nombreux dessins et gravures. Une rivière souterraine a façonné la roche. La visite se fait en partie grâce à un petit train électrique.

1 248 Saint-Bertrand-de-Comminges

50/B5

(31) Tél. cathédrale : 05 61 89 04 91. Tél. Gargas : 05 62 39 72 39

Perchée sur une colline, l'imposante cathédrale (XIe-XIVe s.) Sainte-Marie-de-Comminges couronne le village fortifié. L'édifice comporte une partie romane et une autre gothique, renfermant de véritables trésors d'art, comme des tapisseries de Tournai du XVIe s. Le buffet d'orgues et les stalles complètent la décoration intérieure. À travers les arcades de la galerie est du cloître, sur la montagne.

à moins de 5 km (N), située entre la Garonne et la Neste, la **grotte de Gargas,** qui s'ouvre sur deux étages de galeries faciles d'accès. Celles-ci possèdent des stalagmites, des draperies, des vasques et des gours. Mais la cavité est surtout célèbre pour les 231 empreintes de mains « mutilées » qui couvrent ses parois, peintures évoquant peut-être des rituels de l'homme de l'aurignacien.

1 249 Saint-Émilion

41/J4

(33) Tél. : 05 57 55 28 28

Haut lieu viticole, cité médiévale – avec ses ruelles, ses cloîtres des Cordeliers et de la collégiale, et ses fortifications –, Saint-Émilion est également riche de la plus vaste église monolithe d'Europe, au très haut clocher (67 m) : sur la ville et le vignoble. L'édifice est visible depuis la place du Marché, charmante et pittoresque. Au Moyen Âge, les crus de la cité, offerts en hommage aux personnes de marque, étaient appelés vins « honorifiques ».

1 250 Saint-Étienne-de-Baïgorry

48/E4

(64) Tél. : 05 59 37 47 28

Ce village typiquement basque étire de chaque côté de la vallée ses deux quartiers, autrefois rivaux, séparés par un torrent. La présence d'un pont romain laisse supposer que le site est occupé depuis fort longtemps. L'église Saint-Étienne, reconstruite sur des bases romanes au XVIIIe s., comporte un chœur surélevé et trois étages de galeries.

1 251 Saint-Félix-Lauragais

50/F3

(31) Tél. : 05 62 18 96 99

Une splendide vue sur la Montagne Noire apparaît lorsqu'on se trouve au pied du château des XIVe et XVe s. Édifiée au XIVe s., la collégiale fut reconstruite au XVIIe s. Un puits profond – de 42 m dit-on, soit de la hauteur du clocher – est creusé dans le mur de gauche. Une voûte en bois peint du XVIIIe s. couvre la nef principale de l'église.

LA PELOTE BASQUE

Gochoki ! Le bravo basque salue, sur un coup difficile, la prouesse du pelotari. De sa voix rugueuse, le *chacharia* psalmodie les points. Face au fronton, la balle, faite de buis et de cuir de chien, rebondit dans le « grand jeu » que mènent deux équipes de trois joueurs, tout de blanc vêtus, mais distingués par la couleur de leur *cinta* (ceinture). Sport national et expression mystique, la pelote basque est multiforme : main nue ou gantée, avec battoir en bois *(pala)* ou corne d'osier (grand ou petit chistera) ; terrain sans fronton *(rebot),* à fronton classique, à fronton couvert à trois murs, à trinquet, multipliant par l'effet de biseaux et de plans inclinés les traîtrises des ricochets qu'il faut parer par des bonds étourdissants.

LA JURADE DE SAINT-ÉMILION

L'origine de cette jurade, très ancienne, remonte à l'année 1199. Jean sans Terre, fils d'Aliénor d'Aquitaine, donna aux jurats de Saint-Émilion le pouvoir de diriger les affaires de la juridiction qui rassemblait les communes de l'aire de production des vins de la ville. Cette assemblée, composée de « gens de bien », contrôlait la production et la qualité des vins. Reconstituée en 1948, la jurade actuelle s'inspire toujours des traditions médiévales. Elle proclame chaque année, le 3e dimanche du mois de juin, le « jugement du vin nouveau », et, à l'automne, le « ban des vendanges » : à ces occasions sont organisés des banquets dignement arrosés.

Le château de Roquetaillade

1 Les tours rondes du Château-Neuf entourent le donjon, plus ancien, du Château-Vieux.

Saint-Bertrand-de-Comminges, la cathédrale Sainte-Marie

2 Elle se dresse au sommet de la ville haute.

3 Le chœur avec 66 stalles richement sculptées, et le buffet d'orgues ; au premier plan, les évangélistes saint Marc et saint Jean

4 Saint Bertrand, représenté sur un retable à côté de la porte du jubé

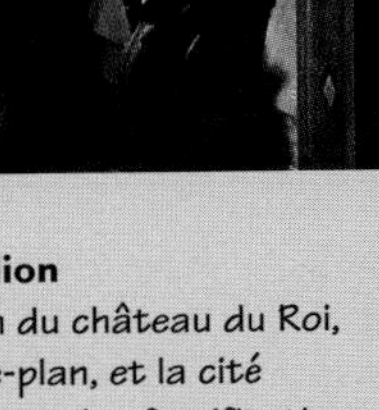

Saint-Émilion

5 Le donjon du château du Roi, à l'arrière-plan, et la cité

6 Les vestiges des fortifications

1 252 Saint-Jean-de-Côle

42/C2

(24) ℹ Tél. : 05 53 62 14 15. Tél. Puyguilhem : 05 53 54 82 18

Saint-Jean, village périgourdin typique, à l'est de Brantôme, accueille un pont gothique, un château Renaissance et classique, un ancien prieuré, une église romane et une halle aux poteaux en bois. L'église abrite des boiseries en chêne du XVIIe s. ; le château de la Marthonie expose des papiers artisanaux et des publicités anciennes.

👁 à moins de 10 km (O), surgissant des bois, le **château de Puyguilhem,** qui marie héritages médiévaux (deux tours féodales) et apports de la Renaissance (cheminées monumentales remarquablement sculptées).

1 253 Saint-Jean-de-Luz

48/D3

(64) ℹ Tél. : 05 59 26 03 16

Station balnéaire élégante, la cité des pêcheurs et des corsaires n'a pas renié son âme basque, comme le montrent ses rues, bordées de maisons labourdines. Ville d'histoire, elle conserve, avec l'église Saint-Jean-Baptiste – grand et bel édifice où se déroula la cérémonie du mariage de Louis XIV avec Marie-Thérèse d'Espagne – et la maison de l'Infante, le souvenir des époux royaux. Les anciennes demeures et les bateaux doivent être admirés des quais du port – actif depuis le XIe s.

👁 à 3 km (O), par la D 912, le **fort de Socoa** : ⁂ . Puis on peut suivre jusqu'à Hendaye (par la même route) les falaises de la **Corniche basque,** qui affichent leurs contours découpés par l'océan Atlantique. Le château d'Abbadia se dresse sur la pointe Sainte-Anne : ⁂ sur la Côte d'Argent.

1 254 Saint-Jean-Pied-de-Port

48/E4

(64) ℹ Tél. : 05 59 37 03 57

Avec ses maisons en grès rouge sur les bords de la Nive, la ville, ancienne capitale de la basse Navarre, se niche au pied d'une colline surmontée par une citadelle ; ⁂ sur la ville, la vallée et les montagnes. La rue d'Espagne et l'église gothique Notre-Dame, à admirer depuis le Vieux pont, rappellent que cette cité est la dernière étape française sur le chemin de Saint-Jacques-de-Compostelle.

1 255 Saint-Lizier

50/C4

(09) ℹ Tél. : 05 61 96 77 77

Face aux Pyrénées, sur une colline qui domine le Salat, la cité a eu, curieusement, deux cathédrales : Saint-Lizier et, sur la hauteur, dans l'ancienne enceinte romaine, la Sède ou le Siège (XIIe-XVe s), avec son palais épiscopal. La première a été construite du XIe au XVe s. ; son clocher octogonal en briques (XIVe s.) est de style toulousain ; son chœur abrite des fresques romanes.

1 256 Saint-Palais

48/F4

(64) ℹ Tél. : 05 59 65 71 78

Étroitement lié aux pèlerinages, le bourg est placé à la croisée des chemins de Saint-Jacques-de-Compostelle. Ses maisons à colombages et ses édifices massifs font de Saint-Palais une ville à la remarquable architecture. La décoration intérieure de la chapelle Saint-Nicolas est intéressante. La cité tient à préserver les traditions basques ; ses galas de pelote en témoignent.

🎭 : festival de la Force basque (1er dimanche après le 15 août).

1 257 Saint-Savin

49/H5

(65) ℹ Tél. Argelès-Gazost : 05 62 97 00 25

Protégeant le village et dominant les environs, de Lourdes à Peyrefitte, l'église, fortifiée au XIVe s., avec son chemin de ronde et son clocher-lanterne, abrite de somptueuses richesses, dont des Vierges romanes et une châsse en cuivre argenté. Depuis la terrasse bordant la place principale, ⁂ sur la vallée d'Argelès.

INCURSION EN PÉRIGORD VERT

Du village très pittoresque de SAINT-JEAN-DE-CÔLE, il faut se rendre à Agonac, en passant par Saint-Pierre-de-Côle, pour visiter l'église Saint-Martin. Son clocher carré du XVIe s. et son intérieur roman sont charmants.

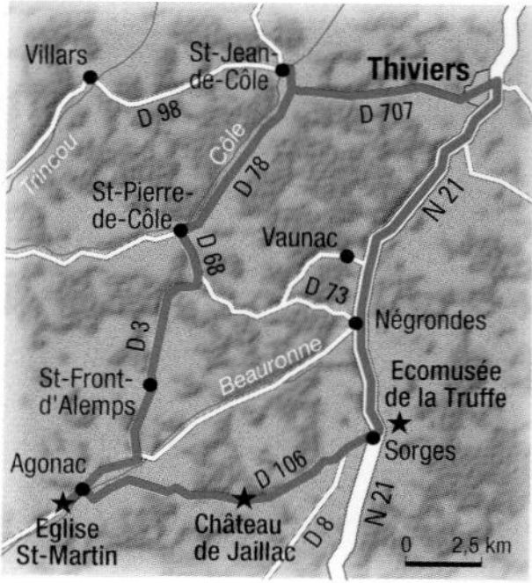

La route conduit ensuite au château de Jaillac puis à Sorges. Ce village possède non seulement une belle église romane, mais aussi un écomusée de la Truffe qui propose un parcours à la découverte des truffières. Le retour à Saint-Jean-de-Côle se fait par Thiviers, connu pour ses foires et ses marchés.

LE PAYS BASQUE

Le Pays basque français comprend trois provinces : le Labourd, la Basse-Navarre et la Soule. Les sommets sont constitués de grès, les vallées sont tortueuses et profondes en amont, et plus amples après **Saint-Jean-Pied-de-Port.** La partie orientale est la plus élevée ; elle culmine au pic d'Orhy à 2 017 m d'altitude. Les Pyrénées basques s'abaissent à l'ouest, dessinant un relief doux (la Rhune), mais contrasté, avant de plonger dans l'océan, formant une côte de falaises et de rochers déchiquetés (Côte d'Argent). C'est la montagne atlantique par excellence, au climat océanique aquitain, tiède en été, doux en hiver, enveloppée par le brouillard. Les vallées (Saison, Nive, Bidouze, Arbéroue) sont verdoyantes, les hautes terres et les versants, couverts d'ajoncs, de fougeraies et de belles futaies.

Saint-Jean-de-Côle
1 Le château de la Marthonie

Saint-Jean-de-Luz
2 Le port de pêche

Saint-Lizier, la cathédrale Saint-Lizier
3 Le clocher octogonal en brique
4 Fresque romane dans le chœur

Saint-Savin, l'église
5 Le maître-autel
6 L'édifice dominant le village

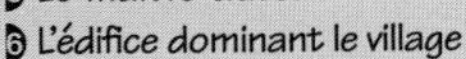

1 258 Sainte-Engrâce

 48/F5

(64) Tél. mairie : 05 59 28 60 83

Au milieu de montagnes boisées, ce village de bergers conserve son église romane au toit asymétrique, vestige d'une ancienne abbaye du XIe s. Le chœur renferme de beaux chapiteaux décorés.

au sud le large canyon des **gorges d'Ehujarré,** dites aussi d'Ujarre, en forme de U, qui débouche sur un cirque situé à 1 460 m d'altitude. Un sentier part du hameau de Senta et se divise après 800 m en deux branches : l'une monte par l'intérieur, l'autre (à droite) passe sur la corniche ouest ( ).

1 259 Sarlat-la-Canéda

 42/D4

(24) Tél. : 05 53 31 45 45

Sarlat, qui attire de nombreux visiteurs en été, est riche en hôtels particuliers et autres édifices bien conservés ; maison de La Boétie, cathédrale Saint-Sacerdos, chapelle des Pénitents bleus, lanterne des Morts, hôtels de la rue des Consuls… L'ensemble sert régulièrement de cadre à des animations culturelles et à de savoureux marchés (plus particulièrement celui du samedi).

: festival des Jeux du théâtre (fin juillet-début août), festival du Film (début novembre).

1 260 Sauveterre-de-Béarn

 48/F3

(64) Tél. : 05 59 38 58 65. Tél. Salies-de-Béarn : 05 59 38 00 33

Autrefois carrefour commercial et place stratégique, la ville a gardé un beau patrimoine architectural. Depuis le Vieux Pont (XIIIe s.), sur les fortifications, l'église et la tour Montréal.

à 9 km (N) **Salies-de-Béarn,** paisible ville, dont les maisons à galeries du XVIIe s. se reflètent dans les eaux du Saleys.

1 261 Sidobre (Plateau du)

 51/G3

(81) De gigantesques blocs granitiques arrondis par l'érosion, de surprenantes « rivières » de rochers et des carrières monumentales se découvrent sur ce plateau. Les chemins réservent d'insolites rencontres avec des rocs en équilibre miraculeux, dont les noms évoquent leurs formes étranges : roc de l'Oie, Chapeau du Curé, Trois Fromages… Le Sidobre est aussi une superbe contrée boisée où se mêlent toutes les essences du Nord et du Midi.

1 262 Sorèze

 50/F3

(81) Tél. : 05 63 74 16 28

De l'abbaye, fondée au VIIIe s., il ne reste que le beau clocher octogonal (XIIIe s.). Au XVIIe s., les Bénédictins ouvrirent ici un célèbre collège, qui devint, sous Louis XVI, école royale militaire.

à moins de 10 km (S) **Durfort,** ville artisanale spécialisée dans la dinanderie, qui commande l'entrée des **gorges du Sor,** encadrées de hautes falaises.

1 263 Tarbes

   49/J4

(65) Tél. : 05 62 51 30 31

Malgré la proximité des Pyrénées, Tarbes est une ville de plaine qui a pu étendre ses activités. Elle est dotée d'un haras qui a la charge d'améliorer et d'entretenir les races équines. La place de Verdun, cœur de la cité, permet de rejoindre la maison natale du maréchal Foch et la cathédrale de la Sède, d'origine romane, mais très remaniée. L'attrait principal de la ville reste le jardin Massey, qui abrite des arbres de tous les pays. Sous ses frondaisons se trouvent l'ancien cloître de Saint-Sever-de-Rustan et le musée des Hussards, logé dans un bâtiment que surmonte une étrange tour hispano-mauresque. Tarbes jouit aussi d'un autre privilège : elle est toute proche des stations de sports d'hiver.

LA BIGORRE

À partir de TARBES, on gagne Lestelle-Bétharram, en passant par Ossun, Pontacq, Bénéjacq et Coarraze. On découvre, au sud de cette ancienne bastide du XIVe s., un sanctuaire et des grottes. La jolie route qui conduit à Lourdes traverse Saint-Pé-de-Bigorre et permet de faire une halte au lac de Lourdes – d'origine glaciaire. Il offre de nombreuses possibilités d'activités nautiques. Par Lourdes, on rejoint Tarbes, au nord-est.

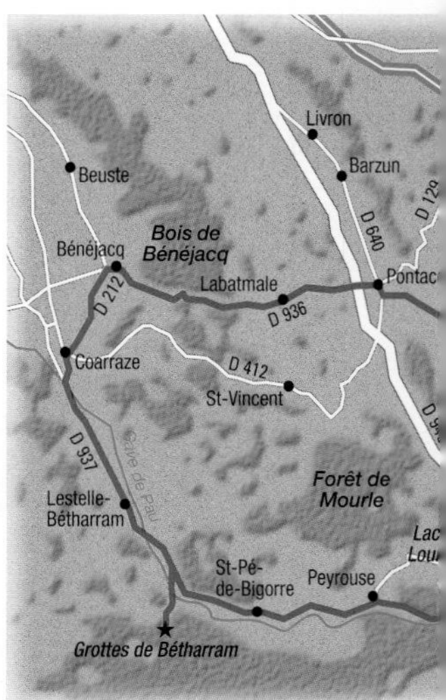

LE PARC NATUREL RÉGIONAL DU HAUT-LANGUEDOC

Entre l'Hérault et le Tarn, ce parc, créé en 1973, couvre 145 000 ha. Il se situe en bordure méridionale du Massif central et englobe, entre **Sorèze** et Lamalou-les-Bains, la Montagne Noire, l'Espinouse, le mont du Somail et le massif du Caroux. Ses promoteurs se sont fixé deux objectifs : protéger l'important patrimoine naturel (grottes, gorges, chaos, plans d'eau) et humain, et dynamiser les activités économiques grâce au tourisme. Dans ce cadre, idéal pour découvrir les contrastes naturels du Languedoc, on peut pratiquer la randonnée à VTT, à cheval ou à pied (1 400 km de sentiers), l'escalade, la spéléologie et les loisirs nautiques sur les lacs de Laouzas ou des Saints-Peyres. On peut se renseigner à la maison du Parc (tél. : 04 67 97 38 22) de Saint-Pons-de-Thomières.

Sarlat-la-Canéda
1 La cathédrale Saint-Sacerdos
2 Détails sculptés de la cathédrale
3 La lanterne des morts

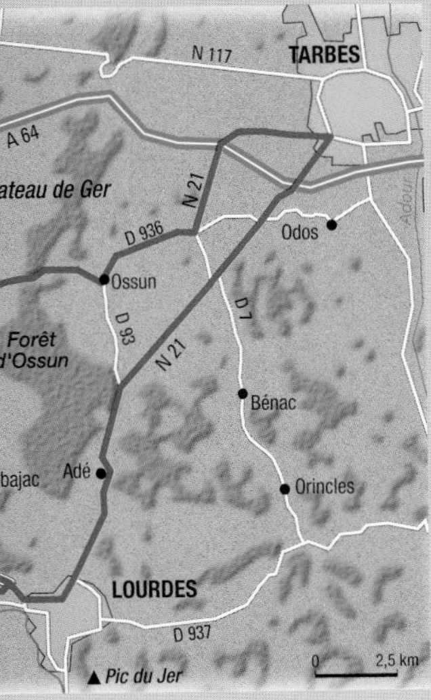

Sauveterre-de-Béarn
4 L'une des rues à arcades

Tarbes
5 Le musée des Hussards, dans le jardin Massey

1 264 Toulouse

50/D3

(31) ℹ Tél. : 05 61 11 02 22

Avec un patrimoine scientifique et culturel de très grande qualité, Toulouse est moderne mais son cachet est très occitan. Ville rose vibrante de musique, qu'il faut apprécier de place en place (places du Capitole, Wilson, Saint-Georges, de la Daurade), en parcourant ses rues pour leur animation commerçante (d'Alsace-Lorraine, de Metz), pour leurs maisons anciennes et leurs hôtels (Saint-Rome, des Changes et de la Bourse, l'hôtel d'Assézat). De la rive gauche à la rive droite de la Garonne (par le pont Neuf, le pont Saint-Pierre ou le pont Saint-Michel), on passe de Gascogne en Languedoc.

Le musée Saint-Raymond

Installé depuis le XIXe s. dans l'ancien Collège, il abrite les collections archéologiques, très riches, de la ville : nombreux objets en bronze, en fer, en os des sites préromains, des sculptures, pièces de monnaie, vases, lampes, bijoux de l'Antiquité romaine et du haut Moyen Âge.

La basilique Saint-Sernin

Des bâtiments religieux détruits au XIXe s. ne subsiste que l'église, édifiée à partir du XIe s., devenue basilique en 1878. En forme de croix latine, Saint-Sernin est l'une des plus grandes et des plus belles églises romanes. L'impressionnante nef de 115 m de long, le large déambulatoire à chapelles rayonnantes et aux 878 chapiteaux finement sculptés sont mis en valeur par la lumière qui joue sur les briques. La tour octogonale du clocher, qui culmine à 65 m, est le modèle du clocher toulousain, repris dans toute la région.

Le grand retable du chœur dans la cathédrale Saint-Étienne

Le Capitole

Le palais du Capitole se dresse sur la place du même nom, qui est la principale de la ville. Animée et accueillante, elle est bordée de terrasses de café, sous les arcades. La façade (XVIIIe s.), richement décorée, s'orne en son centre de huit colonnes en marbre rose coiffées d'un fronton triangulaire, surmonté de sculptures. À l'intérieur, la salle des Illustres rappelle la galerie des Glaces à Versailles (colonnes de marbre, statues, dorures, peintures allégoriques au plafond…). Le palais abrite l'hôtel de ville et le théâtre, temple de l'art lyrique.

Le pont Neuf sur la Garonne

Le donjon de l'ancien Capitole

La cathédrale Saint-Étienne

Construite du XIIIe au XVIIe s., de style gothique, elle abrite de belles tapisseries (XVIe-XVIIe s.) retraçant la vie du saint et des vitraux anciens dans le déambulatoire, dont une œuvre du XVe s. représentant Charles VII.

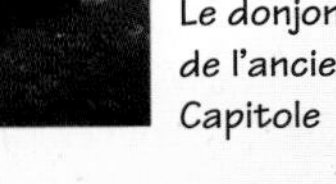

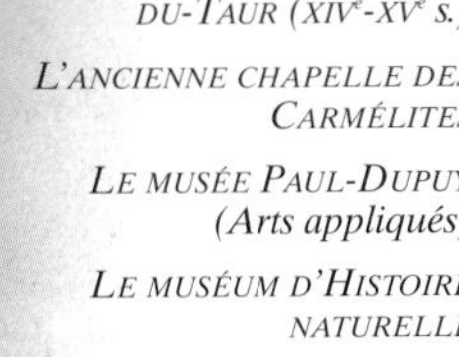

À VOIR AUSSI

L'église Notre-Dame-du-Taur (XIVe-XVe s.)

L'ancienne chapelle des Carmélites

Le musée Paul-Dupuy (Arts appliqués)

Le muséum d'Histoire naturelle

La tour des Jacobins

Le couvent des Jacobins

Bâti du XIIe au XIIIe s., cet ensemble est un chef-d'œuvre du gothique méridional. L'église, qui accueillit la première université toulousaine, comporte une double nef divisée par une rangée de sept colonnes avec des voûtes étoilées. Le cloître gothique, le grand réfectoire couvert par une superbe charpente, la chapelle Saint-Antonin (XIVe s.) et la salle capitulaire sont tout aussi remarquables.

Le musée des Augustins

Les anciens bâtiments du couvent des Augustins (XIVe-XVe s.) accueillent des sculptures gothiques dans le grand cloître, la sacristie, la salle capitulaire (belle Vierge à l'Enfant) et la chapelle Notre-Dame-de-la-Pitié. L'église abrite des peintures religieuses du XIVe au XVIIIe s. (Rubens, Van Dyck) et de superbes sculptures romanes qui illustrent parfaitement l'art régional. Aux étages se trouvent peintures et sculptures du XVIIe au XIXe s.

1 265 Tourmalet (Col du)

 49/J6

(65) Signifiant « mauvais détour », le plus haut col des Pyrénées (2 115 m), rendu célèbre par Mme de Maintenon, puis par le Tour de France qui le franchit presque chaque année, est entouré d'un paysage de pâturages. ·!· sur le pic du Midi de Bigorre et sur le massif de Néouvielle. Du versant occidental, le GR 10 puis un petit sentier mènent à l'entrée d'un cirque glaciaire où s'étend le lac des Coubous.

1 266 Trémolat

 42/C4

(24) ℹ Tél. mairie : 05 53 22 80 17

Le village possède, outre un agréable plan d'eau, une remarquable église-forteresse du XIIe s.

👁 au nord-ouest le **cingle de Trémolat,** visible depuis le belvédère sur la route partant au nord du village (·!·). Ici, la Dordogne forme une boucle encadrée par de hautes falaises calcaires. Puis la vallée se resserre et devient plus sauvage ; peupliers et jolis ponts en pierre ocre la ponctuent.

1 267 Troumouse (Cirque de)

 49/J7

(65) Ce cirque, à proximité de la frontière espagnole, est grandiose. Il est couronné par le pic de la Munia à 3 133 m, avec son glacier suspendu. Son fond convexe, poli par les eaux et la glace, est couvert de pelouse. Depuis la statue de la Vierge, ·!· sur le site.

1 268 Vignemale (Pic du)

 49/H6

(65) ℹ Tél. Cauterets : 05 62 92 50 50

Avec ses 3 298 m d'altitude, il est le point culminant des Pyrénées françaises. Ce pic est une cheminée vertigineuse de granite et de neige, dont l'ascension est réservée aux alpinistes expérimentés. On peut cependant l'approcher par la vallée de Gaube (GR 10) à partir du pont d'Espagne. Un télésiège monte jusqu'au lac de Gaube, aux eaux vert émeraude, alimenté par les glaciers du pic.

1 269 Villars (Grottes de)

 42/C2

(24) ℹ Tél. : 05 53 54 82 36

Les grottes de Villars contiennent des salles ornées de belles concrétions ocre, jaunes et blanches, ainsi que quelques peintures préhistoriques, exécutées il y a plus de 15 000 ans, sur les parois.

1 270 Villeneuve-sur-Lot

   42/B6

(47) ℹ Tél. : 05 53 36 17 30. Tél. grottes : 05 53 40 08 09 et 05 53 41 73 97

De part et d'autre du Lot, Villeneuve étale largement ses quartiers modernes dans la plaine, au milieu d'un cirque de coteaux couverts de vergers. Au centre de la ville, qui, comme Agen, est célèbre pour sa prune, se cache la vieille bastide, dont les maisons marient harmonieusement les briques à la pierre. Les deux portes de la ville, celle de Pujols et celle de Paris, sont les seuls témoins de la présence d'anciens remparts. L'église Sainte-Catherine, énorme édifice de style romano-byzantin édifié au début du XXe s., possède un intérieur très décoré. Tout près, la place Lafayette conserve ses arcades et un marché pittoresque. Enjambant le Lot, le Vieux pont (XIIIe s.) a perdu ses tours, mais a conservé sa chapelle en encorbellement. Quant au Musée municipal, il surplombe la rivière et abrite des peintures des XVIIIe, XIXe et XXe s., ainsi qu'une collection archéologique. On y apprend aussi l'histoire du site.

👁 à 8 km (S-O) les **grottes de Lastournelles,** qui possèdent de belles stalactites et des ossements (exposés à l'entrée).

👁 à 12 km (S), par la N 21, les **grottes de Fontirou,** creusées dans le calcaire gris de l'Agenais, qui offrent un intéressant parcours parmi des concrétions de couleur ocre-rouge, dues à l'argile. Des ossements d'animaux de l'époque tertiaire y ont également été découverts. Les squelettes reconstitués sont présentés dans un parc préhistorique.

LES BOUCLES DE LA DORDOGNE

À partir de TRÉMOLAT, niché au creux d'un méandre de la Dordogne, on traverse la rivière pour découvrir, après Calès, le village de Badefols-sur-Dordogne. Les ruines du château sont perchées sur une falaise qui domine la vallée.

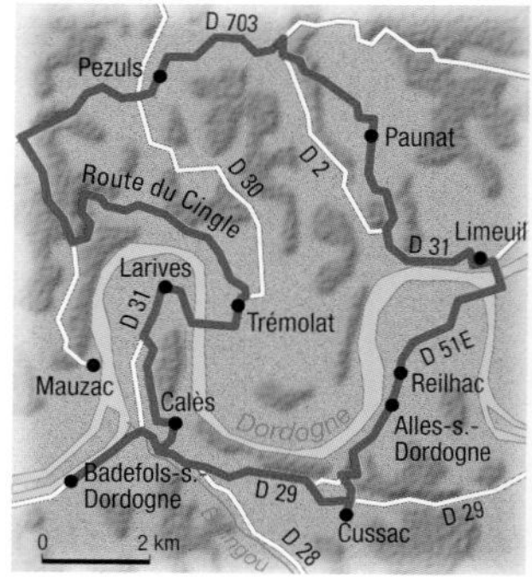

La route traverse ensuite Cussac, Alles-sur-Dordogne, le charmant village de Limeuil et celui de Paunat, avec son imposante église fortifiée. Pour revenir à Trémolat, on emprunte le trajet qui mène au cingle formé par le cours d'eau.

LE PARC NATIONAL DES PYRÉNÉES

Il s'étend sur les départements des Pyrénées-Atlantiques et des Hautes-Pyrénées, entre la vallée d'Aspe et le massif de Néouvielle. Créé en 1967, couvrant 45 700 ha, il comprend 230 lacs, les plus hauts pics de la partie française de la chaîne (**Vignemale,** Balaïtous), et des cirques célèbres, dont celui de Gavarnie. Il est chargé de maintenir le patrimoine culturel, de soutenir l'économie de montagne, d'accueillir des touristes, de développer la recherche et d'entretenir les richesses naturelles. On y recense environ 1 200 espèces de végétaux et une faune variée : 1 000 espèces de coléoptères, des ours des Pyrénées, des isards, des gypaètes barbus… On peut se renseigner à la maison du Parc de Cauterets (tél. : 05 62 92 52 56), mais aussi aux six autres : Etsaut, Gabas, Aste, Gavarnie, Gèdre et Luz-Saint-Sauveur.

Trémolat, l'église

1 Elle servit souvent de refuge aux habitants du village.

2 Vierge au-dessus du portail

3 Vitrail du chevet

Le cirque de Troumouse

4 Il est couronné par le glacier de la Munia.

Le pic du Vignemale

5 La cascade du Pont d'Espagne

6 Vue sur le pic (3 298 m) et les sommets qui l'entourent

7 Le lac de Gaube

MIDI MÉDITERRANÉEN

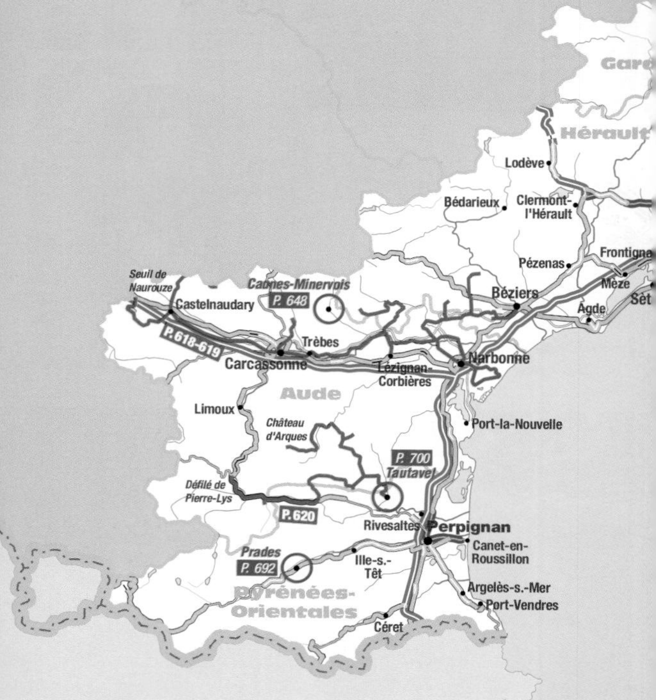

06 Alpes-Maritimes
11 Aude
13 Bouches-du-Rhône
30 Gard
34 Hérault
66 Pyrénées-Orientales
83 Var
84 Vaucluse
2A Corse-du-Sud - 2B Haute-Corse

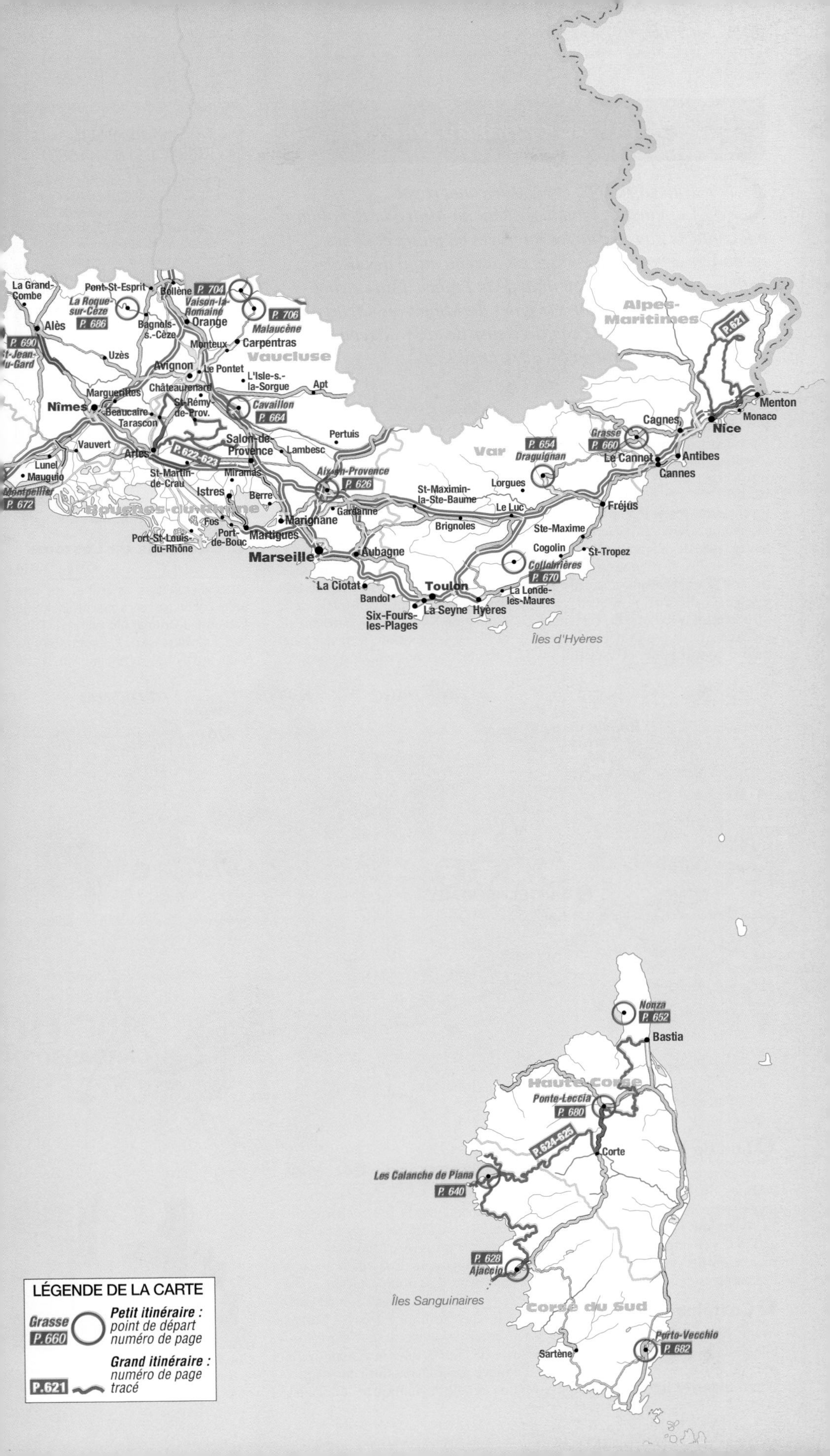

La Grand-Combe
Pont-St-Esprit
Bollène
P. 704
La Roque-sur-Cèze
P. 686
Vaison-la-Romaine
P. 706
Malaucène
Bagnols-s.-Cèze
Orange
Alès
P. 690
St-Jean-du-Gard
Uzès
Monteux
Carpentras
Vaucluse
Avignon
Le Pontet
L'Isle-s.-la-Sorgue
Apt
Marguerittes
Châteaurenard
Nîmes
Beaucaire
Tarascon
St-Rémy-de-Prov.
Cavaillon
P. 664
Alpes-Maritimes
P. 621
Menton
Monaco
Nice
Cagnes
Grasse
P. 660
Le Cannet
Antibes
Cannes
P. 654
Draguignan
Var
Pertuis
Vauvert
Arles
P. 622-623
Salon-de-Provence
Lambesc
Lunel
Mauguio
Montpellier
P. 672
St-Martin-de-Crau
Miramas
Aix-en-Provence
P. 626
Lorgues
Istres
Berre
Bouches-du-Rhône
St-Maximin-la-Ste-Baume
Le Luc
Fréjus
Gardanne
Fos
Marignane
Brignoles
Ste-Maxime
Port-St-Louis-du-Rhône
Port-de-Bouc
Martigues
Cogolin
St-Tropez
Marseille
Aubagne
Collobrières
P. 670
La Ciotat
Toulon
La Londe-les-Maures
Bandol
Six-Fours-les-Plages
La Seyne
Hyères
Îles d'Hyères

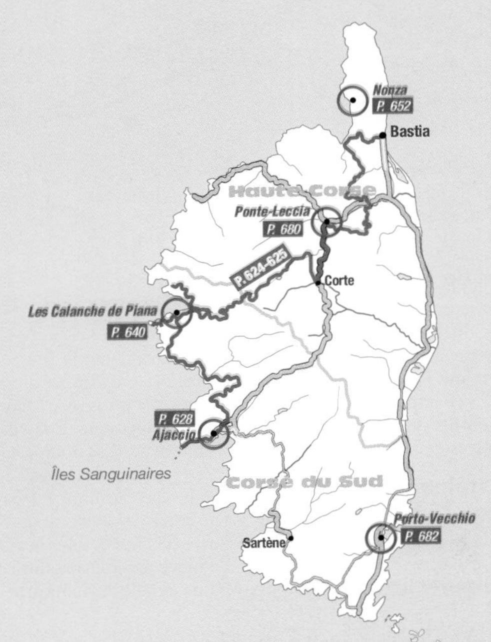

LÉGENDE DE LA CARTE

Grasse P. 660 — ***Petit itinéraire :*** *point de départ numéro de page*

P. 621 — ***Grand itinéraire :*** *numéro de page tracé*

Au fil du canal du Midi

Construit entre 1666 et 1680, le canal royal du Languedoc, rebaptisé canal du Midi à la Révolution, a façonné le paysage de ses ouvrages en pierre et de ses méandres arborés. L'ouvrage est devenu au fil des siècles le fleuve qui manquait au midi de la France. Entre riches terres à blé du Lauragais et vignes du Minervois, le canal du baron Riquet conduit l'eau précieuse de la Montagne Noire vers l'horizon bleu de la Méditerranée.

PIERRE-PAUL RIQUET (1604-1680)

Percepteur de Louis XIV dans le Lauragais, Riquet consacra sa fortune personnelle à la grande idée de sa vie : le canal royal du Languedoc. Le roi et son ministre Colbert cherchaient à éviter le détroit de Gibraltar en reliant la Garonne à la Méditerranée. Opiniâtre, Riquet parvint à les convaincre que la clé de cet ouvrage pharaonique résidait dans le captage des eaux de la Montagne Noire. Riquet sera anobli par le roi qui lui concédera l'exploitation du canal, mais il mourra ruiné par sa contribution aux travaux, six mois avant l'inauguration de son œuvre.

❶ Le seuil de Naurouze

C'est ici que les eaux de la Montagne Noire, stockées par Riquet dans son « magasin d'eau » de Saint-Férréol, alimentent le canal. À la mémoire de son bâtisseur, ses héritiers ont érigé en 1825 un obélisque sur les légendaires pierres de Naurouze, érodées par le vent d'autan. Au pied de ce monticule, une majestueuse allée de platanes centenaires traverse l'ancien bassin octogonal où le « seigneur du canal » rêvait d'ériger un port et une ville nouvelle. Les limons ont recouvert le bassin transformé en prairie, mais les hommes d'aujourd'hui ont exaucé le vœu de Riquet à quelques centaines de mètres, à Port-Lauragais. L'aire d'autoroute attenante y abrite une exposition sur le canal.

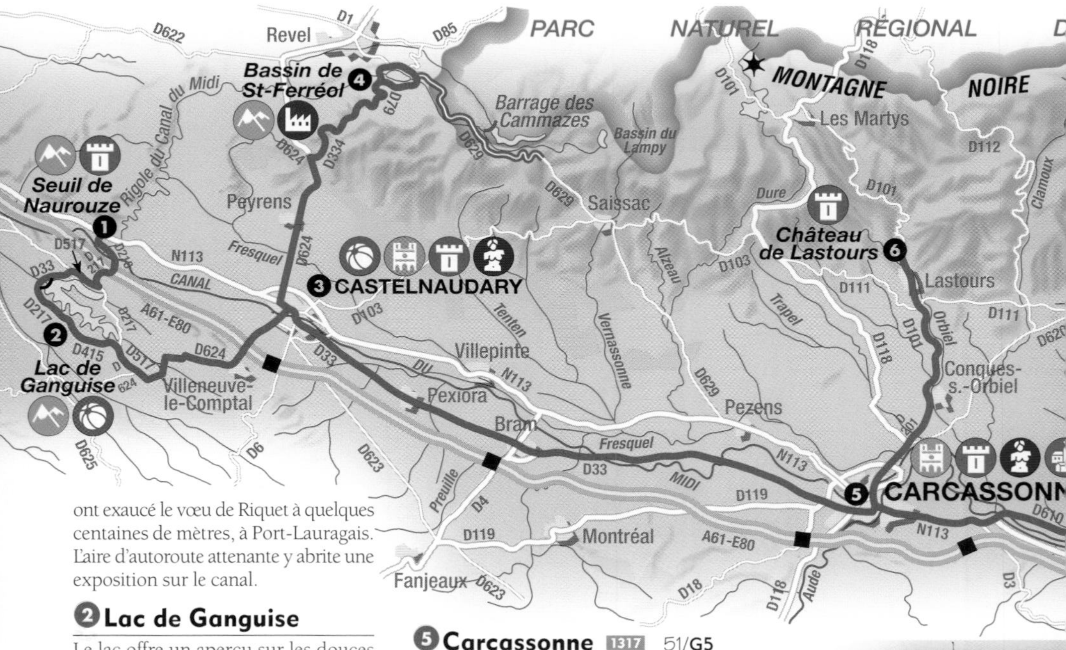

❷ Lac de Ganguise

Le lac offre un aperçu sur les douces collines du Lauragais, avec montagnes pyrénéennes en arrière-plan. La rivière qui l'alimente sert à l'irrigation des champs, mais aussi à l'alimentation du canal, en suppléance des barrages de la Montagne Noire.

❸ Castelnaudary

Avant d'être une capitale gastronomique, la ville fut le plus important port du canal, ce dont témoigne le Grand Bassin (7 ha) devenu un port de plaisance où les canards cohabitent avec les *house-boats*. On visitera le musée archéologique du Présidial et on admirera la façade de l'église Saint-Michel.

❹ Bassin de Saint-Ferréol

Le bassin de Saint-Ferréol (70 ha) est l'aboutissement d'un mini canal, la Rigole de la Montagne, qui draine les eaux de trois barrages successifs édifiés sur le versant nord-ouest de la Montagne Noire. De là, la Rigole de la Plaine les conduit, à travers quatorze écluses, au seuil de Naurouze.

❺ Carcassonne 1317 51/G5

Restaurée au XIXe s. par l'architecte Viollet-le-Duc, la plus célèbre cité médiévale d'Europe dresse ses remparts sur un *pech* (colline). Le poumon touristique de la ville associe, à l'intérieur de sa double enceinte (IIIe-XIVe s.), ruelles, château comtal (XIIe-XIIIe s.) et basilique (XIe-XIVe s.). Mais le cœur de la ville se situe sur l'autre rive de l'Aude, dans la ville nouvelle fondée par les habitants bannis après une rébellion manquée, en 1240, contre le nouveau pouvoir royal (Louis IX). On y visitera un remarquable musée des Beaux-Arts.

❻ Châteaux de Lastours 1373 51/G4

Quatre châteaux en ruine, sur une arête rocheuse, composent le site de Lastours. Dominant le vallon de l'Orbiel, la forteresse de Cabaret, dont ils sont le vestige, servit au XIIIe s. de

Carcassonne : *une double enceinte monumentale, dont l'assise est vieille de dix-sept siècles*

Minerve : château fort aux douves naturelles, creusées par la rivière

refuge aux cathares rescapés d'autres places fortes prises par les croisés. Devant la rudesse des lieux, on comprend que Simon de Montfort ait dû en négocier la reddition, n'ayant pu l'emporter au combat.

❼ Minerve 1385 51/J4

Minerve est la petite capitale de ce pays de vin et de vent, où les caves coopératives sont plantées telles d'anciennes églises dans chaque commune. Retranchée sur son piton, elle a été isolée du plateau par les gorges calcaires de la Cesse. Pour éviter l'affluence, on pourra même se contenter de la regarder de loin : l'effet n'en est que plus saisissant… 👁 Saint-Germain-de-Cesseras, chapelle nichée dans un bosquet au milieu de la garrigue, un peu abandonnée : seul un ange sculpté sur un modillon lui sert de gardien. 👁 Notre-Dame-de-Centeilles, qui veille sur ses vignes.

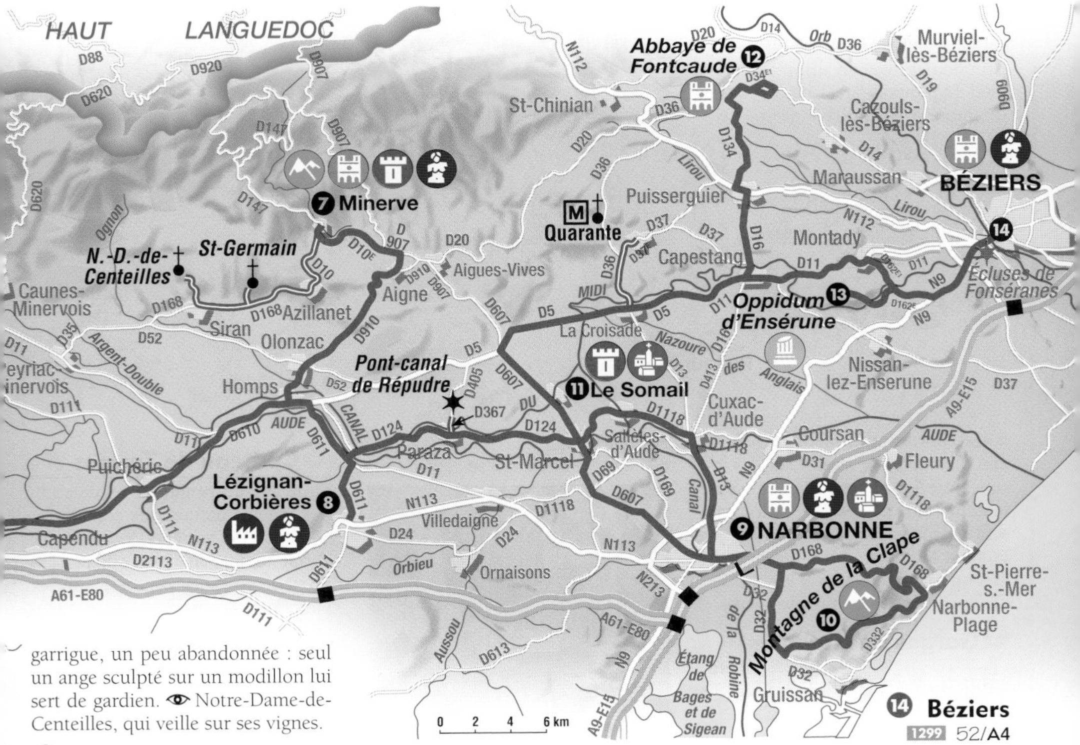

❽ Lézignan-Corbières

Au cœur des Corbières, un ancien mas viticole présente un agencement un peu hétéroclite, mais très complet, des outils traditionnels de la vigne en Languedoc (musée de la Vigne et du Vin). Ceci nous rappelle que l'eau du canal transportait jadis quantité de tonneaux… de vin. 👁 le pont-canal de Répudre, où l'eau d'un canal franchit l'eau d'une rivière, sans mélange.

❾ Narbonne 1391 51/J5

Quelques siècles plus tôt, Riquet eût donné Narbonne comme destination à son canal. Longtemps débouché portuaire de tout le sud de la Gaule, capitale romaine, wisigothique, ducale, la ville était – est encore – un joyau. Si l'ensablement de son port l'a menée au déclin, il a peut-être de ce fait préservé, pour le plaisir du voyageur, les traces romaines – collections du Musée archéologique, crypte de la basilique Saint-Paul, Horreum (entrepôt de marchandises), Musée lapidaire – qu'on admire aujourd'hui.

❿ Montagne de la Clape

Le massif calcaire, qui domine la ville et la mer, offre panorama (du haut du Coffre de Pech-Redon) et fraîcheur de l'altitude. Voir miroiter la Méditerranée en contrebas éveille l'envie irrésistible d'un plongeon dans la grande bleue.

⓫ Le Somail

Cette petite halte nautique, avec son vieux pont minuscule en dos d'âne, possède encore une ronde et ancienne glacière où l'on conservait au frais les boissons. 👁 à Quarante, le trésor de l'abbatiale (XIe-XIe s.).

⓬ Abbaye de Fontcaude

Au cœur des vignobles de Saint-Chinian, l'abbaye garde le souvenir des pèlerins de Compostelle… et de leur goût pour le vin : la ceinture des pèlerins, finement sculptés sur les chapiteaux conservés dans le petit musée lapidaire, porte un tonnelet. Restauré, égayé l'été par des concerts, ce joyau d'art roman revit peu à peu.

⓭ Ensérune

La première curiosité du site est le passage du canal sous la colline : avec la percée dite du Malpas, Riquet réalisait là une première en France. La deuxième surprise attend les visiteurs au sommet de cet ancien oppidum romain. Vu d'ici, l'étang asséché de Montady dessine une immense roue dans la plaine.

⓮ Béziers 1299 52/A4

L'arrivée du canal dans la ville natale de Riquet est marquée par le monumental escalier d'eau de Fonserannes, formé de sept écluses contiguës dominées au loin par la ville haute de Béziers. Là, à l'ombre apaisante des platanes des allées Paul-Riquet, une statue du père du canal a été érigée.

Sur la route des châteaux cathares

Ces châteaux en ruine, fiers vestiges érigés au sommet de rochers pelés par le vent, évoquent les croisades que la noblesse du Nord, puis le roi de France lui-même, menèrent contre l'hérésie cathare… et pour la possession du comté de Toulouse. Avant d'attaquer l'ascension de promontoires réputés imprenables, il faut se faufiler dans d'étroites gorges pour un circuit vertigineux.

❶ Défilé de Pierre-Lys

Quillan est le verrou de la haute vallée de l'Aude. Au-delà, le col du Portel assure le passage vers l'Ariège et les châteaux de Puivert et Montségur, tandis que le défilé de Pierre-Lys offre une étroite percée vers le Roussillon. La route en corniche y a été taillée en surplomb sur la rive gauche de l'Aude, bouillonnant encore de son parcours pyrénéen. C'est entre Espéraza et Quillan que fut découvert en 2002 le squelette entier d'un dinosaure vieux de 72 millions d'années.

❷ Puilaurens

Les épais remparts qui se découpent soudain sur le ciel, à la sortie du village, disparaissent tout aussi brutalement quand on arrive au pied du promontoire. Comme hors du monde, ce nid d'aigle ne se laisse aborder qu'à pied. En sortant de la forêt, le sentier fait des lacets entre les rochers, premiers défenseurs de la place forte. Celle-ci ne sera pas prise par les croisés de Simon de Montfort, qui privilégièrent la soumission des villes et le contrôle des vallées à d'interminables sièges.

❹ Peyrepertuse 1405 51/H6

Le nom occitan de cette grande citadelle, dont les fortifications se confondent avec les rochers sur toute une ligne de crête, signifie pierre percée. Si forte qu'elle ne fut jamais assiégée, cette véritable ville miniature renfermait des maisons, deux châteaux et une église derrière ses remparts. sur le donjon massif de Quéribus, qu'il est possible de rejoindre à pied par le GR 36.

LES CATHARES

En opposition à l'orthodoxie chrétienne et déclarés hérétiques, les cathares, disséminés de Cahors à Béziers et soutenus par les seigneurs de Toulouse, furent pourchassés durant tout le XIIIe s. Le pape, allié au roi de France, prêcha en 1208 une croisade contre ceux qu'on appelait les Albigeois. Après une autre croisade en 1226 et l'annexion à la Couronne du Languedoc actuel, les derniers fidèles trouvèrent refuge dans des places fortes, nids d'aigles assiégés qui tombèrent les uns après les autres. La chute de Montségur (1244) et celle de Quéribus (1255) signèrent la fin des cathares.

❺ Quéribus 1415 51/H6

Quéribus avait pour mission de surveiller et défendre la plaine du Roussillon (exceptionnel sur celle-ci). À 730 m d'altitude, la citadelle vaut d'abord par son site, tellement inaccessible qu'elle ne tomba aux mains des croisés que par reddition négociée. Elle est, de même que Peyrepertuse, souvent balayée par les vents, ce qui oblige à la prudence lors de sa visite. le site de Tautavel, où l'homme vivait il y a 500 000 ans.

❸ Gorges de Galamus

1356 51/H6

À l'entrée des gorges, un large belvédère offre une vue unique sur la longue et profonde cicatrice creusée par l'Agly. De là, un chemin chevrier descend entre les buis jusqu'à un ermitage et une petite chapelle lovés dans la roche. Depuis la route qui remonte les gorges à fleur de roche, on ne perçoit que la rumeur de la rivière, que la hauteur du précipice ne permet pas d'apercevoir.

Peyrepertuse, où murailles et pierres se confondent

❻ Château de Termes

Situé sur un promontoire défendu par le fossé naturel que constituent les gorges du Terminet, le château de Termes coûta, en 1210, quatre mois de siège aux croisés avant de tomber entre leurs mains. sur les ruines du château de Durfort, inaccessibles. Villerouge-Termenès dont le château, situé au cœur d'un minuscule village médiéval, est planté au milieu des vignes. les gorges de l'Orbieu.

❼ Château d'Arques

Dans la plaine se dresse l'élégante tour du château d'Arques dont l'architecture gothique symbolise, *in fine*, pour le visiteur, la victoire des seigneurs du nord sur leurs rivaux du pays d'oc.

Les villages perchés de l'arrière-pays niçois

En balcon au-dessus de la Riviera ou surplombant une profonde vallée du Mercantour, ces villages sont en équilibre entre mer et montagne. S'agrippant audacieusement au relief abrupt, ils mêlent subtilement les accents méditerranéens au tempérament alpin.

❶ Nice 1394 54/E2

L'intimité méridionale de cette tentaculaire agglomération se retrouve dans les ruelles étroites et les façades colorées des quartiers anciens autour du port. En retrait des fastes de la baie des Anges et des palaces, l'exubérance du marché aux fleurs rappelle que les alentours produisent encore abondamment œillets, roses et mimosas…

❷ Èze 1349 54/E2

En s'échappant vers la frontière italienne, les routes en corniche ne se refusent aucune acrobatie pour atteindre les jardins luxuriants en terrasses et les villas accrochées à des escarpements rocheux qui donnent le vertige : Èze est suspendu à 390 m au-dessus de la rade de Villefranche-sur-mer, d'un bleu profond.

❸ La Turbie 1469 54/E2

Accroché sur un promontoire, le village domine la principauté de Monaco. Son jardin exotique présente une superbe collection de plantes succulentes (grasses) et essences rares. Mais c'est le Trophée des Alpes qui s'impose au-dessus des toits de tuiles. Ce monument romain partiellement en ruine signalait la frontière avec la Gaule. De ce péristyle majestueux, on devine parfois les contours de la Corse sur l'horizon.

❹ Peillon 1402 54/E2

Tournant le dos à la mer, on s'infiltre dans les contreforts du massif de l'Argentera-Mercantour par de profonds ravins. Peillon est un village perché exemplaire : ses maisons se serrent et se bousculent sur une proéminence. Il s'agissait d'utiliser au mieux le relief pour se protéger des intrus belliqueux, et de réserver aux cultures le moindre replat, dont cette montagne est singulièrement avare.

❺ L'Escarène

Située au creux de la vallée du Paillon, la bourgade était une étape importante sur la route du sel, de Nice au Piémont par le col de Tende. Le sel était autrefois le seul moyen de conserver les aliments périssables : il valait de l'or… L'église Saint-Pierre-aux-Liens (XVIIe s.) forme, avec les deux chapelles des Pénitents (Noirs et Blancs) qui la flanquent, un ensemble baroque remarquable.

❻ Lucéram 1377 46/E8

Des morceaux de remparts, des ruelles en escaliers constituent là aussi un ensemble caractéristique. La montagne, couverte d'une végétation touffue, est éclaircie par les petites touches des oliveraies. Un peu à l'écart, la chapelle Notre-Dame-de-Bon-Cœur abrite une fresque de 1480.

❼ Col de Turini

Le versant de Peïra-Cava, où les élégantes niçoises venaient faire de la luge dès 1909, annonce déjà la haute montagne : canyons étroits et crêtes altières, pins sylvestres côté soleil, hêtres et épicéas côté ombre. Du col (1 604 m), une boucle de 17 km à travers les alpages mène au cœur du parc national du Mercantour. Sur les crêtes, des bastions rappellent que cette zone frontalière était stratégique et constituent autant de belvédères…

❽ Lantosque

La mer n'est pas si loin mais, dans la descente de la vallée de la Vésubie vers Lantosque, le relief et la végétation annoncent déjà l'emprise des Alpes. 👁 la vallée de la Gordolasque qui mène à un cirque glaciaire.

❾ Utelle

Le village s'est développé sur un piton en forme de patte d'oie, grignotant l'espace disponible. En amont, à 1 174 m d'altitude, Notre-Dame-d'Utelle atteste depuis le XVe s. de la piété des marins qui, selon la légende, érigèrent le sanctuaire après avoir été sauvés de la tempête !

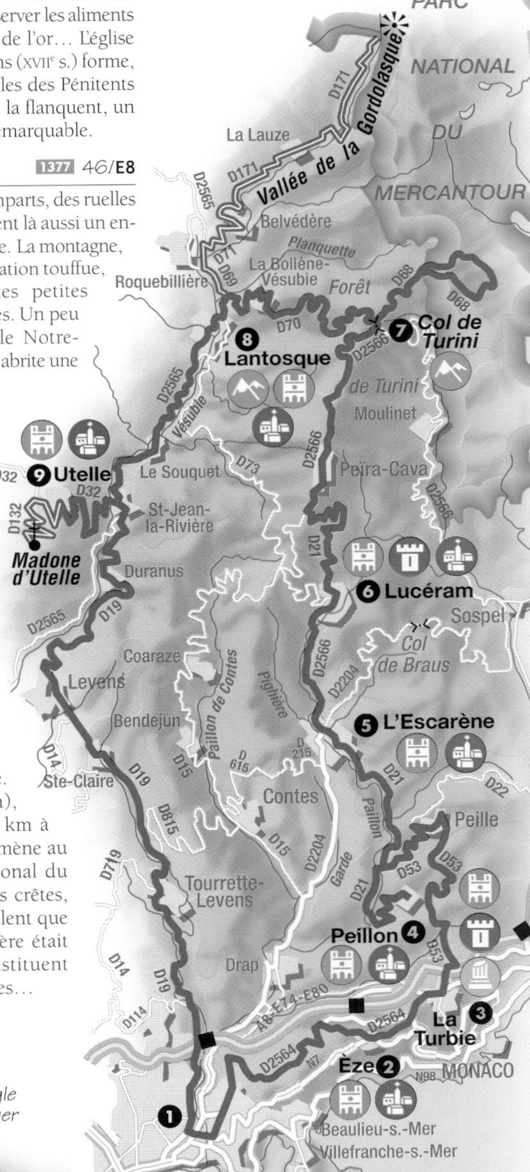

Èze : un nid d'aigle face à la mer

Autour des Alpilles, sur les routes de l'olivier

Au cœur du delta du Rhône, les Alpilles sont une chaîne qui ne dépasse jamais 500 m d'altitude. Jadis château fort naturel, elles sont devenues le royaume de l'olivier. L'itinéraire en fait le tour, comme les antiques voies romaines à l'origine de la richesse de la région, avant de toucher le massif au cœur, aux Baux-de-Provence.

Les Baux-de-Provence : la vieille citadelle domine les plaines menant à la mer.

❶ Eyguières

C'est à ses nombreux points d'eau que le village, l'une des portes des Alpilles, doit son nom (*aiguiera*, en ancien provençal, vient du latin *aquarius*). Au sortir du massif surchauffé – ravins, pics acérés, sommets plissés, et, au milieu, le chaos de la roche, les combes boisées et la garrigue –, le castellas de Roquemartine, dont les ruines surplombent le village, contrôlait jadis l'accès à la plaine de la Crau.

❷ Aureille

Aureille, construit autour d'un éperon rocheux surmonté d'une ruine, est un petit village dont on aimera retrouver les vestiges de remparts, les rues pavées, le charmant lavoir et le café Soler, rendu célèbre par l'un des plus mythiques *raseteurs* (compétiteurs) de la course camarguaise.

👁 Mouriès, capitale de l'huile d'olive, où l'on pourra faire ses emplettes à défaut de visiter un moulin ouvert seulement en saison.

❸ Paradou

Un monument élevé à la mémoire de Charloun Rieu, poète paysan, rappelle la part que celui-ci prit au combat mené au XIXe s. pour la renaissance du parler provençal. On peut voir à la sortie du village les vestiges d'un bel ensemble hydraulique antique, et les ruines de trois tours médiévales construites sur l'emplacement d'un oppidum. 👁 Maussane-les-Alpilles, qui comptait au XIXe s. douze moulins à huile. 37 000 oliviers et un moulin coopératif perpétuent cette tradition.

❹ Fontvieille

Fontvieille n'en finit plus de célébrer Daudet. Le fameux moulin qui inspira ses *Lettres* à l'écrivain se dresse, un peu à l'écart, sur une colline plantée de pins typique de cette Provence. Il faut déambuler dans le village dont nombre de maisons, troglodytiques, sont aménagées dans les grottes artificielles laissées par les anciennes carrières de molasse. 👁 à mi-chemin du Grand-Barbegal l'aqueduc romain alimentant en eau un ensemble minotier unique. Cette « usine » du IIIe s., la seule connue de ce type, associait à flanc de coteau deux séries de huit roues à aubes qui fournissaient l'énergie nécessaire à autant de moulins.

❺ Abbaye de Montmajour

1387 52/F2

Au coucher du soleil, la haute silhouette des murailles se découpe sur un ciel flamboyant, laissant imaginer ce que fut longtemps la puissance de l'abbaye. Le site forme encore un grandiose ensemble roman, dont le cœur est un magnifique cloître (XIIe s.). ✹ depuis la butte sur les anciennes plaines marécageuses valorisées par le lent travail des moines.

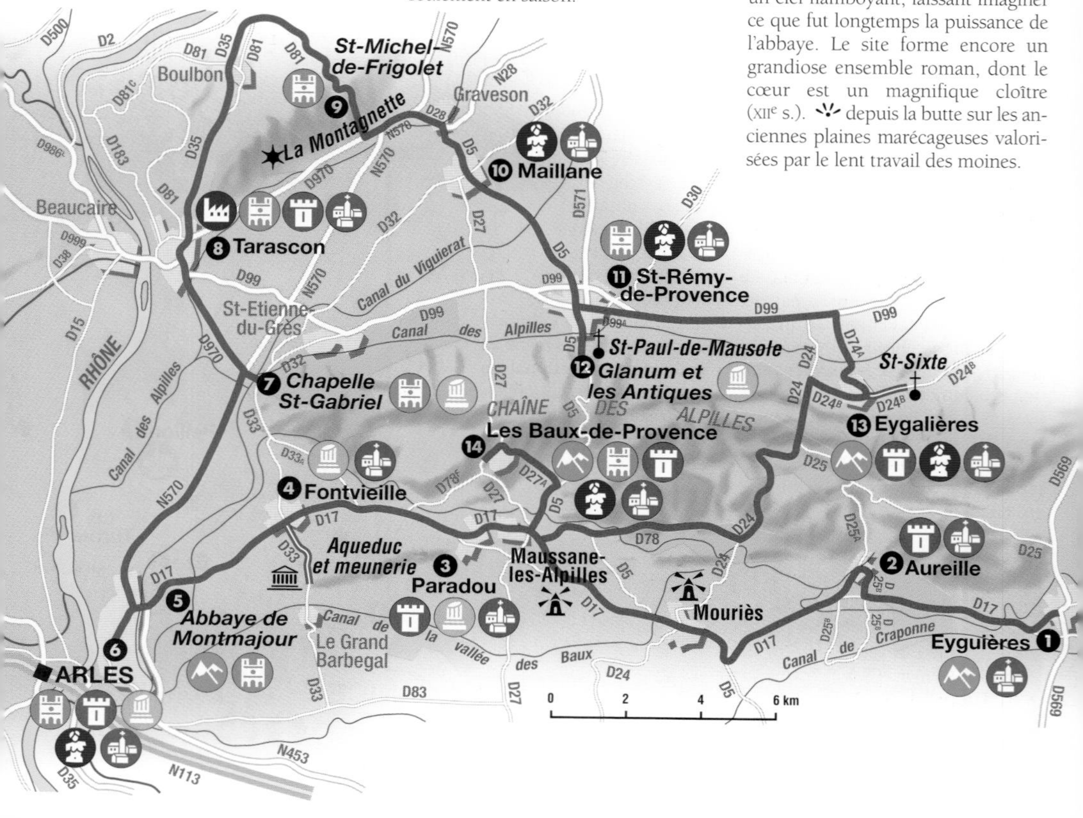

6 Arles 1285 52/F2

Arènes et corridas, théâtre et Rencontres de la photographie : Arles retrouve les fastes de son passé, lorsque cette cité alliée des Romains, située sur le carrefour stratégique du Rhône et de la via Domitia, l'emportait sur sa rivale Marseille. Entre-temps, sa noblesse fit construire ou embellir les hôtels particuliers qui abritent désormais le musée Réattu (beaux-arts) ou le museon Arlaten, « reliquaire de la Provence » voulu par Frédéric Mistral. On se promènera dans l'étrange nécropole des Alyscamps, ex-allée mortuaire bordée de cyprès et de tombeaux vides, avant de visiter le musée de l'Arles antique (dans l'Institut de recherche sur la Provence antique), implanté près des berges du fleuve, dans la partie sud de la ville.

Arles :
les arènes ont retrouvé au XXe s. leur vocation de lieu de spectacles.

7 Chapelle Saint-Gabriel

La chapelle est un lointain témoin d'Ernaginum, carrefour commercial que dominaient les Alpilles à l'époque romaine, lorsque la via Domitia, qui descendait des Alpes, et la via Aurelia, qui suivait la côte, se croisaient ici. De l'opulent site antique ne subsistent que quelques bas-reliefs remployés dans la façade de la chapelle actuelle et le cimetière paléochrétien bordant son flanc sud.

8 Tarascon 1458 52/F2

Formidable citadelle du comté de Provence, la masse austère du château ne laisse guère soupçonner l'élégance de son aménagement intérieur (voûtes, sculptures et tapisseries). sur le fleuve et sur le frère ennemi, le château de Beaucaire, naguère gardien, sur l'autre rive, du domaine royal. Dans un charmant clin d'œil à sa légende récente, la ville a aménagé une villa Tartarin, bien sûr consacrée au roman d'Alphonse Daudet et à son fantasque héros !

9 Abbaye Saint-Michel-de-Frigolet

Comme une petite sœur des Alpilles, la Montagnette, campée en surplomb du Rhône, hésite entre garrigue et forêts clairsemées par l'incendie. L'abbaye Saint-Michel-de-Frigolet, très ancien monastère (XIIe s.) agrandi au XIXe s. dans le style néogothique, est l'âme du massif.

10 Maillane

La renaissance de la langue provençale prit son essor ici, entre Alpilles et Rhône, au cœur de la richesse agricole et commerciale de l'ancienne Province romaine. Un petit musée y rend hommage à Mistral, le poète et prix Nobel, dont *Lou Tresor dou Felibrige* fut l'une des armes de cette reconquête identitaire.

11 Saint-Rémy-de-Provence 1437 52/F2

La capitale des Alpilles est une ville charmante dont il faut pénétrer le cœur, les ruelles étroites protégées du soleil et parsemées d'hôtels particuliers. L'hôtel de Sade (XVe s.) abrite les collections archéologiques de Glanum, l'hôtel Mistral de Mondragon (XVIe s.) le musée des Alpilles. On visitera la collégiale Saint-Martin pour son orgue, chef-d'œuvre contemporain. le cloître de l'ancien monastère Saint-Paul-de-Mausole (XIIe s.), à visiter sur les pas de Van Gogh, qui y fut interné.

12 Glanum et les Antiques

Les Antiques sont les deux monuments rescapés du sac de Glanum par les premières vagues barbares de la fin du IIIe s. Longtemps solitaires, ils sont désormais environnés d'une époustouflante vitrine de l'Antiquité provençale : le site révélé par les fouilles. Forum, thermes, égouts, habitations, temples : on y remonte comme par magie les strates successives, préromaines et romaine, d'occupation des lieux, jusqu'à la source autour de laquelle s'organisèrent les anciens cultes à l'origine du site.

13 Eygalières

Ceinturé de pinèdes, d'oliveraies, de vieux mas, le village s'aperçoit de loin, enroulé autour de son rocher dominé d'un donjon carré (sur toute la chaîne des Alpilles). On flânera avec plaisir dans les ruelles aux belles maisons restaurées. la chapelle Saint-Sixte (XIIIe s.), émouvante sentinelle sur son monticule rocailleux gardé par des cyprès.

14 Les Baux-de-Provence 1295 52/F2

De cette citadelle vieille de cinq mille ans et pourtant presque abandonnée depuis le XVIIe s., on ne sait ce qu'il faut le plus admirer, des maisons Renaissance splendidement restaurées ou des ruines, parfois troglodytiques, qui racontent la puissance passée des seigneurs baussenques. Plusieurs musées sont venus s'inscrire dans ce cadre hors du commun. depuis le site sur les Alpilles et la plaine de la Crau, jusqu'à l'étang de Berre. Ne pas manquer d'aller à pied, en contrebas, jusqu'au vallon de la Fontaine, ou de pousser jusqu'au creux du prodigieux val d'Enfer, apocalypse minérale creusée de carrières ouvertes en immenses portiques, où Jean Cocteau tourna le *Testament d'Orphée*.

LE CHANT DES OLIVIERS

Les Alpilles font des Bouches-du-Rhône le premier département oléicole français, dont Mouriès est la capitale. Les arbres n'y atteignent pas la taille de leurs semblables siciliens, andalous ou proche-orientaux, tous respectables multicentenaires ; tout ici fut replanté en 1956, après l'anéantissement provoqué par un gel foudroyant. Le fléau est pourtant aujourd'hui oublié : l'huile d'olive des Alpilles et de la vallée des Baux, désormais AOC, atteint la qualité exceptionnelle d'un produit de luxe vendu, bon an, mal an, près de 90 F le litre. Récoltées en novembre et décembre, les olives sont transportées dans l'un des six moulins que compte la région : deux à Mouriès et à Maussane, un à Fontvieille et un à Aureille. Là, 5 kg de fruits produiront, après première pression à froid, 1 litre de la meilleure des huiles vierges.

La Corse entre mer et montagne

Cette montagne dans la mer décline ses reliefs abrupts et les couleurs vives de son littoral, alternant rocailles, maquis, vignes, vergers et forêts de châtaigniers. De Bastia à Corte, puis Ajaccio, l'Île de Beauté apparaît tantôt farouche, tantôt baroque, avant d'éblouir par ses rivages de la côte ouest.

❶ Bastia 1294 56/D2

Fondée au XIIIe s. par les Génois, la ville a gardé une partie de son quartier ancien et son vieux port, l'atmosphère conviviale de ses ruelles étroites et son marché populaire. Au cœur du quartier de la Citadelle, à la géométrie plus régulière, le palais des Noble-Douze domine le port et abrite le musée d'Ethnographie, qui conte l'histoire de l'île et de son peuple. ☼ depuis le col de Teghime sur les deux faces du cap Corse.

Bastia : *le vieux port*

❷ Patrimonio

Partis à la reconquête de leur terroir, les viticulteurs de Patrimonio privilégient les cépages insulaires : nielluccio en rouge, vermentino (le malvoisie des anciens) en blanc. Les légions de ceps montent ainsi à l'assaut des coteaux calcaires, vague verte en surplomb de la mer bleue...

❸ Saint-Florent 1426 56/C2

Bien protégée tout au fond du golfe qui porte son nom, au débouché de la vallée du Nebbio, la ville est aujourd'hui florissante grâce au tourisme. Elle a gardé un caractère pittoresque avec ses anciennes maisons posées au bord de l'eau, quelques vestiges de ses remparts et surtout sa cathédrale Santa-Maria-Assunta (à 1 km du centre), une des plus belles églises romanes de Corse. Construite dans un calcaire à grain très fin, elle s'enrichit d'une ornementation recherchée (corniches de la façade et du chevet, chapiteaux de la nef).

❹ Murato 1446 56/C3

La petite église San-Michele de Murato, isolée sur un promontoire, mérite une halte non seulement pour la beauté du site (☼ sur le golfe de Saint-Florent), mais aussi pour l'impressionnante polychromie de la façade (vert de la serpentine et blanc du calcaire) et la richesse des ornements sculpturaux, où figurent des allusions symboliques à la Justice (main coupée des voleurs, ciseaux qui tranchent la langue des calomniateurs...).

❺ La Porta

Ce village, riche de l'une des plus belles églises baroques de Corse, est, comme son nom l'indique, la porte de la Castagniccia (châtaigneraie). Les châtaigniers, endémiques mais aussi plantés en grand nombre sous l'impulsion des Génois, ont désormais perdu leur vocation nourricière ; la région conserve néanmoins les traces de son ancienne prospérité dans ses villages habillés de schiste, ses chapelles romanes et ses sanctuaires baroques.

❻ Morosaglia

Ce village a vu naître Pasquale Paoli. Ardent patriote, chef des insurgés anti-Génois, puis anti-Français, admirateur des Lumières, il promulgua en 1755 une Constitution et ouvrit une université à Corte. Exilé en 1769, rappelé en 1790, écarté en 1793 et à nouveau exilé en 1795, il symbolise la résistance de l'île et son identité. Ne pas manquer d'aller voir sa maison natale aménagée en musée, ni, dans un site superbe, l'église Santa-Reparata.

❼ Corte 1336 56/C4

Au carrefour des voies de communication intérieures, la citadelle, perchée au bord de l'à-pic, semble s'être placée sous l'austère protection du monte Rotondo (2 622 m) qui la domine de loin. Corte est aussi la ville de l'université corse, rouverte en 1981. Elle avait été l'emblème des aspirations de l'île après une première existence éphémère de 1765 à 1769. On visitera le musée régional d'Anthro-

NATURE ET RANDONNÉE

Qui va en Corse pour la plage et la mer savoure l'alliance d'eaux limpides et d'un décor montagneux. Ce tourisme du *farniente* néglige la vraie richesse naturelle de l'île : la diversité des sols, de la flore et de la faune sauvages. Un socle granitique très ancien, rehaussé à l'ère tertiaire, et des soulèvements calcaires de type alpin ont été séparés par des fossés d'effondrement devenus des couloirs de communication, tant pour les rivières que pour les hommes. Ce puzzle s'élève à plus de 2 500 m au milieu de la mer et a donné naissance au plus célèbre des sentiers de randonnée : le GR 20 qui, du sud-est au nord-ouest, longe les arêtes centrales. Y poussent chênes-verts, puis pins maritimes et laricios, parfois châtaigniers, enfin hêtres et bouleaux. La forêt et le maquis accueillent belettes, renards, chauve-souris... et d'innombrables espèces d'oiseaux. Sur les sommets, des lacs glaciaires parsèment les prairies d'altitude, d'où la vue plonge parfois, par-delà 40 km, jusqu'à la Méditerranée.

Corte : l'inexpugnable citadelle

pologie, dont la muséographie relie le mode de vie agropastoral traditionnel à la réalité actuelle, avant de partir en promenade en surplomb des gorges du Tavignano. 👁 les gorges de la Restonica (accès limité en été), d'où les plus courageux pourront tenter d'atteindre le sommet du monte Rotondo (1 j AR).

8 Evisa

De Corte à Evisa, le relief et la route qui le tranche rappellent que cette île est d'abord une montagne, et des plus sauvages ! Ainsi du capo Tafonato, sommet troué, dit la légende, par Satan en personne (⁂ du col du Vergio). D'Evisa, on choisit de zigzaguer par la route entre rocher, ravin… et chèvre inopinément égarée, ou de descendre à pied vers Porto (si l'on est bon marcheur) par les gorges de la Spelunca. On aura le plaisir d'y franchir l'Aïtone, puis l'Onca sur un pont gothique et un pont génois, parmi les plus beaux de Corse.

9 Porto

1409 56/**B4**

Dominé par sa tour génoise, ce port minuscule se blottit au fond d'un golfe classé par l'UNESCO au Patrimoine mondial de l'Humanité. ⁂ depuis le col de la Croix sur la réserve naturelle de la Scandola (920 ha de terre pour 1 000 ha de mer), première du genre en France. Mini-croisières vers le golfe de Girolata (⛵ depuis Porto).

10 Piana

1309 56/**A4**

Œuvre du Diable, furieux d'avoir été éconduit par une bergère, ou lent travail du « vent rongeur et [de] la brume de mer », les célèbres aiguilles de granite rouge impressionnèrent tant Guy de Maupassant qu'elles lui semblèrent former « des arbres, des plantes, des bêtes, des monuments, des hommes, des moines en robe, des diables cornus, des oiseaux démesurés, tout un peuple monstrueux ». 👁 le capo Rosso.

11 Cargèse

1318 56/**A5**

Le charme de la petite cité tient dans un triangle : à l'est, l'église latine, à l'ouest, l'église grecque des premiers occupants du site, au sud, l'étendue émeraude du golfe de Sagone…

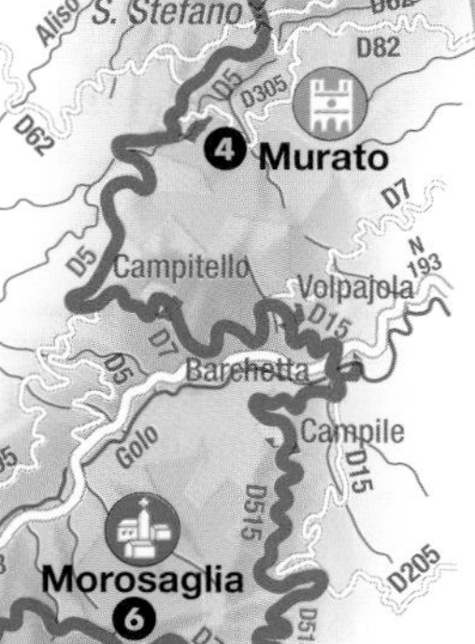

12 Sari d'Orcino

Le bourg où le bandit Spada, « le tigre de la Cinarca », tua deux gendarmes avant de prendre le maquis en 1922 est aujourd'hui pacifiquement consacré aux vergers et à la vigne. Vestige d'époques plus troublées encore, sa position élevée, qui lui offrait protection contre les pirates barbaresques, est devenue un atout touristique : ⁂ étendu sur le golfe de Sagone et la vallée de la Liscia.

13 Ajaccio

1276 56/**B6**

D'origine antique, colonie génoise au XVe s., la ville fut surtout le berceau de Napoléon Bonaparte. Statues, musée, maison natale, noms de rue : les références à l'enfant du pays sont partout. Même le musée Fesch, abritant une collection réputée de peintures italiennes, tient son nom d'un cardinal… oncle de Bonaparte. Profitant de la campagne de Lombardie, il y confisqua maintes œuvres d'art, se lança dans un florissant commerce et constitua une fabuleuse collection ! ⁂ impressionnant au coucher du soleil sur le golfe et les îles Sanguinaires depuis la pointe de la Parata.

14 Îles Sanguinaires

1445 56/**A6**

Couleur rouge vif des feuilles des frankénies (qui tapissent le sol) à l'automne, ou souvenir du temps où elles défendaient l'entrée du golfe de Sagone (*Sagonarii*) face aux bateaux venant du sud ? Nul ne connaît l'origine du nom de ces quatre îles. Chacun peut en revanche savourer leur beauté sauvage et apprécier la vue qu'elles offrent sur tout le golfe d'Ajaccio. ⛵ depuis Ajaccio.

Les îles Sanguinaires :
quatre gardiennes redoutables

1 271 Agde

52/**B4**

(34) ℹ Tél. : 04 67 94 29 68. Tél. Aqualand : 04 67 26 85 94

L'Agathê des Phocéens, ville de basalte construite il y a près de 2 600 ans, est un joli port. La cathédrale Saint-Étienne, le Musée agathois (arts et traditions populaires) ainsi que celui de l'Éphèbe (archéologie sous-marine) méritent une visite.

👁 entre Agde et le littoral le **mont Saint-Loup.** L'érosion marine révèle les différences de résistance des roches de cet ancien volcan de basalte. Du sommet (111 m), ☀ sur l'étang de Thau et le littoral.

👁 en bord de mer la station du **Cap-d'Agde,** qui accueille un parc de loisirs (Aqualand) et des zones naturistes.

1 272 Agriates (Désert des)

56/**C2**

(2B) Ce désert corse de 13 000 ha s'étend depuis le golfe de Saint-Florent jusqu'à l'anse de Peraiola. Maquis inhabité d'où émergent des rocailles brûlantes, il se drape au printemps d'une robe pourpre, éphémère mutation de ce monde lunaire.

1 273 Aigues-Mortes

52/**D3**

(30) ℹ Tél. : 04 66 53 73 00

La cité de Saint Louis aligne ses remparts datant du XIIIe s. sur un horizon de lagunes et de marais. L'imposante tour de Constance (☀ au sommet) abrita une prison, lors de la révolte des camisards notamment. Derrière les fortifications se dressent plusieurs églises, dont, surtout, Notre-Dame-des-Sablons, la chapelle baroque des Pénitents blancs et celle des Pénitents gris (XVIIe s.). La Compagnie des Salins du Midi organise des visites des marais salants.

1 274 Aitone (Forêt d')

56/**B4**

(2A) Occupant le bassin supérieur de l'Aitone, c'est l'une des plus belles de Corse : 2 400 ha composés pour moitié de pins laricios, certains bicentenaires. Ses majestueuses cascades, accessibles depuis de nombreux sentiers, en font une oasis de fraîcheur.

👁 en bordure de la forêt, à l'ouest, **Évisa.** Cette station climatique est située à l'entrée des splendides gorges de la Spelunca. Cernée de châtaigneraies, elle constitue une base idéale de randonnées.

1 275 Aix-en-Provence

53/**H3**

(13) ℹ Tél. : 04 42 16 11 61

Ancienne capitale de Provence, célèbre pour son exceptionnel patrimoine d'hôtels particuliers des XVIIe et XVIIIe s., Aix possède avec ses fontaines et ses places un autre trésor. Les Romains, qui l'avaient baptisée Aquae Sextiae, en appréciaient déjà les eaux.

Dans la vieille cité, on passera par la place d'Albertas pour rejoindre l'hôtel de ville (cour) et sa tour de l'Horloge (XVIe s.), puis la cathédrale Saint-Sauveur. De construction gothique, elle intègre des vestiges romans ainsi qu'un baptistère mérovingien (Ve s.). Les panneaux Renaissance, en bois sculpté, du portail, et le triptyque du *Buisson ardent* de Nicolas Froment sont les fleurons d'un riche mobilier. L'ancien archevêché abrite le musée des Tapisseries (XVIIe-XVIIIe s.). Celui du Vieil-Aix, installé dans le splendide hôtel d'Estienne-de-Saint-Jean (XVIIe s.), évoque l'histoire de la ville. Dans le quartier des Prêcheurs s'élève l'église Sainte-Marie-Madeleine, qui abrite le tryptique de *l'Annonciation* (XVe s.). De l'autre côté du cours Mirabeau, le musée Paul-Arbaud présente les traditions de Provence. L'atelier Cézanne, aux portes de la ville, lieu de mémoire créé en 1954, permet de découvrir des objets personnels du peintre, aixois d'origine, et ses préférences artistiques. La fondation Vasarely, du nom du maître de l'art cinétique (ou Op Art), expose notamment 42 œuvres monumentales appelées « intégrations murales ».

🎭 : Festival international d'art lyrique et de musique, dans la cour de l'ancien archevêché (juillet).

LA MONTAGNE SAINTE-VICTOIRE

En quittant AIX-EN-PROVENCE par le nord-est, le tour de la montagne Sainte-Victoire passe par le barrage de Bimont puis Vauvenargues, où, dans le parc privé du château (XVIIe s.), repose Pablo Picasso. Après les gorges de l'Infernet, on franchit le col des Portes juste avant Le Puits-de-Rians. De là, on prend la D 23 d'où l'on aperçoit le Pain de Munition (612 m).

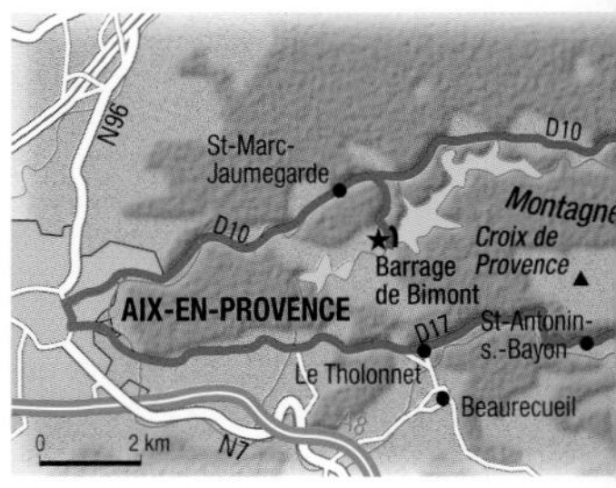

Le domaine Capitaine-Danjou, à Puyloubier, abrite l'Institution des invalides de la Légion étrangère. Il accueille des ateliers de céramique et de reliure ainsi qu'un musée. Conduisant à Saint-Antonin-sur-Bayon puis au Tholonnet, le parcours est ensuite très pittoresque et permet de rejoindre Aix-en-Provence.

SAINT LOUIS (1214-1270)

Marseille ne faisait pas partie du royaume de Louis IX. Regrettant ce manque de débouché maritime, vers l'Orient notamment, le souverain décida de créer le port d'**Aigues-Mortes,** s'offrant ainsi une voie d'accès à la Méditerranée. De là, il partit en croisade, s'embarquant la première fois, en 1248, pour Chypre, et la seconde, en 1270, pour Tunis. Le saint roi, dont la piété et le sens de la justice marquèrent l'Histoire, devait d'ailleurs y mourir.

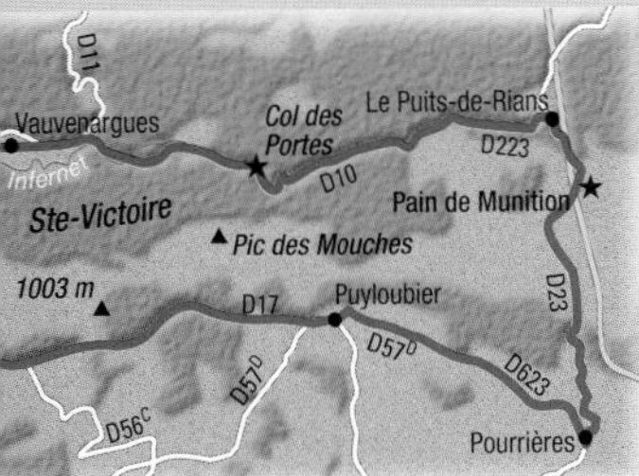

Aigues-Mortes

1 Le front sud des remparts, avec les portes qui desservaient les quais

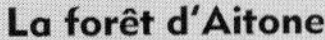

La forêt d'Aitone

2 Les pins laricios forment un massif très dense.

Aix-en-Provence

3 La place et l'hôtel d'Albertas

4 Les armes au fronton de la porte Régence de l'archevêché

5 L'hôtel de Châteaurenard avec son escalier, orné de peintures en trompe-l'œil

6 La cathédrale et l'archevêché

1 276 Ajaccio

56/B6

(2A) ℹ Tél. : 04 95 51 53 03

Napoléon et les Bonaparte sont omniprésents dans ce chef-lieu de la Corse-du-Sud, nichée au creux d'un golfe légendaire. Le charme de la vieille ville, très méditerranéenne, est accentué par les nombreux musées qui célèbrent la famille impériale : maison natale de l'Empereur, Musée napoléonien, chapelle impériale et musée Fesch (tableaux de primitifs et de maîtres italiens). Dans la cathédrale, de style vénitien (fin XVIe s.), maître-autel et chapelles sont richement ornés, avec notamment une Vierge de Delacroix. Des jardins bordent la citadelle et les quais où, comme sur la place Foch, se concentre la vie locale.

👁 le **golfe d'Ajaccio,** le plus vaste de l'île de Beauté, frangé de criques et de plages splendides. Sur la rive nord, depuis la corniche du Couchant, et depuis la pointe de la Parata, ⁂ sur le site et les îles Sanguinaires, qui rougeoient au soleil (⛴ au départ du port d'Ajaccio).

1 277 Albères (Massif des)

51/J8

(66) Culminant à 1 256 m d'altitude, cette chaîne pyrénéenne de roches cristallines, riche de vestiges archéologiques, se jette dans la Méditerranée. Au sommet du pic des Trois-Termes (1 129 m), ⁂ sur le Roussillon, les étangs côtiers et la Costa Brava, du côté espagnol.

1 278 Aléria

56/D5

(2B) ℹ Tél. : 04 95 57 01 51

Le musée Jérôme-Carcopino (beaux objets en céramique, mais aussi en bronze et en verre) évoque la fondation grecque de la ville au VIe s. avant J.-C. C'était une cité marchande très active, dont on voit encore des murs – du forum, des thermes et des temples (chantier de fouilles).

1 279 Alès

44/D8

(30) ℹ Tél. : 04 66 52 32 15

Cette capitale cévenole fut célèbre dès le XVIIIe s. pour ses élevages de vers à soie avant de devenir, au XIXe s., un centre minier, aujourd'hui fermé. Le musée du Colombier est consacré à l'archéologie et aux beaux-arts. Le musée-bibliothèque Pierre-André-Benoît abrite la collection de cet imprimeur, éditeur, peintre et dessinateur, ami de nombreux artistes.

1 280 Alpilles (Chaîne des)

52/F2

(13) Cette courte et pittoresque chaîne, aux crêtes calcaires déchiquetées culminant à 495 m, présente des vallons et des coteaux plantés de vignes et d'oliviers, de garrigue, de pins et de cyprès. Elle n'est pas sans évoquer la Grèce et constitue un des hauts lieux de la Provence (huile d'olive AOC). De nombreux sites (Les Baux-de-Provence) et vestiges archéologiques (Glanum) ponctuent des paysages dont l'étonnante lumière séduisit Van Gogh. Le GR 6 mène au plateau de La Caume (387 m) : ⁂ sur la chaîne, le mont Ventoux, la Crau et la Camargue.

1 281 Anduze

44/D8

(30) ℹ Tél. : 04 66 61 98 17. Tél. musée du Mas-Soubeyran : 04 66 85 02 72

Aux portes des Cévennes, le long du Gardon de Mialet, cette cité protestante, célèbre pour ses poteries vernissées, entasse ses vieilles maisons dans un dédale plein de charme, entre une tour de l'Horloge du XIVe s., les restes d'un château du XVIIe s. et une insolite fontaine-pagode. Le musée de la Musique présente une collection de plus de 1 000 instruments provenant de nombreux pays.

👁 la luxuriante **bambouseraie de Prafrance,** toute proche.

👁 à 10 km environ (N) le **Mas-Soubeyran.** Dans un paysage austère, ce haut lieu protestant conserve au musée du Désert la mémoire des camisards qui pratiquèrent leur culte clandestinement, dans le « désert », pendant les persécutions du XVIIe s.

LES GORGES DU PRUNELLI

En quittant AJACCIO par l'est, on prend la direction de Cauro. Après avoir admiré la cascade de Sant'Alberto, qui chute de plus de 10 m, on passe le col de Marcuccio pour s'arrêter devant le pont génois à arche unique de Zipitoli. La route traverse ensuite une forêt, plantée de pins laricios, de châtaigniers et de hêtres. Après la cascade d'Aziana, on descend sur Bastelica.

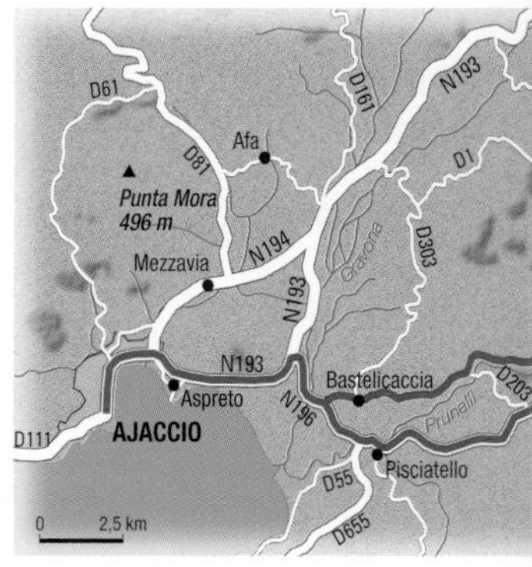

Ce village accueille la maison natale de Sampiero Corso – chef militaire du XVIe s., fidèle serviteur des rois de France. Puis on rebrousse chemin vers les gorges du Prunelli, qui offrent de superbes vues, notamment depuis le belvédère du barrage de Tolla. On retrouve Ajaccio après les hameaux étagés de Bastelicaccia.

LA BAMBOUSERAIE DE PRAFRANCE

C'est l'Asie en Cévennes. Près d'**Anduze,** sur 15 ha, le parc fut créé, en 1850, par Eugène Mazel à son retour d'Extrême-Orient – où il fut charmé par la flore locale. Prafrance présente une centaine de variétés de bambous, formant une véritable forêt, avec des séquoias, des magnolias, des tulipiers de Virginie. Les serres fleuries sont une merveille. Un jardin aquatique, où poussent des lotus et des papyrus d'Égypte, abrite des carpes japonaises. Le parc a servi de cadre au film *le Salaire de la peur* (tél. : 04 66 61 70 47).

1

Ajaccio

1 La vieille ville et la citadelle

2 Le golfe

2

Aléria

3 Le fort de Matra, qui abrite le musée Jérôme-Carcopino

4 Les fouilles de la cité romaine

3

4

La chaîne des Alpilles

5 La barrière calcaire, vue du val d'Enfer

5

1 282 Ansouis

  53/H2

(84) Tél. château : 04 90 09 82 70

Ansouis est célèbre pour l'élégant château médiéval (XIIe s.) des Sabran-Pontevès, dont on visite les appartements et la superbe cuisine provençale. Il faut aussi aller admirer les retables de l'église Saint-Martin, ainsi que le Musée extraordinaire (œuvres de Georges Mazoyer).

1 283 Antibes

   54/D3

(06) Tél. : 04 92 90 53 00

Sur la baie des Anges, haut lieu de la Côte d'Azur, cette cité d'art et d'histoire fut comptoir grec, puis port romain. Son passé est reconstitué au bastion Saint-André (histoire et archéologie). Derrière les remparts, les ruelles fleuries dévalent depuis le château des Grimaldi (XIVe et XVIe s.), devenu un musée fier de ses Picasso. La côte offre une promenade en front de mer jusqu'au cap d'Antibes, dont les somptueuses propriétés (la villa Eilenroc notamment) dispersent leurs jardins sous les pins.

la **presqu'île de Juan-les-Pins,** qui prolonge Antibes et dont les rues sont très animées les soirs d'été. Elle accueille le Marineland.

: festival de jazz, le plus ancien d'Europe, en hommage à tous ces Américains qui « firent » la Côte (2e quinzaine de juillet).

LE JAZZ À ANTIBES

L'essor touristique de la Côte d'Azur entre les années 20 et 50 fut aussi celui de la large diffusion du jazz, qui accompagnait artistes et écrivains sur leurs lieux de séjour méditerranéens et animait boîtes et casinos. Puis ce fut le développement des festivals, celui d'Antibes-Juan-les-Pins prenant place parmi les plus réputés. Succédant à Sidney Bechet ou Louis Armstrong, les plus grands noms s'y retrouvent chaque été pour y jouer une musique qui tient désormais une place reconnue dans les animations culturelles de la Côte.

1 284 Apt

  53/H2

(84) Tél. : 04 90 74 03 18

Ses rues étroites et ses places ombragées s'ordonnent autour de la cathédrale Sainte-Anne (XIe-XIIe s.). La ville, qui abrite la maison du Parc régional du Luberon, doit sa célébrité aux fruits confits, à sa faïence, à ses terres ocre toutes proches et à son marché du samedi, dans le centre ancien. De nombreuses petites routes mènent aux remarquables villages perchés que sont Lacoste, Bonnieux, Roussillon, Ménerbes et Saignon.

La cathédrale Saint-Trophime, place de la République

1 285 Arles

    52/F2

(13) Tél. : 04 90 18 41 20

Située aux portes de la Camargue, cette cité, qui fut l'une des capitales du monde romain et un important centre religieux médiéval, possède un riche patrimoine architectural et une vie culturelle animée, forte de ses traditions provençales. Le museon Arlaten, musée du pays d'Arles fondé par le poète Frédéric Mistral, témoigne de la richesse de la civilisation provençale des deux derniers siècles.

: féria pascale (Pâques), course de la Cocarde d'or (juillet), Rencontres internationales de la photographie (juillet).

Les arènes avec leurs deux étages d'arcades

LA CATHÉDRALE SAINT-TROPHIME

Son portail sculpté (XIIe s.) est magnifique. Il présente le Christ en majesté entouré des trois animaux et de l'homme symbolisant les Évangélistes. Le linteau regroupe les douze apôtres. De chaque côté du Christ, sur la frise, défilent la procession des élus, qui vont vers Dieu, et celle des damnés, nus dans les flammes, dirigés vers l'enfer.

museon Arlaten

LE CLOÎTRE SAINT-TROPHIME

Chef-d'œuvre de l'art roman, il est, comme le portail de l'église, inscrit au patrimoine mondial de l'Unesco. Deux galeries datent du XIIe s., et les deux autres du XIVe s.

L'hôtel de ville, place de la République

LE THÉÂTRE ANTIQUE

Construit à la fin du Ier s. avant J.-C., il pouvait accueillir 12 000 spectateurs. Il eut le malheur d'être dévasté au Ve s. et servit de carrière pour la décoration des églises d'Arles (bas-reliefs antiques). Il ne fut redécouvert qu'au XVIIe s.

Antibes

1 Vue aérienne sur la ville et la citadelle

Apt

2 Le portail de la cathédrale Sainte-Anne

3 Dans la vieille ville, la tour de l'Hôpital, l'un des vestiges de l'ancien rempart

Les Arènes

Datant des Ier et IIe s., elles sont plus anciennes et plus grandes que celles de Nîmes, mais moins bien conservées. Elles furent, au Moyen Âge, un véritable quartier fortifié, regroupant plus de deux cents maisons et deux églises. Cet ensemble fut abattu au XIXe s. pour rendre au monument toute sa splendeur. La première course de taureaux s'y déroula en 1830.

La statue de Frédéric Mistral, place du Forum

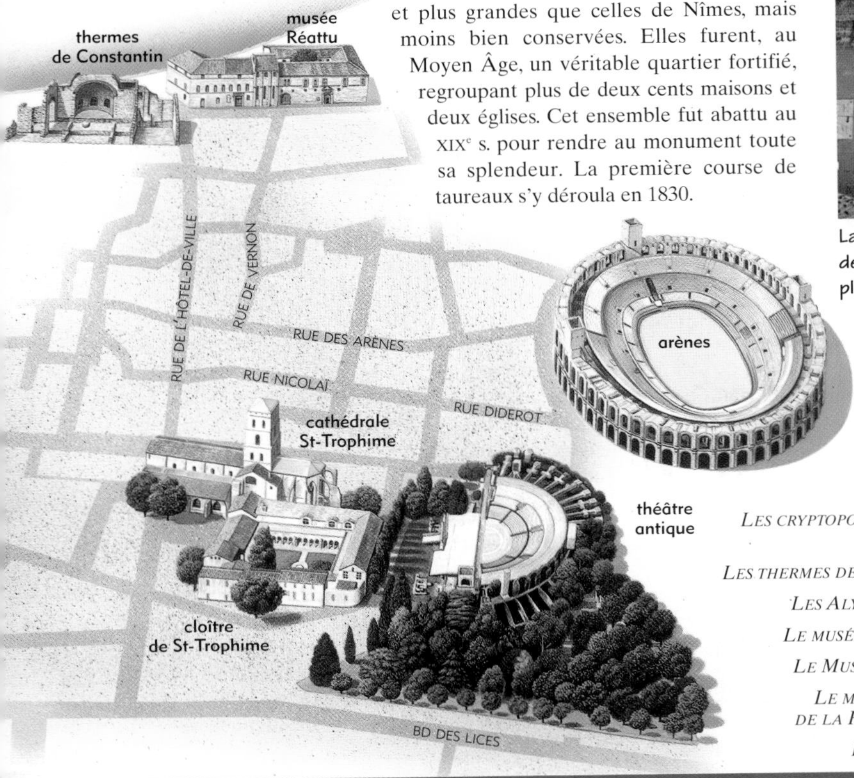

À VOIR AUSSI

Les cryptoportiques (fin du Ier s. avant J.-C.)

Les thermes de Constantin (IVe s.)

Les Alyscamps (nécropole)

Le musée Réattu (peinture)

Le Musée lapidaire païen

Le musée de l'Arles et de la Provence Antiques

L'espace Van Gogh

1 286 Asco (Vallée d')

56/**C3**

(2B) Fermée à l'ouest par des montagnes de porphyre rouge, cette vallée présente trois parties distinctes : la haute vallée, au climat alpin, les gorges aux vertigineuses parois rocheuses et la basse vallée tapissée d'un maquis odorant. Elle abrite une faune préservée de gypaètes barbus ; une zone de 3 500 ha y est réservée aux mouflons.

1 287 Aude (Gorges de l')

51/**G7**

(11) ℹ Tél. grotte de l'Aguzou (safari) : 04 68 20 45 38
Entre le plateau de Sault et les Fenouillèdes, la haute vallée de l'Aude, torrent soumis à des crues redoutables, tire sa beauté de ses défilés et de ses forêts. Après la **grotte de l'Aguzou** – où est proposé un safari spéléologique –, ses versants sont couverts de sapinières. Puis commencent les gorges de Saint-Georges, partie la plus étroite du canyon, jusqu'à Axat. La D 117 s'enfonce ensuite dans le décor exceptionnel du défilé de Pierre-Lys qu'elle surplombe. La rivière coule entre de hautes parois calcaires dénudées. Trois tunnels permettent cet impressionnant passage.

1 288 Aups

53/**J4**

(83) ℹ Tél. : 04 94 84 00 69
La cité, de tout temps résistante – aux protestants, aux révolutionnaires, à Napoléon III et aux Allemands –, a conservé des pans de ses remparts et de son château. Les vieilles rues, ornées de cadrans solaires, conduisent à la collégiale Saint-Pancrace, au portail Renaissance.
à moins de 15 km (S-E) **Tourtour,** dont la silhouette est découpée par les ruines de ses deux châteaux. Ses maisons anciennes lui donnent un cachet médiéval. Un moulin à huile est toujours en activité. Depuis l'église Saint-Denis, sur les vallées de l'Argens et de la Narturby.

LE FESTIVAL D'AVIGNON

Fondé en 1947 par Jean Vilar, le festival d'Art dramatique d'Avignon a traversé le demi-siècle sans rien perdre de son succès. À travers les représentations « officielles » du palais des Papes ou toutes les autres qui fleurissent en même temps à travers la ville – celles du festival « in » et du festival « off » –, il est toujours la référence de la création théâtrale. Ses spectacles, de théâtre, de musique, de danse, de mime, etc., se retrouvent sur les scènes réputées de toute l'Europe (tél. : 04 90 27 66 50).

Fresque de la chapelle Saint-Jean

1 289 Avignon

44/**F8**

(84) ℹ Tél. : 04 32 74 32 74
D'abord cité gallo-romaine, puis résidence des papes au début du XIVe s., elle accueillit ensuite, aux XVIe et XVIIe s., des confréries de pénitents. Dominant le Rhône sur le magistral rocher des Doms, la cité a gardé son charme cosmopolite et provençal tout à la fois. La vieille ville se découvre en parcourant la rue de la Banasterie, ou bien celles des Lices, des Teinturiers, du Roi-René, de la Masse, en s'arrêtant sur la place de l'Horloge.
: festival d'Art dramatique, en juillet (voir encadré ci-dessus). La maison Jean-Vilar retrace l'histoire du festival.

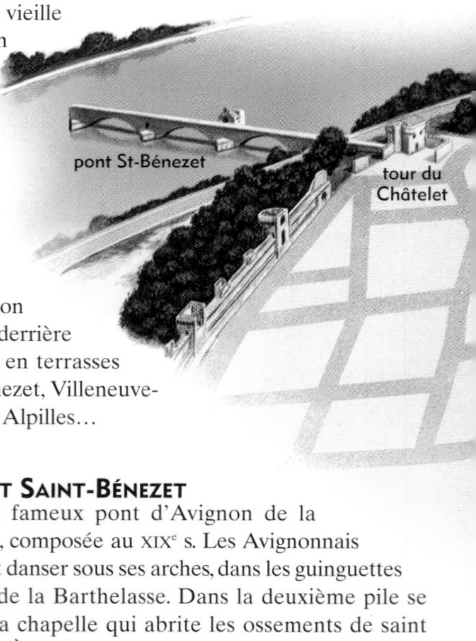

pont St-Bénezet

tour du Châtelet

La cathédrale Notre-Dame-des-Doms et le rocher des Doms

La cathédrale, de style roman (XIIe s.), a été très endommagée. Son grand clocher est coiffé d'une statue de la Vierge. Elle se dresse derrière le palais des Papes, sur le rocher des Doms, dont les jardins en terrasses offrent des vues somptueuses sur le Rhône, le pont Saint-Bénezet, Villeneuve-lès-Avignon, les Dentelles de Montmirail, le mont Ventoux, les Alpilles…

Le pont Saint-Bénézet

Le pont Saint-Bénezet

C'est le fameux pont d'Avignon de la chanson, composée au XIXe s. Les Avignonnais venaient danser sous ses arches, dans les guinguettes de l'île de la Barthelasse. Dans la deuxième pile se trouve la chapelle qui abrite les ossements de saint Bénezet. À l'entrée du pont, le châtelet en assurait la défense, prolongé par les remparts.

1

La vallée d'Asco

1 Les gorges

Les gorges de l'Aude

2 Le défilé de Pierre-Lys

3 Le torrent bordé par la forêt

2

3

Le palais des Papes

Cette forteresse du XIVe s., « barque de saint Pierre auréolée de créneaux », selon Frédéric Mistral, est composée de deux palais : le palais Vieux, marqué par l'austérité romane, fut édifié de 1335 à 1342, à l'initiative de Benoît XII ; le palais Neuf, plus richement décoré, s'y ajouta sous Clément VI, entre 1342 et 1352.

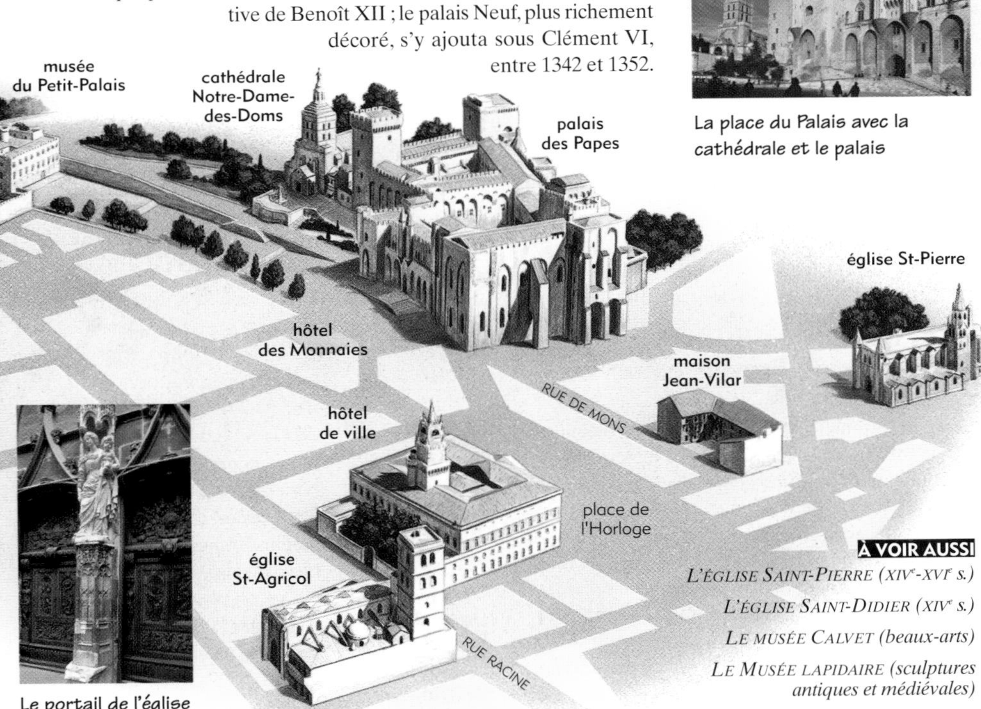

La place du Palais avec la cathédrale et le palais

Le portail de l'église Saint-Pierre

À VOIR AUSSI

L'Église Saint-Pierre (XIVe-XVIe s.)

L'Église Saint-Didier (XIVe s.)

Le musée Calvet (beaux-arts)

Le Musée lapidaire (sculptures antiques et médiévales)

Le musée du Petit Palais

1 290 Bages et de Sigean (Étang de)

 51/J5

(11) ℹ Tél. Réserve africaine : 04 68 48 20 20
Cette nappe d'eau, autrefois reliée à l'étang de Gruissan – avant que le golfe de Narbonne ne soit comblé, au XIVe s. –, communique avec la mer par le grau de la Nouvelle. Sur ses rives (vestiges archéologiques) alternent salines et vignes. Port-la-Nouvelle reste très actif (hydrocarbures).
👁 à 7 km (N-E) de Sigean la **Réserve africaine,** qui accueille de nombreuses espèces animales vivant en semi-liberté. La qualité de la reconstitution du milieu naturel sur le littoral languedocien en fait un site unique.

1 291 Bagnols-sur-Cèze

  44/E7

(30) ℹ Tél. : 04 66 89 54 61
Malgré l'installation du centre nucléaire de Marcoule tout proche, Bagnols, patrie de Rivarol et porte de la vallée de la Cèze, ne manque pas de charme avec les ruelles de son centre ancien et les arcades médiévales de sa mairie. Le musée Albert-André – peintre et ancien conservateur – offre une très belle collection de peintures modernes : legs d'André lui-même, Renoir, Georges et Adèle Besson, Matisse, Bonnard... Quant au musée d'archéologie Léon-Alègre, il rassemble des collections de diverses époques issues de fouilles effectuées dans la vallée du Rhône.

1 292 Balagne (La)

 56/B3

(2B) 👁 encadré ci-contre

1 293 Barben (Château de La)

 53/G3

(13) ℹ Tél. château : 04 90 55 25 41. Tél. parc zoologique : 04 90 55 19 12
Construite au XIe s. (remaniée au XIVe s.), cette demeure, toujours habitée, abrite un riche mobilier des XVIIe, XVIIIe s. et de l'Empire. Une partie des jardins à la française, dessinés par Le Nôtre, accueille un parc zoologique.

1 294 Bastia

 56/D2

(2B) ℹ Tél. : 04 95 54 20 40
La capitale économique de l'île, chef-lieu de la Haute-Corse, fut longtemps le siège des gouverneurs génois. Elle séduit par ses deux quartiers anciens, Terra-Vecchia (ville basse) et Terra-Nova (ville haute), agencés de part et d'autre d'un vieux port au charme intact. Les deux tours de l'église Saint-Jean-Baptiste (XVIIe s.) dominent la rade. De la jetée du Dragon, ☀ sur la vieille cité avec ses oratoires de l'Immaculée-Conception et de la confrérie Saint-Roch, ses hautes maisons décrépies, ses volets clos et ses balcons où sèche le linge. Dans Terra-Nova, la citadelle accueille l'ancien palais des Gouverneurs, où se trouve le Musée ethnographique corse. Le jardin Romieu s'étage sur ses pentes (☀ sur Terra-Vecchia). Dans la chapelle Sainte-Croix, le Christ des Miracles, ou *Christo negru,* retrouvé en 1428 par des pêcheurs, doit sa couleur noire à son long séjour dans la mer.

1 295 Baux-de-Provence (Les)

 52/F2

(13) ℹ Tél. : 04 90 54 34 39
Dans l'extraordinaire paysage des Alpilles, alchimie de roches et de murailles, le site des Baux est un vaisseau minéral au-dessus d'une mer d'oliviers. Haut lieu de l'histoire et des seigneurs baussencs, « race d'aiglons, jamais vassale », le vieux village, ses calades, ruelles pavées en pente, bordées de facades Renaissance, et ses chapelles ont subi une sérieuse restauration. Depuis le château, ☀ . Le vallon d'Entreconques et le val d'Enfer au relief tourmenté abritaient des mines de bauxite et de pierre calcaire. Il en reste d'étonnants portiques creusés dans la montagne. Cocteau y tourna *le Testament d'Orphée.* La fondation Louis-Jou (reliures, gravures), le musée Yves-Brayer (peintures figuratives) et le musée des Santons enrichissent encore ce site où les touristes se pressent en été.
👁 à 500 m, par la D 27, la **Cathédrale d'images,** qui présente, sur les parois calcaires, un spectacle audiovisuel, différent chaque année.

LA BALAGNE

Entre le golfe de Galéria et l'Ostriconi, barrée au sud par les masses de granite rose du monte Grosso et du monte Tolo, la Balagne est une région bien individualisée de la Corse. À la partie riante du nord répond celle plus aride du sud. La splendide côte reste d'un grand attrait touristique, avec notamment L'Île-Rousse, Calvi et les villages, avec port de plaisance, qui se développent autour, comme les marinas de Sant'Ambrogio ou de Davia. Au XIXe s., la Balagne était couverte d'oliveraies ; minutieusement cultivée, elle fut baptisée « jardin de la Corse » par Victor Ardouin-Dumazet. Elle est aujourd'hui en friche à l'image de son voisin oriental, le désert des Agriates. Elle est parcourue par des troupeaux d'ovins, les plus importants de l'île.

LA RÉSERVE NATURELLE DE L'ÉTANG DE BIGUGLIA

Créée en 1994, cette réserve est destinée à protéger les 1 600 ha de l'étang lagunaire de Biguglia, et surtout sa faune aviaire. Ce plan d'eau s'étire le long de la côte, entre **Bastia** et La Canonica, et communique avec la mer Méditerranée par un étroit couloir. Plus de 80 espèces d'oiseaux y nichent : martins-pêcheurs, hérons, busards des roseaux... De nombreuses anguilles peuplent ses eaux. Presque au centre de l'étang s'avance la presqu'île de San Damiano, rattachée, à l'est, à un cordon littoral juste assez large pour permettre le passage de la route.

1

3

L'étang de Bages et de Sigean

1 Les rives sauvages de l'étang

2 Le canal de Robine, qui longe l'étang jusqu'à Port-la-Nouvelle

3 Flamants roses dans la réserve africaine

2

4

5

Bastia

4 Le vieux port

5 La jetée du Dragon, au premier plan, offrant une belle vue sur le vieux port et Terra-Vecchia

6

Les Baux-de-Provence

6 La chapelle des Pénitents blancs

7 Le village depuis la citadelle

7

1 296 Bavella (Col et aiguilles de)

56/C6

(2A) La D 268 franchit ce col (1 218 m) qui domine la forêt du même nom. Le panorama, extraordinaire, embrasse la mer des deux côtés de l'île de Beauté : sur l'Incudine et surtout sur les aiguilles de Bavella, qui forment une muraille de tuyaux d'orgue aux couleurs changeantes.

1 297 Beaucaire

52/F2

(30) Tél. : 04 66 59 52 26. Tél. Saint-Roman : 04 66 59 52 26
Face au Tarascon du roi René, Beaucaire dut son essor à la grande foire qui s'y tenait au Moyen Âge, célèbre jusqu'au milieu du XVIIIe s. Il ne reste que des vestiges du château démantelé par Richelieu : deux tours imposantes, une chapelle et les courtines. En revanche, le centre ancien, témoignage de cette prospérité marchande, offre un beau patrimoine d'hôtels particuliers du XVIIe s., dont la maison des Cariatides et l'hôtel de ville. Un petit port fluvial a été aménagé au carrefour du canal du Rhône à Sète et du fleuve lui-même. Le spectacle des aigles de Beaucaire, en vol libre, et les courses camarguaises sont des animations traditionnelles de la ville.

à 5 km (N) l'**abbaye de Saint-Roman,** exemple étourdissant d'abbaye troglodytique médiévale creusée au sommet d'un piton calcaire.

1 298 Berre (Étang de)

53/G3

(13) Habités de tout temps, les bords de cet étang de 155 km^2, profond de 9 m, sont entourés de collines calcaires, comme l'Estaque, qui le sépare de la mer. Il communique avec elle par le chenal de Caronte et celui, souterrain, de Marseille. La plaine de la Crau le longe à l'ouest. Depuis les années 20, les industries pétrochimiques ont radicalement transformé le lieu, autrefois paradisiaque, en zone industrielle fumante. Mais quelques paysages et villages sur son pourtour valent encore le coup d'œil.

1 299 Béziers

52/A4

(34) Tél. : 04 67 76 84 00. Tél. Ensérune : 04 67 37 01 23
Ville romaine, cité du vin, de la tauromachie et du rugby, Béziers dresse le clocher de sa cathédrale Saint-Nazaire au-dessus de l'Orb. L'église romane de la Madeleine et la basilique Saint-Aphrodise comptent dans l'histoire de la ville. Le musée des Beaux-Arts (peinture, antiquités) et celui du Biterrois (archéologie, ethnologie, économie locale) retiendront le visiteur, autant qu'une flânerie sur les allées Paul-Riquet, nom du créateur du canal du Midi, enjambé par un beau pont ancien.

: feria, autour du 15 août.

à moins de 5 km (S-O) les **écluses de Fonsérane,** une série de huit sas alignés sur 312 m, rattrapant une différence de niveau de 25 m sur le canal du Midi, au-dessus de l'Orb.

à moins de 10 km (O) l'**oppidum d'Ensérune,** qui témoigne d'une occupation humaine remontant au VIe s. avant J.-C. (musée archéologique) : citerne et vestiges de maisons construites le long des remparts.

1 300 Biot

54/D2

(06) Tél. : 04 93 65 78 00
Le nom de cette petite ville, ancienne cité corsaire, est indissociable de celui de Fernand Léger, dont le musée renferme 348 œuvres, léguées à l'État. Le passage des deux portes du XVIe s. permet de rejoindre la place des Arcades et l'église. La Verrerie, de nombreux autres ateliers d'artisans et le musée d'Histoire sont également à découvrir.

1 301 Bonette (Col de la)

46/C7

(06) La D 64 monte en lacet, depuis Saint-Étienne-de-Tinée, au-dessus du torrent. Elle contourne par le sud la cime de la Bonette (2 800 m). En quelques minutes, on gagne le sommet (table d'orientation).

sur l'Ubaye, le Mercantour et le mont Pelat.

LE COMPLEXE PORTUAIRE DE FOS-SUR-MER

Adossé à l'étang de **Berre**, cette dépendance du port autonome de Marseille, le plus grand port de l'Europe du Sud et le troisième d'Europe, s'étend sur 10 000 ha le long du golfe de Fos. Relié au Rhône, à deux pas de l'aéroport Marseille-Marignane, le port est spécialisé dans les produits énergétiques (bois, minerais, gaz, pétrole) et le trafic commercial (automobiles, sidérurgie, conteneurs). Le projet d'une plate-forme de distribution, en zone franche, complète l'ensemble. Des visites guidées en car permettent d'en découvrir certains aspects. Le complexe industriel traite essentiellement la sidérurgie, le pétrole, le gaz et la chimie (tél. : 04 91 39 47 24).

L'ART ET L'ARTISANAT D'ART À BIOT

Sur une terre particulièrement riche en argile et en oxydes, Biot connut très tôt une tradition potière, dont les célèbres jarres perpétuent la mémoire. De nombreux artisans d'art proposent leurs créations dans les ruelles du village. La ville est également inséparable de Fernand Léger, dont le musée, à l'impressionnante façade en mosaïque-céramique, abrite certaines de ses œuvres essentielles, léguées par sa femme et Georges Bauquier. Enfin, depuis 1958, la Verrerie de Biot illustre l'art du verre bullé. On peut en visiter les ateliers et une galerie, qui expose les dernières créations contemporaines en matière de verre.

Le col de Bavella
1 Les aiguilles
2 La statue de Notre-Dame-des-Neiges

Beaucaire
3 Les vestiges du château, depuis Tarascon

Béziers
4 Le pont ancien sur le canal du Midi
5 L'église Sainte-Madeleine
6 Près de Béziers, l'une des écluses de Fonsérane

1 302 Bonifacio

 56/C8

(2A) ℹ Tél. : 04 95 73 11 88
La ville est bâtie sur une presqu'île escarpée de calcaire blanc où Ulysse aurait accosté. La cité médiévale s'étage sur les falaises plongeant dans la mer. Autour de l'église Sainte-Marie-Majeure (plan roman ; sarcophage du IIIe s.), des arcs-boutants, collecteurs d'eau de pluie, relient les maisons entre elles. Dominé par le bastion, le quartier bas de la Marine offre le pittoresque des ports. On y visite un aquarium. ⁂ sur le site et le sud de l'île depuis le col Saint-Roch et depuis le signal de la Trinité (219 m).
👁 les étonnantes **grottes marines du Sdragonato** (⛴ au départ du port).
👁 à 5 km (S-E) le **capo Pertusato** (pointe sud de la Corse) : ⁂ sur la ville, les îles Lavezzi et Cavallo.

1 303 Bonifato (Cirque de)

 56/B3

(2B) Traversé par le GR 20, ce cirque de haute montagne est une oasis de fraîcheur où le Figarella prend sa source. Il dresse des murailles de granite rouge, visibles depuis la passerelle de Spasimata.

1 304 Bormes-les-Mimosas

 54/B5

(83) ℹ Tél. : 04 94 01 38 38. Tél. Le Lavandou : 04 94 00 40 50
S'étageant abruptement au pied des vestiges du château des Fos, cette cité charmeuse abrite l'église Saint-Trophyme (XVIIIe s.) et une chapelle du XVIe s., cernée de cyprès. De la terrasse, ⁂ sur le cap Bénat et le fort de Brégançon, résidence présidentielle. ⁂ également depuis la corniche de la superbe forêt du Dom.
👁 à moins de 5 km (S-E), sur la côte, le **Lavandou,** où les lavandières du Batailler ont cédé la place à une jolie station touristique réputée pour ses plages, à l'abri du cap Bénat. Le port de pêche est encore très actif.
⛴ vers les îles d'Hyères.

1 305 Bouquet (Mont)

 44/D8

(30) Dominant les garrigues, ce mont calcaire et blanc est accessible à pied depuis Seynes. Le versant oriental forme un arc de falaises abruptes. Depuis le sommet (629 m), ⁂ sur la vallée du Rhône, le Ventoux, Uzès, le bassin d'Alès, les Cévennes.

1 306 Brignoles

 54/A4

(83) ℹ Tél. : 04 94 69 27 51. Tél. La Celle : 04 94 59 19 05
Les ruelles tortueuses du vieux Brignoles conduisent à l'église Saint-Sauveur (portail du XIIe s.). L'ancien palais des comtes de Provence, en partie du XIIe s., abrite le musée du Pays brignolais : une cuisine provençale y a notamment été reconstituée. Lors de sa foire, en avril, la ville devient un grand centre économique et viticole.
👁 à 3 km (S-O) **l'abbaye de La Celle,** que sa sulfureuse réputation, en dépit ou à cause des jeunes filles de la noblesse provençale qui s'y réfugiaient, contraignit à la fermeture en 1660. La chapelle romane abrite un admirable Christ (XVe s.).
👁 à moins de 15 km (S-O), l'étonnant paysage aux silhouettes étranges de la **montagne de la Loube,** qui présente une abondante végétation. Un chemin partant de la D 5 (1 km avant La Roquebrussanne) mène au sommet (830 m) : ⁂ sur les Alpes, la Sainte-Baume et la plaine cultivée.

1 307 Brigue (La)

 46/F8

(06) ℹ Tél. : 04 93 04 36 07
Campé parmi les vergers, sous les ruines d'un château et d'une tour, le village séduit par ses maisons de schiste vert et ses arcades. Sous un clocher roman, la collégiale Saint-Martin abrite des œuvres remarquables de maîtres de l'école niçoise.
👁 à moins de 5 km (E) la **chapelle Notre-Dame-des-Fontaines,** qui recèle d'immenses fresques, dont certaines de Canavesio (XVe s.).

LE CIMETIÈRE MARIN DE BONIFACIO

Sur le plateau aride du Bosco, dominant le goulet de Bonifacio, le cimetière marin est l'un de ces endroits étranges où la mort semble assurément belle et sereine. Autour d'une allée fleurie, il dresse les hautes façades immaculées de ses chapelles funéraires au-dessus de la Méditerranée. De part et d'autre, du parking nord au Gouvernail de la Corse au sud, le panorama sur les côtes déchiquetées, les falaises et les Bouches de Bonifacio est somptueux. Il ne reste de l'ancien couvent Saint-François qu'une église gothique et quelques ruines, du XIIIe s., des anciens moulins à vent de la ville.

LES GARRIGUES

Coincées entre des étangs littoraux au sud et les Cévennes au nord, les Garrigues forment un plateau calcaire parfaitement plat de 200 à 400 m d'altitude, que dominent quelques chaînons comme le pic Saint-Loup ou le **mont Bouquet.** L'homme a très tôt mis en valeur cette région sèche, couverte à l'origine de forêts de chênes verts que remplace aujourd'hui la garrigue, parcourue par des moutons. Seuls sont mis en culture les bassins argileux et les coteaux, où le blé, l'olivier, mais surtout la vigne dominent. Le randonneur admirera les énigmatiques capitelles, dont l'origine remonte sans doute à la préhistoire ; ces cabanes de pierres sèches sont l'équivalent languedocien des bories provençales, blotties au cœur des garrigues gardoises.

Bonifacio

1 Le goulet de Bonifacio, entre la vieille ville et le plateau

2 Le port

Bormes-les-Mimosas

3 Le village depuis la place Saint-François-de-Paule

La Brigue, la collégiale Saint-Martin

4 La nef et ses voûtes

5 Le retable de la *Nativité*, de Louis Bréa (1510)

6 *La Crucifixion* (XVe s.), œuvre d'un artiste lombard

1 308 Cagnes-sur-Mer

 54/E2

(06) Tél. : 04 93 20 61 64
La vieille ville, dominée par une forteresse médiévale dans un paysage de collines plantées d'oliviers, d'agrumes et de cultures florales, a séduit de nombreux artistes, dont Renoir (visite de son domaine des Colettes). Plus bas s'étendent Cagnes-Ville, moderne et commerçante, ainsi que le Cros-de-Cagnes, station balnéaire réputée pour son hippodrome. L'église Saint-Pierre (XVIIIe s. surtout), à la nef gothique, le château des Grimaldi (musée de l'Olivier), le musée d'Art moderne méditerranéen et la chapelle Notre-Dame-de-Protection – dont l'abside abrite de belles fresques du XVIe s. – ne doivent pas être oubliés.

1 309 Calanche de Piana (Les)

 56/A4

(2A) Tél. promenades en mer : 04 95 26 15 16
Classé par l'Unesco, ce site exceptionnel d'aiguilles de granite rouge surgissant des eaux a fasciné Guy de Maupassant. Le vent et la mer ont créé ici un étonnant entassement chaotique de blocs, les taffoni, silhouettes fantastiques très évocatrices : arbres, animaux (la Tête du chien)… Depuis le Château-Fort, massif rocheux, ☼ sur le golfe de Porto. Le site est accessible depuis les Roches bleues, sur la D 81.

1 310 Calanques (Les)

 53/H4

(13) Tél. promenades en mer : 04 91 55 50 09 ou 04 42 01 71 17
Sur 20 km, les massifs calcaires, érodés par le vent et la pluie, baignent dans la mer qui a déchiqueté des caps, des criques, et envahi d'étroites vallées : les calanques, d'un mot provençal signifiant escarpé. Le vert des pinèdes couronne alors les falaises blanches de 300 m de haut, dominant une mer turquoise. Ce site sauvage et classé, éminemment fragile et menacé (par le tourisme et les incendies notamment), abrite une faune et une flore très riches. L'accès du massif est interdit l'été.
De Callelongue à Port-Miou s'échancrent ainsi des pics, des aiguilles, paradis des escaladeurs, ainsi que de somptueuses petites plages, comme En-Vau ou Port-Pin, plus accessibles par mer qu'à pied. Le GR 98 longe ces falaises. La grotte Cosquer, au prestigieux patrimoine rupestre, datant de 28 000 années environ, y a été découverte.

1 311 Calern et Caussols (Plateaux de)

 54/D2

(06) Formant un escalier vers le Cheiron, ces plateaux calcaires sont typiques du relief karstique (dolines, lapiés, avens...). En demi-lune, ils sont inclinés en pente douce vers le nord, alors que leur rebord sud tombe en falaises. Le plateau de Calern accueille une flore originale ; du signal de Calern (1 456 m), ☼ sur le pas de la Faye et les gorges de Siagne. Celui de Caussols, verdoyant au nord grâce à l'accumulation de terre fertile, est plus désertique au sud. Depuis le Haut Montet, ☼ sur Grasse et Nice. Le GR 4 traverse cet ensemble tabulaire.

1 312 Calvi

 56/B3

(2B) Tél. : 04 95 65 16 67
La puissante citadelle et l'ancien palais des Gouverneurs racontent le passé de ce bastion génois. On peut y visiter l'église Saint-Jean-Baptiste (XVIe s.) et l'oratoire de la confrérie Saint-Antoine (XVe s.). Mais la ville, avec ses palmiers et sa longue plage bordée de pins parasols le long d'une admirable baie, séduit surtout par le quartier du port – la Marine – toujours animé. Elle est célèbre pour les belles cérémonies de la semaine sainte. ☼ depuis les bastions (le Spinchone, le Malfetano et le Teghiale) des remparts, notamment sur le golfe de Calvi, la presqu'île Saint-François et la punta di a Revellata.
👁 à 4 km (O), à proximité d'un chaos granitique, la **grotte des Veaux-Marins,** qui doit son nom à une colonie de phoques moines qui y avait élu domicile. Un chemin conduit à la punta di a Revellata : ☼ sur le golfe de Calvi et sur la côte.

LES CALANCHE DE PIANA

C'est à pied qu'il faut découvrir les Calanche. En venant de PIANA, on gare sa voiture à la Tête du chien, taffoni érodé par le vent et l'eau, juste après le chalet des Roches bleues. À droite, un sentier, qui longe la ligne de crête parmi d'étonnants rochers, conduit, après un belvédère, au Château-Fort, immense promontoire de pierre surplombant la mer. La vue sur le golfe de Porto et les Calanche y est somptueuse. Le retour s'effectue par le même parcours.

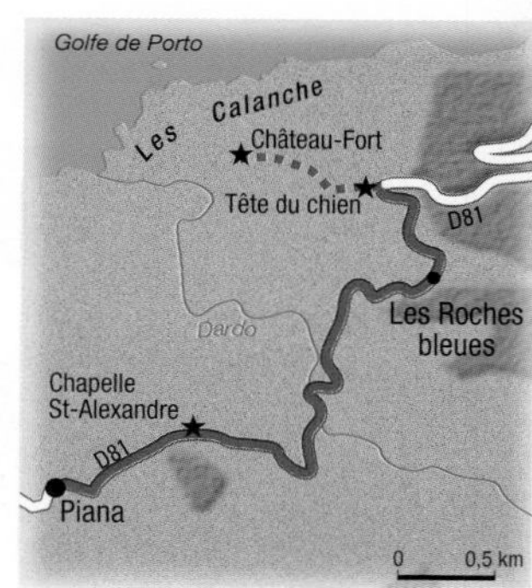

LES TAFFONI

Les taffoni, ou tafoni, étranges cavités sphériques de plusieurs décimètres, se sont creusés sous l'action de l'érosion chimique due à l'eau infiltrée dans des fissures qui sillonnent les roches cristallines ou gréseuses dénudées. Le phénomène progresse de bas en haut, par la dissolution de la voûte. Ces évidements sont le signe de l'hétérogénéité des matériaux rocheux. Ils apparaissent dans les pays chauds, à longue saison sèche, sur les pentes abruptes – en particulier sur les ubacs ou sur certains littoraux, comme dans la Corse cristalline, dans le granite. Les régions de Scandola, de **Calvi** ou les Calanche de Piana offrent de très beaux exemples de ces formations géomorphologiques.

Cagnes-sur-Mer
1 Vue aérienne sur la vieille ville

Les Calanche de Piana
2 Le capo Rosso, au sud du golfe de Porto.
3 Les falaises tombant à pic dans la mer, éclairées par la lumière exceptionnelle du site

Les Calanques
4 Port-Miou
5 L'entrée de la calanque de Port-Pin

Calvi
6 La ville haute
7 Le port et la citadelle

1 313 Camargue (La)

51/G5

(13) Tél. centre d'information de la Capelière : 04 90 97 00 97

Œuvre du vent, de la mer et du delta du Rhône, la Camargue est une immense plaine alluvionnaire de 70 000 ha cernée de digues, dont de récentes inondations ont démontré la vétusté. Constituée de marais, d'étangs et de dunes, elle est un lieu d'affrontement permanent entre les eaux du fleuve et celles de la mer.

Trois types de paysages peuvent être distingués : la haute Camargue, aux activités agricoles (riz, élevage), la moyenne Camargue et ses marais salants (notamment près de Salins-de-Giraud) et la basse Camargue, proche de la mer, avec ses dunes côtières et sa végétation herbacée. Au printemps ou en automne, par léger mistral, la luminosité est idéale et les moustiques sont absents !

Parcouru de roubines (petits canaux), ce plat pays, parc naturel régional, est le refuge des taureaux noirs, des chevaux blancs et des flamants roses. Les sansouires (steppes salées) et les salants (efflorescences de sel) dominent l'horizon. Au centre, l'étang de Vaccarès, bordé de roseaux et de joncs, forme une réserve naturelle, interdite au public. On peut l'admirer du domaine de Méjanes, du mas de la Capelière, ou en faire le tour (par les D 37 et 36^{A}). Le parc ornithologique du Pont-de-Gau permet d'observer des palmipèdes, des échassiers et des rapaces. Le mas du Pont de Rousty abrite le Musée camarguais ; les habitants de la région ont eux-mêmes contribué à sa création en apportant les objets traditionnels qu'ils possédaient.

LES ÉGLISES PISANES

En Haute-Corse, la république de Pise fit construire dès le XIe s. de curieuses églises – seule l'abside est voûtée, jamais la nef –, manifestant ainsi sa volonté d'attirer les habitants de l'île dans les plaines côtières, désertées à cette époque par la population. Les sanctuaires servaient à la fois de lieux de culte, de maisons du peuple et de tribunaux. Outre les églises de Saint-Florent et de Murato, les mieux conservées sont celles d'Aregno, en Balagne, avec leur façade sculptée et leur appareil polychrome, et de **la Canonica,** au sud de Bastia, près de l'aéroport de Poretta.

1 314 Canigou (Massif du)

51/H8

(66) Tél. accès au Canigou (Vernet-les-Bains) : 04 68 05 55 35

Ce puissant massif de granite vert, culminant à 2 784 m, reste enneigé pendant une longue période de l'année. Dominant le Roussillon, il en est devenu un symbole. Tous les types de végétation y sont étagés, de l'olivier à la flore boréale. Pour chaque fête de la Saint-Jean, la flamme que l'on allume à son sommet sert à faire briller tous les autres feux de la campagne catalane. Une route forestière très accidentée (praticable de juin à octobre seulement) conduit jusqu'au chalet-hôtel des Cortalets.

le **pic du Canigou** (4 h de marche AR par le GR 10), sommet aux neiges presque éternelles, qui se détache du massif et marque l'horizon roussillonnais : grandiose (table d'orientation), portant parfois jusqu'à… Marseille !

1 315 Cannes

54/D3

(06) Tél. : 04 93 39 24 53

Festivals – celui du Film est le plus connu –, congrès, tourisme de luxe : l'essor de Cannes, rapide et spectaculaire, est celui de la Côte d'Azur, lancée par les Anglais au XIXe s. Le long du golfe de la Napoule, la Croisette est la vitrine de cette ville touristique au climat très doux. S'y dressent le nouveau palais des Festivals, les façades immaculées des palaces et de luxueuses enseignes. Sur la colline du Suquet (tour de guet médiévale), la vieille ville est un dédale de ruelles étroites conduisant au port, très animé. L'église Notre-Dame-de-l'Espérance est de style gothique provençal. Le château (XIe-XIIe s.) abrite le musée de la Castre (ethnographie et archéologie sous-marine). À l'est, le quartier de la Californie rassemble de somptueuses villas derrière de luxuriants jardins, ainsi que l'église orthodoxe Saint-Michel-Archange, construite pour accueillir l'épouse du tsar Alexandre III, qui séjournait régulièrement à Cannes, en hiver.

1 316 Canonica (La)

56/D3

(2B) Tél. mairie de Lucciana : 04 95 30 14 30

Sur les vestiges d'une cité romaine se dresse la cathédrale Santa-Maria-Assunta, dite la Canonica, joyau de l'art roman (XIIe s.) caractéristique de l'architecture pisane. Elle a été édifiée en calschiste polychrome, matériau ressemblant au marbre, allant des tons gris et jaunes aux verts. L'église San Parteo, plus ancienne et plus petite, en est très proche.

LE DELTA DU RHÔNE ET LE PARC NATUREL RÉGIONAL DE CAMARGUE

Ce parc des Bouches-du-Rhône a été classé réserve nationale dès 1928, puis parc naturel régional en 1970. Il est implanté sur les communes d'Arles et des Saintes-Maries-de-la-Mer, et ses 85 000 ha sont entièrement compris dans le delta du Rhône. Il est composé du Grand et du Petit Rhône et, à l'ouest, du canal de Peccais, ancien bras du fleuve qui sert toujours de limite entre la Provence et le Languedoc. Le milieu est marécageux et marque de son empreinte la faune, comme le cheval camarguais, descendant de celui de Solutré, ou le taureau. Cette île est la seule région d'Europe où se reproduisent les flamants roses. La maison du Parc se trouve à Ginès (tél. : 04 90 97 86 32).

La Camargue

1 Dans les marais de Saint-Seren, une aigrette

2 Le phare de la Gacholle

Le massif du Canigou

3 Les pentes du pic du Canigou, presque toujours enneigées

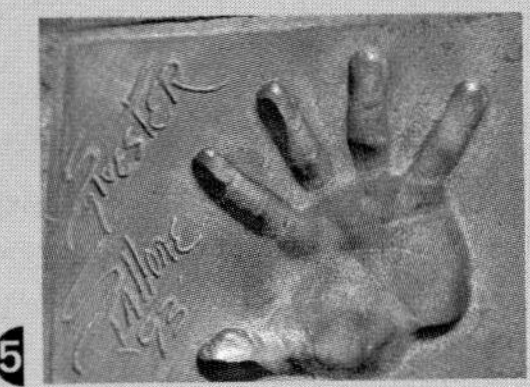

Cannes

4 Joueurs de pétanque, dans les allées de la Liberté

5 Dans l'allée des Étoiles, une empreinte de main laissée par une vedette de cinéma

6 L'hôtel Majestic, sur la Croisette

La Canonica

7 Son maître d'œuvre est inconnu.

8 Décor d'entrelacs et d'animaux surmontant la porte principale

La Provence romaine
Un héritage qui défie le temps

La Provence fut province romaine avant la guerre des Gaules gagnée par Jules César entre 58 et 51 avant J.-C. En effet, l'expansion romaine en Espagne, en Gaule et même au-delà, avait besoin de bases solides dans la région. Dans leur lutte contre les Celto-Ligures (IIIe-IIe s. avant J.-C.), les Phocéens de Marseille firent appel à Rome qui, une fois victorieuse, s'implanta davantage en Gaule transalpine à partir de 125 avant J.-C. et conquit toute la Provence. Les fondations et colonies romaines (Aix-en-Provence, puis Narbonne, Arles, Fréjus, Orange, Vaison, Avignon, Nîmes...) furent autant de centres de diffusion de la civilisation latine. La Provence abonde en vestiges gallo-romains qui suscitent, aujourd'hui encore, l'admiration.

Vaison-la-Romaine :
le pont sur l'Ouvèze

Arles :
les arènes, un gigantesque témoignage de l'époque gallo-romaine

Vaison-la-Romaine :
vestiges de la maison au Buste d'argent

Arles :
les arènes (détail)

« La petite Rome gauloise » : Arles

L'origine d'Arles est bien plus ancienne que la conquête romaine. Entrée dans l'histoire sous le nom de Théliné, « la Nourricière », cette cité celto-ligure (vestiges du VIe s. avant J.-C.) avec laquelle commerçaient les Phocéens, fut bientôt rebaptisée du nom plus prosaïque d'Arelate, « la ville aux marécages », qui donna par la suite Arles. Mais ce sont les Romains qui jetèrent les bases de la cité actuelle au Ier s. avant notre ère et y laissèrent leur empreinte, comme en témoignent les collections du musée de l'Arles Antiques (Tél. : 04 90 18 88 88). Quant aux arènes, qui pouvaient accueillir 21 000 spectateurs, et où se déroulent aujourd'hui des corridas, elles sont le plus important des monuments gallo-romains de France.

Vaison « la Romaine »

C'est au IIe s. après J.-C. que Rome colonisa la capitale des Voconces (Celtes), sur les bords de l'Ouvèze. Vaison devint une ville phare de la Provence romaine et se couvrit de monuments (pont, théâtre, nymphée, portique dit « de Pompée », thermes), dont les ruines évoquent le passé d'une cité florissante aux premiers siècles de notre ère. Outre le festival des Choralies, donné dans son magnifique théâtre antique, Vaison-la-Romaine offre au visiteur les vestiges de plusieurs vastes demeures privées (dont on peut admirer certaines décorations au musée archéologique) avec cours et jardins : maison des Messii, villa du Paon, maison au Buste d'argent, maison du Dauphin.

Vaison-la-Romaine : le théâtre antique (Ier s.)

Une base militaire de la *pax romana* : Fréjus

Fréjus, Forum Julii, « le marché de Jules (César) », apparut sous la plume de Cicéron en 43 avant J.-C. César venait de fonder ce comptoir sur la route commerciale joignant l'Italie et l'Espagne, et Auguste allait y créer une base navale, reliée à la mer par un chenal. Point de chute des vétérans de la VIIIe légion, la cité se développa à l'intérieur de ses remparts pour devenir un port animé. De l'antique Fréjus (rasée par les Sarrasins en 940), il reste des vestiges qui parlent surtout à l'imagination : une partie de l'enceinte fortifiée, dont la porte des Gaules, près des arènes, des fragments de l'aqueduc, les murs qui soutenaient les voûtes du théâtre, la porte d'Orée…

Fréjus : la porte d'Orée

L'antique Glanum : Saint-Rémy-de-Provence

C'est juste au sud de Saint-Rémy, dans cet extraordinaire paysage provençal qui inspira Van Gogh, que se trouve le site de Glanum. Les Celto-Ligures en avaient fait une cité sainte vouée notamment au culte du dieu Glan, mais elle eut à souffrir de la guerre entre le général romain Marius et les envahisseurs teutons (102 avant J.-C.). Relevée par Rome, Glanum allait rester jusqu'au IIIe s. de notre ère un foyer exceptionnel de la floraison gallo-romaine. En 270, l'opulente cité fut détruite par les Germains, mais son souvenir se perpétua grâce à ses illustres Antiques, deux monuments remarquablement bien conservés, qui furent longtemps les seuls vestiges visibles de Glanum : le Mausolée et l'Arc de triomphe. Depuis, des fouilles ont mis au jour assez de ruines impressionnantes pour en faire l'ensemble gallo-romain le plus important jamais découvert en France.

Près de Saint-Rémy : les Antiques

Saint-Rémy : détail du Mausolée

Les Chorégies d'Orange

Le théâtre antique d'Orange, le mieux conservé du monde, a gardé son énorme mur de scène (103 m de long, 36 m de haut) où trône une statue d'Auguste. Les compagnies contemporaines ont tiré parti de son acoustique exceptionnelle : de 1869 à 1902, les Fêtes romaines y donnèrent des spectacles où brillaient Sarah Bernhardt et Mounet-Sully… Rebaptisé Chorégies, consacré désormais à l'art lyrique, le festival attire chaque été un public international venu écouter les plus grands interprètes, galvanisés par ce cadre grandiose.

Le théâtre d'Orange : une scène bimillénaire

1 317 Carcassonne 51/G5

(11) Tél. : 04 68 10 24 30

Protégée par sa double ceinture de remparts, la Cité, surnommée la « pucelle du Languedoc », veille sur la ville basse, qui s'étend depuis le XIIIe s. en damier le long de l'Aude. Avec sa double enceinte de 1,5 km, elle forme l'une des villes fortifiées les plus complètes de l'Europe médiévale. Pour en saisir le charme, il faut se promener dans les lices basses et hautes, et dans les ruelles de la Cité (rue Cros-Mayrevieille).

Sculpture de Dame Carcas

Le Château comtal

Construit à la fin du XIIe s. pour les Trencavel, vicomtes de Carcassonne, il constituait l'ultime défense de la forteresse. Maintes fois remanié, il mesure 80 m de long et 40 m de large. La partie la plus ancienne se trouve à l'ouest, appuyée contre le rempart. La façade orientale, avec ses cinq tours et leurs hourds en bois, a été largement restaurée. Il abrite le Musée lapidaire.

L'ancienne cathédrale Saint-Nazaire

Elle fut construite sur le site d'une ancienne église (XIe s.), dont il ne subsiste que la nef romane ; le transept et le chœur, orné de statues remarquables, sont d'un gothique rayonnant parfait. Les vitraux (XIIIe-XIVe s.) comptent parmi les plus beaux du Midi.

La basilique Saint-Nazaire

1 318 Cargèse 56/A5

(2A) Tél. : 04 95 26 41 31

C'est en 1676 qu'une colonie grecque sous protection gênoise s'installa sur l'île de Beauté. Après de nombreuses escarmouches avec les Corses, les deux communautés finirent par s'entendre, les Grecs recevant Cargèse en dédommagement des pertes territoriales qu'ils subirent. Dans ce site splendide, deux églises se font face : la première, latine, domine le golfe et quelques jardinets la séparent de l'autre. À l'intérieur de la seconde, orthodoxe, objets et icônes témoignent de la vivacité du rite oriental.

1 319 Carlit (Désert de) 50/F7

(66) Ce massif granitique (2 921 m) surplombe la Cerdagne. L'Aude et la Têt y naissent. Ses versants laissent une impression désertique. Le lac des Bouillouses (D 60) est le point de départ de randonnées, dont celles vers le Carlit. Son ascension est longue.

1 320 Caroux (Massif du)  51/J3

(34) Tél. gorges d'Héric : 04 67 97 70 98

Haut lieu de l'escalade et de la randonnée, ce massif culmine à 1 091 m au-dessus de la vallée de l'Orb. Son plateau est cerné de gorges et d'aiguilles. Le GR 7 conduit à une table d'orientation : sur les Causses, les Garrigues, le bas Languedoc, l'Espinouse et la Montagne Noire.

en contrebas (O) les **gorges d'Héric,** qui entaillent les roches de l'Espinouse. Un chemin suit les gorges jusqu'au hameau d'Héric.

1 321 Carpentras  45/G8

(84) Tél. : 04 90 63 00 78

L'ancienne capitale du Comtat Venaissin conserve sa cathédrale Saint-Siffrein (portail flamboyant), un arc de triomphe romain, l'hôtel-Dieu du XVIIIe s., à la belle apothicairerie, la bibliothèque Inguimbertine et la plus vieille synagogue de France. Les berlingots sont une spécialité de la cité.

à 7 km (E), dans la vallée de l'Auzon, le gros village de **Mazan,** qui est réputé pour son gypse.

La synagogue de Carpentras

Après le rattachement du comté de Provence au royaume de France, les juifs en furent chassés et trouvèrent refuge, dès le XIIIe s., dans les terres papales (depuis 1274) du Comtat Venaissin. La synagogue de Carpentras (XVIe s.), la plus ancienne de France, est le dernier vestige de l'ancienne « carrière » juive, fermée la nuit, où vivaient alors près de 1 000 personnes soumises au port de la rouelle, bout de tissu jaune. Reconstruit au XVIIIe s., l'édifice a gardé de la première construction les boulangeries de pain azyme et le bain. L'intérieur est richement décoré : trône du prophète Élie et tribune, au balcon en fer forgé, décorée de trois chandeliers à sept branches.

La porte Narbonnaise

Entrée principale de la Cité, ce châtelet, avec sa barbacane percée de meurtrières et ses deux tours à éperons, est la construction fortifiée la plus importante après le château comtal. Les salles du XIIIe s. accueillent des expositions temporaires. À l'autre extrémité, la porte d'Aude descend sur la ville basse. Parmi les 52 tours de l'enceinte, la tour du Trésau est, avec celle de la Vade, la plus imposante.

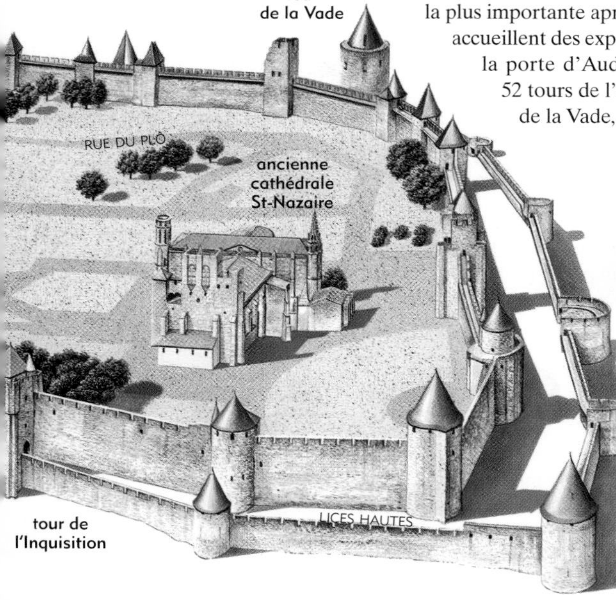

tour de la Vade

RUE DU PLÔ

ancienne cathédrale St-Nazaire

tour de l'Inquisition

LICES HAUTES

La Cité, côté ouest

À VOIR AUSSI

Le musée des Beaux-Arts dans la ville basse

La cathédrale Saint-Michel (XIIIe s.)

L'église Saint-Vincent (XIIe-XVe s.)

La maison Joë-Bousquet (rue de Verdun)

1

2

3

Le désert de Carlit

1 Lacs, au fond de la vallée de l'Angoustrine

Carpentras

2 La façade de la cathédrale Saint-Siffrein

3 Le portail sud de la cathédrale

4 Détail de l'arc de triomphe

4

1 322 Cassis

 53/H4

(13) ℹ Tél. : 04 42 01 71 17
Inséparable du paysage des calanques toutes proches (Port-Miou, Port-Pin, En-Vau), ce pittoresque port de pêche dominé par le cap Canaille fut l'un des hauts lieux de la peinture moderne. Il séduit aussi par ses plages, ses poissons, ses oursins et son vin blanc (AOC). La maison de Cassis accueille un musée d'Arts et Traditions populaires.

1 323 Caunes-Minervois

  51/H4

(11) ℹ Tél. : 04 68 78 09 44
Sur la place du village, qui connut la notoriété avec ses carrières de marbre rouge aux veines grises et blanches, se dressent de nombreux hôtels des XVe et XVIIe s. Il conserve également plusieurs bâtiments de son abbaye bénédictine (VIIIe s.) reconstruits au XVIIIe s. ; l'église présente un beau chevet roman du XIe s.

1 324 Caylar (Le)

 52/A2

(34) ℹ Tél. : 04 67 44 51 52
Le village est dominé de rochers ruiniformes qui, de loin, lui donnent l'aspect d'un château. Des anciens remparts, il ne reste que la tour de l'Horloge. Quelques maisons conservent des parties de façade des XIVe et XVe s. L'église abrite un beau retable en pierre sculptée du XVe s. La petite chapelle romane du Roc-Castel, bâtie dans les rochers, faisait autrefois partie de la forteresse.
👁 à moins de 10 km (S) le beau **chaos de Camp-Rouch,** formé par l'érosion qui a attaqué les éléments rocheux les plus tendres. Arcs, quilles, pylônes cohabitent avec des grottes, dont le trou de la Baume, jadis repaire de bandits.

1 325 Céret

 51/J8

(66) ℹ Tél. : 04 68 87 00 53. Tél. Amélie-les-Bains : 04 68 39 01 98
Danses, processions pascales, corridas… La capitale du Vallespir a toujours été un foyer de culture catalane. S'y retrouvèrent au début du XXe s. le compositeur Déodat de Séverac, le sculpteur Manolo Hughé mais aussi Picasso, Braque, Juan Gris… Réputée pour ses cerises et ses primeurs, c'est une petite ville dont les vieilles rues se serrent autour de l'église Saint-Pierre (XVIIIe s.) et conduisent au vieux pont du XIVe s., dit pont du Diable, ou au musée d'Art moderne.
☺ : festival de la Sardane, danse en costume (avant-dernier dimanche du mois d'août).
👁 à 8 km (S-O) la station thermale d'**Amélie-les-Bains** (à 230 m d'altitude), qui est alimentée par des eaux riches en soufre. Dans ses jardins pousse une superbe végétation méditerranéenne. Tout proche, le bourg médiéval de **Palalda** est de style typiquement catalan.

1 326 Cians (Gorges du)

 46/D8

(06) Les gorges inférieures s'ouvrent sur des falaises calcaires déchiquetées que suit la D 28 entre Beuil, au nord, et le croisement avec la N 202, au sud. En hiver, les encorbellements s'ornent de stalactites. En amont, les gorges supérieures échancrent des schistes rouges. La route surplombe le torrent envahi de blocs rocheux où bondissent des eaux vertes. Les passages les plus spectaculaires sont la Petite et la Grande Clue.

1 327 Cinto (Monte)

 56/B4

(2B) Point culminant de l'île (2 706 m), le monte Cinto est un pic de granite dominant un cirque glaciaire et le Niolo. Souvent enneigé, c'est le repaire des derniers gypaètes barbus et des aigles royaux. On peut entreprendre son ascension (3 à 4 h) par la face sud, à partir du refuge d'Erco – où l'on peut passer la nuit. Depuis le sommet, ☀ sur toute la Corse, les îles de la mer Tyrrhénienne ainsi que sur les Alpes-Maritimes.

LA MONTAGNE NOIRE

Depuis CAUNES-MINERVOIS, on se rend à Lastours, haut lieu cathare, où se dressent les vestiges de la forteresse de Pierre-Roger de Cabaret, vaincu par Simon de Montfort. Après Labrespy, Hautpoul porte d'autres ruines (vue sur Mazamet). On redescend par les vallées encaissées de l'Arnette et du Clamoux, qui permettent de découvrir de beaux aperçus sur les contrastes de la Montagne Noire.

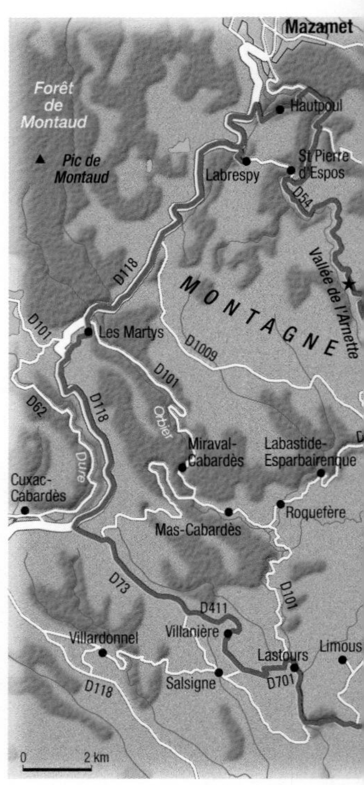

LE NIOLO

Dominé par le **monte Cinto,** le massif du Niolo est une cuvette dont le fond, occupé par la retenue de Calacuccia, est cerné de hautes montagnes. Il est traversé par le Golo, le plus grand fleuve insulaire. Ce massif, longtemps impénétrable, a donné aux Niolins leur goût pour la conservation de leurs traditions, malgré l'ouverture de nouvelles routes. L'exploitation de la forêt et l'élevage constituent les principales ressources de cette région. Le climat méditerranéen, adouci par l'altitude, donne une magnifique végétation étagée que l'on peut découvrir lors de randonnées, vers les bergeries de Cesta notamment.

1

2

Cassis

1 Dans le port, le quai Saint-Pierre

2 Cassis, vu de la route des Crêtes

3

Caunes-Minervois, l'église abbatiale

3 Le porche roman

4 Le clocher carré aux trois niveaux de baies, dont certains reposent sur des chapiteaux mérovingiens

4

Les gorges du Cians

5 Elles sont bordées par d'impressionnantes falaises.

Le monte Cinto

6 Il est réputé pour le panorama qu'offre son sommet

5

6

1 328 Clamouse (Grotte de)

52/B2

(34) ¿ Tél. : 04 67 57 71 05

Cette grotte s'ouvre au débouché des gorges de l'Hérault. La visite (1 h), dans le fracas des eaux, permet d'admirer quatre salles aux concrétions fines et tourmentées.

1 329 Coaraze

46/E8

(06) ¿ Tél. : 04 93 79 37 47. Tél. mairie : 04 93 79 34 80

Cocteau et Ponce de Léon décorèrent les cadrans solaires de la place de ce pittoresque bourg médiéval. Il offre, outre ses passages voûtés, ses places et fontaines, une vaste vue sur la vallée (⁘ sur la cime de la Rocca). Une église baroque, une étonnante chapelle bleue, Notre-Dame-de-la Pitié, et de nombreux artisans en sont l'autre richesse.

1 330 Cocalière (Grotte de la)

44/D7

(30) ¿ Tél. : 04 66 24 34 74

Fière de son réseau long de 46 km, la Cocalière, occupée à l'époque préhistorique, vaut par ses disques suspendus ou rattachés aux parois en porte-à-faux. Inexplicablement, ils se forment de bas en haut. De fines stalactites se mirent dans une rivière et la salle du Chaos surplombe la cascade de gours. Chaque année, la seule course cycliste souterraine au monde s'y déroule. La visite se fait en petit train.

1 331 Collioure

52/A8

(66) ¿ Tél. : 04 68 82 15 47

Au creux de la très belle Côte vermeille, ce port fortifié doit sa célébrité aux peintres modernes, de Matisse à Picasso, attirés par sa lumière. Il faut suivre « le chemin du fauvisme », le long de la plage Boramar, qui offre une belle vue – maintes fois représentée sur les toiles des artistes – sur la ville et ses maisons colorées. Presque les pieds dans l'eau, l'église Notre-Dame-des-Anges (XVIIe s.) n'a d'autre clocher qu'un ancien phare et abrite de superbes retables dorés. De vieux quartiers pittoresques et fleuris la relient à la citadelle du Château-Royal. Collioure est réputée pour ses salaisons d'anchois.

👁 à moins de 10 km (S-E) le **cap Béar,** ultime soubresaut des Albères, qui s'avance sur cette antique côte rocheuse. Du sémaphore, ⁘ du cap Leucate à celui de Creus, en Catalogne.

👁 à moins de 15 km (S) la **tour Madeloc,** qui se dresse dans un cadre méditerranéen bien préservé. Au sommet (652 m), ⁘ sur le site de Collioure, le Roussillon, la Côte vermeille et les Albères.

1 332 Colorado de Rustrel

45/H8

(84) 👁 encadré ci-contre

1 333 Concluses (Gorges des)

44/E7

(30) Elles sont taillées par l'Aiguillon, sur 1 km, dans le calcaire des garrigues. D'un belvédère, on descend un sentier pentu vers le lit du torrent, creusé de marmites de géants, à sec en été. Il a découpé ensuite des détroits rocheux, escarpements qui dépassent parfois les 100 m (visite : 1 h AR).

1 334 Corbières (Les)

51/G6

(11) Entre l'Aude, la Méditerranée et la limite nord des Pyrénées-Orientales, les Corbières offrent des paysages sauvages, alternant crêtes, plateaux, massifs, vallées et gorges. Dans ces sites, les moines ont établi leurs abbayes au nord, et les cathares leurs fantastiques châteaux au sud. Il faudrait citer les noms d'Aguilar, d'Arques ou de Quéribus, hauts lieux des parfaits, ces fous de Dieu hérétiques. C'est la grande richesse de cette belle région où la rigueur de la nature est atténuée par un immense vignoble produisant un vin rouge en très net progrès.

LE COLORADO DE RUSTREL

Rustrel s'accroche aux pentes de la Grande Montagne, qui culmine à 1 062 m au-dessus de la Dôa. De l'autre côté de la rivière se découvre un surprenant paysage : celui de cheminées de fées et d'aiguilles en technicolor, à 10 min d'Apt ! C'est la beauté de l'ocre, une vieille industrie de la région, aujourd'hui en renouveau. On traverse d'anciennes carrières aux couleurs rougissantes. Attention, certains passages sont glissants (entre 1 et 2 h AR).

LA PÊCHE AU LAMPARO ET LA PRÉPARATION DE L'ANCHOIS

La pêche au lamparo, lampe ou phare, est une activité traditionnelle du Roussillon. Pendant toute l'année, les bateaux sortent la nuit, éclairant la mer avec un fanal ou, aujourd'hui, avec un puissant projecteur. Les pêcheurs recherchent le poisson bleu : la sardine et l'anchois. Les conserveries d'anchois ont fait ainsi la réputation de **Collioure,** bien qu'il n'y reste que trois ateliers menacés par les normes européennes. Déchargés, les poissons sont mélangés avec du sel puis vidés et étêtés. Mis à mariner dans une saumure pendant trois mois, ils sont ensuite débarrassés de leur arête centrale avant d'être lavés et conditionnés.

1

2

Collioure

1 Sur le port d'Amont, l'église et l'antique tour du phare

2 Le cap Béar, promontoire de la Côte vermeille

3

Le Colorado de Rustrel

3 Les cheminées de fées et le canyon, créés par l'extraction de l'ocre

Les gorges des Concluses

4 L'Aiguillon a creusé les gorges dans une vallée très sèche.

Dans les Corbières

5 Le vignoble et le château d'Aguilar

4

5

1 335 Corse (Cap)

56/D2

(2B) Tél. : 04 95 31 02 32

Le cap, « une île dans l'île », reste une région jalouse de ses particularismes. Prolongement de la dorsale corse sur 40 km, cette presqu'île de schiste vert réunit l'eau et la montagne dans des criques rocheuses. La côte est s'ouvre sur des vallées, les falaises plongent dans la mer à l'ouest. L'extrême nord de la Corse, cerné par 32 tours de guet et une corniche, a vu ses petites marines se transformer en stations balnéaires. De nombreuses églises romanes, comme à Sisco, des châteaux féodaux et des villages typiques agrémentent la côte, riche en panoramas. Les fonds marins sont superbes. depuis le monte Stello (1 307 m), le belvédère du moulin Mattei, le col de Santa-Lucia et celui de Teghime (536 m), et enfin la Serra di Pigno (960 m).

1 336 Corte

56/C4

(2B) Tél. mairie : 04 95 45 23 00. Tél. Omessa (mairie) : 04 95 47 40 13

En plein cœur de l'île, Corte dresse sa citadelle, dont la partie la plus vieille date du XVe s., au-dessus de la chapelle Sainte-Croix – qui abrite un beau retable baroque –, du Palais national (génois) et des maisons du vieux quartier. Place forte dès le XIe s., la ville est celle des chefs de l'indépendance corse, Pascal Paoli (1755-1769) et le général Gaffori. Elle demeure, notamment grâce à son université, la première de la région, et à son musée ethnographique, le conservatoire de l'identité corse.

à 3 km (S-E) les ruines de l'**église et** du **baptistère Saint-Jean,** qui se dressent ici depuis le IXe s.

à 15 km (N) le village caché d'**Omessa,** qui apparaît comme une véritable sentinelle le long des défilés de la Pétracia. Il a conservé sa chapelle de l'Annonciade et une église surmontée d'un haut campanile.

1 337 Crêtes (Corniche des)

53/J5

(13) La D 40^{A}, étroite et sinueuse, grimpe dans la montagne. Les falaises de calcaire blanc du cap Canaille plongent alors dans la mer de 400 m ! Ce sont les plus hautes de France, et la vue qu'elles offrent est à la mesure de leur taille.

1 338 Cucuruzzu (Castellu di)

56/C7

(2A) Tél. Alta Rocca : 04 95 78 56 33 ou 04 95 78 41 95

Le *pianu,* plateau, de Levie déploie, à 700 m d'altitude, ses paysages de maquis, de châtaigniers et de chênes verts, entrecoupés de murets de pierres sèches, témoins d'anciennes cultures. L'occupation humaine date ici du VIIe millénaire avant J.-C. Le site du castellu de Cucuruzzu est un complexe monumental torréen de l'âge du bronze (IIe millénaire avant J.-C.), comprenant une forteresse – dans laquelle on pénètre – et un village (circuit autoguidé avec chants polyphoniques corses).

1 339 Daluis (Gorges de)

46/D8

(06) Évoquant le Colorado par ses dégradés de rouge contrastant avec le vert du maquis, ces gorges de schiste, étroites et profondes (150 m), constituent un spectacle grandiose. Les lacets de la D 2202 offrent de très belles vues : notamment sur les eaux du Var. En été, de pittoresques randonnées (4 km) sont organisées du rocher de la Tête de femme à la cascade d'Amen.

1 340 Demoiselles (Grotte des)

52/C1

(34) Tél. : 04 67 73 70 02

Un funiculaire conduit à l'entrée de la grotte ; de là, sur la haute vallée de l'Hérault et les garrigues. Bel exemple de relief souterrain formé par l'infiltration des eaux dans les calcaires, cette cavité est tapissée de concrétions géantes, notamment dans la Cathédrale. Tous les ans, à Noël, une messe de minuit y est célébrée.

LE CAP CORSE

Depuis NONZA, surmontée de sa tour génoise, on longe la côte jusqu'à Pino, construit dans un site escarpé. Après le col de Santa-Lucia, il faut traverser le cap jusqu'à Santa Severa par Luri, avant de remonter jusqu'à la marine de Meria et Rogliano, qui disperse ses hameaux sur des éperons.

De là, on file à l'intérieur du maquis jusqu'à Ersa et Barcoggio, petit port en face de l'île de la Giraglia. On redescend alors par l'ouest vers Tollare puis on passe le col de la Serra vers l'admirable marine de Centuri. Enfin, on suit la côte jusqu'à Nonza.

LA GARRIGUE, UN MONDE DE PARFUMS

Végétation maigre et basse, la garrigue se développe sur les terres calcaires du Languedoc, de Provence et de Corse. Il s'agirait d'une forme de dégradation de la forêt méditerranéenne. Elle est constituée de cades, ou genévriers, de chênes kermès, de chênes verts, ou yeuses, de lentisques, de térébinthes, de quelques pins d'Alep, de cistes et de plantes odorantes, notamment le thym, la lavande, le romarin, mais aussi le basilic, la marjolaine, la sarriette, qui dégagent un parfum pénétrant, surtout en été. La diversité de ces espèces donne à la garrigue une multitude de dégradés de verts, s'associant au brun en hiver, lorsque les feuilles des chênes brunissent sans tomber.

1

4

2

3

Corte
3 Les vieilles maisons de la ville haute
4 La citadelle, située sur un éperon rocheux

Le cap Corse
1 Une tour génoise aux environs de Nonza
2 Entre mer et montagne, l'une des belles plages du cap Corse

5

La corniche des Crêtes
5 Elle offre de somptueux panoramas sur la mer.

6

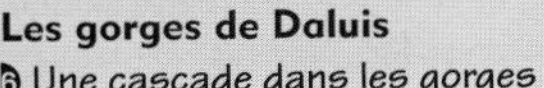

Les gorges de Daluis
6 Une cascade dans les gorges

1 341 Draguignan

54/**B3**

(83) ℹ Tél. : 04 98 10 51 05. Tél. La Celle-Roubaud : 04 94 73 37 30

Cette ancienne cité romaine est aujourd'hui une ville pittoresque ; la tour de l'Horloge, surmontée d'un campanile, en offre une très jolie vue. L'église Saint-Michel recèle une statue en bois doré de saint Hermentaire (XVIIIe s.). Un ancien couvent abrite un musée de peintures et de meubles et céramiques, alors que les vieux métiers sont présentés dans celui des Arts et Traditions de moyenne Provence. Un cimetière américain et une stèle commémorent le débarquement du 15 août 1944.

👁 la **pierre de la Fée,** dolmen qui se dresse à la sortie de la ville (S-O).

👁 à 10 km (S-O) l'**abbaye de la Celle-Roubaud** (XIVe s.), dont il ne reste qu'un cloître (XIIe s.) et la chapelle Sainte-Roseline (roman provençal). L'intérieur abrite la châsse de la sainte et une mosaïque de Chagall.

1 342 Elne

51/**J7**

(66) ℹ Tél. : 04 68 22 05 07. Tél. Saint-Cyprien : 04 68 21 01 33

Située sur une colline dominant des vergers, elle fut la capitale religieuse du Roussillon jusqu'en 1602. Sa cathédrale Sainte-Eulalie-et-Sainte-Julie, en pierres roses (XIe s.), est flanquée d'un très beau cloître. Le musée d'Histoire et d'Archéologie est installé dans une ancienne chapelle.

👁 à 6 km (N-E) **Saint-Cyprien,** agréable village catalan, doté d'un grand port de plaisance.

1 343 Erbalunga

56/**D2**

(2B) ℹ Tél. cap Corse : 04 95 31 02 32

Erbalunga est une splendide marine, au nord de Bastia. Les vestiges d'une tour génoise sur un rocher constituent l'extrémité de ce petit port de carte postale, réputé pour sa Cerca, procession des jeudi et vendredi saints.

1 344 Espinouse (Monts de l')

51/**J3**

(34) ℹ Tél. grotte de la Devèze : 04 67 97 03 24

Cet arrière-pays montagneux, à l'intérieur du parc naturel du Haut-Languedoc, s'étale à 1 000 m d'altitude. À l'ouest, dans le Somail, le saut de Vésoles, immense cascade, se jette dans le Jaur. Au centre, les forêts abritent des mouflons corses. Du col de l'Ourtigas, la vue s'étend jusqu'au Canigou. Enfin, à l'est, après les gorges d'Héric, on parvient au massif du Caroux. La curieuse forêt des Écrivains combattants est surmontée d'une immense croix.

👁 à Courniou, au sud-ouest du massif, la **grotte de la Devèze,** qui possède des draperies de couleur ocre, de magnifiques cristaux d'aragonite et des fleurs de pierre, très rares en France.

1 345 Estaque (Chaîne de l')

53/**G4**

(13) Entre l'étang de Berre et la mer Méditerranée, cette chaîne calcaire et désertique se distingue par ses calanques. De pittoresques ports de pêche ont trouvé abri le long de cette Côte Bleue : Niolon, Carry-le-Rouet, Sausset-les-Pins… Le village de l'Estaque fut un des hauts lieux de la peinture moderne.

1 346 Estérel (Massif de l')

54/**D3**

(83) Ce massif est exceptionnel autant par ses côtes rouges déchiquetées par la mer que par la beauté de son arrière-pays, autrefois couvert de pins et de chênes-liège. De nouvelles espèces ont été plantées après les incendies dévastateurs. Du mont Vinaigre, le point culminant (618 m), le regard vagabonde de la Sainte-Victoire à l'Italie. La corniche d'Or (N 98) permet d'admirer les caps et les criques du littoral. D'Agay, on peut se rendre au pic du Cap-Roux (452 m) : ☀ sur les îles de Lérins. Du pic de l'Ours (496 m), le panorama couvre les Maures et la côte, de Fréjus à Antibes. À son pied, le ravin du Mal-Infernet propose un biotope exceptionnel dans un décor de roches tourmentées.

DANS LES GORGES DE CHÂTEAUDOUBLE

À l'ouest de DRAGUIGNAN, Flayosc offre le charme paisible d'un village varois perché au-dessus des vignobles et des arbres fruitiers. De là, on remonte vers Ampus puis Châteaudouble, lui aussi perché dans un cadre remarquable au-dessus des gorges creusées par un affluent de la Narturby. Après en avoir apprécié le caractère, on emprunte cette vallée, étroite, sinueuse mais toujours verdoyante, qui ramène vers Draguignan.

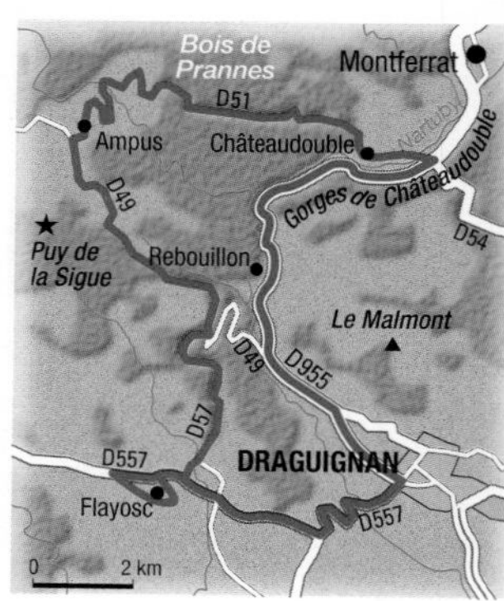

LA FORÊT DE L'ESTÉREL ET SA RECONSTITUTION

Le massif de l'Estérel connaît avec l'incendie son plus redoutable ennemi. On ne compte plus les années où les langues de feu ont anéanti des centaines d'hectares de cette forêt, naguère couverte de pins et de chênes-lièges. Le maquis, encore inconnu ici au début du siècle, occupe près de 60 % de la superficie malgré les efforts de l'ONF (Office national des forêts) qui poursuit sa politique de plantation de résineux et de feuillus. Le pin maritime, actuellement victime d'une maladie, ne représente plus que 10 % environ de la forêt. D'autres essences, plus petites, comme l'arbousier, le ciste, la lentisque ou le genêt égayent les paysages, leur donnant un parfum méditerranéen.

1

2

Draguignan

1 La pierre de la Fée

2 La vieille ville et la tour de l'Horloge

3

Elne, la cathédrale

3 Le cloître, construit, du XIIe au XIVe s., en marbre blanc veiné de bleu

4 Le portail de la façade ouest

4

5

La chaîne de l'Estaque

5 Le port de Carry-le-Rouet

Dans le massif de l'Estérel

6 La pointe du Cap-Roux

6

1 347 Estéron (Vallée de l')

54/C1

(06) Sur le versant nord de cette vallée, trois clues entaillent d'est en ouest la montagne : celles de Riolan et d'Aiglun forment des gorges étroites hautes de 300 m. Face à la deuxième, la cascade de Végay tombe en une jolie série de chutes. À Saint-Auban, les parois abruptes de la clue sont trouées de grottes. L'Estéron a creusé ici des marmites.

1 348 Étoile (Chaîne de l')

53/H4

(13) ℹ Tél. musée : 04 91 68 14 38

Prolongement de celle de l'Estaque, cette chaîne calcaire, culminant à la Tête du Grand Puech (781 m), se traverse au col de Sainte-Anne par une route qui monte dans les pins et débouche dans un paysage désertique. Un sentier mène en 30 min au Pilon du Roi, à 670 m. Sur le versant sud-ouest, la grotte de Loubière offre des salles aux très fines concrétions (ne se visite plus), et Château-Gombert accueille, dans une ancienne demeure, un musée des Arts et Traditions populaires du Terroir marseillais.

1 349 Èze

54/E2

(06) ℹ Tél. : 04 93 41 26 00

Sur la Riviera, perché au sommet de son piton rocheux, Èze offre un panorama exceptionnel sur la Côte d'Azur. Des maisons médiévales, très bien restaurées, accueillent ateliers d'artisans et d'artistes. Une chapelle des Pénitents Blancs (XIVe s.), les ruines d'un château et un jardin exotique comptent parmi ses richesses, tout comme les parfums, représentés par Fragonard et Galimard, dont on visite les usines. Le sentier Friedrich-Nietzsche conduit à la côte ; le philosophe y écrivit une partie de *Ainsi parlait Zarathoustra.*

1 350 Filitosa

56/B7

(2A) ℹ Tél. musée : 04 95 74 00 91

Sous les oliviers cernés de maquis, d'insolites statues-menhirs et monuments funéraires illustrent les civilisations néolithique, mégalithique, torréenne et romaine, depuis 6000 avant J.-C., dans la plus importante station préhistorique de Corse. Découvert en 1946, cet étrange site s'est doté d'un musée-centre de Documentation archéologique.

1 351 Fontaine-de-Vaucluse

45/G8

(84) ℹ Tél. : 04 90 20 32 22

Au fond d'une étroite vallée – qui donna son nom au département du Vaucluse *(vallis clausa)* – jaillit la capricieuse Sorgue, chantée par Pétrarque, qui y vécut, et par Frédéric Mistral. Parmi un chaos rocheux et une abondante végétation, cette envoûtante résurgence, dont on ne maîtrise pas complètement le système complexe, est l'une des plus puissantes du monde. Les eaux du plateau du Vaucluse, avec celles de la Nesque, forment une rivière souterraine qui jaillit d'un gouffre mystérieux (– 315 m atteints en 1985), aux reflets émeraude, au pied d'une falaise haute de 338 m. Ce site est particulièrement intéressant en hiver et au printemps, quand le débit atteint 150 m^3/s et que la vasque se déverse en un torrent. Ce lieu très touristique abrite une chapelle romane, un musée d'Histoire (1939-1945), un autre de Spéléologie et enfin un musée-bibliothèque consacré à Pétrarque.

1 352 Fontfroide (Abbaye de)

51/J5

(11) ℹ Tél. : 04 68 45 11 08

La pierre ocre et la végétation de cette ancienne abbaye cistercienne (XIIe-XIIIe s.) se marient dans une atmosphère de grande paix et de sérénité. Fondée par Aymeric Ier, vicomte de Narbonne, l'abbaye prospéra avant de sombrer et d'être désertée sous la Révolution. Le cloître gothique est l'un des plus beaux du Midi. Les bâtiments, parfaitement restaurés, s'élèvent au cœur de jardins et d'une roseraie.

LES BORIES

De tout temps en pays calcaire, l'homme a dû faire la part entre la terre et le caillou. Rejetées en bordure des champs, les pierres s'alignent en longs murets ; elles peuvent devenir bergeries, fours à pain ou maisons. Les bories, les cabanes, utilisent une technique commune au Bassin méditerranéen et qui remonte au néolithique : l'encorbellement. Disposées en légère saillie par rapport aux précédentes, les pierres se rejoignent en une voûte qui peut affronter les siècles sans aucun mortier. Isolées le plus souvent dans la campagne, les bories formaient aussi parfois de véritables hameaux, avec fermes et annexes, comme on peut le voir encore près de Gordes, à l'est de **Fontaine-de-Vaucluse.** Difficile à dater, leur construction se situe entre le XVIe et le XIXe s.

LA PRÉHISTOIRE DE LA CORSE

Les agriculteurs-pasteurs du néolithique étaient installés en Corse dès 6000 avant J.-C. Puis, vers 3000 avant J.-C., la civilisation mégalithique se répandit dans le Sud. On enterrait les morts dans les dolmens souvent entourés de menhirs, qui prirent une forme anthropomorphique vers 1500 avant notre ère, lors de l'invasion d'un peuple guerrier, l'un des mystérieux peuples de la Mer, bâtisseur de forteresses circulaires, les torri, que l'on peut voir à **Filitosa.**

Èze

1 Vue aérienne

Filitosa

2 Statue-menhir du site archéologique

L'abbaye de Fontfroide, le cloître

3 Le jardin et son puits

4 L'une des galeries : ses voûtes en ogives sont soutenues par des colonnes aux chapiteaux finement sculptés.

1 353 Font-Romeu-Odeillo-Via  50/F8

(66) ℹ Tél. : 04 68 30 68 30. Tél. Mont-Louis : 04 68 04 21 97
Cette station climatique disperse ses maisons, établissements thermaux et installations sportives sur une vaste pente ensoleillée que la forêt protège des vents du nord. Tout près, l'ermitage de Notre-Dame-de-Font-Romeu (XVIIe s.) abrite une statue de la Vierge. À l'endroit où elle aurait été découverte jaillit une source, qui donna son nom à la ville ; Font-Romeu signifie « fontaine du pèlerin » en catalan. Tout près de là se dresse l'immense miroir parabolique du four solaire d'Odeillo.

👁 à 10 km environ (E) **Targassonne,** célèbre pour sa centrale solaire (Thémis) et pour son énorme chaos de blocs granitiques.

👁 à 10 km (O) **Mont-Louis** et sa citadelle, construite par Vauban, qui contrôle les vallées de la Cerdagne, du Capcir et du Conflent. À l'est, la N 116 en corniche suit le cours de la Têt : ⁘ sur les ponts Séjourné et Gisclard, qu'emprunte le « petit train jaune » qui traverse la Cerdagne.

1 354 Fou (Gorges de la)  51/H8

(66) ℹ Tél. Arles-sur-Tech : 04 68 39 11 99
Les parois de ces gorges sont hautes de 150 m, mais larges d'à peine 1 m par endroits. Au fond, le torrent gronde de marmite en marmite. Des passerelles permettent de les apercevoir (visite en 1 h 30 AR).

👁 au débouché de ce défilé (E) **Arles-sur-Tech,** qui s'est développée autour d'une abbaye fondée vers l'an 800, dont subsistent aujourd'hui l'ancien palais abbatial et le cloître (XIIIe s.). L'église (XIe s.) abrite un sarcophage en marbre blanc du IVe s., d'où suintent tous les ans plusieurs centaines de litres d'une eau parfaitement limpide.

🎭 : fête médiévale (1er week-end de septembre).

1 355 Fréjus    54/C3

(83) ℹ Tél. : 04 94 51 83 83
Il reste peu de vestiges de l'importante cité commerçante de Forum Julii, fondée en 43 avant J.-C., si ce n'est les arènes, le théâtre et les grandes arches rougeâtres de l'aqueduc. De la butte Saint-Antoine, on peut distinguer sous les terres cultivées le tracé du port antique. Presque totalement rasée par les Sarrasins, Fréjus ne renaît qu'en 990, grâce à la construction d'une cité épiscopale. Avec Port-Fréjus, la ville a retrouvé sa vocation maritime ; un grand port de plaisance est aménagé. On peut également voir les constructions de la base des troupes de marine (musée) – constituées par les hommes de l'armée coloniale arrivés ici au début de la Première Guerre mondiale.

1 356 Galamus (Gorges de)  51/H6

(11) L'Agly a creusé ici des gorges profondes (300 m) sur 4 km dans le calcaire. Depuis le terre-plein de l'Ermitage Saint-Antoine (sur la D 7 en partant de Saint-Paul-de-Fenouillet) : ⁘ sur le Canigou, les Fenouillèdes et les Pyrénées.

1 357 Gard (Pont du)  44/E8

(30) Ce grandiose pont romain (40-60 après J.-C.), classé par l'Unesco au patrimoine mondial de l'humanité, enjambe le Gardon dans un cadre superbe. Il se compose de trois niveaux d'arches qui s'élèvent à 49 m au-dessus de la rivière sur 275 m de longueur à l'étage supérieur. Ce parfait édifice n'est que la partie la plus visible d'un aqueduc qui, autrefois, conduisait l'eau d'Uzès à Nîmes, avec un débit de 20 000 m^3 par jour environ. On peut le découvrir en canoë ou en kayak, sur le Gardon.

1 358 Gardon (Gorges du)  52/E1

(30) Entaillées dans des falaises calcaires hautes de 80 m, ces gorges se visitent en été, à pied (1 h), de Russan à Collias. À l'automne, en revanche, les crues sont soudaines !

LE VALLESPIR

Coincé entre le massif du Canigou, au nord, et la chaîne des Albères, au sud, le Vallespir est formé de deux parties : la vallée supérieure du Tech et son cours inférieur. C'est la région – où s'ouvrent les **gorges de la Fou** – la plus méridionale de la France métropolitaine. Les contrastes, saisissants car rapides, en font tout le charme. En partant de Céret, on quitte un milieu méditerranéen riche en vignes et en vergers. En 1 h, on se retrouve à Prats-de-Mollo-la-Preste, en pleine montagne, où le châtaignier domine, alors que plus bas règne le chêne-liège ou vert. Le climat est doux ; à l'automne, les sous-bois font le bonheur des cueilleurs de champignons.

LA CÔTE D'AZUR ET SON MICROCLIMAT

Le climat méditerranéen est béni des dieux, et, dans cet éden, la Côte d'Azur est privilégiée. D'Hyères à Menton, en passant par **Fréjus,** Cannes… la météorologie est plus douce que partout ailleurs en France. La luminosité y est extraordinaire. En hiver, le ciel bleu se découpe sur les sommets enneigés au-dessus de Nice, alors que les eaux de la baie des Anges invitent à la baignade… Les Alpes maritimes protègent la région du mistral venant du continent. Des rafraîchissements subits peuvent cependant endommager les cultures florales (mimosas). Les étés sont torrides, mais la brise marine vient tempérer cette chaleur. Les précipitations sont brèves et concentrées dans le temps. Tous ces atouts climatiques expliquent l'engouement des Anglais, et de bien d'autres résidents, pour la *French Riviera.*

Fréjus, la cathédrale

1 Le cloître avec son puits

2 Détail du ventail droit du portail central

3 Le retable de Sainte-Marguerite

Les gorges de Galamus

4 L'Agly coule au pied de hauts versants.

Le pont du Gard

5 L'un des oliviers millénaires importés d' Espagne

Les gorges du Gardon

6 La blancheur de la roche offre un beau contraste avec la végétation et l'eau, très bleue, du cours d'eau.

1 359 Girolata (Golfe de)

56/A4

(2A) Tél. promenades en mer : 04 95 65 32 10

Le golfe de Girolata, au nord de celui de Porto, est une merveille : le vert du maquis rejoint le bleu de l'eau et le rouge des porphyres. Le petit village, isolé, est dominé par un fortin génois.

La Scandola, fermant le golfe au nord, fut la première réserve naturelle française. Elle est classée au patrimoine mondial par l'Unesco. L'érosion marine et le vent ont sculpté dans un massif d'origine volcanique, où le balbuzard (rapace appelé aussi aigle pêcheur) a élu domicile, des formes fantasmatiques, des paysages magiques : aiguilles, îlots, taffoni, calanques. L'eau, d'une exceptionnelle pureté, favorise une riche vie sous-marine, dont le fameux trottoir de la punta Palazzu, formé naturellement le long des rochers par une algue calcaire.

au départ de Porto ou de Calvi.

1 360 Gordes

53/G1

(84) Tél. : 04 90 72 02 75

Étagées le long de calades et d'escaliers en pierre, les maisons partent à l'assaut du château-forteresse (XIe-XVIIe s.). Les ateliers-galeries d'artisans et artistes se sont multipliés dans ce site restauré, en raison de l'afflux touristique, de la proximité du Luberon, etc. Il ne faut pas manquer le village de bories tout proche, le musée du Vitrail et le château Renaissance. Depuis ce dernier, sur la vallée de l'Imergue.

1 361 Gourdon

54/D2

(06) Tél. : 04 93 09 68 25

Village médiéval vertigineusement perché à la sortie des gorges du Loup, Gourdon offre, outre le charme de ses ruelles, un exceptionnel panorama sur la côte. Un musée abrite, dans le château (XIIIe-XVIIe s.), de très belles salles de peinture naïve. Le jardin botanique fut dessiné par Le Nôtre.

à 8 km (N) les **gorges du Loup,** que le cours d'eau, descendant des Préalpes calcaires de Grasse, a taillées jusqu'à la mer. On peut, en les suivant, découvrir de magnifiques villages et des sites étonnants, dont la cascade des Demoiselles et le saut du Loup, où le torrent bondit.

1 362 Grande-Motte (La)

52/D3

(34) Tél. : 04 67 56 42 00

Inaugurée en 1968 dans le cadre de l'aménagement du littoral languedocien, La Grande-Motte plaît ou déplaît par l'architecture futuriste de ses immeubles en forme de pyramide. Cette station très fleurie, pensée pour les vacanciers, peut accueillir 110 000 personnes, et son port de plaisance plus de 1 400 bateaux.

1 363 Grasse

54/D2

(06) Tél. : 04 93 36 03 56

La cité des parfums se déploie parmi les champs de fleurs qui ont fait sa prospérité. Dans la vieille et charmeuse cité, on visite le musée international de la Parfumerie et la villa-musée Fragonard (XVIIe s.). Les œuvres de ce peintre grassois voisinent avec celles de Rubens, dans la cathédrale. Le musée d'Art et d'Histoire de Provence et un musée de la Marine complètent la visite.

à moins de 10 km (O) **Cabris,** qui a aussi séduit de nombreux artistes. Des ruines du château, sur les Maures, l'Estérel et les îles de Lérins.

1 364 Graus (Défilé des)

51/G8

(66) En remontant la vallée de la Têt, après Olette, on parvient à ce défilé, dit aussi de Canaveilles. Étroit et sauvage, il est environné de nombreuses sources chaudes.

à 3 km en amont les **gorges de Carença,** qui peuvent être le cadre d'intéressantes randonnées.

LES PRÉALPES DE GRASSE

De GRASSE à Cabris, la route grimpe jusqu'au plateau Napoléon pour filer vers Saint-Cézaire-sur-Siagne où des grottes offrent des formes et des couleurs étonnantes ainsi que de fines cristallisations.

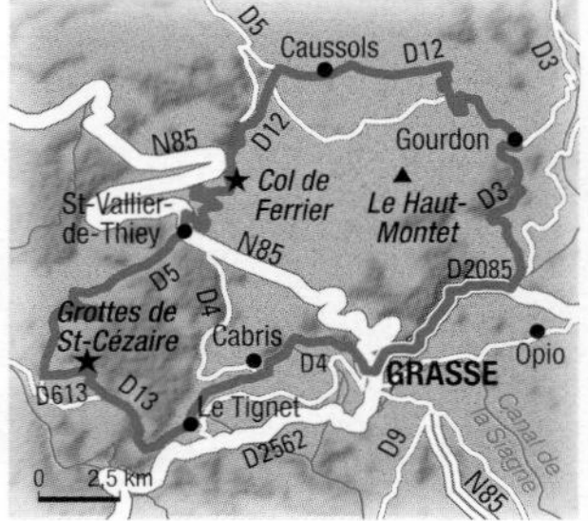

On gagne ensuite Saint-Vallier-de-Thiey, célèbre pour sa grotte de la Baume Obscure. En continuant vers le nord, on atteint, par le col de Ferrier, l'insolite plateau de Caussols puis Gourdon « la Sarrasine », où il faut visiter le musée de Peinture naïve.

LES PARFUMS DE PROVENCE

La Provence orientale et le pays niçois parlent haut le langage des fleurs : jonquilles et tubéreuses, cassis et mimosas, violettes et bigaradiers, et surtout roses de Damas et jasmins des Himalayas. **Grasse** a su développer une industrie de prestige. Attesté dès le XIIIe s., le renom de cette cité pour la tannerie connut son apogée au XVe s. Encouragé par Catherine de Médicis, l'usage s'instaura de parfumer les produits. Les gantiers exploitèrent d'abord la production rurale de plantes sauvages aromatiques, puis celles des cultures florales. Trois espèces majeures s'imposèrent : la rose, la tubéreuse, le jasmin. La parfumerie prit peu à peu le pas sur la ganterie en affinant ses productions spécifiques : pâtes et poudres parfumées, pommades, dragées et bonbons. Le dernier tanneur disparut en 1830.

Girolata
1 Réserve naturelle de la Scandola.

Gordes
2 Le village des bories
3 Le village
4 Le château Renaissance, avec sa tour à mâchicoulis

Grasse
5 L'une des ruelles de la vieille ville
6 L'hôtel des Pontevès

1 365 Grimaud

 54/C4

(83) ℹ Tél. : 04 94 55 43 83. Tél. Cogolin : 04 94 55 01 10
Ce gros bourg conserve les ruines d'un château – qui appartenait jadis aux Grimaldi – dominant le golfe de Saint-Tropez. Les rues médiévales, et notamment celle des Templiers, avec ses arcades en basalte, conduisent à la très jolie église romane Saint-Michel.
👁 à 3 km (S) **Cogolin,** qui a conservé ses activités traditionnelles : fabrication de pipes, de tapis, de bouchons…
👁 à 5 km (E) les **marines de Cogolin,** qui abritent un port et une plage.

1 366 Gruissan

 52/A5

(11) ℹ Tél. : 04 68 49 03 25
Cet antique village de pêcheurs, au milieu des étangs, organise ses ruelles en escargot autour d'un rocher sur lequel se dressent les ruines de la tour Barberousse, ancien château fort.
La ville nouvelle et Gruissan-Plage, avec ses chalets sur pilotis, sont des stations balnéaires récentes. Elles sont dominées, tout comme les étangs, le littoral et les vignobles, par la montagne de la Clape. Depuis la ville, on peut parcourir à pied ce massif très arboré et parfumé, pour y voir les cénotaphes du cimetière marin et la chapelle Notre-Dame-des-Auzils.

1 367 Hyères

 54/B5

(83) ℹ Tél. : 04 94 01 84 50
L'ancien comptoir phocéen d'Olbia est devenu une station balnéaire fleurie. Les rues de la vieille ville dévalent depuis le château et conduisent à la collégiale Saint-Paul, avec ses ex-voto, et à l'église Saint-Louis. La villa Noailles, construite par Mallet-Stevens, accueillit une pléiade d'artistes.
👁 la **presqu'île de Giens,** qui ferme la rade d'Hyères. Elle est reliée au continent par une double flèche de sable enserrant l'étang et les salants des Pesquiers. La pittoresque route du sel, à l'ouest, conduit à Giens.

1 368 Hyères (Îles d')

 54/C5

(83) ℹ Tél. (bateaux) : 04 94 58 21 81 ou 04 94 71 01 02
Avant-garde des Maures, ces exceptionnelles îles d'Or sont un paradis très bien protégé. Des sentiers sillonnent le maquis de Porquerolles aux senteurs de myrte, royaume de la bicyclette et conservatoire botanique. Sauvage et montagneuse, Port-Cros est un parc national. L'île du Levant est un camp militaire que trouble à peine le camp naturiste d'Héliopolis.
⛴ depuis Hyères-Plage (compagnie maritime TLV) ou Le Lavandou (vedettes Îles-d'or).

1 369 Île-Rousse (L')

 56/B3

(2B) ℹ Tél. : 04 95 60 04 35
Fondée au XVIIIe s. par Pascal Paoli sur la côte de Balagne, cette ville possède un joli marché couvert, une place ombragée de platanes ainsi qu'un Musée océanographique. L'île de la Pietra, roche de granite rouge, est accessible à pied, par une jetée.
Depuis la corniche Paoli (D 63 et 263), à Monticello, ⁂ sur le site de l'Île-Rousse et les villages de la région.
👁 à moins de 10 km (S) **Corbara,** dominée par les ruines de deux châteaux. La ville est un dédale de charmantes ruelles et de passages couverts. L'église de l'Annonciation, baroque, date du XVIIe s. Plus au sud, **Sant' Antonino** est un nid d'aigle perché à 500 m d'altitude. Ses rues tortueuses, pavées de galets, sont bordées par des maisons en granite sombre.

1 370 Incudine (Monte)

 56/C6

(2A) Cette crête massive, longue de 4 km, culmine à 2 128 m. Elle est accessible à partir de Zicavo par un sentier (5 à 6 h AR) ou par les D 69 et 428. Au bout, on rattrape le GR 20 qui monte en 2 h 30 au sommet : ⁂ sur le monte Renoso, la mer et les aiguilles de Bavella.

LES TAPIS DE COGOLIN

Par les fenêtres du boulevard Louis-Blanc, on peut voir s'affairer les artisans sur une superbe réplique d'un tapis de la Savonnerie ou un tapis de haute laine blanche « sculpté » de motifs géométriques. La fabrique de Cogolin travaille aussi bien l'ancien que le moderne, pour les châteaux comme pour les demeures privées. Quelques réfugiés arméniens, arrivés ici en 1922, sont à l'origine de la vocation de ce gros bourg actif, connu non seulement aujourd'hui pour ses fabriques de pipes, mais aussi pour ses meubles en bambou, ses roseaux et ses anches d'instruments à vent. L'affaire périclitait, lorsqu'elle fut reprise en 1928 par Jean Lauer, véritable créateur de la manufacture et du style Cogolin.

LE PARC NATUREL RÉGIONAL DE PORT-CROS

S'étendant sur 2 700 ha, sur les îles de Port-Cros et de Bagaud et les îlots de la Gabinière et du Rascas, qui constituent sa partie terrestre (694 ha), ce parc a été créé en 1963, après qu'un notaire d'**Hyères** eut légué Port-Cros à l'État dans un souci de protection de la nature. À la fois insulaire et marin, il a pour mission de lutter contre la dégradation des fonds sous-marins, de sauvegarder les espèces végétales et animales en voie de disparition et de sensibiliser le public aux problèmes de la protection des sites naturels en Méditerranée. On peut observer dans les îles la couleuvre à échelons, le discoglosse sarde, la fauvette pitchou, le faucon pèlerin. Les fonds marins environnants abritent des grandes nacres de Méditerranée, des gorgones, des mérous et des congres.

Grimaud

1 L'église Saint-Michel

Hyères

2 La place Massillon

3 Les ruelles de la vieille ville

4 La collégiale Saint-Paul

1

2

4

3

5

Les îles d'Hyères

5 L'île de Porquerolles, vue depuis la presqu'île de Giens

6

L'Île-Rousse

6 Le phare de l'île de la Pietra

1 371 Inzecca (Défilé de l')

56/C5

(2B) Remontant le Fium'Orbo par la D 344 qui entaille un verrou granitique, on franchit les défilés de l'Inzecca et de Strette. De hautes parois surplombent alors le torrent de 300 m alors qu'en amont, le monte Renoso (2 352 m) domine la vallée. On y accède par la D 169 puis par un sentier. L'ascension est facile (4 h).

1 372 Lamalou-les-Bains

52/A3

(34) ℹ Tél. : 04 67 95 70 91
Située au cœur du Parc naturel régional du Haut-Languedoc, dominée par le mont Caroux, connu pour ses randonnées, cette station thermale exploite des sources d'eaux chaudes et sédatives réputées depuis neuf siècles.

1 373 Lastours (Châteaux de)

51/G4

(11) ℹ Tél. : 04 68 77 56 02
Tour-Régine, Cabaret, Fleur-d'Espine et Quertinheux ; les vestiges de ces quatre châteaux forts occupent un éperon rocheux entre les ravins de l'Orbiel et du Grésillou. Haut lieu de résistance des seigneurs de Cabaret, Lastours ne se rendit qu'en 1211, après que les derniers cathares occupant la forteresse se furent éparpillés.

👁 à environ 10 km (E) la **grotte de Limousis,** qui s'ouvre au pied de la Montagne Noire ; cette cavité présente une succession de concrétions et des plans d'eau limpide.

👁 à un peu plus de 10 km (N) la **cascade de Cupserviès** aux trois paliers visibles d'un belvédère (descente difficile), accessible par une route partant de Roquefère.

1 374 Lérins (Îles de)

54/D3

(06) ℹ Tél. (bateaux) : 04 93 39 11 82
Face à Cannes, les îles Saint-Honorat et Sainte-Marguerite sont des oasis de verdure émergeant de la mer. Les odeurs des pins, des eucalpyptus et d'autres essences méditerranéennes accompagnent les promenades. Le fort royal de Sainte-Marguerite, la plus grande, accueillit le mythique Masque de Fer. Le musée de la Mer y expose les dernières découvertes archéologiques sous-marines. Saint-Honorat, elle, porte le nom du fondateur du monastère fortifié que l'on y voit encore.

✇ depuis Cannes et, en saison, Saint-Tropez, Saint-Raphaël et Nice.

1 375 Lodève

52/A2

(34) ℹ Tél. : 04 67 88 86 44. Tél. prieuré : 04 67 44 09 31
Dans un décor de collines et de grands espaces, la petite ville de Lodève, à l'architecture typique, se distingue par sa cathédrale Saint-Fulcran (XIVe s.), construite sur une crypte beaucoup plus ancienne. Le pont gothique de Montifort et le musée Fleury constituent d'autres attraits.

👁 à 8 km (E) le **prieuré Saint-Michel-de-Grandmont.** Avec son cloître roman, il est l'un des rares exemples de prieurés grandmontins encore existants. Des dolmens se dressent dans son parc.

1 376 Luberon (Montagne du)

53/H2

(84) ℹ Tél. route historique des Vaudois en Luberon : 04 90 72 91 76
Chantée par Henri Bosco et Jean Giono, cette montagne s'étend entre Cavaillon et Manosque, entre Alpes et Méditerranée. Le parc naturel régional du Luberon en préserve la faune et la flore. La combe de Lourmarin, profonde entaille, divise le massif en deux. À l'ouest, le Petit Luberon, aux versants déchiquetés, abrite une forêt de cèdres et de jolis villages perchés : Bonnieux, Saignon, Lacoste, Ménerbes. À l'est, le Grand Luberon, qui culmine au Mourre Nègre (1 125 m), est plus imposant : ☀ sur Apt et la Durance. Aux forêts de chênes du versant nord répond la végétation plus méditerranéenne du sud, où l'on admirera de beaux châteaux. Le massif est parcouru par de nombreux sentiers, dont 4 GR.

LE LUBERON

Après CAVAILLON et Robion, on pénètre dans le Luberon où se nichent de nombreux villages perchés : Oppède-le-Vieux, Ménerbes, qui inspira Nicolas de Staël, Lacoste (où se dresse notamment le château du marquis de Sade), puis Bonnieux, où le panorama est remarquable depuis la terrasse de la vieille église. On rejoint alors le fort et les falaises de Buoux, et le prieuré de Saint-Symphorien.

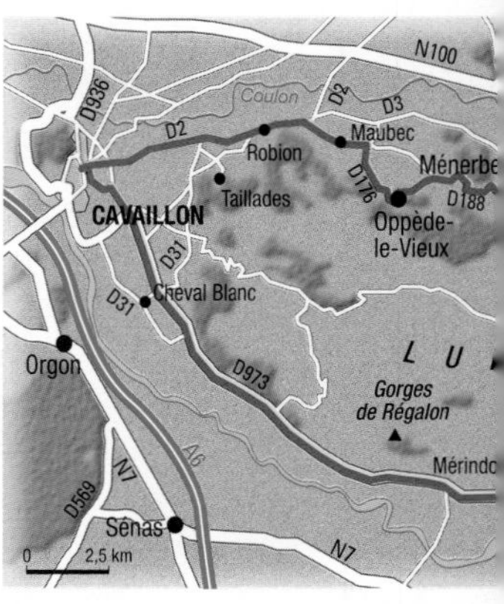

Enfin, on s'engage dans une combe jusqu'à Lourmarin, où repose Albert Camus, avant de traverser Cadenet. La route du retour, par Mérindol, est tout aussi belle.

LE PARC NATUREL RÉGIONAL DU LUBERON

S'étendant sur 50 communes du Vaucluse et des Alpes-de-Haute-Provence, ce parc de 120 000 ha englobe le massif et ses bassins périphériques. Bordé au sud par la Durance, il est à mi-chemin de la Méditerranée et des Alpes. Créé en 1977, il a pour but de préserver les équilibres naturels de la région, tout en améliorant les conditions de vie, en particulier des agriculteurs, qui bénéficient de l'irrigation, de la mécanisation et d'une restructuration foncière. La faune (sept espèces de couleuvres, hibou grand duc, aigle de Bonelli, circaète jean-le-blanc) et la flore très variées (garrigues, landes à genêts, chênes verts, chênes-lièges, cèdres de l'Atlas) permettent de découvrir toute la richesse de l'écosystème méditerranéen. La maison du Parc se trouve à Apt (tél. : 04 90 04 42 00).

1

Les châteaux de Lastours

1 Une partie des vestiges

2

Apt
N100
D3
D943
D113
D106
D109
Lacoste
Bonnieux
Buoux
D232
D36
Prieuré de St-Symphorien
D3
E R O N
D943
D56
Lourmarin
D173
D27
Lauris
D943
Durance
D973
Cadenet

3

Les îles de Lérins

2 Accès au Musée lapidaire, dans l'ancien monastère de l'île Saint-Honorat

3 Saint-Honorat, la plus petite des deux îles

4 Le fort royal de l'île Sainte-Marguerite

4

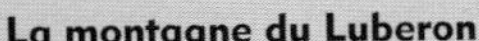

5

La montagne du Luberon

5 Champs de lavande à Banon

6 Le village de Saignon

6

LA PROVENCE DES ARTISTES
Une belle source d'inspiration

La Provence est une terre d'inspiration pour les artistes, et chacun d'eux, peintres ou écrivains, en développe une vision singulière. Tel créateur, à l'instar de Cézanne, retient la puissance architecturale et l'âpreté minérale des lieux. Tel autre saisit avec passion le chatoiement des couleurs (Van Gogh). Tel écrivain donne de la région l'image d'un monde riant (Daudet) où verve et sourire finissent par triompher des larmes (Pagnol), tandis que tel autre s'attache à transcrire la rudesse d'une Provence alpestre, ou la noble désinvolture des êtres qui la hantent (Giono).

Paul Cézanne :
L'Estaque, vue du golfe de Marseille

Paul Gauguin :
les Alyscamps (1888)

La Provence à la folie : Van Gogh

Comme beaucoup de peintres en cette seconde moitié du XIXe s., Van Gogh quitte son atelier et travaille en extérieur pour mieux fixer la lumière naturelle sur ses toiles. Il s'installe à Arles en février 1888. Bientôt rejoint par son ami Gauguin, il peint de nombreux paysages et des portraits. À Arles, la nécropole antique des Alyscamps, qui leur servit de modèle à tous deux, se visite. La passion de Van Gogh pour la Provence tourne cependant à la folie. À Saint-Rémy-de-Provence, on peut voir le monastère de Saint-Paul-de-Mausole où, interné volontaire, il continua de travailler de 1889 à 1890 (Tél. : 04 90 92 77 00).

La peinture à l'épreuve d'un paysage : Cézanne

Né à Aix-en-Provence en 1839, Paul Cézanne quitte Paris au milieu des années 1880 et revient s'établir en Provence. Précurseur de l'art moderne, il abandonne bientôt la perspective classique au profit d'une perception des plans à travers le jeu des couleurs et simplifie les objets en formes, volumes et lignes élémentaires. Pendant plusieurs années, il peint une soixantaine de vues de la montagne Sainte-Victoire, variations sur un motif unique saisi comme une architecture quasi monumentale.
À Aix-en-Provence, vous pourrez visiter l'atelier où le peintre travailla de 1897 à sa mort, en 1906 (Tél. : 04 42 21 06 53).

Aix-en-Provence :
atelier de Paul Cézanne

Fontvieille :
Moulin de Daudet

LE FAUX MOULIN D'UN VRAI CONTEUR

Avec un grand sens de la fantaisie, Alphonse Daudet (1840-1897) a nourri son œuvre littéraire des paysages de sa Provence natale et des personnages pittoresques qui la parcourent. Il a ainsi immortalisé les figures de l'Arlésienne ou de Tartarin de Tarascon, chasseur plus habile à manier le verbe que le fusil. Le Moulin de Daudet, à Fontvieille (Tél. : 04 90 54 60 78), ne lui a jamais appartenu, mais ce but de promenade l'a sans doute inspiré pour écrire les contes qu'il a intitulés *les Lettres de mon moulin* (1869).

Château de Vauvenargues : lieu de séjour de Picasso

Picasso et la Méditerranée

En septembre 1947, Pablo Picasso travaille au château Grimaldi, à Antibes (aujourd'hui musée Picasso, Tél. : 04 92 90 54 20). Après les sombres années de la guerre d'Espagne et de la Seconde Guerre mondiale, il retrouve des formes d'inspiration plus païennes et plus sensuelles. Il peint notamment des scènes de tauromachie et rend hommage aux grands maîtres comme Velázquez. En 1948, Picasso se fixe à Vallauris et travaille la poterie : certaines de ses céramiques sont exposées au musée municipal. L'artiste ne quittera plus le Midi. Après Cannes (1955-1958), il séjourne au château de Vauvenargues et finit sa vie à Mougins (1961-1973). À Arles, le musée Réattu abrite des dessins du peintre (Tél. : 04 90 49 38 34).

Manosque : bureau où écrivait Jean Giono.

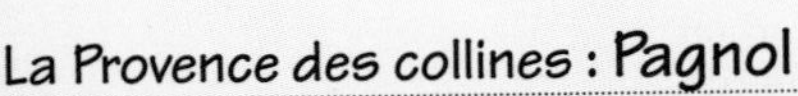

La Provence des collines : Pagnol

Écrivain et cinéaste fixé à Paris, Marcel Pagnol reste fidèle dans ses œuvres à sa Provence natale. Il campe des personnages aux caractères simplifiés mais pittoresques, ayant l'accent qui chante et le sens de la repartie. Nourri par les images de son enfance entre Aubagne (sa ville natale), Marseille et ses environs, il célèbre cette Provence des collines et nous la restitue avec lyrisme dans ses recueils de souvenirs d'enfance (*la Gloire de mon père, le Château de ma mère, le Temps des secrets*). À Aubagne, une exposition de santons vous permettra de retrouver certains des personnages de Pagnol (Tél. : 04 42 03 49 98).

Une Provence alpestre et mythique : Giono

Toute sa vie, Jean Giono reste fidèle à Manosque, sa ville natale, où l'on peut visiter sa maison. Il ne faut pas chercher dans ses œuvres le tableau réaliste d'un Midi pittoresque, mais se délecter d'une imagination puissante et fantasque qui recrée une géographie imaginaire, entre ombres et lumières. La Provence de Giono est âpre, inquiétante et multicolore. Elle emprunte certaines de ses couleurs à la Grèce ancienne (Homère) ou à l'Italie (Virgile, Dante, Stendhal). Elle sert de décor à des héros comme Angelo Pardi (*le Hussard sur le toit*), qui se comportent avec individualisme, panache et fatalisme.

Manosque : maison de Jean Giono

1 377 Lucéram

 46/E8

(06) ¿ Tél. : 04 93 79 46 50
Ce village, site perché dans la haute vallée du Paillon, offre ses ruelles escarpées, sa tour (XIIIe s.), vestige des anciens remparts, et la décoration de son église romano-gothique, avec notamment deux retables admirables de Canavésio et de Bréa.

1 378 Lunel

 52/D2

(34) ¿ Tél. : 04 67 71 01 37. Tél. Castries : 04 67 91 20 39
La tradition de la bouvine – la tauromachie camarguaise – a toujours été importante dans cette petite ville, carrefour entre Nîmes, Montpellier et la Camargue, toute proche. L'église possède un bel orgue du XIXe s.
👁 à 15 km (E) le **château de Castries**, dont les jardins furent dessinés par Le Nôtre, abrite le Centre régional des lettres qui organise stages d'écriture et concerts de musique ancienne.

1 379 Maguelonne (Cathédrale de)

 52/C3

(34) ¿ Tél. : 04 67 50 63 63
Perdue entre ciel et mer, au bout des sables et dans un silence paisible, cette belle et austère église romane (XIe s.) possède un remarquable portail sculpté. Elle recèle de nombreuses pierres tombales, dont certaines sont romaines, et un sarcophage en marbre blanc. En été, un petit train, au départ de Palavas, y conduit.

1 380 Marseille

 53/H4

(13) ¿ Tél. : 04 91 13 89 00
Grecque et romaine, port colonial puis métropole moderne, Marseille est riche de 2 600 ans d'histoire. Cette porte de l'Orient, à la réputation de belle indépendante, surprend par ses contrastes et son exubérance. L'Estaque, le Panier, la Belle de Mai, l'étonnant vallon des Auffes ou les pittoresques Goudes ont gardé leur âme d'anciens villages.
Le bord de mer s'ouvre sur les immenses entrepôts du port de la Joliette que domine la Nouvelle-Major, cathédrale romano-byzantine, avant de faire place aux belles maisons blanches de la corniche Kennedy. Depuis le rocher de la Bonne-Mère, sur lequel se dresse la basilique Notre-Dame-de-la-Garde, ⁂ sur le site magnifique de la ville et les îles. À ses pieds, le Vieux-Port, et ses poissonnières, flanqué des forts Saint-Jean et Saint-Nicolas (XVIIe s.), et la célèbre Canebière représentent le cœur de la cité. Au milieu des reconstructions d'après-guerre, la façade baroque de l'hôtel de ville (XVIIe s.) fait face à celle de l'ancienne criée, devenue théâtre national. Juste au-dessus, l'église Saint-Victor (XIe s.) est le vestige d'une illustre abbaye (cryptes des IIIe et Ve s. et catacombes).
En bas de la Canebière, proche du grouillant cours Belsunce, et de l'exotique marché de la rue Longue-des-Capucins, la Bourse abrite le musée de la Marine et de l'Économie. Celui de la Mode se trouve non loin du remarquable musée d'Histoire de Marseille et du jardin des Vestiges, témoignages du port grec, puis romain. Il s'agit encore d'histoire au musée des Docks romains (fouilles) ou à celui du Vieux-Marseille (arts et traditions populaires). La Vieille Charité, ancien hôpital du XVIIe s., magnifiquement restauré, accueille le musée d'Archéologie (Égypte, Grèce, Rome, Proche-Orient) ainsi que celui des Arts africains, océaniens et amérindiens. Le musée Cantini expose des collections d'art moderne ; le musée des Beaux-Arts et le muséum d'Histoire naturelle sont installés chacun dans une des ailes du palais Longchamp ; le musée Grolet-Labadié (tapisseries, meubles, faïences, peintures). Près du parc Borély, celui d'Art contemporain (MAC) est signalé par un pouce monumental de César, alors que le château Pastré présente la céramique marseillaise (XVIIe-XVIIIe s.).
Enfin, les admirateurs de Le Corbusier iront voir la Cité radieuse, appelée ici « maison du Fada » (1952), conçue par l'architecte.
👁 les **îles du Frioul –,** dont l'une porte le fameux **château d'If** (XVIe s.) – et les calanques : ⚓ au départ du Vieux-Port de Marseille.

LES INCENDIES EN MÉDITERRANÉE

La forêt méditerranéenne (plus de 2 000 000 ha) appartient, pour l'essentiel, à des particuliers qui ne l'exploitent pas, car elle n'a aucun intérêt économique. La sécheresse estivale favorise les incendies des sous-bois, où s'accumulent les aiguilles de pins et les herbes jaunies. C'est, généralement, à l'homme qu'incombe la responsabilité des départs de feu, soit volontaires, soit accidentels. En moyenne, chaque année dans le Midi, 20 000 ha partent en fumée. Pour combattre ce fléau, les pouvoirs publics se sont dotés d'une trentaine de Canadairs et d'autres engins de lutte, mobilisent en permanence des pompiers, érigent des tours de surveillance, obligent les propriétaires à débroussailler, et, enfin, aident à la création des coupures agricoles ou des chemins pare-feu.

MASSALIA, MASSILIA, MARSEILLE

En 1967, les premiers coups de pioche du chantier de la Bourse tombent sur les vestiges de Massalia la grecque et de Massilia la romaine, que l'on croyait perdus. Aujourd'hui, au pied d'une architecture résolument contemporaine, on découvre les remparts et les quais de la grande cité portuaire fondée par le Grec Protis et ses compagnons en 600 avant J.-C. Dans le superbe musée d'Histoire de Marseille, l'épave presque intacte d'un navire de commerce romain symbolise le destin maritime de Marseille. Les fouilles révèlent que la ville antique couvrait plus de 50 ha sur la rive nord du Lacydon (le Vieux-Port) et comptait 30 000 à 50 000 habitants, ce qui était considérable à l'époque.

1

2

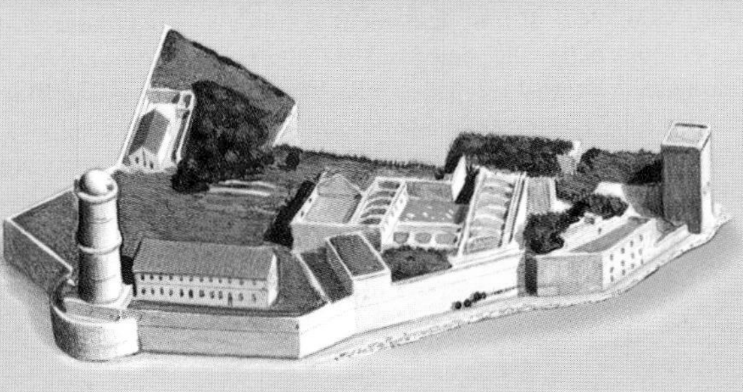

3

4

Marseille

1 Les ports, depuis la basilique Notre-Dame-de-la-Garde
2 L'hôtel de ville
3 Le fort Saint-Jean
4 Le château d'If

5 La Nouvelle-Major
6 Le jardin des Vestiges
7 L'église Saint-Laurent
8 La fontaine du palais de Longchamp

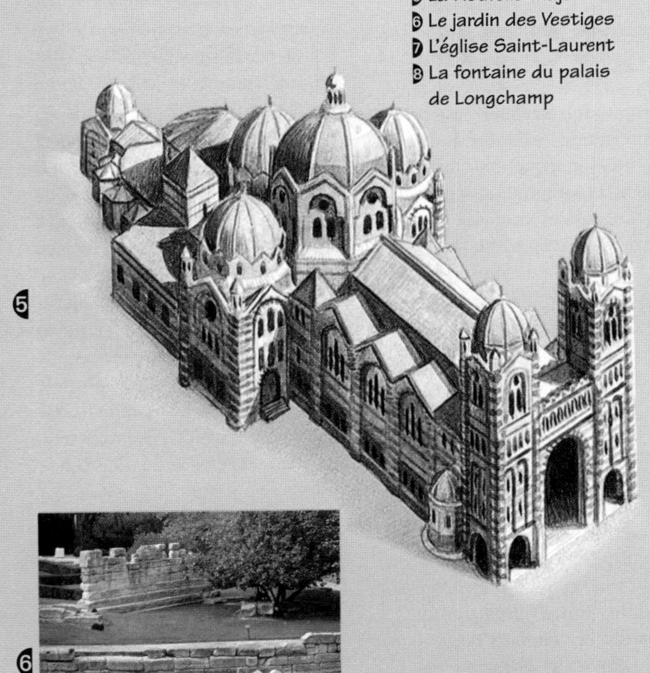

5

7

8

6

1 381 Maures (Massif des)  54/C4

(83) D'Hyères à Fréjus, ce massif de schistes cristallins, recouvert de chênes, descend rapidement vers la Méditerranée. On le découvrira en suivant la route des Crêtes au départ de La Garde-Freinet. Depuis Notre-Dame-des-Anges – son point culminant (780 m) –, comme aux cols de Babaou et de Cago-Ven, ⁘ sur les Alpes et la mer. Un arboretum est aménagé à proximité du col de Gratteloup. La corniche des Maures, entre le Lavandou et Cavalaire, permet de découvrir une côte très découpée.

1 382 Menton    54/F2

(06) *i* Tél. : 04 92 41 76 76. Tél. Roquebrune : 04 93 35 62 87
La capitale du citron, célébré au moment du carnaval, jouit, dans un cadre montagneux, du climat le plus agréable de la Côte d'Azur. Montant du vieux port, un escalier monumental conduit à l'église Saint-Michel, magnifique édifice baroque qui domine toute la ville. Le vieux Menton, au pittoresque lacis de ruelles parfumées et de petites places ombragées, a su préserver son authenticité. Le musée Jean-Cocteau est installé dans un bastion du vieux port. Il faut également admirer les splendides jardins aménagés autour de la ville : ceux du Val Rahmeh, des Colombières, etc.
👁 à moins de 5 km (S-O) le vieux village de **Roquebrune-Cap-Martin,** qui surplombe la Méditerranée. Un donjon (Xe s.) domine les calades, les passages couverts et un olivier millénaire. Au cap Martin, Le Corbusier a laissé son nom à une promenade et à son célèbre « cabanon ».

1 383 Mercantour (Parc national du)  46/C7

(04, 06) 👁 encadré ci-contre

1 384 Merveilles (Vallée des)  46/E7

(06) *i* Tél. gravures : 04 93 04 77 73
Ouverte dans le Mercantour, cette vallée minérale est un site archéologique unique en Europe. Autour du mont Bégo (2 872 m) alternent de petits lacs glaciaires et des grandes dalles de schiste rouge et vert portant 100 000 gravures rupestres datant de l'âge du bronze (1800 à 1500 avant J.-C.). La réglementation en vigueur est celle applicable au parc national du Mercantour. Les visites guidées sont conseillées, certains sites n'étant pas accessibles librement.

1 385 Minerve    51/J4

(34) *i* Tél. : 04 68 91 81 43
Dominant un paysage aride, un étroit promontoire calcaire est coincé entre deux gorges, et relié au plateau par un isthme. À l'ouest, la Cesse a creusé deux étonnants ponts naturels. Ce site, sur lequel une forteresse médiévale se dressait, garde la mémoire de la foi cathare ; 180 « parfaits » y furent brûlés par Simon de Montfort. Une stèle et le musée Hurepel rappellent cet événement. Le vieux village de Minerve, qui a conservé ses remparts, abrite aussi une église romane (XIe-XIIe s.), un musée archéologique et le puits Saint-Rustique.

1 386 Monaco (Principauté de)   54/E2

i Tél. : 00 377 92 16 61 66
État souverain sur lequel la famille Grimaldi règne depuis le Moyen Âge, la principauté doit son essor à son statut fiscal privilégié et au jeu. L'agglomération a gagné sur la mer et en hauteur. Sur le Rocher se dressent la vieille ville, aux ruelles étroites, et le palais (XVIe-XVIIe s.). Dans une de ses ailes sont installés le Musée napoléonien et les Archives. En à-pic sur la mer se trouvent le Musée océanographique (aquarium) et ses jardins au beau panorama. La cathédrale abrite des peintures de l'école niçoise, et le Jardin exotique, le musée d'Anthropologie préhistorique.
👁 en contrebas **Monte-Carlo,** qui accueille le casino et des palaces autour des jardins des Spélugues, ainsi que le port de plaisance.

LES MAURES

Depuis COLLOBRIÈRES et ses chênes-lièges, le vallon des Vaudrèches mène à Notre-Dame-des-Anges, prieuré perché dans un décor de rêve. Par le col des Fourches, on parvient, en longeant la forêt, au joli village de La Garde-Freinet. Au sud-ouest, une route conduit au panorama des Roches Blanches, d'où l'on peut admirer le golfe de Saint-Tropez. La descente sur Grimaud est ensuite très belle. Par le col de la Taillude, la route serpente alors dans le massif des Maures jusqu'au point de départ.

LE PARC NATIONAL DU MERCANTOUR

Né d'une réserve nationale de chasse, ce parc fut créé en 1979. Il couvre actuellement 68 500 ha dans sa zone centrale et 146 200 ha en périphérie. Très allongé, il relie les hautes cimes du col de l'Arche et du mont Pelat, au nord-ouest, aux contreforts du massif italien de l'Argentera, puis, en Provence, à la vallée des Merveilles. La maison du Parc (tél. : 04 92 81 21 31) se situe à Barcelonnette. Les routes des cols de la Cayolle et de la Bonnette, celles des gorges de Valabre, du Boréon et du vallon de la Madone de la Fenestre ainsi que du mont Authion le traversent, de même que le GR 56, au nord, le GR 5, au centre, et le GR 52, au sud. Sa très faible densité humaine, son altitude et son ensoleillement expliquent le caractère exceptionnel de sa flore et de sa faune (aigles, marmottes, mouflons, bouquetins...).

Menton

1 La vieille ville vue depuis la promenade du Soleil

La vallée des Merveilles

2 L'une des gravures rupestres

3 Le lac Long

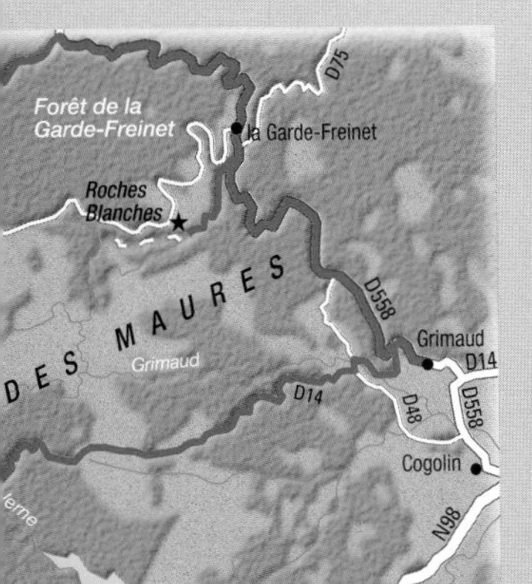

Minerve

4 Le village

La principauté de Monaco

5 La place du Palais

6 La façade de la cathédrale

1 387 Montmajour (Abbaye de)

52/F2

(13) Tél. : 04 90 54 64 17

Une muraille aux fenêtres béantes s'élance au sommet d'une colline de pins comme un insolite décor. Elle ne constitue qu'une partie des vestiges d'une abbaye fondée au Xe s. Inachevée, puis démantelée à la fin du XVIIIe s., elle abritait alors des moines qui se consacraient à l'assèchement des marais alentour. L'église Notre-Dame (du XIIe s. avec sa crypte et son cloître roman), un donjon fortifié et des restes de bâtiments du XVIIIe s. s'élèvent dans un cadre bucolique. À l'écart, la chapelle romane Sainte-Croix côtoie le cimetière aux anciennes tombes creusées dans le roc.

à moins de 10 km (N-E) le **moulin de Fontvieille,** qui est aussi appelé « moulin de Daudet », bien que l'écrivain, à qui un petit musée rend hommage, ait écrit ses contes à Paris.

1 388 Montmirail (Dentelles de)

45/G7

(84) Contreforts du Ventoux, les délicates crêtes calcaires de Montmirail ont été redressées par des plissements verticaux. L'érosion a sculpté des aiguilles, belles parois d'escalade. Boisé de pins et de chênes, le mont Saint-Amand (734 m) en est le point culminant. Les Dentelles offrent de très belles promenades fleuries et odorantes ; depuis le col du Cayron (396 m) ou la terrasse de la chapelle Notre-Dame-d'Aubune. Des vignobles se nichent sur les coteaux, comme ceux, prestigieux, de Gigondas ou de Beaumes-de-Venise.

1 389 Montpellier

52/C3

(34) Tél. : 04 67 60 60 60

Le cœur de Montpellier, cité universitaire animée, bat place de la Comédie. Celle-ci sépare la vieille ville, riche en belles maisons anciennes, souvent dans le goût italien, des quartiers récents, comme celui, néoclassique, d'Antigone, conçu par Ricardo Bofill. Ces derniers témoignent de l'essor rapide de la ville, moderne capitale économique, reliée à la mer par Port-Marianne. Promenade ombragée de platanes, l'Esplanade prolonge la place jusqu'au Corum, palais des Congrès et opéra régional.

Dans la ville ancienne, aux rues à la mode, subsistent de nombreux beaux hôtels restaurés des XVIIe et XVIIIe s. qui abritent le Musée languedocien (archéologie et traditions populaires) et celui du Vieux-Montpellier. Très ancienne et réputée, la faculté de médecine, installée dans une ancienne abbaye, accueille le musée Atger, qui présente des peintures françaises, flamandes et italiennes. L'abbatiale est devenue la cathédrale Saint-Pierre, romano-gothique, seule église de la ville à avoir échappé aux destructions des guerres de Religion. Installé dans l'hôtel de Massilian (XVe-XVIIIe s.), le musée Fabre est l'un des plus importants consacrés aux beaux-arts, régionaux notamment, avec une très importante collection d'œuvres des écoles française (Delacroix, Courbet et le peintre local Frédéric Bazile), italienne (Véronèse, Allori), espagnole (Zurbarán), hollandaise et flamande (Jan Steen, Rubens, Teniers le Jeune). Des contemporains s'y trouvent également : De Staël, Dufy, Richier, Soulages.

Face à l'arc de triomphe qui glorifie les victoires de Louis XIV, la promenade du Peyrou, aménagée au XVIIIe s., comprend deux terrasses supportant le château d'eau – où aboutit l'aqueduc Saint-Clément : sur les Garrigues, les Cévennes et la mer.

à moins de 5 km les châteaux de la Piscine, de l'Engarran ou d'Assas.

: festival Montpellier Dance (fin juin/début juillet), festival musical de Radio-France (mi-juillet/début août).

1 390 Mourèze (Cirque de)

52/B3

(34) Tél. parc des Courtinals : 04 67 96 08 42

Vaste amphithéâtre (350 ha), ce cirque est dominé par le Liausson. L'érosion a taillé dans le calcaire un relief ruiniforme très impressionnant. Les blocs adoptent d'étonnantes silhouettes, mises en valeur par le soleil levant ou couchant : demoiselles, grenouille, sphinx, tête de mort…

sur le site (E) le **parc des Courtinals,** ancien habitat gaulois.

DES FOLIES À AMBRUSSUM

À l'est de MONTPELLIER, le château de Flaugergues et celui de la Mogère sont représentatifs des folies, résidences d'été que les aristocrates bâtirent au XVIIIe s. De là, on file vers Marsillargues (château du XIIe s., remanié) et on rejoint Lunel pour remonter, au nord, vers l'oppidum d'Ambrussum. Ce site, occupé dès le néolithique, offre une belle vue sur les Cévennes.

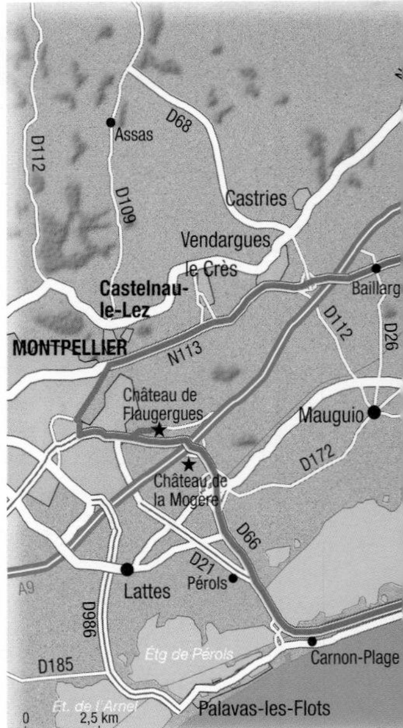

PETITS TERROIRS ET VINS RECHERCHÉS

Plusieurs terroirs cernant les fines **Dentelles de Montmirail** ont donné à cette région des Côtes-du-Rhône d'excellents crus. À Gigondas, les amateurs retrouveront un vin rubis légendaire, déjà apprécié par les Romains, dont les légionnaires plantèrent le magnifique terroir. Le village s'appelait alors Jocunditas, soit joie, allégresse… Au nord de Montmirail, Rasteau, Sablet et Séguret produisent des côtes-du-rhône-village qui font honneur à leurs vignerons, alors qu'au sud, le muscat de Beaumes-de-Venise donne un vin doux naturel absolument remarquable, tout comme le vin rouge de Vacqueyras. Toujours plus au sud, Châteauneuf-du-Pape est déjà entré dans la légende.

1

2

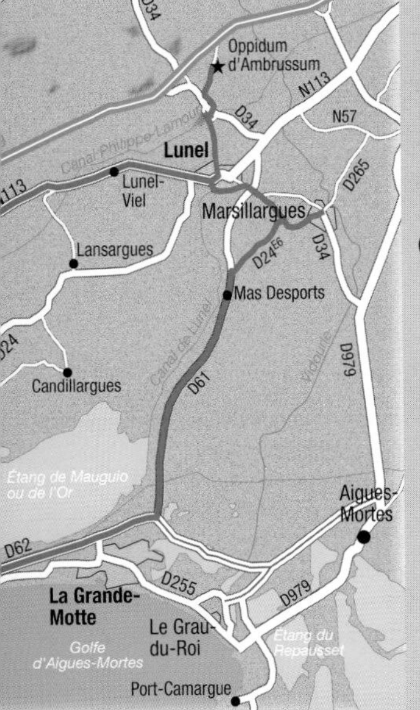

3

4

L'abbaye de Montmajour

1 Le cloître roman

2 Le donjon ou tour des abbés

3 Les tombes rupestres

Près de l'abbaye de Montmajour, Fontvieille

4 Le « moulin de Daudet »

5

6

Les Dentelles de Montmirail

5 Leurs falaises abruptes atteignent par endroit 100 m de hauteur

Montpellier

6 L'aqueduc Saint-Clément

7 L'un des bâtiments de Ricardo Bofill, dans le quartier Antigone

8 La cathédrale Saint-Pierre

8

7

1 391 Narbonne  51/J5

(11) ℹ Tél. : 04 68 65 15 60

La capitale de la Narbonnaise romaine, puis d'un royaume wisigoth, est aujourd'hui celle des vignobles des Corbières et du Minervois. Il ne reste rien de ce qui constitua le grand port maritime, ensablé depuis le XIVe s. Au centre d'une ville qui ne cesse de s'étendre, de sympathiques rues anciennes cernent la cathédrale Saint-Just, réduite à un immense chœur gothique (trésor et cloître du XIIIe s.). Le palais des Archevêques témoigne de différents apports architecturaux, du XIIe au XIXe s., époque où fut bâti l'hôtel de ville, par Viollet-le-Duc. Cet imposant palais abrite le Musée archéologique, réputé pour ses peintures romaines, et celui d'Art et d'Histoire, à l'ombre d'un donjon du XIIIe s. La basilique Saint-Paul, au célèbre bénitier « à la grenouille », abrite une nécropole paléochrétienne.

1 392 Navacelles (Cirque de)  52/B2

(30) Entre les causses de Blandas et du Larzac, ce profond cirque (300 m), est le site le plus étonnant des gorges de la Vis. ☀ depuis le belvédère nord ou la Baume-Auriol. La D 713 et des sentiers y conduisent.

1 393 Nesque (Gorges de la)  45/H8

(84) La Nesque entaille de 400 m la terrasse calcaire qui unit le Ventoux au plateau de Vaucluse. Au rocher du Cire, le cours d'eau disparaît dans un réseau souterrain, alimentant la Sorgue, qui resurgit à Fontaine-de-Vaucluse. Un sentier descend au Portail, passe très étroite des gorges.

SOPHIA-ANTIPOLIS

Un tiers de la surface (2 400 ha) de Sophia-Antipolis, à l'ouest de **Nice,** est occupé par les laboratoires, les bureaux de recherche et les résidences. Dans le paysage de pins et de chênes verts du plateau de Valbonne s'élaborent les techniques de pointe de demain. Fondée en 1969, la « cité de la sagesse, des sciences et des techniques » est entrée en fonction en 1974. Aujourd'hui, elle regroupe plus de 150 sociétés, dont une vingtaine étrangères. Électronique et informatique, médecine et biologie, maîtrise de l'énergie sont les secteurs les mieux représentés avec l'enseignement et la formation. Tout au long de l'année, rencontres, colloques et séminaires permettent aux chercheurs de la cité et de l'extérieur de présenter leurs activités.

1 394 Nice   54/E2

(06) ℹ Tél. : 08 92 70 74 07

Nice a conservé ses richesses architecturales, mises en valeur par un site exceptionnel. Sur les hauteurs de Cimiez se trouve le site archéologique gallo-romain. De la colline du château en ruine descend la vieille ville au charme italien baroque (place Garibaldi). Ses églises, la plupart bâties au XVIIe s., présentent des décors somptueux (église Saint-Jacques, imitée du Gesù de Rome). La place Massena en est le cœur.

La fameuse promenade des Anglais, qui longe la mer, est bordée par les plus anciens hôtels de la ville et offre un point de vue inoubliable sur la baie des Anges. Derrière, le cours Saleya étale son marché aux fleurs.

🎭 : carnaval de Nice (février).

La cathédrale Sainte-Réparate

Bâtie entre 1650 et 1680 à l'emplacement d'une vieille chapelle dédiée à la patronne de Nice, elle présente une belle façade polychrome baroque, ornée des statues des premiers évêques niçois. Le campanile fut ajouté entre 1730 et 1750.

La cathédrale Sainte-Réparate

La chapelle de la Miséricorde ou des Pénitents noirs

Joyau du baroque italien (XVIIIe s.), cette chapelle abrite une œuvre majeure de l'art médiéval, le polyptyque de la Vierge de Miséricorde, réalisé vers 1430 par Jean Miralhet.

Le musée Message biblique Marc-Chagall

Aménagé sur la colline de Cimiez, il réunit la plus importante collection d'œuvres de Chagall. De grandes toiles, des dessins, mais aussi des sculptures et une mosaïque présentent l'univers poétique et religieux du peintre.

1

2

Narbonne

1 Le cloître gothique de la cathédrale Saint-Just

2 L'hôtel de ville et son donjon

Le cirque de Navacelles

3 Depuis le belvédère nord

3

L'église Saint-Martin-Saint-Augustin

C'est l'une des plus anciennes paroisses de Nice, datant de la fin du XVIIe s. Elle abrite, outre des retables baroques monumentaux, une pietà de Louis Bréa (XVIe s.).

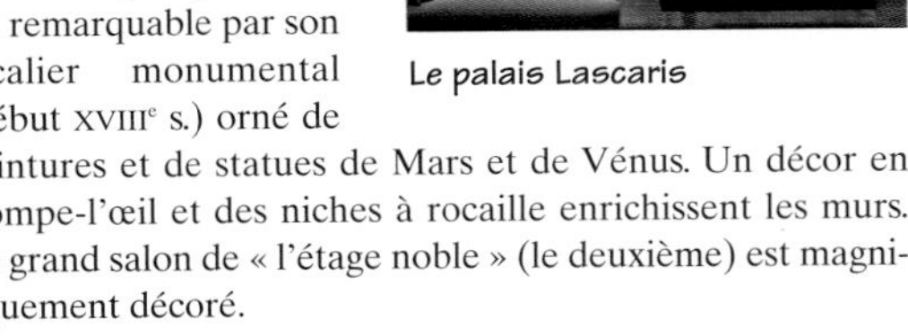

L'église Saint-Giaume-Sainte-Rita

C'est l'une des plus anciennes paroisses de Nice. Ses chapelles latérales sont d'un baroque exubérant, avec des retables monumentaux de stuc et de gypserie (superbe vierge baroque).

Le palais Lascaris

Bâti entre 1643 et 1650 dans le style génois, il est remarquable par son escalier monumental (début XVIIIe s.) orné de peintures et de statues de Mars et de Vénus. Un décor en trompe-l'œil et des niches à rocaille enrichissent les murs. Le grand salon de « l'étage noble » (le deuxième) est magnifiquement décoré.

Le palais Lascaris

Le musée Matisse

Aménagé dans la villa des Arènes, superbe demeure du XVIIe s., il est particulièrement riche en dessins et en sculptures (bronze) de l'artiste. Il conserve également des toiles, meubles et objets lui ayant appartenu.

La baie des Anges, depuis la colline du Château

À VOIR AUSSI

La cathédrale orthodoxe russe Saint-Nicolas (début XXe s.)

Le monastère de Cimiez (XVIe s.)

Le musée Masséna (peinture, bijoux)

Le musée d'Art naïf Anatole-Jakovsky

Le musée des Beaux-Arts

Le musée d'Art moderne et d'Art contemporain

1 395 Nîmes

52/E2

(30) ℹ Tél. : 04 66 58 38 00

Dans cette ville d'art et de tauromachie, aux traditions industrielles anciennes (textile), les héritages romains et huguenots sont très sensibles. Nîmes, c'est bien sûr les arènes et l'univers de la tauromachie. Mais à côté se déploient les boulevards bordés d'arbres, les ruelles de la vieille ville : on peut admirer les maisons et hôtels des rues du Chapitre, de la Madeleine, de l'Aspic (hôtel de Fontfroide, XVIIe s.), rue Dorée (hôtel Démians, XVIIIe s.) et de Bernis (hôtel de Bernis), et flâner sous les voûtes de la rue des Marchands, l'axe commerçant de la vieille ville.

😊 : feria de la Primavera (février), de la Pentecôte et des Vendanges (septembre).

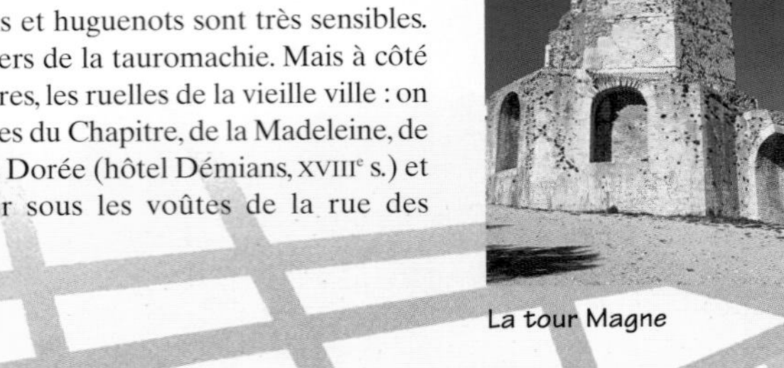

La tour Magne

La Maison carrée

La Maison carrée

Édifice principal d'un vaste forum destiné à célébrer le culte impérial, elle est le type même du temple romain classique de style corinthien (fin du Ier s. avant J.-C.). Sa grande salle, dont l'accès était réservé aux prêtres, abritait la statue des dieux ou des personnages divinisés. Très bien conservée, cette maison est remarquable par son équilibre et sa grâce.

Le Carré d'art

Inauguré en mai 1993, il abrite la bibliothèque, un musée d'Art contemporain et des expositions temporaires. Conçu par Norman Foster, ce bâtiment ultramoderne s'inscrit parfaitement au cœur du quartier gallo-romain.

Les arènes

La cathédrale Saint-Castor

Au centre du vieux Nîmes, elle présente une belle façade du XIe s., dont la frise supérieure sculptée, qui retrace la genèse, est un chef-d'œuvre de l'art roman provençal.

Le musée du Vieux Nîmes

Installé dans l'ancien palais épiscopal (XVIIe s.), il expose un grand nombre de souvenirs régionaux : mobilier, salle à manger et salle de billard reconstituées, etc.

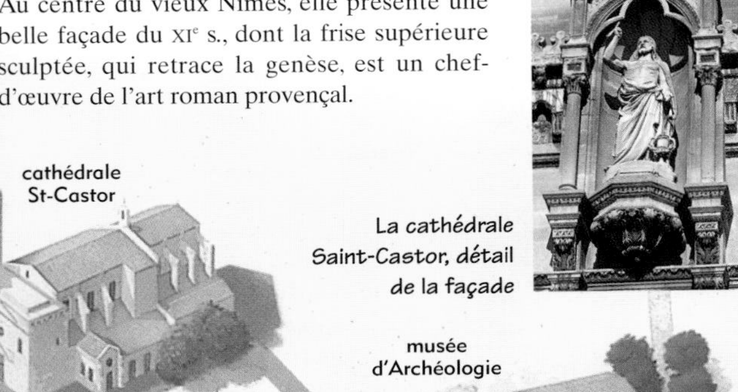

La cathédrale Saint-Castor, détail de la façade

Le temple de Diane

À VOIR AUSSI

LE MUSÉE DES BEAUX-ARTS

LA PORTE D'AUGUSTE

LA FONTAINE PRADIER

LA MAISON NATALE D'ALPHONSE DAUDET

Le jardin de la Fontaine

Aménagé du début du XVIIIe s. conformément au plan antique de la fontaine de Nemausus, au pied du mont Cavalier, ce jardin est organisé autour de la fontaine, une résurgence qui jaillit ici, et du temple de Diane (début IIe s.), seul monument antique subsistant. Il allie les styles classique et romantique en un bel ensemble paysager, que l'on peut admirer du haut de la tour Magne (15 avant J.-C.), vestige de l'enceinte romaine.

Les arènes

Les arènes sont le cœur de la feria, mais aussi des opéras et grands spectacles. Très bien conservé, cet amphithéâtre romain (fin Ier-début IIe s.) doit son aspect massif à la qualité du calcaire, dur, qui empêchait la sculpture de chapiteaux ioniques ou corinthiens ; 24 000 spectateurs pouvaient se tenir derrière les 60 arcades, ouvertes sur deux niveaux.

L'ancien collège des Jésuites et l'église Saint-Ignace

Les bâtiments, datant de la fin XVIIe-début XVIIIe s., abritent le musée d'Archéologie et le musée d'Histoire naturelle. L'église, du XVIIe s., récemment restaurée, présente une façade rectangulaire remarquable et une très belle chapelle, lieu d'expositions et de concerts.

1 396 Niolo (Le)

56/C4

(2B) encadré p. 648

1 397 Nore (Pic de)

51/H4

(11) Ce pic, couvert de bruyères au sommet et de hêtres sur ses pentes, est le point culminant de la Montagne Noire (1 210 m) ; sur les monts de Lacaune, l'Espinouse, les Corbières et même le Canigou. On y accède par la D 87 ainsi que par des sentiers.

1 398 Ollioules (Gorges d')

53/J5

(83) Au nord-ouest de Toulon, la Reppe coule entre des falaises abruptes, déchiquetées et arides surplombant ces gorges. Face aux anciennes carrières, un sentier permet de faire une belle promenade dans celles du Destel. Un bandit du XVIIIe s., Gaspard de Besse, a sévi dans le pays. Depuis le Gros Cerveau (429 m), sur la région.

1 399 Orange

44/F8

(84) Tél. : 04 90 34 70 88. Tél. Châteauneuf-du-Pape : 04 90 83 71 08
Ancienne colonie romaine, la ville possède un des arcs de triomphe les mieux conservés. Son décor sculpté illustre la victoire des légions romaines sur les Gaulois. La ville passa au XVIe s. sous la domination des Nassau, princes d'Orange. Adossé à la colline Sainte-Eutrope, le théâtre antique, classé au patrimoine mondial de l'humanité, avec son imposant mur, possède une acoustique rare qui fait la renommée des Chorégies. Les rues anciennes et colorées, les places ombragées et les marchés animent le vieux quartier. Le Musée municipal rassemble des collections archéologiques et historiques. La colline Sainte-Eutrope domine la ville : (table d'orientation).

: les Chorégies (festival d'opéra), de la mi-juillet à début août.

à 10 km (S) **Châteauneuf-du-Pape,** célèbre pour son vignoble planté sur un terroir de gros galets rouges ; de cette ancienne résidence papale, il subsiste les vestiges du château (XIVe s.). Elle accueille le musée des Outils vignerons.

1 400 Oro (Monte d')

56/C5

(2B) Sur la ligne de crêtes et de partage des eaux entre l'est et l'ouest, ce sommet de 2 390 m offre l'un des plus beaux panoramas de la Corse : par temps clair sur le monte Cinto, le monte Rotondo, le monte Renoso et la Méditerranée. Son accès, splendide, est réservé aux personnes entraînées aux courses en montagne.

1 401 Ospedale (Forêt de l')

56/C7

(2A) Dominé par la punta di a Vacca Morta (1 314 m) – sur la Corse du Sud –, cette forêt secrète de 4 500 ha, parcourue par la D 368, est plantée de beaux pins laricios et de chênes-lièges. Le hameau de l'Ospedale est cerné de curieux blocs de granite. En amont du barrage sur l'Osu, la cascade de Piscia di Gallo (pisse de coq), souvent à sec en été, se jette de 50 m dans des marmites de géants.

au nord-est le site torréen de **Castellu d'Arragio,** qui domine le golfe de Porto-Vecchio. Seules restent une enceinte et une porte monumentale. Un sentier à partir de la D 559 y conduit (1 h de marche).

1 402 Peillon

54/E2

(06) Tél. mairie : 04 93 79 91 04
Ce spectaculaire village fortifié dominant la vallée du Paillon du haut de son éperon rocheux a gardé son aspect médiéval. Outre ses calades fleuries, l'église baroque Saint-Sauveur (XVIIIe s.) et surtout la chapelle des Pénitents blancs en sont les fleurons. Ses fresques de Canavesio (XVe s.) évoquant la Passion du Christ sont remarquables.

LA MONTAGNE NOIRE

À l'extrême sud du Massif central, cette longue échine cristalline s'étend sur 100 km de Revel à Bédarieux. Elle s'avance vers les Pyrénées, au sud, et le Bassin aquitain, à l'ouest, et elle est séparée du Sidobre et de l'Espinouse par un sillon dans lequel se faufilent le Thoré et le Jaur. Le versant nord, exposé aux influences atlantiques, porte de belles forêts sombres (hêtres, chênes, épicéas), trouées de prairies. L'adret, au contraire, descend en pente douce ; il est exposé aux orages d'automne qui ravinent les versants, créant de profondes gorges comme celles de l'Orbiel ou de l'Argent-Double. Son point culminant, le **pic de Nore** (1 211 m), situé sur ce versant, émerge au milieu d'une végétation austère, et domine le Minervois à l'est et le Lauragais à l'ouest.

L'OLIVIER

Déjà présent dans le Nyonsais, avec une superbe huile d'olive AOC produite à base de la variété tanche, c'est un peu au nord d'**Orange** que commence le vrai domaine de l'olivier, arbre de paix emblématique de la Provence et du monde méditerranéen. Il ne reste presque rien des plantations qui ont gelé pendant l'hiver 1956. On recense dans les Alpilles, cœur de la Provence oléicole, près de 400 000 oliviers, dont 80 000 sur la seule commune de Mouriès, la première de France avec ses deux moulins. Six variétés y sont récoltées, donnant également quelques spécialités comme l'olive cassée de la vallée des Baux ou la tapenade.

1

2

Orange
1 L'arc de triomphe
2 Le théâtre antique
3 L'hôtel de ville et son campanile
4 Détail des sculptures de l'arc de triomphe
5 L'ancienne cathédrale Notre-Dame-de-Nazareth

3

4

5

6

Près d'Orange, Châteauneuf-du-Pape
6 Le château des Fines Roches

La forêt de l'Ospedale
7 Le massif, dominé par la montagne corse

Peillon
8 Le village, au milieu des oliviers

7

8

1 403 Pernes-les-Fontaines

45/G8

(84) Tél. : 04 90 61 31 04

Au cœur de la plaine, cette ancienne capitale du Comtat Venaissin n'a gardé que quelques vestiges de ses remparts (portes et donjon). Au gré de ses ruelles se découvrent une série d'hôtels particuliers (XVIIe s.), l'église Notre-Dame-de-Nazareth et 40 fontaines (XVe-XXe s.) alimentées par une même source. Dans la tour Ferrande, de splendides fresques (XIIIe s.) illustrent les combats de Charles d'Anjou en Sicile.

1 404 Perpignan

51/J7

(66) Tél. : 04 68 66 30 30

Le Castillet (XIVe s.), ancienne porte de la cité, replace l'ancienne capitale des rois de Majorque (1276-1344) dans son histoire. Il abrite la Casa Pairal, musée d'Arts et Traditions populaires, et offre une jolie vue sur le Roussillon et le Canigou. L'animation se concentre place de la Loge (statue de Maillol). La loge de Mer (ancien tribunal de commerce) est un édifice (XVIe s.) de style vénitien. La cathédrale Saint-Jean compense l'austérité de sa façade par son campanile en ferronnerie du XVIIIe s. Cette belle illustration du gothique méridional (retables baroques) est flanquée d'une chapelle romane qui abrite le célèbre Dévôt Christ, du XIVe s. La puissante citadelle (XVe-XVIe s.) intègre le palais des rois de Majorque. Le musée Rigaud présente de nombreux tableaux de ce portraitiste de Louis XIV et des peintures d'art moderne (Maillol, Dufy, Picasso).

1 405 Peyrepertuse (Château de)

51/H6

(11) Tél. mairie : 04 68 45 40 55. Tél. château : 06 71 58 63 36

Accrochée à 800 m d'altitude sur un éperon rocheux, c'est la plus impressionnante forteresse cathare des Corbières. Elle comprend deux châteaux, édifiés sur chacune des extrémités de l'éminence, le château Bas et le château San-Jordi à l'ouest. Depuis l'un des postes de guet, on découvre celui de Quéribus.

1 406 Pézenas

52/B3

(34) Tél. : 04 67 98 35 45

Le « Versailles du Languedoc », ancienne résidence des gouverneurs de la région, est un merveilleux exemple d'architecture classique méditerranéenne. Autour de la place Gambetta, les belles demeures édifiées sous l'influence du prince de Conti sont nombreuses : hôtel de Lacoste, ancienne maison des Consuls (XVIe-XVIIIe s.) ou musée Vulliot-Saint-Germain, qui évoque les séjours de Molière.

1 407 Piedicroce

56/D4

(2B) Tél. : 04 95 35 82 54

L'église de ce village corse typique possède une belle façade baroque du XVIIIe s., au clocher carré, et un intérieur décoré, notamment, de stucs et de trompe-l'œil. Tout autour s'étend la vaste région naturelle de la Castagniccia, où les petits hameaux s'accrochent au rocher parmi d'épaisses et superbes châtaigneraies.

1 408 Port-Camargue

52/D3

(30) Tél. : 04 66 51 71 68

L'anse dans laquelle s'abrite ce port de plaisance, construit en 1969 sur 150 ha couvrant plusieurs bassins, peut accueillir plus de 4 000 bateaux, entre Le Grau-du-Roi et la pointe de l'Espiguette. Les rues, très fleuries, de la ville conduisent aux immeubles bas et aux marinas, dotées d'appontements, bâties sur le littoral.

à 6 km (S) la **pointe de l'Espiguette,** plantée de tamaris et de cakiles. Depuis le phare, sur le littoral languedocien jusqu'à Sète. L'arrière-pays forme la petite Camargue, zone de marais, de sansouires (steppes salées), d'étangs et de salins.

LA CASTAGNICCIA

À partir de Ponte-Leccia, la route traverse des châtaigneraies jusqu'à Morosaglia, village natal de Pascal Paoli, avant de franchir le col de Prato et de dominer la vallée du Fium'Alto. Après PIEDICROCE et Piobetta, on peut faire un détour par le couvent d'Alesani avant de remonter vers Cervione. La splendide corniche de la Castagniccia mène alors vers San Nicolao, à l'église baroque. On atteint enfin la côte à Moriani-Plage.

PASCAL PAOLI (1725-1807)

Né en 1725 à Morosaglia – au nord-ouest de **Piedicroce** – Pascal Paoli reste une personnalité énigmatique. Encensé par les philosophes, dont Rousseau, ayant reçu à Naples une éducation soignée, ce patriote corse est surnommé « le père de la patrie ». Fondateur de L'Île-Rousse et de la nouvelle université de Corte, il sera un administrateur éclairé, modernisant l'île et décrétant la souveraineté de la « nation corse », mais un politique bien naïf. Cela le conduira notamment à proclamer… un royaume anglo-corse, en 1794. Se battant tour à tour contre les Génois, la monarchie française puis les révolutionnaires, Pacal Paoli vivra quarante-sept ans en exil et mourra à Londres en 1807.

1

2

Pernes-les-Fontaines
1 La porte fortifiée Notre-Dame

Perpignan
2 La cathédrale Saint-Jean
3 Le Castillet, ancienne porte de la ville

Le château de Peyrepertuse
4 Les vestiges de la forteresse cathare

3

4

5

Pézenas
5 L'impasse Simon-Ducros

Près de Port-Camargue, la pointe de l'Espiguette
6 Les dunes et le phare

6

1 409 Porto (Golfe de)

56/B4

(2A) Tél. : 04 95 26 10 55

Il offre un spectacle inoubliable par son ampleur, ses couleurs intenses et ses curiosités, unissant mer, montagne, faune et flore. D'un bleu intense, ceinturé de falaises de granite rouge hautes de 400 m, le golfe est saisissant lorsque le soleil décline. Au sud, on peut admirer les Calanche.

vers le golfe de Girolata (1 h).

1 410 Porto-Vecchio

56/C7

(2A) Tél. : 04 95 70 09 58

Le tourisme a considérablement développé ce qui n'était qu'un petit port près duquel on exploitait le sel et le chêne-liège. Le bastion de France et la porte Génoise sont les seuls vestiges des fortifications. Le littoral attire les estivants, avec ses baies, criques et plages superbes. L'arrière-pays est riche de sites archéologiques, tels les deux ouvrages défensifs de Torre et d'Arragio, qui datent de l'âge du bronze.

Long de 8 km, le **golfe de Porto-Vecchio,** en forme de fjord, est bordé de plages de sable fin (Santa Giula et Palombaggia) dominées par une forêt de pins et de chênes-lièges, d'où l'on distingue les îles Cerbicale (réserve naturelle). Depuis la punta di a Chiappa, sur l'entrée du golfe et l'arrière-pays montagneux.

1 411 Prafrance (Bambouseraie de)

44/D8

(30) Tél. : 04 66 61 70 47 encadré p. 628

1 412 Prats-de-Mollo-la-Preste

58/H8

(66) Tél. : 04 68 39 70 83

Sereine au fond de la vallée du haut Tech, avec ses restes de remparts qu'entourent de verdoyantes forêts, la capitale du haut Vallespir apparaît comme un bout du monde. Avec ses ruelles, ses places et ses escaliers, elle conserve un air médiéval. En hauteur, l'église, massive, dédiée aux saintes Juste et Rufine, patronnes de la ville, a été reconstruite au XVIIe s. dans un style gothique tardif, lui laissant son clocher roman.

: fête de l'Ours, qui évoque la mythologie pyrénéenne (février).

à 8 km (O), par la D 115^{A}, la station thermale de **La Preste,** qui est située sur une terrasse, au fond de la vallée. Dominée par le massif du Costabonne et bordée par les gorges du Tech et de la Llabone, elle jouit d'un site d'une grande beauté.

1 413 Propriano

56/B7

(2A) Tél. : 04 95 76 01 49

Ce site est fréquenté depuis la plus haute antiquité – les Romains s'y installèrent après les Grecs et les Carthaginois –, et la ville moderne, avec son port et ses plages, est toujours très active. Bâti au fond du splendide golfe de Valinco, Propriano est entièrement tourné vers les activités nautiques. Son port de plaisance est particulièrement apprécié.

à 3 km (S), la **rivière du Rizzanèse,** ombragée, qui est idéale pour les baignades. On peut la remonter jusqu'au pont génois de Spin'a Cavallu, dont l'arche unique date de la fin du XIIIe s.

au nord, par la D 19, les villages situés en corniche, qui dominent la vallée du Baracci et proposent des vues extraordinaires.

1 414 Puget-Théniers

46/D8

(06) Tél. : 04 93 05 05 05

Entre Provence et Préalpes, ce charmant village, bâti au pied des ruines d'un château des Grimaldi (détruit en 1691), a gardé son caractère médiéval. L'église gothique (XIIIe s.) abrite de superbes retables. Le bourg est le point de départ du pittoresque train des Pignes qui, tiré par une locomotive à vapeur, s'aventure de Puget à Annot (1 h) sur une ligne cahotante dans des paysages splendides.

LE GOLFE DE PORTO-VECCHIO

Au nord de PORTO-VECCHIO, la route longe le golfe jusqu'à la baie de Stagnolo, au fond de laquelle s'étend une plage ombragée, avant d'atteindre San Ciprianu, dont un fanal signale la pointe.

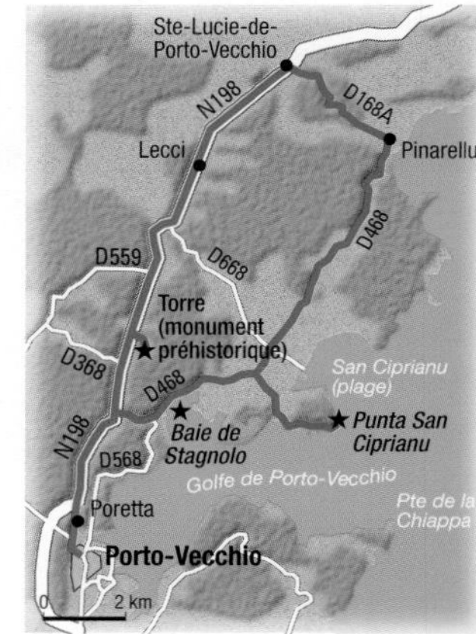

Sa plage de sable immaculée fait face à une tour génoise bâtie sur un îlot. On remonte vers Pinarellu, puis on quitte la côte pour Sainte-Lucie-de-Porto-Vecchio ; on redescend par Lecci vers Torre, célèbre pour son monument préhistorique, qui donna son nom aux constructions de la civilisation torréenne.

LES TOURS GÉNOISES

Île refuge, conquise comme une colonie, la Corse dut se protéger des envahisseurs, d'autant plus que ses côtes découpées étaient propices aux débarquements inattendus. C'est pourquoi on voit encore de très nombreuses tours génoises, de guet plus que de défense, ponctuer le littoral. Des hommes, installés au sommet, surveillaient la côte et, dès qu'ils apercevaient les voiles des pirates barbaresques, allumaient un feu, dont la fumée, visible de loin, alertait les villages du danger éventuel.

1

2

Le golfe de Porto

1 Le port de Porto
2 Les falaises de granite rouge du golfe
3 La tour génoise, à l'embouchure de la rivière de Porto

3

Porto-Vecchio

4 Le golfe et ses criques
5 Le port de plaisance

4

5

6

La bambouseraie de Prafrance

6 Elle présente une centaine de variétés de bambous.

Puget-Théniers

7 Le village, au bord de la Roudoule

7

1 415 Quéribus (Château de)

51/H6

(11) ℹ Tél. : 04 68 45 03 69

Peu de châteaux forts peuvent rivaliser en audace avec Quéribus, « dé posé sur un doigt ». Bâti sur un étroit piton rocheux avec lequel il semble faire corps, il est dominé par un donjon polygonal. Il fut le dernier îlot de la résistance cathare et garda longtemps son intérêt stratégique. Comme à Peyrepertuse, ⁂ sur les Corbières, le massif du Canigou et la plaine du Roussillon.

👁 en contrebas le **grau de Maury,** accessible par la D 123 à partir de Cucugnan. Ce col entaille de hautes crêtes calcaires dentelées : ⁂ sur les Corbières et les Fenouillèdes.

1 416 Ramatuelle

54/C4

(83) ℹ Tél. : 04 98 12 64 00

Cette petite cité, haut lieu touristique, possède tous les charmes des villages provençaux : ruelles tortueuses, parfois voûtées, maisons anciennes regroupées autour de l'église Notre-Dame. S'ouvrant par un portail en serpentine du XVIIe s., celle-ci possède une tour du XIIIe s., vestige de l'enceinte médiévale. À l'intérieur, on découvre deux retables du XVIIe s. et des statues de la Vierge et de saint Joseph, du XVIe s. Le cimetière abrite la tombe du comédien Gérard Philipe (1922-1959).

👁 à moins de 5 km (O) les ruines des trois **moulins de Paillas** (l'un a été restauré). À partir du col de Paillas, un sentier fléché conduit à une plateforme : ⁂ sur la côte, le golfe de Saint-Tropez et les Alpes.

👁 à moins de 10 km (N-O) le vieux village de **Gassin.** Perché à 200 m d'altitude, il constitue une véritable sentinelle sur les îles d'Hyères, les Maures et Saint-Tropez.

1 417 Rayol (Domaine du)

54/C5

(83) ℹ Tél. : 04 98 04 44 00

Ce parc de 5 ha, propriété aujourd'hui du conservatoire du Littoral, fut le témoin des fastes et des ruines de la bourgeoisie du XIXe s. Banquiers et industriels se firent en effet construire de belles propriétés surplombant la mer, mais celles-ci furent laissées à l'abandon après leur faillite financière. Étagé sur la sauvage corniche des Maures, le domaine présente autour de l'une de ces magnifiques résidences des jardins à la luxuriante végétation exotique. Des plantes de la Méditerranée, d'Afrique du Sud, de Chine, d'Australie et d'Amérique du Sud y poussent. Sur la plage, une visite guidée permet de découvrir le jardin marin et la vie aquatique des espèces qui y sont présentées.

1 418 Rebenty (Gorges du)

50/F6

(11) Au nord-est d'Ax-les-Thermes, la D 107 se glisse dans ces gorges du pays de Sault aux belles sapinières. On pénètre dans le défilé de Joucou, puis on passe les deux promontoires rocheux qui forment le cap d'Able.

1 419 Renoso (Monte)

56/C5

(2B) Depuis son sommet (à 2 350 m d'altitude), l'un des plus hauts de Corse, ⁂ sur tout le sud de l'île, jusqu'à la Sardaigne. On y parvient depuis les bergeries de Capannelle après une longue marche (9 h AR) qui permet de découvrir le lac de Bastiani.

1 420 Restonica (Gorges de la)

56/C4

(2B) Formées de grandes aiguilles de roches ocre, les gorges de ce site classé se rétrécissent peu à peu, quand le torrent impétueux roule entre les blocs de rochers. À partir de Corte, la D 623 remonte ces gorges, à l'accès réglementé en été. Le monte Rotondo (2 622 m) domine la bergerie de Grotelle, terme de la route carrossable. Un sentier au sud pénètre alors dans cette haute vallée glaciaire et conduit au lac de Nino, source de la Restonica, et au lac de Capitello, à 1 930 m d'altitude, souvent gelé.

LES CATHARES

Issue de diverses influences orientales, la foi cathare – épithète originaire du grec « pur » – se répandit comme une traînée de poudre en Languedoc, dans la seconde moitié du XIIe s. Prêchée notamment par l'évêque d'Albi, d'où le terme d'albigeois également employé pour les adeptes de cette doctrine austère et ascétique, elle fut violemment combattue par l'Église catholique, notamment dès 1208, lors de la première croisade, lorsqu'une imposante armée conduite par Simon de Montfort mit à feu et à sang les villes suspectes, telles Béziers et Carcassonne. Après le terrible siège de Montségur en 1244, où 215 « parfaits » furent brûlés, la chute de **Quéribus,** en 1255, marquera la fin du catharisme.

LE MAQUIS CORSE

Le maquis est une association végétale basse et dense de broussailles qui se développe sur des terrains siliceux. On ne sait pas exactement s'il s'agit d'un milieu naturel ou secondaire, après intervention de l'homme ; sans doute est-ce un peu des deux. Commun à tout le bassin méditerranéen, le maquis donne à la Corse son identité, son mystère et sa verdure. Il est composé de chênes verts et de pins mêlés aux arbousiers et aux bruyères, qui dominent les genêts, les cistes installés sur les basses pentes, les myrtes dont les baies donnent une liqueur réputée. Sorte de transition entre l'espace cultivé *(ager)* et la forêt *(saltus)*, il a servi de refuge aux « bandits d'honneur », et voit aujourd'hui paître les troupeaux d'ovins et de caprins.

1

2

Le château de Quéribus

1 Le donjon, qui renferme une grande salle voûtée.

2 On accède à l'entrée du château après une ascension de 30 mn.

3

Ramatuelle

3 L'une des ruelles aux maisons colorées

4

Le domaine du Rayol

4 La pinède surplombant la mer

5

Les gorges de la Restonica

5 Le relief chaotique des gorges

1 421 Richiusa (Clue de la)

 56/C5

(2A) Avec sa clue aux abruptes parois de 60 m débouchant sur une vasque d'eau verte, et le glacier de Busso, névé permanent situé à 1 600 m, le bourg de Bocognano possède deux sites originaux.

👁 à 3,5 km (S-O) la **cascade du Voile de la mariée,** qui s'écoule en une série de chutes sur 150 m.

1 422 Roccapina (Chaos de)

 56/B8

(2A) Sur un promontoire déchiqueté, un bloc de granite rose évoque la silhouette d'un lion couché. Ce rocher, résultat de l'érosion éolienne, domine une plage de sable blanc. Plus bas, une ménagerie pétrifiée se détache entre ciel et mer. Cette zone humide et protégée abrite de nombreux oiseaux aquatiques.

1 423 Roque-sur-Cèze (La)

  44/E7

(30) ℹ Tél. mairie : 04 66 82 77 46

Ce village perché sur sa colline, dominé par une chapelle romane, a été joliment restauré. Il surplombe le cours de la Cèze, très ombragé. On y accède en franchissant le pont Charles-Martel, aux magnifiques arches.

👁 au sud la **cascade du Sautadet,** par un chemin qui part de la D 166 et suit la rive gauche de la rivière. Le cours d'eau a creusé son lit dans un banc de calcaire, créant des marmites et des fissures dans lesquelles il s'engouffre. On raconte que la fille d'Hannibal s'y serait noyée. La baignade y est interdite.

1 424 Rotondo (Monte)

 56/C4

(2B) Depuis le sommet du monte Rotondo (2 620 m), ⁘ sur la Corse. On y accède soit par la vallée de la Restonica (8 h AR), soit par le refuge de Pietra Piana, où on peut bivouaquer. Les deux parcours, sans grande difficulté, passent chacun par un lac, celui d'Oriente (2 061 m) ou celui de Belledone (2 321 m).

1 425 Roussillon

  53/H1

(84) ℹ Tél. : 04 90 05 60 25

Le village, typique de la région, a coloré ses maisons des mêmes tons que les falaises d'ocre aux teintes allant du rouge au jaune (table d'orientation au Castrum). Ces merveilles de la nature tranchent avec le vert des pins et des chênes. Les aiguilles du val des Fées, entailles verticales dans la falaise résultant de l'érosion torrentielle, et la chaussée des Géants, corniche déchiquetée, offrent d'insolites visions.

1 426 Saint-Florent

   56/C2

(2B) ℹ Tél. : 04 95 37 06 04

Au creux d'un merveilleux golfe, la capitale du Nebbio a conservé des traces de la rivalité entre Français, Corses et Génois : sa première citadelle remonte à 1440, mais l'édifice actuel est le résultat de plusieurs remaniements. La vieille ville offre de charmantes places ainsi que des ruelles étroites et fleuries ; les maisons anciennes, bâties au bord de l'eau, ont beaucoup de cachet. L'église Santa-Maria-Assunta (XIIe s.) – qui fut la cathédrale de l'évêché du Nebbio et l'église jumelle de celle de La Canonica – est caractéristique du roman pisan en Corse et abrite une riche décoration et des sculptures d'animaux. Depuis 1971, un port de plaisance favorise le tourisme. L'arrière-pays recèle l'un des crus corses les plus renommés, le patrimonio.

👁 à 13 km (E) le **col de Teghime** (536 m), que l'on passe en empruntant la D 81 reliant Saint-Florent à Bastia. Celui-ci forme une brèche dans le massif montagneux s'ouvrant sur le Nebbio à l'ouest et sur la région bastiaise à l'est. Il constitua une position stratégique, notamment pour la libération de l'île en 1943. Un monument, élevé à la gloire des goumiers marocains, en rappelle le souvenir.

LE BAS VIVARAIS

À partir de LA ROQUE-SUR-CÈZE, le circuit monte vers Saint-Laurent-de-Carnols puis conduit, par une magnifique forêt domaniale, aux toitures vernissées de la chartreuse de Valbonne, nichée dans son vallon de fraîcheur. De retour au village, on se dirige vers Goudargues, « petite Venise gardoise », où l'on retrouve le Cèze avant de filer par Saint-André d'Olérargues vers Sabran, qui offre un joli panorama. La route du retour, par Carme et Donnat, longe la cascade du Sautadet.

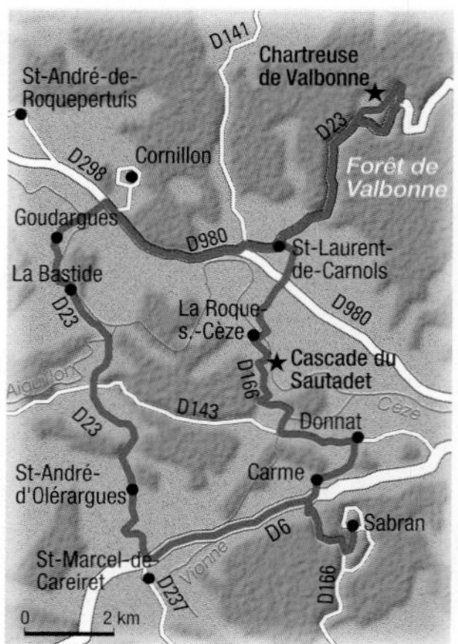

L'OCRE, PALETTE DE COULEURS

Allant du rouge (sanguine) au jaune en passant par le brun de la terre de Sienne, l'ocre a une large gamme de couleurs – visible à **Roussillon.** La coloration de cette argile dépend de sa teneur en oxyde de fer et de manganèse, qui varie, selon les cas, de 20 à 70 %. L'ocre jaune devient rouge lorsqu'on le brûle, ce qui permet d'obtenir une variété de teintes encore plus grande, du blanc au violet. Roche largement répandue, elle a été très tôt utilisée : les artistes de la préhistoire s'en servaient, après calcination, pour décorer les grottes, celles d'Arcy-sur-Cure et de Lascaux notamment ; dans l'Antiquité, chez les Égyptiens, les Sumériens, les Égéens et les Étrusques, puis au Moyen Âge et à la Renaissance, on l'employait pour réaliser les peintures murales. Aujourd'hui, l'ocre sert dans la cosmétique, la papeterie et l'agroalimentaire.

Le chaos de Roccapina
1 À droite, le rocher du Lion

Roussillon
2 Le paysage géologique
3 Le village et son campanile

Saint-Florent
4 La vieille ville et sa citadelle

La Riviera
Les fastes de la Belle Époque

« L'espèce de fascination qu'exerce [...] la Méditerranée, sur tous les habitants de l'intérieur du continent et des contrées du Nord, [...] l'action bienfaisante exercée par le climat sur les malades, enfin la toute-puissance de la mode attireront [...] vers la Côte une nombreuse population humaine et transformeront ses villes en vastes caravansérails. » Le géographe Élisée Reclus écrit ces lignes prémonitoires en 1864. Nice et Menton sont rattachés à la France depuis peu. Il y a déjà un siècle que les Anglais fortunés goûtent les charmes de ce qui ne s'appelle pas encore la Côte d'Azur, mais l'invasion pacifique ne fait que commencer. Grâce au chemin de fer, jusqu'à la fin de la Belle Époque, les cours d'Europe et de Russie vont s'y donner rendez-vous.

Nice :
la Promenade des Anglais

Menton :
le port et la vieille ville

Les résidences royales : Nice

Le succès de Nice comme villégiature d'hiver prit une dimension internationale sous le second Empire quand, à partir de 1864, le chemin de fer y amena le gotha de l'aristocratie. La ville vit fleurir palaces et villas somptueuses. C'est le long de la Promenade des Anglais et dans les hauteurs de Cimiez que brillent ces témoins de la Belle Époque : l'Excelsior Regina-Palace (1897), où la reine Victoria avait ses habitudes, les villas Il Paradiso (1900, devenue conservatoire) et Masséna (1901, aujourd'hui musée des Beaux-Arts), l'hôtel Majestic (1908), le Grand Palais (1912), l'hôtel Negresco (1912, classé monument historique), où descendait le tzar Nicolas II...

La « perle de la côte » : Menton

Entre la principauté de Monaco et l'Italie, Menton offre un séduisant trio d'architectures médiévale, baroque et Belle Époque. La qualité de la lumière et la douceur du climat de la « ville des citrons » ont attiré une clientèle princière et sa cour, Anglais en tête (la reine Victoria et le prince de Galles y séjournèrent à plusieurs reprises). Hôtels, palais et villas évoquent le luxe de Menton à la Belle Époque. À l'image de Nice, de Cannes et de sa prestigieuse voisine Monte-Carlo, comme Beaulieu-sur-Mer et Juan-les-Pins, Menton avait son casino : le palais de l'Europe (1910). La ville possède aujourd'hui encore un casino municipal (1934) édifié non loin du palais de l'Europe, qui, devenu théâtre, ouvre parfois ses galeries à des expositions.

Nice :
l'hôtel Negresco

La villa Éphrussi-de-Rothschild

Au début du siècle, la baronne Béatrice Éphrussi-de-Rothschild acheta l'un des plus beaux sites de la Riviera : la partie étroite de l'isthme du cap Ferrat. Elle y fit édifier, entre 1905 et 1912, une villa à laquelle elle donna le nom d'un paquebot sur lequel elle avait fait une croisière : l'Île-de-France. À la mort de Béatrice, en 1934, l'académie des Beaux Arts hérita du domaine et l'ouvrit au public. Le musée Éphrussi possède un magnifique patio pavé de mosaïques, entouré de galeries à colonnes de marbre, autour duquel rayonnent de somptueux salons décorés d'œuvres d'art. Au pied de la villa, sept jardins achèvent de faire de cet endroit un coin de paradis.

La villa Île-de-France

Les grandes heures de l'opéra de Monte-Carlo

C'est Charles Garnier qui, après l'opéra de Paris, construisit (en cinq mois !) le théâtre du casino de Monte-Carlo. Inaugurée en janvier 1879, la salle Garnier programma des saisons lyriques légendaires. Sous la direction de Raoul Gunsbourg, un impresario de génie, l'opéra de Monte-Carlo connut son âge d'or à la Belle Époque et dans les Années Folles. Parcourir les distributions de l'époque, c'est réciter le panthéon du chant : Caruso, Melba, Ruffo, Journet, Gigli, Martinelli, Lauri-Volpi... Le monstre sacré qui reste le plus attaché à cette scène mythique fut Chaliapine : il s'y produisit trente ans durant et y créa notamment le *Don Quichotte* de Massenet.

Nice : le musée des Beaux-Arts

Le jardin exotique de Monaco

Aménagés sur un escarpement vertigineux de 130 m dominant la mer, les jardins suspendus de Monaco sont le couronnement des travaux exécutés par Louis Notan entre 1913 et 1933, à l'initiative d'Albert Ier. Féru de botanique, ce prince érudit avait eu l'idée d'acclimater une flore exotique (originaire d'Amérique du Sud et d'Afrique) sur les pentes rocailleuses de ce site spectaculaire, qui offre une vue plongeante sur la Principauté et un horizon bleu où se dessinent les rivages de la Corse. Pari réussi : le jardin exotique a donné vie à une collection de plantes grasses unique en Europe avec 7 000 succulentes (gorgées de sève), euphorbes, figuiers de Barbarie, cactées rondes comme des oursins, droites comme des totems ou branchues comme des candélabres...

Monte-Carlo : atrium du casino

Monaco : le jardin exotique

Monte-Carlo : le casino

1 427 Saint-Gilles   52/E2

(30) ℹ Tél. : 04 66 87 33 75

Saint-Gilles, situé aux portes de la Camargue, est fameux pour la façade romane aux trois portails sculptés de son ancienne abbatiale (XIIe s.). L'influence antique y est flagrante. La crypte et l'étonnant escalier à vis de l'une des tours du transept, endommagés, sont remarquables. La ville accueille un Musée lapidaire et un port fluvial sur le canal du Rhône à Sète.

1 428 Saint-Guilhem-le-Désert   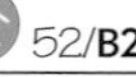 52/B2

(34) ℹ Tél. : 04 67 57 44 33

Au creux des gorges de l'Hérault, c'est dans le sauvage val de Gellone que Guilhem, prince d'Orange, ami et conseiller de Charlemagne, bâtit au début du IXe s. un monastère. On est séduit par l'admirable chevet de l'église romane, à la nef très austère (XIe s.). Il subsiste quelques vestiges du cloître, la majeure partie des sculptures étant exposée… à New York. Un musée (archives, etc.) est installé dans l'ancien réfectoire. Un sentier conduit aux ruines du château qui domine le village.

👁 les **gorges de l'Hérault** qui s'encaissent ici dans le calcaire du causse. Les eaux vertes bouillonnent dans des marmites de géants. À l'ouest, le Verdus a formé le cirque de l'Infernet. Au nord-est, la grotte du Sergent abrite une rivière souterraine qui tombe dans un gouffre.

1 429 Saint-Jean-Cap-Ferrat  54/E2

(06) ℹ Tél. : 04 93 76 08 90

La presqu'île, qui porte l'ancien village de pêcheurs Saint-Jean-Cap-Ferrat, constitue un lieu de villégiature recherché (zoo et jardin exotique). Les somptueuses villas y abondent, comme la villa-musée Ephrussi-de-Rothschild (mobiliers, tapis et tapisseries… essentiellement du XVIIIe s.), entourée de jardins dans un cadre incomparable (voir p. 689). Entre la somptueuse baie de Villefranche et celle de Beaulieu, le site est célèbre pour sa beauté et la luxuriance de sa végétation. De nombreuses promenades sont possibles, notamment vers la pointe Saint-Hospice. ⁂ depuis le sommet du phare ou celui du mont Cauferat (132 m).

1 430 Saint-Jean-du-Gard   44/C8

(30) ℹ Tél. : 04 66 85 32 11

Cette petite capitale cévenole s'est bâtie le long du Gardon. Dans une auberge du XVIIe s., le musée des Vallées cévenoles restitue les activités quotidiennes et les traditions du pays, celle du ver à soie, de la châtaigne et des vases d'Anduze. Le petit train à vapeur des Cévennes conduit à la bambouseraie de Prafrance et à Anduze.

1 431 Saint-Loup (Pic)  52/C2

(34) ℹ Tél. Saint-Martin-de-Londres : 04 67 55 09 59

Dominant les Garrigues, ce pic (658 m) au profil de navire dresse verticalement ses couches de calcaire. ⁂ sur les Cévennes, le Ventoux, le bas Languedoc, la mer et le Larzac. C'est un haut lieu d'escalade.

👁 à moins de 10 km (O) l'église du vieux village fortifié de **Saint-Martin-de-Londres,** qui fut construite par les moines de Saint-Guilhem (XIe s.). Malgré quelques transformations effectuées au XIXe s., elle reste une belle illustration de l'art roman.

1 432 Saint-Martin-du-Canigou (Abbaye de) 51/G8

(66) ℹ Tél. : 04 68 05 50 03

Nid d'aigle, ce site fut un refuge spirituel recherché en raison de son isolement. L'église, datant du XIe s., se compose de deux sanctuaires superposés, construits à 1 094 m d'altitude. Réduit à trois galeries avant sa restauration, le cloître a été reconstitué avec des éléments récupérés sur un étage supérieur, aujourd'hui disparu. On accède à l'abbaye à pied, à partir de Casteil (2 h AR).

LES CONTREFORTS DES CÉVENNES

Depuis SAINT-JEAN-DU-GARD, on longe le Gardon jusqu'à Peyrolles, puis on l'abandonne pour franchir le col du Mercou et, après Lassalle, celui du Rédarès. Saint-Hippolyte-du-Fort, à travers son écomusée de la Soie et quelques filatures proches, entretient la tradition de la sériciculture.

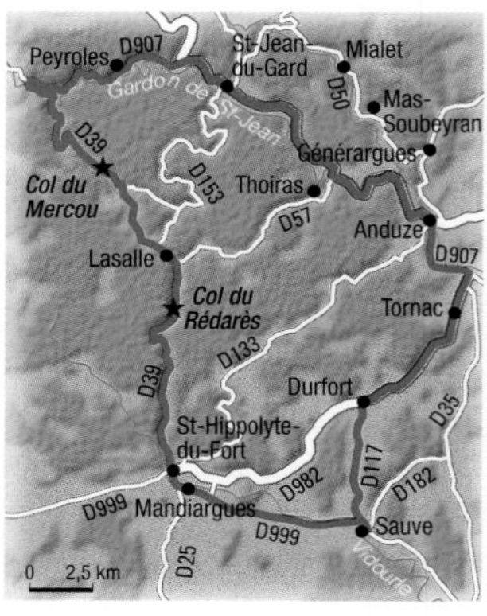

Au sud-est, Sauve perpétue celle, originale, des fourches en bois de micocoulier. Le retour vers Saint-Jean-du-Gard se fait par Durfort, puis Anduze, sa bambouseraie et ses célèbres vases.

L'HISTOIRE DE SAINT GUILHEM

« Dans la solitude de ce désert, entre ces rochers immenses et ces montagnes monstrueuses, on dirait le petit champ d'un laboureur. » Épris de perfection après la mort de sa femme, Guillaume d'Orange, cousin de Charlemagne, petit-fils de Charles Martel, comte de Toulouse et grand chef militaire, trouva dans les sauvages gorges de l'Hérault le lieu dont il rêvait. En 804, il entreprit d'y construire l'abbaye de Gellone. C'est là, après avoir élevé le monastère bénédictin et avoir reçu de Charlemagne la relique de la Sainte Croix, qu'il se retira sous l'habit monacal pour y mourir et y être enseveli en 812.

1

Saint-Gilles, l'abbatiale

1 Détail à gauche du portail central, Judas restituant l'argent reçu pour son acte de trahison

2

Saint-Guilhem-le-Désert

2 L'autel décoré de l'une des chapelles de l'église

3 Le village et l'église abbatiale

3

Saint-Jean-Cap-Ferrat

4 Vue aérienne de la presqu'île et du port

5 La villa-musée Ephrussi-de-Rothschild

4

5

6

L'abbaye de Saint-Martin-du-Canigou

6 La galerie sud du cloître

1 433 Saint-Maximin-la-Sainte-Baume  53/J3

(83) ℹ Tél. : 04 94 59 84 59

La vieille ville, parsemée de placettes et de fontaines, s'est développée avec la construction de la basilique gothique (fin XIIIe-XVIe s.), fière de la pureté de ses lignes intérieures. Elle abrite les reliques de Marie-Madeleine et, dans sa crypte, des sarcophages gallo-romains. Le collège d'Échanges contemporains occupe l'ancien couvent royal (XIIIe s.), au remarquable cloître.

1 434 Saint-Michel-de-Cuxa (Abbaye de)  51/H7

(66) ℹ Tél. : 04 68 96 15 35

Cette abbaye prestigieuse mais pillée, nichée au milieu des vignes, doit à une lente restauration son aspect actuel. L'église abbatiale, au beau clocher roman, et une petite partie du cloître, aux sculptures de marbre rose, ont été largement réorganisées. Le cloître originel, lui aussi reconstruit, se trouve à New York.

☺ : journées romanes et concerts du festival de Prades (fin juillet, août).

1 435 Saint-Paul  54/E2

(06) ℹ Tél. : 04 93 32 86 95

Dès les années 1920, des peintres tels Signac, Bonnard ou Soutine s'installèrent à Saint-Paul, bourg médiéval niché dans un décor de collines verdoyantes. Écrivains et vedettes les rejoignirent. Leur repaire, l'auberge de la Colombe-d'Or, abrite ainsi une intime collection d'œuvres modernes. L'église collégiale (XIIe-XVIIIe s) est également très riche. Dans de merveilleux jardins, la fondation Maeght, réussite de l'architecture contemporaine, présente les artistes les plus marquants du XXe s.

1 436 Saint-Raphaël  54/C3

(83) ℹ Tél. : 04 94 19 52 52

Au pied de l'Estérel, cette station balnéaire très animée offre, le long de son bord de mer planté de platanes et de palmiers, une belle vue sur le golfe de Fréjus et deux rochers jumeaux, rouges, le Lion de terre et le Lion de mer. La vieille ville, dont il reste peu de témoignages, se regroupait autrefois autour de l'église Saint-Pierre-des-Templiers, édifice roman provençal doté d'une tour de guet, à la fois forteresse et refuge contre les pirates. Le musée présente l'archéologie sous-marine.

1 437 Saint-Rémy-de-Provence  52/F2

(13) ℹ Tél. : 04 90 92 05 22

Au pied des merveilleuses Alpilles, à 1 km des Antiques et de Glanum (cité ligure, grecque et romaine), la vieille ville offre un charme typiquement provençal, à l'intérieur de son boulevard circulaire ombragé de platanes. Elle possède des vestiges de l'enceinte du XIVe s. et un beau patrimoine d'hôtels particuliers, souvent transformés en musées : Musée archéologique à l'hôtel de Sade (XVe-XVIe s.), musée des Alpilles à l'hôtel Mistral de Mondragon (XVIe s.), musée Van Gogh à l'hôtel Estrine (XVIIIe s.).

👁 à 1 km (S) l'ancien **monastère Saint-Paul-de-Mausole,** où Van Gogh fut interné pendant un an (de mai 1889 à mai 1890). Il y réalisa 150 toiles. Tout proche (à 200 m), le mas de la Pyramide (Musée agraire) est une curiosité troglodytique.

1 438 Saint-Tropez  54/C4

(83) ℹ Tél. : 04 94 97 45 21

Le mythe n'en a pas complètement tué le charme. Si l'on ne vient pas ici pour se montrer, autour des luxueux yachts du port notamment, il suffit de faire quelques pas à l'intérieur de la ville pour retrouver l'authenticité de ce site exceptionnel. Au bout des quais, le petit musée de l'Annonciade présente néo-impressionnistes, fauves et nabis. Sur les hauteurs, la citadelle veille sur le golfe et ses plages (donjon du XVIe s.).

LA VALLÉE DU TÊT

Au départ de Prades, il faut se rendre à SAINT-MICHEL-DE-CUXA pour admirer l'église millénaire de l'abbaye, haut lieu de la culture catalane. De retour dans la ville chère à Pablo Casals, on partira au nord-est vers Eus, ancienne cité fortifiée, puis vers Marcevol, petit village dont le prieuré possède un portail et une fenêtre en marbre rose. Après Tarerach et le col des Auzines, au joli panorama, le retour se fait par Sournia et le col de Roque-Jalère.

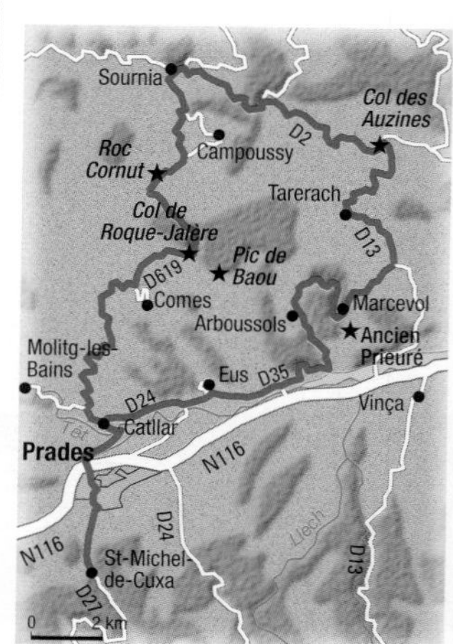

LE MAS DE LA PYRAMIDE

Coincé entre Glanum et Saint-Paul-de-Mausole – à proximité de **Saint-Rémy-de-Provence** –, le mas de la Pyramide est un lieu enchanteur. Son jardin, planté de cerisiers et de lavande, possède en son centre une pyramide, monolithe de 20 m de haut, seul vestige de l'ancienne carrière que les Romains épuisèrent. Adossé à une falaise de calcaire blanc, le mas, en partie troglodytique, est inchangé depuis… on ne sait plus quand. On le visite, tout comme le Musée agraire, ouvert dans une carrière souterraine. Ce lieu est encore habité ; c'est la maison natale de Joseph Mauron, dit Lolo, une figure locale très pittoresque, qui y vit toujours et fait volontiers office de guide.

Saint-Maximin-la-Sainte-Baume, la basilique

1 L'intérieur de l'édifice

2 Le portail et le couvent royal

L'abbaye de Saint-Michel-de-Cuxa

3 Le clocher roman

Saint-Rémy-de-Provence

4 Les Antiques, le mausolée des Jules

5 Détail de l'arc triomphal

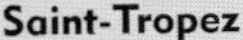

Saint-Tropez

6 L'une des places du village

7 Vue aérienne du port et de la ville

1 439 Sainte-Baume (Massif de la)  53/J4

(83) Marie-Madeleine aurait trouvé refuge dans une grotte, dont l'appellation, *baoumo* en provençal, est devenue, par extension, celle de la montagne et de la forêt. Ce massif calcaire culmine à 1 147 m. L'adret descend doucement vers Cuges alors que l'ubac, falaise de 300 m de haut, plonge sur Plan-d'Aups. La forêt est un miracle botanique par ses essences inhabituelles à cette latitude (hêtres géants, érables). Du col de l'Espigoulier, ☀ sur le massif et Marseille. De l'Hôtellerie – foyer culturel et spirituel qu'anime une petite communauté de religieux et de laïcs –, le GR 9 conduit en 1 h 30 à la grotte, lieu de pèlerinage, et au Saint-Pilon (994 m).

1 440 Sainte-Maxime  54/C4

(83) ℹ Tél. : 04 94 55 75 55. Tél. musée du Phonographe : 04 94 96 50 52
Joli port de pêche situé dans le golfe de Saint-Tropez, cette station balnéaire offre une plage de sable fin bordée par les platanes et les palmiers. Une flânerie dans les ruelles ombragées permet de découvrir le marché couvert, animé tous les matins. L'église abrite un autel du XVIIe s. en marbre blanc. Le musée des Traditions locales est installé dans la tour carrée des Dames (XVIe s.).

👁 à 10 km (N) le **parc forestier de Saint-Donat,** qui accueille le musée du Phonographe et de la Musique mécanique.

1 441 Sainte-Victoire (Montagne)  53/J3

(13) Thème majeur de la peinture moderne depuis Cézanne, la Sainte-Victoire dresse ses falaises minérales à l'est d'Aix-en-Provence. Sur le versant nord, elle se reflète dans le lac de Bimont. Du barrage, des sentiers montent dans une forêt d'yeuses, durement éprouvée par un incendie. De Vauvenargues, le GR 9 mène à la croix de Provence (945 m). À l'est, le pic des Mouches est le point culminant du massif (1 011 m). La route Cézanne (60 km) permet de faire le tour de la montagne.

1 442 Saintes-Maries-de-la-Mer (Les)  52/E3

(13) ℹ Tél. : 04 90 97 82 55
Au début de l'ère chrétienne, Marie Jacobé et Marie Salomé (accompagnées de leur servante noire Sara), Lazare, Marthe, Marie-Madeleine, Maximin et Sidoine abordèrent ce site isolé. La ville qui s'est élevée ici est devenue le site d'un célèbre pèlerinage gitan. On y conduit, chaque année, de la chapelle haute à la mer, les châsses contenant les reliques des saintes et de Sara. L'église-forteresse (chemin de ronde sur le toit) et la crypte sont un joyau de l'art roman. Les Saintes, ce sont aussi les vastes étendues de sable fin camarguais à travers lesquelles les promenades perpétuent le mythe du cheval blanc et des gardians. Le musée Baroncelli présente l'histoire et les traditions locales.

1 443 Salon-de-Provence  53/G3

(13) ℹ Tél. : 04 90 56 27 60
Dominé par le très ancien château de l'Empéri, Salon garde en mémoire deux illustres habitants, Nostradamus et Adam de Craponne – ce dernier construisit un canal qui fertilisa la région. Outre les collections militaires du riche musée de l'Empéri, il faut voir la maison du médecin-astrologue, l'église Saint-Michel (XIIIe s.), la collégiale Saint-Laurent (XIVe et XVe s.), le musée Grévin de Provence et celui de Salon et de la Crau. La ville, située au milieu d'oliveraies, est réputée pour ses savons.

1 444 Salses (Fort de)  51/J6

(66) ℹ Tél. : 04 68 38 60 13
Massivement tassé sur le littoral, le fort impressionne par sa puissance. Ses murs de 6 m d'épaisseur ont été élevés au début du XVIe s. par les Espagnols. L'ensemble demeure une belle illustration de l'architecture militaire de la Renaissance.

LE PÈLERINAGE GITAN AUX SAINTES-MARIES-DE-LA-MER

Ils sont arrivés des quatre coins d'Europe dans leurs caravanes rutilantes, les « Boumians », comme on dit en Provence. Roms, manouches, tsiganes, ils sont venus comme chaque année (24 et 25 mai) honorer leur sainte patronne Sara, servante africaine des saintes Maries qui, chassées de Judée, abordèrent sur ce rivage vers l'an 40 de notre ère. Le 25 mai, une longue procession accompagne jusqu'à la mer la barque des saintes, qui est bénie par l'évêque. Gardians et Arlésiennes en costume participent à cette fête haute en couleur, rythmée de farandoles, de ferrades et de jeux taurins.

LES SANTONS DE PROVENCE

La crèche fait partie des vieilles traditions provençales. Sous la Révolution, la fermeture des églises donna à un artiste de Marseille l'idée de créer de petites figurines en terre cuite. Chaque famille pourrait ainsi dresser sa propre crèche. Les *santouns* (« petits saints » en provençal) étaient nés, associant, dans la même ferveur, les personnages de la Bible et le petit monde actif des campagnes : meuniers et bergers, rémouleurs et forgerons, sans oublier bien sûr le fada du village. Les santons suivent le plus souvent la mode de la Restauration (1814-1830), car c'est l'époque de leur apogée. Ils sont vendus dans le monde entier et ont leur foire chaque année au mois de décembre à Marseille.

1

La montagne Sainte-Victoire
1 Depuis la route Cézanne

2

3

Les Saintes-Maries-de-la-Mer
2 Le village, vu du clocher de l'église
3 L'un des chapiteaux de l'église

4

5

Salon-de-Provence
4 Le château de l'Empéri
5 Le tympan de l'église Saint-Michel

Le fort de Salses
6 L'un des trois ponts-levis
7 Les tours et le mur d'enceinte

6

7

1 445 Sanguinaires (Îles)

56/A6

(2A) Tél. Ajaccio : 04 95 51 53 03

La Grande Sanguinaire, dominée par un phare à éclipses – Alphonse Daudet y habita –, est la plus importante et la plus lointaine de ces îles. De la pointe de la Parata, surmontée d'une tour génoise, on distingue les trois autres îlots.

depuis le port d'Ajaccio.

1 446 San-Michele (Église)

56/C3

(2B) Tél. mairie Murato : 04 95 37 60 10

Chef-d'œuvre insolite de l'art roman pisan, l'église San-Michele, située à 1 km de Murato, frappe par son appareil en bandes ou damiers polychromes, blanc et vert sombre. Le clocher repose sur deux lourdes colonnes aux chapiteaux ornés. Les pierres de la région, faciles à travailler, ont permis aux sculpteurs de laisser libre cours à leur imagination : consoles, modillons et encadrements de fenêtres aux animaux allégoriques, etc. L'abside conserve des vestiges de fresques du XVe s.

à 4 km (N-E) le **défilé de Lancone,** creusé par le Bevinco dans le monte Pinzali. On y accède en remontant la D 5 depuis l'église San-Michele. Des parois de 200 m le dominent. À l'entrée du défilé, depuis le col de San-Stephano, sur le Nebbio et les Agriates.

1 447 Saorge

46/F8

(06) Tél. couvent : 04 93 04 55 55

Le village, constitué d'une grappe de maisons accrochées dans les gorges de la Roya, est à la fois montagnard et provençal. Couvertes de lauses, les bâtisses, dont certaines datent du XVe s., sont parfois reliées entre elles par des passages couverts et des escaliers. Un clocher à bulbe signale l'église, baroque à l'intérieur. Plusieurs chapelles et un ancien couvent franciscain complètent le patrimoine religieux.

au sud les **gorges de la Roya.** La N 204 se fraie un passage au-dessus des eaux grondantes du torrent, tout comme la voie ferrée Nice-Cuneo.

sur le site de Saorge.

1 448 Sartène

56/B7

(2A) Tél. : 04 95 77 15 40

Sartène, ville de granite, est riche de son histoire tumultueuse : celle des seigneurs de la Rocca, des raids barbaresques au XVIe s., de la domination génoise, des vendettas... Le quartier médiéval de Santa-Anna est un vrai labyrinthe. L'église Sainte-Marie conserve la croix et la chaîne du Grand Pénitent du Catenacciu, portées en procession le vendredi saint. L'ancien palais des gouverneurs génois (l'hôtel de ville) veille sur la place de la Libération, très animée. Le musée de Préhistoire corse est installé dans une ancienne prison au-dessus de la cité.

1 449 Scala di Santa Regina (Défilé de la)

56/C4

(2B) Taillant le granite rouge sur 8 km, le Golo a créé un défilé grandiose dans un désert de pierres. La D 84 et le fleuve se faufilent dans un couloir de falaises et d'aiguilles rouge vif. La végétation clairsemée rend le site austère. Au printemps et en automne, on peut encore assister à la transhumance des troupeaux niolins.

1 450 Sénanque (Abbaye de)

45/G8

(84) Tél. : 04 90 72 05 72

Dans un silence écrasé de lumière, les formes austères et harmonieuses de l'abbaye cistercienne semblent avoir été posées de toute éternité dans le vallon de la Sénancole. Sous des toits de lauses, l'église et le cloître, entourés d'autres bâtiments monastiques, constituent une réussite magnifique, à l'atmosphère prenante, de l'architecture du XIIe s.

sur l'abbaye en venant de Gordes par la D 177.

LA PROCESSION DU CATENACCIU

Il s'agit sans doute de la plus ancienne procession de Corse. Chaque vendredi saint, cette commémoration de la Passion du Christ plonge **Sartène** dans une ferveur extraordinaire. Après avoir passé la nuit et la journée en prières au couvent Saint-Damien, un Grand Pénitent anonyme, le Catenacciu, revêtu d'une robe et d'une cagoule rouges, conduit la procession pieds nus, dans la ville éclairée par des chandelles. Il porte la Croix, et une lourde chaîne *(catena)* lui entrave les chevilles. Il est aidé du Pénitent blanc, représentant Simon de Cyrène, suivi par les Pénitents noirs, portant sur un linceul la statue du Christ mort.

L'ART CISTERCIEN EN PROVENCE

On les appelle les trois sœurs cisterciennes, tant les abbayes de **Sénanque,** de Silvacane et du Thoronet sont à la fois proches par leur architecture et significatives de la doctrine prêchée par saint Bernard, le fondateur de l'ordre de Cîteaux, au XIIe s. Elles ont toutes trois été élevées dans de splendides sites naturels, imposants de silence. Elles expriment la rigueur et l'ascétisme propres à l'ordre. Le dépouillement y est extrême ; rien ne doit déranger la recherche de la béatitude. Les bâtiments abbatiaux, malgré leur état de conservation et de restauration inégal, font toujours naître, huit siècles après, un sentiment de grande sérénité et de pureté.

1

2

L'église San-Michele
1 La façade, de style pisan

Saorge
2 Le bourg médiéval, au-dessus de la Roya
3 À la sortie de Saorge, les gorges de la Roya

4

3

Sartène
4 La vieille ville
5 L'impasse Carababa, dans le quartier médiéval

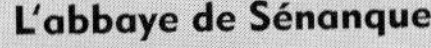

L'abbaye de Sénanque
6 Le chauffoir
7 Les bâtiments, entourés de lavande

5

6

7

1 451 Serrabone (Prieuré de)

 51/H7

(66) ℹ Tél. : 04 68 84 09 30

À pic au-dessus du ravin des Aspres, une élégante galerie romane à chapiteaux sculptés longe l'église de ce prieuré perché. Construit en schiste sombre, il s'harmonise parfaitement avec l'austérité du site. Mais il surprend par le contraste qu'offrent l'intérieur et l'extérieur. Dans l'église (XIe-XIIe s.), une tribune en marbre rose sépare la nef du chœur, tandis que des animaux – aigles, lions… – peuplent les sculptures en fine dentelle.

1 452 Sète

   52/C4

(34) ℹ Tél. : 04 67 74 71 71

Patrie de Paul Valéry et de Jean Vilar, enterrés dans le cimetière marin, de Georges Brassens aussi, cette « île singulière » dominée par le mont Saint-Clair est le premier port de pêche français en Méditerranée. Autrefois spécialisé dans le commerce viticole avec l'Algérie, il s'est largement reconverti dans le bois, l'agroalimentaire et les minerais.

Autour des anciennes fortifications de Vauban, les mouettes tourbillonnent au-dessus des chaluts, les touristes s'agglutinent à la criée électronique, ou attendent le départ des bateaux de promenade pour l'étang de Thau. Le pittoresque quartier du vieux port se prolonge par la Corniche. Du parc des Pierres-Blanches – l'espace Georges-Brassens se trouve à son pied –, sur le **mont Saint-Clair** (181 m), ☀ sur Sète, l'étang de Thau et le littoral, qui s'appuie sur des môles rocheux calcaires ou volcaniques (pic Saint-Loup, Maguelonne). Le musée Paul-Valéry (histoire locale), à proximité du cimetière marin, face à la mer, et la chapelle Notre-Dame-de-la-Salette se dressent sur le mont.

☺ : joutes nautiques de la Saint-Pierre (fin juin) et de la Saint-Louis dans le vieux port (fin août).

LES JOUTES NAUTIQUES DE SÈTE

À l'avant de la barque, rouge ou bleue, manœuvrée par dix rameurs, la plate-forme (la « tintaine »), qui s'avance de 3 m au-dessus de l'eau, supporte le jouteur. Celui-ci, vêtu de blanc, est armé d'une lance qui fera, peut-être, tomber celui de l'embarcation adverse dans le canal. À l'arrière du bateau, un hautbois et un tambour jouent les airs traditionnels propres à cette manifestation. Des joutes nautiques se pratiquent également à Agde et au Grau-du-Roi.

SÈTE L'INSPIRATRICE

Nul n'ignore plus que Paul Valéry et Georges Brassens naquirent à Sète, et chacun des deux y possède d'ailleurs son musée. Jean Vilar, le légendaire régisseur du TNP, y est honoré par une rue qui longe le cimetière marin. Encore plus près de nous, le peintre contemporain Pierre Soulages, aveyronnais, possède une maison sur les hauteurs du mont Saint-Clair. Y puise-t-il cette étonnante lumière qui caresse ses austères monochromes noirs ? Encore plus près, les trublions de la figuration libre, Combas et les frères Di Rosa, sont également originaires de la ville, décidément inspiratrice de bien des talents.

1 453 Siagne (Gorges de)

 54/C2

(06) Ces gorges entaillent de 140 m le plateau calcaire où se mêlent bois et oliviers avant de s'élargir en un cirque rocheux. Depuis le pas de la Faye (981 m), ☀ sur les Préalpes et l'Estérel.

1 454 Silvacane (Abbaye de)

 53/H2

(13) ℹ Tél. : 04 42 50 41 69

Sur la rive gauche de la Durance, et malgré les mutilations auxquelles elle dut faire face, Silvacane, l'une des trois abbayes cisterciennes de Provence, a conservé la grande rigueur et la sérénité de son architecture (XIIe-XIIIe s.), notamment dans l'église, le cloître et la salle capitulaire.

☺ : festival de quatuors à cordes du Luberon (de juillet à septembre).

1 455 Sommières

 52/B2

(30) ℹ Tél. Villevieille : 04 66 80 01 62

Dans un lumineux cadre de garrigue d'où émergent les capitelles, cabanes de bergers en pierres sèches, cette ancienne cité de tanneurs enserre ses maisons médiévales autour d'une place à arcades. La tour de l'Horloge est accolée au pont romain qui enjambe le Vidourle. Depuis la tour du château, en ruine, ☀ sur les contreforts des Cévennes et la plaine.

👁 à 2 km (E), les vestiges archéologiques et l'élégant château de **Villevieille,** dont les pièces furent aménagées dans le style Louis XIII.

👁 à 3 km (N-O), entourée de cyprès, la chapelle romane (XIe s.) **Saint-Julien de Salinelles**, qui est très bien restaurée. Elle accueille des concerts et des expositions.

1 456 Spelunca (Gorges de la)

 56/B4

(2A) Creusées par l'Aitone et la Tavuvella qui alimentent le Porto, ces gorges serpentent d'Évisa au pont génois de Pianella, offrant de majestueux points de vue : ☀ sur le massif et ses roches roses, notamment depuis Tombalo.

1

Sète

1 Le quai du Général, au vieux port

L'abbaye de Silvacane

2 Le clocher carré, dont la flèche a été détruite.

3 La salle des moines, qui servait de chauffoir.

3

2

4

Sommières

4 La tour carrée de l'ancien château fort

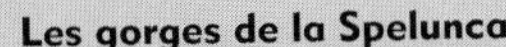

Les gorges de la Spelunca

5 La végétation contraste avec les falaises roses.

5

1 457 Stello (Monte)

56/D2

(2B) Ce sommet, à 1 307 m d'altitude, propose l'une des plus belles vues sur l'île : par temps clair sur l'ensemble du cap Corse, le désert des Agriates, le golfe de Saint-Florent, la Balagne et l'échine dorsale de la Corse, autant de sites exceptionnels. On parvient à sa cime depuis le village de Lavasina, en passant par ceux de Poretto et de Pozzo. De là, on monte à pied (3 à 4 h), après s'être renseigné sur les conditions climatiques, et notamment la chaleur. Le sentier, superbe, conduit d'abord aux bergeries de Prugnoli puis à une brèche, la bocca di Santa Maria, avant d'atteintre le sommet du mont.

1 458 Tarascon

52/F2

(13) ℹ Tél. : 04 90 91 03 52

Porte fortifiée d'une Provence qui fut terre d'Empire, la ville est celle de Tartarin et de la Tarasque, monstre sorti des eaux du Rhône. Elle garde, comme penché sur le fleuve, un château médiéval transformé au XVe s. par le roi René. Cette demeure, à l'allure de forteresse au-dehors, est élégante au-dedans. Depuis sa tour, notamment sur les toits du centre ancien, coupé par d'étroites ruelles provençales abritées du soleil, ou la rue des Halles et ses arcades. Dans les locaux de l'entreprise Souleïado, le musée Charles-Deméry célèbre la tradition des belles indiennes. La collégiale Sainte-Marthe possède un portail roman et abrite des tombeaux et des tableaux intéressants. La cité accueille encore le cloître des Cordeliers (XVIIe s.) et un théâtre à l'italienne.

le **massif de la Montagnette,** tout proche, antichambre des Alpilles.

1 459 Tartagine-Melaja (Forêt de)

56/B3

(2B) Avec ses 2 600 ha, elle occupe le versant sud de deux cirques parallèles de haute montagne. Composée de pins laricios, de pins maritimes et de chênes verts, elle est accessible par la D 963. Sauvage et isolée, elle est dominée par le monte Corona (2 143 m), le monte Padro (2 393 m) et le monte Grosso (1 938 m).

1 460 Tautavel

51/J6

(66) ℹ Tél. : 04 68 29 07 76

Aimable village viticole, Tautavel est devenu l'un des hauts lieux de la préhistoire grâce à la Caune de l'Arago. Cette grotte, qui s'ouvre sur la falaise au-dessus des rives du Verdouble, a livré d'importants vestiges, dont le crâne du plus ancien Européen connu, un *Homo erectus* d'une vingtaine d'années : ce chasseur vivait il y a environ 450 000 ans. Une reconstitution du squelette de l'homme de Tautavel est d'ailleurs visible dans le très intéressant Centre européen de préhistoire, qui présente l'évolution de l'espèce humaine et de son environnement.

1 461 Tende

46/F7

(06) ℹ Tél. : 04 93 04 73 71

Il ne reste qu'un pan de muraille haut de 20 m de la splendeur des Lascaris. Commandant l'accès à l'Italie, au-dessus de la Roya, Tende affiche ses toits de lauses et ses vieilles maisons de schistes verts et violets sous l'énorme paroi de la Riba de Bernou. Ce village, dont il faut parcourir les ruelles et visiter la collégiale du XVe s., est le point de départ pour la vallée des Merveilles – un Musée géologique présente ce site.

1 462 Thau (Bassin de)

52/C4

(34) ℹ Tél. promenades en bateau sur le bassin : 04 67 46 00 46

Séparé de la mer par un cordon littoral ancré aux monts Saint-Clair et Saint-Loup, le plus vaste des étangs languedociens (8 000 ha) occupe une cuvette profonde de 8 m. On y pratique l'ostréiculture et la mytiliculture, comme à Bouzigues ou à Mèze. On peut en faire le tour en voiture (4 h) ou bien visiter en bateau les parcs conchylicoles.

LA PLAINE DU ROUSSILLON

À partir de TAUTAVEL, le circuit conduit vers Estagel, patrie de François Arago, après avoir franchi l'Agly. Au col de la Bataille, la chapelle de Fort-Réal offre un beau panorama sur la plaine du Roussillon, la côte, Quéribus (au nord) et le Canigou (au sud).

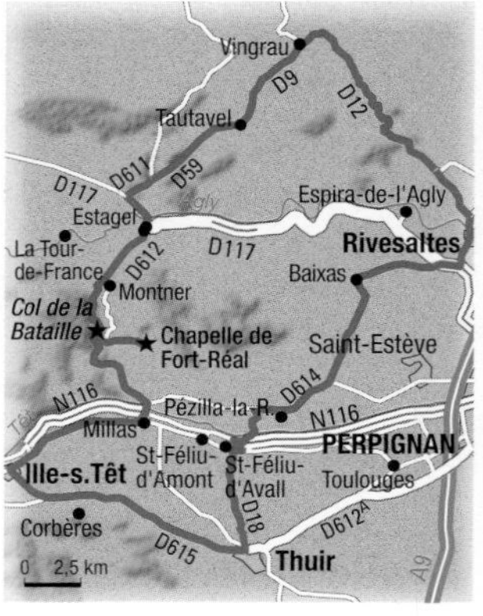

Au-delà de Millas apparaissent Ille-sur-Têt, aux étonnantes orgues, puis, au sud-est, Thuir, célèbre pour ses caves de vins doux naturels. Après Saint-Féliu-d'Avall, on retraverse la Têt pour rejoindre Rivesaltes, autre capitale viticole.

LES ÉTANGS LANGUEDOCIENS

Du Grau-du-Roi à Elne s'égrène un chapelet d'étangs, et les accidents topographiques sont rares, à l'exception du mont Saint-Clair, du mont Saint-Loup ou de la Clape, sur lesquels s'ancre un cordon littoral dunaire, ou lido. Les alluvions du Rhône, de l'Hérault, de l'Orb et de l'Aude ont servi à façonner cette barre, transformant les baies en lagunes qui s'ouvrent sur la Méditerranée par des passes, appelés ici des graus. Seul l'étang de **Thau** est dû à un mouvement tectonique. Les anciens ports – Narbonne, Gruissan, Agde ou Lattes – sont devenus au cours des âges des villes de l'intérieur. Pendant longtemps, cette région a été infestée par le paludisme. Mais, en 1963, l'État a lancé un programme d'assainissement et d'aménagement du littoral.

1

2

Tarascon, le château

1 Le Rhône

2 L'une des tours de la basse cour

Tende

3 Le clocher de la collégiale Sainte-Marie

4 Le village avec ses maisons anciennes aux toits de lauses

3

4

Le bassin de Thau

5 Les parcs à huîtres

5

1 463 Thoronet (Abbaye du)

54/B3

(83) Tél. : 04 94 60 43 90

Dans un site isolé, cette abbaye émerveille par sa rigueur, atténuée par la chaude couleur dorée de ses pierres. Construit entre 1160 et 1180, ce modèle d'équilibre et de pureté est le plus ancien monastère cistercien de Provence. La façade très sobre de l'église n'en laisse pas deviner la beauté intérieure ; les voûtes de l'abside et des absidioles tendent à la perfection. La salle capitulaire ouvre sur un cloître massif, où le lavabo, dans un édicule hexagonal, est un havre de fraîcheur. Dortoir et bâtiments annexes complètent la visite, dans une régénérante atmosphère de paix.

1 464 Thouzon (Grotte de)

45/G8

(84) Tél. : 04 90 33 93 65

Cette galerie de 230 m, creusée par une ancienne rivière souterraine, se termine par un aven peu profond. On y trouve de fines stalactites et des concrétions colorées aux formes étranges.

à 3 km (S) **Le Thor,** construit sur les bords de la Sorgue. Son église romano-gothique (XIIIe s.) est l'une des plus anciennes de Provence. Il reste des remparts un imposant beffroi.

1 465 Toulon

54/A5

(83) Tél. : 04 94 18 53 00

Inséparable de la Royale, puis de la Marine nationale, le premier port militaire français est établi dans un bassin superbe et sûr, à l'abri des collines de calcaire blanc du Caume, du Coudon et du Faron. Entre le cap Cépet et celui de Carqueiranne, il s'abrite dans la grande rade, qui se distingue de la petite rade. On peut en faire le tour en bateau, ou par la route. Sur la corniche du mont Faron – la lumière est plus belle quand on la parcourt d'est en ouest le matin et en sens inverse l'après-midi –, sur le site.

Les amateurs d'authenticité iront flâner dans le vieux quartier de Besagne. Près de l'ancienne porte de l'Arsenal, le musée de la Marine (maquettes) évoque aussi l'histoire de la ville, tout comme celui du Vieux-Toulon, sur le cours Lafayette, célèbre pour son marché. Dans le centre s'élèvent l'église Saint-Louis (XVIIIe s.), le Musée municipal (archéologie, histoire naturelle, peinture), l'église Saint-François-de-Paule, baroque, et la cathédrale Sainte-Marie-Majeure (XIe-XIIe s., agrandie au XVIIe s.). Au fort Balaguier, le Musée naval évoque Napoléon et présente des maquettes immenses de la *Sultane* et du vaisseau *Duquesne.*

Le musée-mémorial du Débarquement en Provence se trouve dans la tour Beaumont (sur Toulon depuis la terrasse au sommet), au mont Faron (584 m), le point culminant de la ville.

1 466 Tourtour

54/B3

(83) Tél. : 04 94 70 59 47. Tél. Villecroze : 04 94 67 50 00

Haut lieu de la truffe, Tourtour s'est perché sur un éperon du haut Var, flanqué de deux châteaux, chacun à l'une de ses extrémités. Un moulin à huile témoigne de l'activité traditionnelle de ce village attachant, juste à côté du musée des Fossiles.

à moins de 10 km (O) le village médiéval de **Villecroze,** qui tire son nom – signifiant ville creusée – des grottes qui y sont aménagées.

1 467 Trabuc (Grotte de)

44/C8

(30) Tél. : 04 67 66 11 11 ou 04 66 85 03 28

La plus grande grotte des Cévennes offre 1 000 m de galeries, aux parois brun-rouge, sur les 12 km qui ont été actuellement explorés. Elle est unique pour la salle aux Cent Mille Soldats, mystérieuses concrétions, très rares, hautes de quelques centimètres et si serrées qu'elles évoquent une armée. Lors de la remontée, on admirera le curieux lac de Minuit, aux eaux vert émeraude. La grotte servit notamment de refuge à des brigands, les Trabucaires – du nom du pistolet qu'ils portaient, le trabuc.

LE STADE FÉLIX-MAYOL, À TOULON

Inimitable interprète de la chanson *Viens poupoule*, Félix Mayol, toulonnais de naissance, succomba à la rude virilité des rugbymen de sa ville. Pour les récompenser, il leur offrit un terrain, situé à deux pas de la rade. Plus d'un siècle après, le stade Mayol flirte toujours avec la rade au sud et le vieux quartier populaire de Besagne au nord. Comme le dit Daniel Herrero : « Chaque fois que la ville a dû défendre son bout de gras, ça c'est passé ici. » Alors, chaque dimanche de la saison de championnat, le quinze rouge et noir pénètre sur le stade Mayol, et le brin de muguet de Félix, celui qu'il arborait à la boutonnière, ces quinze-là l'arborent sur le cœur.

LA ROYALE ET LES COLS BLEUS

Si les bâtiments de guerre de la Royale sont bien là, ancrés à quelques encablures des quais, les cols bleus et les pompons rouges sont rares en ville et sur le quai de Cronstadt, promenade très fréquentée du vieux port : les marins sortent en civil… Mais ils contribuent toujours à l'animation de **Toulon,** port de guerre depuis le Moyen Âge, dont les premiers aménagements importants datent d'Henri IV et de Richelieu, qui créa l'arsenal.

1

3

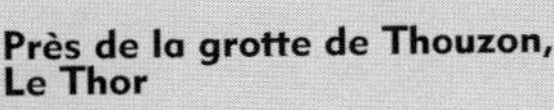

Près de la grotte de Thouzon, Le Thor

3 Les remparts du village

2

L'abbaye du Thoronet

1 L'intérieur de l'église

2 Le cloître, dont la forme trapézoïdale constitue l'originalité

4

7

5

6

Toulon

4 La place de la Liberté

5 L'entrée du Musée naval

6 Le cours Lafayette

Près de Tourtour, Villecroze

7 Les habitations troglodytiques

1 468 Trévezel (Gorges du)

 44/B8

(30) La D 157 suit les gorges depuis Trèves. Le Trévezel s'encaisse de 400 m, formant des falaises escarpées et colorées. Le pas de l'Ase est le passage le plus étroit.
Naissant à l'Aigoual, la rivère se jette, en aval, dans la Dourbie. Celle-ci s'encaisse une première fois au rocher du Cade : ⁘ sur ses gorges. Au col de la Pierre-Plantée, ⁘ sur l'ensemble de la vallée et les causses.

1 469 Turbie (La)

  54/E2

(06) ℹ Tél. mairie : 04 92 41 51 61
La Turbie est célèbre pour son Trophée des Alpes, monument commémoratif de la victoire d'Auguste sur les peuples de la région, chef-d'œuvre de l'art romain (50 m de haut et 38 m de large). Dressé en pierre blanches de la région, cet édifice, dont l'histoire est évoquée dans un musée, fut notamment exploité comme carrière, après le Moyen Âge, pour la construction, au XVIIIe s., de l'église Saint-Michel-Archange (belle décoration de style baroque). Depuis les terrasses, ⁘ sur la côte italienne, Monaco, le cap Ferrat, l'Estérel…

1 470 Turini (Forêt de)

 46/E8

(06) Cette forêt du haut pays niçois couvre 3 500 ha dans un massif calcaire. Très escarpée, elle prend un caractère nordique au-dessus de 1 000 m, avec des sapins de 35 m de haut et des mélèzes. Depuis le col de Turini (1 607 m) puis celui de l'Aution (1 927 m), ⁘ sur le Mercantour et la Côte d'Azur.
👁 à moins de 10 km (S) la cime de **Peïra Cava** (1 582 m), que l'on atteint depuis l'entrée du village, par un chemin montant à gauche. Au sommet, ⁘ sur le Mercantour, les Préalpes de Nice, les gorges de la Vésubie, la mer et même parfois la Corse.

1 471 Uzès

 44/E8

(30) ℹ Tél. : 04 66 22 68 88
Incontestablement, la ville a de la noblesse, de l'élégance ; celle que lui confère son illustre passé d'ancien duché et de siège d'un évêché. Bien préservés, ses splendides maisons et hôtels anciens, patinés d'une chaude couleur ocre, rivalisent de charme avec la place aux Herbes, ceinturée d'arcades. S'en détache la haute tour Fenestrelle, clocher roman de la cathédrale. Trois autres tours dominent la ville : celle de l'Horloge (XIIe s.), la tour du Roi (XIVe s.), et la tour Bermonde (XIe s.) du palais ducal (chapelle flamboyante et façade Renaissance sur la cour).

1 472 Vaison-la-Romaine

 45/G7

(84) ℹ Tél. : 04 90 36 02 11
Au bord des rives de l'Ouvèze, une ville romaine, un village provençal, les ruines d'un château et une cathédrale romane s'enchevêtrent. La ville antique, qu'il faut visiter, est reliée par un pont romain à la haute ville. Le musée d'archéologie Théo-Desplans a été réaménagé en 1998. Le théâtre antique sert de cadre à des spectacles estivals.
🎭 : les Choralies internationales, tous les trois ans (début août).

1 473 Vallauris

 54/D3

(06) ℹ Tél. : 04 93 63 82 58
C'est Picasso qui insuffla ici le renouveau de la poterie. Depuis, la ville – son plan en damier date du XVIe s. – est devenue un centre potier réputé ; l'artiste y possède son musée national. Il est aussi présent par la statue de bronze qui se dresse sur la place Paul-Isnard, au cœur de la cité. Le Musée municipal expose la donation Magnelli (peintures).
👁 à moins de 15 km (N-O) le vieux village de **Mougins,** qui a conservé des pans de remparts et une porte romane du XIIe s. On y retrouve de nouveau le peintre – il s'y installa en 1961 et y vécut jusqu'à sa mort, en 1973.

INCURSION DANS LE TRICASTIN

Depuis VAISON-LA-ROMAINE, la route longe les vignobles de Rasteau et Cairanne avant d'aborder Sainte-Cécile-les-Vignes, avec ses immenses caves. On file alors vers Suze-la-Rousse et son université du Vin, installée dans un imposant château. Après Chamaret et Grillon, Richerenches, ancienne commanderie templière, est l'une des capitales de la truffe du Tricastin. La route de Visan ramène à Vaison.

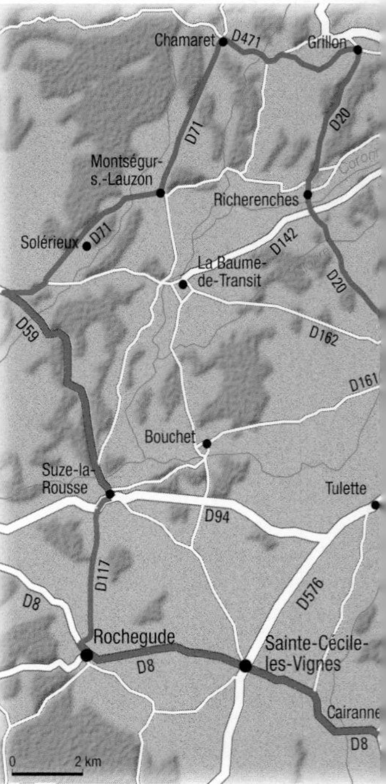

SAINT-QUENTIN-LA-POTERIE

Grâce à l'argile locale, la tradition potière fut toujours implantée dans ce joli village de l'Uzège, au nord d'**Uzès.** Des vestiges néolithiques l'attestent. Au XIXe s., près de 300 personnes y travaillaient, notamment dans une fabrique de faïence, 3 de tuiles ou de briques, 33 de poteries et 21 de pipes. L'industrie devait ruiner cette tradition. Seule une fabrique de pipes résista pendant près de cinquante ans, puis elle ferma en 1972. Depuis 1983, la ville a renoué avec son passé et dix potiers proposent aujourd'hui leurs travaux, autour de la maison de la Terre, lieu d'exposition et de documentation.

La Turbie
1 En contrebas, le port de Monaco
2 Le Trophée des Alpes

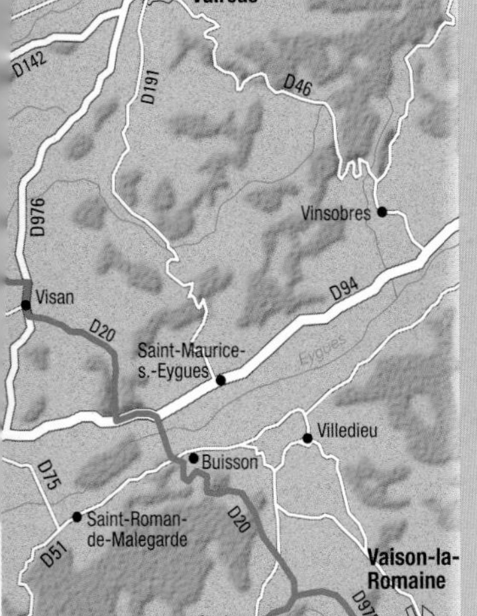

La forêt de Turini
3 Panorama depuis le col de Turini

Uzès
4 La tour Fenestrelle

Vaison-la-Romaine
5 Le quartier de la Villasse
6 Le cloître de la cathédrale
7 Le portique de Pompée : représentation d'une Sabine

1 474 Vallespir (Le)  51/J8

(66) La plus méridionale des régions françaises, articulée autour de la vallée du Tech, préserve sa singularité catalane et ses traditions pastorales. À la frontière espagnole, le col d'Ares (1 513 m) en est le sommet. Après Prats-de-Mollo, la route emprunte le défilé de la Baillanouse, témoin d'un gigantesque glissement de terrain en 1940.

1 475 Valmagne (Abbaye de)  52/B3

(34) ℹ Tél. : 04 67 78 06 09
Les pierres rosées de ses bâtiments, organisés selon le plan cistercien, émergent du vignoble languedocien. Du XIIe au XIVe s., cette abbaye fut l'une des plus riches du Midi. Elle fut restaurée aux XVIIe et XVIIIe s. Le style gothique classique de l'église est surprenant ici, car il rappelle les cathédrales du Nord. Le cloître, la salle capitulaire, une ravissante fontaine et le réfectoire, à la belle cheminée Renaissance, complètent l'ensemble.

1 476 Vence    54/D2

(06) ℹ Tél. : 04 93 58 06 38
Cette cité médiévale, perchée au milieu des oliviers, des agrumes et des cultures de fleurs, attire les artistes depuis que Matisse, entre 1947 et 1951, a conçu et décoré la chapelle du Rosaire. Dans la vieille ville, charmante, la place du Peyra se distingue par sa fontaine. L'ancienne cathédrale, élevée sur l'emplacement d'un temple romain, renferme des stalles du XVe s. La fondation Émile-Hughes est installée dans le château (XVIIe s.) des barons de Villeneuve et expose les créations inspirées aux artistes (Matisse, Dufy et Chagall notamment) par la région.
👁 à 5 km (O), **Tourrettes-sur-Loup,** le village des violettes, qui fut construit à l'extrémité d'un plateau surplombant un impressionnant ravin. Le beau centre médiéval de ce site fortifié a attiré une population d'artisans et de créateurs.

1 477 Ventoux (Mont)  45/H7

(84) ℹ Tél. état de la route : 04 90 60 72 75 (du 15/11 au 15/04)
Prémices des Alpes, le Ventoux (1 909 m), dominant le sillon rhodanien, doit son nom aux vents – surtout le mistral – qui le balaient. Ce « géant de Provence » est visible de loin, couronné par le blanc de la neige en hiver et par des cailloux tout aussi blancs en été. L'ubac, très raide, est couvert d'une végétation alpine. L'adret méditerranéen, en pente douce, est reboisé depuis le milieu du XIXe s. (forêt de Bédoin). La D 974, redoutable parcours pour les cyclistes, conduit au col des Tempêtes, fabuleux belvédère (table d'orientation) : ☀ sur toute la Provence, la vallée du Rhône, les Cévennes et… Marseille. Il vaut mieux choisir le moment du lever ou du coucher du soleil pour ne pas être gêné par les brumes estivales, très fréquentes.

1 478 Vernet-les-Bains   51/G7

(66) ℹ Tél. : 04 68 05 55 35
Ville thermale construite au milieu des vergers dans un cirque verdoyant, Vernet tire sa personnalité de son vieux bourg, étageant sur un piton rocheux ses maisons aux balcons de bois et son église Saint-Saturnin, ancienne chapelle (XIIe s.) d'un château fort.
👁 à moins de 2 km (N) la belle église romane de **Corneilla-de-Conflent,** qui possède un portail en marbre du XIIe s.

1 479 Vésubie (Gorges de la)  46/E8

(06) Sinueuses et étroites parfois de quelques mètres seulement, ces gorges s'encaissent de 400 m dans les Préalpes de Nice. Le belvédère du saut des Français offre une belle vue sur le défilé. Depuis le sanctuaire de la Madone d'Utelle, lieu de pèlerinage que l'on rejoint par la D 32 ou le GR 5, ☀ sur les Alpes maritimes et la mer (table d'orientation).

SUR LE MONT VENTOUX

On aborde le Ventoux par MALAUCÈNE, où coule la source du Groseau, puis on atteint les chalets de la station du mont Serein. Après le col des Tempêtes et son légendaire panorama, la descente sur le versant sud, dénudé, rejoint le Chalet-Reynard, station hivernale où réapparaît la végétation. Plus bas, le virage de Saint-Estève (panorama) et le hameau de Sainte-Colombe précèdent Bédoin, pittoresque village. De là, on retrouve Malaucène.

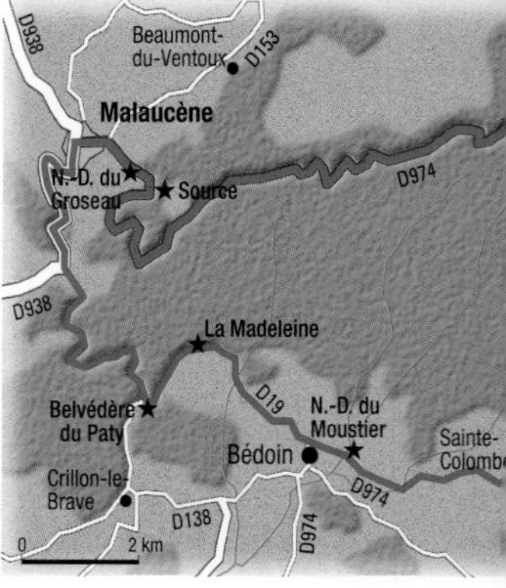

LE MISTRAL, LE MAÎTRE DU MIDI

Le Midi de la France connaît essentiellement trois vents. La tramontane, sorte de mini-mousson d'hiver, souffle en venant du nord et du nord-est. Elle prend naissance à l'ouest du Massif central, s'engouffre par le seuil de Naurouze et sévit sur le Roussillon et le bas Languedoc. En été, le marin, ou autan blanc, est un vent d'est, humide et chaud ; il apporte, dans les terres, pluie ou brouillard. Mais le roi des vents du Midi, c'est bien le mistral ou magistral, c'est-à-dire le maître. Au départ, c'est la bise du nord, qui souffle en hiver et au printemps dans l'est de la France ; dans la vallée de la Saône, elle est littéralement happée par le sillon rho-danien et devient le mistral. Froid et sec, il dévale vers la Méditerranée, atteignant 100, voire 200 km/h, balayant les nuages au passage, rendant le ciel d'hiver aussi bleu qu'en été.

L'abbaye de Valmagne

1 La fontaine, surmontée d'un dôme à huit nervures

2 La salle capitulaire

Vence

3 Vue aérienne du village

4 La tour médiévale de l'ancien château

Le mont Ventoux

5 Un observatoire est installé à son sommet depuis 1882

6 Le village de Bedouin

Les gorges de la Vésubie

7 Le torrent se faufile entre des versants très rapprochés.

1 480 Vigan (Le)

 44/B8

(30) ℹ Tél. : 04 67 81 01 72
Sur le versant sud de l'Aigoual, cette ancienne capitale de la soie, patrie du chevalier d'Assas, abrite le Musée cévenol (arts et traditions populaires). L'une de ses salles est notamment consacrée à l'écrivain régional André Chamson. De là, on admire le vieux pont gothique qui enjambe l'Arre.

1 481 Villefranche-de-Conflent

  51/G7

(66) ℹ Tél. : 04 68 96 22 96. Tél. Prades : 04 68 05 41 02
Puissamment fortifiée du XIIIe au XVe s., puis par Vauban, cette surprenante place barre la vallée de la Têt au confluent du Cady. Deux portes, six bastions et des remparts enserrent les hautes façades des maisons (XVe et XVIIe s.) et l'église Saint-Jacques (XIIe-XIIIe s.). Le marbre rose local allège la sévérité du site. Au-dessus, le fort Liberia est relié à Villefranche par un escalier souterrain, taillé dans la même pierre.
👁 à moins de 3 km (S) les trois **grottes de Canalettes** (Cova Bastera, Canalettes et Grandes Canalettes), qui renferment des concrétions aux formes variées et des draperies d'un blanc étincelant.
👁 à 6 km (N-E) **Prades,** qui garde le souvenir du violoncelliste espagnol exilé, Pablo Casals, qui fonda ici un festival consacré à Bach.
🎭 : festival Pablo Casals (du 25 juillet au 15 août).

1 482 Villefranche-sur-Mer

  54/E2

(06) ℹ Tél. : 04 93 01 73 68. Tél. Beaulieu-sur-Mer : 04 93 01 02 21
Au creux de sa légendaire rade dominée par les pinèdes, les jardins et les somptueuses villas, le port garde un charme particulier que l'on retrouve dans les étroites ruelles de la vieille ville, sur laquelle veille une citadelle de la fin du XVIe s. Elle abrite des collections de peintures (musée Goetz-Boumeester), de céramiques (collection Roux) et le musée Volti (sculptures). L'église Saint-Michel, baroque, abrite de superbes orgues de la fin du XVIIIe s. ; la chapelle Saint-Pierre a été décorée par Jean Cocteau.
👁 à moins de 5 km (E), s'étirant sur la baie des Fourmis, la station balnéaire de **Beaulieu-sur-Mer** qui, bien abritée des vents, est une oasis de calme nichée dans un décor superbe. La villa Kérylos, conçue par un archéologue et édifiée en 1902, est la reproduction fidèle d'une demeure caractéristique de la Grèce de l'Antiquité. Les matériaux précieux utilisés (marbre, bois exotiques, etc), les mosaïques, les vases… illustrent l'idéal artistique grec.

1 483 Villeneuve-lès-Avignon

 44/F8

(84) ℹ Tél. : 04 90 25 61 33
Face à la cité papale, Villeneuve la cardinale témoigne d'un riche passé. Au-delà du fort Saint-André et de la tour Philippe-le-Bel (XIVe s.), le musée Pierre-de-Luxembourg abrite un admirable *Couronnement de la Vierge* (XVe s.). La sereine chartreuse du Val-de-Bénédiction (XIVe s.) accueille le Centre national des écritures du spectacle.

1 484 Vis (Gorges de la)

 52/B2

(34) La Vis, qui naît à 997 m dans le massif de l'Aigoual, a entaillé le causse de 300 m et dessine des méandres dans les bancs de calcaire blanc. À Vissec, elle a formé un cirque aux parois sévères. Après Gorniès et son pont, le regard découvre le pittoresque village de Beauquiniès. Les gorges rejoignent ensuite celles de l'Hérault.

1 485 Vizzavona (Forêt de)

 56/C5

(2B) ℹ Tél. chemin de fer de la Corse : 04 95 32 80 57
Cette magnifique forêt de 1 500 ha est composée essentiellement de pins laricios et de hêtres. Oasis de fraîcheur en été, lieu de promenades et de randonnées, elle recèle des torrents et des cascades, et même une gare pour la micheline qui se tortille dans ses vallées.

LA CHARTREUSE DU VAL-DE-BÉNÉDICTION

Cette chartreuse, la plus grande abbaye de France, fut construite en 1356 à **Villeneuve-lès-Avignon,** sur ordre du pape Innocent VI. Elle a pour origine l'hôtel particulier que ce dernier avait fait édifier avant son élection au pontificat (1352) pour méditer à l'écart des tracas de la cour. Mais la Révolution devait ruiner la « ville des cardinaux » et endommager gravement la chartreuse. Après d'importantes restaurations, celle-ci a été reconvertie en centre d'accueil pour des activités culturelles, notamment des spectacles. Différents projets y ont été menés avant qu'elle n'abrite le Centre national des écritures du spectacle. La visite de ce somptueux bâtiment reste un grand moment de quiétude.

LE PARC NATUREL RÉGIONAL DE CORSE

Créé en 1972, ce parc couvre 332 500 ha, du golfe de Porto à la forêt de l'Ospedale. Il réunit des paysages montagnards (monte Cinto, Bavella), des lacs d'altitude, des forêts (Aitone, **Vizzavona**), et est traversé du nord au sud par le GR 20. Son premier objectif est de protéger la faune et la flore. Le parc accueille des espèces rares, comme le mouflon, le gypaète barbu et le molosse, la plus grande chauve-souris d'Europe. Sur les espèces végétales recensées, 121 sont spécifiquement corses, tels l'aulne odorant ou le myosotis corse. La seconde mission du parc est de rénover le milieu rural, en luttant contre les incendies, en restaurant les bergeries et en améliorant les échanges entre la côte et l'intérieur. La maison principale du Parc (tél. : 04 95 51 79 00) est située à Ajaccio.

Villefranche-de-Conflent

1 L'une des rues, bordée par des maisons aux hautes façades

2 L'un des bastions de l'enceinte

Villefranche-sur-Mer

3 La vieille ville

4 L'une des plus belles rades du monde

Villeneuve-lès-Avignon

5 La tour Philippe-le-Bel

6 Le fort Saint-André

Index

64 : les numéros de page qui apparaissent en gras renvoient à des sites numérotés dans le dictionnaire, dont les numéros et les noms sont également en gras.

566 : les numéros de page en maigre renvoient aux sites apparaissant dans les notices du dictionnaire – on les repère dans les pages grâce au numéro du site – ou dans les pages thématiques.

80 : les numéros de page en italique renvoient à un encadré.

496* : les numéros de page suivis d'un astérisque renvoient à un petit itinéraire dans le dictionnaire des sites.

210*(1) : les numéros de page suivis d'un astérisque et d'un chiffre entre parenthèses renvoient à un grand itinéraire (le chiffre entre parenthèses correspond au numéro de l'étape dans laquelle le nom apparaît).

A

B

C

D

G

H

I

J

K

L

M

N

O

P

Q

R

S

T

U

V

W

Y

Z

Crédits

PHOTOGRAPHIES

Le chiffre en gras **(62)** indique la page, le chiffre qui suit (1, 2, 3...) indique le numéro de l'illustration. Abréviations : ht = haut, b = bas , c = centre, g = gauche, d = droite.

Couverture : htc : Dominique SILBERSTEIN ; htg : SRD/J.-P. Paireault; htd : SCOPE/J.-L. Barde ; htcd : SCOPE/J. Guillard ; htcg : SRD/J.-P. Germain, avec l'aimable collaboration de M. André Kientzler (« Riesling de Ribeauvillé ») ; htcg : avec l'aimable collaboration du château Suduiraut ; cd : IMAGE DU SUD/F. Rozet ; b : SRD/D. Silberstein.
Pages : 60 : SCOPE/J. Guillard ; **61** ht : DIAF/P. Cheuva ; **62** ht : COPYRIGHT/J. Prébois ; **62** b : SCOPE/J. Guillard ; **63** : EXPLORER/Audusson-Fournier ; **67** 2, 3 : Gérard CHENUET ; **67** 4 : DIAF/H. Gyssels ; **71** 1, 2 : Richard NOURRY ; **71** 3 : Gérard CHENUET ; **73** 1, **75** 1 : PREMIÈRE PAGE/J. Bravo ; **76** ht, cg, bg, bd, **77** : DIAF/P. Cheuva ; **83** 3, 5 : PREMIÈRE PAGE/J. Bravo ; **85** 2 : DIAF/P. Cheuva ; **86** : Gérard CHENUET ; **87** 1 : PREMIÈRE PAGE/J. Bravo ; **89** 6 : COPYRIGHT/J. Prébois ; **91** 2 : Richard NOURRY ; **91** 4 : © The Estate of Jacques Lipchitz « Le Chant des voyelles », Courtesy Malborough Gallery, NY ; **91** 5 : © ADAGP, Paris, 1999 ; **91** 6 : Richard NOURRY ; **94** : DIAF/H. Gyssels ; **95** : EXPLORER/P. Forget ; **96** : DIAF/TPC/J. Miller ; **97** ht : DIAF/G. Guittot ; **97** b : SCOPE/N. Hautemanière ; **98** ht, b : SCOPE/J. Guillard ; **99** ht : SCOPE/N. Hautemanière ; **99** b : SCOPE/J. Guillard ; **103** 3 : tapisserie de Bayeux, avec autorisation spéciale de la ville de Bayeux ; **105** bd : Richard NOURRY ; **108** ht : DIAF/R. Mazin ; **108** c : EXPLORER/F. Jalain ; **108** b : coll. PARC DE BROTONNE/Huon ; **109** : EXPLORER/P. Forget ; **109** cht : DIAF/J.-Ch. Gérard ; **109** cb : EXPLORER/F. Jalain ; **109** b : DIAF/J.-Ch. Gérard ; **117** 5 : musée E. BOUDIN, HONFLEUR ; **120** ht : DIAF/J.-Ch. Gérard ; **120** cht : SCOPE/N. Hautemanière ; **120** cb : EXPLORER/F. Rouquet ; **120** b : DIAF/R. Mazin ; **121** cht : coll. PARC DE BROTONNE/Huon ; **121** cb : EXPLORER/Le Tourneur ; **124** cg : SCOPE/J. Guillard ; **124** cb : DIAF/R. Mazin ; **125** d : SCOPE/J. Guillard ; **125** cg : DIAF/D. Lerault ; **125** bg : SCOPE/N. Hautemanière ; **125** bd : DIAF/R. Mazin ; **129** 3 : DIAF/TPC/J. Miller ; **133** : DIAF/Pratt-Pries ; **134** : COPYRIGHT/J. Prébois ; **135** : DIAF/J. Kerebel ; **139** 3 : © DISNEY ; **141** 1 : architecte Mario Bota ; **143** 1 : DIAF/G. Biollay ; **143** 2 : COPYRIGHT/D. Silberstein ; **143** 6 : SCOPE/M. Gotin ; **145** 2 : SCOPE/J. Guillard ; **145** 3 : EXPLORER/A. Reffet ; **145** 4 : DIAF/G. Gsell ; **145** 5 : DIAF/Ouzounoff ; **146** ht, c : SCOPE/J. Guillard ; **146** b : Dominique SILBERSTEIN ; **147** ht : JOSSE/Musée du château de Versailles ; **147** cht, cb, b : DIAF/R. Mazin ; **148** d : architectes Claude Vasconi et Georges Pencréa'ch ; **148** bg : éclairage de la tour Eiffel © Société nouvelle d'exploitation de la tour Eiffel ; **151** 2 : SRD/J. DU SORDET/ANA ; **151** 4 : SRD/J. DU SORDET/ANA/Architectes Renzo Piano et Richard Rogers ; **157** 6 : COPYRIGHT/M. Prier ; **159** 4 : COPYRIGHT/D. Silberstein ; **162** : DIAF/D. Thierry ; **163** : COPYRIGHT/J. Prébois ; **164** ht : DIAF/Guittot ; **164** b : DIAF/Ouzounoff ; **165** : DIAF/Guittot ; **166** : Dominique SILBERSTEIN ; **169** 6 : ARCHIVES BACCARAT ; **169** 7 : vitraux réalisés par le groupe de M. IDOUX ; **172** : DIAF/J. Sierpinski/Musée d'Unterlinden, Colmar ; **173** 1 : CDT 52 ; **177** 1, **178** ht : SCOPE/J. Guillard ; **178** c, **178** b : DIAF/G. Guittot ; **179** ht, cb : SCOPE/J. Guillard ; **179** cht : DIAF/R. Mazin ; **179** b : SCOPE/F. Jalain ; **184** cg : DIAF/Sierpinski ; **185** 2, 3 : PREMIÈRE PAGE/J. Bravo ; **188** cg : MUSÉE LORRAIN, NANCY/Photo Pierre Mignot ; **188** d : COPYRIGHT/Y. Guichaoua ; **192** ht, b : DIAF/G. Guittot ; **192** c, **193** ht : COPYRIGHT/Y. Guichaoua ; **193** c : DIAF/S. Villerot ; **193** b : DIAF/G. Guittot ; **195** 4 : vitrail « la Crucifixion », de Marc Chagall, réalisé en collaboration avec Charles Marq © ADAGP, Paris 1999 ; **197** 4 : COPYRIGHT/D. Silberstein ; **199** 5, 6 : Richard NOURRY ; **201** 5 : SCOPE/J. Guillard ; **202** b : DIAF/D. Faure ; **203** b : DIAF/R. Mazin ; **207** 4 : DIAF/J. Sierpinski ; **210** ht : DIAF/E. Quéméré ; **210** b : DIAF/J.-D. Sudres ; **214** g : COPYRIGHT/T. Zoccolan ; **215** : DIAF/Le Divenah ; **227** 4 : PREMIÈRE PAGE/P. Lainé ; **228** ht, c : SCOPE/B. Galeron ; **228** b : DIAF/J.-D. Sudres ; **229** ht, b : SCOPE/B. Galeron ; **229** cht : DIAF/A. Le Bot ; **229** c : SCOPE/D. Taulin-Hommel ; **235** 2, 3 : Richard NOURRY ; **242** ht : DIAF/J.-D. Sudres ; **242** c : DIAF/Para Bordas ; **242** b : SCOPE/M. Guillard ; **243** cht, b : SCOPE/B. Galeron ; **243** c : DIAF/R. Mazin ; **250** bg, **251** bg : SCOPE/M. Ogier ; **262** COPYRIGHT/M. Prier ; **263** : COPYRIGHT/Ph. Hurlin ; **264** ht : SCOPE/Ph. Blondel ; **264** b : DIAF/G. Durand ; **265** : DIAF/Pratt-Pries ; **273** 6 : PREMIÈRE PAGE/P. Lainé ; **275** 3 : SCOPE/M. Guillard ; **275** 4 : SCOPE/VMF-Galeron ; **275** 5 : DIAF/J.-D. Sudres ; **277** 1 : DIAF/G. Durand ; **277** 2, 3, 4, **287** 2 : Richard NOURRY ; **287** 5 : DIAF/J. Kerebel ; **289** 1 : Gérard CHENUET ; **296** : COPYRIGHT/E. Sampers ; **297** ht : SCOPE/F. Jalain ; **297** b : SCOPE/J. Guillard ; **298** ht : DIAF/G. Simeone ; **298** b : DIAF/TPC/J. Miller ; **299** ht : DIAF/J.-Ch. Gérard ; **299** b : DIAF/T. Deschamps ; **300** ht : DIAF/G. Gsell ; **300** b : DIAF/E. Planchard ; **301** : SCOPE/J. Guillard ; **302** : DIAF/D. Thierry ; **303** c : SCOPE/J.-L. Barde ; **303** b : SCOPE/J. Guillard ; **307** 4 : monument hommage à L. Pasteur réalisé par H. Daillion et G. Debrie, 1901 ; **313** 1, **315** 6 : SCOPE/J.-L. Barde ; **315** 1 : SCOPE/VMF-Galeron ; **322** ht : SCOPE/J.-L. Barde ; **322** b : DIAF/R. Mazin ; **323** ht : DIAF/J.-D. Sudres ; **322** c, **323** cht : SCOPE/F. Jalain ; **323** cb : SCOPE/Ph. Blondel ; **323** b : DIAF/J.-P. Garcin ; **325** 1, 2, 3, 4 : Richard NOURRY ; **326** : DIAF/J.-P. Langeland ; **327** 1 : Simonet-Lenclart/Château de Cormatin ; **327** 2 : écomusée de la communauté urbaine LE CREUSOT MONTCEAU-LES-MINES/cliché Daniel Busseuil ; **327** 3 : écomusée de la communauté urbaine LE CREUSOT MONTCEAU-LES-MINES/cliché Daniel Busseuil - peinture de F. Bonhommé, 1866 ; **333** 1, 2, 3 : Richard NOURRY ; **335** 2 : SCOPE/F. Jalain ; **337** 4 : Denis Bringard/EXPLORER ; **338** d : DIAF/T. Deschamps ; **341** 2, 3 : SCOPE/J.-L. Barde ; **341** 5 : DIAF/Ouzounoff ; **343** htd : DIAF/E. Planchard ; **343** htg : DIAF/J. Sierpinski ; **343** cht : DIAF/Rosencwajg ; **343** b : COPYRIGHT/E. Sampers ; **345** 1, 2 : Richard NOURRY ; **349** 4 : DIAF/D.Thierry ; **349** 5 : SCOPE/J.Guillard ; **351** 4 : chapelle de Ronchamp, 1955, architecte Ch. E. LE CORBUSIER © FLC/ADAGP, Paris 1999 ; **359** 1 : Coll. Château de Talmay ; **359** 3, 4 : Richard NOURRY ; **364** ht, b : COPYRIGHT/G. Martin ; **365** b : DIAF/Rozencwajg ; **365** ht : DIAF/A. Février ; **366** : SCOPE/N. Hautemanière ; **367** ht : DIAF/A. Le Bot ; **367** b : DIAF/B. Régent ; **375** 2, 3 : Futuroscope : architecte Denis Laming ; **377** 2, 3 : Richard NOURRY ; **378** ht : DIAF/D. Lerault ; **378** c : JACANA/P. Bourguignon ; **378** b : DIAF/Pratt-Pries ; **379** ht, b : JACANA/C. Errath ; **379** c : DIAF/E. Planchard ; **382** bg : DIAF/J.-D. Sudres ; **382** bd : SCOPE/D. Taulin-Hommell ; **385** 3 : Dominique SILBERSTEIN ; **385** 4, **386** ht, **387** ht : Gérard CHENUET ; **389** 3, 4 : Richard NOURRY ; **389** 5, 6 : Gérard CHENUET ; **391** 3 : Mathieu PRIER ; **394, 395** ht : DIAF/J.-D. Sudres ; **395** c : DIAF/Pratt- Pries ; **396** ht : SRD/J.-P. Germain ; **396** b : COPYRIGHT/Ph. Hurlin ; **397** : SCOPE/J.-L. Barde ; **398, 399** b : DIAF/J.-D. Sudres ; **399** c : DIAF/G. Biollay ; **400** ht, b : DIAF/J.-D. Sudres ; **401** ht, b : DIAF/D. Faure ; **403** 1 : PREMIÈRE PAGE/J. Bravo ; **411** 6, **417** 1 : Richard NOURRY ; **417** 4 : DIAF/J. Sierpinski ; **419** 1, 2 : Richard NOURRY ; **420** c : SCOPE/J. Guillard ; **421** cht : SCOPE/J.-L. Barde ; **421** c : DIAF/R. Mazin ; **421** b : DIAF/J.-D. Sudres ; **438** ht : DIAF/Y. Travert ; **438** c : DIAF/J.-Ch. Gérard ; **438** b : DIAF/D. Faure ; **439** ht, b : DIAF/J.-D. Sudres ; **439** cht : SCOPE/J.-L. Barde ; **439** c : DIAF/J.-Ch. Gérard ; **441** 3 : DIAF/R. Mazin ; **451** 4 : COPYRIGHT/E. Sampers ; **451** 5 : SCOPE/J.-L. Barde ; **456** c : DIAF/B. Régent ; **457** ht : SCOPE/J.-L. Barde ; **457** b : SCOPE//Ph. Blondel ; **459** 2 : SCOPE/J.-L. Barde ; **459** 3 : DIAF/J. Sierpinski - Musée d'Art moderne, Saint-Étienne, architecte Didier Guichard ; **476** 1 : SCOPE/J. Guillard ; **477** 1 : SCOPE/P. Borasci ; **478** 1 : JACANA/I. Arndt ; **478** 2 : Dominique SILBERSTEIN ; **479** 1 : DIAF/B. Belly ; **480** 1 : SCOPE/F. Jalain ; **480** 2 : DIAF/Pratt-Pries ; **481** 2 : SCOPE/M. Colombel ; **481** 1, **482** 1, **483** 1 : DIAF/J. Sierpinski ; **483** 2 : Dominique SILBERSTEIN ; **487** 3 : SCOPE/J. Guillard ; **489** 2, 3 : MUSÉE DE LA VALLÉE, la Sapinière, Barcelonnette ; **491** 3 : DIAF/J. Sierpinski ; **497** 1 : PREMIÈRE PAGE/J. Bravo ; **497** 2 : SCOPE/M. Colonel ; **497** 4 : SCOPE/N. Pasquel ; **498** 1 : SCOPE/A. Fournier ; **498** 2 : DIAF/J. Sierpinski ; **498** 3 : SCOPE/Ph. Blondel ; **499** 1 : SCOPE/D. Taulin - Hommel ; **499** 2 : SCOPE/M. Colonel ; **499** 3 : DIAF/J. Sierpinski ; **499** 4 : SCOPE/D. Gorgen ; **501** 5 : ANA/R. Neumiller ; **505** 1 : SCOPE/Ph. Blondel ; 507 : 1 : SCOPE/Ph. Blondel ; **507** 2 : MEDIALP/S. Coupe ; **515** 1, 2, 3, 4 : Richard NOURRY ; **516** 1 : DIAF/D. FAURE ; **516** 2 : JACANA/F. Auberson ; **516** 3 : JACANA/R. Planck ; **517** 1 : JACANA/E. Dragesco ; **517** 2 : JACANA/Varin-Visage ; **517** 3 : JACANA/Ph. Prigent ; **517** 4 : JACANA/M. Colas ; **517** 5 : JACANA/E. Soder ; **521** 1 : SCOPE/J. Guillard ; **521** 4 : ANA/J.-G. Jules ; **527** 6 : PREMIÈRE PAGE/J. Bravo ; **529** 1 : ANA/J. DU SORDET ; **531** 3 : DIAF/T. Leconte ; **531** 4 : DIAF/J.-P. Garcin ; **533** 1 : SCOPE/J. Guillard ; **533** 2 : DIAF/J. Sierpinski ; **534** 1 : SCOPE/A. Fournier ; **534** 2 : DIAF/P. Somelet ; **534** 3 : DIAF/G. Biollay ; **535** 1 : SCOPE/Ph. Blondel ; **535** 2 : DIAF/D. Faure ; **535** 3 : DIAF/G. Gsell ; **545** 1, 2 : SCOPE/Ph. Blondel ; **545** 5 : DIAF/J. Kerebel ; **547** 1 : DIAF/G. Biollay ; **547** 2 : DIAF/C. Moirenc ; **547** 5 : ANA/J. Rey ; **549** 2 : PREMIÈRE PAGE/J. Bravo ; **551** 3 : ANA/R. Neumiller ; **551** 4 : DIAF/J. Sierpinski ; **551** 5 : SCOPE/J. Guillard ; **551** 6 : DIAF/T. Deschamps ; **554** : DIAF/J.-D. Sudres ; **555** ht, b : DIAF/P. Somelet ; **556** : SCOPE/J.-L. Barde ; **557** ht : DIAF/J.-D. Sudres ; **557** c : SCOPE/J.-L. Barde ; **558, 559** b : DIAF/D. Lerault ; **559** ht : DIAF/J.-D. Sudres ; **565** 5, **567** 2 : Jacques JOLFRE ; **571** b : Gérard CHENUET ; **575** 4 : SCOPE/J.-L. Barde ; **575** 2, **577** 1 : Jacques JOLFRE ; **577** 2 : DIAF/G. Guittot ; **578** ht, b : SCOPE/J.-L. Barde ; **578** c : EXPLORER/D. Repérant ; **579** ht, b : Dominique SILBERSTEIN ; **579** c : DIAF/J.-D. Sudres ; **581** 2, 3 : Richard NOURRY ; **581** 4, 5 : Jacques JOLFRE ; **581** 6 : DIAF/J. Sierpinski ; **581** 7 : SCOPE/J.-L. Barde ; **583** 5 : DIAF/J.-D. Sudres ; **585** 1, **589** 1, 2, **593** 1 : Jacques JOLFRE ; **593** 2, 3, 4 : Richard NOURRY ; **595** 3 : Jacques JOLFRE ; **595** 4, 5 : SCOPE/J.-L. Barde ; **597** 3, 4, 4bis : Jacques JOLFRE ; **598** ht : MUSÉE DE L'HOMME/A. Glory ; **598** c : DIAF/J.-D. Sudres ; **598** b : DIAF/G. Biollay ; **599** ht : MUSÉE DE L'HOMME/D. Vialou (détail) ; **599** cht : G. DAGLI ORTI/Musée des Antiquités nationales, Saint-Germain-en-Laye (reconstitution) ; **599** cb : MUSÉE DE L'HOMME/D. Destale ; **599** b : MUSÉE DE L'HOMME/D. Vialou ; **603** 3, 4, 5, **605** 1, 2 : Jacques JOLFRE ; **605** 3, 6 : Dominique SILBERSTEIN ; **607** 1 : SCOPE/J. Guillard ; **607** 2, 3, 4 : Richard NOURRY ; **611** 4 : Dominique SILBERSTEIN ; **611** 5 : SCOPE/J.-L. Barde ; **618, 619** : DIAF/D. Faure ; **620** : SCOPE/J. Sierpinski ; **621** : SCOPE/J. Guillard ; **622, 623** c : DIAF/J.-P. Garcin ; **624, 625** ht : DIAF/G. Simeone ; **625** b : DIAF/G. Guittot ; **623** b : DIAF/C. Moirenc ; **629** 2, **635** 4, 5 : ANA/J. Rey ; **635** 1, **637** 4, 6 : Gérard CHENUET ; **639** 1, 2, **641** 6 : Richard NOURRY ; **641** 2, 3, 7 : ANA/J. Rey ; **644** ht : DIAF/G. Guittot ; **644** cg : DIAF/Pratt-Pries ; **644** cd : G. DAGLI ORTI ; **644** b, **645** c : SCOPE/J. Guillard ; **645** ht, b : DIAF/C. Moirenc ; **645** cht : DIAF/D. Thierry ; **645** cb : DIAF/Pratt-Pries ; **647** 1 : Jacques JOLFRE ; **647** ht, **649** 3, 4, **657** 3, 4, **659** 4 : Gérard CHENUET ; **661** 1 : Roland Huitel/SCOPE ; **665** 1 : SCOPE/J.-L. Barde ; **665** 2 : Richard NOURRY ; **666** ht, cht : G. DAGLI ORTI/Musée d'Orsay, Paris ; **666** b : DIAF/G. Gsell ; **666** cb, **667** ht : SCOPE/J. Guillard ; **667** c, b : DIAF/D. Faure ; **671** 6, **673** 6, **675** 1 : Gérard CHENUET ; **683** 1, 5 : ANA/J. Rey ; **688** ht, b : DIAF/C. Moirenc ; **688** c : SCOPE/J. Guillard ; **689** ht, cht : DIAF/D. Thierry ; **689** cb : HOA-QUI/C. Sappa ; **689** bg : DIAF/D. Faure ; **689** bd HOA-QUI/B. Pérousse ; **695** 6 : Gérard CHENUET ; **699** 1 : SCOPE/N. Pasqual ; **699** 5 : ANA/J. Rey ; **699** 2, 3, **703** 1, 2 : Richard NOURRY ; **705** 3 : PREMIÈRE PAGE/J. Bravo ; **707** 1, 2 : Richard NOURRY ; **709** 1 : DIAF/R. Mazin ; **709** 2 : DIAF/J.-P. Garcin.

Toutes les autres photos du livre sont de : Yann CONSTANZA ; Richard NOURRY ; Jean-Paul PAIREAULT ; Ludovic TRUCHY, pour PREMIÈRE PAGE & SÉLECTION DU READER'S DIGEST.

DESSINS
Pages : 86-87, 290-291, 338-339, 631, 646-647, 674-675 : **Jean-François LECOMTE ;** 103, 137, 148-149, 172-173, 202-203, 249, 271, 612-613, 676-677 : **Michel LOPPÉ ;** 195, 270-271, 570-571 : **Régis MACIOSZCZYK ;** 79, 104-105, 184-185, 205, 225, 238-239, 256-257, 326-327, 422-423, 561, 632-633, 669 : **Jean-François MEZZASALMA ;** 80-81, 124-125, 188-189, 266-267, 382-383, 386-387, 627, 250-251, 486-487, 611 : **Philippe de RENTY ;** 250-251, 486-487, 611 : **Tom SAM YOU.**

TRÉSORS TOURISTIQUES DE LA FRANCE
Édité par Sélection du Reader's Digest

Achevé d'imprimer : mars 2004
Dépôt légal en France : avril 2004
Dépôt légal en Belgique : D.2002.0621.58
Photogravure : **Station Graphique,** Ivry-sur-Seine
Impression : **Maury,** Malesherbes, **Jean Lamour,** Maxéville
Reliure : **Brun,** Malesherbes

Imprimé en France
Printed in France